权威性 科学性 准确性 实用性

2014年 长三角年鉴

YEARBOOK OF CHANGJIANG DELTA DEVELOPMENT(2014)

长三角联合研究中心／主办

长三角城市经济协调会办公室／联办

孙克强／执行主编

河海大学出版社

Hohai University Press

长江三角洲政区示意图
山东省
河南省
湖北省
江西省
福建省
安徽省
江苏省
浙江省
上海市
黄海
东海
连云港市
徐州市
宿迁市
淮北市
宿州市
亳州市
盐城市
淮安市
阜阳市
蚌埠市
扬州市
淮南市
滁州市
泰州市
南通市
合肥市
镇江市
南京市
六安市
常州市
马鞍山市
无锡市
苏州市
芜湖市
铜陵市
安庆市
宣城市
湖州市
嘉兴市
池州市
舟山市
黄山市
杭州市
绍兴市
宁波市
衢州市
金华市
台州市
丽水市
温州市
图例
省、直辖市政府驻地
地级市政府驻地
省、直辖市边界
地级市边界
海岸线
长江三角洲政区示意图

长三角联合研究中心

网址：www.yangtze.org.cn

发展宗旨

长三角联合研究中心是由上海社会科学院、江苏省社会科学院、浙江省社会科学院共同创办的合作研究平台。

长三角联合研究中心整合江浙沪三地社会科学院的专业研究力量，着重研究长三角地区城市、产业发展和区域合作问题，并为政府和社会提供决策咨询服务。

长三角联合研究中心将为江浙沪三地的学者和政府部门搭建一个共同探讨长三角区域发展与合作的学术平台、交流平台和信息平台。

组织领导

长三角联合研究中心由江浙沪三地社会科学院院长担任主任、副院长担任副主任、科研处处长担任秘书长，由秘书长全面负责中心的日常运行与管理工作。

长三角联合研究中心设立学术咨询委员会，指导各项科研工作和年鉴、蓝皮书的编撰工作。

长三角联合研究中心在江浙沪三地社会科学院科研处同时挂牌，在上海社会科学院科研处设立联络办公室。

组织构架

上海社会科学院　江苏省社会科学院　浙江省社会科学院

长三角联合研究中心

- 学术咨询委员会
- 城市与区域研究部
- 产业与企业研究部
- 旅游研究部
- 汽车产业研究部
- 房地产研究部
- 长三角蓝皮书编辑部
- 长三角年鉴编辑部
- 长三角研究编辑部
- 长三角观察编辑部
- 长三角学术论坛部
- 长三角文献资料库
- 长三角联合网

编 辑 部

《长三角年鉴》 编纂指导委员会

（排名不分先后）

长三角城市经济协调会第十四次市长联席会议

各成员城市市长及有关嘉宾在会场合影留念

（市长高峰论坛）国家发改委地区经济司领导、长三角城市群的市长们齐聚一堂畅谈会展

浙江省杭州市

2013年，杭州市实现地区生产总值8343.52亿元，比上年(指2012年，下同)增长8.0%；地方财政收入945.20亿元，增长9.9%；城镇居民人均可支配收入39310元，农村居民人均纯收入18923元，分别增长10.1%和11.2%；城镇登记失业率1.85%；居民消费价格涨幅2.5%；人口自然增长率4.73‰。

经济保持平稳增长。全市实现固定资产投资4263.87亿元，增长14.5%。消费水平稳步提升。全市实现社会消费品零售总额3531.17亿元，增长13.0%。全市实际到位外资52.76亿美元。新批对外投资项目129个，境外投资27.27亿美元。实现市属出口384.16亿美元。到位内资860.60亿元，增长10.5%。启动国家跨境贸易电子商务服务试点工作。国家电子商务产品监测中心落户杭州。成功举办西湖国际博览会、国际动漫节、文化博览会。产业结构不断优化。十大产业实现增加值3908.74亿元，增长12.1%。

基础设施建设加快。铁路东站枢纽投入使用，杭宁、杭甬客运专线开通运行。地铁2号线东南段全线贯通，1号线下沙延伸段和4号线首通段5个车站主体工程完工。整治和建设延安路、同协路、沿江大道等城市主次干道130条，打通断头路13条。建成德胜高架、彩虹大道（滨江段）等快速路和钱江通道，之江大桥投入使用。城西污水处理厂（一期）建成，闲林水库大坝主体工程完工。杭甬运河（杭州段）全线贯通。新增优化公交线路49条，建成公交专用道50千米，新增公交车512辆。新增停车泊位59852个，开工建设公共停车泊位15253个。

城乡统筹成效明显。深入推进扩权强镇，实施中心镇“双千工程”。实施大企业大集团与中心镇合作项目19个，总投资110.3亿元。建成农村文化礼堂148个。创建中心村193个、美丽乡村精品村62个、风情小镇8个、精品线路14条、精品区块7个。实施区县（市）协作项目126个，到位协作资金3.6亿元，落实“联乡结村”帮扶资金1.42亿元。改造提升农家小型标准超市693家，“万村千乡”工程实现全覆盖。市属医院托管县（市）级医院9个。新组建中心乡镇学校（幼儿园）互助共同体112个，覆盖率98.6%。

2013年6月21日，由中宣部、浙江省委主办的杭州市“最美现象”思想道德建设先进经验报告会在北京人民大会堂召开

2013年4月30日，“2013中国COSPLAY（动漫真人秀）超级盛典”总决赛在白马湖动漫广场会展中心举行

2013年10月12-18日，西博会经贸科技合作洽谈会举行

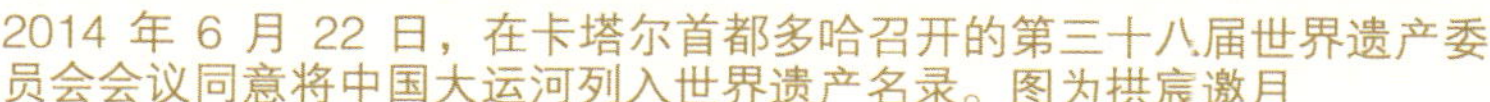

2014 年 6 月 22 日，在卡塔尔首都多哈召开的第三十八届世界遗产委员会会议同意将中国大运河列入世界遗产名录。图为拱宸邀月

2013 年 7 月 1 日，杭州火车东站枢纽工程正式开通启用。图为杭州火车东站候车大厅

民生保障不断完善。全市城镇新增就业 23.19 万人，帮助城镇失业人员实现再就业 13.13 万人。新增大学生创业企业 1381 个。社会基本养老保险、基本医疗保险、失业保险参保人数分别达到 637.10 万人、822.28 万人和 316.36 万人。获评全国首批电子社保示范城市。开工建设保障性住房 3.6 万套，竣工 3.9 万套。全市新增养老床位 7028 张，培训专业养老护理员 1963 名。优质学前教育、高中教育覆盖率分别为 74.5%、84.4%。解决进城务工人员子女入学 23.75 万名。新建改扩建幼儿园 111 所、省级示范职业学校 4 所。

生态建设有序开展。深入实施“美丽杭州”建设“九大行动”及 51 项重点任务。余杭区、江干区分别通过国家级生态区验收和技术核查。新增国家级生态乡镇（街道）13 个、市级生态（文明）村 105 个。建成“三江两岸”沿江生态景观带 75 千米，完成绿化 150 万平方米，累计建成绿道 211 千米。城区新增绿化面积 424 万平方米。“清水治污”全面启动，建设污水管网 190.41 千米，新增截污量 3.14 万吨 / 日。整治黑臭城市河道 53.8 千米。

2013 年，杭州市出台“杭改十条”，以当前亟待解决的重大问题作为改革的突破口，以创新发展为目标，围绕推进“一基地四中心”建设、民营经济强市、新型城镇化和美丽杭州、平安杭州、法治杭州建设等重点领域和关键环节，从经济体制、政治体制、文化体制、社会体制、生态文明体制改革，国防和军队改革以及党的建设制度改革等方面，具体部署全面深化改革的战略重点、优先顺序和主攻方向，再创十个方面体制机制新优势。

2013 年，杭州市连续 10 年蝉联“中国最具幸福感城市”桂冠。杭州市位列 2013 年中国服务性政府十佳城市第二。中国社会科学院发布《公共服务蓝皮书》，杭州市被评为基本公共服务满意度十佳城市。《福布斯》发布 2013 年中国大陆最佳商业城市排行榜，杭州市位列第六。杭州市位列“中国城市网络形象排行榜”第三，并获“舆情处置给力奖”第一位。杭州市还获“全国平安综治优秀市”“国内最佳旅游城市 Top10”“2013 中国最佳休闲城市”“全国电子社保示范城市”等多项荣誉，并成功入选国家“公交都市”第二批试点城市。

滨江区风貌

江苏省南京市

南京地处长江下游中部，距长江入海口 347 公里，长江自西向东横穿南京市区。南京是江苏省省会城市，现辖 11 个区，全市行政区域总面积 6598 平方公里，常住人口 818.78 万人。

【人文都市】

南京是国务院首批公布的历史文化名城之一，拥有 1 处世界文化遗产和 4 项世界级非物质文化遗产。南京注重激发传统文化资源的活力，建设了中国科举博物馆、六朝博物馆、南京化石遗址博物馆等一批重大文化工程。南京着力推动文化产业新业态发展，2013 年文化产业增加值占地区生产总值的比重超过 5%，成为南京支柱性产业。南京着力构建覆盖城乡的公共文化服务网络，每万人拥有公共文化设施面积达 1520 平方米。2013 年举办各类文化活动 20000 多场，平均每天 60 多场文化活动。在亚太文创产业协会公布的 2013 年度两岸城市文化竞争力排行榜上，南京名列第五。

南京夫子庙

绿色都市

【绿色都市】

南京坚持实施“绿色发展”战略，以主城区绿化为中心，构建山水城林于一体的城市森林生态网络。南京森林覆盖率超过 35%，建成区绿化覆盖率、城市绿地率、人均公共绿地面积三项指标位居全国同类城市前列。2013 年，南京荣获“国家森林城市”称号。南京实施“蓝天、清水”工程，2013 年主要污染物中的二氧化硫排放量同比 2012 年下降 7.7%；城市污水处理率超过 95%；集中式饮用水水源地水质达标率保持 100%，夹江集中式饮用水水源地是中国最优良水源地之一。

【幸福都市】

南京着力让市民充分获得就业创业的成就感、生活生产的安全感、人居环境的舒适感、精神生活的充实感，不断提升市民幸福指数，已连续五年获评“中国最具幸福感城市”。2013 年，南京城市居民人均可支配收入达到 39881 元人民币，在中国大中城市中排名前十；恩格尔系数为 33%，处在联合国粮农组织划定的富裕阶段。结合 2013 年、2014 年第二届亚洲青年运动会和第二届夏季青年奥林匹克运动会的承办工作，南京积极建设亚洲体育中心城市和世界体育名城。

青奥村江岸全景

【中国人才与创业创新名城】

南京是《长江三角洲地区区域规划》中唯一被定位为科技创新中心的城市，于2012年和2013年连续入选“魅力中国——外籍人才眼中最具吸引力的十大城市”。南京科技实力雄厚，现有普通高等学校54所，聚集了81位中国科学院院士和中国工程院院士，2013年共有32项重大科技成果获得国家科学技术奖励。南京正着力推进20家紫金科技人才创业特别社区、麒麟科技创新园等载体建设。南京地区已有世界500强和中国500强企业研发机构58家，全社会研发经费支出占地区生产总值比重为3%，达到发达国家水平。

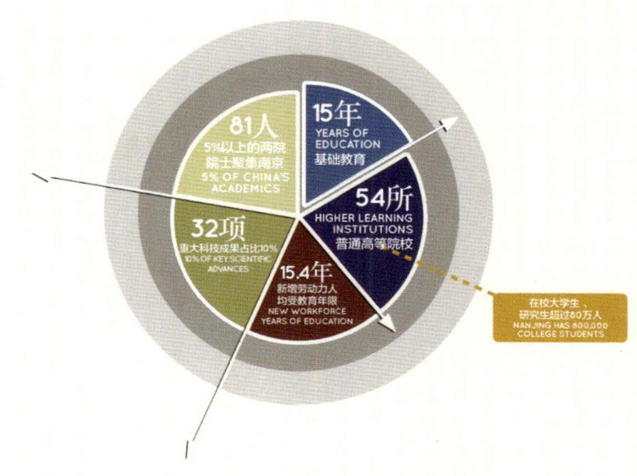

【软件与新兴产业名城】

南京重点发展高端软件与新兴信息服务业、生物农业等九大战略性新兴产业。2013年，南京九大战略性新兴产业实现主营业务收入4700亿元人民币，占全市工业经济比重首次超过石化、钢铁、建材三大传统产业之和。南京是首个被中国工业和信息化部授予“中国软件名城”称号的城市。2013年，南京软件和信息服务业实现收入2620亿元人民币，其中软件业务收入2309亿元人民币，规模在中国城市中位居第四。南京致力发展生物农业，2013年南京生物农业产值已经突破100亿元人民币。

【航运（空）与综合枢纽名城】

南京重点建设物流集聚区和枢纽节点，南京空港口岸现已开通29条国际地区客货运定期航线，南京禄口国际机场年旅客吞吐量已提升至3000万人次。南京拥有各类金融机构213家，2013年南京金融业增加值达到846.2亿元人民币。南京信息基础设施的提升带动了南京信息产业的快速发展，电子商务交易额已突破5000亿元人民币。作为中国服务外包示范城市之一，2013年南京服务外包执行额86.6亿美元、离岸外包合同额36.3亿美元，位居中国城市前列。在“福布斯2013中国大陆最佳商业城市榜”上南京名列第4位。

禄口国际机场二号航站楼

南京长江大桥

安徽省合肥市

城市名片：大湖名城　创新高地

【地理位置】

合肥，位于中国中部，地处长江、淮河之间，是全国唯一环抱五大淡水湖之一——巢湖的省会城市。因东淝河、南淝河由此交汇而得名，隋唐明清时为庐州路、郡、府治所在地，别称“庐州”，1952年成为安徽省省会。现辖肥东、肥西、长丰、庐江4个县，1个县级巢湖市，瑶海、庐阳、蜀山、包河4个区和3个国家级开发区、14个省级开发区，市域总面积1.14万平方公里，常住人口761万人。

【历史人文】

合肥历史悠久。自秦置县，至今有2200多年历史，素有“江南唇齿，淮右襟喉”和“江淮首郡，吴楚要冲”之称；行政区划调整后，源远流长的中华人文始祖之一有巢氏文化，又将合肥文化历史拉长至5000年。人文底蕴深厚，三国名将周瑜，宋代名臣包拯，晚清重臣李鸿章，首任台湾巡抚刘铭传，著名将军冯玉祥、张治中、李克农，诺贝尔物理学奖获得者杨振宁等均出自合肥。

天鹅湖

【自然资源】

合肥拥有半汤、汤池得天独厚的温泉旅游资源，铁、硫铁、铅、锌、白云岩、石灰石等矿产资源储量丰富，已探明各类矿产达37种，其中明矾石矿位居全国第二。

巢湖湿地美

高新俯瞰

【经济发展】

预计，2014 年全市生产总值突破 5000 亿元大关，达到 5100 亿元、增长 10% 左右，居全国省会城市前列；全社会固定资产投资突破 5000 亿元大关，达到 5385.2 亿元、增长 18.1%；规模以上工业总产值突破 8000 亿元大关，达到 8447.8 亿元，增加值突破 2000 亿元大关，达到 2126.6 亿元、增长 12.3%；财政收入 880.7 亿元、增长 14.6%，其中地方财政收入突破 500 亿元，达到 500.3 亿元、增长 14.1%；完成进出口总额 200 亿美元、增长 35%；全市招商引资总量 2950 亿元、增长 16%；社会消费品零售总额 1666.8 亿元、增长 12.9%。

京东方厂区外景

新能源汽车

【区位优势】

合肥区位优越。承东启西、连南接北，是全国重要的区域性综合交通枢纽。合肥市已成为全省公路交通中心，与合肥经济圈各城间的“1 小时通勤圈”呼之欲出；现有 6 条铁路、7 条高速公路在此交汇；未来将有 7 条高速铁路、4 条电气化铁路交汇，已实现 1 小时内到南京、2 个小时到武汉、上海，4 个小时到北京；年吞吐能力 1200 万人次的 4E 级新桥国际机场，有直达港澳台、韩国、新加坡、日本、德国的航班，到北京、上海、广州、重庆等城市航程均不超过 1 个半小时；合肥水运通过巢湖直通长江，正在启动建设江淮运河，合肥新港 1500 吨级货轮可通江达海，合肥海关已与“长三角”地区实行区域一体化通关。市内交通方面，先后建成 9 大高架，地铁 1、2 号线分别将在 2016 年底和 2017 年上半年实现通车，到 2020 年，合肥将建设 5 条轨道交通线，初步奠定全市轨道交通网络。2016 年底和 2017 年上半年实现通车，到 2020 年，合肥将建设 5 条轨道交通线，初步奠定全市轨道交通网络。

【产业基础】

合肥产业基础雄厚。现有35个工业行业、200多个工业门类、2000多种工业大类产品。拥有拥有汽车、装备制造、家用电器、电子信息等八大重点产业。新型平板显示、太阳能光伏、新能源汽车、公共安全等战略性新兴产业在全国居领先位置。合肥是重要的装备制造城，是全国最大的挖掘机、叉车、轮胎生产基地之一，重装变压器、锻压装备生产位居全国前列。合肥是家电城，汇聚了格力、海尔、美的、华凌、美菱、荣事达、三洋等一大批知名家电生产企业，冰箱、洗衣机、空调、彩电四大件产量突破 6000 万台套，居全国首位。合肥是汽车城，是全国汽车及零部件出口基地，是我国为数不多的全系列汽车生产基地，有江淮、安凯、昌河等知名汽车品牌，汽车配套企业 200 多家。在京东方 6 代线落户合肥的基础上，鑫晟 8.5 代线于 2013 年底在合肥点亮首屏、2014 年 11 月顺利达产，这是中国首条氧化物面板生产线；大陆轮胎、联宝千万级笔记本电脑生产基地、联想产业基地等一大批标志性大项目落户合肥。

中国科技大学先进技术研究院

合肥市百名县干招商工作动员会

【科技创新】

合肥科教资源丰富，拥有中国科技大学等高等院校 60 所，在校大学生 50 多万人。各级科研机构 344 个，其中：中科院合肥物质科学研究院、中电科 38 所等中央驻肥科研机构 12 家。各类研发机构 608 个（国家级 74 个），其中：国家大科学工程5个，省部级以上实验室135个（国家级8个），工程研究中心33个，工程技术研究中心135个（国家级7个），企业技术中心 197 个（国家级 30 个），院士工作站 21 个，博士后工作站 37 个（国家级 24 个），博士后流动站 45 个。拥有国家大科学工程 5 个，是国内除北京以外大科学工程最密集的地区。进入“千人计划”的海归人才 33 人，在肥工作的两院院士 72 名。世界上第一台 DVD、仿生洗衣机、变容式冰箱，全球首个城域量子通信试验示范网，中国第一台空调、第一辆微型汽车、第一台微型计算机、第一条纯电动公交线路等均诞生于此。合肥是世界科技城市联盟（WTA）会员城市，作为中国四大科教基地之一，合肥是国家创新型试点市、唯一的国家科技创新型试点市。

知名商（协）会合肥行活动

【生态环境】

合肥生态环境宜人。具有“城中有园、园中有城”的鲜明特色，全市森林覆盖率28.6%，城市绿地率40.3%，建成区绿化覆盖率45.2%，人均公园绿地面积12.9平方米，全年空气质量良好率超过300天，是“国家森林城市”和首批命名的3个全国园林城市之一，两次荣膺“中国人居环境范例奖”，先后被评为“中国十大美丽城市”、“中国十佳宜居城市”、“全国优秀生态旅游城市”。

合肥环城公园

【开放合作】

合肥充满开放活力。先后同180多个国家和地区建立经贸往来，与日本久留米、美国哥伦布等11个城市结为友好城市，现有37家境外世界500强企业在肥投资，安徽省首个综合保税区在此落户，合肥新亚欧大陆桥国际货运班列正式开通，合肥出口加工区跃居全国51个出口加工区第7位。相继与宁波、佛山、南京、广州等城市签署全面合作框架协议，是皖江城市带承接产业转移示范区核心城市、长三角城市经济协调会成员城市。相继被评为“中国投资环境50优城市”、“中国最佳投资城市”、“全国十大经商成本最低城市”、“跨国公司眼中最具投资价值的中国城市”、“中国城市整体竞争力和成长竞争力30强”、“中国最具发展潜力城市”。

现代滨湖

【愿景展望】

当前，合肥市被党中央、国务院赋予“长三角世界级城市群副中心”、“国际化都市区”、“全国性综合交通枢纽”、“内陆开放新高地”最新定位。未来，合肥市将继续深入贯彻落实科学发展观，在省委省政府的坚强领导下，团结带领全市人民，围绕全面转型、加速崛起、富民强市主线，朝着建设长三角世界级城市群副中心阔步迈进，奋力谱写“大湖名城、创新高地”建设的新篇章。

美丽巢湖

江苏省苏州市

2013年，苏州市实现地区生产总值1.3万亿元，增长9.6%；完成地方公共财政预算收入1331亿元，增长10.5%。市区居民人均可支配收入4.1万元，农民人均纯收入2.2万元，城乡收入比保持在2:1以内。

全市先后抓住农村改革、乡镇企业发展、浦东开发开放和建设全面小康社会等重大历史机遇，经济社会保持了持续快速健康发展的良好态势，获得了全国文明城市、国家卫生城市、国家生态市、国家环境保护模范城、全国社会治安综合治理工作优秀城市、中国优秀旅游城市、全国文化模范市、全国科技兴市先进市、全国政务公开先进地区、全国双拥模范城市、全国社区建设示范市、全国无障碍设施建设示范市、国际花园城市等荣誉称号。

金鸡湖

金鸡湖夜景

扩内需稳外需，经济保持稳定增长。完成新兴产业投资1346亿元，增长18.8%，高于全社会投资增幅4.8个百分点；完成服务业投资3561亿元，占全社会投资比重的59.3%，同比提高1个百分点。全市一般贸易出口占比提高到26.8%，加工贸易增值率达80%，服务外包主要指标继续保持50%以上增幅。“走出去”战略成效显著。中方境外协议投资额达到16.2亿美元，增长32.5%，连续十年保持全省第一。

调结构上档次，产业转型成效显现。完成制造领域新兴产业产值1.38万亿元，增长6.8%，高出规模以上工业产值增幅2.7个百分点；新认定10个战略性新兴产业基地，累计达到29个。技改投入占工业投资比重达到65%，新增地标型企业4家。实现服务业增加值5951.6亿元，增长12.7%；新增总部企业28家，7家企业成为首批“江苏省服务业创新示范企业”；新增各类金融机构38家，总数超过600家，新增全社会融资超过4000亿元。

苏州高新区

苏州工业园区

太湖风光

太湖湿地公园

抓创新激活力，科技实力大幅提升。全市财政性科技投入77.8亿元，落实研发加计扣除减税52.95亿元，分别增长24.4%和24.7%。科技金融结合不断深入。大中型内资工业企业研发机构基本实现全覆盖，新增省级以上工程技术研究中心104家、企业技术中心50家、外资研发机构75家，共有国家高新技术企业2502家、技术先进型服务企业153家。新增国家"千人计划"人才36名，累计达141名；新增省"双创计划"人才102人，累计达403人，连续7年位居全省第一。

退思园

重统筹促融合，城乡一体步伐加快。2030版城市总体规划和综合交通规划启动修编，"一核四城"中心城市布局初具形态，现代化的交通网络体系逐步形成。城乡布局和形态继续优化，农村土地规模经营比重提高到91%，工业企业集中度提高到92%，农民集中居住率达52.2%。

转方式优生态，环境质量不断改善。注重源头预防，全年劝退、拒批项目超过230个，涉及投资额23.2亿元；66个项目分别列入中央和省节能技改计划，入选"中国能效之星"企业数和产品数在全省继续保持领先。园区整体循环化改造启动实施，250家重点企业清洁生产工作按期推进，成为国家循环经济示范城市。

拙政园

惠民生促和谐，人民福祉持续增进。积极实施就业优先战略，全年新增就业17.5万人，"零就业"和"零转移"贫困家庭保持动态清零；城镇职工社会保险覆盖率、城乡居民养老保险和医疗保险覆盖率均保持在99%以上，城乡老年居民社会化管理率超过60%。苏州成为全国首个义务教育发展基本均衡市；成功创建首批国家公共文化服务体系示范区；城乡社区卫生服务普及率达100%，社区卫生信息系统实现优化升级。

苏州新农村

浙江省衢州市

衢州市位于浙江省西部、钱塘江源头，南接福建南平，西邻江西上饶、景德镇，北连安徽黄山，东与杭州、金华、丽水市相衔。现辖龙游、开化、常山3个县，柯城、衢江2个区和江山市，地域面积8844平方公里，总人口253万。

底蕴深厚的历史名城。衢州是国家级历史文化名城，自东汉初平三年（192年）设新安县，至今已有1800多年建城史。衢州孔氏南宗家庙是全国仅有的两座孔氏家庙之一，圣人孔子后裔世居于此；江山市清漾村被专家学者公认为“江南毛氏发祥地”，是伟人毛泽东的祖籍地；烂柯山有“围棋仙地”之美誉，是围棋文化发源地。

区位独特的浙西枢纽。衢州素有“四省通衢”之称，承东启西，连南贯北，是连接长三角、泛珠三角和海西经济区的重要节点城市，民航、铁路、公路、水运齐全。民航直达北京、深圳、厦门等城市。浙赣铁路和通车在即的杭（州）长（沙）高铁及建设中的九景衢铁路横贯全境。杭金衢、杭新景、黄衢南、龙丽温四条高速公路形成“两横两纵”路网框架。衢州到杭州2小时车程，到上海、宁波约3小时车程。

资源丰富的生态屏障。衢州是国家级生态示范区，全市森林覆盖率达71.5%，水资源总量近100亿立方米，是目前浙江省饮用水源达到国家一级地表水标准的唯一城市。以优质水资源和特色农产品资源为基础，2013年全市绿色食品产业实现产值73亿元，拥有旺旺、康师傅、娃哈哈等食品企业60余家，是国家级绿色休闲食品和健康饮品产业基地。

浙江中关村科技产业园

亲水游活动

国家首个休闲区

风景秀美的旅游胜地。衢州是中国优秀旅游城市，有世界自然遗产地江郎山，有 5 个国家森林公园、2 个国家级自然保护区和湿地公园、1 个 5A 级风景区。首个国家休闲区试点落户衢州，“五龙湖国家生态度假旅游实验区”建设获国家旅游局批复，信安湖、江郎山旅游集聚区建设加快推进，2 个国家 5A 级旅游景区创建全面启动，乡村休闲旅游转型提升不断推进。

奔跑起来的活力新城。衢州以产业高端化发展为导向，重点发展新材料、新能源、先进装备制造、电子信息四大战略性新兴产业，提升金属制品、特种纸、新型建材、绿色食品四大传统优势产业，整合四个开发区资源全力打造现代产业新城，浙江中关村科技产业园正式入驻。相继获得国家级氟硅新材料产业基地、空气动力机械制造业基地、特种纸产业基地以及省级光伏产业基地、电子元器件及材料产业基地等命名。2013 年，全市实现生产总值 1056.6 亿元，增长 9.1%；人均生产总值达 6730 美元；财政总收入 118.2 亿元，增长 11.1 %；城镇居民人均可支配收入 28883 元，增长 10.1%；农村居民人均纯收入 11924 元，增长 11.3%。

今后一个时期，衢州市将继续按照“绿色发展、生态富民、科学跨越”总要求，突出“工业立市”中心不动摇，打好城市建设和管理、旅游业大发展“两大战役”，全力推进“一城一区一园一村”建设（即现代田园城市、首个国家休闲区、国家东部公园、浙江中关村科技产业园），奋力拼搏，主动作为，全力打造生态屏障，建设幸福衢州，以生态文明建设力促转型升级，努力让城乡环境更美，让百姓生活更好。

神农双瀑

蓝天碧水

江苏省无锡市

无锡市2013年全市实现地区生产总值8070.18亿元，人均地区生产总值12.46万元，完成地方公共财政预算收入710.91亿元，实现进出口总额703.73亿元，其中出口411.49亿元。高新技术产业总产值占规模以上工业总产值比重达到41%。完成全社会固定资产投资4015.77亿元。

转型升级步伐加快。围绕苏南现代化示范区建设目标，着力打造“三地三中心”（战略性新兴产业高地、先进制造业基地、旅游度假胜地、科技创新创业人才集聚中心、文化创意中心、商贸物流中心），全市高新技术产业产值占规模以上工业总产值比重较上年提高1.9个百分点，新兴产业产值增长14%左右。国家传感网创新示范区建设成效显著，物联网产业产值增长40%。实施服务业发展超越工程，服务业增加值占地区生产总值比重较上年提高0.8个百分点。全面推进国家创新型城市试点工作，全市新增“530”企业88家，新引进5名诺贝尔奖获得者和8名外国院士来锡建立工作站和研究院。全社会研发投入占地区生产总值比重达2.7%。

改革开放活力增强。狠抓简政放权工作，推进行业组织与主管单位“三脱钩”，推动政府相关职能向行业组织转移。深化投融资体制改革，出台政府性项目投融资管理制度。加快国有资本布局调整，鼓励和引导民间资本进入基础设施等领域，推进农村产权制度改革，加快集体经济股份合作制改造。积极开展省“两型社会”综合配套改革试点，完善环境资源区域补偿机制，被列入全国绿色低碳交通区域性试点城市、国家城镇低效用地再开发试点城市；全面对接上海自贸区建设，积极申报和探索建设空港型自由贸易园区。

传感网创新园

无锡国家动漫产业基地在新区建设创新创意产业园

城乡建设协调发展。实施“一城一岛一带”规划三年行动计划，太湖新城、马山国际旅游岛、古运河风光带建设步伐加快。江阴临港新城、宜兴东氿新城、锡东新城、惠山新城等重点区域开发成效显著。启动10个城乡一体化先导示范镇建设，开展“三集中两置换一转化”工作，全市农业向适度规模经营集中比例达85%，乡镇工业向园区集中比例达91%，农村居住集中比例达45%。获评中国内地宜居城市竞争力第一名。加强城市基础和配套设施建设。地铁1号线即将进入试运行，宁杭高铁无锡段建成通车，苏南硕放国际机场二期改扩建工程基本建成。

长广溪地公园

物联网

远见风场

蠡湖社区

生态文明不断进步。积极推进太湖治理、大气污染防治、节能减排、植树增绿、环境执法等重点工作。强化太湖长效治理和应急防控，加快重点治太工程建设，成为全国首批“水生态文明城市建设试点市”。实施新一轮“蓝天工程”，推进工业废气治理，开展机动车尾气污染防治和建设工地扬尘专项整治。启动147个日常生活垃圾分类收集试点。严厉打击各类环境违法行为，取缔关闭企业92家，停产整顿136家。着力优化生态空间，全市28.7%的土地划定为生态红线保护区域，严格落实耕地保护制度，全市基本农田稳定保持在165万亩。

民生工作扎实推进。将本级财政的70%以上用于保障和改善民生。健全城乡统一的就业创业服务体系，全市城镇新增就业14.8万人，被评为全国创业先进城市。积极拓宽城乡居民增收渠道，全市城镇居民人均可支配收入、农民人均纯收入分别增长9.4%和11.2%。稳步推进社会保障扩面提标，城乡基本养老、医疗、失业保险覆盖率均达98%以上。全面实施城乡居民大病保险制度，职工医保、居民医保政策范围内住院费用补偿率分别提高到80%和70%以上。

社会事业成效显著。努力办好社会事业，提高公共服务能力。新建、改扩建幼儿园47所，率先全面建成“江苏省学前教育改革发展示范区”，80%的义务教育学校达到省现代化办学标准。组织实施28个省现代职教体系建设试点项目。稳步推进公立医院综合改革试点，深化公立医院与社区卫生服务机构协作，基层医疗卫生服务能力逐步提高，新增10个国家、省级示范社区卫生服务中心，率先建成省级慢性非传染性疾病综合防控示范区。

古寺秋韵

鼋头秋色

黄金水道

江苏省常州市

2013年，常州市紧扣科学发展主题和转变经济发展方式主线，坚持稳中求进的工作总基调和又好又快的工作导向，积极抢抓苏南现代化示范区建设机遇，扎实做好稳增长、调结构、抓创新、惠民生、促和谐等各项工作，经济社会保持了持续稳定发展的良好势头。

综合实力不断增强。全市实现地区生产总值4350亿元，比上年增长10.9%。公共财政预算收入达408.9亿元，增长7.9%。完成固定资产投资2900亿元，增长18.2%，其中工业投入1540亿元，增长16.6%。规模以上工业总产值首次跨上万亿元台阶，达10070亿元，增长11.5%。实现服务业增加值1975亿元，占地区生产总值的比重达45.4%。完成社会消费品零售总额1587亿元，增长13%。

发展质态不断提升。出台培育发展战略性新兴产业、现代服务业和金融业三年行动计划，制定推进十大产业链建设、传统优势产业转型升级"双百"行动计划和创新型企业"十百千"计划等，产业结构不断优化升级，新兴产业产值增长26%。科技创新成效显著，高新技术产值占规模以上工业产值比重达41.3%。国家创新型科技园区实现营业总收入超1285亿元。成立江苏中科院智能科学技术应用研究院，实现了省属公共研发平台的重大突破。实施两批"龙城英才计划"，签约引进领军型创新创业人才项目478个，其中国家"千人计划"特聘专家155名。金融业规模不断扩大，全市金融机构本外币存贷款余额分别增长10%、11%以上。

创新之核——科教城

钟楼科技创业园

城乡环境不断优化。坚持新城建设与旧城改造统筹推进，背街小巷面貌得到有效改善。常州机场改扩建工程全面完成，机场综合保障能力实现新跃升。城乡绿化建设取得新成效，全市城镇绿化覆盖率达 37.3%。成功举办第八届中国花博会，市容面貌进一步改善。城乡一体化建设和生态文明建设有序推进，连续两年在全省生态文明建设工程综合考核中名列第二。荣获国家生态市、省人居环境城市称号。

人民生活不断改善。城乡居民收入分别增长 10%、11% 以上。城镇新增就业 12 万人，城镇登记失业率控制在 4% 以内。企业职工养老保险、职工医疗保险、失业保险三大保险综合覆盖率保持在 98% 以上，连续 9 年上调企业退休人员基本养老金。成功创建省住房保障体系建设示范市，居家养老服务中心（站）实现街道（镇）和城市社区全覆盖，全省高考文理科第一名花落常州，舞蹈《香脆萝卜干》、小品《救》荣获全国群众文化最高奖“群星奖”。荣获全国社会治安综合治理最高奖“长安杯”。

浙江省宁波市

宁波市是长三角核心区城市、先进制造业基地、现代物流基地和国际港口城市，是上海国际航运中心的重要组成部分。2013 年，宁波市继续推动和参与长三角区域合作，与上海及其他长三角城市达成合作项目 93 个，协议总投资 178.6 亿元；引进项目 81 个，协议资金 144.4 亿元。承办浙东合作区第 22 次市长联席会议，举办“2013 南京 · 宁波周”等活动。

浙江省委常委、宁波市委书记刘奇检查抗台救灾工作

2013 中国食品博览会

智慧城市发展高峰论坛

保持经济稳定增长。全年实现地区生产总值 7128.87 亿元，增长 8.1%；完成地方财政收入 792.81 亿元，增长 9.3%；市区居民人均可支配收入达到 41729 元，农村居民人均纯收入 20534 元，分别增长 10.1% 和 11.1%；居民消费价格指数 102.2%。完善城乡现代商业服务体系，发展电子商务，推进市镇商贸中心、商业特色街和商业示范社区建设，完成社会消费品零售总额 2635.71 亿元、增长 13.3%。实施“外贸实力效益工程”和“外贸育苗工程”，加快国家进口贸易，促进创新示范区建设。

加快转型升级步伐。强化创新驱动发展，启动新材料科技城和国家高新区“一区多园”建设，实施“科技领航计划”、“智团创业计划”，宁波国家级文化和科技融合示范基地获批，复旦大学宁波研究院、海洋电子研究院、西安电子科技大学宁波信息技术研究院启动建设，石墨烯产业化应用开发、碳纤维规模化生产等项目落地转化。战略性新兴产业、高新技术产业产值占规模以上工业总产值比重分别达到 25.5% 和 30%，新产品产值率 23%，关停落后产能企业 199 家。现代物流、文化创意、金融、旅游等产业加快发展，服务业增加值占地区生产总值比重提高到 43.6%。加快智慧城市建设，智慧物流、智慧健康、智慧社会管理试点成效明显。

穿好疏港高速公路

第十二届中国国际日用消费品博览会

“请让我来帮助你”大型广场慈善公益活动

中国旅游日纪念活动

推进城乡协调发展。启动城市总体规划修改和报批工作，加强中心城区改造提升，“三江六岸”滨江休闲带工程启动段建成投用，完成打通“断头路”三年行动计划。都市圈南北两翼加快发展，促进余姚高铁新城、慈溪文化商务区、奉化滨海新区、浙台（象山石浦）经贸合作区建设，三门湾区域发展规划出台实施。交通网络建设成效明显，杭甬高铁、铁路宁波站、大榭第二大桥建成投用，轨道交通1号线和2号线一期、南北环快速路等项目有序推进，杭州湾跨海大桥杭甬高速连接线开工建设，成为国家公交都市创建示范城市。

激发改革开放活力。推进资源要素配置市场化改革，强化产业项目用地准入管理，排污权有偿使用交易工作有序开展。大力发展“天使投资”，推动金融机构改革重组，民间融资规范化、阳光化试点稳步实施。深化服务业综合改革试点，积极搭建商品交易平台。农村集体林权制度、集体经济股份合作制改革继续深化。推进卫星城市改革发展，中心镇的管理权限和行政执法权限进一步扩大。加强对外开放平台建设，推进重点开发区域整合提升，国际卫生港创建进展顺利，口岸功能进一步增强。

改善社会民生福祉。把生态环境建设放在突出位置，开展国家低碳城市试点，强化森林资源保护，“禁燃区”建设三年行动计划和主要污染物减排目标完成。推进国家级创业型城市和充分就业县（市）区建设，扶持高校毕业生就业创业，城镇登记失业率创历史新低。市级公立医院综合改革全面启动，新十大医疗卫生基础设施加快建设，通过国家卫生城市复查。社会保障提标扩面，城乡居民医疗保险统筹实质性启动，各类养老金待遇和医保报销比例继续提高。创新基层公共治理形式，协商民主和法制建设深入开展，深化重大决策社会稳定风险评估。进一步提高政府服务效能，政府透明度位居省会城市、计划单列市首位。推进城市管理相对集中行政处罚权工作，北仑区率先实施城乡一体化城市管理综合行政执法体制。

宁波优质农产品展在香港举行

宁波港最大单批次汽车滚装出口

东部新城

江苏省盐城市

深化区域合作　促进转型升级

——盐城与长三角区域合作共建园区掠影

近年来，盐城市抢抓长三角一体化国家战略机遇，秉持融合发展、合作共赢的理念，大力实施融接上海、东向出海战略，依托丰富的资源优势和广阔的市场空间，全面扩大开放合作，积极谋求互利共赢。全市与上海、苏州、常州等地合作共建园区达到 15 家，与上海合作共建园区 11 家，实现盐沪共建园区的市域全覆盖。上海漕河泾新兴技术开发区与我市合作共建园区取得明显成效，与张江高新区的实质性合作全面启动，苏州盐城沿海合作开发园区启动建设，常州高新区大丰工业园连续四年位列全省共建园区前 3 名。据统计，上海、苏南、浙江等地在我市转移落户企业已达 1721 家，投资占到我市固定资产投资的 30% 左右，其中上海在我市投资落户企业已超过 430 家，总投资达到 1600 亿元；浙江在我市投资企业 860 家，总投资 2300 多亿元，我市民间投资 1/3 来自浙江。

上海嘉定（建湖）科技工业园

上海嘉定汽车产业园区亭湖工业园

上海闵行盐都工业园

上海南汇工业园区

上海市工业综合开发区滨海工业园外

上海西郊工业园区东台工业园

苏盐园区照片

目前，全市15家共建园区规划总面积150平方公里，注册总资本金9.7亿元，累计基础设施投入92亿元，落户项目330个，总投资820亿元。2013年，全市共建园区新开工亿元以上项目48个、总投资66亿元，实现开票销售收入256亿元，增长32%；公共财政预算收入6.9亿元，增长34%。

武进高新区阜宁工业园

武进工业园

园区鸟瞰全貌图

编写说明

近年来，长江三角洲地区的发展引起了人们的广泛关注，以长江三角洲的发展为对象的研究活动正在迅速兴起。为组织和协调区域内的重要学术研究力量，进一步加强对长江三角洲地区的跟踪报道与深入研究，2005年12月,由上海社会科学院、江苏省社会科学院、浙江省社会科学院共同发起和成立了“长三角联合研究中心”，以期发挥三院雄厚的专业研究力量，共同关注和研究长三角的发展问题。2014年，根据长三角地区经济社会发展的实际，以及研究工作的需要，安徽省社会科学院也参加了中心的研究工作。《长三角年鉴》的编写和出版即为该中心的年度工作内容之一。

目前，对“长江三角洲地区”有多种不同的解释。本年鉴中使用的“长江三角洲地区”主要是指上海、江苏和浙江两省一市的全部，以及安徽省的部分主要地区。以后随着发展的实际，参与的地区规模将有所改变。

《长三角年鉴》重点分析长三角地区年度经济社会发展的基本情况与基本成就。但在年鉴的部分内容中也使用了前几年的发展数据，主要用于说明事情发展变化的过程，便于使用者从历史变化的角度对长三角地区的发展有一个整体认识。部分数据使用了相关地区的政府工作报告和年度统计公报中的材料。

《长三角年鉴》主要开设以下栏目：长三角区域概况，重点介绍和分析本区域的自然条件与自然状况、人口情况、行政区划及文化和旅游资源等；长三角地区区域经济社会发展报告，介绍和分析长三角地区三次产业结构和市县发展情况，同时对一年中上海市、江苏省、浙江省和安徽省及各省辖市经济社会发展的主要进展与主要成就进行分析和研究；长三角地区产业经济与社会发展报告，重点是从长三角整体的角度对区域内年度经济与社会发展的主要方面进行分析和总结；长三角地区经济社会发展重要指标，用经济发展数据和社会发展数据介绍、分析和研究长三角总体和各市县综合实力，居民收入，经济国际化水平，社会财富等；重要文献，主要介绍一年中上海市、江苏省、浙江省和安徽省政府制定和实施的重要文件，以及理论界研究长三角地区发展问题的代表性成果；大事记。

《长三角年鉴》采用篇章编纂法编写，篇下设章，篇和章的标题分别使用不同字体和字号以示区别，篇目标明于页眉，以便于检索。

长三角联合研究中心

目　　录

Content

长三角年鉴(2014)
Yangtze River Delta Yearbook 2014

第四篇　经济社会发展重要指标 …… 647
Volume 4　Significant Index of Economic and Social Development

第五篇 重要文献 …… 707
Volume 5 Significant Documents

第六篇 大事记 …… 791
Volume 6 Major Events

第一篇

特　载

一 中国(上海)自由贸易试验区总体方案

建立中国(上海)自由贸易试验区(以下简称试验区)是党中央、国务院作出的重大决策,是深入贯彻党的十八大精神,在新形势下推进改革开放的重大举措。为全面有效推进试验区工作,制定本方案。

一、总体要求

试验区肩负着我国在新时期加快政府职能转变、积极探索管理模式创新、促进贸易和投资便利化,为全面深化改革和扩大开放探索新途径、积累新经验的重要使命,是国家战略需要。

(一)指导思想

高举中国特色社会主义伟大旗帜,以邓小平理论、"三个代表"重要思想、科学发展观为指导,紧紧围绕国家战略,进一步解放思想,坚持先行先试,以开放促改革、促发展,率先建立符合国际化和法治化要求的跨境投资和贸易规则体系,使试验区成为我国进一步融入经济全球化的重要载体,打造中国经济升级版,为实现中华民族伟大复兴的中国梦作出贡献。

(二)总体目标

经过两至三年的改革试验,加快转变政府职能,积极推进服务业扩大开放和外商投资管理体制改革,大力发展总部经济和新型贸易业态,加快探索资本项目可兑换和金融服务业全面开放,探索建立货物状态分类监管模式,努力形成促进投资和创新的政策支持体系,着力培育国际化和法治化的营商环境,力争建设成为具有国际水准的投资贸易便利、货币兑换自由、监管高效便捷、法制环境规范的自由贸易试验区,为我国扩大开放和深化改革探索新思路和新途径,更好地为全国服务。

(三)实施范围

试验区的范围涵盖上海外高桥保税区、上海外高桥保税物流园区、洋山保税港区和上海浦东机场综合保税区等 4 个海关特殊监管区域,并根据先行先试推进情况以及产业发展和辐射带动需要,逐步拓展实施范围和试点政策范围,形成与上海国际经济、金融、贸易、航运中心建设的联动机制。

二、主要任务和措施

紧紧围绕面向世界、服务全国的战略要求和上海"四个中心"建设的战略任务,按照先行先试、风险可控、分步推进、逐步完善的方式,把扩大开放与体制改革相结合,把培育功能与政策创新相结合,形成与国际投资、贸易通行规则相衔接的基本制度框架。

(一)加快政府职能转变

1. 深化行政管理体制改革。加快转变政府职能,改革创新政府管理方式,按照国际化、法治化的要求,积极探索建立与国际高标准投资和贸易规则体系相适应的行政管理体系,推进政府管理由注重事先审批转为注重事中、事后监管。建立一匚受理、综合审批和高效运作的服务模式,完善信息网络平台，实现不同部门的协同管理机制。建立行业信息跟踪、监管和归集的综合性评估机制，加强对试验区内企业在区外经营活动全过程的跟踪、管理和监督。建立集中统一的市场监管综合执法体系，在质量技术监督、食品药品监管、知识产权、工商、税务等管理领域，实现高效监管，积极鼓励社会力量参与市场监督。提高行政透明度，完善体现投资者参与、符合国际规则的信息公开机制。完善投资者权益有效保障机制，实现各类投资主体的公平竞争，允许符合条件的外国投资者自由转移其投资收益。建立知识产权纠纷调解、援助等解决机制。

（二）扩大投资领域的开放

2. 扩大服务业开放。选择金融服务、航运服务、商贸服务、专业服务、文化服务以及社会服务领域扩大开放（具体开放清单见附件），暂停或取消投资者资质要求、股比限制、经营范围限制等准入限制措施（银行业机构、信息通信服务除外），营造有利于各类投资者平等准入的市场环境。

3. 探索建立负面清单管理模式。借鉴国际通行规则，对外商投资试行准入前国民待遇，研究制订试验区外商投资与国民待遇等不符的负面清单，改革外商投资管理模式。对负面清单之外的领域，按照内外资一致的原则，将外商投资项目由核准制改为备案制（国务院规定对国内投资项目保留核准的除外），由上海市负责办理；将外商投资企业合同章程审批改为由上海市负责备案管理，备案后按国家有关规定办理相关手续；工商登记与商事登记制度改革相衔接，逐步优化登记流程；完善国家安全审查制度，在试验区内试点开展涉及外资的国家安全审查，构建安全高效的开放型经济体系。在总结试点经验的基础上，逐步形成与国际接轨的外商投资管理制度。

4. 构筑对外投资服务促进体系。改革境外投资管理方式，对境外投资开办企业实行以备案制为主的管理方式，对境外投资一般项目实行备案制，由上海市负责备案管理，提高境外投资便利化程度。创新投资服务促进机制，加强境外投资事后管理和服务，形成多部门共享的信息监测平台，做好对外直接投资统计和年检工作。支持试验区内各类投资主体开展多种形式的境外投资。鼓励在试验区设立专业从事境外股权投资的项目公司，支持有条件的投资者设立境外投资股权投资母基金。

（三）推进贸易发展方式转变

5. 推动贸易转型升级。积极培育贸易新型业态和功能，形成以技术、品牌、质量、服务为核心的外贸竞争新优势，加快提升我国在全球贸易价值链中的地位。鼓励跨国公司建立亚太地区总部，建立整合贸易、物流、结算等功能的营运中心。深化国际贸易结算中心试点，拓展专用账户的服务贸易跨境收付和融资功能。支持试验区内企业发展离岸业务。鼓励企业统筹开展国际国内贸易，实现内外贸一体化发展。探索在试验区内设立国际大宗商品交易和资源配置平台，开展能源产品、基本工业原料和大宗农产品的国际贸易。扩大完善期货保税交割试点，拓展仓单质押融资等功能。加快对外文化贸易基地建设。推动生物医药、软件信息、管理咨询、数据服务等外包业务发展。允许和支持各类融资租赁公司在试验区内设立项目子公司并开展境内外租赁服务。鼓励设立第三方检验鉴定机构，按照国际标准采信其检测结果。试点开展境内外高技术、高附加值的维修业务。加快培育跨境电子商务服务功能，试点建立与之相适应的海关监管、检验检疫、退税、跨境支付、物流等支撑系统。

6. 提升国际航运服务能级。积极发挥外高桥港、洋山深水港、浦东空港国际枢纽港的联动作用，探索形成具有国际竞争力的航运发展制度和运作模式。积极发展航运金融、国际船舶运输、国际船舶管理、国际航运经纪等产业。加快发展航运运价指数衍生品交易业务。推动中转集拼业务发展，允许中资公司拥有或控股拥有的非五星旗船，先行先试外贸进出口集装箱在国内沿海港口和上海港之间的沿海捎带业务。支持浦东机场增加国际中转货运航班。充分发挥上海的区域优势，利用中资“方便

旗”船税收优惠政策，促进符合条件的船舶在上海落户登记。在试验区实行已在天津试点的国际船舶登记政策。简化国际船舶运输经营许可流程，形成高效率的船籍登记制度。

（四）深化金融领域的开放创新

7. 加快金融制度创新。在风险可控前提下，可在试验区内对人民币资本项目可兑换、金融市场利率市场化、人民币跨境使用等方面创造条件进行先行先试。在试验区内实现金融机构资产方价格实行市场化定价。探索面向国际的外汇管理改革试点，建立与自由贸易试验区相适应的外汇管理体制，全面实现贸易投资便利化。鼓励企业充分利用境内外两种资源、两个市场，实现跨境融资自由化。深化外债管理方式改革，促进跨境融资便利化。深化跨国公司总部外汇资金集中运营管理试点，促进跨国公司设立区域性或全球性资金管理中心。建立试验区金融改革创新与上海国际金融中心建设的联动机制。

8. 增强金融服务功能。推动金融服务业对符合条件的民营资本和外资金融机构全面开放，支持在试验区内设立外资银行和中外合资银行。允许金融市场在试验区内建立面向国际的交易平台。逐步允许境外企业参与商品期货交易。鼓励金融市场产品创新。支持股权托管交易机构在试验区内建立综合金融服务平台。支持开展人民币跨境再保险业务，培育发展再保险市场。

（五）完善法制领域的制度保障

9. 完善法制保障。加快形成符合试验区发展需要的高标准投资和贸易规则体系。针对试点内容，需要停止实施有关行政法规和国务院文件的部分规定的，按规定程序办理。其中，经全国人民代表大会常务委员会授权，暂时调整《中华人民共和国外资企业法》《中华人民共和国中外合资经营企业法》和《中华人民共和国中外合作经营企业法》规定的有关行政审批，自 2013 年 10 月 1 日起在 3 年内试行。各部门要支持试验区在服务业扩大开放、实施准入前国民待遇和负面清单管理模式等方面深化改革试点，及时解决试点过程中的制度保障问题。上海市要通过地方立法，建立与试点要求相适应的试验区管理制度。

三、营造相应的监管和税收制度环境

适应建立国际高水平投资和贸易服务体系的需要，创新监管模式，促进试验区内货物、服务等各类要素自由流动，推动服务业扩大开放和货物贸易深入发展，形成公开、透明的管理制度。同时，在维护现行税制公平、统一、规范的前提下，以培育功能为导向，完善相关政策。

（一）创新监管服务模式

1. 推进实施“一线放开”。允许企业凭进口舱单将货物直接入区，再凭进境货物备案清单向主管海关办理申报手续，探索简化进出境备案清单，简化国际中转、集拼和分拨等业务进出境手续；实行“进境检疫，适当放宽进出口检验”模式，创新监管技术和方法。探索构建相对独立的以贸易便利化为主的货物贸易区域和以扩大服务领域开放为主的服务贸易区域。在确保有效监管的前提下，探索建立货物状态分类监管模式。深化功能拓展，在严格执行货物进出口税收政策的前提下，允许在特定区域设立保税展示交易平台。

2. 坚决实施“二线安全高效管住”。优化卡口管理，加强电子信息联网，通过进出境清单比对、账册管理、卡口实货核注、风险分析等加强监管，促进二线监管模式与一线监管模式相衔接，推行“方便进出，严密防范质量安全风险”的检验检疫监管模式。加强电子账册管理，推动试验区内货物在各海关特殊监管区域之间和跨关区便捷流转。试验区内企业原则上不受地域限制,可到区外再投资或开展业务,如有专项规定要求办理相关手续,仍应按照专项规定办理。推进企业运营信息与监管系统对接。通过风险监控、第三方管理、保证金要求等方式实行有效监管,充分发挥上海市诚信体系建设的作用,加快形成企业商务诚信管理和经营活动专属管辖制度。

3. 进一步强化监管协作。以切实维护国家安全和市场公平竞争为原则,加强各有关部门与上海市政府的协同,提高维护经济社会安全的服务保障能力。试验区配合国务院有关部门严格实施经营者集中反垄断审查。加强海关、质检、工商、税务、外汇等管理部门的协作。加快完善一体化监管方式,推进组建统一高效的口岸监管机构。探索试验区统一电子围网管理,建立风险可控的海关监管机制。

(二)探索与试验区相配套的税收政策

4. 实施促进投资的税收政策。注册在试验区内的企业或个人股东,因非货币性资产对外投资等资产重组行为而产生的资产评估增值部分,可在不超过5年期限内,分期缴纳所得税。对试验区内企业以股份或出资比例等股权形式给予企业高端人才和紧缺人才的奖励,实行已在中关村等地区试点的股权激励个人所得税分期纳税政策。

5. 实施促进贸易的税收政策。将试验区内注册的融资租赁企业或金融租赁公司在试验区内设立的项目子公司纳入融资租赁出口退税试点范围。对试验区内注册的国内租赁公司或租赁公司设立的项目子公司,经国家有关部门批准从境外购买空载重量在25吨以上并租赁给国内航空公司使用的飞机,享受相关进口环节增值税优惠政策。对设在试验区内的企业生产、加工并经"二线"销往内地的货物照章征收进口环节增值税、消费税。根据企业申请,试行对该内销货物按其对应进口料件或按实际报验状态征收关税的政策。在现行政策框架下,对试验区内生产企业和生产性服务业企业进口所需的机器、设备等货物予以免税,但生活性服务业等企业进口的货物以及法律、行政法规和相关规定明确不予免税的货物除外。完善启运港退税试点政策,适时研究扩大启运地、承运企业和运输工具等试点范围。

此外,在符合税制改革方向和国际惯例,以及不导致利润转移和税基侵蚀的前提下,积极研究完善适应境外股权投资和离岸业务发展的税收政策。

四、扎实做好组织实施

国务院统筹领导和协调试验区推进工作。上海市要精心组织实施,完善工作机制,落实工作责任,根据《方案》明确的目标定位和先行先试任务,按照"成熟的可先做,再逐步完善"的要求,形成可操作的具体计划,抓紧推进实施,并在推进过程中认真研究新情况、解决新问题,重大问题要及时向国务院请示报告。各有关部门要大力支持,积极做好协调配合、指导评估等工作,共同推进相关体制机制和政策创新,把试验区建设好、管理好。

附件:中国(上海)自由贸易试验区服务业扩大开放措施.

附件

中国(上海)自由贸易试验区服务业扩大开放措施

一、金融服务领域

1. 银行服务(国民经济行业分类:J 金融业——6620 货币银行服务)

开放措施 (1) 允许符合条件的外资金融机构设立外资银行,符合条件的民营资本与外资金融机构共同设立中外合资银行。在条件具备时,适时在试验区内试点设立有限牌照银行。

(2) 在完善相关管理办法,加强有效监管的前提下,允许试验区内符合条件的中资银行开办离岸业务。

2. 专业健康医疗保险(国民经济行业分类:J 金融业——6812 健康和意外保险)

开放措施 试点设立外资专业健康医疗保险机构。

3. 融资租赁(国民经济行业分类:J 金融业——6631 金融租赁服务)

开放措施 (1) 融资租赁公司在试验区内设立的单机、单船子公司不设最低注册资本限制。

(2) 允许融资租赁公司兼营与主营业务有关的商业保理业务。

二、航运服务领域

4. 远洋货物运输(国民经济行业分类:G 交通运输、仓储和邮政业——5521 远洋货物运输)

开放措施 (1)放宽中外合资、中外合作国际船舶运输企业的外资股比限制,由国务院交通运输主管部门制定相关管理试行办法。

(2)允许中资公司拥有或控股拥有的非五星旗船,先行先试外贸进出口集装箱在国内沿海港口和上海港之间的沿海捎带业务。

5. 国际船舶管理(国民经济行业分类:G 交通运输、仓储和邮政业——5539 其他水上运输辅助服务)

开放措施 允许设立外商独资国际船舶管理企业。

三、商贸服务领域

6. 增值电信(国民经济行业分类:I 信息传输、软件和信息技术服务业——6319 其他电信业务,6420 互联网信息服务,6540 数据处理和存储服务,6592 呼叫中心)

开放措施 在保障网络信息安全的前提下,允许外资企业经营特定形式的部分增值电信业务,如涉及突破行政法规,须国务院批准同意。

7. 游戏机、游艺机销售及服务(国民经济行业分类:F 批发和零售业——5179 其他机械及电子商品批发)

开放措施 允许外资企业从事游戏游艺设备的生产和销售,通过文化主管部门内容审查的游戏游艺设备可面向国内市场销售。

四、专业服务领域

8. 律师服务(国民经济行业分类:L 租赁和商务服务业——7221 律师及相关法律服务)

开放措施 探索密切中国律师事务所与外国(港澳台地区)律师事务所业务合作的方式和机制。

9. 资信调查(国民经济行业分类:L 租赁和商务服务业——7295 信用服务)

开放措施 允许设立外商投资资信调查公司。

10. 旅行社(国民经济行业分类:L 租赁和商务服务业——7271 旅行社服务)

开放措施 允许在试验区内注册的符合条件的中外合资旅行社,从事除台湾地区以外的出境旅游业务。

11. 人才中介服务(国民经济行业分类:L 租赁和商务服务业——7262 职业中介服务)

开放措施 (1) 允许设立中外合资人才中介机构,外方合资者可以拥有不超过70%的股权;允许港澳服务提供者设立独资人才中介机构。

(2) 外资人才中介机构最低注册资本金要求由30万美元降低至12.5万美元。

12. 投资管理(国民经济行业分类:L 租赁和商务服务业——7211 企业总部管理)

开放措施 允许设立股份制外资投资性公司。

13. 工程设计(国民经济行业分类:M 科学研究与技术服务企业——7482 工程勘察设计)

开放措施 对试验区内为上海市提供服务的外资工程设计(不包括工程勘察)企业,取消首次申请资质时对投资者的工程设计业绩要求。

14. 建筑服务(国民经济行业分类:E 建筑业——47 房屋建筑业,48 土木工程建筑业,49 建筑安装业,50 建筑装饰和其他建筑业)

开放措施 对试验区内的外商独资建筑企业承揽上海市的中外联合建设项目时,不受建设项目的中外方投资比例限制。

五、文化服务领域

15. 演出经纪(国民经济行业分类:R 文化、体育和娱乐业——8941 文化娱乐经纪人)

开放措施 取消外资演出经纪机构的股比限制,允许设立外商独资演出经纪机构,为上海市提供服务。

16. 娱乐场所(国民经济行业分类:R 文化、体育和娱乐业——8911 歌舞厅娱乐活动)

开放措施 允许设立外商独资的娱乐场所,在试验区内提供服务。

六、社会服务领域

17. 教育培训、职业技能培训(国民经济行业分类:P 教育——8291 职业技能培训)

开放措施 (1) 允许举办中外合作经营性教育培训机构。

(2) 允许举办中外合作经营性职业技能培训机构。

18. 医疗服务[国民经济行业分类:Q 卫生和社会工作——8311 综合医院,8315 专科医院,8330 门诊部(所)]

开放措施 允许设立外商独资医疗机构。

注:以上各项开放措施只适用于注册在中国(上海)自由贸易试验区内的企业。

二 江苏沿海地区发展规划

序 言

江苏沿海地区处于我国沿海、长江和陇海兰新线三大生产力布局主轴线的交汇区域，包括连云港、盐城和南通三市所辖全部行政区域，陆域面积3.25万平方公里，海岸线长954公里。2008年末总人口1964万人，地区生产总值4863亿元，人均地区生产总值24760元，高于全国平均水平。

江苏沿海地区区位优势独特，土地后备资源丰富，在提升长江三角洲地区整体实力、促进全国区域协调发展中具有重要战略地位。为更好地贯彻落实科学发展观，推动这一地区又好又快发展，增强服务带动中西部地区发展的能力，完善全国沿海经济布局，特制定江苏沿海地区发展规划。

本规划是指导这一地区今后一段时期发展的纲领性文件和编制相关规划的重要依据。

规划期为2009—2020年。

第一章 发展基础与重大意义

第一节 发展条件

独特的区位优势。江苏沿海地区是长江三角洲（以下简称长三角）的重要组成部分，南部毗邻我国最大的经济中心上海，北部连接环渤海地区，东与东北亚隔海相望，西连新亚欧大陆桥和长江黄金水道，是陇海兰新沿线地区出海通道的战略要冲。

专栏1：新亚欧大陆桥简介

新亚欧大陆桥又称第二亚欧大陆桥，从中国东海岸的连云港到欧洲西海岸的荷兰鹿特丹，全长10870公里，其中中国境内4131公里，沿线涉及江苏、山东、山西、安徽、河南、陕西、甘肃、宁夏、青海、新疆10个省区，面积377.1万平方公里，人口4.55亿，经济规模9.32万亿元，分别占全国的39.3%、34.4%、37.3%；东向日本、朝鲜、韩国等国家；西经中亚、西亚、俄罗斯、东欧、中欧、西欧等40多个国家和地区。所经过国家和地区的面积3970万平方公里，占世界陆地面积的26.6%；居住人口22亿，占世界人口的36%。

与西伯利亚大陆桥相比，新亚欧大陆桥具有明显优势，地理位置和气候条件优越，运输距离短，辐射面广，对亚太地区吸引力大。新亚欧大陆桥的发展，为沿线国家和亚欧两大洲经济贸易交流提供了一条便捷的大通道，对形成陆桥经济走廊、扩大亚太地区与欧洲的经贸合作、促进亚欧经济的发展与繁荣，具有重要意义。

良好的资源条件。拥有约占全国1/4的海域滩涂湿地和百万亩低产盐田，生物多样性丰富，土地后备资源得天独厚；岸线资源优良，具备在淤泥性海岸建设深水海港的技术条件，连云港港可布局建设 30 万吨级航道和码头；海洋资源和风力资源丰富，旅游资源独特；地势平坦，水系发达；区域开发适宜性较好，空间开发潜力较大。

丰富的人力资源。拥有各类人才 133.2 万人，占总人口的比重达 6.8%；基础教育和职业教育较为发达，高中阶段毛入学率达 93%，职业技术教育在校生超过 32 万人；拥有高等院校 14 所，在校大学生 16.7 万人；劳动力素质总体较高。

较好的产业基础。农业开发历史悠久，生产条件优越，产业化和规模化经营水平较高，是黄淮海平原和江淮地区国家粮食主产区的重要组成部分；工业呈现加速发展态势，纺织、机械、汽车、医药、化工等产业具有一定的规模和配套能力，区域产业分工格局初步形成；服务业发展水平逐步提升，现代物流等生产性服务业处于加速发展阶段，生活性服务业发展模式不断创新。

较完善的基础设施。作为全国主要港口的连云港港和南通港辐射带动能力不断增强，南通、盐城和连云港三个机场的运输能力快速增长，新长铁路、沿海高速公路、苏通大桥等相继建成通车，区域综合交通体系初步形成；能源结构逐步优化、供给充足；水利设施较为完善，水资源供给和防洪保安能力显著增强。

第二节　发展机遇和挑战

随着经济全球化和区域经济一体化的深入发展，国际间产业转移和区域间经济合作不断深化，为江苏沿海地区加快发展提供了有利条件。同时，国家区域发展总体战略以及相关政策措施的深入实施，为江苏沿海地区发展提供了新的机遇，赋予了新的使命，注入了新的活力和动力。

长三角地区经济一体化进程加快。长三角地区地理上连为一体，经济发展和市场体系的内在联系十分紧密，多层次区域合作机制逐步形成。《国务院关于进一步推进长江三角洲地区改革开放和经济社会发展的指导意见》(国发〔2008〕30 号)，把江苏沿海地区全部纳入长三角区域范围，该地区发展条件和政策环境更加有利，将进一步促进生产要素合理流动和优化配置，加快与长三角核心区的对接和融合。

国家西部大开发和中部崛起战略深入实施。随着中西部地区经济发展和对外开放步伐的加快，与东部沿海地区深化合作的内在需求进一步增强，对江苏沿海地区出海通道等基础设施建设和对外开放水平提升提出了新要求；中西部地区的崛起，将为江苏沿海地区提供更为广阔的市场空间，为产业发展提供有力支撑。

国际区域合作不断深化。随着我国积极参与和推动国际区域经济合作，江苏沿海地区与新亚欧大陆桥沿线国家以及东北亚各国的经济联系将更加紧密，为本区域充分利用两个市场两种资源、提升对外开放水平、强化新亚欧大陆桥东方桥头堡的地位和作用创造了新机遇。

全球经济面临新一轮调整。我国具有发展实体经济的良好基础和广阔市场前景，随着国际金融资本加速向实体经济转移，江苏沿海地区面临承接国际产业转移的新机遇；同时，随着我国扩大内需各项政策的推进，将有利于这一区域发挥区位和资源优势，强化以内需为主导的产业发展。

与此同时，江苏沿海地区加快发展也面临着较为严峻的挑战和压力。一是发展模式需要创新。面对国际金融危机给我国经济发展带来的冲击和影响，加快发展不能沿袭传统的工业化模式，必须转变发展方式，优化产业结构，走新型工业化道路。二是港口功能和城市带动能力需要提升。中心城市实力不强，主要港口服务功能不够健全，对区域发展的辐射带动作用没有得到有效发挥。三是科技创新能力需要加强。自主创新品牌和自主知识产权数量不多，高级专业技术人才相对缺乏，集聚科技、人才资源的能力较弱，对沿海地区产业发展的支撑作用有待提高。四是体制机制需要进一步改革创新。目前的体制机制还不适应加快发展的要求，在行政管理、城乡统筹、区域合作、土地资源开发、环

境保护等方面要加大改革创新力度。

第三节　重大意义

在新形势下，加快江苏沿海地区发展事关全局，具有重大战略意义。

有利于长三角地区产业优化升级和整体实力提升。加快江苏沿海地区发展，将有效缓解长三角地区土地资源紧张状况，拓展新的发展空间，优化调整区域产业布局，推动产业升级，促进区域协调发展，进一步增强长三角地区整体实力和竞争力，更好地应对国际金融危机的冲击和影响。

有利于完善全国沿海地区生产力布局。加快江苏沿海地区发展，提升经济发展水平，将进一步增强长三角与环渤海地区的经济联系，促进两大区域在更高平台上开展合作，生产要素在更大范围内合理流动，经济在更深层次上实现对接融合，进一步完善沿海地区经济布局，形成全国沿海地区共同发展、互动并进的新局面。

有利于促进中西部地区发展。加快江苏沿海地区发展，充分发挥陇海兰新沿线地区出海通道的作用，将进一步促进中西部地区与东部沿海地区的经济交流，增强互动效应，为中西部地区提升对外开放水平、承接国际资本转移、参与国际分工合作创造更加有利的条件，促进中西部地区加快发展。

有利于强化我国与新亚欧大陆桥沿线及东北亚地区的合作。加快江苏沿海地区发展，增强新亚欧大陆桥东方桥头堡作用，将进一步加强我国与欧洲、中亚、东北亚国家之间的沟通和联系，促进国际合作与交流，实现共同发展和共同繁荣。

第二章　总体要求与发展目标

第一节　指导思想与原则

江苏沿海地区发展的指导思想是：高举中国特色社会主义伟大旗帜，以邓小平理论和“三个代表”重要思想为指导，深入贯彻落实科学发展观，进一步解放思想、抢抓机遇、深化改革、扩大开放，充分发挥江苏沿海地区区位独特、土地后备资源丰富等比较优势，把加快建设新亚欧大陆桥东方桥头堡和促进海域滩涂资源合理开发利用作为发展重点，统筹城市与农村、陆地与海洋、经济与社会发展，着力优化空间布局，推进区域一体化发展，着力转变发展方式，建设资源节约型和环境友好型社会，着力保障和改善民生，加快构建社会主义和谐社会，着力加强区域合作，增强新亚欧大陆桥东方桥头堡的辐射带动作用，不断提高综合实力和竞争力，努力将江苏沿海地区建设成为我国东部地区重要的经济增长极，在区域协调发展和对外开放中发挥更大作用。

江苏沿海地区发展的原则是：

坚持科学布局，促进集聚发展。优化空间开发格局，选择发展基础好、资源环境承载力强的地区，推进集中集聚开发，促进港口、产业、城镇互动发展。依托现有大中城市，注重提升功能，推进城镇集聚发展；依托省级以上开发区，优化产业布局，形成产业集群；依托深水港口，实施节点开发，集中发展临港产业。

坚持合理分工，促进一体化发展。根据资源条件和现有基础，加强区域内部资源整合，合理确定各地功能定位和主导产业，强化产业间的分工协作；统筹区域重大基础设施建设，提高共建共享、互联互通水平；加强行政管理和政策对接，形成统一市场体系，促进生产要素合理流动和优化配置。

坚持保护环境，促进可持续发展。在发展理念上高度重视环境保护，充分考虑资源环境承载力，推进可持续发展；在空间布局上明确保护范围，划定重要生态功能区域；在开发建设上提高环境准入标准，推进清洁生产，发展循环经济，加强污染治理和生态建设；在管理上加强环境保护执法力度，严格落实环境保护政策和措施。

坚持开放合作，促进共同发展。进一步提高对外开放水平，积极参与国际产业分工与合作，在更高层次上承接国际产业转移；加强与周边地区、泛长三角地区、中西部地区、新亚欧大陆桥沿线国家及东北亚地区的合作，创新区域与国际合作机制，在合作共赢中谋求新的发展。

第二节 战略定位

立足沿海，依托长三角，服务中西部，面向东北亚，建设我国重要的综合交通枢纽，沿海新型的工业基地，重要的土地后备资源开发区，生态环境优美、人民生活富足的宜居区，成为我国东部地区重要的经济增长极和辐射带动能力强的新亚欧大陆桥东方桥头堡。

我国重要的综合交通枢纽。以连云港港为核心，联合南通港、盐城港共同建设沿海港口群，综合发展陆路交通和航空业；大力发展国际航运和现代物流，进一步提高综合服务能力，服务中西部地区和长江中上游地区的经济发展，成为我国重要的综合交通枢纽、陇海兰新沿线地区最便捷的出海通道和对外开放窗口，逐步形成亚欧之间重要的国际交通枢纽。

专栏2：新亚欧大陆桥沿线合作情况

近年来，新亚欧大陆桥沿线合作不断加强，连云港相继与甘肃、新疆、河南、陕西等陇海兰新沿线地区签订了跨区域合作协议，推动与中西部地区开展多层次、多渠道、多领域的合作。

物流合作。港口集团在山西侯马等多个地区合资建设集装箱场站，组织两地货物对流运输。口岸船、货代理单位在中西部多个城市设立办事处。港口每年进出的铁矿砂、氧化铝、铝锭、化肥、煤炭、化工原料、钢铁、粮食、农副产品等大宗货物主要来自中西部地区。

铁路系统合作。连云港相继开通了至郑州、西安、成都、西宁等地的集装箱“五定”班列，1997年开通了至阿拉山口过境集装箱“五定”班列，2007年延伸到莫斯科，实现了真正意义上的欧亚贯通。在货源组织方面，对外成功开发了日本、韩国和东南亚地区的大陆桥货源市场，对内开发了中西部重要城市的东西行上下桥货源，为中西部地区打通了重要的双向进出口通道。目前利用新亚欧大陆桥开展过境运输的国家和地区有20多个，运输的主要品种有机械设备、汽车及配件、矿产品、农副产品等十多个大类。2008年，新亚欧大陆桥经由连云港口岸发送的过境集装箱运量6.4万标箱，同比增长8%，占新亚欧大陆桥总运量的比重达40%。

口岸单位合作。连云港海关、连云港检验检疫局分别和内地10多个重要城市的对口单位开展了进口货物转关、转检业务，中西部地区进出口企业可在当地海关、检验检疫局办理出口货物验放手续，口岸海关、检验检疫局直接放行。

我国沿海新型的工业基地。依托深水港口资源，优先发展石化、造船等临港产业；立足现有产业基础，加快发展现代纺织、新型装备制造、新材料、新医药等优势产业，提高高技术产业比重，推进传统产业全面升级，建设具有较强国际竞争力的新型工业基地。

我国重要的土地后备资源开发区。立足沿海海域滩涂资源丰富的独特优势，科学规划土地资源，积极探索立足沿海海域滩涂资源丰富的有效的开发方式，合理划分农业、建设和生态用地空间，增强粮食安全保障能力，创新土地利用管理机制，推进土地节约集约利用，进一步拓展长三角发展空间。

生态环境优美、人民生活富足的宜居区。充分利用滨海临江、区域生态环境良好的优势，大力推进生态城镇建设，进一步优化人居环境，形成人与自然和谐相处的良好局面；积极发展社会事业，不断

增强公共服务能力，提高城乡居民生活水平和质量，打造成为经济繁荣、社会和谐、生态良好的沿海宜居地区。

专栏3：江苏沿海滩涂资源开发潜力

中国工程院牵头组织20多位院士和有关专家经过一年多的深入研究，形成了“江苏省沿海地区综合开发战略研究”报告。该研究成果提出：江苏沿海地区海域滩涂资源丰富，且每年仍以2万多亩的速度淤涨，是我国不可多得的土地后备资源，特别是盐城沿海和南通北部沿海地区更具备大规模围填的条件。近期可在盐城射阳河口至南通东灶港之间的大丰、东台、如东、启东海岸和琼港外的辐射沙洲等地进行围填，形成270万亩左右的土地后备资源；远期可在东沙、条子泥、腰沙等浅滩沙洲进行围填，可形成700万亩土地后备资源。

第三节 发展目标

到2012年，人均地区生产总值超过40000元，产业发展基础更加坚实，先进制造业比重持续上升，城镇化率达到55%左右，人民生活水平和生活质量普遍提高，基本公共服务能力大为增强，城乡就业更加充分，社会保障体系基本覆盖城乡，环境质量不断改善，重要生态功能区占国土面积的比重达到15%，单位地区生产总值能耗下降和主要污染物排放量削减达到国家控制要求，整体上实现全面建设小康社会目标。

到2020年，人均地区生产总值达到或高于东部地区平均水平，产业结构进一步优化，服务业比重大幅上升，人民生活更加富足，享有相对均等的基本公共服务，覆盖城乡的社会保障体系基本建成，城镇化率达到65%左右，生态环境良好，到规划末期或更长一段时间初步实现现代化。

第三章 空间布局

第一节 空间结构

根据资源环境承载能力、开发密度和发展潜力，结合区域总体功能定位，进一步调整优化空间布局，适度扩大城镇空间和农业生产空间，合理布局农村居住空间，保障生态空间，实现国土空间的集约利用和有效保护。

城镇空间。包括城镇建设空间、工矿空间、交通空间和其他建设空间。合理确定城镇建设和产业发展空间，有序扩大中心城市和县城镇空间，充分利用盐田和海域滩涂拓展临港城镇和产业发展空间，加强存量建设用地的调整和改造，整合零散的工业用地，提高建设用地开发效益，增加城镇绿化空间和生态休闲空间。

农村空间。包括农村居住空间和农业生产空间。切实保护耕地资源特别是基本农田，保障粮食安全；合理利用渔业、林业、畜牧业生产空间，加强农村土地复垦整理，综合开发利用海域滩涂资源，拓展农业发展空间；优化调整农村居民点，合理布局居住空间。

生态空间。包括林地、草地、湿地和盐田等。清晰界定自然保护区、水源保护区、海洋生态保护区等重要生态功能区的范围，明确保护要求，加强维护修复；加强与城市、产业空间相衔接的生态廊道建设，规划永久性绿色开敞空间，提高生态空间布局的合理性。

第二节　开发布局

以连云港、盐城和南通三市的市区为极点，促进生产要素集聚，注重发展高技术产业，提升服务业发展水平，加快推进城市化进程，提升对周边地区的辐射带动能力；以沿海地区主要交通运输通道为轴线，加快沿线城镇发展，进一步强化腹地产业优势，构建产业和城镇带；以临近深水海港的区域为节点，加快布局临港产业，建设临港工业集中区和物流园区，培育和壮大临海城镇；以三极为中心，以产业和城镇带为依托，以沿海节点为支撑，促进互动并进，形成“三极、一带、多节点”的空间布局框架。

“三极”。重点加快连云港、盐城和南通三个中心城市建设，扩大城市规模，加强中心城市之间以及与周边地区的联系，增强辐射带动作用；以开发区为依托，以大企业、大项目为载体，坚持走新型工业化道路，不断提升产业层次；进一步增强现代城市功能，提升对外开放水平，成为外资进入陇海兰新沿线地区的集聚扩散区，积极承接国际资本与先进技术，并逐步扩散到内陆腹地。

“一带”。依托沿海高速公路、沿海铁路、通榆河等主要交通通道，促进产业集聚，重点发展新能源、汽车、新型装备、新材料、现代纺织、新兴海洋等优势产业，提升现代农业发展水平，加快现代物流、研发设计、金融商务等生产性服务业发展步伐，形成功能清晰、各具特色的沿海产业和城镇带。

“多节点”。以连云港港为核心，连云港徐圩港区、南通洋口港区和吕四港区、盐城大丰港区、滨海港区、射阳港区，以及灌河口港区为重要节点，根据各自比较优势，合理分工，错位发展，集中布局建设临港产业，发展临海重要城镇，促进人口集聚，推进港口、产业、城镇联动开发，构建海洋型经济发展新格局，成为提升沿海地区整体发展水平的支撑点。

第四章　重大基础设施建设

本着适度超前的原则，进一步加快交通、水利、能源等重大基础设施规划和建设步伐，推进一体化发展，提高保障能力。

第一节　沿海港口群建设

发挥港口资源丰富的优势，加快以连云港港为核心的沿海港口群建设，壮大港口实力，提升服务功能，发挥连接南北、沟通东西的桥梁作用，建设我国重要的综合交通枢纽，成为辐射带动能力强的新亚欧大陆桥东方桥头堡。

完善港口体系。连云港港是国家沿海主要港口及区域性中心港口，江苏沿海港口群的核心，我国综合运输体系的重要枢纽，是上海国际航运中心北翼重要组成部分，要加快深水航道建设，开辟新港区，大力发展集装箱干线运输，增强港口功能，拓展服务领域，提升为中西部地区服务的能力；南通港是国家沿海主要港口，上海国际航运中心北翼重要组成部分，要充分发挥沟通江海的特殊区位优势，大力推进江海联运，加强与长江中上游港口的合作，建设能源、原材料综合性物流加工基地，增强对长江中上游地区的服务功能；盐城港是区域性重要港口，是上海国际航运中心的喂给港和连云港港的组合港。按照建设国际航运中心的要求，进一步明确各港区的功能定位，加强分工协作，以临港产业项目为依托，加快港区建设，增强对腹地经济发展的服务带动作用。

扩大港口能力。推进连云港港30万吨级深水航道建设，尽快启动徐圩、赣榆港区进港航道建设，并根据产业发展需要及时浚深；积极推进灌河口、滨海和射阳河口航道整治工程，推进大丰港区、洋口港区深水航道升级前期研究论证工作。加快连云港区大堤作业区10万吨级以上集装箱泊位建设，尽快论证确定原油、矿石等大型专业化深水泊位布局，推动煤炭下水港建设，推进赣榆港区深水泊位和

灌河港区万吨级以上泊位建设;加快洋口港区10万吨级以上泊位建设,推进吕四港区建设,做好腰沙、冷家沙建港条件的研究论证,开发建设启海、通海港区,提升沿江港口群在区域发展中的带动能力;加快大丰港区建设,逐步成为综合性港区,推进滨海港区10万吨级深水码头建设,支持大丰港区、滨海港区、射阳港区发展能源、石化等临港产业,促进港口更好地为地方经济发展服务。提高远洋运输能力,开辟和加密集装箱远洋干线航线航班,积极引进国内外知名航运公司,加强联合协作,逐步形成覆盖全球的国际航运网络。

提升服务功能。大力发展港口物流,拓展保税、国际贸易、金融保险、信息咨询等功能。加快建设连云港航运交易市场,提高连云港口岸查验单位级别和查验设施水平,开设两翼港区一类口岸,建设电子数据交换(EDI)信息管理系统,完善口岸"大通关"体系。加强与陇海兰新沿线及苏北其他地区的跨区域口岸协作,在主要城市建设具有综合物流集散功能的内陆"无水港",拓展"属地申报,口岸验放"和检验检疫直通放行业务,延伸口岸功能,逐步扩大通关适用范围。积极推进连云港至莫斯科国际班列西延,实现新亚欧大陆桥全线贯通,简化进出境货物通关、转关和过境手续,提升通关贸易便利化水平,吸引新亚欧大陆桥沿线更多货物选择连云港口岸通关。

专栏4:江苏沿海港口总体发展格局

1. 连云港港。由连云、赣榆、徐圩、前三岛和灌河5大港区组成。连云港区规划为以集装箱和大宗散货运输为主,兼顾客运和散、杂货运输的综合性港区,是服务中西部地区的重要枢纽港区。徐圩、赣榆港区依托临港工业起步,逐步发展成为为腹地经济发展和后方临港工业服务的综合性港区,同时徐圩港区承担中西部地区能源等重要物资出海口功能。前三岛港区规划以石油运输为主。灌河港区以散杂货和化工品运输为主,兼顾船舶修造。

2. 南通港。由11个港区组成。其中2个在沿海地区,分别为洋口港区和吕四港区;9个在长江沿岸,分别为如皋港区、天生港区、南通港区、任港港区、狼山港区、富民港区、江海港区、通海港区和启海港区。洋口港区利用烂沙洋深槽建设深水航道,未来可满足20万吨级海轮乘潮通航,规划建设以原材料、煤炭、石油化工、液体化工等散货运输为主,并兼顾集装箱运输的综合性港区,主要为临港工业开发服务,远期发展大宗散货中转及油品运输。吕四港区主要为临港开发区和产业开发服务,兼顾为周边地区发展服务。

3. 盐城港。形成以大丰港区为主,滨海港区、射阳港区、响水港区共同发展的总体格局。大丰港区规划为以通用散杂货、石油化工和集装箱运输为主的综合性公用港区,兼顾能源、石化等临港工业开发功能。滨海港区规划为以服务后方临港工业开发为主的港区,近期主要为能源产业服务,以煤炭和大宗散货运输为主,远期逐步发展部分公用货物运输功能。射阳港区规划为以散杂货、化工品和集装箱运输为主的综合性港区,逐步发展临港工业和现代物流。响水港区以承担散杂货和化工品运输为主。

第二节　综合交通体系

铁路大通道建设。围绕连接长三角和环渤海、加强与中西部地区交流联系的目标,强化区域对外通道建设,优化路网结构,提高路网质量。加快建设沿海铁路大通道,重点建设黄岛至连云港至盐城、南通至上海铁路,实施新长铁路盐城至南通段复线电气化扩能改造,构建大能力铁路通道;加快陇海铁路客运专线建设,实施连徐线电气化扩能改造,进一步强化陆桥铁路大通道能力;新建宿州至淮安至连云港铁路;实施宁启铁路复线电气化工程,新建南通至启东铁路,强化沿江铁路通道,进一步完善区域铁路网络；根据连云港徐圩、南通洋口、盐城大丰等港区发展需要，规划建设相关港口铁路支线。到2020年，形成“两纵三横”干线为骨架的铁路网络，总规模达到1100公里。

广域航空通道建设。优化整合机场资源，发挥整体优势，提升服务能力。扩建连云港白塔埠机场并提升为国家一类开放口岸，根据发展需要规划迁建新机场，实施军民分设，建设服务苏北鲁南地区、面向亚太的区域性国际航空港；盐城机场继续发挥开放口岸优势，新辟货运功能，增强联系日本、韩国的国际运能，建设区域性支线机场；南通机场要加强与上海的合作，加快航空口岸对外开放，进一步加强运输服务能力，做好配套服务，加入上海国际航空枢纽网。

航道网建设。加快干线航道建设，扩大水运中转能力。以连云港港疏港航道为重点，加快连申线、盐河、灌河等骨干航道建设，推进淮河入海航道、通扬运河、刘大线等港口集疏运航道建设，打通连徐水运通道；加快实施长江口航道整治三期工程，逐步推进－12.5米深水航道向上延伸，增强沿海地区对长江中上游地区的辐射作用。到2020年，形成以“一纵四横"干线为骨架的水运通道网络，总规模达到1920公里。

高等级公路网建设。进一步增强过江通道能力，重点建设崇启和崇海过江通道。加快推进国道和省道干线公路网改扩建工程，实现高等级公路与沿海港口和产业集中区直接连接，建设贯通南北的临海高等级公路，提高临海地区公路技术等级和路网整体效率。到2020年，形成以“三纵六横”干线为骨架的沿海地区公路网络。

专栏5：江苏沿海地区综合交通体系

“两纵三横”铁路建设。规划总规模达到1100公里左右，其中新建770公里，既有线复线电气化扩能改造330公里。“两纵”是指沿海铁路和新长铁路，“三横”是指陇海铁路通道、宿淮连铁路和宁启铁路。

航空机场建设。连云港机场，提升为国家一类口岸。盐城南洋机场和南通兴东机场，是地区航线网络的重要节点，主要服务城市辖区产生的直接航空客货需求和通过对临近航空市场腹地聚集和辐射产生的间接航空客货需求。

“一纵四横”内河干线航道建设。规划总规模达到1920公里。“一纵”是指连申线（三级航道）。“四横”是指连云港港疏港航道及盐河（三级航道）、灌河（三级航道）、刘大线（四级航道）、通扬运河（三级航道）。规划建设洋口、射阳、滨海等港区疏港航道。

“三纵六横”公路建设。规划总规模达到3018公里，其中高速公路1024公里，干线公路1994公里。“三纵”是指沿海高速公路、G204、临海高等级公路；“六横”是指连徐高速公路、徐宿淮盐高速公路、江海启高速公路、宁启高速公路、G310、G328和S211。规划建设联系沿海港口、城镇和产业集中区等重要节点的高等级公路网络。

综合交通运输信息系统建设。利用现代信息技术，建立跨交通方式、跨行政地域的信息共享机制，加强政府信息公开，有效连接运输企业和运输枢纽，搭建通畅的信息渠道，促进跨部门业务合作，鼓励第三方开发，形成综合运输服务信息化平台。

第三节 水　　利

江苏沿海地区处于长江、淮河、沂沭泗流域下游，水资源条件相对较好，骨干水利工程体系基本形成。水利建设的重点是保障沿海开发的淡水资源供给，提升防洪排涝和防台防潮能力。

强化水资源供给。立足扩大长江引水，实现三河输水、三区供水，继续完善和扩大京杭运河—淮

沭新河供水线、泰州引江河—通榆河供水线的供水规模，规划新辟临海引江供水线，形成三条南北纵向的引江骨干供水线，适当调整供水范围，加强向北调供水区、东引供水区、沿江供水区等三大供水区的供水能力，保障沿海开发水资源供给。近期完成通榆河北延送水工程，抓紧实施泰东河拓浚工程和南水北调一期里下河水源调整工程，完善蔷薇河清水通道工程，积极实施泰州引江河二期工程，开辟沿海港区供水线路。利用沿海滩涂、洼地建设平原水库，改善沿海地区水生态环境。严格水资源论证和取水管理，通过用水总量控制和用水定额管理，大力推进节水型社会建设。加强饮用水源地和引调水沿线的水资源保护，确保城乡供水安全。

提高防洪保安能力。巩固完善流域性防洪工程体系，实施入海水道二期工程，近期完成沂沭泗洪水东调南下新沂河、新沭河扩大工程。巩固加强海堤防台防潮能力，完成重点海堤达标建设工程，并根据海域滩涂开发需要适时外移海堤和沿海挡潮港闸。提高区域排涝标准，抓紧实施里下河、射阳河、黄沙港、新洋港、斗龙港整治工程，拓浚改造川东港、竹港，整治沂北沂南和江海区域骨干河道，扩大排水入海入江出路。加快城市防洪排涝工程体系建设，新建港区、临港城镇和产业集中区要同步规划建设防洪排涝工程。加强入海河口治导线管理，保证入海河道的泄洪排涝能力。

第四节 能源和电网

加快新能源项目建设。重点推进大丰、东台、如东、灌云等陆地风电项目和沿海滩涂海上风电开发，建设千万千瓦级风电基地。到2020年，风电装机总量达到1000万千瓦，其中陆地300万千瓦，近海700万千瓦。加快推进田湾核电扩建项目前期工作。强化如东、射阳等秸秆发电项目的示范效应。到2020年，秸秆发电装机容量达到40万千瓦，建设一批生物质能成型燃料、生物质集中燃气等示范工程。推广适宜农村地区的太阳能、风能等产品和技术，形成清洁、经济的农村能源体系。到2020年，在农村(包括县城)医院、卫生院、养老院、寄宿制学校建设一批太阳能热水工程。

建设长三角能源供应储备基地。优化大型燃煤电源项目布局，优先安排"上大压小"、调整电源结构的电源点建设。推进盐城沿海以风电、生物质发电等为主的能源基地建设，加快南通如东液化天然气(LNG)项目建设，继续开展连云港等液化天然气(LNG)项目前期工作，适时在连云港、南通等沿海地区规划布局油气储备基地，规划建设日照至仪征原油管道及连云港支线。改善煤炭运输条件，结合燃煤电源项目布局，建设大型储煤基地。

完善输变电网络。建设可靠性高、结构清晰、供电能力强的地区输电网和配电网。加强沿海输电网络和过江输电通道建设，加快实施升压沿海输电工程，规划建设500千伏变电站11座，新增北电南送能力1000万千瓦左右。到2020年，过江输电能力接近2000万千瓦。

第五章 产业发展

依托连云港、盐城、南通三市产业基础和比较优势，实施错位发展，建立区域产业分工体系，切实转变经济发展方式，加快推进产业优化升级，形成以现代农业为基础、先进制造业为主体、生产性服务业为支撑的产业协调发展新格局。

第一节 现代农业

大力发展高产、优质、高效、生态、安全的现代农业，实现由传统农业向现代农业的转变，走具有中国特色农业现代化道路，建成国家重要的商品粮基地、农产品生产加工和出口基地、农业观光休闲基地。

着力优化农业结构。稳定粮食生产，做强棉花、油菜、蚕桑、啤酒大麦等特色优势产业。加强耕地保护，利用海域滩涂围填增加耕地资源，稳定粮食种植面积，提高粮食生产能力，重点支持盐城等地建立优质商品粮棉生产基地和长三角农副产品供应基地。坚持区域化、规模化、标准化连片种植，建设双低油菜生产基地。以市场为导向，积极发展设施农业和园艺业。建立健全农产品质量安全体系，提高无公害、绿色和有机农产品比重，创建沿海生态农业品牌。充分发挥国有农场在调整农业结构、发展现代农业中的作用。到2020年，粮食播种面积保持2800万亩，总产量达到1200万吨。

大力发展海洋渔业。实施水产良种工程，建设沿海鱼蟹虾贝藻及海珍品良种基地；发展设施渔业，推进百万亩生态鱼池改造和规模连片高效特色标准化池塘建设，提高现代渔业综合生产能力；积极开展海洋牧场建设，增殖水生生物资源，保护水生生态环境，促进渔业可持续发展；加强水产品生产加工基地建设，培植骨干加工企业，延长产业链；加快渔港建设，促进沿海观光休闲渔业发展，进一步拓展海洋渔业发展空间。建设水产品供给、休闲旅游为一体的现代渔业基地。

加快建设农产品加工产业基地。围绕优势特色农产品，鼓励发展精深加工，提高农产品附加值和综合利用水平。积极发展食品工业，打造一批农业产业化国家级和省级重点龙头企业、全国农产品加工示范基地和创业基地、农产品加工研发分中心，支持有条件的地区建设农产品加工园区；依托南通、射阳、东海等外向型农业综合开发区，大力发展出口农业。

积极发展农村新型合作组织。创新农户与龙头企业的利益联结机制，大力发展产加销一体型和农村专业服务型的农民合作经济组织，努力使农民在农产品生产、加工、流通等增值环节获得更多收益。引导农民整合生产要素，鼓励建立土地股份合作社，积极探索在更大范围、更高层次上组建农民专业合作社联合社，提高市场竞争力。

第二节 先进制造业

坚持走新型工业化道路，积极推进清洁生产和循环经济的发展模式，发展技术含量高、附加值高的临港产业、优势产业和新兴产业，不断增强产业竞争力，建成长三角乃至东部沿海地区重要的新型工业基地。

积极发展临港产业。适应快速增长的市场需求，利用沿海地区较好的区位和资源条件，合理布局石化、钢铁、车船、粮油加工等临港产业。依托沿海深水港口，结合周边市场需求，按照国家有关产业政策，适时在江苏沿海地区规划布局石化项目，注重发展市场需求大的高附加值石化深加工产品。加快调整钢铁产业空间布局，促进淘汰落后产能，推进企业重组，引导沿江及内陆地区，特别是城市钢铁企业向连云港转移，重点发展满足沿海先进制造业基地所需的钢铁产品。提升汽车和船舶产业发展水平，重点发展乘用车和远洋运输船舶，形成车船零部件研发制造基地，支持盐城发展大中型客车和专用车，建设汽车试验场，支持南通发展具有国际竞争力的船舶制造产业，加强研发设计，建成世界一流的船舶修造产业基地。利用国际大宗农产品中转和仓储条件，积极发展粮油加工业，提高精深加工水平。

加快发展优势和新兴产业。立足现有产业基础，增强自主创新能力，加快提升优势产业，积极拓展新兴产业。加快发展工程材料、复合材料、功能性高分子材料等，建设国家级碳纤维生产基地。重点提升机械设备、电力设备、机床、集装箱等产业规模和档次，创造条件发展大型整机装备产业。运用高新技术和先进适用技术改造提升纺织工业，努力形成名牌和规模效应。实施科技兴海战略，大力发展海洋经济，积极发展海洋化工，形成盐碱联合开发、盐化和石化相协调的发展格局。培育全国重要的医药龙头企业，重点发展具有自主知识产权的创新药。

第三节 新能源产业

鼓励发展可再生能源和清洁能源，优化能源产业布局，改善能源结构，形成以风电和核电为主体、生物质能发电为补充的新能源产业体系。风电近期以陆地风电为主，同时加快海上风电技术攻关，远期重点发展近海风电；核电以田湾核电为基础，扩大规模；生物质能发电重点推进秸秆资源综合利用，积极开展滩涂非粮食生物质燃料发电的前期研究，发展清洁高效的生物质气化技术。支持江苏省与中国科学院在能源动力研究方面的合作，促进技术成果转化，建设清洁能源创新产业园。鼓励发展新能源装备制造业，提高零部件研发设计和生产加工能力；优化太阳能光伏电池及原材料制造业发展，提高自主创新能力。支持设立沿海新能源产业发展基金，促进新能源产业发展。到2020年，建设成为国家重要的新能源基地和新能源装备制造基地，新能源发电（含核电）装机占江苏沿海地区的比重提高到40%左右。

第四节 服务业

现代物流业。利用港口、机场等交通枢纽和重要节点，建立物流信息平台，加强与国内外物流企业合作，大力发展第三方物流，培育现代物流企业集团，把江苏沿海地区建设成为现代物流基地，形成高效便捷低成本的物流体系。

研发和设计。促进制造业向产业链上游延伸，依托科研机构和大型企业，在有条件的地方建设工业研发设计平台，大力引进和集聚海内外研发机构和工业设计企业，形成一批与产业发展相配套的工业研发设计服务中心，提高自主创新能力。

金融和商务。积极发展地方金融，加快引进各类金融机构，着力培育金融市场，支持符合条件的企业发行企业债券和上市，支持股权投资企业和创业投资企业发展，建立支持中小企业发展的融资平台。加大电子商务基础性和关键性领域的研发，完善数字认证、在线支付、物流配送等支撑配套服务体系，培育面向中小企业的电子商务平台。加快连云港国际商务中心建设，完善商务服务功能，设立服务陇海兰新沿线地区的技术交易市场、非上市公司产权交易中心、中小企业融资服务市场、进出口市场和信息中心，积极发展信息咨询、中介代理、会展交易等商务服务，提升国际会展功能，打造区域性和国家级会展品牌。

居民服务业。建立政府扶持、市场运作的现代社区服务发展机制，完善社区服务设施，形成广覆盖、多层次、社会化的服务体系。加快发展家政服务，积极推进公益性服务的市场化，培育新的社区服务增长点。推进农村社区建设，搭建公共服务平台，加快完善农村生产生活服务体系。

旅游业。发挥江苏沿海地区海洋、湿地、文化等旅游资源丰富的优势，科学规划和整合开发旅游资源，择优布局重点旅游度假区、生态旅游示范区，培育我国东部旅游新基地、国内乃至东北亚地区的重要旅游目的地和生态休闲旅游带。打造特色旅游城市，将连云港建成国际知名的海滨旅游城市和国内著名的旅游目的地，将盐城建成我国东部沿海重要的旅游城市和湿地生态旅游地，将南通建成我国独具特色的“江海旅游”门户城市和历史文化名城。创造条件在南通、连云港等地引进发展邮轮经济，以连云港为基地开发日韩海上旅游航线；充分挖掘日本、韩国等重要入境旅游客源地的潜力，加强与周边地区及东北亚的旅游合作，建立健全区域旅游合作机制。

第六章 城乡发展

按照城乡一体化发展的总体要求，走新型城镇化道路，加快推进社会主义新农村建设，大力发展社会事业，提高基本公共服务均等化水平，形成城乡统筹发展的新局面。

第一节　推进城乡统筹

加快城乡一体化发展步伐，促进公共资源在城乡之间均衡配置，生产要素在城乡之间自由流动，形成以工促农、以城带乡、城乡互动的长效机制。

推进城乡发展规划一体化。建立统筹城乡的规划体系，促进各级各类规划的相互衔接和协调，优化区域空间布局；探索统一规划、统一管理的新机制，提高规划制定的公开性、透明性和群众参与度，加快规划实施的法制化进程。

推进城乡基础设施一体化。统筹城乡交通、市政公用、水利、电力、电信、环保等重大基础设施建设，推进城乡道路、供水排水管网和污水处理设施有效衔接，加快城乡公交一体化，加强农村环卫设施建设，逐步实行城乡垃圾统一收集处理，促进城乡基础设施共建共享。

推进城乡公共服务一体化。统筹规划、合理布局城乡科技教育、医疗卫生、文化体育等社会事业，加大对农村公共服务投入，加强农村社区服务设施建设，鼓励城市优质社会事业资源进入农村，使农村居民享受到与城市居民均等的公共服务。

推进城乡就业社保一体化。统筹管理城乡人力资源，营造公平就业环境；加快建设城乡一体的社会保障体系，不断完善农村养老、医疗等社会保障制度，全面落实被征地农民基本生活保障，逐步实现城乡社会保障制度并轨。

第二节　提升城镇发展水平

发展壮大中心城市。连云港以建设连接长三角与环渤海的国际性海港城市为目标，盐城以建设我国沿海地区现代化工商城市为目标，南通以建设长三角北翼经济中心为目标，加快中心城市建设，强化在区域发展中的辐射带动作用。到2020年，把连云港、盐城、南通建成经济实力较强的特大城市，在全国沿海城市中的地位明显提高。

提升县（市）城镇发展水平。加快县（市）城镇发展，培育和壮大区域化、专业化的特色产业，壮大县域经济实力，增强为产业发展的服务支撑能力。到2020年，努力把江苏沿海地区有条件的县（市）城镇建成中等以上城市。

加快培育小城镇。临港小城镇是沿海港口建设、产业发展和人口集聚的重要依托，围绕形成中小城市的目标，统一规划，合理布局，加快临港产业发展，促进人口集聚，有序扩大城镇规模。加强具有特殊地形地貌、传统文化特色的小城镇保护和利用，发展旅游等特色产业，强化独有的自然和文化特色。

第三节　加强新农村建设

按照“生产发展、生活宽裕、乡风文明、村容整洁、管理民主”的要求，切实推进农村改革与发展，促进农民持续增收、农村持续繁荣，形成城乡经济一体化新格局。

深化农村体制改革。稳定和完善农村基本经营制度，赋予农民更加充分而有保障的土地承包经营权，赋予双层经营体制新的活力；健全严格规范的农村土地管理制度，在保障农民权益的前提下，按照依法自愿有偿原则，推进土地承包经营权流转，发展多种形式的土地适度规模经营，引导城市企业、资金、人才进入农村，加快农业集约化经营步伐；积极推进集体林权制度改革，确立农民经营主体地位；建立现代农村金融制度，积极培育新型农村合作金融组织，有序扩大农业保险，扩大只贷不存的民

间合作金融组织试点，引导更多信贷资金和社会资金投向农村。探索设立国家东部沿海地区现代农业和新农村建设示范区。

加强农村居民点建设。强化规划的导向作用，合理确定村庄、社区的布局和数量，促进农民集中居住。结合海域滩涂围填开发，规划建设新的农村居民点。加强村庄形态设计，突出村庄地方特色，重视生态环境和历史文化遗存的保护。加强公共设施建设，提高行政村客运班车通达率，积极做好区域供水，保障农村饮用水安全。提高农村社区服务中心管理服务水平，改善农村文化体育设施条件，实现有线电视和宽带上网村村通，推进农村清洁工程建设，全面改善农村生活条件和人居环境。

努力提高农民收入。加快建立农民增收长效机制和利益分享机制，持续增加农民收入。开展农业实用科技和技能培训，培养有文化、懂技术、会经营的新型农民，提高农业劳动生产率，增加农业经营收入。加强农民就业技能培训和创业培训，提高农村劳动力综合素质，促进向非农产业转移，增加工资性收入。

第四节 发展社会事业

提高公共服务和产品的供给能力，加强教育文化、科技人才、医疗卫生、就业和社会保障等公共服务建设，优化公共产品配置，推进基本公共服务均等化。

积极发展教育文化事业。坚持教育优先发展，提高教育现代化水平。以农村义务教育为重点，加大对薄弱学校的改造力度，推进义务教育均衡发展，高水平高质量普及九年义务教育。以农村职业教育为重点，大力发展中等职业教育，逐步实行免费中等职业教育。进一步提高高中阶段教育普及水平和质量，加强职业教育基础能力建设，深化职业教育培养模式改革，完善职业教育培训体系，建立高水平的职业院校和公共实训基地。稳步发展高等教育，着力提高教育质量，优化人才培养结构，提升高校科研创新与服务能力。积极发展公益性文化事业，建设一批功能实用、覆盖面广的文化事业重大基础设施，推进乡镇综合文化站建设，加快建设覆盖城乡的公共文化服务体系。注重城乡文化资源的保护利用，加强南通历史文化名城保护。全面实施全民健身计划，以社区为重点加强公共体育设施建设，增强居民身体素质。

提高科技发展水平。全面整合区域科技资源，加快建设技术创新体系和创新服务体系，提升自主创新能力。加强区域科技创新平台建设，建立技术转化的公共服务平台和中介服务机构；支持设立企业技术开发中心、工程（技术）研究中心、国家重点实验室和博士后科研工作站，建立健全自主创新激励机制，培育创新型企业，推动企业成为技术创新主体；围绕沿海产业发展，着力抓好关键领域技术的引进消化和吸收再创新，加快创新成果转化；建立健全科研设备和科技信息开放共享制度，完善为中小企业技术创新服务的公共信息平台和网络系统，加快培育科技中介服务市场，强化创新平台的公共服务功能；充分发挥高新技术产业园区在产业集聚和创新载体方面的作用，协同推进原始创新和集成创新；营造鼓励自主创新的政策环境，推动形成市场化、专业化的创新服务体系；加大知识产权保护力度，加强知识产权的集成、运营和管理；加大对共性技术研发、引进技术消化吸收再创新的投入。

加强公共卫生和医疗服务体系建设。完善城乡医疗卫生服务体系，加强疾病预防控制，健全公共卫生体系，做好农村卫生工作，实现人人享有基本医疗卫生服务。大力推进农村卫生发展，形成县乡两级、乡村一体、防治结合的农村卫生服务网络。积极发展社区卫生服务，建立社区卫生服务机构与预防保健机构、医院的合理分工协作关系，形成以社区卫生服务为基础的新型城市医疗服务网络。建立健全突发公共卫生事件应急机制，提高应急处置能力。

提高社会保障水平。加快建立覆盖城乡居民的以基本养老、基本医疗、最低生活保障制度为重点的社会保障体系。不断扩大城镇社会保险覆盖面，推进基本养老保险省级统筹，加快新型农村养老保险制度建设，逐步提高农村居民的参保率，努力提高新型农村合作医疗补偿标准。完善城乡居民最低生活保障制度，做到保障水平与经济发展相适应。加快社会保障服务中心建设，不断提高社会保障服务水平。健全廉租房和经济适用房制度，解决城市低收入人群住房困难。逐步建立健全以最低生活保障为基础，以教育救助、医疗救助、住房救助、司法救助相配套的社会救助体系。

完善就业政策体系和外来人口服务与管理。全面落实促进就业的各项优惠政策，鼓励自谋职业和自主创业，加强职业技能培训，着力提升劳动者职业技能和综合素质，加大人力资源市场建设，健全统一规范的劳动用工制度和就业管理服务网络，加快建设覆盖城乡劳动者的就业、失业登记制度。加强对外来人口的服务和管理，为外来务工人员子女提供同等受教育机会，完善和落实国家有关农民工的政策，切实维护农民工的合法权益。

第七章　海域滩涂资源开发

发挥江苏沿海滩涂资源丰富的优势，选择合适的区域进行适度围填开发，形成大规模的土地后备资源，有效拓展发展空间。

第一节　依法科学围填海域滩涂

依法科学编制海域滩涂围填开发规划，根据海域滩涂资源和近岸海洋条件，进一步深化研究沿岸海洋物理环境的变化趋势，在不破坏生态环境、不改变辐射沙洲总体动力格局、不影响深水航道的前提下，依法合理确定围填的范围、时序。近期重点对海岸潮间带和潮下带滩涂、高程在理论基准面2米以上的海域滩涂进行围填开发。到2020年，规划围填270万亩海域滩涂。

第二节　高效利用围填的土地资源

对围填形成的土地资源，探索新的开发模式，促进土地集约高效利用。统筹考虑产业开发、城镇建设、农业生产和生态保护，合理确定建设用地、农业用地和生态用地的比例，其中农业用地、生态用地、建设用地分别占围填面积的60%、20%和20%左右。海域滩涂围填利用以综合开发为方向，优先用于发展现代农业、耕地占补平衡和生态保护与建设，适度用于临港产业发展。

对农业用地实施规模化开发，发展种植业和养殖业，建设国家大型商品粮棉基地，培育发展海水灌溉农作物，增加农业供给能力，开展非粮食生物燃料植物的规模化种植。对生态用地重点用于自然保护区、天然湿地、沿海防风林、护岸林草建设，维护生态平衡。对建设用地要科学规划、集约利用，集中布局城镇、港口和大型临港产业，提高投资强度和产出效率。在推进风电项目建设过程中，可采用与农业开发、生态建设兼顾相容的方式，提高土地资源利用率。

第三节　建立海域滩涂围填开发新机制

探索建立统一规划、分步实施、属地管理、市场运作的海域滩涂围填开发新机制。编制沿海滩涂围填开发总体规划，确定各区域功能，明确开发时序，做好有关补偿安置工作，分步有序推进。建立协调机制，强化属地管理，按围填面积的一定比例用于补充耕地占补平衡。建立多元化投融资机制，以政府资金为引导，以社会资金为主体，采取市场化经营模式，加快海域滩涂围填。鼓励江苏其他地区投资参与海域滩涂围填，可按一定比例用于其耕地占补平衡。

第八章 生态建设与环境保护

实施严格的环境保护政策，加强区域生态环境共同建设、共同保护和共同治理，推进重要生态功能区建设，有效控制环境污染和生态破坏，大力发展循环经济，提高环境支撑能力，努力建设环境友好型社会。

第一节 加强生态建设

依据生态服务功能定位和生态敏感度，加快92个重要生态功能区建设，构建“四纵五横"的生态廊道，强化生物多样性保护，维护生态系统稳定，确保区域生态安全。

专栏6：重要生态功能区

重要生态功能区是指具有保障饮水安全、维护生物多样性及区域生态平衡作用的区域，是构筑生态安全屏障的国土空间。江苏沿海地区重点建设自然保护区、森林公园、风景名胜区、饮用水源保护区、洪水调蓄区、水源涵养区、重要渔业水域、重要湿地、清水通道维护区、生态公益林、水产种质资源保护区、海洋特别保护区等12大类、92个重要生态功能区。6个自然保护区。包括盐城湿地珍禽国家级自然保护区、大丰麋鹿国家级自然保护区、启东长江口北支湿地省级自然保护区、云台山省级自然保护区、中华鲟自然保护区、沿海防护林和滩涂保护区(海安)。

10个森林公园。包括云台山森林公园、锦屏山森林公园、华都森林公园、东台黄海森林公园、射阳海滨森林公园、大丰林海森林公园、石湖森林公园、伊芦山森林公园、大南森林公园、狼山森林公园。

9个风景名胜区。包括云台山风景名胜区、大伊山风景名胜区、大纵湖风景名胜区、九龙口风景名胜区、濠河风景名胜区、老洪港风景名胜区、苏通大桥北桥头公园风景名胜区、石港风景名胜区、江海风景名胜区。

11个饮用水源保护区。包括蔷薇河饮用水源保护区、横沟水库饮用水源保护区、叮当河饮用水源保护区、古泊善后河饮用水源保护区、南六塘河饮用水源保护区、蟒蛇河饮用水源保护区、射阳县饮用水源保护区、阜宁县饮用水源保护区、启东市饮用水源保护区、海门市饮用水源保护区、南通市西北片饮用水源保护区。

7个洪水调蓄区。包括石梁河水库洪水调蓄区2个、西双湖洪水调蓄区1个、新沂河洪水调蓄区2个和淮河入海水道洪水调蓄区2个。

7个水源涵养区。包括安峰山水源涵养区、马陵山水源涵养区、李埝水源涵养区、房山水源涵养区、塔山水源涵养区、神龙泉水源涵养区、西塘河水源涵养区。

4个重要渔业水域。包括启东市重要渔业水域、通州近海岸渔业水域、如东县北部重要渔业水域、如东县南部重要渔业水域。

8个重要湿地。包括临洪河重要湿地、灌云县东滩重要湿地、武障河重要湿地、马家荡重要湿地、里下河重要湿地、长江(通州市)重要湿地、沿海滩涂重要湿地(盐城)、长江(海门市)重要湿地。

15个清水通道维护区。包括通榆河清水通道维护区7个、新洋港清水通道维护区、泰东河清水通道维护区、新通扬通榆运河清水通道维护区、海门市清水通道维护区、如海运河清水通道维护区、焦港清水通道维护区、拉马河清水通道维护区、立新河清水通道维护区。

5个生态公益林。包括大夹山生态公益林区、怀仁山生态公益林区、沿江堤防生态公益林区、江海堤防生态公益林区、沿海生态公益林区。

2个水产种质资源保护区。包括海州湾中国对虾国家级水产种质资源保护区、蒋家沙竹根沙泥螺文蛤国家级水产种质资源保护区。

8个海洋特别保护区。包括连云港海州湾海湾生态与自然遗迹国家级海洋特别保护区、海门蛎岈山牡蛎礁国家级海洋特别保护区、盐城麻菜桁和外磕脚领海基点海洋特别保护区、废黄河三角洲侵蚀性滨海湿地特别保护区、竹根沙海洋特别保护区、东沙海洋特别保护区、顾园沙海洋特别保护区、灌河口滨海湿地特别保护区。

自然保护区建设。加强盐城珍禽和大丰麋鹿国家级自然保护区、启东长江口北支河口湿地和云台山省级自然保护区建设,按照国家法律法规对自然保护区实施优化布局和严格管理。加大对国家级自然保护区的生态补偿,将盐城市列为国家生态补偿试点地区。加强野生动物疫源疫病监测防控体系建设。

生态廊道建设。在现有沿海防护林体系基础上,以重要生态功能保护区和海堤公路、河流湿地为主构建"四纵五横"的生态廊道网络。"四纵"包括新海堤、老海堤、沿海高速和通榆河廊道,"五横"包括石梁河水库—新沭河—临洪河口、黄河故道、苏北灌溉总渠、新洋港—大纵湖、长江口北支生态廊道。在城镇和产业密集区周围建设开敞式的绿色生态空间,在交通主干道两侧建设防护隔离林带,在临港产业园区周边建设生态隔离区。

饮用水源地保护。建立以长江、洪泽湖和京杭运河为主水源,以引江河—新通扬河—泰东河—通榆河、洪泽湖—淮沭新河—蔷薇河—新沭河、京杭运河—淮沭新河及沿江自引供水线等为水源网络干线,以沿海地区集中式饮用水源地和备用水源地为节点的饮用水源安全网络。严格水源地保护,一级保护区内禁止一切与保护水源无关的活动,二级保护区禁止新建、改扩建排放污染物的建设项目。加强清水通道建设,强化沿岸现有排污口整治,确保河流水质达到水功能区划要求,2012年前取缔清水通道沿线的全部排污口,禁止布局污染项目。

滩涂湿地保护。编制湿地保护规划,建立湿地管理信息系统,建设湿地保护示范基地。建立黄河故道重要湿地生态保护区,做好灌河、新沂河、临洪河等重要入海河口湿地及大纵湖、九龙口、马家荡等内陆湖荡湿地的保护工作,推进滨海湿地海洋特殊保护区建设,形成我国东部最集中、规模最大、最具观赏价值和生态价值的湿地景观区。

海洋渔业保护与生态修复。合理调整海洋禁渔区,完善禁渔期制度。实施重点海域生态环境恢复工程,保护海洋鱼类重点产卵场、索饵场及洄游通道。针对重要渔业水域和保护目标建立水产种质资源保护区和繁殖保护区,建设多功能人工鱼礁群,开展主要经济生物资源种群恢复与增殖,实施大规模人工增殖放流。

第二节　强化污染治理

工业污染治理。贯彻落实主要污染物减排计划,控制增量,调整存量,确保完成减排目标。加大对排污企业的监管力度,严格执行总量控制和排污许可证制度,关闭不能稳定达标排放的企业,确保工业污染源稳定达标排放。加快工业企业向环保基础设施齐全的工业园区集中,实现污染集中治理。积极推进生态工业园区建设,加快污水处理厂及其配套污水管网建设,推进集中供热,加强工业和危险固体废弃物的安全处置。到2012年,工业废水排放达标率稳定在95%以上,开发区和工业集中区污水集中处理率、工业和危险固体废弃物安全处置率接近100%,所有开发区实现集中供热。

生活污染治理。加快城镇污水处理厂及管网建设，基本消除生活污水直接排放；积极推进城镇垃圾收运体系和无害化处理设施建设，推广垃圾分类收集、运输和资源化综合利用。大力实施农村环境综合整治，完成县乡河道和村庄河塘疏浚，推进农村户用沼气池建设，积极推广农村生活污水处理技术，推行“组保洁、村收集、镇转运、县处理”的城乡生活垃圾一体化处理模式。到2012年基本实现农村生活垃圾集中收集、无害化处置。到2020年，城镇污水处理率、生活垃圾无害化处理率分别达到95%和接近100%，农村生活污水处理率达到20%以上。

农业污染综合治理。加强土壤污染防治，全面推广测土配方施肥和生物农药等综合防治技术，实施农田氮磷流失“生态拦截”工程，提高肥料利用率；加强农业废弃物综合利用，推广使用自分解农膜，加强废膜回收利用，积极推广秸秆还田等综合利用技术；合理确定畜禽养殖总量和区域布局，实施集约化、生态化养殖；严格控制海水养殖规模，改进养殖方式。到2020年，化学农药和化学氮肥使用量分别削减40%和30%，畜禽粪便处理率提高到85%，秸秆综合利用率提高到90%，农业面源主要污染物总氮、总磷入河量削减60%以上。

流域及海洋污染控制。对于污染严重的重点入海河流，制定实施水环境综合整治达标方案，加快污染治理步伐，到2012年基本达到水环境功能区划的要求；加强对新沂河、淮河入海水道等尾水通道的环境管理，建立上下游组织协调机制，积极推进跨区域生态补偿机制试点；规划建设南通尾水入海排放通道，加强尾水通道的生态化建设，减少入海污染物总量；实施“海陆兼顾”的总量控制制度，强化对沿海重化工业的环境风险防范，加强对主要入海河流流域、河口及陆域排污口的监控管理，严格控制排海污染物总量。加强中小河流治理和生态修复。

严把环境准入门槛。提高产业项目环境准入标准，严格控制高耗能、高排放产业发展，防止产业梯度转移带来的污染转移；严格控制排放含氮、磷污染物的项目；建设项目必须与开发园区产业定位相符合，并满足污染物总量控制的要求。

加强环境监管。严格执行开发建设项目环境影响评价、“三同时”和水土保持方案报告制度；完善区域污染联防机制，推进区域环境保护基础设施共建共享和污染综合整治；推进环境监控和预警体系建设，加强对重点企业、开发园区、入海河口污染排放的在线监测，完善生物多样性和生态安全的监管网络；强化海洋灾害监测预警、防灾减灾体系建设，加强海洋环境监测及海洋灾害预警，提高海洋环境突发事件的防御和应急响应能力，防范赤潮等海洋环境灾害；加强环境信息披露，健全社会公众参与和监督机制；逐步推进排污权交易，建立市场化运行机制；强化对近岸海域功能区和生态功能区的管理，加强环境保护法制建设。

第三节 大力发展循环经济

按照“减量化、再利用、资源化”的总体要求，大力推进节能、节水、节材、节地，加大资源回收利用，提高资源利用效率，从根本上降低资源的消耗，从源头上减少废弃物的产生，把江苏沿海地区建设成为全国重要的循环经济产业带。

以国家级和省级开发区为载体，明确产业发展方向，按照产业链优化项目选择和空间布局，形成产业集群。大力开发和推广应用节能和资源综合利用新技术、新工艺。推进行业、企业和园区发展循环经济，形成企业之间、产业之间的资源利用循环链。全面推进重点企业清洁生产，加快重点行业绿色制造，在能源、化工、船舶、造纸、粮油加工等行业建设一批“零排放”试点示范项目，完成对化工、印染等重点行业强制性清洁生产审核，在有条件的地方建设国家级循环经济示范园区。推进各种废旧资源回收和循环利用，建立可再生资源回收、加工和利用系统。到2020年，工业用水重复利用率达到98%，工业固体废弃物综合利用率接近100%。建立城市生活垃圾分类、回收、再造系统，推广城市及区域中水回用系统，强化建筑节能等新技术应用。大力推广能效标识产品、节能节水认证产品、环保产品、有机产品、良好农业规范认证产品，完善绿色产品标识制度，倡导公众绿色消费。

第九章　保障措施

进一步深化改革，扩大开放，加快体制机制创新，将政府宏观调控与市场配置资源的基础性作用相结合，将自身努力与国家政策支持相结合，确保规划目标的顺利实现。

第一节　深化体制改革

深化行政管理体制改革。加快政府职能转变，进一步强化经济调节、市场监管、社会管理和公共服务职能，构建责任政府、服务政府和法治政府。创新政府管理模式，加快行政审批制度改革，减少和规范行政审批。推进政府机构改革，优化政府管理层次，完善政绩考核制度，提高行政运行效率。加快省直管县改革，进一步扩大县（市）经济管理权限。赋予一定人口规模和经济实力的中心镇部分县级经济社会管理权限。深化事业单位改革，推进社会事业管理体制创新。完善公共财政体系，规范财政转移支付，调整县乡税收分配关系，强化乡镇公共服务职能，增强基层政府提供公共服务的能力。

加快市场一体化进程。健全统一开放、竞争有序的现代市场体系，发展各类生产要素市场和商品市场，促进生产要素合理流动和资源优化配置；建设区域投融资平台，积极引进国内外战略投资参与江苏沿海地区发展；建立区域信用平台与体系，加快政务诚信、商务诚信、社会诚信建设，营造诚实守信的社会环境；建立区域质量互认制度，完善市场监督体系，规范市场秩序；积极推进行业协会改革，培育以企业为主体的新型行业协会，鼓励行业协会开展区域合作。

建立生态建设和环境保护新机制。实施最严格的环境保护制度，落实污染减排考核和责任追究制度，实行环境保护“一票否决”和问责制。积极探索并建立生态补偿机制，加大对自然保护区等重要生态功能区的生态补偿。完善水资源保护制度，明晰跨界水质保护责任，加大对下游受污染地区的补偿与赔付。完善环境容量和排污总量倒逼机制，做到增产不增污。加强产业政策、环境准入和污染物排放标准的约束机制，从源头防止环境污染和生态破坏。建立污染物减排的激励机制，加大对下游受污染地区的补偿与赔付。

创建良好的法制环境。大力推进依法行政，加强政府法制建设。全面贯彻实施《政府信息公开条例》，推进政务公开。建立健全决策权、执行权、监督权既相互制约又相互协调的权力结构和运行机制，健全程序规则和问责机制，推进行政执法责任制，加强行政监察。

第二节　扩大开放合作

大力发展开放型经济。实施“引进来”与“走出去”相结合的对外开放战略，优化利用外资结构，发挥外资对产业升级和技术扩散的促进作用，积极承接国际产业转移，重点引进高技术产业和先进制造业项目，扩大服务外包；着力提高利用外资质量，注重引进先进技术、管理经验和智力资源；支持跨国公司在江苏沿海地区设立总部、研发中心和专业服务机构；鼓励企业与国际跨国公司进行合作配套，促进形成产业集群；积极利用国际金融组织贷款、外国政府贷款、国际产业投资基金，为江苏沿海地区发展提供资金支持；鼓励和支持有实力的企业到境外投资，扩大对外承包工程和劳务合作。

强化与长三角其他地区的互动。进一步加强与上海、苏南等地区重大基础设施的衔接，积极开展产业合作，建立长三角地区农副产品供应基地，承接上海、苏南等地区的产业转移，推动长三角地区产业优化升级，促进互动发展。进一步加强与苏北其他地区的合作，服务和带动苏北腹地经济发展，提

升外向型经济发展水平。积极推进泛长三角区域合作。

加强对中西部地区的服务带动。充分利用新亚欧大陆桥出海通道便捷的交通条件和不断增强的服务功能，进一步扩大与中西部地区在产业、科技、人才、信息等领域的交流与合作，增强辐射带动作用。

密切与环渤海地区的联系。积极发挥承南启北的作用，加强与环渤海地区的沟通，推进技术、项目、人才的交流，促进产业分工与协作，加强连云港与青岛、日照之间的港口合作以及其他基础设施对接。

加强国际合作。深化与新亚欧大陆桥沿线和日韩等东北亚国家的经济贸易合作，举办沿线国家和地区经济合作论坛，促进互利共赢。推动建立沿线国家共同参与的高层次协调机制，定期磋商解决重大问题，进一步推动经贸合作与交流。

第三节 加强政策支持

对外开放政策。支持在有条件的地区设立海关特殊监管区域，加快连云港出口加工区等各类海关特殊监管区功能叠加和整合；支持有条件的省级经济开发区和高新技术开发区升格为国家级开发区；探索设立国家东中西区域合作示范区，鼓励在促进跨区域生产要素共享、推进重大基础设施对接、加强产业合作等方面先行先试，创新合作模式，完善合作机制，为实现区域合作发展探索新路径。

投融资政策。支持江苏沿海地区重大基础设施建设，在重大产业布局及项目审核等方面给予必要支持；依法减免海域使用金；促进海洋科技成果转化，建立科技兴海多元化资金投入机制；加大商品粮基地、农产品加工基地建设投入力度；条件成熟时支持设立地方性银行，鼓励国内外金融企业在江苏沿海地区设立分支机构；探索发展股权投资基金，设立政府创业投资引导基金，引导支持创业型企业发展，扩大企业融资规模。

资源开发与管理政策。实施科技兴海战略，完善成果转化和人才培养机制，推动江苏沿海地区海洋经济加快发展；支持海域滩涂资源开发，在新增建设用地土地有偿使用费的安排上，对符合条件的海域滩涂开发予以支持，新增耕地可用于全省耕地占补平衡；支持低产盐田用途调整；支持土地管理改革，开展多种模式的征地安置试点，开展农村集体建设用地流转及土地收益分配、增强政府对土地供应调控等方面的改革试验，探索农用地转用和土地征收方案一次报批、分期分批组织实施，实行城乡建设用地增减挂钩政策，推动农村建设用地向城镇集中。

人才保障政策。加大连云港等地高校海洋学科建设和海洋产业人才培养力度，支持有条件的高校增设海洋专业。支持江苏沿海地区引进国内外优质教育资源，与本地各类高等院校开展合作办学和科学研究，培养适应发展需要的各类人才。完善为江苏沿海开发提供人才支持的工作机制，探索建立政府、社会、用人单位和个人多元化的人才开发投入体系。依托高新技术开发区、科技企业孵化器等平台，鼓励留学归国人员到江苏沿海地区创业。支持开展专业技术和职业技能培训，形成一批支撑产业发展的高技术、实用型人才队伍。

第四节 做好组织实施

国务院有关部门要结合各自职能，.加强对规划实施的指导，依据本规划要求，制定支持江苏沿海地区发展的具体政策措施，指导江苏省编制有关重点领域的专项规划。江苏省人民政府要强化组织领导，明确工作分工，完善工作机制，落实工作责任，按照本规划确定的战略定位、空间布局、发展重点，抓紧推进规划的组织实施；建立完善苏南等发达地区与沿海地区的对口支援制度，强化南北开发园区共建，促进全省区域协调发展。沿海三市要制定具体的行动方案，调整相关规划，组织重大项目建设，落实规划提出的各项任务和措施，确保规划目标的实现。

加强区域间和部门间的协商与沟通。沿海三市要建立必要的区域发展协调机制，协商解决跨市域的重大问题，共同推进事关区域发展的重大项目，研究提出促进区域一体化发展的政策建议；江苏省人民政府要给予必要的指导和协调，做好与长三角其他区域的沟通协调；要建立陇海兰新沿线地区发展协调机制，进一步完善提升现有合作机制；国务院有关部门之间要加强沟通，帮助地方解决规划实施中遇到的重大问题。

进一步完善公众参与和民主监督机制，做好规划及相关信息的公开工作，保障区域居民通过法定程序和渠道参与规划的实施和监督。国家发展改革委要会同有关部门加强对规划实施情况的跟踪分析和督促检查，会同江苏省人民政府定期组织开展规划实施情况评估，并将实施情况向国务院报告。

三 浙江海洋经济发展示范区规划

国家发展和改革委员会

二〇一一年三月

前 言

浙江是长江三角洲地区的重要组成部分，是我国促进东海海区科学开发的重要基地，在促进我国沿海地区扩大开放和海洋经济加快发展中具有重要地位。为充分发挥浙江海洋资源和区位优势，加快培育海洋新兴产业，积极推进海岛开发开放，努力建设海洋生态文明，探索实施海洋综合管理，提高海洋开发和控制水平，增强区域辐射带动能力，促进长江三角洲地区产业结构优化和发展方式转变，为全国海洋经济科学发展提供示范，特制定浙江海洋经济发展示范区规划。

规划区包括浙江全部海域和杭州、宁波、温州、嘉兴、绍兴、舟山、台州等市的市区及沿海县(市)的陆域(含舟山群岛、台州列岛、洞头列岛等岛群)，海域面积26万平方公里，陆域面积3.5万平方公里，其中海岛的陆域总面积约0.2万平方公里。2009年，区内人口约2700万人，人均地区生产总值5.5万元。规划期为2011—2020年，重点为“十二五”时期。本规划同《长江三角洲地区区域规划》和《国务院关于支持福建省加快建设海峡西岸经济区的若干意见》(国发〔2009〕24号)相衔接，是指导浙江海洋经济发展的重要依据。

第一章 发展条件与重大意义

第一节 发展条件

浙江是海洋大省，海洋资源丰富，区位优势突出，产业基础较好，体制机制灵活，科教实力较强，在全国海洋经济发展中具有重要地位。

海洋资源较为丰富。浙江拥有丰富的港口、渔业、旅游、油气、滩涂、海岛、海洋能等资源，组合优势明显，具有加快发展海洋经济的巨大潜力。浙江省海岸线6696公里，居全国首位；可规划建设万吨级以上泊位的深水岸线506公里，约占全国30.7%，相对集中分布于宁波—舟山港域，是我国建设深水港群的理想区域。面积500平方米以上海岛2878个，数量居全国首位，是维护国家海洋权益、深化对外开放、保护海洋生态的重要载体。近海渔场22.27万平方公里，可捕捞量居全国第一。滩涂面积近400万亩，资源开发利用条件良好。滨海旅游资源丰富，海洋文化特色鲜明。海洋能蕴藏丰富，可开发潮汐能装机容量占全国40%，潮流能占全国一半以上，利用潜力巨大。

区位条件十分优越。示范区位于长江三角洲地区南部，南接海峡西岸经济区，东临太平洋，西连长江流域和内陆地区，区域内外交通联系便利，紧邻国际航运战略通道，具有深化国内外区域合作，加快开发开放的有利条件。

特色产业优势突出。2009年，示范区实现海洋生产总值3002亿元，三次产业结构为7.9∶41.4∶50.7，海洋产业体系比较完备。海运业发达，货物吞吐量7.15亿吨，集装箱吞吐量1118万标箱，宁波—舟山港跻身全球第二大综合港、第八大集装箱港。浙江省船舶工业产值738亿元，居全国第三位；海水淡化运行规模9.35万吨/日，居全国首位。滨海旅游、海洋生物医药、海洋能源等产业发展迅速。

体制机制灵活高效。浙江在全国较早推进要素市场化配置、资源环境有偿使用等方面改革，经过多年发展，已基本形成高效、规范的市场机制，为海洋经济发展提供了良好环境；浙江城镇化和县域经济发展水平均居全国前列，全省区域协调发展和新型工业化取得良好成效，为推进海陆统筹和海洋产业集聚与结构优化奠定了扎实基础；浙江民营经济发达，投资海洋产业的积极性较高，海洋经济发展的动力强劲。

科教支撑能力较强。拥有国家海洋局第二海洋研究所、杭州水处理技术研究中心、浙江省海洋科学院、浙江省海洋开发研究院、浙江省发展规划研究院和浙江大学、浙江工业大学、宁波大学、浙江海洋学院等一批科研机构和院校，全省海洋科研机构经常费收入居全国第四位，海洋本科、专科专业点数居全国第二位，海洋科技教育实力较强，有利于提升海洋经济发展核心竞争力。

同时也应看到，浙江的海洋资源等优势尚未得到充分发挥，示范区海洋生产总值占地区生产总值比重仍然较低，海洋高技术产业和服务业还需要加快发展；海洋生态系统和珍稀濒危物种保护力度有待加大，近岸海域生态环境承载力还比较弱，沿海防灾减灾任务较为艰巨；海洋经济转型升级和海陆联动等体制机制创新亟待加强，实现海洋经济强省目标任重道远。

第二节　重大意义

大力发展海洋经济，建设浙江海洋经济发展示范区，对于推动浙江加快转变经济发展方式，促进全国区域协调发展，维护国家海洋权益具有重要意义。

有利于科学开发利用海洋资源，促进海洋经济转型升级和可持续发展。加快浙江海洋经济发展，积极推进示范区建设，有利于科学规划海洋经济发展，坚持开发与保护并重，集约利用深水岸线、海岛、海洋能等资源，规范资源开发行为，切实保护海岛、海岸带和海洋生态环境，培育新的增长极，推进经济发展方式转变和生态文明建设，实现人海和谐。

有利于完善沿海区域发展战略格局，实现海陆统筹。加快浙江海洋经济发展，积极推进示范区建设，有利于促进上海国际航运中心建设，加快长江三角洲地区一体化进程，强化长江三角洲地区和海峡西岸经济区的联系，完善我国沿海地区发展格局，增强沿海地区开发开放的总体实力；有利于积极探索海陆联动的新思路与新举措，提升浙江辐射长江流域、带动内陆地区发展的能力。

有利于保障国家战略物资供应安全，维护国家海洋权益。加快浙江海洋经济发展，积极推进示范区建设，形成全国重要的大宗商品储运、加工和贸易中心，有利于充分利用国内国际两个市场、两种资源，维护国家战略物资供应安全和经济安全；有利于探索海洋综合管理体制机制，加强综合保障体系建设，提升维护国家海洋权益的能力。

第二章　总体要求与发展目标

第一节　指导思想

以邓小平理论和“三个代表”重要思想为指导，全面贯彻落实科学发展观，按照党的十七届五中全会关于发展海洋经济的总体要求，以科学发展为主题，以加快转变经济发展方式为主线，坚持人海和谐、海陆联动、江海连结、山海协作，统筹处理好海洋经济与陆域经济、经济建设与民生保障、资源开发与生态保护等方面的关系，加强体制机制创新，构建现代海洋产业体系，努力把浙江海洋经济发展示范区建设成为我国综合实力较强、核心竞争力突出、空间配置合理、科教体系完善、生态环境良好、体制机制灵活的海洋经济科学发展示范区，建成海洋经济强省。

第二节　战略定位

立足浙江省资源条件、产业基础和体制机制等方面优势，加快转变经济发展方式，优化沿海空间布局，科学确定浙江海洋经济发展示范区的发展定位，提升对我国海洋经济发展的引领示范作用。

我国重要的大宗商品国际物流中心。发挥浙江港航资源和区位优势，着力构筑由大宗商品交易平台、海陆联动集疏运网络、金融和信息支撑系统组成的“三位一体”港航物流服务体系，加快推进以宁波—舟山港为核心的大宗商品储运加工贸易基地和集装箱干线港建设，提升上海国际航运中心的整体功能，将示范区建设成为我国重要的大宗商品国际物流中心，为我国战略物资供应提供有力支撑。

我国海洋海岛开发开放改革示范区。发挥浙江体制机制灵活的优势，加强对海洋开发的统筹规划、政策引导、资金支持和体制创新，加快杭州国家创新型城市建设，重点推进舟山群岛综合开发开放、杭甬海洋科技创新、甬舟港航配套服务、温州和台州民营海洋产业发展等试点工作，形成科学、有序、高效、完善的体制环境，发挥促进我国海洋经济发展的示范作用。

我国现代海洋产业发展示范区。落实国家重点产业调整和振兴规划，培育海洋新兴产业，加强海洋科研与产业化基地建设，扶持壮大港口物流、海洋装备制造、清洁能源、海水利用、海洋生物医药等新兴产业，加快发展临港先进制造业、滨海旅游、现代渔业等优势产业，培育一批国际知名的企业和品牌，建设具有较强国际竞争力的产业集群，为引领我国海洋经济转型升级提供强大动力。

我国海陆协调发展示范区。坚持海陆联动，促进海陆发展在战略规划、空间布局、产业优化、政策设计与管理体制等方面的统筹协调，充分发挥海陆两种资源优势，为积极探索我国海陆协调发展的新途径积累经验。

我国海洋生态文明和清洁能源示范区。加快发展清洁能源，优化能源结构，努力创建清洁能源示范区。强化海洋资源有序开发、生态利用和有效保护，加强海域污染防治和生态修复，积极推进低碳技术研发和应用，大力发展循环经济，为建设海洋生态文明探索新模式。

第三节　基本原则

海陆统筹，联动发展。把海洋资源优势与陆域产业、科技、人才等优势有机结合起来，构建海陆统筹的港口集疏运、能源供给、水资源保障、信息通信、防灾减灾等网络，实现海陆产业联动发展、基础设施联动建设、资源要素联动配置、生态环境联动保护。

整合提升，集群发展。注重区内与区外结合，统筹内外开放，科学谋划空间布局，健全海洋开发的投融资、科教创新、对外开放等平台，培育港口物流、海洋装备制造、海洋生物医药等新兴产业集群，增强核心竞争力。在重点沿海城市和重要海岛建设一批产业集聚区，提高海洋经济集聚效益。

科教先导，集约发展。注重近期与远期兼顾，深入实施科技兴海战略，优化海洋科技、教育、人才资源配置，推进自主创新，加大科研院所和专业人才引进力度，加强海洋科技研发和成果转化应用，促进海洋开发向集约型、效益型转变，不断提升科技教育对海洋经济发展的支撑能力。

生态优先，持续发展。注重保护和开发并举，坚持海洋经济发展与海洋生态环境保护相统一，海洋资源开发利用与资源环境承载力相适应，把海洋生态文明建设放到突出位置，促进人与自然和谐，实现海洋经济可持续发展。

深化改革，创新发展。注重体制机制创新，着力提高海洋综合管理水平，加大对外开放力度，充分发挥市场配置资源的基础性作用，引导民间资本参与海洋经济发展，形成科学、开放、有序、高效的发展环境，不断增强海洋开发的软实力。

第四节 主要目标

到2015年主要发展目标：

海洋经济综合实力明显增强。海洋经济综合实力、辐射带动力和可持续发展能力居全国前列，在全国的地位进一步提升。到2015年，示范区地区生产总值突破2.6万亿元，占全省的3/4，人均地区生产总值达到8.6万元；示范区海洋生产总值接近7000亿元，占全国海洋经济比重提高到15%，三次产业结构为6∶41∶53，基本实现海洋经济强省目标。

港航服务水平大幅提高。巩固宁波—舟山港全球大宗商品枢纽港和集装箱干线港地位，基础设施实现网络化、现代化。到2015年，沿海港口货物吞吐量达到9.2亿吨，集装箱和原油、成品油等大宗商品运输在沿海港口中所占比例较大提升，形成较为完善的“三位一体”港航物流服务体系，基本建成港航强省。

海洋经济转型升级成效显著。海陆联动开发格局基本形成，在港口物流、滨海旅游、海洋装备制造、船舶工业、清洁能源、现代渔业等领域形成一批全国领先、国际一流的企业和产业集群，在海洋生物医药、海水利用、海洋科教服务、深海资源勘探开发等领域取得重大突破，海洋产业结构明显优化，海洋经济效益显著提高。到2015年，海洋新兴产业增加值占海洋生产总值的比重提高到30%以上。

海洋科教文化全国领先。海洋文化建设深入推进，海洋意识不断强化，涉海院校和学科建设加快，海洋科技创新体系基本建成，海洋科技创新能力明显提高，建成一批海洋科研、海洋教育、海洋文化基地。到2015年，示范区内研究与试验发展经费占地区生产总值的比重达到2.5%，科技贡献率达70%以上。

海洋生态环境明显改善。海洋生态文明和清洁能源基地建设扎实推进，海洋生态环境、灾害监测监视与预警预报体系健全，陆源污染物入海排放得到有效控制，典型海洋和海岛生态系统获得有效保护与修复，基本建成陆海联动、跨区共保的生态环保管理体系，形成良性循环的海洋生态系统，防灾减灾能力有效提高。到2015年，清洁海域面积力争达到15%以上。

到2020年，全省海洋生产总值力争突破12000亿元，三次产业结构为5∶40∶55，科技贡献率达80%左右，海洋新兴产业增加值占海洋生产总值比重达35%左右，全面建成海洋经济强省。大宗商品储运与贸易、海洋油气开采与加工、海洋装备制造、海洋生物医药、海洋清洁能源等产业在全国地位巩固提升，建成现代海洋产业体系。

第三章 优化海洋经济发展布局

坚持以海引陆、以陆促海、海陆联动、协调发展，注重发挥不同区域的比较优势，优化形成重要海域基本功能区，推进构建“一核两翼三圈九区多岛”的海洋经济总体发展格局。

第一节 加快核心区建设

以宁波—舟山港海域、海岛及其依托城市为核心区，围绕增强辐射带动和产业引领作用，继续推进宁波—舟山港口一体化，积极推进宁波、舟山区域统筹、联动发展，规划建设全国重要的大宗商品储运加工贸易、国际集装箱物流、滨海旅游、新型临港工业、现代海洋渔业、海洋新能源、海洋科教服务等基地和东海油气开发后方基地，加强深水岸线等战略资源统筹管理，完善基础设施和生态环保网络，形成我国海洋经济参与国际竞争的重点区域和保障国家经济安全的战略高地。

专栏一：推进宁波—舟山枢纽港建设

宁波—舟山港是核心区建设的重中之重，要坚持集散并举，实现与上海港错位发展。港域中部重点发展集装箱现代物流，统筹发展原油、成品油、液化天然气(LNG)、矿石、煤炭、粮油等大宗商品储运、中转和贸易，增强宁波—舟山港对上海国际航运中心的保障支持能力；港口北部区域重点完善海进江系统，成为长江三角洲和长江流域海进江系统的重要基地。

第二节 提升两翼发展水平

以环杭州湾产业带及其近岸海域为北翼，以温州、台州沿海产业带及其近岸海域为南翼，尽快提升两翼的发展水平。立足区内外统筹发展，北翼加强与上海国际金融中心和国际航运中心对接，突出新型临港先进制造业发展和长江口及毗邻海域生态环境保护，成为带动长江三角洲地区海洋经济发展的重要平台；南翼加强与海峡西岸经济区对接，突出沿海产业集聚区与滨海新城建设，引导海洋三次产业协调发展，成为东南沿海海洋经济发展新的增长极。

在推进两翼发展过程中，根据各海域的自然条件和海洋经济发展需要，合理确定区内各重要海域的基本功能。

专栏二：重要海域基本功能

杭州湾海域。协调好围填海与河口海域防洪管理的关系，建立统一的海域管理体制，形成滨海旅游、湿地保护、临港工业等基本功能。

宁波—舟山近岸海域。着重加强岸线资源的统筹规划，适度控制工业占用深水岸线和后方腹地，形成港口物流、临港工业、滨海旅游等基本功能。

岱山—嵊泗海域。加强海洋渔业、滨海旅游、深水岸线资源统筹，保护与恢复重要经济鱼虾蟹类产卵繁殖场所和增殖放流渔业资源，加强深水岸线等资源有序开发，形成海洋渔业、滨海旅游、港口物流等基本功能。

象山港海域。严格保护生态环境，重点加强湿地保护，合理布局涉海产业，形成生态保护等基本功能。

三门湾海域。控制围填海规模，探索建立跨行政区协调管理机制，保持良好生态环境，形成滨海旅游、湿地保护、生态型临港工业等基本功能。

台州湾海域。加强医药化工业污染综合整治与预防，科学有序推进滩涂围垦，形成临港工业、港口运输等基本功能。

乐清湾海域。加强滩涂湿地保护，科学论证和利用围垦用地，形成湿地保护、滨海旅游、临港工业等基本功能。

瓯江口及洞头列岛海域。协调好河口综合整治、瓯飞滩等围填海造地和港口建设，加强滨海湿地、珍稀动植物和海岛地貌保护，推进形成港口运输、临港工业、滨海旅游等基本功能。

南麂、北麂列岛海域。加强海洋、海岛生态和独特地貌保护，集中形成生态保护、滨海旅游等基本功能。

第三节　做强三大都市圈

加强杭州、宁波、温州三大沿海都市圈海洋基础研究、科技研发、成果转化和人才培养，加快发展海洋高技术产业和现代服务业，推进海洋开发由浅海向深海延伸、由单一向综合转变、由低端向高端发展，增强现代都市服务功能，提升对周边区域的辐射带动能力，建设成为我国沿海地区海洋经济活力较强、产业层次较高的重要区域。

专栏三：杭州、宁波、温州三大沿海都市圈建设导向

杭州都市圈。发挥在海洋工程、海水利用、深海勘探等领域的科教优势，做强海洋高技术产业、先进制造业和现代服务业，增强对海洋综合开发的科技、人才、教育、金融、信息、设计等支撑能力。

宁波都市圈。推进宁波—舟山港口一体化和国际现代港口城市建设，做强港口物流、口岸贸易、滨海旅游、海洋装备制造等产业，增强对国家战略物资储运保障、东海油气开发和海洋科教研发的服务能力。

温州都市圈。加强民营经济发展先行创新，推进温州枢纽港、滨海重点开发区块建设和临港先进制造业发展，成为长江三角洲南翼和海峡西岸经济区北翼中心城市。

第四节　重点建设九大产业集聚区

在整合提升现有沿海和海岛产业园区基础上，坚持产业培育与城市新区建设并重，重点建设杭州、宁波、嘉兴、绍兴、舟山、台州、温州等九大产业集聚区。与产业集聚区的资源环境承载能力相适应，培育壮大海洋新兴产业，保障合理建设用地用海需求，提高产业集聚规模和水平，使其成为浙江海洋经济发展方式转变和城市新区培育的主要载体。

专栏四：九大产业集聚区建设导向

杭州大江东产业集聚区。突出空港经济和现代产业特色，重点发展海水淡化装置等先进制造业和高技术产业。

杭州城西科技创新产业集聚区。突出科研创新特色，重点发展海洋工程产业、高技术产业和休闲旅游业。

宁波杭州湾产业集聚区。突出海洋新兴产业特色，重点发展海洋工程装备制造和海洋现代服务业。

宁波梅山物流产业集聚区。以国家保税港区和梅山新城为依托，重点发展保税仓储、转口贸易和增值加工产业。

舟山海洋产业集聚区。突出海洋经济特色，重点发展港口物流、海洋科技、滨海旅游、临港工业和现代渔业。

温州瓯江口产业集聚区。突出民营经济特色，重点发展战略性新兴产业和港口物流业。

台州湾循环经济产业集聚区。突出循环经济特色，重点发展资源再生产业、装备制造业和生态农业。

嘉兴现代服务业集聚区。突出国际商务和科技创新特色，重点发展区域性总部经济、物联网产业研发制造，建设科研孵化基地。

绍兴滨海产业集聚区。突出先进适用技术改造提升传统产业，重点发展战略性新兴产业和生态休闲观光农业。

第五节 合理开发利用重要海岛

加强分类指导，重点推进舟山本岛、岱山、泗礁、玉环、洞头、梅山、六横、金塘、衢山、朱家尖、洋山、南田、头门、大陈、大小门、南麂等重要海岛的开发利用与保护。根据各海岛的自然条件，科学规划、合理利用海岛及周边海域资源，着力建设各具特色的综合开发岛、港口物流岛、临港工业岛、海洋旅游岛、海洋科教岛、现代渔业岛、清洁能源岛、海洋生态岛等，发展成为我国海岛开发开放的先导地区。

大力增强浙江海洋经济发展示范区对全省和周边省市的辐射带动作用，互为依托，共同发展。加快建设海运、铁路、公路、内河运输等综合交通网络，完善海陆一体化物流服务体系和大通关、直通关服务体系，推进海洋先进装备制造、清洁能源装备制造等海洋产业向内陆拓展，积极促进示范区与湖州、金华、衢州、丽水等内陆地区的联动协调发展。

专栏五：八大类重要海岛开发利用导向

综合开发岛。陆域面积大，城镇依托好，开发利用较为综合的海岛，包括舟山本岛和玉环、岱山、洞头、泗礁、六横、大洋山、灵昆等岛。

港口物流岛。具有优越区位条件、深水岸线和一定陆域空间，以港口物流功能为主的海岛，包括梅山、金塘、小洋山、册子、头门、上大陈等岛。

临港工业岛。具有较好建港条件和较大腹地空间，适合临港工业发展的海岛，包括大榭、衢山、大长涂、小门等岛。

滨海旅游岛。具有优美自然景观、良好生态环境等旅游资源的海岛，包括普陀山、朱家尖、桃花、登步、檀头山、下大陈、半屏等岛。

现代渔业岛。具有良好海域生态环境，渔业资源丰富，以现代渔业为主功能的海岛，包括东门、枸杞、大黄龙、嵊山、鹿西、扩塘山、鸡山等岛。

清洁能源岛。具有优越的风能、海洋能等能源资源，具备良好基础设施接入条件的海岛，包括南田、高塘、大鱼山、北关等岛。

海洋科教岛。海岛或其附近海域具有较高科研价值，或高等院校、科研院所所在海岛，包括长峙、摘箬山等岛。

海洋生态岛。具有较高海洋生态环境保护价值的海岛，包括大五峙、韭山、渔山、黄兴、南麂、铜盘山、披山等岛。

第四章　打造现代海洋产业体系

发挥特色优势，推进海洋新兴产业、海洋服务业、临港先进制造业和现代海洋渔业发展，建设现代海洋产业基地，健全现代海洋产业体系，增强海洋经济国际竞争力。

第一节　扶持发展海洋新兴产业

坚持自主创新和引进吸收相结合，增加对战略性新兴产业的科研投入，促进科技成果转化，着力将海洋新兴产业发展成为海洋经济支柱产业。

海洋装备制造业。坚持引进与培育并举，提升海洋装备工业技术集成和设备成套化水平。重点发展宁波和舟山石化成套设备、港口机械设备，杭州和舟山潮汐能设备、海水淡化成套设备，台州海洋环保设备，海盐核电设备，绍兴风电设备等，打造海洋先进装备业基地，形成较强国际竞争力。坚持自主科技创新与中外合资合作并重，推动舟山和宁波在自升式钻井平台、浮式生产储油装置、深水水下采收系统等领域取得突破，形成长链条、大配套能力，建成我国重要的海洋工程装备基地。

清洁能源产业。围绕清洁能源基地建设，积极有序布局沿海核电项目，争取到2015年核电装机容量达887万千瓦；以海盐核电城为重要载体，集聚核电装备核心技术制造企业；支持浙江有条件的企业获得核设施安全许可证，研究组建集团化公司，参与核电项目设备配套与建设维护。统筹建设抽水蓄能电站，提高电网质量。积极开发海岛和近海风能、潮汐能、潮流能、生物质能等新能源，鼓励海洋新能源开发试验项目落户，打造重要的海洋能研究与开发基地。积极推进舟山燃料乙醇基地建设。积极扩大天然气的应用比例和总量，培育壮大LNG冷能产业链，提高天然气综合利用效率。

海洋生物医药产业。以杭州生物产业国家高技术产业基地、舟山海洋生物园区等为载体，加强海洋生物及其制品质量检测机构建设，引进海洋生物产业重大科研项目。加强海洋生物技术研究，重点发展生物性原料与衍生品、功能性产品和药物，成为国内重要的海洋生物医药产业基地。设立相关产业引导基金，支持产业基础研发、临床试验和标准制订，加强海洋生物科技机构、企业和人才的引进。规划建设宁波、舟山、台州等海洋生物工程产业基地，形成较强研发和产业转化能力。

海水利用业。将海水淡化作为沿海和海岛地区水资源的重要来源，积极发展海水淡化及综合利用产业。以杭州水处理技术研究开发中心和浙江大学为依托，组建具有国内领先水平的海水资源开发利用工程研究平台、产品中试与产业化基地。加强海水淡化国产化技术研发，重点突破能量回收装置、高压泵等关键设备及从浓缩海水中萃取和精深利用化学元素技术，拓展海水淡化技术在水资源再利用和特种分离领域的推广应用。把海水淡化项目纳入市政饮用水工程范畴，加快建设一批海水淡化及综合利用示范城市。鼓励海水直接利用和循环利用，扩大直接利用比重和范围。

海洋勘探开发业。加强人才培养、技术储备和装备研发，增强海洋勘探开发业综合实力和核心竞争力，将示范区建设成为我国重要的海洋勘探开发科教基地。加强中国大洋勘查技术与深海科学研究开发基地建设，支持开展深海探测、深海生物资源开发、深海取样、海底观测等深海装备研制工作。

第二节　培育发展海洋服务业

加快发展涉海生产性和生活性服务业，巩固提升优势服务业，培育发展新兴服务业，充分发挥海

洋服务业对海洋经济转型升级的推动和促进作用。

涉海金融服务业。加快金融企业、金融业务、金融市场改革，加大金融开放力度。积极运用金融租赁方式提供信用支持，拓宽船舶制造和航运企业融资渠道。支持综合运用银团贷款等形式，满足海洋产业重大项目信贷资金需求。加快涉海项目信息库建设，深化银企合作。推进完善海域使用权抵押贷款业务。支持金融租赁公司进入银行间市场拆借资金和发行债券。支持符合条件的非金融企业发行短期融资债券和中期票据等债务融资工具。规范发展各类保险企业，开发服务海洋经济发展的保险产品。

滨海旅游业。以滨海城市为依托，加快建设宁波—舟山、温州—台州、杭州湾三大滨海旅游区，重点建设普陀山—朱家尖—桃花岛、宁波—定海—岱山、嵊泗—洋山—东海大桥、九龙山—南北湖—盐官、象山港—石浦、三门湾—东矶列岛、临海桃渚—台州滨海—大陈岛、温州市区—洞头—南麂列岛、雁荡山—乐清湾、苍南—平阳滨海等旅游板块。加快推进海陆和岛际旅游的立体交通网络建设。开发邮轮、游艇、探险等高端旅游产品，引进国际知名酒店管理集团、旅游代理商和旅游资讯集成商，建成我国知名的海洋文化和休闲旅游目的地。

航运服务业。扶持发展船舶交易、船舶管理、航运经纪、航运咨询、船舶技术、海事仲裁等航运服务业，拓展产业链和服务功能，建设宁波、舟山、温州等航运服务集聚区。加强宁波金融、贸易、航运服务功能间的密切配合，加快航运融资、航运保险、金融租赁、口岸贸易等发展。增强舟山、温州、嘉兴、台州等航运服务功能。建设宁波、舟山远洋船员服务基地。

涉海商贸服务业。以舟山船用商品交易市场和镇海液体化工交易市场等专业市场及品牌展会为重点，加强涉海电子商务发展，规范发展、做大做强中远期现货市场，促进有形市场与无形市场融合，提升现代商贸服务水平。

海洋信息与科技服务业。以宁波、舟山、温州为重点，大力扶持发展涉海咨询评估、知识产权、会展广告，以及海洋气象、海事服务等服务业，积极培育海洋经济发展新增长点。

第三节　择优发展临港先进制造业

充分发挥浙江港口岸线丰富的优势，坚持自主化、集群化、高端化方向，大力发展以船舶工业为重点的临港先进制造业。

船舶工业。集中建设舟山船舶产业基地和宁波高附加值船舶及装备、温州—台州特种船舶及船用设备、杭州—嘉兴运动休闲船艇及大型船用装备等制造基地。重点发展海洋工程装备、高技术船舶、船艇、船用设备领域的高技术高附加值产品。支持企业建设技术中心，提高船舶设计和关键设备研发能力。推进船舶企业联合、重组，培育一批具有较强国际竞争力的企业，形成现代船舶产业链。

其他先进制造业。充分发挥港口优势，结合杭钢搬迁，建设宁波钢铁续建项目，加快不锈钢产业的整合提升，延伸高端产业链，形成产业集群。建设宁波、杭州、台州汽车及零部件产业基地，加快新能源汽车研制，形成特色、品牌和集群优势。利用进口原浆等原材料，集中建设宁波、嘉兴高档造纸基地。

第四节　提升发展现代海洋渔业

按照扩大养殖、拓展远洋、深化加工、搞活流通的发展思路，提升发展现代海洋渔业。

海洋捕捞和海水养殖业。加强渔业资源调查研究，科学控制近海捕捞总量和强度，优化海洋捕捞结构。积极发展远洋渔业，加强远洋渔船更新改造和远洋渔场开拓，完善配套服务体系，建设舟山现代远洋渔业基地。优先发展高效生态海水养殖，建设一批生态型水产养殖园区。加快渔港渔村建设改造，发展多元化、精品化休闲渔业。培育新型渔业主体，保障渔民就业增收。

水产品精深加工和贸易。规划建设一批海洋生物资源精深加工区，提高精深加工比例，培育形成一批龙头企业和优质特色产品。加强舟山、象山水产城等水产品专业市场升级与信息化平台建设，积极发展现货竞价交易和现货远期交易，加强水产品冷链物流一体化建设，建成多渠道、便捷化配送体系。

第五章　构建“三位一体”港航物流服务体系

着力构建大宗商品交易平台、海陆联动集疏运网络、金融和信息支撑系统“三位一体”的港航物流服务体系，高水平建设我国大宗商品国际物流中心和“集散并重”的枢纽港，积极建设港航强省，培育海洋经济发展的核心竞争力。

第一节　构筑大宗商品交易平台

推进大宗商品交易中心和重要能源资源储运中心建设，进一步提升贸易现代化水平和国家能源安全保障能力。

积极建设大宗商品交易中心。以建设大宗商品国际物流中心为目标，建设舟山大宗商品交易服务平台和宁波生产资料交易服务平台，设立石油化工、矿石、煤炭、粮油、建材、工业原材料、船舶等交易区，引导发展流通加工、分拨配送、国际采购、转口贸易等增值服务，推进形成综合性大宗商品交易中心，增强抵御国际市场风险的能力。规划建设长江三角洲地区汽柴油集散交易中心、上海国际航运中心的船舶加油补给服务中心、全国性船舶交易中心，启动建设六横国际煤炭交易中心，提升舟山国际粮油集散中心发展水平。完善现有原油、成品油、精对苯二甲酸(PTA)、棉花等交割(收)仓库功能，有序建设煤炭、钢材、小麦、白银、铝等交割(收)仓库，带动物流金融、现货即期交易等业务发展。积极培育、引进一批大宗商品国际运营商、贸易商、期货经纪商及相关会计、法律、税务等机构，形成规范、透明的运营环境，提高大宗商品贸易现代化水平。开展义乌国际贸易综合改革试点，加大对小商品国际贸易便利化等改革创新的支持力度。

统筹规划建设重要能源资源储运基地。按照国家整体部署和长江三角洲地区、长江流域经济社会发展需要，在镇海和六横、衢山、黄泽山、鼠浪湖、马迹山、老塘山、大小门、大麦屿、头门等岛屿，统筹规划建设一批重要能源资源储运基地，完善配套设施，提高中转储运能力。结合海洋油气资源开发，在岱山、衢山、北仑、洞头等地规划建设配套服务基地，提供储运、加工等服务，提高国家能源安全保障能力。

第二节　优化完善集疏运网络

完善进港航道、锚地、疏港公路铁路和重要枢纽等集疏运网络，实现多种运输方式的无缝对接，提高多式联运水平。

优化港口集疏运基础设施。整合港口资源，重点建设梅山、洋山、金塘、六横、衢山、状元岙、大陈、头门岛等深水港区，新增港口通过能力2亿吨，满足未来超大型干散货轮和集装箱航运需要。积极建设完善条帚门等进港航道和六横—宁波、舟山—岱山本岛等疏港公路、宁波铁路枢纽等铁路集疏运网络。支持杭州、宁波、温州等综合运输枢纽建设。推进浙北内河航道、钱塘江中上游和瓯江航道、京杭运河航道改造建设，构建浙北航道与嘉兴港、杭甬运河与宁波—舟山港、瓯江与温州港河海联运体系。

深入推进港口合作机制。以宁波—舟山港为核心平台，完善全省港口合作机制。加强宁波—舟

山港、嘉兴港与上海港及长江沿线港口间的合作，深化集装箱物流合作广度和深度，推进港口群协调发展。拓展杭州、绍兴、义乌、衢州、丽水等“内陆港”服务功能，建设区域性资源配置中心、集装箱和大宗商品集散中心，构建紧密的海港与“内陆港”合作机制。加强与亚太、欧美港口和海运、物流企业合作，提高国际竞争力，积极发展加工、贸易、分销、配送等物流业务。

积极发展多式联运。推进多式联运系统建设，重点解决沿海港口与铁路、公路、航空、内河水运等枢纽衔接问题，增强江海、海陆和海空联运能力，加快镇海海铁联运、舟山江海联运等大型枢纽建设，形成结构优化、有机衔接、运转高效的综合运输体系，实现多种运输方式的无缝对接。扩大宁波港集团集装箱无线射频识别（RFID）试点范围，实现多种运输方式数据共享，提高多式联运水平。加大扶持力度，促进水运交通基础设施建设和多式联运发展。

完善港口物流供应链。发挥水水中转优势，开辟内支线和国际航线，提高宁波—舟山港、温州港外贸集装箱转运能力。按照区港联动、甩挂运输、多式联运等现代物流作业要求，拓展港口功能。结合国家储运基地建设，健全扶持机制，建设运营北仑、梅山、六横、温州等港口物流园区，做强一批港口物流公司、物流服务公司。发挥民间资本充足的优势，加强对航运企业的扶持，提高运输能力，建设综合运输能力较强的海洋运输船队。

第三节 强化金融和信息支撑

加快港航服务领域的金融创新，提升电子口岸信息系统，增强港航物流的服务能力，提高服务水平。

加强航运金融服务创新。引导国内外金融机构在浙分支机构积极发展船舶融资、航运融资、物流金融、海上保险、航运保险与再保险、航运资金汇兑与结算等航运金融服务。加强金融机构自主创新和公司治理，促进海洋产业升级发展。研究培育港口产业投资基金等商业化投融资渠道，支持当地区域性银行开发航运金融产品。高水平建设宁波航运金融集聚区，吸引金融机构入驻，形成航运金融特色品牌。

扩大投融资业务和渠道。引导政府创业投资引导基金重点用于航运等相关产业项目。充分发挥担保基金对信贷资金的撬动作用，优化资源配置。支持区内国家级高新技术产业开发区非上市股份有限公司股份进入证券公司代办股份转让系统进行公开转让。引导社会力量参与港口航运开发事业。

完善航运物流信息系统。提升电子口岸信息系统的服务功能，加快舟山、温州、嘉兴、台州港口物流信息服务平台建设。推进以企业为主体的专用物流信息系统建设，开发应用先进物流业务运营信息系统。加快交通运输物流公共信息共享平台建设，扩大物流公共信息互联互通范围。加快宁波—舟山港电子数据交换（EDI）系统与企业专用物流信息系统有机对接，建设“数字港”。

第六章 完善沿海基础设施网络

统筹综合交通、能源、水利、信息、防灾减灾等重大基础设施网络布局，加强综合协调，为海洋经济发展提供保障。

第一节 完善综合交通网

统筹发展铁路、水运、公路、航空等多种交通运输方式，完善综合交通网络体系，提高交通运输效率和服务水平。

加快铁路建设。大力完善到大榭、穿山、梅山、头门、乐清湾、大麦屿等港区的铁路疏港支线，开展宁波—金华、上海—宁波、金华—台州、上海—乍浦—杭州铁路，以及宁波—舟山跨海铁路等项目前期工作，积极建设以宁波—舟山港为核心的海铁联运网络。推进杭州—南京、杭州—宁波和杭州—长沙客运专线、金华—温州铁路扩能改造、杭州—黄山和九江—景德镇—衢州铁路，以及杭州、宁波铁路枢纽建设，加快商丘—合肥—杭州、衢州—宁德等铁路，以及苏州—南通—嘉兴、湖州—苏州—上海等城际铁路项目前期工作。加快杭州、宁波地铁建设，研究推进温州城市轨道交通建设。完善省际快速通道网络。

统筹发展水运设施。统筹推进梅山、金塘、六横、衢山、独山、乐清湾、台州临海、绿华山等港区建设。支持符合条件的货主码头改建为公共码头，提高泊位利用效率。加强重要航道、锚地建设。

完善高速公路和机场体系。加快六横—梅山等疏港公路，以及宁波—台州—温州高速公路复线、杭州—宁波高速公路复线、龙游—丽水—温州高速公路丽水—温州段等建设，加强港口、城市和产业集聚区之间的高等级公路有机衔接。加快杭州、宁波、温州机场及空港物流中心建设，积极推进嘉兴军民合用机场改扩建和台州新机场规划建设的前期工作。

第二节　完善能源保障网

依托海岸线和海岛资源优势，稳妥建设核电，积极开发风能和潮汐能等可再生能源，优化能源供应结构，提升保障水平。

增强能源供给保障。按照“上大压小”和“老厂扩建”原则，积极有序建设嘉兴电厂三期、台州第二电厂等超临界、超超临界燃煤电站。开展三门一期二期、秦山一期扩建、龙游、苍南等核电项目建设。适时启动建设舟山、象山、台州、温州等百万千瓦级海上风电基地。有序建设健跳、黄墩港、岳井洋、大渔湾等万千瓦级潮汐发电示范项目。有效增加天然气资源供应，基本形成西气、川气、东海气、进口LNG等多种气源互供互补的格局，争取到2015年全省天然气供应能力达100亿立方米，2020年达200亿立方米。

完善能源输送网络。协同推进输电通道保护与建设，积极建立完善厂网协调、电压等级匹配、运行调度灵活的智能电网。加快建设宁波等LNG接收站，西气东输二线和新粤浙管道浙江段、宁波—台州—温州、金华—衢州—丽水、杭州—金华—衢州等天然气管网，形成覆盖全省的“多气源、一环网”供气格局。推进宁波—杭州—湖州和宁波—台州—温州—丽水—衢州成品油管道建设。

第三节　完善水资源利用网

强化水资源管理和综合利用，提高水资源利用效率，增强对海洋经济发展的支撑保障作用。

增强水资源供应能力。增强水资源保障能力，有序推进重要水源和引调水工程建设，开展台州朱溪水库、温州小溪引水等前期工作，加快推进一批沿海和海岛地区蓄水工程，建设象山、六横、洞头等10万吨级海水淡化工程，增强水资源保障能力。

提高水资源利用效率。加强水资源统一调配，实行最严格的水资源管理制度，完善水资源有偿使用制度。健全总量控制与定额管理相结合的用水管理制度，做好多水源供水系统和应急水源工程建设。实施台州北水南调、舟山大陆引水三期等区域配水工程建设。

第四节　完善高速信息网

推进现代信息系统建设，增强信息服务能力，构建开放、高效、便捷、安全的信息网络平台，提升海洋经济信息化水平。

完善现代信息系统。积极开展下一代互联网、新一代移动通信网、数字电视网等先进网络的试验与建设，加强公共信息网络共建共享，推进“三网”融合。实施数字海洋工程，建立海洋空间基础地理信息系统，完善海洋信息服务系统。加快发展电子政务和电子商务，推进建设“数字浙江”。

增强现代信息服务能力。适度发展微波和卫星通信，作为沿海和海岛地区光缆传输的重要补充和应急手段，提高海上作业和海上救助通讯保障水平。依托杭州、嘉兴无线传感网研发优势，扶持发展物联网技术，重点发展传感器与无线传感器网络、网络传输与数据处理、系统集成与标准化开发，加快物联网成熟技术在港口、物流、航运等领域的联运应用推广，争取在梅山保税港区等重要区域率先采用。

第五节 完善海洋防灾减灾网

加大防灾减灾基础设施建设力度，加快预警预报及应急救助体系建设，为海洋经济发展提供安全保障。

健全海洋防灾减灾预警预报体系。加快省市县三级海洋观测预报机构建设。整合近海及近岸海洋监测观测站（点），增加监测观测密度和深度，建成海洋信息实时采集、传输、处理及可视化立体网络。提高海洋气象灾害综合观测能力，开展台风、寒潮大风、风暴潮、海啸、海雾等灾害性天气精细化预报预测，加强气候变化对沿海生态、社会、经济的潜在影响评估。完善海洋灾害调查评估体系，开展沿海市县风暴潮、海啸灾害风险评估和区划，建设海洋灾害预警、应急响应辅助决策平台和信息快速分发系统。

构筑安全生产和海上船舶应急救助体系。完善海上安全生产和船舶应急救助预案，推进船舶溢油、化学品泄漏或爆炸等事故监测及应急救助设施建设，健全海上重大污染突发事故应急体系，不断提高航海保障、海上救生和救助服务水平。加强灾后生态损害评估。建立海事、海警、海洋、渔业、海上搜救等部门间的协调合作与应急机制，加强船舶安全管理和装备建设，提高海运、渔业生产安全和治安保障能力。

推进堤防和渔港等改造升级。完善海堤强化加固工程，加快沿海围垦区海堤和太湖流域防洪治理后续工程建设，强化沿海平原防洪排涝设施配套，增强流域和区域防洪排涝能力。完善沿海防护林体系、防洪御潮体系和高标准城市防洪体系，加强钱塘江干堤等主要江河堤防及上游拦蓄工程建设。继续推进标准渔港建设，加强季节性避风渔港或港湾维护，完善渔港配套设施，提升渔港服务功能，保障渔民生命财产安全。

第七章 健全海洋科教文化创新体系

加强海洋类院校、涉海人才队伍、海洋科技创新平台和海洋文化建设，增强科教文化对海洋经济发展的支撑引领作用。

第一节 提升海洋类院校实力

制定实施海洋院校与学科建设规划，推进省部合作，优化整合资源，形成学科优势鲜明、科研实力较强的综合性海洋大学。集中力量做大做强涉海院校，提高办学质量，增强院校实力。高质量建设涉海类职业院校，培养海洋应用型人才。支持在浙高校加强涉海学科建设，强化与国内外优秀高校、科研机构的学科建设合作，扩大研究生联合培养规模，增强研究生教育实力，形成海洋学科发展制高点。

第二节　加快涉海人才队伍建设

制定中长期涉海人才发展规划，实施涉海人才培养、高技能人才招聘、海外领军人才引进、企业家培训、人才留住与发展等计划。加强创新型海洋领军人才队伍建设，加快实施海洋紧缺人才培训工程，积极培育高技能实用人才队伍。建设一批创业创新平台，完善涉海人才交流服务平台，引导人才资源向涉海企业流动，形成海洋人才高效汇聚、快速成长、人尽其才的良好环境。

第三节　构筑海洋科技创新平台

抓好国家技术创新工程试点工作，发挥海洋科研院所的平台集聚效应，加快实施一批涉海重大科技专项。引导科研机构、科技型企业在海洋基础研究和船舶设计、海洋装备、海水利用、海洋生物工程、海洋渔业、海洋能开发等领域建立科研中心和重点实验室。支持国家级科研机构在浙江设立海洋科研基地，吸引一批境外高等科研院所到浙江落户或参与研发，推进科研成果转化。加强重点科研创新服务平台建设，为涉海企业提供科研创新服务。扶持一批海洋战略规划、勘测设计、海域评估等中介机构。

第四节　加强海洋文化建设

继续办好中国海洋论坛和中国海洋文化节，筹办海洋科技成果应用交流会和海洋生态文明论坛。加强海洋文化研究、海洋科技和海洋主题博物馆建设，保护涉海文化古迹，传承海洋文化艺术，扶持发展海洋文化产业。广泛普及海洋知识，开展海洋文化交流，形成全社会共同关注海洋、科学开发海洋、有效保护海洋的良好氛围。

第八章　加强海洋生态文明建设

科学利用海洋资源，加强陆海污染综合防治和海洋环境保护，推进海洋生态文明建设，切实提高海洋经济可持续发展能力。

第一节　合理利用海洋资源

坚持合理开发、集约利用海洋资源，加快建立科学的资源开发利用与保护机制。

集约开发利用海洋资源。树立集约开发利用的理念，有偿、有度、有序地利用海洋资源，加强海域、海岛、岸线和海洋地质等基础调查与测绘工作。科学修编浙江省海洋功能区划，实行海岛、岸线等资源分类指导和管理，依法有序开展围填海工程，合理开发利用海洋资源。

加强资源利用监管。加强涉海项目的区域规划论证和环境影响评价工作，规范海洋产业、海域围填、海洋工程的规划审批、建设监管和监测评估。加强无居民海岛管理，严格控制无居民海岛开发利用。健全公众参与机制，形成海洋科学开发长效机制。

第二节　加强陆海污染综合防治

坚持海陆并举、区域联动、防治结合，切实做好陆源污染物入海排放控制和近岸海域污染整治工作。

实施海陆污染同步监管防治。整合提升石化、钢铁等产业，强化污染企业治理。加强海岛地区污水、垃圾无害化处理。实施污染物总量控制计划，加快沿海城镇排水管网和污水处理厂建设，加大对

工业、生活、种植业、养殖业等陆源污染物的综合整治力度，切实做到达标排放。2015年前，所有沿海城镇建设完成排水管网和污水处理设施并投产运行，所有规模以上养殖场（小区）完成污染整治并实现污染物达标排放。完成国家污染物减排任务，抓好氮、磷及重金属等区域特征污染物减排。加强对海岸工程、海洋工程和海洋倾废的监督管理，完善海洋环境监测评价体系。加大海洋面源污染防控力度，重点加强港口作业和船舶工业污染防治，完善配套防污设施，建设“清洁港区”。

推动跨区域海洋污染防治。加强沪苏浙两省一市协作，重点在入海污染源联合监控、海洋污染协同治理、重大海洋污损事件防范应对、海洋生态修复建设、涉海环境联合执法、废弃物海洋倾倒监管等领域开展广泛合作。把长江口及毗邻海域列为海洋环保重点海域，加大近海生态环境建设支持力度。

第三节 推进海洋生态建设和修复

建设象山港海洋综合保护与利用示范区，加强重要经济动物繁殖、索饵、洄游与栖息地保护，推进“海洋牧场”建设。加强红树林和湿地保护与修复工程建设。优化禁渔休渔制度，加大水生生物增殖放流力度，加强重点海域生态休养生息，加快生物多样性修复。实施海洋生态保护区建设计划，加强南麂列岛国家级自然保护区和西门岛、马鞍列岛等海洋特别保护区建设。建立洞头列岛东部等海洋渔业种质资源与濒危物种特别保护区、杭州湾河口海岸等滨海湿地保护区，维护重点港湾、湿地的水动力和生态环境，形成分布广泛、类型多样的海洋保护区网络。

第九章 建设舟山海洋综合开发试验区

舟山是我国唯一的群岛型设区市，区位、资源、产业等综合优势明显，是浙江海洋经济发展的先导区和长江三角洲地区海洋经济发展的重要增长极。加快舟山群岛开发开放，全力打造国际物流岛，建设海洋综合开发试验区，探索设立舟山群岛新区，对于促进海洋经济发展、创新海岛开发模式具有特殊意义。

第一节 建设大宗商品国际物流基地

充分利用舟山的海岛及深水岸线优势，积极有序建设一批深水泊位、航道和锚地。规划建设临城港航服务集聚区和一批大型港口物流项目，打造全国重要的铁矿砂中转贸易、煤炭中转加工配送、油品中转贸易储存、粮食中转加工配送、化工品中转储运加工、集装箱中转运输六大基地，推进凉潭岛武港矿砂中转基地、浙能煤炭中转基地二期等重大项目建设，增强大宗商品储运能力。建设舟山大宗商品交易服务平台，引导大型企业和国际贸易商开展大宗商品交易，集聚国内外优秀船公司、物流公司、物流服务公司，支持金融、保险、信息等创新发展，推进沿海运输、江海联运和国际航运业务发展，推动舟山港由中转储运港向综合物流港转变，增强对长江三角洲地区和东北亚地区的辐射作用。

第二节 建设现代海洋产业基地

围绕国际物流岛建设，推动重大现代海洋产业项目落户。加快船舶工业整合提升，重点发展海洋工程、特种船舶和船舶配套产品制造，建设好浙江船舶交易市场，努力建成国内重要的造船基地、船舶修理基地和船舶工业新型工业化示范基地。加快发展旅游业，建设佛教文化旅游胜地和海洋休闲度假旅游目的地。加大对远洋渔业和国内海洋捕捞业转型升级扶持力度，打造全国重要的远洋渔业基地，提升精深加工水平，健全现代渔业产业体系，成为“渔业强市”。综合开发风能、潮汐能、波浪能、太阳能等新能源，培育相关制造业，建成海洋新能源综合开发基地。

第三节　建设海洋科教基地

高水平推进建设舟山海洋科学城，加大中国科学院舟山研究中心、浙江大学舟山研究中心和海洋科技创新引智园区等海洋科技成果转化平台的建设力度，扶持建设一批海洋科研中试基地和孵化器，支持国家重大海洋科研成果转化落地，构筑我国新兴海洋科技研发转化基地。实施海洋人才工程，吸引国外优秀海洋院校到舟山合作创办海洋类院校，支持国内优秀海洋院校在舟山建立涉海专业的教学、实习和科研基地，建设我国重要的海洋专业人才教育培养基地。

第四节　建设群岛型花园城市

坚持以人为本、生态为重、统筹规划、突出特色、协调发展，集聚港航、金融、商务、信息、科研等资源要素。突出群岛特色，优化城镇结构。加强中心镇和渔(农)村生态建设，加大海岛特色文化挖掘、历史遗存保护、生态景观修复力度，推进城乡基础设施一体化和基本公共服务均等化，提升海岛居民生活质量。注重海域、海岛功能分工与差异化导向，优化产业布局，突出不同海岛城镇的特色个性，建成风光秀美、生态和谐的群岛型花园城市。

第五节　促进群岛开发开放

扩大对外开放。统筹国防安全与经济建设，在确保军事设施和军事行动安全保密前提下，扩大舟山对外开放。将六横、金塘等港区开辟为一级航运开放口岸，支持符合条件的地区按程序申请设立海关特殊监管区域。推进舟山机场扩容。

拓展开发空间。为实现重要海岛的高效集约开发，在新一轮土地利用总体规划修编中，在确保全国土地利用总体规划纲要确定的浙江全省耕地保有量和基本农田保护面积不减少、建设用地总量不增加的前提下，通过统筹安排全省用地指标，合理确定舟山市新增建设用地规模、耕地保有量和基本农田保护面积，依据海洋功能区划，在严格论证基础上，适当扩大围填海规模。抓紧推进低空空域管理改革，利用直升机、低空水上飞机等发展岛际航空。

第十章　创新海洋综合开发体制

进一步推进重要海岛开发开放，加强用海用地支持，加大海洋综合管理力度，创新投融资机制，建设我国海洋综合开发体制改革的示范区。

第一节　创新海岛开发保护体制

加大重要海岛开发力度。按照总体规划、逐岛定位、分类开发、科学保护的要求，注重发挥重要海岛的独特价值，加大综合开发力度。对国家和省重点海岛保护与开发项目，优先安排用地指标。推进重要海岛空间资源集约开发，加快海洋经济升级发展。

完善重要海岛基础设施配套。将重要海岛海陆集疏运体系建设纳入国家交通和港口规划，加大对桥隧、航道、锚地、防波堤等基础设施建设支持力度。有序推进海岛供水供电网络与大陆联网工程、风电场建设及并网工程，积极发展海水淡化、海水直接利用，提高水电资源保障能力。

加强无居民海岛保护。贯彻实施海岛保护法，开展无居民海岛普查，加大资金投入，加强海岛资源的分类管理与有效保护。强化无居民海岛使用权管理，合理利用海岛资源。建立海岛巡查、修复和利用评估制度，禁止开发未经批准利用的无居民海岛。

第二节 创新海洋开放体制

扩大海洋合作交流。加强海洋科技创新、教育培训、金融保险、新兴产业等领域的国内外合作，支持有条件的企业并购境内外相关企业、研发机构和营销网络。加强与港澳台和相关国家、地区在海洋产业、科技、教育等领域的交流合作。加强浙沪合作，推进小洋山北侧陆域综合开发。支持推进长江三角洲地区协同建设统一开放的市场体系和涉海公共服务体系。发挥浙江沿海产业、港口等优势，加强与其他省份的资源能源合作，形成对接与协调机制。

健全海洋开放平台。发挥宁波保税区作用，加快梅山保税港区建设。推进口岸"大通关"建设，在现行体制下，完善宁波—舟山港海关监管和检验检疫等机制，提高口岸通行效率。根据舟山口岸业务发展和海关监管需要，整合开放口岸，清理规范监管点。扩大温州和义乌航空口岸。建设朱家尖(含普陀山)海洋旅游岛、梅东邮轮码头，允许境外邮轮公司在宁波、舟山设立经营性机构，做大做强滨海旅游。研究在有条件地区设立台商投资区，研究在促进两岸贸易投资便利化、台湾服务业在大陆市场准入等方面先行先试。加快建设海峡两岸(玉环)商品交易物流中心，在具备条件地区设立对台农业合作区域。扩大沈家门、梅山、大麦屿、霞关等对台口岸开发。探索实行更加开放、便利的出入境政策。

鼓励民营经济积极参与海洋开发。发挥浙江民营经济优势，贯彻实施《国务院关于鼓励和引导民间投资健康发展的若干意见》(国发〔2010〕13号)，清理不利于民营经济参与海洋开发的各种障碍，支持民营企业参与海洋资源开发、战略性新兴产业与科教文卫事业发展、涉海基础设施建设，推进温州民营经济科技产业基地、温州和台州民营经济创新示范区建设，培育一批骨干企业群和现代海洋产业集群，发展成为海洋开发建设的生力军。

第三节 创新海洋开发投入体制

加大财税扶持力度。中央财政通过中央集中的海域使用金，加大支持浙江省海岸带与无居民海岛整治与修复、海洋管理和海洋生态保护的力度。支持海岛市县基础设施建设、生态环境保护和社会事业发展，增加安排专项补助，适当降低地方配套资金比例，按国家统一规定享受相关税收优惠政策。浙江省建立海洋经济专项资金，加大对海洋产业、海岛基础设施、海洋生态和资源保护等项目的支持力度。

增强金融服务扶持。支持符合条件的金融机构、船舶制造企业设立金融租赁公司，从事船舶租赁融资业务；大力发展航运保险，积极开展国际航运保险业务。条件成熟时可考虑根据需要对现有银行业金融机构进行改造，加大对海洋经济发展的支持力度。允许保税监管区域企业经外汇管理部门批准，在依法取得相应业务经营资格的境内中资银行开立离岸外汇账户，为其境外业务提供资金结算便利。在两岸金融业监管合作机制下，优先批准台资银行、保险、证券等金融机构在浙江设立分支机构或参股浙江金融企业，支持设立双方合资的投资基金，扩大两岸货币双向兑换范围，逐步建立两岸货币清算机制。

第四节 创新用海用地管理体制

加大科学用地支持力度。按照土地利用总体规划，科学控制沿海和有居民海岛建设用地规模和开发强度，优化用地方式及空间布局，积极探索重大建设项目补充耕地统筹办法和耕地占补平衡市场化方式，完善耕地和基本农田保护补偿机制，保障生态和重点产业项目用地。开展渔耕平衡研究，优化用地结构。加快推进农村土地综合整治示范建设，适当增加浙江城乡建设用地增减挂钩周转指标。

加大土地整治力度，加快宅基地管理制度改革，保障宅基地用益物权。

加大科学用海支持力度。严格实施海域使用管理法，推进海域资源市场化配置进程，完善海域使用权招拍挂制度，探索建立海域使用二级市场。对国家和省重点涉海工程和海洋生态保护项目，优先安排围填海计划指标。保障航道、锚地、海洋环保、防灾减灾等公共基础设施建设的用海需要。适当增加建设用围填海年度计划指标。完善和严格实施海洋功能区划制度，加强围填海项目审批和监督管理。开展凭海域使用权证书按程序办理项目建设手续试点，做好海域使用管理与土地管理的衔接。完善渔业水域、滩涂占用补偿制度，规范征占用程序，严格保护渔业生产与渔民权益。

第五节　创新海洋综合管理体制

健全法规体系。加强地方海洋立法工作，尽快制定浙江省海域使用管理条例，及时修订滩涂围垦、钱塘江管理等涉海法规，制定无居民海岛保护及使用权管理、海岸带综合管理、深水岸线管理、海洋生态损害赔(补)偿管理、海洋生态环境保护、海域使用权流转、用海与用地衔接管理等法规规章，形成配套完整、上下一致、协调统一的法规与制度体系。

完善执法体制。增强海洋主管部门在海洋执法、海洋资源保护、海岛综合开发与保护等领域的综合协调能力。探索推进海上联合执法试点，加强执法队伍和装备建设，完善海上执法预警系统和应对海上突发事件快速反应工作机制，形成统一高效的联合执法体制。加强海洋行政执法监察制度建设。

加强审批管理。严格按照法定权限审批围填海项目和无居民海岛利用项目，优化审批程序，规范围填海项目的论证、预审和审查管理。区域用海规划和围填海项目审查，要依法组织听证，并向社会公示。抓紧制定围填海项目收回补偿办法，切实维护海域使用权人的合法权益。

第十一章　加强组织领导

浙江省人民政府要切实加强对规划实施的组织领导，制定规划实施意见，明确工作分工，落实工作责任。要按照本规划确定的功能定位和发展重点，制定专项规划，加快推进重点项目建设；加大改革创新力度，完善社会监督机制，有序推进海洋经济发展试点工作，确保规划顺利实施。

国务院有关部门要按照职能分工，加强对规划实施的支持和指导，进一步细化各项政策措施，指导解决规划实施过程中遇到的问题。发展改革委要加强对规划实施情况的跟踪分析和督促检查，会同海洋局加大对海洋经济发展试点工作的指导力度，重大问题及时向国务院报告。海洋局、统计局要抓紧完善海洋经济统计指标体系，切实加强统计工作，开展海洋经济运行监测与评估，为各级政府科学决策提供依据。

四 皖江城市带承接产业转移示范区规划

国家发展和改革委员会

二〇一〇年一月

前 言

皖江(是指长江安徽段)城市带是实施促进中部地区崛起战略的重点开发区域,是泛长三角地区的重要组成部分,是长江三角洲地区产业向中西部地区转移和辐射最接近的地区。设立皖江城市带承接产业转移示范区(以下简称“示范区”),有利于深入实施促进中部地区崛起战略,探索中西部地区承接产业转移的新途径和新模式,促进产业结构升级,优化区域产业分工,推动区域协调发展。依据《中共中央国务院关于促进中部地区崛起的若干意见》(中发〔2006〕10 号)和《国务院关于进一步推进长江三角洲地区改革开放和经济社会发展的指导意见》(国发〔2008〕30 号)精神,编制本规划,用于指导和推进示范区建设。

示范区规划范围为安徽省长江流域,包括合肥、芜湖、马鞍山、铜陵、安庆、池州、巢湖、滁州、宣城九市全境和六安市金安区、舒城县,共 59 个县(市、区),辐射安徽全省,对接长三角地区。2008 年规划区年末总人口 3058 万人,地区生产总值 5818 亿元,分别占安徽省的 45%和 66%。规划期为 2010—2015 年,重大问题展望到 2020 年。

第一章 背景和作用

第一节 现实基础

当前,经济全球化和区域经济一体化深入发展,国际国内产业分工加速调整,产业跨区域转移的趋势日益明显。我国东部沿海地区受要素成本持续上升、资源环境压力明显加大、周边国家竞争加剧等因素的影响,迫切需要加快经济转型,推动结构升级,促进产业转移。中西部地区基础设施日臻完善,要素成本优势明显,内需市场广阔,发展潜力巨大,在实施扩大内需、落实产业调整和振兴规划等政策措施的强力推动下,承接长三角等东部沿海地区和国外产业转移的步伐明显加快。

皖江城市带承东启西,连南接北,区域内长江黄金水道、快速铁路、高速公路等综合交通体系比较完善,区位优势明显;与长三角地区山水相连、人缘相亲、文化相近,产业分工互补,合作基础较好;自主创新特色鲜明,产业基础良好,配套能力较强;矿产、土地、水、劳动力资源丰富,长江岸线条件优越,承载空间较大;综合商务成本低,生态环境优良,宜业宜居。20 世纪 90 年代以来,安徽着力推进皖江开发开放,加快推进与长三角一体化进程,承接产业转移规模不断扩大,为设立示范区奠定了良好基础。

目前,承接产业转移中存在的主要问题是:缺乏规划引导,承接产业转移的模式有待创新,发展环境有待优化,区域合作机制有待完善,资金、技术、人才等要素支撑条件和交通、能源、水利等基础设施尚需加强。

专栏1：皖江开发开放基本情况

1990年，为呼应浦东开发，安徽省委、省政府作出抓住机遇、开发皖江的重大决策。1995年，出台了《关于进一步推进皖江开发开放若干问题的意见》，制定了《安徽省长江经济带开发开放规划纲要》，提出实施“外向带动、整体推进、重点突破、形成支柱”的总体战略，以芜湖为突破口，沿江城市全面跟进的开发开放格局初步形成。进入新世纪，安徽省委、省政府进一步明确了东向发展战略，皖江地区进入快速发展时期，逐步形成了沿江制造业产业带和以合肥、芜湖、马鞍山、铜陵、安庆等城市为重点的城市带。2006年，国家将皖江城市带纳入中部地区崛起战略重点发展区域。2008年，合肥、芜湖、马鞍山、铜陵、安庆、池州、巢湖、滁州、宣城9个皖江城市实际利用省外资金达2306亿元，占全省的71.7%，其中来自长三角地区的资金占55%以上。

第二节　重大意义

设立示范区，是顺应国内外产业转移新趋势，探索建立承接产业转移新模式的客观需要。通过加强政策支持和规划引导，深化体制机制改革，充分发挥市场导向和政府推动的双重作用，构建区域分工合作机制，探索产业合理布局、要素优化配置、资源节约集约利用的有效途径，为中西部地区大规模承接产业转移提供示范。

设立示范区，是更好地发挥皖江城市带综合优势，推动安徽又好又快发展的现实要求。通过大规模主动承接产业转移，积极参与泛长三角区域发展分工，有利于安徽加快构建现代产业体系，转变发展方式，推进经济转型，加速新型工业化和城镇化进程，实现跨越式发展。

设立示范区，是加快中部地区崛起，推动区域协调发展的重要途径。通过推进产业有序转移，引导生产要素合理流动与优化配置，可以充分发挥中部地区比较优势，集聚发展要素，壮大产业规模，加快发展步伐，同时为长三角等东部地区腾出更大的发展空间，推动产业结构升级，提升发展质量和竞争力，更好地辐射和带动中西部地区发展，促进资源要素优化配置和区域经济布局调整，形成东中西互动、优势互补、相互促进、共同发展新格局。

设立示范区，是应对复杂多变的国际经济形势，保持全国经济平稳较快发展的重大举措。通过有序承接国内外产业转移，可以进一步优化产业布局，稳定扩大就业，激发内需潜能，拓展区域发展空间，增强经济发展动力和后劲，夯实全国可持续发展的基础。

第二章　总体要求和发展目标

第一节　指导思想和原则

高举中国特色社会主义伟大旗帜，以邓小平理论和“三个代表”重要思想为指导，深入贯彻落实科学发展观，进一步解放思想，抢抓机遇，创新体制，完善机制，扩大开放，着力深化泛长三角地区发展分工，创新合作方式，推动区域联动发展；着力打造产业承接平台，增强产业承载能力，促进产业集聚发展；着力探索科学承接新途径，加快产业结构调整，提升综合竞争力；着力促进创新资源整合，完善自主创新体系，增强内生发展动力；着力推进资源节约集约利用，加强生态建设和环境保护，促进产业发展与生态文明建设相协调；着力推动劳动力转移就业，促进基本公共服务均等化，切实保障和改善民

生，努力把皖江城市带建设成为产业实力雄厚、资源利用集约、生态环境优美、人民生活富裕、与长三角地区有机融合、全面协调可持续发展的示范区。

示范区建设坚持以下原则：

市场导向，政府推动。把承接产业转移与引导资源优化配置结合起来，遵循市场规律，充分发挥市场配置资源的基础性作用，突出企业主体地位；加强规划引导，支持先行先试，强化政策扶持，建立完善产业转移推进机制，促进各类企业及要素资源向示范区有序转移。

主动承接，优化升级。把承接产业转移与推进自主创新结合起来，依托自身优势，围绕发展重点，积极主动承接产业转移，推动产业结构优化升级，实现在承接中创新，在创新中发展，不断增强自主发展能力。

分工合作，错位发展。把承接产业转移与加强区域分工合作结合起来，创新合作方式，探索建立利益共享机制，调动承接方与转移方两个积极性，注重区域内科学布局、有序承接，促进与长三角良性竞争、互利共赢。

立足当前，着眼长远。把承接产业转移与促进可持续发展结合起来，既紧紧抓住当前有利时机，加快产业承接，集聚生产要素，促进经济发展，又注重加强生态环境保护，节约集约利用资源，严禁国家明令淘汰的高耗能、高排放的落后生产能力转入，促进资源节约型和环境友好型社会建设。

第二节　战略定位

立足安徽，依托皖江，融入长三角，连接中西部，积极承接产业转移，不断探索科学发展新途径，努力构建区域分工合作、互动发展新格局，加快建设长三角拓展发展空间的优选区，长江经济带协调发展的战略支点，引领中部地区崛起的重要增长极。

合作发展的先行区。创新合作机制，深化与长三角分工合作，在设施对接、园区共建、信息互通等方面率先突破，在利益分配机制等方面先行探索，在更大范围内实现资源优化配置，加快与长三角一体化步伐，把示范区建成长三角产业拓展优选区，形成与长三角地区优势互补、分工合理、共同发展的产业格局。

科学发展的试验区。探索产业承接与自主创新统筹发展新思路，推进承接产业创新提升，增强自主发展能力，提高资源节约集约利用水平。探索区域联动发展新机制，强化与长三角分工合作，实现优势互补。探索经济社会协调发展新途径，加快社会事业发展，推进基本公共服务均等化。探索城乡统筹发展新模式，缩小发展差距，推进城乡一体化。探索体制改革新举措，强化政策支持，促进产业有序转移。

中部地区崛起的重要增长极。加快产业集聚，加速规模扩张，推进结构升级，不断增强综合经济实力，进一步提升发展水平和带动能力，使皖江城市带成为承接东部、辐射中西部的重要平台，推动中部地区加快崛起的重要引擎，促进区域协调发展的重要支撑。

全国重要的先进制造业和现代服务业基地。积极承接产业转移，进一步做大做强优势产业，着力培育高技术产业，加快发展现代服务业，构建现代产业体系，发展壮大一批规模和水平居全国前列的产业集群，培育形成若干具有国际竞争力的行业龙头企业和世界知名品牌。

第三节　发展目标

到 2015 年，示范区经济总量大幅增长，产业结构进一步优化，现代产业体系基本建立，生态环境更加良好，人民生活水平显著提高，基本建成全面小康社会，在带动安徽发展、促进中部地区崛起中发挥更大作用。

综合实力明显提升。地区生产总值比2008年翻一番以上，人均地区生产总值超过全国平均水平。科技进步对经济增长的贡献率显著提高。城镇化率达到55%。

产业结构优化升级。三次产业协调发展，农业基础地位稳固，非农产业比重进一步提高。汽车、钢铁、有色、机械设备、化工、建材、家电、农产品加工八大优势产业在全国的地位进一步提升，高技术产业快速发展，现代服务业体系日趋完善。

开放合作不断加强。区域合作机制进一步健全，全方位对外开放格局基本形成，基础设施、市场体系、体制机制等与长三角全面对接，形成一批特色化、集约化发展的产业开发园区，外来投资、外贸进出口质量和水平稳步提高。

公共服务日趋完善。教育、卫生、文化、体育等社会事业加快发展，覆盖城乡的基本医疗、基本养老等社会保障体系基本形成，就业更加充分，城乡居民收入大幅增加，基本公共服务水平明显提高。

人居环境更加良好。资源利用效率持续提高，生态环境保持良好，节能减排效果明显，单位地区生产总值能耗、单位工业增加值用水量稳步下降，工业企业污染物稳定达标排放率达到100%。巢湖整体水质得到改善，长江干流水质稳定在Ⅱ—Ⅲ类，出境断面水质保持现有水平。

到2020年，示范区整体经济实力大幅提升，以先进制造业和现代服务业为主的产业体系进一步完善，主导产业核心竞争力明显增强，自主创新能力居于全国前列，生态环境优美，社会文明和谐，人民生活富裕，与长三角分工合作、优势互补、一体化发展，成为在全国具有重要影响力的城市带。

第三章 空间布局

充分发挥示范区毗邻长三角的区位优势，依托长江黄金水道和东向快速通道，优化产业分工，推进产业集聚，增强中心城市功能，构建大中小城市和小城镇协调发展的现代城镇体系，形成产业合理布局、错位发展，城市功能完善、各具特色的空间开发格局。

第一节 推进“一轴双核两翼”产业布局

依托现有产业基础，发挥区位和资源优势，以沿长江一线为发展轴，合肥和芜湖为双核，滁州和宣城为两翼，构筑“一轴双核两翼”产业分布格局。

沿江发展轴：包括安庆、池州、铜陵、巢湖、芜湖、马鞍山沿江六市，依托长江黄金水道和良好的岸线资源，发挥产业各具特色、互补性强、联系紧密的优势，大力发展主导产业，积极培育产业集群，形成现代化大工业和物流业的重要集聚区域。

安庆产业组团。包括安庆市和池州市东至县。依托石化产业基础，促进化工产业集聚，构建循环产业链，进一步增强支柱产业实力。重点承接发展轻纺、汽车零部件及船用设备加工、文化旅游等产业，促进产业多元化。建设全国重要的石化和轻纺产业基地。

铜池枞产业组团。包括铜陵市、池州市和安庆市枞阳县。发挥铜、铅锌、非金属矿产资源优势和产业基础，重点承接发展有色金属冶炼及深加工、非金属材料、机械、化工、旅游等产业。建设世界级有色金属产业基地和著名佛教文化旅游胜地。

马芜巢产业组团。包括马鞍山市、芜湖市和巢湖市无为县、和县。利用沿江港口优势和深水岸线资源，发挥骨干企业带动作用，重点承接发展汽车、钢铁、化工、建材、文化创意等产业。建设全国自主品牌汽车基地和精品钢基地。

合肥、芜湖双核：发挥合肥作为省会城市、全国科技创新型试点市、综合交通枢纽的作用，强化芜湖作为皖江开发开放龙头的地位和重要节点城市的作用，进一步提升两市产业集聚和自主创新能力，

增强服务功能，发挥辐射作用，带动示范区产业加快发展。

合肥核：包括合肥市、巢湖市部分地区、六安市金安区和舒城县。加快合肥经济圈发展，依托合肥—淮南、合肥—六安、合肥—巢湖等城际公路干线，大力推进工业走廊建设，重点承接发展装备制造、电子信息、家电、现代服务业等产业。建设全国重要的先进制造业基地、高新技术产业基地和现代服务业基地。

芜湖核：发挥芜湖作为沿江重要港口城市，交通体系完善、产业创新和配套能力较强的优势，密切与马鞍山、巢湖的经济联系，推进跨江联动发展和一体化进程，高起点承接发展汽车、新型材料、电子电器、现代服务业等产业。建设全国重要的制造业基地、现代物流中心和创新型城市。

滁州、宣城两翼：充分发挥滁州和宣城两市毗邻长三角、民营经济活跃、矿产储量大、特色农产品资源丰富、开发空间广阔的优势，培育壮大龙头企业，推进产业集群式发展，形成示范区承接产业转移的前沿。滁州大力推进与南京一体化发展，重点承接发展化工、机械、家电、非金属材料、农产品加工等产业，建设重要的盐化工和硅产业基地。宣城重点承接发展汽车零部件、机械设备、农产品加工、旅游等产业，建设重要的机械制造和畜禽产品生产加工基地。

第二节　构建现代城镇体系

加快城镇化进程，优化城市功能分区，增强要素集聚和服务能力。突破行政区划界限，拓展发展空间，推进沿江城市跨江联动发展。进一步密切示范区各市经济、技术、文化联系，促进生产要素有序流动和城市功能合理分工。逐步形成以区域中心城市为主体、中小城市和小城镇为基础的现代城镇体系，实现产业与城镇互动发展，为承接产业转移提供支撑。

强化合肥、芜湖、安庆区域中心城市地位，提高综合承载力，增强辐射带动作用。提升合肥作为省会城市的行政、商务、金融、信息等综合服务功能，着力打造滨湖新区，建设现代化滨湖大城市，加快合（肥）巢（湖）、合（肥）六（安）一体化进程，建设合肥—淮南城际快速通道，推进合（肥）淮（南）同城化。强化芜湖沿江中心城市地位，实施城市东扩南进，加快芜（湖）马（鞍山）同城化进程，促进与江北联动发展，密切与南京都市圈的合作，建设现代化滨江组团式大城市。加快安庆中心城区发展，壮大城市规模，加强基础设施建设，增强服务功能，向东融合，向西开放，推进与武汉城市圈、环鄱阳湖城市群的交流与合作，建设现代化历史文化名城，打造带动皖西南、辐射皖赣鄂交界地区的区域中心城市。

加快马鞍山、铜陵等资源型城市转型，积极稳妥关闭资源枯竭矿山，推进矿山地质环境治理和土地复垦，推进工矿棚户区改造，加强市、县城区一体化建设，增强综合服务功能，推进马鞍山与南京、芜湖双向融合，建设新型滨江工业和山水园林城市；加快铜陵城市扩张，促进与池州合作发展，建设皖中南中心城市。加强池州、巢湖、滁州、宣城市政基础设施建设，提升城市服务功能，引导产业、人口有序集聚，建设各具特色的现代化城市。

加强县城和中心镇基础设施建设，调整优化乡镇布局，增强特色产业集聚能力，进一步发挥对县域经济发展的支撑作用。

第四章　产业承接园区建设

统筹规划，合理布局，突出特色，强化管理，推进现有开发园区转型升级，规划建设产业承接集中区，创新园区合作共建机制，高水平打造承接产业转移载体，促进项目向园区集中，实现园区产业集群、资源集约、功能集成。

第一节 促进园区转型升级

按照布局优化、产业集聚、用地集约、特色突出的原则，加强开发园区管理，加快转型升级，将开发园区建设成为承接产业转移的重要平台。

促进园区规范发展。依据国民经济和社会发展规划、土地利用总体规划和城市总体规划，编制皖江城市带产业开发园区总体发展规划，规范开发园区的设立、扩区和区位调整，实现有序发展。制定各类产业开发园区建设规划，优化布局，集约发展，着力提高现有开发园区产业聚集度。适应发展需要，在符合国家相关政策和节约集约用地要求的前提下，支持开发园区扩区、整合，支持合肥、芜湖等市符合条件的省级开发区升格为国家级开发区。

推进园区特色化发展。立足承接产业转移需要，依托自身优势，明确开发园区产业定位和发展方向，选准主导产业，推动关联产业和要素集聚，完善产业链，发展产业集群，打造园区品牌，着力培育一批特色鲜明的专业化园区。

实现园区集约发展。完善项目进入机制与退出机制，以科技含量、环境影响、投资强度、产业效益作为选资标准，提高入区项目档次和质量。加强用地调控，节约集约用地，积极推行建设多层标准厂房，充分利用地上、地下空间，认真落实开发园区单位土地面积投资强度的要求，提高单位土地面积产出。推行公司开发管理模式，创新融资方式，实行市场化资本运作，拓宽融资渠道，高起点规划基础设施建设，完善园区配套设施，为产业转移提供公共服务平台。

第二节 建设产业承接集中区

适应产业大规模、集群式转移趋势，充分发挥长江黄金水道的作用，依托中心城市，突破行政区划制约，在皖江沿岸适宜开发地区高水平规划建设承接产业转移集中区，推进沿江城市跨江联动发展。重点围绕新型化工、装备制造、冶金及金属材料深加工和高新技术等产业，高起点承接沿海地区和国外产业转移，建设成为长江经济带新兴的现代产业密集区，有力推进示范区工业化和城镇化进程。

坚持规划先行，用先进理念制定承接产业转移集中区建设总体规划和相关专项规划，为集中区建设提供科学依据。探索省级直管、跨区共建的协调机制，统筹协调解决集中区建设中的重大问题。对重大项目选址，转出地可与安徽省协商选定。充分调动相关各市的积极性和创造性，加强在规划、项目、产业、资源等方面的联动，完善区域内共建共享及利益协调机制。着眼长远，充分重视产业发展与城镇化、社会进步、自然环境相协调，构建宜业宜居的现代产业体系和城镇架构。

专栏 2：皖江承接产业转移集中区布局

依托马鞍山市、芜湖市，利用皖江北岸深水岸线资源优势，重点在巢湖市无为县、和县沿江一带规划建设承接产业转移集中区，主要承接新型化工、装备制造、高新技术等产业，推动产业协作、共同发展。

依托安庆市、池州市、铜陵市，利用皖江沿岸承载空间大的优势，在长江沿岸共建承接产业转移集中区，主要承接有色金属深加工、石油化工、机械制造等产业，促进产业合作、联动发展。

第三节 创新园区合作共建机制

合作共建开发园区。引进先进理念和成功做法，鼓励示范区与沿海地区政府、开发园区、战略投资者和中央直属企业发挥各自优势，采取多种形式，合作共建开发园区，推进组团式承接产业转移。

鼓励示范区内有条件的市、县突破行政区划界限，跨区域合作共建开发园区。

创新合作共建方式。根据实际情况，探索采取多种方式共建开发园区：在现有开发园区内划出部分土地，建设园中园，按照统一规划，由开发方组织实施，具体运作；将开发园区整体委托，建设托管园区，由受托方进行规划和开发建设；合作各方联合建设共管园，共同规划，联合开发。

建立利益分享机制。合作双方本着互利共赢的原则，协商议定合作方式，明确责任义务和经营期限。合作共建园区的发展成果由合作方分享，合作共建期间，引进项目投产后新增的增值税、所得税地方留成部分，双方按一定比例分成，地区生产总值等主要经济指标按比例分别计入。

第五章 产业承接发展重点

围绕产业升级和培育新的增长点，瞄准长三角等沿海地区迫切需要转移的产业，积极吸纳资本、技术、人才、品牌等要素，大力振兴装备制造业，加快提升原材料产业，加速壮大轻纺产业，着力培育高技术产业，积极发展现代服务业和现代农业，构建特色鲜明、具有较强竞争力的现代产业体系。

第一节 装备制造业

引进国内外优质产业资本和先进技术等要素，对接区域内骨干企业，支持企业改组改造，加强技术研发，掌握核心技术，形成系统集成能力，发展壮大一批大型装备制造企业和工程公司。

汽车。推进奇瑞、江淮、华菱等自主品牌汽车骨干企业联合重组，在此基础上，根据发展需要积极承接国内外汽车产业资本和金融资本转移，整合国内外品牌、技术、人才等资源，持续提升整车及关键零部件的研发水平和制造能力，大力拓展国内外市场。承接和整合发展新能源汽车、高性能重型载货车等整车，以及动力总成等提升整车性能的系统化、模块化关键零部件，打造一批汽车及零部件专业园区，实现关键零部件技术和新能源汽车专用零部件技术自主化，建成具有国际竞争力的国家自主品牌汽车及关键零部件研发生产和出口基地。

机械设备。推进示范区企业与国内外产业资本、技术研发机构、工程设计机构合资合作和兼并重组，发展冶金、建材、环保等专业设备制造业，培育工程总承包公司、设备成套公司和系统化工程公司。提升发展工程机械、电器设备制造业，争取在新能源设备、高压输变电设备、大型施工机械、大型农业装备制造等领域实现突破。积极研发数控机床和关键功能部件，以及汽车行业制造检测设备，建设大型铸锻件、气液传动密封、精密模具等基础件和配套产品区域性研发制造中心。承接发展特种功能船舶和船用动力设备、甲板机械、舱室设备等制造业，建设合肥中低速船用柴油机产业基地。研发轨道交通车辆关键部件、飞机修造、航空航天零部件。

专栏3：装备制造产业基地（集群）建设重点

芜湖、合肥、马鞍山等汽车及零部件产业基地，安庆、宣城、滁州、铜陵、巢湖、六安等汽车零部件产业集群。

合肥、马鞍山工程机械基地；无为、合肥、天长、芜湖等电缆产业集群，合肥、芜湖等电器设备产业集群；马鞍山、铜陵等冶金设备产业集群，合肥、芜湖水泥设备产业集群，合肥、马鞍山、芜湖、铜陵等环保设备产业集群；合肥、芜湖、马鞍山、安庆、池州等机床，沿江大型铸锻件产业集群，宁国耐磨材料产业集群。

沿江造船及船用设备产业集群，铜陵、马鞍山等轨道交通关键部件集群。

第二节 原材料产业

引进战略投资,实施重大项目,淘汰落后产能,推进产业结构升级,适度扩大产业规模。强化资源保障,妥善关闭资源枯竭矿山,推进节能、降耗、环保技术改造,大力发展高加工度、高技术含量和高附加值产品,延伸产业链。

冶金。引进国内外重点企业与示范区骨干企业联合重组、建立战略联盟。重点承接发展钢材短缺品种、有色金属合金材料及精深加工产品。加快推进马钢、铜陵有色、芜湖新兴铸管等骨干企业结构调整和技术改造。支持矿山深部和外围资源勘查,推进金属矿产资源勘探和合理开发,鼓励骨干企业境外探矿办矿;提高废杂金属再生利用水平,建立沿江废杂铜拆解中心。推进合肥铝厂节能环保改造,适时发展铝电联营。建设全国重要的精品钢材和有色金属材料及深加工基地。

化工。积极引进国内外石油化工骨干企业,规划建设沿江原油储备基地和新型石化基地;加快推进安庆原油加工炼化一体化改扩建和化工园区建设。稳步发展煤化工、盐化工,承接发展煤制乙二醇、聚氯乙烯、两碱等产品。依托现有基础,承接发展化肥、硫磷化工、精细化工、高效低毒低残留农药和轮胎、橡塑制品等产业。

非金属材料。面向长三角等重点市场,推进大型水泥熟料基地改造升级,推广节能粉磨、余热发电、利用水泥窑处理工业废弃物及生活垃圾等技术。引进国内外玻璃龙头企业,发展优质浮法玻璃、汽车玻璃、光伏玻璃、导电膜玻璃等精深加工产品。积极发展优势非金属矿超细粉及改性材料等深加工产品,提升深加工技术和产品应用技术的研究能力。

专栏 4:原材料产业基地(集群)建设重点

马钢、合肥钢厂环保搬迁,六安、庐江铁矿采选;铜陵、芜湖等铜及铜材深加工产业,铜陵有色、马钢集团海外办矿工程。

安庆沿江石化产业基地,无为煤化工产业基地,定远、肥东煤化工盐化工园区;铜陵、宣城化肥,庐南硫基化工,铜陵硫磷化工,东至香隅硝基化工和精细化工,和县、广德、马鞍山慈湖精细化工,合肥轮胎,芜湖、合肥塑料制品产业基地(集群)。

沿江水泥熟料产业基地;凤阳、芜湖玻璃等硅产业集群;池州碳酸钙、白云石,滁州凹凸棒、绢云母,宣城碳酸钙,含山、定远石膏,庐江高岭土等非金属矿产业深加工集群。

第三节 轻纺产业

充分发挥农产品、劳动力资源和区位优势,立足现有产业基础,引进知名品牌,采用高新技术、先进适用技术和先进管理模式,加速轻纺产业扩张升级,推进农村富余劳动力就地转移就业。

家用电器。进一步引进知名品牌家电企业,发展绿色环保型、高效节能型、信息智能型和个性化家电产品,积极建设家电制造基地、研发中心和物流配送中心。重点承接发展家电关键配套产品,提升主机配套零部件本地化率。发展各类知名品牌小家电产品。鼓励家电企业建立战略联盟,联合开展产品研发、原材料零部件采购、物流配送、国际市场开拓等。

农产品加工。积极引进龙头企业和产业资本,发展农产品精深加工业,重点承接发展粮油制品、肉制品、乳制品、果蔬、水产品和特色农产品加工等产业。推进安庆林纸一体化工程,发展高附加值纸制品。引进和培育知名品牌,提升发展饮料产业。支持龙头企业建设优质专用原料基地。建设与东部地区对接的农产品和食品质量安全检测体系、物流配送体系和网络化信息服务平台。

纺织服装。鼓励东部地区纺织服装产业向示范区转移，打造皖江纺织产业基地。承接发展高档精梳纱线、丝光纱线、色纺纱线，多功能、环保型差别化纤维和天然环保纤维，交织织物、装饰用布、产业用布制造等产业，推广高效短流程、无水或少水印染技术，提升印染及后整理能力。加快承接发展服装、鞋帽、箱包制造等产业，提高研发设计和品牌营销能力，引进面料、辅料、配件生产企业，建设专业交易市场。

专栏5：轻纺产业基地(集群)建设重点

合肥、芜湖、滁州家用电器基地，天长秦栏电子电器产业集群。

沿江粮油加工基地，合肥、马鞍山乳制品，马鞍山、宣城等畜禽肉类加工，沿江、环巢湖水产品加工基地。

安庆、芜湖、马鞍山、铜陵、六安等沿江纺织服装基地，安庆桐城、六安舒城羽绒制品，宣城箱包，芜湖鞋帽产业集群。

第四节 高技术产业

充分开发科技资源和挖掘市场潜力，扩大合作，集聚发展，培育新兴产业，建设高技术产业基地。

电子信息产业。以合肥、芜湖、马鞍山、铜陵为重点，承接发展新型平板显示、数字音视频、汽车电子等产业。积极发展与重大整机项目相配套的集成电路、电子材料及新型元器件产业，加快完善产业链。加速开发嵌入式软件、应用软件、智能语音等产品，承接软件外包。

生物产业。重点承接发展基因工程药物、新型疫苗与诊断试剂、现代中药制品等产业，研发一批具有自主知识产权的药物。发展特色良种繁育、饲料酶制剂、生物化肥、生物农药等生物农业。提升非粮原料燃料乙醇、生物柴油、生物基材料、工业酶制剂等生物质产业。壮大生物酶节能降耗、修复环境污染、治理藻类等生物环保产业。

公共安全产业。重点发展应急指挥与救援技术装备、大空间火灾安全监控系统、生产安全监控系统、食品安全检测、量子保密通信、信息安全控制系统等产业，在相关领域建设一批国家和省级研发及转化平台。

专栏6:高技术产业基地(集群)建设重点

合肥国家级新型平板显示基地，合肥、铜陵等集成电路产业链，合肥语音电子，芜湖、合肥汽车电子，铜陵电子材料，马鞍山、巢湖磁性材料等产业集群。

合肥、芜湖、马鞍山生物医药产业集群。

合肥公共安全产业集群。

第五节 现代服务业

强化承接产业转移配套服务，积极承接以长三角为重点的国内外高端服务业，优先联动发展物流业，进一步发展金融、文化、旅游等产业，建设与长三角联系紧密的现代服务业基地。

现代物流业。依托长江黄金水道，加快发展公路、铁路、水运联运和江海联运，形成以芜湖为核心的皖江现代物流产业带。在合肥规划建设新桥空港物流园区等若干综合性、专业性物流园区，形成全国重要的区域物流中心。加快发展第三方物流，引进和培育骨干物流企业，推动物流业与制造业联动发展。建立鲜活农产品绿色通道，发展农产品冷链物流，推动产地准出和市场准入有效对接。构建公共物流信息平台，促进物流信息资源共享和物流网络互联互通，使皖江城市带成为沟通长三角与广大中西部地区的重要纽带。

金融服务业。支持示范区金融体系建设，鼓励境内外各类金融机构在区域内设立分支机构，支持徽商银行做大做强。支持符合条件的银行、大型企业集团、汽车企业设立金融租赁公司、财务公司、汽车金融公司等非银行金融机构。加快推进农村金融改革，规范发展以服务农村为主的地方中小银行，加快发展村镇银行、贷款公司、农村资金互助社等新型农村金融机构和小额贷款公司。建设统一的产权市场。完善铜陵铜产品交易市场。努力发展金融后台服务产业，建设金融后台服务基地。

文化产业。发挥示范区人文资源优势，主动承接国内外文化产业转移，培育文化产业骨干企业，推动文化企业跨行业、跨区域、跨媒体发展，打造具有核心竞争力的文化品牌和产品，形成独具特色的文化产业集群。依托合肥、芜湖、马鞍山等城市，加快发展动漫游戏、现代传媒、数字创意等新兴产业，提升网络服务水平，建设文化影视基地，构建影视动漫游戏一体化产业体系。壮大出版发行产业，建设以合肥为重点的中部地区出版物发行集散中心。大力发展会展业，积极承接发展体育健身、演艺娱乐、文化休闲等产业，扶持发展黄梅戏等地方戏曲艺术。

旅游业。大力推进皖江旅游与长三角旅游一体化建设，加快发展红色旅游、历史文化旅游、乡村旅游、休闲度假旅游，建设大皖南国际文化旅游示范区和泛巢湖国家旅游度假区，重点开发建设九华山、天柱山、巢湖等山水文化旅游景观，积极开发合肥、芜湖、安庆、马鞍山等城市文化旅游景观，合理开发升金湖、牯牛降等生态旅游景观，建成国内一流的休闲度假旅游目的地。加强以市场为主导、资本为纽带的旅游合作开发，支持国内外旅游企业跨地区并购重组，促进皖江旅游产业结构优化升级。引进国内外资金、品牌和管理，加强旅游基础设施和配套服务设施建设，提升旅游经营和服务水平。实施精品旅游战略，将旅游观光与休闲度假、购物娱乐、商务活动结合起来，延伸旅游产业链。完善旅游商品销售体系，开发特色旅游商品。推动旅游企业集约化经营，发展具有全方位服务功能和较强竞争力的旅游集团。

第六节　现代农业

落实《全国优势农产品区域布局规划(2008—2015年)》，引进农业先进技术、管理经验和龙头企业，加强农技推广体系建设，推进农业规模化、机械化、集约化、标准化生产和产业化经营，打造面向长三角的农产品生产、加工和供应基地。

种植业。大力发展水稻、棉花、油菜、蔬菜和茶叶生产，提升农产品质量安全和专业化服务水平。结合实施全国新增千亿斤粮食生产能力规划，加快优质稻谷生产基地建设，稳步提高粮食生产能力。继续加快建设沿江优质棉花、“双低”油菜生产基地，提高生产能力和水平。扩大蔬菜生产规模，建设优质安全蔬菜供应基地。实施茶产业振兴工程，整合培育品牌，建设皖江、大别山名优茶生产基地。

养殖业。扶持和引进大型龙头企业，大力发展家禽、生猪、奶牛和特色畜禽养殖业。在适宜地域推进畜禽规模化、集约化、标准化生产，提高畜禽养殖废物等资源化利用水平，完善防疫服务体系，建设优质安全畜产品示范基地。大力开发特色水产品，发展旅游休闲渔业。利用皖江地区丰富的水产资源，着力建设标准化健康生态水产养殖示范基地。

林业。推进商品林基地建设，合理布局林产品加工企业，优化林业生产结构，有效利用荒山荒地，扩大重点地区速生丰产林基地、高效经济林基地生产规模。加强优势苗木花卉生产，建设合肥、芜湖、马鞍山苗木花卉基地。

第六章 产业创新升级

围绕产业承接发展重点，加快技术创新升级，强化技术创新要素支撑，构建企业主体、市场导向、政府推动、产学研结合的开放型区域创新体系，促进产业承接与自主创新相融合。

第一节 促进产业技术创新

推进承接产业创新提升。强化示范区产业创新能力，在汽车、机械设备、冶金、化工、家电等优势产业和电子信息、生物、公共安全等高技术产业领域，吸纳一批高端人才，引进一批先进技术，实施一批重大专项，提升产业关键共性技术水平，在一些重点领域核心技术方面取得突破，形成自主创新技术溢出效应，引领产业集群式承接。积极引进具有较强创新能力的企业，支持引进企业加快融入承接地技术创新体系，加大研发投入，在承接地建设产品研发、技术创新基地，持续增强自主创新能力，大力开发应用新产品、新技术，积极应用高新技术和先进适用技术改造和提升转移产业，促进转移产业创新升级。

培育发展创新型企业。引进与培育相结合，支持骨干企业建设一批国家和省级工程(技术)研究中心、工程实验室、企业技术中心，积极引进技术、人才等要素资源，推进创新资源向企业集聚，提高自主创新能力和科技成果转化水平，发展壮大若干创新型龙头企业，培育一批创新型中小企业。支持企业承担“863”计划、科技支撑计划、重大科技专项和高新技术产业化项目。鼓励企业参与技术标准制订。实施企业家创新能力提升工程，注重发挥企业家在自主创新中的重要作用。

第二节 建设创新服务体系

构建创新服务平台。积极发挥技术创新平台对产业转移的吸纳集聚作用，增强服务功能。支持设立一批国家高(新)技术产业基地。强化创业服务中心、软件产业园、大学科技园等孵化器功能，改善技术研发和产业化条件。面向产业园区，建设完善共性技术研发平台、中试基地、测试中心等公共技术服务平台。大力发展技术评估、产权交易、成果转化等中介机构，构建技术转移服务平台，促进创新成果转化。建立合肥技术创新成果交易平台、芜湖高新技术产权交易平台，提升中国(合肥)自主创新要素对接会和中国(芜湖)科普产品博览会的影响力。

促进创新要素对接。加强示范区与长三角等沿海地区的人才、技术、设备等创新要素对接，建立科技资质互认制度，实现创新平台共享。支持示范区与高校、科研院所联合共建科研机构和产学研合作示范基地；通过联合开发、委托开发、相互参股、共建经济实体等形式，建设产学研战略联盟，共同推进核心技术攻关和关键共性技术研究。进一步发挥中国科学技术大学、合肥工业大学等高校和中国科学院合肥物质科学研究院等科研院所的作月，合作建设技术成果转化基地。

第三节 完善自主创新体制机制

优化创新环境。完善企业自主创新激励机制，采取股权激励、期权分配、技术入股等方式，建立鼓励创新的分配制度。在科研院所和高等院校，对完成科技成果及其转化做出重要贡献的人员，按照国家有关规定给予奖励。全面落实自主创新优惠政策，加大创新产品政府采购力度。支持设立创业(风险)投资基金，加强自主创新信用担保和再担保、知识产权质押贷款和科技保险等金融服务。将科技成果产业化指标作为考核和职称评定的重要依据。涉及科技研发所需设备购置、技术开发、技术咨询、技术转化等的相关税收可按照国家有关规定予以减征或免征。

支持合芜蚌自主创新综合试验区建设。充分发挥合肥、芜湖、蚌埠科技人才和创新型企业集聚的优势，加快合肥国家科技创新型试点市建设，推动体制机制创新，集聚创新人才，提高创新能力，培育创新型产业。在企业国家重点实验室、国家工程实验室、国家工程（技术）研究中心及高技术产业基地、军民融合技术创新基地、科技成果转化交易平台建设等方面给予大力支持。支持合肥高新区进行非上市股份公司进入证券公司代办股份转让系统试点。整合创新资源，逐步建成创新体系健全、创新要素集聚、创新效率高、经济社会效益好、辐射带动能力强的创新型区域。

第七章　基础设施支撑

加快皖江城市带基础设施建设，大力构建与长三角地区一体化发展的综合交通运输体系，增强区域能源供应水平，强化人水和谐的水利保障体系，加快推进区域信息一体化，为承接产业转移提供强有力的基础设施保障。

第一节　构建一体化的现代综合交通体系

加快铁路建设步伐。以快速客运铁路和城际铁路建设为重点，加快区域对外通道、区域内快速通道及重要枢纽客运设施建设，构建与东部地区一体化布局的快速客运铁路网。在长三角城际轨道交通网规划修编时，统筹研究皖江城市带城际客运系统的规划建设。加快合肥城市轨道交通体系规划建设，形成多种客运方式相衔接的城市快速客运体系。加快煤炭运输通道建设。提高铁路站场运输吞吐能力，重点扩建合肥、芜湖等主要铁路客货运站场。

完善外通内畅的公路网络。以加强示范区与周边地区互连互通为重点，继续加快高速公路网建设，加快现有高速公路扩容改造，加强高速公路连接线建设，完善公路路网结构。以促进皖江南北两岸城市联动为重点，加强跨江通道和疏港道路建设。以示范区内部沟通为重点，加密、改造、升级干线公路，加快农村公路和连接重要景区的旅游交通公路建设。

加强机场建设。完善机场布局，提高机场吞吐能力，扩大航空运输服务覆盖范围。重点建设合肥新桥国际机场，形成华东地区重要的干线机场和国际机场；新建九华山机场，形成皖南旅游胜地空中交通线路；完善安庆机场民航设施；规划建设芜湖民用机场。

建设通江达海的内河运输体系。高标准整治长江干流航道安徽段，加强主要支流航道整治，提高航道技术等级，改善通航条件。统筹规划皖江岸线资源利用和港口布局，调整优化沿江港口结构，把芜湖建成皖江城市带重要的航运枢纽，形成以芜（湖）马（鞍山）组合港、安庆港为地区性中心港的现代化港口群，重点建设沿江集装箱和煤炭、矿石、石油等专业化运输系统。推进物流配套体系建设，提高服务大型临港产业的能力。大力发展港口物流，依托芜湖港、合肥港、马鞍山港、安庆港、池州港发展区域性物流中心。加快江海直达船型的研发和推广，推进江海直达运输，提高可通航船舶吨位，增强可靠性。

建设合肥、芜湖、安庆、铜陵、池州、马鞍山综合交通枢纽。优化各种运输方式的规划布局和建设安排，注重线路、节点的匹配和衔接，尽快建成一批功能完备、布局合理、集疏运体系完善的现代化综合交通枢纽站场。重点结合铁路客运专线、机场建设，规划建设各种运输方式相互衔接的综合客运枢纽；积极推进铁路、公路、港口等多种方式统筹布局的货运枢纽站场和物流中心建设。

专栏 7：现代综合交通体系建设重大工程

铁路：北京一合肥一福州、商丘一合肥一芜湖一湖州、黄山一杭州、阜阳一六安一安庆一景德镇铁路，合肥一安庆(池州)一九江城际铁路，合九、皖赣、宁芜铜铁路扩能。

高速公路：扬州一绩溪、南京一宣城一杭州等对接长三角地区的高速公路，北沿江、巢湖一铜陵、滁州一淮南、芜湖一黄山等省内高速公路，岳西一武汉、东至一九江等连接周边内陆省份高速公路。

跨江通道：望(江)东(至)长江公路大桥、池州长江公路大桥、芜湖长江公路二桥、安庆长江公路二桥等。

航道：芜申运河，合裕航道、派河、店埠河航道改造等，顺安河、漳河、青通河、秋浦河、安庆石门湖、马鞍山太平府等航道整治。

港口：合肥港综合码头工程、和县郑蒲港区工程、安庆长风港区工程、池州江口及大渡口港区工程、铜陵循环经济园二号码头、芜湖朱家桥外贸码头二期、马鞍山太平府港区综合码头。

第二节 提高能源保障水平

充分发挥安徽煤炭资源和水资源优势，根据区内负荷需求，适时建设一批燃煤火电项目，保障区内电力供给。进一步优化能源结构，鼓励建设热电联产、余热余压发电、垃圾发电等工程；积极发展太阳能、生物质能、风能等新能源，因地制宜建设光伏、风电等新能源示范工程；规划建设芜湖核电项目，做好池州、安庆核电厂址保护工作。完善区内各级输配电网，提高电网抵御自然灾害能力，保障输电供电可靠性。进一步加大农村电网投入，完善农村电网结构。研究规划芜湖、铜陵大型煤炭储运基地。建立江北、江南天然气联络线，将省内川气和西气联网，保障区内双气源供气。

第三节 建设水利保障体系

提高防洪减灾水平。进一步加强长江干堤维护和管理，加强河势崩岸监测和应急处置，结合三峡后续工作规划，统筹协调河道与航道整治，抓紧研究长江干流崩岸治理和河势控制方案。结合城市防洪和圩区排涝，加强沿江主要支流防洪治理，实施青弋江分洪道、水阳江下游近期防洪治理、滁河近期治理等工程，加快实施秋浦河、青山河和姑溪河等重要中小河流治理，保证沿河县城及园区防洪安全。推动合肥、芜湖、安庆等重点城市及重要区域防洪规划修编工作，完善城市和重点防洪保护区防洪减灾体系，保护区内人民生命财产安全。按规划实施华阳河分蓄洪区安全建设，建设下浒山水库，对沿江洲滩圩垸实施分类治理。全面完成大中型病险水库、病险水闸加固任务，加快沿江大型排涝泵站建设和改造，建立良性运行的管理体制。加强防洪非工程措施建设，建立洪水风险管理体系，完善防汛抗旱指挥系统与洪水预警预报系统。

保障城乡供水安全。统筹城乡供水，优化水资源配置和合理利用，为区域产业结构调整和承接产业转移提供水源保障。加强饮用水源地建设和保护，科学划定饮用水源保护区，加快合肥、巢湖等城市备用水源地建设，建立并完善饮用水源地安全预警和应急机制。抓紧推进引江济巢工程前期工作，科学论证工程对调水区和受水区的影响及实施效果，统筹考虑水资源配置、水污染防治、防洪和航运。研究建设江巷水库。继续实施大中型灌区续建配套和节水改造工程，实施大型排灌泵站更新改造工程，加强小型农田水利工程建设，加快建设江淮丘陵区和山区灌区水源工程。加快节水型社会建设，重点推进合肥市节水型社会建设试点工作。

第四节 推进区域信息一体化

加快信息化基础建设。加强网络基础设施建设，持续改造、升级、扩容宽带互联网络，大力发展第三代移动通信，积极开展基于无线宽带的城市信息化应用，大力推进“三网”融合。加强皖江城市间重要信息基础设施的共享，建设区域数据中心、呼叫中心、容灾备份中心。加快基础信息数据库建设，构建区域信息共享体系，规范信息安全等级保护管理，提高信息安全保障能力。

全面提升区域信息化应用水平。完善区域电子政务网络平台，建设区域统一的政务信息资源共享交换系统、政府网站和政务热线，实现政务移动办公和远程办公。推进大中型企业光纤网络全覆盖，建设合肥、芜湖制造业信息化重点示范工程。建设区域性电子商务综合平台，加快建立安全、方便的网上支付体系，实现信息互通共享、集中发布。积极建设“数字城管”“应急联动”和城市“一卡通”等公共信息服务平台。

推进与长三角地区信息共享。加快与长三角网络基础设施对接，加强在电子口岸、信用建设、交通信息、空间地理信息、应急指挥联动等多个领域内的合作，推进教育、文化、卫生、旅游等领域信息资源的合作开发与共享。

第八章 资源节约和环境保护

把承接产业转移和提高可持续发展能力结合起来，加强生态建设和环境保护，推进节能减排，促进资源综合利用，大力推行清洁生产，发展循环经济和低碳经济，创新资源节约和环境保护体制机制，加快推进示范区资源节约型和环境友好型社会建设。

第一节 严格执行产业准入标准

把区域资源承载力和生态环境容量作为承接长三角等沿海地区产业转移的重要依据。严格资源节约和环保准入门槛，转入项目必须符合国家产业政策、资源节约和污染物排放强度要求，避免产业转移中的资源浪费和污染扩散，严禁落后生产能力转入。严格执行承接产业转移项目节能评估审查和环境影响评价制度。强化冶金、化工等重点行业园区环境影响评价，提升重点行业清洁生产水平。鼓励采用新技术、新工艺和科学管理，支持节能环保产业发展。加强项目用地预审，实行项目供地准入制，严格执行国家工业建设用地投资强度和容积率等标准。

第二节 促进转移产业集约发展

推进资源节约集约利用。引导企业向产业园区集中，加强用地调控，提高投资产出强度，大力推进节约集约用地。加大产业园区土地资源清理整合力度，盘活存量土地。优先开发未利用地和废弃地，加大土地开发复垦力度，补充和保护耕地资源。引导矿山企业向矿产资源规划确定的重点勘查、开采区集中，严格执行矿山最低开采规划准入条件，有效配置各类矿产资源。推广先进适用技术、工艺和设备，提高矿产采选率和冶炼回收率。提高大宗工业固体废物的综合利用率和再生金属、废塑料等无害化综合利用水平。积极开展中水回用，促进城市建筑垃圾、污泥减量化和资源化利用。

大力发展循环经济。鼓励冶金、有色、化工、建材（筑）等重点行业改造生产流程，优化生产工艺，延长产业链，提高能源资源综合利用水平。合理规划园区企业结构和布局，鼓励企业通过资源共享、废弃物利用等途径发展循环经济。优先支持示范区企业、园区开展循环经济试点，积极开展低碳经济园区试点。推进铜陵市建成国家循环经济示范单位。推进节能、节水、资源综合利用等工程建设。

第三节 合理开发利用长江岸线资源

坚持科学规划、统一管理、严格保护、综合利用、集约开发、有偿使用的原则，有效保护和合理利用长江岸线资源，提高岸线资源利用的综合效益，高水平实施沿江产业开发、城市建设和生态保护。编制长江岸线资源开发利用规划，提高开发利用水平。制定长江岸线资源开发利用管理办法，统筹协调岸线开发管理中的重大问题。严格岸线开发利用项目审批程序，实行岸线有偿使用。强化岸线监管，加强河道采砂管理，有效整治岸线开发秩序，提高岸线使用效益。

第四节 加强节能环保和生态建设

强化污染防治。加快产业结构调整和优化升级，培育发展科技含量高、资源消耗低、环境污染少的产业。推行清洁生产，从源头减少废物的产生，实现由末端治理向污染预防的转变。加快淘汰落后工艺和产能，关闭污染严重、不能稳定达标排放的企业和生产线。加强水功能区管理，严格执行入河污染物总量控制制度和污水排放标准。新建和扩建园区的污水和垃圾处理设施，与其他基础设施同步设计、同步建设、同步投入使用，省级以上开发园区原则上都要建设集中式污水处理设施。完善污染物排放总量控制领导责任制和目标考核制度，研究落实转入项目新增污染物排放总量控制指标。支持示范区开展排污权有偿使用和交易试点。实现重点污染源在线监控，实行环境信息公开公告制度。

实施节能环保重点工程。推进重大节能工程、资源节约和环境保护示范工程建设。全面落实巢湖流域水污染防治规划，积极推动规划项目实施，加快推进巢湖流域水环境综合治理工程。推进“两控区”大气污染治理工程。加快环保基础设施建设和投运，积极推进城市生活污水处理厂和配套管网建设，提高城市污水处理厂运行效率。实施生活垃圾无害化处理工程。加强农村环境综合整治，加快乡村清洁工程和农业面源污染防治工程建设。

加强生态建设和环境保护。实施重大生态工程，加快推进长江、巢湖流域和江淮分水岭地区生态防护林工程建设，支持平原农田防护林网建设，巩固和发展退耕还林成果，构筑以皖南山区、大别山区、长江干流、巢湖为主要屏障的区域生态安全体系。加强濒危野生动植物拯救繁育体系建设，保护和恢复生物多样性。加强自然保护区和森林公园建设。加强湿地保护和管理，恢复湿地生态功能。建设环城绿带，加强城市园林绿化建设，促进人居环境不断改善。推进清洁发展机制(CDM)项目开发与合作，控制温室气体排放。

专栏8：生态建设与环境保护重点工程

生态建设重点工程：长江防护林体系、平原农田防护林网建设，退耕还林工程，重点地区水土流失综合治理工程，湿地保护与恢复工程，升金湖、牯牛降、鹞落坪和铜陵淡水豚、宣城扬子鳄国家级自然保护区建设。

巢湖流域水环境综合治理工程：实施城镇污水处理与垃圾处置、农业面源 污染防治、工业污染源治理、生态修复与保护、湖泊污染应急处置、节水减排、巢湖生态调水、科技支撑与监管八大工程。

国家循环经济试点工程：马鞍山市、安徽华谊煤化工基地、铜陵循环经济试验园、合肥循环经济园、池州东至香隅化工产业园。

第九章 区域联动发展

广泛开展全方位、多层次、宽领域区域合作，推进泛长三角区域发展分工合作，扩大与沿海地区的经济合作，密切与中西部地区的联系，辐射带动安徽省其他地区发展，形成区域联动发展格局。

第一节　推进泛长三角区域发展分工合作

加强与长三角全面合作。按照优势互补、协同发展原则，构建示范区与长三角地区合理分工的产业体系，建设面向长三角的优质农产品基地、能源原材料基地、交通物流基地、旅游休闲基地和高素质劳动力供应基地。推进与长三角在交通、能源等基础设施建设以及科技、金融、信息平台、生态保护等重点领域的合作，加快构筑一体化的区域综合交通运输体系，建立相对稳定的能源供需关系。推进与长三角在科技要素、人力资源、信用体系、市场准入、质量互认和政府服务等方面的对接，构建统一开放的市场体系。加强皖沪、皖苏、皖浙双边合作。

鼓励和支持长三角地区优先向示范区转移产业。长三角地区要立足于优化开发格局，加速推进产业升级，发挥高端服务业的辐射作用，缓解资源环境承载压力。重点支持纺织服装、农产品加工、鞋帽箱包、家用电器等劳动密集型和资源密集型产业，火电、化工、冶金、非金属材料等能源原材料产业，汽车和机械设备的基础件、配套件、零部件等配套产业，个人电脑、通讯电器等高技术产业组装环节向示范区转移，着力促进金融、物流、旅游、创意、技术服务等现代服务业向示范区延伸辐射。

完善区域合作机制。推进泛长三角区域合作，加强高层定期磋商，研究决定重大合作内容，协调落实重要合作事项。

搭建合作交流平台，开展多种形式的经贸合作活动，定期举办泛长三角区域合作发展论坛。完善跨区域融资平台，支持示范区基础设施建设和转移企业发展。鼓励示范区内市、县、开发园区和科研院所等与长三角建立交流与合作机制。

第二节　加强与其他地区联动发展

加强与沿海其他地区互动。进一步加强面向珠三角、京津冀、海峡西岸经济区等东部地区的招商引资和市场开拓，拓展合作领域，创新合作形式，提升合作层次。加强与港澳台地区的交流与合作，重点承接电子信息、橡塑化工、装备制造等产业，共同建设安徽台湾农民创业园和台资、港资、澳资产业园区。

密切与中西部地区合作。利用“中部论坛”和“中国中部投资贸易博览会”“中国东西部合作与投资贸易洽谈会”“中国西部国际博览会”等经贸合作平台，促进示范区与中西部联动发展。鼓励成立商会，发展中介组织，推进企业跨地区合作。

第三节　带动安徽整体协调发展

统筹示范区内各市联系，打破行政壁垒，建立沟通协调机制。发挥示范区辐射带动作用，加强与省内其他地区的体制机制对接，加快交通、水利、通信等基础设施一体化建设，推进上下游产业和配套产业互动，促进示范区与其他地区优势互补、联动发展；支持省内其他地区加快发展，增强对示范区建设的支撑能力。

皖北地区，联动发展现代农业、能源、化工、机械、农产品加工、旅游等产业。重点推进淮南、淮北、蚌埠重化工业发展，建设两淮大型煤炭基地，加速煤电一体化，积极推进凤台电厂二期、田集电厂二期、平圩电厂三期等“皖电东送”工程，将两淮矿区建成全国重要的煤电化基地。促进蚌埠装备制造业、新能源、生物产业、电子信息等先进制造业和高新技术产业发展。推进阜阳、亳州、宿州等市产业结构调整，大力发展现代农业，推进煤炭、农产品等资源深加工和综合利用。

皖西地区，联动发展生态农业、原材料、机械、农产品加工和旅游等产业。将皖西建设成为合肥经

济圈的产业配套基地、农产品供应基地。重点发展优质农林产品生产，推进金属资源勘探和合理开发，大力开发大别山生态旅游和红色旅游。推进淠河总干渠及杭埠河、丰乐河综合治理和大别山区小流域治理。加强生态建设，构建绿色生态屏障。

皖南山区，联动发展生态农业、生态工业和现代服务业。开发皖南旅游资源，加快旅游基础设施建设，与长三角联动发展无障碍旅游，推进皖南旅游文化区建设，充分展现皖南徽文化、佛文化、道文化内涵，形成以黄山为重点的国际旅游胜地。加强新安江流域生态保护。支持黄山市服务业改革试点。

统筹城乡发展，推进城乡一体化改革，建立以工补农、以城带乡新机制，推进城乡规划、产业布局、基础设施建设、基本公共服务、社会保障、社会管理一体化，促进农业发展、农民增收和农村繁荣，建设具有徽文化特色的宜居城乡。扶持革命老区和贫困地区加快发展。

第十章 体制机制创新

鼓励示范区大胆探索，先行先试，深化改革，完善政府服务，建立高效运作的行政和社会管理体制，加快构建规范透明的法治环境，为科学承接产业转移提供良好的制度保障。

第一节 赋予示范区先行先试权

允许示范区在经济社会发展的相关领域先行先试，采取更为灵活的政策措施，消除体制机制障碍，为中西部地区科学承接产业转移积累经验。突破行政区划界限，探索跨区域合作新途径，适时调整行政区划，优化产业发展空间；深化土地管理制度改革，探索加强土地管理的有效办法，节约集约利用土地资源，满足大规模承接产业转移用地需求；试行有利于承接产业转移的环保政策，保护好生态环境，促进可持续发展；完善资源价格形成机制，开展价格改革试点，试行大用户直供电；建立适应转移企业发展需要的社会保障体系，保护劳动者和企业的合法权益。

第二节 着力提高行政效能

转变政府职能，规范政府行为，创新政府服务方式。全面推进政企、政资、政事、政府和中介组织分开，加快政府管理创新步伐，落实首问负责制、办文办事限时制和责任追究制“三项制度”，继续清理和调整行政审批项目，减少审批环节，提高办事效率。进一步理顺垂直管理部门与地方政府权责关系，形成促进承接产业转移合力。深化省直管县改革试点，进一步扩大县级经济管理权限，大力发展县域经济。积极推进乡镇机构改革，实施扩权强镇试点。增强处置突发公共事件的能力，提高社会治安综合治理水平。

第三节 构建公平竞争的良好环境

完善法制环境。推进依法行政，规范司法行为，加强政法队伍建设，做到严格、公正、文明执法。加强知识产权保护。

发展非公有制经济。放宽非公有制企业的投资领域和行业限制，降低民间资本的准入门槛，提高民间资本的准入效率，合理引导非公资本以参股、合资合作、独资等方式进入金融服务、公用事业、基础设施建设等领域。鼓励非公有制企业加快改革，建立现代法人治理结构，做大做强。放宽企业集团登记注册条件，放宽高新技术成果作价出资比例；允许企业经营范围按大类申请核定；改革企业登记管理方式，试行告知承诺制度。提高服务质量和效率，促进各类市场主体发展。打破行政垄断和地区封锁，促进城乡和区域之间公平竞争。

扶持中小企业发展。全面落实促进中小企业发展的政策，在融资、人才、技术、管理、市场、信息等方面加大对中小企业的服务和支持。加强和改善金融服务，拓宽融资渠道，完善信用担保体系，切实缓解中小企业融资难的问题。加大财税扶持力度，支持中小企业提高技术创新能力和产品质量，加快技术进步和结构调整。努力改进政府服务，支持中小企业开拓市场，大力开展对中小企业各类人员的培训，引导中小企业提高经营管理水平。积极扶持中小企业行业协会（商会）组织发展，鼓励中小企业公平竞争、自愿联合，规模集聚、携手发展，提高市场竞争能力。保护中小企业权益，维护公平竞争市场环境。

第四节　完善社会管理与服务

大力发展职业教育和培训。支持皖江城市带职业教育发展。继续加强职业教育基础能力建设，依托大型骨干企业和职业院校，建立与承接产业相配套的人才培训基地和公共实训基地；健全职业教育培训网络，大力实施农村劳动力转移培训和转岗职工技能培训；加快农村中等职业教育发展，并逐步实行免费。鼓励示范区内未能继续升学的初、高中毕业生进入中等职业学校学习，对符合条件的学生，享受国家统一助学政策。切实落实民办教育优惠政策，鼓励民办教育发展。为外来人员子女接受义务教育提供公平机会。

完善社会保障体系。完善基本养老保险制度，按照国家统一部署稳步推进新型农村社会养老保险试点，做好企业职工基本养老保险关系的跨省转移接续工作。落实被征地农民社会保障政策。大力推进以养老服务为重点的社会福利事业发展，鼓励多种投资主体兴办社会化养老服务机构，在土地、税收等方面给予相关优惠和扶持政策。通过居家、社区、机构三位一体，构建和完善基本养老服务体系。完善失业保险制度，扩大工伤和生育保险覆盖面，依法为农民工办理工伤保险。健全基层医疗卫生服务体系，促进基本公共卫生服务逐步均等化，推进城镇居民基本医疗保险制度和新型农村合作医疗制度建设，尽快按现有政策解决示范区关闭破产国有企业退休人员和其他困难企业职工参加基本医疗保险问题。加强社会福利、优抚安置和救灾应急保障机制建设。

加强人才开发和就业服务。加强人才培养多边合作，依托高校、科研院所和骨干企业，以重大科研项目为载体，建立皖江人力资源培训基地。建立国家级引智基地，支持示范区参与引进海外高层次人才的“千人计划”。在示范区有条件的企业设立院士工作站，支持企业到欧美设立人才工作站。设立皖江留学人员创业园。创新人才引进、培养、评价、使用、激励和服务保障机制，实施高端人才引进计划和培养工程，推动高级人才柔性流动，加大海外人才吸引力度。示范区与国家部委、中央企业、高校及科研院所、长三角地区双向选派优秀干部挂职或任职。积极探索人才、智力、项目相结合的人才引进机制和人力资本优先发展积累机制。对部分紧缺或急需引进的高层次人才，经批准可实行协议工资、项目工资等灵活多样的分配办法。建立健全覆盖城乡全体劳动者的公共就业服务体系，加强对合肥、芜湖两大区域人力资源市场的管理，引导人力资源与产业对接；支持示范区人力资源市场信息网络系统建设，不断完善人力资源市场信息发布制度。放宽中小城市和城镇户籍限制，逐步实现符合条件的农业转移人口在城镇就业和落户。

第十一章　保障措施

给予示范区必要的政策支持，加强规划实施的组织协调，强化检查监督，确保规划目标顺利实现。

第一节 完善支持政策

投资政策。国务院有关部门要指导安徽省编制示范区产业发展指导目录，对目录内的投资项目，享受国家鼓励类产业产品相关支持政策。对示范区内重大基础设施建设和重大产业项目，国家在规划编制、产业布局、审批核准及投资安排、资金补助、贷款贴息等方面给予支持。

财税政策。规划期内，中央财政加大转移支付力度，支持示范区基础设施、自主创新和环境建设。对皖江城市带承接产业转移示范区内符合条件的企业，切实落实好新税法规定的各项税收优惠政策。

金融政策。银行业金融机构加大对符合国家产业政策和节能环保要求等产业转移的信贷投放力度，积极为示范区建设和发展提供有效信贷支持。支持符合创业板发行上市条件的自主创新及其他成长型创业企业进入创业板融资，鼓励示范区内符合条件的企业发行企业债券、短期融资券和中期票据。支持示范区在多种所有制金融企业、外汇管理政策等方面进行改革试验。支持示范区按照有关管理办法规定，设立股权投资基金，发展创业投资，建立担保风险基金。探索开放短期出口信用保险市场，扩大出口信用保险覆盖率。积极探索开展跨境贸易人民币结算试点。

土地政策。实行最严格的耕地保护制度和节约集约用地制度，优化土地利用结构，创新土地管理方式，落实耕地保有量和基本农田保护面积，统筹协调承接产业转移特别是集中区的用地需求。加快土地利用总体规划修编，产业集中区等各类建设用地统筹纳入当地土地利用总体规划安排。国家在编制土地利用年度计划时，根据示范区建设情况，适当增加安徽省用地指标。建立城乡统一的建设用地市场，稳步推进农村集体建设用地使用制度改革，探索新增耕地指标、新增建设用地规划指标有偿调剂使用制度，切实维护农民合法权益。实施农村土地综合整治，整体规划，开展整村推进试点。继续推进城镇建设用地增加与农村建设用地减少挂钩试点，允许城乡建设用地增减挂钩指标在示范区内调剂使用。

对外开放政策。积极引进世界500强企业和全球行业龙头企业，鼓励在示范区设立地区总部、研发机构、采购中心和产业基地。鼓励在华外资金融、保险、会计、审计机构在皖设立分支机构。鼓励外资并购示范区内企业，参与区内企业改造。引导和鼓励海内外优秀人才到示范区创业、投资。支持区内企业广泛承接服务外包，建设合肥、芜湖服务外包基地城市。帮助企业境外上市和融资。鼓励外商投资企业增资扩股和利润再投资。在符合全国海关特殊监管区域总体规划的前提下，支持合肥、芜湖等符合条件的地区设立海关特殊监管区域，合理构建保税物流监管体系。支持示范区城市成为加工贸易重点承接地。大力推进示范区口岸与长三角等沿海省份区域通关改革。健全透明稳定的商业制度和规范的商业纠纷解决机制，培育熟悉国际规则的金融、法律、会计等方面专业人才队伍。切实保护投资者权益，打造全国营商环境最佳地区之一。

第二节 加强组织实施

安徽省人民政府要切实加强组织领导，落实工作责任，完善工作机制，统筹各市之间的产业分工与联系，协调示范区建设的各项工作。在国家有关部门的指导下，编制具体实施方案和重点领域专项规划，按照本规划确定的产业承接重点，密切与长三角等沿海地区联系，抓紧推进相关项目实施，建立承接产业转移的统计指标体系和评价体系，围绕规划目标及时开展统计监测和分析研究工作。完善社会监督机制，鼓励公众参与规划的实施和监督。

上海市、江苏省、浙江省要继续加强与安徽省的联合与协作，不断深化泛长三角区域发展分工，健全工作机制，结合本规划的实施，引导和支持本地产业向示范区有序转移，推进自身产业结构加快升级。

国务院有关部门要按照职能分工，切实加强对示范区建设的指导，制定本部门支持示范区建设的具体政策措施，在专项规划编制、政策实施、项目安排、体制创新等方面给予积极指导和支持。有关部门要加强沟通和协调，指导安徽省与长三角等沿海地区共同推动产业转移工作，协调解决示范区建设中遇到的困难和问题。

国家发展和改革委员会要加强综合协调，组织有关部门做好规划实施，加强督促检查和跟踪分析，会同安徽省人民政府定期组织开展规划实施情况评估。在规划实施过程中，要加强与国家总体规划和相关专项规划的衔接，注意研究新情况、解决新问题、总结新经验，重大问题及时向国务院报告。

第二篇

区域经济社会发展报告

第一章　长三角地区2013年经济社会发展总报告

2013年，在可持续科学发展观、平衡沿海经济相融相济发展的情况下，长三角地区在全国发展中仍处于领先位置。

一　长三角地区生产总值

一、长三角地区生产总值总体情况

2013年，长三角地区生产发展保持了持续增长势头，地区生产总值达到了118332.36亿元，较上年增长8.66%，生产总值较2007年翻了一番。

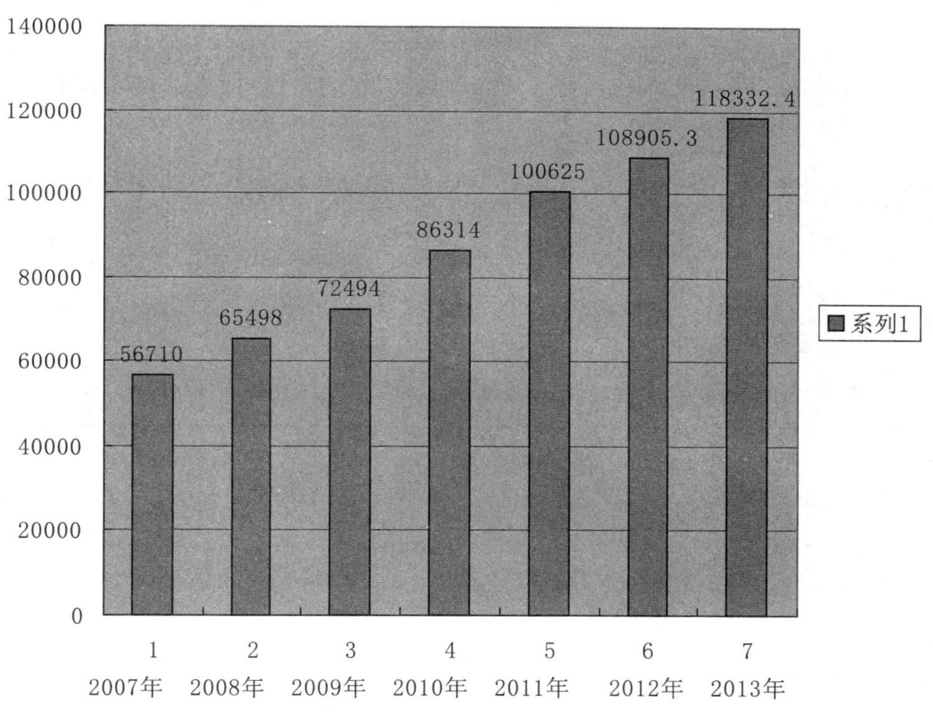

图1　2007—2013年长三角地区生产总值情况（单位：亿元）

二、上海市、江苏省和浙江省地区生产总值情况

2013年，长三角两省一市地区生产总值仍然维持了高速稳定增长，其中江苏第一，达59161.75亿元，较上年增长8.63%；浙江次之达37568.49亿元，较上年增长7.73%；上海第三达21602.12亿元，较上年增长6.58%。

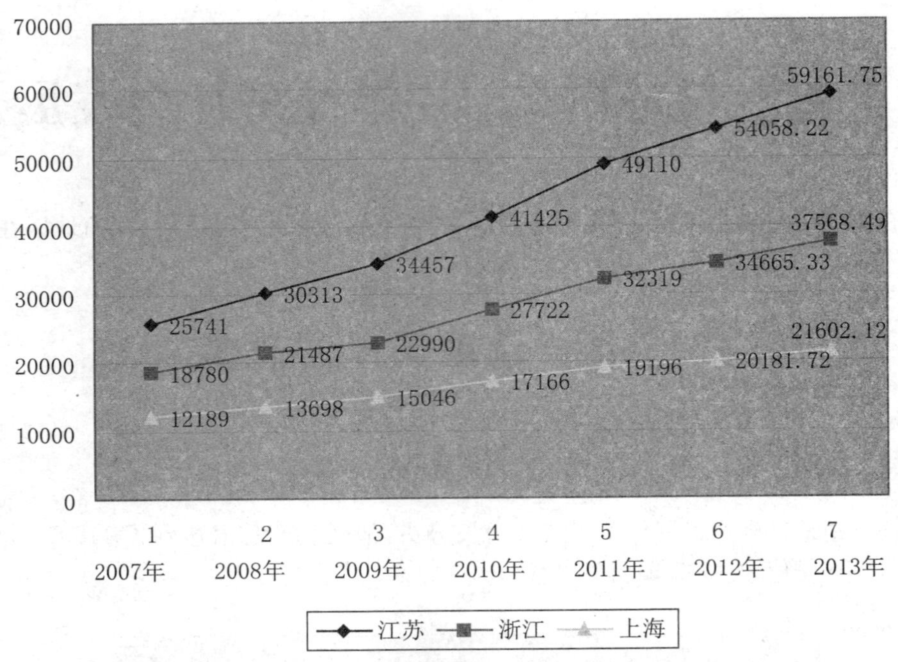

图 2　2007—2013 年上海市、江苏省和浙江省地区生产总值情况（单位：亿元）

三、长三角地区各省辖市地区生产总值情况

2013 年，长三角 24 个地级市地区生产总值排名基本保持稳定，徐州、盐城、扬州和泰州排名较 2012 年分别上升一位。前五名依次是苏州市（13016 亿元）、杭州市（8344 亿元）、无锡市（8070 亿元）、南京市（8012 亿元）和宁波市（7129 亿元），排次与 2012 年相同。

表 1　2013 年长三角地区各省辖市地区生产总值情况（单位：亿元）

项目 / 地区	总值	排名	项目 / 地区	总值	排名
苏州市	13016	1	扬州市	3252	13
杭州市	8344	2	嘉兴市	3148	14
无锡市	8070	3	泰州市	3007	15
南京市	8012	4	金华市	2959	16
宁波市	7129	5	镇江市	2927	17
南通市	5039	6	淮安市	2156	18
徐州市	4436	7	湖州市	1803	19
常州市	4361	8	连云港市	1785	20
温州市	4004	9	宿迁市	1706	21
绍兴市	3967	10	衢州市	1057	22
盐城市	3476	11	丽水市	983	23
台州市	3153	12	舟山市	931	24

四、长三角地区各县(市)地区生产总值情况

长三角地区包括了江苏45个县(市)、浙江56个县(市)、上海1个县(市)共102个县(市)。(2013年起江苏溧水县和高淳县并入南京市,姜堰市并入泰州市,浙江绍兴县并入绍兴市,减少上虞市,故较2012年,江苏减少3个县(市),浙江减少2个县(市))。

各县市地区生产总值排序情况相较于2012年有明显变化,前十名除绍兴县不在列外,基本排序未变,江苏有7个县市地区排名前十,浙江则占有3席。个别县市排名提前明显,其中启东市由18位提升至15位;溧阳市由22位提前至18位;邳州和兴化分别由26位、27位提升至22位、23位;新沂市、仪征市和丰县分别由49位、43位和76位提升至35位、36位和66位;长兴县和平阳县由41位、70位提升至38位、63位。

表2　2013年长三角地区各县(市)地区生产总值情况(单位:亿元)

项目 地区	总值	排名	项目 地区	总值	排名	项目 地区	总值	排名
昆山市	2920.08	1	桐乡市	573.47	24	赣榆县	376.41	47
江阴市	2706.06	2	富阳市	571.40	25	嘉善县	374.25	48
张家港市	2145.31	3	东台市	564.09	26	苍南县	364.59	49
常熟市	1980.31	4	沭阳县	543.51	27	宝应县	364.42	50
宜兴市	1190.23	5	海安县	538.73	28	象山县	363.85	51
慈溪市	1031.09	6	如东县	536.03	29	建湖县	360.75	52
太仓市	1002.28	7	沛　县	495.37	30	睢宁县	360.16	53
丹阳市	925.15	8	平湖市	461.31	31	射阳县	351.47	54
诸暨市	900.88	9	大丰市	443.52	32	德清县	334.34	55
义乌市	882.87	10	永康市	422.56	33	海盐县	324.75	56
余姚市	749.63	11	临海市	420.44	34	东海县	320.17	57
温岭市	748.28	12	新沂市	412.22	35	新昌县	306.42	58
海门市	740.01	13	仪征市	410.16	36	泗阳县	305.20	59
靖江市	670.43	14	临安市	409.23	37	阜宁县	302.17	60
启东市	658.31	15	长兴县	407.37	38	泗洪县	300.28	61
乐清市	657.92	16	金坛市	406.12	39	滨海县	300.10	62
如皋市	657.01	17	东阳市	403.91	40	平阳县	298.54	63
溧阳市	637.20	18	玉环县	400.47	41	永嘉县	291.91	64
瑞安市	635.95	19	嵊州市	396.38	42	奉化市	290.36	65
海宁市	633.65	20	扬中市	395.10	43	丰　县	281.78	66
泰兴市	610.61	21	句容市	385.65	44	桐庐县	278.04	67
邳州市	599.14	22	宁海县	384.48	45	建德市	271.70	68
兴化市	575.84	23	高邮市	381.50	46	安吉县	265.43	69

（续表）

地区 \ 项目	总值	排名	地区 \ 项目	总值	排名	地区 \ 项目	总值	排名
涟水县	260.31	70	岱山县	176.92	81	开化县	94.84	92
盱眙县	260.15	71	浦江县	175.41	82	遂昌县	84.54	93
崇明县	252.30	72	缙云县	173.76	83	嵊泗县	73.61	94
兰溪市	251.29	73	淳安县	173.31	84	松阳县	73.47	95
灌云县	249.92	74	青田县	173.10	85	磐安县	69.14	96
灌南县	235.90	75	金湖县	166.42	86	洞头县	60.32	97
江山市	235.25	76	天台县	159.40	87	泰顺县	58.91	98
响水县	203.12	77	三门县	140.42	88	文成县	58.63	99
武义县	181.66	78	仙居县	137.87	89	庆元县	48.36	100
洪泽县	178.06	79	常山县	107.15	90	云和县	48.13	101
龙游县	177.82	80	龙泉市	95.89	91	景宁自治县	38.70	102

二　长三角地区第一产业发展情况

一、长三角地区第一产业发展总体情况

2013年，长三角地区第一产业保持了增长态势，第一产业产值较2012年增长了6.64%，达到5559.98亿元。

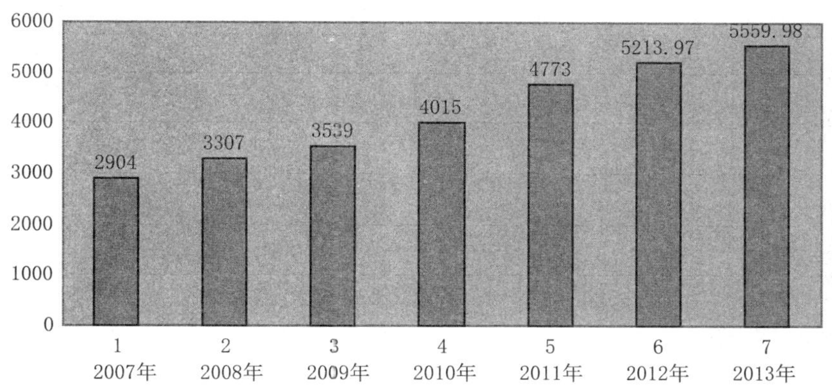

图3　2007—2013年长三角地区第一产业产值情况（单位：亿元）

二、上海市、江苏省和浙江省第一产业发展情况

2013年，长三角两省一市第一产业持续增长，其中江苏3646.08亿元，占长三角地区第一产业产值的65.58%，浙江次之1784.62亿元，占长三角地区第一产业产值的32.10%，上海129.28亿元，占长三角地区第一产业产值的2.32%。

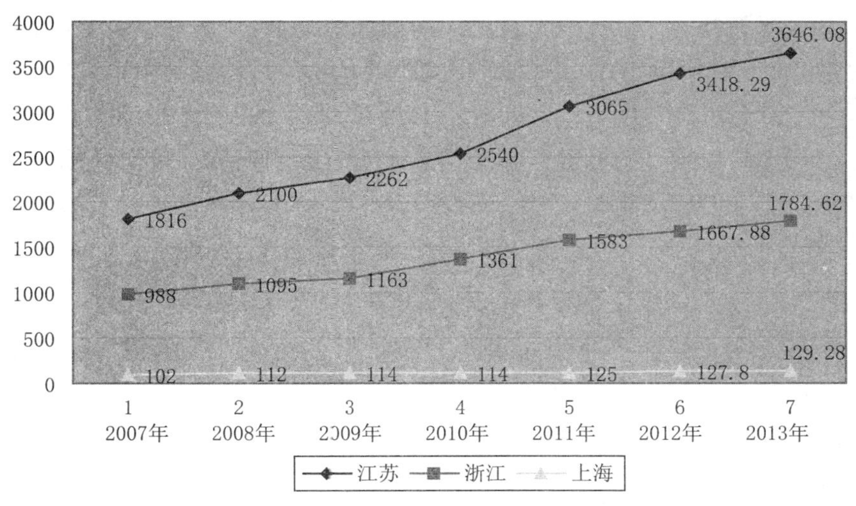

图4　2007—2013年上海市、江苏省和浙江省第一产业产值情况（单位：亿元）

三、长三角地区各省辖市第一产业发展情况

2013 年长三角 24 个地市的第一产业产值均有增长，各市的排名较 2012 年稳中有变，江苏的淮安市、苏州市和镇江市排名较上年分别提升一位。排在前五位的是：盐城市（489.18 亿元）、徐州市（432.38 亿元）、南通市（345.41 亿元）、宁波市（276.35 亿元）和淮安市（272.58 亿元）。

表 3　2013 年长三角地区各省辖市第一产业产值情况（单位：亿元）

项目 地区	总值	排名	项目 地区	总值	排名
盐城市	489.18	1	南京市	204.64	13
徐州市	432.38	2	绍兴市	193.27	14
南通市	345.41	3	嘉兴市	155.62	15
宁波市	276.35	4	无锡市	148.54	16
淮安市	272.58	5	金华市	140.20	17
杭州市	265.42	6	常州市	138.12	18
连云港市	259.17	7	镇江市	129.00	19
宿迁市	235.00	8	湖州市	125.56	20
扬州市	224.45	9	温州市	115.39	21
苏州市	214.49	10	舟山市	95.73	22
台州市	213.30	11	衢州市	83.15	23
泰州市	205.90	12	丽水市	84.65	24

四、长三角地区各县（市）第一产业发展情况

2013 年长三角地区各县（市）第一产业产值大多数稳中有升，前十位均属于江苏省，分别是邳州市、兴化市、东台市、沛县、沭阳县、射阳县、大丰市、启东市、睢宁县和高邮市，较之上年，邳州、沛县和高邮市提升了位次。

表 4　2013 年长三角地区各县（市）第一产业产值情况（单位：亿元）

项目 地区	总值	排名	项目 地区	总值	排名	项目 地区	总值	排名
邳州市	89.64	1	启东市	65.26	8	象山县	57.97	15
兴化市	87.67	2	睢宁县	62.46	9	如皋市	57.04	16
东台市	84.10	3	高邮市	62.79	10	赣榆县	56.24	17
沛　县	76.47	4	如东县	62.11	11	灌云县	56.17	18
沭阳县	75.80	5	宝应县	59.94	12	丰　县	53.80	19
射阳县	74.69	6	温岭市	58.19	13	滨海县	52.98	20
大丰市	68.60	7	东海县	58.09	14	新沂市	52.43	21

（续表）

地区＼项目	总值	排名	地区＼项目	总值	排名	地区＼项目	总值	排名
海安县	52.09	22	长兴县	31.18	49	嵊泗县	19.25	76
宜兴市	51.71	23	张家港市	30.41	50	瑞安市	19.11	77
江阴市	51.53	24	金坛市	30.15	51	东阳市	18.22	78
海门市	50.76	25	淳安县	28.66	52	平湖市	17.83	79
丹阳市	49.75	26	奉化市	28.35	53	武义县	15.10	80
泗洪县	49.60	27	洪泽县	28.03	54	龙游县	13.57	81
阜宁县	49.56	28	岱山县	27.54	55	仙居县	13.32	82
慈溪市	49.30	29	建德市	27.40	56	平阳县	13.21	83
诸暨市	48.75	30	玉环县	27.01	57	扬中市	12.65	84
涟水县	48.00	31	昆山市	26.94	58	龙泉市	12.29	85
泗阳县	47.50	32	苍南县	26.38	59	松阳县	12.19	86
盱眙县	46.13	33	金湖县	26.03	60	开化县	11.98	87
泰兴市	46.01	34	安吉县	25.62	61	天台县	11.94	88
建湖县	45.06	35	海宁市	25.62	62	磐安县	10.21	89
灌南县	42.72	36	嘉善县	24.49	63	遂昌县	9.94	90
溧阳市	42.61	37	兰溪市	23.60	64	永嘉县	9.63	91
常熟市	40.50	38	崇明县	22.90	65	浦江县	9.39	92
余姚市	40.06	39	三门县	22.53	66	永康市	9.28	93
宁海县	39.33	40	义乌市	21.90	67	缙云县	9.25	94
响水县	38.08	41	德清县	21.79	68	常山县	7.91	95
富阳市	38.01	42	海盐县	21.78	69	青田县	7.20	96
临海市	37.90	43	仪征市	21.23	70	庆元县	7.07	97
句容市	37.08	44	桐庐县	20.86	71	文成县	6.45	98
太仓市	36.84	45	江山市	20.79	72	景宁自治县	6.24	99
嵊州市	36.56	46	新昌县	20.50	73	泰顺县	6.05	100
临安市	35.58	47	靖江市	20.19	74	洞头县	5.05	101
桐乡市	33.19	48	乐清市	19.61	75	云和县	4.24	102

三 长三角地区第二产业发展情况

一、长三角地区第二产业发展总体情况

2013 年，长三角地区第二产业产值也实现了同步增长，第二产业产值达到了 55568.44 亿元，较上年增长 6.26%。

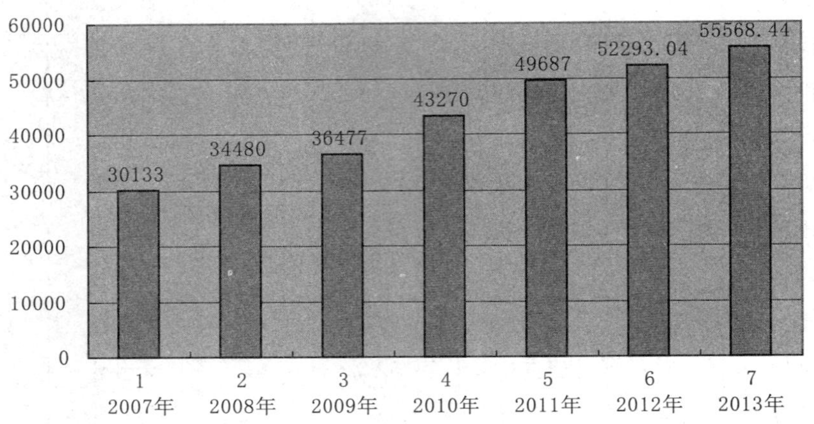

图 5 2007—2013 年长三角地区第二产业产值情况（单位：亿元）

二、上海市、江苏省和浙江省第二产业发展情况

2013 年，长三角两省一市第二产业实现了稳定增长，其中江苏较上年增长 7.27%，达 29094.02 亿元；浙江较上年增长 6.53%，达 18446.65 亿元；上海增长 2.2%，达 8027.77 亿元。

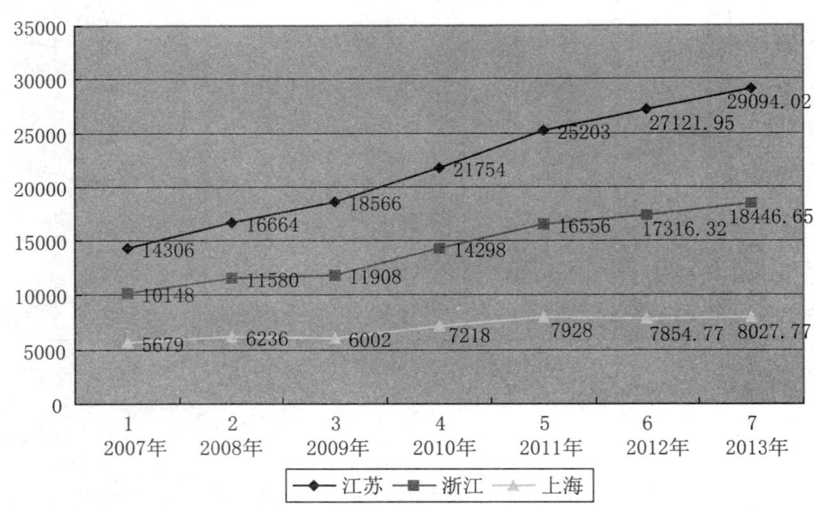

图 6 2007—2013 年上海市、江苏省和浙江省第二产业产值情况（单位：亿元）

三、长三角地区各省辖市第二产业发展情况

2013 年长三角 24 个地市的第二产业产值持续增长，增速保持了 2012 年的水平。排次略有变化，宁波超前杭州提升至第三位，排在前五位的分别是：苏州市（6849.59 亿元）、无锡市（4207.42 亿元）、宁波市（3741.72 亿元）、杭州市（3661.98 亿元）和南京市（3450.58 亿元）。

表 5　2013 年长三角地区各省辖市第二产业产值情况（单位：亿元）

地区＼项目	总值	排名	地区＼项目	总值	排名
苏州市	6849.59	1	盐城市	1635.98	13
无锡市	4207.42	2	泰州市	1574.06	14
宁波市	3741.72	3	镇江市	1549.40	15
杭州市	3661.98	4	台州市	1515.55	16
南京市	3450.58	5	金华市	1445.70	17
南通市	2623.50	6	淮安市	983.15	18
常州市	2250.80	7	湖州市	953.19	19
徐州市	2118.32	8	宿迁市	815.61	20
绍兴市	2102.93	9	连云港市	807.42	21
温州市	2015.48	10	衢州市	555.92	22
嘉兴市	1726.73	11	丽水市	497.87	23
扬州市	1693.70	12	舟山市	411.54	24

四、长三角地区各县（市）第二产业发展情况

2013 年长三角各县（市）第二产业产值较上年都有较大增长，排在前四位的与上年相同，分别是昆山市、江阴市、张家港市、常熟市，五至十位分别是宜兴市、慈溪市、太仓市、诸暨市、丹阳市和余姚市。

表 6　2013 年长三角地区各县（市）第二产业产值情况（单位：亿元）

地区＼项目	总值	排名	地区＼项目	总值	排名	地区＼项目	总值	排名
昆山市	1691.09	1	丹阳市	484.06	9	如皋市	343.33	17
江阴市	1518.07	2	余姚市	444.47	10	溧阳市	338.43	18
张家港市	1192.34	3	海门市	407.60	11	启东市	333.35	19
常熟市	1048.29	4	乐清市	392.97	12	富阳市	324.12	20
宜兴市	629.44	5	靖江市	368.02	13	泰兴市	322.57	21
慈溪市	593.57	6	海宁市	364.19	14	瑞安市	319.53	22
太仓市	532.46	7	义乌市	357.32	15	桐乡市	296.54	23
诸暨市	497.66	8	温岭市	346.60	16	平湖市	287.96	24

（续表）

地区＼项目	总值	排名	地区＼项目	总值	排名	地区＼项目	总值	排名
海安县	266.48	25	高邮市	173.31	51	青田县	105.49	77
如东县	263.93	26	苍南县	171.05	52	龙游县	103.27	78
永康市	259.94	27	宝应县	168.76	53	浦江县	103.16	79
邳州市	257.50	28	建湖县	167.78	54	缙云县	102.98	80
东台市	252.34	29	象山县	166.50	55	响水县	100.47	81
沭阳县	251.79	30	新昌县	160.48	56	武义县	100.11	82
兴化市	248.10	31	桐庐县	160.32	57	岱山县	96.94	83
玉环县	241.36	32	睢宁县	158.68	58	洪泽县	75.88	84
仪征市	231.75	33	泗阳县	156.83	59	淳安县	71.02	85
沛　县	228.20	34	建德市	148.97	60	天台县	68.96	86
临安市	225.41	35	平阳县	146.92	61	金湖县	67.41	87
长兴县	217.01	36	东海县	144.60	62	仙居县	59.69	88
扬中市	215.25	37	兰溪市	142.83	63	三门县	57.63	89
嘉善县	213.81	38	阜宁县	140.76	64	常山县	56.11	90
金坛市	211.56	39	射阳县	137.29	65	龙泉市	45.47	91
临海市	210.87	40	奉化市	134.02	66	开化县	44.79	92
宁海县	208.43	41	江山市	131.98	67	遂昌县	39.55	93
嵊州市	202.30	42	滨海县	131.54	68	磐安县	34.80	94
东阳市	198.46	43	泗洪县	129.84	69	松阳县	34.47	95
句容市	196.01	44	安吉县	129.68	70	云和县	26.09	96
大丰市	194.15	45	丰　县	128.04	71	洞头县	25.49	97
德清县	189.38	46	崇明县	124.50	72	泰顺县	22.62	98
赣榆县	187.55	47	灌南县	117.18	73	庆元县	22.57	99
海盐县	187.38	48	灌云县	115.56	74	文成县	20.00	100
永嘉县	179.24	49	盱眙县	110.49	75	景宁自治县	14.39	101
新沂市	174.89	50	涟水县	105.92	76	嵊泗县	10.98	102

四　长三角地区第三产业发展情况

一、长三角地区第三产业发展总体情况

2013 年，长三角地区第三产业保持了快速发展态势，第三产业产值达到了 57203.94 亿元，首次超越长三角地区第二产业的产值，实现了第三种产业占主导地位的格局。

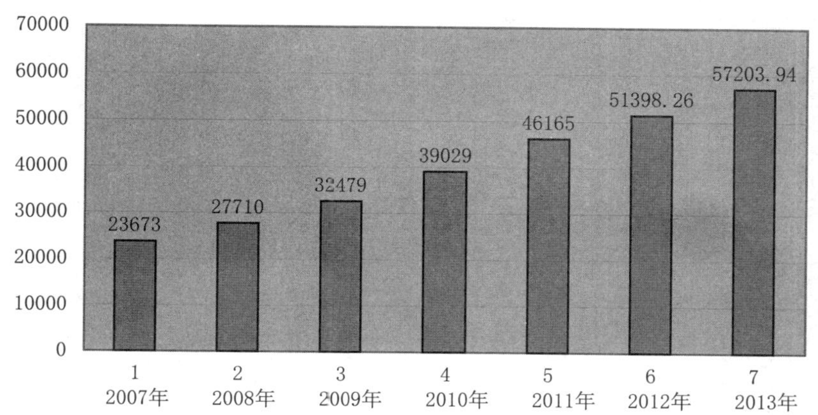

图 7　2007—2013 年长三角地区第三产业产值情况（单位：亿元）

二、上海市、江苏省和浙江省第三产业发展情况

2013 年，长三角两省一市第三产业实现了快速增长，排序依次是江苏 26421.65 亿元，较上年增长 12.35%；浙江 17337.22 亿元，较上年增长 10.56%；上海 13445.07 亿元，较上年增长 10.21%。

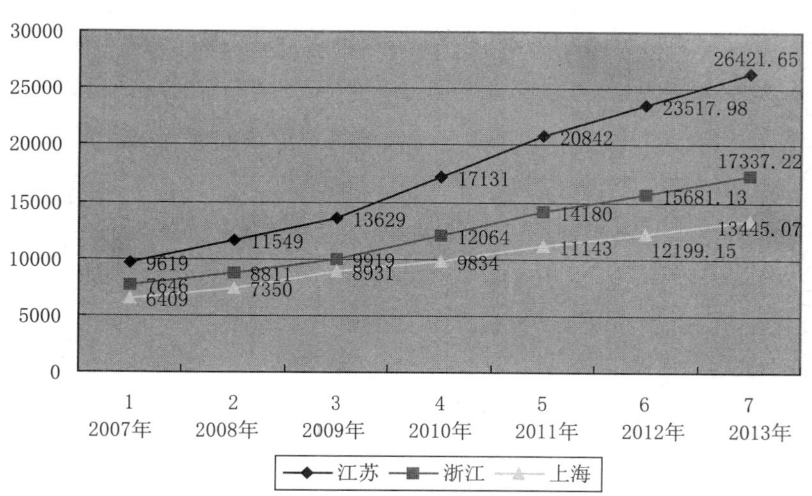

图 8　2007—2013 年上海市、江苏省和浙江省第三产业产值情况（单位：亿元）

三、长三角地区各省辖市第三产业发展情况

2013年长三角24个地市的第三产业产值较上年增长较大，其中，徐州和淮安两市排名较上年分别提升一位。排在前五名的次序未变，分别是：苏州市（5951.62亿元）、杭州市（4416.12亿元）、南京市（4356.56亿元）、无锡市（3714.22亿元）和宁波市（3110.80亿元）。

表7　2013年长三角地区各省辖市第三产业产值情况（单位：亿元）

地区＼项目	总值	排名	地区＼项目	总值	排名
苏州市	5951.62	1	盐城市	1350.34	13
杭州市	4416.12	2	扬州市	1333.86	14
南京市	4356.56	3	嘉兴市	1265.31	15
无锡市	3714.22	4	镇江市	1248.88	16
宁波市	3110.80	5	泰州市	1226.95	17
南通市	2069.98	6	淮安市	900.13	18
常州市	1972.01	7	湖州市	724.40	19
徐州市	1885.12	8	连云港市	718.83	20
温州市	1872.99	9	宿迁市	655.67	21
绍兴市	1671.09	10	舟山市	423.57	22
台州市	1424.49	11	衢州市	417.51	23
金华市	1372.88	12	丽水市	400.56	24

四、长三角地区各县（市）第三产业发展情况

2013年长三角地区各县（市）第三产业产值较上年均有增长，排名前五位的与上年相同，分别是昆山市、江阴市、张家港市、常熟市和宜兴市，六至十位分别是义乌市、太仓市、丹阳市、慈溪市和诸暨市。

表8　2013年长三角地区各县（市）第三产业产值情况（单位：亿元）

地区＼项目	总值	排名	地区＼项目	总值	排名	地区＼项目	总值	排名
昆山市	1202.05	1	慈溪市	388.23	9	如皋市	256.64	17
江阴市	1136.46	2	诸暨市	354.47	10	溧阳市	256.16	18
张家港市	922.56	3	温岭市	343.48	11	邳州市	252.00	19
常熟市	891.52	4	瑞安市	297.31	12	乐清市	245.34	20
宜兴市	509.08	5	靖江市	282.22	13	海宁市	243.84	21
义乌市	503.65	6	海门市	281.65	14	桐乡市	243.74	22
太仓市	432.98	7	余姚市	265.09	15	泰兴市	242.03	23
丹阳市	391.34	8	启东市	259.70	16	兴化市	240.07	24

（续表）

项目 地区	总值	排名	项目 地区	总值	排名	项目 地区	总值	排名
东台市	227.65	25	宁海县	136.72	51	灌南县	76.00	77
海安县	220.17	26	嘉善县	135.96	52	洪泽县	74.15	78
沭阳县	215.92	27	宝应县	135.72	53	淳安县	73.63	79
如东县	209.99	28	赣榆县	132.62	54	金湖县	72.98	80
富阳市	209.27	29	玉环县	132.10	55	武义县	66.46	81
沛　县	190.70	30	奉化市	127.98	56	仙居县	64.85	82
东阳市	187.23	31	新昌县	125.44	57	响水县	64.57	83
新沂市	184.90	32	德清县	123.17	58	浦江县	62.87	84
大丰市	180.77	33	泗洪县	120.84	59	缙云县	61.54	85
临海市	171.67	34	东海县	117.48	60	龙游县	60.98	86
扬中市	167.20	35	海盐县	115.59	61	青田县	60.42	87
苍南县	167.16	36	滨海县	115.58	62	三门县	60.26	88
金坛市	164.41	37	阜宁县	111.85	63	岱山县	52.44	89
长兴县	159.18	38	安吉县	110.13	64	嵊泗县	43.38	90
嵊州市	157.52	39	涟水县	106.39	65	常山县	43.13	91
仪征市	157.18	40	崇明县	104.90	66	龙泉市	38.13	92
平湖市	155.52	41	盱眙县	103.53	67	开化县	38.07	93
永康市	153.34	42	永嘉县	103.04	68	遂昌县	35.06	94
句容市	152.56	43	泗阳县	100.87	69	文成县	32.17	95
临安市	148.23	44	桐庐县	96.86	70	泰顺县	30.24	96
建湖县	147.91	45	建德市	95.33	71	洞头县	29.78	97
高邮市	145.40	46	兰溪市	84.87	72	松阳县	26.81	98
射阳县	139.49	47	江山市	82.47	73	磐安县	24.12	99
象山县	139.38	48	丰　县	78.52	74	庆元县	18.72	100
睢宁县	139.02	49	天台县	78.50	75	景宁自治县	18.06	101
平阳县	138.40	50	灌云县	78.19	76	云和县	17.81	102

五　长三角地区财政收入情况

一、长三角地区财政收入总体情况

2013 年长三角地区财政收入持续增加，达到了 14474.89 亿元。

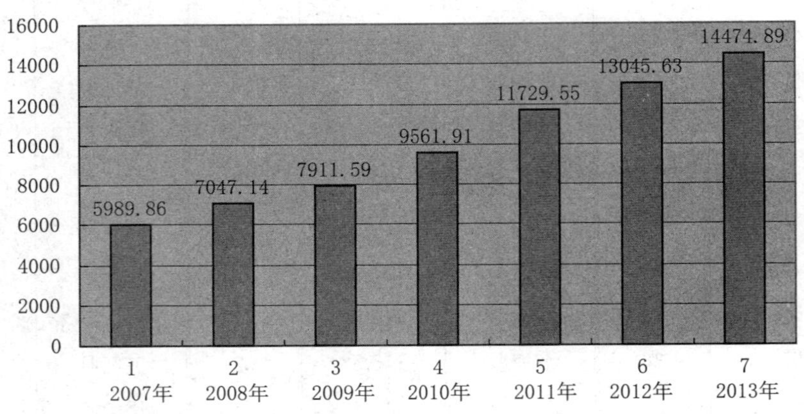

图 9　2007—2013 年长三角地区财政收入情况（单位：亿元）

二、上海市、江苏省和浙江省财政收入情况

2013 年，江苏省地方财政收入依旧增长迅速，以 6568.46 亿元位居第一，其次是上海市 4109.51 亿元，第三是浙江 3796.92 亿元。

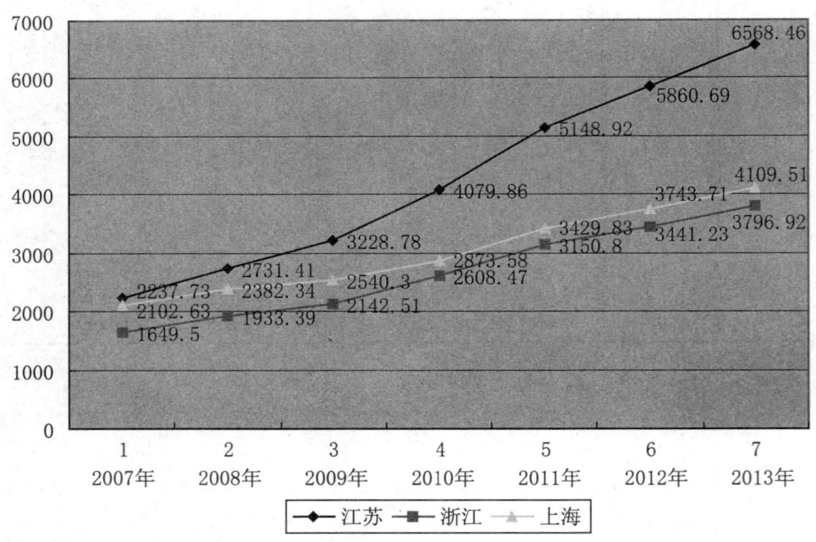

图 10　2007—2013 年上海市、江苏省和浙江省财政收入情况（单位：亿元）

三、长三角地区各省辖市财政收入情况

2013年长三角各地市财政收入均较上年有所增长，前五名排次未变，分别是苏州市（1331.03亿元）、杭州市（945.20亿元）、南京市（831.31亿元）、宁波市（792.81亿元）和无锡市（710.91亿元）。

表9　2013年长三角地区各省辖市财政收入情况（单位：亿元）

地区＼项目	总值	排名	地区＼项目	总值	排名
苏州市	1331.03	1	淮安市	271.42	13
杭州市	945.20	2	扬州市	259.26	14
南京市	831.31	3	镇江市	254.52	15
宁波市	792.81	4	泰州市	251.28	16
无锡市	710.91	5	台州市	247.73	17
南通市	485.88	6	金华市	242.47	18
徐州市	422.84	7	连云港市	233.30	19
常州市	408..88	8	宿迁市	185.12	20
盐城市	366.77	9	湖州市	154.66	21
温州市	323.98	10	舟山市	92.63	22
绍兴市	293.07	11	丽水市	73.70	23
嘉兴市	282.31	12	衢州市	72.75	24

四、长三角地区各县（市）财政收入情况

2013年长三角102个县（市），较上年减少5个县（市），大部分县（市）地方财政收入实现增长，前五名的次序未变，分别是昆山市、江阴市、张家港市、常熟市和太仓市，六至十名则是慈溪市、宜兴市、义乌市、海门市和丹阳市。

表10　2013年长三角地区各县（市）财政收入情况（单位：亿元）

地区＼项目	总值	排名	地区＼项目	总值	排名	地区＼项目	总值	排名
昆山市	243.52	1	海门市	61.67	9	海宁市	52.49	17
江阴市	182.28	2	丹阳市	60.42	10	东台市	52.46	18
张家港市	154.18	3	如皋市	60.13	11	乐清市	51.29	19
常熟市	138.58	4	余姚市	59.64	12	大丰市	50.07	20
太仓市	100.13	5	诸暨市	59.60	13	邳州市	48.88	21
慈溪市	92.05	6	启东市	58.54	14	海安县	46.63	22
宜兴市	86.61	7	沭阳县	58.16	15	富阳市	46.36	23
义乌市	63.31	8	靖江市	57.45	16	沛　县	46.01	24

（续表）

项目 地区	总值	排名	项目 地区	总值	排名	项目 地区	总值	排名
溧阳市	45.60	25	滨海县	29.07	51	兰溪市	18.13	77
桐乡市	45.53	26	嘉善县	29.00	52	建德市	17.31	78
瑞安市	44.74	27	仪征市	28.37	53	武义县	14.23	79
温岭市	43.85	28	玉环县	27.60	54	淳安县	12.55	80
平湖市	42.22	29	扬中市	27.15	55	浦江县	12.46	81
如东县	40.66	30	盱眙县	27.13	56	江山市	12.40	82
崇明县	40.60	31	奉化市	26.57	57	天台县	12.30	83
新沂市	39.62	32	泗阳县	26.29	58	青田县	11.91	84
长兴县	39.44	33	临安市	26.12	59	三门县	11.80	85
建湖县	38.42	34	金坛市	25.89	60	岱山县	10.59	86
泰兴市	38.20	35	涟水县	25.74	61	仙居县	9.30	87
东阳市	35.31	36	高邮市	25.44	62	龙游县	9.00	88
永康市	35.30	37	安吉县	24.70	63	缙云县	8.70	89
赣榆县	34.93	38	海盐县	24.61	64	常山县	6.51	90
兴化市	33.53	39	泗洪县	24.18	65	文成县	5.83	91
宁海县	33.14	40	响水县	23.98	66	泰顺县	5.62	92
东海县	32.78	41	宝应县	23.72	67	遂昌县	5.52	93
临海市	32.50	42	苍南县	23.65	68	龙泉市	5.45	94
睢宁县	31.92	43	嵊州市	22.73	69	嵊泗县	5.37	95
丰　县	31.22	44	新昌县	22.60	70	磐安县	5.20	96
德清县	30.97	45	射阳县	22.50	71	开化县	5.08	97
灌云县	30.88	46	桐庐县	22.14	72	景宁自治县	4.78	98
象山县	30.69	47	永嘉县	20.85	73	松阳县	3.91	99
灌南县	30.53	48	平阳县	20.36	74	洞头县	3.83	100
句容市	30.51	49	洪泽县	20.14	75	云和县	3.36	101
阜宁县	29.45	50	金湖县	18.27	76	庆元县	2.51	102

六　长三角地区城镇居民可支配收入情况

一、上海市、江苏省和浙江省城镇居民可支配收入情况

随着国民经济的稳定发展，长三角两省一市城镇居民可支配收入也连年递增，2013 年上海市城镇居民可支配收入达 43851 元排第一，较上年增长 9.11%；第二是浙江达 37851 元，较上年增长 9.55%；江苏第三为 32538 元，较上年增长 9.64%。

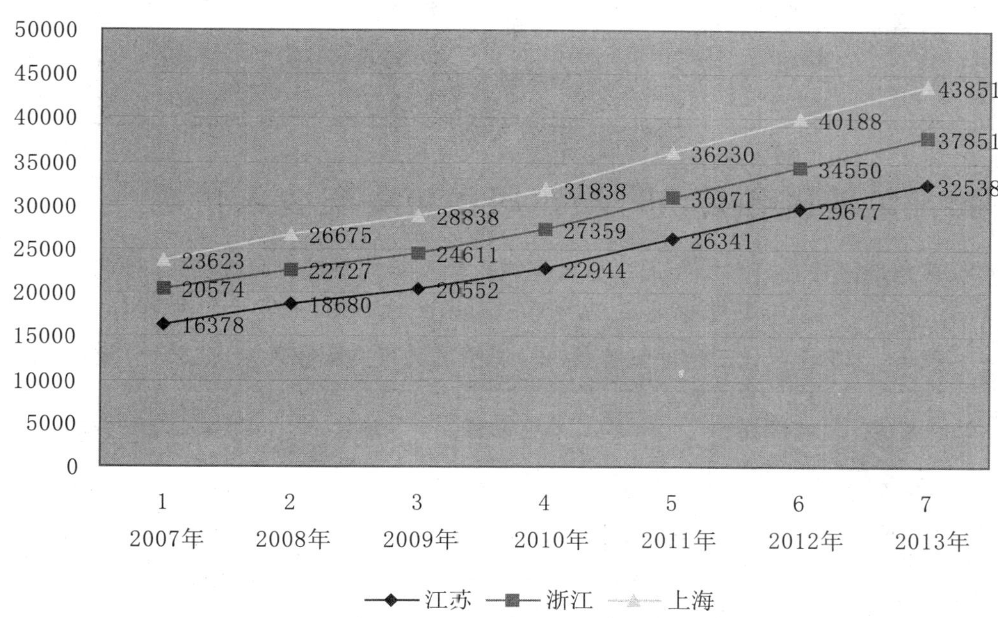

图 11　2007—2013 年上海市、江苏省和浙江省城镇居民可支配收入情况（单位：元）

二、长三角地区各省辖市城镇居民可支配收入情况

2013 年长三角 24 个地级市城镇居民可支配收入持续上升，前十名与上年排名相同，江苏省 3 个城市浙江 7 个城市，其中苏州市较上年上升 9.39%，宁波市较上年上升 9.50%，绍兴市较上年上升 9.6%，杭州市较上年上升 10.10%，嘉兴市较上年上升 9.5%。

表 11　2013 年长三角地区各省辖市城镇居民可支配收入情况（单位：元）

项目 地区	总值	排名	项目 地区	总值	排名
苏州市	42748	1	嘉兴市	39087	5
宁波市	41657	2	无锡市	38999	6
绍兴市	40454	3	南京市	38531	7
杭州市	39310	4	温州市	37852	8

（续表）

项目 地区	总值	排名	项目 地区	总值	排名
舟山市	37646	9	丽水市	29045	17
台州市	37038	10	衢州市	28883	18
常州市	36611	11	扬州市	28145	19
金华市	36423	12	盐城市	24119	20
湖州市	36220	13	徐州市	23770	21
镇江市	32977	14	淮安市	23107	22
南通市	31059	15	连云港市	22985	23
泰州市	29112	16	宿迁市	18846	24

三、长三角地区各县(市)城镇居民可支配收入情况

2013 年长三角地区各县(市)城镇居民可支配收入较上年均有较大幅度增长，排名前十的分别是：义乌市、玉环县、诸暨市、昆山市、张家港市、常熟市、江阴市、太仓市、瑞安市和海宁市。

表 12　2013 年长三角地区各县(市)城镇居民可支配收入情况(单位：元)

项目 地区	总值	排名	项目 地区	总值	排名	项目 地区	总值	排名
义乌市	48962	1	嘉善县	40082	18	东阳市	33350	35
玉环县	44081	2	宁海县	39942	19	嵊泗县	33173	36
诸暨市	43905	3	桐乡市	39884	20	丹阳市	33083	37
昆山市	43436	4	奉化市	39414	21	岱山县	32878	38
张家港市	43426	5	新昌县	37782	22	溧阳市	32804	39
常熟市	43161	6	温岭市	37647	23	句容市	32422	40
江阴市	43144	7	德清县	36796	24	海门市	32387	41
太仓市	43010	8	长兴县	36732	25	崇明县	31842	42
瑞安市	42302	9	扬中市	36599	26	建德市	31771	43
海宁市	41397	10	宜兴市	36412	27	靖江市	31597	44
海盐县	41262	11	富阳市	36385	28	苍南县	31498	45
平湖市	41260	12	永康市	35526	29	平阳县	31264	46
慈溪市	41254	13	安吉县	35286	30	龙泉市	30918	47
乐清市	41067	14	金坛市	34722	31	浦江县	30711	48
余姚市	40938	15	临安市	34320	32	天台县	30405	49
嵊州市	40585	16	临海市	34283	33	遂昌县	30370	50
象山县	40175	17	桐庐县	33597	34	青田县	30364	51

（续表）

地区＼项目	总值	排名	地区＼项目	总值	排名	地区＼项目	总值	排名
三门县	30324	52	兴化市	26461	69	赣榆县	21506	86
永嘉县	30116	53	东台市	26241	70	开化县	21414	87
缙云县	29879	54	景宁自治县	25332	71	射阳县	21291	88
启东市	29482	55	文成县	25320	72	沛　县	21073	89
海安县	29474	56	庆元县	25004	73	滨海县	21037	90
如东县	29445	57	高邮市	24711	74	宝应县	20773	91
仪征市	29057	58	大丰市	24707	75	灌南县	20479	92
泰兴市	28840	59	武义县	24530	76	阜宁县	20115	93
洞头县	28825	60	盱眙县	24409	77	响水县	20045	94
如皋市	28611	61	金湖县	24260	78	涟水县	19892	95
江山市	28074	62	泰顺县	24112	79	新沂市	19255	96
仙居县	27948	63	磐安县	24088	80	沭阳县	19091	97
云和县	27933	64	洪泽县	23889	81	泗阳县	18270	98
龙游县	27791	65	建湖县	23272	82	睢宁县	18009	99
淳安县	27612	66	常山县	23036	83	丰　县	17740	100
松阳县	26836	67	邳州市	22473	84	泗洪县	17655	101
兰溪市	26649	68	东海县	21719	85	灌云县	17617	102

七　长三角地区农村居民纯收入情况

一、上海市、江苏省和浙江省农村居民纯收入情况

2013 年长三角地区农村居民收入稳定增长，上海市农村居民纯收入达到 19208 元，较上年增长 10.38%；浙江省 16106 元，较上年增长 10.68%；江苏省 13598 元，较上年增长 11.44%。

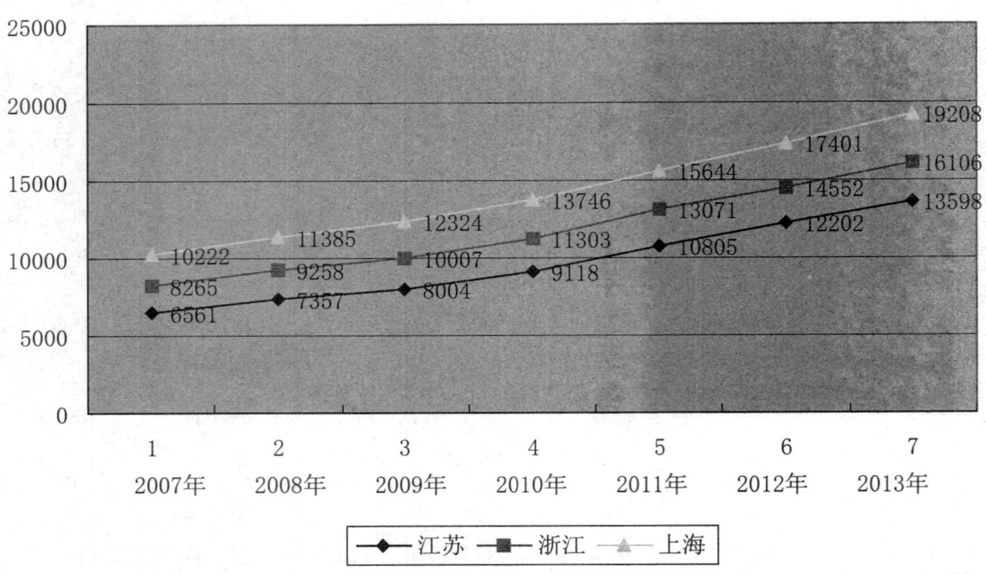

图 12　2007—2013 年上海市、江苏省和浙江省农村居民纯收入情况(单位:元)

二、长三角地区各省辖市农村居民纯收入情况

2013 年长三角 24 个地级市农村居民可支配收入稳定增长，排在前五位的分别是：苏州市(21578 元)较上年增长 11.25%，嘉兴市(20556 元)较上年增长 10.30%，无锡市(20587 元)较上年增长 11.23%，舟山市(20573 元)较上年增长 10.6%，宁波市(20534 亿元)较上年增长 11.14%。

表 13　2013 年长三角地区各省辖市农村居民纯收入情况(单位:元)

项目 地区	总值	排名	项目 地区	总值	排名
苏州市	21578	1	湖州市	19044	7
嘉兴市	20556	2	杭州市	18923	8
无锡市	20587	3	常州市	18643	9
舟山市	20573	4	南京市	16531	10
宁波市	20534	5	镇江市	16258	11
绍兴市	19618	6	温州市	16194	12

（续表）

地区＼项目	总值	排名	地区＼项目	总值	排名
台州市	16126	13	徐州市	12052	19
金华市	14788	14	衢州市	11924	20
南通市	14754	15	淮安市	11045	21
扬州市	14214	16	连云港市	10745	22
泰州市	13982	17	宿迁市	10703	23
盐城市	13344	18	丽水市	10024	24

三、长三角地区各县(市)农村居民纯收入情况

2013年长三角地区102个县(市)农村居民纯收入排在前十位的江苏省有5个，浙江省有5个，分别是：慈溪市、江阴市、昆山市、常熟市、张家港市、太仓市、海宁市、义乌市、诸暨市和岱山县。

表14 2013年长三角地区各县(市)农村居民纯收入情况(单位：元)

地区＼项目	总值	排名	地区＼项目	总值	排名	地区＼项目	总值	排名
慈溪市	22702	1	富阳市	19380	20	新昌县	16190	39
江阴市	21882	2	长兴县	19341	21	启东市	15766	40
昆山市	21793	3	乐清市	19094	22	临海市	15390	41
常熟市	21691	4	宜兴市	18783	23	靖江市	15347	42
张家港市	21689	5	扬中市	18644	24	东台市	15312	43
太仓市	21605	6	宁海县	18431	25	大丰市	15166	44
海宁市	21359	7	温岭市	18403	26	句容市	14824	45
义乌市	21273	8	象山县	18127	27	建德市	14495	46
诸暨市	21180	9	安吉县	17617	28	海安县	14119	47
岱山县	20726	10	临安市	17561	29	泰兴市	13993	48
海盐县	20683	11	瑞安市	17553	30	仪征市	13701	49
平湖市	20439	12	金坛市	17371	31	江山市	13538	50
嘉善县	20382	13	桐庐县	16986	32	如东县	13529	51
桐乡市	20298	14	溧阳市	16985	33	崇明县	13421	52
玉环县	20229	15	丹阳市	16983	34	洞头县	13412	53
余姚市	19864	16	海门市	16920	35	高邮市	13248	54
嵊泗县	19740	17	东阳市	16634	36	兴化市	13247	55
德清县	19570	18	嵊州市	16522	37	建湖县	13156	56
奉化市	19442	19	永康市	16243	38	射阳县	13121	57

（续表）

项目 地区	总值	排名	项目 地区	总值	排名	项目 地区	总值	排名
宝应县	13093	58	仙居县	11632	73	淳安县	10531	88
平阳县	13045	59	赣榆县	11564	74	龙泉市	10368	89
如皋市	13004	60	常山县	11542	75	青田县	10352	90
苍南县	12737	61	盱眙县	11255	76	涟水县	10333	91
沛　县	12725	62	东海县	11118	77	缙云县	10302	92
永嘉县	12704	63	响水县	11084	78	遂昌县	10224	93
三门县	12698	64	新沂市	10979	79	灌云县	10016	94
邳州市	12635	65	丰　县	10957	80	云和县	9704	95
龙游县	12584	66	兰溪市	10882	81	灌南县	9488	96
天台县	12546	67	武义县	10872	82	景宁自治县	9466	97
浦江县	12389	68	沭阳县	10799	83	文成县	9402	98
洪泽县	12160	69	泗阳县	10765	84	松阳县	9325	99
金湖县	11931	70	睢宁县	10686	85	泰顺县	9158	100
阜宁县	11853	71	开化县	10594	86	庆元县	9145	101
滨海县	11702	72	泗洪县	10540	87	磐安县	9013	102

第二章　上海市2013年经济社会发展报告

2013年，在党中央、国务院和中共上海市委、上海市人民政府的坚强领导下，全市认真贯彻落实党的十八大精神，牢牢把握稳中求进工作总基调，紧紧围绕创新驱动发展、经济转型升级，全力推进稳增长、调结构、促改革、惠民生各项重点工作，国民经济运行稳中有进，各项社会事业全面进步，民生保障持续改善。

一　上海市2013年经济发展概况

（一）综合经济

1. 经济总量

上海市全年实现地区生产总值（GDP）21602.12亿元，按可比价格计算，比上年增长7.7%。其中，第一产业增加值129.28亿元，下降2.9%；第二产业增加值8027.77亿元，增长6.1%；第三产业增加值13445.07亿元，增长8.8%。第三产业增加值占上海市生产总值的比重达到62.2%，比上年提高1.8个百分点。三次产业结构调整为0.6∶37.2∶62.2。按常住人口计算的上海市人均生产总值为9.01万元。

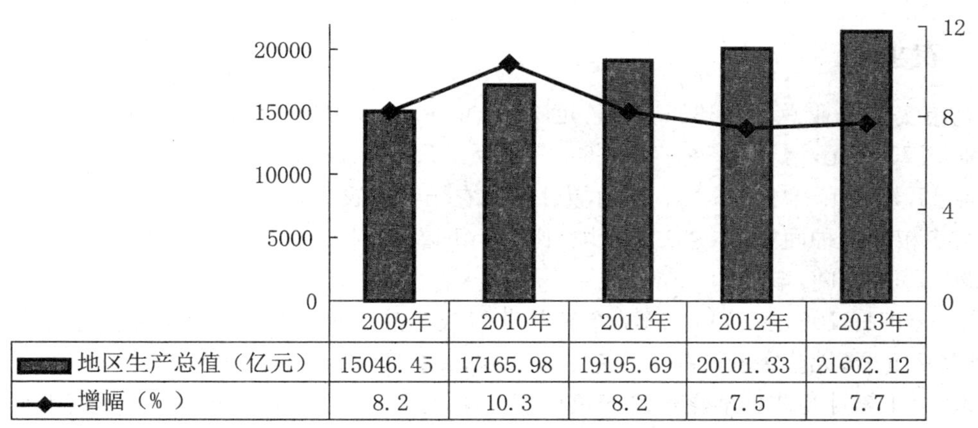

	2009年	2010年	2011年	2012年	2013年
地区生产总值（亿元）	15046.45	17165.98	19195.69	20101.33	21602.12
增幅（%）	8.2	10.3	8.2	7.5	7.7

图1　2009—2013年上海市生产总值及增长速度

2. 财政收支

全年地方财政收入4109.51亿元，比上年增长9.8%。地方财政支出4528.61亿元，增长8.2%。营业税改征增值税试点以来，试点企业累计达19.5万户，累计减税超过400亿元。

3. 物价指数

全年居民消费价格指数为102.3，其中食品类价格指数为104.4。固定资产投资价格指数为100.2。工业生产者出厂价格指数为98.2，工业生产者购进价格指数为96.5。

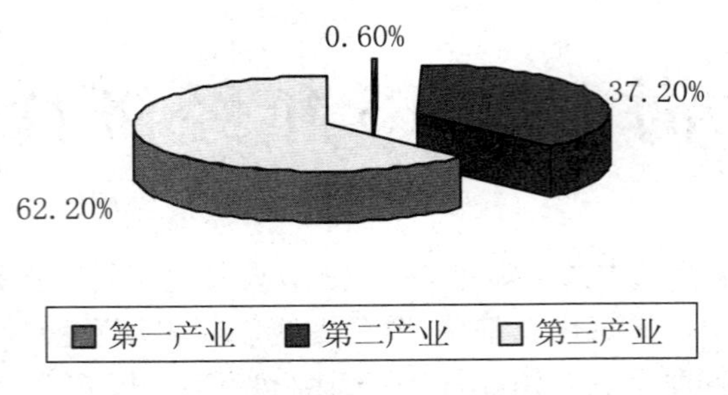

图2　2013年上海市三次产业结构图

全年新建住宅销售价格指数为111.8，其中商品住宅价格指数为114.2。全年住宅租赁价格指数为105.2。

4. 固定资产投资

全年完成全社会固定资产投资总额5647.79亿元，比上年增长7.5%。其中，第三产业投资占全社会固定资产投资总额的比重为77.7%；非国有经济投资占全社会固定资产投资总额的比重为65.9%。

5. 自由贸易区建设

建立中国上海自由贸易试验区是国家在新形势下推进改革开放的重大举措，也是上海推进创新驱动发展的重大机遇。在国家相关部委共同推动下，政府全力以赴做好筹备工作，贯彻落实国务院批准的总体方案。至年末，区内新设立企业3633户。其中，内资企业3405户，注册资本685.86亿元；外商投资企业228户，注册资本9.8亿美元。

（二）农业

全年全市实现农业总产值325.37亿元，比上年下降2.8%。其中，种植业174.56亿元，下降2.6%；林业9.71亿元，增长4.7%；牧业67.65亿元，下降8.5%；渔业61.55亿元，增长0.2%；农林牧渔服务业11.9亿元，增长9.2%。上海域外市属农场实现农业总产值18.81亿元，增长13.8%。

全年全市粮食播种面积168.51千公顷，比上年下降10.2%；粮食产量114.15万吨，下降6.7%；水产品产量27.59万吨，增长1.4%。

至年末，全市有1069家企业、4797个产品获得农产品质量认证。其中，绿色食品生产企业151家，绿色食品215个；无公害农产品生产企业911家，无公害农产品4557个。

至年末，全市累计建成标准化畜禽养殖场320家，标准化水产养殖场217家；累计建成设施粮田面积86.5千公顷，市级以上蔬菜标准园107家，面积3.08千公顷。至年末，全市有农业产业化龙头企业288家，农民专业合作社3200家，经农业主管部门认定的家庭农场1893个。

（三）工业和建筑业

全年实现工业增加值7236.69亿元，比上年增长6.3%。其中规模以上工业增加值6769.64亿元，增长6.6%。全年完成工业总产值33899.38亿元，增长4.3%，其中规模以上工业总产值32088.88亿元，增长4.4%。

全年节能环保、新一代信息技术、生物医药、高端装备、新能源、新材料和新能源汽车等战略性新兴产业制造业完成工业总产值7743.53亿元，比上年增长1.4%。

全年6个重点行业完成工业总产值21585.91亿元,比上年增长4.5%,占全市规模以上工业总产值的比重为67.3%。

全年规模以上工业产品销售率达到99.1%。全年汽车产量226.89万辆,比上年增长15.5%;原油加工量2609.17万吨,增长18.2%;电力电缆154.8万千米,增长46.2%。

全年规模以上工业企业实现利润总额2415.2亿元,比上年增长13.1%;实现税金总额1815.94亿元,增长11%。规模以上工业企业亏损面为22.8%。

全年实现建筑业总产值5102.84亿元,比上年增长11.8%;房屋建筑施工面积29148.65万平方米,增长7.7%;竣工面积6274.25万平方米,增长20.7%。建筑企业按总产值计算的全员劳动生产率达到41.73万元/人,比上年提高4.4%。

(四)服务业

1. 国内贸易

全年实现批发和零售业增加值3533.1亿元,比上年增长7.1%。全年实现商品销售总额6.05万亿元,比上年增长12.5%,其中批发销售额5.33万亿元,增长12.9%。全年实现社会消费品零售总额8019.05亿元,比上年增长8.6%,其中限额以上消费品零售额5885.89亿元,增长6.4%。在限额以上零售企业中,网上商店实现零售额465.38亿元,增长52.4%。

至年末,全市购物中心数达116家,其中建筑面积10万平方米以上的购物中心56家。全年购物中心实现营业收入985.45亿元,比上年增长13.8%。

2. 交通运输和邮电

全年实现交通运输、仓储和邮政业增加值935.06亿元,比上年增长1%。全年现代航运服务业实现营业收入6321.85亿元,比上年增长2.9%。

全年各种运输方式完成货物运输量91535.07万吨,比上年下降3%。旅客发送量15932.52万人次,增长9.5%。

全年上海港口货物吞吐量达到77574.57万吨,比上年增长5.5%;集装箱吞吐量3361.68万国际标准箱,增长3.3%。集装箱水水中转比例为45.4%,比上年提高2.6个百分点;国际中转比例为7%,提高1.5个百分点。上海浦东、虹桥两大国际机场全年共起降航班61.51万架次,增长3.1%;进出港旅客达到8279.18万人次,增长5.2%。其中,国内航线进出港旅客5681.04万人次,增长3.9%;国际及地区航线进出港旅客2598.14万人次,增长8.1%。全年上海港接待邮轮靠泊197艘次,其中以上海为母港的邮轮167艘次。邮轮旅客吞吐量75.66万人次,比上年增长1.2倍。

年内轨道交通11号线二期和12号线、16号线部分区段投入运营。至年末,全市轨道交通运营线路达到15条,运营线路长度达到538.31公里(不含磁浮线路)。全年优化调整公交线路307条,其中新辟94条。至年末,公交专用道路达到161.8公里。公交运营车辆1.67万辆,运营出租车5.06万辆。全年市内公共交通客运量63.57亿人次,比上年增长2.1%。其中,轨道交通客运量25.06亿人次,增长10.1%;公共汽电车客运量27.1亿人次,下降3.3%。日均公交优惠换乘和老年人免费乘车分别达到253.06万人次和66.57万人次。

至年末,全市拥有各类民用汽车235.1万辆,比上年增长10.4%,其中私人汽车163.38万辆,增长15.6%。

全年完成邮政业务总量258.7亿元,比上年增长35.5%;电信业务总量487.39亿元,增长9%。至年末,全市固定电话用户869.24万户,其中住宅电话512.28万户。移动电话用户3200.65万户,比上年末增加192.35万户,其中第三代移动通信技术(3G)用户1147.4万户,增加399.25万户。

3. 旅游业

全年实现旅游产业增加值1400.8亿元，比上年下降7.3%。至年末，全市已有星级宾馆271家，旅行社1302家，A级旅游景区（点）88个，红色旅游基地34个。

全年接待国际旅游入境者757.4万人次，比上年下降5.4%。其中，入境外国人597.59万人次，下降5.6%；港、澳、台同胞159.81万人次，下降4.5%。在国际旅游入境者中，过夜旅游者614.09万人次，下降5.7%。全年接待国内旅游者25990.68万人次，增长3.6%，其中外省市来沪旅游者11368.66万人次，下降1.1%。全年入境旅游外汇收入53.37亿美元，下降4.4%；国内旅游收入2968亿元，下降8%。

4. 金融、证券和保险

全年实现金融业增加值2823.29亿元，比上年增长13.7%。

全年新增各类金融单位116家。其中，货币金融服务单位54家；资本市场服务单位59家。至年末，全市各类金融单位达到1240家。其中，货币金融服务单位564家；资本市场服务单位252家；保险业单位347家。至年末，在沪经营性外资金融单位达到215家，外资金融机构代表处198家。

至年末，全市中外资金融机构本外币各项存款余额69256.32亿元，比年初增加5474.25亿元；贷款余额44357.88亿元，比年初增加3297.46亿元。

全年通过上海证券市场股票筹资2515.72亿元，比上年下降13%；发行公司债3130.42亿元，增长58.6%。至年末，上海证券市场上市证券2786只，比上年增加688只，其中股票997只，减少1只。全年金融市场（不含外汇市场）交易总额达到588.87万亿元，增长20.9%。上海证券交易所各类有价证券总成交金额86.51万亿元，增长58%，其中股票成交金额23.03万亿元，增长39.9%。上海期货交易所总成交金额120.83万亿元，增长35.5%。中国金融期货交易所总成交金额141.01万亿元，增长85.9%。全国银行间货币和债券市场总成交金额235.3万亿元，下降10.7%。上海黄金交易所总成交金额5.22万亿元，增长48%。

全年原保险保费收入821.43亿元，比上年增长0.1%。其中，财产险公司原保险保费收入304.83亿元，增长12.2%；寿险公司原保险保费收入516.6亿元，下降5.9%。全年保险赔付支出301.95亿元，增长18.1%。其中，财产险赔款支出162.33亿元，增长17.1%；寿险给付103.17亿元，增长17.3%；健康险赔款给付31.82亿元，增长26.6%；意外险赔款支出4.63亿元，增长14.8%。

5. 房地产业

全年完成房地产开发投资2819.59亿元，比上年增长18.4%。其中，住宅投资1615.51亿元，增长11.3%；办公楼投资377.18亿元，增长43.5%；商业营业用房投资370.03亿元，增长26%。商品房施工面积13516.58万平方米，增长2%。竣工面积2254.44万平方米，下降2.2%。商品房销售面积2382.2万平方米，增长25.5%，其中商品住宅销售面积2015.81万平方米，增长26.6%。全年商品房销售额3911.57亿元，增长46.5%，其中商品住宅销售额3264.03亿元，增长47.8%。全年存量房买卖登记面积2575.7万平方米，增长78%。

6. 城市信息化

全年实现信息产业增加值2216.09亿元，比上年增长10.8%，其中信息服务业增加值1387.88亿元，增长15.1%。

至年末，已建成700处宏基站和300处室内分布系统，覆盖中心城区190平方公里；光纤到户能力覆盖家庭数达803万户，比上年末增加123万户；实际光纤用户达360万户，增加110万户；下一代广播电视网（NGB）覆盖家庭536万户，增加126万户；城市公共区域WLAN接入热点累计达2.2万

处，增加5000处；国际、国内互联网出口带宽分别达650Gbps和3500Gbps；各类互联网数据中心(IDC)机架总量达3.4万个，增加4000个；数字电视用户达525万户，增加160万户；交互式网络电视(IPTV)用户达195万户，增加17万户。

全年软件产业实现经营收入2464.9亿元，电信传输服务业700.01亿元，互联网信息服务业835.72亿元。累计有248家企业获得计算机信息系统资质认证，其中1级12家。新增认定软件企业493家，登记软件产品4453个。信息服务业上市企业47家。经营收入超亿元软件企业381家。

全年完成电子商务交易额10560亿元，比上年增长35.1%。其中，B2B交易额8632亿元，增长28.6%，占电子商务交易额的81.7%；B2C交易额1928亿元，增长74.5%，占18.3%。口岸税费电子支付系统入网企业累计44884家，全年电子单证传输量18262.36万张，实现电子支付金额11450亿元，增长15%。全年推广电子账单75万份。发送法人数字证书"一证通"61.9万张；发放社会保障卡58.79万张，累计发卡1364.08万张；中国上海门户网站首页浏览量2261万次，总页面浏览量56000万次。社会公共服务领域信息化建设不断深化。

至年末，数字证书累计发放394.5万张。公共信用信息服务平台面向政府部门和信息主体开通试运行。至年末，公共信用信息服务平台已纳入54家单位的信息，归集信息事项1014个，可提供查询数据2.2亿条。

（五）开放型经济

1. 对外贸易

全年上海关区进出口总额8121.37亿美元，比上年增长1.4%。其中，进口3130.08亿美元，增长0.9%；出口4991.29亿美元，增长1.6%。

全年上海市进出口总额4413.98亿美元，比上年增长1.1%。其中，进口2371.54亿美元，增长3.1%；出口2042.44亿美元，下降1.2%。按市场分，对欧盟进口553.92亿美元，增长8.4%；出口362.63亿美元，下降7.4%；对美国进口227.34亿美元，增长13.6%；出口506.5亿美元，增长1%；对日本进口301.7亿美元，下降6.7%；出口249.09亿美元，下降0.2%。

2013年上海市进出口总额及其增长速度

指 标	绝对值(亿美元)	比上年增长(%)
上海市进出口总额	4413.98	1.1
上海市进口总额	2371.54	3.1
#国有企业	412.02	−9.6
外商投资企业	1518.81	0.4
私营企业	350.93	16.8
#一般贸易	1199.30	14.0
加工贸易	348.27	−6.4
#机电产品	1283.36	−1.0
#高新技术产品	792.40	−3.9
上海市出口总额	2042.44	−1.2

（续表）

指 标	绝对值(亿美元)	比上年增长(%)
#国有企业	296.98	-8.6
外商投资企业	1367.75	-1.4
私营企业	361.31	6.4
#一般贸易	817.25	3.5
加工贸易	943.80	-7.0
#机电产品	1433.95	-1.4
#高新技术产品	887.13	-2.2

2. 对外合作

全年新设外商直接投资合同项目3842项，比上年下降5%；合同金额249.36亿美元，增长11.6%；实际到位金额167.8亿美元，增长10.5%。全年第三产业实际到位金额135.67亿美元，增长7%，占全市实际利用外资的比重达到80.9%。至年末，在上海投资的国家和地区达157个。年内新增跨国公司地区总部42家，其中亚太区总部11家；投资性公司18家；外资研发中心15家。至年末，在上海落户的跨国公司地区总部达到445家，投资性公司283家，外资研发中心366家。

全年新批对外投资项目347项，比上年增长39.4%；投资总额43.1亿美元，增长32.8%。签订对外承包工程合同金额108.16亿美元，增长4.9%；实际完成营业额80.69亿美元，增长18.5%；派出人员4337人次，增长24.7%。对外劳务合作派出人员13695人次，下降22.9%。至年末，上海对外承包工程和劳务合作涉及的国家和地区达178个。

3. 浦东改革开放

全年浦东新区实现增加值6448.68亿元，比上年增长9.7%。全年全区引进跨国公司地区总部21家，累计达214家。年内引进监管类金融机构57家、股权投资及管理企业324家、融资租赁公司82家和金融专业服务机构121家。

张江国家自主创新示范区建设加快推进。全年向张江高新区下放13类20项行政审批权限。金桥出口加工区升级为国家级经济技术开发区，全年生产性服务业营业收入达到2347.64亿元，比上年增长14.1%。

4. 民营经济

在上海市生产总值中，公有制经济增加值10595.36亿元，比上年增长6.9%；非公有制经济增加值11006.76亿元，增长8.4%，其中私营及个体经济增加值5244.17亿元，增长7.8%。非公有制经济增加值占上海市生产总值的比重由上年的50.7%提高到51%。

二　上海市2013年社会发展概况

（一）人口、人民生活

至年末，全市常住人口总数为2415.15万人。其中户籍常住人口1425.14万人；外来常住人口

990.01 万人。全年常住人口出生 19.62 万人，出生率为 8.18‰；死亡 12.57 万人，死亡率为 5.24‰；常住人口自然增长率为 2.94‰。全年户籍常住人口出生 10.52 万人，出生率为 7.39‰；死亡 11.65 万人，死亡率为 8.19‰；户籍常住人口自然增长率为－0.8‰。全市户籍人口平均期望寿命达到 82.47 岁。其中，男性 80.19 岁；女性 84.79 岁。

据抽样调查，全年城市居民家庭人均可支配收入 43851 元，比上年增长 9.1%，扣除价格因素，实际增长 6.6%；农村居民家庭人均可支配收入 19208 元，增长 10.4%，扣除价格因素，实际增长 7.9%。城市居民家庭人均消费支出 28155 元，增长 7.2%；农村居民家庭人均生活消费支出 13425 元，增长 11%。

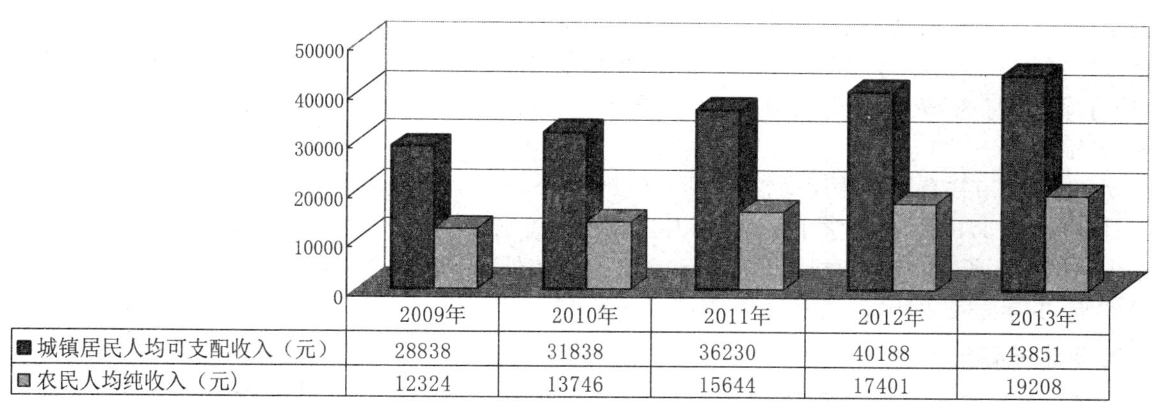

	2009年	2010年	2011年	2012年	2013年
■城镇居民人均可支配收入（元）	28838	31838	36230	40188	43851
■农民人均纯收入（元）	12324	13746	15644	17401	19208

图 3　2009—2013 年上海市城市和农村居民家庭人均可支配收入对比

全年新建筹措保障性住房和实施旧住房综合改造 11 万套，共 785 万平方米；供应各类保障性住房 10.3 万套，共 783 万平方米。完成大型居住社区外围市政配套项目 40 个，拆除中心城区二级旧里以下房屋 74.6 万平方米。至年末，城镇居民人均住房建筑面积 34.4 平方米，折合人均住房居住面积 17.5 平方米。居民住宅成套率达到 96.4%。

（二）就业与社会保障

全年新增就业岗位 60.05 万个，其中农村富余劳动力实现非农就业 11.15 万个。全年新安置就业困难人员 17550 人，新消除零就业家庭 375 户。全年帮助成功创业人数 10788 人，帮助 7051 名长期失业青年实现就业。高技能人才占技能劳动者比例达到 28.1%。累计有 498 人和 442 人分别入选国家和上海“千人计划”。全年共完成职业培训 59.67 万人，其中农民工 29.52 万人。至年末，全市城镇登记失业人员 26.37 万人，城镇登记失业率为 4.2%。

至年末，全市共有 1342.98 万人（包括离退休人员）参加城镇职工基本养老保险，有 71.52 万人参加新型农村社会养老保险，有 8.47 万人参加城镇居民社会养老保险。城镇最低生活保障标准从上年的每人每月 570 元提高到 640 元，农村最低生活保障标准从每人每年 5160 元提高到 6000 元。月最低工资标准从 1450 元提高到 1620 元，小时最低工资标准从 12.5 元提高到 14 元。

至年末，全市共有 1325.5 万人（包括离退休人员）参加城镇职工基本医疗保险，城镇居民基本医疗保险参保人数（含普通高等院校学生）达 256.4 万人。

至年末，全市民政部门共有各类提供住宿的收养性社会服务机构 637 个，床位 11.2 万张，其中养老机构 631 家，床位 10.84 万张；收养各类人员 7.5 万人。在全市养老机构中，由社会投资开办的有 314 家，床位 5.4 万张。至年末，全市有社区居家养老服务社 230 家，社区老年人日间服务中心 340

家，社区老年人助餐服务点533个，服务老年人28.2万人。

全年各级政府支出城镇居民最低生活保障金12.88亿元、农村居民最低生活保障金1.27亿元、粮油帮困资金0.59亿元、医疗救助金1.63亿元。全年向城乡低收入困难群众发放临时救助金7.74亿元；发放一次性防暑降温补贴0.4亿元。年内新办福利企业24家，新安置765名残疾人就业。

（三）教育与科技创新

1. 教育

至年末，全市共有普通高等学校(含独立学院)68所，普通中等学校852所，普通小学759所，特殊教育学校29所。普通高等学校、普通中等学校和特殊教育学校毕业生数均有所下降，普通小学毕业生数有所增长。全市共有59家机构培养研究生，全年招收研究生4.62万人，在校研究生13.48万人，毕业研究生3.57万人。九年义务教育入学率保持在99.9%以上，高中阶段新生入学率达96.6%。

至年末，全市共有民办普通高校21所，在校学生8.83万人；民办普通中学103所，在校学生7.52万人；民办小学178所，在校学生16.7万人。全市共有成人中高等学历教育学校45所，成人职业技术培训机构725所，老年教育机构284所。全市共有校外教育机构21所。其中，少年宫15所；少年科技站5所；少年之家1所。

2. 科技创新

全年用于研究与试验发展(R&D)经费支出737亿元，相当于上海市生产总值的比例为3.4%。

全年受理专利申请量86450件，比上年增长4.6%，其中发明专利39157件，增长5.4%。全年专利授权量48680件，下降5.5%，其中发明专利10644件，下降6.5%。全市国家级创新型企业达到15家，国家级创新型试点企业19家，市级创新型企业达到500家。科技小巨人企业和小巨人培育企业共1014家，高新技术企业5140家，技术先进型服务企业298家。年内全市认定和复审高新技术企业1446家。年内认定高新技术成果转化项目709项，其中电子信息、生物医药、新材料等重点领域项目占86.3%。至年末，共认定高新技术成果转化项目9254项。全年经认定登记的各类技术交易合同2.63万件，下降6.1%；合同金额620.87亿元，增长5.5%。

（四）文化、卫生与体育

1. 文化

年内成功举办第三十届“上海之春”国际音乐节、第十五届中国上海国际艺术节、第十六届上海国际电影节、第九届中国国际动漫游戏博览会等重大文化活动；成功举办首届市民文化节，市民参与人数达到2900万人次。实施公共文化服务人员3年万人培训计划，年内培训2600人次。至年末，全市有市、区(县)级文化馆、群众艺术馆27个，艺术表演团体189个，市、区(县)级公共图书馆25个，档案馆37个，博物馆115个。全市共有公共广播节目21套，公共电视节目25套。有线电视用户681.8万户，有线数字电视用户518.6万户。全年生产电视剧53部，共1925集；动画电视7158.5分钟。全年共出版报纸13.16亿份、各类期刊1.62亿册、图书3.37亿册。摄制完成27部故事片。

2. 卫生

至年末，全市共有医疗卫生机构4929所，专业卫生技术人员15.64万人。全年全市医疗机构共完成诊疗人数2.41亿人次。全市婴儿死亡率为5.73‰，孕产妇死亡率为7.08/10万人。

3. 体育

年内成功举办57次国际级比赛和76次国家级比赛。在第十二届全国运动会上，上海代表团共获129.5枚奖牌，其中45枚金牌、48枚银牌、36.5枚铜牌。年内创办市民体育大联赛，共举办10个大项赛事2669场，参赛市民达128.07万人次。开展“30分钟体育生活圈”建设试点，新建71条健身步道、28个百姓健身房和8家百姓游泳池。

（五）城市基础建设

全年完成城市基础设施建设投资1043.31亿元，比上年增长0.5%。其中，交通运输邮电通信投资550.42亿元；市政建设投资334.97亿元；公用事业投资47.57亿元。全市高速公路网通车里程达到815公里。

全市自来水日供水能力1124万立方米，比上年下降1.8%。全年全市用电量1410.6亿千瓦时，增长4.2%。至年末，全市家庭人工煤气用户43.4万户，家庭液化气用户330.5万户，家庭天然气用户达到560.3万户。

（六）环境保护和绿地建设

全年全社会用于环境保护的资金投入607.88亿元，相当于上海市生产总值的比例为2.8%。全年环境空气质量优良率(AQI)为66%。二氧化硫年日均值24微克/立方米，比上年上升4.3%；二氧化氮年日均值48微克/立方米，上升4.3%；可吸入颗粒物(PM10)年日均值82微克/立方米，上升15.5%；一氧化碳年日均值0.85毫克/立方米，下降3.4%；细颗粒物(PM2.5)年日均值62微克/立方米；臭氧日最大8小时滑动平均值达标率89%。全市平均区域降尘量5.8吨/平方公里·月，与上年基本持平。污水处理能力达到784.3万立方米/日。全年清运生活垃圾736万吨，生活垃圾无害化处理率达到94%，比上年提高2.6个百分点；年内新增7016个垃圾分类收集处置试点场所，实现生活垃圾分类居住区覆盖家庭205万户。

全年新建绿地1050公顷，其中公共绿地519公顷。至年末，建成区绿化覆盖率达到38.4%。全年新增造林面积927公顷，森林覆盖率达到13.1%。

（七）城市运行安全和生产安全

全年食品安全行政处罚案件12395起。食品安全风险监测24大类12320件食品，监测208795项次，总体合格率达到94.5%，年食品抽检数达到10件/千人。全年共报告发生集体性食物中毒事故8起，中毒人数184人(无死亡)，中毒发生率为0.77/10万人。

全年共发生道路交通、工矿商贸、火灾、铁路交通、农业机械生产安全事故11882起，造成死亡1224人。其中，工矿商贸生产安全事故264起，造成死亡236人；道路交通事故2011起，造成死亡914人；火灾事故9587起，造成死亡73人；铁路交通事故1起，造成死亡1人；农业机械事故19起，未发生死亡事故。全年亿元生产总值生产安全事故死亡人数为0.057人。

三　上海市在长三角地区经济发展中的地位

上海市是中国最著名的工商业城市和国际都会，是全国最大的综合性工业城市，亦为中国的经济、交通、科技、工业、金融、贸易、会展和航运中心。上海港货物吞吐量和集装箱吞吐量均居世界第一，是一个良好的滨江滨海国际性港口。正在向现代化国际大都市目标迈进的上海，肩负着面向世界、服务全国、联动"长三角"的重任。2013 年，上海在推进转型发展过程中呈现出新的特点，标志着上海转变发展方式已率先突破，城市功能提升、自主创新能力、和谐社会建设也加快推进。

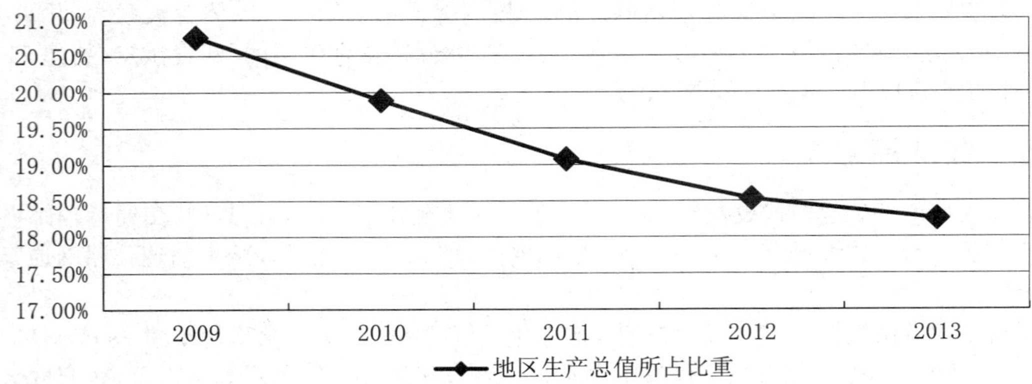

图 4　2009—2013 年上海市地区生产总值在长三角所占比重的变化趋势

2009—2013 年上海市地区生产总值所占比重分别为：20.76%、19.89%、19.08%、18.53%和 18.26%，呈现逐年减少的态势。5 年间，占比累计减少了 2.5 个百分点，减少趋势明显，情势有待改善。在长三角两省一市中排名为第 3 位。

上海市全年实现地区生产总值(GDP)21602.12 亿元，按可比价格计算，比上年增长 7.7%。其中，第一产业增加值 129.28 亿元，下降 2.9%；第二产业增加值 8027.77 亿元，增长 6.1%；第三产业增加值 13445.07 亿元，增长 8.8%。第三产业增加值占上海市生产总值的比重达到 62.2%，比上年提高 1.8 个百分点。按常住人口计算的上海市人均生产总值为 9.01 万元。

在上海市生产总值中，公有制经济增加值 10595.36 亿元，比上年增长 6.9%；非公有制经济增加值 11006.76 亿元，增长 8.4%，其中私营及个体经济增加值 5244.17 亿元，增长 7.8%。非公有制经济增加值占上海市生产总值的比重由上年的 50.7%提高到 51%。

全年战略性新兴产业增加值 2997.5 亿元，比上年增长 7%，占上海市生产总值的比重为 13.9%。其中，制造业增加值 1511.14 亿元，增长 4%；服务业增加值 1486.36 亿元，增长 10.3%。

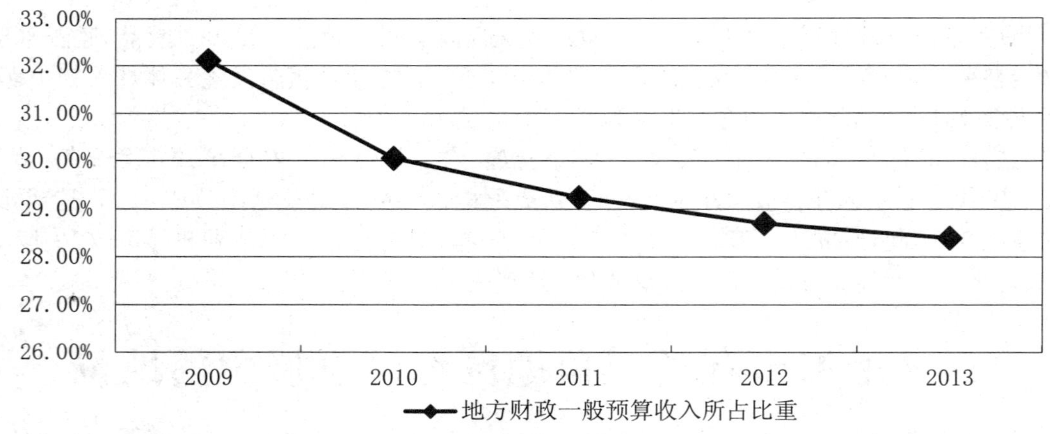

图 5　2009—2013 年上海市地方财政一般预算收入在长三角所占比重的变化趋势

2009—2013 年上海市地方财政一般预算收入在长三角所占比重为：32.11%、30.05%、29.24%、28.70%和 28.39%，减少趋势明显，累计降幅高达 3.72 个百分点，下降趋势有待改善。在长三角两省一市中排名与上年一致，均为第 2 位。

2013 年，上海市全年地方财政收入 4109.51 亿元，比上年增长 9.8%。地方财政支出 4528.61 亿元，增长 8.2%(见表 2)。营业税改征增值税试点以来，试点企业累计达 19.5 万户，累计减税超过 400 亿元。

全年完成全社会固定资产投资总额 5647.79 亿元，比上年增长 7.5%。其中，第三产业投资占全社会固定资产投资总额的比重为 77.7%；非国有经济投资占全社会固定资产投资总额的比重为 65.9%。

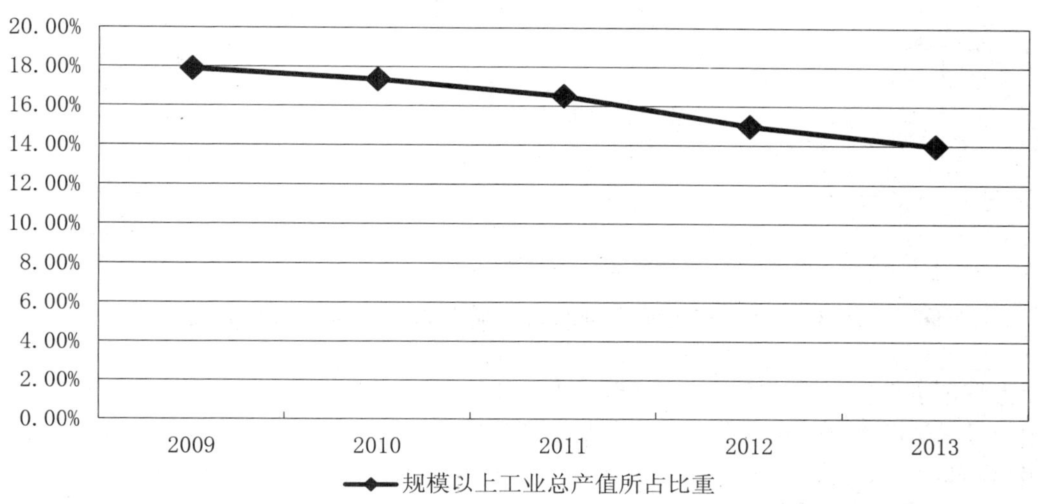

图 6 2009—2013 年上海市规模以上工业总产值在长三角所占比重的变化趋势

2009—2013 年上海市规模以上工业总产值在长三角的占比分别为：17.89%、17.35%、16.51%、14.96%和 13.97%，5 年间已累计减少了 3.92 个百分点。在长三角两省一市中排名为第 3 位。

2013 年，上海市全年实现工业增加值 7236.69 亿元，比上年增长 6.3%。其中规模以上工业增加值 6769.64 亿元，增长 6.6%。全年完成工业总产值 33899.38 亿元，增长 4.3%，其中规模以上工业总产值 32088.88 亿元，增长 4.4%。

全年节能环保、新一代信息技术、生物医药、高端装备、新能源、新材料和新能源汽车等战略性新兴产业制造业完成工业总产值 7743.53 亿元，比上年增长 1.4%。全年六个重点行业完成工业总产值 21585.91 亿元，比上年增长 4.5%，占全市规模以上工业总产值的比重为 67.3%。

全年规模以上工业产品销售率达到 99.1%。全年汽车产量 226.89 万辆，比上年增长 15.5%；原油加工量 2609.17 万吨，增长 18.2%；电力电缆 154.8 万千米，增长 46.2%。

全年规模以上工业企业实现利润总额 2415.2 亿元，比上年增长 13.1%；实现税金总额 1815.94 亿元，增长 11%。规模以上工业企业亏损面为 22.8%。

全年实现建筑业总产值 5102.84 亿元，比上年增长 11.8%；房屋建筑施工面积 29148.65 万平方米，增长 7.7%；竣工面积 6274.25 万平方米，增长 20.7%。建筑企业按总产值计算的全员劳动生产率达到 41.73 万元/人，比上年提高 4.4%。

2009—2013 年上海市进出口总额在长三角的占比分别为：34.53%、33.90%、33.86%、33.67%和

33.24%，近五年总体呈下降趋势，累计下降1.29个百分点。在长三角两省一市中排名与上年一致，均为第2位。

2013年，上海市全年上海关区进出口总额8121.37亿美元，比上年增长1.4%。其中，进口3130.08亿美元，增长0.9%；出口4991.29亿美元，增长1.6%。

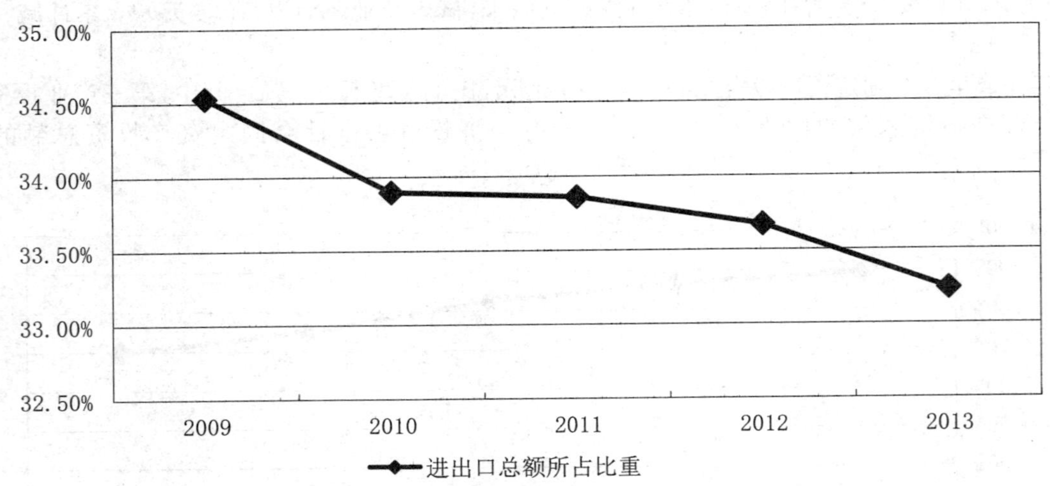

图7　2009—2013年上海市进出口总额在长三角所占比重的变化趋势

全年上海市进出口总额4413.98亿美元，比上年增长1.1%。其中，进口2371.54亿美元，增长3.1%；出口2042.44亿美元，下降1.2%（见表12）。按市场分，对欧盟进口553.92亿美元，增长8.4%；出口362.63亿美元，下降7.4%；对美国进口227.34亿美元，增长13.6%；出口506.5亿美元，增长1%；对日本进口301.7亿美元，下降6.7%；出口249.09亿美元，下降0.2%。

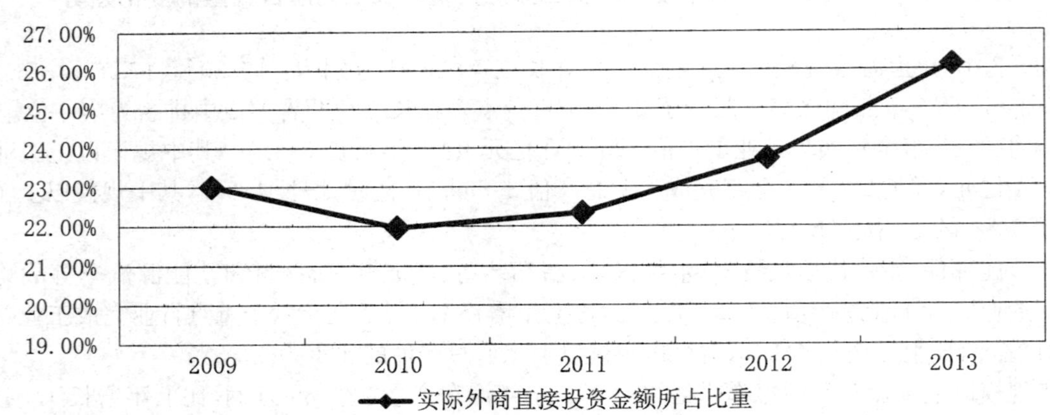

图8　2009—2013年上海市实际外商直接投资金额在长三角所占比重的变化趋势

2009—2013年上海市实际外商直接投资金额在长三角地区所占比重分别为23.01%、21.97%、22.34%、23.72%和26.14%，五年累计增幅达3.13个百分点。2010年小幅下跌，之后持续上扬，整体呈上升态势。在长三角两省一市中排名与上年一致，均为第2位。

2013年全年新设外商直接投资合同项目3842项，比上年下降5%；合同金额249.36亿美元，增长11.6%；实际到位金额167.8亿美元，增长10.5%。全年第三产业实际到位金额135.67亿美元，

增长7%，占全市实际利用外资的比重达到80.9%。至年末，在上海投资的国家和地区达157个。年内新增跨国公司地区总部42家，其中亚太区总部11家；投资性公司18家；外资研发中心15家。至年末，在上海落户的跨国公司地区总部达到445家，投资性公司283家，外资研发中心366家。

全年新批对外投资项目347项，比上年增长39.4%；投资总额43.1亿美元，增长32.8%。签订对外承包工程合同金额108.16亿美元，增长4.9%；实际完成营业额80.69亿美元，增长18.5%；派出人员4337人次，增长24.7%。对外劳务合作派出人员13695人次，下降22.9%。至年末，上海对外承包工程和劳务合作涉及的国家和地区达178个。

全年举办各类展览会项目798个，总展出面积1200.8万平方米。其中，国际展览会项目247个，展出面积874.5万平方米；国内展览会项目551个，展出面积326.3万平方米。

第三章　江苏省及各市 2013 年经济社会发展报告

一　江苏省 2013 年经济社会发展报告

2013 年，面对复杂多变的宏观经济环境，全省上下认真贯彻落实中央和省委、省政府决策部署，紧扣主题主线，坚持稳中求进，以提高经济发展质量和效益为中心，深入实施六大战略，全面推进八项工程，着力抓好十项举措，扎实做好稳增长、调结构、抓创新、促改革、惠民生等各项工作，经济社会发展稳中有进、稳中向好，"两个率先"建设迈出新步伐。

一、江苏省 2013 年经济发展概况

（一）综合经济

1. 经济总量

在困难和挑战较多、经济下行压力加大的情况下，多措并举激发市场主体活力，保持经济运行在合理区间。2013 年全年实现地区生产总值 59161.75 亿元，比上年增长 9.6%。其中，第一产业增加值 3646.08 亿元，增长 3.1%；第二产业增加值 29094.02 亿元，增长 10.0%；第三产业增加值 26421.65 亿元，增长 9.8%。全省人均生产总值 74607 元，比上年增长 9.3%。全社会劳动生产率稳步提高，全年平均每位从业人员创造的增加值达 124297 元，比上年增加 10703 元。产业结构不断优化。三次产业增加值比例调整为 6.1∶49.2∶44.7。

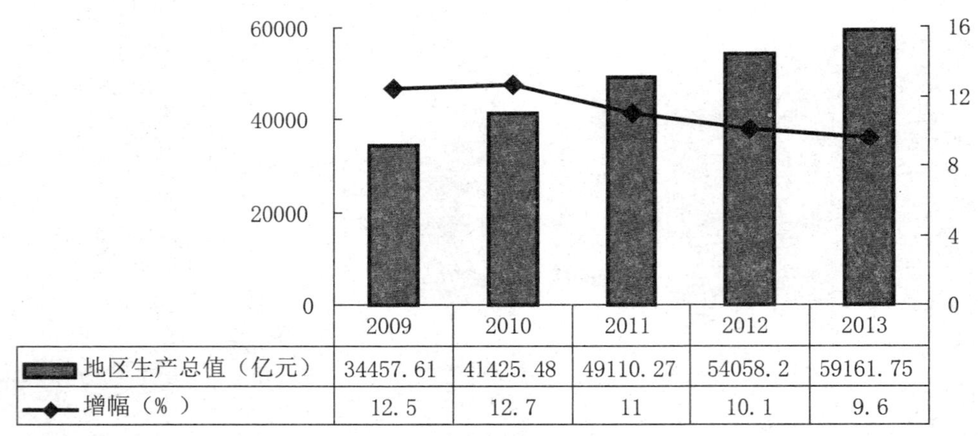

	2009	2010	2011	2012	2013
地区生产总值（亿元）	34457.61	41425.48	49110.27	54058.2	59161.75
增幅（%）	12.5	12.7	11	10.1	9.6

图 1　2009—2013 年江苏省地区生产总值及增长速度

全年实现高新技术产业产值超过 5 万亿元，比上年增长 15%；占规模以上工业总产值比重达 38.5%，同比提高 1 个百分点。新兴产业销售收入比上年增长 18%。现代服务业发展加快。全年实现服务业增加值 26596.0 亿元，比上年增长 9.8%；占 GDP 比重为 45.0%，同比提高 1.2 个百分点。

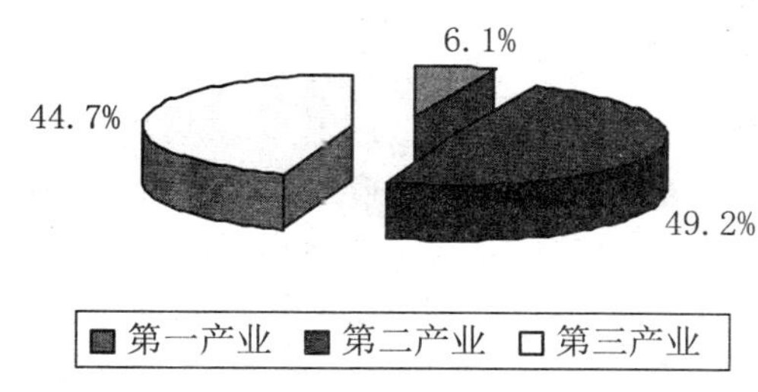

图 2 2013 年江苏省三次产业结构图

经济活力持续增强。全年非公有制经济增加值 39756.7 亿元,比上年增长 10.4%;占 GDP 比重达 67.2%,其中私营个体经济比重为 42.3%,分别比上年提高 0.5 个和 0.6 个百分点。年末全省工商部门登记的私营企业达 145.1 万户,比上年增长 10.5%,注册资本 47568.1 亿元,增长 12.4%;个体户 379.4 万户。新型城镇化和城乡一体化扎实推进。年末城镇化率为 64.1%,比上年提高 1.1 个百分点。

区域经济协调发展。苏南转型升级步伐加快,创新发展能力和国际竞争力进一步增强;苏中、苏北大部分指标增幅继续高于全省平均水平,对全省经济总量的贡献率达 44.2%,比上年提高 0.7 个百分点;顺利完成沿海开发五年推进计划第一阶段任务,沿海地区生产总值达到 10299.8 亿元,比上年增长 12.0%,对全省经济增长贡献率达 18.5%。

2. 财政收支

财政收入稳定增长。全年公共财政预算收入 6568.46 亿元,比上年增长 12.1%;基金预算收入 5018.1 亿元,比上年增长 38.9%。

财政支出结构持续优化。公共财政预算支出 7798.47 亿元,比上年增长 10.0%;基金预算支出 4940.5 亿元,增长 38.0%。全年教育支出 1424.2 亿元,增长 5.5%;公共安全支出 450 亿元,增长 10.4%;社会保障和就业支出 636.7 亿元,增长 14.1%;城乡社区事务支出 951.4 亿元,增长 10.9%;科学技术支出 299.4 亿元,增长 16.4%。

3. 物价指数

全年居民消费价格比上年上涨 2.3%,涨幅同比回落 0.3 个百分点。其中,城市上涨 2.3%,农村上涨 2.5%。分类别看,食品上涨 4.1%,烟酒下跌 1.3%,衣着上涨 3.2%,家庭设备用品及维修服务上涨 2.2%,医疗保健和个人用品上涨 1.1%,交通和通信下跌 0.3%,娱乐教育文化用品及服务上涨 1.3%,居住上涨 2.5%。在食品中,粮食上涨 3.0%,油脂下跌 1.8%,肉禽及其制品上涨 3.1%,鲜菜上涨 7.2%,水产品上涨 5.5%,蛋上涨 4.4%。工业生产者价格低位运行。全年工业生产者出厂价格比上年下降 2.0%,其中纺织业下降 0.5%,化学原料及化学制品业下降 3.0%,医药制造业下降 0.8%,化学纤维制造业下降 3.7%,黑色金属冶炼及压延加工业下降 7.3%,有色金属冶炼及压延加工业下降 4.9%,电气机械及器材制造业下降 2.9%;工业生产者购进价格下降 2.9%;农业生产资料价格上涨 2.4%。

4. 固定资产投资

固定资产投资平稳较快增长。全年完成固定资产投资 35982.52 亿元,比上年增长 19.6%。其中,国有及国有经济控股投资 7546.2 亿元,增长 18.3%;外商港澳台投资 3910.5 亿元,增长 8.1%;民间投资 24525.8 亿元,增长 20.1%,占固定资产投资比重达 68.2%,比上年提高 1 个百分点。

投资结构优化改善。第一产业投资 198.6 亿元,比上年增长 9.4%;第二产业投资 18425.9 亿元,增长 17.2%；第三产业投资 17358.0 亿元，增长 22.3%。第二产业投资中，工业投资 18387.5 亿元，增长 17.5%，其中制造业投资 17337.3 亿元，增长 17.5%；高新技术产业投资 6426.2 亿元，增长 14.6%，占工业投资比重达 34.9%。主要工业行业中，化学原料及化学制品制造业投资 1644.8 亿元、通用设备制造业 1885.1 亿元、电气机械及器材制造业 1670.1 亿元，分别增长 4.7%、32.1%、12.7%。第三产业中，房地产业投资 8857.2 亿元，增长 17.4%；水利、环境和公共设施管理业 2573.6 亿元，增长 31.1%；交通运输仓储和邮政业投资 1676.3 亿元，增长 28.3%。

重点项目建设加快推进。全年新开工项目 32315 个，其中亿元项目 4638 个，完成投资 18549.2 亿元，比上年分别增长 12.5%、8.3%和 17.3%。省级 200 个重大项目有序推进，境内南水北调工程全线通水，宁杭城际铁路通车运行，临海高等级公路基本建成，连盐铁路开工建设，禄口机场二期主体工程完工，南京博物院二期建成开放等等。

5. 经济社会发展中存在的主要矛盾和问题

全省经济社会发展中仍存在一些问题和矛盾，如产业结构不够合理，自主创新能力还不强，消费增长动力不足，出口产品竞争力需要提升；部分企业经营比较困难，部分行业产能过剩矛盾比较突出；资源环境约束加剧，大气污染治理、水污染治理等任务繁重；民生工作还存在不少薄弱环节，城乡居民增收难度加大等。

（二）农业

1. 农业

粮食连续十年增产，全年总产量达 3423.0 万吨，比上年增产 50.5 万吨，增长 1.5%。其中，夏粮 1195.8 万吨，增长 4.6%；秋粮 2227.2 万吨，基本持平。全年粮食播种面积 536.1 万公顷，比上年增加 2.4 万公顷；棉花面积 15.5 万公顷，减少 1.5 万公顷；油料面积 51.8 万公顷，减少 0.9 万公顷。新增设施农业面积 90.4 万亩。

2. 林牧渔业

全年成片造林面积 6.8 万公顷；猪牛羊禽肉产量 372.8 万吨，比上年下降 3.4%；禽蛋总产量 197.9 万吨，增长 0.3%；牛奶总产量 59.9 万吨，下降 2.3%；水产品总产量 508.8 万吨，增长 3.0%，其中淡水产品 358.2 万吨，海水产品 150.6 万吨，分别增长 3.7%和 1.4%。

3. 农村生活生产条件

新一轮农村实事工程进展顺利，解决了 310 万农村居民饮水安全问题，行政村客运班车基本全覆盖，完成 6.3 万个村庄的环境整治任务。全省农田有效灌溉面积达 396.4 万公顷，新增有效灌溉面积 3.5 万公顷，新增节水灌溉面积 14.1 万公顷；年末农业机械总动力 4405.8 万千瓦，比上年末增长 4.5%。

（三）工业和建筑业

1. 工业

全年规模以上工业增加值比上年增长 11.5%，其中轻、重工业分别增长 10.5%和 11.9%。分经济类型看，国有工业增长 7.6%，集体工业增长 1.1%，股份制工业增长 13.7%，外商港澳台投资工业增长 8.8%。在规模以上工业中，国有控股工业增长 9.0%，私营工业增长 15.1%。

企业效益持续改善。全年规模以上工业企业实现主营业务收入 132270.4 亿元，比上年增长 10.8%；利税 12946.7 亿元，增长 15.5%；利润 7834.1 亿元，增长 14.5%。企业亏损面 13.0%，比上

年末下降0.1个百分点；亏损企业亏损额507.9亿元，下降7.9%。规模以上工业企业总资产贡献率、成本费用率分别由一季度的12.9%、5.1%提高至全年的16.0%和6.3%。

先进制造业增势较好。在规模以上工业中，汽车制造业产值5765.7亿元，比上年增长25.0%；医药制造业产值2768.3亿元，增长19.8%；专用设备制造业产值5028.1亿元，增长12.4%；电气机械及器材制造业产值14621.4亿元，增长12.8%；通用设备制造业产值7201.4亿元，增长9.3%；计算机、通信和其他电子设备制造业产值17323.2亿元，增长5.1%。产品结构继续优化，实现工业新产品产值11742亿元，比上年增长2.9%。

2. 建筑业

全年共完成建筑业总产值21712.2亿元，比上年增长17.9%；竣工产值16495.0亿元，增长19.0%，竣工率达76.0%；全省建筑企业实现利税总额1554.9亿元，增长19.9%。建筑业劳动生产率为28.3万元/人，比上年增长7.5%。建筑业企业房屋建筑施工面积192982万平方米，比上年增长15.7%；竣工面积67932万平方米，增长10.9%，其中住宅竣工面积48110万平方米，增长11.8%。

（四）服务业

1. 国内贸易

消费品市场增长平稳。全年实现社会消费品零售总额20656.5亿元，比上年增长13.4%。按经营单位所在地分，城镇市场实现零售额18564.4亿元，增长13.4%；乡村市场实现零售额2092.1亿元，增长13.6%。按消费形态分，批发和零售业零售额18694.8亿元，增长13.7%；住宿和餐饮业零售额1961.7亿元，增长11.0%。

大众类消费增长较快。在限额以上批发和零售业主要经营类别中，汽车类零售额2897.5亿元，比上年增长12.8%；石油及制品类零售额1070.7亿元，增长12.0%；粮油、食品、饮料、烟酒类零售额1009.6亿元，增长7.6%；服装、鞋帽、针纺织品类零售额859.9亿元，增长7.0%；中西药品类零售额624.6亿元，增长24.9%；家用电器和音像器材类零售额583.3亿元，增长8.5%；金银珠宝类零售额275.8亿元，增长26.7%；建筑及装潢材料类零售额272.6亿元，增长31.6%。

2. 交通运输和邮电

交通运输业基本平稳。全年旅客运输量、货物运输量分别比上年增长4.0%和8.8%，旅客周转量、货物周转量分别增长5.7%和12.2%。完成港口货物吞吐量21.4亿吨，比上年增长9.7%。其中，外贸货物吞吐量3.5亿吨，增长12.9%；集装箱吞吐量达1662.5万标准集装箱，增长3.9%。年末全省公路里程15.6万公里，新增1976公里，其中高速公路里程4443.0公里，新增71.5公里。铁路营业里程2554.1公里，铁路正线延展长度4125.5公里。年末民用汽车保有量954.4万辆，净增141.3万辆，分别增长17.4%和13.3%。年末私人汽车保有量790.1万辆，净增132.9万辆，分别增长20.2%和15.0%。其中，私人轿车保有量554.6万辆，净增98.7万辆，分别增长21.6%和14.4%。

邮政电信业较快发展。全年邮政电信业务总量1252.2亿元，比上年增长11.6%。其中，邮政业务总量269.6亿元，电信业务总量982.6亿元，分别增长31.0%和7.3%。邮政电信业务收入1107.6亿元，增长10.7%。其中，邮政业务收入233.1亿元，电信业务收入874.5亿元，分别增长30.4%和6.5%。年末局用交换机总容量3346.3万门。年末固定电话用户2289.8万户，比上年末减少97.4万户。其中，城市电话用户1275.9万户，乡村电话用户1013.9万户。年末移动电话用户7942.0万户，比上年末净增470.6万户。年末电话普及率达130部/百人，比上年末增加5部/百人。长途光缆线路总长度3.6万公里，新增0.1万公里。年末互联网用户1431.4万户，新增103万户。

3. 旅游业

旅游业发展加快。全年接待国内旅游人数 5.2 亿人次，比上年增长 11.0%；实现国内旅游收入 6940.1 亿元，增长 14.6%。全年入境旅游人数 288 万人次，比上年下降 9.0%。其中，外国人 193.4 万人次，下降 7.3%；港澳台同胞 94.6 万人次，下降 12.3%。旅游外汇收入 23.8 亿美元，下降 6.3%。

4. 金融、证券和保险业

金融市场规模进一步扩大。年末全省金融机构人民币存款余额 85604.1 亿元，比年初新增 10094.1 亿元，比上年末多增 332.3 亿元。其中，储蓄存款比年初新增 3751.3 亿元，同比少增 391.1 亿元；单位存款比年初新增 5038.6 亿元，同比多增 198.3 亿元。年末金融机构人民币贷款余额 61836.5 亿元，比年初新增 7207.8 亿元，比上年末多增 652.1 亿元。其中，短期贷款比年初新增 2629.0 亿元，同比少增 1396.5 亿元。

证券交易市场稳定发展。全年证券市场完成交易额 275120.2 亿元。其中，证券经营机构股票交易额 62452.2 亿元，比上年增长 49.1%；期货经营机构代理交易额 212668 亿元，比上年增长 7.9%。年末全省境内上市公司 235 家，在上海、深圳证券交易所筹集资金 283.7 亿元，比上年增加 75.2 亿元。江苏企业境内上市公司总股本 1379.9 亿股，比上年末增长 9.5%；市价总值 12787.2 亿元，上升 12.0%。年末全省共有证券公司 6 家，证券营业部 540 家；期货公司 10 家，期货营业部 119 家，证券投资咨询机构 2 家。

保险业稳步健康发展。全年保费收入 1446.1 亿元，比上年增长 11.1%。其中，财产险收入 518.6 亿元，增长 17.6%；寿险收入 809.2 亿元，增长 5.7%；健康险和意外伤害险收入 118.3 亿元，增长 25.2%。全年赔付额 527.0 亿元，比上年增长 36.2%。其中，财产险赔付 303.2 亿元，增长 26.3%；寿险赔付 188.6 亿元，增长 58.5%；健康险和意外伤害险赔付 35.2 亿元，增长 26.2%。

（五）开放型经济

1. 对外贸易

外贸进出口规模保持稳定。全年进出口总额 5508.44 亿美元，比上年增长 0.5%。其中，出口 3288.57 亿美元，增长 0.1%；进口 2219.88 亿美元，增长 1.1%。

2. 贸易自主能力

一般贸易出口额 1455.3 亿美元，比上年增长 4.3%；加工贸易出口额 1500.6 亿美元，下降 6.4%。出口结构进一步优化。机电产品、高新技术产品出口额分别为 2142.6 亿美元和 1279.7 亿美元，占出口总额比重为 65.2%和 38.9%。其中，计算机与通信技术产品出口 693.2 亿美元，占高新技术产品出口额的 54.2%。贸易主体更趋内生化。外商投资企业出口额 1942.2 亿美元，比上年下降 5.1%，占出口总额的 59.1%；私营企业出口额 996.8 亿美元，增长 11.9%，占出口总额的 30.3%，比重较上年同期提高 3.2 个百分点。

江苏省 2013 年进出口贸易主要分类情况

指标	绝对数(亿美元)	比上年增长(%)
出口总额	3288.5	0.1
#一般贸易	1455.3	4.3
加工贸易	1500.6	−6.4

（续表）

指标	绝对数(亿美元)	比上年增长(%)
#工业制成品	3194.0	0.1
初级产品	52.6	-4.2
#机电产品	2142.6	-1.5
#高新技术产品	1279.7	-2.7
#外商投资企业	1942.2	-5.1
国有企业	287.6	4.3
进口总额	2219.9	1.1
#一般贸易	876.9	10.0
加工贸易	835.9	-3.0
#工业制成品	1831.5	0.8
初级产品	346.2	5.0
#机电产品	1288.2	0.0
#高新技术产品	930.1	0.9
#外商投资企业	1451.4	-5.3

对欧盟、美国、日本、中国香港特别行政区出口额分别为571.2亿美元、654.3亿美元、312.4亿美元和368.3亿美元，比上年分别增长-9.7%、2.6%、1.3%和9.2%；对东盟、韩国、中国台湾省出口额分别为334.4亿美元、167.5亿美元和119.7亿美元，分别增长9.0%、2.1%和13.2%；对拉丁美洲、非洲、俄罗斯出口额分别为198.2亿美元、93.0亿美元和49.3亿美元，分别下降9.6%、6.0%和9.9%。

3. 利用外资

利用外资规模继续保持全国领先。全年新批外商投资企业3453家，新批协议外资472.7亿美元；实际使用外资332.6亿美元，比上年增长1.0%。新批及净增资9000万美元以上项目250个。对外投资增势良好。全年新批境外投资项目605个，比上年增长5.8%；中方协议投资61.4亿美元，增长21.8%。

4. 开发区建设

开发区继续在开放型经济中发挥主导作用。全省开发区实现进出口总额4488.0亿美元，其中出口总额2642.0亿美元，分别比上年增长2.7%和3.3%，占全省总量的81.5%和80.4%。

二、江苏省2013年社会发展概况

（一）人口、人民生活

人口总量增长趋缓。年末全省常住人口7939.49万人，比上年末增加19.51万人，增长0.25%。在常住人口中，男性人口为3997.09万人，女性人口为3942.40万人；0—14岁人口为1036.80万人，15—64岁人口为5967.50万人，65岁及以上人口为935.19万人。全年人口出生率为9.44‰，与上年持平；人口死亡率为7.01‰，上升0.02个千分点；人口自然增长率为2.43‰，下降0.02个千分点。

城乡居民收入稳步增长。根据住户抽样调查，全年城镇居民人均可支配收入达 32538 元，比上年增加 2861 元，增长 9.6%；城镇居民人均可支配收入中位数 28654 元，增长 10.3%；人均消费性支出 20371 元，增长 8.2%，其中食品支出占比为 34.7%。全年农村居民人均纯收入达 13598 元，比上年增加 1396 元，增长 11.4%；农村居民人均纯收入中位数 11979 元，比上年增长 12.1%；人均生活消费支出 9607 元，增长 11.0%，其中食品支出占比为 36.3%。城乡居民居住条件有所改善，年末城镇居民人均居住房屋面积为 36.8 平方米，农村居民人均居住房屋面积为 43.6 平方米。

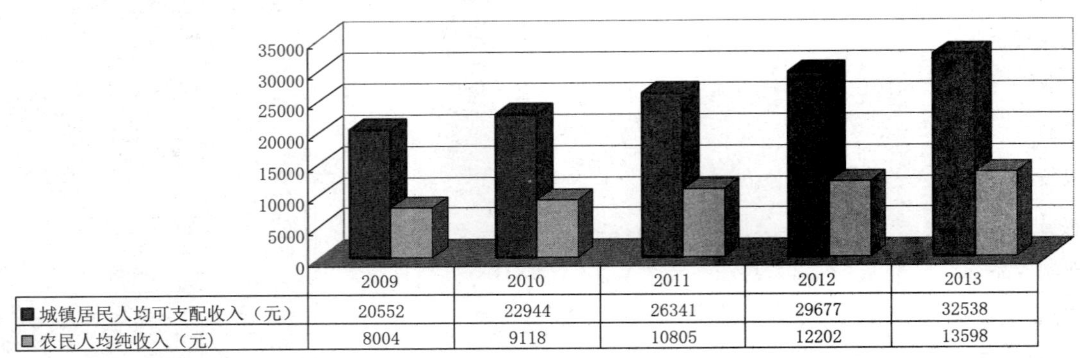

	2009	2010	2011	2012	2013
■城镇居民人均可支配收入（元）	20552	22944	26341	29677	32538
■农民人均纯收入（元）	8004	9118	10805	12202	13598

图 3　2009—2013 年江苏省城乡居民收入对比一览

（二）就业和社会保障

就业形势总体稳定。年末全省就业人口为 4759.89 万人，其中第一产业为 956.74 万人，第二产业为 2041.99 万人，第三产业为 1761.16 万人。城镇地区就业人口为 2973.76 万人，城镇登记失业率为 3.03%；促进下岗失业人员再就业 81.61 万人，其中就业困难人员就业 15.43 万人；新增农村劳动力转移 26.85 万人。

加强社会保障体系建设。社会保险主要险种覆盖率稳定在 95%以上。全面启动大病保险试点，建立城乡居民医保筹资动态调整机制。完善征地补偿制度，被征地农民全部纳入社会保障。企业退休人员月人均基本养老金达 2027 元，城乡居民基础养老金人均最低标准提高到每月 80 元，城乡低保人均标准分别达到每月 487 元和 412 元，城镇居民医保和新农合财政补助标准提高到每人每年不低于 280 元，最低工资标准平均增长 15%。新开工保障性住房 26.2 万套，建成 23.9 万套，发放廉租房租赁补贴户 4.9 万户，支持 2.5 万户农村经济困难、住房困难家庭住上安居房。实施脱贫奔小康工程，新增 128 万农村低收入人口脱贫。

（三）教育和科学技术

各级各类教育水平不断提高，国家认定的义务教育发展基本均衡县（市、区）达 65 个，高校优势学科和协同创新基地建设走在全国前列，高校、科研院所人才集聚和科技创新能力进一步增强。

1. 教育

教育事业全面协调发展。全省共有普通高校 131 所，普通高等教育本专科招生 43.95 万人，在校生 168.45 万人，毕业生 47.38 万人；研究生教育招生 4.8 万人，在校研究生 14.59 万人，毕业生 4.03 万人。高等教育毛入学率达 48.6%，比上年提高 3.2 个百分点。全省中等职业教育在校生达 72.36 万人（不含技工学校）。小学学龄儿童净入学率达 100%，初中毕业生升学率达 98.1%，基本普及高中阶段教育。特殊教育招生 0.35 万人，在校生 2.31 万人。全省幼儿园数为 4722 所，比上年增加 330

所;在园幼儿 231.81 万人,比上年增加 11.36 万人。

2. 科技与创新

科技创新能力提升。区域创新能力连续五年保持全国第一。全省科技进步贡献率达 57.5%,比上年提高 1 个百分点。全年授权专利 24 万件,其中发明专利 1.7 万件。全年共签订各类技术合同 3.1 万项,技术合同成交额达 585.6 亿元,比上年增长 10.1%。全省企业共申请专利 32.5 万件,其中授权专利 17.3 万件。

高新技术产业保持较快发展势头。组织实施省重大科技成果转化专项资金项目 144 项,总投入 117 亿元。全省按国家新标准认定高新技术企业累计达 6769 家。2013 年认定省级高新技术产品 8827 项,国家重点新产品 190 项。已建国家级高新技术特色产业基地 121 个。全省国家和省级高新技术产业开发区实现技工贸总收入达 42503 亿元,比上年增长 18.9%。

科技研发投入比重稳步提升。全社会研究与发展(R&D)活动经费 1430 亿元,占地区生产总值的比重为 2.42%。全省从事科技活动人员 108.05 万人,其中研究与发展(R&D)人员 60.96 万人。全省拥有中国科学院和中国工程院院士 93 人。全省各类科学研究与技术开发机构中,政府部门属独立研究与开发机构达 148 个。已建国家和省级重点实验室 102 个,科技服务平台 303 个,工程技术研究中心 2480 个,企业院士工作站 337 个,经国家认定的技术中心 74 家。

质量检验能力进一步增强。全省共有产品质量检验机构 177 个,国家检测中心 39 个;监督抽查产品 365 种,比上年增长 5.8%。共有产品质量、体系认证机构 4 个,完成强制性产品认证的企业 10145 个;法定计量技术机构 156 个,强制检定计量器具 735.2 万台件;制定、修订地方标准 305 项,增长 3.0%。

(四) 文化、卫生和体育

1. 文化

公益性文化事业繁荣发展,公共文化服务体系建设成效明显,文化产业加快发展,文化遗产保护和传承取得重要进展,对外文化交流更加活跃,文化影响力不断提升,话剧《枫树林》获国家文华大奖。

公共文化服务水平提高。年末全省共有文化馆、群众艺术馆 118 个,公共图书馆 113 个,博物馆 282 个,美术馆 17 个,综合档案馆 172 个,向社会开放档案 392 万卷(件、册)。共有广播电台 14 座,中短波广播发射台和转播台 21 座,电视台 14 座,广播综合人口覆盖率和电视综合人口覆盖率分别达 99.99%和 99.88%。有线电视用户 2244.6 万户,比上年增长 3.1%。生产故事影剧片 21 部。全年报纸出版 28.6 亿份,杂志出版 1.2 亿册,图书出版 5.3 亿册。

2. 卫生

加大医疗卫生资源整合力度,国家基本公共卫生服务项目考核、城乡居民健康重点指标控制水平连续两年居全国首位,人感染 H7N9 禽流感疫情防控扎实有效。卫生事业快速发展。年末共有各类卫生机构 31005 个,其中医院、卫生院 2556 个,卫生防疫和防治机构 172 个,妇幼卫生保健机构 110 个。各类卫生机构拥有病床 36.7 万张,其中医院、卫生院病床 34.1 万张。共有卫生技术人员 42.9 万人,其中执业医师、执业助理医师 16.96 万人,注册护士 17.44 万人,卫生防疫和防治机构卫生技术人员 7238 人,妇幼卫生机构卫生技术人员 7866 人。城乡基层卫生服务网络更加健全。乡镇卫生院 1064 个,床位 5.5 万张,卫生技术人员 5.89 万人,乡村医生和卫生员 3.99 万人。新型农村合作医疗人口覆盖率达 98%以上。县级公立医院综合改革全面启动。

3. 体育

全民健身活动广泛开展,群众体育和竞技体育协调发展,2013 年成功举办第二届亚青会,圆满完成第十二届全运会参赛任务。

体育事业持续发展。江苏体育健儿在重大国际比赛中获世界冠军 5 项，创全国纪录 12 项；在重大国内、国际比赛中，有 187 人次获金牌，143 人次获银牌，107 人次获铜牌。全民健身体系日趋完善。全省乡镇、街道均已建成体育健身活动中心。

（五）城乡建设

城乡区域发展协调性增强。制定实施 20 条政策意见，扎实推进城镇化，促进城乡发展一体化。城镇化率达到 64.1%。实施新一轮农村实事工程，区域供水通水乡镇、污水处理设施建制镇覆盖率分别达到 83%、70%，新解决 310 万农村人口饮水安全问题，行政村客运班车基本全覆盖，镇村公交开通率达到 48%。对全省区域协调发展作出新部署。在保持苏北政策连续性的同时，主攻薄弱环节，补缺补短补软，制定 28 条政策意见，启动六项关键工程，加大扶贫开发力度，苏北全面小康建设取得新进展。实施推动苏中融合发展特色发展的意见和沿江地区转型发展推进计划，制定出台促进苏中与苏北结合部经济相对薄弱地区发展的政策，苏中整体发展水平进一步提升。实施苏南现代化建设示范区规划，苏南转型升级步伐加快，创新发展能力和国际竞争力进一步增强，经济社会发展继续走在全省前列。制定实施促进沿海地区科学发展的政策意见，沿海开发五年推进计划第一阶段任务顺利完成。扎实做好对口支援工作，援疆、援藏、援青等年度任务全面完成，得到受援地充分肯定。

（六）生态建设和节能减排

生态建设成效明显。加强生态文明制度建设，制定生态文明建设规划，划定全省生态红线保护区域。年末全省设立自然保护区 31 个，其中国家级自然保护区 3 个，自然保护区面积 56.6 万公顷。加强大气污染防治，实施 900 项大气治理工程，完成 2450 千瓦发电机组脱硝改造，PM2.5 监测实现县（市）全覆盖。深入开展重点流域治理，太湖流域水质持续改善，南水北调江苏段水质达标。加强城乡环境整治，完成 6.3 万个村庄环境整治任务。加强绿色江苏建设，林木覆盖率提高到 21.9%，国家生态市（县、区）达到 22 个。

节能减排完成年度目标。大力实施节能减排重点工程，鼓励发展循环经济，严格控制高耗能项目，加快淘汰落后产能，推动重点耗能企业能效提升。全省电力行业淘汰落后产能 50 万千瓦。单位 GDP 能耗下降、化学需氧量、二氧化硫、氨氮、氮氧化物排放削减等均完成年度目标任务。

（七）安全生产

安全生产形势保持平稳。事故起数和死亡人数实现“双下降”，全年发生各类生产经营性事故 3323 起，死亡 2052 人，同比分别下降 5.7%、2.1%。亿元 GDP 生产安全事故死亡人数为 0.088 人，同比下降 11.1%。

三、江苏省在长三角地区经济发展中的地位

2013 年，江苏省在党中央、国务院和中共江苏省委的正确领导下，高举中国特色社会主义伟大旗帜，以邓小平理论、“三个代表”重要思想为指导，深入贯彻落实科学发展观，认真贯彻党的十七大、十八大精神，紧紧围绕“两个率先”目标，牢牢把握机遇，积极应对挑战，全力办好大事要事，稳妥处置难事急事，改革开放和现代化建设取得显著成绩。

全省上下按照中央和省委、省政府决策部署，紧扣主题主线，坚持稳中求进，以提高经济增长质量和效益为中心，深入实施八项工程，扎实抓好十项举措，统筹做好改革发展稳定各项工作，经济运行总

体平稳、稳中有进、稳中向好，在加快转型升级中保持了持续健康发展。

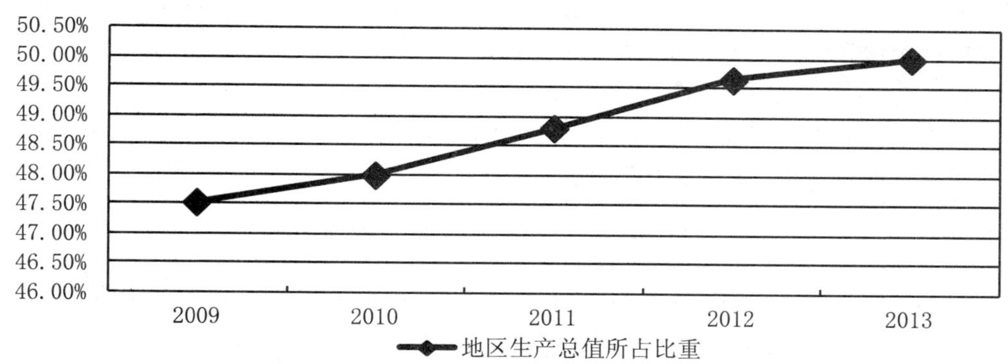

图 4　2009—2013 年江苏省地区生产总值在长三角所占比重的变化趋势

近年来，江苏省地区生产总值在长三角地区稳居第一位，所占比重呈现明显的逐年增加趋势。2009—2013 年，江苏省地区生产总值在长三角所占比重分别为 47.53%、47.99%、48.81%、49.64%和 50.0%，五年累计增幅高达 2.47 个百分点，所占比重五年年均增长率为 1.02%。其中，2011 年和 2012 年增幅较大，分别为 0.82%和 0.83%；2013 年增速放缓，比上年增加了 0.36 个百分点。

2013 年，在长三角地区 25 市（苏浙两省 24 个地级市和上海市，下同）地区生产总值所占比重排名的前十位中，江苏省 13 个地级市占据 6 席，与去年持平。2013 年全省经济保持稳定增长，转型升级取得新进展。全年实现地区生产总值 59161.8 亿元，比上年增长 9.6%。其中，第一产业增加值 3646.1 亿元，增长 3.1%；第二产业增加值 29094.0 亿元，增长 10.0%；第三产业增加值 26421.7 亿元，增长 9.8%。全省人均生产总值 74607 元，比上年增长 9.3%。全社会劳动生产率稳步提高，全年平均每位从业人员创造的增加值达 124297 元，比上年增加 10703 元。产业结构不断优化。三次产业增加值比例调整为 6.1∶49.2∶44.7。

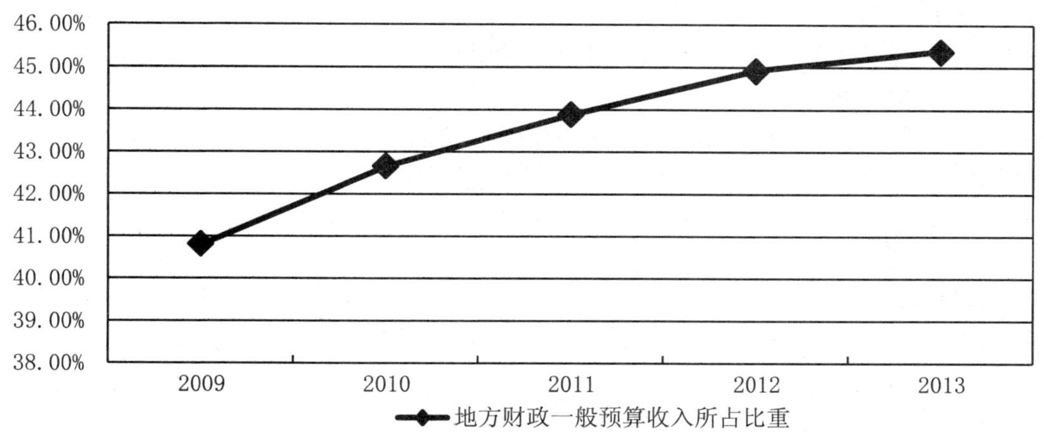

图 5　2009—2013 年江苏省地方财政一般预算收入在长三角所占比重的变化趋势

2009—2013 年，江苏省地方财政一般预算收入在长三角地区的占比分别是 40.81%、42.67%、43.90%、44.92%和 45.38%，累计增幅达 4.57 个百分点，呈持续增长的趋势，但增速放缓，所占比重五年年均增长率为 2.15%。自 2009 年以来已连续五年保持着第一的位次。

2013 年，在长三角地区 25 市地方财政一般预算收入所占比重排名的前十位中，江苏省 13 个地级市占据 6 席，与去年持平。2013 年财政收入稳定增长。全年公共财政预算收入 6568.5 亿元，比上年增长 12.1%；基金预算收入 5018.1 亿元，比上年增长 38.9%。财政支出结构持续优化。公共财政预算支出 7731.2 亿元，比上年增长 10.0%；基金预算支出 4940.5 亿元，增长 38.0%。全年教育支出 1424.2 亿元，增长 5.5%；公共安全支出 450 亿元，增长 10.4%；社会保障和就业支出 636.7 亿元，增长 14.1%；城乡社区事务支出 951.4 亿元，增长 10.9%；科学技术支出 299.4 亿元，增长 16.4%。

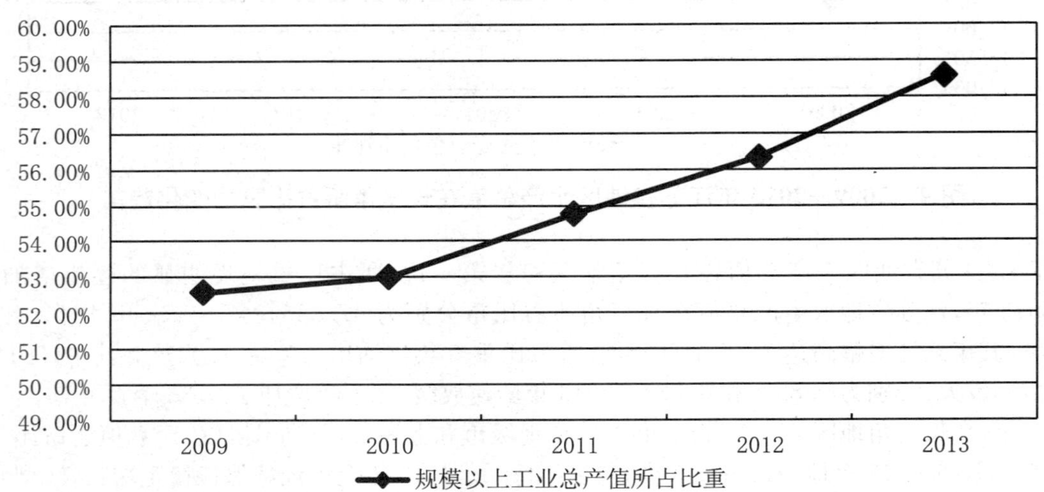

图 6　2009—2013 年江苏省规模以上工业总产值在长三角所占比重的变化趋势

2009—2013 年，江苏省规模以上工业总产值在长三角地区的占比分别是 52.62%、53.04%、54.79%、56.35%和 58.61%，继续保持着大幅增长的态势，累计增幅高达 5.99 个百分点，所占比重五年年均增长率为 2.18%。2013 年所占比重继 2009 年首次超越长三角地区的 50%后继续保持超越势头，始终占据着第一的位置。

2013 年，在长三角地区 25 市规模以上工业总产值所占比重排名的前十位中，江苏省 13 个地级市占据 6 席，与去年持平。

2013 年，江苏省工业生产稳步增长。全年规模以上工业增加值比上年增长 11.5%，其中轻、重工业分别增长 10.5%和 11.9%。分经济类型看，国有工业增长 7.6%，集体工业增长 1.1%，股份制工业增长 13.7%，外商港澳台投资工业增长 8.8%。在规模以上工业中，国有控股工业增长 9.0%，私营工业增长 15.1%。

企业效益持续改善。全年规模以上工业企业实现主营业务收入 132270.4 亿元，比上年增长 10.8%；利税 12946.7 亿元，增长 15.5%；利润 7834.1 亿元，增长 14.5%。企业亏损面 13.0%，比上年末下降 0.1 个百分点；亏损企业亏损额 507.9 亿元，下降 7.9%。规模以上工业企业总资产贡献率、成本费用率分别由一季度的 12.9%、5.1%提高至全年的 16.0%和 6.3%。

先进制造业增势较好。在规模以上工业中，汽车制造业产值 5765.7 亿元，比上年增长 25.0%；医药制造业产值 2768.3 亿元，增长 19.8%；专用设备制造业产值 5028.1 亿元，增长 12.4%；电气机械及器材制造业产值 14621.4 亿元，增长 12.8%；通用设备制造业产值 7201.4 亿元，增长 9.3%；计算机、通信和其他电子设备制造业产值 17323.2 亿元，增长 5.1%。产品结构继续优化，实现工业新产品产值 11742 亿元，比上年增长 2.9%。

建筑业加快发展。全年共完成建筑业总产值 21712.2 亿元，比上年增长 17.9%；竣工产值

16495.0亿元，增长19.0%，竣工率达76.0%；全省建筑企业实现利税总额1554.9亿元，增长19.9%。建筑业劳动生产率为28.3万元/人，比上年增长7.5%。建筑业企业房屋建筑施工面积192982万平方米，比上年增长15.7%；竣工面积67932万平方米，增长10.9%，其中住宅竣工面积48110万平方米，增长11.8%。

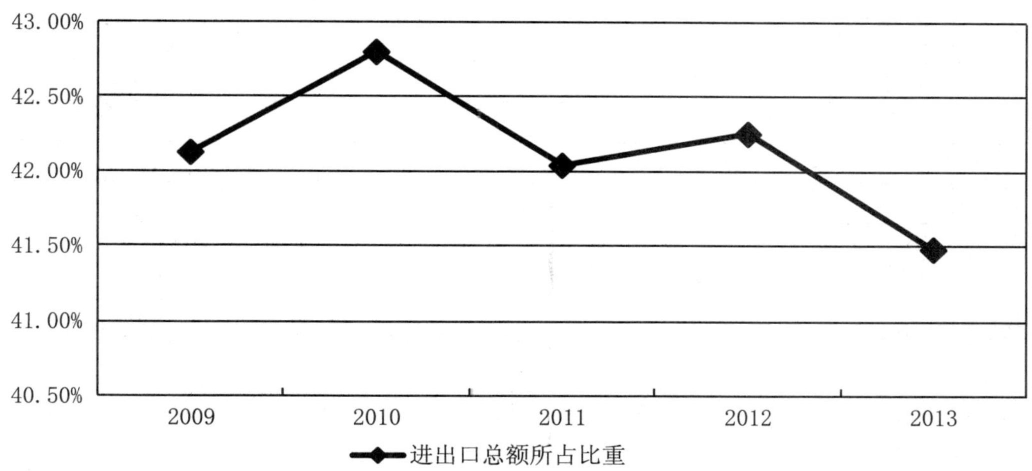

图7　2009—2013年江苏省进出口总额在长三角所占比重的变化趋势

2009—2013年，江苏省进出口总额在长三角地区的占比分别是47.15%、42.13%、42.80%、42.04%、42.26%和41.48%，整体呈下跌趋势，累计降幅达5.67个百分点，五年所占比重年均下降率为2.53%，但始终保持着长三角地区两省一市第一的位置。

2013年，外贸进出口规模保持稳定。全年进出口总额5508.4亿美元，比上年增长0.5%。其中，出口3288.5亿美元，增长0.1%；进口2219.9亿美元，增长1.1%。

贸易自主能力不断增强。一般贸易出口额1455.3亿美元，比上年增长4.3%；加工贸易出口额1500.6亿美元，下降6.4%。出口结构进一步优化。机电产品、高新技术产品出口额分别为2142.6亿美元和1279.7亿美元，占出口总额比重为65.2%和38.9%。其中，计算机与通信技术产品出口693.2亿美元，占高新技术产品出口额的54.2%。贸易主体更趋内生化。外商投资企业出口额1942.2亿美元，比上年下降5.1%，占出口总额的59.1%；私营企业出口额996.8亿美元，增长11.9%，占出口总额的30.3%，比重较上年同期提高3.2个百分点。对欧盟、美国、日本、香港特别行政区出口额分别为571.2亿美元、654.3亿美元、312.4亿美元和368.3亿美元，比上年分别增长－9.7%、2.6%、1.3%和9.2%；对东盟、韩国、台湾省出口额分别为334.4亿美元、167.5亿美元和119.7亿美元，分别增长9.0%、2.1%和13.2%；对拉丁美洲、非洲、俄罗斯出口额分别为198.2亿美元、93.0亿美元和49.3亿美元，分别下降9.6%、6.0%和9.9%。

2009—2013年，江苏省实际外商直接投资金额在长三角地区的占比分别是55.29%、56.30%、56.97%、55.86%和51.81%，呈现倒"U"形态势，2011年达到了顶峰，2013年较上年减少了4.05个百分点，较2009年减少了3.48个百分比。

2013年，在长三角地区25市实际外商直接投资金额所占比重排名的前十位中，江苏省13个地级市占据6席，较上年减少了一席。

2013年江苏省利用外资规模继续保持全国领先。全年新批外商投资企业3453家，新批协议外资472.7亿美元；实际使用外资332.6亿美元，比上年增长1.0%。新批及净增资9000万美元以上项目

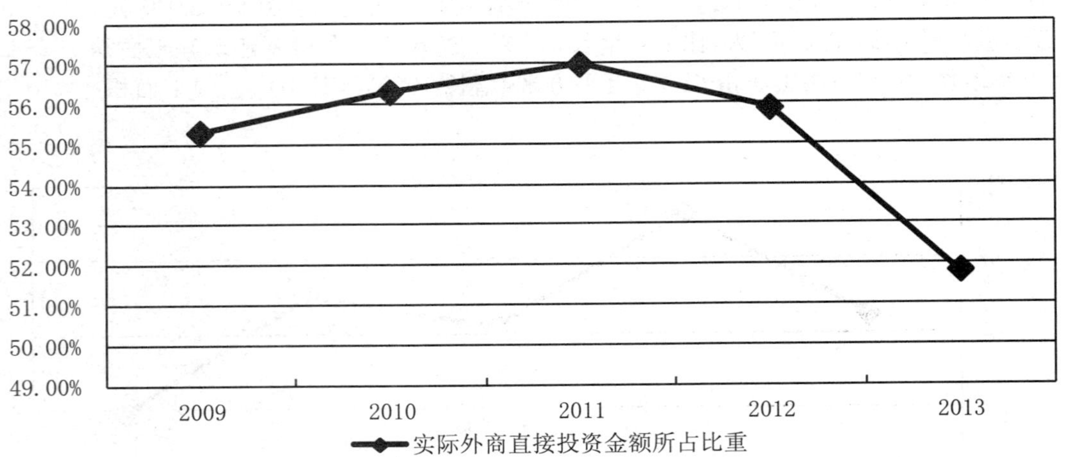

图 8　2009—2013 年江苏省实际外商直接投资金额在长三角所占比重的变化趋势

250 个。对外投资增势良好。全年新批境外投资项目 605 个，比上年增长 5.8%；中方协议投资 61.4 亿美元，增长 21.8%。

二　南京市 2013 年经济社会发展报告

2013 年，面对复杂多变的宏观经济环境，在市委、市政府正确领导下，全市认真贯彻党中央、国务院和省委、省政府的决策部署，以提高经济发展质量和效益为中心，着力推进稳增长、调结构、抓创新、促改革、惠民生各项工作，经济社会发展稳中向好。

一、南京市 2013 年经济发展概况

（一）综合经济

1. 经济总量

2013 年全年实现地区生产总值 8011.78 亿元，按可比价格计算，比上年增长 11.0%。其中，第一产业增加值 204.64 亿元，增长 3.4%；第二产业增加值 3450.58 亿元，增长 11.1%，其中全部工业增加值 2997.63 亿元，增长 11.1%；第三产业增加值 4356.56 亿元，增长 11.3%。按常住人口计算，人均地区生产总值为 98011 元，按平均汇率折算达到 15827 美元。

三次产业增加值比例为 2.3 ∶ 43.3 ∶ 54.4。全年规模以上工业企业完成高新技术产业产值 5419.13 亿元，占全市规模以上工业总产值的比重为 42.8%。工业结构调轻调优，全年重工业总产值占全市规模以上工业的比重为 79.8%，比上年回落 2.6 个百分点。服务业发展水平进一步提升，第三产业增加值增速快于第二产业 0.2 个百分点，第三产业增加值占全市 GDP 的比重比上年提高 1 个百分点。其中，金融业实现增加值 846.20 亿元，占全市 GDP 的比重为 10.6%，比上年提高 0.6 个百分点。文化产业实现增加值 432.6 亿元，占全市 GDP 的比重为 5.4%，比上年提高 0.3 个百分点。经济发展活力持续增强，全年民营经济实现增加值 3270 亿元，占全市 GDP 的比重为 40.9%，比上年提高 1 个百分点。

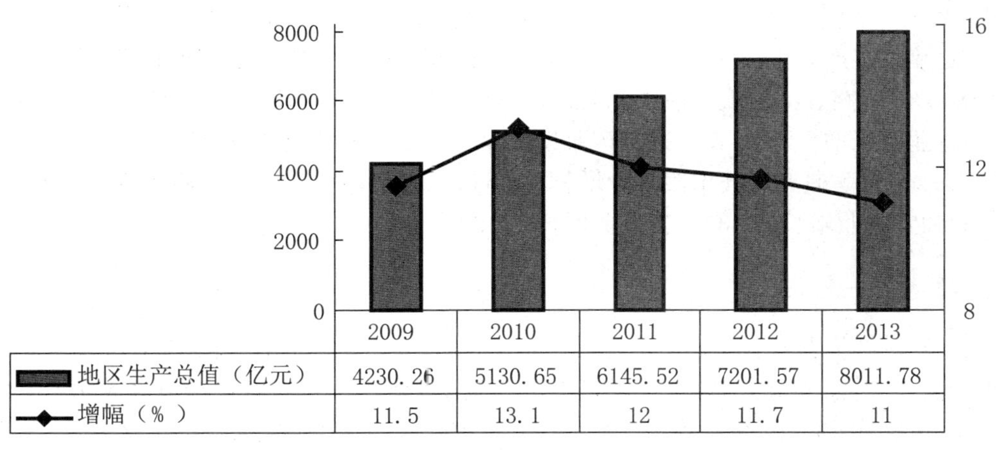

	2009	2010	2011	2012	2013
地区生产总值（亿元）	4230.26	5130.65	6145.52	7201.57	8011.78
增幅（%）	11.5	13.1	12	11.7	11

图 1　2009—2013 年南京市地区生产总值及增长速度

2. 财政收支

全年实现财政总收入 1591.59 亿元，比上年增长 11.5%。其中，公共财政预算收入 831.31 亿元，增长 13.4%。

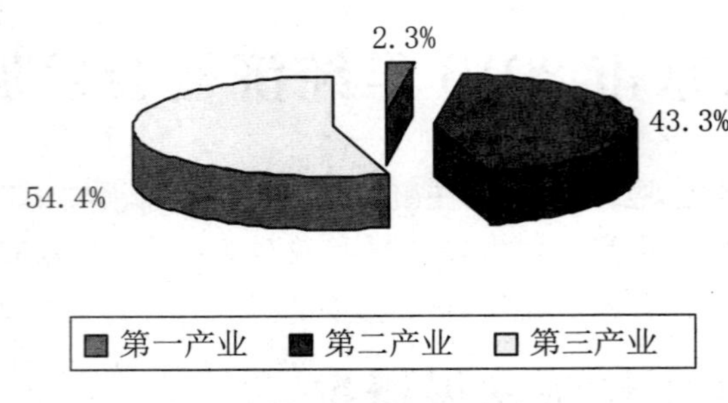

图2　2013年南京市三次产业结构图

在公共财政预算收入中，各项税收收入完成684.47亿元，比上年增长13.5%，占公共财政预算收入的比重为82.3%。全年公共财政预算支出851.01亿元，比上年增长10.6%。

3. 物价指数

全年城市居民消费价格比上年上涨2.7%，其中食品类价格上涨5.6%，居住类价格上涨2.8%。构成消费价格的八大类指数呈"六升二降"格局。

全年工业生产者出厂价格比上年下降3%。其中，生产资料价格下降3.5%，生活资料价格下降0.4%；轻工业类价格下降1.4%，重工业类价格下降3.3%。全年工业生产者购进价格下降3.5%。

4. 固定资产投资

全年全社会固定资产投资完成5265.55亿元，比上年增长12.4%。其中民间投资2818.14亿元，增长16.7%，民间投资占全社会固定资产投资比重为53.5%，比上年提高2个百分点。

从投资结构看，第一产业投资完成23.55亿元，比上年下降0.2%；第二产业投资完成2518.53亿元，增长4.3%，其中工业投资完成2509.4亿元，增长4.5%；第三产业投资完成2723.47亿元，增长21.3%。

从主要行业投资看，工业投资中高耗能行业投资减少，先进制造业投资增长较快。石化行业投资比上年下降2.4%，黑色金属冶炼和压延加工业投资下降54.4%，非金属矿物制品业投资下降16.5%，电力、热力生产和供应业投资下降30.3%。医药制造业投资比上年增长77.1%，汽车制造业投资增长28.8%，铁路、船舶、航空航天和其他运输设备制造业投资增长22.8%，计算机、通信和其他电子设备制造业投资增长14.3%。第三产业投资中与民生相关领域的投资增长较快，文化、体育和娱乐业增长47.9%，科学研究和技术服务业增长40.6%，水利、环境和公共设施管理业增长33.6%，交通运输、仓储和邮政业增长23.3%，教育业增长17.9%。

（二）农业

全年完成农林牧渔及农林牧渔服务业总产值351.31亿元，比上年增长10.3%。其中，农业产值完成205.23亿元，增长11.9%；林业产值完成3.66亿元，增长8.1%；牧业产值完成52.04亿元，增长1.7%；渔业产值完成73.79亿元，增长12.7%；农林牧渔服务业产值完成16.59亿元，增长10.1%。

全年粮食作物种植面积242.03万亩，比上年下降1.3%；油料种植面积66.98万亩，下降1.2%；蔬菜播种面积131.48万亩，下降1.5%。全年粮食总产量116.95万吨，比上年下降0.5%；油料总产量10.79万吨，增长1.5%；蔬菜总产量306.24万吨，增长3.8%。全年肉类（猪、牛、羊、禽）总产量12.12万吨，比上年下降2.0%；禽蛋总产量7.56万吨，下降0.3%；牛奶总产量8.62万吨，增长4.4%；水产品总产量22.17万吨，增长6.8%。

全年新增省级认定的无公害农产品146个。新增绿色食品标志产品49个。新增有机食品基地27个。累计通过省级认定的无公害农产品生产基地总面积108万亩。

全年完成高标准农田建设14万亩。新增设施农业面积16.6万亩，累计达71.8万亩。新增农民合作社358家，累计达2126家。新增土地股份合作社100家，累计达764家。全年共引进推广农业新品种228个。累计建成农业科技园区8个。

（三）工业和建筑业

全年规模以上工业企业实现工业总产值12647.14亿元，比上年增长10.3%。其中国有及国有控股企业增长11.3%，私营企业增长13.8%。分轻重工业看，轻工业实现产值2560.33亿元，增长21.4%，重工业实现产值10086.81亿元，增长7.8%。

分行业看，全市37个工业大类行业中有28个行业的工业产值比上年增长。工业产值超百亿的行业达21个，实现产值12129.17亿元，占全市工业总产值的比重为95.9%。计算机、通信和其他电子设备制造业，化学原料和化学制品制造业，汽车制造业，石油加工、炼焦和核燃料加工业四个行业实现的工业总产值均超千亿，分别达到2172.61亿元、1783.90亿元、1637.40亿元、1083.23亿元。

分企业看，全市工业产值超十亿的企业为156家，实现产值8860.88亿元，占全市工业产值的比重为70.1%。中国石化股份有限公司金陵分公司全年实现产值首次超千亿元。占全市规模以上工业企业总数78.4%的小型企业全年完成工业总产值3838.79亿元，比上年增长14.9%，增幅高于全市平均水平4.6个百分点。

分产品看，在全市统计的217种主要工业产品中，有六成产品产量比上年增长。

全年规模以上工业企业实现产品销售产值12469.24亿元，比上年增长10.6%，工业产品销售率为98.59%。规模以上工业企业实现出口交货值1390.19亿元，增长6.3%。

全年规模以上工业企业实现主营业务收入12428.16亿元，比上年增长10.5%；实现工业利税1420.87亿元，增长23.1%；实现利润751.27亿元，增长35.1%。亏损企业亏损额63.52亿元，下降32.2%。全年37个工业行业大类中有36个行业实现不同程度的盈利。

全年实现建筑业增加值452.95亿元，按照可比价计算，比上年增长11.0%。全市具有资质等级的总承包和专业承包建筑业企业完成建筑业总产值3128.16亿元，比上年增长18.2%，其中在外省完成建筑业总产值1073.79亿元，增长9.0%。建筑业竣工产值2145.95亿元，增长32.2%。

（四）服务业

1. 国内贸易

全年实现社会消费品零售总额3531.73亿元，比上年增长13.8%。按行业分，批发和零售业零售额3203.34亿元，增长14.7%；住宿和餐饮业零售额300.83亿元，增长4.8%。

在限额以上批发和零售业主要经营类别中，汽车零售额475.15亿元，比上年增长9.9%；石油及制品零售额289.40亿元，增长19.1%；食品、饮料、烟酒类零售额223.51亿元，增长9.7%；服装、鞋帽、针纺织品类零售额222.22亿元，增长11.8%；中西药品零售额172.19亿元，增长19.3%；家用电器和音像器材零售额117.22亿元，增长5.1%；金银珠宝类零售额74.46亿元，增长25.2%。

2. 交通运输和邮电

全年货物运输总量44052.08万吨，比上年增长4.9%。货物运输周转量5080.46亿吨公里，增长9.9%。全年港口货物吞吐量20201.19万吨，增长5.2%，其中外贸货物吞吐量2204.40万吨，增长26.5%。港口货物吞吐量中，集装箱吞吐量达266.92万标准箱，增长16.1%。

全年旅客运输总量49407.11万人次，比上年增长6.8%。旅客运输周转量453.32亿人公里，增长9.4%。

年末民用汽车拥有量达到140.41万辆，比上年增长19.3%，其中本年新注册24.59万辆。年末私人汽车拥有量117.73万辆，增长22.2%。年末私人轿车拥有量86.63万辆，增长22.4%，其中本年新注册16.85万辆。

全年完成新改扩建公交场站(首末站)18座；优化调整43条公交线路，新辟公交专用道7条、总长度达20公里；新辟18条公交线路，延长33条公交线路服务时间。

全年出租车总数达10055辆。公交车运营车辆总数6946辆。全市公交车运营车数8569标台，地铁1200标台。

全年完成邮电业务总量146.53亿元，比上年增长8.7%。其中，邮政业务总量9.09亿元，电信业务总量137.44亿元，分别增长2.4%和9.1%。全年完成邮电业务收入(现价，下同)129.03亿元，比上年增长11.2%。其中，邮政业务收入10.82亿元，电信业务收入118.21亿元，分别增长11.0%和11.2%。

年末拥有移动电话用户1206.70万户，比上年末净增53.60万户。年末固定电话用户288.15万户，比上年末减少0.77万户。年末国际互联网用户数达323.18万户，比上年末净增53.55万户。

3. 旅游业

全年实现旅游总收入1360.67亿元，比上年增长15%。接待海内外旅游者8725.87万人次，增长9.1%。其中，接待国内旅游者8674.01万人次，增长9.1%；接待入境旅游者51.86万人次，下降6.6%。全年实现国际旅游创汇收入4.01亿美元，下降7.3%。经旅行社组织出境旅游人数54.23万人次，增长7.1%。年末全市拥有星级宾馆饭店117家。拥有5A级旅游景区2个，4A级旅游景区13个。拥有各类旅行社557家，其中具有组织出境游资质的旅行社33家。

4. 金融和保险

年末全市金融机构本外币各项存款余额为18417.90亿元，比年初增加1838.77亿元。其中，居民储蓄4955.76亿元，比年初增加407.48亿元；单位存款12083.41亿元，比年初增加1076.96亿元。年末全市金融机构本外币贷款余额14538.65亿元，比年初增加1303.05亿元。其中，短期贷款4844.91亿元，比年初增加24.16亿元；中长期贷款8932.85亿元，比年初增加1155.31亿元。

全年实现保费收入264.75亿元，比上年增长12.3%。其中，人身险收入170.56亿元，增长10.4%；财产险收入94.19亿元，增长11.8%。全年累计赔付额84.43亿元，比上年增长24.5%。其中，人身险赔付29.68亿元，增长36.3%，财产险赔付54.74亿元，增长16.4%。

5. 房地产业

全年房地产开发投资完成1120.18亿元，比上年增长10.3%，其中住宅投资773.99亿元，增长14.4%。继续推进安居保障建设，全市保障房新开工314万平方米、竣工557万平方米、在建992万平方米。

(五) 开放型经济

1. 对外贸易

全年完成进出口总额557.57亿美元，比上年增长0.9%。其中，出口总额322.66亿美元，增长1.1%。

从出口商品市场看，对亚洲、欧洲、北美洲三大主体市场全年完成出口额268.52亿美元，比上年

增长 3.0%，占全市出口总额比重为 83.2%。

从出口商品构成看，全年高新技术产品出口 62.73 亿美元，比上年下降 21.4%，占全市出口总额比重为 19.4%。机电产品出口完成 158.30 亿美元，比上年下降 6.3%，占全市出口总额比重为 49.1%。

2. 利用外资

全年新批外商投资企业 336 个，比上年下降 27.1%。新批注册合同外资金额 53.59 亿美元，下降 12.4%。实际使用外资 40.33 亿美元，下降 1.9%。其中，第二产业实际使用外资 14.35 亿美元，下降 27.9%；第三产业实际使用外资 25.95 亿美元，增长 21.7%。

3. 对外经济

全年对外承包劳务合作合同金额为 32.53 亿美元，比上年增长 20.0%；实际完成对外承包劳务营业额 23.50 亿美元，比上年增长 5.2%。年末在外劳务人数达 11863 人，比上年末增长 1.9%。

二、南京市 2013 年社会发展概况

（一）人口、人民生活

年末全市常住人口为 818.78 万人，比上年末增加 2.68 万人，增长 0.3%。在常住人口中，0—14 岁人口为 79.55 万人，15—64 岁人口为 657.95 万人，65 岁及以上人口为 81.28 万人。年末全市户籍总人口为 643.09 万人。

根据对城市住户的抽样调查，全年城市居民人均可支配收入达到 38531 元，名义增长 9.8%，扣除物价影响实际增长 6.9%；城市居民人均可支配收入中位数为 36200 元。城市居民人均消费性支出 24591 元，增长 9.2%，其中食品支出占比为 33.02%。根据对农村住户的抽样调查，全年农村居民人均纯收入达 16531 元，名义增长 11.8%，扣除物价影响实际增长 9.1%；农村居民人均纯收入中位数为 14513 元。农村居民人均生活消费性支出 12392 元，增长 11.5%，其中食品支出占比为 36.74%。

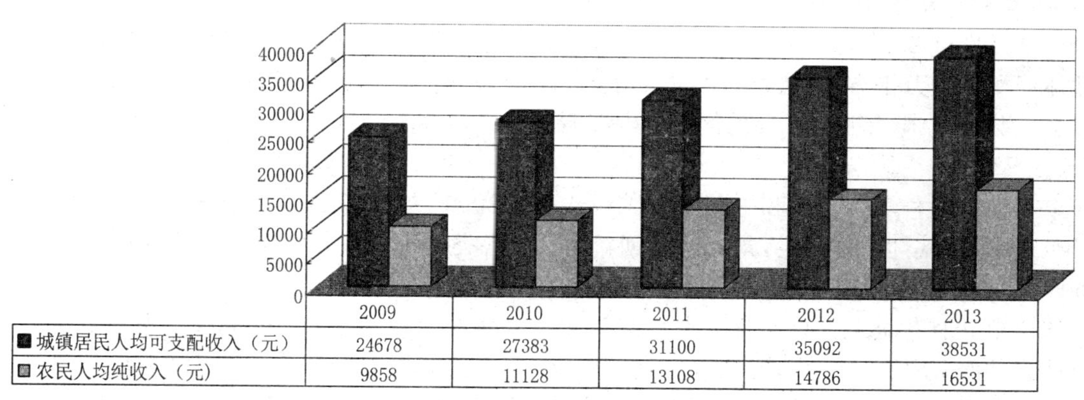

	2009	2010	2011	2012	2013
城镇居民人均可支配收入（元）	24678	27383	31100	35092	38531
农民人均纯收入（元）	9858	11128	13108	14786	16531

图 3　2009—2013 年南京市城乡居民收入对比一览

（二）就业和社会保障

全年城镇新增就业人数 20.24 万人。年末城镇登记失业率为 2.67%，略低于上年末的 2.69%。全年培育自主创业者 1.5 万人，实现再就业 10.21 万人，援助困难人员再就业 1.35 万人。全年建成

13家大学生创业园，大学生创业人数近3000人。

年末全市城镇社会保险五大险种累计参保人数为1360.92万人，比上年末新增64.92万人。城乡基本养老保险和城乡当年医疗保险覆盖率分别达到98.3%和98.1%。高淳、溧水两区失业保险纳入市级统筹。企业退休人员人均养老金提高到2285元。完善被征地农民老年生活保障和住房保障政策。花岗、岱山、丁家庄、上坊等四大保障房片区8万套保障房基本具备交付条件。城乡居民享受最低生活保障11.3万人，享受国家抚恤、补助等各类优抚人员19959人。

年末全市福利收养单位拥有床位4.67万张，比上年增加0.65万张；收养人员2.15万人，增加0.21万人。其中：社会福利院拥有床位4.38万张，收养人员1.96万人。全年新增养老床位5285张，建成社区(村)居家养老服务中心1248个。

（三）教育和科学技术

1. 教育

在宁普通高等学校54所，在校学生(不含研究生)71.16万人，比上年减少0.79万人。在宁高校及研究生培养机构在校研究生9.94万人，比上年增加0.37万人。

全市共有普通中学218所，在校学生22.43万人，比上年减少0.64万人；中等职业学校(含成人中专)31所，在校学生8.17万人，比上年减少0.19万人。初中毕业生升学率为99.76%。共有普通小学339所，在校学生32.14万人，比上年增加1.42万人。全市已有小班化教育的中小学177所。全市拥有建制幼儿园564所，在园幼儿17.55万人。

幼儿教育助学券对包括流动子女在内的全市14.92万符合条件的在园适龄幼儿，按照每人每年2000元标准享受政府发放的幼儿助学券，投入经费达2.98亿元。

接纳义务教育阶段进城务工人员随迁子女7.47万人。其中进入公办学校就读的人数占全市进城务工人员随迁子女就读总人数的97.5%，在上年提升1.42个百分点的基础上，2013年再提高0.6个百分点。

2. 人才、科学技术和创新

全市重点推进20个片区、50平方公里紫金科技创业特别特区建设，累计投入建设资金260亿元，建成载体面积420万平方米，搭建专业技术平台61个、战略性新兴产业创新中心31个、综合服务平台112个。截至2013年底，20个科创特区内在孵企业超过3000家，集聚科技企业1400家，入驻“321计划”人才920人。

年末在宁中国科学院院士和中国工程院院士分别为48人和35人。共有省、市级企业院士工作站63家，进站“两院”院士73名，集聚院士创新团队的各类高级专家330名。全年新增世界500强和中国500强企业研发机构21家，累计达到58家。

年末全市共有各级工程技术研究中心411家。其中国家级17家、省级290家、市级104家。共有省市科技公共服务平台116家，省级以上重点实验室73家，其中国家重点实验室25家。

全年南京地区共有32项重大科技成果获得国家科学技术奖励，其中获得国家自然科学奖二等奖5项；获得国家技术发明奖二等奖8项；获得国家科技进步奖特等奖1项、一等奖4项、二等奖14项。

全年完成专利申请量55094件，其中发明专利申请22482件，分别比上年增长28.9%和37.0%。完成专利授权量19484件，其中发明专利授权量4729件，分别比上年增长4.7%和6.6%。全年企业发明专利申请量7530件，增长32%；企业发明专利授权量1417件，增长15.3%。

全年共签订各类技术合同21549项，比上年增长9.5%。技术合同成交总额169.83亿元，增长16.8%。新增技术贸易机构130家。

（四）文化、卫生和体育

1. 文化

年末全市共有文化馆14个，公共图书馆15个，博物馆50个。新增全国重点文物保护单位22处，新增江苏省历史文化名村2个，创建江苏省文化产业示范基地(园区)2个。

全市有线电视总用户248.05万户，广播电视数字化整体转换工作累计完成179.13万户。广播综合人口覆盖率和电视综合人口覆盖率均达到100%。

年末拥有艺术表演团体13个。组织实施“送科技书籍、送戏、送电影”下乡工程，全年送图书7.3万册，送演出616场，送电影9013场。组织对外文化交流28批次，涉及32个国家和地区。开展广场文化活动2.1万场。

全年完成13个“示范文化站”、132个“文化室示范点”建设。实施文化惠民“百千万行动计划”，举办2013“点燃梦想”百场公益演出广场行、第十三届南京文化艺术节等系列品牌文化活动。成功举办第二届“尼日利亚文化周”。

2. 卫生

年末全市共有各类卫生机构2315个，其中医院、卫生院208个，疾病预防控制中心20个，妇幼卫生保健机构14个。各类卫生机构共有床位数4.18万张，其中医院、卫生院床位数3.72万张。各类卫生机构共有卫生技术人员5.80万人，其中执业(助理)医师2.07万人，注册护士2.54万人。

全市累计建成社区卫生服务中心(卫生院)、社区卫生服务站657个，村卫生室203个。社区卫生服务城市人口覆盖率达到100%。全市共建立惠民医院13所，接待门诊病人4.8万人次，减免费用1000多万元。

3. 体育

广泛开展以迎亚青、迎青奥为主题的元旦健身长跑、9·29步行日等全民健身活动，达1000多项次，参与群众达100多万人次。完善全民健身服务体系建设，更新城乡社区全民健身老旧器材近300套；继续为四大片区保障房配套体育设施。稳步推进健身(登山)步道建设，累计建成320多公里。城市社区“10分钟体育健身圈”覆盖率达91%。

全面推进亚洲体育中心城市和世界体育名城建设。重点筹办NBA亚太精英篮球训练营、WTA女子网球挑战赛、亚洲体育舞蹈锦标赛、国际公路自行车赛和中国(南京)啦啦操公开赛五项国际体育赛事活动，来自34个国家和地区的6150名运动员参赛，产生了较大的国际影响。成功举办亚青会，来自亚洲45个国家和地区的2406名运动员参加16个大项、122个小项的比赛，南京籍运动员获2枚金牌、1枚银牌。南京女子网球小将王亚繁代表中国参加天津东亚运动会，摘得女单冠军。第十二届全国运动会中，南京籍运动员共获得18.5枚金牌、18枚银牌、21枚铜牌、总分984.75的优异成绩。

（五）城乡统筹

城市功能品质稳步提升。民生以及基础设施建设等重点领域的投资得到加强，人居质量不断提升，城市现代化建设进程进一步加快。河西青奥村、海峡城等重点项目进展顺利，宁杭城际铁路开通运营，地铁3号线、4号线、10号线一期、宁高城际一期、宁天城际一期、宁和城际一期建设加快推进，溧马高速公路建成通车，122省道、江北大道、宁滁快速通道、宁高新通道等城乡大通道加快实施，纬三路过江隧道等建设进展顺利，城西干道、江东路快速化改造及南京南站枢纽快速环线工程基本完成。江宁织造博物馆、老城南门东片区箍桶巷示范街、南京书画院、金陵美术馆、老城南记忆馆建成开放，六朝博物馆、科举博物馆、大报恩寺遗址公园、牛首山遗址公园等建设有序推进。实施城市治理条例，动迁拆违治乱整破年度任务顺利完成。全年基础设施投资完成1172.73亿元，比上年增长23.8%。轨道交通在建里程达210公里。新改建供水管网200公里、燃气管网160公里。江南六区(原江南八区)46个项目的城中村和危旧房改造共搬迁居民近1.6万户、工企单位500多家，拆除房屋面积350万平方米。全年完成街巷整治出新135条、农贸市场改造45个、小区出新70个、房屋整治863幢。

郊区发展步伐加快。江北新区完成战略规划。新建和改造农村公路283公里。郊区先进制造业基地加快建设，桥林汽车产业园、液晶谷、未来网络谷、智能电网集聚区等一批重点项目加快推进。启动"美丽乡村"五大片区规划建设，新增造林面积7.6万亩。高淳、溧水实现引江供水。完成长江干堤加固工程，以及30万亩农田水利建设。重点推进10个统筹城乡试点镇街等45万亩土地综合整治，全年完成3510个村庄环境整治。截至2013年底，全市7992个村庄整治任务全部完成。城市化水平稳步提升，城市化率达到80.5%，比上年提高0.27个百分点。郊区经济实力不断增强，七个郊区(浦口、栖霞、雨花台、江宁、六合、溧水、高淳，下同)共实现地区生产总值4120.88亿元，占全市GDP的比重达到51.4%，比上年提高1.5个百分点。按可比价格计算，增长12.3%，增幅高于全市1.3个百分点。

(六) 节能减排和生态环境

全年全社会用电量426.67亿千瓦时，比上年增长8.9%。其中，工业用电量286.71亿千瓦时，增长7.9%。全市规模以上工业综合能源消费量3517.22万吨标准煤，比上年增长1.1%，增速比上年回落0.9个百分点，低于规模以上工业增加值可比价增速9.9个百分点。每万元产值能耗为0.2782吨标煤，比上年下降8.4%。从消耗的主要能源品种看：原煤2812.85万吨，下降1.6%；原油2472.30万吨，增长16.7%；天然气22.83亿立方米，下降0.4%。根据国家统计目录，规模以上年耗能万吨及以上工业企业统计的35种产品单耗项目中，有23种产品单耗较上年下降。截至2013年底，全市完成重点节能改造和循环经济项目86个，完成"三高两低"企业整治140家。工业主要污染物中，全年二氧化硫(SO2)排放量比上年下降7.7%，废水中化学需氧量(COD)排放量比上年下降5.4%。

实施蓝天清水工程。扎实推进板桥地区、大厂地区以及金陵石化周边工业污染综合整治。启动紫金山——玄武湖文化旅游示范区规划建设，明外郭——秦淮新河百里风光带、滨江风光带等建设加快。主城区垃圾分类全面推开。江南、江北两个环保产业园及其配套工程建设进展顺利。加快推进河西地区、城东、内秦淮河流域、南北十里长沟等地区的水环境整治工程。重点推进37条黑臭河道整治，取得阶段性成效。完成绿博园一期、江心洲示范段、鼓楼宝船厂北段、下关滨江试验段、浦口新城江滩公园一期、高新区一标段和三标段、浦口区段等滨江风光带建设。基本完成环紫金山、明城墙沿线等100公里绿道建设。通过国家生态市技术评估。创成国家森林城市。按新标准评价，全年空气质量优良天数202天，优良率55.3%。累计创建国家生态乡镇44家、生态村(社区)378个。

三、南京市在长三角地区经济发展中的地位

2013年，面对复杂的外部环境和自身结构调整的双重挑战，全市上下冷静思考、沉着应对，紧紧围绕率先基本实现现代化目标，强化"稳增长、调结构、促转型、惠民生"的发展理念，坚持"稳中求进，稳中提质"的主基调，以重大项目为抓手，以新兴产业项目为主导，以民生工程为着力，努力扩大有效投入，全市固定资产投资在结构调整中稳步攀升，总量迈上新台阶，对促进全市经济平稳增长，产业结构优化，人民生活改善等方面做出了重要贡献。

2009—2013年南京市地区生产总值在长三角所占比重分别为5.84%、5.94%、6.11%、6.61%和

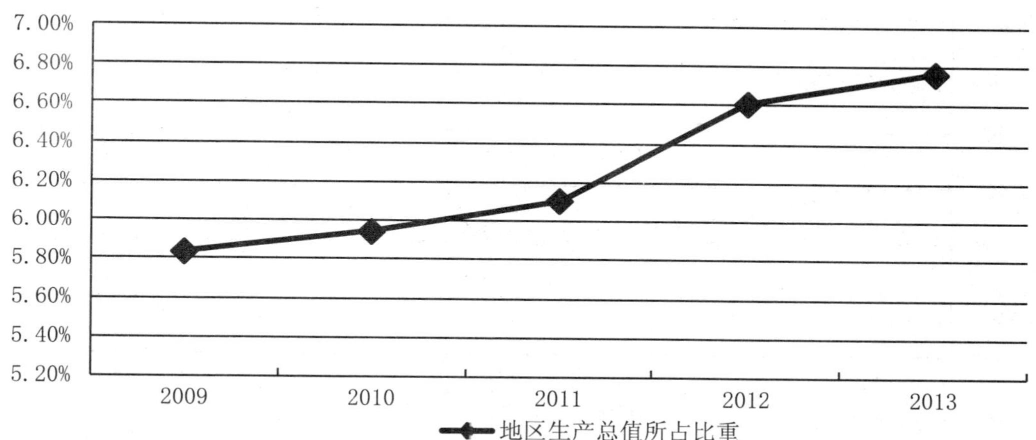

图 4　2009—2013 年南京市地区生产总值在长三角所占比重的变化趋势

6.77%，连续五年增加。2013 所占比重比 2009 年增加了 0.93 个百分点。2011 年南京市地区生产总值在长三角地区 25 个市(苏浙两省 24 个地级市和上海市，下同)中比上年保持不变，排名第 5 位。

2013 年，南京市全年实现地区生产总值 8011.78 亿元，按可比价格计算，比上年增长 11.0%。其中，第一产业增加值 204.64 亿元，增长 3.4%；第二产业增加值 3450.58 亿元，增长 11.1%，其中全部工业增加值 2997.63 亿元，增长 11.1%；第三产业增加值 4356.56 亿元，增长 11.3%。按常住人口计算，人均地区生产总值为 98011 元，按平均汇率折算达到 15827 美元。

三次产业增加值比例为 2.3∶43.3∶54.4。全年规模以上工业企业完成高新技术产业产值 5419.13 亿元，占全市规模以上工业总产值的比重为 42.8%。工业结构调轻调优，全年重工业总产值占全市规模以上工业的比重为 79.8%，比上年回落 2.6 个百分点。服务业发展水平进一步提升，第三产业增加值增速快于第二产业 0.2 个百分点，第三产业增加值占全市 GDP 的比重比上年提高 1 个百分点。其中，金融业实现增加值 846.20 亿元，占全市 GDP 的比重为 10.6%，比上年提高 0.6 个百分点。文化产业实现增加值 432.6 亿元，占全市 GDP 的比重为 5.4%，比上年提高 0.3 个百分点。经济发展活力持续增强，全年民营经济实现增加值 3270 亿元，占全市 GDP 的比重为 40.9%，比上年提高 1 个百分点。

2009—2013 年南京市地方财政一般预算收入在长三角所占比重分别为 5.49%、5.43%、5.41%、5.62%和 5.74%，所占比重以 2011 年为分水岭，2011 年后连续两年上涨，五年间增幅为 0.25 个百分点。2012 年南京市地方财政一般预算收入在长三角地区 25 个市中与上年相比下降一位，排名第 5 位。

2013 年，全年实现财政总收入 1591.59 亿元，比上年增长 11.5%。其中，公共财政预算收入 831.31 亿元，增长 13.4%。

在公共财政预算收入中，各项税收收入完成 684.47 亿元，比上年增长 13.5%，占公共财政预算收入的比重为 82.3%。全年公共财政预算支出 851.01 亿元，比上年增长 10.6%。

2009—2013 年南京市规模以上工业总产值在长三角所占比重分别为 4.89%、4.96%、5.27%、5.37%和 5.51%，呈持续猛增态势，五年时间累计上升 0.62 个百分点，其中 2013 年比上年增加 0.14 个百分点。2013 年南京市规模以上工业总产值在长三角地区 25 个市中排名第 5 位，与去年比上升了一位。

2013 年，全年规模以上工业企业实现产品销售产值 12469.24 亿元，比上年增长 10.6%，工业产

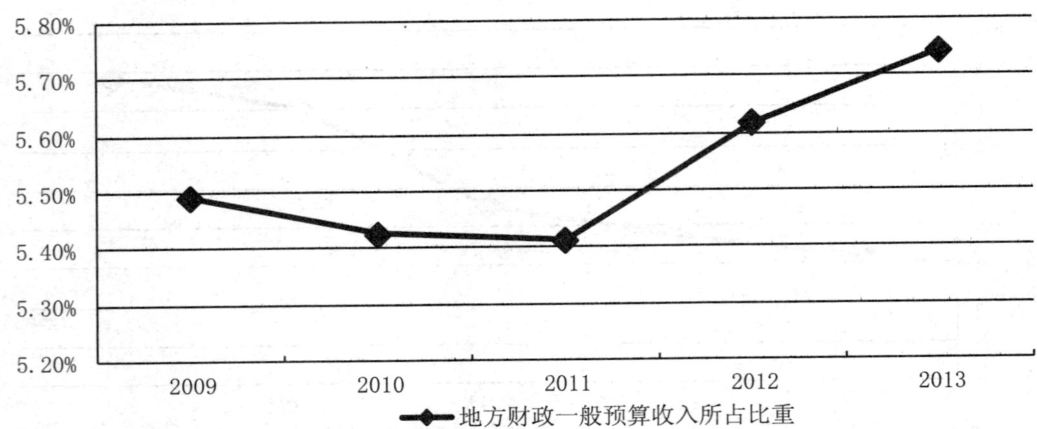

图 5 2009—2013 年南京市地方财政一般预算收入在长三角所占比重的变化趋势

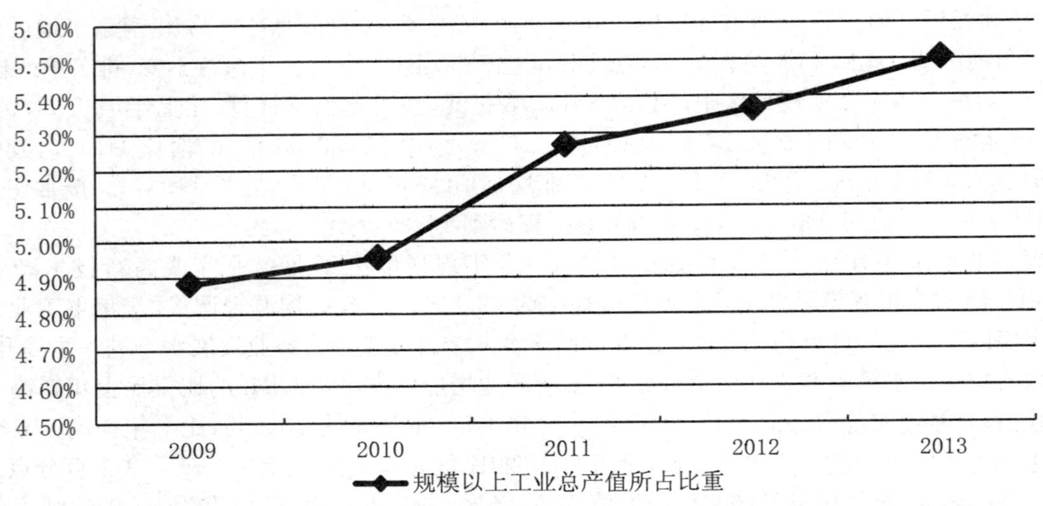

图 6 2009—2013 年南京市规模以上工业总产值在长三角所占比重的变化趋势

品销售率为 98.59%。规模以上工业企业实现出口交货值 1390.19 亿元，增长 6.3%。

全年规模以上工业企业实现主营业务收入 12428.16 亿元，比上年增长 10.5%；实现工业利税 1420.87 亿元，增长 23.1%；实现利润 751.27 亿元，增长 35.1%。亏损企业亏损额 63.52 亿元，下降 32.2%。全年 37 个工业行业大类中有 36 个行业实现不同程度的盈利。

全年实现建筑业增加值 452.95 亿元，按照可比价计算，比上年增长 11.0%。全市具有资质等级的总承包和专业承包建筑业企业完成建筑业总产值 3128.16 亿元，比上年增长 18.2%，其中在外省完成建筑业总产值 1073.79 亿元，增长 9.0%。建筑业竣工产值 2145.95 亿元，增长 32.2%。

2009—2013 年南京市进出口总额在长三角所占比重分别为 4.20%、4.19%、4.47%、4.26%和 4.20%，呈波浪式起伏。五年中，2011 年呈最大涨幅，2013 年所占比重与 2009 年相持平，2013 年较 2012 年下降了 0.06 个百分点。2013 年南京市进出口总额在长三角地区 25 个市中排名第 6 位，与上年保持一致。

2013 年，南京市全年完成进出口总额 557.57 亿美元，比上年增长 0.9%。其中，出口总额 322.66

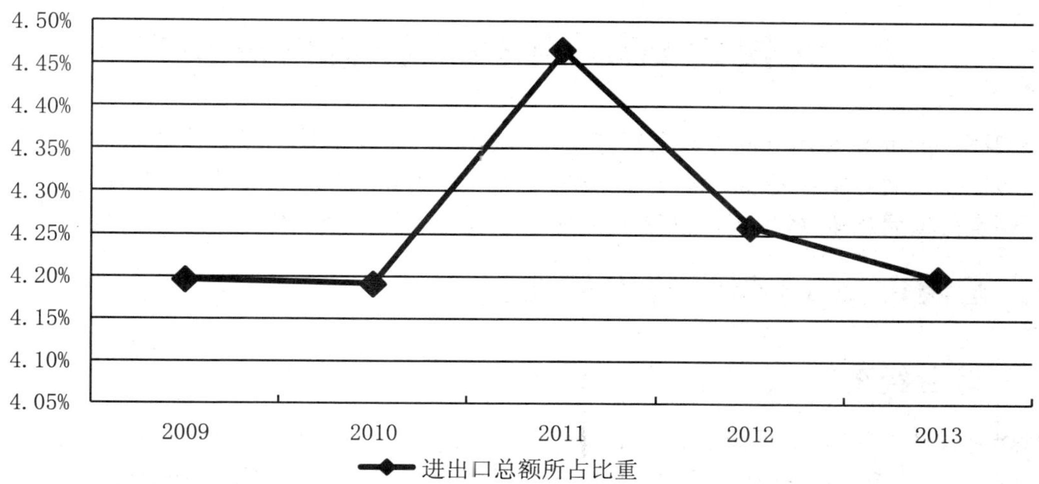

图 7　2009—2013 年南京市进出口总额在长三角所占比重的变化趋势

亿美元，增长 1.1%。

从出口商品市场看，对亚洲、欧洲、北美洲三大主体市场全年完成出口额 268.52 亿美元，比上年增长 3.0%，占全市出口总额比重为 83.2%。

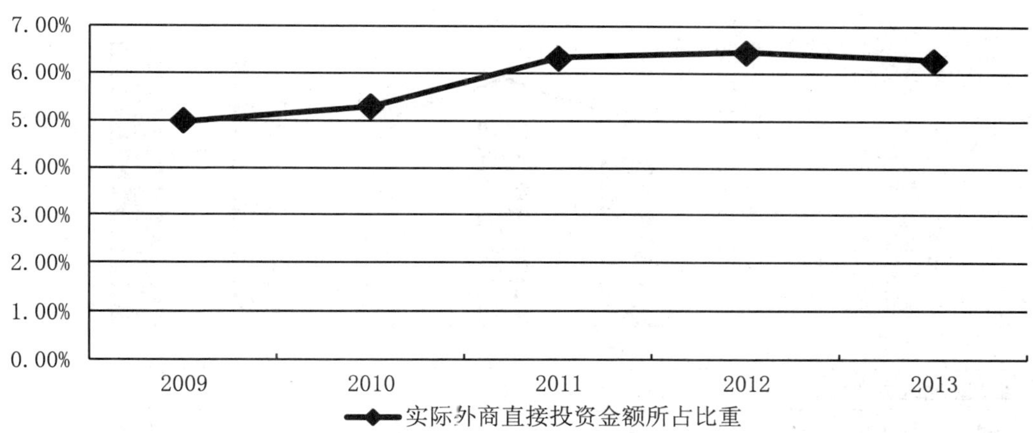

图 8　2009—2013 年南京市实际外商直接投资金额在长三角所占比重的变化趋势

2009—2013 年南京市实际外商直接投资金额在长三角所占比重分别分 4.98%、5.29%、6.32%、6.45%和 6.28%，在连续三年持续增长情况下，2013 年出现小幅下降，较上年下降了 0.17 个百分点。2013 年南京市实际外商直接投资金额在长三角地区 25 个市中排名第 4 位，与去年相比，维持稳定。

2013 年，南京市全年新批外商投资企业 336 个，比上年下降 27.1%。新批注册合同外资金额 53.59 亿美元，下降 12.4%。实际使用外资 40.33 亿美元，下降 1.9%。其中，第二产业实际使用外资 14.35 亿美元，下降 27.9%；第三产业实际使用外资 25.95 亿美元，增长 21.7%。

全年对外承包劳务合作合同金额为 32.53 亿美元，比上年增长 20.0%；实际完成对外承包劳务营业额 23.50 亿美元，比上年增长 5.2%。年末在外劳务人数达 11863 人，比上年末增长 1.9%。

三　无锡市 2013 年经济社会发展报告

2013 年是全面贯彻落实党的十八大精神的开局之年，也是在增长阶段转换背景下加快发展方式转变的关键之年。面对错综复杂的国内外形势，市委、市政府认真贯彻落实中央、省有关政策措施，经济社会呈现良好发展态势，各项工作取得新进展，现代化建设迈出新步伐。

一、无锡市 2013 年经济发展概况

（一）综合经济

坚持科学发展不动摇，认真按经济规律办事，充分发挥企业主体作用和政策引导作用，切实加大有效投入，挖掘消费潜力，开拓国际市场，全力推动经济稳定健康发展，努力使经济运行保持在合理区间。

1. 经济总量

国民经济运行平稳。全市实现地区生产总值 8070.18 亿元，按可比价格计算，比上年增长 9.3%。按常住人口计算人均生产总值达到 12.46 万元，按现行汇率折算达到 2.04 万美元，继续名列全省首位。

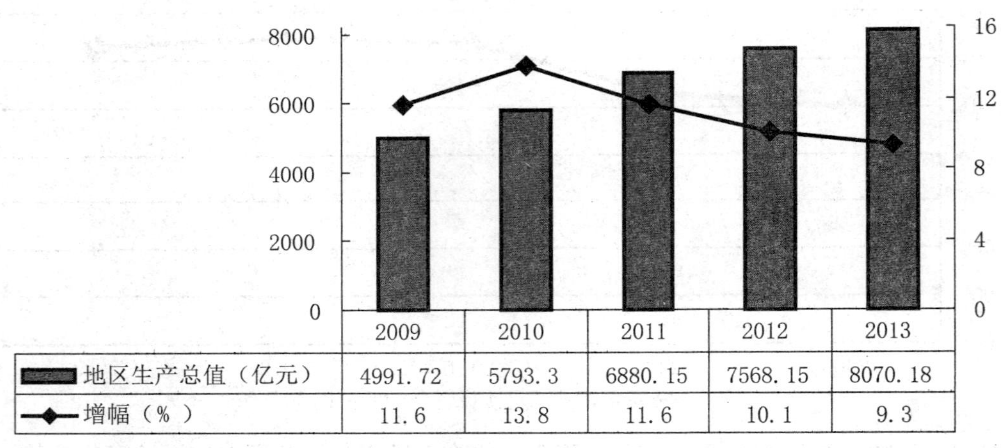

	2009	2010	2011	2012	2013
地区生产总值（亿元）	4991.72	5793.3	6880.15	7568.15	8070.18
增幅（%）	11.6	13.8	11.6	10.1	9.3

图 1　2009—2013 年无锡市地区生产总值及增长速度

产业结构优化升级。全市实现第一产业增加值 148.53 亿元，第二产业增加值 4207.43 亿元，第三产业增加值 3714.22 亿元，三次产业比例调整为 1.8∶52.2∶46.0。

新兴产业加快发展。全市新兴产业实现总产值（营业收入）8073.73 亿元，同比增长 14.1%。其中物联网与云计算产业增长 47.2%；高端装备制造和工业设计产业增长 15.5%；生物技术和新医药产业增长 17.1%；软件和服务外包产业增长 32.0%。

2. 财政收支

财政收入持续增加。全市公共财政预算收入 710.91 亿元，比上年增长 8.0 %。财政支出结构继续调整。公共财政预算支出 711.49 亿元，比上年增长 9.7%；社会保险基金支出 217.11 亿元，比上年增长 24.0%。

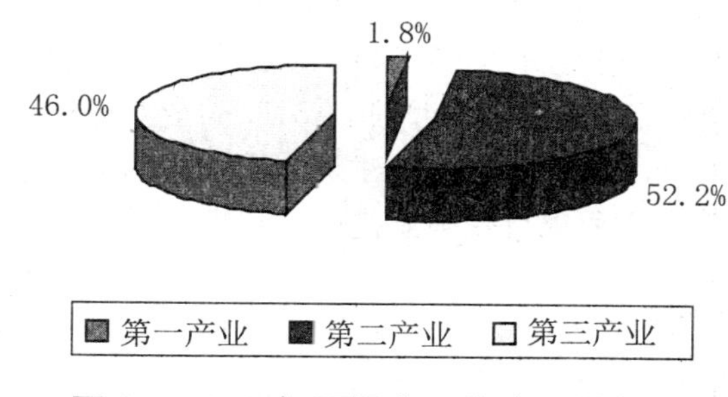

图 2　2013 年无锡市三次产业结构图

3. 物价水平

市场物品及服务价格小幅上涨。全年市区居民消费价格指数为 102.1，比上年回落了 0.4 个百分点。其中服务项目价格指数为 101.4，消费品价格指数为 102.4，商品零售价格指数为 101.7。

4. 固定资产投资

固定资产投资较快增长。全年固定资产投资完成 4015.77 亿元，比上年增长 18.2%。分产业投向：第一产业投资 16.04 亿元，比上年增长 5.2%，第二产业投资 1567.35 亿元，比上年增长 16.4%，第三产业投资 2432.38 亿元，比上年增长 19.1%。分注册类型：国有经济投资 741.68 亿元，比上年增长 4.0%，三资经济投资 604.55 亿元，比上年增长 8.5%，其他经济投资 2669.54 亿元，比上年增长 20.4%。全年城镇固定资产投资建成投产项目 2144 个，项目建成投产率为 78.1%；新增固定资产 2897.56 亿元，固定资产交付使用率为 72.2%。

（二）农业和农村建设

加快建设国家现代农业示范区，设立现代农业发展基金，农业园区化面积比重较上年提高 8 个百分点，列入首批全国农业农村信息化示范基地，农业基本现代化水平居全省前列。

农业生产发展平稳。优化农产品供应结构，有效保障市场需求。全年粮食总产量 79.64 万吨，比上年下降 2.5%；油料总产量 8953 吨，比上年增长 3.5%，其中油菜籽 7759 吨，比上年增长 3.8%；蚕茧总产量 72 吨，比上年下降 6.5%；茶叶总产量 6049 吨，比上年下降 9.1%；水果总产量 17.01 万吨，比上年增长 9.6%。

种植业结构发生变化。全年粮食种植面积为 112 千公顷，比上年减少 3.12 千公顷；油料种植面积为 4.25 千公顷，比上年减少 0.15 千公顷；蔬菜种植面积 46.94 千公顷，比上年增加 0.52 千公顷；水果种植面积 15.81 千公顷，比上年增加 0.27 千公顷。

林牧渔业生产发展稳定。主要畜产品中，肉类总产量 10.32 万吨，比上年下降 5.8%，其中猪牛羊肉 7.33 万吨，比上年下降 1.3%；禽蛋总产量 2.53 万吨，比上年下降 13.5%；奶牛存栏 0.67 万头，比上年下降 16.3%；全年水产品产量 12.68 万吨，比上年增长 0.6%。

（三）工业和建筑业

工业生产稳步增长。全市规模以上工业企业实现增加值 3057.34 亿元，比上年增长 7.0%。分轻重工业看，轻工业实现增加值 631.51 亿元；重工业实现增加值 2425.83 亿元。全市统计的 244 只主要工业产品中，产品产量比上年增长的有 138 只，占全市统计产品数的 56.6%。在全市跟踪统计的 22 种重点产品中，有 13 种产品的产量实现增长。

工业经济效益稳步提高。全市规模以上工业实现主营业务收入 14450.48 亿元；产品销售率 97.78%；工业企业实现利税 1123.39 亿元；利润 741.88 亿元；工业经济综合效益指数达到 246.33%。

建筑业稳步发展。全年全社会建筑业完成增加值 313.86 亿元，比上年增长 5.9%；实现建筑业总产值 644.06 亿元，比上年增长 15.8%。施工房屋建筑面积 5240.57 万平方米。2 个建设工程项目获中国建设工程"鲁班奖"，2 个建设工程项目获国家优质工程银质奖，103 个建设工程项目获无锡市"太湖杯"优质工程奖。

（四）服务业

实施服务业发展超越工程，不断提升传统商贸优势，大力发展现代服务业，加快推进电子商务发展，服务业增加值占地区生产总值比重较上年提高 0.8 个百分点，恒隆广场、苏宁广场、百联奥特莱斯广场等一批城市商贸综合体开业，无锡（国家）数字电影产业园正式启用。

1. 国内贸易

2013 年无锡市消费品市场增势稳定。全年实现社会消费品零售总额 2759.98 亿元，比上年增长 12.9%。其中，城镇零售额 2382.94 亿元，比上年增长 13.3%，乡村零售额 357.98 亿元，比上年增长 10.4%；批发和零售业零售额 2535.82 亿元，比上年增长 13.2%，住宿和餐饮业零售额 205.10 亿元，比上年增长 9.4%。在限额以上批发和零售业零售额中，书报杂志类增长 25.1%，金银珠宝类增长 26.5%，家具类增长 30.9%，建筑及装潢材料类增长 55.4%，家用电器和音像器材类增长 19.9%。

2. 交通运输和邮电业

交通运输能力稳步提升。年末全社会拥有车辆 145.20 万辆，比上年增长 5.9%。其中汽车 113.86 万辆，比上年增长 12.3%。私人汽车又有较快发展，年末达到 88.35 万辆，比上年增加 13.03 万辆。

客货运量保持增长。全年完成客运量 25977.83 万人次，比上年增长 4.3%；完成货运量 18398.04 万吨，比上年增长 10.1%。全市港口货物吞吐量 20880.68 万吨，比上年下降 1.9%。苏南硕放国际机场全面对外开放取得突破，成功开通至新加坡国际航线，境外航线增加至 9 条，国内航线增加至 34 条，机场旅客吞吐量达 359 万人次，同比增长 10.9%。其中出入境游客吞吐量 36.58 万人次，比上年下降 1.2%。

邮电通讯稳定发展。全年邮电业务总量 98.04 亿元。邮政服务门类增多，投递速度加快。全年发送函件 7105 万件，比上年下降 17.2%。城乡固定电话用户 202.02 万户。移动电话用户达到 923.87 万户，比上年增加 21.73 万户。计算机互联网用户达到 184.05 万户。

3. 旅游业

旅游业发展加快。全年共接待国内游客 6993.57 万人次，比上年增长 9.9%；接待旅游、参观、访问及从事各项活动的入境过夜旅游者 39.12 万人次，比上年下降 19.2%。旅游总收入达 1132.40 亿元，比上年增长 12.3 %。全市拥有年接待游客 10 万人以上的景区 51 个，国家 5A 级景区 3 家，国家 4A 级景区 20 家，3A 级景区 9 家，2A 级景区 15 家。创建农业旅游点 11 个。年末全市星级宾馆已达 60 家，其中五星级宾馆 11 家，四星级宾馆 18 家。全市拥有旅行社 156 家，其中出境游组团社 16 家。

4. 金融、保险和证券

金融存贷款规模扩大。年末金融机构各项本外币存款余额达 11641.96 亿元，比上年增长 8.4 %；各项本外币贷款余额 8565.39 亿元，比上年增长 6.7 %。存款中，单位存款余额 7000.79 亿元，比上年增长 5.4 %；城乡居民储蓄存款余额 4120.67 亿元，比上年增长 9.5 %。贷款中，短期贷款

4517.26 亿元，比上年增长 3.2 %；中长期贷款 3618.28 亿元，比上年增长 10.2 %。全年现金净投放 369.88 亿元。

保险业发展趋于稳定。全年实现保费收入 174.86 亿元，比上年增长 14.2 %。其中财产险收入 67.03 亿元，比上年增长 18.6%；人寿险收入 107.83 亿元，比上年增长 11.6%。保险赔款支出 41.14 亿元，比上年增长 22.1 %。保险给付支出 14.85 亿元，比上年增长 6.3 %。

证券交易市场总体较好。年末全市共有证券营业部 79 家。全市证券交易开户总数 111.1 万户。证券机构托管市值总额 1025.44 亿元，比上年增长 26.7 %。全年股票、权证、基金成交金额 15115.95 亿元，比上年增长 53.4%。新增上市企业数 2 家，募集资金 14 亿元。

5. 房地产业

房地产业保持平稳。全年房地产业实现增加值 381.72 亿元，比上年增长 5.3 %。完成房地产开发投资 1128.91 亿元，比上年增长 15.9 %，商品房施工面积为 6367.65 万平方米，比上年增长 13.9 %，竣工面积 1150.82 万平方米，比上年增长 39.3%。全年商品房销售面积 909.44 万平方米，下降 1.8%，商品房销售额 715.78 亿元，下降 7.8%。

（六）开放型经济

1. 对外贸易

对外贸易基本持平。全年实现外贸进出口总额 703.71 亿美元，比上年下降 0.6%。其中，进口总额 292.23 亿美元，比上年下降 0.8%；出口总额 411.48 亿美元，比上年下降 0.4%。出口结构持续优化，一般贸易出口比重上升，实现出口额 217.12 亿美元，总量占比达 52.8%，同比提高 3.1 个百分点。

2. 利用外资

利用外资结构优化。全年新批外资项目 409 个，协议注册外资 43.87 亿美元，到位注册外资 33.39 亿美元，下降 16.7%。服务业利用外资占到位注册外资比重达到 44%，全年完成协议注册外资超 3000 万美元的重大外资项目 56 个。至 2013 年底全球财富 500 强企业中有 93 家在无锡市投资兴办了 170 家外资企业。

3. 服务外包产业

服务外包产业快速发展。全市服务外包产业接包合同总额 86.3 亿美元，比上年增长 35%，执行金额 69.5 亿美元，比上年增长 35.7%；离岸合同总额 57 亿美元，比上年增长 36.0%，离岸执行金额 45.8 亿美元，比上年增长 36.7%。离岸外包业务全省第一。

4. 对外经济

加强国际友好交流，国际友城增加到 46 个，无锡和美国友城圣安东尼奥市同获首届中美友好城市“最佳创新奖”。成功举办首届全球锡商大会。

全年完成境外投资项目 87 个，中方投资额突破 12 亿美元，达到 12.02 亿美元，比上年增长 30.6%，其中 200 万美元以上项目 62 个。

5. 民营经济

民营经济持续壮大。全市民营经济注册资金 6649.34 亿元，比上年增长 11.0%。民营经济实现增加值 5201.25 亿元，比上年增长 9.1%，占经济总量的比重为 64.5%，比上年提高 0.3 个百分点。上缴税金 576.06 亿元，比上年增长 3.4%。民营经济固定资产投入 2588.68 亿元，比上年增长 21.4%。

二、无锡市 2013 年社会发展概况

（一）人口、人民生活

人口规模有序扩大。年末全市户籍人口为 472.23 万人，人口出生率 8.78‰，人口死亡率 6.80‰，人口自然增长率为 1.98‰。年末全市常住人口 648.41 万人。

居民收入稳步增长。城镇居民人均可支配收入 38999 元，比上年增长 9.4 %。农民人均纯收入 20587 元，比上年增长 11.2 %。城镇居民人均消费性支出 25392 元，比上年增长 9.1 %。农村居民人均生活消费支出 14147 元，比上年增长 10.6 %。居民住房条件继续改善，据抽样调查资料显示，城镇人均住房面积 37.96 平方米，农村居民人均住房面积 68.2 平方米。

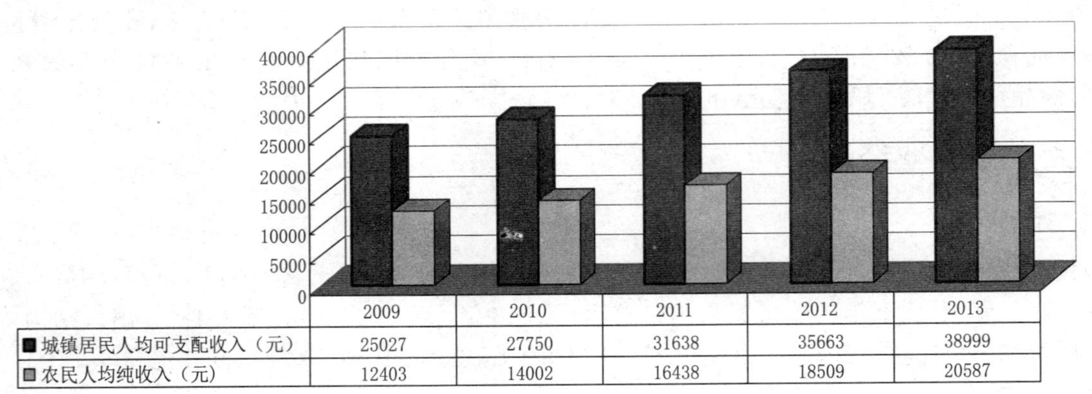

	2009	2010	2011	2012	2013
■城镇居民人均可支配收入（元）	25027	27750	31638	35663	38999
■农民人均纯收入（元）	12403	14002	16438	18509	20587

图 3　2009—2013 年无锡市城乡居民收入对比一览

（二）就业与社会保障、福利

1. 就业

就业和再就业扎实推进。全市年末城镇新增就业 14.8 万人，各类城镇下岗失业人员实现就业再就业 10.3 万人，帮助就业困难人员再就业 2.6 万人。全市城镇登记失业率为 2.12%。

2. 社会保障

社会保障统筹推进。继续扩大社会保险覆盖面，五大保险参保人数均超过百万。其中全市企业职工养老保险参保人数达到 228.33 万人，净增缴费人数 7.59 万人。全市参加城镇职工基本医疗保险人数达到 286.85 万人，比上年增加 13.46 万人。全市参加失业保险职工人数为 194.77 万人，比上年增加 16.21 万人。全市参加工伤和生育保险人数分别为 191.4 万人和 180.6 万人。城乡低保标准全面并轨，市区月低保标准提高至 600 元。年末在领失业保险金人数为 3.52 万人。企业离退休人员养老金社会化发放率达 100 %。

3. 社会福利

社会福利事业水平提升。全市各类福利机构拥有床位 3.52 万张，供养、代养 1.56 万人。城乡居民最低生活保障对象 47378 人；全年共发放低保金 1.75 亿元。实施城乡医疗救助 26.05 万人次，支付救助金 8288.57 万元；实施临时救助 40365 人次，发放救助金 3788.21 万元。全市重点优抚对象 18427 人。全年全市慈善组织累计募集善款（含冠名基金）52.38 亿元。

（三）教育和科学技术

1. 教育

完善现代化教育体系，新建、改扩建幼儿园 47 所，率先全面建成“江苏省学前教育改革发展示范区”，80%的义务教育学校达到省现代化办学标准，各市（县）区全部首批通过“义务教育发展基本均衡县（市、区）”国家认定。深化职业教育综合改革，组织实施 28 个省现代职教体系建设试点项目。启动与江南大学新一轮合作共建，支持无锡太湖学院等民办高等院校创新发展。

2013 年全市年末拥有各级各类学校 432 所，在校学生 72.19 万人，专任教师数 50430 人。小学和初中普及率均达 100%。全市 3—6 岁幼儿入园率达到 99%以上，初中毕业生升学率达 99.9%，高中阶段毛入学率达 100%。高等教育加快发展提升，在锡高校发展到 12 所，本专科在校学生超过 11.14 万人。在锡外国留学生超过 2600 人。

2. 科学技术

深入实施创新驱动和人才优先发展战略，全面推进国家创新型城市试点工作，加快智慧城市建设，积极集聚各类科技创新创业要素，全市新增“530”企业 88 家，新引进 5 名诺贝尔奖获得者和 8 名外国院士来锡建立工作站和研究院。江阴高新区成功创建国家级创新型特色园区。无锡蝉联中国智慧城市发展评估第一名，列入“国家下一代互联网示范城市”，入选国家知识产权示范城市，连续第十次被评为“全国科技进步先进市”。

2013 年全市共有国家、省级工程技术研究中心 424 家，省级以上科技企业孵化器 47 家，省级公共技术服务平台 36 家，国家、省级高技术研究重点实验室 9 家，省级产业研究院 2 家，省级企业研究院 2 家，国家级国际合作基地 7 家，省级以上外资研发中心 36 家，省级以上国际技术转移中心 7 家。全市累计 64 名人才入选国家“千人”计划，引进国家“千人”计划专家 68 名。

全市高新技术产业产值占全市规模以上工业总产值的比重达到 41.0 %，比上年提高 1.9 个百分点。本年按新标准已经认定高新技术企业 219 家。本年新增国家级重点新产品 24 个、列全省第二；省级高新技术产品 1030 个。

科技创新成绩显著。全市专利授权量达 39828 件，列全省第二位，其中发明专利授权量 2713 件，比上年增长 8.0%。获国家、省科技计划项目 419 项，获国家和省科技计划到位经费 5.5 亿元。

（四）文化、卫生和体育

1. 文化

积极参与大运河申报世界文化遗产，加大力度推进惠山古镇祠堂群申遗，新增全国重点文保单位 16 处，荣巷、荡口历史文化街区开街，公共文化设施实行全年无休免费开放。吴都阖闾城遗址入选第二批国家考古遗址公园。

无锡市成功跻身 2013—2015 年国家公共文化服务体系示范区创建城市行列；小品《一个馄饨引发的故事》获第十届中国艺术节“群星奖”，锡剧《二泉映月・随心曲》获第十三届中国戏曲节优秀剧目奖。年末共有艺术表演团体 49 个，文化馆 10 个，公共图书馆 10 个，文化站 80 个，博物（纪念）馆 69 个。全市人民广播电台节目 9 套，电视台节目 9 套，无锡有线电视总用户已达 173 万户。电视人口总覆盖率和广播人口覆盖率均达 100%。全年动漫企业达 170 家。无锡国家数字电影产业园成为国家文化科技融合示范园区。

2. 卫生

2013 年无锡市深入开展健康城市建设，稳步推进公立医院综合改革试点，深化公立医院与社区卫生服务机构协作，基层医疗卫生服务能力逐步提高，新增10个国家、省级示范社区卫生服务中心，居民在基层就诊比例提升至50%以上。率先建成省级慢性非传染性疾病综合防控示范区，有力防控人感染H7N9禽流感突发疫情。新中医院建成启用，江阴、锡山新医疗中心等启动建设，无锡市儿童医院通过国家三级医院定级验收。免费孕前优生健康检查和独生子女父母一次性奖励政策实现全覆盖。江阴率先在国内建成基本医保、大病救助、补充保险“三位一体”的新农合保障体系。

至年末全市拥有卫生医疗机构2027个，其中综合医院84家，社区卫生服务中心（卫生院）88家，社区卫生服务站（村卫生室）711家、护理院8家，疗养院6家。年末全市共有卫生技术人员3.89万人，其中执业（助理）医师1.48万人；拥有医疗床位3.32万张，其中医院、社区卫生服务中心（卫生院）3.17万张。统筹城乡医保一体化步伐加快，全市实际参合农民105.1万人，人口覆盖率100%。医疗水平进一步提高。全市各级医疗机构全年完成诊疗总人次4263.79万人次，比上年增长11.2%。

3. 体育

体育事业蓬勃发展。圆满完成“全民健身示范城市”试点任务，成为全国首批、江苏唯一的示范城市。全市新增公共体育设施面积62.8万平方米，新增各级社会体育指导员2047人。国民体质总体达标率达95.7%。成功举办第四届全民健身节等200人以上体育活动695次，成功举办了环太湖国际公路自行车赛、世界青年射箭锦标赛、女子国际象棋名人赛等全国性以上高水平比赛31项次。全年无锡籍运动员在全国以上各级各类比赛中共取得了41个冠军，其中2人获2项世界冠军。全市体育彩票销售达到21.83亿元，增长7.4%。

4. 民族宗教领域

民族宗教领域和谐稳定。民族团结进步事业深入推进，宗教团体和场所建设管理不断加强，年末有宗教活动场所261处，教职人员744名（不含散居道士）。

（五）城乡建设

坚持统筹城乡发展，构建优美宜居、产城融合的现代化城乡新格局。制定实施“一城一岛一带”规划建设三年行动计划，太湖新城、马山国际旅游岛、古运河风光带建设步伐加快。江阴临港新城、宜兴东氿新城、锡东新城、惠山新城等重点区域开发成效显著。启动10个城乡一体化先导示范镇建设，进一步开展“三集中两置换一转化”工作，全市农业向适度规模经营集中比例达85%，乡镇工业向园区集中比例达91%，农村居住集中比例达45%，城乡一体化发展取得新的进展。无锡获评中国内地宜居城市竞争力第一名。

加强城市基础和配套设施建设。地铁1号线即将进入试运行，2号线全线“轨通”，第二轮轨道交通建设规划获批。宁杭高铁无锡段建成通车，苏南硕放国际机场二期改扩建工程基本建成。刘闾路、杨胡路等市区道路建成通车，市区新辟、调整公交线路39条，新购公交车273辆。国内首条安全供水高速通道贯通投用。改造完成自来水老旧管网84.1公里，新增天然气总用户6万户。建成4G基站1406个、免费无线接入点6775个。

加强城乡环境综合整治。完成中心城区城中村改造32万平方米，旧住宅区整治200多万平方米，危旧房改造20万平方米，建成一批城中村环境整治改造样板点。严格实行依法征收，完成房屋征收483万平方米。实施新型城镇化和村庄环境整治行动计划，全市9079个自然村环境整治全部完成，规划保留村庄全部达到二星级以上康居乡村标准。美丽乡村建设取得明显成效，江阴华西村、宜兴张阳村等5个村庄入围“全国美丽乡村”试点，阳山镇桃源村被评为“中国最有魅力休闲乡村”，周铁镇荣获中国人居环境范例奖。

（六）环境和绿化

2013年政府加强环境保护和污染治理，突出抓好太湖治理、大气防治、污染减排、植树增绿、环境执法等重点工作。强化太湖长效治理和应急防控，推进重点治太工程建设，太湖无锡水域未发生大面积湖泛，确保了饮用水安全，连续六年实现太湖安全度夏。顺利通过水利部全国水生态系统保护与修复试点验收，成为全国首批"水生态文明城市建设试点市"。实施新一轮"蓝天工程"，推进工业废气治理，开展机动车尾气污染防治和建设工地扬尘专项整治，落实总量减排措施，划定高污染燃料禁燃区，无锡西区燃气热电项目启动建设。启动147个日常生活垃圾分类收集试点。严厉打击各类环境违法行为，取缔关闭企业92家，停产整顿136家。化学需氧量、氨氮、二氧化硫、氮氧化物等四项主要污染物完成年度减排任务。着力优化生态空间，全市28.7%的土地划定为生态红线保护区域，严格落实耕地保护制度，全市基本农田稳定保持在165万亩。林木覆盖率和建成区绿化覆盖率分别达25.6%和42.7%，市区人均公园绿地面积14.6平方米。蠡湖湿地公园成为华东地区面积最大的开放式国家湿地公园。无锡荣获首批"国家生态市"称号，建成全国首个生态城市群。

（七）生产安全

安全生产保持平稳。全年发生各类事故1630起，死亡510人，各类事故起数、死亡人数连续第12年实现"双下降"。亿元GDP生产安全事故死亡率0.063人/亿元。

三、无锡市在长三角地区经济发展中的地位

2013年，无锡市坚决贯彻落实中央各项宏观调控政策，积极转变经济发展方式，转型升级步伐加快，民生改善力度加大，宏观经济运行朝着预期方向发展。

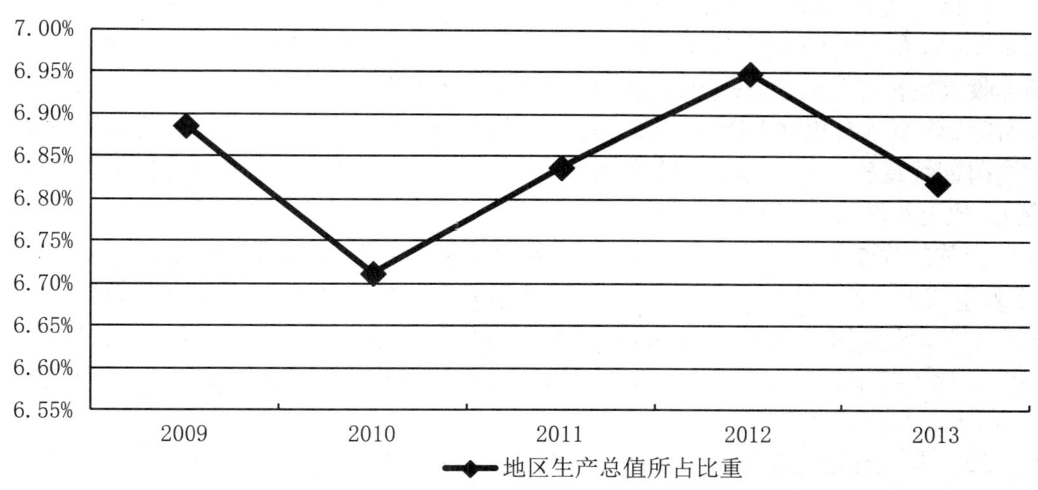

图4　2009—2013年无锡市地区生产总值在长三角所占比重的变化趋势

2009—2013年无锡市地区生产总值在长三角所占比重为6.89%、6.71%、6.84%、6.95%和6.82%，总体是波浪振荡姿态。2013年所占比重较2012年下降了0.13个百分点，较2009年下降了0.07个百分点。2013年无锡市地区生产总值在长三角地区25个市（苏浙两省24个地级市和上海市，下同）中排名第4位，与上年保持一致。

2013年，无锡市国民经济运行平稳。全市实现地区生产总值8070.18亿元，按可比价格计算，比

上年增长 9.3%。按常住人口计算人均生产总值达到 12.46 万元，按现行汇率折算达到 2.04 万美元，继续名列全省首位。

产业结构优化升级。全市实现第一产业增加值 148.53 亿元，第二产业增加值 4207.43 亿元，第三产业增加值 3714.22 亿元，三次产业比例调整为 1.8∶52.2∶46.0。

新兴产业加快发展。全市新兴产业实现总产值(营业收入)8073.73 亿元，同比增长 14.1%。其中物联网与云计算产业增长 47.2%；高端装备制造和工业设计产业增长 15.5%；生物技术和新医药产业增长 17.1%；软件和服务外包产业增长 32.0%。

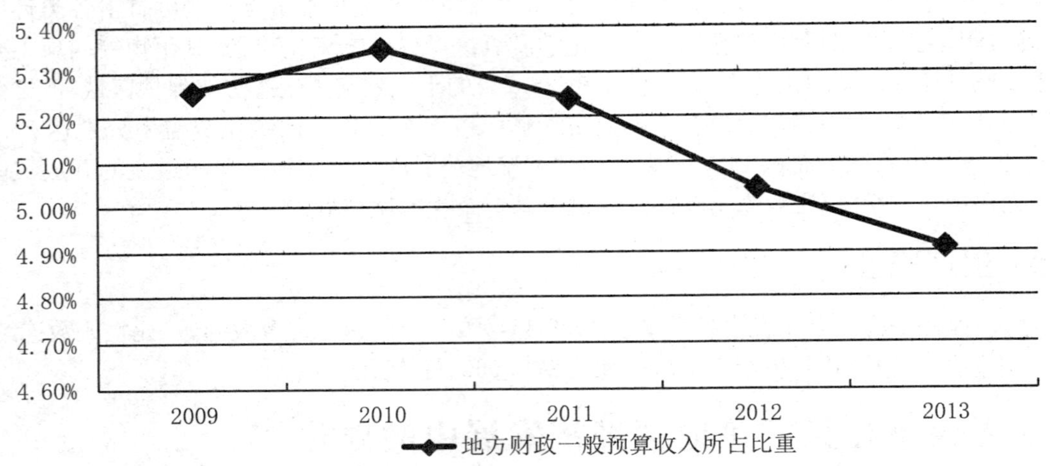

图 5　2009—2013 年无锡市地方财政一般预算收入在长三角所占比重的变化趋势

2009—2013 年无锡市地方财政一般预算收入在长三角所占比重为 5.26%、5.35%、5.24%、5.04%和 4.91%，在 2010 年达到顶点，2011～2013 年逐年下降，呈倒"V"形。2012 年无锡市地方财政一般预算收入在长三角地区 25 个市中排名第 6 位，与上年保持一致。

2013 年，无锡市　财政收入持续增加。全市公共财政预算收入 710.91 亿元，比上年增长 8.0 %。财政支出结构继续调整。公共财政预算支出 711.49 亿元，比上年增长 9.7%；社会保险基金支出 217.11 亿元，比上年增长 24.0%。

金融存贷款规模扩大。年末金融机构各项本外币存款余额达 11641.96 亿元，比上年增长 8.4 %；各项本外币贷款余额 8565.39 亿元，比上年增长 6.7 %。存款中，单位存款余额 7000.79 亿元，比上年增长 5.4 %；城乡居民储蓄存款余额 4120.67 亿元，比上年增长 9.5 %。贷款中，短期贷款 4517.26 亿元，比上年增长 3.2 %；中长期贷款 3618.28 亿元，比上年增长 10.2 %。全年现金净投放 369.88 亿元。

2009—2013 年无锡市规模以上工业总产值在长三角所占比重为 7.79%、7.47%、7.41%、6.78%和 6.48%，连续五年呈现下降的趋势，累计降幅为 1.31 个百分点，情况有待改善。2012 年无锡市规模以上工业总产值在长三角地区 25 个市中排名第 4 位，与上年比下降了一位。

2013 年，无锡市工业生产稳步增长。全市规模以上工业企业实现增加值 3057.34 亿元，比上年增长 7.0%。分轻重工业看，轻工业实现增加值 631.51 亿元；重工业实现增加值 2425.83 亿元。全市统计的 244 只主要工业产品中，产品产量比上年增长的有 138 只，占全市统计产品数的 56.6%。在全市跟踪统计的 22 种重点产品中，有 13 种产品的产量实现增长。

工业经济效益稳步提高。全市规模以上工业实现主营业务收入 14450.48 亿元；产品销售率

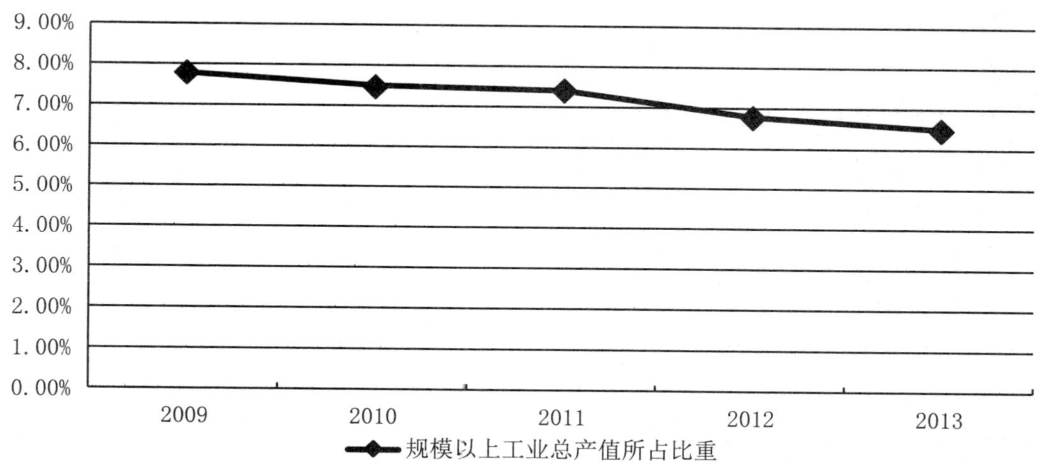

图6 2009—2013年无锡市规模以上工业总产值在长三角所占比重的变化趋势

97.78%;工业企业实现利税1123.39亿元;利润741.88亿元;工业经济综合效益指数达到246.33%。

建筑业稳步发展。全年全社会建筑业完成增加值313.86亿元,比上年增长5.9%;实现建筑业总产值644.06亿元,比上年增长15.8%。施工房屋建筑面积5240.57万平方米。2个建设工程项目获中国建设工程“鲁班奖”,2个建设工程项目获国家优质工程银质奖,103个建设工程项目获无锡市“太湖杯”优质工程奖。

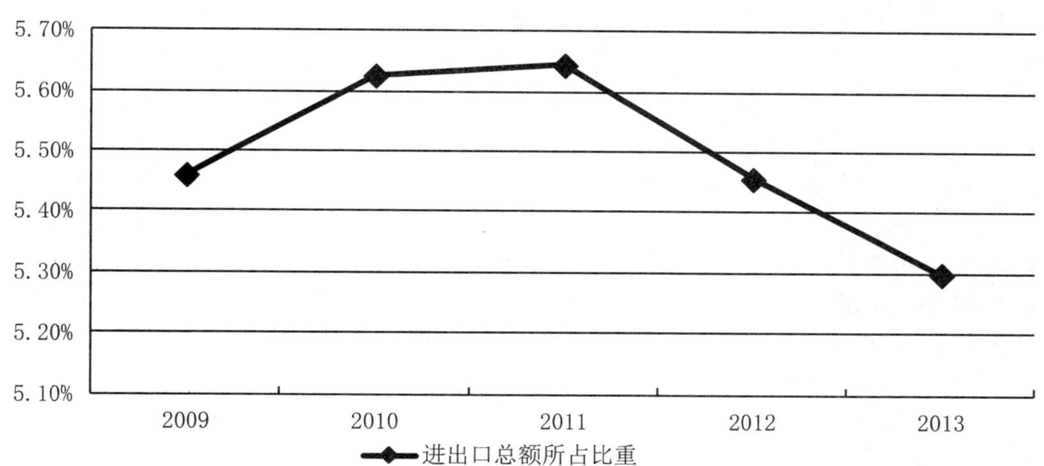

图7 2009—2013年无锡市进出口总额在长三角所占比重的变化趋势

2009—2013年无锡市进出口总额在长三角所占比重为5.46%、5.63%、5.64%、5.46%和5.30%,继2010、2011年大幅上扬后,2012、2013年大幅下跌。2013年较上年下降了0.16个百分点,较2009年下跌了0.16个百分点。2013年无锡市进出口总额在长三角地区25个市中排名第4位,与上年保持一致,排名仍较靠前。

2013年,无锡市对外贸易基本持平。全年实现外贸进出口总额703.73亿美元,比上年下降0.6%。其中,进口总额292.24亿美元,比上年下降0.8%;出口总额411.49亿美元,比上年下降0.4%。出口结构持续优化,一般贸易出口比重上升,实现出口额217.12亿美元,总量占比达52.8%,

同比提高3.1个百分点。

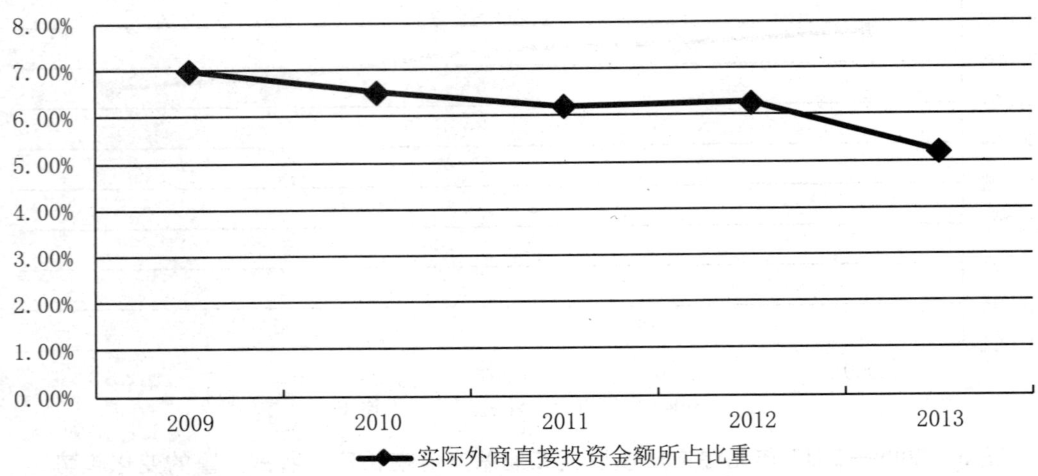

图8　2009—2013年无锡市实际外商直接投资金额在长三角所占比重的变化趋势

2009—2013年无锡市实际外商直接投资金额在长三角所占比重为6.99%、6.52%、6.21%、6.26%和5.20%，2012年止跌上扬，但2013年仍保持下跌趋势，与上年比下降了1.06个百分点，较2009年下降了1.79个百分点。2013年无锡市实际外商直接投资金额在长三角地区25个市中仍较靠前，排名第5位，与上年保持不变。

2013年，无锡市利用外资结构优化。全年新批外资项目409个，协议注册外资43.87亿美元，到位注册外资33.39亿美元，下降16.7%。服务业利用外资占到位注册外资比重达到44%，全年完成协议注册外资超3000万美元的重大外资项目56个。至2013年底全球财富500强企业中有93家在无锡市投资兴办了170家外资企业。

服务外包产业快速发展。全市服务外包产业接包合同总额86.3亿美元，比上年增长35%，执行金额69.5亿美元，比上年增长35.7%；离岸合同总额57亿美元，比上年增长36.0%，离岸执行金额45.8亿美元，比上年增长36.7%。离岸外包业务全省第一。

对外经济合作进展良好。全年完成境外投资项目87个，中方投资额突破12亿美元，达到12.02亿美元，比上年增长30.6%，其中200万美元以上项目62个。

四　徐州市2013年经济社会发展报告

2013年，全市上下按照中央、省委省政府和市委市政府决策部署，积极应对复杂严峻的宏观经济形势，深入实施“八项工程”①，全力推进“三重一大”②，组织实施“五大行动计划”，一着不让稳增长、调结构、惠民生、促和谐，在面临诸多困难和较大压力的情况下，经济运行总体平稳，并呈现“稳中有进、进中向好”的发展态势，主要经济指标增速好于全国、全省，各项发展在攻坚克难中取得新成效。

一、徐州市2013年经济发展概况

（一）综合经济

1. 经济总量

2013年全市完成地区生产总值4435.82亿元，按可比价计算，比上年增长11.8%。其中，第一产业增加值432.38亿元，增长3.2%；第二产业增加值2118.32亿元，增长12.3%；第三产业增加值1885.12亿元，增长12.8%。人均地区生产总值达到51714元，首次突破5万元大关。

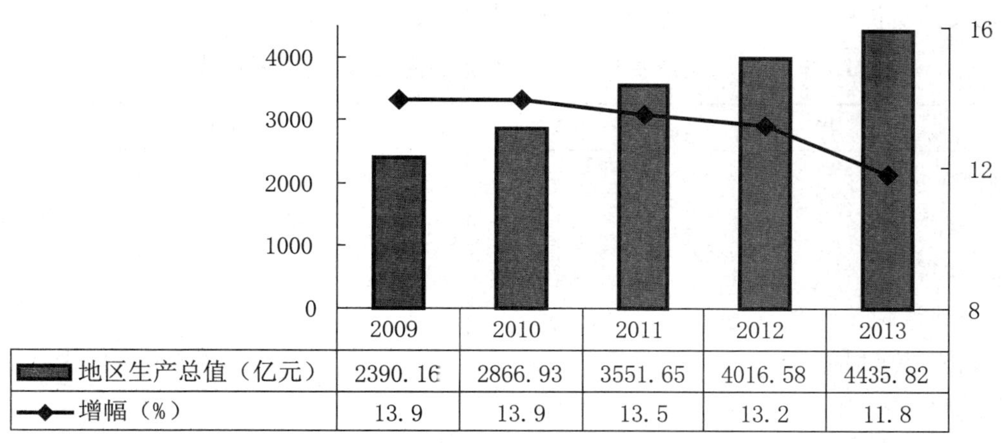

	2009	2010	2011	2012	2013
地区生产总值（亿元）	2390.16	2866.93	3551.65	4016.58	4435.82
增幅（%）	13.9	13.9	13.5	13.2	11.8

图1　2009—2013年徐州市地区生产总值及增长速度

三次产业结构调整为9.7∶47.8∶42.5，第三产业占比比上年提高1个百分点。创新型经济发展较快，全市新增百亿元企业(园区)1家、省两化融合试点企业38家，省级高新技术企业40家，省级农业龙头企业17家。全年实现高新技术产业产值3598.27亿元，占规模以上工业产值比重达34.2%；战略性新兴产业完成产值3801.33亿元，占规模以上工业产值比重达36.1%。

2. 财政收支

全年实现公共财政预算收入422.84亿元，增长15.3%。主体税种普遍增收，其中营业税、企业所

① 八项工程：一是转型升级工程；二是科技创新工程；三是农业现代化工程；四是文化建设工程；五是民生幸福工程；六是社会管理创新工程；七是生态文明建设工程；八是党建工作创新工程。

② “三重一大”，即：重大问题决策、重要干部任免、重大项目投资决策、大额资金使用。“重大事项决策、重要干部任免、重要项目安排、大额资金的使用，必须经集体讨论做出决定”的制度(简称“三重一大”制度)。

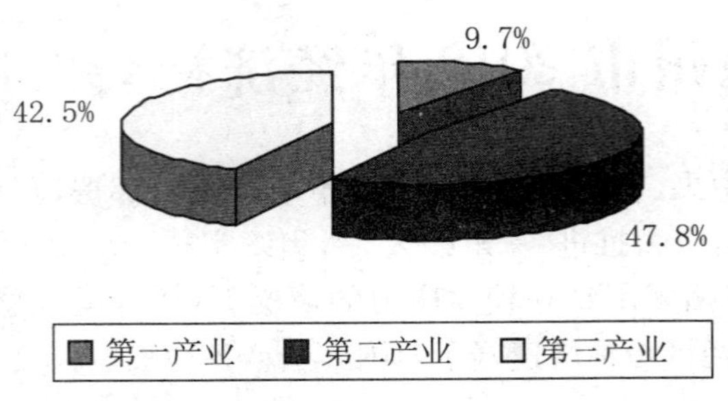

图2 2013年徐州市三次产业结构图

得税、城市维护建设税、土地增值税、契税增长较快，分别入库134.70亿元、20.81亿元、12.64亿元、39.79亿元和33.07亿元，增长26.0%、4.0%、11.9%、18.3%和31.3%；增值税入库32.38亿元，下降1.3%。公共财政保障能力继续增强，财政支出结构进一步优化，全年公共财政预算支出585.86亿元，比上年增长11.0%，其中，用于社会保障与就业、科技、教育、文化体育与传媒、医疗卫生和节能环保等方面的财政支出达264.5亿元，增长12.8%。

3. 物价指数

城市居民消费价格总水平(CPI)比上年上涨2.3%，八大类消费价格“六升两降”。

2013年城市居民消费价格总水平涨跌情况(以上年同期为100)

指　标	比上年增长(%)
居民消费价格总指数	102.3
其中:食品	104.3
其中:粮食	105.1
油脂	96.3
肉禽及其制品	104.6
蛋	101.4
水产品	102.0
菜	107.8
其中:鲜菜	107.9
干鲜瓜果	107.0
烟酒及用品	98.4
衣着	102.6
家庭设备用品及维修服务	102.5
医疗保健和个人用品	100.6
交通和通讯	98.9
娱乐教育文化用品及服务	101.1
居住	103.2

4. 固定资产投资

固定资产投资较快增长。全市实现固定资产投资3090.13亿元，增长22.1%。其中，国有及国有经济控股投资404.18亿元，增长17.3%；外商投资59.55亿元，增长29.4%；民间投资2304.85亿元，增长22.3%，占固定资产投资比重达74.6%，比上年提高1.1个百分点。

投资结构不断改善。全市第一产业投资31.09亿元，比上年下降18.1%；第二产业投资1707.9亿元，增长17.9%；第三产业投资1351.14亿元，增长25.1%；三次产业投资结构为1.0∶55.3∶43.7。工业投资中制造业投资1559.56亿元，增长24.7%；高新技术产业投资148.84亿元，增长3.8%。主要工业行业投资中，通用设备制造业、医药制造业和电气机械及设备制造业增速分别为48.9%、71.8%和112.1%。第三产业投资中，交通运输仓储和邮政业投资83.34亿元，增长78.9%；住宿和餐饮业投资122.52亿元，增长30.9%；水利、环境和公共设施管理业投资231.09亿元，增长68.7%。

重点项目建设稳步推进。全年在建项目达到2675个，比上年增加265个，完成投资2709.66亿元，增长20.1%，其中亿元以上项目782个，完成投资1727.75亿元，增长13.3%。全年新开工项目2100个，比上年增加244个，完成投资2042.32亿元，增长29.7%；全年投产项目2112个，比上年增加387个。

（二）农林牧渔业

农业综合生产能力稳步提高。全年粮食播种面积729.53千公顷，粮食总产451.13万吨，其中夏粮产量192.55万吨，秋粮产量258.58万吨。全年棉花产量3.63万吨，油料产量9.96万吨。

设施农业加快发展。全年新增设施农业面积7.10千公顷，改造升级7.20千公顷，累计达到126.77千公顷，占耕地面积比重达19.8%，比上年提高1.1个百分点，设施农业新增面积、累计面积、耕地占比三项指标继续保持全省领先。新建高标准农田50.67千公顷，累计建成280千公顷。全市共有无公害农产品生产基地578.20千公顷，比上年增长13.3%；无公害农产品3490个，增长26.9%；获得绿色标志的农产品240个，增长16.5%。

畜牧业生产平稳增长。全年肉类总产量105.36万吨，增长2.3%；禽蛋产量57.93万吨，增长2.8%。生猪存栏335.05万头，增长6.4%，出栏564.68万头，增长10.2%；家禽存栏9908.59万只，增长2.0%，出栏2.78亿只，增长10.2%；羊存栏234.42万只，增长6.3%，出栏404.21万只，增长4.5%。水产品总产量18.37万吨，增长1.2%。

农村生产生活条件明显改善。全年新建农村道路1225条，新增有线电视用户11.6万户，新增厕改12万户。农村水利基础设施建设稳步推进，全年完成农村水利建设投资9.21亿元，疏浚县乡河道1188公里，改造中低产田9.10千公顷。全市农田有效灌溉面积达438.13千公顷，新增有效灌溉面积9.18千公顷，新增节水灌溉面积17.49千公顷。年末全市农业机械总动力626.68万千瓦，增长1.9%。

（三）工业和建筑业

工业经济平稳增长。全市规模以上工业2874家，其中，产值超10亿元的企业64家，超50亿元的企业14家，分别比上年增加4和3家，超百亿元的企业5家。全市规模以上工业实现总产值10523.10亿元，增长17.1%。其中，轻、重工业分别增长22.3%和15.0%。分经济类型看，国有工业增长4.2%，集体工业增长19.2%，股份制工业增长17.3%，外商港澳台投资工业增长10.9%。全年规模以上工业增加值增长12.9%。

优势主导产业快速发展。全市重点培育的装备制造业、能源产业、食品及农副产品加工业、煤盐化工业、冶金业和建材业等六大千亿元产业分别完成产值 2757.32 亿元、734.25 亿元、2458.03 亿元、2030.55 亿元、921.84 亿元和 495.37 亿元，分别增长 9.0%、2.1%、22.2%、20.4%、20.0%和 32.3%。重点监测的 100 家工业企业实现产值 3076.64 亿元。

主要行业和产品产量稳步增长。全市 37 个行业大类中有 33 个行业产值同比正增长，增长面达 89.2%。其中，比重较大的化学原料和化学制品制造业、木材加工业、电气机械和器材制造业、黑色金属冶炼和压延加工业、农副食品加工业分别实现产值 1650.19 亿元、974.72 亿元、716.85 亿元、691.54 亿元和 617.23 亿元，分别增长 20.9%、22.3%、14.3%、23.5%和 26.5%。产品结构继续优化，实现工业新产品产值 3196.69 亿元，增长 2.4%。19 种主要工业产品产量中 15 种保持增长。

企业效益持续改善。全市规模以上工业企业实现主营业务收入 10506.88 亿元，增长 18.4%，实现利税总额 1532.70 亿元，增长 16.7%，利润总额 856.08 亿元，增长 16.2%。在 37 个行业大类中，29 个行业主营活动利润比上年增长。

建筑行业发展良好。年末全市资质以上建筑企业达到 446 家，全年实现建筑业增加值 324.84 亿元，按可比价计算增长 9.4%；完成建筑业总产值 1089.66 亿元，增长 23.6%；施工面积 9979 万平方米，增长 29.6%；竣工面积 3853.46 万平方米，增长 54.4%。完成省外建筑业总产值 523.40 亿元，增长 28.4%。

（四）服务业

1. 国内贸易

消费品市场平稳增长。全市实现社会消费品零售总额 1495.91 亿元，增长 14.0%。其中，限额以上企业实现消费品零售额 1086.70 亿元，增长 17.3%。按经营单位所在地分，城镇市场零售额 1177.21 亿元，增长 13.9%，乡村市场零售额 296.40 亿元，增长 14.1%；按消费形态分，批发业零售额 294.02 亿元，增长 12.7%，零售业零售额 1019.57 亿元，增长 14.2%，住宿业零售额 11.83 亿元，增长 13.3%，餐饮业零售额 148.19 亿元，增长 15.1%；按商品类别分，食品类、中西药品类、服装类等刚性需求分别增长 18.3%、17.3%和 17.5%；汽车类、家用电器类和金银珠宝类等改善性消费分别增长 19.9%、7.6%和 23.2%。

2. 交通运输和邮电

交通运能持续扩张。全市高速公路交通网络全面建成，高速公路通车里程达 441.37 公里，所有县(市)均连通高速公路，2178 个行政村通达客运班车。全年完成公路水路货物运输量 2.52 亿吨，货物周转量 401.83 亿吨公里；完成旅客运输量 2.45 亿人次，旅客周转量 133.79 亿人公里，分别比上年增长 5.7%和 5.3%。完成港口吞吐量 8226 万吨，增长 14.1%，集装箱吞吐量达 5123 万标箱。民航机场全年进出港旅客 111.28 万人次，航空运输货物 6927.9 吨，分别增长 14.2%和 11.7%。机动车拥有量保持较快增长，年末全市机动车总计达 133.87 万辆，其中，私人汽车 59.12 万辆，增长 17.8%；本年新注册机动车 13.75 万辆。

邮电通讯快速发展。完成邮政电信业务总量 71.35 亿元，比上年增长 12.9%，其中，邮政业务量 11.79 亿元，增长 57.9%，电信业务量 59.56 亿元，增长 6.8%；邮政电信业务收入 70.42 亿元，增长 14.8%，其中，邮政业务收入 10.49 亿元，电信业务收入 59.93 亿元，分别增长 42.9%和 11.0%。全年寄送函件 2613.4 万件，包裹 23.11 万件；快递业务实现收入 3.44 亿元，增长 112.4%；订销报纸 1.18 亿份、杂志 427 万份。2013 年末，固定电话用户达到 155.32 万户，比上年末减少 12.32 万户，下降 7.4%。年末移动电话用户 815.38 万户，比上年末净增 45.46 万户。年末电话普及率达到 113 部/百

人，比上年末增加4部/百人。网络信息化步伐进一步加快，年末全市互联网用户数达555.41万户，比上年末新增79.36万户，增长16.7%。

3. 旅游业

旅游产业蓬勃发展。全市旅游业总收入368.45亿元，增长15.7%，其中，国内旅游收入360.47亿元，增长15.6%；旅游外汇收入2200万美元，增长30.1%。接待国内外游客总人数3089.73万人次，增长12.2%，其中国内旅游人数3087.15万人次，增长12.2%；入境旅游人数2.58万人次，增长28.1%。4A级旅游景区达10家，比上年增加1家。

4. 金融和保险

金融市场运行平稳。年末金融机构存款余额3884.46亿元，比年初增加520.40亿元。其中，储蓄存款余额2089.77亿元，比年初增加295.05亿元。年末金融机构贷款余额2360.80亿元，比年初增加313.57亿元。其中，短期贷款余额1303.82亿元，中长期贷款余额948.06亿元，分别增加137.92亿元和164.81亿元；个人消费贷款451.06亿元，增加95.87亿元，其中短期消费贷款21.48亿元，个人中长期消费贷款429.57亿元。对中小企业贷款支持力度加大，中小型企业新增贷款175.12亿元，占企业贷款总量的55.8%。

保险事业有序发展。年末全市纳入统计范围的保险公司共53家，全年实现保费收入97.49亿元，比上年增长14.7%，其中财产险保费收入32.45亿元，寿险保费收入65.03亿元，分别增长14.8%和14.6%。全年各类保险赔款给付支出18.94亿元，比上年增长15.2%，其中产险支出16.87亿元，增长16.9%；寿险支出2.07亿元，增长11.6%。

5. 房地产业

全年房地产开发投资完成380.47亿元，增长22.7%。其中，住宅开发投资288.94亿元，增长21.2%；商业营业用房投资53.99亿元，增长31.6%。全年房屋施工面积3035.43万平方米，增长33%；竣工面积702.67万平方米，增长45.9%；商品房销售面积856.82万平方米，增长22.7%，其中，住宅销售面积765.84万平方米，增长22.8%。

（五）开放型经济

1. 对外贸易

全市进出口总额62.89亿美元，同比下降24.5%；出口总额48.97亿美元，下降22.1%。进出口总额中，一般贸易进出口54.98亿美元；加工贸易进出口7.64亿美元。机电产品、高新技术产品出口额分别为20.9亿美元和2.9亿美元，其中，光伏产品出口1.67亿美元，增长9.6%。私营企业出口额为11.10亿美元，下降1.8%。

2. 利用外资

全年新批外商直接投资企业171家，新批协议外资24.47亿美元；实际到帐外资15.00亿美元，比上年增长26.6%。新批及净增资3000万美元以上的大项目25个。利用外资结构优化，全年服务业新批外商直接投资企业36家，协议外资6.84亿美元；实际到帐外资5.54亿美元。

3. 对外合作

“走出去”步伐加快。全年新批境外投资项目20个，比上年增加1个，中方协议投资2.03亿美元。对外承包工程新签合同额2.59亿美元、完成营业额2.95亿美元，增长41.8%。新签劳务人员合同工资总额1300万美元，增长85.7%，劳务人员实际收入总额1334万美元，增长210.2%。

4. 民营经济

截至 2013 年末，全市拥有私营企业 10.85 万户，个体经营户 32.5 万户，分别比上年末增长 15.5%和 10.2%。全市私营企业注册资本 2777.17 亿元，户均注册资本 276.89 万元，分别增长 22.0%和 12.8%；个体经营户注册资本 174.36 亿元，户均注册资本 5.37 万元，分别增长 26.3%和 14.6%。民营企业经营规模继续壮大，对地方财政的贡献作用日益提升，全年民营经济增加值总量达 2677.39 亿元，按可比价计算增长 12.7%，在全市经济总量中所占比重达 60.4%；上缴税收 345.96 亿元，增长 14.3%，在全市税收总收入中所占比重达 56.9%，比上年提高 2.2 个百分点。

5. 开发区建设

开发区转型升级加快推进，各类开发区利用外资的承载能力不断增强。全市开发区外向型经济平稳发展。全市省级以上开发区完成进出口总额 51.10 亿美元，其中出口总额 39.20 亿美元，占全市总量的 81.3%和 80.0%。开发区高新企业工业产值 2690 亿元，占全市高新技术产业产值的 74.8%。高新区拥有国家级高新技术企业 41 家、市级高新技术企业 61 家，省和市级高新技术产品分别为 352 个、112 个，省自主创新产品 51 个。获批国家科技型中小企业技术创新基金项目 16 项，省企业院士工作站 3 家、工业支撑计划项目 4 项、产学研联合创新资金项目 4 项。

二、徐州市 2013 年社会发展概况

（一）人口、人民生活

人口总量保持稳定。2013 年末，全市户籍人口 1006.85 万人，比上年增加 16.32 万人，其中，男性 521.91 万人，女性 484.94 万人，男女性别比为 108:100。全年出生人口 21.16 万人(其中补报往年出生 11.68 万人)，人口出生率 9.4‰；死亡人口 3.34 万人，人口死亡率 3.3 ‰；人口自然增长率 6.1‰。总人口中 60 岁以上人口为 163.31 万人，占总人口的 16.2%，比上年上升 6.6 个百分点。年末常住人口 859.1 万人，比上年增加 2.69 万人。城镇化率 58.1%，比上年提高 1.4 个百分点。

居民收入继续增加。全市城镇居民人均可支配收入达 23770 元，比上年增长 9.5%，其中，主城区增长 9.4%，县(市)区增长 9.6%。城镇居民人均消费支出 15963 元，增长 16.3%。农民人均纯收入 12052 元，比上年增长 12.0%，农民人均生活消费支出 7257 元，增长 7.6%。农民收入增速高于城镇居民收入 2.5 个百分点，城乡居民收入比由上年的 2.02 降低到 1.97。全市恩格尔系数为 34.3%，比上年下降 1.1 个百分点。

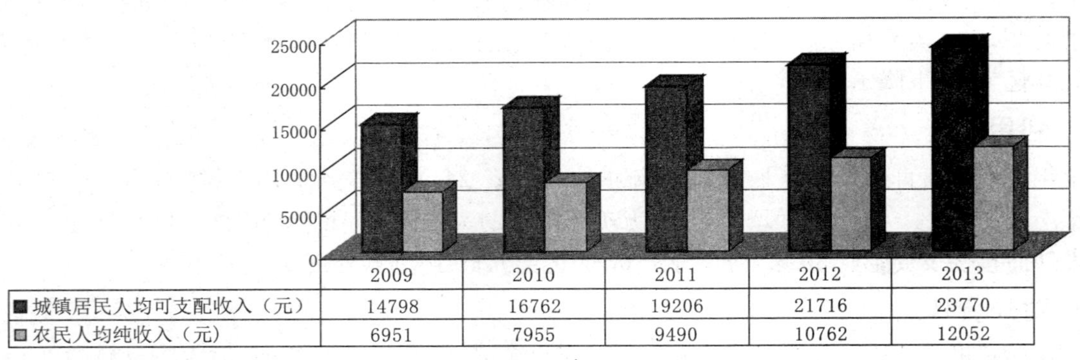

	2009	2010	2011	2012	2013
■城镇居民人均可支配收入（元）	14798	16762	19206	21716	23770
■农民人均纯收入（元）	6951	7955	9490	10762	12052

图 3　2009—2013 年徐州城乡居民收入对比一览

（二）就业和社会保障

就业帮扶成效显著。全市全年新增城镇就业11.70万人，促进失业人员再就业8.64万人、就业困难人员再就业1.34万人，农村劳动力转移5.60万人，完成就业创业培训11.90万人，创业带动就业5.59万人，城镇登记失业率控制在2.14%；建成大学生创业园8个，大学生创业企业达到3000家，新增就业岗位近3万个。

社会保障水平稳步提高。年末全市企业职工基本养老保险、城镇职工基本医疗保险、失业保险参保人数分别达108.20万人（含参保离退休人员）、152.95万人（含参保退休人员）和83.15万人，分别比上年末增加6.69万人、7.06万人和4.10万人。年末企业职工基本养老保险、城镇职工基本医疗保险、新型农村社会养老保险覆盖面稳定在95%以上。大力推进保障性安居工程建设，全年开工建设保障性住房7528套，建成7193套，销售（配租）7796套，发放廉租房补贴1401户。

社会救助体系日臻完善。年末拥有各类养老机构257个，床位总数达40679张，收养人数达32299人。居家养老中心1596个，比上年增加246个。全年筹集社会福利资金4100万元，接受社会各界捐赠9800万元。全年发行福利彩票7.05亿元。加大对困难群体的慈善救助，全市全社会救助总人数34.77万人，12.58万户纳入低保范围，其中城镇低保对象1.65万户、3.53万人；农村低保对象10.92万户、22.01万人。城乡低保标准分别提高到每人每月510元和270元，保持苏北领先。启动城乡居民大病保险和医保“二次补助”，补助额5130万元。

（三）教育与科技创新

1. 教育

全市共有各类全日制学校1797所，在校学生172.70万人，毕业生46.60万人，其中普通高校9所，普通高等教育招生5.58万人，在校生17.80万人，毕业生4.89万人；研究生教育招生3645人，在校研究生11066人，毕业生3209人。普通高中招生4.47万人，在校生15.04万人，毕业生5.71万人。基础教育全面发展。幼儿园在园幼儿40.89万人，小学在校生年巩固率、初中在校生年巩固率、小学学龄儿童入学率均达到100%，初中毕业生升学率和高中阶段教育毛入学率均达97.0%，基本普及高中阶段教育。新增省优质幼儿园62所，新建改建幼儿园128所、农村中小学44所，6个县（市）区通过“全国义务教育发展基本均衡县（市、区）”国家级验收。

2. 科技研发

全社会研究与发展（R&D）活动经费达81亿元，占地区生产总值的1.8%，比上年提高0.2个百分点。科技基础设施建设总数达196家，其中重点实验室5家，国家级重点实验室2家，企业院士工作站15家，工程技术研究中心158家，科技服务平台16家。全市获批省级高新技术企业41家，认定市级20家。当年认定国家重点新产品3个，省级高新技术产品485个。

3. 科技创新

截至2013年末，全市完成市级科技项目验收358项，其中战略性新兴产业项目3项。全市科技进步贡献率达51%。全年授权专利12783件，比上年增长27.8%，其中发明专利申请6087件、授权674件，分别增长30.2%和45.9%。企业专利产出大幅提高，全市企业共申请专利14197件，授权专利5894件，分别增长53.6%和25.2%。创新平台建设步伐加快。全市新增省级研发机构43家，总数达211家。新建校企联盟293家，总数达到1000家。省级科技企业孵化器20家，在孵企业1000余家。

（四）文化、卫生和体育

1. 文化

2013年末，全市共有文化站158个、群众艺术馆14个，公共图书馆8个，博物馆21个，文物藏品总量8.58万件（套），其中一级藏品194余件。全年报纸出版9506万份，期刊出版20.36万册，图书出版290.21万册。全市新增2家省级文化产业示范基地，创意68产业园获批首批省级广告产业园，初步形成文化产业布局集聚化。文化惠民活动扎实开展，全年送戏下乡520场、电影2.89万场、图书11.1万册。

2013年末，全市共有广播电台8座，中短波转播发射台2座和调频转播台8座，广播综合人口覆盖率和电视综合人口覆盖率均达100%。有线电视用户269.75万户，比上年增长5.2%，有线电视入户率97.1%，比上年提高10.1个百分点。其中数字电视用户数达147.43万户，增长25.4%，有线电视数字化率44.3%，比上年提高13.9个百分点。

2. 卫生

实施县级医院综合改革，取消药品加成政策；采取政府购买服务的方式拓展基本药物制度覆盖范围，为群众减轻药品负担3.8亿元；实现相邻四省的58个县（市、区）新农合异地结算报销。

城乡基层卫生服务网络更加健全。年末共有各类卫生机构4454个，其中医院、卫生院277个，卫生防疫和防治机构14个，妇幼卫生保健机构12个。各类卫生机构拥有病床4.31万张，其中医院、卫生院病床4.02万张。共有卫生技术人员4.36万人，其中执业医师、执业助理医师16175人，注册护士18025人，卫生防疫和防治机构卫生技术人员458人，妇幼卫生机构卫生技术人员811人。乡镇卫生院159个，床位9350张，卫生技术人员9302人。每千人拥有病床数5.02张，每千人拥有卫生技术人员数5.07人。新型农村合作医疗人口覆盖率达100%。医疗服务辐射能力增强。全市三级医院数量达到14家；新增省级示范卫生院13个，完成42个社区卫生中心升级改造；新增省级临床重点专科或临床重点专科建设单位科室14个，全市省级临床重点专科数量达到49个；入选江苏省医学领军型人才2名，江苏省医学重点人才5名。

3. 体育

第十八届省运会筹办工作扎实推进，奥体中心基本建成，全民健身活动广泛开展。年末全市公共体育设施面积2031.48万平方米，拥有国民体质监测中心11个，体育场馆35所，比上年增加4所，体育运动学校和业余体校12所。全市运动员人数达3197人，其中等级运动员350人，比上年增加39人，教练员97人。全市运动健儿在省级及以上比赛中获得奖牌485.5个，其中，金牌212.5个、银牌145个、铜牌128个。

（五）城乡建设

八大类255项城建重点工程开竣工数量再创新高。韩山隧道、老子号街区、万达广场、万科一期、残疾人康复中心等项目竣工使用，三环东路高架基本建成，郑徐客专、城市轨道交通、三环西路高架启动实施，全市省级示范路达7条，幸福家园示范小区达54个，成为国土部首批3个“智慧城市”建设试点和规划重点发展的23个都市圈之一。5县（市）老城改造和新城建设同步推进，新增新农村示范村50个，省三星级康居乡村达59个，镇村公交覆盖率达25%以上。年末道路面积4333.93万平方米，用水和燃气普及率分别达99.4%和82.2%，水厂综合生产能力91.8万立方米/日，供水总量20221万立方米，人工煤气、液化气、天然气等家庭户数为32.92万户，液化气、天然气供气总量分别为2.6万

吨、23714 万立方米。排水管道 2016.2 公里，集中供热面积 93 万平方米。

（六）环境保护和节能减排

2013 年年末全市设立自然保护区 5 个，自然保护区面积 2.17 万公顷。深入实施“天更蓝”等五大行动计划，国家生态市和国家生态园林城市创建加速推进。新增城镇污水日处理能力 17.50 万立方米，污水集中处理率达到 89.5%。工业污染治理完成总投资 83.37 亿元，投入资金 13 亿元对 82 条河流实施河道清淤和生态修复，列入国家重点流域考核的 7 个断面基本达标，全市 38 个地表水监测考核断面水质优于Ⅲ类的达 79.0%。组织实施美好城乡建设行动，大力推进村庄环境整治，城乡人居环境继续改善。扎实推进绿色徐州建设，新增造林 12 万亩，“二次进军荒山”完成造林 1.9 万亩，森林覆盖率提高到 32.0%，建成区绿化覆盖率提高到 41.8%，公园绿地 500 米服务半径覆盖率 89%，空气质量良好天数达到 192 天，达标比例比上年提高 10.3%，细颗粒物 PM2.5 浓度较上年下降 6.1%，集中式饮用水源地水质达标率达到 100%。

2013 年，徐州市大力实施节能减排重点工程，严格控制高耗能高污染项目，按照国家过剩产能化解政策淘汰落后产能，促进重点耗能企业提升能效。全市万元 GDP 能耗下降 4.0%，单位工业增加值能耗下降 5.7%，单位 GDP 电耗下降 5.5%。化学需氧量排放下降 3.4%，二氧化硫排放下降 5.6%，完成落后产能淘汰和主要污染物减排省定任务。

（七）平安徐州

全市共有律师事务所 99 家，专职律师 1176 人。各类案件诉讼代理 24326 件，其中民事案件 16621 件、刑事案件 1474 件、经济案件 6144 件、行政诉讼 87 件。全市共有人民调解委员会 3168 个，调解人员 29898 人，调解纠纷总量 54602 件，调处成功 54332 件，成功率 99.5%。刑事案件发案数下降 8.2%，各类事故和死亡人数分别下降 15.7%和 15.9%，其中交通事故 914 起，火灾 2136 起。全年生产安全事故死亡 393 人，亿元 GDP 死亡人数下降 10.1%。

三、徐州市在长三角地区经济发展中的地位

2013 年，面对复杂多变的经济形势，全市上下牢牢把握发展主题，统筹推进稳增长、调结构、惠民生、促和谐等各项工作，全市经济发展呈现出总体平稳运行、稳中有升，结构进一步优化，需求有所改善，供给稳定增长的良好态势，各项经济指标稳步增长。

2009—2013 年徐州市地区生产总值在长三角所占比重分别为 3.30%、3.41%、3.53%、3.69%和 3.75%，已连续五年出现较大幅度的增加，其中 2013 年比上年占比增加了 0.06 个百分点，五年累计增加了 0.45 个百分点。2013 年徐州市地区生产总值在长三角地区 25 个市（苏浙两省 24 个地级市和上海市，下同）所占比重中与上年比保持不变，排名第 8 位。

2013 年全市完成地区生产总值 4435.82 亿元，按可比价计算，比上年增长 11.8%。其中，第一产业增加值 432.38 亿元，增长 3.2%；第二产业增加值 2118.32 亿元，增长 12.3%；第三产业增加值 1885.12 亿元，增长 12.8%。人均地区生产总值达到 51714 元，首次突破 5 万元大关。

结构调整取得积极成效。三次产业结构调整为 9.7∶47.8∶42.5，第三产业占比比上年提高 1 个百分点。创新型经济发展较快，全市新增百亿元企业（园区）1 家、省两化融合试点企业 38 家，省级高新技术企业 40 家，省级农业龙头企业 17 家。全年实现高新技术产业产值 3598.27 亿元，占规模以上工业产值比重达 34.2%；战略性新兴产业完成产值 3801.33 亿元，占规模以上工业产值比重达 36.1%。

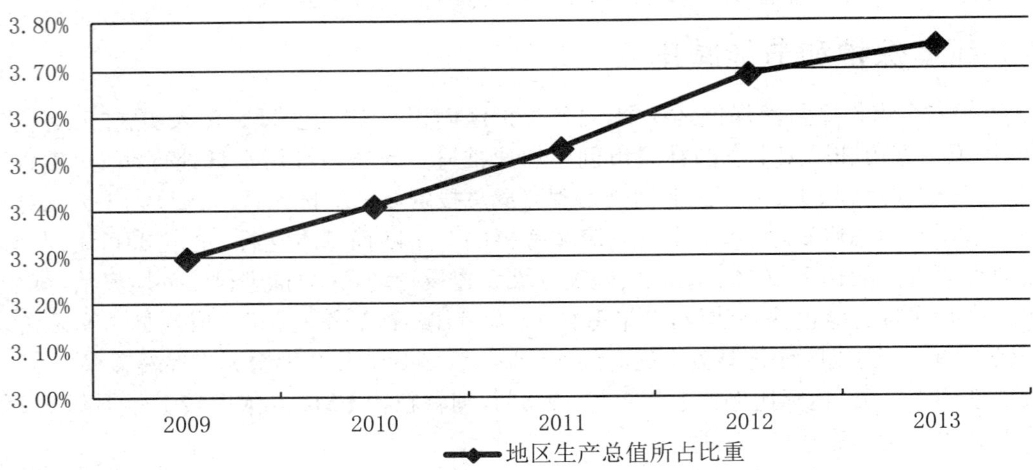

图 4　2009—2013 年徐州市地区生产总值在长三角所占比重的变化趋势

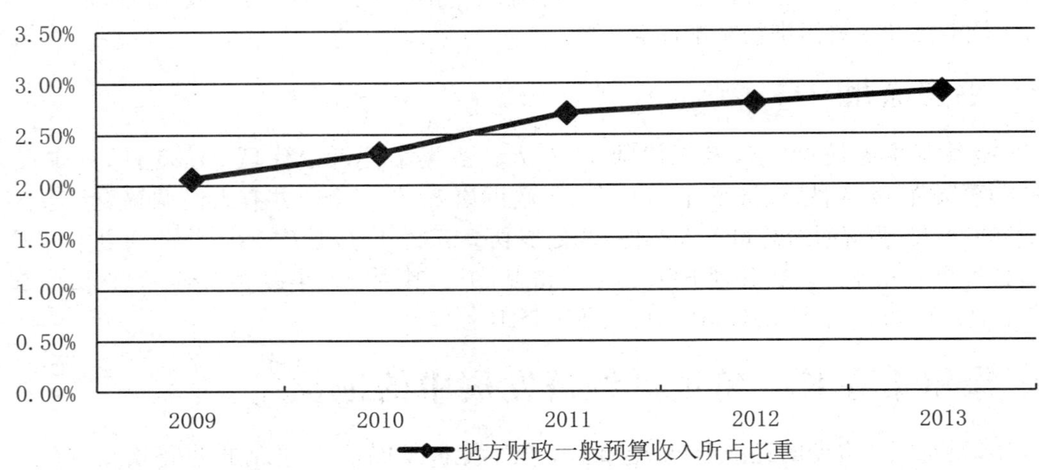

图 5　2009—2013 年徐州市地方财政一般预算收入在长三角所占比重的变化趋势

2009—2013 年徐州市地方财政一般预算收入在长三角所占比重分别为 2.08%、2.32%、2.71%、2.81%和 2.92%，连续五年保持稳定增长的态势，其中 2013 年继续增加，比上年增加 0.11 个百分点，五年累计增加了 0.84 个百分点。2013 年徐州市地方财政一般预算收入在长三角地区 25 个市中排名与去年保持一致，排名第 9 位。

2013 年，徐州市全年实现公共财政预算收入 422.84 亿元，增长 15.3%。主体税种普遍增收，其中营业税、企业所得税、城市维护建设税、土地增值税、契税增长较快，分别入库 134.70 亿元、20.81 亿元、12.64 亿元、39.79 亿元和 33.07 亿元，增长 26.0%、4.0%、11.9%、18.3%和 31.3%；增值税入库 32.38 亿元，下降 1.3%。公共财政保障能力继续增强，财政支出结构进一步优化，全年公共财政预算支出 585.86 亿元，比上年增长 11.0%，其中，用于社会保障与就业、科技、教育、文化体育与传媒、医疗卫生和节能环保等方面的财政支出达 264.5 亿元，增长 12.8%。

2009—2013 年徐州市规模以上工业总产值在长三角所占比重分别为 2.59%、2.95%、3.54%、4.17%和 4.58%，继续保持稳定增长的态势，五年累计增幅达 1.99 个百分点，2013 年所占比重比上

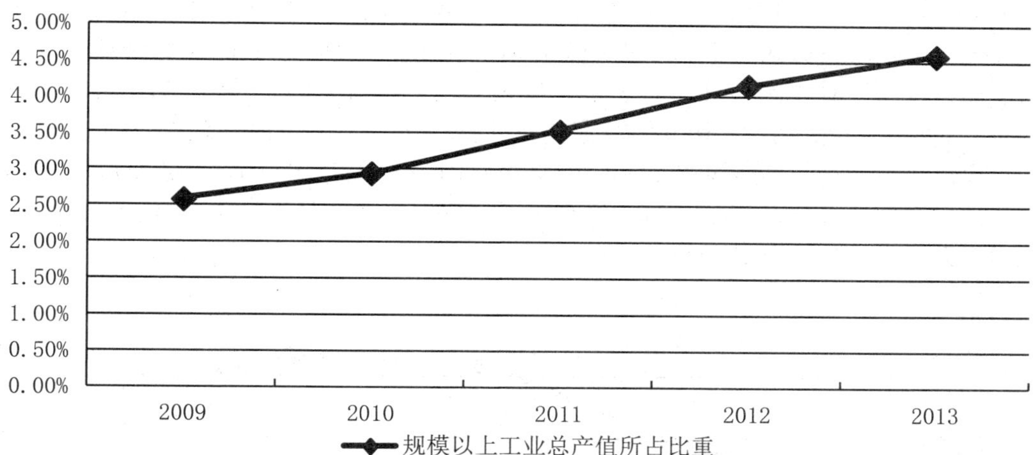

图 6　2009—2013 年徐州市规模以上工业总产值在长三角所占比重的变化趋势

年增加 0.41 个百分点。2012 年徐州市规模以上工业总产值在长三角地区 25 个市中排名比上年上升 1 位，排名第 8 位。

2013 年，徐州市全市规模以上工业 2874 家，其中，产值超 10 亿元的企业 64 家，超 50 亿元的企业 14 家，分别比上年增加 4 和 3 家，超百亿元的企业 5 家。全市规模以上工业实现总产值 10523.10 亿元，增长 17.1%。其中，轻、重工业分别增长 22.3%和 15.0%。分经济类型看，国有工业增长 4.2%，集体工业增长 19.2%，股份制工业增长 17.3%，外商港澳台投资工业增长 10.9%。全年规模以上工业增加值增长 12.9%。

全市重点培育的装备制造业、能源产业、食品及农副产品加工业、煤盐化工业、冶金业和建材业等六大千亿元产业分别完成产值 2757.32 亿元、734.25 亿元、2458.03 亿元、2030.55 亿元、921.84 亿元和 495.37 亿元，分别增长 9.0%、2.1%、22.2%、20.4%、20.0%和 32.3%。重点监测的 100 家工业企业实现产值 3076.64 亿元。

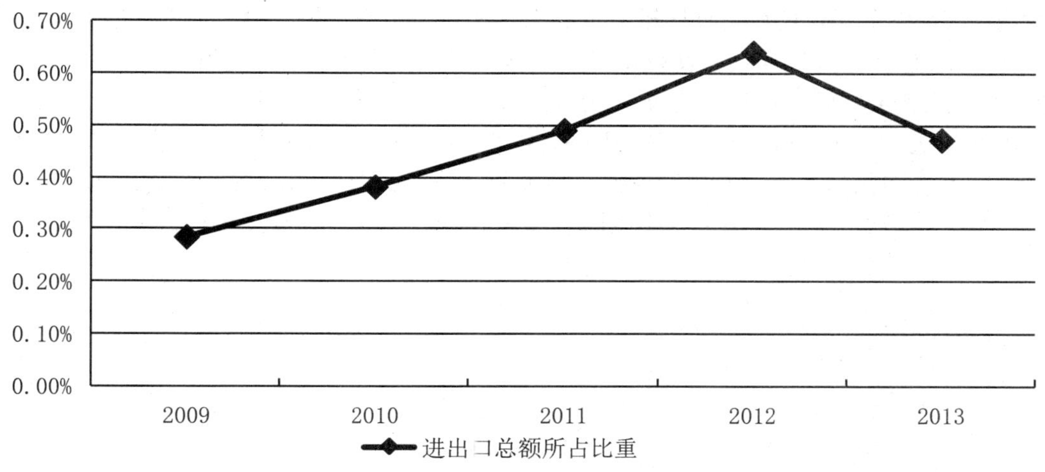

图 7　2009—2013 年徐州市进出口总额在长三角所占比重的变化趋势

2009—2013 年徐州市进出口总额在长三角所占比重分别为 0.29%、0.38%、0.49%、0.64%和

0.47%，2013 年出现下跌，跌幅为 0.17 个百分点；2013 年基本达到 2011 年水平，较 2009 年上升了 0.18 个百分点。2009～2012 年呈持续上升趋势，2012 年较上年增加了 0.15 个百分点。2013 年徐州市进出口总额在长三角地区 25 个市中排名较上年下跌了两位，排名第 21 位，亟需改善。

2013 年，徐州市全市进出口总额 62.89 亿美元，同比下降 24.5%；出口总额 48.97 亿美元，下降 22.1%。进出口总额中，一般贸易进出口 54.98 亿美元；加工贸易进出口 7.64 亿美元。机电产品、高新技术产品出口额分别为 20.9 亿美元和 2.9 亿美元，其中，光伏产品出口 1.67 亿美元，增长 9.6%。私营企业出口额为 11.10 亿美元，下降 1.8%。

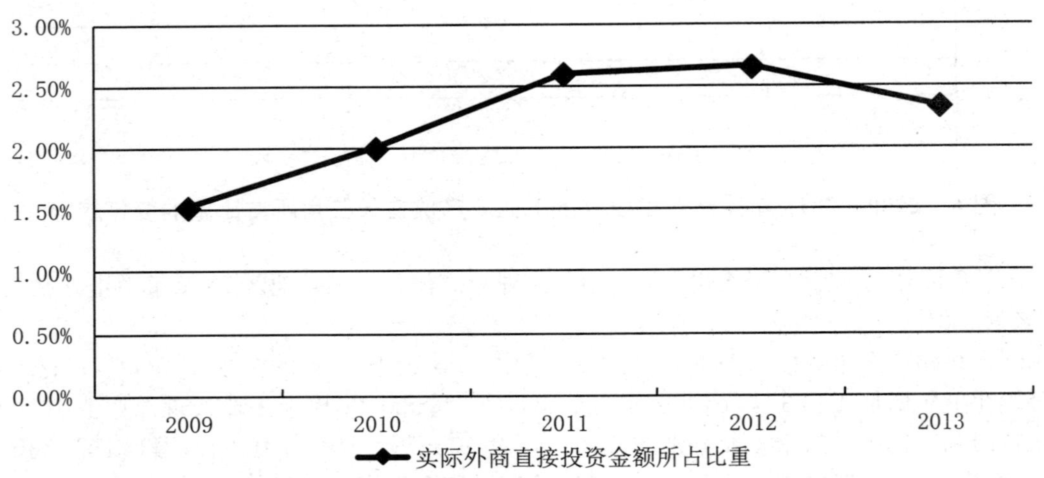

图 8　2009—2013 年徐州市实际外商直接投资金额在长三角所占比重的变化趋势

2009—2013 年徐州市实际外商直接投资金额在长三角所占比重分别为 1.52%、2.00%、2.60%、2.66%和 2.34%，在连续 4 年出现稳步增长，2013 年出现下跌，较上年下降了 0.32 个百分点；五年累计增加了 0.82 个百分点。2013 年徐州市实际外商直接投资金额在长三角地区 25 个市中排名较上年上升了一位，排名第 13 位。

2013 年，徐州市全年新批外商直接投资企业 171 家，新批协议外资 24.47 亿美元；实际到帐外资 15.00 亿美元，比上年增长 26.6%。新批及净增资 3000 万美元以上的大项目 25 个。利用外资结构优化，全年服务业新批外商直接投资企业 36 家，协议外资 6.84 亿美元；实际到帐外资 5.54 亿美元。“走出去”步伐加快。全年新批境外投资项目 20 个，比上年增加 1 个，中方协议投资 2.03 亿美元。对外承包工程新签合同额 2.59 亿美元，完成营业额 2.95 亿美元，增长 41.8%。新签劳务人员合同工资总额 1300 万美元，增长 85.7%，劳务人员实际收入总额 1334 万美元，增长 210.2%。

五　常州市2013年经济社会发展报告

2013年，面对严峻复杂的国内外经济形势，全市上下牢牢把握稳中求进的总基调，坚持又好又快的发展导向，积极抢抓苏南现代化建设示范区的机遇，积极推进转型升级及结构调整，质量效益和民生保障水平得到提升，经济社会保持了稳定发展的良好势头。

一、常州市2013年经济发展概况

（一）综合经济

1. 经济总量

经济运行总体平稳。全年实现地区生产总值(GDP)4360.93亿元，按可比价计算增长10.9%，其中第一产业完成增加值138.12亿元，增长3.1%；第二产业完成增加值2250.8亿元，增长11.2%；第三产业完成增加值1972.01亿元，增长11.2%。全市一、二、三次产业比重由上年的3.2∶52.9∶43.9调整为3.2∶51.6∶45.2。全市按常住人口计算的人均生产总值达92994元，按平均汇率折算达15016美元。

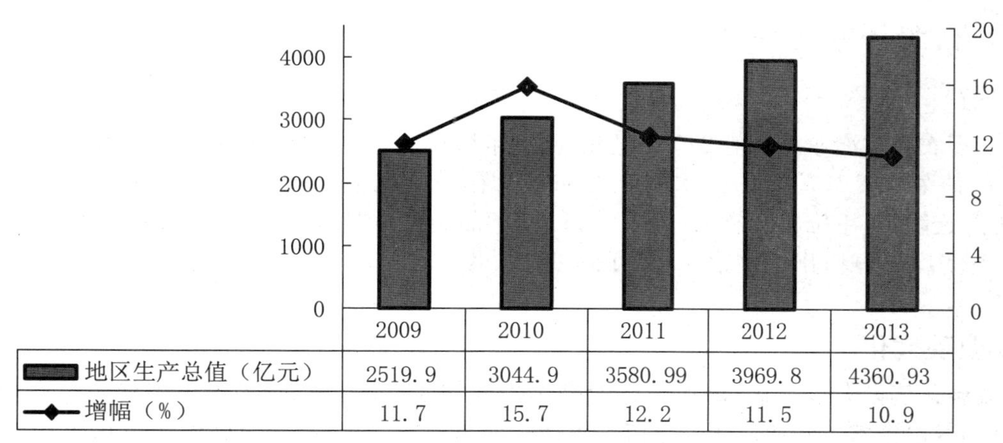

	2009	2010	2011	2012	2013
地区生产总值（亿元）	2519.9	3044.9	3580.99	3969.8	4360.93
增幅（%）	11.7	15.7	12.2	11.5	10.9

图1　2009—2013年常州市地区生产总值及增长速度

2. 财政收支

全年实现公共财政预算收入408.88亿元，比上年增长7.9%。公共财政预算收入占GDP的比重为9.4%。全年公共财政预算支出417.9亿元，比上年增长3.2%，公共财政预算支出中，教育、文化体育与传媒、社会保障和就业、医疗卫生、节能环保、住房保障等六大民生类分别支出66.6亿元、6.1亿元、43.3亿元、24.6亿元、16.8亿元、10.7亿元，占公共财政预算支出的比重达到41.6%。

3. 物价水平

物价水平温和上涨。全年居民消费价格总水平(CPI)为102.2，比上年回落0.3个百分点，从分类指数看，八大类消费价格指数同比"七升一降"。其中，食品类上涨3.5%、衣着类上涨1.6%、家庭设备用品及维修服务类上涨2.5%、医疗保健和个人用品类上涨2.0%、交通和通信类上涨0.5%、娱乐

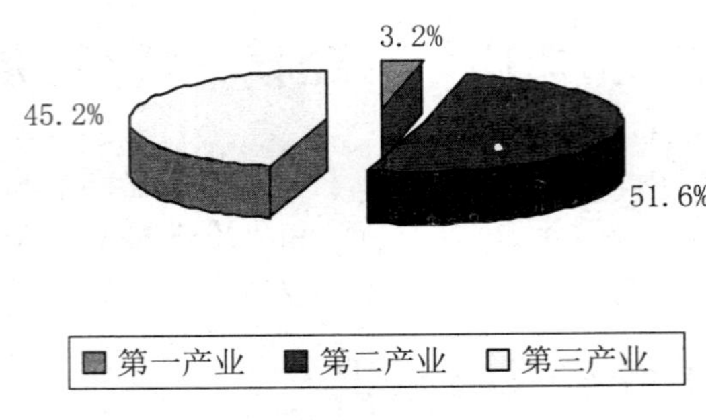

图 2 2013 年常州市三次产业结构图

教育文化用品及服务类上涨 1.3%、居住类上涨 2.5%;烟酒类价格下降 0.7%。

4. 固定资产投资

固定资产投资稳步增长。全年完成固定资产投资 2850.12 亿元,比上年增长 18.2%。第一产业完成投资 5.5 亿元,比上年增长 25.2%;第二产业完成投资 1545.0 亿元,其中工业投资 1541.2 亿元,分别增长 16.3%、16.7%;服务业完成投资 1352.3 亿元,增长 20.4%。大项目对有效投入的支撑作用显著增强,全年在建亿元项目 485 个(不含房地产开发项目),完成投资 968.9 亿元,对全市固定资产投资(不含房地产开发投资)增长的贡献率达 74.4%。

(二)农业与农村经济

1. 农业

全市实现农林牧渔业总产值 240.1 亿元,比上年增长 9.4%。麦、油、稻单产齐超历史,小麦单产 349.8 公斤,油菜单产 157.2 公斤,水稻单产 642 公斤,分别比上年增加 11.7 公斤、11.6 公斤和 9 公斤,水稻单产连续 11 年位居全省第一。"菜篮子"产品生产保持稳定,全市蔬菜播种面积达 36.2 万亩,蔬菜产量 91.7 万吨;出栏生猪 80.5 万头、家禽 5800 万羽,肉蛋奶总产达 21.2 万吨;水产品产量 18.5 万吨。

2. 农业现代化

农业设施化建设大步迈进,全市新建设高标准农田 13.6 万亩,新增市级现代农业产业园区 11 个,新发展高效设施农(渔)业面积 6 万亩。累计建成高标准农田、高效设施农业 130.9 万亩、40.7 万亩,占耕地面积比重分别达到 58%和 18.1%。全市落实农机购置补贴资金 2961.1 万元,比上年增长 16.9%,创历史新高,带动农民购机 5281 台套,全市农业机械化水平达 85%,农机化发展水平继续走在全省前列。农业产业化水平稳步提升,新创建认定市级"五个一"示范企业 11 家,新发展省级农业龙头企业 9 家(总数达 34 家),全市 64 家市级以上农业龙头企业实现销售收入(交易额)633.7 亿元,同比增长 11%。金西农产品加工集中区成为全市首个被省级认定的农产品加工集中区。农业生态化功能逐步拓展,全市林木覆盖率达 24.5%,农业废弃物综合利用率达 95.8%。花博会的成功举办,有力推动了休闲观光农业升级发展,全市各农游景点共计接待游客 695.5 万人次,实现农业旅游收入 19.8 亿元。

(三)工业、建筑业

1. 工业

2013 年,全市列统规模以上工业企业 3887 家,比上年增加 224 家。全年规模以上工业总产值首次突破万亿元大关，达到10067.9亿元，比上年增长11.5%。按省统一口径计算，全市完成规模以上工业增加值2178.4亿元，按可比价计算增长11.8%。规模以上工业企业主营业务收入达到10223.1亿元，同比增长12.5%；实现利税844.2亿元，利润512.6亿元，同比分别增长18.9%、18.6%。

特色产业支撑良好。机械行业增幅稳步回升，全年完成工业总产值4230.9亿元，同比增长14.6%，实现利税373.6亿元、利润232.5亿元，增长19.5%、17.7%。光伏行业有所回暖，完成工业总产值378.9亿元，同比增长5.1%；实现主营业务收入375.0亿元，同比增长8.8%；实现利税28.3亿元，实现利润14.4亿元。电子行业保持快速发展，完成工业总产值535.0亿元，同比增长15.8%，增幅高于全市平均水平5.4个百分点；实现利税56.7亿元、利润39.1亿元，分别增长31.6%、49.3%。

2. 建筑业

建筑企业全年完成施工产值1158.5亿元，比上年增长10.3%；施工面积10079万平方米，增长14.9%；竣工面积3450.4万平方米，增长12.4%。建筑业按施工产值计算的全员劳动生产率达29.6万元/人，比上年增长9.2%。

（四）服务业

1. 国内贸易

社会消费平稳增长。全年实现社会消费品零售总额1607.93亿元，同比增长13.7%。分行业看，批发业实现消费品零售总额196.7亿元，同比增长18.0%；零售业1262.5亿元，增长12.9%；住宿业13.8亿元，增长5.3%；餐饮业124.0亿元，增长16.7%。从城乡市场看，农村消费市场潜力不断释放，全市乡村市场实现零售额114.6亿元，同比增长22.7%，增幅高出城镇市场9.6个百分点，乡村市场份额有所扩大。从商品类别看，书报杂志类、中西药品类、金银珠宝类消费增长较快，分别实现零售额6.5亿元、66.4亿元、28.0亿元，同比分别增长66.8%、59.8%、49.4%。

2. 交通运输和邮电

交通运能稳步提升。全年营业性客运量18839万人，货运量19497万吨，分别比上年增长9.7%、13.7%。公路客运量17551万人，比上年增长9.5%，公路旅客周转量108.4亿人公里，比上年增长11.0%；公路货运量1.8亿吨，货物周转量110.3亿吨公里。铁路客运量（常州站、戚墅堰站、常州北站）1222.4万人。常州机场全年旅客吞吐量达到152.7万人次，比上年增长41.6%；货物邮吞吐量1.5万吨，比上年增长37.9%；起降航班19348架次，其中运输起降15385架次。全市港口完成货物吞吐量9966万吨，增长10.8%；其中沿江港口完成货物吞吐量3067万吨，增长15.0%；集装箱吞吐量完成14.9万标箱，增长4.4%。年末全市机动车拥有量达104万辆，比上年末增长9%；民用汽车拥有量76.5万辆，比上年末增长16.1%，其中私人汽车62万辆，增长18.5%，私人轿车44.4万辆，增长17.2%。

通信行业平稳发展。全年邮电业务收入64.5亿元，其中邮政业务总收入8.0亿元，比上年增长18.9%，通信业务收入56.5亿元，下降4.6%。年末本地网电话用户159.1万户，移动电话用户458.9万户；互联网用户数达136.7万户，增长6.9%，其中宽带网用户130.4万户，增长11.1%。

3. 金融、保险和证券

金融运行平稳有序。年末全市金融机构人民币存款余额6348.1亿元，比年初增加742.3亿元，其中储蓄存款余额2753.3亿元，比年初增加280.0亿元；单位存款余额3301.0亿元，比年初增加369.1亿元。年末金融机构人民币贷款余额4318.3亿元，比年初增加485.5亿元，其中短期贷款余额

2344.6 亿元，比年初增加 249.2 亿元；中长期贷款余额 1842.4 亿元，比年初增加 223.7 亿元。新设平安银行常州分行、南京银行常州分行、苏州银行常州分行和中成村镇银行 4 家金融机构，全市金融机构达 25 家。

保险行业健康发展。截止年末，全市共有保险公司 64 家，比上年增加 3 家，其中产险公司 27 家，寿险公司 37 家；专业保险中介机构 18 家，其中法人机构 5 家。全年实现保费总收入 118.4 亿元，比上年增长 9.8%，其中寿险 79.0 亿元，增长 6.7%，财产险 39.4 亿元，增长 16.7%；全年保险赔款支出 25.9 亿元，比上年增长 22.5%，其中寿险 2.6 亿元，增长 16.5%，财产险 23.4 亿元，增长 23.2%。

证券交易趋于活跃。全市证券营业部全年证券交易总额 5171.2 亿元，比上年增长 48.0%。其中，A 股交易 4831.0 亿元，比上年增长 45.0%；B 股交易 10.9 亿元，增长 64.7%；债券成交额 189.1 亿元，增长 83.9%；基金成交 140.1 亿元，增长 165.8%。截至年底，全市共有上市公司 34 家，其中 A 股 18 家，B 股 1 家，H 股 8 家。

4. 旅游业

旅游产业快速发展。全年实现旅游总收入 597.0 亿元，旅游总人数 4606.6 万人，分别比上年增长 20.1%、16.0%(原口径同比，下同)。其中国内游客 4595.6 万人次，国内旅游收入 582.9 亿元，分别比上年增长 16.1%和 20.2%；入境游客 11 万人次，旅游外汇收入 0.8 亿美元，分别比上年下降 5.2%和 4.2%。天目湖旅游度假区集散中心、天目湖旅游度假区“智慧旅游”一站式旅游网、常州旅游集散中心和常州智慧旅游一期项目建成投运，有效提升了旅游公共服务能力。成功举办第八届中国花卉博览会，共接待游客 268 万人次，旅游接待再添新星。截至年底，全市共有省级旅游度假区 3 家，国家 5A 级旅游区 2 家，国家 4A 级旅游区 9 家；全国工农业旅游示范点 17 家，江苏省四星级乡村旅游点 19 家，江苏省工业旅游点 2 家，江苏省自驾游基地 6 家；旅行社 125 家，2 家旅行社进入全省旅行社 20 强，1 家旅行社进入全国旅行社 100 强；星级酒店 71 家，其中五星级酒店 9 家，四星级酒店 25 家。

5. 房地产业

房地产开发投资增速加快。房地产开发投资 698.8 亿元，比上年增长 17.1%，其中住宅完成投资 476.2 亿元，增长 14.4%，占房地产开发投资的比重达到 68.1%；商业营业用房完成投资 109.9 亿元，增长 23.0%；办公楼投资 31.3 亿元，增长 43.4%。全年商品房屋施工面积 4776.8 万平方米，增长 10.7%，其中本年新开工面积 1305.8 万平方米，增长 18.7%。

（五）开放型经济

1. 对外贸易

对外贸易小幅增长。全年实现进出口贸易总额 292.15 亿美元，比上年增长 0.6%，其中出口 203.74 亿美元，增长 2.1%；进口 88.41 亿美元，下降 2.7%。对日本、美国出口额分别为 22.2 亿美元、40 亿美元，同比增长 21.2%、7.2%；对欧盟市场出口仍未出现明显起色，全年出口总额 34.3 亿元，同比下降 10.7%。新兴国家和地区的出口比重逐步提高，对东盟出口总额达 23 亿美元，增长 10.8%，占全市出口的比重达 11.3%，成为常州市第三大出口地。从经营主体看，外商投资企业出口 102 亿美元，增长 7.3%，自营生产企业出口 79.3 亿美元，下降 4.2%。从出口产品看，机电、高新技术产品分别出口 100.9 亿美元、45.1 亿美元，两者出口占全市外贸出口总量的比重超七成。

2. 利用外资

外资项目有序推进。全年注册外资实际到帐 35.3 亿美元，比上年增长 5.1%；新增工商登记注册外资 50.1 亿美元，比上年下降 7.6%。大项目有序推进，全年新增总投资超 1 亿美元项目 14 个，项目

总数比上年增加4个。新增注册外资超3000万美元项目45个，比上年增加1个。世界500强企业投资加速，全年新增世界500强企业投资项目2个，分别为日本住电轻合金项目和德国博世力士乐气动设备项目。此外，常牵庞巴迪牵引系统、圣戈班石膏建材、曼恩机械、普利司通自行车、东京制纲等9家世界500强投资企业实现了增资。

3. 外经外包

境外投资增量提质，全年中方协议投资额4.3亿美元，比上年增长70.6%。其中，新批境外投资项目48个，中方协议投资额超500万美元的重大项目17个，增加4个。全年完成服务外包合同额4.2亿美元，比上年增长21.2%，执行额3.4亿美元，增长18.3%；完成服务外包离岸合同额2.7亿美元，增长5.3%，离岸执行额2.3亿美元，增长5.6%。武进经济技术开发区成功获批省级国际服务外包示范区。

4. 民营经济

民营经济稳步发展。民营经济全年完成增加值2945.1亿元，按可比价计算增长11.3%，在全市经济总量中所占比重由上年的67.1%提高到67.5%；上缴税收415.4亿元，比上年增长7.8%，高出全部税收增长2.3个百分点，对税收的贡献率达89.7%。

5. 开发区经济

开发区实力日益增强。全市开发区当年完成全社会固定资产投资1846.8亿元，其中基础设施投入首次突破200亿元，达到236.4亿元，增长20.5%。全年实现公共财政预算收入275.2亿元，工商登记协议注册外资44亿美元，实际到账外资30.4亿美元。外资大项目不断集聚，全市开发区新增工商登记注册外资3000万美元以上外资项目42个，占全市的比重达93.3%。

6. 外事活动

对外合作交流不断深化。全年接待邀请外宾233批、2669人次，其中省部级以上外宾13批、138人次。接待外国驻华使领馆官员25批、174人次，外国友好城市团组31批、265人次，外国记者21批、60人次。2013年与俄罗斯斯塔夫罗波尔市、墨西哥塔帕丘拉市、马来西亚新山市缔结友城获得全国友协批准，并与塔帕丘拉市正式签署缔结友城协议书，获批友城累计达21个。辖市(区)友城总数累计达12个。

二、常州市2013年社会发展概况

(一) 人口、人民生活

人口规模基本稳定。截止年末，全市户籍总人口365.9万人，比上年末增加1.1万人，增长0.3%。其中，男性181.9万人，增长0.1%，女性184万人，增长0.5%，男女性别比为98.8∶100。60岁以上人口74.6万人，占总人口的比重达20.4%。年末全市常住人口469.2万人，比上年末增长0.1%，其中城镇人口316.5万人，城镇化率达到67.5%。全市人口出生率9.2‰，人口死亡率7.8‰，人口自然增长率为1.4‰。

居民收入稳步提高。全年市区城镇居民人均可支配收入36611元，比上年增长10.0%，扣除价格因素实际增长7.6%；人均生活消费支出23090元，比上年增长12.5%，其中人均食品消费7884元，增长10.7%，居民恩格尔系数为34.5%，比上年下降0.6个百分点。农民人均纯收入18643元，比上年增长11.4%；人均生活消费支出13563元，增长12.8%，居民恩格尔系数35.4%，比上年下降0.7个百分点。

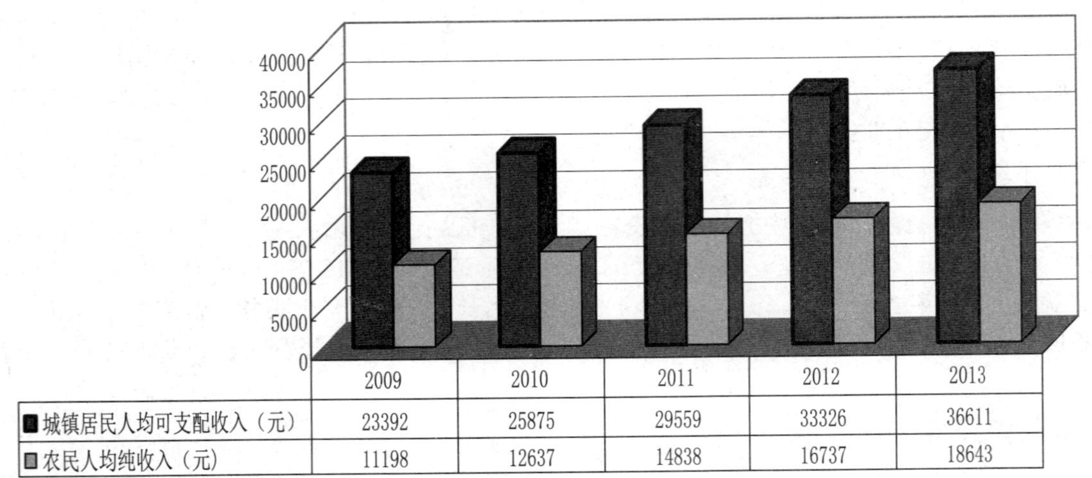

	2009	2010	2011	2012	2013
城镇居民人均可支配收入（元）	23392	25875	29559	33326	36611
农民人均纯收入（元）	11198	12637	14838	16737	18643

图 3　2009—2013 年常州市城乡居民收入对比一览

（二）就业与社会保障

1. 就业创业

不断充实和完善就业政策体系，全年新增就业 12.7 万人，年末城镇登记失业率控制在 4%以内。扶持创业 8118 人，带动就业 4.9 万人，援助困难群体实现再就业 1.0 万人。首次举办全市大学生创业大赛，征集优秀创业项目 246 项。新增省“五星级”和“四星级”人力资源市场各 1 家。大力实施离校未就业高校毕业生就业促进计划，全市实名登记 5383 人，帮扶实现就业或自主创业 4860 人。开发 270 个基层公益性岗位，组织 1780 名未就业高校毕业生参加就业见习。新增高技能人才 23209 人，每万名劳动力中高技能人才数达 574 人。

2. 住房保障

全年新开工各类保障房 22711 套(户)，其中公共租赁住房(含廉租房)7960 套，经济适用住房 1350 套，限价商品房 3967 套，城市棚户区危旧房改造安置住房 9434 套。基本建成各类保障性住房 19210 套(户)，其中公共租赁住房(含廉租房)7559 套，经济适用住房 1332 套，限价商品房 5228 套，城市棚户区危旧房改造安置住房 5091 套。继续放宽收入门槛，年内新增廉租住房租金补贴家庭 301 户，新增实物配租家庭 844 户。

3. 社会保障

全市企业养老、医疗、失业、工伤、生育五大保险分别扩面净增 38067 人、55605 人、35021 人、37589 人、35838 人。截至年末，共有 126.0 万人参加企业养老保险，比上年末增长 4%；100.1 万人参加失业保险，增长 4.3%；172.1 万人参加城镇职工基本医疗保险，增长 5.7%。五大保险基金总收入 160.0 亿元，比上年增长 2.8%；支出 134.3 亿元，增长 15.5%。连续第 9 年提高企业退休人员养老金水平，平均增幅达 11%以上。城乡居民社会养老保险基础养老金提高到每人每月 140 元，失业保险待遇、工伤保险定期待遇、生育医疗费用结算标准等稳步提高。在省内率先实现大市范围城乡居民社会养老保险参保缴费、待遇领取、资格认证、权益查询“四个不出村”服务，率先实现大市范围企业退休人员就近免费领取养老金服务全覆盖。完成省内异地就医联网实时结算测试，与省本级、徐州等地开展实时结算试点。

4. 社会救助

年末全市拥有各类养老机构113个，各类养老机构床位数24361张，收养人数达11151人。城乡低保工作扎实推进，全面实现城乡低保标准并轨。全市26856户、47855人纳入低保范围，其中城镇低保对象9495户、16906人，农村低保对象17361户，30949人，累计发放保障金1.7亿元。全市医疗直接救助人次数为75094人次，救助金额达3193万元。全年发行福利彩票10.2亿元。法律援助服务能力不断提升，全市两级法律援助机构共处理各类咨询事项20214件次，其中来访咨询8827人次，来电咨询11331人次，网上咨询56件；共办理法律援助案件4233件，比上年增长35.4%，其中刑事案件817件，增长140.3%。

5. 慈善救助

全市各级慈善会新募集到账资金11696万元，发放各类救助金10662万元，惠及困难对象6.05万余人次。其中，市本级募集3720万元，发放2907万元，救助困难对象2.1万人次。

（三）教育和科学技术

1. 教育

教育现代化扎实推进。推进教育布局调整和中小学校安工程，办学条件不断改善，制定启动新三年校安工程计划。学前教育加快发展，全市创建省优质园6所，省优质园复审21所，创建市特色园7所，合格园转市优质园11所。所有注册幼儿园均达市合格园标准。义务教育更加均衡，全市义务教育阶段教育集团达27个，学校成员101所，占比32.3%。全市公办学校吸纳流动就业人员随迁子女比例达90%，义务教育阶段省优质学校占比超过85%。继续实施高中质量提升工程，高考本二上线率达62.4%，较上年提高6个百分点，高居全省前列。推进省职业教育创新发展实验区建设，8所学校成为江苏省高水平现代化职业学校立项建设学校。18个实训基地被列入省级高水平示范性实训基地建设项目，首批将有3个实训基地率先启动建设。新增10个省级品牌和特色专业，省级品牌和特色专业总数达30个。加强终身教育服务，新增省级标准化社区教育中心2个，市级标准化社区教育中心4个，市级社区居民(村民)学校62所。

2. 科技创新

创新平台加快建设。着力构筑“一核两区三园多基地”的区域创新总体布局，园区全年新增申请专利12500件，其中发明专利2900件；国家创新型科技园区“一核八园”企业营业总收入1291.6亿元，净利润76.2亿元，科技活动经费总投入74.0亿元。新建公共技术服务平台3家，累计达到29家；新增市级以上企业研发机构198家，其中省级以上70家，累计建成“两站三中心”910个。新增市级孵化器、加速器13家，新增省级孵化器2家、国家级孵化器2家，新增孵化、加速面积超100万平方米，累计达600万平方米，培育科技企业近4900家。

创新要素不断集聚。加大对科技创新的支持力度，全年政府科技经费投入24.3亿元，比上年增长25.3%。全年争取省级以上科技项目521项，争取经费首次突破5亿元，达到5.1亿元。全市共有1751家企业享受科技减免税政策21.6亿元，增长8%，其中605家高企享受减免税12.9亿元，企业数增加154家；908家企业50%加计扣除额为24.0亿元，比上年增长8400万元，享受研究开发费加计扣除税收减免6.0亿元，比上年增加2100万元，企业数增加216家。实施第四、第五批“龙城英才计划”，共引进“千人计划”人才155名。

创新能力不断提高。全年完成专利申请41705件，其中发明专利11840件；专利授权18207件，发明专利授权1173件；万人发明专利拥有量10.2件。全市新增高新技术企业136家，累计860家；新增高新技术产品750只，累计达到5417只；新认定民营科技型企业超1700家，累计超过6800家。预计完成规模以上高新技术产业产值超4100亿元，占规上工业总产值41%以上。

（四）文化、卫生和体育

1. 文化

积极推进文化传承和创新。扎实推进国家历史文化名城建设和申报工作，大运河申遗工作先后于7月和9月顺利通过国家预检组及联合国专家现场检查评估，被国家文物局誉为“给中国大运河申遗加分添彩的城市”。全市文保单位扩容取得新进展，目前已拥有各级文保单位323处，新增国家级文保单位5处。大遗址申报实现零的突破，淹城、阖闾城入选国家级大遗址保护项目，中华曙猿化石地点列入江苏省大遗址保护项目。拥有世界级非遗1项（金坛刻纸），国家级非遗12项，省级非遗38项。民办博物馆总数达11家，占全省四分之一。大力发展文化产业，全市拥有1个国家级文化产业示范基地及6个省级文化产业示范基地。常州创意产业基地和武进工业设计园成为首批江苏省文化科技产业园；创意产业基地、运河五号成为江苏省重点文化产业园区；恐龙园、吟飞科技、卡米文化、卡龙动画、金刚网络等10家企业入选江苏省重点文化科技企业。

着力坚持文化惠民。全年完成送戏下乡726场，送电影下乡7739场，送书下乡31500册，文化惠民“四个演”4530场。进一步完善图书馆、博物馆、美术馆、纪念馆、文化馆免费开放长效保障机制，年接待市民超500万人次，举办各类公益性展览、讲座近1000场。“智慧社区”建设加快推进，全年新建“智慧社区”100个，覆盖20万户。开展“精品文艺进社区”活动，全市200多名艺术家和文艺骨干成立7支文化志愿服务队，深入62个示范社区开展巡演，让市民在家门口能够欣赏到高质量的文艺精品演出。体现常州群众文化实力和水平的舞蹈《香脆萝卜干》、小品《救》成功晋级群星奖决赛，常州时隔13年后再度捧回全国群众文化最高奖——群星奖。

2. 卫生

卫生服务水平不断提升。年末全市共有各级各类医疗卫生机构1123个，拥有总床位21218张，卫生技术人员2.7万人，其中执业（助理）医师10850人、注册护士11108人，全市每千人拥有执业（助理）医师2.3人。新型农村合作医疗制度不断完善，新农合人均筹资标准达到430元，比上年提高70元，参保率100%；住院费用政策范围内补偿比76.5%，实际补偿比53.9%；全市基层医疗卫生机构100%实施基本药物制度，2013年网上采购基本药物5.9亿元，让利幅度33%。基层卫生服务能力得到巩固和提升，全市达到省定建设标准的社区卫生服务中心比例为92.6%。全市累计建立居民健康档案385.2万份，建档率达83.3%。群众就医环境不断改善，市一院综合病房大楼、市七院门急诊病房大楼、市妇幼保健院迁建等重点工程建设加快推进。

3. 体育

体育事业蓬勃发展。年内全市承办国际级比赛5项、国家级比赛13项、省级比赛8项。常州运动员在第十二届全运会上获得10枚金牌，创历史最好成绩。全民健身工作取得了长足发展，全市城市（城关镇）社区全部建成达标“10分钟体育健身圈”。全年发行体育彩票11.8亿元。

（五）城乡建设

1. 基础设施建设

全市公路总里程8847公里，其中高速公路268公里。年内新改建农村公路120公里，改造桥梁46座。完成各类水利建设土方2396.4万立方米。大运河东枢纽等最后5座在建城市防洪大包围节点基本完工，中心城区历史上首次具备区域防洪调控手段，包围圈内受益面积156.2平方公里。龙城大道地道、晋陵南路等城市骨干道路建成通车，锡溧漕河、丹金溧漕河金坛段建成通航，常溧高速公路、青洋路高架北延等重点工程顺利推进，常州机场改扩建工程全面完成，3400米跑道正式启用，机场综合保障能力实现新跃升。轨道交通疏解工作稳步推进，实施新堂北路、桃园路、同济桥、正素巷、古村巷等路网完善工程。

2. 公交事业

截至年底，全市公交线路216条，公交营运车辆2705辆。全年新辟公交线路21条，优化调整65条，延长服务时间25条，新增公交车200辆，西林公交枢纽建成启用，溧阳公交与常州公交实现刷卡互联互通。开通常州和江阴、常州和无锡之间的毗邻公交。新增500辆出租汽车，全市营运出租汽车数达到3680辆。

3. 公共服务

全年全社会用电量391.0亿千瓦时，比上年增长11.2%，其中城乡居民生活用电37.4亿千瓦时，增长16.2%。全年市区自来水供水总量3.9亿立方米，其中居民生活用水2.0亿立方米，供水普及率100%。年末市区天然气用户达70万户，比上年末增长9.4%。城区生活污水日处理能力64.5万吨，生活污水处理率达97%。年底城市路灯总数18.1万盏，比上年末增长4.7%。全年市区生活垃圾清运量99.7万吨，生活垃圾无害化处理率达100%。

（六）生态环境与城市绿化

生态文明扎实推进。大力推进全市生态文明建设，成为获得国家生态市命名的首批地级市。完成全市905.71平方公里生态红线区域保护划定并由省政府批准公布；新增国家级生态镇4个，国家级生态村6个、省级生态村35个，钟楼经济开发区在全国省级园区中率先建成国家级生态工业示范园区。狠抓污染物总量减排，全市关停化工、印染等污染企业100家，实施减排项目208个，完成180家企业清洁生产审核。着力实施清水蓝天宜居工程，完成259家企业限期治理和雨污分流提标改造、216家企事业单位污水限期接管，5家河道沿线污染企业停产搬迁；"禁燃区"面积扩大至230平方公里，完成21家企业挥发性有机物整治。按照AQI评价标准，市区空气质量达到二级标准214天，达到一级标准40天。

绿化水平不断提升。年末建成区绿地面积达7232.85公顷，其中公园绿地面积1872.68公顷，分别比上年末增长2.3%和6.5%；城区人均公园绿地达到12.83平方米；建成区绿化覆盖率达42.87%，比上年提高0.66个百分点，建成区绿地率38.95%，比上年提高0.36个百分点。绿化重点工程加快推进，完成飞龙东路、东方路等8条道路绿化提升工程，完成25000平方米花博会常州园建设工程，完成紫荆公园东经120标志塔工程，完成西绕城高速公路和泰州长江大桥连接线绿色通道提升工程，丁塘河湿地公园、新龙生态林加快建设，启动并实施集镇绿化达标提升工程。

三、常州市在长三角地区经济发展中的地位

2013年，面对错综复杂的经济形势，常州市牢牢把握稳中求进的总基调，坚持又好又快的发展导向，积极抢抓苏南现代化建设示范区的机遇，转型升级及结构调整积极推进，质量效益和民生保障水平得到提升，经济社会保持了稳定发展的良好势头，为苏南现代化示范区建设奠定了坚实基础。

2009—2013年，常州市地区生产总值在长三角所占比重分别为3.48%、3.53%、3.56%、3.65%和3.69%，呈现逐年增长的态势，累计增幅为0.21个百分点，其中，2013年所占比重比上年增加了

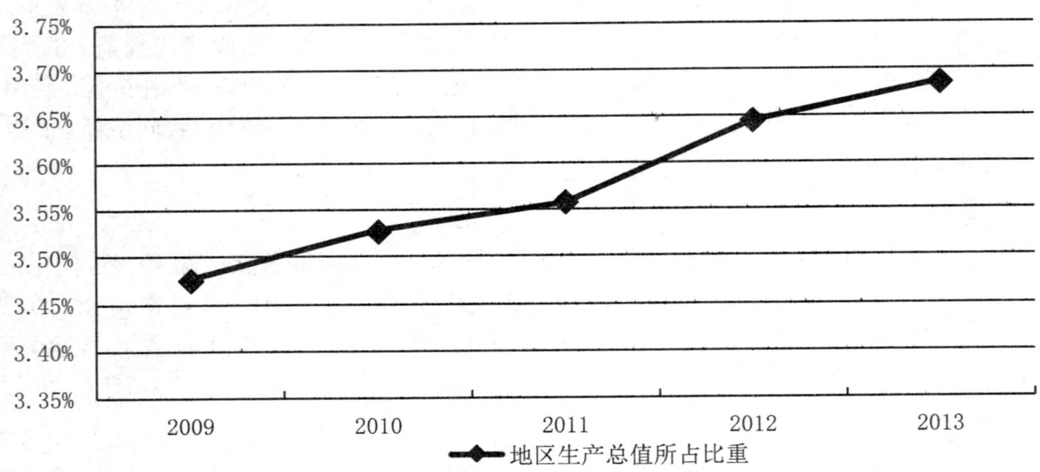

图 4　2009—2013 年常州市地区生产总值在长三角所占比重的变化趋势

0.04 个百分点。2013 年常州市地区生产总值在长三角地区 25 个市(苏浙两省 24 个地级市和上海市,下同)中同上年上升持平,排名第 9 位,继续保持着比较靠前的位置。

2013 年,常州市全年实现地区生产总值(GDP)4360.9 亿元,按可比价计算增长 10.9%,其中第一产业完成增加值 138.1 亿元,增长 3.1%;第二产业完成增加值 2250.8 亿元,增长 11.2%;第三产业完成增加值 1972.0 亿元,增长 11.2%。全市一、二、三次产业比重由上年的 3.2∶52.9∶43.9 调整为 3.2∶51.6∶45.2。全市按常住人口计算的人均生产总值达 92994 元,按平均汇率折算达 15016 美元。

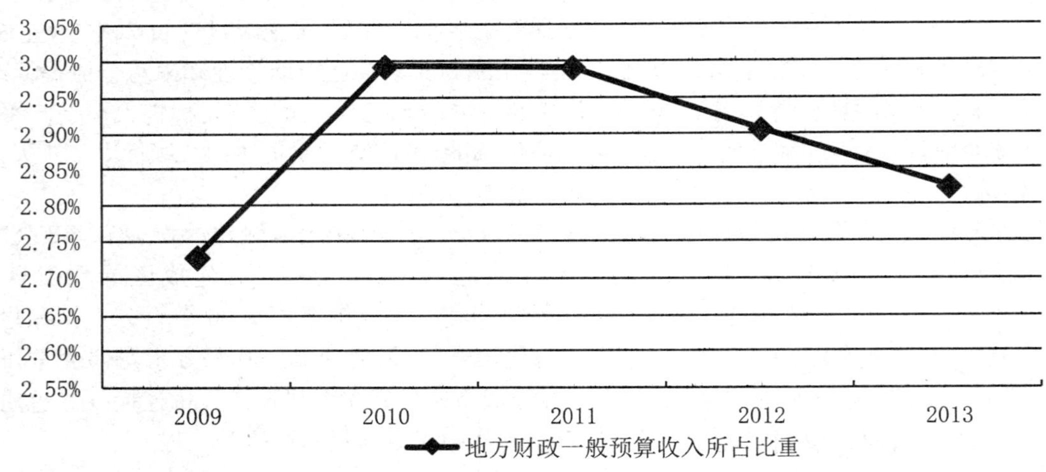

图 5　2009—2013 年常州市地方财政一般预算收入在长三角所占比重的变化趋势

2009—2013 年,常州市地方财政一般预算收入在长三角所占比重分别为 2.73%、2.99%、2.99%、2.91%和 2.82%,呈倒"U"形态势,其中,2011～2013 年持续下降;2013 年较上年下降了 0.09 个百分比,较 2009 年上升了 0.09 个百分点。2013 年常州市地方财政一般预算收入在长三角地区 25 个市中较上年下跌了两位,排名第 10 位。

2013 年,常州市全年实现公共财政预算收入 408.9 亿元,比上年增长 7.9%。公共财政预算收入

占 GDP 的比重为 9.4%。全年公共财政预算支出 403.9 亿元，比上年增长 3.2%，公共财政预算支出中，教育、文化体育与传媒、社会保障和就业、医疗卫生、节能环保、住房保障等六大民生类分别支出 66.6 亿元、6.1 亿元、43.3 亿元、24.6 亿元、15.8 亿元、10.7 亿元，占公共财政预算支出的比重达到 41.6%。

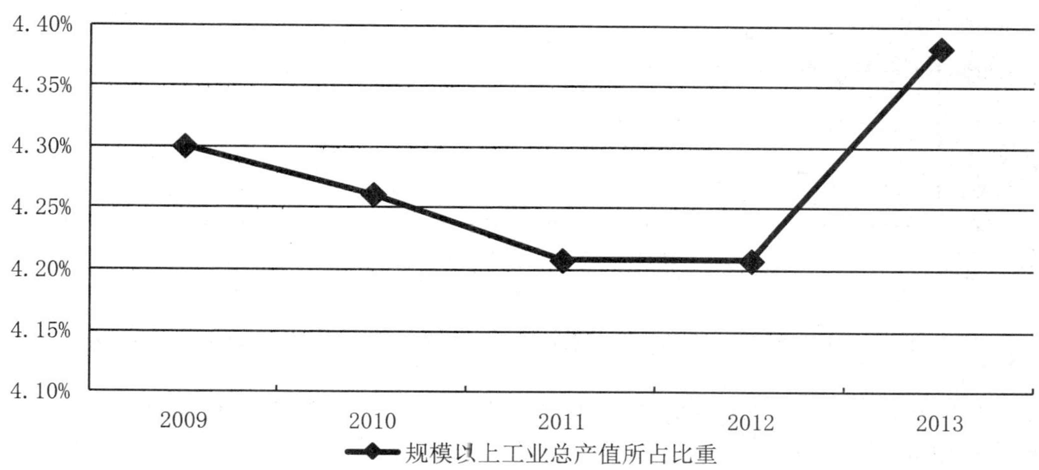

图 6　2009—2013 年常州市规模以上工业总产值在长三角所占比重的变化趋势

2009—2013 年，常州市规模以上工业总产值在长三角所占比重分别为 4.30%、4.26%、4.21%、4.21%和 4.38%，2013 年逆势上扬，所占比重较 2012 年上升了 0.17 个百分点。2013 年常州市规模以上工业总产值在长三角地区 25 个市中比上年下跌了两位，排名第 9 位。

2013 年，常州市全市列统规模以上工业企业 3887 家，比上年增加 224 家。全年规模以上工业总产值首次突破万亿元大关，达到 10067.9 亿元，比上年增长 11.5%。按省统一口径计算，全市完成规模以上工业增加值 2178.4 亿元，按可比价计算增长 11.8%。规模以上工业企业主营业务收入达到 10223.1 亿元，同比增长 12.5%；实现利税 844.2 亿元，利润 512.6 亿元，同比分别增长 18.9%、18.6%。

机械行业增幅稳步回升，全年完成工业总产值 4230.9 亿元，同比增长 14.6%，实现利税 373.6 亿元、利润 232.5 亿元，增长 19.5%、17.7%。光伏行业有所回暖，完成工业总产值 378.9 亿元，同比增长 5.1%；实现主营业务收入 375.0 亿元，同比增长 8.8%；实现利税 28.3 亿元，实现利润 14.4 亿元。电子行业保持快速发展，完成工业总产值 535.0 亿元，同比增长 15.8%，增幅高于全市平均水平 5.4 个百分点；实现利税 56.7 亿元、利润 39.1 亿元，分别增长 31.6%、49.3%。

2009—2013 年，常州市进出口总额在长三角所占比重分别为 1.87%、2.05%、2.23%、2.24%和 2.20%，在 2009—2012 年持续上扬，2013 年小幅下跌，较上年下跌了 0.04 个百分点，较 2009 年上升了 0.33 个百分点。2013 年常州市进出口总额在长三角地区 25 个市中排名下跌了三位，排名第 11 位。

2013 年，常州市全年实现进出口贸易总额 292.1 亿美元，比上年增长 0.6%，其中出口 203.7 亿美元，增长 2.1%；进口 88.4 亿美元，下降 2.7%。对日本、美国出口额分别为 22.2 亿美元、40 亿美元，同比增长 21.2%、7.2%；对欧盟市场出口仍未出现明显起色，全年出口总额 34.3 亿元，同比下降 10.7%。新兴国家和地区的出口比重逐步提高，对东盟出口总额达 23 亿美元，增长 10.8%，占全市出口的比重达 11.3%，成为常州第三大出口地。从经营主体看，外商投资企业出口 102 亿美元，增长

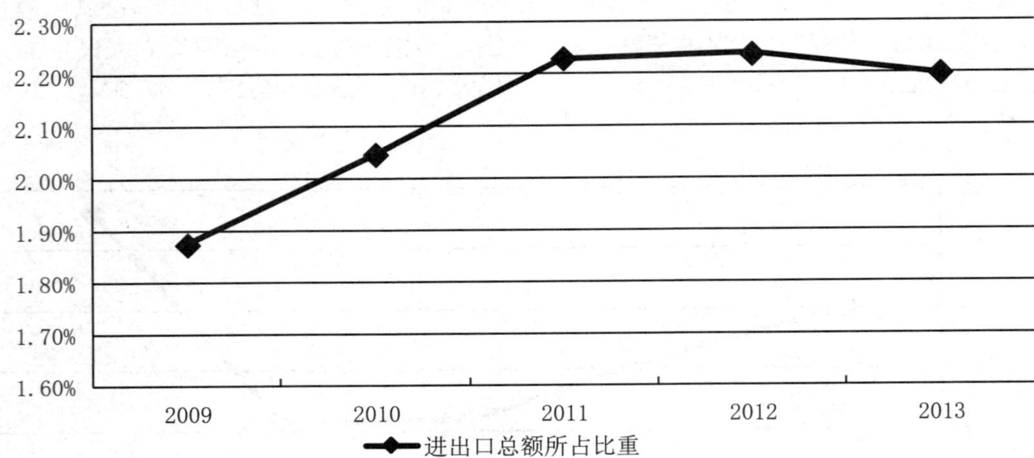

图7　2009—2013年常州市进出口总额在长三角所占比重的变化趋势

7.3%，自营生产企业出口79.3亿美元，下降4.2%。从出口产品看，机电、高新技术产品分别出口100.9亿美元、45.1亿美元，两者出口占全市外贸出口总量的比重超七成。

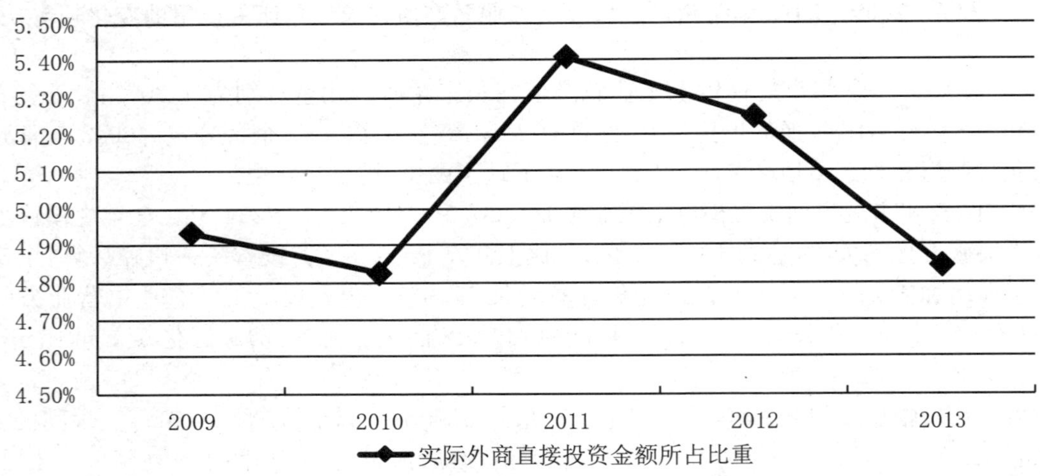

图8　2009—2013年常州市实际外商直接投资金额在长三角所占比重的变化趋势

2009—2013年，常州市实际外商直接投资金额在长三角所占比重分别为4.94%、4.82%、5.41%、5.25%和4.85%，呈现出波折式态势，2012、2013年持续大幅下跌，2013年较2012年下降了0.4个百分点，较2009年下跌了0.09个百分点。2013年常州市实际外商直接投资金额在长三角地区25个市中比上年下跌了一位，排名第7位，继续保持着领先的位置。

2013年常州市全年注册外资实际到帐35.3亿美元，比上年增长5.1%；新增工商登记注册外资50.1亿美元，比上年下降7.6%。大项目有序推进，全年新增总投资超1亿美元项目14个，项目总数比上年增加4个。新增注册外资超3000万美元项目45个，比上年增加1个。世界500强企业投资加速，全年新增世界500强企业投资项目2个，分别为日本住电轻合金项目和德国博世力士乐气动设备项目。此外，常牵庞巴迪牵引系统、圣戈班石膏建材、曼恩机械、普利司通自行车、东京制纲等9家世界500强投资企业实现了增资。

六　苏州市2013年经济社会发展报告

2013年，在市委、市政府正确领导下，全市上下深入贯彻落实党的十八大和十八届二中、三中全会精神，围绕建设"三区三城"①总目标，抢抓建设苏南现代化示范区的发展机遇，紧扣科学发展主题和转变发展方式主线，努力克服和缓解国际经济深度调整、国外需求缓慢复苏、国内产能过剩、结构性矛盾突出所带来的经济缓行压力，牢牢把握"稳中求进、稳中提质"的工作导向，更加注重经济发展的质量和效益，更加注重创新驱动和转型升级，更加注重生态修复和环境保护，更加注重民生福祉和社会建设。全市经济运行平稳，转型升级成效进一步显现。

一、苏州市2013年经济发展概况

（一）综合经济

1. 经济总量

全市实现地区生产总值13015.7亿元，比上年增长9.6%。其中，第一产业增加值214.5亿元，增长3.0%；第二产业增加值6849.6亿元，增长7.5%；第三产业增加值5951.6亿元，增长12.7%。人均地区生产总值(按常住人口计算)12.32万元，按年平均汇率计算近2万美元。

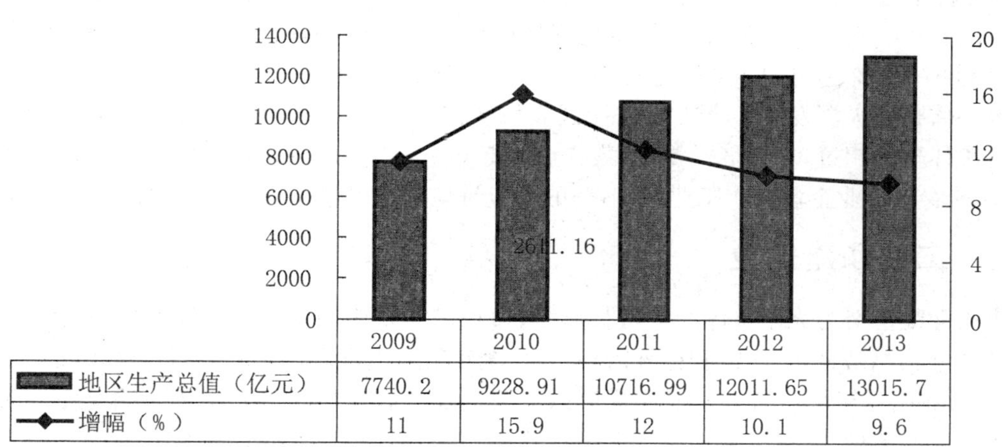

	2009	2010	2011	2012	2013
地区生产总值（亿元）	7740.2	9228.91	10716.99	12011.65	13015.7
增幅（%）	11	15.9	12	10.1	9.6

图1　2009—2013年苏州市地区生产总值及增长速度

2. 财政收支

全年实现地方公共财政预算收入1331.03亿元，比上年增长10.5%。其中各项税收收入1138.3亿元，增长11.2%；税收收入占公共预算收入的比重达到85.5%。全年地方公共财政预算支出1212.68亿元，比上年增长8.9%，其中用于民生方面的支出673.1亿元，增长13.8%，占公共财政预算支出的55.8%。

---

① "三区"是指科学发展的样板区、开放创新的先行区、城乡一体的示范区，"三城"是指以现代经济为特征的高端产业城市、生态环境优美的最佳宜居城市、历史文化与现代文明相融的文化旅游城市，简称"三区三城"。

3. 固定资产投资

固定资产投资稳中提质。全市围绕转型升级和结构调整，切实引导有效投入，提升产业素质，完善基础设施建设。全年完成全社会固定资产投资6001.9亿元，比上年增长14%。其中国有经济投资1517.2亿元，增长24.5%；私营个体投资1775.9亿元，增长10.4%；外商投资1222.2亿元，增长12.3%。第一产业完成投资6.7亿元，下降32.9%；第二产业完成投资2433.8亿元，增长11.4%，其中工业投资2431.3亿元，增长11.7%；第三产业完成投资3561.4亿元，增长15.9%，占全社会投资的比重达到59.3%，比上年提高1个百分点。全市新兴产业在建项目完成投资1346亿元，比上年增长18.8%。工业技改投资1580.1亿元，增长4.6 %，占工业投资的比重达到65%。重大项目加快推进。全年新开工项目5398个，其中亿元以上项目1529个，完成投资2751.1亿元，分别比上年增长3.4%、8.4%和20.5%。

（二）农业和农村建设

大力推进现代农业建设。全市实现农林牧渔业总产值369.8亿元，按可比价计算比上年增长2.7%。全年粮食总产量113.12万吨，比上年下降2.9%，其中夏粮总产量36.50万吨，下降0.6%；秋粮总产量76.62万吨，下降3.9%。

全市新增高标准农田6.2千公顷，累计105.58千公顷，高标准农田比重达到65%。新增设施农(渔)业面积4.1千公顷，累计45.35千公顷。年末全市建成万亩以上现代农业园区26个、千亩以上80个，现代农业园区总面积54.3千公顷。优质水稻、特色水产、高效园艺、生态林地“四个百万亩”全部落地上图。全年新增无公害农产品、绿色食品和有机食品85只，累计达到1807只。农业综合机械化水平达到87%。农业现代化综合指数连续三年位居全省首位。

城乡一体化向纵深发展。全市农村社区股份合作、土地股份合作、农业专业合作组织累计4168家。农村集体资产超过1350亿元，村均集体收入超过650万元，分别比上年增长12.5%和11.7%。全市92%的农村工业企业进入工业园，91%的承包耕地实现规模经营，52.2%的农民实现集中居住。

（三）工业和建筑业

全市工业经济努力克服整体经济增长放缓、市场供需结构调整、生产经营难度加大等不利影响，稳增长和调结构相结合，扩内需和稳外需相结合，全年工业生产保持平稳运行。全市实现工业总产值35685.2亿元，比上年增长3.4%，其中规模以上工业总产值30392.9亿元，比上年增长4.1%。在规模以上工业总产值中，国有工业产值145亿元，增长3.4%；民营工业产值10013.6亿元，增长7.6%；外商及港澳台资工业产值19679.5亿元，增长2.7%。全市36个工业大类行业中有28个行业的工业总产值比上年增长，列统的189种主要工业产品中，有96种产品产量比上年增长，占列统产品数的50.8%。

电子、钢铁、电气、化工、纺织、通用设备制造六大支柱行业实现产值20502.6亿元，比上年增长3.7%。全市百强工业企业完成产值12853.9亿元，比上年增长5%。工业产销衔接良好，规模以上工业产销率为98.7%。产品内外销比例调整，全市规模以上工业实现内销产值增长10%，内销产值占规模以上工业销售产值的比重由上年的56.8%提升至60.2%。

企业效益平稳恢复。规模以上工业企业实现利税1878.6亿元，增长8.2%；其中利润1306.0亿元，增长8.7%。亏损企业亏损额194.0亿元，下降12%。规模以上工业经济效益综合指数为212.6%，比上年提高7.4个百分点。

建筑业平稳较快发展。全市完成建筑业总产值2020.1亿元，比上年增长15.8%，其中建筑、安装工程产值1995.9亿元,增长15.5%。竣工产值1565.3亿元,增长12.9%,竣工率达77.5%。全市资质以上建筑业企业房屋施工面积12164.4万平方米,增长10.5%,其中新开工面积5050.5万平方米,增长10.4%。年末拥有总承包和专业承包资质建筑企业1460家,实现利税147.4亿元,比上年增长15.9%。建筑业全员劳动生产率31.4万元/人,比上年提高7.2%。建筑业企业在外省完成建筑业产值356.2亿元,比上年增长18.7%。

(四)服务业

服务经济发展提速。服务业实现增加值5951.6亿元,增长12.7%,占地区生产总值的比重达到45.7%,比上年提高1.5个百分点。制造业领域新兴产业实现产值13806.6亿元,比上年增长6.8%,占规模以上工业总产值的45.4%,比上年提高2.4个百分点。其中新材料、新型平板显示、高端装备制造业产值分别达到3878.6亿元、2761.1亿元和2835.5亿元。生物技术和新医药、节能环保、高端装备制造以及集成电路产业产值增长高于新兴产业产值平均增速,分别增长11.4%、10.1%、10.2%和12.6%。

1. 国内贸易

市场消费稳步增长。全年实现社会消费品零售总额3662.24亿元,比上年增长12.9%。其中批发和零售业零售额3197.24亿元,增长13%;住宿和餐饮业零售额430.4亿元,增长12.4%。按经营单位所在地分,城镇消费品市场实现零售额3168.2亿元,增长12.9%;农村消费品市场实现零售额459.4亿元,增长13.1%。在限额以上批发零售贸易企业零售额中,通讯器材零售额增长26%;建筑及装潢材料零售额增长22.2%;金银珠宝零售额增长21.6%;日用品零售额增长7.6%;家用电器和音像器材零售额增长6%;服装、鞋帽、针纺织品零售额增长5.1%;汽车零售额增长8.1%;石油及制品零售额增长5.7%。电子商务、网络购物、物流配送等新型商贸业态快速发展,全年实现电子商务网上交易额3500亿元,增长30%以上。

重点商业、特色商业载体建设不断加强。同里古街坊、常熟方塔步行街获评中国特色(著名)商业街,全市国家级特色(著名)商业街达到15条。年末全市拥有商品交易市场686个,其中亿元以上市场87个,实现成交额5504.5亿元,比上年增长13.4%。市区实施12个农贸市场标准化建设和改造。

2. 交通运输和邮电

交通运输能力稳步提升。年末公路总里程13155公里,其中高速公路550公里。全市完成公路、水路客运量7.18亿人次,旅客周转量321.2亿人公里,分别比上年增长4.1%和4.4%。公路、水路完成货运量1.85亿吨,货物周转量181.9亿吨公里,分别比上年增长6.8%和6.7%。全年铁路旅客发送量3035.1万人次,比上年增长15.5%。铁路货物发送量83.53万吨,货物到达量195.79万吨。汽车保有量继续增加。年末拥有汽车209.34万辆,其中私家汽车172.86万辆,分别比上年增长17.7%和19.6%。

港口运力稳定增长。苏州港港口货物吞吐量4.54亿吨,比上年增长9.3%,其中外贸货物吞吐量1.09亿吨,增长7%。集装箱运量530.5万标箱,比上年增长13.7%。

邮电通信平稳发展。全年邮政业务收入65.0亿元,电信业务收入201.2亿元,分别增长30%和7.4%。全年发送快递2.8亿件,增长55.6%,完成快递业务收入49亿元,增长37.6%。年末固定电话用户301.58万户;移动电话用户1669.06万户。年末互联网宽带用户数达329.19万户,比上年末净增45.62万户。

3. 金融、证券和保险

信贷总量保持合理适度增长。年末金融机构人民币存款余额20037.6亿元,比年初增加2378亿元，其中储蓄存款余额6408.3亿元，比年初增加619.3亿元；单位存款余额12114.1亿元，比年初增加1368.8亿元。年末金融机构人民币贷款余额15495.2亿元，比年初增加1812.7亿元，其中短期贷款余额6424.3亿元，比年初增加651.8亿元；中长期贷款余额8563.4亿元，比年初增加1059.4亿元。

年末全市证券交易开户总数124.39万户。证券机构托管市值总额1976.4亿元，比上年增长54%。全年各类证券交易额16221.0亿元，比上年增长54.8%。期货市场交易额36100.3亿元，比上年增长3.4%。

保险业稳步健康发展。新增保险机构4家，年末保险机构共72家，其中外资保险机构20家。全年保费收入269.8亿元，比上年增长13.6%，其中财产险收入122.8亿元，增长17.2%；人身险收入147亿元，增长10.8%。保险赔款和给付支出94.3亿元，比上年增长31.7%。保险深度、保险密度分别为2.1%和2550元/人。

融资渠道进一步拓宽。年末全年拥有境内外上市公司84家，全年募集资金70亿元。新增债券融资超过230亿元。新增开业小额贷款公司10家，累计93家，累计注册资本244.3亿元。股权创业投资进一步发展。年末拥有备案创投企业116家，全市创投机构管理资金规模880亿元。

4. 旅游业

推进品质旅游、智慧旅游，提升旅游服务功能，促进旅游、文化、经贸融合发展。全市实现旅游总收入1522.9亿元，比上年增长11.9%。全年接待入境游客189万人次，旅游外汇收入13.6亿美元。全年接待国内游客9416.3万人次，比上年增长9.2 %。旅行社组织市民出境旅游36.3万人次，增长49%。年末全市拥有星级宾馆142家，其中四星级及以上77家。拥有各类旅行社259家，比上年增加7家。苏州(吴中)太湖旅游区、沙家浜·虞山尚湖旅游区成为国家5A级旅游景区，全市共有5A级景区6家(11个点)，4A级景区26家；全国农业旅游示范点30家、全国工业旅游示范点11家。成功举办第十六届中国苏州国际旅游节和第四届苏台灯会。

5. 房地产业

房地产开发和销售市场运行平稳，供需结构有序调整。全年完成房地产开发投资额1475.8亿元，比上年增长16.8%。商品房新开工面积3096.7万平方米，比上年增长50.3%；商品房施工面积9595.9万平方米，增长14.2%；竣工面积1692.5万平方米，比上年下降7.4%。商品房销售面积1875.1万平方米，比上年增长27.9%，其中住宅销售面积1633.4万平方米，增长29.3%。

6. 民营经济

民营经济健康发展。全年新登记注册私营企业、个体工商户11.87万户。年末私营个体登记注册户数70.54万户，其中私营企业25.57万户、个体工商户44.97万户，分别比上年增长9.4%、11.4%和8.4%。年末私营个体注册资金9954.2亿元，比上年增长14.2%。民间投资占全社会固定资产投资的比重达54.4%，规模以上民营工业产值占规模以上工业产值的比重达32.9%，民营经济创造的增加值占地区生产总值的比重超过45%。

（五）开放型经济

1. 对外贸易

面对国际需求缓慢复苏、波动发展的总体态势，全市以“稳量提质”为目标，推进科技兴贸和产业链深化工程，加快出口基地和品牌建设，巩固传统市场，开拓新兴市场，着力稳定外贸增长。全市实现进出口总额3093.48亿美元，比上年增长1.2%。其中出口1757.06亿美元，增长0.6%；进口1336.41亿美元，增长2%。从经营主体看，外资企业进出口2134.4亿美元，下降6.1%；私营企业进

出口711.6亿美元，增长31.3%。传统市场出口基本平稳，对美国出口增长2.7%；对日本出口增长2.3%；对欧盟市场出口下降7.6%，三大主体市场出口额882.9亿美元，占出口总额的50.2%。新兴市场出口保持增长，对东盟、南美和非洲等地出口255亿美元，增长1.8%，占出口总额的比重由上年的14.3%提高至14.5%。

外贸方式积极转型。提高加工贸易增值水平，增强一般贸易核心竞争力，创新发展服务贸易。全市一般贸易出口470.9亿美元，比上年增长6.6%，占出口总额的比重由上年的25.3%提升至26.8%。加工贸易出口990.1亿美元，比上年下降6.6%。服务贸易加快发展。全年服务外包接包合同额86.4亿美元，增长54.3%；服务外包离岸接包执行额46.2亿美元，增长51.4%；服务贸易进出口总额157.6亿美元，增长28.6%。苏州被列为国家跨境贸易电子商务服务试点。

2. 利用引资

利用外资转型优化特征明显。全年实际利用外资87亿美元，比上年下降5.1%。其中服务业利用外资34.2亿美元，比上年增长13%，占实际利用外资比重由上年的33%提高至39.3%。战略性新兴产业和高技术项目利用外资33.8亿美元，占实际利用外资的38.9%。新引进和形成具有地区总部特征或共享功能的外资机构（企业）48家。146家世界500强企业在苏州有投资项目（企业）。

3. 对外经济合作

“走出去”空间不断拓展。全年新批境外投资项目中方协议投资额16.2亿美元，比上年增长32.5%。境外投资遍布80多个国家和地区，投资项目871个，涉及资源开发、加工贸易、服务业、高科技、营销网络、新能源等多个领域。全年新签对外工程承包和劳务合作合同额10.8亿美元，完成营业额9.1亿美元，分别比上年增长5.6%和8.4%。

4. 开发区建设

开发区功能不断完善。苏州浒墅关经济开发区升格为国家级开发区，苏州工业园区、昆山经济技术开发区和常熟经济技术开发区被授予省级创新型开发区。全市共有国家级开发区12家、省级开发区5家。开发区实际利用外资70.5亿美元，出口总额1546.2亿美元，实现公共财政预算收入804.9亿元，占全市的比重分别为81%、88%和60.5%。昆山深化两岸产业合作试验区、太仓港综保区获批设立。

二、苏州市2013年社会发展概况

（一）人口、人民生活

年末全市户籍总人口653.84万人，比上年增加6.03万人。全年户籍人口出生率为10.36‰，比上年下降0.2个千分点；户籍人口自然增长率为3.52‰，比上年下降0.06个千分点。

市区居民人均可支配收入42748元，比上年增长9.6%；人均消费性支出25197元，增长9.1%。全市农民人均纯收入21578元，比上年增长11.2%；人均消费性支出16251元，增长13%。

市场价格运行平稳。市区居民消费价格总水平比上年上升2.1%，涨幅同比回落0.6个百分点。八大类消费价格“六升二降”。

（二）就业与社会保障

全市人口基础信息库一期工程基本建成。积极实施就业优先战略。全市新增就业17.5万人，开发公益性岗位1.2万个。城镇居民登记失业率为2.12%。苏州籍高校毕业生就业率达到96.7%。

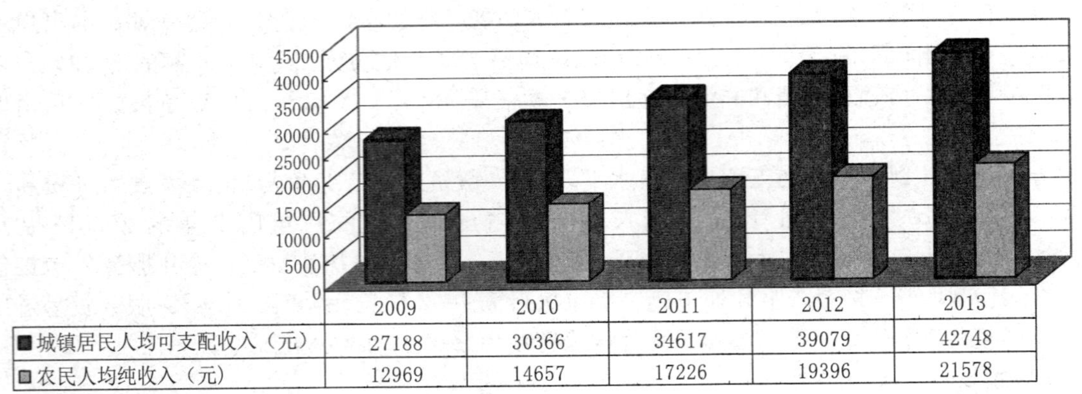

	2009	2010	2011	2012	2013
■城镇居民人均可支配收入（元）	27188	30366	34617	39079	42748
■农民人均纯收入（元）	12969	14657	17226	19396	21578

图 2　2009—2013 年苏州市城乡居民收入对比一览

全年免费培训城乡劳动力 44 万人。

年末全市企业职工养老保险缴费人数 452.14 万人，比上年增加 17.6 万人；参加城镇职工基本医疗保险人数 570.5 万人，比上年增加 28.9 万人；参加失业保险人数 383.8 万人，比上年增加 8.1 万人。年末企业养老保险享受人数 118 万人。年末城乡居民社会养老保险参保人数 52.2 万人，其中领取基础养老金人数 43.8 万人；参加居民医疗保险人数 284.4 万人。企业退休人员月人均增加养老金 205 元。

年末全市拥有各类养老机构 213 个，床位总数 51840 张。城乡居民最低生活保障标准由每人每月 570 元提高至 630 元。全市 2.44 万户、共计 4.85 万人纳入低保范围，累计发放低保金 2.28 亿元。全年社会救助支出 19.7 亿元。实行商业保险运作的社会医疗救助制度，市区救助大病重病患者 3.6 万人次。全市基本建成保障性住房 29893 套、为 3977 户困难家庭发放住房租赁补贴。

（三）教育与科技创新

1. 教育

优化配置教育资源，苏州市成为全国首批义务教育发展基本均衡地级市。新建和改扩建幼儿园 101 所、中小学 64 所，市属职业教育实训基地如期建成，苏州高等幼儿师范学校迁建工程开工建设。昆山杜克大学、苏州—牛津大学研究中心、新加坡国立大学苏州研究院和东南大学—蒙纳士大学苏州联合研究生院相继成立。

深入推进教育现代化，均衡教育、素质教育得到强化。年末全市拥有各级各类学校 641 所，在校学生 102.72 万人，毕业生 22.74 万人，专任教师 6.97 万人。在苏普通高等院校 21 所，独立二级学院 4 所，普通高等学校在校学生 20.19 万人，毕业生 4.94 万人。成人高等学校在校学生 3.5 万人，毕业生 1.26 万人。年末拥有幼儿园 509 所，比上年增加 44 所，在园幼儿 24.8 万人，比上年增加 1.83 万人。全市学前三年幼儿入园率 99.8%，义务教育阶段学生入学率 100%，初中毕业生升学率 99.7%，高等教育毛入学率 65.65%。

2. 科技

有效集聚科技资源和创新要素，不断提升企业自主创新能力、社会创新转化能力。全市财政性科技投入 77.8 亿元，比上年增长 24.4%。落实企业研发费加计扣除金额 52.95 亿元，比上年增长 24.7%。研究与试验发展经费支出占地区生产总值的比重达到 2.6%。创新推进金融与科技有机结合，“科贷通”项目累计为中小科技企业发放贷款 80.9 亿元。

全市新增省级以上工程技术研究中心 104 家，累计 441 家；新增省级以上企业技术中心 50 家，累计 224 家；新增省级以上工程中心 9 家，累计 37 家。省级以上公共技术服务平台 41 家。企业创新主体地位不断增强，本土大中型企业研发机构实现全覆盖。年末省级以上高新技术企业 2449 家，省级以上高新技术产品 12821 个。全年签订各类技术交易合同 2701 项，成交额突破 50 亿元。

知识产权提质增效。全市专利申请量和授权量达到 14.1 万件和 8.2 万件，双双名列全国大中城市第一，其中发明专利申请量和授权量达到 4.45 万件和 4413 件，分别比上年增长 39.1%和 2.4%。知识产权结构进一步优化，发明专利申请占比由上年的 22.9%提高至 31.5%。万人有效发明专利拥有量达到 14.19 件，比上年增加 4 件。

大力引进和培养高层次、高技能、创新创业人才。全年引进大专以上各类人才 16 万人。年末全市各类人才总量 195 万人，其中高层次人才 13 万人，高技能人才 43 万人。年末全市拥有各类专业技术人员 123 万人，比上年增长 11.8%。“苏州国际精英创业周”、“赢在苏州”国际精英海外系列创业大赛、“海鸥计划”、“鲲鹏计划”形成了苏州人才引 进品牌效应。苏州连续第三年入选“中国十大引智强市”。

（四）文化、卫生与体育

1. 文化

优化布局城乡文化设施，提高公共文化服务水平，苏州成为国家公共文化体系示范区。年末全市共有文化馆 13 个、文化站 99 个、公共图书馆 12 个（公共图书馆分馆 201 个），博物馆 40 个。综合档案馆 12 个，向社会开放档案 31.8 万卷。全年出版报纸 53.42 亿份，杂志 115.55 万份，图书 1100 种。年末有线电视用户数 243.47 万户。镇（街道）、村（社区）公益性文化设施覆盖率达 100%。启动“书香城市”创建工作。首次开展全民阅读现状入户调查，全市 18～70 周岁居民综合阅读率达 87.6%，高出全国平均水平 11.3 个百分点。

文化产业加快发展。全市文化产业主营业务收入超过 3000 亿元，比上年增长 19.2%。着力培育文化产业项目载体，年末拥有省级以上文化产业示范基地 18 个。建立文化产业担保基金、创业投资基金、风险补偿专项资金等文化金融创新产品，促进产业融合发展。

文化保护和传承加强。全市现有市级以上文物保护单位 778 处，其中全国重点文物保护单位 59 处、省级 112 处。大运河苏州段申报世界文化遗产通过国际古迹遗址理事会考察评估。

2. 卫生

健全卫生服务体系，推进公共卫生均等化，提高医疗卫生服务水平。年末全市有各类卫生机构 3007 个，其中医院、卫生院 263 个，卫生防疫、防治机构 11 个，妇幼保健机构 7 个。年末卫生机构拥有床位 5.17 万张，其中医院病床 4.52 万张。年末拥有卫生技术人员 6.11 万人，其中执业医师和执业助理医师 2.43 万人，注册护士 2.41 万人，分别比上年增长 4.8%和 9.8%。全年医疗机构诊疗总量 7973 万人次，其中门诊量 7152 万人次，分别比上年增长 8.8%和 8.1%。基本药物制度稳步推进。政府办基层医疗卫生机构基本药物全部实行零差率销售。苏州大学附属第一医院主体迁建项目门急诊楼基本建成并启动试运行，苏州大学附属儿童医院园区总院项目主体工程基本结束，市立医院本部门急诊楼建成投用。

3. 体育

构建城乡一体的公共体育服务体系，推动群众体育和竞技体育协调发展，体育事业和体育产业互为促进。全市新增公共体育设施面积 139.21 万平方米，人均公共体育设施面积 3.05 平方米。国民体质总体达标率达 92.9%。苏州运动员在第十二届全国运动会上共夺得 53 枚奖牌，其中金牌 25 枚，金牌数居全省第一。成功举办第四届苏州金鸡湖端午国际龙舟赛和第四届环金鸡湖国际半程马拉松赛。积极筹备 2015 年世界乒乓球锦标赛。全年体育彩票销售 34.76 亿元。

（五）城乡建设

新一轮苏州市城市总体规划研究工作有序开展，苏州历史文化名城保护规划和高铁新城总体规划编制完成。东部综合商务城、西部生态科技城、南部太湖新城、北部高铁新城建设进程加快，姑苏区资源优化整合初见成效，吴江区对接融入主城明显加速，“苏州湾”成为城市建设新亮点。苏州火车站综合改造全面竣工。太仓港疏港高速公路建成通车，张家港疏港高速公路、常嘉高速公路昆山至吴江段、312 国道苏州段分流线加紧建设。中环快速路及东环、南环、西环快速路延伸线工程抓紧实施。相城大道扩建基本完工，一批城市道路综合整治工程顺利完成。轨道交通 2 号线投入试运营，4 号线及支线、2 号线延伸线和苏州高新区有轨电车 1 号线建设积极推进，上海轨道交通 11 号线昆山花桥延伸线建成运营。苏南运河苏州段和杨林塘、申张线航道整治完成年度任务。《苏州港总体规划（2013～2030）》获得交通运输部、省政府联合批复。苏州港新增万吨级以上泊位 6 个，完成货物吞吐量 4.5 亿吨，增长 9.3%。特高压直流输电工程运行效益显著，智能电网加快建设。苏州工业园区、昆山市和吴中太湖新城被列为国家智慧城市试点。新增人防设施 100 万平方米。垃圾焚烧发电三期和餐厨垃圾收集处置二期工程投入使用。城市环境整治提升和环境卫生全民大行动取得实效，交通秩序、运管服务、人居环境、市容市貌得到改善。健全数字城管体系，网格化、精细化管理不断强化。

完善政策制度框架，城乡一体化发展水平进一步提高。争创国家城乡发展一体化综合改革试点工作取得成果。城乡布局和形态继续优化，土地规模经营比重、工业企业集中度、农民集中居住率分别达到 91%、92%和 52.2%。农村集体经济发展壮大，总资产突破 1350 亿元，村均收入超过 650 万元，分别增长 12.5%和 11.7%。新型合作经济组织达到 4168 家，持股农户比例超过 96%，收益分配机制逐步完善。公共财政对“三农”的投入持续增加，强农惠农政策有效落实，农业保险承担风险保障 32.3 亿元，农业担保金额达到 262.9 亿元。农村水利建设高标准推进，轮浚河道 1788 条，加固圩堤 137 公里。村庄环境整治任务全面完成，并达到省级标准。积极开展美丽镇村建设，示范点环境面貌明显改观，吴江区同里镇入选全国首批美丽宜居小镇。

（六）节能降耗与环境保护

全年劝退、拒批“两高一资”和不符合环保要求的项目 230 个，涉及投资额 23.2 亿元。全市万元地区生产总值能耗比上年下降 4.3%。深入开展“万家节能低碳行动”，新增三星级以上“能效之星”企业 85 家，累计超过 300 家；“中国能效之星”企业数保持全省领先。

全年环保投入 494 亿元，比上年增长 11%，占地区生产总值的 3.8%。全市环境质量综合指数 92.4。按 AQI 标准统计全市空气质量优良天数 265 天，优良率 72.6%。集中式饮用水源地水质达标率为 100%。主要监测断面水质Ⅲ类以上比例为 64.7%。加强大气污染和灰霾天气监测，是全国第一个将空气质量指数发布扩展到下辖县级市的城市。全市农村新增林地绿地面积 4407 公顷，陆地森林覆盖率达到 28.67%。市区新增绿地面积 505 万平方米。市区建成区人均公园绿地面积 14.96 平方米，市区建成区绿化覆盖率 42.5%。全市划定生态保护红线面积 3205.52 平方公里，占市域土地面积的 37.8%。

三、苏州市在长三角地区经济发展中的地位

2013 年，在国内外复杂多变的经济环境下，苏州努力克服国际经济深度调整，外需不足，国内产能

过剩，结构性矛盾比较突出等不利因素，协调推进“稳增长”与“调结构”。三大需求、三次产业、要素供给、市场预期等数据显示全市经济运行稳中有进，向好的有利因素不断增加，企稳回升的基础进一步得到巩固。

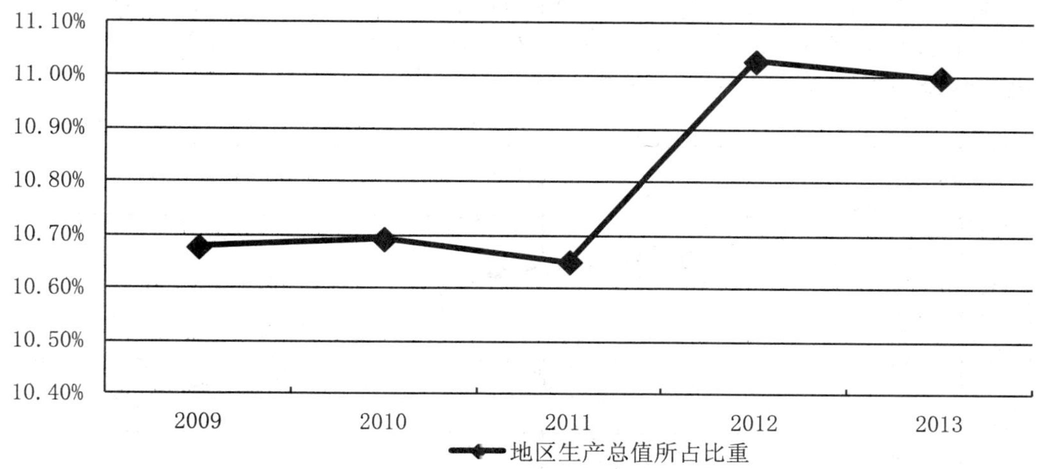

图 4 2009—2013 年苏州市地区生产总值在长三角所占比重的变化趋势

2009—2013 年苏州市地区生产总值在长三角所占比重分别为 10.68%、10.69%、10.65%、11.03%和 11.00%，2013 年出现了小幅下跌，较上年下降了 0.03 个百分点，较 2009 年上升了 0.32 个百分点。2013 年苏州市地区生产总值在长三角地区 25 个市（苏浙两省 24 个地级市和上海市，下同）中与上年保持一致，排名第 2 位。

2013 年，苏州市实现地区生产总值 13015.7 亿元，比上年增长 9.6%。其中，第一产业增加值 214.5 亿元，增长 3.0%；第二产业增加值 6849.6 亿元，增长 7.5%；第三产业增加值 5951.6 亿元，增长 12.7%。人均地区生产总值（按常住人口计算）12.32 万元，按年平均汇率计算近 2 万美元。

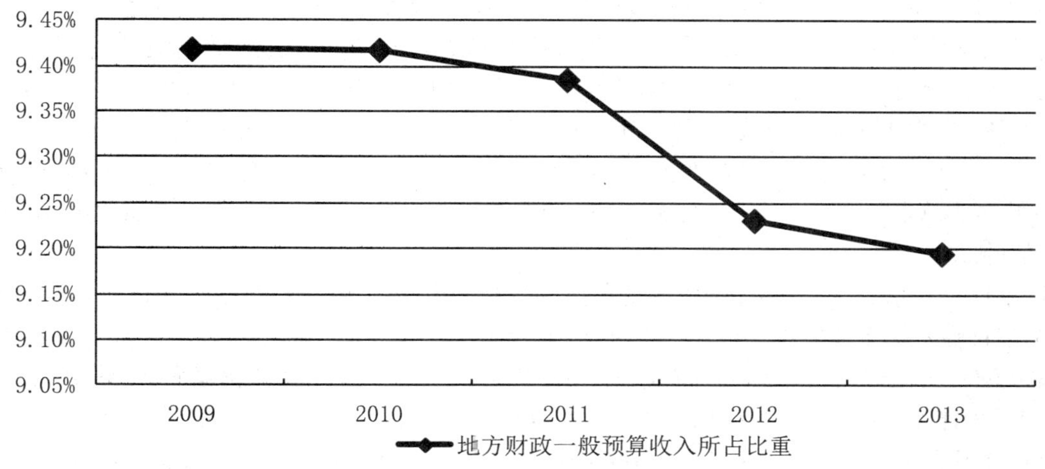

图 5 2009—2013 年苏州市地方财政一般预算收入在长三角所占比重的变化趋势

2009—2013 年苏州市地方财政一般预算收入在长三角所占比重分别为 9.42%、9.42%、9.39%、9.23%和 9.20%，五年连续下跌，2013 年比上年下跌了 0.03 个百分点，五年累计跌幅达 0.22 个百分点。2013 年苏州市地方财政一般预算收入在长三角地区 25 个市中排名与上年保持一致，连续多年排名第 2 位。

2013 年，苏州市全年实现地方公共财政预算收入 1331 亿元，比上年增长 10.5%。其中各项税收收入 1138.3 亿元，增长 11.2%；税收收入占公共预算收入的比重达到 85.5%。全年地方公共财政预算支出 1212.7 亿元，比上年增长 8.9%，其中用于民生方面的支出 673.1 亿元，增长 13.8%，占公共财政预算支出的 55.8%。

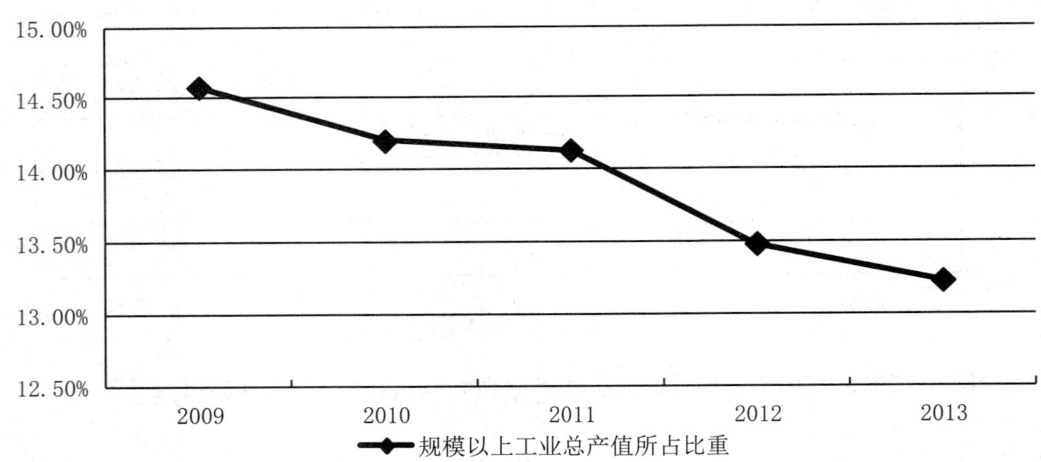

图 6　2009—2013 年苏州市规模以上工业总产值在长三角所占比重的变化趋势

2009—2013 年苏州市规模以上工业总产值在长三角所占比重分别为 14.58%、14.20%、14.13%、13.49%和 13.23%，五年时间持续下跌，2013 年较上年下跌 0.26 个百分点，五年累计跌幅达 1.35 个百分点。但是 2013 年苏州市规模以上工业总产值在长三角地区 25 个市中排名继续与上年保持一致，排名第 2 位。

2013 年，苏州市全市工业经济努力克服整体经济增长放缓、市场供需结构调整、生产经营难度加大等不利影响，稳增长和调结构相结合，扩内需和稳外需相结合，全年工业生产保持平稳运行。全市实现工业总产值 35685.2 亿元，比上年增长 3.4%，其中规模以上工业总产值 30392.9 亿元，比上年增长 4.1%。在规模以上工业总产值中，国有工业产值 145 亿元，增长 3.4%；民营工业产值 10013.6 亿元，增长 7.6%；外商及港澳台资工业产值 19679.5 亿元，增长 2.7%。全市 36 个工业大类行业中有 28 个行业的工业总产值比上年增长，列统的 189 种主要工业产品中，有 96 种产品产量比上年增长，占列统产品数的 50.8%。

电子、钢铁、电气、化工、纺织、通用设备制造六大支柱行业实现产值 20502.6 亿元，比上年增长 3.7%。全市百强工业企业完成产值 12853.9 亿元，比上年增长 5%。工业产销衔接良好，规模以上工业产销率为 98.7%。产品内外销比例调整，全市规模以上工业实现内销产值增长 10%，内销产值占规模以上工业销售产值的比重由上年的 56.8%提升至 60.2%。

企业效益平稳恢复。规模以上工业企业实现利税 1878.6 亿元，增长 8.2%；其中利润 1306.0 亿元，增长 8.7%。亏损企业亏损额 194.0 亿元，下降 12%。规模以上工业经济效益综合指数为 212.6%，比上年提高 7.4 个百分点。

2009—2013 年苏州市进出口总额在长三角所占比重分别为 25.05%、25.19%、23.43%、23.57%和 23.29%，除 2010、2012 年小幅上扬，整体呈持续下行态势，2013 年较上年下降了 0.28 个百分点，

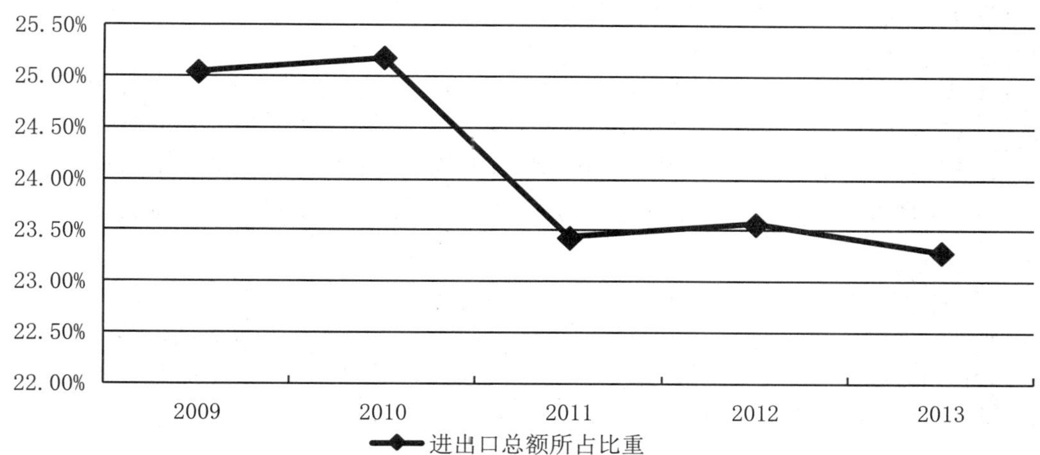

图7 2009—2013年苏州市进出口总额在长三角所占比重的变化趋势

五年累计下降了1.76个百分点。2013年苏州市进出口总额在长三角地区25个市中排名继续与上年保持一致,排名第2位。

2013年,苏州市面对国际需求缓慢复苏、波动发展的总体态势,全市以“稳量提质”为目标,推进科技兴贸和产业链深化工程,加快出口基地和品牌建设,巩固传统市场,开拓新兴市场,着力稳定外贸增长。全市实现进出口总额3093.5亿美元,比上年增长1.2%。其中出口1757.1亿美元,增长0.6%;进口1336.4亿美元,增长2%。从经营主体看,外资企业进出口2134.4亿美元,下降6.1%;私营企业进出口711.6亿美元,增长31.3%。传统市场出口基本平稳,对美国出口增长2.7%;对日本出口增长2.3%;对欧盟市场出口下降7.6%,三大主体市场出口额882.9亿美元,占出口总额的50.2%。新兴市场出口保持增长,对东盟、南美和非洲等地出口255亿美元,增长1.8%,占出口总额的比重由上年的14.3%提高至14.5%。

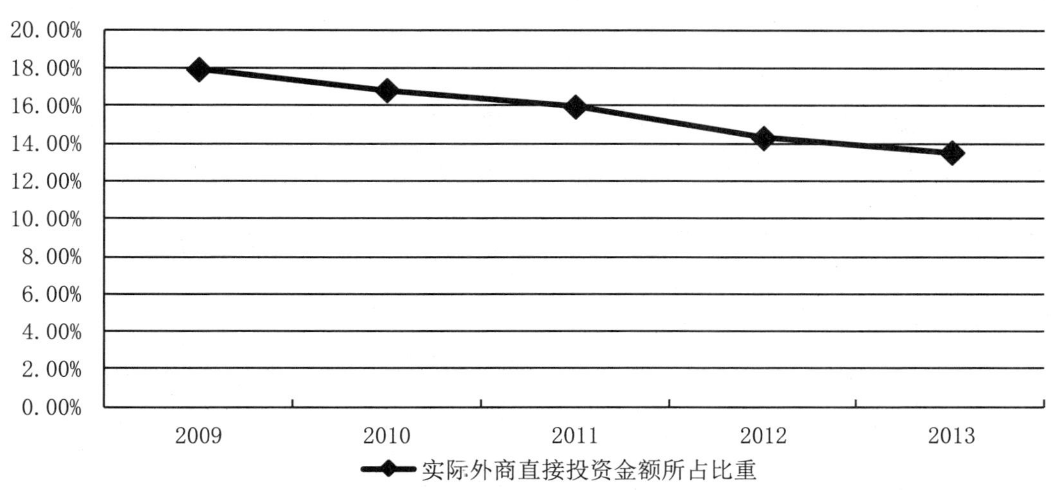

图8 2009—2013年苏州市实际外商直接投资金额在长三角所占比重的变化趋势

2009—2013年苏州市实际外商直接投资金额在长三角所占比重分别为17.96%、16.86%、15.99%、14.32%和13.55%,2009至2013年连续五年出现下降,累计降幅达4.41个百分点。但

2013 年苏州市规模以上工业总产值在长三角地区 25 个市中排名仍继续与上年保持一致，排名第 2 位。

2013 年苏州市利用外资转型优化特征明显。全年实际利用外资 87 亿美元，比上年下降 5.1%。其中服务业利用外资 34.2 亿美元，比上年增长 13%，占实际利用外资比重由上年的 33%提高至 39.3%。战略性新兴产业和高技术项目利用外资 33.8 亿美元，占实际利用外资的 38.9%。新引进和形成具有地区总部特征或共享功能的外资机构(企业)48 家。146 家世界 500 强企业在苏州有投资项目(企业)。

"走出去"空间不断拓展。全年新批境外投资项目中方协议投资额 16.2 亿美元，比上年增长 32.5%。境外投资遍布 80 多个国家和地区，投资项目 871 个，涉及资源开发、加工贸易、服务业、高科技、营销网络、新能源等多个领域。全年新签对外工程承包和劳务合作合同额 10.8 亿美元，完成营业额 9.1 亿美元，分别比上年增长 5.6%和 8.4%。

七　南通市 2013 年经济社会发展报告

2013 年，面对复杂多变的国内外环境，全市上下认真贯彻落实中央和省委、省政府决策部署，在市委、市政府的正确领导下，紧扣主题主线，坚持稳中求进，奋力落实"八项工程"、实现"八个领先"①，着力稳增长、调结构、促改革、惠民生，经济社会发展稳中有进、稳中有优、稳中提质，主要经济指标好于同期、好于预期、好于全省平均。

一、南通市 2013 年经济发展概况

（一）综合经济

1. 经济总量

全市实现生产总值 5038.89 亿元，按可比价格计算，比上年增长 11.8%。其中：第一产业增加值 345.41 亿元，增长 3.1%；第二产业增加值 2623.5 亿元，增长 12.0%；第三产业增加值 2069.98 亿元，增长 12.9%。人均 GDP 达到 69050 元，按当年汇率折算，人均 GDP 达到 11150 美元。

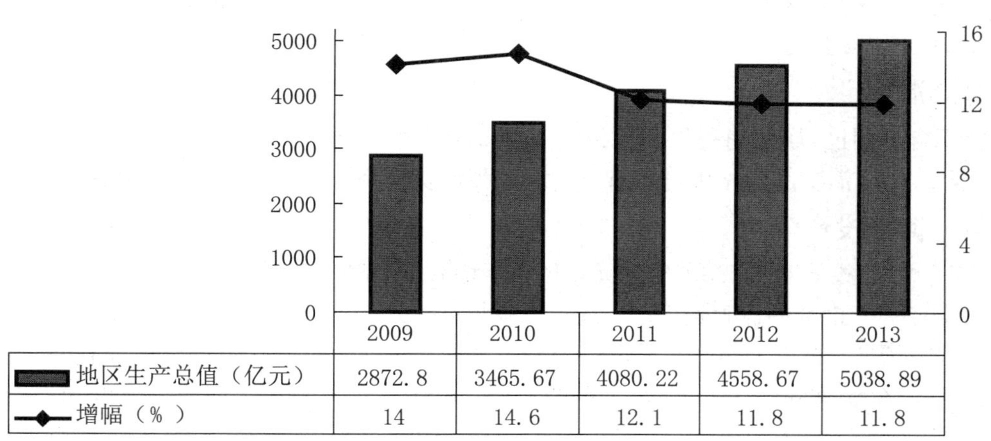

	2009	2010	2011	2012	2013
地区生产总值（亿元）	2872.8	3465.67	4080.22	4558.67	5038.89
增幅（%）	14	14.6	12.1	11.8	11.8

图 1　2009—2013 年南通市地区生产总值及增长速度

产业结构继续优化。全市三次产业结构由上年的 7.0∶53.0∶40.0 调整为 6.8∶52.1∶41.1。全年实现服务业增加值 2093.1 亿元，增长 12.9%，占 GDP 比重为 41.5%，比上年提高 1 个百分点。两新产业较快发展，完成高新技术产业产值 4816.5 亿元，增长 21.6%，占规模以上工业比重达到 42.4%，同比提高 2.7 个百分点。海洋工程装备、新能源、新材料、生物技术和新医药、智能装备和节能环保等六大新兴产业完成产值 3404.2 亿元，增长 25.0%，占规模以上工业的比重达到 30%，同比

① 落实"八项工程"、实现"八个领先"：一是落实转型升级工程，实现沿海开发全省领先；二是落实科技创新工程，实现科技竞争力江苏江北领先；三是落实农业现代化工程，实现农业产业化全省领先；四是落实文化建设工程，实现文明城市建设全省领先；五是落实民生幸福工程，实现居民收入增幅全省领先；六是落实社会管理创新工程，实现社会管理创新全国领先；七是落实生态文明建设工程，实现生态创建江苏江北领先；八是落实党建工作创新工程，实现党建科学化水平全省领先。

提高 4.1 个百分点。区域经济协调发展，县域经济增速总体快于市区，实现生产总值 3130.1 亿元，增长 12.1%，快于市区增幅 0.6 个百分点。

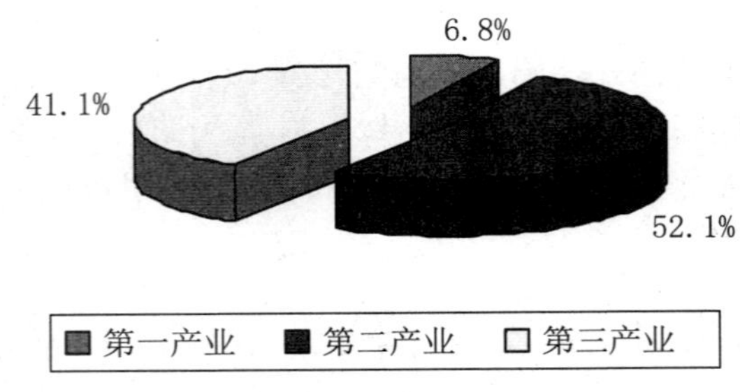

图 2　2013 年南通市三次产业结构图

2. 财政收支

全年财政总收入 1216.7 亿元，增长 15.2%，其中，各项税收 653.7 亿元，增长 15.1%。地方公共财政预算收入 485.88 亿元，增长 15.8%，其中，营业税增长 12.6%，增值税增长 8.3%。全年财政总支出 1060.7 亿元，增长 13.1%，其中，地方公共财政预算支出 576.41 亿元，增长 12.4%。地方公共财政预算支出中，用于社会保障与就业、科学技术、教育、医疗卫生、环境保护等民生方面的财政投入达 323.4 亿元，增长 13.4%。

3. 物价指数

市区(不含通州区)居民消费价格总指数 102.2，即物价总水平比上年增长 2.2% 。其中，服务项目价格上涨 1.9%，消费品价格上涨 2.4%。八大类消费价格呈现“六涨二降”的态势。

4. 固定资产投资

全年固定资产投资额 3298.73 亿元，比上年增长 20.8%，其中，民间投资 2409.5 亿元，增长 17.8%，占固定资产投资的比重达 73.0%；工业投资 1856.1 亿元，增长 14.3%，其中技改投资 987.5 亿元，占工业投资的比重达 53.2%。固定资产投资中，第一产业投资 1.9 亿元，下降 53.1%；第二产业投资 1856.1 亿元，增长 14.3%；第三产业投资 1440.8 亿元、增长 28.5%。全年基础设施投资 522.3 亿元，增长 17.5%。

（二）农林牧渔业

全市农林牧渔业总产值 594.8 亿元，按可比价计算，增长 3.2%。其中，农业产值 263.6 亿元，增长 3.2%；牧业产值 138.3 亿元，增长 0.9%；渔业产值 141.1 亿元，增长 1.6%。粮食播种面积 779.5 万亩，下降 0.5%；棉花种植面积 60.2 万亩，下降 6.2%；油料种植面积 197.3 万亩，下降 0.4%；蔬菜种植面积 180.9 万亩，比上年增长 2.7%。

（三）工业和建筑业

全市规模以上工业增加值 2583.9 亿元，增长 12.6%，其中，轻重工业分别增长 10.8%和 13.6%。分经济类型看，国有工业增长 16.8%，集体工业增长 8.4%，股份制工业增长 14.1%，外商及港澳台投资工业增长 10.5%。规模以上工业总产值 11351.5 亿元，增长 12.6%，六大主导产业产值全面增长，其中新能源、能源及其装备制造业、化工医药业和电子信息业等三大产业分别增长 18.5%、16.1%和 15.3%。工业产值中，装备制造业 5222.3 亿元，增长 14.1%，占全市规模以上工业总产值的比重达

46.0%，比上年提高0.5个百分点。

全市规模以上工业主营业务收入11093亿元，增长13.8%；利税总额1290.4亿元，增长15.9%；利润总额828.5亿元，增长10.1%。亏损企业亏损总额26.2亿元，增长16.5%。

全市能源消费总量2449.99万吨标准煤，万元地区生产总值能耗为0.5047吨标准煤，比上年下降4.1%。

2013年，全市建筑业增加值455.34亿元，增长7.9%。建筑企业承建施工面积6.1亿平方米，增长12.5%。全市建筑队伍人数132万人，建筑队伍遍及26个国家和地区，年末出国人数1万人；年末全市拥有特级资质建筑企业15家，拥有一级建造师5342人。

（四）服务业

服务业增加值2093亿元、占GDP比重41.5%，市级以上服务业集聚区达50家，新增海安商贸物流园、开沙岛旅游度假区等一批省级园区和基地，首家世界500强区域总部落户。

1. 国内贸易

全年社会消费品零售总额1940.41亿元，增长12.8%。其中，城市消费品零售额1402.6亿元，增长13.7%；农村消费品零售额524.5亿元，增长10.3%。分行业看，批发和零售业消费品零售额1775.26亿元，增长12.6%；住宿和餐饮业消费品零售额151.8亿元，增长14.8%。

限额以上贸易单位商品零售额中，汽车类零售额比上年增长14.3%，食品饮料烟酒类增长2.7%，服装鞋帽针织品类增长4.8%，日用品类增长3.2%，化妆品类增长6.3%，金银珠宝类增长20.2%，家用电器和音像器材类增长8.2%，石油及制品类增长8.8%。

2. 交通运输和邮电

全年交通运输、仓储及邮政业增加值199.3亿元，比上年增长13.1%。年末南通机场民航航线13条，开通周航班量97班，增加30班；全年民航货邮吞吐量2.5万吨，增长89.7%；旅客运输量67.6万人次，增长75.0%。年末铁路南通站始发列车10对，全年铁路货运量86.7万吨，下降8.1%；客运量234.7万人次，增长0.9%。全年公路、水路货运量3.0亿吨，增长13.3%；公路客运量2.2亿人次，增长3.6%。全年新建及改建农村公路280公里，危桥改造174座。

年末全市机动车保有量202.5万辆，比上年末增加17.7万辆。其中，载客汽车76.3万辆，增加14.6万辆；载货汽车6.7万辆，增加0.8万辆；摩托车118.4万辆，增加2.1万辆。年末全市私人汽车保有量达71.6万辆，增加14.5万辆。

南通港全年货物吞吐量2.05亿吨，增长10.6%。其中，进港1.22亿吨，增长7.8%；外贸吞吐量4056万吨，比上年增长17.3%。集装箱吞吐量60.1万标准箱，增长19.1%，其中，外贸航线30.6万标准箱，增长6.2%。

全年邮电业务收入85.2亿元，增长18.0%。其中，邮政业务收入19.5亿元，电信业务收入65.7亿元，分别增长108.0%和4.6%。年末固定电话用户252.5万户，比上年减少7万户，其中，城市电话用户115.7万户，增加3.6万户；住宅电话用户203万户，减少3.8万户。年末移动电话用户852万户，净增42.9万户。年末互联网用户724.5万户，新增142.1万户。

全年用电量326.2亿千瓦时，增长8.1%。其中，工业用电量234.4亿千瓦时，增长5.1%；城乡居民生活用电量47.5亿千瓦时，增长18.5%。第一产业用电量5.4亿千瓦时，增长15.0%；第二产业用电量240.1亿千瓦时，增长5.4%；第三产业用电量33.2亿千瓦时，增长13.6%。

3. 金融和保险

全年金融机构新增贷款666.2亿元，年末各项贷款余额4672.8亿元，比上年末增长16.6%。全年金融系统新增存款1069.4亿元，年末金融系统存款余额7542.1亿元，比上年末增长16.4%。其中，储蓄存款余额4150.5亿元，增长15.1%；企事业单位存款余额3177.5亿元，增长18.6%。

全年新增保险机构5家，年末保险机构总数达70家。全年保费收入139.9亿元，比上年增长8.1%。其中，财产险收入39.5亿元，增长23.8%；人寿险收入100.4亿元，增长3.0%。全年已决赔款及给付56.2亿元，增长52.9%。

4. 旅游业

年末全市拥有旅游星级饭店109家，旅行社136家，A级旅游景区(点)46处，全国农业旅游示范点2个，全国工业旅游示范点4个。全年实现旅游总收入360.6亿元，增长15.8%，其中，外汇收入1.1亿美元，下降4.8%；国内旅游收入348.2亿元，增长16.3%。全年接待国内旅游者2737.3万人次，增长12.6%；其中旅游住宿设施和居民家中接待过夜海外旅游者21.7万人次，下降7.6%。

5. 房地产业

全年房地产开发投资596.5亿元，增长23.8%。商品房施工面积4532.3万平方米，增长19.4%，其中，住宅施工面积3522.2万平方米，增长14.5%。全市商品房竣工面积925.7万平方米，增长25.9%，其中，住宅竣工面积772.5万平方米，增长27.5%。商品房销售面积1035.3万平方米，增长45.3%，其中住宅937.8万平方米，增长48.4%。

（五）开放型经济

1. 对外贸易

全年进出口总值298.14亿美元，增长13.4%，其中，出口总值212.8亿美元，增长13.3%；进口总值85.4亿美元，增长13.6%。年末与南通市建立进出口贸易关系的国家和地区196个，全市有进出口业绩的企业4639家，增加6.5%。

2. 外经合作

全年新批外商投资项目357个，比上年增长1.4%，其中，千万以上项目147个，比上年增长8.1%；新批协议注册外资46.6亿美元，下降1.24%；实际到账注册外资22.9亿美元，增长10.4%。

全年新批设立境外企业53家，中方协议投资额8.0亿美元。新签对外承包劳务合同额18.6亿美元，增长106.6%；完成对外承包劳务营业额19.7亿美元，增长17.4%；新派劳务人员1.2万人次，增长16.2%；年末在外劳务人员2.3万人，增长13.6%。

3. 民营经济

全年新登记私营企业2.65万家，年末累计达22.1万家；新登记私营企业注册资本778.1亿元，年末累计注册资本6671.1亿元。全年新登记个体户6.2万户，年末累计达52.4万户；新登记个体工商户资金数额48.6亿元，年末累计资金数额239.2亿元。年末全市共有规模以上民营工业企业3641家，占全市规模以上工业企业总数的比重达73.3%；全年民营工业增加值1558.3亿元，增长14.2%，占全市规模以上工业的比重达60.3%。

二、南通市2013年社会发展概况

（一）人口、人民生活

年末全市常住人口729.8万人，比上年增加0.04万人。城镇化率59.9%，比上年提高1.2个百分点。年末户籍人口766.5万人，比上年增加1.3万人。全市人口出生率7.1‰，人口死亡率8.0‰，人口自然增长率－0.9‰。

全市城镇居民人均可支配收入31059元，比上年增长9.8%，其中，市区（不含通州区）城镇居民人均可支配收入33136元，增长9.7%。市区（不含通州区）城镇居民人均消费性支出20978元，比上年增长10.5%。市区（不含通州区）城镇居民家庭每百户拥有空调230台，移动电话230部，家用电脑118台，家用汽车50辆。年末全市城镇居民人均住房建筑面积39.8平方米。

全市农村居民人均纯收入14754元，比上年增长11.5%，农村居民人均消费性支出10931元，比上年增长11.1%。

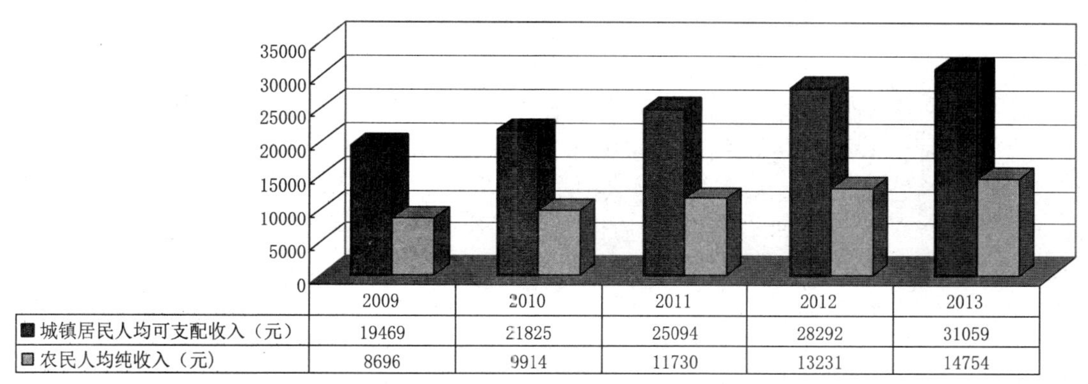

	2009	2010	2011	2012	2013
■城镇居民人均可支配收入（元）	19469	21825	25094	28292	31059
■农民人均纯收入（元）	8696	9914	11730	13231	14754

图3 2009—2013年南通市城乡居民收入对比一览

（二）就业与社会保障

就业持续增加。全年提供就业岗位30.4万个，新增转移农村劳动力2.8万人。年末从业人员达467.2万人。劳动生产率稳步提高。全年地区生产总值与全部从业人员的比率为103720元/人（以2010年不变价格计算），比上年提高12.5%。

年末全市参加基本养老保险人数136.4万人，比上年末增加7.0万人；参加失业保险人数97.4万人，比上年末增加1.3万人；参加基本医疗保险人数（在职）达167.9万人，比上年末增加6.0万人；参加工伤保险人数为119.0万人，比上年末增加9.2万人。年末城乡居民享受最低生活保障人数12.6万人，其中，城镇居民1.0万人，农村居民11.6万人。

全社会年末养老总床位51743张。全市拥有各类养老机构225家，机构床位40572张，农村敬老院97家，床位21772张。年末农村五保对象20760名。全年婚姻登记95432对。

（三）教育与科技

1. 教育

全市拥有普通高等学校7所，年末在校学生8.6万人；成人高校2所，在校学生2.1万人；中等职业教育学校22所，在校学生7.2万人；普通高中53所，在校学生10万人；普通初中169所，在校学生16万人；小学321所，在校学生31.8万人；特殊教育学校9所，在校学生0.1万人；各级各类幼儿园388所，在园儿童15.0万人。南通成为首批全国义务教育发展基本均衡地级市，省级优质幼儿园占比达75%，紫琅学院升本通过专家组评估，南通高师升专获批。

2. 科技

全市拥有高新技术企业477家，本年度新增高新技术企业98家；新增高新技术产品762项；新增国家级创新型企业2家；全市省级工程技术研究中心共计271家(年度新增省级工程技术研究中心31家)；全市科技孵化器61家，孵化面积272万平方米，其中国家级8家、省级22家(本年度新增国家级科技孵化器1家、省级1家)；全年共有23个项目获省级以上科学技术奖，其中国家科学技术发明二等奖1项，省科技进步奖二等奖9个、三等奖13个。全年专利申请量40771件，其中发明专利申请量8029件；专利授权量22086件，其中发明专利授权量746件。万人发明专利拥有量6.41件，同比增长141.9%。全社会研发投入占GDP的比重达到2.35%，比上年提高0.08个百分点。

(四) 文化、卫生与体育

1. 文化

年末全市共有文化经营单位3602家，从业人员3.9万人。年末登记在册的民营演出团体156个。累计已建成农村乡镇文化站99家，“农家书屋”1590家。全市拥有各类博物馆、纪念馆22家，各级文物保护单位205处，其中，全国重点文物保护单位10处，省级文物保护单位23处。全市拥有国家级非物质文化遗产9项，省级非物质文化遗产40项。环濠河博物馆群成为全国公共文化服务示范项目，唐闸近代工业遗存“申遗”全面启动，城市文明程度指数测评居全国全省前列。

全市广播人口综合覆盖率和电视人口综合覆盖率均达到100% 。全年新增有线电视用户10.1万户，年末用户总量为265.1万户。全市有线电视入户率达94.3%，数字电视用户215.0万户，数字电视用户比例达到81.1%。农村有线广播电视“双入户”累计152.4万户。

2. 卫生

年末全市拥有卫生机构1582个(不含农村社区卫生服务站、村卫生室)。其中，医院、卫生院310个，妇幼保健院(所、站)7个，专科疾病防治院(所、站)3个。全市卫生机构床位数3.3万张，卫生技术人员3.6万人。其中，执业医师和执业助理医师1.56万人，注册护士1.4万人。全市拥有疾病预防控制中心(站)9个，卫生技术人员445人；卫生监督所8个，卫生技术人员289人；乡镇卫生院110个，床位0.76万张，卫生技术人员0.7万人。

市区(不含通州区)共建成城市社区卫生服务中心21个，以街道(镇)为单位建成率100%。累计建成农村社区卫生服务站、村卫生室1695个，行政村覆盖率100%。全市新型农村合作医疗参合率99.96%。农村自来水普及率100%。(自来水普及率属水利局指标)

3. 体育

全年承办了9项次全国赛事、21项次省级赛事。全市新增晨晚练健身点100个，各级各类全民健身活动参与群众超过300万人次。体育彩票销售创历史新高，全年销售额11.9亿元。

(五) 城乡建设

城乡统筹力度加大。统筹五级城乡空间体系建设，城乡发展一体化加速推进。中心城市实现新提升。开展60项专项规划编制。158个城建项目完成投资218亿元。老通启路、东方大道快速化改

造等项目竣工，江海大道东延主线通车，市区快速路总里程达80公里，“102030”交通畅通目标基本实现。完成32个骨干道路和23个支路项目。汽车客运东站建成试运营。新城区一批商务、金融、文化等功能性项目竣工，观音山新城起步区开发基本完成。南部新城、市北新城产城融合度进一步提高，通州区与主城区融合发展加快。西寺、唐闸等历史街区保护修缮稳步推进，完成“城中村”、老小区改造整治等项目41个，获批国开行全国第一单棚户区改造专项贷款100亿元。市区新建2个综合性公园、6个小游园和一批道路绿化带。城镇化建设迈出新步伐。全市城镇化率59.9%。5个县(市)城中等城市框架进一步拉开，海安完成城市总体规划修编。19个市级中心镇总体规划编制完成，67个重点产业和244个民生项目顺利推进。一批特色镇加快培育。农业现代化工程取得新成效。粮食生产实现“十连增”。新增设施农(渔)业13.2万亩。“三资”农业项目投资230亿元。家庭农场、“全托管”等新型农业经营主体快速发展，农民合作社入社农户194万户。水利建设完成投入34亿元，引江区域供水和农村安全饮水工程成果得到巩固。新建高标准农田22万亩。

（六）环境保护

全年市区(含通州区)新增绿地780.1公顷，城市绿化覆盖率42.2%；日供水能力达到160万立方米，水质综合指标合格率100%；市区燃气普及率、用水普及率、生活垃圾无害化处理率均达到100%。全年市区新增路灯、景观灯24180盏，城市道路亮灯率达到99%。

南通市创建国家生态市通过环保部技术评估；县(市)区中海门、如皋、如东创建国家生态市(县)通过环保部考核验收、公示待命名；通州区通过环保部考核；启东通过环保部技术评估。全年共完成252个减排项目，其中水污染减排项目173个、大气污染减排项目79个，化学需氧量、氨氮、二氧化硫和氮氧化物四项主要污染物全部完成省政府下达的年度削减任务。

全市环境质量基本保持稳定。南通市区环境空气主要污染物年平均浓度为：二氧化硫0.028毫克/立方米，二氧化氮0.036毫克/立方米，可吸入颗粒物(PM10)0.108毫克/立方米，细颗粒物(PM2.5)0.072毫克/立方米。全年市区空气质量达良好以上天数为224天，占61.4%。长江南通段水质符合国家地表水环境质量Ⅱ类水质标准，各饮用水源地水质达标率均为100%。南通市区区域环境噪声平均值为57.8分贝，交通干线噪声平均值为68.4分贝，均符合国家环境噪声质量标准。

（七）安全生产

全年共发生各类安全生产事故112起，死亡120人，分别下降14.5%和13.7%。其中，工矿商贸企业(含建筑业)发生生产安全亡人事故20起，死亡28人。2013年，全市共发生火灾事故3620起，死亡18人、受灾186户，烧毁建筑3.64万平方米、直接经济损失1899.3万元。全市共发生一般以上道路交通事故1070起，死亡396人、伤924人、直接经济损失167.8万元。

三、南通市在长三角地区经济发展中的地位

2013年，南通市紧紧围绕建设长三角北翼经济中心、争当苏中新一轮发展“领头雁”的奋斗目标，全面落实“八项工程”、奋力实现“八个领先”，切实推进“两个率先”建设，采取多种措施努力保持经济平稳运行，加快发展方式转变，经济运行总体平稳，呈现稳中有进、稳中有优、稳中提质的良好态势。

2009—2013年南通市地区生产总值在长三角所占比重分别为3.96%、4.02%、4.05%、4.19%和4.26%，呈现持续增加的态势，累计增幅为0.3个百分点，2013年较上年增加了0.07个百分点。2013年南通市地区生产总值在长三角地区25个市(苏浙两省24个地级市和上海市，下同)中排名与上年保持齐平，排名第7位，在长三角地区中继续保持靠前的位置。

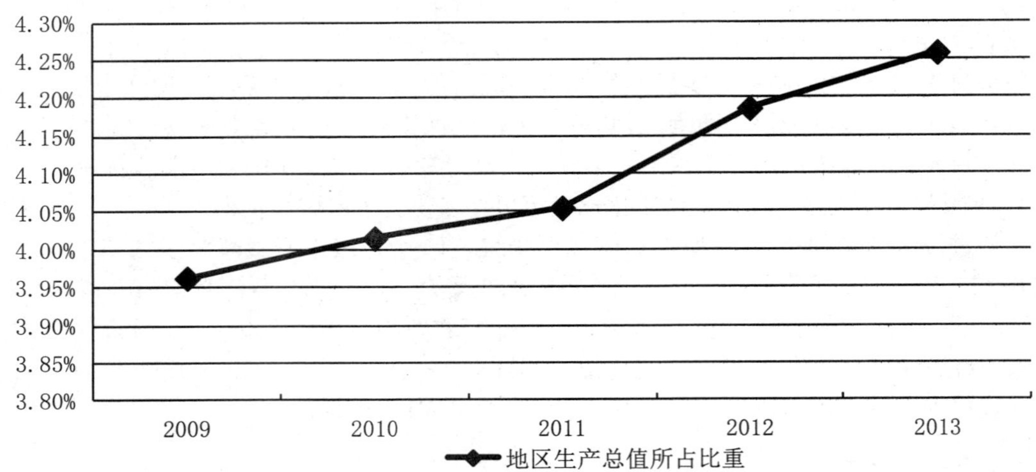

图4　2009—2013年南通市地区生产总值在长三角所占比重的变化趋势

2013年，南通市国民经济平稳增长。全市实现地区生产总值5038.9亿元，按可比价格计算，比上年增长11.8%。其中：第一产业增加值345.4亿元，增长3.1%；第二产业增加值2623.5亿元，增长12.0%；第三产业增加值2070亿元，增长12.9%。人均GDP达到69050元，按2013年人民币对美元的平均汇率计算，人均GDP达到11150美元。产业结构继续优化。全市三次产业结构由上年的7.0∶53.0∶40.0调整为6.8∶52.1∶41.1。

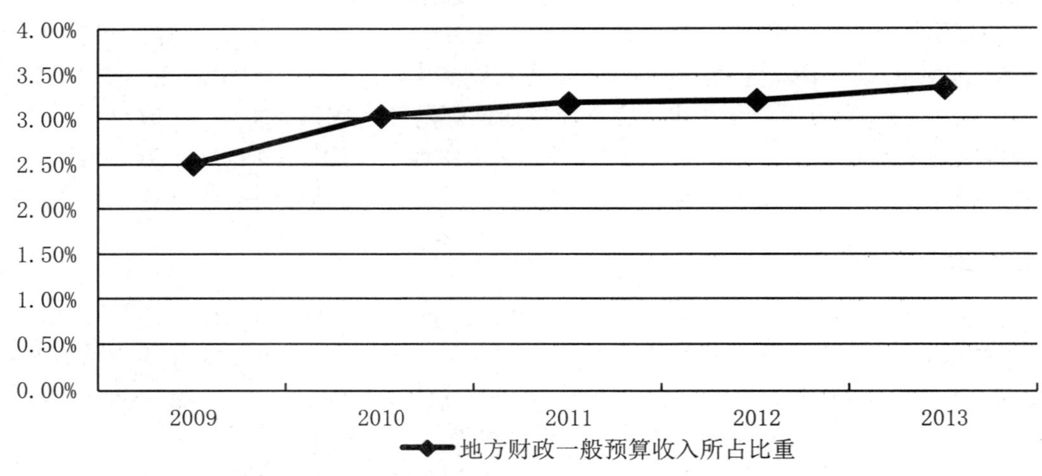

图5　2009—2013年南通市地方财政一般预算收入在长三角所占比重的变化趋势

2009—2013年南通市地方财政一般预算收入在长三角所占比重分别为2.52%、3.04%、3.19%、3.22%和3.36%，呈现持续增加的态势，累计增幅为0.84个百分点，2013年较上年增加了0.14个百分点。2013年南通市地方财政一般预算收入在长三角地区25个市中排名维持不变，排名第7位，保持领先的位置。

2013年，南通市财政收入较快增长。全市实现地方公共财政预算收入485.9亿元，增长15.8%。财政总收入占地区生产总值的比重达24.1%，比上年提高0.9个百分点。地方公共财政预算收入占地区生产总值的比重达9.6%，比上年提高0.4个百分点。

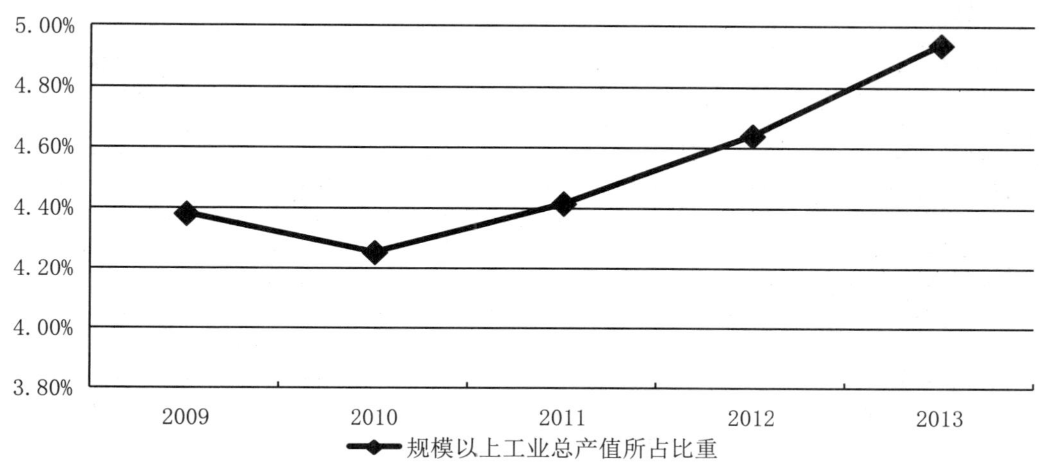

图6　2009—2013年南通市规模以上工业总产值在长三角所占比重的变化趋势

2009—2013年南通市规模以上工业总产值在长三角所占比重分别为4.38%、4.25%、4.42%、4.64%和4.94%，总体呈增加的态势，2010年有小幅度下滑，2011～2013年连续上扬，达到历史新高，2013年较上年增幅0.3个百分点，五年时间累积增加了0.56个百分点。2013年南通市规模以上工业总产值在长三角地区25个市中排名稳定不变，排名第7位，排在比较靠前的位置。

2013年南通市全市规模以上工业增加值2583.9亿元，增长12.6%，其中，轻重工业分别增长10.8%和13.6%。分经济类型看，国有工业增长16.8%，集体工业增长8.4%，股份制工业增长14.1%，外商及港澳台投资工业增长10.5%。规模以上工业总产值11351.5亿元，增长12.6%，六大主导产业产值全面增长，其中新能源、能源及其装备制造业、化工医药业和电子信息业等三大产业分别增长18.5%、16.1%和15.3%。工业产值中，装备制造业5222.3亿元，增长14.1%，占全市规模以上工业总产值的比重达46.0%，比上年提高0.5个百分点。

全市规模以上工业主营业务收入11093亿元，增长13.8%；利税总额1290.4亿元，增长15.9%；利润总额828.5亿元，增长10.1%。亏损企业亏损总额26.2亿元，增长16.5%。

全年实现建筑业增加值452.95亿元，按照可比价计算，比上年增长11.0%。全市具有资质等级的总承包和专业承包建筑业企业完成建筑业总产值3128.16亿元，比上年增长18.2%，其中在外省完成建筑业总产值1073.79亿元，增长9.0%。建筑业竣工产值2145.95亿元，增长32.2%。

2009—2013年南通市进出口总额在长三角所占比重分别为2.02%、1.94%、2.01%、2.03%和2.24%，2012～2013年延续2011年态势继续上升，2013年增幅最大，较上年上升0.21个百分点，五年时间累积增加了0.22个百分点。2013年南通市进出口总额在长三角地区25个市中保持上年排名，排名第10位，仍保持着前十的位置。

2013年，南通市全年进出口总值298.1亿美元，增长13.4%，其中，出口总值212.8亿美元，增长13.3%；进口总值85.4亿美元，增长13.6%。年末与南通市建立进出口贸易关系的国家和地区196个，全市有进出口业绩的企业4639家，增加6.5%。

2009—2013年南通市实际外商直接投资金额在长三角所占比重分别为4.38%、4.07%、3.84%、3.44%和3.56%，连续多年持续出现较大规模的下跌后，2013年止跌上扬，较上年上涨了0.12个百分数，五年累计跌幅高达0.82个百分点。2013年南通市实际外商直接投资金额在长三角地区25个市中排名与上年相比保持不变，排名第9位。

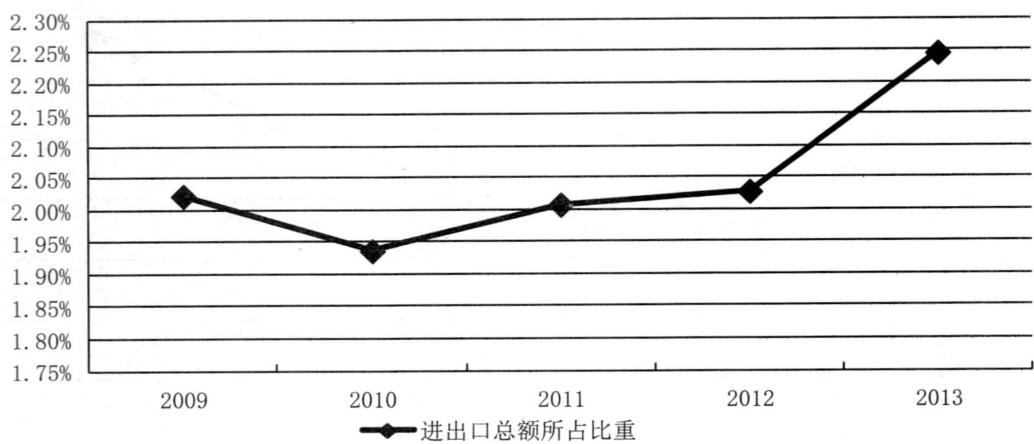

图 7　2009—2013 年南通市进出口总额在长三角所占比重的变化趋势

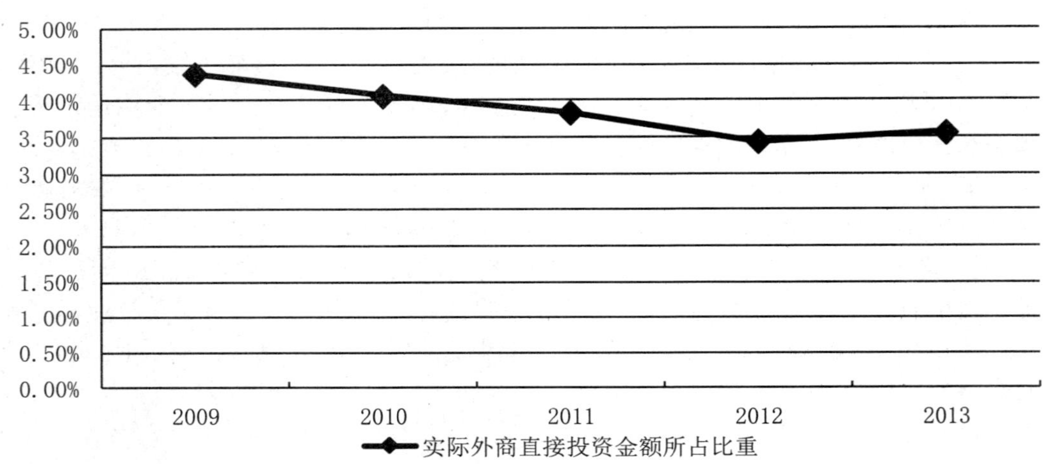

图 8　2009—2013 年南通市实际外商直接投资金额在长三角所占比重的变化趋势

2013 年，南通市全年新批外商投资项目 357 个，比上年增长 1.4%，其中，千万以上项目 147 个，比上年增长 8.1%；新批协议注册外资 46.6 亿美元，下降 1.24%；实际到账注册外资 22.9 亿美元，增长 10.4%。

全年新批设立境外企业 53 家，中方协议投资额 8.0 亿美元。新签对外承包劳务合同额 18.6 亿美元，增长 106.6%；完成对外承包劳务营业额 19.7 亿美元，增长 17.4%；新派劳务人员 1.2 万人次，增长 16.2%；年末在外劳务人员 2.3 万人，增长 13.6%。

八　连云港市2013年经济社会发展报告

2013年，面对极为复杂的国内外经济环境，全市上下牢牢把握“稳中求进，好中求快”的年度工作主基调，认真落实“项目推动，重点突破”的年度经济工作要求，积极抢抓四大国家战略机遇，稳步推进稳增长、调结构、促改革、惠民生各项工作，经济运行总体保持“整体平稳，稳中有进”的运行态势。

一、连云港市2013年经济发展概况

（一）综合经济

1. 经济总量

2013年GDP总量达到1785.42亿元，增长11.8%，居全省第六位，总量较上年增加182.00亿元。人均GDP突破40000元，达到40416元，较上年增加3946元，增长11.2%。其中市区人均GDP达到54815元。

结构调整取得积极成效。第一产业增加值259.17亿元，增长3.1%；第二产业增加值807.42亿元，增长13.0%；第三产业增加值718.83亿元，增长13.1%。三次产业协调性增强，逐步形成一、二、三产业相互促进发展的格局。三次产业结构由上年的14.5∶45.9∶39.6调整为14.5∶45.2∶40.3，和上年相比第一产业持平，第二产业下降0.7个百分点，第三产业提高0.7个百分点。

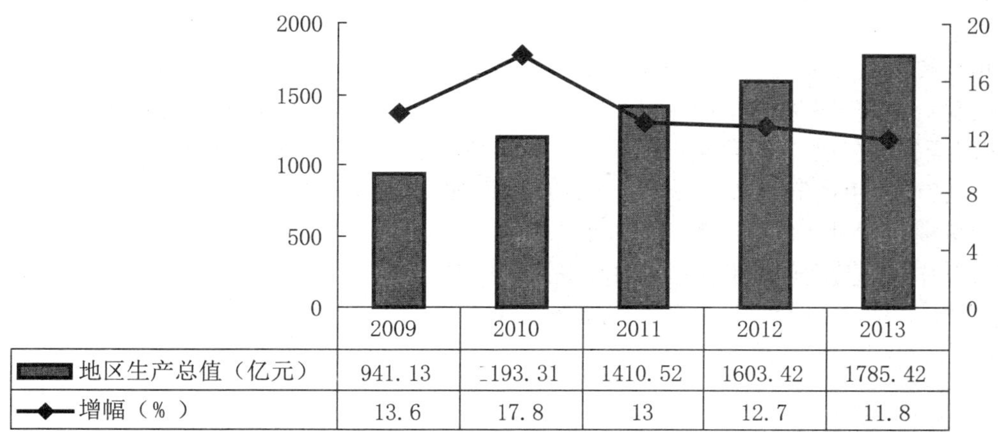

	2009	2010	2011	2012	2013
地区生产总值（亿元）	941.13	1193.31	1410.52	1603.42	1785.42
增幅（%）	13.6	17.8	13	12.7	11.8

图1　2009—2013年连云港市地区生产总值及增长速度

2. 财政收支

财政收入稳步增长。公共财政预算收入233.30亿元，增长11.7%，居全省第十位；税收收入占公共财政预算收入比重为81.4%，较上年提高4.4个百分点。主体税种保持平稳，增值税、营业税、企业所得税、个人所得税和契税共完成收入148.1亿元，增长18.6%。用于民生支出超过七成，用于教育61.05亿元，增长17.1%。公共财政预算收入占地区生产总值比重为13.1%，较上年提高0.1个百分点。

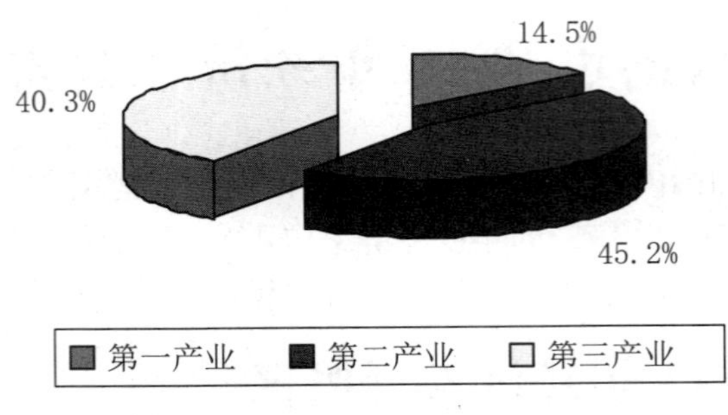

图 2　2013 年连云港市三次产业结构图

3. 物价水平

2013 年以来，随着国家宏观政策的逐步深入，加上肉蛋等主要食品价格周期性低位的影响，1－3 月全市 CPI 低位开局，上涨 0.7%，随后 CPI 涨幅逐步攀升至高位，全年上涨 2.2%，涨幅比较 1－11 月、1－10 月、1－9 月、1－8 月分别高 0.1、0.3、0.6、0.8 个百分点，较全省平均水平低 0.1 个百分点。

4. 固定资产投资

投资层次更上水平。全社会固定资产投资 1654.75 亿元，增长 24.8%。其中固定资产投资 1350.12 亿元，增长 22.1%，居全省第三位，从全年看，投资增速虽较前三个季度有所减缓，但项目层次明显提升，全市亿元以上在建投资项目 528 个，增加 27 个，项目平均规模超亿元，达 5.1 亿元，增长 0.9%。其中，新开工亿元以上投资项目 285 个，较上年增加 39 个，增长 15.9%；新开工亿元项目投资 457.0 亿元，增长 52.7%。

工业项目投资加速前行。2013 年工业投资攻坚克难，自加压力，重大产业项目及特色产业、园区建设进展明显。全市工业投资 849.33 亿元，增长 23.1%，工业投资增速快于全省平均水平 5.6 个百分点，增速居全省第三位。全年实施投资亿元以上工业项目 265 个，100 个市级新增长点项目新增产值 450 亿元，拉动全市产值增长 15 个百分点，对工业增长贡献率达 65%。

新兴服务业投资迅速壮大。新兴服务业投资 342.10 亿元，增长 26.2%，高出传统服务业增幅 6 个百分点。其中：信息传输、软件和信息技术服务业投资 11.20 亿元，增长 55.4%，商务服务业投资 28.10 亿元，增长 38.1%；科学研究和技术服务业投资 7.20 亿元，增长 61.3%；金融服务业投资 3.50 亿元，增长 75.3%；教育业投资 16.50 亿元，增长 73.0%。

（二）农林牧渔业

粮食生产稳定。2013 年全市粮食面积达 748.02 万亩，比上年增加 1.62 万亩；亩产 474 公斤，下降 2.07%；总产达到 354.73 万吨，下降 1.8%。秋粮种植面积 387.53 万亩，比上年减少 1.75 万亩；单产水平为 559.7 公斤，比上年减少 3.2 公斤；总产水平为 216.87 万吨，比上年减少 2.25 万吨。其中水稻种植面积 305.91 万亩，比上年增加 0.18 万亩；单产水平为 607.9 公斤，与上年基本持平；总产水平为 185.94 万吨，比上年增加 0.09 万吨。

现代农业发展加快。新增设施农业 15 万亩、设施渔业 6.7 万亩，建成万亩“菜篮子”基地 3 个，灌云县南岗乡许相村（万惠芦蒿）被认证为全国一村一品示范村镇，高公岛获批国家一级渔港。新增市级农业园区 10 家、省级农业龙头企业 13 家。农产品出口 4.1 亿美元，居全省前列。农产品质量安全水平提高，新增绿色农产品品牌 56 个。开展“农田水利设施建设年”活动，完成水利投资 20 亿元。加快推进农业综合开发，新增高标准农田 20 万亩。农业机械化水平达到 76.5%。

（三）工业和建筑业

1. 工业

工业经济扩量提质增效。2013 年全市着力强化政策支持和要素保障，力保工业企业健康运行，强力推进“双千双百”工程、大企业培育工程，工业经济实现了难中有进，增速始终保持全省前列。规模以上工业增加值 820.94 亿元，较上年增加 148.47 亿元，增长 14.4%，增幅高于全省平均 0.3 个百分点，居全省第三位；应税销售收入 1631.70 亿元，增长 14.5%；工业用电量 88.73 亿千瓦时，增长 16.9%，居全省第三位。

工业集聚发展进程加快。六大重点园区实现销售收入 3200 亿元，海州区被认定为国家火炬计划特色产业基地。全市销售收入过 50 亿企业达到 17 家，新海石化率先突破 200 亿元，达到 202.97 亿元，增长 28.8%。中小企业园和工业集中区开工建设标准厂房 208 万平方米，签约企业 300 户。

工业企业规模日益壮大。2013 年工业企业户均产值 2.91 亿元，较上年户均产值增加 0.22 亿元。规模以上工业企业数 1419 户，较上年增加 148 户。新投产工业项目不断，为港城临港产业突飞猛进埋下伏笔。2013 年港城石化、冶金等临港产业销售收入达 1900 亿元，成为当前全市工业发展第一驱动力。港城的战略新兴产业，高精尖项目的投产，促进了战略新兴产业的快速发展。“三新”产业销售收入超过 1100 亿元，恒瑞、豪森、天晴、康缘四大药企产值全部突破 50 亿元。

骨干企业持续扩张。20 强规模以上工业企业产值 1609.38 亿元，占全市规模以上工业产值的 39.0%，较上年增加 325.02 亿元，增长 25.4%，拉动全市规模以上工业产值增长 9.5 个百分点，对全市产值贡献率为 46.8%，其中新海石化、兴鑫钢铁、镔鑫特钢、金信利不锈钢、新海发电、益海粮油、康缘药业、正大天晴等 12 家企业累计新增产值均超过 10 亿元，累计净增产值 272.80 亿元。

高新技术产业比重提高。近年来，全市以推进国家创新型城市建设和高新区升格发展为契机，加快创新资源集聚，强化创新载体支撑，着力打造了新医药、硅材料、高性能纤维及复合材料、装备制造四大国家级产业基地，有力优化了产业结构，促进了高新技术产业的聚集发展。2013 年全市高新技术产业产值 1830 亿元，增长 22.1%，总量占规模以上工业产值比重 44.3%，较“十一五”末提高了 11.3 个百分点。

2. 建筑业

建筑产业快速增长。建筑业总产值 555.1 亿元，增长 28.6%。其中，建筑工程产值 536.5 亿元，增长 26.8%，比重为总产值的 96.6%；安装工程产值 12.9 亿元，增长 53.6%。在省外完成的建筑业总产值 222.8 亿元，增长 40.6%。

（四）服务业

1. 国内贸易

社会消费品零售总额 655.57 亿元，增长 13.9%，增速较一季度提高 0.7 个百分点，较三季度提高 0.4 个百分点，居全省第三位。其中，批发业实现零售额 48.25 亿元，下降 16.7%；零售业实现零售额 552.65 亿元，增长 18.3%；住宿业实现零售额 7.84 亿元，下降 6.2%；餐饮业实现零售额 46.83 亿元，增长 11.8%。

房地产相关消费品增速加快。限额以上批发零售企业五金、电科类，建筑及装潢材料类，家具类，家用电器和音像器材类分别增长 38.5%、56.1%、31.0%、18.5%，分别较前三季度提高 10.6、38.5、9.7、3.4 个百分点；金银珠宝类商品零售额增长 23.9%；食品、饮料、烟酒类商品零售额增长 22.5%。

2. 港口、交通运输与邮电

港口建设强力推进。“一体两翼”组合大港加速形成。主体港区成为全国低碳试点港和科技示范港。集疏运体系逐步完善。旗台作业区铁路专用线主体完工,矿石带式输送机工程有序推进。北疏港公路、徐圩港前大道、徐新公路、242 省道、310 国道加快建设,临海高等级公路埒子口至青口段简易通车。全长 120 公里的港产城联动发展交通大动脉海滨大道开工建设。连盐铁路建设前期工作积极推进。新开国际集装箱航线 8 条,3 条铁路班列纳入全国客车化运营,率先开通经霍尔果斯口岸出境的集装箱班列。港口货物吞吐量 2.02 亿吨,增长 8.8%,集装箱 549 万标箱,增长 9.3%。

交通运输平稳运行。公路客运量 1.68 亿人次,增长 6.0%;旅客周转量 65.81 亿人公里,增长 2.0%;货运量 1.41 亿吨,增长 8.0%;货运周转量 94.63 亿吨公里,增长 6.0%。水运客运量 28.83 万人次,增长 14.0%,旅客周转量 5409 万人公里,下降 6.0%;货物运周转量 122.27 亿吨公里,增长 1.0%。民航连云港机场飞机起降达 8668 架次,增长 39.2%;旅客吞吐量 56.36 万人次,增长 16.5%;货物吞吐量 3935 吨,增长 9.0%。

邮政通讯业务平稳发展。邮政通讯业务收入 36.82 亿元,增长 6.7%;其中邮政快递业务收入 5.57 亿元,增长 7.8%;移动电信业务收入 31.25 亿元,增长 6.5%。年末电话用户数 510.77 万户,增长 4.9%;其中移动电话用户 413.17 万户,增长 7.8%。互联网用户 301.96 万户,增长 18.0%。

3. 金融和保险业

招商银行连云港分行、江南农商行赣榆支行开业,全市各类融资额比年初新增 310 亿元,其中直接融资 115 亿元。金融信贷稳健运行。年末金融机构存款余额 1709.93 亿元,比年初增加 171.98 亿元。其中,企事业单位存款 811.84 亿元,比年初增加 55.09 亿元;居民储蓄存款 850.95 亿元,比年初增加 118.15 亿元。

保险事业蓬勃发展。保险费总收入 44.06 亿元,增长 13.0%,较全省平均水平高 1.9 个百分点,增幅居全省第三位。从保险构成看,寿险收入 25.04 亿元,占保险费总收入的 56.8%。财产险保费收入 15.67 亿元,占保险费总收入的 35.6%。健康险保费收入 2.25 亿元,占保险费总收入的 5.1%。

(五)开放型经济

2013 年以来,在全国外贸形势较为低迷的情况下,重抓招商引资,精心组织赴日韩、台湾、北京、苏南及陆桥沿线城市开展大型招商推介活动,实际利用外资 8.70 亿美元,增长 43.9%,居全省第一位。在中哈两国元首共同见证下,连云港与哈国铁路公司签署共建过境运输出海通道和中转分拨基地协议,上合组织成员国总理第十二次会议将连云港确定为共用出海口,丝绸之路经济带东方桥头堡地位得到进一步确立。

内联客方到位资金 767 亿元。实现进出口 66.41 亿美元,下降 17.0%,居全省第十二位。其中,出口 37.84 亿美元,增长 5.1%,增速列全省第四位,较三季度提高 0.7 个百分点。

二、连云港市 2013 年社会发展概况

(一)人口、人民生活

人口规模有序扩大。2013 年年末户籍总人口 520.18 万人,比上年增加 9.19 万人;其中市区 98.21 万人。常住总人口 442.83 万人,较上年增加 2.14 万人;其中市区 110.28 万人,增长 0.5%。常住人口出生率 11.36‰,下降 0.13 个千分点;自然增长率 4.66‰,下降 0.07 个千分点。城镇化水平提

升。2013年末全市城市化率为55.72%，比上年提高1.36个百分点。

居民收入持续增长。城市居民人均可支配收入22985元，增长10.5%，增幅居全省第三位。其中工资性收入16187元，增长9.7%；经营净收入2486元，增长6.8%；财产性收入328元，增长18.5%；转移性收入9985元，增长9.7%。城市居民人均消费13992元，增长10.0%。农民人均纯收入10745元，增长12.0%，增幅居全省第四位，其中工资性收入6053元，增长14.2%；家庭经营收入4018元，增长8.9%；财产性收入216元，增长13.3%；转移性收入458元，增长12.1%。农村居民人均消费支出6932元，增长11.6%。

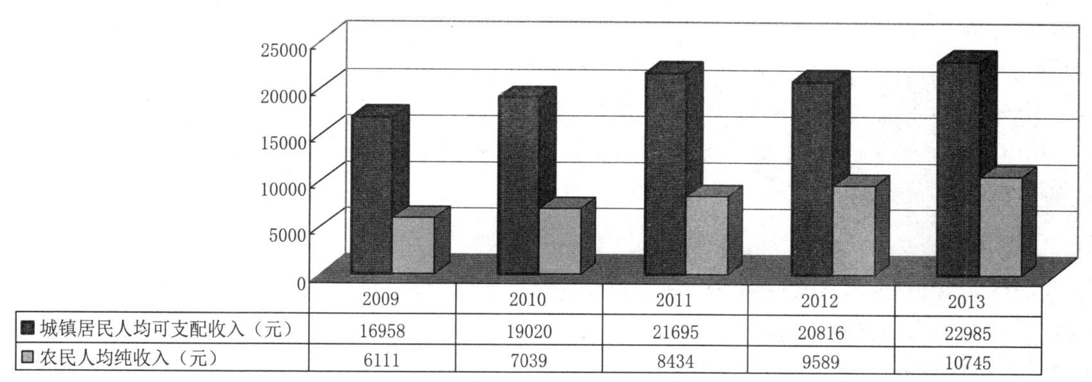

	2009	2010	2011	2012	2013
城镇居民人均可支配收入（元）	16958	19020	21695	20816	22985
农民人均纯收入（元）	6111	7039	8434	9589	10745

图3　2009—2013年连云港市城乡居民收入对比一览

（二）就业与社会保障

就业服务体系建设跨上新台阶。2013年城镇登记失业率控制在2.3%。社会保障体系建设迈出新步伐。全市企保、职工医保、失业、工伤、生育保险参保人数分别达52.38万人（在职职工参保人数）、71.53万人、33.77万人、44.03万人、38.20万人，比上年末分别增加2.72万人、3.98万人、1.42万人、5.31万人、3.06万人。城乡低保标准分别提高到每月人均386元和294元，分别增长12.5%和18.1%；城乡困难居民医疗救助比例提高到60%。

（三）教育与科技创新

1. 教育

围绕学有所教，坚持教育优质均衡发展，教育现代化建设取得显著成效。连云港市成为苏北唯一的教育现代化市级示范区。学前教育三年入园率92.73%，义务教育阶段入学率达100%，初中在校生巩固率达92.82%，初中毕业生升学率达96.35%，高中段教育毛入学率达96.94%。骨干教师队伍建设进一步推进。152名教干教师赴境外进修学习，5所学校参加第九届江苏中小学校长国际论坛。中小学校办学条件得到新改善。改造校舍51万平方米，投入资金7.2亿元。投入1.2亿元加强学校教育技术装备基础设施建设，中小学计算机生机比达8.2∶1，师机比达0.94∶1，多媒体进教室比率达86%；独立建制学校百兆光纤接入率和“班班通”均达100%。全市90%以上高中段学生在三星级以上普通高中和职业学校就读。淮海工学院3个硕士点通过国家验收，康达学院建成招生。扎实做好扶贫助学工作，外来务工人员子女就学享受同城待遇。

2. 科学技术

创新能力持续提高。新上新药创制国家科技重大专项2项，累计实施国家“重大新药创制”科技专项56项。建立科技型中小企业培育库,279家获批省科技型中小企业,6家企业进入省科技企业上市培育库,全年高新技术企业总量突破100家。新增国家战略性创新产品2个,国家重点新产品11个;省重点新产品15个,省高新技术产品209个。校企联盟发展到703家,引进高层次人才150人,其中2个团队入选省创新团队、15人入选省"双创"计划、18人入选企业博士计划。

(四)文化、卫生与体育

1. 文化

文化服务网络进一步完善。联合浙江清华长三角研究院,高起点编制印发《连云港市文化产业规划》。社区文化中心标准化建设成为国家第一批公共文化服务体系示范项目,7家图书馆被评为国家一级馆。全年对661家农家书屋图书进行更新。新增有线电视用户3.9万户,完成有线数字电视整转14.5万户,22个乡镇广播电视站建设达标。争取国家、省、市文化引导资金1970万元,扶持一批文化企业的发展。

2. 卫生

卫生工作有序开展。基本医疗卫生服务体系提档升级。新增全国示范社区卫生中心1个、省级示范乡镇卫生院7个、省级示范社区卫生服务中心2个,新增省级卫生乡镇2个、省级爱国卫生先进单位7个、省级健康促进学校6所、省级卫生村43个。公共卫生工作进一步加强。人均基本公共卫生服务经费增至30元,11类43项基本公共卫生服务项目规范落实。积极开展卫生创建活动,通过省级"除四害"先进市重新考核命名,新增省级卫生镇2个、省级卫生村43个。新建农村无害化卫生厕所60027户。

3. 体育

体育产业取得新业绩。基层健身设施建设加快推进,完成12个乡镇(街道)全民健身工程、100个社区、40个城中村健身点建设,城市"10分钟体育健身圈"基本架构基本形成。竞技体育整体实力提高,参加田径、游泳、球类等20个大项的省年度锦标赛,获得24枚金牌、84枚奖牌、1070分,为历年来最好成绩。积极培育体育市场,每年从体育彩票公益金中拿出200万元引导资金。省级体育产业发展引导资金总额从上年的210万元增加到520万元,增长147.6%。

(五)城乡建设

城市规模不断扩大。以全国首创城市规划、建设、管理三个导则为指导,围绕"一老三新四组团两轴一环"城市发展格局,全年实施城建项目1430个,投入947亿元,增长40%;其中市区实施城建项目537个,投入480亿元,增长41%。城市规模不断扩大,组团效用逐渐彰显,全市城市化率达55.7%,建成区面积扩大至150平方公里。城乡一体化加快推进,全市26个乡镇、119个村庄城乡统筹试点稳步推进,5个乡镇实施市级城市化示范镇创建。

基础设施不断完善。基础设施不断完善,城市功能全面提升。投资110亿元实施130项道桥工程。朝阳东路、海宁大道、郁州南路等支环线构建的城市快速公交网络逐步形成;全长120公里海滨大道快速实施;郁洲路、朝阳路、花果山大道等20条60公里主次干道实现出新;背街小巷整治有效开展,改造便民路320条37.4公里,清掏下水道284条48.5公里。投资35亿元实施58项公用事业项目,饮用水输水工程主体建成,第三水厂扩建工程实现运营,新增供水、污水、燃气管网各20公里,新增燃气用户8500户;城市节水取得突破,省级节水型城市成功创建。城市供水普及率达97.5%,燃气气化率达97%,城市污水处理率达83.7%。

水利建设成绩突出。改善水质，服务民生。全年水利建设投资 24.2 亿元。重抓蔷薇湖、沭新渠等"一湖一渠"建设。推进中小河流治理、病险水库水闸除险加固、低洼片区治理等 15 项工程建设，重点工程投资 15 亿元。实施农村河道疏浚整治、小型农田水利重点县及专项、农村饮水安全、大中型灌区节水改造等工程，农村水利建设投资 7.59 亿元。

园林绿化不断推进。坚持"上规模扩绿增量、重特色提升品质、强功能改善民生"，绿化规模和园林品质同步提。市区投资 35 亿元实施 137 个园林绿化项目，新增绿地面积 437 公顷，绿地率达 37.5%，绿化覆盖率达 40%，人均公园绿地面积达 13.8 平方米。完成造林面积 16334 公顷。BRT1 号线沿线绿化有效提升，城市道路景观实现出新，海滨大道绿化迅速实施；孔望山公园二期加速推进，连云新城商务公园快速施工，苍梧绿园改造有效落实；苍梧元宵灯会成功举办，省第八届园博会硕果累累，国家园林城市奖牌成功捧回。

（六）环境保护

环境保护工作取得新进展。推进生态创建工作。争取上级资金 5300 万元，推动镇、村污水、垃圾等处理设施建设，全市 22 个乡镇、街道建成污水处理厂，乡镇垃圾中转站基本实现全覆盖。做好饮用水源保护。开展水质预警监测工作。蔷薇河上下游 4 个水质自动监测站全天候严密监测水质，每周对市区新村桥、富安桥等 5 个主要断面、蔷薇河上游排污地涵、友谊桥等 7 个重要断面水质状况进行监测，定期对自来水厂出厂水进行采样监测。开展环境综合整治。实施 180 项环保重点工程，加快推进河流整治，对龙尾河、西盐河等市区主要河流清淤疏浚，整治餐饮污染企业 120 余家，拆除燃煤小锅炉 240 余台。

三、连云港市在长三角地区经济发展中的地位

2013 年，连云港市围绕"项目推动、重点突破"的年度工作主题，抢抓四大国家战略机遇，稳步推进"稳增长、调结构、促改革、惠民生"各项工作，全市经济整体较好，企稳态势明显。

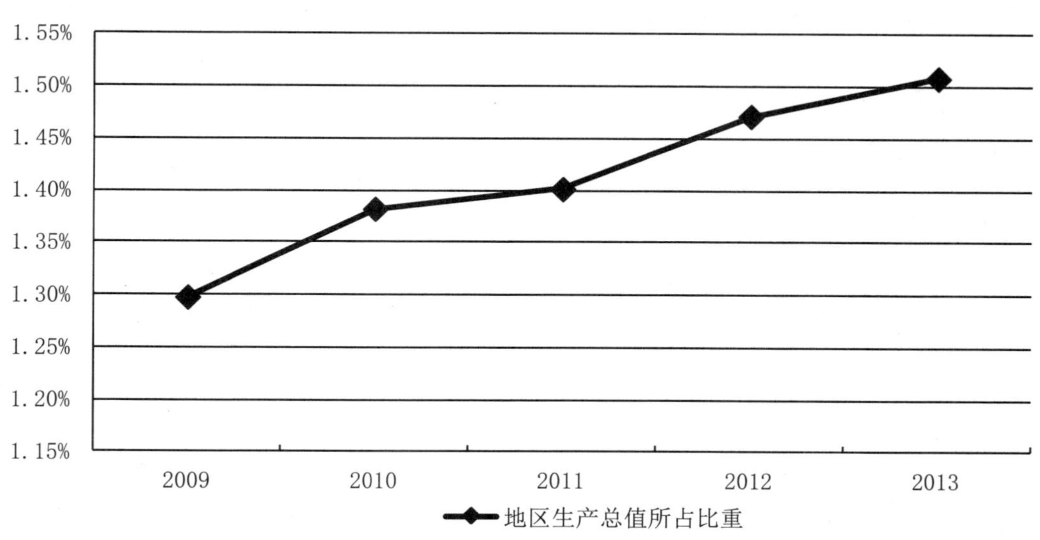

图 4　2009—2013 年连云港市地区生产总值在长三角所占比重的变化趋势

2009—2013 年连云港市地区生产总值在长三角所占比重分别为 1.30%、1.38%、1.40%、1.47%

和 1.51%，累计增幅为 0.21 个百分点，2013 年较上年增幅为 0.04 个百分点。2013 年连云港市地区生产总值在长三角地区 25 个市(苏浙两省 24 个地级市和上海市，下同)中与上年保持一致，排名第 21 位，仍比较靠后。

2013 年连云港市经济总量持续扩张。GDP 总量达到 1785.42 亿元，增长 11.8%，居全省第六位，总量较上年增加 182.00 亿元。人均 GDP 突破 40000 元，达到 40416 元，较上年增加 3946 元，增长 11.2%。其中市区人均 GDP 达到 54815 元。

结构调整取得积极成效。第一产业增加值 259.17 亿元，增长 3.1%；第二产业增加值 807.42 亿元，增长 13.0%；第三产业增加值 718.83 亿元，增长 13.1%。三次产业协调性增强，逐步形成一、二、三产业相互促进发展的格局。三次产业结构由上年的 14.5∶45.9∶39.6 调整为 14.5∶45.2∶40.3，和上年相比第一产业持平，第二产业下降 0.7 个百分点，第三产业提高 0.7 个百分点。

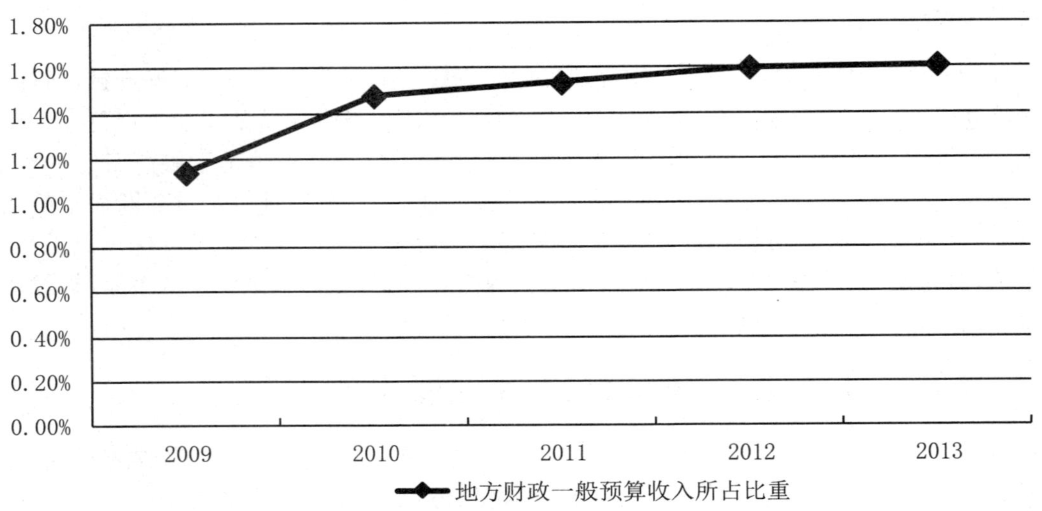

图 5　2009—2013 年连云港市地方财政一般预算收入在长三角所占比重的变化趋势

2009—2012 年连云港市地方财政一般预算收入在长三角所占比重分别为 1.14%、1.48%、1.54%、1.60%和 1.61%，呈现增长的态势，累计增幅达 0.47 个百分点，2013 年较上年增加了 0.01 个百分点。2013 年连云港市地方财政一般预算收入在长三角地区 25 个市中的排名与去年保持一致，达到第 20 位，但仍比较靠后。

2013 年，连云港市财政收入稳步增长。公共财政预算收入 233.30 亿元，增长 11.7%，居全省第十位；税收收入占公共财政预算收入比重为 81.4%，较上年提高 4.4 个百分点。主体税种保持平稳，增值税、营业税、企业所得税、个人所得税和契税共完成收入 148.1 亿元，增长 18.6%。用于民生支出超过七成，用于教育 61.05 亿元，增长 17.1%。公共财政预算收入占地区生产总值比重为 13.1%，较上年提高 0.1 个百分点。

2009—2013 年连云港市规模以上工业总产值在长三角所占比重分别为 0.94%、1.12%、1.34%、1.60%和 1.80%，继续保持持续增长的态势，累计增幅为 0.86 个百分点，2013 年较上年上升了 0.2 个百分点。2013 年连云港市规模以上工业总产值在长三角地区 25 个市中的排名上升一位，排在第 19 位。

2013 年连云港市工业经济扩量提质增效。2013 年全市着力强化政策支持和要素保障，力保工业企业健康运行，强力推进"双千双百"工程、大企业培育工程，工业经济实现了难中有进，增速始终保持

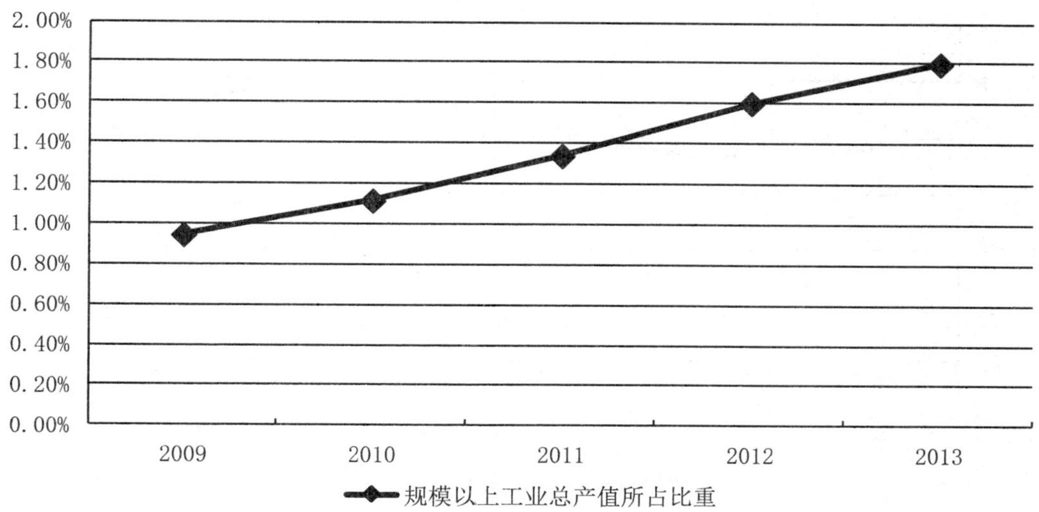

图 6　2009—2013 年连云港市规模以上工业总产值在长三角所占比重的变化趋势

全省前列。规模以上工业增加值 820.94 亿元，较上年增加 148.47 亿元，增长 14.4%，增幅高于全省平均 0.3 个百分点，居全省第三位；应税销售收入 1631.70 亿元，增长 14.5%；工业用电量 88.73 亿千瓦时，增长 16.9%，居全省第三位。

工业集聚发展进程加快。六大重点园区实现销售收入 3200 亿元，海州区被认定为国家火炬计划特色产业基地。全市销售收入过 50 亿企业达到 17 家，新海石化率先突破 200 亿元，达到 202.97 亿元，增长 28.8%。中小企业园和工业集中区开工建设标准厂房 208 万平方米，签约企业 300 户。

工业企业规模日益壮大。2013 年工业企业户均产值 2.91 亿元，较上年户均产值增加 0.22 亿元。规模以上工业企业数 1419 户，较上年增加 148 户。新投产工业项目不断，为港城临港产业突飞猛进埋下伏笔。2013 年港城石化、冶金等临港产业销售收入达 1900 亿元，成为当前全市工业发展第一驱动力。港城的战略新兴产业，高精尖项目的投产，促进了战略新兴产业的快速发展。“三新”产业销售收入超过 1100 亿元，恒瑞、豪森、天晴、康缘四大药企产值全部突破 50 亿元。

骨干企业持续扩张。20 强规模以上工业企业产值 1609.38 亿元，占全市规模以上工业产值的 39.0%，较上年增加 325.02 亿元，增长 25.4%，拉动全市规模以上工业产值增长 9.5 个百分点，对全市产值贡献率为 46.8%，其中新海石化、兴鑫钢铁、镔鑫特钢、金信利不锈钢、新海发电、益海粮油、康缘药业、正大天晴等 12 家企业累计新增产值均超过 10 亿元，累计净增产值 272.80 亿元。

2009—2013 年连云港市进出口总额在长三角所占比重分别为 0.48%、0.47%、0.54%、0.62%和 0.50%，在 2011 年及 2012 年连续上扬后，2013 年出现下跌，比上年降低了 0.12 个百分点，五年时间累积上升了 0.02 个百分点。2013 年连云港市进出口总额在长三角地区 25 个市中的排名与上年比上升了一名，排在第 19 位。

2013 年，连云港实现进出口 66.41 亿美元，下降 17.0%，居全省第十二位。其中，出口 37.84 亿美元，增长 5.1%，增速列全省第四位，较三季度提高 0.7 个百分点。

2009—2013 年连云港市实际外商直接投资金额在长三角所占比重分别为 2.27%、2.18%、1.08%、1.15%和 1.36%，2013 年保持了 2012 年的涨势，较上年上升 0.18 个百分点，较 2009 年下跌了 0.91 个百分点。2013 年连云港市实际外商直接投资金额在长三角地区 25 个市中的排名较上年上升一位，排在第 17 位。

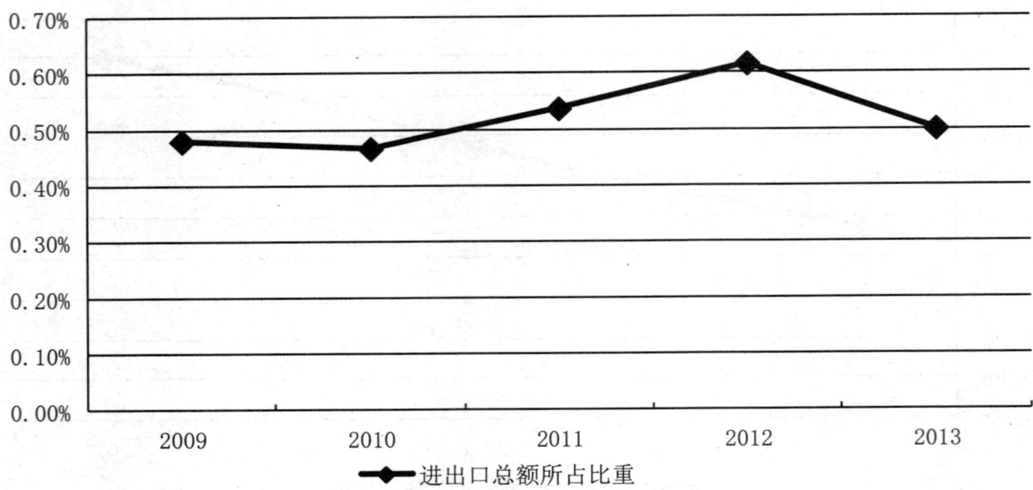

图 7　2009—2013 年连云港市进出口总额在长三角所占比重的变化趋势

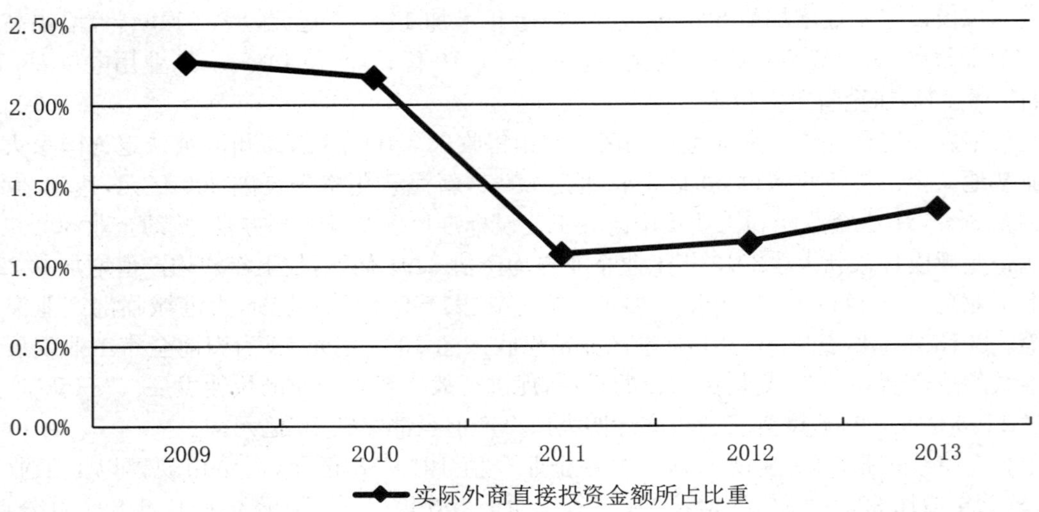

图 8　2009—2013 年连云港市实际外商直接投资金额在长三角所占比重的变化趋势

2013 年，连云港市开放型经济增长较快。今年以来，在全国外贸形势较为低迷的情况下，重抓招商引资，精心组织赴日韩、台湾、北京、苏南及陆桥沿线城市开展大型招商推介活动，实际利用外资 8.70 亿美元，增长 43.9%，居全省第一位。内联客方到位资金 767 亿元。

九 淮安市2013年经济社会发展报告

2013年，在市委、市政府的正确领导下，全市上下紧紧围绕加快全面建设小康社会和苏北重要中心城市目标，全力聚焦“五大突破”①，大力实施“十大行动计划”②、“十项重点工程”③，全市经济社会保持平稳健康发展，呈现出稳中有进、质态提升、后劲增强、民生改善的向好态势。

一、淮安市2013年经济发展概况

（一）综合经济

1. 经济总量

全市实现地区生产总值2155.86亿元，按照可比价格计算，比上年增长12.0%。其中，第一产业增加值增长3.3%，第二产业增加值增长13.2%，第三产业增加值增长13.3%。经济结构进一步优化，三次产业比例由上年的12.9∶46.3∶40.8调整为12.6∶45.6∶41.8。人均GDP44774元，按年平均汇率折算为7230美元。

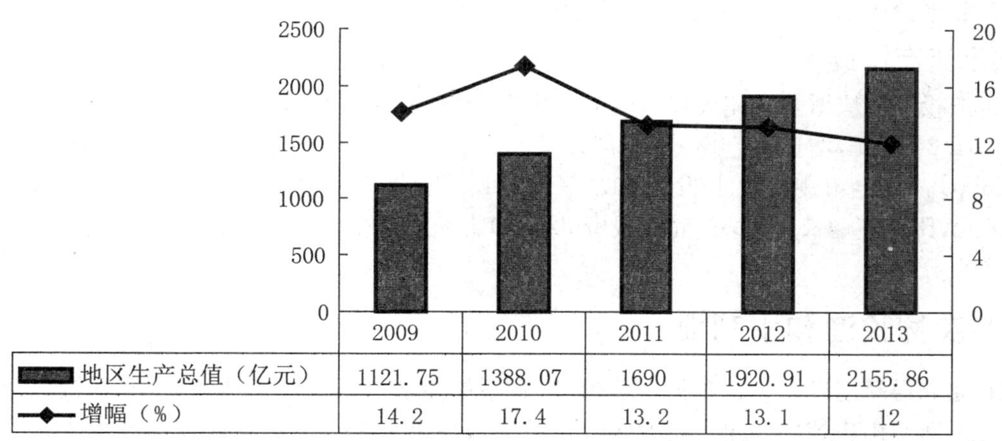

	2009	2010	2011	2012	2013
地区生产总值（亿元）	1121.75	1388.07	1690	1920.91	2155.86
增幅（%）	14.2	17.4	13.2	13.1	12

图1 2009—2013年淮安市地区生产总值及增长速度

2. 财政收入

财政收入较快增长。全年财政总收入494.60亿元，比上年增长12.8%。其中上划中央四税收入

① 五大突破：优势特色产业做大做强、县域经济加速跨越崛起、对内对外开放全面扩大、区域创新能力大幅提升、新型城镇化高水平建设。

② 十大行动计划：转型升级行动计划、科技创新行动计划、中心城市建设行动计划、农业现代化行动计划、文化繁荣发展行动计划、民生幸福行动计划、生态文明建设行动计划、县域经济跨越发展行动计划、社会管理创新行动计划、党建工作创新行动计划。

③ 十项重点工程：铁路规划建设工程、省运会场馆及环境建设工程、盐化新材料产业发展工程、金融中心规划建设工程、白马湖保护与开发工程、中心城市道路通达工程、西南化工区搬迁工程、淮安综合大市场建设工程、里运河文化长廊规划建设工程、科教产业园规划建设工程。

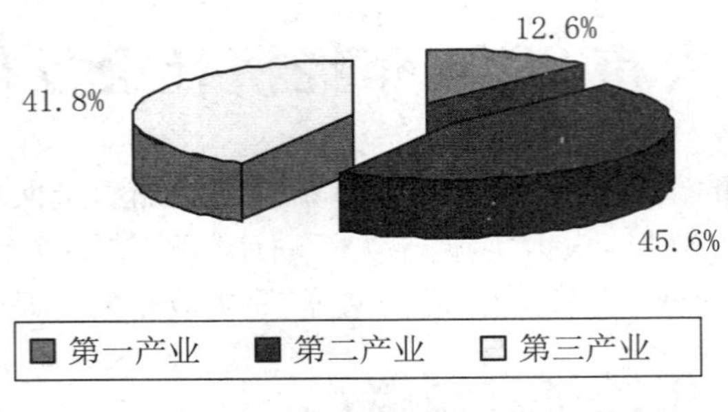

图 2　2013 年淮安市三次产业结构图

145.78 亿元，增长 6.2% ；公共财政预算收入 271.42 亿元，增长 16.2%；社保基金收入 54.22 亿元，增长 22.4%。

3. 物价指数

居民消费价格基本稳定。全年居民消费价格比上年上涨 2.4%，其中食品类上涨 3.9%，衣着类上涨 3.5%，家庭设备用品及维修服务类上涨 1.5%，娱乐教育文化用品及服务类上涨 2.1%，居住类上涨 1.9%，烟酒类下降 2.7%，医疗保健和个人用品类下降 0.1%，交通和通信类下降 0.7%。全市共建成农副产品平价店 142 家，完成平价商店建设任务目标。

4. 固定资产投资

固定资产投资较快增长。完成规模以上固定资产投资 1453.05 亿元，比上年增长 22.1%。其中工业投资 804.24 亿元，增长 22.4%；房地产开发投资 312.22 亿元，增长 11.3%。民间投资 894.07 亿元，增长 26.0%，占全市规模以上投资 61.5%。2013 年，全市在建亿元项目 551 个，计划总投资达 1439.39 亿元，比上年增长 16.1%；完成投资 821.89 亿元，增长 29.8%，增速快于规模以上固定资产投资 7.7 个百分点。

（二）农林牧渔和水利业

现代农业取得新进展。突出龙头企业带动、新型主体培育和产业基地建设，实施投资超 3000 万元项目 58 个，新增销售超亿元龙头企业 14 户，组建市级以上农民专业合作社示范社 404 个，培育家庭农场 331 个，获批建设江苏淮安国家农业科技园区，淮阴区创成国家农业产业化示范基地。注重品牌培育，新注册“淮阴黑猪”等地理标志商标 33 件，总量全省第一、全国第四。着力夯实农业生产基础，完成水利投入 33.7 亿元，新建高标准农田 34 万亩，农机推广和粮食收购工作得到加强，粮食生产实现十连增。

农业生产稳定发展。粮食连续十年丰收，全年粮食总产量 461.02 万吨，比上年增加 4.91 万吨，增长 1.1%。其中夏粮 172.77 万吨，增长 5.6%；秋粮 288.25 万吨，下降 1.4%。全年粮食种植面积 986.47 万亩，增加 5.97 万亩。油料面积 51.33 万亩，减少 2.61 万亩，蔬菜面积 141.95 万亩，增加 6.54 万亩。全年完成造林面积 8.3 万亩，其中成片林 4.8 万亩。全年肉类总产量 32.18 万吨，增长 0.5%，其中猪牛羊肉产量 21.07 万吨，减少 1.3%；禽肉产量 11.04 万吨，增长 3.9%。禽蛋总产量 12.97 万吨，减少 1.8 %。牛奶总产量 3.17 万吨，减少 3.8%。全年水产品总产量 25.93 万吨，增长 3.0%。年末农业机械总动力 518.40 万千瓦，增长 12.6 %。

水利建设取得新突破。全年完成水利总投资 33.70 亿元，“十二五”以来累计完成投资 97.50 亿元。全力实施淮河入江水道整治、洪泽湖大堤加固、分淮入沂整治等国家重点工程，完成头溪河等 5

条中小河流治理工程，完成堂子巷控制、古黄河水利枢纽等7项中心城市重点工程。农村水利实施完成灌区节水改造、规模化节水、小型水利重点县等工程，疏浚县乡河道312条，整治村庄河塘1239面，新开及整治渠道462公里，整治排水河道403公里，增加引水能力184立方米/秒，增加蓄水能力595万立方米；新建防渗渠道143.95公里，新、改建渠系建筑物3117座，排水涵闸等建筑物529座，灌溉泵站115座装机7922千瓦，排涝泵站9座装机220千瓦，发展管道灌溉示范片2300亩，实现新增和改善灌溉面积83.94万亩，年节水8725万立方米。完成盱眙、淮安、洪泽3个县区农村饮水安全工程，解决13.56万人不安全饮水问题。洪金灌区、金湖县荷花荡创成省级水利风景区，12个水管单位创成省市级水利工程管理单位，全市共创成省级节水型学校4个、节水型企业4家、节水型社区16个、"雨水收集利用"节水示范项目8个，市级节水型学校16个。

（三）工业和建筑业

工业经济较快增长。完成规模以上工业增加值1133.89亿元，比上年增长13.5%。其中国有工业增加值116.20亿元，增长7.1%；集体工业增加值4.12亿元，增长10.6%；股份制工业增加值591.60亿元，增长13.2%；外商港澳台投资工业增加值300.98亿元，增长16.5%。大中型工业企业增加值556.00亿元，增长10.9%。轻工业企业增加值490.39亿元，增长12.6%；重工业企业增加值643.50亿元，增长14.1%。

转型升级加速推进。全年"4+2"优势特色产业[①]实现产值2334.56亿元，比上年增长16.5%。其中，盐化新材料、特钢、电子信息、食品四大主导产业实现产值2164.26亿元，增长15.5%，占规模以上工业产值比重达45.1%；高端装备制造、新能源汽车及零部件等两大战略性新兴产业实现产值170.31亿元，比上年增长30.7%。高新技术产业实现产值1130亿元，占规模工业产值比重24%。节能降耗成效明显，单位GDP综合能耗下降3.8%，完成省定目标。

骨干企业支撑有力。全市销售百亿元以上企业3户，50亿元以上企业8户，30亿元以上企业13户，10亿元以上企业46户。全市百户重点企业实现销售、利税、利润占全市比重分别为38.0%、48.0%和38.5%。全年规模以上工业企业实现主营业务收入4731.24亿元，比上年增长20.1%；利税413.23亿元，增长19.4%；利润218.77亿元，增长21.8%。

建筑业平稳发展。全市具有资质等级的总承包和专业承包建筑业企业661户。全年完成建筑业增加值163.55亿元，增长7.6%。完成建筑业总产值1032.10亿元，比上年增长23.0%，其中建筑工程产值981.65亿元，增长27.5%。

（四）服务业

服务业发展迈出新步伐。新开工中国移动呼叫中心等一批重大项目，完成规模以上经营性服务业投资249亿元，增长21.3%。29家市级以上现代服务业集聚区快速发展，综合大市场建设加快推进，淮安现代商务集聚区获批全省首批服务业综合改革试点区。

1. 国内贸易

消费品市场运行平稳。全年实现社会消费品零售总额721.22亿元，比上年增长13.9%。按经营地统计，城镇消费品零售额640.58亿元，增长14.6%，其中城区消费品零售额385.47亿元，增长9%；乡村消费品零售额80.64亿元，增长8.3%。按消费形态统计，批发零售业完成零售额648.36亿元，

① "4+2"优势特色产业：盐化新材料、特钢、电子信息、食品四大主导产业和高端装备制造、新能源汽车及零部件两大战略性新兴产业。

增长14.2%;住宿餐饮业实现零售额72.86亿元,增长11%。

部分消费热点持续活跃。限额以上单位实现社会消费品零售额259.80亿元,比上年增长19.1%。其中粮油类增长19.8%,烟酒类增长22%,金银珠宝类增长25.5%,五金电科类增长48.4%,家具类增长17.9%,石油及制品类增长10.7%,建筑及装潢材料类增长19.1%,机电产品及设备类增长36%,汽车类增长28.2%。

2. 交通运输与邮电

交通运输业稳步增长。全年完成公路、水路客运量0.83亿人次、周转量88.58亿人公里,比上年分别增长5.2%和6.0%。货运总量1.03亿吨、增长11.96%,货运周转量311.57亿吨公里、增长14.0%。集装箱吞吐量6.84万标箱,增长23.9%。港口货物吞吐量6598万吨,增长15.8%。年末公路总里程达1.29万公里,比上年增加126公里,高速公路里程403公里,一级公路516.8公里。淮安涟水机场航班通达13个国内城市和香港。全市拥有省级重点物流企业、物流基地17家。完成交通基础设施建设投资36.46亿元。宿淮铁路全面建成,现代有轨电车建设一期工程强力推进,连淮扬镇铁路获国家发改委立项,铁路综合客运枢纽完成选址。金马高速建成通车;盐河航道整治扫尾工程全面完成;205国道淮安西绕城段、工业园区通用码头主体建成;新改建农村公路636公里、桥梁90座;完成水门桥改造工程。高良涧船闸扩容工程、淮海路盐河桥、承德路京杭运河桥等相继开工建设。

邮电通讯业平稳发展。全年邮电业务收入26.00亿元,比上年增长5.8%。其中,电信业务收入22.09亿元,增长5.1%;邮政业务收入3.91亿元,增长10.1%。全市年末固定电话(含小灵通)用户87.53万户,下降3.1%。全年移动电话用户294.69万户,增长6.3%;年末互联网注册用户52.65万户,增长15.9%。

3. 旅游业

旅游业快速发展。全年接待国内外旅游者1834.26万人次,比上年增长13.6%,其中接待国内游客1833.2万人次,增长13.8%;入境游客1.06万人次,增长4.8%。入境游客中外国人5833人次,香港、澳门、台湾同胞4731人次。全年旅游总收入204.37亿元,比上年增长15.9%,其中国内旅游收入200.12亿元,增长15.9%;旅游外汇收入887.64万美元,增长6.5%。年末全市共有国家A级旅游景区32家,其中:AAAA级旅游景区10家,星级乡村旅游点30家,省级自驾游基地3家,省级旅游度假区1家,省级生态旅游区1家。周恩来故里旅游景区加快建设,漕运博物馆创成4A级景区。星级旅游饭店44家,其中五星级旅游饭店1家。旅行社100家,其中四星级旅行社2家,出境社2家。持证导游3686人。

4. 金融和保险

金融市场运行平稳。年末金融机构本外币存款余额1737.07亿元,比年初增加216.27亿元、增长14.2%;本外币贷款余额1397.43亿元,比年初增加207.03亿元、增长17.4%。储蓄存款934.30亿元,比年初增加125.34亿元、增长15.5%。保险业保费收入42.8亿元,比上年增长17.6%。其中财产险增长21.1%,人身险增长12.3%,意外险增长27.9%,健康险增长64%。全年保险赔款和给付支出14.7亿元,其中财产险7.7亿元,寿险6.2亿元,意外险0.27亿元,健康险0.58亿元。

(五)开放型经济

1. 对外贸易

对外贸易保持顺差。完成进出口总额36.61亿美元,比上年下降15.1%。其中,出口总额27.81亿美元,下降17.4%;进口总额8.8亿美元,下降6.2%;贸易顺差19.60亿美元,比上年减少5.30亿

美元。全市累计进出口超5000万美元、1000万美元、500万美元企业分别达17户、62户和112户。全年新培育进出口超亿美元企业2户、超千万美元企业15户。内资生产企业实现进出口6.30亿美元，比上年增长28.5%，其中出口增长15.7%、进口增长58.8%。

2. 利用外资

外资利用质态提升。全年新批外资项目143个，其中总投资9000万美元以上5个、3000万美元以上31个。协议外资15.30亿美元，实际到账13亿美元，其中工业到账外资8.40亿美元。新世代半导体、惠浦OLED液晶显示屏等一批投资超5亿美元外资项目和奔驰系列商用客车等一批终端产品项目成功引进。新批台资项目66个，到账台资4.80亿美元；落户台资产业（科技）园台资项目21个，其中竣工投产17个。总投资15亿美元的实联化工纯碱、总投资1.78亿美元的液化空气等一批重点项目竣工投产。全年完成外经营业额8688.1万美元，比上年增长15.6%。

二、淮安市2013年社会发展概况

（一）人口、人民生活

人口规模小幅增长。年末户籍总人口552.96万人，比上年增加6.15万人，增长1.1%。年末常住总人口482.69万人，比上年增加2.39万人，增长0.5%。城镇常住人口265.77万人，农村常住人口216.92万人。常住人口出生率12.36‰，死亡率7.39‰，自然增长率4.97‰。

居民收入稳步提高。城镇居民人均可支配收入23107元，比上年增长10.7%；人均消费性支出16763元，增长13.8%。农民人均纯收入11045元，比上年增长12.3%；人均生活消费支出7373元，增长13.6%。城市居民人均住房面积37.1平方米，农村居民人均住房面积46.4平方米。居民恩格尔系数35.3%，其中城镇34.6%、农村36.2%。

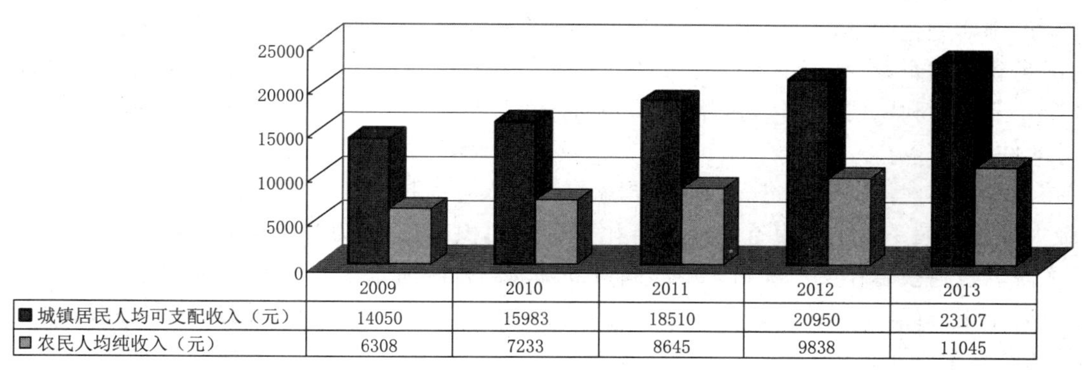

图3 2009—2013年淮安市城乡居民收入对比一览

（二）就业与社会保障

就业形势保持稳定。全市城镇新增就业6.73万人，下岗失业人员再就业5.94万人，其中困难群体再就业9785人。年末城镇登记失业率2.2%，保持较低水平。新增转移农村劳动力3.4万人。城乡劳动者职业技能培训5.36万人。全市城乡新成长劳动力培训1.41万人。全市开展创业培训2.67万人，扶持农民自主创业1.16万人。

社会保障体系不断完善。全市参加企业养老保险职工83.46万人，比上年增加12.82万人。参加城镇职工基本医疗保险 80.82 万人，比上年增加 4.22 万人；参加工伤保险 45.26 万人，增加 1.02 万人；参加生育保险 41 万人，增加 1.13 人；参加失业保险 61.1 万人，增加 3.98 万人。城镇居民基本医疗保险参保人数达 77.17 万人，参保率 95%。农村养老保险参保人数 131.15 万人，参保率 99.1%。企业离退休人员养老金按时足额 100%社会化发放，支付 20.63 万名企业离退休人员养老金 37.08 亿元。20.53 万名企业退休人员纳入社区管理服务，管理率 100%。为企业退休人员累计提供 37.8 万人次免费体检。累计办理助保 1.6 万人次，发放贷款 1.1 亿元，2250 名助保人员顺利退休。

（三）教育与科技创新

1. 教育

全市财政性教育投入超过 70 亿元，以市为单位实现区域教育基本现代化，义务教育质量监测成绩进入全省前列，高考二本以上录取率苏北第一。获批筹建江苏护理职业技术学院，新增 3 所国家中等职业教育改革发展示范学校，高校人才培养质量和产学研合作水平不断提升。

全市共有基础教育及中等职业教育学校 748 所，在校生 80.42 万人。其中：幼儿园 263 所，在园幼儿 16.76 万人；小学 284 所，在校生 32.54 万人；初中 146 所，在校生 14.05 万人；普通高中 29 所，在校生 8.66 万人；中等职业学校 19 所，在校生 8.24 万人；特殊教育学校 7 所，在校生 0.17 万人。普通高等学校 6 所，在校生 6.69 万人。学前教育毛入园率 100.0%；小学巩固率 89.2%；初中巩固率 95.1%（省新口径）；初中毕业生升学率 101.4%；高中阶段教育毛入学率 98.0%。

2. 科技创新

科技创新能力增强。产学研协同创新势头强劲，引进中国科学院、东南大学等 15 家高校院所设立研发机构和研究生培养基地，成立苏北首家工业研究院，建成国家级盐化工产品质检中心，与北京中关村、武汉东湖国家自主创新示范区签订合作协议。全年 R&D（研究与试验发展）经费支出 32.30 亿元。全市创新型企业累计达 452 家，其中创新型领军企业 10 家。新增省级高新技术企业 57 家，新认定市级高新技术企业 62 家。新开发市级以上新产品 1033 个，新认定市级高新技术产品 161 个、省级 143 个。全年专利申请 12075 件，增长 29.5%；专利授权 4573 件，增长 45.6%。每万人发明专利拥有量 1.58 件。

科技创新载体建设稳步推进。新获批国家级现代农业科技园 1 个、国家火炬计划特色产业基地 1 个、省级大学科技园 1 个。全市省级以上孵化器孵化面积超过 85 万平方米，在孵化企业 455 家。组织签订大院名校科技合作交流项目 79 项，新设立知名高校院所重大产学研创新机构 8 个。新获认定省级企业院士工作站、工程技术研究中心等“两站三中心”21 家，新建市级“两站三中心”73 家，全市累计建成“两站三中心”515 家。

（四）文化、卫生和体育

1. 文化

文化事业繁荣发展。清河区及 8 个乡镇入选省级公共文化服务体系示范县区和乡镇创建名单。万人拥有公共文化设施面积达 1460.52 平方米，有线电视用户入户率 91.0%，有线电视村民小组接通率 100%。全市新增有线数字电视用户 16.20 万户，有线数字电视总用户 49.20 万户，城区有线数字电视整转率 92.2%。实现乡镇电影固定放映点全覆盖。公共文化服务设施覆盖率达 90.4%，人均公共图书馆总藏量 0.62 册。新建 30 个社区文化活动中心。全年送戏下乡 213 场，送电影下乡 2.51 万场，送书 8 多万册，送展览 25 个。7 个项目获得省文化产业引导资金资助，涟水云锦成为淮安市首家

省级文化产业示范基地。成功举办2013淮安(杭州)文化产业招商推介会,集中签约26个文化产业合作项目。启动第一次全国可移动文物普查,新增月塔、第一山题刻等5处全国重点文物保护单位。全市拥有一级文物226件,二级文物370件,三级文物1971件。

2. 卫生

卫生服务体系健全。全市共有各类卫生机构(不含村卫生室)710个,其中:疾病预防控制机构9个,卫生监督机构10个,综合医院32个,专科医院11个,中医院6个,妇幼卫生保健机构9个,卫生院129个。各类卫生机构实有病床23467张,其中医院14324张、卫生院7357张;卫生技术人员2.78万人,其中执业(助理)医师11186人,注册护士12042人;疾病预防控制机构卫生技术人员432人,卫生监督机构卫生技术人员209人,妇幼卫生保健机构卫生技术人员1182人。组织开展"淮医国际周"活动,与英国信诺医疗投资有限公司等签订六国8项国际合作协议。建成淮医首个院士工作站。

3. 体育

体育事业蓬勃发展。全年承办全国比赛5项、省级比赛11项;获得省赛金牌115.5枚、奖牌294.5枚。向省队和"八一队"输送运动员28人。举办群众性体育活动和比赛逾430项次,参与活动和竞赛群众约240万人次。连续八年荣获国家体育总局授予"全民健身优秀组织奖"。获省体育局"承办全国体育竞赛最佳赛区"和"承办省级体育竞赛最佳赛区"表彰。"韩信杯"象棋国际名人赛、"武林大会走进淮安"等已成为国内外知名赛事。全年销售体育彩票7.23亿元。

(五)城乡建设

重抓中心城市建设和基础设施配套,城乡统筹步伐加快。中心城市建设全面推进。投入890多亿元,实施867个城建项目,"四馆"、大剧院等基本竣工,健康东路整治及大同路中段建设、水门桥改造等全面完成,雨润新天地、茂业百货、力宝广场等项目进展顺利,公共自行车一期工程和市老年公寓建成投运,现代有轨电车1号线启动建设,城市功能进一步增强。全面启动城市环境综合整治,市容市貌不断提升。强化四个县城对中心城市的支撑作用,加快建设富有特色的中等城市。房地产市场平稳发展,全市新竣工商品房694万平方米,销售728万平方米,发放住房公积金贷款19亿元。重大基础设施逐步完善。宿淮铁路全面建成,高铁规划建设前期工作基本完成。一类航空口岸开放列入国家年度审理计划,淮安涟水机场通航城市增加到16个。205国道淮安西绕城段基本建成,金马高速建成通车,实现了县县通高速。南水北调东线一期工程建成通水,入江水道整治有序推进,盐河航道整治全面完成。小城镇和新农村加快建设。完成15个乡镇、80个村庄规划修编,着力打造层次分明、特色鲜明的"4820"市域小城镇体系。加大镇村基础设施建设力度,新改建农村公路636公里,新建区域水厂2座,新增区域供水乡镇8个。加强新型农村社区建设,完成9135个村庄环境整治,新创三星级康居乡村16个,码头镇码头村和塔集镇陆河村被确定为全国美丽乡村创建试点村。加快产镇融合步伐,乡镇工业集中区实现开票销售431亿元,新入驻投资超3000万元项目220个。生态文明建设成效明显。科学划定生态红线,扎实推进国家生态市创建,投入6.6亿元建成一批乡镇污水、垃圾等处理设施,新增成片林4.3万亩,金湖、清浦在苏北率先创成省级生态县区并通过国家级技术评估,新增14个国家级生态乡镇和286个市级以上生态村。加强国家低碳试点城市建设,淮安经济技术开发区获批国家级循环化改造试点园区,生态新城创成苏北唯一的省建筑节能与绿色建筑示范区。PM2.5监测实现全覆盖,节能减排完成省定目标。

(六)环境保护

环境保护能力提高。全市设立自然保护区5个,其中省级自然保护区2个,自然保护区面积7.09

万公顷。全市环境质量综合指数 89.5%，市区空气质量优良天数 274 天，优良率 74.9%；城市水域功能区水质优良率 94.7%，集中式饮用水源地水质达标率 100%；市区区域环境噪声平均等效声级 54.3 分贝，声环境质量等级较好；市区交通噪声平均等效声级 67.1 分贝，声环境质量等级为好。化学需氧量和二氧化硫排放量分别比上年削减 0.245 万吨和 0.186 万吨。

生态文明建设成效明显。科学划定生态红线，扎实推进国家生态市创建，投入 6.6 亿元建成一批乡镇污水、垃圾等处理设施，新增成片林 4.3 万亩，金湖、清浦在苏北率先创成省级生态县区并通过国家级技术评估，新增 14 个国家级生态乡镇和 286 个市级以上生态村。

三、淮安市在长三角地区经济发展中的地位

2013 年，全市上下认真落实市委六届三次全会决策部署，紧紧围绕“两大目标”、“五大突破”，积极组织实施“十大行动计划”、“十项重点工程”、“十件为民实事”，扎实做好稳增长、调结构、促改革、惠民生各项工作，在宏观形势错综复杂的情况下，全市经济社会发展继续呈现“稳中有进、转型加快、活力增强、民生改善”的向好态势，但经济运行中仍然存在不稳定因素，面临着一些困难和问题。

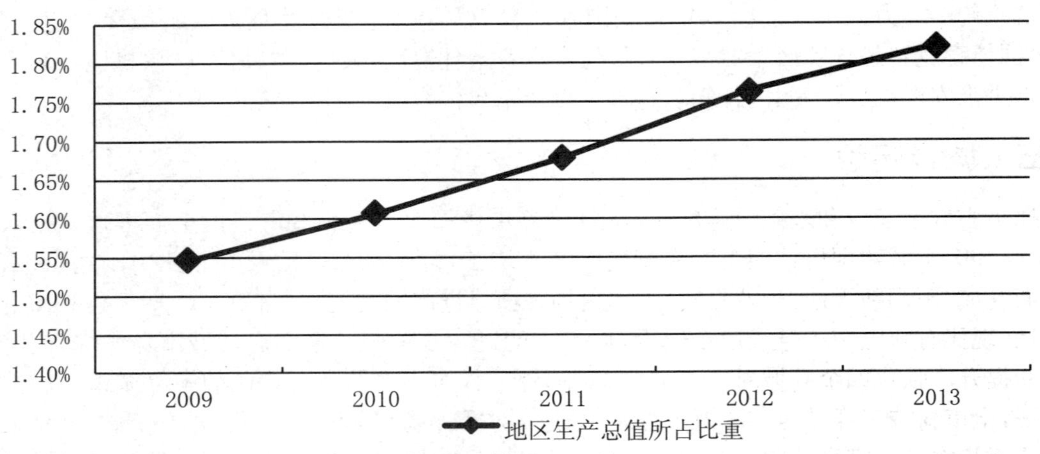

图 4　2009—2013 年淮安市地区生产总值在长三角所占比重的变化趋势

2009—2013 年，淮安市地区生产总值在长三角所占比重分别为 1.55%、1.61%、1.68%、1.76% 和 1.82%，连续多年出现持续的增长，累计增幅为 0.27 个百分点，2013 年较 2012 年上升 0.06 个百分点。2013 年淮安市地区生产总值在长三角地区 25 个市（苏浙两省 24 个地级市和上海市，下同）中排名与上年保持一致，排名第 19 位，需要有较大的提升。

2013 年，淮安市经济保持平稳较快增长。全市实现地区生产总值 2155.86 亿元，按照可比价格计算，比上年增长 12.0%。其中，第一产业增加值增长 3.3%，第二产业增加值增长 13.2%，第三产业增加值增长 13.3%。经济结构进一步优化，三次产业比例由上年的 12.9∶46.3∶40.8 调整为 12.6∶45.6∶41.8。人均 GDP44774 元，按年平均汇率折算为 7230 美元。

小康建设取得重大突破。至 2013 年底，全面小康社会监测四大类 18 项 25 个指标中，有 24 个指标达到或超过省定标准，其中核心指标全部达标。淮安以市为单位达到省定 2003 版全面小康社会标准。

2009—2013 年，淮安市地方财政一般预算收入在长三角所占比重分别为 1.22%、1.48%、1.74%、1.79%和 1.88%，呈现连年持续增长的态势，累计增幅达 0.66 个百分点，2013 年相对 2009

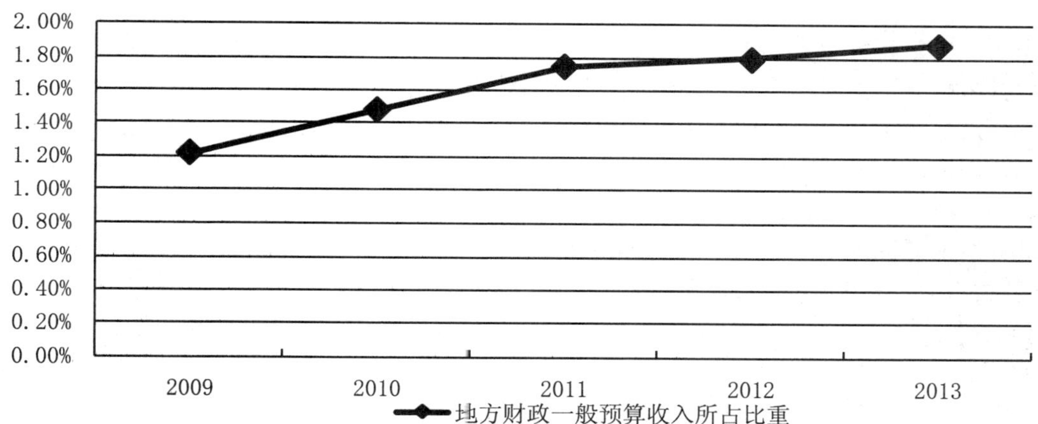

图5　2009—2013年淮安市地方财政一般预算收入在长三角所占比重的变化趋势

年已实现了较大幅度的跨越，2013年较上年上升了0.09个百分比。2013年淮安市地方财政一般预算收入在长三角地区25个市排名中比上年下降了两位，排名第16位，有较大的提升空间。

2013年，淮安市财政收入较快增长。全年财政总收入494.60亿元，比上年增长12.8%。其中上划中央四税收入145.78亿元，增长6.2%；公共财政预算收入271.42亿元，增长16.2%；社保基金收入54.22亿元，增长22.4%。

金融市场运行平稳。年末金融机构本外币存款余额1737.07亿元，比年初增加216.27亿元、增长14.2%；本外币贷款余额1397.43亿元，比年初增加207.03亿元、增长17.4%。储蓄存款934.30亿元，比年初增加125.34亿元、增长15.5%。保险业保费收入42.8亿元，比上年增长17.6%。其中财产险增长21.1%，人身险增长12.3%，意外险增长27.9%，健康险增长64%。全年保险赔款和给付支出14.7亿元，其中财产险7.7亿元，寿险6.2亿元，意外险0.27亿元，健康险0.58亿元。

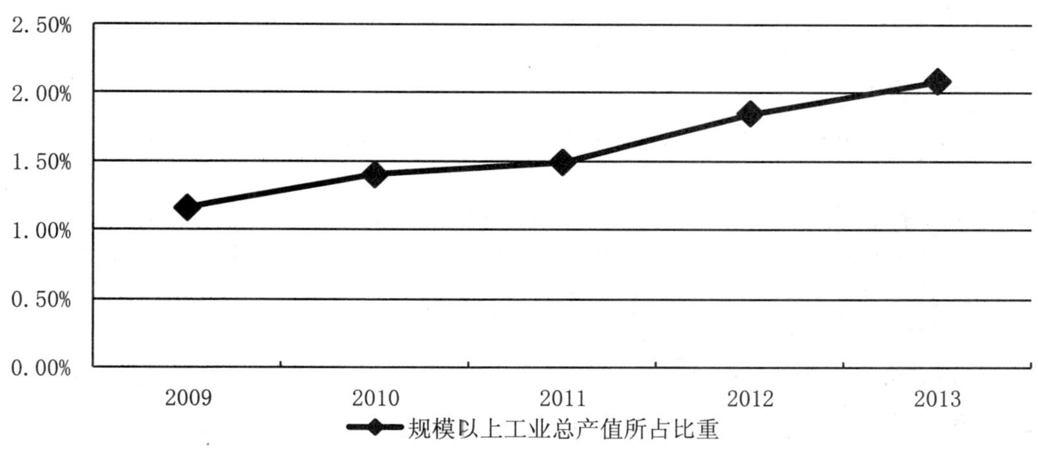

图6　2009—2013年淮安市规模以上工业总产值在长三角所占比重的变化趋势

2009—2013年，淮安市规模以上工业总产值在长三角所占比重分别为1.17%、1.41%、1.50%、1.85%和2.09%，呈现逐年增加的趋势，累计增幅为0.92个百分点，2013年较上年仅增长0.24个百分点。2013年淮安市规模以上工业总产值在长三角地区25个市排名中比上年上升1位，排名第

16 位。

2013 年，淮安市工业经济较快增长。完成规模以上工业增加值 1133.89 亿元，比上年增长 13.5%。其中国有工业增加值 116.20 亿元，增长 7.1%；集体工业增加值 4.12 亿元，增长 10.6%；股份制工业增加值 591.60 亿元，增长 13.2%；外商港澳台投资工业增加值 300.98 亿元，增长 16.5%。大中型工业企业增加值 556.00 亿元，增长 10.9%。轻工业企业增加值 490.39 亿元，增长 12.6%；重工业企业增加值 643.50 亿元，增长 14.1%。

转型升级加速推进。全年“4＋2”优势特色产业实现产值 2334.56 亿元，比上年增长 16.5%。其中，盐化新材料、特钢、电子信息、食品四大主导产业实现产值 2164.26 亿元，增长 15.5%，占规模以上工业产值比重达 45.1%；高端装备制造、新能源汽车及零部件等两大战略性新兴产业实现产值 170.31 亿元，比上年增长 30.7%。高新技术产业实现产值 1130 亿元，占规模工业产值比重 24%。节能降耗成效明显，单位 GDP 综合能耗下降 3.8%，完成省定目标。

骨干企业支撑有力。全市销售百亿元以上企业 3 户，50 亿元以上企业 8 户，30 亿元以上企业 13 户，10 亿元以上企业 46 户。全市百户重点企业实现销售、利税、利润占全市比重分别为 38.0%、48.0%和 38.5%。全年规模以上工业企业实现主营业务收入 4731.24 亿元，比上年增长 20.1%；利税 413.23 亿元，增长 19.4%；利润 218.77 亿元，增长 21.8%。

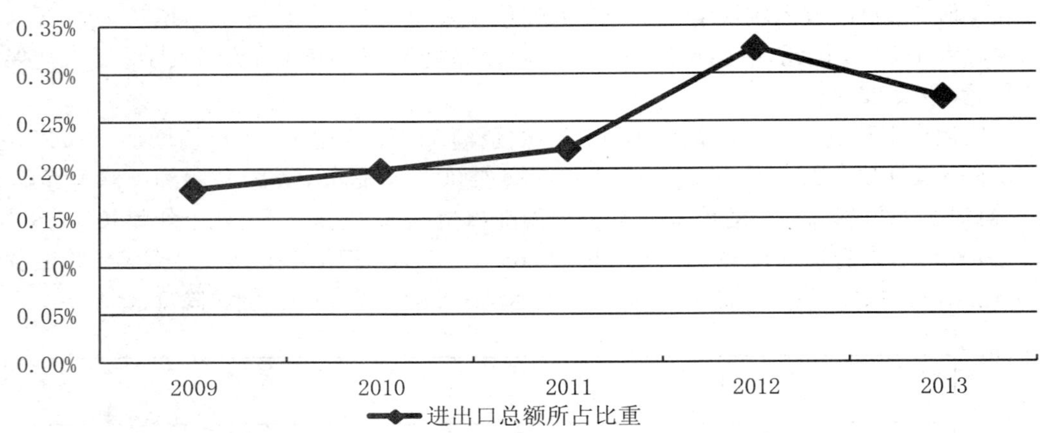

图 7　2009—2013 年淮安市进出口总额在长三角所占比重的变化趋势

2009—2013 年，淮安市进出口总额在长三角所占比重分别为 0.18%、0.20%、0.22%、0.33%和 0.28%，2009～2012 年呈持续增加趋势，2013 年出现下跌，较上年下降了 0.05 个百分点，五年累计增加了 0.1 个百分点。2013 年淮安市规模以上工业总产值在长三角地区 25 个市排名中与上年下降了一位，排名第 23 位，排位相对靠后，亟需较大的提升。

2013 年，淮安市对外贸易保持顺差。完成进出口总额 36 亿美元，比上年下降 15.1%。其中，出口总额 27.8 亿美元，下降 17.4%；进口总额 8.2 亿美元，下降 6.2%；贸易顺差 19.60 亿美元，比上年减少 5.30 亿美元。全市累计进出口超 5000 万美元、1000 万美元、500 万美元企业分别达 17 户、62 户和 112 户。全年新培育进出口超亿美元企业 2 户、超千万美元企业 15 户。内资生产企业实现进出口 6.30 亿美元，比上年增长 28.5%，其中出口增长 15.7%、进口增长 58.8%。

2009—2013 年，淮安市实际外商直接投资金额在长三角所占比重分别为 1.19%、2.08%、2.87%、3.31%和 1.79%，2013 年呈现大幅下跌的态势，较上年下降了 1.52 个百分点，5 年内累计增幅为 0.6 个百分点。2013 年淮安市实际外商直接投资金额在长三角地区 25 个市排名中比上年下跌

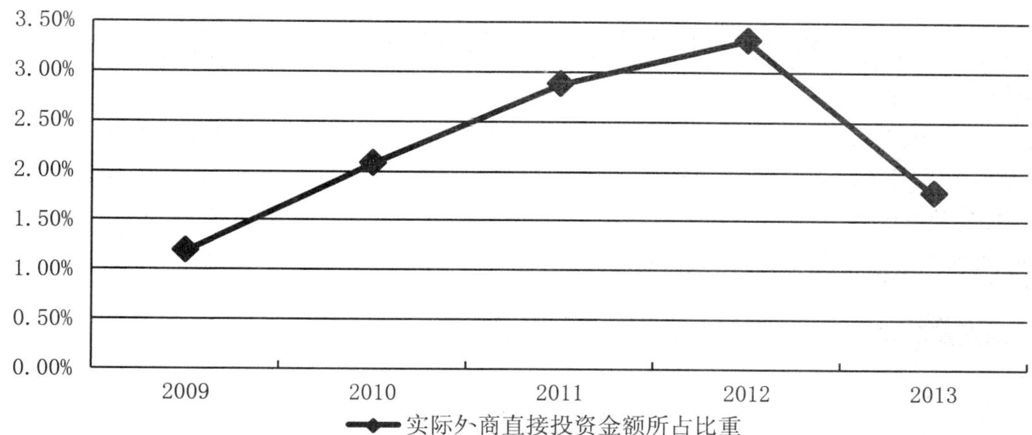

图 8　2009—2013 年淮安市实际外商直接投资金额在长三角所占比重的变化趋势

了四位，排名第 15 位，情况亟需改善。

2013 年淮安市外资利用质态提升。全年新批外资项目 143 个，其中总投资 9000 万美元以上 5 个、3000 万美元以上 31 个。协议外资 15.30 亿美元，实际到账 13 亿美元，其中工业到账外资 8.40 亿美元。新世代半导体、惠浦 OLED 液晶显示屏等一批投资超 5 亿美元外资项目和奔驰系列商用客车等一批终端产品项目成功引进。新批台资项目 66 个，到账台资 4.80 亿美元；落户台资产业（科技）园台资项目 21 个，其中竣工投产 17 个。总投资 15 亿美元的实联化工纯碱、总投资 1.78 亿美元的液化空气等一批重点项目竣工投产。全年完成外经营业额 8688.1 万美元，比上年增长 15.6%。

十 盐城市 2013 年经济社会发展报告

2013 年是全面深入贯彻落实十八大精神的开局之年，也是盐城市以县为单位在苏北率先建成全面小康社会的决战之年。面对复杂多变的宏观形势，在市委、市政府的正确领导下，全市上下牢牢把握稳中求进的总基调，坚持科学谋划，突出重点重抓，着力推动新一轮科学发展，全市经济运行呈现“总体稳定、稳中有进、质态提升”的良好态势。

一、盐城市 2013 年经济发展概况

（一）综合经济

1. 经济总量

2013 年，全市实现地区生产总值 3475.5 亿元，按可比价计算，比上年增长 12.3%；其中第一产业实现增加值 489.2 亿元，比上年增长 3.2%；第二产业实现增加值 1636 亿元，比上年增长 14.0%；第三产业实现增加值 1350.3 亿元，比上年增长 13.4%。产业结构持续优化。三次产业增加值比例调整为 14.1∶47∶38.9，二、三产业比重提高了 0.5 个百分点，人均地区生产总值达 48150 元（按 2013 年年平均汇率折算约 7775 美元），比上年增长 12.2%。

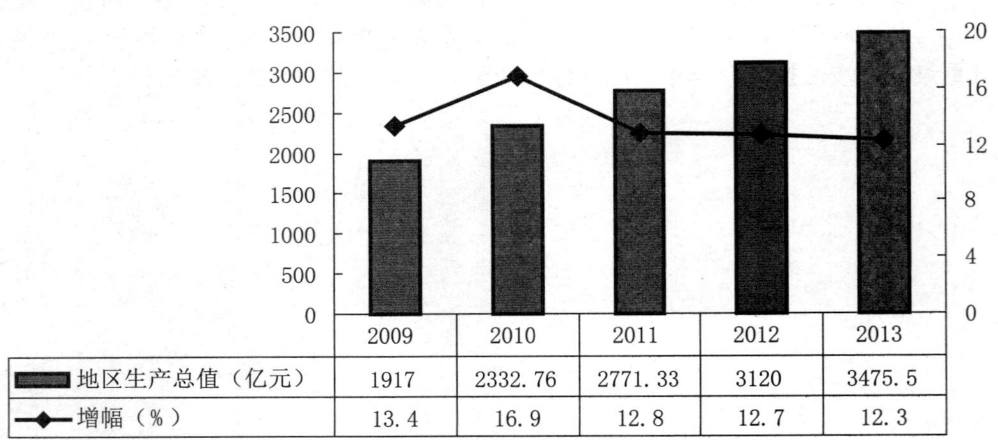

	2009	2010	2011	2012	2013
地区生产总值（亿元）	1917	2332.76	2771.33	3120	3475.5
增幅（%）	13.4	16.9	12.8	12.7	12.3

图 1 2009—2013 年盐城市地区生产总值及增长速度

2. 财政收支

财政收入量质同增。2013 年，全市实现财政总收入 881.1 亿元，比上年增长 11.6%。公共财政预算收入 366.77 亿元，比上年增长 17.3%，其中税收收入 302.51 亿元，比上年增长 20.3%；税收占公共财政预算收入的比重达 82.5%，比上年提高 2.1 个百分点。公共财政预算支出 555.62 亿元，比上年增长 14.1%。

3. 物价指数

2013 年，市区居民消费价格总指数（CPI）同比上涨 2.7%。八大类商品价格“七升一降”。食品类上涨 3.2%，衣着类上涨 6.0%，家庭设备及维修服务类上涨 3.3%，医疗保健和个人用品类上涨

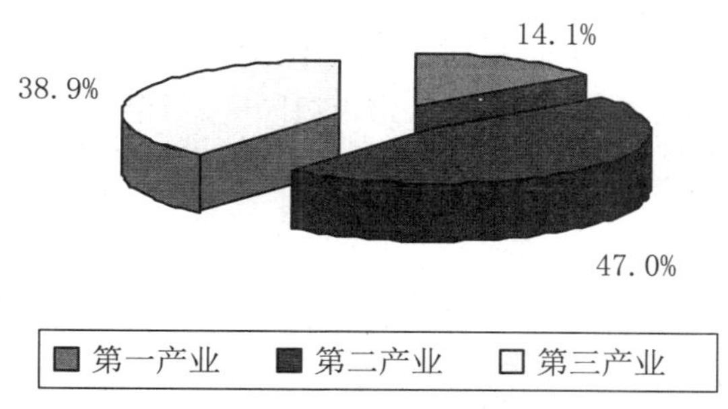

图 2 2013 年盐城市三次产业结构图

0.3%，交通和通信类上涨 0.6%，娱乐教育文化用品及服务类上涨 2.7%，居住类上涨 3.1%，烟酒类下降 2.4%。全市工业生产者出厂价格（PPI）同比下跌 0.1%，工业生产者购进价格（IPI）同比下跌 1.3%。

4. 固定资产投资

2013 年，全市完成固定资产投资 2217.7 亿元，比上年增长 22.2%；其中工业投资 1383.4 亿元，比上年增长 16.6 %。投资结构进一步优化，全市第一产业完成投资 32 亿元，比上年增长 27.9%；第二产业完成投资 1383.4 亿元，比上年增长 16.4%；第三产业完成投资 802.3 亿元，比上年增长 26.5%。民间投资 1780 亿元，比上年增长 21.2%。

重点领域投资加快。2013 年，全市机电和建材工业行业完成投资 766.6 亿元，比上年增长 30.5%，占工业投资的 55.4 %。其中机电工业 675.7 亿元，比上年增长 26.7%；建材工业 90.89 亿元，比上年增长 67.6%。2013 年，全市基础设施完成投资 291 亿元，比上年增长 25.9%，拉动全市投资增长 3.2 个百分点。其中，电力、燃气及水的生产和供应业 125.5 亿元，比上年增长 61.9%；水利、环境和公共设施管理业 123.5 亿元，比上年增长 31.9%；交通运输、仓储和邮政业 98.3 亿元，比上年增长 19.3%。

重大项目进展顺利。2013 年，全市在建亿元以上投资项目 854 个，比上年增加 82 个，其中，5 亿元以上项目 143 个，10 亿元以上项目 55 个。在建亿元以上项目完成投资 1015.4 亿元，比上年增长 28%，对全市项目投资增长贡献率 64.1%。江苏德龙镍业二期、江苏苏美达光伏电站、博汇纸业、条子泥围垦、沿海高等级公路等一批沿海重大项目进展顺利。

（二）农林牧渔业

农业生产形势较好。2013 年，全市实现农林牧渔业总产值 991.7 亿元，增长 7.2%。粮食总产量连续十年实现增收，再次荣获“全国粮食生产先进市”称号。2013 年，全市粮食总产量达到 686.5 万吨，比上年增长 2.1%。棉花和油料播种面积有所减少。2013 年，盐城市棉花播种面积 100.3 万亩，比上年下降 17.3%；油料面积 157.3 万亩，比上年下降 4.2%。棉花产量减少，油料产量有所增加。棉花总产 9.75 万吨，比上年下降 10.7%；油料总产 31.52 万吨，比上年增长 1.9%。

农业产业化进程加快。2013 年，全市拥有农业产业化龙头加工企业 1464 个，比上年增加 45 个；农民专业合作组织 7994 个，比上年增加 1068 个。年末拥有农业机械总动力 596.4 万千瓦，比上年增长 5.8%；大中型拖拉机 20611 台，比上年增长 14.9%；联合收割机 19833 台，比上年增长 20.3%；机械植保面积 1207.6 千公顷。

高效农业规模扩大。全市新增高效农业 70.1 万亩，其中设施农业 16.6 万亩，高效农业和设施农业总面积分别达到 746.1 万亩和 171.9 万亩。高效设施农业新增面积继续位居全省第一。新增无公害农产品 421 个、绿色食品 72 个、有机农产品 33 个，新增“三品”总数 526 个；新建各类农业园区 30 个，其中万亩园区 11 个，新争创省级园区 2 个、认定市级园区 16 个，继东台、建湖 2 个国家级现代农业示范区和国家级盐都台湾农民创业园后，大丰盐土大地获批国家级农业科技园；新办规模农业龙头企业 72 个，规模以上工业企业实现农产品加工产值 1198.8 亿元。

（三）工业和建筑业

工业经济较快增长。2013 年，全市规模以上工业企业实现总产值 6454.58 亿元，比上年增长 15.1%。实现规模以上工业增加值 1584 亿元，比上年增长 15.6%。其中轻、重工业分别增长 9.8% 和 19.0%。国有工业增长 22.7%；集体工业下降 47.3%；股份合作制工业增长 18.7%；股份制工业增长 16.5%；外商港澳台投资工业增长 18.8%；其他经济工业增长 5.9%。全市规模以上工业企业实现利税总额 703.6 亿元，比上年增长 12.8%；其中利润 404.2 亿元，比上年增长 14.7%。全年工业用电量 204.2 亿千瓦时，比上年增长 24.1%。

新兴产业加快发展。2013 年，规上工业实现新兴产业产值 936.4 亿元，比上年增长 19.0%，占全市规模以上工业产值 14.5%。其中，节能环保产业、生物产业、新材料产业分别比上年增长 24.1%、19.4%和 25.9%。支柱行业贡献明显。2013 年，全市四大支柱产业实现规模以上工业增加值 1213 亿元，比上年增长 16.7%，高于全市平均水平 1.2 个百分点。其中，汽车制造业、化学工业、装备制造业、纺织工业分别比上年增长 22.7%、23.3%、13.8%和 8.8%。

建筑业稳步增长。2013 年，全市完成建筑业总产值 1107.8 亿元，比上年增长 17.2%；实现建筑业增加值 231.0 亿元，比上年增长 7.6%。建筑企业房屋建筑施工总面积达 10485 万平方米，比上年增长 17.2%；房屋建筑竣工面积 4100.6 万平方米，比上年增长 3.1%，其中住宅竣工面积 2749.4 万平方米，比上年增长 4.7%。建筑业从业人数 48 万人，劳动生产率（产值）每人 23.1 万元。

（四）服务业

1. 国内贸易

2013 年全市社会消费品零售总额完成 1163.38 亿元，比上年增长 13.7%。分地域看，全市城镇实现社会消费品零售总额 1113.2 亿元，比上年增长 14.6%，其中城区实现社会消费品零售总额 559.4 亿元，比上年增长 16.8%，乡村实现社会消费品零售总额 50.2 亿元，比上年下降 2.6%。分行业看，批发和零售业实现零售额 1048.4 亿元，比上年增长 14%；住宿和餐饮业实现零售额 114.9 亿元，比上年增长 10.8%。

大众类消费增长较快。在限额以上批发和零售业主要经营类别中，化妆品类消费 5.1 亿元，比上年增长 20.3%；金银珠宝类消费 11.9 亿元，比上年增长 25.1%；五金、电科类消费 6.3 亿元，比上年增长 20.8%；煤炭及制品类消费 7 亿元，比上年增长 28.6%；汽车类消费 103.1 亿元，比上年增长 24.1%。

2. 交通运输和邮电

运输能力逐步增强。2013 年，全市交通基础设施完成投资 55.2 亿元。截止 2013 年底，全市共有公路总里程 19179 公里，其中国道 403 公里、省道 1178 公里；拥有等级公路 17133 公里，其中高速公路 323 公里，一级公路 1495 公里，二级公路 2687 公里。全市基本形成以高速公路为主骨架，以国省干线为支撑，以农村公路为配套的通达城乡的公路网络。全社会客运量 14931 万人，比上年增长 5.5%，客运周转量 156.9 亿人公里，比上年增长 5.9%；全社会货运量 19212 万吨，比上年增长 10.4%，货运周

转量301.5亿吨公里，比上年增长10.4%。2013年全年保障航班3668架次，完成旅客运输量35.4万人次，货邮吞吐量3035吨，分别比上年增长9.5%、11.8%和6.8%。全市沿海港口完成货物吞吐量5010万吨，比上年增长59.7%；其中集装箱5万标箱，比上年增长130.4%。

邮电业务平稳发展。2013年，全市完成邮电业务总量55.9亿元，比上年增长8.1%。其中邮政业务总量5.5亿元，电信业务总量47.6亿元，比上年增长10.2%，快递业务总量2.8亿元，比上年增长42%。

3. 旅游业

旅游业发展加快。2013年，全市共接待海内外游客1757万人次，比上年增长13.7%；其中入境游客接待量2.6万人次。全市实现旅游总收入171亿元，比上年增长14%；其中国内旅游166.1亿元；实现旅游外汇收入0.3亿美元。

4. 金融和保险

信贷规模持续扩大。2013年，全市共有银行业金融机构40家，年内净增6家。金融机构年末本外币存款余额3220亿元，比年初增加503.4亿元，其中居民储蓄存款1793.3亿元，比年初增加269.9亿元。金融机构年末本外币贷款余额2214.6亿元，比年初增加358.5亿元。其中中长期贷款951.5亿元，比年初增加189.5亿元。外汇存款余额3.9亿美元，比年初增加1.1亿美元；外汇贷款余额为5.7亿美元，比年初增加1.8亿美元。

保险业健康发展。2013年，全市拥有市级专业保险机构50家，其中产险机构19家，寿险机构31家，保险分支机构及营销网点524个，保险从业人员22000余人。保险专业代理机构50家，其中一级法人机构16家。全市实现保费收入69亿元，比上年增长7.8%。全市各项赔偿和给付28.7亿元，比上年增长40.6%，其中产险赔付11.3亿元、寿险赔（给）付17.4亿元，比上年分别增长27.8%和50.4%。

5. 房地产业

房地产业保持平稳。2013年，全市房地产开发投资327.3亿元，比上年增长19.7%。全市房地产开发项目房屋施工面积2729万平方米，比上年增长42.1%。全年实现商品房销售面积742.3万平方米，比上年增长35.4%；商品房销售额339.5亿元，比上年增长35%。全市实际开工建设保障性住房和棚户区改造住房项目26175套。其中：公共租赁住房新开工8922套，经济适用住房项目新开工1858套，限价商品房7783套，城市棚户区新开工7106套。

（五）开放型经济

对外贸易稳中有进。全市坚持以开放促开发，实施北连央企、南接上海、东向出海战略，成功举办沿海发展央企投资合作洽谈会、日韩沿海招商说明会。新批3000万美元以上项目38个，注册外资实际到账15.5亿美元。2013年，全市新增进出口企业221家，完成进出口总额65.28亿美元，比上年增长13.5%，其中出口37.8亿美元，比上年增长9.1%，进口27.5亿美元，比上年增长20.1%。积极打造韩资集聚区、台资新高地，推动开发园区转型升级。19个重点园区业务总收入比上年增长42%，注册外资实际到账占全市比重70%。

二、盐城市2013年社会发展概况

（一）人口、人民生活

人口总量保持平稳。2013年末，全市户籍人口823.8万人，比上年末增加1.4万人，其中户籍城镇人口 371.5 万人，比上年增加 5.2 万人。全年人口出生率为 11.4‰，死亡率为 8.3‰，自然增长率为 3.1‰。全市出生政策符合率达 96%。

生活水平不断提高。2013 年，全市城镇居民人均可支配收入 24119 元，比上年增长 9.9%；市区城市居民人均可支配收入 28402 元，比上年增长 9.8%；人均消费支出 19015 元，比上年增长 11.2%。农民人均纯收入 13344 元，比上年增长 12.1%；农民人均生活消费支出 7712 元，比上年增长 10.2%。城镇和农村恩格尔系数分别为 34.9%和 34.8%。城镇居民住房人均建筑面积 37.2 平方米，与上年持平；农村居民人均钢筋、砖木结构住房面积 46.9 平方米，比上年增加 1.8 平方米，增长 3.9%。

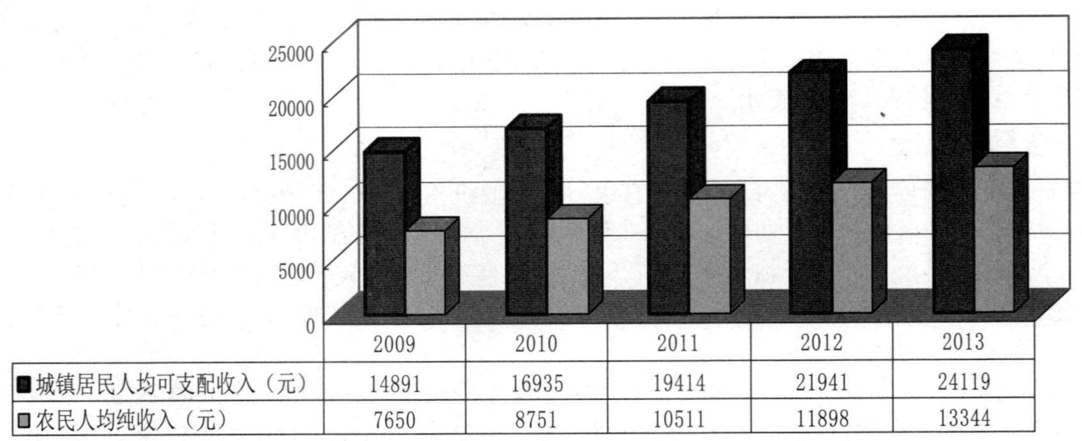

	2009	2010	2011	2012	2013
城镇居民人均可支配收入（元）	14891	16935	19414	21941	24119
农民人均纯收入（元）	7650	8751	10511	11898	13344

图 3　2009—2013 年盐城市城乡居民收入对比一览

（二）就业与社会保障

城镇就业基本稳定。2013 年，全市从业人员 446.4 万人，其中第一产业从业人员 132.9 万人，第二产业从业人员 146.9 万人，第三产业从业人员 166.6 万人。多渠道扩大就业促进创业，新增城镇就业 10.6 万人，帮扶 7800 名就业困难人员再就业，城镇登记失业率 2.3%。

社会保障水平稳步提高。开展社会保险全覆盖街道（社区）创建活动，在全省率先同步实施城镇职工和居民大病保险制度，全市养老保险、医疗保险、失业保险覆盖面分别达到 97.1%、96.8 %和 96.5%。年末全市参加养老保险人数 135.6 万人，参加基本医疗保险人数为 245.7 万人，参加失业保险人数为 67.5 万人。将大市区被征地农民纳入社会保障范围并提高养老金标准，建立残疾人与弱势群体爱心助保制度。扩大住房保障范围，大市区新建各类政策性保障住房 39 万平方米，发放廉租住房租赁补贴 2037 户。

（三）教育与科学技术

1. 教育

教育事业协调发展。2013 年，全市共有普通高校 5 所，招生 1.63 万人，在校生 5.49 万人，毕业生 1.54 万人；普通中专在校生 2.84 万人，职业高中在校生 2.95 万人；普通中学 277 所，在校生 28.24 万人；小学 375 所，在校生 40.41 万人。全市初中毕业生升学率 99.3%，在校生年巩固率 100.3%；小学毕业生升学率 99.3%，在校生年巩固率 99.8%。学龄儿童入学率 100%。幼儿园在园幼儿 24.4 万人，学前三年幼儿入园率为 97.3%。全市共有教职工数 7.7 万人，其中专任教师 6.5 万人。

2. 科技

创新能力不断增强。2013年，全市规模以上工业企业实现高新技术产业产值1774.4亿元，比上年增长36.2%。科技研发投入占地区生产总值的比重为1.7%。全市有387个项目获省级以上科技计划立项，争取科技经费超过4.5亿元。全年新认定省级高新技术企业96家，市级高新技术企业172家；新增省企业院士工作站1家，研究生工作站23家，省级工程技术研究中心12家。全市全年申请专利16689件，比上年增长8%，其中，发明专利申请3056件，比上年增长37.8%；专利授权4718件，其中发明专利授权283件，比上年增长19.4%；万人有效发明拥有量1.4件，比上年增长40.4%。

（四）文化、卫生与体育

1. 文化

文化建设成果丰硕。2013年，盐城市图书馆新馆全面建成开放。新增有线电视用户10万户，新增数字电视用户30万户。全市农家书屋图书总量更新了30%，丰富了农村文化生活。全市共举办各类文化活动300多场次。非遗保护传承工作得到加强。编制了3个国家级非遗项目中长期保护规划，组织申报省第四批非遗传承人、省首批非遗生产性示范基地。

2. 卫生

卫生机构更加健全。2013年，全市拥有卫生机构3067个，其中医院、卫生院274个，卫生防疫监督机构20个，妇幼卫生机构11个。各类卫生机构拥有床位30461张，其中医院、卫生院拥有床位28878张。全市共有卫生技术人员32903人，其中执业医师、执业助理医师15028人，注册护士11232人。医院、卫生院卫生技术人员24778人，卫生防疫监督机构1112人，妇幼卫生机构1045人。全市共有乡镇卫生院135个，床位6827张，卫生技术人员6576人。

3. 体育

体育事业健康发展。2013年，共有20位盐城籍运动员代表江苏队参加第十二届全国运动会，骆晓娟、屈琳等优秀运动员共为江苏队获得3金1银3铜，创盐城运动员参加全运会历史最好成绩。校园足球城市走到全国前列，市青少年校园足球队夺得2013年全国青少年校园足球“冠军杯”总决赛中第五名，蝉联团体一等奖、“省长杯”青少年校园足球小学女子组冠军。进一步完善城乡体育基础设施，积极开展群众体育活动，深入开展国民体质测试活动，广大人民群众健康指数不断提高。

（五）城乡建设

组织修编城市总体规划，加快新型城镇化步伐，推动城乡互动发展。中心城市功能不断提升。实施市区十大类160个城建项目，完成投资242.6亿元。全力推进“八大组团”建设，建军路地下商业街建成营业，金融城一期工程主体基本竣工，新龙广场、金鹰天地、市美术馆等项目快速推进，亭湖、盐都、市开发区新城和城南新区建设取得新的成效。实施“露水增绿”工程，串场河景观带基本建成，推动49家沿河企业转型发展，2200多户居民生活环境和质量得到改善，初步展现出母亲河的美丽景象；大马沟公园、东亭湖公园、天山公园等“十大公园”建成开放，新增城市绿地300多公顷；全面部署市区水环境整治工作，实施河道整治三年行动计划，市区核心区保水活水工程建成使用。完善城市基础设施和功能配套，世纪大道、开放大道南段整治出新，东环路南延段、青年路高架大桥等建成通车，范公路升级改造、盐城内河港开发区码头等加快推进。城市管理水平明显提高。国家园林城市创建通过住建部专家组现场考核和综合评审，正在进行公示。国家卫生城市创建顺利通过省级考核评估。城南新区获批全国首批智慧城市试点城区。县（市）城和重点镇村加快建设。城镇化率达到57%。各县

(市)坚持新区建设与老城改造同步推进,城市功能、品质、实力有了新的提升。着力推进沿海5个港城、36个市级城乡统筹试点镇村建设,开展农村环境综合整治,建成961个星级康居乡村、3731个环境整洁村,新增16个省级新农村建设示范村。推动区域供水一体化,解决197万农村居民饮用水安全问题。城乡基础设施逐步完善。临海高等级公路盐城段、332省道大丰东延段、盐都双新大道等建成通车,阜建高速公路、淮盐高速盐城至大丰港段加快推进,连盐铁路盐城段开工建设。南洋机场机坪扩建工程竣工,新开通至厦门、哈尔滨、沈阳、武汉等地航线。泰东河疏浚等工程进展顺利,连申线东台南段航道建成通航,实现了盐城市航道运输通江达海目标。强化农田水利建设、农业综合开发、土地综合整治,电力、邮政、通信等设施建设取得新进展。

(六)环境建设

编制生态文明建设规划,部署生态市建设工作,加强节能减排和环境保护,重点实施80项减排工程,关闭一批重污染企业,新增7个国家级生态镇。

2013年,全市积极推进"清水走廊"建设和淮河流域水污染防治工作。全市11个主要饮用水源达标率为100%。加强沿海化工园区整治力度和陆源污染排放监管,组织实施海洋生态修复工作。全面开展PM2.5监测,限期淘汰高污染车辆,启动油气回收治理工作,2013年市区空气优良天数比例达68.8%,空气环境质量全省最优。

三、盐城市在长三角地区经济发展中的地位

2013年,盐城市紧紧围绕粮食稳定生产、农业持续增效、农民持续增收为中心,以增加农民收入为核心,以提高农业综合生产能力为重点,以科技进步为支撑,以统筹城乡发展为途径,走出了发展现代农业、新农村建设和推进工业化、城镇化的具有特色的现代农业发展之路,促进了乡镇经济的良好发展态势。发展乡镇经济有利于"三农"问题的根本解决,有利于彻底改变城乡二元经济结构和缩小城乡差别。

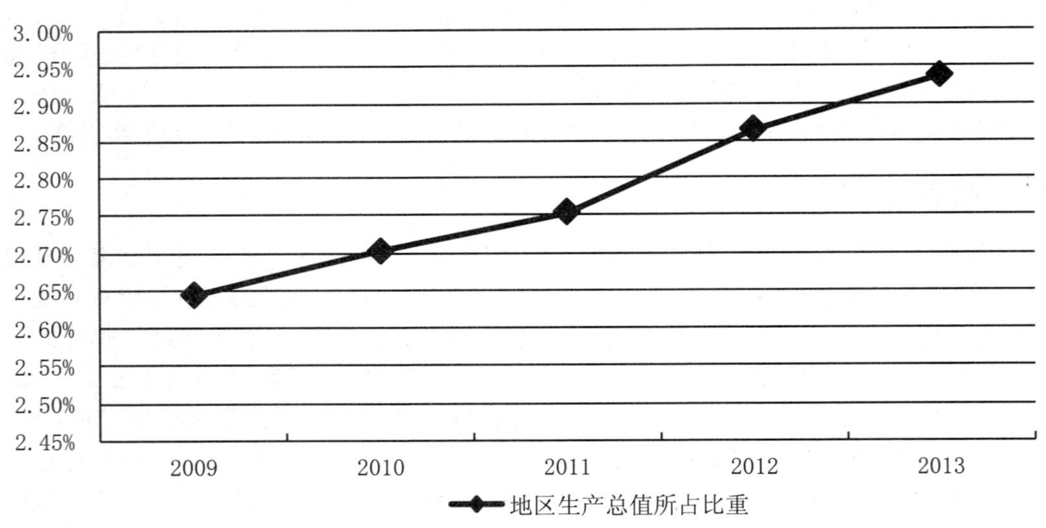

图4　2009—2013年盐城市地区生产总值在长三角所占比重的变化趋势

2009—2013年盐城市地区生产总值在长三角所占比重分别为2.64%、2.70%、2.75%、2.86%和2.94%,继续保持稳定的增长趋势,五年累计增加了0.3个百分点,2013年比上年增加了0.08个百分

点。2013 年盐城市地区生产总值在长三角地区 25 个市(苏浙两省 24 个地级市和上海市,下同)中与上年保持不变,位居第 12 位,占据中游位置。

2013 年,盐城市经济保持稳定增长。全市实现地区生产总值 3475.5 亿元,按可比价格计算,比上年增长 12.3%;其中第一产业实现增加值 489.2 亿元,比上年增长 3.2%;第二产业实现增加值 1636 亿元,比上年增长 14.0%;第三产业实现增加值 1350.3 亿元,比上年增长 13.4%。产业结构持续优化。三次产业增加值比例调整为 14.1∶47∶38.9,二三产业比重提高了 0.5 个百分点,人均地区生产总值达 48150 元(按 2013 年年平均汇率折算约 7775 美元),比上年增长 12.2%。

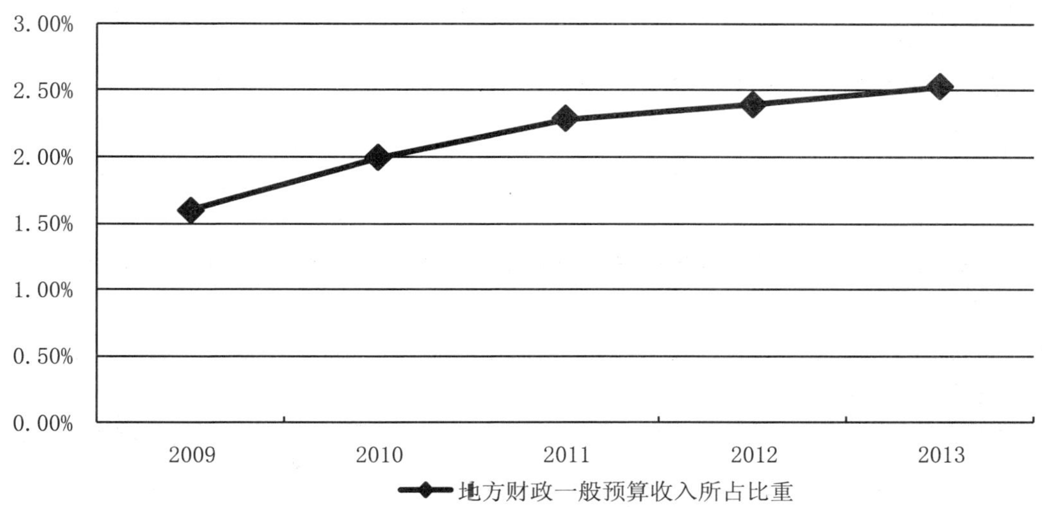

图 5 2009—2013 年盐城市地方财政一般预算收入在长三角所占比重的变化趋势

2009—2013 年盐城市地方财政一般预算收入在长三角所占比重分别为 1.60%、2.00%、2.29%、2.40%和 2.53%,保持稳定增长的态势,累计增幅为 0.93 个百分点,2013 年较上年增加了 0.13 个百分点。2013 年盐城市地方财政一般预算收入在长三角地区 25 个市中的排名比上年下降了一位,达到第 11 位。

2013 年,盐城市财政收入量质同增。2013 年,全市实现财政总收入 881.1 亿元,比上年增长 11.6%。公共财政预算收入 366.8 亿元,比上年增长 17.3%,其中税收收入 302.5 亿元,比上年增长 20.3%;税收占公共财政预算收入的比重达 82.5%,比上年提高 2.1 个百分点。公共财政预算支出 557.4 亿元,比上年增长 14.1%。

2009—2013 年盐城市规模以上工业总产值在长三角所占比重分别为 2.22%、2.27%、2.22%、2.61%和 2.81%,呈稳定增长的态势下,2011 年出现小幅下跌,2012～2013 年持续上涨,2013 年较上年增幅为 0.20 个百分点。2013 年盐城市规模以上工业总产值在长三角地区 25 个市中的排名和上年保持不变,排在第 15 位,相对比较靠后。

2013 年,盐城市工业经济较快增长。2013 年,全市规模以上工业企业实现总产值 6454.58 亿元,比上年增长 15.1%。实现规模以上工业增加值 1584 亿元,比上年增长 15.6%。其中轻、重工业分别增长 9.8%和 19.0%。国有工业增长 22.7%;集体工业下降 47.3%;股份合作制工业增长 18.7%;股份制工业增长 16.5%;外商港澳台投资工业增长 18.8%;其他经济工业增长 5.9%。全市规模以上工业企业实现利税总额 703.6 亿元,比上年增长 12.8%;其中利润 404.2 亿元,比上年增长 14.7%。全年工业用电量 204.2 亿千瓦时,比上年增长 24.1%。

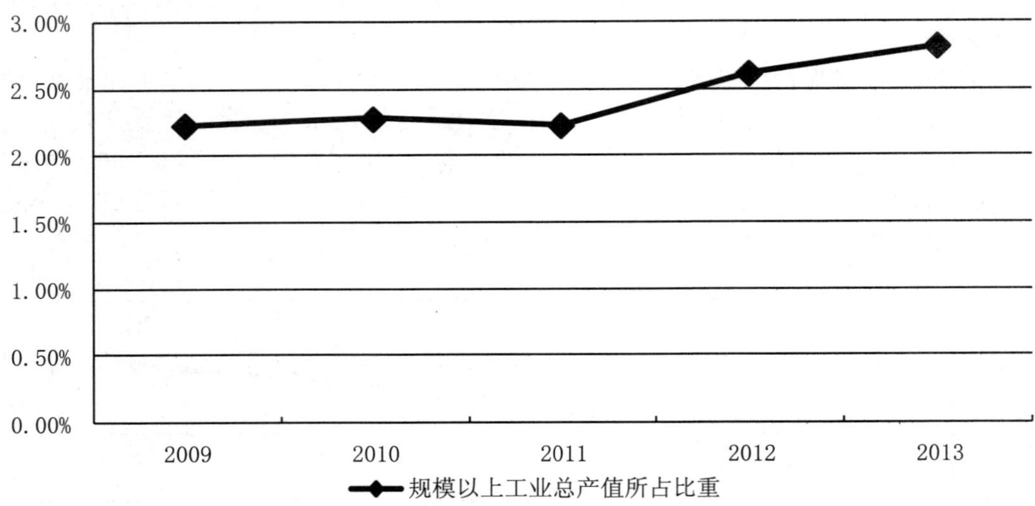

图 6 2009—2013 年盐城市规模以上工业总产值在长三角所占比重的变化趋势

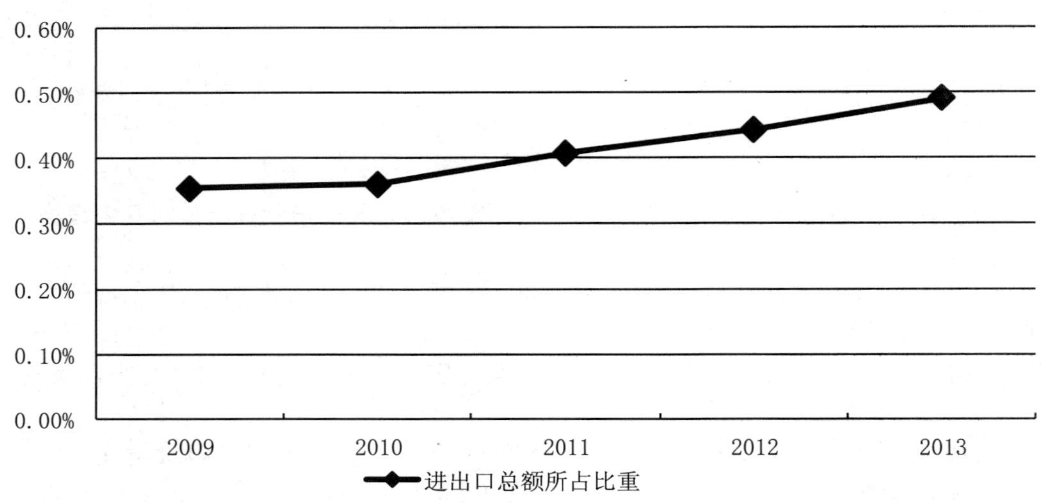

图 7 2009—2013 年盐城市进出口总额在长三角所占比重的变化趋势

2009—2013 年盐城市进出口总额在长三角所占比重分别为 0.36%、0.36%、0.41%、0.44%和 0.49%，连续多年保持小幅增长的态势，累计增幅为 0.13 个百分点，其中，2013 年较上年增加了 0.05 个百分点，创历史最高水平。2013 年连云港市进出口总额在长三角地区 25 个市中的排名比上年上升一位，排在第 20 位，排位仍比较靠后。

2013 年，盐城市新增进出口企业 221 家，完成进出口总额 65.3 亿美元，比上年增长 13.5%，其中出口 37.8 亿美元，比上年增长 9.1%，进口 27.5 亿美元，比上年增长 20.1%。积极打造韩资集聚区、台资新高地，推动开发园区转型升级。

2009—2013 年盐城市进出口总额在长三角所占比重分别为 2.28%、2.58%、2.99%、3.30%和 2.41%，2009～2012 年连续多年保持小幅增长的态势，2013 年出现下跌，跌幅为 0.89 个百分点，较 2009 年增加了 0.13 个百分点。2013 年盐城市进出口总额在长三角地区 25 个市中的排在第 12 位。

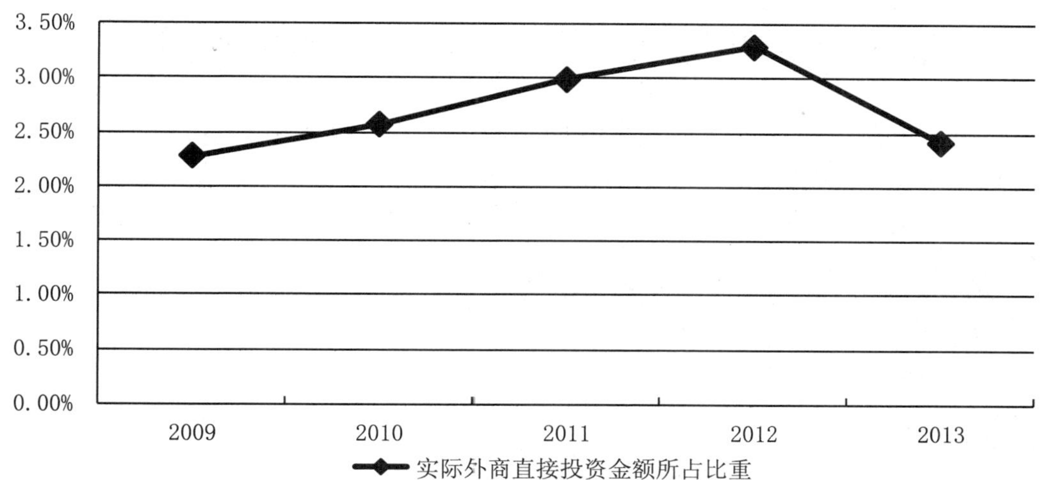

图 8　2009—2013 年盐城市实际外商直接投资金额在长三角所占比重的变化趋势

2013 年盐城市对外贸易稳中有进。全市坚持以开放促开发，实施北连央企、南接上海、东向出海战略，成功举办沿海发展央企投资合作洽谈会、日韩沿海招商说明会。新批 3000 万美元以上项目 38 个，注册外资实际到账 15.5 亿美元。19 个重点园区业务总收入比上年增长 42%，注册外资实际到账占全市比重 70%。

十一　扬州市 2013 年经济社会发展报告

2013 年，在市委、市政府的领导下，全市上下以党的十八大精神为指引，坚持经济建设与社会发展同步，坚持统筹兼顾与分类指导结合，坚持机制创新与方法调适并重，坚持扩大增量与优化存量并举，全力以赴稳增长、调结构、促转型、惠民生，全市经济呈现总体平稳、稳中有进的良好态势。

一、扬州市 2013 年经济发展概况

（一）综合经济

1. 经济总量

全市实现地区生产总值 3252.01 亿元，按可比价计算，比上年增长 12%，连续十一年保持两位数增长。其中，第一产业增加值 224.47 亿元，增长 4.6%；第二产业增加值 1693.7 亿元，增长 12.3%；第三产业增加值 1333.84 亿元，增长 12.7%。人均地区生产总值 72774 元，增长 11.9%，按美元汇率折算，达到 11751 美元。产业结构不断优化，三次产业结构由上年的 7.0∶53.0∶40.0 调整为 6.9∶52.1∶41.0。年末全市有各类法人单位 54444 家，产业活动单位 7288 家。全市工商登记的新增私营企业 15860 户，个体工商户 30264 户。新增民营企业注册资本 503.36 亿元，增长 15.6%。

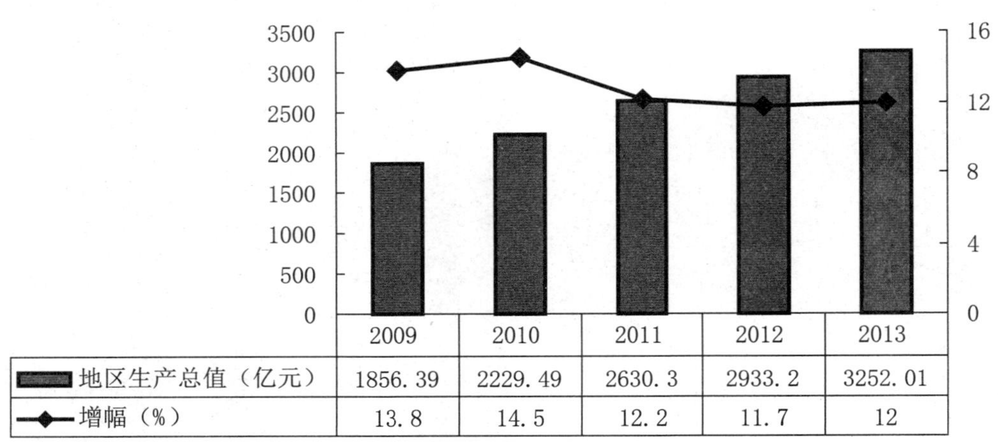

	2009	2010	2011	2012	2013
地区生产总值（亿元）	1856.39	2229.49	2630.3	2933.2	3252.01
增幅（%）	13.8	14.5	12.2	11.7	12

图 1　2009—2013 年扬州市地区生产总值及增长速度

2. 财政收支

全市财政总收入 660.30 亿元，增长 19.1%；公共财政预算收入 259.26 亿元，增长 15.2%，其中，税收收入 212.75 亿元，增长 17.8%，占公共财政预算收入的比重达 82.1%。主体税种中，增值税、营业税、企业所得税、个人所得税合计完成 135.69 亿元，增长 18.8%。其中，增值税 31.07 亿元，增长 10%；营业税 70.28 亿元，增长 17.9%；企业所得税 22.05 亿元，增长 11.9%；个人所得税 12.3 亿元，增长 100.9%。社保基金收入 76.06 亿元，增长 15.9%。

全市公共财政预算支出 319.28 亿元，增长 6.4%。其中一般公共服务支出 48.26 亿元，增长 20.1%；教育支出 53.9 亿元，下降 2.1%；科学技术支出 9.89 亿元，增长 0.8%；社会保障和就业支出 23.8 亿元，增长 17.6%；医疗卫生支出 20.97 亿元，增长 12.5%；节能环保支出 6.67 亿元，下

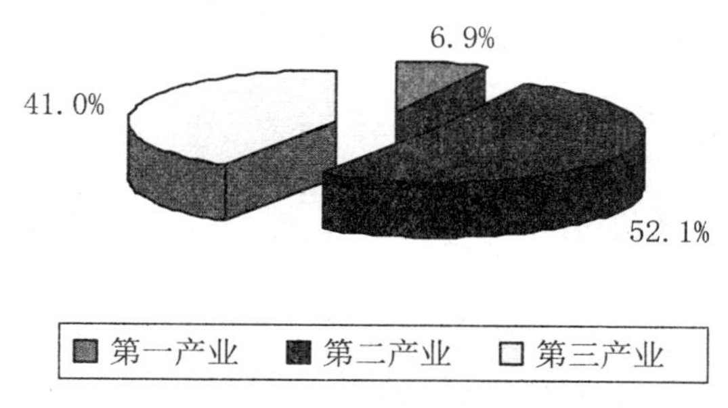

图 2　2013 年扬州市三次产业结构图

降 1.1%。

3. 物价指数

市场物价基本稳定。居民消费品价格指数为 102.2，同比上涨 2.2 个百分点。其中，消费品价格上涨 2.1%，服务项目价格上涨 2.3%。构成 CPI 的八大类指数分别是：食品类 103.1、居住类 101.1、医疗保健和个人用品类 101.2、烟酒及用品类 96.9、衣着类 102.8、家庭设备用品及维修服务类 103.5、交通和通信类 100.1、娱乐教育文化用品及服务类 103.8。商品零售价格总指数为 101.3。

4. 固定资产投资

全市完成固定资产投资 2025.2 亿元，增长 20.3%。其中，建设项目完成投资 1709.3 亿元，增长 17.5%；房地产开发完成投资 315.9 亿元，增长 34.0%。从三大产业来看，第一产业投资 26.6 亿元，增长 49.7%；第二产业投资 1146.9 亿元，增长 14.5%；第三产业投资 851.7 亿元，增长 27.7%。一、二、三产业投资占投资的比重分别为 1.3%、56.6%和 42.1%。

全市确定的重大项目 489 个，完成固定资产投资 1103.1 亿元，占投资的比重为 54.5%。其中，工业项目 119 个，完成投资 568.7 亿元；服务业项目 69 个，完成投资 233.4 亿元；农业项目 71 个，完成投资 63.5 亿元；基础设施项目 63 个，完成投资 237.5 亿元。

全市基础设施完成投资 246.3 亿元，增长 31.7%。宁启铁路复线及电气化改造稳步推进。文昌路西延、新万福路等开工建设。瘦西湖隧道盾构全线贯通，西部交通客运枢纽主体封顶。新淮江公路江都段、328 国道连接线等全线通车。建成长江万吨级以上泊位 5 个。淮河入江水道整治完成切滩 1050 万方。南水北调东线一期工程扬州段率先建成通水。

（二）农林牧渔业

全年粮食单产 496 公斤/亩，比上年增加 5 公斤/亩；粮食总产量 312 万吨，增长 1.25%，连续十年实现丰收。全市实现农林牧渔业总产值 404 亿元，增长 9.5%，其中，种植业 191 亿元，增长 11.7%；林业 9.57 亿元，增长 9.1%；牧业 70.47 亿元，增长 1.4%；渔业 113.66 亿元，增长 10.6%；农林牧渔服务业 19.33 亿元，增长 13.1%。生猪、家禽分别出栏 136 万头和 4429 万只，分别下降 1.3%、2.4%；生猪存栏 74.22 万头、家禽存栏 1554.42 万只，分别下降 1.4%、2.2%；生产猪肉 10.30 万吨、禽肉 7.68 万吨、禽蛋 13.54 万吨，分别比上年下降 2%、5.7%和 3.2%。

全市水产养殖面积 116 万亩，比上年扩大 1 万亩；特种水产养殖面积 102 万亩，扩大 2 万亩。实现水产品产量 39.4 万吨，同比增加 0.2 万吨。渔业专业合作组织发展到 278 家，同比增加 11 家。

全市工商登记家庭农场 199 家，经营面积 5.4 万亩。新增工商登记农民合作社 365 个，新增入社农户 8.75 万户，农民合作社总数为 3945 个，入社农户 91.5 万户，占全市总农户数 89.7%。新增 77

个省“五好”示范社和106个市级“五好”示范社。农业适度规模经营发展加快，适度规模经营面积321万亩，占耕地面积75%。

（三）工业和建筑业

全市规模以上工业完成总产值8499.39亿元，增长16.8%；实现工业增加值2003.56亿元，增长13.2%。

全市2589家规模以上工业企业中，产值过亿元的企业1356家，比2012年增加141家，累计完成产值7866.9亿元，占全市规模以上工业总产值的92.6%。其中，产值过100亿元以上的企业6家，50—100亿元的企业19家，30—50亿元的企业15家，10—30亿元的企业98家，5—10亿元的企业182家，1—5亿元的企业1036家。

新兴产业完成产值2462.1亿元，增长16.6%。其中，“三新”产业完成产值996.7亿元，占全市的11.7%，增长14.4%。其中，76家新材料企业完成产值408.7亿元，增长9.6%；72家新光源企业完成产值353.8亿元，增长22.3%；53家新能源企业完成产值234.2亿元，增长12%。

全市五大千亿级产业累计完成产值6120.6亿元，占全市的72.0%，增长16.0%。分产业看，汽车产业实现产值939.2亿元，增长40.7%；机械装备产业实现产值2562.8亿元，增长18.5%；船舶产业实现产值547.9亿元，下降7.5%；石化产业和新能源新光源产业分别实现产值1525.1亿元和588.0亿元，分别增长9.8%和18.0%。

全市规模以上工业实现主营业务收入8189.5亿元，增长17.5%；实现利税总额951.7亿元，增长17.8%；实现利润总额540.5亿元，增长15.6%。

全社会用电量197.38亿千瓦时，增长13.7%。第一产业用电量2.65亿千瓦时，增长12.6%；第二产业141.16亿千瓦时，增长12.8%，其中，工业用电139.13亿千瓦时，增长12.9%；第三产业23.23亿千瓦时，增长15.4%；城乡居民生活用电30.34亿千瓦时，增长16.7%。

全市实现建筑业总产值2625.7亿元，增长16.5%。房屋建筑施工面积21201.6万平方米，增长21.9%；竣工产值2123.7亿元，增长14.6%；竣工面积8669.9万平方米，增长18.6%。

（四）服务业

1. 国内贸易

全市社会消费品零售总额1106.88亿元，增长13.7%。其中批发业98.35亿元，增长12.2%；零售业900.75亿元，增长20.5%；住宿业11.78亿元，增长0.1%；餐饮业88.63亿元，增长4.3%。其中，城镇消费品零售额1025.44亿元，增长13.7%；乡村消费品零售额74.07亿元，增长12.5%。

限额以上批发和零售企业中，食品、饮料、烟酒类零售额34.97亿元，下降2.2%；服装、鞋帽、针纺织品类零售额31.42亿元，增长14.2%；日用品类零售额9.79亿元，增长3.7%；化妆品类零售额5.15亿元，下降2.9%；金银珠宝类零售额13.92亿元，增长27.5%；家用电器和音像器材类零售额30.77亿元，增长11.3%；汽车类零售额127.12亿元，增长19.4%。

2. 交通运输和邮电

全市货运总量和货运周转量分别完成1.49亿吨和329.68亿吨公里，分别增长13.2%、18.3%。客运量和旅客周转量完成9623万人和62.99亿人公里，分别增长5.2%、5.7%。全年港口货物吞吐量10007万吨，增长13.4%，集装箱吞吐量51.8万标箱，增长25.8%。年末全市公路里程10414.60公里，新增94.69公里。年末高速公路里程317.82公里。

年末汽车拥有量89.12万辆，私人汽车拥有量35.18万辆，其中私人轿车24.40万辆。

全市邮政通讯业务收入48.45亿元，增长6.0%。其中，通讯业务收入43.09亿元，增长6.1%；邮政业务收入5.36亿元，增长5.6%。年末电话用户633.8万户，增长0.8%，其中移动电话用户499.57万户，增长1.8%。互联网宽带接入用户97.54万户，增长18.3%。

3. 金融、保险和证券

年末金融机构存贷款余额分别增长15.9%、16.7%，汇丰银行成为进驻扬州市的第一家外资银行。全市年末共有32家银行，比上年新增4家。年末人民币存款余额3836.87亿元，比年初增加526.03亿元，增长15.9%。其中，储蓄存款余额1931.02亿元，比年初增加233.51亿元，增长13.8%。年末人民币贷款余额2341.85亿元，比年初增加335.35亿元，增长16.7%。其中，短期贷款余额1230.21亿元，比年初增加164.39亿元；中长期贷款余额1027.17亿元，比年初增加161.55亿元。个人消费贷款494.88亿元，比年初增加107.73亿元。

全市各类保险机构实现保费收入87.9亿元，增长18.5%。其中，财产险保费收入23.9亿元，增长16.8%；人身险保费收入63.98亿元，增长19.1%。保险赔款总支出15.78亿元，增长10%，其中财产险支出13.28亿元，增长6.8%；人身险支出2.51亿元，增长31.9%。

全市14户证券公司营业部累计开户34.59万户，增长4.8%。证券交易额3781.61亿元，增长66.3%，其中股票交易额2858.67亿元，增长65.5%；基金交易额88.87亿元，增长179.7%。

年末全市共有11家境内外上市公司，金泉网成功在英国上市。

4. 旅游业

全市旅游接待总人数3970.1万人次，增长9.1%；实现旅游总收入501.2亿元，增长15.1%。全市星级饭店66家，A级旅游景点35个，各类旅行社130个。

5. 房地产业

全市房地产开发投资315.9亿元，增长34%。其中，住宅投资243.9亿元，增长34.2%；商业营业用房投资40亿元，增长54.3%；办公楼投资10亿元，增长23.2%。全市商品房施工面积2224.1万平方米，增长24%，其中新开工面积935.1万平方米，增长40.3%；商品房竣工面积591.8万平方米，增长5.7%；商品房销售面积699.5万平方米，增长48%。

（五）开放型经济

1. 对外贸易

全市进出口总额95.07亿美元，下降6.6%。其中，出口75.5亿美元，下降7.6%；进口19.57亿美元，下降2.2%。从贸易结构看，一般贸易出口50.6亿美元，下降13.2%，占全市总额的67%；加工贸易出口23.2亿美元，增长2.8%，占全市总額的30.7%。从产品结构看，出口额居前的五大类商品为化学化工制品、纺织制品、船舶、电子纸与液晶装置、鞋帽，分别达9.39亿美元、7.35亿美元、7.15亿美元、4.20亿美元和3.94亿美元，合计占全市出口总额的67.7%。高新技术产品累计出口9.61亿美元，增长24.3%。主要出口贸易伙伴中，欧盟出口15.86亿美元，下降17.2%；美国出口14.88亿美元，增长0.2%；东盟出口6.89亿美元，增长2.8%；拉丁美洲出口6.33亿美元，增长3.9%。对大洋洲出口大幅增长，出口增幅达到28.6%。

2. 利用外资

全市实际利用外资到账19.59亿美元，增长2.2%。全市共新批项目191个，项目协议外资33.19亿美元。新批准1000万美元以上大项目111个，新批投资总额亿美元以上项目15个，到资1000万美元以上项目41个。全市新落户美国微软、德国通快、香港汇丰等世界500强及跨国公司10家，其中

境外 8 家。

3. 对外合作

全市完成外经营业额 53068 万美元，增长 27%。期末在外人数 8631 人，增长 30%。新批境外投资项目 30 个，中方协议投资额 15891 万美元，增长 796%，创历年新高。

4. 园区建设

围绕产业集聚、特色发展，促进各类园区提档升级。实施省级以上开发区个性化考核，出台促进工业集中区整合提升特色发展的意见。全市园区业务总收入、公共财政预算收入均增长 25%以上。7 家省级以上开发区分别与上海、苏南等地园区签订共建协议。扬州开发区全国首批循环经济教育示范基地挂牌，扬州高新区成为省首批文化科技产业园区。仪征、邗江分别跻身省汽车产业基地（乘用车）和汽车零部件产业基地。

二、扬州市 2013 年社会发展概况

（一）人口、人民生活

年末全市户籍总人口 459.84 万人，比上年末增加 14212 人，增长 0.31%。全市登记出生人口 4.01 万人，出生率 8.74‰；全市注销死亡人口 3.25 万人，死亡率 7.07‰。人口自然增长率为 1.67‰。市区户籍总人口为 230.88 万人，增长 0.13%。年末全市常住人口 447 万人。

城市居民人均可支配收入 28145 元，增长 8.6%；人均消费性支出 17653 元，增长 8.8%。人均住房建筑面积 37.6 平方米，百户家庭电话、电脑拥有量分别达 285 部、89 台，恩格尔系数为 37.3%。

农村居民人均纯收入 14214 元，增长 12%；人均消费性支出 9725 元，增长 11.6%。人均住房面积 48.6 平方米，百户家庭电话、电脑拥有量分别达 315 部、46 台，恩格尔系数为 35.3%。

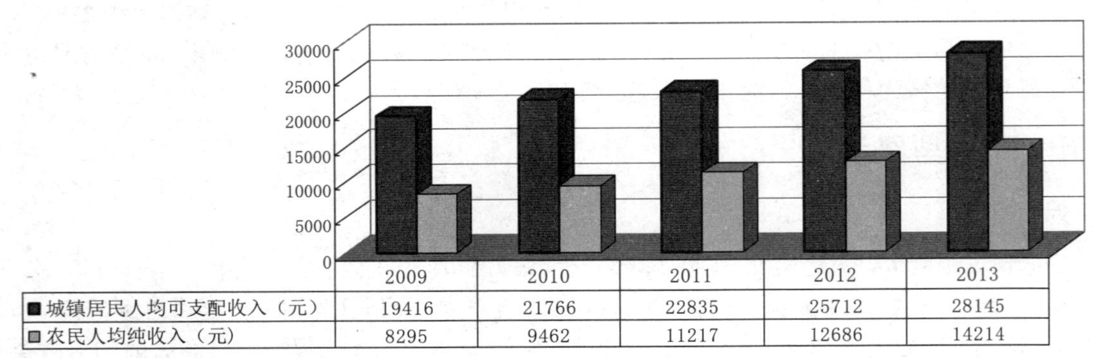

图 3 2009—2013 年扬州市城乡居民收入对比一览

（二）就业与社会保障

全市新增城镇就业 7.31 万人，新增转移农村劳动力 5.29 万人，新建创业孵化基地 15 个，年末城镇登记失业率 2.26%。企业职工养老保险参保人数 98.29 万人，净增缴费人数 5.09 万人；城镇职工基本医疗保险参保人数 112.98 万人，城镇居民基本医疗保险参保人数 55.93 万人，城乡居民养老保险参保人数 99.16 万人。连续九年上调企业退休人员基本养老金。城乡低保标准增幅达 20%，实现救助标准城乡一体化。

（三）教育与科技创新

1. 教育

新改建公办幼儿园10所。全面完成中小学校舍安全工程三年任务。2所职教学校接受首批国家教育改革发展示范学校创建验收。邗江通过义务教育基本均衡发展国家级评估。新创扬州市义务教育样板区4个。全市共有幼儿园286所，小学207所，普通中学169所，普通高校8所。在园幼儿98722人，小学在校生人数220633人，普通中学在校生人数190223人，普通高校在校生人数76370人。全市幼儿园毛入学率为98.5%，义务教育入学率和高中阶段教育毛入学率达100%。全市高考本二以上达线率为57.44%。

2. 科技创新

全年共新增国家高新技术企业85家，培育省级上市入库企业43家，新增省民营科技企业1943家，牧羊集团获批建立国家饲料加工装备工程技术研究中心。全市专利申请首次突破2万件，达22825件，增长13%；其中发明专利申请5159件，增长22%；授权专利11416件，增长41%；万人发明专利拥有量3.70件，增长27.2%。扬州成为国家创新型试点城市、国家智慧城市试点示范市，连续五年蝉联“国家科技进步先进市”。邗江“数控成形机床”产业和开发区“半导体照明和太阳能光伏”产业获批全国“首批战略性新兴产业知识产权集群管理工作试点”，邗江区获批国家知识产权强县工程试点，广陵经济开发区获批省知识产权战略试点园区。11家省级以上孵化器累计建成孵化面积70万平方米，在孵企业735家。全市14个科技产业综合体累计投入建设资金20亿元，其中政府投入资金14亿元，竣工120万平方米。制定出台6个人才专项政策，新引进国家“千人计划”20人，入选省创新团队3个和省“双创计划”、“博士集聚计划”人才93名。

（四）文化、卫生和体育

1. 文化

全市新建农村文化广场189个、村级文化广场实现全覆盖。文化惠民活动广泛开展，文化惠民公益演出211场次。8处省级文物保护单位晋升为国家重点文物保护单位。木偶剧《胡桃夹子》等入选中国艺术节优秀展演剧(节)目。编制完成国家级非遗项目中长期规划。大运河申遗工作通过联合国教科文组织专家考察。隋炀帝墓考古发掘入选2013年全国考古六大新发现。共有文化馆、群众艺术馆7个，公共图书馆7个。广播电台7座，中短波广播发射台和转播台12座，广播综合人口覆盖率和电视综合人口覆盖率均达100%。有线电视用户125.4万户，增长2.6%。生产故事影剧片5部。

2. 卫生

新建省示范社区卫生服务中心（乡镇卫生院）17个，全市社区卫生服务中心（乡镇卫生院）标准化率达到100%。新农合保障水平持续提升，全市新农合人均筹资达350元，参保率达99.8%。年末共有各类卫生机构1815个，其中医院、卫生院136个。各类卫生机构拥有病床19202张，其中医院、卫生院病床17054张。共有卫生技术人员24864人，其中执业(助理)医师9276人，注册护士8924人。

3. 体育

群众体育呈现新亮点，健身设施日趋完善，“十分钟体育健身圈”进展顺利，健身活动、健身组织网络健全。竞技体育实现新突破，成功举办一批国际国内体育赛事，扬州鉴真国际半程马拉松赛蝉联国际田联“金标赛事”。在第十二届全国运动会上，扬州市运动员获得11枚金牌、2枚银牌和3枚铜牌的全运会历史最好成绩。

（五）城乡建设

争取到省"一市一试点"的专项扶持，融合发展实现新突破。省委、省政府出台了《关于推进扬州跨江融合发展综合改革试点的意见》。实施《沿江地区融合发展行动计划》，组织编制江广融合地区概念规划、城市设计及"七河八岛"地区空间管制规划，逐步构建"一核多组团"城市空间布局。推进沿江沿河地区协调发展，争取到省委省政府扶持高邮宝应地区享受苏北政策。推动《宁镇扬同城化发展规划》的制定与实施。

推进全市域路网规划与建设，重大基础设施建设取得新进展。连淮扬镇铁路项目建议书获国家发改委批准。编制完成扬州城市轨道线网规划。宁启铁路复线及电气化改造稳步推进。文昌路西延、新万福路等开工建设。瘦西湖隧道盾构全线贯通，西部交通客运枢纽主体封顶。新淮江公路江都段、328国道连接线等全线通车。建成长江万吨级以上泊位5个。淮河入江水道整治完成切滩1050万方。南水北调东线一期工程扬州段率先建成通水。

注重品质提升，进一步完善城市基本功能。制定并实施城市地下空间开发利用管理办法和意见。加快建设"清水活水、不淹不涝"城市，整治城区积水路段14处，完成城市东部水系沟通活化工程和二道河等3条河道生态清淤。深入推进"三拆三整治"，拆迁拆违400万平方米。新(改)建道路40条、桥梁9座。宋夹城体育休闲公园基本建成。启动实施生活垃圾焚烧厂二期、建筑垃圾综合利用处理厂、餐厨废弃物处理厂和赵庄垃圾填埋场增高扩容工程。继续推进第一水厂提标扩建、六圩污水处理厂三期等工程建设。

（六）生态环境

全面启动"六大生态中心"建设，全市完成造林7.06万亩，新创省级绿化示范村119个，林木覆盖率23%。集中式饮用水源地水质达标率100%，市区空气质量优良天数237天。重点流域水污染防治考核断面水质达Ⅲ类标准。深入推进"美好城乡建设行动"，全面完成村庄环境整治，100个村庄达到三星级康居乡村标准。全年共疏浚县乡河道210条、村庄河塘2360条(面)。积极促进节能减排，全年实施节能技术改造项目130项、循环经济项目30项、减排工程147项，节能减排完成省定目标。全市新增17个乡镇获得国家生态乡镇命名，累计有66个乡镇获得国家命名。扬州大市及江都、邗江、宝应、高邮、仪征国家生态(县)市考核通过公示，同时被列为全国第六批生态文明建设试点地区。

三、扬州市在长三角地区经济发展中的地位

2013年，扬州市面对错综复杂的国内外经济形势，在市委、市政府的领导下，全市以党的十八大精神为指引，坚持经济建设与社会发展同步，坚持统筹兼顾与分类指导结合，坚持机制创新与方法调适并重，坚持扩大增量与优化存量并举，全力以赴稳增长、调结构、促转型、惠民生，经济呈现总体平稳、稳中有进的良好态势。

2009—2013年扬州市地区生产总值在长三角所占比重分别为2.56%、2.58%、2.61%、2.69%和2.75%，保持持续增长的态势，累计增幅为0.19个百分点，其中2013年较上年增长了0.06个百分点。2013年扬州市地区生产总值在长三角地区25个市(苏浙两省24个地级市和上海市，下同)中较上年比排名不变，排名第13位，处于中游水平。

2013年，扬州市全市实现地区生产总值3252.01亿元，按可比价计算，比上年增长12%，连续十一年保持两位数增长。其中，第一产业增加值224.47亿元，增长4.6%；第二产业增加值1693.7亿元，增长12.3%；第三产业增加值1333.84亿元，增长12.7%。人均地区生产总值72774元，增长

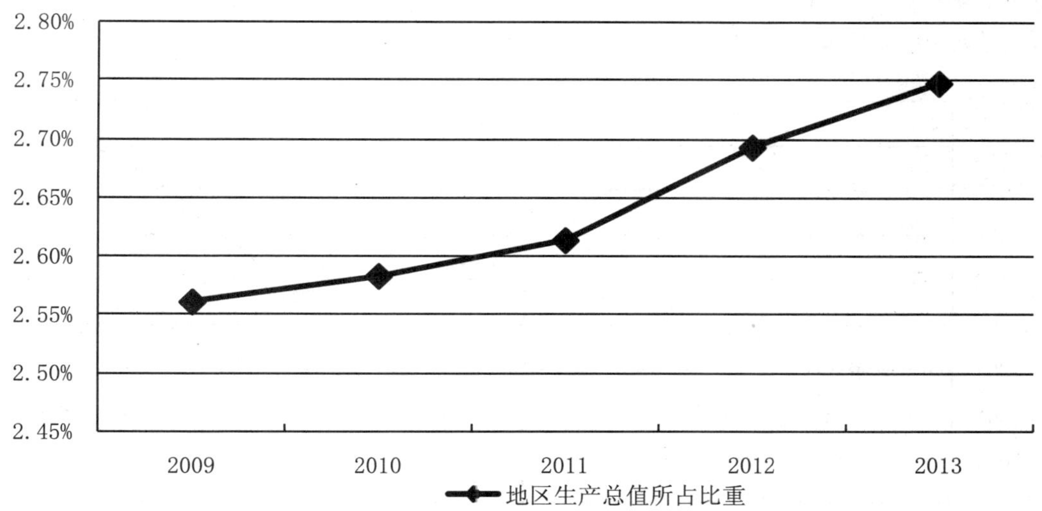

图 4 2009—2013 年扬州市地区生产总值在长三角所占比重的变化趋势

11.9%，按美元汇率折算，达到 11751 美元。产业结构不断优化，三次产业结构由上年的 7.0：53.0：40.0 调整为 6.9：52.1：41.0。年末全市有各类法人单位 54444 家，产业活动单位 7288 家。全市工商登记的新增私营企业 15860 户，个体工商户 30264 户。新增民营企业注册资本 503.36 亿元，增长 15.6%。

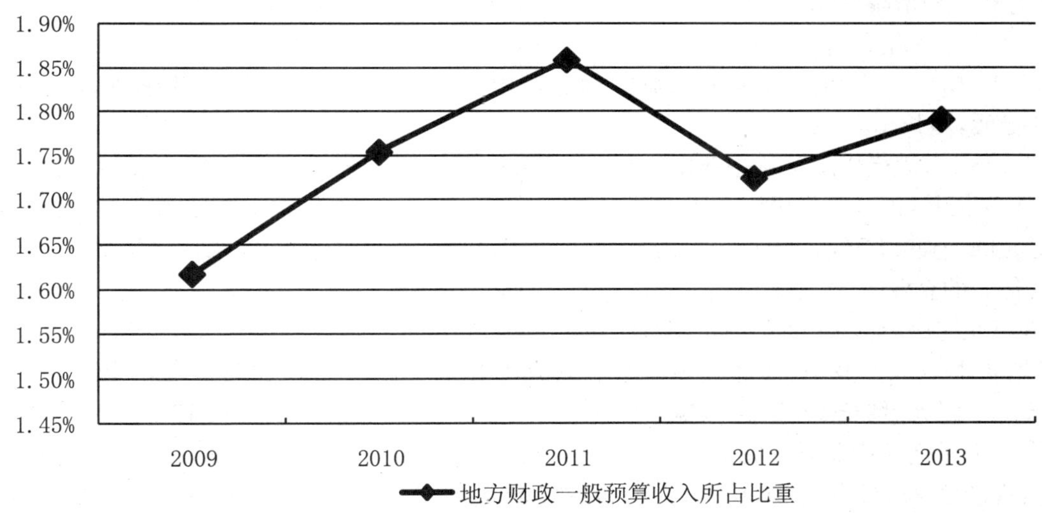

图 5 2009—2013 年扬州市地方财政一般预算收入在长三角所占比重的变化趋势

2009—2013 年扬州市地方财政一般预算收入在长三角所占比重分别为 1.62%、1.75%、1.86%、1.72%和 1.79%，2013 年逆势上扬，较上年增加了 0.07 个百分点，总体累计增幅为 0.17 个百分点。2013 年扬州市地方财政一般预算收入在长三角地区 25 个市中的排名比上年下降两位，达到第 17 位。

2013 年，扬州市全市财政总收入 660.30 亿元，增长 19.1%；公共财政预算收入 259.26 亿元，增长 15.2%，其中，税收收入 212.75 亿元，增长 17.8%，占公共财政预算收入的比重达 82.1%。主体税种中，增值税、营业税、企业所得税、个人所得税合计完成 135.69 亿元，增长 18.8%。其中，增值税

31.07 亿元,增长 10%;营业税 70.28 亿元,增长 17.9%;企业所得税 22.05 亿元,增长 11.9%;个人所得税 12.3 亿元,增长 100.9%。社保基金收入 76.06 亿元,增长 15.9%。

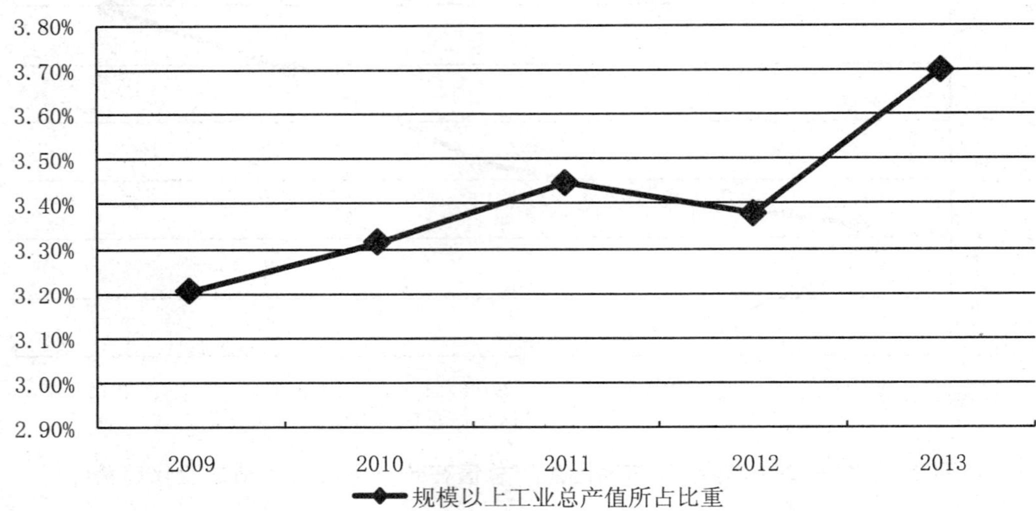

图 6 2009—2013 年扬州市规模以上工业总产值在长三角所占比重的变化趋势

2009—2013 年扬州市规模以上工业总产值在长三角所占比重分别为 3.21%、3.31%、3.45%、3.38%和 3.70%,除 2012 年出现小幅回落外,总体呈上涨态势,2013 年较上年增加了 0.32 个百分点,五年时间累积增幅达 0.49 个百分点。2013 年扬州市规模以上工业总产值在长三角地区 25 个市中的排名下降了一位,排在第 12 位。

2013 年,扬州市全市规模以上工业完成总产值 8499.39 亿元,增长 16.8%;实现工业增加值 2003.56 亿元,增长 13.2%。

全市 2589 家规模以上工业企业中,产值过亿元的企业 1356 家,比 2012 年增加 141 家,累计完成产值 7866.9 亿元,占全市规模以上工业总产值的 92.6%。其中,产值过 100 亿元以上的企业 6 家,50—100 亿元的企业 19 家,30—50 亿元的企业 15 家,10—30 亿元的企业 98 家,5—10 亿元的企业 182 家,1—5 亿元的企业 1036 家。

新兴产业完成产值 2462.1 亿元,增长 16.6%。其中,"三新"产业完成产值 996.7 亿元,占全市的 11.7%,增长 14.4%。其中,76 家新材料企业完成产值 408.7 亿元,增长 9.6%;72 家新光源企业完成产值 353.8 亿元,增长 22.3%;53 家新能源企业完成产值 234.2 亿元,增长 12%。

全市五大千亿级产业累计完成产值 6120.6 亿元,占全市的 72.0%,增长 16.0%。分产业看,汽车产业实现产值 939.2 亿元,增长 40.7%;机械装备产业实现产值 2562.8 亿元,增长 18.5%;船舶产业实现产值 547.9 亿元,下降 7.5%;石化产业和新能源新光源产业分别实现产值 1525.1 亿元和 588.0 亿元,分别增长 9.8%和 18.0%。

全市规模以上工业实现主营业务收入 8189.5 亿元,增长 17.5%;实现利税总额 951.7 亿元,增长 17.8%;实现利润总额 540.5 亿元,增长 15.6%。

2009—2013 年扬州市进出口总额在长三角所占比重分别为 0.68%、0.76%、0.79%、0.78%和 0.72%,以 2011 年为分水岭,2012～2013 年持续下跌,2013 年比上年下降了 0.06 个百分点,五年时间增加了 0.04 个百分点。2013 年扬州市进出口总额在长三角地区 25 个市中的排名下降一位,排在第 18 位。

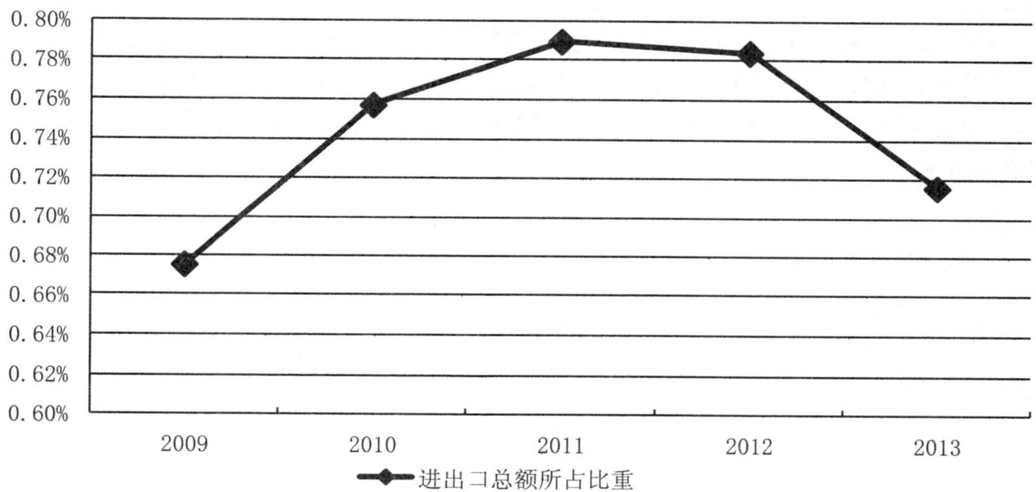

图 7　2009—2013 年扬州市进出口总额在长三角所占比重的变化趋势

2013 年，扬州市全市进出口总额 95.1 亿美元，下降 6.6%。其中，出口 75.5 亿美元，下降 7.6%；进口 19.6 亿美元，下降 2.2%。从贸易结构看，一般贸易出口 50.6 亿美元，下降 13.2%，占全市总额的 67%；加工贸易出口 23.2 亿美元，增长 2.8%，占全市总额的 30.7%。从产品结构看，出口额居前的五大类商品为化学化工制品、纺织制品、船舶、电子纸与液晶装置、鞋帽，分别达 9.39 亿美元、7.35 亿美元、7.15 亿美元、4.20 亿美元和 3.94 亿美元，合计占全市出口总额的 67.7%。高新技术产品累计出口 9.61 亿美元，增长 24.3%。主要出口贸易伙伴中，欧盟出口 15.86 亿美元，下降 17.2%；美国出口 14.88 亿美元，增长 0.2%；东盟出口 6.89 亿美元，增长 2.8%；拉丁美洲出口 6.33 亿美元，增长 3.9%。对大洋洲出口大幅增长，出口增幅达到 28.6%。

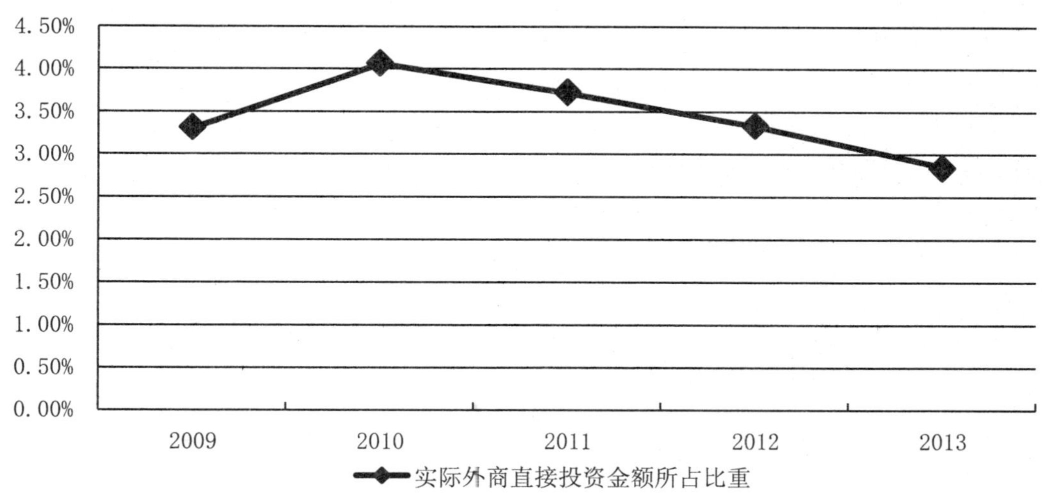

图 8　2009—2013 年扬州市实际外商直接投资金额在长三角所占比重的变化趋势

2009—2013 年扬州市实际外商直接投资金额在长三角所占比重分别为：3.32%、4.06%、3.73%、3.34%和 2.85%，2010～2013 年比重持续下降，2013 年比上年下降了 0.49 个百分点，五年时间下降了 0.47 个百分点。2013 年扬州市实际外商直接投资金额在长三角地区 25 个市中的排名下降一位，排在第 11 位。

2013 年全市实际利用外资到账 19.59 亿美元，增长 2.2%。全市共新批项目 191 个，项目协议外资 33.19 亿美元。新批准 1000 万美元以上大项目 111 个，新批投资总额亿美元以上项目 15 个，到资 1000 万美元以上项目 41 个。全市新落户美国微软、德国通快、香港汇丰等世界 500 强及跨国公司 10 家，其中境外 8 家。

十二　镇江市2013年经济社会发展报告

2013年，在市委、市政府的坚强领导下，面对错综复杂的宏观形势，全市上下抢抓苏南现代化示范区建设机遇，扎实推进“八项工程”，全力实施“四大行动计划”①，着力抓项目增后劲、转方式调结构、惠民生促和谐，全市经济运行呈现“稳中有进、稳中向好”的良好态势，质量效益稳步提升，转型步伐不断加快，生态建设有力推进，人民生活持续改善，较好地完成了各项年度目标任务。

一、镇江市2013年经济发展概况

（一）综合经济

1. 经济总量

2013年全年实现地区生产总值2927.28亿元，比上年增长12.1%，其中：第一产业实现增加值129.0亿元，比上年增长3.1%；第二产业实现增加值1549.4亿元，比上年增长12.5%；第三产业实现增加值1248.88亿元，比上年增长12.3%。三次产业结构由上年的4.4∶54.0∶41.6调整为4.4∶53.0∶42.6，第三产业增加值占地区生产总值比重比上年提高1.0个百分点。按常住人口计算人均生产总值为92626元（按现行汇率折算为14957美元）。

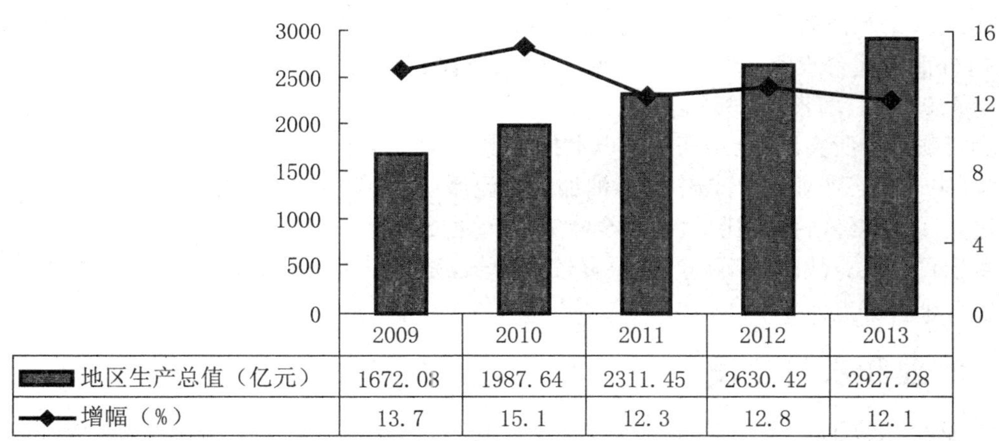

	2009	2010	2011	2012	2013
地区生产总值（亿元）	1672.08	1987.64	2311.45	2630.42	2927.28
增幅（%）	13.7	15.1	12.3	12.8	12.1

图1　2009—2013年镇江市地区生产总值及增长速度

2. 财政收支

全年完成公共财政预算收入254.52亿元，比上年增长18.1%，其中各项税收收入208.7亿元，增长19.8%。按税种分，增值税297.8亿元，增长27.6%；营业税84.3亿元，增长25.9%；契税14.0亿元，增长37.2%；企业所得税19.3亿元，下降3.6%；个人所得税7.2亿元，增长2.3%。全年公共财政预算支出286.23亿元，比上年增长20%，其中城乡社区事务支出44.2亿元，增长31.8%；社会保障和就业支出20.0亿元，增长31.5%；科学技术支出10.4亿元，增长25.5%；文化体育与传媒支出5.2

① 四大行动计划：“四大行动计划”是镇江2013年发展的行动纲领。主要包括：城乡建设行动计划；产业升级行动计划；创新创业行动计划；民生改善行动计划。

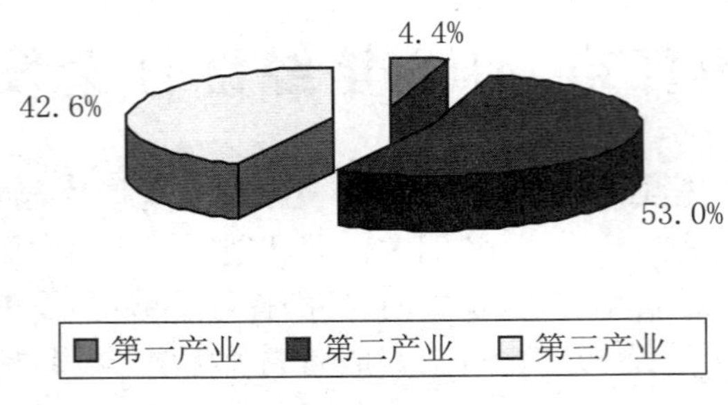

图 2　2013 年镇江市三次产业结构图

亿元，增长 30%。全市各级财政用于民生方面的支出 181.9 亿元，占财政支出的 64.9%。

3. 物价指数

全年居民消费价格指数为 102.1，比上年回落 0.3 个百分点，八大类商品和服务项目价格与上年相比“六升二降”：食品类 103.0，衣着类 103.5，家庭设备用品及维修服务类 102.3，医疗保健和个人用品类 102.6，娱乐教育文化用品及服务类 100.8，居住类 102.6；烟酒类 98.2，交通和通信类 99.6。

4. 固定资产投资

全年完成固定资产投资 1753.15 亿元，比上年增长 22.1%。按三次产业分：第一产业完成投资 0.85 亿元，下降 18.5%，第二产业完成投资 1014.3 亿元，增长 22.5%，其中工业完成投资 1014.2 亿元，增长 22.4%；第三产业投资 737.96 亿元，增长 22.3%，按登记注册类型分：国有投资 301.0 亿元，增长 0.9%；外商港澳台投资 232.0 亿元，增长 6.1%；民营投资 1167.8 亿元，增长 28.1%，其中私营个体投资 454.9 亿元，增长 37.3%。

重大投资项目有所突破，全年获省及以上批准项目 37 个，比上年增加 9 个。北汽集团华东基地、无线产业园、中瑞生态产业园①、扬中润粮油加工物流产业园、句容雨润欢乐城和南车等项目落户镇江市并开工建设。实体经济投入比重提升，全年完成产业类投资 1396.1 亿元，比上年增长 22.8%，占比重提高 3.4 个百分点。战略性新兴产业投资较快增长，完成投资 750.1 亿元，比上年增长 32.8%，占比重提高 4.3 个百分点。

（二）农业和农村建设

全年实现农林牧渔业总产值 196.1 亿元，比上年增长 11.1%。其中：农业 105.7 亿元，增长 11.4%；林业 8.1 亿元，增长 12.1%；畜牧业 27.2 亿元，增长 7.8%；渔业 28.0 亿元，增长 15.5%；农林牧渔服务业 27.2 亿元，增长 8.8%。

全年粮食总产量 125.8 万吨，比上年增长 0.1%；油料总产量 5.8 万吨，比上年增长 2.5%。全年粮食播种面积 265.1 万亩，比上年减少 0.54 万亩；油料种植面积 38.6 万亩，比上年减少 0.7 万亩。畜牧养殖业发展稳定，全年肉类总产量 8.54 万吨，比上年增长 0.6%，其中猪牛羊禽肉产量 8.44 万吨，增长 0.7%；禽蛋总产量 2.65 万吨，增长 16.2%；水产品总产量 9.2 万吨，增长 3.5%。

全年新增设施农业（渔业）面积 5.31 万亩，累计达到 45.34 万亩，占比重 16.7%，比上年提高 1.5 个百分点。全年规模以上农业龙头企业年销售收入 350.6 亿元，比上年增长 15.2%。全年新增无公

① 中瑞生态产业园：是中国和瑞士两国政府间的战略性合作项目，位于镇江经济技术开发区内，2013 年 7 月份正式启动。

害农产品、绿色食品和有机食品 171 个，累计达到 731 个。30 家现代农业园区本年新增园区面积 8.1 万亩，累计面积 34.4 万亩，实现产值 282.9 亿元，占现代农业园区产值比重 30.0%。当年新增省级以上农业园区 2 家，累计 6 家。

（三）工业和建筑业

截止 12 月末，全市拥有规模以上工业企业 2769 家，比上年增加 324 家，其中大型企业 37 家、中型企业 305 家，小微型企业 2427 家。全年工业月电量 163.4 亿千瓦时，比上年增长 7.8%，提高 6 个百分点。全年规模以上工业实现总产值 7197.3 亿元，比上年增长 15.6%，其中大中型企业 3948.0 亿元，增长 13.7%。按登记注册类型分：国有企业实现产值 250.2 亿元，下降 5.2%；外商港澳台企业实现产值 2452.5 亿元，增长 16.6%；民营企业实现产值 4319.9 亿元，增长 16.8%，其中私营企业实现产值 2847.2 亿元，增长 16.3%。民营企业产值占规模以上工业总产值比重 60.0%，比上年提高 0.6 个百分点。按轻重工业分：重工业实现产值 5953.8 亿元，轻工业实现产值 1243.4 亿元，比上年分别增长 17.3%和 8.4%。

全年规模以上工业实现销售收入 7021.3 亿元，比上年增长 16.6%；实现利税总额 673.0 亿元，比上年增长 19.8%，实现利润总额 427.2 亿元，比上年增长 19.0%。规模以上工业全员劳动生产率 29.2 万元/人，比上年增加 0.5 万元/人。年末拥有销售超千亿产业 3 个；销售超百亿企业（集团）9 家，比上年增加 2 家；全年利税超 10 亿企业 8 家，比上年增加 3 家。加快制造业转型升级，全市 20 家先进制造业特色园区入园规模以上工业企业 489 家，实现销售收入占规模以上制造业销售收入比重 40%。

全年六大战略性新兴产业实现销售收入 3002 亿元，比上年增长 33.2%，占规模以上工业销售收入比重达 42.8%，比上年提高 4.5 个百分点，其中：新材料、高端装备制造、新能源、航空航天、生物技术与新医药、新一代信息技术实现销售收入 816.0 亿元、985.0 亿元、394.1 亿元、249.1 亿元、226.5 亿元和 330.6 亿元，分别增长 35.4%、35.1%、28.3%、38.9%、25.2%和 28.5%。

年末拥有资质以上建筑业企业 401 家，从业人员 15.8 万人。全年建筑业房屋施工面积 2191.3 万平方米，比上年增长 18.9%，其中新开工面积 1044.5 万平方米，增长 24.9%；房屋竣工面积 797.3 万平方米，比上年增长 11.1%。全年建筑业实现总产值 458.5 亿元，比上年增长 33.6%；实现利润总额 13.5 亿元，比上年增长 24.6%；实现税收 12.6 亿元，增长 28.3%。

（四）服务业

1. 国内贸易

镇江苏宁广场主体裙楼封顶，财富广场、明发综合体建设主体完工，幸福广场试营业。重点建设打造大西路传统商业街、西津渡文化旅游街、新河西岸路江鲜街、第一楼街步行街等一批特色商业街区。年末拥有亿元以上商品交易市场 17 个，实现销售额 458.6 亿元，比上年增长 8.8%，其中 10 亿元以上市场 5 个。

全年实现社会消费品零售总额 872. 13 亿元，比上年增长 13.8%。按经营单位所在地分，城镇消费品市场实现零售额 822.7 亿元，增长 13.9%；乡村消费品市场实现零售额 44.2 亿元，增长 11.7%。按消费形态分，批发业实现零售额 133.3 亿元，增长 18.5%；零售业实现零售额 639.8 亿元，增长 14.3%；住宿业实现零售额 6.6 亿元，下降 4.3%；餐饮业实现零售额 87.2 亿元，增长 5.8%。

全年限额以上批发和零售业消费品中，汽车类实现零售额 102.0 亿元，比上年增长 14.7%；石油及制品类实现零售额 62.4 亿元，比上年增长 19.0%；通讯器材类实现零售额 4.8 亿元，比上年增长

16.6%；金银珠宝类实现零售额 12.1 亿元，比上年增长 42.7%；服装、鞋帽、针纺织品类实现零售额 43.06 亿元，比上年增长 17.6%；家用电器和音像器材类实现零售额 30.8 亿元，比上年增长 9.1%；食品、饮料、烟酒类实现零售额 61.7 亿元，比上年增长 10.0%。

2. 交通运输和邮电

宁杭高铁镇江段建成通车，《镇江市轨道交通线网规划》获市政府批准；官塘桥路等 10 个项目建成通车，312 国道南移、五凤口高架等 9 个项目开工建设。苏南运河"四级航道改三级航道"工程全线实施，丹金溧漕河"五级航道改三级航道"先导段工程开工建设。

年末全市等级公路里程 7200 公里，其中高速公路里程 240 公里。全年完成旅客运输量、货物运输量(不含铁路、水路，下同)2.35 亿人次、1.53 亿吨，比上年分别增长 8.7%和 15.2%；完成旅客周转量、货物周转量 155.25 亿人公里、84.53 亿吨公里，比上年分别增长 9.2%和 15.6%。完成港口货物吞吐量 1.6 亿吨，比上年增长 5.0%，其中长江港口吞吐量 1.4 亿吨，增长 4.7%，港口集装箱运量 38 万标箱，比上年增长 1.3%。

年末市区拥有公交线路 112 条，当年优化线路 16 条，改造大站快线 1 条，新辟小巴循环 3 条，完成 206 个公交站台智能化改造工程。年末拥有公共交通车辆运营数 1443 标台，比上年增加 225 标台，城市居民公交出行分担率 22.3%，比上年提高 2 个百分点。年末民用汽车保有量 33.8 万辆，比上年增加 5 万辆，其中私人汽车 28 万辆，增加 4.9 万辆；全年市区新增出租车 76 辆，总计 1323 辆。全年完成主城区 2000 辆公共自行车系统建设，办理借车卡 4.4 万张，累计借车 220 万次。

全年信息化发展水平 85.0%，比上年提高 2.9 个百分点。全年完成邮政电信业务总量 38.9 亿元，比上年增长 3.9%。其中，邮政业务总量 3.26 亿元，电信业务总量 35.59 亿元，比上年分别增长 7.7%和 3.6%。邮政电信业务收入 34.05 亿元，增长 9.4%，其中邮政业务收入 3.52 亿元，电信业务收入 30.53 亿元，分别增长 7.2%和 9.7%。年末固定电话用户数 106 万户，比上年减少 6.9 万户；年末移动电话用户数 317.6 万户，比上年增加 18.7 万户。年末互联网用户数 74.2 万户，比上年增加 1.8 万户。

3. 旅游业

2013 年镇江市着力提升花园城市、旅游城市的影响力，全面促进旅游产业融入经济社会发展。全年实现旅游总收入 484.4 亿元，比上年增长 15.8%；接待旅游总人数 3898.7 万人次，比上年增长 11.8%。与时令节事相结合，举办 2013"春风又绿江南岸"镇江旅游节、第四届金山湖国际龙舟大奖赛、镇江微电影节、金山湖啤酒节、茅山旅游文化节、宝华山"泡山节"等活动。年末全市拥有星级饭店 55 家，其中四星级及以上饭店 12 家。拥有 5A 级景区 1 家，4A 级景区 6 家，3A 级景区 7 家。

4. 金融和保险

全年新增兴业银行镇江分行、广发银行镇江分行 2 家全国性股份制商业银行；设立、批筹 12 家小额贷款公司、2 家备案创投公司、2 家农民资金互助社。推动融资载体创新，镇江市金融产业发展有限公司落户镇江新区，成立镇江市科技型中小企业贷款风险补偿资金池。年末金融机构各项本外币存款余额 3346.7 亿元，比年初增加 447.2 亿元，比上年多增 18.2 亿元，其中：单位存款比年初增加 222.2 亿元，多增 22.9 亿元；个人存款比年初增加 219.6 亿元，多增 12.2 亿元。年末金融机构各项本外币贷款余额 2422.7 亿元，比年初增加 294.5 亿元，比上年多增 1.8 亿元。其中短期贷款比年初增加 187.2 亿元，少增 75.9 亿元；中长期贷款比年初增加 112.2 亿元，多增 94.4 亿元。

全年保险业实现保费收入 61.8 亿元，比上年增长 6.8%。其中财产险保费收入 17.9 亿元，增长 22.2%；人寿险保费收入 43.8 亿元，增长 1.6%；健康险和意外伤害险实现保费收入 3.1 亿元，增长

24%。保险兑现赔付额19.5亿元,比上年增长43.9%。其中财产险赔付8.6亿元,增长17.3%;人寿险赔付10.9亿元,增长75%;健康险和意外伤害险赔付1.7亿元,增长88.4%。

5. 房地产业

全年完成房地产开发投资296.3亿元,增长45.7%。全年商品房施工面积2417.3万平方米,比上年增长42.5%;竣工面积362.8万平方米,比上年下降10.1%。房地产销售形势明显好于上年,全年商品房销售面积592.2万平方米,比上年增长40.9%,其中住宅销售面积551.3万平方米,增长42.5%;商品房销售额355.3亿元,比上年增长52.0%,其中住宅320.5万平方米,增长56.9%。

(五)开放型经济

1. 对外贸易

全年完成进出口总额99.5亿美元,比上年下降12.8%,其中出口总额62.2亿美元,下降19.6%;进口总额37.3亿美元,增长1.4%。外贸结构进一步优化,一般贸易出口额45.2亿美元,占比重72.7%;加工贸易出口额16.73亿美元,占比重27.3%。按国别地区分,对亚洲出口额62.3亿美元,比上年下降19.6%,其中对东盟、日本、印度、韩国、台湾、香港出口额7.2、5.5、3.0、2.6、1.9和1.9亿美元,分别下降29.3%、10.7%、8.7%、22.0%、14.0%和47.4%;对欧洲出口额11.3亿美元,比上年下降22.6%,其中对俄罗斯出口额1.8亿美元,下降1.4%;对美国出口额11.5亿美元,比上年下降12.0%。按登记注册类型分,外商投资企业出口额30.7亿美元,比上年下降2.2%,占比重49.3%;私营企业出口额28.8亿美元,比上年下降33.1%,占比重46.3%。按产品类别分,纸及纸制品出口额7.7亿美元,比上年下降12.5%;机电产品出口额23.9亿美元,比上年下降42.8%。

2. 利用外资

全年新批外商投资企业162家,比上年增加20家。完成协议外资32.41亿美元,增长26.7%;实际到账外资30.97亿美元,增长43.1%。新批及净增资1000万美元以上项目115个,比上年增加27个。

3. 产业园区

在推进产业集中集聚集约发展上,坚持每月调度、现场督查,三大类80个产业园区规划基本完成,20个先进制造业特色园区实现应税销售1230.9亿元,占全市的37.6%;30个现代服务业集聚区实现营业收入910亿元,占全市的48%;30个现代农业产业园区新增高效农业面积8万亩,占全市的35.6%,新增2个达到省级标准的农业园区。中瑞生态产业园加快推进,镇江生态文明先行区开始启动,对台合作十大载体着手建设,海峡两岸新材料产业合作示范区获国家批准。

二、镇江市2013年社会发展概况

(一)人口、人民生活

年末户籍总人口271.8万人,比上年增加0.4万人,其中市区户籍人口103.3万人,比上年增加0.01万人。年末常住人口316.54万人,比上年增加1.06万人,其中市区常住人口122.37万人,比上年增加0.5万人。年末常住人口出生率7.43‰,人口死亡率6.45‰,人口自然增长率0.98‰。

全年城镇居民人均可支配收入32977元,比上年增加2932元,增长9.8%,其中:工资性收入22406元,增加1884元,增长9.2%;经营性收入3945元,增加288元,增长7.9%;财产性收入636元,增加84元,增长15.3%;转移性收入8404元,增加593元,增长7.6%。全年城镇居民人均消费性支出 19795 元，增加 1898 元，增长 10.6%，其中食品支出占人均消费性支出的比重为 35.6%。全年农村居民人均纯收入 16258 元，比上年增加 1740 元，增长 12.0%，其中：工资性收入 9850 元，增加 1074 元，增长 12.2%；经营性收入 4669 元，增加 422 元，增长 9.9%；财产性收入 472 元，增加 60 元，增长 14.6%；转移性收入 1267 元，增加 184 元，增长 17.0%。全年农村居民人均生活消费支出 11995 元，增加 1465 元，增长 13.9%，其中食品支出占人均生活消费支出的比重为 35.6%。年末城镇居民人均住房面积为 40.4 平方米，每百户家庭拥有汽车 33 辆、电脑 123 台、手机 255 部；年末农村居民人均住房面积为 51.0 平方米，每百户家庭拥有汽车 21 辆、电脑 61 台、手机 239 部。

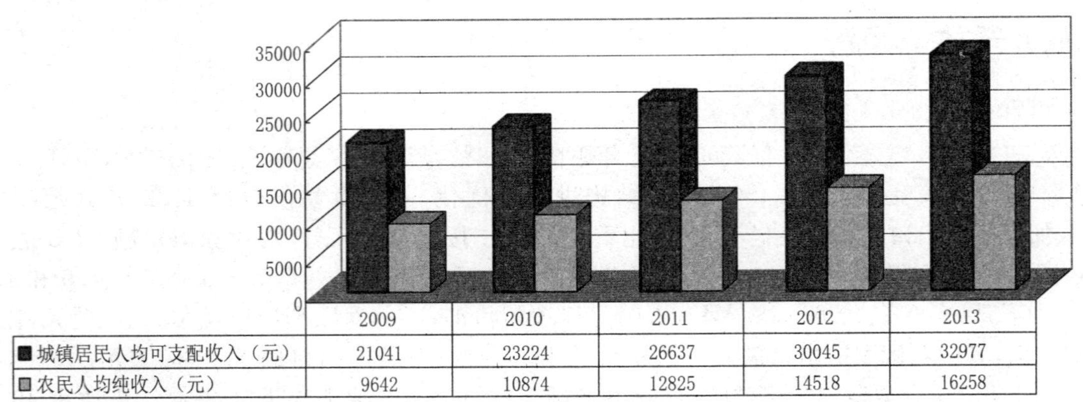

	2009	2010	2011	2012	2013
城镇居民人均可支配收入（元）	21041	23224	26637	30045	32977
农民人均纯收入（元）	9642	10874	12825	14518	16258

图 3　2009—2013 年镇江市城乡居民收入对比一览

（二）就业与社会保障

1. 就业

年末从业人员 194.1 万人，其中：第一产业从业人员 22.9 万人、第二产业从业人员 92.6 万人、第三产业从业人员 78.7 万人。全年新增城镇就业岗位 7.2 万个，年末城镇登记失业率为 2.3%。

2. 社会保障

年内企业最低工资标准月均增加 160 元、企业退休人员养老金月均增加 220 元；市区、扬中城乡居民最低生活保障标准统一提高到 520 元月/人；丹阳、句容统一提高到 480 元月/人。年末城乡职工基本医疗保险、城乡基本养老保险、失业保险参保人数 87.2 万人、83.4 万人和 47.8 万人，比上年分别增加 2.7 万人、4.9 万人和 1.2 万人，覆盖面分别为 97.5%、97.5%和 97.8%。年末新型农村合作医疗参合人数 161.5 万人，比上年增加 2.2 万人，覆盖面 100%。

（三）教育与科技创新

1. 教育

推进苏南教育现代化示范区建设，国家学前教育体制改革试点工作稳步推进，创办第一外国语学校、恢复崇实女子中学，东方技校建成使用。全年现代化教育发展水平 75.0 分，义务教育普及率 100%，高中阶段毛入学率 100%。年末拥有各类学校 250 所，其中：普通高校 5 所、中职学校 13 所、普通中学 113 所、普通小学 114 所、技工学校 5 所。年末在校学生数 34.86 万人，其中：高等学校 8.02 万人、中职学校 2.33 万人、普通中学 9.95 万人、普通小学 13.43 万人、技工学校 1.13 万人。年末教职员工数 4.17 万人，其中：专任教师 3.0 万人。全年完成校安工程改造面积 51.2 万平方米，其中市直学

校19个加固项目全部竣工。稳步推进校车公交化改革，全年集中接送学生车辆571辆，比上年增加166辆。

2. 科技

连续九次获得“全国科技进步先进市”，科技进步贡献率达58.5%，比上年提高1.4个百分点。积极推进镇江国家级高新区争创，规划建设镇江知识城、水科学产业园、盐科学产业园等创新载体。全年新增9家博士后工作站和1个国家级、3个省级科技孵化器。科技研发投入比重稳步提升，全年R&D经费支出占GDP比重2.45%，比上年提高0.14个百分点。年末每万劳动力中研发人员数113人，比上年增加6人。全年新增国家“千人计划”人才23人、省双创计划人才(团队)52人、市“331”计划领军人才(团队)107个。

年末拥有省级以上高新技术企业386家、产品2080项，其中当年新认定100家和285项。全年高新技术产业产值占规模以上工业产值的比重46.8%，继续保持全省第一。全年分别新增省级企业院士工作站和企业重点实验室各2家，高新技术企业和大中型工业企业省级以上研发机构占比35.5%，比上年提高6.7个百分点。

深入开展“国家知识产权示范城市”建设，在全省率先设立专利密集型企业培育计划。全年专利授权数9809件，比上年增加574件，其中发明专利授权数874件。百亿元GDP专利授权数为335件，比上年增加10件；万人发明专利拥有量达9.7件，比上年增加2.4件。

(四) 文化、卫生与体育

1. 文化

总投资超4亿元的市图书馆、市美术馆、市非遗展示馆和市文化馆新馆在官塘新城开工建设，全市农村(社区)实现数字化阅读全覆盖。公共文化服务设施网络覆盖率达100%，万人拥有公共文化设施面积达1462平方米；万人拥有公共图书馆总藏量达11674册。有线电视户户通工程快速推进，有线电视入户率达91.7%。

全年举办“文化嘉年华”、“欢乐家园”、“文心”系列各类品牌文化活动108场，送电影下乡8308场次，观看人数超过163.6万人次。以“灵秀镇江、文化绽放”为主题，举办2013年“三山文化艺术展演月”、“书香镇江”全民阅读等系列活动。新增8处全国重点文物保护单位，大韩民国临时政府史料馆建成开馆。启动第一次全国可移动文物普查工作，完成2404家国有单位的首批普查工作。“江苏国家数字出版基地镇江园区”正式授牌，西津渡文化产业园获批省级重点文化产业园。

动画片《水漫金山》获第六届厦门国际动漫节“金海豚”动画作品大赛最佳电视系列动画片银奖，纪录片《城市山林》在央视播出，民生频道《小梁帮你忙》栏目获得全国新闻战线“改文风”优秀栏目奖。利用成功举办“2013长江国际音乐节”的品牌效应，加快推进世业洲长江国际音乐岛建设。制作大型水景秀《白蛇传》，策划原创舞台剧《春江花月夜》。开展2013HiFi西津渡音乐汇、“‘一起周末’2013镇江文化行动”公益活动。优化文化创意板块拓展本土市场，举办“2013城市生活体验节”、“第四届中国(镇江)全国文物艺术品博览会”，成功开发运营“喜雨楼一江南古玩城”项目。

2. 卫生

全部21所二级以上非营利性医疗机构全面实施医药价格综合改革，成立“镇江市医院管理委员会”。截止12月末，全市县及县级以上公立医院药品收入占医疗收入比重34.6%，比上年下降5.6个百分点；门诊人均费用162.2元，比上年增加8.8元，增长5.6%。医疗机构布局进一步完善，市二院、市精神卫生中心顺利从老城区搬迁，并投入正常运营。年末共有各类卫生机构897个，其中医院、卫生院88个，卫生防疫和防治机构7个，妇幼卫生保健机构6个。各类卫生机构拥有床位数14311张，其中医院、卫生院床位数12646张。年末拥有卫生技术人员17666人，其中执业医师、执业助理医师7204人。每千人口执业（助理）医师数达2.28人，比上年增加0.1人；每千人拥有床位数4.52张，比上年增加0.53张。

全市孕产妇死亡率、婴儿死亡率和出生缺陷发生率等指标分别为0、2.35‰、3.99‰。建立健全医院、疾控机构、基层医疗机构三位一体的疾病综合防控机制，连续7年无重大急感疫情报告，规范处置人感染H7N9禽流感疫情。318家村卫生室全面完成标准化建设任务，65岁以上老人等重点人群签约率92.0%。全年新型农村合作医疗参合人口161.5万人，参合率100%；人均筹资标准为448元，比上年增加70元。

3. 体育

市体育会展中心建成开放，全年新建体育公园5个、全民健身点50个，万人拥有公共体育设施面积达2.68万平方米，居民体质合格率92.8%。组建市体育产业发展有限公司，承办“直通巴黎”世乒赛中国男队选拔赛、“群星璀璨耀镇江”棋类挑战大师赛、江苏舜天中超和足协杯主场比赛、全国青年乒乓球锦标赛等各项国内知名赛事。第十二届全运会上，镇江市选手共获得金牌11枚、银牌10枚、铜牌7枚的佳绩；参加省年度各类竞赛共获金牌36枚，银牌24.5枚，铜牌26枚。全年2人获3项亚洲冠军、23人获8项全国冠军，3人被省局评为“奥运未来之星”。

（五）城乡建设

年末市区建成区面积128平方公里，比上年增加8平方公里。全市城市化率65.4%，比上年提高1.2个百分点。东吴路绿地广场、跑马山公园等40项城建重点项目全部竣工；老市政府既有建筑改造、环云台山项目全面实施，西津音乐厅桩基基本完成，西津剧场开工建设；中山西路改造、长江路景观提升、南山珍珠湖等工程顺利完成。深入开展城市环境综合整治和“美丽城市”市长月度督查活动，市区新建垃圾转运站6座，新建公厕20座，40座社会化公厕完成移交拖管，主城区“十分钟公厕服务圈”覆盖率达72%，全年生活垃圾无害化处理率100%，城镇污水达标处理率82%，比上年提高2个百分点。村庄环境整治全面完成，顺利通过省区域验收，建成省三星级康居村65个，康居乡村建设达标率80%，比上年提高8个百分点。

“7+1”旧城区城中村改造①征收拆迁基本完成。全市保障性安居工程新开工1.69万套、竣工0.78万套，分别占省政府下达目标任务的143%、105%，全市城镇住房保障体系健全率达86.5%。通过公共租赁补贴和实物配租方式，对中等偏下收入住房困难家庭实施保障，市区在建安置房577万平方米，开工220万平方米，竣工43万平方米，安置1.05万套。“三新”建设②深入推进，新建农民安置房21.8万平方米。

（六）环境保护与生态建设

率先编制实施主体功能区规划，划定生态红线。正式启动省级生态文明建设综合配套改革试点和国家生态文明先行示范区创建，顺利通过中国人居环境奖考核验收，扎实推进国家低碳城市试点工

① “7+1”旧城区城中村改造：包括金融集聚区、岗子下地块、太古山片区、李家大山片区、七里甸城中村片区、五州山城中村片区、制药厂地块和南山风景区城中村改造项目。

② “三新”建设：新市镇、新园区、新社区建设。

作，低碳九大行动①深入实施，官塘新城成为亚太经合组织低碳示范城镇试点。国家森林城市40项创建指标全部达标，全年新增绿化造林面积9.67万亩，林木覆盖率达26.0%，市区新增绿地300公顷，建成区绿化覆盖率达42.4%、人均公共绿地面积达17平方米。东部地区异味治理和韦岗地区大气环境整治取得阶段性成果，“蓝天工程”② 83个项目全面完成，秸秆禁烧工作全省领先。全市淘汰落后产能企业35家，关闭化工企业61家。主要污染物排放全面完成省下达减排任务，全年COD、氨氮、二氧化硫和氮氧化物分别削减216.2吨、26.5吨、365.5吨和9342.6吨，单位排放强度比上年分别下降11.2%、11.5%、11.3%和19.6%。

（七）社会安全

平安镇江”、“法治镇江”建设和“六五普法”工作扎实推进，社会管理不断加强，信访形势总体平稳，再度获评全国社会治安综合治理优秀地市，荣获“长安杯”。第三次经济普查扎实开展。全国双拥模范城“七创”工作通过中期评估。建立健全应急管理体系，“物资库”、“专家库”建设和实战型应急演练取得积极成效。有效应对人感染H7N9禽沉感疫情。安全生产事故起数和死亡人数连续12年“双下降”，食品药品和产品质量安全责任得到有效落实。

三、镇江市在长三角地区经济发展中的地位

国务院正式批准《长江三角洲地区区域规划》，将把长三角建成“亚太地区重要的国际门户、全球重要的现代服务业和先进制造业中心、具有较强竞争力的世界城市群”作为发展定位。2013年这一地区以全国1%的土地和6%的人口，创造了全国19.3%的GDP。由于长三角区域城市发展基础不同，16个城市之间经济发展水平还存有较大差异，镇江作为长三角的一员，近年来加快长三角一体化进程，经济和社会发展稳中奋进，但对比长三角其他城市仍有较大差距。

2009—2013年镇江市地区生产总值在长三角所占比重分别为2.31%、2.30%、2.30%、2.42%和2.47%，在2011年出现小幅下跌后，2012～2013年持续增加，2013年大幅增加，较上年增幅达0.05个百分点，较2009年增加了0.16个百分点。2013年镇江市地区生产总值在长三角地区25个市（苏浙两省24个地级市和上海市，下同）排名和上年持平，排名第18位，亟需改善提高。

2013年，镇江市全年实现地区生产总值2927.1亿元，比上年增长12.1%，其中：第一产业实现增加值129.1亿元，比上年增长3.1%；第二产业实现增加值1549.4亿元，比上年增长12.5%；第三产业实现增加值1248.6亿元，比上年增长12.3%。三次产业结构由上年的4.4∶54.0∶41.6调整为4.4∶53.0∶42.6，第三产业增加值占地区生产总值比重比上年提高1.0个百分点。按常住人口计算人均生产总值为92626元（按现行汇率折算为14957美元）。

2009—2013年年镇江市地方财政一般预算收入在长三角所占比重分别为1.28%、1.44%、1.55%、1.65%和1.76%，连续五年保持增长态势，累计增幅达0.48个百分点，其中2013年较上年增长0.11个百分点。2013年镇江市地方财政一般预算收入在长三角地区25个市排名和上年持平，排名第18位，亟需提高。

---

① 低碳九大行动：指优化空间布局行动、发展低碳产业行动、构建低碳生产模式行动、构建低碳生活方式行动、低碳能力建设行动、低碳交通行动、低碳能源行动、碳汇建设行动、低碳建筑行动。

② “蓝天工程”：省政府实施的加强大气污染防治工程，以改善区域大气环境质量为目标，以工业废气治理、机动车排气污染防治、城市扬尘污染防治等为重点领域，构建大气污染联防联控体系，综合治理大气污染，保障生态安全和群众健康，促进经济、社会和环境和谐发展。

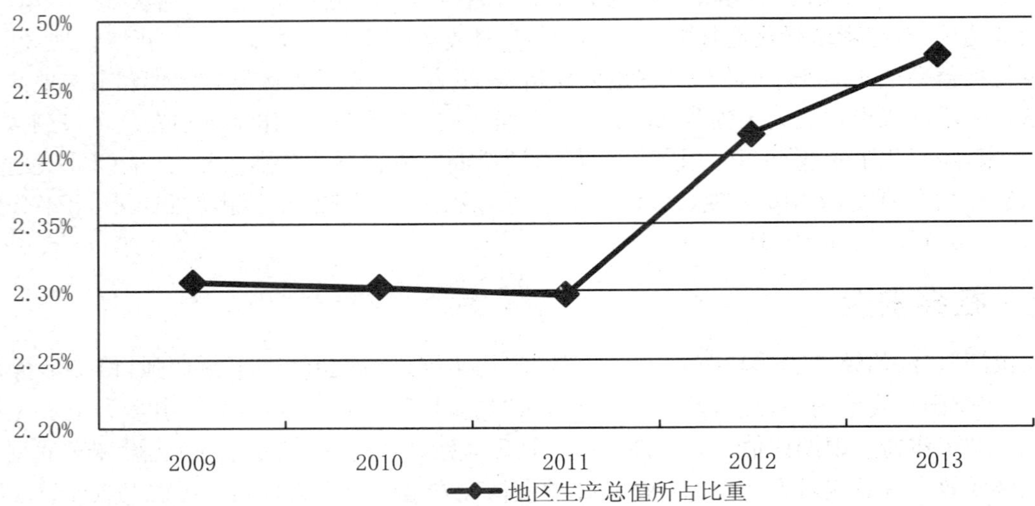

图 4　2009—2013 年镇江市地区生产总值在长三角所占比重的变化趋势

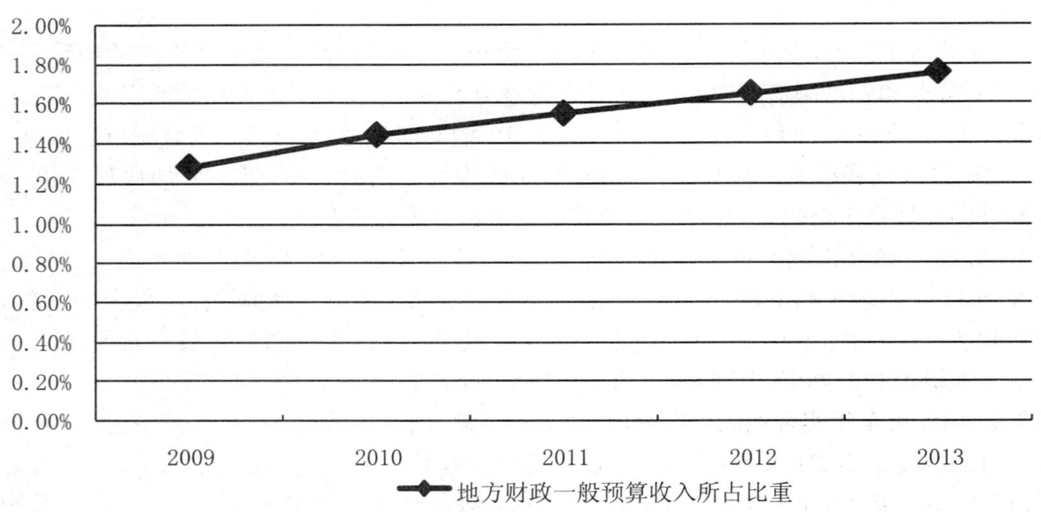

图 5　2009—2013 年镇江市地方财政一般预算收入在长三角所占比重的变化趋势

2013 年，镇江市全年完成公共财政预算收入 254.5 亿元，比上年增长 18.1%，其中各项税收收入 208.7 亿元，增长 19.8%。按税种分，增值税 297.8 亿元，增长 27.6%；营业税 84.3 亿元，增长 25.9%；契税 14.0 亿元，增长 37.2%；企业所得税 19.3 亿元，下降 3.6%；个人所得税 7.2 亿元，增长 2.3%。全年公共财政预算支出 280.3 亿元，比上年增长 20%，其中城乡社区事务支出 44.2 亿元，增长 31.8%；社会保障和就业支出 20.0 亿元，增长 31.5%；科学技术支出 10.4 亿元，增长 25.5%；文化体育与传媒支出 5.2 亿元，增长 30%。全市各级财政用于民生方面的支出 181.9 亿元，占财政支出的 64.9%。

2009—2013 年镇江市规模以上工业总产值在长三角所占比重分别为 2.33%、2.41%、2.65%、2.86%和 3.13%，连续多年实现增长，累计增幅为 0.8 个百分点，其中 2013 年较上年增长 0.27 个百分点。2013 年镇江市规模以上工业总产值在长三角地区 25 个市排名较上年保持不变，排名第 13 位，

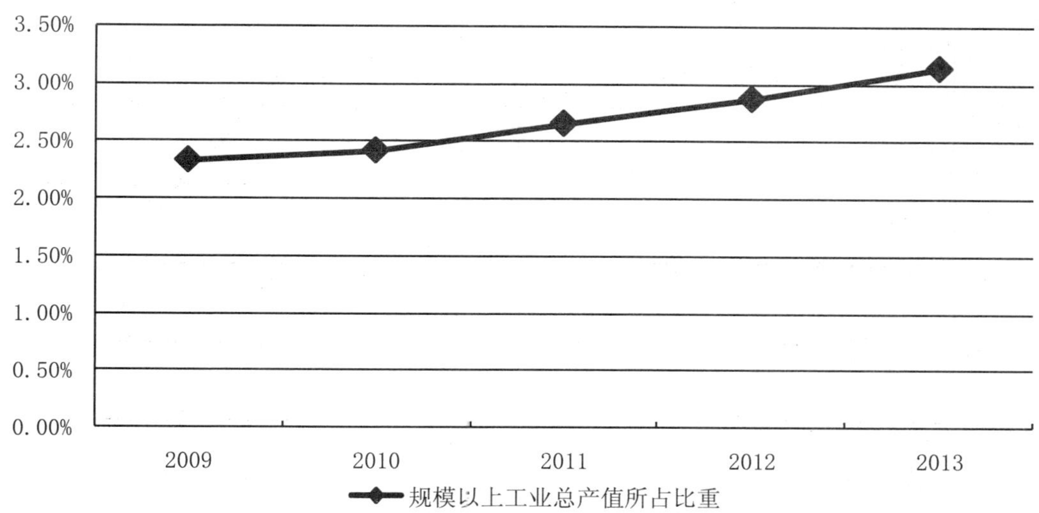

图6 2009—2013年镇江市规模以上工业总产值在长三角所占比重的变化趋势

处于中游水平。

2013年,镇江市全年规模以上工业实现总产值7197.3亿元,比上年增长15.6%,其中大中型企业3948.0亿元,增长13.7%。按登记注册类型分:国有企业实现产值250.2亿元,下降5.2%;外商港澳台企业实现产值2452.5亿元,增长16.6%;民营企业实现产值4319.9亿元,增长16.8%,其中私营企业实现产值2847.2亿元,增长16.3%。民营企业产值占规模以上工业总产值比重60.0%,比上年提高0.6个百分点。按轻重工业分:重工业实现产值5953.8亿元,轻工业实现产值1243.4亿元,比上年分别增长17.3%和8.4%。

全年规模以上工业实现销售收入7021.3亿元,比上年增长16.6%;实现利税总额673.0亿元,比上年增长19.8%,实现利润总额427.2亿元,比上年增长19.0%。规模以上工业全员劳动生产率29.2万元/人,比上年增加0.5万元/人。年末拥有销售超千亿产业3个;销售超百亿企业(集团)9家,比上年增加2家;全年利税超10亿企业8家,比上年增加3家。加快制造业转型升级,全市20家先进制造业特色园区入园规模以上工业企业489家,实现销售收入占规模以上制造业销售收入比重40%。

2009—2013年镇江市进出口总额在长三角所占比重分别为0.75%、0.75%、0.78%、0.88%和0.75%,呈倒"V"形态势,2012年到达顶峰,2013年下跌,较上年下跌了0.13个百分点。2013年镇江市进出口总额在长三角地区25个市排名下跌了一位,排名第16位。

2013年,镇江市全年完成进出口总额99.5亿美元,比上年下降12.8%,其中出口总额62.2亿美元,下降19.6%;进口总额37.3亿美元,增长1.4%。外贸结构进一步优化,一般贸易出口额45.2亿美元,占比重72.7%;加工贸易出口额16.73亿美元,占比重27.3%。按国别地区分,对亚洲出口额62.3亿美元,比上年下降19.6%,其中:对东盟、日本、印度、韩国、台湾、香港出口额7.2、5.5、3.0、2.6、1.9和1.9亿美元,分别下降29.3%、10.7%、8.7%、22.0%、14.0%和47.4%;对欧洲出口额11.3亿美元,比上年下降22.6%,其中:对俄罗斯出口额1.8亿美元,下降1.4%;对美国出口额11.5亿美元,比上年下降12.0%。按登记注册类型分,外商投资企业出口额30.7亿美元,比上年下降2.2%,占比重49.3%;私营企业出口额28.8亿美元,比上年下降33.1%,占比重46.3%。按产品类别分,纸及纸制品出口额7.7亿美元,比上年下降12.5%;机电产品出口额23.9亿美元,比上年下

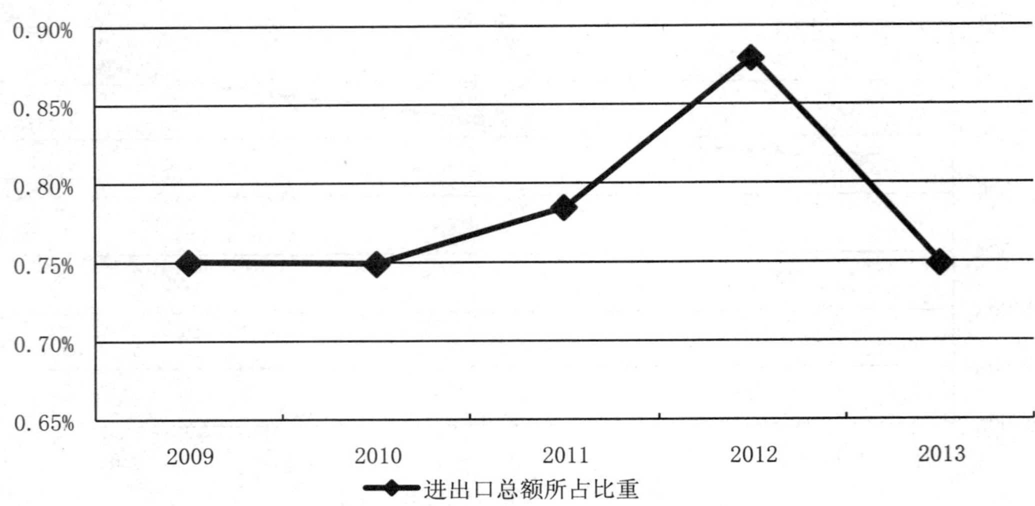

图 7　2009—2013 年镇江市进出口总额在长三角所占比重的变化趋势

降 42.8%。

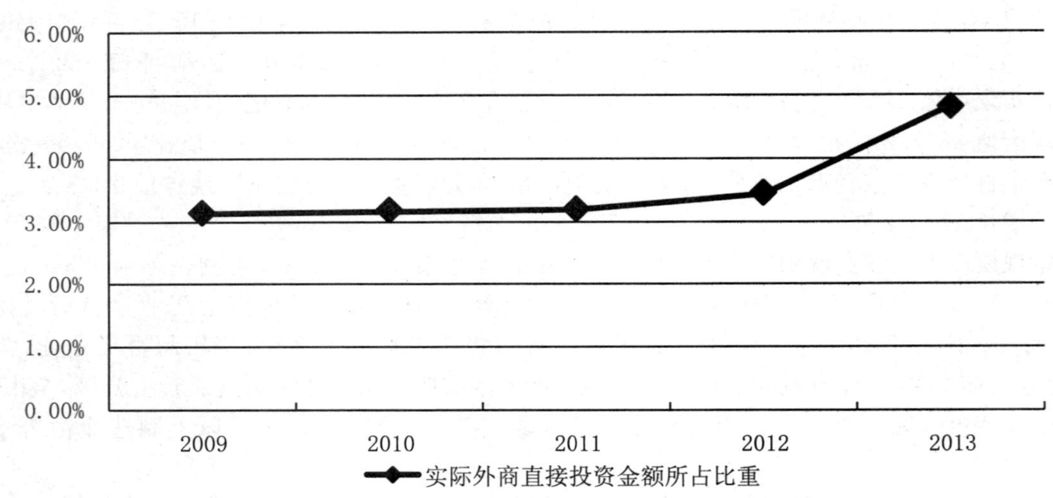

图 8　2009—2013 年镇江市实际外商直接投资金额在长三角所占比重的变化趋势

2009—2013 年镇江市实际外商直接投资金额在长三角所占比重 3.15%、3.19%、3.21%、3.46% 和 4.82%，呈现持续增长的态势，累积增长了 1.67 个百分点，其中 2013 年较上年增加了 0.36 个百分点。2013 年镇江市进出口总额在长三角地区 25 个市排名保持不变，排名第 8 位，保持着相对领先的优势。

2013 年全年新批外商投资企业 162 家，比上年增加 20 家。完成协议外资 32.41 亿美元，增长 26.7%；实际到账外资 30.97 亿美元，增长 43.1%。新批及净增资 1000 万美元以上项目 115 个，比上年增加 27 个。

十三　泰州市2013年经济社会发展报告

2013年，在市委、市政府的正确领导下，全市上下深入学习贯彻党的十八大和习近平总书记系列重要讲话精神，全面落实中央统筹推动“稳增长、调结构、促改革、惠民生”和省委、省政府出台的稳中求进的各项政策措施，紧紧围绕科学发展主题和转变发展方式主线，以提高经济增长质量和效益为中心，以推进全省转型升级综合改革试点为抓手，加快推进转型升级，努力保障和改善民生，全市经济社会发展稳中有进，民生幸福明显改善。

一、泰州市2013年经济发展概况

（一）综合经济

1. 经济总量

全年地区生产总值3006.91亿元，比上年增长11.8%。其中，第一产业增加值205.96亿元，增长3.1%；第二产业增加值1574亿元，增长12.1%；第二产业中工业增加值1362.24亿元，增长12.8%；第三产业增加值1226.95亿元，增长12.7%。三次产业结构调整为6.8∶52.4∶40.8。按常住人口计算，全年人均地区生产总值64917元，增长11.7%，人均地区生产总值按当年汇率折算突破1万美元，达10483美元。

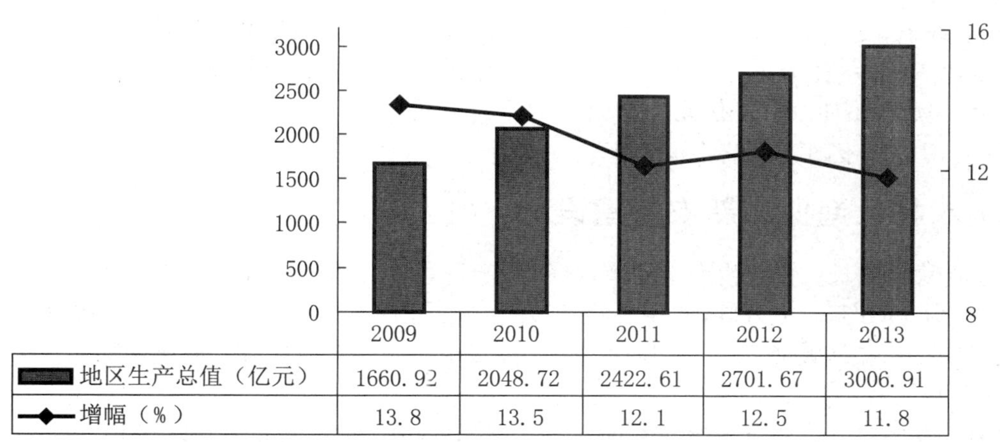

	2009	2010	2011	2012	2013
地区生产总值（亿元）	1660.92	2048.72	2422.61	2701.67	3006.91
增幅（%）	13.8	13.5	12.1	12.5	11.8

图1　2009—2013年泰州市地区生产总值及增长速度

2. 财政收支

财政收支稳步增长。全年财政总收入697.27亿元，增长11.0%；公共财政预算收入251.28亿元，增长11.2%。公共财政预算收入中，税收收入206.55亿元，增长13.3%，税收收入占公共财政预算收入的比重为82.6%，比上年提高1.6个百分点。全年公共财政预算支出343.81亿元，增长13.7%。全市各级用于保障和改善民生的支出达257.33亿元，增长16.0%；民生支出占公共财政预算支出的比重达75.2%，同比提高1.5个百分点。

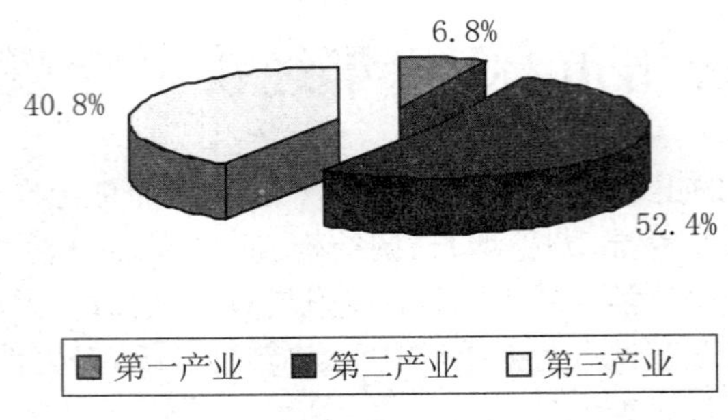

图 2 2013 年泰州市三次产业结构图

3. 物价水平

全年市区居民消费价格指数上涨 1.9%，其中消费品价格上涨 2.0%，服务项目价格上涨 1.6%；八大类指数四升四降，食品类、衣着类、娱乐教育文化用品及服务类、居住类分别上涨 3.6%、3.7%、1.5%和 1.7%，烟酒及用品类、家庭设备用品及维修服务类、医疗保健和个人用品类、交通通讯类分别下降 1.4%、0.1%、0.4%和 0.7%。全年工业生产者购进价格下降 1.5%，工业生产者出厂价格下降 1.7%，跌幅分别比上年缩小 2.1 个、1.8 个百分点。

4. 固定资产投资

全年固定资产投资 1764.17 亿元，增长 21.0%。从产业看，一产投资 14.28 亿元，二产投资 992.22 亿元，三产投资 757.68 亿元，分别增长 11.8%、25.5%和 20.1%；在二产投资中，工业投资 982.51 亿元，增长 25.6%。从经济类型看，民间投资 1353.70 亿元，增长 27.8%，民间投资占固定资产投资比重达 76.7%，比上年提高 4.1 个百分点。从新开工项目看，全年新开工项目 2466 个，比上年增加 469 个，完成投资 1191.67 亿元，增长 30.4%；其中，亿元以上新开工项目 147 个，比上年增加 11 个，完成投资 318.83 亿元，增长 17.9%。

（二）农林牧渔业和新农村建设

农业生产稳定增长。粮食生产十连增，全年总产量达 326.68 万吨，比上年增产 2.91 万吨，增长 0.9%。其中小麦增产 3.57 万吨，水稻增产 1.06 万吨，玉米减产 1.43 万吨。全年粮食播种面积为 657.78 万亩，同比减少 0.60 万亩，下降 0.1%。粮食单产 496.6 公斤/亩，同比增加 4.9 公斤/亩，增长 1.0%。

林牧渔业发展稳定。全年新增造林面积 9.4 万亩；肉类产量 26.63 万吨，增长 3.9%；禽蛋产量 12.15 万吨，增长 4.3%；牛奶产量 4.59 万吨，增长 8.4%；水产品产量 37.30 万吨，增长 3.9%。规模养殖稳中有升。全年生猪大中型规模养殖比重达 52%以上，肉禽、蛋禽、奶牛规模养殖比重分别达 98%、98%和 100%。

农业现代化建设加快推进。国家现代农业示范区建设有力推进，市区北部现代农业走廊规划完成编制和评审，姜堰成为全省唯一的国家农业改革与建设试点地区，泰兴农业产业园标准化示范区通过国家验收。全年新增高效设施农业 19.0 万亩、高效设施渔业 2.6 万亩、高标准农田 18.1 万亩。全年工商登记合作社 4947 家、家庭农场 852 家，1075 家农民专业合作社列入政府优先扶持名录，100 家家庭农场创成市级示范性家庭农场。

新农村建设深入推进。深入实施全面小康村建设“十百千”提升工程。建成全面小康达标村、示范村各 100 个、十强村 10 个，创建省级新农村建设示范村 12 个。深入实施脱贫奔小康工程。启动实

施了市领导和机关部门、单位对高港、姜堰8个镇40个经济薄弱村的挂钩帮扶工作，挂钩帮扶资金达1500多万元。全年村级集体经营性收入20万元以下的村基本消除，30万元以上的村占比达到55%以上。

（三）工业和建筑业

工业生产增势平稳。全年规模以上工业总产值8501.65亿元，增长18.4%。分轻重工业看，轻工业产值2212.48亿元，增长20.7%；重工业产值6289.16亿元，增长17.7%。分经济类型看，国有、集体、股份制、外商和港澳台投资企业分别完成产值269.50亿元、154.25亿元、5120.31亿元、2205.54亿元，分别增长18.5%、-3.5%、19.7%、16.0%。分企业规模看，大型、中型、小型企业分别完成产值2609.17亿元、1639.41亿元、4215.27亿元，分别增长12.4%、20.2%、22.1%。分主要行业看，食品饮料行业624.54亿元，增长17.7%；纺织服装皮革行业396.99亿元，增长17.7%；石油化工行业1186.76亿元，增长17.7%；医药行业579.81亿元，增长20.8%；金属冶炼加工行业1391.44亿元，增长19.6%；设备制造行业1953.31亿元，增长14.5%；电子设备及电气机械制造行业1676.46亿元，增长21.0%。

工业效益明显改善。全年规模以上工业实现主营业务收入8149.57亿元、利税1022.26亿元、利润605.06亿元，分别增长18.0%、19.1%、16.2%。生物医药、电子信息、新能源三大新兴产业效益显著改善，分别实现利税208.29亿元、利润121.62亿元，分别增长24.6%、23.0%。

中小企业发展势头良好。规模以上工业中小企业工业总产值5891.73亿元，增长21.3%；主营业务收入5673.75亿元，增长20.9%；利税总额689.80亿元，增长23.7%；利润总额404.65亿元，增长26.0%。产值、销售、利税、利润增幅分别高于规模以上工业2.9个、2.9个、4.6个、9.8个百分点。民营企业发展步伐加快。年末私营企业达到5.79万户，增长14.1%；个体工商户19.79万户，增长10.3%；私营个体经济注册资本规模达2583.81亿元，增长28.5%。规模以上民营工业企业实现产值5843.44亿元，增长19.9%；其中私营企业实现产值3182.40亿元，增长22.9%。

建筑业稳定发展。年末具有资质的建筑业企业729家；建筑业总产值2009.16亿元，增长14.7%；房屋施工面积21661.46万平方米，增长14.1%；全年建筑业增加值210.91亿元，增长6.8%。

（四）服务业

服务业发展水平稳步提升。全年实现服务业增加值1234.40元，增长12.7%，占GDP比重为41.1%，比上年提高1个百分点。

1. 国内贸易

消费品市场稳中有升。全年社会消费品零售总额837.09亿元，增长13.5%。从城乡市场看，城镇消费品零售额755.64亿元，增长13.8%；乡村消费品零售额81.48亿元，增长10.4%。从行业看，批发和零售业零售额721.96亿元，增长13.9%；住宿和餐饮业零售额115.16亿元，增长10.9%。从限额以上单位看，全年限额以上社会消费品零售总额259.83亿元，占全社会比重为31.0%，零售额比上年增长9.8%；其中，限额以上批发零售业零售额245.90亿元，增长11.7%；限额以上住宿餐饮业零售额13.93亿元，下降15.2%。

消费增长动力不足。基本生活类商品保持平稳。全年限额以上粮油、食品、饮料、烟酒类商品零售额31.92亿元，增长8.1%；服装、鞋帽、针纺织类商品零售额21.81亿元，增长2.8%；日用品类商品零售额7.69亿元，增长15.1%。时尚享受类商品增长趋缓。全年限额以上金银珠宝类商品零售额10.05亿元，增长13.9%，化妆品商品零售额3.13亿元，增长11.9%。文化类商品增长缓慢。全年限额以上书报杂志类商品零售额 4.33 亿元，增长 0.2%；文化办公用品商品零售额 3.16 亿元，下降 14.0%。汽车类、石油及制品类商品消费升温。全年限额以上汽车类商品零售额 61.81 亿元，增长 13.7%；石油及制品类商品零售额 41.45 亿元，增长 12.1%。

市场规模稳步提高。年末亿元以上商品交易市场 26 个，市场摊位总量和营业面积分别为 20774 个和 189 万平方米；实现商品交易总额和业主交纳税金总额分别 269.41 亿元和 1.67 亿元。全市 173 家限上零售企业中，有 52 家的销售额超过 1 亿元。

2. 交通运输和邮电

交通运输基本平稳。全年公路客运量 9830 万人，公路货运量 4631 万吨，分别增长 3.8%和 2.2%；水路货运量 12874 万吨，增长 5.2%。港口吞吐量 17943 万吨，增长 19.1%；其中泰州港区吞吐量 15184 吨，增长 15.0%。年末民用汽车拥有量 40.52 万辆，增长 19.4%；其中私人汽车拥有量 33.64 万辆，增长 22.4%。城市居民公共交通出行分担率 20.4%、镇村公共交通开通率 63.5%，分别比上年提高 4.4 个和 4.5 个百分点。

邮政电信平稳增长。全年邮政业务总量 4.51 亿元，增长 4.9%；邮电业务收入 42.20 亿元，增长 4.5%；年末移动电话用户 403.22 万户，下降 1.0%；电信互联网宽带接入用户 51.57 万户，增长 4.8%。

3. 旅游业

旅游业发展较快。全年接待国内旅游者 1640.46 万人次，增长 12.6%；实现国内旅游收入 186.19 亿元，增长 15.7%。全年入境旅游人数 2.66 万人次，增长 16.0%；创汇 0.20 亿美元，增长 15.0%。年末国家 A 级以上景点 20 个，其中，AAAA 级景点 2 个，AAAAA 级景点 1 个；全国工农业旅游示范点 6 个，国家红色旅游经典景区 2 个，江苏省星级乡村旅游点 31 个。全市旅行社个数 116 个，持有导游员资格证书的人员 1606 人，旅游星级饭店数 30 个，其中三星级 19 个、四星级 7 个、五星级 1 个。凤城河风景区成为全省唯一的国家级城市中央休闲区，溱湖风景区入选首批国家生态旅游示范区，兴化被评为全国休闲农业与乡村旅游示范县。

4. 金融、保险和证券

金融市场规模不断扩大。年末全市金融机构人民币存款余额 3544.42 亿元，增长 16.9%；其中，居民储蓄 1786.01 亿元，增长 15.5%；金融机构人民币贷款余额 2344.27 亿元，增长 16.8%。人民币贷款中，短期贷款 1334.2 亿元，中长期贷款 923.9 亿元，分别增长 15.3%、21.8%。

保险事业稳步发展。全年保险业务收入 73.22 亿元，增长 4.8%；其中，财产险收入 21.46 亿元，增长 18.3%；人寿险收入 51.76 亿元，与上年持平。全年赔款和给付 26.75 亿元，增长 45.9%；其中，财产性赔付 11.09 亿元，增长 23.8%；人寿险赔付 15.66 亿元，增长 67.0%。

证券市场发展较快。全年证券交易额 2190.62 亿元，增长 49.7%；其中，股票交易额 1633.60 亿元，增长 48.2%；基金交易额 140.49 亿元，增长 166.7%；债券交易额 5.79 亿元，增长 10.9%。全年期货交易额 723.93 亿元，下降 12.6%。

5. 房地产业

房地产开发稳步发展。全年房地产开发投资 271.16 亿元，增长 17.2%；其中住宅投资 216.24 亿元，增长 37.4%。房屋施工面积 2254.32 万平方米，增长 22.8%；其中住宅施工面积 1739.76 万平方米，增长 25.7%。商品房销售面积 491.41 万平方米，增长 51.6%；其中住宅销售面积 455.74 万平方米，增长 63.7%；商品房销售额 300.19 亿元，增长 50.4%；其中住宅销售额 264.14 亿元，增长 67.8%。

（五）开放型经济

1. 对外贸易

全年进出口总额104.41亿美元，增长0.7%；出口62.91亿美元，下降9.4%；进口41.50亿美元，增长21.3%。按贸易方式分，出口额中，一般贸易出口35.75亿美元，增长1.8%；加工贸易出口26.24亿美元，下降22.3%。进口额中，一般贸易进口28.27亿美元，增长25.1%；加工贸易进口10.18亿美元，增长7.4%。按企业性质分，出口额中，外商投资企业出口40.13亿美元，下降15.6%；私营企业出口21.18亿美元，增长5.4%。进口额中，外商投资企业进口25.65亿美元，增长20.4%；私营企业进口15.48亿美元，增长24.4%。按商品类别分，机电产品出口31.73亿美元，下降20.9%，其中车辆船舶出口12.29亿美元，下降44.6%。按产销国别分，对亚洲出口26.87亿美元，下降13.3%；对非洲出口4.41亿美元，增长13.9%；对欧洲出口12.41亿美元，下降25.3%；对拉丁美洲出口4.21亿美元，下降11.7%；对北美洲出口12.30亿美元，增长29.6%；对大洋洲出口2.71亿美元，下降27.1%。

2. 外资外经

全年新批协议注册外资33.85亿美元，下降15.7%；实际利用外资13.23亿美元，下降8.8%。企业“走出去”步伐加快，全年新签劳务承包合同额8.99亿美元，增长53.9%；完成外经实际营业额8.35亿美元，增长10.7%。泰兴河海科技在印尼成功签约2个过亿美元项目。

二、泰州市2013年社会发展概况

（一）人口、人民生活

人口平稳增长。年末全市家庭总户数169.55万户，户籍总人口507.80万人，其中市区（含姜堰区）163.27万人，其中女性248.27万人，男女性别比104：53。当年出生人口4.70万人，人口出生率9.26‰；死亡人口3.96万人，人口死亡率7.81‰；人口自然增长率1.45‰。年末全市常住人口463.40万人，其中市区（含姜堰区）161.68万人。城镇化水平进一步提高。年末常住人口城镇化率为59.0%，比上年提高1.1个百分点。

居民生活持续改善。全年城镇居民人均可支配收入29112元，农村居民人均纯收入13982元，分别增长9.6%和11.9%，剔除价格因素，实际分别增长7.6%和9.8%。城镇居民、农村居民人均生活消费支出分别为18223元和9862元，分别增长10.5%和9.7%。城乡居民恩格尔系数分别为34.8%和32.5%。

（二）就业与社会保障

就业创业形势良好。积极推进城乡统筹就业，着力解决困难群众就业问题。全年新增城镇就业9.85万人、农村劳动力转移1.54万人，城镇登记失业率2.16%。鼓励支持民众创业，全年新增创业人员5.94万人，带动就业16.30万人。

保障水平不断提高。落实企业退休职工基本养老金、新农合筹资和城乡低保标准自然增长机制，启动城镇居民大病再保险，取消医疗救助起付线和病种限制。年末全市城镇职工养老保险在职参保人数达79.56万人，城镇居民养老保险参保人数达123.20万人，城镇基本医疗保险参保人数达172.79万人。城镇职工医保、居民及学生少年儿童医保报销标准分别提高到88%和68%；城镇职工

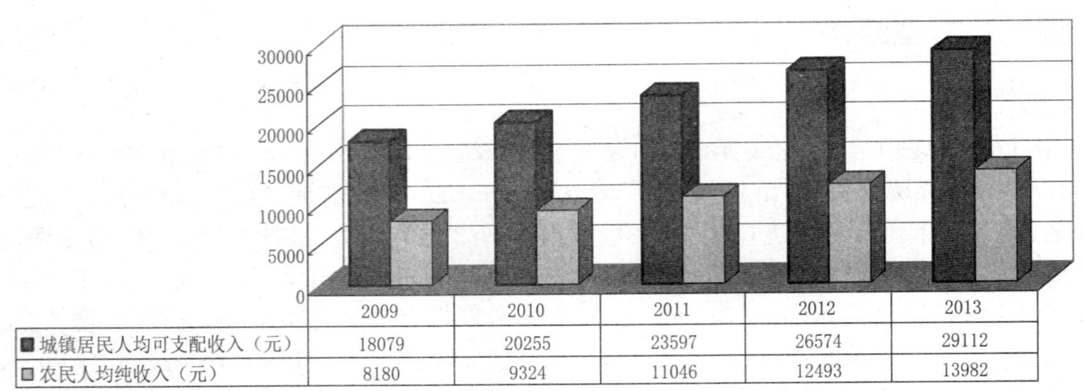

	2009	2010	2011	2012	2013
■城镇居民人均可支配收入（元）	18079	20255	23597	26574	29112
□农民人均纯收入（元）	8180	9324	11046	12493	13982

图 3　2009—2013 年泰州市城乡居民收入对比一览

医保最高支付限额提高到 40 万元。城乡低保户数分别为 10187 户、61271 户，低保人数分别为 17182 人、92909 人；全市城市低保标准为 480 元，靖江市、海陵区、高港区和医药高新区实现低保标准城乡一体化；姜堰区农村低保标准为 350 元，泰兴市、兴化市农村低保标为 320 元。加快保障性住房建设，全年新开工保障性安居房 12256 套。

（三）教育和科学技术

1. 教育

全面推进教育现代化。学前教育优质资源不断扩大，新建成省优质园 22 所，全市省优质园数量达 162 所，占幼儿园总数的 51.7%。义务教育全面迈向优质均衡。所有市（区）通过义务教育发展基本均衡市（区）省级督导评估，靖江、兴化顺利通过国家义务教育发展基本均衡市（区）督导认定，泰州师范高等专科学校升格为泰州学院，江苏农牧科技职业学院获评全国示范性高职院校优秀等级。年末全市拥有小学 141 所，在校学生 22.04 万人；初中 153 所，在校学生 11.15 万人。普通高中教育实现优质特色发展。全市年末拥有普通高中 38 所，在校学生 7.31 万人。高考再创佳绩。本二以上达线 11840 人，本二以上达线率 37.7%，比上年提高 5.3 个百分点。职业教育扩容强质取得新进展。在全省率先启动并建成 5 个中职教育产学研联合体，新立项 14 个省级高水平示范性实训基地，新建 17 个校外实习实训示范基地，创建省级职业学校品牌专业 3 个。高等教育取得重大进展。公办本科层次的泰州学院正式挂牌，首批本科专业顺利招生。高校学生就业率保持高位，本科就业率达 96.1%，专科就业率达 98.3%。

2. 科技创新

科技创新能力提升。连续 5 次入选全国科技进步先进市，获批国家创新型试点城市、国家知识产权示范城市。加快科技成果转化，组建东南大学国家技术转移（泰州）中心，成立全省首家外籍院士工作站，新建产学研联合体 147 家、省级以上工程技术研究中心 14 家。加强知识产权保护，新获专利授权 8000 件，其中发明专利 240 件。积极打造人才高地，全市引进高层次人才 1619 名，其中海外高层次人才 349 名，新增高技能人才 2.36 万人，新增国家“千人计划”专家 12 名、省“双创计划”人才 22 名。

高新技术产业化步伐加快。全市三部委联合认定国家高新技术企业 65 家、国家重点新产品 9 项、省高新技术产品 406 项，实施国家火炬计划 33 项、国家星火计划 39 项。全年实现高新技术产业产值 3349.61 亿元，增长 23.7%，占规模以上工业比重达 39.4%，比上年提高 1.5 个百分点。

（四）文化、卫生和体育

1. 文化

文化事业蓬勃发展。获批国家历史文化名城，新增全国重点文物保护单位4家，黄桥老街入选中国历史文化名街。市文化馆、工人文化宫、青少年活动中心等重点文化设施建成开放。加大文化惠民力度，创建省公共文化服务体系示范区，全面实行公共文化设施免费开放。成功举办水城水乡国际旅游节、梅兰芳艺术节等文化节庆活动。年末全市万人拥有各类图书9648册，有线电视综合入户率93.7%，拥有公共文化设施面积66.45万平方米，公共文化服务设施网络覆盖率97.3%。

2. 卫生

卫生事业加快发展。年末拥有各类卫生机构1995家，其中医院50家、卫生院126家；各类卫生机构拥有病床19937张，其中医院12875张、卫生院5771张；拥有卫生技术人员21817人，其中执业（助理）医师17755人，注册护士7945人。强化医疗卫生服务，基本公共卫生服务范围扩大到11大类43项。全市5岁以下儿童死亡率3.41‰，婴儿死亡率2.64‰，产妇住院分娩比例100%，新型农村合作医疗人口覆盖率100%。

3. 体育

体育事业持续发展。市体育公园（奥体中心）建设以及市体校迁址的重建工作稳步推进，成功举办2013年"泰州·中国医药城杯"世界国际象棋女子锦标赛对抗赛、"中国·泰州凤城河公开水域邀请赛"、"环天德湖国际自行车邀请赛"等品牌赛事。第12届全运会，泰州市取得6金1银3铜，创历史最好成绩；向省队输送41名运动员。全民健身运动深入开展，成功举办市第九届全民健身节，城市社区"10分钟体育健身圈"建设基本建成。年末拥有社会体育指导员10120名，体育单项协会31个。体育产业初见成效，体彩销售总额达6.7亿元。

（五）城乡建设

城乡发展加快融合。深入实施"城乡转型2115计划"和"美丽城乡建设行动"，积极推动城乡发展一体化。城市功能形象进一步提升。启动第四轮城市总体规划修编，做好姜堰撤市设区后相关规划调整，推进市区主干道联网贯通，"一城四区"格局初步形成。"九路一桥"改造基本竣工，金融服务区及人民医院、中医院新院加快建设。生活垃圾焚烧发电厂竣工试运营，完成6个老小区燃气改造。三水湾二期主体工程完工，福音、开泰等一批游园建成开放。调整优化市区公交线路设置，开通首批专用车道和泰姜专线。推进城市精细化管理，强化违法建设防控，市容环境持续改善。城乡基础设施建设不断加强。宁启铁路复线电气化改造进入收尾阶段，京沪高速江广段扩容、阜兴泰高速泰州段前期工作取得明显进展，229、233、334等省道建设顺利。卤汀河拓浚完工，泰东河整治、引江河二期等完成序时任务。实施农村新一轮实事工程，新改建道路367公里、桥梁204座，疏浚县乡村河道1589条。节水型社会建设试点通过水利部验收，农村饮水安全工程新增受益人口19.5万人。生态环境建设力度加大。姜堰通过国家级生态区技术评估，海陵创成省级生态区，高港通过省级生态区考核验收，靖江、泰兴通过省级生态市技术评估，新增19个国家级生态乡镇。城市环境综合整治启动实施，农村环境整治共完成3805个村庄整治任务。实施大气环境监测和重污染天气预警，狠抓重点流域水污染防治和饮用水源地专项整治。全市新增造林面积9.4万亩，市区新增绿地面积100万平方米。

（六）生态环境与节能减排

生态环境建设力度加大。姜堰通过国家级生态区技术评估，海陵创成省级生态区，高港通过省级生态区考核验收，靖江、泰兴通过省级生态市技术评估，新增19个国家级生态乡镇。城市环境综合整治启动实施，农村环境整治共完成3805个村庄整治任务。环境质量持续改善。市区新增绿地面积100万平方米；城镇建成区绿化覆盖率、林木覆盖率分别达到31.5%和21.8%。实施大气环境监测和重污染天气预警，狠抓重点流域水污染防治和饮用水源地专项整治；市区年平均气温16.7℃，平均降水量898.1毫米，日照时数2076.4小时；城市空气质量达到及好于二级标准天数比例达到86.8%；地表水好于Ⅲ类水质比例达到83.1%，比上年提高8.1个百分点。

强力推进节能减排。单位地区生产总值能耗降幅全省领先，化学需氧量、氨氮、二氧化硫排放量削减达到序时进度。全年规模以上工业综合能源消费量692.07万吨标准煤，增长0.1%；万元产值能耗为0.0839吨标准煤/万元，下降15.9%。全市涉及到的33个行业中，行业万元产值能耗同比呈现下降趋势的有27个行业，下降面达到81.8%。

（七）安全生产

安全生产形势保持稳定。深入开展隐患排查治理和“打非治违”专项行动，全年工矿商贸（含建筑）安全事故26件、死亡29人，分别比上年下降1件、减少1人；生产经营性道路交通事故226件、死亡131人，分别比上年下降15件、减少5人；农业机械事故3起、死亡3人，均与上年持平。全市亿元GDP生产安全事故死亡0.054人，比上年下降14.3%。

三、泰州市在长三角地区经济发展中的地位

党的十八大召开后，省委、省政府丰富完善提升了“两个率先”目标内涵，体现了更加鲜明的科学发展导向。泰州市委、市政府高度重视，把全面建成小康社会放在重要位置，动员全市各级党组织和广大干部群众，提升标杆，凝聚力量，提出了全面建成更高水平小康社会的意见，进一步突出重点、攻坚克难、夯实基础，努力在新的起点上谱写“中国梦”的泰州篇章。

2013年是实施“十二五”规划的中期年，也是全面建成小康社会重要的一年。一年来，全市各级、各部门和广大干部群众在市委、市政府的坚强领导下，团结一心，积极向上，努力工作，确保全市经济持续稳步增长，全市经济综合实力不断加强，产业结构逐步得到优化，社会各项事业健康发展。2013年全面建成小康社会综合实现程度达到88%，比2012年提高4.5个百分点，全面建成小康社会的局面进一步得到巩固和加强。

2009—2013年泰州市地区生产总值在长三角所占比重为2.29%、2.37%、2.41%、2.48%和2.54%，继续保持增长态势，其中，2013年比上年增加0.06个百分点，五年时间累积增加了0.25个百分点。2013年泰州市地区生产总值在长三角地区25个市（苏浙两省24个地级市和上海市，下同）排名下跌了三位，排名第16位。

2013年，泰州市全年地区生产总值3006.91亿元，比上年增长11.8%。其中，第一产业增加值205.96亿元，增长3.1%；第二产业增加值1574亿元，增长12.1%；第二产业中工业增加值1362.24亿元，增长12.8%；第三产业增加值1226.95亿元，增长12.7%。三次产业结构调整为6.8∶52.4∶40.8。按常住人口计算，全年人均地区生产总值64917元，增长11.7%，人均地区生产总值按当年汇率折算突破1万美元，达10483美元。

转型升级取得成效。服务业发展水平稳步提升。全年实现服务业增加值1234.40元，增长12.7%，占GDP比重为41.1%，比上年提高1个百分点。新兴产业发展较快。全年实现新兴产业（包括高端装备、生物医药、电子信息、新能源、智能电网、新材料、节能环保）产值3306.28亿元，增长23.2%，占规模以上工业的比重达38.5%，比上年提高1.3个百分点。品牌战略加快推进。年末拥有

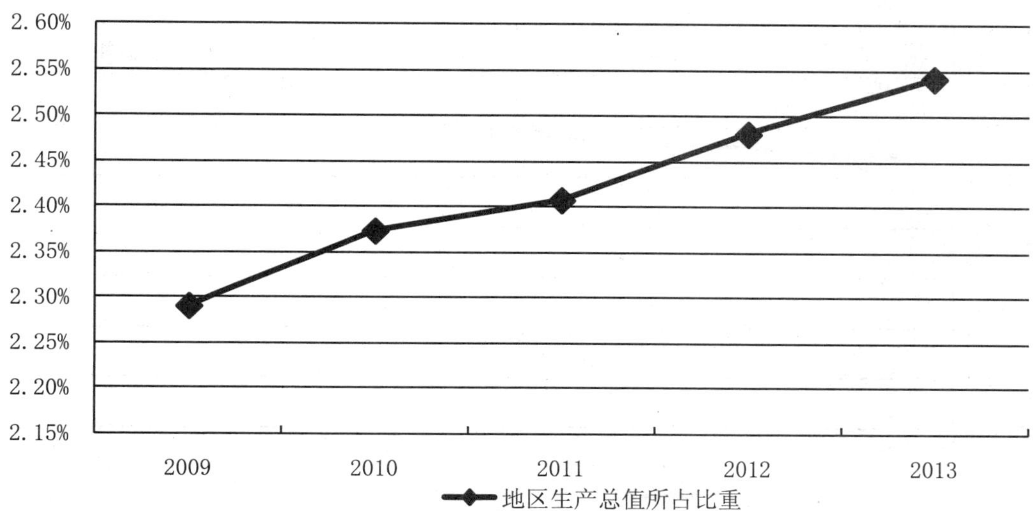

图 4　2009—2013 年泰州市地区生产总值在长三角所占比重的变化趋势

中国驰名商标 24 件;拥有省著名商标 209 件,新增 31 件。

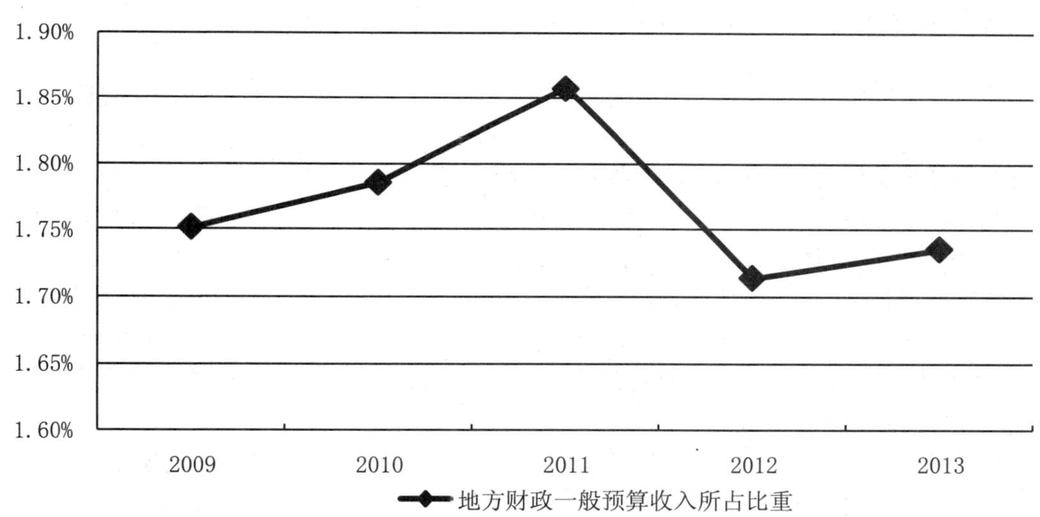

图 5　2009—2013 年泰州市地方财政一般预算收入在长三角所占比重的变化趋势

2009—2013 年泰州市地方财政一般预算收入在长三角所占比重为 1.75%、1.79%、1.86%、1.71%和 1.74%,2012 年出现大幅下跌,2013 年小幅上扬,较上年增加了 0.03 个百分点。泰州市地方财政一般预算收入在长三角地区 25 个市排名中比上年下降三位,排名第 19 位,需给予重视。

2013 年,泰州市财政收支稳步增长。全年财政总收入 697.27 亿元,增长 11.0%;公共财政预算收入 259.26 亿元,增长 11.2%。公共财政预算收入中,税收收入 214.05 亿元,增长 13.3%,税收收入占公共财政预算收入的比重为 82.6%,比上年提高 1.6 个百分点。全年公共财政预算支出 342.20 亿元,增长 13.7%。全市各级用于保障和改善民生的支出达 257.33 亿元,增长 16.0%;民生支出占公共财政预算支出的比重达 75.2%,同比提高 1.5 个百分点。

2009—2013 年泰州市规模以上工业总产值在长三角所占比重为 2.71%、2.83%、2.96%、3.34%

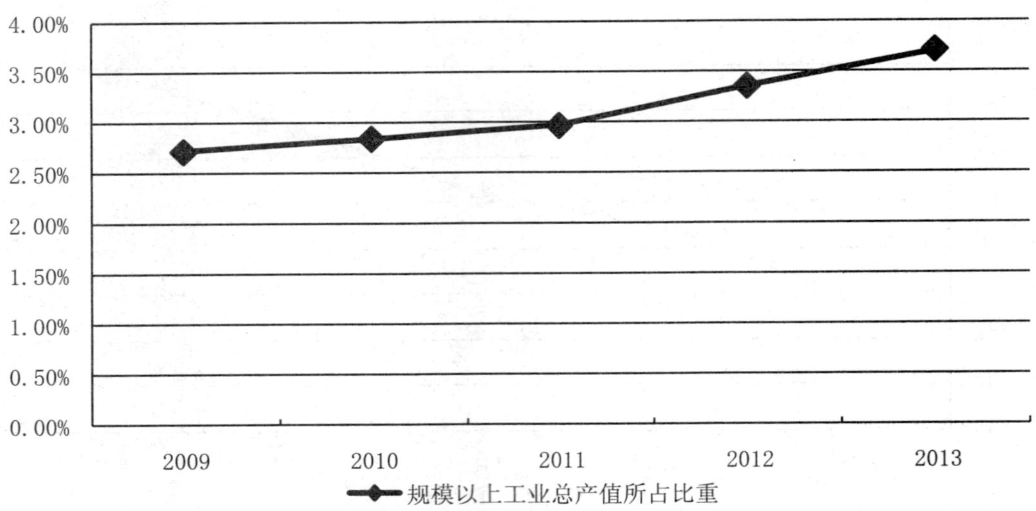

图 6　2009—2013 年泰州市规模以上工业总产值在长三角所占比重的变化趋势

和 3.70%，保持明显增长的态势，累计增幅为 0.99 个百分点，2013 年与上年比增加了 0.36 个百分点。2013 年泰州市规模以上工业总产值在长三角地区 25 个市排名中和上年比上升了一位，排名第 11 位。

2013 年，泰州市工业生产增势平稳。全年规模以上工业总产值 8501.65 亿元，增长 18.4%。分轻重工业看，轻工业产值 2212.48 亿元，增长 20.7%；重工业产值 6289.16 亿元，增长 17.7%。分经济类型看，国有、集体、股份制、外商和港澳台投资企业分别完成产值 269.50 亿元、154.25 亿元、5120.31 亿元、2205.54 亿元，分别增长 18.5%、－3.5%、19.7%、16.0%。分企业规模看，大型、中型、小型企业分别完成产值 2609.17 亿元、1639.41 亿元、4215.27 亿元，分别增长 12.4%、20.2%、22.1%。分主要行业看，食品饮料行业 624.54 亿元，增长 17.7%；纺织服装皮革行业 396.99 亿元，增长 17.7%；石油化工行业 1186.76 亿元，增长 17.7%；医药行业 579.81 亿元，增长 20.8%；金属冶炼加工行业 1391.44 亿元，增长 19.6%；设备制造行业 1953.31 亿元，增长 14.5%；电子设备及电气机械制造行业 1676.46 亿元，增长 21.0%。

工业效益明显改善。全年规模以上工业实现主营业务收入 8149.57 亿元、利税 1022.26 亿元、利润 605.06 亿元，分别增长 18.0%、19.1%、16.2%。生物医药、电子信息、新能源三大新兴产业效益显著改善，分别实现利税 208.29 亿元、利润 121.62 亿元，分别增长 24.6%、23.0%。

2009—2013 年泰州市进出口总额在长三角所占比重为 0.72%、0.79%、0.86%、0.80% 和 0.79%，2012～2013 年持续下滑，2013 年较上年下降了了 0.01 个百分点，五年时间增加了 0.07 个百分点。2013 年泰州市进出口总额在长三角地区 25 个市排名中和上年比上升了一位，排名第 15 位。

2013 年，泰州市外贸进出口劣势奋进。全年进出口总额 104.42 亿美元，增长 0.7%；出口 62.92 亿美元，下降 9.4%；进口 41.50 亿美元，增长 21.3%。按贸易方式分，出口额中，一般贸易出口 35.75 亿美元，增长 1.8%；加工贸易出口 26.24 亿美元，下降 22.3%。进口额中，一般贸易进口 28.27 亿美元，增长 25.1%；加工贸易进口 10.18 亿美元，增长 7.4%。按企业性质分，出口额中，外商投资企业出口 40.13 亿美元，下降 15.6%；私营企业出口 21.18 亿美元，增长 5.4%。进口额中，外商投资企业进口 25.65 亿美元，增长 20.4%；私营企业进口 15.48 亿美元，增长 24.4%。按商品类别分，机电产品出口 31.73 亿美元，下降 20.9%，其中车辆船舶出口 12.29 亿美元，下降 44.6%。按产销国别分，对亚

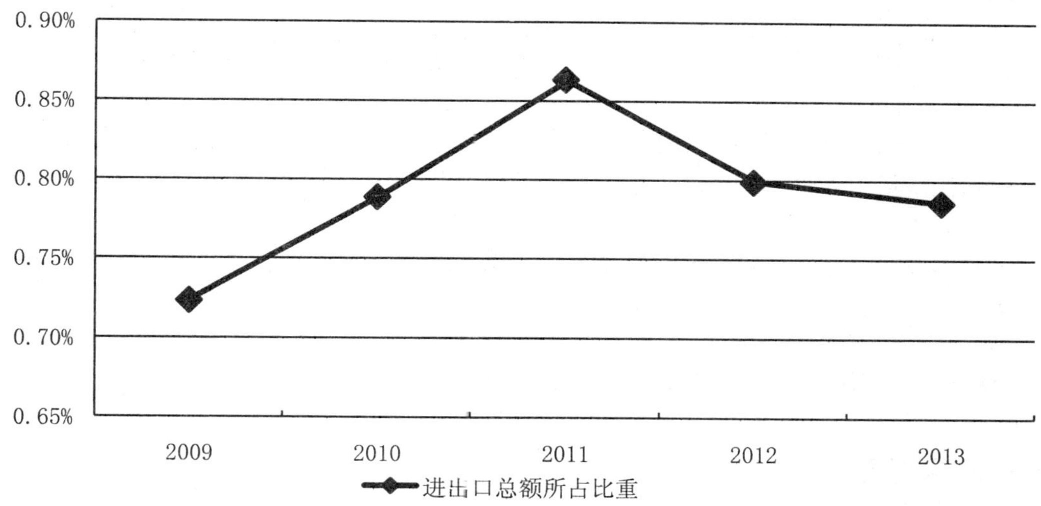

图7　2009—2013年泰州市进出口总额在长三角所占比重的变化趋势

洲出口26.87亿美元，下降13.3%；对非洲出口4.41亿美元，增长13.9%；对欧洲出口12.41亿美元，下降25.3%；对拉丁美洲出口4.21亿美元，下降11.7%；对北美洲出口12.30亿美元，增长29.6%；对大洋洲出口2.71亿美元，下降27.1%。

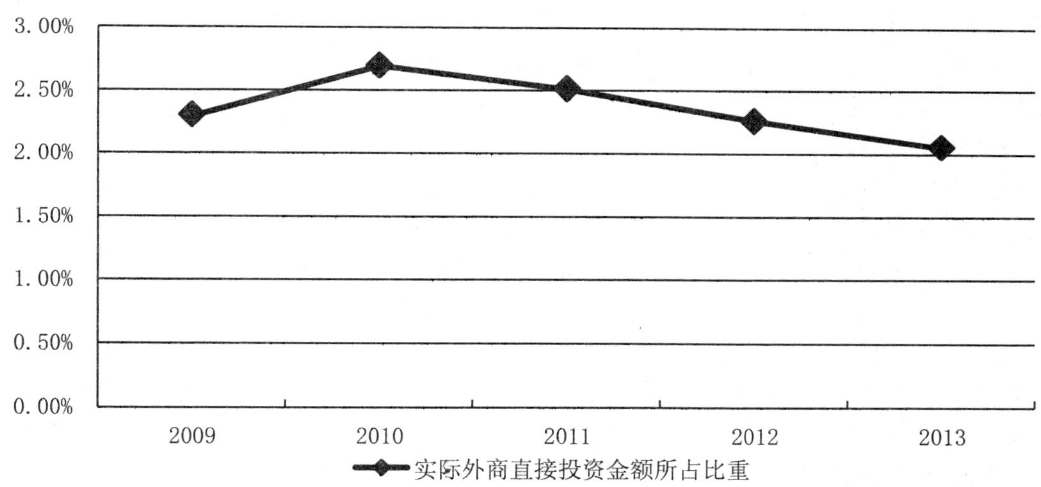

图8　2009—2013年泰州市实际外商直接投资金额在长三角所占比重的变化趋势

2009—2013年泰州市实际外商直接投资金额在长三角所占比重为2.31%、2.69%、2.51%、2.27%和2.06%，2010年后呈继续下跌趋势，2013年比上年占比下跌了0.21个百分点，五年时间下跌了0.25个百分点。2013年泰州市实际外商直接投资金额在长三角地区25个市排名上升了一位，排名第14位。

2013年外资外经难中求进。全年新批协议注册外资33.85亿美元，下降15.7%；实际利用外资13.23亿美元，下降8.8%。企业"走出去"步伐加快，全年新签劳务承包合同额8.99亿美元，增长53.9%；完成外经实际营业额8.35亿美元，增长10.7%。泰兴河海科技在印尼成功签约2个过亿美元项目。

十四　宿迁市 2013 年经济社会发展报告

2013 年，面对复杂多变的国际、国内宏观环境，全市上下围绕建设全面小康的目标要求，深入推进"三大发展、九比竞赛"①活动，加快新型工业化、新型城镇化和农业现代化进程，经济社会发展呈现"稳中求快、结构优化、民生改善"的特点，主要经济指标保持较快增长，经济结构调整步伐加快，民生幸福工程扎实推进，各项社会事业协调发展。构建"一轴两副九市"②发展战略，中心城市布局优化、功能提升，九个小城市开始起步，城乡统筹发展步入新阶段。

一、宿迁市 2013 年经济发展概况

（一）综合经济

1. 经济总量

2013 年全市实现地区生产总值 1706.28 亿元，比上年增长 12.5%。其中第一产业实现增加值 235 亿元，增长 3.0%；第二产业实现增加值 815.61 亿元，增长 14.9%；第三产业实现增加值 655.67 亿元，增长 13.0%。全市人均 GDP 达 35484 元，折合 5730 美元，比上年增长 11.9%。14 项经济指标增速位居全省前三，其中地区生产总值、规模以上工业增加值、固定资产投资、社会消费品零售总额、进出口总额和出口总额、金融机构人民币存款余额和贷款余额、城镇居民人均可支配收入和农民人均纯收入等 10 项指标增速位居全省首位。招商引资成果显著，全年共签订亿元合同项目 355 个，实现亿元开工项目 244 个，完成亿元竣工项目 177 个，竣工项目完成固定资产投资 611.7 亿元，有力促进了全市经济的跨越发展。

三次产业结构不断优化，调整到 13.8∶47.8∶38.4，一产比重比上年降低 1.1 个百分点，二产和三产比重比上年分别提高 0.7 个和 0.4 个百分点。全部工业增加值占 GDP 比重达 39.8%，较上年提高 1.0 个百分点。新兴产业发展进入快车道。市委、市政府确立了光电、新材料、智能电网、高性能复合材料、生物科技、信息技术等六大新兴产业集聚区，制订了促进新兴产业发展的政策措施。全市新兴产业实现主营业务收入 610 亿元，比上年增长 35.6%。高新技术产业占比进一步提升，全市高新技术产业实现工业总产值 545.53 亿元，占全市规模以上工业的比重为 19.2%，比上年提高 0.5 个百分点。服务业发展提速，服务业增加值增长 13.0%，较上年提高 1.0 百分点，为三年来首次超过 GDP 增速，其中金融业增加值增长 21.8%，房地产业增加值增长 19.7%。

2. 财政收支

财政收支稳步增长，收支结构不断优化。全市实现财政总收入 381.94 亿元，比上年增长 14.6%。其中国税部门收入 83.77 亿元，增长 0.9%；地税部门收入 162.21 亿元，增长 21.4%；财政部门收入 135.95 亿元，增长 16.6%。实现公共财政预算收入 185.12 亿元，增长 17.1%。公共财政预算收入中

① "三大发展、九比竞赛"即科学发展——比质量、比效益、比好生态，跨越发展——比增量、比增速、比进位次，和谐发展——比民生、比统筹、比正能量。

② "一轴"指依托交通廊道，以宿迁中心城区、洋河新区与泗阳城区为核心节点组成的宿迁中心城市发展轴，打造市域城镇发展极化地区；"两副"即沭阳县城、泗洪县城两个市域城乡空间发展副中心；"九市"以指贤官、韩山、马厂、王集、新袁、来龙、龙河、双沟、界集及周边部分乡镇为主体的小城市。

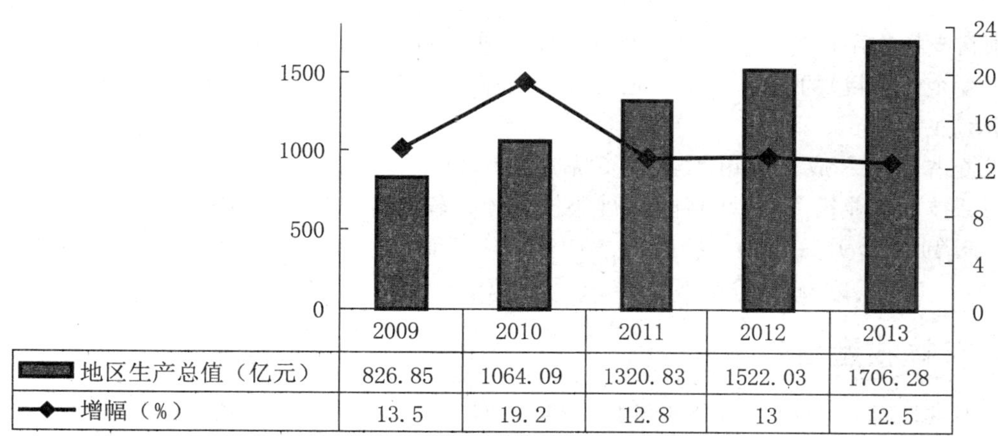

图 1　2009—2013 年宿迁市地区生产总值及增长速度

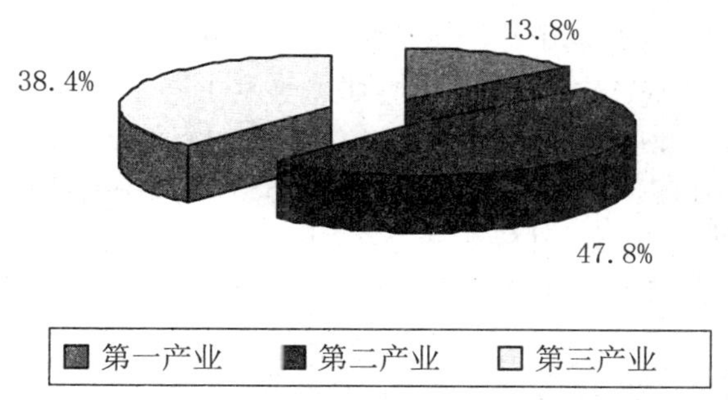

图 2　2013 年宿迁市三次产业结构图

税收收入 157.98 亿元，增长 21.5%；税收占比达 85.3%，比上年提高 3.1 个百分点。全市公共财政预算支出 300.06 亿元，比上年增长 10.2%。民生支出不断提高，财政用于教育、社会保障和就业、医疗卫生、农林水事务、住房保障等五项民生支出共 207.33 亿元，比上年增长 23.3%；占公共财政预算支出的比重为 69.1%，比上年提高 7.4 个百分点。

3. 物价水平

居民消费价格涨幅回落。全年居民消费价格总水平上涨 2.4%，涨幅比上年回落 0.4 个百分点，比 2011 年回落 2.6 个百分点，创四年来新低。八大类商品和服务项目价格“七升一降”。“七升”即食品上涨 4.3%，烟酒上涨 0.3%，衣着上涨 1.8%，家庭设备用品及维修服务上涨 2.2%，医疗保健和个人用品上涨 1.3%，娱乐教育文化用品及服务上涨 1.0%，居住上涨 2.5%。“一降”即交通和通信下降 0.5%。

4. 固定资产投资

固定资产投资总量再上新台阶。全市完成固定资产投资 1290.75 亿元，比上年增长 25.8%。从产业划分看，第一产业投资 6.69 亿元，下降 13.5%；第二产业投资 831.45 亿元，增长 25.0%；第三产业投资 452.61 亿元，增长 28.2%。从项目规模看，项目个数和投资总规模均有所增长。全年共有 1618 个施工项目(不包括房地产开发项目)，比上年增加 210 个。其中新开工项目 1243 个，增加 238 个。项目计划总投资 2191.74 亿元，比上年增长 6.6%。其中新开工项目计划总投资 1156.95 亿元，增长 9.2%。

重大项目支撑作用显著。全市亿元及以上施工项目 411 个，比上年增加 23 个，占施工项目数(不包括房地开发企业项目)的 25.4%。亿元项目年内完成投资 635.88 亿元，比上年增长 30.9%，占全市项目投资完成额的 64.5%。

工业投资占比超六成。全市工业投资完成 831.20 亿元，比上年增长 25.0%，占全部投资的 64.4%。高新技术产业投资滞后，高能耗行业投资增长较快。工业投资中高新技术产业完成 80.75 亿元，比上年增长 18.9%；电力、化工、建材、钢铁等高能耗行业完成投资 145.12 亿元，比上年增长 43.6%。

(二) 农林牧渔业

大力发展现代农业，农业产业化水平持续提高，农业基础设施更加完善，农业经济保持良好发展势头。全市实现农林牧渔业总产值 445.35 亿元，按可比价计算，比上年增长 4.2%。

粮食生产实现“十连丰”。全年农作物总播种面积 1058.69 万亩，其中粮食种植面积 859.07 万亩，比上年增加 1.28 万亩。受不利天气影响，粮食产量小幅减产但仍属丰收，实现 2004 年以来的“十连丰”。全年粮食总产 375.99 万吨，比上年减少 12.76 万吨，减产 3.3%。其中，夏粮 152.59 万吨，比上年减少 7.22 万吨，减产 4.5%；秋粮 223.4 万吨，比上年减少 5.54 万吨，减产 2.4%。

林业生产成绩显著。深入开展植树造林活动，全年造林 11.7 万亩，植树 1625 万株，完成抚育面积 25 万亩、试点示范面积 2 万亩。建设村庄绿化示范村 62 个，其中省级绿化示范村 56 个、森林生态示范村 6 个。发展以林药、林菌、林禽、林渔为重点的林下经济模式近 30 个，建立林下经济示范基地 120 个，示范面积 2.2 万亩，推广面积 14.3 万亩。全市林木覆盖率达 29.3%，居全省第二，荣获“全国绿化模范城市”称号。

畜牧业生产遭遇疫情受挫。受 H7N9 禽流感疫情影响，家禽养殖受阻，畜牧业发展速度减缓。全年生猪出栏 260.75 万头，比上年下降 0.3%；年末存栏 146.74 万头，比上年增长 5.5%，生猪大中型规模养殖比重达 66.8%。全年家禽出栏 9179.25 万只，比上年下降 3.3%；年末存栏 3906.09 万只，比上年增长 2.7%。

渔业养殖稳步提升。加强现代渔业产业园、精品园、示范场(基地)和示范村创建工作，完善水产苗种繁育体系。全年繁育水产苗种 21.35 亿尾，市水产科技示范园建成苏北最大鳜鱼苗种繁育基地；新增设施渔业面积 1.43 万亩，累计达 11.78 万亩，占可养殖面积比重的 19.1 %；全市新增无公害水产品 3 个，累计达 25 个，无公害水产品产地面积达 56.19 万亩。水产品产量 25.65 万吨，比上年增长 2.7%。

现代农业发展较快。三县两区全部创建成省级现代农业产业园区，在苏中、苏北率先实现县区全覆盖。新增设施农业 8.39 万亩，累计达 91.79 万亩，占耕地面积的 14.3%。新增无公害农产品、绿色食品、有机农产品 163 个，累计达 883 个。在全省率先设立新型农业经营主体专项奖补资金。年还末拥有家庭农场 4031 个，专业大户 7376 个，土地股份合作社 1591 个，新型农业经营主体规模经营比重达 42.6%。农业综合开发完成投资 2.8 亿元，实施土地治理面积 21.7 万亩。建设高标准农田 25.3 万亩，高标准农田比重为 46.6%。主要农作物机械化率达到 80.6%。

(三) 工业和建筑业

1. 工业

全市上下不断加大招商引资力度，深化企业改革，调整产业和产品结构，强力推进新型工业化进

程，工业经济保持平稳较快增长。全部工业增加值比上年增长 15.5%，其中规模以上工业增加值增长 18.1%，高出全省平均增速 6.6 个百分点。按企业类型分，股份制企业增长 16.4%，外商及港澳台企业增长 48.1%；按企业规模分，大中型企业增长 12.1%，小型企业增长 23.3%；按轻重工业分，轻工业增长 11.0%，重工业增长 29.5%。全年工业用电量 94.86 亿千瓦时，增长 18.7%。

运行质量不断提高。全市规模以上工业企业实现主营业务收入 2821.44 亿元，增长 27.3%；实现利税 439.61 亿元，增长 29.1%。其中利润 305.83 亿元，增长 28.1%。

支柱产业优势明显。全市酿酒食品、纺织服装、木材加工和机械电子等四大支柱产业完成增加值 509.28 亿元，占全市规模以上工业增加值的 68.8%。酿酒食品业总量最大，全年完成工业增加值 196.31 亿元，占规模以上工业总量的 26.5%。机械电子业异军突起，全年实现工业增加值 114.48 亿元，比上年增长 41.9%，高于全市平均增速 23.8 个百分点。

骨干企业队伍发展壮大。全市拥有大中型企业 169 户，其中大型企业 20 户。大中型企业实现主营业务收入 1003.13 亿元，占全部规上工业的 35.6%；实现利税和利润分别为 213.01 亿元和 154.14 亿元，占全部规上工业的 48.5%和 50.4%。26 户企业主营业务收入超十亿元，比上年净增 8 户。

主要工业产品产量有增有降。列入全市统计范围的工业产品共 124 个，其中 66.1%的产品产量增长，增幅在 30%以上的有 37 个，占 29.8%。

2. 建筑业

建筑业稳步发展。全市列统总承包和专业承包建筑业企业 357 家，全年完成建筑业总产值 651.59 亿元，比上年增长 23.7%；完成竣二产值 464.41 亿元，增长 14.7%；房屋建筑施工面积 6044.52 万平方米，增长 24.8%；房屋建筑竣工面积 2714.89 万平方米，增长 25.2%。

（四）服务业

1. 国内贸易

全市实现社会消费品零售总额 442.43 亿元，比上年增长 14.0%。按消费形态分，批发和零售业实现零售额 385.44 亿元，增长 14.9%；住宿和餐饮业实现零售额 56.99 亿元，增长 7.9%。按城乡市场分，城镇实现零售额 345.13 亿元，增长 14.1%；乡村实现零售额 97.30 亿元，增长 9.6%。

限额以上批发和零售企业实现社会消费品零售额 144.37 亿元，比上年增长 11.5%。其中食品饮料烟酒、服装鞋帽针纺织品、日用品分别实现零售额 16.12 亿元、6.58 亿元、3.68 亿元，增长 9.0%、11.7%、8.2%；汽车类和石油类商品分别实现零售额 49.47 亿元和 27.04 亿元，增长 17.2%和 12.8%；报刊杂志类实现零售额 15.29 亿元，增长 4.1%；家用电器类实现零售额 13.34 亿元 ，增长 8.1%。限额以上住宿和餐饮业实现零售额 5.85 亿元，比上年下降 5.8%。

2. 交通运输和邮电

交通运输能力不断增强，宿宿淮铁路建成通车。全年完成客运量 16384 万人，比上年增长 9.3%；实现旅客运输周转量 145.05 亿人公里，比上年增长 7.9%。完成货运量 1.11 亿吨，比上年增长 9.9%。其中公路 0.88 亿吨，增长 10.3%；水路 0.23 亿吨，增长 8.1%。实现货物运输周转量 192.97 亿吨公里，比上年增长 11.2%。其中公路 136.50 亿吨公里，增长 12.5%；水路 56.47 亿吨公里，增长 8.2%。完成港口货物运输吞吐量 2116 万吨，比上年增长 16.3%。

邮政通信业发展较快。全年共实现邮电业务总收入 33.07 亿元，比上年增长 33.5%。其中电信业务收入 29.53 亿元，增长 37.6%；邮政业务收入 3.54 亿元，增长 7.2%。年末局用交换机总容量 640 万门。年末固定电话用户 79.58 万户，比上年末减少 6.48 万户；移动电话用户 438.26 万户，比上年末净增55.99万户。全市电话普及率达107部/百人，与上年相比，每百人增加10部。年末国际互联网用户316.94万户，比上年末净增130.24万户。全年征订报刊5537万份，比上年增长7.9%；全年收寄各类快递9056万件，实现快递业务收入7.15亿元。

3. 旅游业

旅游业实现重大突破。旅游业三年突破计划圆满收官，重点旅游项目建设成效显著，初步形成产业规模，为旅游业的后续发展奠定了基础。全市新评3A级旅游景区5家，至此全市拥有4A级景区4个，3A级景区14个，2A级景区17个。全市实现旅游总收入100.69亿元，比上年增长49.1%；其中旅游外汇收入400万美元，下降39%。接待国内游客1002.02万人次，增长24.5%；接待入境过夜游客0.37万人次，增长33%。

4. 金融和保险业

金融业发展较快。全年金融业实现增加值72.85亿元，比上年增长21.8%，快于服务业增速8.8个百分点。截止2013年末，全市共有银行业金融机构22家，保险机构32家，小贷公司达45家。金融机构存贷款快速增长。截至2013年末，全市金融机构人民币存款余额1475.58亿元，比年初增加248.71亿元，增长20.3%；金融机构人民币贷款余额1282.09亿元，比年初增加279.23亿元，增长27.8%。金融机构存款余额和贷款余额净增量比2012年分别多19.63亿元和36.27亿元。企业直接融资额突破百亿，达到105亿元。截至2013年末，全市小贷公司贷款余额达38.67亿元，比年初净增2.54亿元。

保险业稳步发展。全年实现保费收入33.84亿元，比上年增长11.8%。其中产险收入14.39亿元，增长19.6%；寿险收入19.45亿元，增长6.6%。保险赔付10.05亿元，比上年增长32.5%。其中产险赔付7.14亿元、寿险赔付2.92亿元，分别增长27.7%和45.9%。

5. 房地产业

房地产开发投资突破300亿元。全年房地产开发投资完成305.46亿元，比上年增长39.7%。施工面积3835.33万平方米，增长50.3%。其中住宅施工面积3008.30万平方米，增长56.8%。新开工各类房屋面积1237.85万平方米，增长15.9%。其中住宅952.99万平方米，增长15.3%。全年销售商品房面积822.73万平方米，增长59.0%。其中商品住宅销售745.18万平方米，增长69.5%。

（五）开放型经济

1. 对外贸易

2013年全市实现进出口总额33.22亿美元，比上年增长19.0%。其中出口27.80亿美元，增长20.0%；进口5.42亿美元，增长14.0%。全年新批外商投资企业84家，新批协议外资11.98亿美元；实际到账外资5.09亿美元，比上年增长16.0%。

2. 开发区建设

全市各开发区实现进出口总额33.22亿美元，比上年增长22.9%；其中出口27.8亿美元，增长24.4%。苏州宿迁工业园区、宿迁高新技术产业开发区和宿城经济开发区进出口总额增速均超过30%。各开发区逐渐形成以外贸出口为导向的特色产业集聚区，如沭阳纺织纤维新材料产业园、泗阳化纤长丝和铝制轮毂产业园、泗洪膜科技和电子信息产业园等。

至2013年末，全市各开发区投产企业总数达4967家，比上年增长13.2%。其中工业企业2417家，比上年增长11.9%；外商投资企业305家，比上年增长7.4%；高新技术企业100家，比上年增长117.4%。全市开发区规模以上工业企业共完成总产值1487.02亿元，比上年增长33.2%；实现工业

增加值372.42亿元，增长29.4%；实现主营业务收入1470.96亿元，增长33.6%；实现利税总额201.11亿元，增长59.1%。其中利润总额134.31亿元，增长63.3%。

固定资产投资增长较快。全市开发区完成固定资产投资637.94亿元，比上年增长27.2%，高于全市增速1.4个百分点。其中工业固定资产投资550.86亿元，增长29.4%，高于全市增速4.4个百分点。全市开发区新开工项目331个，比上年增长42.7%。其中工业项目300个，比上年增长44.9%；亿元以上工业项目236个，比上年增长41.3%。竣工项目233个，比上年增长31.6%，其中亿元以上工业项目142个，比上年增长42.0%。

入库税收快速增长。全市开发区实现公共财政预算收入106.34亿元，占全市公共财政预算收入总量的57.4%；比上年增长34.8%，比全市公共财政预算收入增速高17.7个百分点。全市开发区共实现税收收入138.09亿元，比上年增长38.4%，占全市税收总收入的56.1%。

二、宿迁市2013年社会发展概况

（一）人口、人民生活

截止2013年末，全市户籍总户数148.55万户，户籍总人口572.11万人，比上年增加11.85万人。常住人口481.9万人，比上年增加2.11万人。常住人口出生率14.60‰，死亡率7.52‰，人口自然增长率7.08‰。全市城镇常住人口252.38万人，城镇常住人口占52.37%，比上年提高1.4个百分点。

城镇居民收入稳步提高。全市城镇居民人均可支配收入18846元，比上年增长10.9%，扣除价格因素，实际增长8.3%。人均家庭总收入19685元，比上年增长10.7%。工资性收入是拉动居民收入增长的主要动力，人均11830元，增长11.5%，对总收入增长的贡献率为64.5%。经营净收入、财产性收入和转移性收入人均分别为4507元、395元和2953元，分别增长9.0%、18.2%和8.9%。城镇居民消费支出平稳增长。人均生活消费支出13135元，比上年增长10.7%。恩格尔系数为36.3%，比上年下降1.1个百分点。截止2013年末，城镇居民人均住房建筑面积达39.9平方米，比上年增加0.99平方米。信息化普及程度快速提升，每百户接入互联网的移动电话135部，比上年增加42部；接入互联网的计算机82台，比上年增加27台。

农民收入稳步提高。全市农村居民人均纯收入10703元，比上年增长12.7%，扣除价格因素，实际增长10.1%，连续10年保持两位数增长。四大类收入全面增长，人均工资性收入5809元，增长13.3%，对纯收入增长的贡献率为56.6%。人均家庭经营收入、财产性收入和转移性收入分别为4187元、175元和532元，分别增长11.0%、20.8%和17.4%。农民生活水平进一步提升。农村居民人均消费支出7507元，比上年增长13.8%。恩格尔系数为36.6%，比上年降低1.0个百分点。农村居民家庭耐用消费品拥有量大幅提高，每百户农村居民家庭汽车拥有量为8辆，比上年增加4辆；计算机拥有量为40台，增加10台；电冰箱拥有量为87台，增加17台；空调机拥有量为72台，增加33台；热水器拥有量79台，增加13台。

（二）就业和社会保障

创业就业工作成效明显。开展创业培训1.51万人次，实现创业带动就业4万余人。新转移农村劳动力5.3万人，城镇新增就业4.98万人、再就业2.68万人，城镇登记失业率2.38%。

社会保障再上新台阶。开展“幸福行动”百日竞赛活动，五险新增参保25.98万人次，发放社会保障卡130.02万张。五项社保基金征缴30.45亿元，完成全年目标的127.9%，养老、医疗、工伤、生育、失业参保人数分别达到41.1万、51.2万、39.9万、26.7万和28.6万人。提升各项社会保险待遇水

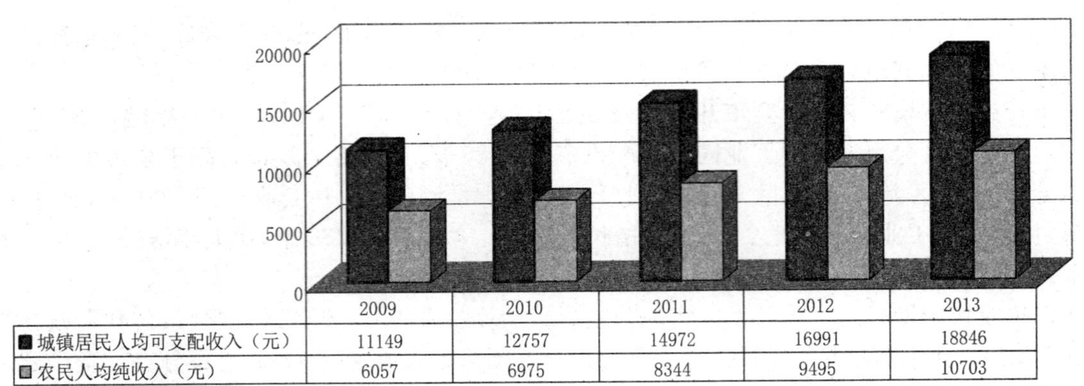

	2009	2010	2011	2012	2013
■城镇居民人均可支配收入（元）	11149	12757	14972	16991	18846
■农民人均纯收入（元）	6057	6975	8344	9495	10703

图 3　2009—2013 年宿迁市城乡居民收入对比一览

平。企业退休人员养老金人均增资 191 元/月。城乡居民养老保险基础养老金提高到 80 元/人/月。城乡低保提标到 350 元和 270 元，增长 12.9%和 12.5%。农村五保供养标准提高到每人每年 5100 元和 4300 元，全市机构和社会散居孤儿养育标准提高到每月 1210 元和 720 元，重点优抚对象抚恤补助标准平均增长 15%以上。全市新增达标社区 287 个，新建居家养老服务中心（站）125 家，实施“关爱工程”及附属设施项目 25 个，新增养老床位 3500 张以上。

（三）教育和科学技术

1. 教育

2013 年宿迁市新建、改扩建幼儿园 68 所，新增省优质园 39 所，全市省优质园达 189 所，占比达 73.5%。新增省三星级高中 1 所，全市三星级以上高中累计达 19 所，占比达 65.5%。本科达线 13933 人，本科达线率 34.4%，分别比 2012 年增加 1541 人、提高 4.6 个百分点。创建国家中等职业教育改革发展示范学校 2 所，技能大赛国赛首次实现零的突破，摘得 2 金 2 银 1 铜。校安工程建设扎实推进，全市开工新建、加固 65 万平方米。各类教育资助体系不断完善，为 17 万名家庭经济困难学生发放资助金 2.4 亿元，为 2.12 万名家庭贫困大学生办理生源地助学贷款 1.2 亿元。

2. 科学技术

深入实施创新券制度，全年共发放科技创新券 4747.4 万元，为 279 个项目兑现科技创新券 2577 万元，带动科技投入 3.63 亿元。新增国家高新技术企业 41 家、总数达 89 家；新认定省级科技型中小企业 162 家；新增市级高新技术企业 56 家、总数达到 194 家。新增省级企业研发机构 43 个、总数达到 131 家。全市专利申请量达到 7551 件、比上年增长 72.4%，授权量达到 4488 件、比上年增长 114.2%，增速连续三年保持全省第一。

（四）文化和卫生

1. 文化

文化事业取得新进展。市博物馆新馆布展工程如期建成，图书馆新馆建设扎实推进。新增有线电视用户 17.59 万户，覆盖率达到 75%。公共文化服务设施网络覆盖率达 99.5%，位居全省前列。6 个公共图书馆有 3 个达到国家一级馆、3 个达到国家二级馆，其中市图书馆被授予国家二级图书馆，实现历史性突破。万人拥有公共文化设施面积 1086 平方米、万人拥有公共图书藏量 10278 册。文化“三送”活动成绩显著。全年完成送戏 512 场次，送图书近 10 万余册、送电影 15000 余场次。依托“文

化广场周周乐”开展“文化走亲”演出活动 23 场、艺术展览 11 次，有效满足群众文化需求。

2. 卫生

医疗卫生事业再上新水平。总建筑面积 26 万平方米的市第一人民医院主体工程全面封顶，已招聘医学骨干人才 214 人并全部派送到国内知名三甲综合医院进修学习一年。市妇产医院大楼进入装修阶段，市红十字眼科医院正在紧张施工，市公共卫生服务中心、市健康体检中心列入市政府重点建设工程，上海市东方医院占股 40%的宿迁市心血管病医院挂牌运行。新农合覆盖率为 99.61%，连续 4 年保持在 99%以上，人均筹资额达 350 元，政策范围内住院补偿比例提高到 75%。将儿童先天性心脏病等 20 类重大疾病纳入大病保障，新农合结报和民政救助同步，报销比例达到 90%。全市婴儿死亡率 3.90‰，5 岁以下儿童死亡率 4.99‰，孕产妇死亡率 3.6/10 万。

（五）城乡建设

城镇空间布局优化提升。制定实施“129”城镇发展战略，九个小城市顺利挂牌并完成总体规划编制。重大项目建设快速推进。深入实施中心城市 163 项重点基础设施项目，加快核心区建设，宿迁 1897、雨润广场等城市综合体项目主体完工，冠拉嗨谷、嬉戏谷动漫王国等旅游业项目开放运营，钟吾国际学校、市人民医院新外科大楼等公共服务项目建成使用，环城西路改造、发展大道南延至洋河段等交通工程竣工通车，分淮入沂整治及 500 千伏龙湖、沭阳、宿豫东 3 座变电站等重点项目顺利实施，南水北调东线宿迁境内工程全线通水。

市政基础设施持续完善。5 个老旧小区改造顺利完成，48 个老小区燃气改造竣工投用，62 个公交站台改造投入使用，市区新增机动车泊位 2.7 万个、非机动车泊位 90 万个，更换交通护栏 2 万米，新建改建公厕 267 座。沭阳、泗阳、泗洪三县城区面貌发生新的变化。城市管理合力逐步加强。

统筹推进“三创联动”，创卫通过国家暗访，创模通过省级预评估，创建省级文明城市通过城市文明程度指数测评暗访。荣获省节水型城市称号。泗阳县创成国家卫生县城。成立市城管委，立下七个方面“宿迁规矩”，大力开展城市环境综合整治行动，城区环境和秩序显著改观。生态文明建设成效突出。研究出台“1+5”生态文明建设制度，实施市区空气质量提升四项行动，制定《全民生态文明教育规划》，化工园区和重点企业治理取得积极进展。新创省级生态乡镇 16 个，新增植树造林面积 8.6 万亩，荣获“全国绿化模范城市称号”。

（六）生态建设

生态文明建设扎实推进。“国家级环保模范城市” 通过省级预评估，列入“创模”规划的 162 个重点工程中，在建的和已完成的占 93.8%。新建污水处理厂（含乡镇）19 个，污水处理能力近 15 万吨/日。水环境质量明显改善，集中式饮用水源地水质达标率 100%，深入推进实施“十二五”淮河流域水污染防治规划，33 个项目完成率达 54.5%，3 个考核断面水质达标率为 100%。市区 18 条河流实施“一河（湖）一策”，制定内河三年整治方案，已有 12 条黑臭河流完成综合整治。深入推进秸秆禁烧工作，开展市区空气质量提升行动，PM10、PM2.5 等主要污染物排放总量呈现下降态势。

三、宿迁市在长三角地区经济发展中的地位

2013 年，宿迁市“八项工程”建设扎实推进，有五项工程发展指数在全省十三市中排名居中等以上，其中民生幸福工程发展指数居全省第一位，转型升级和科技创新工程发展指数居全省第 4 位，文化建设和社会管理创新工程发展指数居全省第 5 位。农业现代化工程和生态文明建设工程发展指数分别居全省第 10 位和第 13 位。

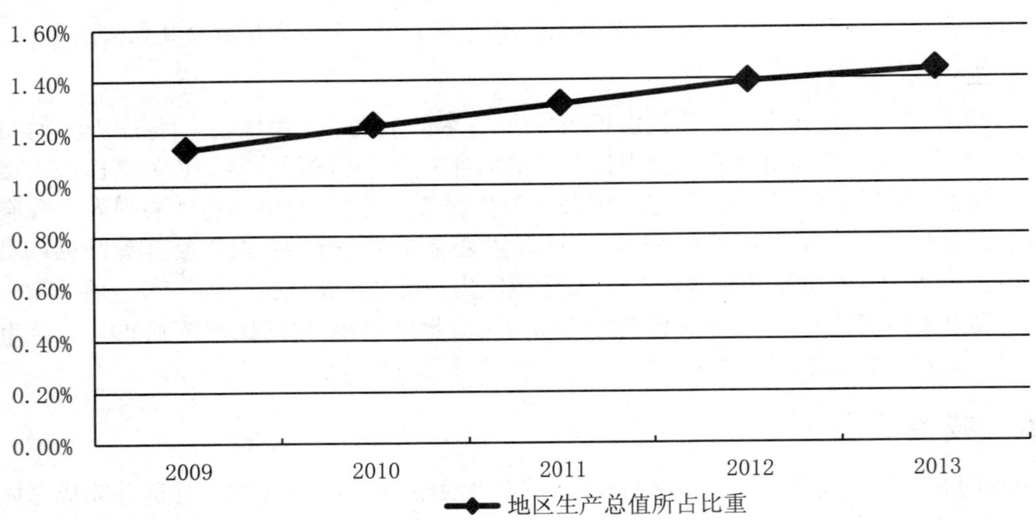

图 4　2009—2013 年宿迁市地区生产总值在长三角所占比重的变化趋势

2009—2013 年宿迁市地区生产总值在长三角所占比重为 1.14%、1.23%、1.31%、1.40%和 1.44%，连续多年比重明显增加，累计增幅为 0.3 个百分点，其中 2013 年较上年增长 0.04 个百分点。2013 年宿迁市地区生产总值在长三角地区 25 个市（苏浙两省 24 个地级市和上海市，下同）排名与上年保持一致，排名第 22 位，仍比较靠后。

2013 年，宿迁市全市实现地区生产总值 1706.28 亿元，比上年增长 12.5%。其中一产实现增加值 235 亿元，增长 3.0%；二产实现增加值 815.61 亿元，增长 14.9%；三产实现增加值 655.67 亿元，增长 13.0%。全市人均 GDP 达 35484 元，折合 5730 美元，比上年增长 11.9%。14 项经济指标增速位居全省前三，其中地区生产总值、规模以上工业增加值、固定资产投资、社会消费品零售总额、进出口总额和出口总额、金融机构人民币存款余额和贷款余额、城镇居民人均可支配收入和农民人均纯收入等 10 项指标增速位居全省首位。

三次产业结构不断优化，调整到 13.8∶47.8∶38.4，一产比重比上年降低 1.1 个百分点，二产和三产比重比上年分别提高 0.7 个和 0.4 个百分点。全部工业增加值占 GDP 比重达 39.8%，较上年提高 1.0 个百分点。新兴产业发展进入快车道。市委市政府确立了光电、新材料、智能电网、高性能复合材料、生物科技、信息技术等六大新兴产业集聚区，制订了促进新兴产业发展的政策措施。全市新兴产业实现主营业务收入 610 亿元，比上年增长 35.6%。高新技术产业占比进一步提升，全市高新技术产业实现工业总产值 545.53 亿元，占全市规模以上工业的比重为 19.2%，比上年提高 0.5 个百分点。服务业发展提速，服务业增加值增长 13.0%，较上年提高 1.0 百分点，为三年来首次超过 GDP 增速，其中金融业增加值增长 21.8%，房地产业增加值增长 19.7%。

2009—2013 年宿迁市地方财政一般预算收入在长三角所占比重为 0.80%、0.94%、1.03%、1.21%和 1.28%，继续保持稳定增长的态势，累计增幅为 0.48 个百分点，其中 2013 年较上年增加了 0.07 个百分点。2013 年宿迁市地方财政一般预算收入在长三角地区 25 个市排名比上年下跌三名，排名第 24 位，排名比较靠后，亟需较大的提升。

2013 年，宿迁市全市实现财政总收入 381.94 亿元，比上年增长 14.6%。其中国税部门收入 83.77 亿元，增长 0.9%；地税部门收入 162.21 亿元，增长 21.4%；财政部门收入 135.95 亿元，增长 16.6%。实现公共财政预算收入 185.12 亿元，增长 17.1%。公共财政预算收入中税收收入 157.98 亿元，增长 21.5%；税收占比达 85.3%，比上年提高 3.1 个百分点。全市公共财政预算支出 300.06 亿

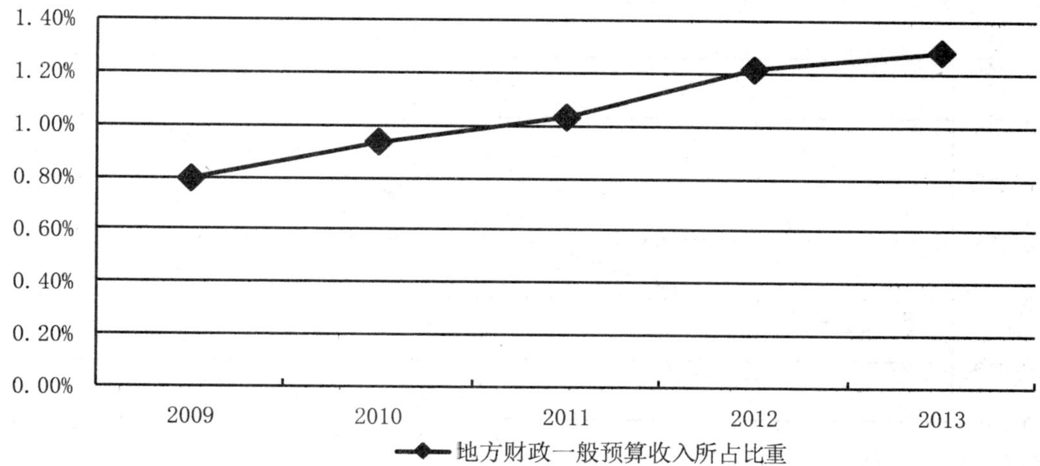

图5　2009—2013年宿迁市地方财政一般预算收入在长三角所占比重的变化趋势

元，比上年增长10.2%。民生支出不断提高，财政用于教育、社会保障和就业、医疗卫生、农林水事务、住房保障等五项民生支出共207.33亿元，比上年增长23.3%；占公共财政预算支出的比重为69.1%，比上年提高7.4个百分点。

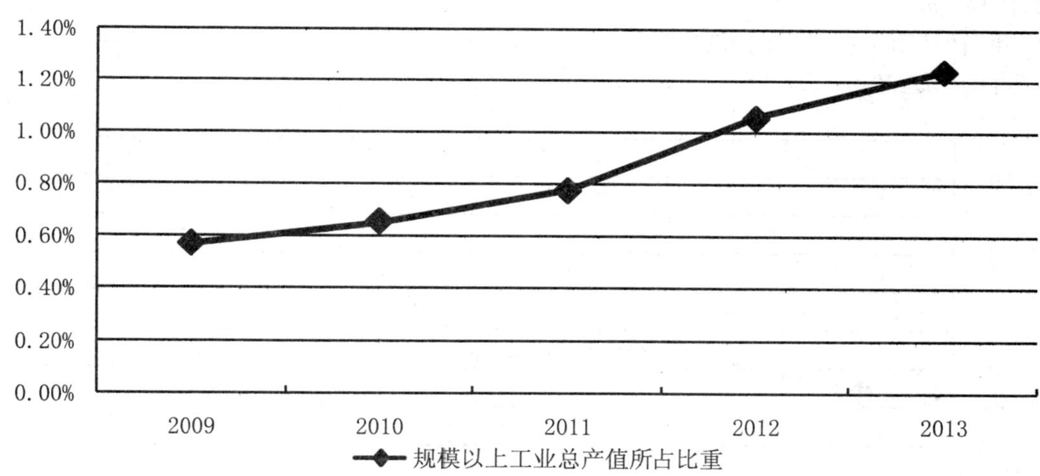

图6　2009—2013年宿迁市规模以上工业总产值在长三角所占比重的变化趋势

2009—2013年宿迁市规模以上工业总产值在长三角所占比重为0.57%、0.66%、0.77%、1.05%和1.24%，继续保持大幅增长的态势，累计增幅为0.6个百分点，其中2013年较上年增加0.19个百分点。2013年宿迁规模以上工业总产值在长三角地区25个市排名保持不变，排名第22位，但仍比较靠后，提升空间广阔。

2013年，宿迁市全市规模以上工业企业实现主营业务收入2821.44亿元，增长27.3%；实现利税439.61亿元，增长29.1%。其中利润305.83亿元，增长28.1%。工业经济保持平稳较快增长。全部工业增加值比上年增长15.5%，其中规模以上工业增加值增长18.1%，高出全省平均增速6.6个百分点。按企业类型分，股份制企业增长16.4%，外商及港澳台企业增长48.1%；按企业规模分，大中型企业增长12.1%，小型企业增长23.3%；按轻重工业分，轻工业增长11.0%，重工业增长29.5%。

全年工业用电量 94.86 亿千瓦时，增长 18.7％。

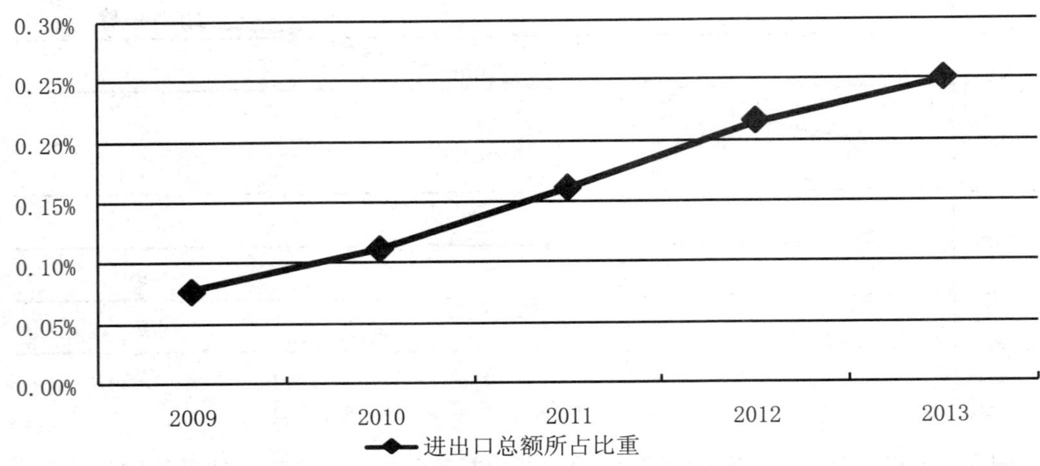

图 7 2009—2013 年宿迁市进出口总额在长三角所占比重的变化趋势

2009—2013 年宿迁市进出口总额在长三角所占比重为 0.08％、0.11％、0.16％、0.22％和 0.25％，所占比重虽然不大但保持较快增长的态势，2013 年占比是 2009 年的 3 倍多。2013 年宿迁进出口总额在长三角地区 25 个市排名与上年比，上升了一位，排名第 24 位。

2013 年，宿迁市全市实现进出口总额 33.22 亿美元，比上年增长 19.0％。其中出口 27.80 亿美元，增长 20.0％；进口 5.42 亿美元，增长 14.0％。

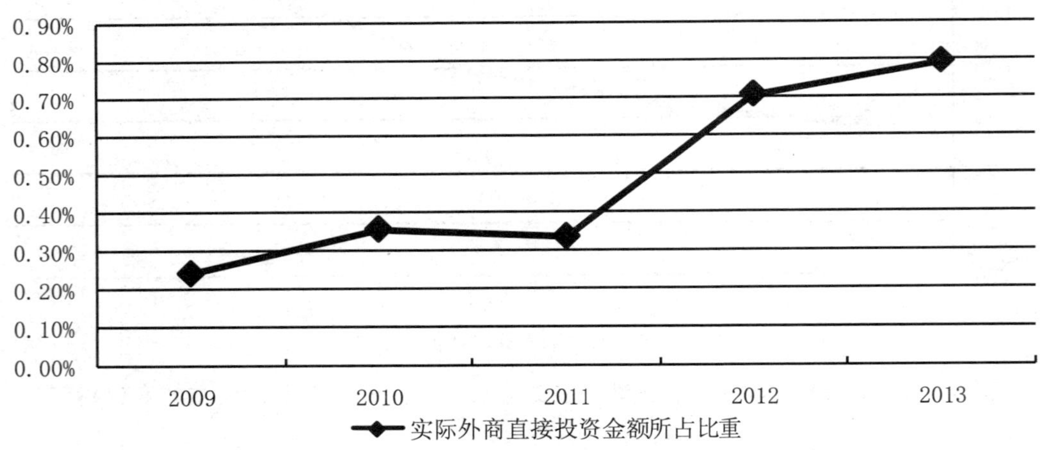

图 8 2009—2013 年宿迁市实际外商直接投资金额在长三角所占比重的变化趋势

2009—2013 年宿迁市地实际外商直接投资金额在长三角所占比重为 0.24％、0.36％、0.34％、0.71％和 0.79％，所占比重虽然不大，除 2011 年稍微下跌外，总体呈相对增长的态势，2013 年较上年增幅为 0.08 个百分点，五年累计增幅达 0.55 个百分点。2013 年宿迁实际外商直接投资金额在长三角地区 25 个市排名和上年比上升了一位，排名第 19 位。

2013 年全年新批外商投资企业 84 家，新批协议外资 11.98 亿美元；实际到账外资 5.09 亿美元，比上年增长 16.0％。

第四章　浙江省及各市2013年经济社会发展报告

一　浙江省2013年经济社会发展报告

2013年是本届政府的开局之年。一年来，省人民政府认真贯彻党的十八大和十八届二中、三中全会精神，深入实施“八八战略”①，全面落实省委十三届三次、四次全会精神，围绕干好“一三五”、实现“四翻番”，②认真执行省十二届人大一次会议决议，牢牢把握稳中求进工作总基调，开拓进取、扎实工作，克服国内外市场复杂多变和自然灾害等困难，完成了稳增长、调结构、促改革、惠民生等目标任务。

一、浙江省2013年经济发展概况

（一）综合经济

1. 经济总量

全年生产总值(GDP)37568.49亿元，比上年增长8.2%。其中，第一产业增加值1784.62亿元，第二产业增加值18446.65亿元，第三产业增加值17337.22亿元，分别增长0.4%、8.4%和8.7%。人均GDP为68462元(按年平均汇率折算为11055美元)，增长7.8%。三次产业增加值结构由上年的4.8∶50.0∶45.2调整为4.8∶49.1∶46.1。

2. 财政收入

全年财政总收入6908.41亿元，比上年增长7.8%，增速比上年回落0.4个百分点；地方公共财政预算收入3796.92亿元，增长10.3%，增速比上年提高1.1个百分点。

3. 物价水平

全年居民消费价格(CPI)比上年上涨2.3%，其中食品类价格上涨3.8%；商品零售价格上涨

① 2003年7月，中共浙江省委举行第十一届四次全体(扩大)会议，在总结浙江经济多年来的发展经验基础上，全面系统地总结了浙江省发展的八个优势，提出了面向未来发展的八项举措——“八八战略”，即进一步发挥八个方面的优势、推进八个方面的举措。“八八战略”具体为：一、进一步发挥浙江的体制机制优势，大力推动以公有制为主体的多种所有制经济共同发展，不断完善社会主义市场经济体制；二、进一步发挥浙江的区位优势，主动接轨上海、积极参与长江三角洲地区交流与合作，不断提高对内对外开放水平；三、进一步发挥浙江的块状特色产业优势，加快先进制造业基地建设，走新型工业化道路；四、进一步发挥浙江的城乡协调发展优势，统筹城乡经济社会发展，加快推进城乡一体化；五、进一步发挥浙江的生态优势，创建生态省，打造“绿色浙江”；六、进一步发挥浙江的山海资源优势，大力发展海洋经济，推动欠发达地区跨越式发展，努力使海洋经济和欠发达地区的发展成为浙江省经济新的增长点；七、进一步发挥浙江的环境优势，积极推进基础设施建设，切实加强法治建设、信用建设和机关效能建设；八、进一步发挥浙江的人文优势，积极推进科教兴省、人才强省，加快建设文化大省。

② “干好一三五，实现四翻番”：这是省委十三届二次全会作出的决策部署，即全力以赴做好2013年这一年的工作，确保开好局，起好步；力争经过三年努力，确保不折不扣完成省“十二五”规划确定的目标任务；力争经过五年努力，确保在经济强省、文化强省、科教人才强省和法治浙江、平安浙江、生态浙江建设方面取得重大进展。到2020年，实现全省生产总值、人均生产总值、城镇居民人均可支配收入和农村居民人均纯收入比2010年翻一番，力争提前实现。

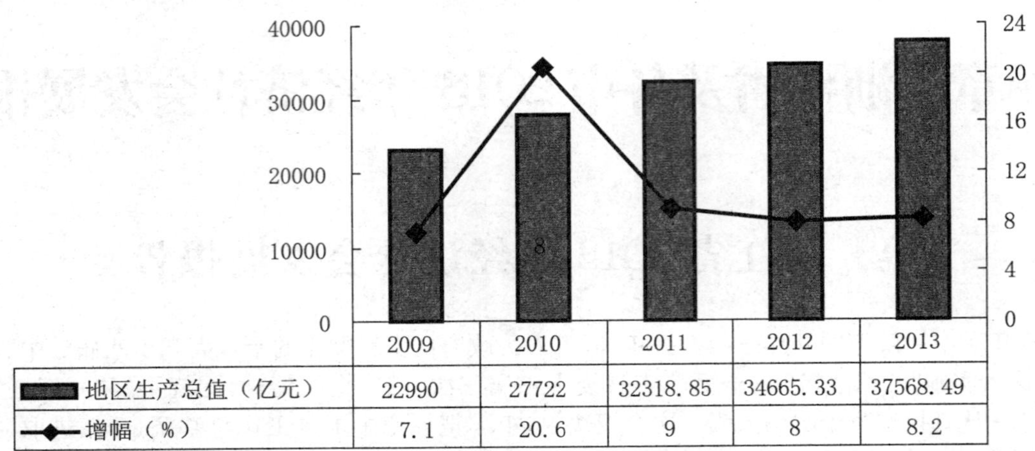

	2009	2010	2011	2012	2013
地区生产总值（亿元）	22990	27722	32318.85	34665.33	37568.49
增幅（%）	7.1	20.6	9	8	8.2

图 1　2009—2013 年浙江省地区生产总值及增长速度

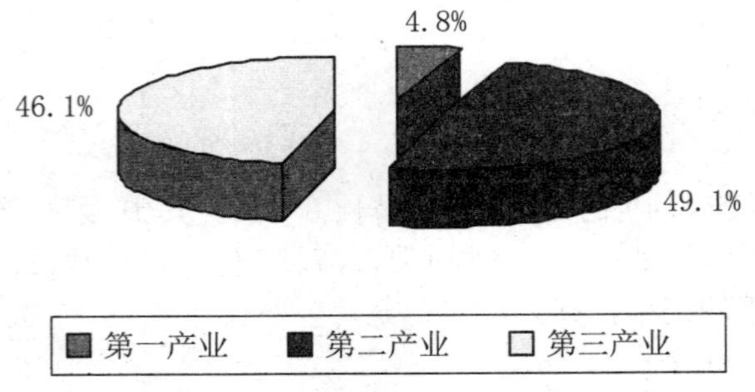

图 2　2013 年浙江省三次产业结构图

1.0%；农业生产资料价格上涨 2.8%；工业生产者出厂价格下降 1.8%，工业生产者购进价格下降 2.3%；固定资产投资价格与上年持平。

4. 固定资产投资

全年固定资产投资 20194.07 亿元，比上年增长 18.1%。非国有投资 13834 亿元，增长 18.0%，占固定资产投资的 68.5%，其中民间投资 12396 亿元，增长 17.3%，占固定资产投资的 61.4%。

在固定资产投资中，第一产业投资 201 亿元，比上年增长 26.8%。第二产业投资 7064 亿元，增长 15.9%，其中工业投资 7028 亿元，增长 15.9%。在工业投资中，战略性新兴产业投资 1881 亿元，占工业投资的 26.8%，增长 13.8%。第三产业投资 12929 亿元，增长 19.2%。全年投资项目 43551 个，比上年增长 11.4%，其中新开工项目 25252 个，增长 10%。

（二）农业和农村建设

全省粮食播种面积为 1254 千公顷，比上年增长 0.2%；粮食单产和总产量分别为 5854 公斤/公顷和 734 万吨，分别比上年减少 4.8%和 4.7%。油料播种面积 183 千公顷，比上年减少 3.1%，其中，油菜籽 160 千公顷，减少 3.6%；蔬菜 619 千公顷，减少 0.7%；棉花 20 千公顷，减少 6.1%；花卉苗木 131 千公顷，增长 4.1%；药材 32 千公顷，增长 2.2%；甘蔗 10 千公顷，减少 6.3%；果用瓜 101 千公顷，减少 0.4%。

生猪年末存栏1288万头，年内出栏1895万头，分别比上年减少3.8%和2.0%。肉类总产量174万吨，比上年减少3.6%。水产品总产量554万吨，比上年增长2.7%，其中，海水产品产量447万吨，增长3.6%，淡水产品产量108万吨，减少0.7%。

全省新建成粮食生产功能区1352个，面积107万亩，累计建成4984个、465万亩；已公布建设138个现代农业综合区，省级主导产业示范区创建点394个、省级特色农业精品园创建点921个。“农民信箱万村联网工程”已有38522个基层网站，农民信箱实名注册用户达266万户。全省已有农业龙头企业7492家；规范化农民专业合作社8328家，其中2013年新增1000家。全年全省实际开展环境综合整治的建制村1840个，受益农户68.8万户，全省列入计划的261个历史文化村落已全部启动建设，其中保护利用重点村44个，保护利用一般村217个，受益农户15.86万户。全省94%建制村完成了村庄整治建设，95%以上的建制村实现生活垃圾集中收集处理，79%以上农户家庭实现卫生改厕，65%以上建制村开展了生活污水治理。养老服务覆盖近70%建制村，标准化中小学校比例55%，乡镇卫生院标准化建设达标率99.0%。农家乐休闲旅游村(点)3211个。“千万农民素质提升工程”培训总人数68.07万人。

（三）工业和建筑业

1. 工业

全年规模以上工业增加值11701亿元，比上年增长8.5%，轻、重工业增加值分别为5029和6671亿元，分别增长6.4%和10.0%。其中，国有及国有控股工业企业增加值1970亿元，增长6.4%。规模以上工业销售产值61837亿元，增长7.1%。规模以上工业企业完成出口交货值11600亿元，增长2.2%；出口交货值占销售产值的比重为18.8%，比上年下降0.9个百分点。

规模以上工业新产品产值16715亿元，比上年增长24.4%，高于工业总产值增幅17.2个百分点；新产品产值率26.3%，比上年提高3.6个百分点。制造业中，高新技术产业增加值2993亿元，增长10.3%，占规模以上工业的比重为25.6%，比上年提高0.3个百分点。汽车产量为37.3万辆，下降0.1%，其中轿车产量为27.4万辆，增长3.8%。

全年规模以上工业企业实现利润3386亿元，比上年增长15.2%。其中，国有及国有控股企业561亿元，增长28.5%；股份制企业413亿元，增长18.3%；外商及港澳台投资企业974亿元，增长17.6%；私营企业1201亿元，增长12.7%。二业企业产品销售率97.3%，比上年下降0.1个百分点。

2. 建筑业

全年建筑业增加值2078亿元，比上年增长5.6%。资质以上建筑企业利润总额525亿元，增长14.3%；税金总额590亿元，增长20.6%。

（四）服务业

1. 国内贸易

全年社会消费品零售总额15225.54亿元，比上年增长11.8%，扣除价格因素，实际增长10.7%。其中，城镇消费品零售额12726亿元，增长11.6%；乡村消费品零售额2412亿元，增长12.8%。分行业看，批发零售贸易业零售额13571亿元，增长12.1%；住宿餐饮业零售额1567亿元，增长8.4%。

在限额以上批发零售贸易业零售额中，汽车类零售额比上年增长10.7%，石油及制品类增长9.7%，食品饮料烟酒类增长10.9%，服装、鞋帽、针纺织品类增长10.9%，中西药品类增长15.8%，日用品类增长20.7%，金银珠宝类增长34.0%，通讯器材类增长16.7%，家具类增长29.5%，五金、电科类增长26.9%,建筑及装潢材料类增长40.0%。

年末全省已登记的商品交易实体市场4316家,交易额为1.78万亿元,增长12.8%;已登记的网上商品交易市场157家,交易额为1.95万亿元,增长52.0%。

2. 交通运输、邮电

全年交通运输、仓储和邮政业增加值为1326亿元,比上年增长4.7%。全年铁路、公路和水运完成货物周转量9867亿吨公里,比上年增长7.4%;旅客周转量1309亿人公里,下降0.6%。港口完成货物吞吐量13.8亿吨,增长4.6%,其中,沿海港口完成10.1亿吨,增长8.4%;内河港口完成3.7亿吨,下降4.4%。

全年邮电业务总量1179亿元,比上年增长15.1%。其中,邮政业务总量328亿元,电信业务总量851亿元。

年末本地电话交换机容量2613万门,比上年减少178万门;移动电话交换机容量10807万户,比上年增加1122万户。本地电话用户1781万户,比上年减少101万户,普及率32.4线/百人;移动电话用户7072万户,比上年增加629万户,普及率128.7部/百人。年末全省互联网用户数5998万户,其中(固定)互联网宽带接入用户1243万户。

3. 旅游业

全年实现旅游总收入5536亿元,比上年增长15.3%。其中,接待国内旅游者4.34亿人次,增长11.0%,实现国内旅游收入5202亿元,增长16.2%;接待入境旅游者866万人次,入境人数与上年基本持平,实现旅游外汇收入54亿美元,增长4.7%。

4. 金融、证券和保险

年末全部金融机构本外币各项存款余额73732亿元,比上年末增长10.6%,其中人民币存款余额增长10.9%。全部金融机构本外币各项贷款余额65339亿元,比上年末增长9.8%,其中人民币贷款余额增长9.9%。年末个人本外币储蓄存款余额29360亿元,比上年末增长9.1%。

年末共有境内上市公司246家,累计融资3031亿元;其中,中小板上市公司119家,占全国中小板上市公司总数的17%;创业板上市公司36家,占全国创业板上市公司总数的10.1%。

全年保险业实现保费收入1110亿元,比上年增长12.7%。其中,财产险保费收入512亿元,增长15.2%;人身险保费收入598亿元,增长10.7%。支付各类赔款及给付451亿元,比上年增长31.6%。其中,财产险赔付支出349.3亿元,人身险赔付支出101.8亿元。

5、房地产业

全年房地产开发投资6216亿元,比上年增长18.9%。商品房销售面积4887万平方米,增长22%;商品房销售额5396亿元,增长26.6%。

(五)对外经济

1. 对外贸易

全年进出口总额3358亿美元,比上年增长7.5%。其中,进口870亿美元,下降1.0%;出口2488亿美元,增长10.8%。月均出口207.3亿美元,其中12月份出口241.9亿美元,创历史新高。民营企业出口1667亿美元,比上年增长18.8%,高于全省出口平均增速8.0个百分点,占全省出口总值的67.0%,比上年提高4.5个百分点;对全省出口增长的贡献率为108.6%。

2013 年进出口主要分类情况

	绝对数(亿美元)	比上年增长(%)
进出口总额	3358	7.5
出口额	2488	10.8
#一般贸易	1963.4	9.3
加工贸易	322.5	−7.0
#机电产品	1015.6	5.9
#高新技术产品	142.8	−3.6
进口额	870	−1.0
#一般贸易	632.0	1.2
加工贸易	144.5	−5.4
#机电产品	149.6	−6.0

对欧洲市场出口持续复苏，对北美市场出口稳定增长，对新兴市场出口快速增长。

2. 外资状况

2013 年新批外商直接投资项目 1572 个，比上年减少 25 个；合同外资 243.8 亿美元，实际到位外资 141.6 亿美元，分别比上年增长 15.7%和 8.3%。第三产业利用外资继续保持良好势头，合同外资 151 亿美元，实际利用外资 78.8 亿美元，分别比上年增长 41.0%和 21.9%，分别占外资总额的 61.9%和 55.6%，比上年分别提高 11.1 和 6.1 个百分点。

3. 对外承包

对外承包工程完成营业额 44 亿美元，比上年增长 18.6%；对外劳务合作实际收入 1.1 亿美元。经审批和核准的境外投资企业和机构共计 568 家，比上年减少 66 家；其中中方投资 55.2 亿美元，增长 41.7%。全年实际对外直接投资 24 亿美元。

二、浙江省 2013 年社会发展概况

（一）人口、人民生活

据 2013 年人口变动抽样调查，年末常住人口 5498 万人，比上年增长 0.38%。其中，男性人口 2830 万人，女性人口 2668 万人，分别占总人口的 51.5%和 48.5%。全年出生人口 54.9 万人，出生率为 10.01‰；死亡人口 29.9 万人，死亡率为 5.45‰；全年自然增长人口 25.0 万人，自然增长率为 4.56‰。

据对城乡住户抽样调查，全省城镇居民人均可支配收入 37851 元，农村居民人均纯收入 16106 元，分别比上年增长 9.6%和 10.7%，扣除价格因素分别增长 7.1%和 8.1%。城镇居民人均消费支出 23257 元，农村居民人均生活消费支出 11760 元，分别比上年增长 7.9%和 10.4%，扣除价格因素增长 5.5%和 7.8%。城镇居民家庭恩格尔系数为 34.4%，比上年下降 0.7 个百分点；农村居民家庭恩格尔系数为 35.6%，比上年下降 2.1 个百分点。

全年城镇居民人均可支配收入中位数为 33860 元，比上年增加 3247 元，增长 10.6%；农村居民人

均纯收入中位数为 14420 元，比上年增加 1633 元，增长 12.8%。

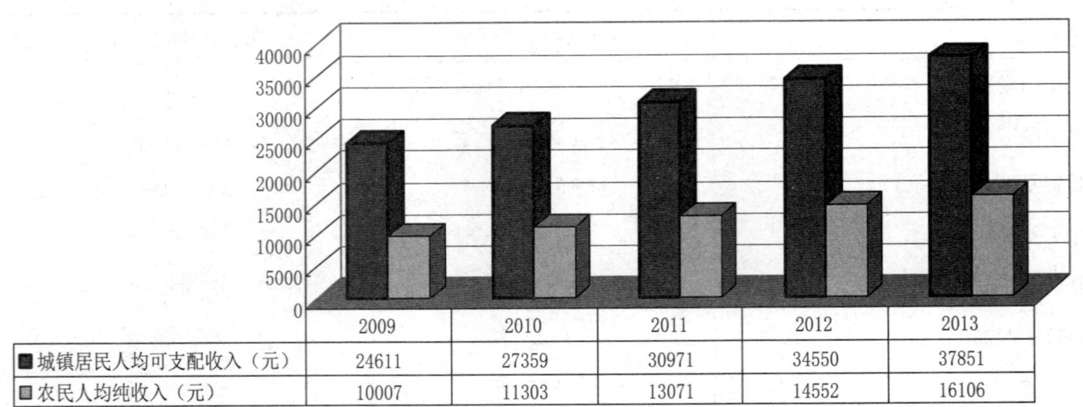

	2009	2010	2011	2012	2013
城镇居民人均可支配收入（元）	24611	27359	30971	34550	37851
农民人均纯收入（元）	10007	11303	13071	14552	16106

图 3　2009—2013 年浙江省城乡居民收入对比一览

城镇居民人均住房建筑面积 38.82 平方米，农村居民人均居住面积 60.82 平方米。

（二）就业与社会保障

1. 就业

全年新增城镇就业人数 104.3 万人，其中 46.3 万名城镇失业人员实现再就业。年末城镇登记失业率为 3.01%，与上年末持平。

2. 社会保障

全年参加企业基本养老保险人数 2272.5 万人，参加城镇职工基本医疗保险人数 1790.5 万人，参加失业保险人数 1144.3 万人，参加工伤保险人数 1826.1 万人，参加生育保险人数 1173.1 万人，分别比上年增加 189.2 万人、119.5 万人、78.8 万人、94.4 万人和 88.3 万人。企业退休人员基本养老金月人均水平超过 2300 元。失业保险金平均水平为 1046 元，因工死亡职工供养亲属抚恤金月人均提高 105 元。增发社会保障卡 1174 万张。

年末新型农村合作医疗参合人数 2855.1 万人，参合率为 97.8%；人均筹资标准为 557 元，比上年增加 74.5 元，其中，财政补助 392.9 元，比上年增加 50.7 元；所有统筹地区最高支付限额全部达到全国农村居民人均纯收入 8 倍以上且不低于 8 万元。

年末在册低保对象（未含五保供养）62.9 万人，其中，城镇 7.3 万人，农村 55.6 万人；低保资金（含各类补贴）支出 23.1 亿元，比上年增长 12.1%；城乡低保平均标准分别为每人每月 515.49 元和 393.42 元，分别增长 8% 和 12%；获得生活补助的城乡低收入家庭持证重度残疾人 8.9 万名，发放补助金额 4.0 亿元，分别增长 13.5% 和 28.2%。

全年共支出医疗救助资金 8.7 亿元，比上年增加 1.2 亿元。投入资金 23.8 亿元，新增各类养老机构床位数 2.8 万张，新建成社区居家养老服务照料中心 3491 个。

年内共发行各类福利彩票 124.5 亿元，比上年增加 22.1 亿元，共筹集公益金 35.3 亿元。

全年新开工建设保障性住房 19.4 万套、竣工 11.1 万套，其中开工建设公共租赁住房 4.6 万套。

（三）教育和科学技术

1. 教育

全省共有3400所小学，招生60.8万人；在校生349.6万人，比上年增加2.9万人，增长0.8%，小学学龄儿童入学率为99.99%。共有1727所初中，招生51.2万人，比上年增加0.2万人，增长0.4%；在校生148.3万人，初中入学率为99.95%。小学生均校舍建筑面积7.5平方米；生均图书25.6册；每百名学生拥有计算机15.6台；小学体育运动场（馆）面积达标的学校比例为93.8%，比上年提高6.4个百分点；建立校园网校数比例为97.9%，提高2.8个百分点。初中生均校舍建筑面积16.6平方米；生均图书41.3册；每百名学生拥有计算机24.8台；初中体育运动场（馆）面积达标的学校比例为95.1%，提高2.3个百分点；建立校园网校数比例为99.0%，提高3.3个百分点。

义务教育中小学进城务工人员随迁子女在校生139.8万人，比上年增长6.9%，其中在公办学校就读人数为104.5万人，占74.7%。其中，在小学就读的进城务工人员随迁子女111.9万人，比上年增加5.7万人，增长5.4%；在初中就读的进城务工人员随迁子女27.9万人，比上年增加3.3万人，增长13.3%。

全省共有普通高校106所（含独立学院及筹建院校）。研究生、本科、专科招生比例为1∶7.8∶6.7；普通高考录取率为85.9%，与上年基本持平；高等教育毛入学率为51.7%，比上年提高2.2个百分点。全年研究生招生19535人，其中，博士生2346人，硕士生17189人，招生总数比上年增加787人，增长4.2%；在学研究生57801人，其中，博士、硕士在校生分别为10038人、47763人，在学研究生总数比上年增加3432人，增长6.3%。普通本专科招生28.3万人，比上年增长0.9%，本专科招生比为53.5∶46.5；在校生96.0万人，增长2.9%，毕业生24.5万人，减少1.1%。

各类中等职业教育（含技工学校）招生22.9万人，在校生69.7万人；普通高中招生26.5万人，在校生84.0万人，毕业生29.6万人。

年末有幼儿园专任教师11.0万人，比上年增加0.3万人；幼儿教师学历合格率为99.3%，比上年提高0.3个百分点。义务教育中小学专任教师30.1万人，比上年增长1.0%。中等职业教育专任教师3.28万人，生师比17.6∶1；专任教师学历合格率为94.8%，比上年提高0.8个百分点。双师型教师占专任教师和专业课教师的比例分别为38.2%、74.2%，比上年分别提高3.4和5.4个百分点。普通高等学校专任教师中副高职称以上教师所占比例为44.3%，比上年提高0.7个百分点；具有硕士以上学位教师比例为74.4%，比上年提高2.7个百分点。

2. 科学技术

全年全社会科技活动经费支出1300亿元，比上年增长13.7%；相当于地区生产总值的3.46%。研究和发展（R&D）经费支出相当于地区生产总值的比例为2.2%，比上年提高0.12个百分点。财政科技投入191.9亿元，比上年增长15.6%；财政科技拨款占财政支出的比重为4.06%。

全省有国家认定的企业技术中心70家。新认定高新技术企业797家，累计5309家。新培育省级创新型试点企业56家，示范企业56家，累计分别为415家和246家。全年专利申请量、授权量分别为29.4万件和20.2万件，分别比上年增长17.9%和7.3%。

（四）文化、卫生和体育

1. 文化

年末全省共有艺术表演团体70个，群艺（文化）馆102个，公共图书馆98个，博物馆148个。省市级广播电台、电视台各12座，县级广播电视台66家。有线电视用户1452.3万户，比上年增长4.9%；广播、电视综合覆盖率分别为99.6%和99.65%。全年共审查电影36部，制作电视剧75部3071集。制作动画片40部2968集，21154分钟。全年广播影视经营收入256.7亿元，比上年增长21.3%，其中电影票房收入18.0亿元，增长33.9%。全年观影4870.5万人次，共完成29.8万场农村电影放映任务。

全省14家图书出版社，共出版图书12040种，总印数3.8亿册，比上年增长5.6%；公开发行报纸71种，年出版量34.0亿份，平均每千人每天拥有169份报纸；出版期刊222种，与上年持平，年出版量0.81亿册，下降2.4%。全省共有综合档案馆99个，已开放各类档案11711个全宗，共计216.2万卷，31.8万件。

2. 卫生

年末共有卫生机构3万个（包括村卫生室）。各类医院床位数19.7万张，比上年增长9%；全省卫生技术人员35.2万人，增长7.1%，其中，执业（助理）医师13.8万人，注册护士13.3万人，分别增长6.3%和9.4%。医院年诊疗22211万人次，比上年增长7.59%。年末全省预约诊疗网络接入医院169家，社区卫生服务中心63家，分别增长1.1倍和65.8%；累计注册用户213.5万人，预约总量829.2万人次，预约成功量561.2万人次，预约成功率为67.7%；日均可预约号源59637人次、日均预约量10000余人次。

全年甲、乙类传染病发病率为192.46/10万，比上年下降7.98%。孕产妇死亡率为6.20/10万；5岁以下儿童死亡率为5.87‰，比上年下降0.65个千分点。“五苗”接种率保持在95%以上。

3. 体育

浙江省运动员在各类国际性、洲际性、全国性比赛中共获得世界冠军19个、亚洲冠军23个、全国冠军348个。全省共创建省级青少年体育俱乐部24个，青少年户外体育活动营地2个。年末全省共有省级青少年体育俱乐部360所，国家级青少年体育俱乐部133所；省级青少年户外活动营地37个，国家级营地4所。全年共销售体育彩票86.3亿元，比上年增加12.9亿元，增长17.7%。

（五）资源、环境保护和生态建设

全省平均降水量为1573.2毫米（折合降水总量1632.25亿立方米），全省水资源总量为924.14亿立方米，比多年平均955亿立方米减少3.3%；人均水资源量为1681立方米。

全省完成造林面积39455公顷，其中，重点防护林工程造林面积17369公顷，人工更新造林14380公顷，低产低效林改造8574公顷。加快平原绿化和绿色通道建设步伐，平原新增绿化面积30427公顷，建设森林通道5925公里。增强森林抚育，提高林分质量，完成中央投资森林抚育面积66667公顷。根据2013年全省森林资源监测结果显示，我省森林覆盖率达到60.82%（含灌木林）。全省新增水土流失治理面积710平方公里。

全省有气象雷达观测站点9个，卫星云图接收站点25个，区域自动气象观测站1757个。全省霾平均日数84天，比上年偏多6.5天。11个设区城市日空气质量达标天数（AQI）比例范围为52.2～90.0%，平均为68.4%。58个县级城市日空气质量优良天数（API）比例为79.6～99.3%，平均为91.6%。

全省221个省控断面中，Ⅰ～Ⅲ类水质断面占63.8%，比上年下降0.5个百分点；满足水环境功能区目标水质要求断面占67.4%。县级以上集中式饮用水水源地水质达标率为86.1%，其中设区城市主要集中式饮用水水源地水质达标率为92.5%。全省151个跨行政区域河流交接断面中，满足水环境功能区目标水质要求断面占62.9%。全省全面开展烟尘控制区建设，目前已有75个县（市、区）

开展高污染燃料禁燃区创建工作。近岸海域共发生赤潮 18 次，累计面积约 1417.4 平方千米，其中有害赤潮 1 次。与上年同期相比，赤潮发生次数增加 1 次，但累计面积有所减少，有害赤潮发生次数大幅降低。

全省城市污水排放量 22.56 亿立方米，比上年增长 1.9%；城市污水处理量为 20.42 亿立方米，比上年增长 5.37%；城市污水处理率 90.51%，比上年提高 3.01 个百分点；城市生活垃圾无害化处理率为 99.83%，比上年提高 0.86 个百分点；城市用水普及率为 99.83%；城市燃气普及率 98.87%；人均公园绿地面积 12.83 平方米，比上年增长 2.89%。农村沼气产气量 1.85 亿立方米，太阳能利用累计面积为 595 万平方米，比上年增长 8.18%。

全年规模以上工业企业能源消费比上年增长 1.9%，单位工业增加值能耗下降 6.0%。其中，千吨以上和重点监测用能企业能源消费比上年分别增长 0.4%和 0.8%，单位工业增加值能耗分别下降 6.7%和 6.4%。全年累计建成国家级生态县 6 个、国家环境保护模范城市 7 个（诸暨市已通过国家环境保护模范城市的验收），国家级生态示范区 45 个、国家级生态乡镇 450 个、省级生态县 57 个、省级环保模范城市 8 个、省级生态乡镇 979 个。

（六）社会安全

全年共发生各类事故 18933 起、死亡 5518 人、受伤 18591 人、直接经济损失 28531.4 万元，分别比上年下降 5.0%、2.2%、6.2%和 8.4%。其中，发生较大事故 46 起、死亡 186 人，比上年增加 10 起、58 人；重大及以上事故未发生，比上年减少 1 起、13 人。道路交通共发生事故 18298 起、死亡 4860 人、受伤 18560 人、直接经济损失 7522.8 万元，分别比上年下降 5.0%、2.1%、6.0%、6.2%。

三、浙江省在长三角地区经济发展中的地位

2013 年，浙江省全省上下认真贯彻中央和省委省政府决策部署，经济运行平稳，转型升级扎实推进，发展质量效益向好，民生保障得到改善。

平稳增长是 2013 年浙江经济运行的一个显著特征。全省地区生产总值同比增长率，一季度、上半年和前三季度均为 8.3%，前三季度增幅比上年同期提高 0.6 个百分点，由于四季度上年同期基数提高较多，增速环比回落 0.1 个百分点，同比上升 0.2 个百分点。三大产业、三大需求、三大收入也都平稳运行。

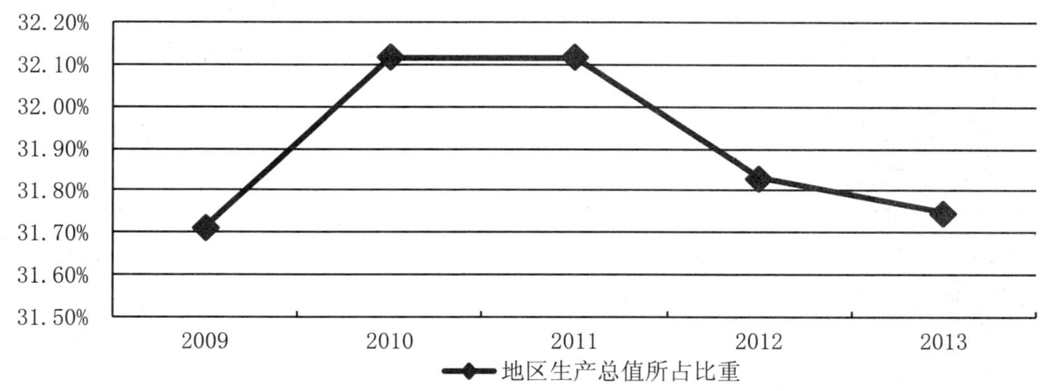

图 4　2009—2013 年浙江省地区生产总值在长三角所占比重的变化趋势

按总量来讲，多年来浙江省地区生产总值在长三角地区一直位居第二位。2009—2013 年浙江省

地区生产总值在长三角所占比重分别为 31.71%、32.12%、32.12%、31.83%和 31.75%。浙江省地区生产总值在长三角占比在 2011 年后大幅下降，与 2009 年比上升了 0.04 个百分点。经过 2011—2013 年的大幅下降，2013 年与 2009 年占比相持平。

2013 年，在长三角地区 25 市（苏浙两省 24 个地级市和上海市，下同）地区生产总值所占比重排名的前十位中，浙江省 11 个地级市仅占据 2 席，与去年比减少了 1 席，有待进一步提高。

全年生产总值(GDP)37568 亿元，比上年增长 8.2%。其中，第一产业增加值 1785 亿元，第二产业增加值 18447 亿元，第三产业增加值 17337 亿元，分别增长 0.4%、8.4%和 8.7%。人均 GDP 为 68462 元（按年平均汇率折算为 11055 美元），增长 7.8%。三次产业增加值结构由上年的 4.8 ∶ 50.0 ∶ 45.2 调整为 4.8 ∶ 49.1 ∶ 46.1。全年居民消费价格(CPI)比上年上涨 2.3%，其中食品类价格上涨 3.8%；商品零售价格上涨 1.0%；农业生产资料价格上涨 2.8%；工业生产者出厂价格下降 1.8%，工业生产者购进价格下降 2.3%；固定资产投资价格与上年持平。

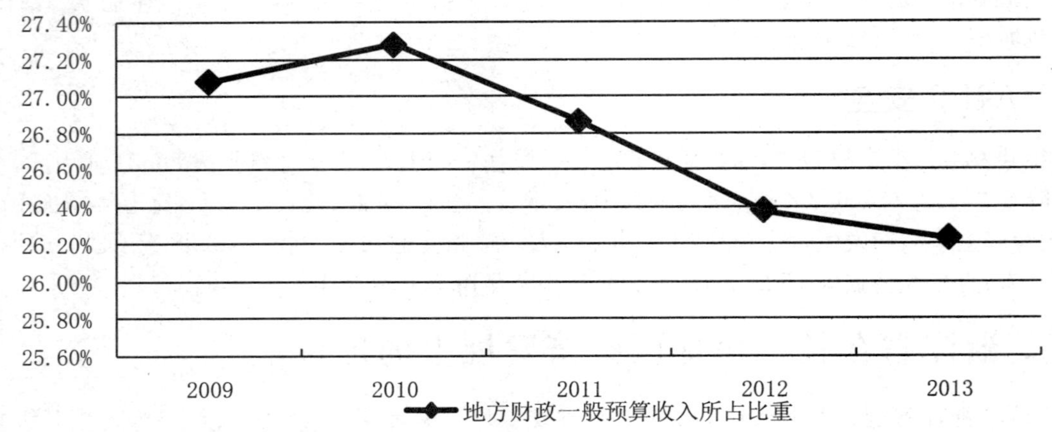

图 5　2009—2013 年浙江省地方财政一般预算收入在长三角所占比重的变化趋势

2009—2013 年浙江省地方财政一般预算收入在长三角所占比重分别为 27.08%、27.28%、26.86%、26.38%和 26.23%，整体处于下行态势，2010 年有着些许上扬，2011—2013 年出现较持续大幅度的下跌，较 2009 年下跌了 0.85 个百分点。

2013 年，浙江省地方财政一般预算收入在长三角地区两省一市的排名中，与上年保持一致，仍为第 3 位，未能有所改善；在长三角地区 25 市地方财政一般预算收入所占比重排名的前十位中，浙江省 11 个地级市仅占据 3 席，与去年持平，期待有所突破。

全年财政总收入 6908 亿元，比上年增长 7.8%，增速比上年回落 0.4 个百分点；地方公共财政预算收入 3797 亿元，增长 10.3%，增速比上年提高 1.1 个百分点。

2009—2013 年浙江省规模以上工业总产值在长三角所占比重分别为 29.50%、29.61%、28.70%和 27.74%，总体上呈现下降趋势，只有 2010 年有小幅度回升，累计降幅达 1.76 个百分点。

2012 年，浙江省规模以上工业总产值在长三角地区两省一市的排名中，与上年保持一致，为第 2 位；在长三角地区 25 市地方财政一般预算收入所占比重排名的前十位中，浙江省 11 个地级市仍占据 3 席，与去年持平，未能有所突破，仍需继续努力。

2013 年，浙江省全年规模以上工业增加值 11701 亿元，比上年增长 8.5%，轻、重工业增加值分别为 5029 和 6671 亿元，分别增长 6.4%和 10.0%。其中，国有及国有控股工业企业增加值 1970 亿元，增长 6.4%。规模以上工业销售产值 61837 亿元，增长 7.1%。规模以上工业企业完成出口交货值

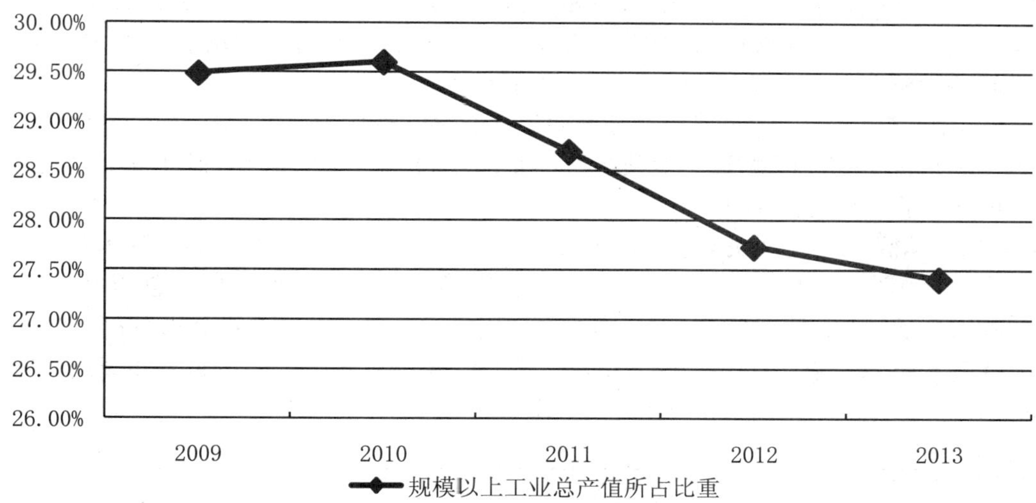

图6　2009—2013年浙江省规模以上工业总产值在长三角所占比重的变化趋势

11600亿元，增长2.2%；出口交货值占销售产值的比重为18.8%，比上年下降0.9个百分点。

规模以上工业新产品产值16715亿元，比上年增长24.4%，高于工业总产值增幅17.2个百分点；新产品产值率26.3%，比上年提高3.6个百分点。制造业中，高新技术产业增加值2993亿元，增长10.3%，占规模以上工业的比重为25.6%，比上年提高0.3个百分点。汽车产量为37.3万辆，下降0.1%，其中轿车产量为27.4万辆，增长3.8%。

全年规模以上工业企业实现利润3386亿元，比上年增长15.2%。其中，国有及国有控股企业561亿元，增长28.5%；股份制企业413亿元，增长18.3%；外商及港澳台投资企业974亿元，增长17.6%；私营企业1201亿元，增长12.7%。工业企业产品销售率97.3%，比上年下降0.1个百分点。

全年建筑业增加值2078亿元，比上年增长5.6%。资质以上建筑企业利润总额525亿元，增长14.3%；税金总额590亿元，增长20.6%。

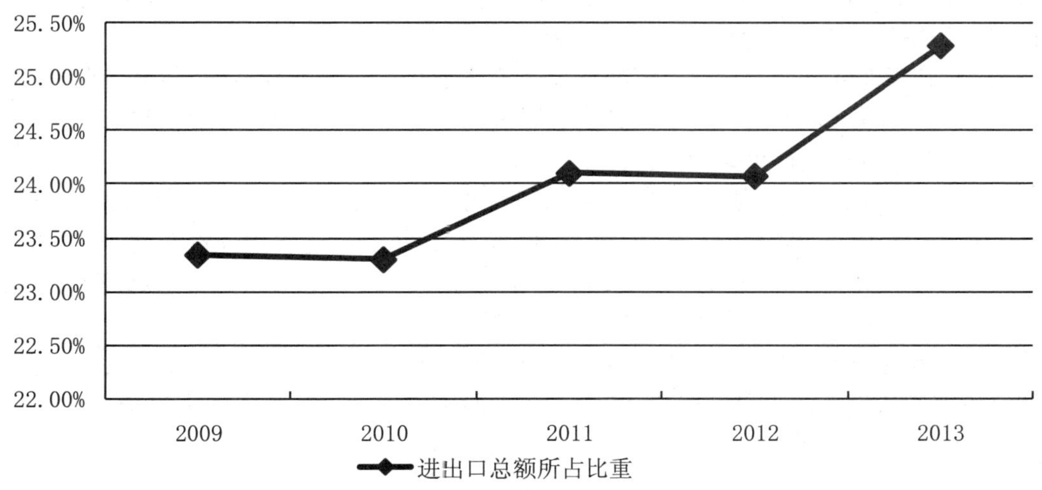

图7　2009—2013年浙江省进出口总额在长三角所占比重的变化趋势

2009—2013 年浙江省进出口总额在长三角所占比重分别为 23.34%、23.30%、24.10%、24.07% 和 25.28%，2010 年出现了小幅度的下跌，但总体上呈现增长态势，五年间增加了 1.94 个百分点，其中 2013 年出现大幅上升，较上年上升了了 1.21 个百分点。

2013 年，浙江省进出口总额在长三角地区两省一市的排名中，与上年保持一致，仍为第 3 位，稳定不变；在长三角地区 25 市地方财政一般预算收入所占比重排名的前十位中，浙江省 11 个地级市占据 5 席，较去年增加了 1 席，改善巨大。

全年进出口总额 3358 亿美元，比上年增长 7.5%。其中，进口 870 亿美元，下降 1.0%；出口 2488 亿美元，增长 10.8%。月均出口 207.3 亿美元，其中 12 月份出口 241.9 亿美元，创历史新高。民营企业出口 1667 亿美元，比上年增长 18.8%，高于全省出口平均增速 8.0 个百分点，占全省出口总值的 67.0%，比上年提高 4.5 个百分点；对全省出口增长的贡献率为 108.6%。对欧洲市场出口持续复苏，对北美市场出口稳定增长，对新兴市场出口快速增长。

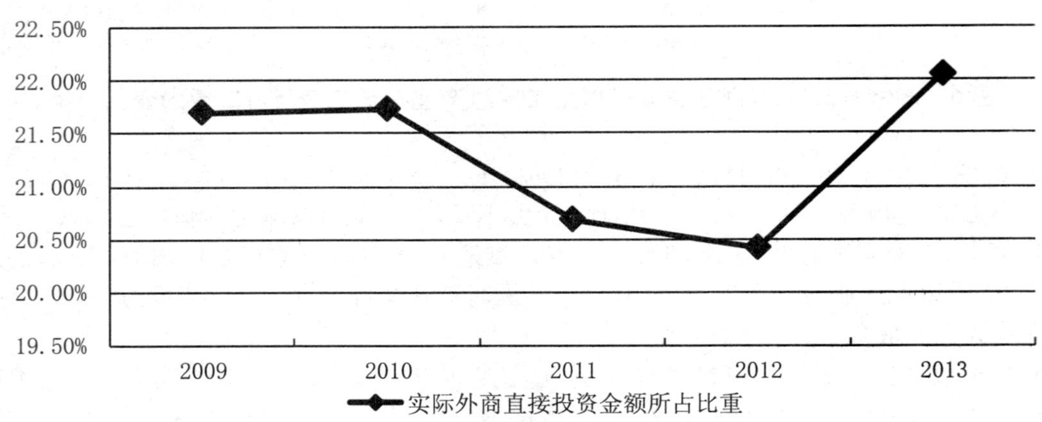

图 8　2009—2013 年浙江省实际外商直接投资金额在长三角所占比重的变化趋势

2009—2013 年浙江省实际外商直接投资金额在长三角所占比重分别为 21.70%、21.73%、20.68%、20.42%和 22.06%，2009～2012 年连续三年呈现下跌姿态，除 2010 年出现微升外，2013 年止跌上扬，大幅上涨，较 2009 年增加了 0.36 个百分点。

2013 年，浙江省实际外商直接投资金额在长三角地区两省一市的排名中，与上年保持一致，为第 3 位；在长三角地区 25 市地方财政一般预算收入所占比重排名的前十位中，浙江省 11 个地级市占据 3 席，比去年增加了一席，期待更大的提升。

2013 年，浙江省新批外商直接投资项目 1572 个，比上年减少 25 个；合同外资 243.8 亿美元，实际到位外资 141.6 亿美元，分别比上年增长 15.7%和 8.3%。第三产业利用外资继续保持良好势头，合同外资 151 亿美元，实际利用外资 78.8 亿美元，分别比上年增长 41.0%和 21.9%，分别占外资总额的 61.9%和 55.6%，比上年分别提高 11.1 和 6.1 个百分点。

对外承包工程完成营业额 44 亿美元，比上年增长 18.6%；对外劳务合作实际收入 1.1 亿美元。经审批和核准的境外投资企业和机构共计 568 家，比上年减少 66 家；其中中方投资 55.2 亿美元，增长 41.7%。全年实际对外直接投资 24 亿美元。

二　杭州市 2013 年经济社会发展报告

2013 年是杭州经济社会发展经受挑战的一年。面对复杂多变的外部环境和频发的自然灾害，市委、市政府带领全市人民，深入学习贯彻党的十八大及十八届二中、三中全会精神，以科学发展观为统领，加快转变经济发展方式为主线，扎实推进稳增长、促转型、惠民生各项工作，经济社会呈现和谐共进的发展局面。

一、杭州市 2013 年经济发展概况

（一）综合经济

1. 经济总量

2013 年，全市实现地区生产总值 8343.52 亿元，比上年增长 8.0%。其中：第一产业增加值 265.42 亿元，第二产业增加值 3661.98 亿元，第三产业增加值 4416.12 亿元，分别增长 1.5%、7.4% 和 9.0%。人均生产总值 94566 元，增长 7.4%。按国家公布的 2013 年平均汇率折算，为 15271 美元。三次产业结构由上年的 3.3∶45.8∶50.9 调整为 2013 年的 3.2∶43.9∶52.9。

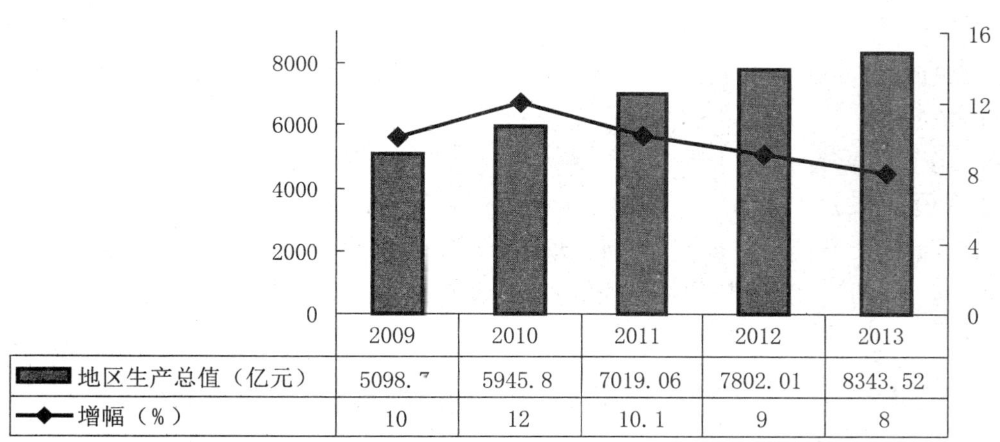

图 1　2009—2013 年杭州市地区生产总值及增长速度

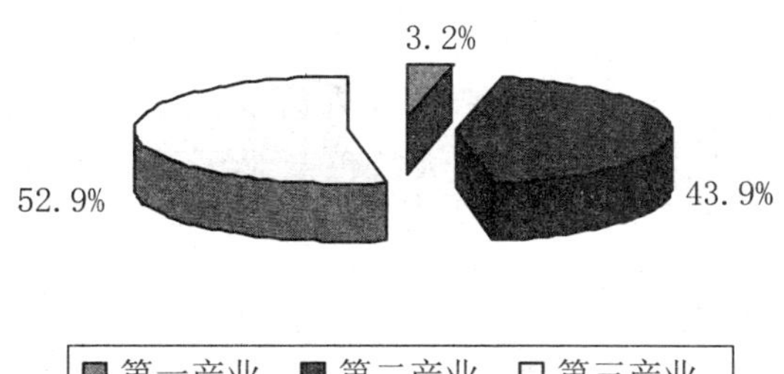

图 2　2013 年杭州市三次产业结构图

2. 非公经济

全市民营经济实现生产总值4964.97亿元，占全市比重的59.5%，比上年回落0.2个百分点。民营商贸企业实现商品销售总额12713.67亿元，占全市的73.4%；规模以上民营工业实现销售产值6904.60亿元，占51.1%；民营经济实现财政收入736.76亿元，占42.5%。年末，全市共有私营企业22.52万户，比上年末增长15.5%，个体工商户32.80万户，增长2.5%，私营企业和个体工商户从业人员分别为186.76万人和66.13万人。

3. 十大产业

全市文化创意、旅游休闲、金融服务、电子商务、信息软件、先进装备制造业、物联网、生物医药、节能环保、新能源等十大产业实现增加值3908.74亿元，比上年增长12.1%，占全市生产总值的比重由上年的45.0%提高至46.9%。全市十大产业投资项目1916个，比上年增加80个，完成投资848.58亿元，增长18.0%，占全部项目投资的35.2%，提高1.4个百分点。

4. 财政收支

全年完成财政总收入1734.98亿元，比上年增长6.6%，其中地方公共财政预算收入945.20亿元，增长9.9%。全市公共财政预算支出855.74亿元，增长8.8%，其中用于民生支出627.79亿元，增长9.0%，占财政总支出的73.4%，同比提高0.1个百分点，住房保障、教育、科学技术等民生项目支出分别增长18.8%、10.5%和15.1%。

5. 市场价格

市区居民消费价格总水平比上年上涨2.5%，涨幅与上年持平。八大类商品和服务项目价格呈“六升二降”格局。

全市工业生产者出厂价格下降1.5%，工业生产者购进价格下降2.7%。

6. 固定资产投资

全市完成固定资产投资4263.87亿元，比上年增长14.5%。从产业投向看，第一产业投资8.40亿元，增长96.9%；第二产业投资912.53亿元，增长7.0%，其中工业投资910.46亿元，增长6.9%；第三产业投资3342.94亿元，增长16.7%。

（二）农业

全市实现农林牧渔业增加值265.42亿元，增长1.5%。其中，农业增加值156.19亿元、林业增加值32.66亿元、牧业增加值45.89亿元，分别增长2.0%、4.7%和1.5%。渔业增加值27.08亿元，下降5.7%。新增省级现代农业园区18个、市级粮食生产功能区201个、市级“菜篮子”基地66个。全年粮食总产量95.92万吨，下降1.0%；肉类产量34.04万吨，增长1.6%；禽蛋产量15.29万吨、水果81.41万吨，分别下降2.8%和0.6%。全年茶叶、花卉苗木、水产品、节粮型畜禽、蔬菜、竹业等“六大优势产业”和水果、干果、蚕桑、药材、蜂业等“五大特色产业”实现产值276.38亿元，增长3.6%，占农林牧渔业总产值的69.1%。

（三）工业和建筑业

1. 工业生产

全市实现工业增加值3246.67亿元，增长7.8%，其中规模以上工业增加值2523.88亿元，增长8.0%。战略性新兴产业实现增加值636.59亿元，装备制造业实现增加值900.50亿元，高新技术产

业实现增加值 785.37 亿元，分别增长 7.1%、8.6%和 8.9%。新产品产值率由上年的 24.5%提高到 28.2%

2. 工业效益

全市规模以上工业企业实现主营业务收入 13399.13 亿元，比上年增长 7.0%；实现利税 1399.12 亿元，增长 7.5%，其中利润 818.96 亿元，增长 7.9%。工业产品产销衔接良好，全年规模以上工业产品产销率为 99.36%。

3. 建筑业

全年实现建筑业增加值 415.31 亿元，比上年增长 3.6%。全市有总承包和专业承包资格的建筑企业 1520 家，完成施工产值 3666.82 亿元，增长 10.9%；房屋建筑施工面积 29548.20 万平方米，增长 12.1%；房屋建筑竣工面积 9228.85 万平方米，下降 10.0%。

（四）服务业

1. 国内贸易

全市实现社会消费品零售总额 3531.17 亿元，比上年增长 13.0%，扣除价格因素，实际增长 11.3%。其中城镇消费品零售额 3354.12 亿元，增长 12.9%；乡村消费品零售额 177.05 亿元，增长 16.1%。分行业看，批发零售贸易业 3161.97 亿元，增长 14.3%；住宿餐饮业 369.21 亿元，增长 3.3%。国家电子商务产品监测中心落户杭州。武林商圈获“中国最具竞争力中央商务区”称号。

2. 交通运输与邮电

全社会货物运输总量 3.07 亿吨，比上年增长 2.1%，其中铁路货运 283.94 万吨，下降 11.9%，公路货运 23884 万吨，增长 2.8%，航空货运 21.52 万吨，增长 6.5%；旅客运输量 3.64 亿人次，增长 1.6%，其中铁路客运 3717.04 万人次，增长 19.4%，公路客运 30994 万人次，下降 0.4%，民航客运 1150.54 万人次，增长 16.4%。至年末，萧山国际机场已开通航线 185 条，其中国际航线 22 条，港澳台航线 7 条。境内公路总里程达到 15900.31 千米，其中高速公路 549.53 千米。全市社会机动车拥有量达 254.30 万辆，其中私人汽车 167.85 万辆，比上年末分别增长 12.2%和 19.2%。

全市完成邮政企业和规模以上快递服务企业业务收入 70.27 亿元，比上年增长 31.8%；完成业务总量 98.26 亿元，增长 48.3%。实现电信业务收入 168.93 亿元，增长 8.5%。年末固定电话用户为 330.93 万户，下降 4.4%，移动电话用户为 1459.85 万户，增长 7.5%；计算机宽带用户达到 286.53 万户，增长 13.9%。推进“智慧杭州”建设，实施“三网融合”，加快建设宽带和下一代互联网等信息高速公路。全市近四分之一家庭宽带用户已经升级为光宽带，4M 以上宽带用户占 60%以上。建成 WiFi 热点 3600 余个，AP(无线路由器)28000 余个，“无线宽带城市”初步实现。

3. 旅游业

全年旅游总收入达到 1603.67 亿元，比上年增长 15.2%，其中旅游外汇收入 21.60 亿美元，下降 1.9%。接待入境旅游者 316.01 万人次，下降 4.6%；接待国内游客 9409.14 万人次，增长 14.2%。市民出境旅游 102.50 万人次，增长 10.1%。至年末，全市各类旅行社达 632 家，增长 4.3%；星级宾馆达到 208 家，其中五星级酒店 23 家，四星级酒店 45 家；A 级景区 42 个，其中 5A 级景点 3 个，4A 级景点 27 个。

首发杭州通・旅游消费卡 10 万张，开展促消费活动 258 项。成功举办西湖国际博览会、国际动漫节、文化博览会，荣获“中国十大最具影响力会展城市”“最受欢迎国际会奖旅游城市”等荣誉。

4. 金融、证券和保险

年末全市金融机构达到 342 家，其中外资金融机构 30 家，分别比上年末增长 10.3%和 7.1%，全市金融机构本外币存款余额 22174.71 亿元，增长 10.1%；贷款余额 19350.70 亿元，增长 7.0%，其中个人消费贷款余额 2985.01 亿元，增长 14.8%。

全年新增上市公司 4 家，募集资金 95.40 亿元。至年末，全市上市公司累计 102 家，实现上市融资 1067.9 亿元。

全市保费收入 279.23 亿元，比上年增长 12.6%，其中，财产险保费收入 126.87 亿元，增长 11.9%，人身险保费收入 152.36 亿元，增长 13.2%。共支付各类保险赔款 102.40 亿元，增长 19.9%，其中财产险 77.87 亿元，增长 25.4%，人身险 24.52 亿元，增长 5.1%。

5. 房地产业

全市完成房地产开发投资 1853.28 亿元，比上年增长 16.0%。房屋施工面积 9327.52 万平方米，增长 12.6%；竣工面积 1172.24 万平方米，增长 11.1%。全年商品房销售面积 1139.13 万平方米，增长 4.5%，其中住宅销售 968.78 万平方米，增长 5.3%。

（五）对外经济

1. 对外贸易

全市完成外贸进出口总额 650.71 亿美元，比上年增长 5.5%。其中进口总额 203.05 亿美元，下降 0.5%；出口总额 447.66 亿美元，增长 8.5%（不含省属出口 384.16 亿美元，增长 10.4%）。出口总额中，机电产品出口 170.44 亿美元，高新技术产品出口 50.24 亿美元，分别增长 6.9%和 6.3%。按贸易方式分，一般贸易出口 364.03 亿美元，增长 9.5%；加工贸易出口 74.32 亿美元，下降 5.9%。出口市场中，对美国、欧盟市场分别增长 7.1%和 4.2%，对日本出口下降 1.8%；新兴及周边市场中，对巴西、东盟、俄罗斯出口增速相对较快，分别增长 17.6%、21.8%和 10.3%。

2. 对外合作

至 2013 年末，全市累计设立各类境外投资企业（机构）967 个，其中非贸易企业 303 个。全年境外合同投资 27.27 亿美元，其中非贸易性投资 25.57 亿美元。完成对外承包工程和劳务合作营业额 8 亿美元，增长 45.7%。离岸服务外包合同执行额 35.64 亿美元，增长 20.1%。

3. 利用外资

全年批准外商直接投资 415 项，合同外资 91.31 亿美元，比上年增长 10.5%；实到外资 52.76 亿美元，增长 6.4%。新批总投资 3000 万美元以上项目 131 个，总投资 125.35 亿美元，占新批外商项目总投资的 88.3%。引进世界 500 强投资项目 15 个，至 2013 年末，共有 102 家世界 500 强企业来杭投资 167 个项目。

4. 浙商回归

全年共引进内资项目 1711 个，到位资金 860.60 亿元，比上年增长 10.5%。其中，浙商回归投资 480.19 亿元，投资 5 亿元以上项目 25 个。

5. 开发区建设

杭州经济技术开发区、杭州高新技术产业开发区、萧山经济技术开发区、杭州之江国家旅游度假区、余杭经济技术开发区和富阳经济技术开发区等 6 个国家级开发区全年实际到资 22.33 亿美元，占全市 42.3%，同比下降 0.3 个百分点。实现技工贸总收入 8822.51 亿元，增长 9.8%；实现利税

874.41 亿元，增长 11.4%。

二、杭州市 2013 年社会发展概况

（一）人口、人民生活

据人口变动抽样调查，2013 年末，全市常住人口 884.4 万人，比上年末增加 4.2 万人，其中城镇人口 662.42 万人，占比由上年末的 74.3%提高为 74.9%；人口出生率为 9.09‰，人口自然增长率为 4.12‰。公安部门户籍登记人口 706.61 万人，其中非农业人口 393.88 万人，占比由上年末的 54.8%提高为 55.7%；人口出生率为 10.07‰，人口自然增长率为 4.73‰。

全市城镇居民人均可支配收入 39310 元，比上年增长 10.1%，农村居民人均纯收入 18923 元，增长 11.2%，扣除价格因素，实际分别增长 7.4%和 8.5%。城镇居民人均生活消费性支出 24833 元，增长 10.3%，农村居民人均生活消费性支出 14600 元，增长 8.9%。年末，城镇居民人均住房建筑面积 34.68 平方米，每百户居民家庭拥有家用汽车 38 辆、空调 209 台、家用电脑 112 台、淋浴热水器 105 台；农村居民人均居住面积 71.76 平方米，每百户农村居民家庭拥有家用汽车 33 辆、空调 151 台、家用电脑 67 台、淋浴热水器 92 台、洗衣机 87 台、电冰箱 100 台。

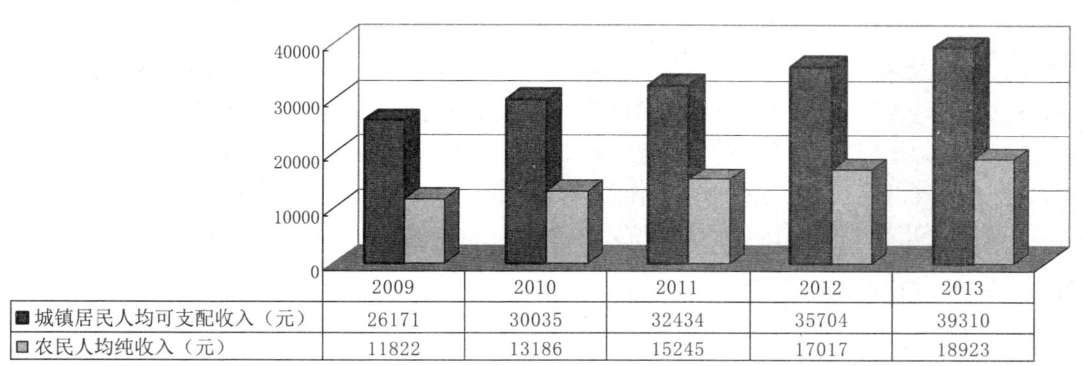

	2009	2010	2011	2012	2013
城镇居民人均可支配收入（元）	26171	30035	32434	35704	39310
农民人均纯收入（元）	11822	13186	15245	17017	18923

图 3　2009—2013 年杭州市城乡居民收入对比一览

年末城乡居民本外币储蓄存款余额达 6408.59 亿元，比上年末增长 5.2%。

（二）就业、社会保障与社会福利

全年新增城镇就业人员 23.19 万人，安置失业人员再就业 13.13 万人。年末城镇登记失业率 1.85%。

年末全市参加社会基本养老保险人数达 637.10 万人，比上年末增加 31.5 万人；参加社会基本医疗保险 822.28 万人，增加 17.48 万人；参加职工失业、工伤、生育保险人数分别达 316.36 万、403.79 万、292.01 万人，分别比上年末净增 16.58 万、21.58 万、14.90 万人。全市开工建设保障房 36334 套，竣工 39009 套，全面完成省下达目标任务。市区新增廉租住房保障家庭 833 户，公开销售经济适用房 4798 套，推出公租房 2550 套。市区农村和城镇低保标准分别由每人每月 450 元和 525 元统一提高到 588 元，五县（市）农村低保标准每人每月平均为 345 元，城镇平均为 485 元，分别增长 23.5%和 9.5%。向 10.53 万户困难家庭发放“春风行动”慰问金、慰问品 1.22 亿元；向 4047 户因急难病险的临时性困难家庭发放临时救助金 1025.5 万元。

建成居家养老服务站 2730 家、老年食堂 951 家，建设农村公益金居家养老服务照料中心 530 家。

市第三福利院建成启用。年末全市拥有各类福利院、敬老院 281 所，比上年增加 8 所；床位 48644 张、收养人员 18945 人，分别增长 16.9％和 24.8％。全市城镇享受最低生活保障人数 11201 人，农村享受最低生活保障人员 63675 人。开展第十三次“春风行动”，共募集社会帮扶资金 4310 万元。

（三）教育和科学技术

1. 教育

新建改扩建幼儿园 111 所、省级示范职业学校 4 所，启用杭师大仓前校区（一期）。全市共有小学 419 所，在校学生 48.35 万人；初中 241 所，在校学生 21.35 万人；普通高中 70 所，在校学生 11.39 万人。学前三年幼儿入园率为 98.6％，初中毕业生升入各类高中比例由上年的 99.6％提高到 99.7％。优质学前教育覆盖面由上年的 72.6％提升到 74.5％；优质高中教育覆盖面为 84.4％，提高 1.7 个百分点。普通高等院校 38 所，在校学生 47.18 万人，其中在校研究生 4.59 万人，比上年分别增长 2.7％和 5.5％。高等教育毛入学率由上年的 57.8％提高到 59.1％。全市义务教育阶段接纳在读进城务工人员子女 23.75 万人。

2. 科技

全市专利申请量 58279 件，专利授权量 41518 件，分别比上年增长 8.4％和 2.1％。全年新增国家重点扶持高新技术企业 223 家，培育认定省级研发中心 41 家，企业技术中心 64 家。杭州高新区位列全国高新区综合排名第六名，首次进入第一方阵。杭州经济技术开发区在全国国家级开发区综合考评中取得历史最好成绩。年内新增 12 个中国驰名商标，累计 121 个。新增国家“千人计划”人选 13 名，省“千人计划”人选 15 名，新增钱江特聘专家 30 名，新设博士后科研工作站 14 家，引进博士后研究人员 50 名，累计全市已有博士后科研工作站 60 家、博士后工作省级试点单位 29 家。全市研究和发展（R&D）经费支出相当于地区生产总值的比重由上年的 2.92％提高为 2.95％。

（四）文化、卫生和体育

1. 文化

全市有各类专业艺术表演团体 21 个、文化馆 15 个、公共图书馆 15 个，图书馆藏书 1624 万册，拥有乡镇街道文化站 190 个。建设 30 个乡镇（村）级公共电子阅览室，创建示范性乡镇（街道）综合文化站 30 个、文化示范村（社区）146 个，社区（村）文化活动室实现全覆盖。全年共举办大型文化活动 1754 场，成功举办西湖国际博览会、国际动漫节、文化博览会。实施农村数字电影“2131”工程，共放映 27633 场。送书下乡 69.58 万册。农村有线电视入户率达 95.7％。

2. 卫生

积极推广“智慧医疗”，实现医院检查检验结果互认、市民卡诊间结算向市直管民营医疗机构延伸。建成启用市妇女医院、滨江医院和下沙医院，基层医疗机构实现一体化管理率达到 96％以上。年末，全市拥有各类医疗卫生机构 4181 个，其中医院 208 个，比上年末分别增加 93 个和 10 个。拥有床位 5.28 万张，其中医院床位 4.76 万张，分别增长 6.7％和 8.2％。有各类专业卫生技术人员 7.67 万人，其中执业（助理）医师 2.92 万人，注册护士 3.11 万人，分别增长 7.0％、6.2％和 9.5％。农村卫生服务继续改善。农村自来水普及率和卫生厕所普及率分别提高到 99.9％和 99.7％。全市婴儿死亡率及 5 岁以下儿童死亡率分别由上年的 2.60‰、3.51‰下降为 2.49‰、3.47‰，每十万孕产妇死亡率为 4.55 人。

3. 体育

在第十二届全运会上，杭州136名运动员代表浙江省参加了24个大项的比赛，获得27枚金牌、6枚银牌、16枚铜牌。参加浙江省第二届体育大会，以金牌74枚、奖牌总数180枚、总分1969分的成绩获得团体总分、奖牌、金牌三个第一，并被大会评为体育道德风尚奖代表团。成功举办了世界行走(杭州站)健康走活动、安利纽崔莱健康跑活动、钱塘江国际冲浪赛等赛事活动。全市体育锻炼人口占比由上年的35.3%提高至36.0%。

（五）城市与城乡建设

1. 基础设施建设

铁路东站枢纽投入使用，杭宁、杭甬客专开通运行。地铁2号线东南段全线贯通，1号线下沙延伸段和4号线首通段5个车站主体工程完工。地铁二期建设规划获批。整治和建设延安路、同协路、沿江大道等城市主次干道130条，打通断头路13条。建成德胜高架、彩虹大道(滨江段)等快速路和钱江通道，之江大桥投入使用。建成110千伏及以上变电容量316.6万千伏安。开发利用地下空间775万平方米。城西污水处理厂(一期)建成，闲林水库大坝主体工程完工。杭甬运河(杭州段)全线贯通。城市管理水平不断提高。开展“贴心城管”行动，推进智慧城管建设，城市“洁化、绿化、亮化、序化”水平继续提升。荣获“最佳中国形象城市”称号。强势推进城乡“三改一拆”，超额完成省下达任务。地铁1号线日均运送乘客达32万人次。新增优化公交线路49条，建成公交专用道50公里，新增公交车512辆，主城区公交分担率提高3.2个百分点。新增停车泊位59852个，开工建设公共停车泊位15253个。完善智能交通控制系统，实行路口300米机动车严管等措施，治理交通拥堵点28个。

2. 镇村建设

深入推进扩权强镇，实施中心镇“双千工程”。实施大企业大集团与中心镇合作项目19个，总投资110.3亿元。建成农村文化礼堂148个。创建中心村193个、美丽乡村精品村62个、风情小镇8个、精品线路14条、精品区块7个。全国改善农村人居环境现场会在桐庐召开。新增中心镇小贷公司6家、村镇银行2家。改造农村住房3.08万户，下山移民4692人。余杭区塘栖镇获省级小城镇试点考核第一。城乡统筹成效明显。“全面西进”步伐加快，县(市)经济实力得到提升。五县(市)GDP、固定资产投资、社会消费品零售总额、外贸出口增幅分别高于全市平均水平0.8、7.3、2.7、2.9个百分点，成为杭州市经济发展的新增长极。实施区县(市)协作项目126个，到位协作资金3.6亿元，落实“联乡结村”帮扶资金1.42亿元。改造提升农家小型标准超市693家，“万村千乡”工程实现全覆盖。市属医院托管县(市)级医院9家。新组建中心乡镇学校(幼儿园)互助共同体112个，覆盖率达98.6%。

3. 公用事业

全年杭州电网建设投入31.61亿元。新开工110千伏及以上输电工程19项，容量223.15万千伏安，线路167.69公里。至2013年末，杭州电网拥有110千伏以上公用变电所254座，变电容量4931万千伏安，线路6205.15公里。全市用电量638.55亿千瓦时，比上年增长7.9%，其中城乡居民生活用电89.52亿千瓦时，增长12.9%。市区自来水日供水能力达到350万立方米。年末市区居民家庭天然气用户91.57万户，比上年末增长12.1%。地铁1号线日均运送乘客达32万人次。新增或优化公交线路49条，建成公交专用道50公里，新增公交车512辆。新增停车泊位59852个，新增免费单车布点261个，累计建成运行公共自行车租赁点3223个，投入公共自行车7.8万辆。

（六）环境保护

新增国家级生态乡镇(街道)13 个。建成“三江两岸”沿江生态景观带 75 公里，完成绿化 150 万平方米。建成污水管网 190.41 公里，新增截污量 3.14 万吨/日。整治黑臭城市河道 53.8 公里。整治制革、印染、造纸等高污染排放企业 379 家。淘汰黄包车 31170 辆。城市污水集中处理率 94.4%，比上年提高 1 个百分点；主要水系监测断面水质三类以上比例为 83.0%，比上年提高 0.9 个百分点。市区 AQI 优良天数 215 天，优良率 58.9%(PM2.5 达标天数 245 天，达标率 67.1%)。至年末，市区人均公园绿地面积达 15.66 平方米，建成区绿化覆盖率为 40.4%。垃圾分类小区占比由上年 79.6%提高为 94.3%。全年单位 GDP 综合能耗下降 3.5%，规模以上工业单位增加值能耗下降 5.1%。

（七）安全生产

全市发生各类安全生产事故次数、死亡人数、受伤人数和直接经济损失分别比上年下降 5.3%、2.9%、10.3%和 5.2%。亿元 GDP 安全生产事故死亡人数为 0.09 人，比上年下降 10.1%。全市餐饮服务环节食品评价性抽检合格率由上年的 97.7%上升至 99.3%，食品生产加工环节抽检合格率由上年的 94.9%提高至 95.1%，药品评价性抽检合格率由上年的 99.5%提高至 99.8%。

三、杭州市在长三角地区经济发展中的地位

2013 年，面对极为错综复杂的形势，在市委、市政府领导下，全市上下认真贯彻落实党的十八大和十八届三中全会精神，围绕主题主线，以提高经济发展质量和效益为中心，坚持稳中求进工作总基调，认真实施创新驱动发展战略，着力加快结构调整，推进产业转型升级，经济增速保持在合理增长区间，呈现“运行平稳、稳中提质”发展态势。

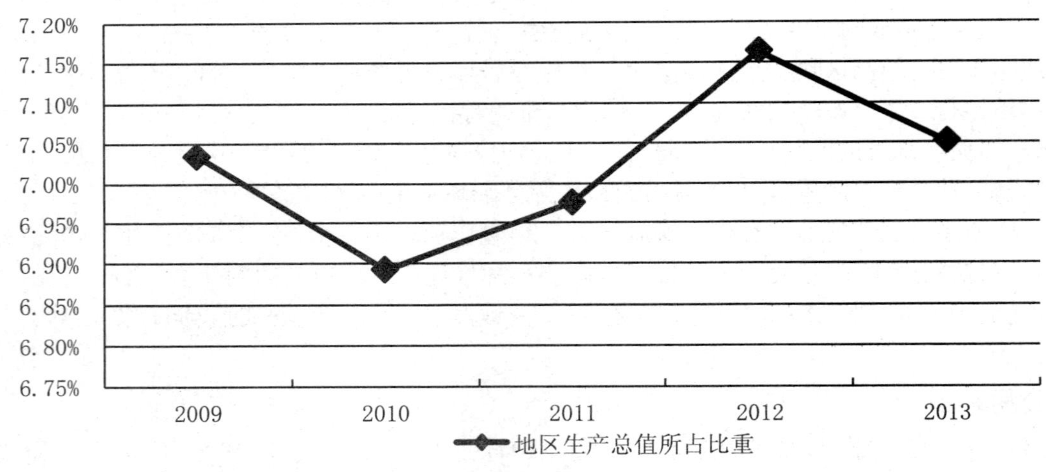

图 4　2009—2013 年杭州市地区生产总值在长三角所占比重的变化趋势

2009—2013 年杭州市地区生产总值在长三角所占比重分别为 7.30%、7.03%、6.89%、6.98%、7.16%和 7.05%，所占比重呈波浪状，2013 年较 2012 年出现小幅下跌，减少了 0.11 个百分点，较 2009 年减少了 0.25 个百分点。2013 年杭州市地区生产总值在长三角地区 25 个市(苏浙两省 24 个地级市和上海市，下同)排名与上年保持一致，排名第 3 位，继上海、苏州之后。

2013 年，杭州市实现地区生产总值 8343.52 亿元，按可比价格计算，比上年增长 8.0%，增幅高于

全国0.3个百分点，低于全省0.2个百分点，比一季度提高0.3个百分点，与上半年和前三季度持平，经济稳定性较强。其中第一产业实现增加值265.42亿元，增长1.5%；第二产业增加值3661.98亿元，增长7.4%，其中工业增加值3246.67亿元，增长7.8%；第三产业增加值4416.12亿元，增长9.0%。三次产业结构为3.2：43.9：52.9，其中第三产业比上年提高2个百分点，第一、二产业分别回调0.1和1.9个百分点。按常住人口计算，全市人均生产总值94566元，按平均汇率折算达到15271美元。

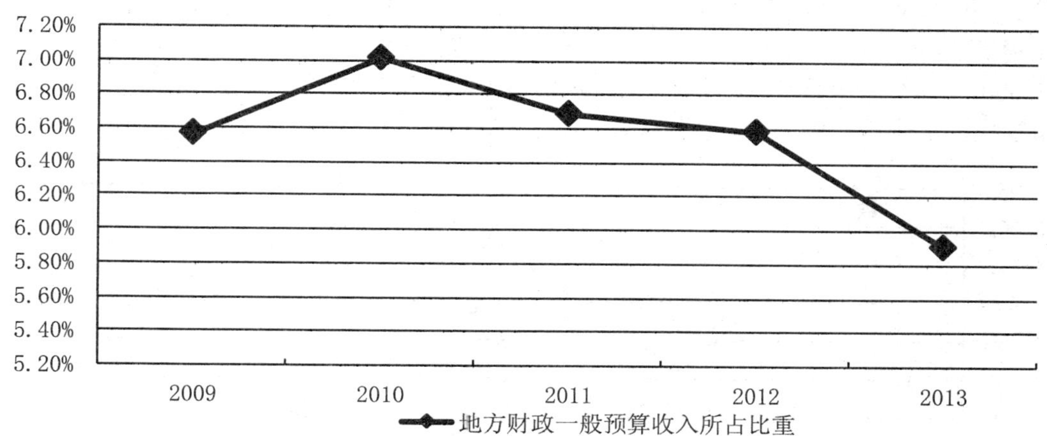

图5　2009—2013年杭州市地方财政一般预算收入在长三角所占比重的变化趋势

2009—2013年杭州市地方财政一般预算收入在长三角所占比重分别为6.57%、7.02%、6.69%、6.59%和5.91%，2010～2013年连续下跌，2013年较上年下跌了0.68个百分点，五年累积跌幅达0.66个百分点。2013年杭州市地方财政一般预算收入在长三角地区25个市排名较上年下降了一位，排名第4位，位居上海、苏州和宁波之后。

2013年，杭州市实现财政总收入1734.98亿元，增长6.6%，同比回落2.7个百分点，其中地方财政收入945.20亿元，增长9.9%，同比提高0.4个百分点。从税种看，增值税、企业所得税和个人所得税分别增长2.7%、4.8%和14.9%，契税增长44.7%，营业税下降10.1%。

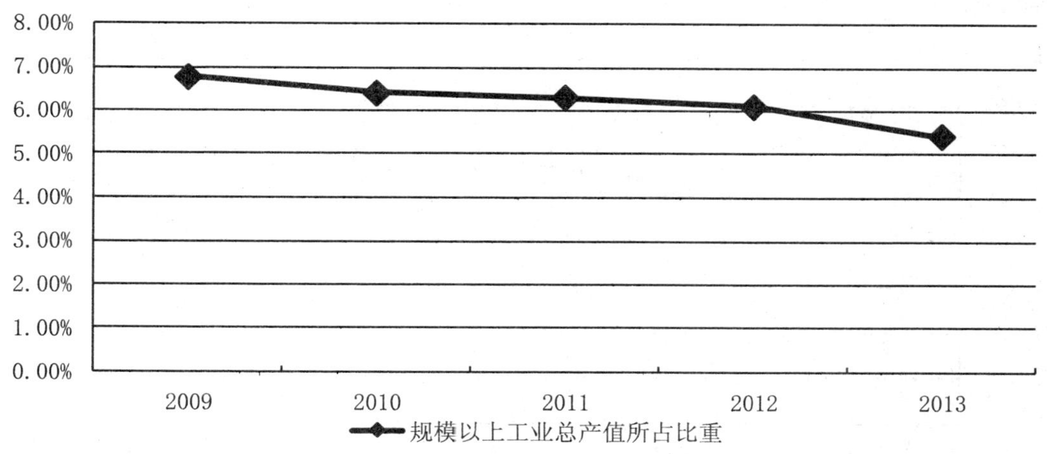

图6　2009—2013年杭州市规模以上工业总产值在长三角所占比重的变化趋势

2009—2013 年杭州市规模以上工业总产值在长三角所占比重分别为 6.75%、6.38%、6.29%、6.08%和 5.40%，已连续多年出现下降，近五年累计降幅为 1.35 个百分点，2013 年较上年减少了 0.68 个百分点。2013 年杭州市规模以上工业总产值在长三角地区 25 个市排名较上年下跌了两位，排名第 6 位。

2013 年，杭州市工业稳中趋升，产销衔接良好。2013 年，全市实现工业增加值 3246.67 亿元，增长 7.8%，其中规模以上工业增加值 2523.88 亿元，增长 8.0%，规模上工业增加值同比回落 2.9 个百分点，但比一季度、上半年和前三季度提高 2.2、0.5 和 0.3 个百分点。小型企业领先增长。小型企业实现工业销售产值 4750.34 亿元，增长 5.7%，增速高于规模上工业 0.5 个百分点，分别快于中型企业和大型企业 1.3 和 0.3 个百分点，年终新纳入规模以上统计的“小升规”新投产企业分别拉动小型企业和全市规模上工业 2.0 和 0.7 个百分点。

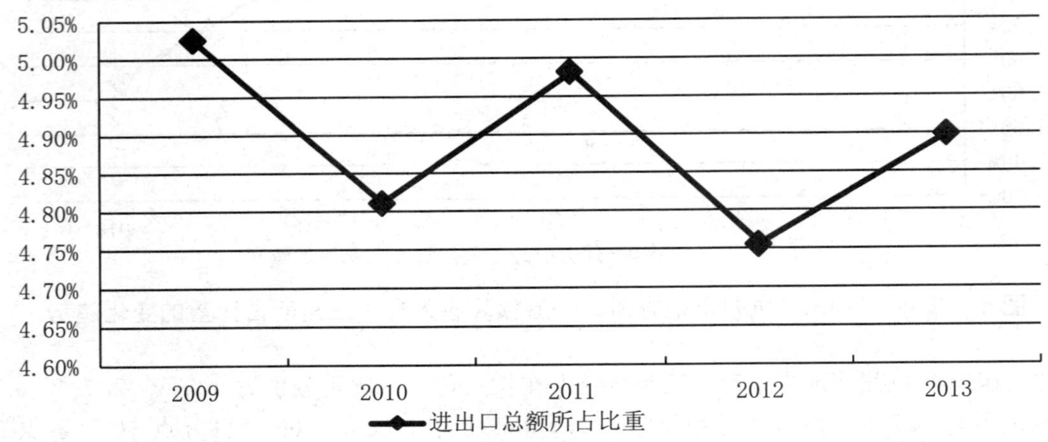

图 7　2009—2013 年杭州市进出口总额在长三角所占比重的变化趋势

2009—2013 年杭州市进出口总额在长三角所占比重分别为 5.03%、4.81%、4.98%、4.76%和 4.90%，呈现波浪式发展，2009—2013 年累计降幅为 0.13 个百分点，2013 年较上年上升了 0.14 个百分点。2013 年杭州市进出口总额在长三角地区 25 个市排名与上年保持一致，排名第 5 位，位居上海、苏州、宁波、无锡之后。

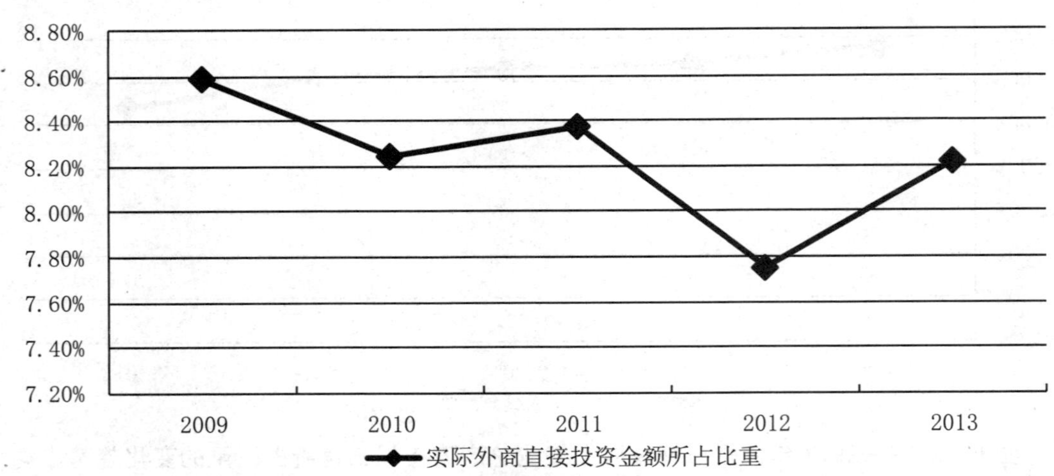

图 8　2009—2013 年杭州市实际外商直接投资金额在长三角所占比重的变化趋势

2013 年，杭州市外贸出口回升，境外投资步伐加快。市政府出台《关于增强杭州市外贸出口竞争新优势的实施意见》，随着政策效果逐步显现，出口回升步伐加快。2013 年，全市实现进出口总额 650.7 亿美元，其中出口总额 447.7 亿美元，比上年分别增长 5.5%和 8.5%，同比均回升 9.1 个百分点。实现进口总额 203.0 亿美元，下降 0.5%，降幅缩小 8.5 个百分点。从出口商品看，钢材出口增长 45.5%，纺织品出口增长 12.7%，服装出口增长 6.2 %，高新技术产品和机电产品出口分别增长 6.3 %和 6.9%。从贸易方式看，一般贸易出口 364.03 亿美元，增长 9.5%；加工贸易出口 71.56 亿美元，下降 4.9%，一般贸易比重继续提高，贸易方式进一步优化。

2009—2013 年杭州市实际外商直接投资金额在长三角所占比重分别为 8.59%、8.24%、8.37%、7.75%和 8.22%，2009～2012 年总体呈持续下滑，2013 年止跌上扬，2013 年较上年增加了 0.47 个百分点，五年减少了 0.37 个百分点。2013 年杭州市实际外商直接投资金额在长三角地区 25 个市排名与上年保持一致，排名第 3 位，位居上海、苏州之后。

2013 年杭州市利用外资平稳增长。全市新批外商投资企业 415 家，合同外资 91.31 亿美元，实际到位外资 52.76 亿美元，分别增长 10.5%和 6.4%，增幅同比分别提高 9.3 和 1.3 个百分点。年末世界 500 强企业在杭投资项目 167 个。境外投资高速增长。新批对外投资项目 129 个，累计设立各类境外企业（机构）967 家，境外投资 27.27 亿美元，同比增长 2.8 倍。实际到位内资 860.60 亿元，增长 10.5%，浙商回归到位资金 480.19 亿元。

三　宁波市 2013 年经济社会发展报告

2013 年，面对国内外错综复杂的发展环境、频发的自然灾害特别是洪涝灾害的严重影响，全市上下牢牢把握"稳中求进、进中求好"的工作主基调，深入实施"六个加快"发展战略，着力稳增长、提效益、强创新、惠民生，经济运行总体保持了平稳增长态势，产业发展基本稳定，质量效益继续提高，创新驱动动力增强，民生福祉持续改善，为实现"两个基本"、建设"四好示范区"奠定了坚实基础。

一、宁波市 2013 年经济发展概况

（一）综合经济

1. 经济总量

2013 年全市实现地区生产总值 7128.87 亿元，按可比价格计算，比上年增长 8.1%。其中，第一产业实现增加值 276.35 亿元，下降 1.2%；第二产业实现增加值 3741.72 亿元，增长 8.2%；第三产业实现增加值 3110.8 亿元，增长 8.8%。三次产业之比为 3.9∶52.5∶43.6，第三产业增加值占地区生产总值比重比上年提高 1.1 个百分点。按常住人口计算，人均生产总值为 93176 元(按年平均汇率折算为 15046 美元)。

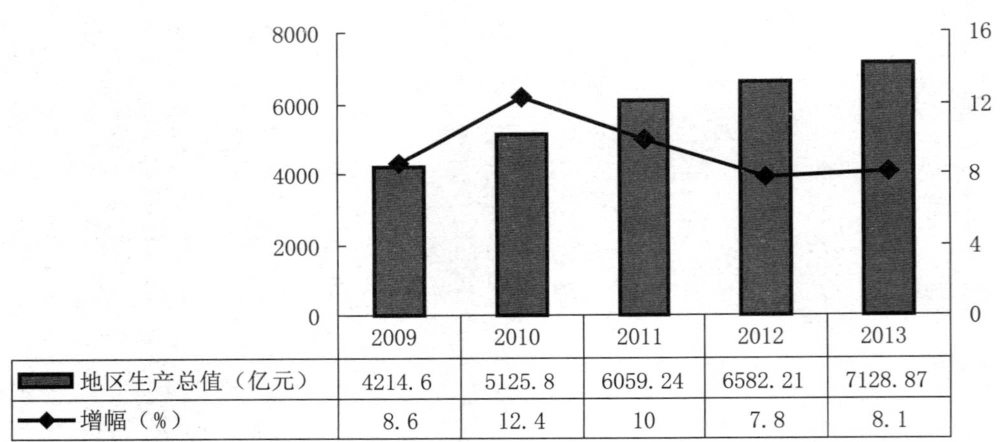

	2009	2010	2011	2012	2013
地区生产总值（亿元）	4214.6	5125.8	6059.24	6582.21	7128.87
增幅（%）	8.6	12.4	10	7.8	8.1

图 1　2009—2013 年宁波市地区生产总值及增长速度

2. 财政收支

2013 年全市完成公共财政预算收入 1651.18 亿元，比上年增长 7.5%，其中地方财政收入完成 792.81 亿元，增长 9.3%。在地方税收中，营业税、增值税、企业所得税、个人所得税分别增长 10.8%、3.0%、9.4%和 10.5%。全市完成公共财政预算支出 939.9 亿元，增长 13.5%。其中交通运输支出 71.0 亿元，增长 40.0%；节能环保支出 14.8 亿元，增长 25.2%；社会保障和就业支出 97.6 亿元，增长 23.5%；科学技术支出 37.6 亿元，增长 15.9%；农林水事务支出 80.4 亿元，增长 11.3%。认真落实中央八项规定和厉行节约反对浪费条例，大力压缩一般性支出，全年一般公共服务支出增长 4.4%，增速比上年下降 3.5 个百分点。

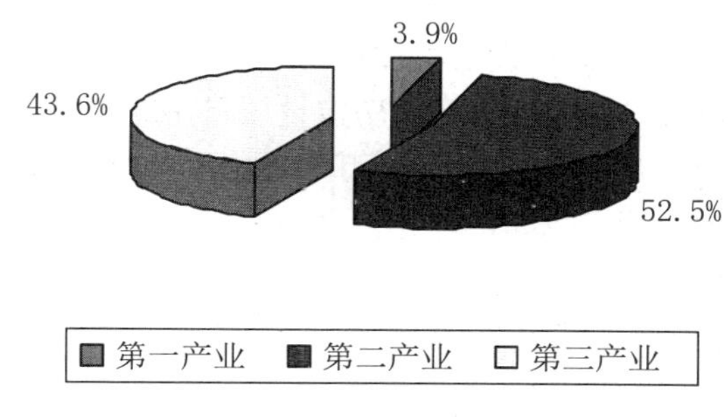

图 2　2013 年宁波市三次产业结构图

3. 物价水平

2013 年全市居民消费价格指数为 102.2%，比全国、全省平均水平分别低 0.4 和 0.1 个百分点，在全国 36 个大中城市中列第 34 位。八大类商品和服务项目价格同比涨跌呈“七升一降”格局：食品类上涨 2.6%，烟酒类上涨 0.8%，衣着类上涨 2.6%，家庭设备用品及维修服务类上涨 2.0%，医疗保健和个人用品类上涨 2.8%，娱乐教育文化用品及服务类上涨 1.9%，居住类上涨 3.5%；交通和通信类下降 0.6%。全年工业生产者购进价格指数为 96.34%，工业生产者出厂价格指数为 96.67%。12 月全市新建商品住宅销售价格环比上涨 0.5%，同比上涨 7.8%，同比涨幅居全国 70 个大中城市中第五十二位。

4. 固定资产投资

2013 年全市完成固定资产投资 3422.95 亿元，比上年增长 18%。分产业看，第一产业完成投资 21.17 亿元，下降 21.7%；第二产业完成投资 1066.23 亿元，增长 30.5%；第三产业完成投资 2335.55 亿元，增长 13.5%，三次产业投资比例为 0.6 : 31.3 : 68.1。全年完成民间投资 1735.6 亿元，增长 26.6%，民间投资占固定资产投资的比重十年以来首次突破 50%，达 50.7%，比上年提高 3.5 个百分点。全年完成工业投资 1065.2 亿元，增长 30.3%，对固定资产投资增长的贡献率达 47.5%，其中工业技改投资完成 762.5 亿元，增长 35.1%，占工业投资的比重达 71.6%，比上年提高 2.6 个百分点。全年完成房地产开发投资 1123.14 亿元，增长 27%，商品房销售面积 730.1 万平方米，增长 23.7%。

（二）农业和农村建设

1. 农业生产

2013 年受 H7N9 禽流感疫情、极端高温干旱天气、“菲特”超强台风等一系列严重自然灾害的连续影响，农牧业生产损失较重，全市实现农林牧渔业总产值为 429.9 亿元，按可比价格计算，比上年减少 1.5%。其中，完成农业产值 202.3 亿元，减少 1.0%；林业产值 11.5 亿元，增长 1.9%；牧业产值 60.9 亿元，减少 9.4%；渔业产值 149.0 亿元，增长 1.0%；农林牧渔服务业产值 6.2 亿元，增长 3.4%。粮食作物播种面积 222.9 万亩，与上年持平，粮食总产量 81.2 万吨，同比减少 6.2%。家禽生产形势依然严峻，家禽存栏、出栏同比分别减少 10.4%和 23.0%，禽肉总产量 3.8 万吨，减少 24.2%。制定出台示范性家庭农场扶持办法，全年新增市级示范性家庭农场 40 家，全市家庭农场总数达到 2754 家，宁波市发展“家庭农场”的做法还被媒体称为全国“五大范本”之一。

2. 新农村建设

2013 年全市新增全面小康示范村 46 个，累计 525 个。加快推进农村生活垃圾和生活污水集中处理,全市农村垃圾集中处理率达到98%以上,新开展农村生活污水处理项目建设150个。全年农房"两改"共投入资金101亿元,开工改造建设农村住房10.5万户,新建成农村住房590万平方米,安置农户4.1万户。已累计实施和新启动农村集中住房建设项目185个。全年村庄整治建设共投入各类资金2.2亿元,实施项目594个,拆除危旧房22.8万平方米,外立面改造92.8万平方米,村内道路硬化29万平方米,村庄绿化19.4万平方米,60个村顺利通过验收。农家乐休闲旅游业的品牌影响力明显提升,全年农家乐休闲旅游业接待游客达到2234万人次,实现营业收入22.4亿元,同比分别增长30.6%和30.3%,带动采摘等农产品销售24亿元。

(三) 工业和建筑业

1. 工业经济

2013年全市实现工业增加值3378亿元,按可比价计算,比上年增长8.4%。其中规模以上工业企业实现增加值2291.2亿元,增长8.0%。分行业看,在35个行业大类中,26个行业的全年增加值同比呈上升态势,行业发展普遍向好;占比前十位的行业共完成工业增加值1640.5亿元,占全部规模以上工业增加值的比重达71.6%,比上年提高0.8个百分点,其中电气机械和器材制造业完成增加值262.5亿元,居各行业之首;化学原料和化学制品制造业增长16.8%,增速居前十位行业之首。全年规模以上轻工业完成增加值802.1亿元,增长3.4%;重工业1489.1亿元,增长10.2%,轻重工业之比由上年的1∶1.77变化为1∶1.86。全年规模以上工业企业实现销售产值12381亿元,增长5%。其中,内销为9557.4亿元,增长6.9%;出口交货值为2823.6亿元,下降0.8%,内销增速高于出口7.7个百分点。全年规模以上工业企业实现利润664.6亿元,增长25.0%,实现利税总额1258.1亿元,增长17.2%。

2. 工业创新转型

2013年规模以上工业企业科技活动经费支出173.9亿元,比上年增长10.7%,占主营业务收入的比重达到1.4%,同比提高0.1个百分点。实现新产品产值2940亿元,增长22.1%,快于规模以上工业总产值增速16.5个百分点,新产品产值率达23%,比上年提高3.1个百分点,创历史新高。"机器换人"成果初现,全年规模以上工业资产总计增长5.8%,而从业人员减少2.3%,劳动生产率达16.3万元/人,增长10.5%,人均创利税9万元,增长20%。

3. 建筑业

2013年全市完成建筑业产值3148.6亿元,比上年增长25.5%。全年总承包及专业承包建筑业企业签订合同额5123.3亿元,增长了17.7%,省外业务不断拓展,全年完成省外建筑业产值1271.2亿元,增长29%。全年房屋建筑施工面积25136.1万平米,竣工面积7543.9万平米。

(四) 服务业

1. 国内贸易

2013年全市商品销售总额1.22万亿元,比上年增长15.4%。全年完成社会消费品零售总额2635.71亿元,增长13.3%。分城乡看,城镇消费品零售额2213.5亿元,增长13.3%;乡村消费品零售额422.2亿元,增长13.8%。在限额以上企业销售的商品类值中,汽车类增长10.6%,石油及制品类增长16.3%,食品、饮料、烟酒类增长7.7%,服装、鞋帽、针纺织品类增长14.9%,金银珠宝类增长32.1%。年末全市限额以上贸易企业达2960家,全年实现营业收入7596.1亿元,实现利润总额70.0亿元。

2. 港口、交通运输

港口生产。2013年宁波港货物吞吐量4.96亿吨,比上年增长9.5%,增幅比上年提高5.0个百分点,其中外贸货物吞吐量2.76亿吨,增长12.7%。三大主要货类增速"两高一低",煤炭吞吐量7925.6万吨,增长19.5%,原油吞吐量6122.9万吨,增长11.1%,铁矿石吞吐量8812.8万吨,增长7.2%。全年集装箱吞吐量1677.4万标箱,增长7.0%,箱量排名保持大陆港口第三位、世界港口前六。集装箱航线总数达235条,其中远洋干线117条,近洋支线66条,内支线20条,内贸线32条,远洋干线占49.8%。共运作集装箱航班约16143班,月均航班约1345.3班。海铁联运业务进展快速,全年完成海铁联运箱量10.5万标箱,增长77%。

交通基础设施。2013年全市交通完成基本建设投资182.6亿元。穿山疏港高速公路建成通车,大大缓解北仑疏港压力。深入推进国省道提升工程,18个提升工程共改造里程164公里。年末全市公路总里程达到1.09万公里,公路网密度111公里/百平方公里,达到中等发达国家水平。其中高速公路495.8公里,一级公路1058.9公里,二级公路775.3公里,三级公路1533.1公里,四级公路6354.9公里。全年实施重大铁路项目4个,新增铁路里程65.5公里,杭甬客专建成通车,现代化铁路南站正式投用,货运北环线、北站迁建工程按计划推进。国际强港建设加快推进,建成万吨级码头泊位7个,梅山港区集装箱3~5#泊位水工工程交工验收,大榭港区中油燃料油30万吨级油码头通过竣工验收;穿山港区五期集装箱码头水工工程、陆域工程已完工;大榭信海油品仓储项目一期60万立方米原油、燃料油储罐建成投产。

综合运输。2013年完成全社会货运量3.54亿吨,比上年增长8.6%。其中,水路货运量1.54亿吨,货物周转量1905.3亿吨公里,分别增长9.4%和7.7%;公路货运量1.78亿吨,货物周转量325.5亿吨公里,分别增长7.4%和7.6%;铁路货物发送量2168.2万吨,增长13.6%;机场货邮吞吐量6.6万吨,增长7.3%。全社会客运量2.48亿人次,下降11.6%;铁路旅客发送量1273.1万人,增长12.9%;民航旅客吞吐量545.9万人次,增长3.7%。

3. 旅游业与会展

2013年全市实现旅游总收入953.5亿元,比上年增长10.5%。接待入境旅游者127.3万人次,增长9.3%;旅游外汇收入7.96亿美元,增长8.2%;接待国内旅游者6225.8万人次,增长8.3%;国内旅游收入904.2亿元,增长10.8%。年末全市共有星级饭店160家,其中五星级20家,比上年新增1家;4A级旅游景区28处,5A级旅游景区1处。

2013年全市会展业加快转型升级,量质并举发展取得了新成效,全年共举办会展项目279个。其中,举办展会160个,比上年增长6%;展览总面积186万平方米,增长4%;展览面积2万平方米以上的大型展会达30个。规范庆典、研讨会、论坛的举办,全年县域以上举办会议(论坛)68个,比上年减少12%;特色节庆51个,减少7%。

4. 银行、证券和保险业

年末全市金融机构本外币存款余额1.32万亿元,比上年增长9.9%,其中人民币存款余额1.27万亿元,增长9.8%。年末金融机构本外币贷款余额1.33万亿元,增长11.3%,全年新增1326.5亿元,同比多增40.8亿元。年末小微企业贷款余额3941.7亿元,全年新增421.6亿元,同比多增107.5亿元,新增小微企业贷款占全部企业贷款增量的43.3%。年末全市银行业金融机构不良贷款率1.58%,比年初上升0.37个百分点,贷款风险整体可控。全年银行业金融机构实现税后利润244.2亿元,减少8.4%。年末全辖银行业金融机构达到63家,其中政策性银行3家,大型银行5家,股份制商业银行11家,城市商业银行12家,邮储银行1家,外资银行5家,农村合作金融机构9家,新型农村金融机构 14 家，非银行金融机构 3 家。

2013 年全市证券成交总额 2.16 万亿元，比上年增长 49.0%。其中股票和基金成交 1.37 万亿元，增长 39.1%，证券客户交易结算资金余额 66.2 亿元，下降 5.1%。期货代理交易量 5297.4 万手，代理交易额 5.35 万亿元，分别增长 14.1%和 27.4%。年末证券投资者开户 98.4 万户，增长 5.6%。年内新增期货营业部 4 家，年末全市共有 69 家证券营业部，1 家证券投资咨询公司，1 家期货公司和 35 家期货营业部。年内境内上市公司实现融资 18.6 亿元；境内上市公司总数 42 家。

2013 年全市保险业实现保费收入 185.5 亿元，比上年增长 12.6%。其中，财产险保费收入 96.8 亿元，增长 12.3%；人身险保费收入 88.7 亿元，增长 13.0%。支出赔款和给付 103.9 亿元，增长 61.7%。其中，财产险赔付支出 89.5 亿元，增长 72.5%；人身险赔付支出 14.4 亿元，增长 16.2%。共为 3.7 万家次企业、229.5 万辆次机动车和 1210.9 万人次提供各类风险保障 6.59 万亿元。全年共为全市 3361 家次企业提供 981.5 亿元出口风险保障。全市政策性农险试点险种扩大到 22 个，累计向 14.2 万户次农户提供风险保障 46.1 亿元，支付赔款 1.85 亿元，增长 76.2%。

（五）对外经济

1. 对外贸易

2013 年宁波市面对严峻的外贸环境，做好产品和市场的优化提升文章，开展市场采购监管模式和跨境贸易电子商务服务试点，实施“外贸实力效益工程”和“外贸育苗工程”，加快国家进口贸易促进创新示范区建设。

全年全市实现口岸进出口总额 2119.0 亿美元，比上年增长 7.3%。外贸自营进出口总额首次突破 1000 亿美元，成为浙江首个、长三角地区第三个外贸总额超千亿美元的城市，全年自营进出口总额 1003.29 亿美元，增长 3.9%，其中出口 657.1 亿美元，增长 7.0%；进口 346.19 亿美元，下降 1.4%。全年新增对外贸易经营备案登记企业 2843 家，累计达 22500 家。有进出口实绩企业 13898 家。全年一般贸易出口占全市出口总额的比重为 81.0%，进口占全市进口总额的比重为 71.9%，比上年分别提高 1.0 和 2.1 个百分点。全年直接与宁波市开展贸易往来的国家和地区达 221 个，其中欧盟、美国、东盟、拉丁美洲贸易额占比分别为 20.1%、15.6%、8.2%和 7.8%。

2. 利用外资

2013 年全市合同利用外资 58.2 亿美元，比上年增长 9.6%，实际利用外资首次突破 30 亿美元，达 32.75 亿美元，增长 14.8%。第三产业新批项目 274 个，增长 26.9%；实际利用外资 18.5 亿美元，增长 20.7%。其中，房地产业实际利用外资 9.4 亿美元，增长 36.6%；交通运输、仓储和邮政业实际利用外资 2.9 亿美元，增长 963.9%。

3. 对外合作

2013 年全市新批境外投资企业和机构 206 家，核准中方投资额 15.7 亿美元，比上年增长 20.2%，实际中方投资额 6.8 亿美元，增长 11.1%。完成境外承包工程劳务合作营业额 15.0 亿美元，增长 21.2%。

4. 服务外包

2013 年全市完成服务外包合同额 144.0 亿元，比上年增长 25.7%；服务外包执行额 108.1 亿元，增长 27.7%；离岸服务外包合同额 7.7 亿美元，增长 44.1%；离岸服务外包执行额 6.0 亿美元，增长 47.1%。年末服务外包企业达 928 家，从业人员 3.6 万人。

5. 国内合作

创新搭建各类招商引资载体，组织开展"2013 南京・宁波周"、重要客商"宁波行"、招商小分队"出宁波"等系列活动，国内招商引资和支持浙商创业创新工作取得明显成效，2013 年全市国内招商引资实际到位资金 658.7 亿元，比上年增长 17.1%，实现浙商甬商回归引进项目到位资金 506.1 亿元，增长 184.9%，分别为年度目标的 124.3%和 184.0%。全年引进 10 亿元以上内资项目 16 个，其中超过百亿元项目 3 个。全年实施山海协作产业合作项目 105 个，实际到位资金 29.8 亿元。全面启动新一轮对口帮扶贵州省黔西南州工作，全年在黔西南州实施了援助项目 70 个，帮扶资金 4496 万元，捐赠物资 1626 万元，援助万州三峡库区 6 个项目，资金 500 万元。积极帮助企业拓展国内市场，组织近 50 家企业先后参加了"西洽会"等国内重要展会，调查采集宁波市 120 家名特优产品企业和重点企业产品信息并录入浙货网。

二、宁波市 2013 年社会发展概况

（一）人口、人民生活

年末全市户籍人口 580.1 万人，比上年增加 2.4 万人，其中市六区人口 227.6 万人。全市人口出生率 8.52‰、死亡率 6.13‰。全市计划生育率 95.9%，已婚育龄妇女综合避孕率 89.1%，适度低生育水平持续稳定。流动人口计划生育综合管理进一步加强，流入流出育龄妇女信息掌握率 97.5%。

2013 年市区居民人均可支配收入 41657 元，比上年增长 10.1%，扣除价格因素，实际增长 7.7%；农村居民人均纯收入 20534 元，增长 11.1%，扣除价格因素，实际增长 8.8%。从收入来源看，工资性收入仍是居民收入增长的决定性因素，对城乡居民收入增长的贡献分别达 76.7%和 75.8%。城乡居民收入比由 2012 年的 2.05：1 缩小为 2013 年的 2.03：1，明显低于全国 3.03：1 的平均水平。2013 年市区居民人均消费支出 24685 元，比上年增长 6.0%；农村居民人均生活消费支出 13915，增长 9.6%。

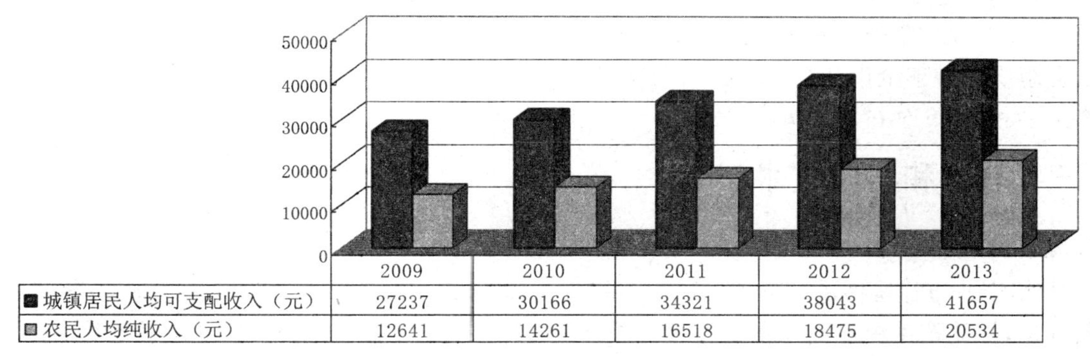

	2009	2010	2011	2012	2013
■城镇居民人均可支配收入（元）	27237	30166	34321	38043	41657
■农民人均纯收入（元）	12641	14261	16518	18475	20534

图 3　2009—2013 年宁波市城乡居民收入对比一览

（二）就业与社会保障

1. 就业

2013 年全市新增就业人员 16.1 万，7.6 万名失业人员实现再就业，其中困难人员再就业 2.2 万。引导高校毕业生到企业、到基层就业创业，高校毕业生就业率达到 98%。职业教育校企合作公共服务

平台“校企通”正式上线，全市72所院校加入服务平台，6100家企业发布供求信息。积极应对洪涝灾害不利影响，及时出台扶持政策稳定就业，集中减征社保费30亿元，惠及企业8.9万家、职工236万人。组织农村劳动力培训11万人次，培训后转移就业2.3万人，全市已入库农村实用人才13.5万人，占农村劳动力总数的4.6%。年末城镇登记失业率为2.16%，处于历史低位水平。

2. 社会保障

社会保障体系。年末企业基本养老保险、职工基本医疗保险、失业保险、工伤保险、生育保险参保人数分别达508.9万人、346.3万人、231.7万人、283.4万人和245.5万人，比上年末分别净增34.6万人、19.7万人、15.5万人、13.2万人和12.4万人，社保卡持卡人数突破330万。年末外来务工人员参加五大社会保险人数为213万人，参保人数净增33.6万人。年末被征地人员养老保险参保人数51.2万人，重点对象占比88.9%。年末城乡居民社会养老保险参保人数132.9万人。社保待遇稳步提高，企业退休人员年人均养老金为2083元/月，增加148元/月；失业保险金发放标准增至1103元/月，增加55元/月；政策范围内城镇职工和居民住院及特殊病种报销比例达到86.8%和72.3%。

民生保障。2013年市区城乡居民最低生活保障标准从月人均525元提高到588元，年末全市共有最低生活保障对象5.5万人，低保资金实际支出2.3亿元。医疗救助制度进一步完善，救助城乡患病困难群众18.4万人次，支出医疗救助资金1.5亿元。落实困难群众基本生活价格补贴联动机制，共支出资金980.3万元。养老服务社会参与有效扩大，全市共有民办养老机构82家，养老床位26382张；全年新(扩)建居家养老服务站点183个，居家养老服务覆盖90%以上的城市社区和50%以上的行政村。全年享受帮困助学政策学生达90.6万人次，受助金额累计8亿余元。

保障性安居工程。2013年全市新开工各类保障性安居工程160万平方米、18301套，竣工134万平方米、17427套，新增解决户数14069户，超额完成省政府下达的目标任务。洪塘和塘雅苑等一批公租房小区如期建成投用，配租工作顺利完成。

慈善事业。2013年全市慈善总会募集善款5.5亿元，比上年增长24.4%。全年救助支出4.3万元，增长18.1%，受助的困难群众达43.8万人次。至2013年底，全市慈善总会累计募集已达39.9亿元。累计救助支出27.6亿元，受助214.3万人次。全年共开展各种志愿服务活动1854次，参加服务的义工23341人次，服务时间累计达60035.5小时。

社会组织。年末全市共有6个区、2个县、3个县级市、77个镇、11个乡、64个街道办事处、663个居民委员会和2556个村民委员会。

（三）教育和科学技术

1. 教育

2013年宁波市加快推进教育现代化，开展教育国际合作与交流综合改革试验区建设，落实高教协同创新计划，深化招生评价制度和民办教育综合改革，构建现代服务业公共职业培训平台，职业教育“校企通”平台功能更加完善。

年末全市共有各级各类学校2097所，在校学生总数133.4万人。其中，高校16所，在校学生15.3万人；普通高中81所，在校学生9.7万人；中职学校55所，在校学生7.8万人；初中216所，在校学生18.9万人；小学465所，在校学生48.7万人；幼儿园1254所，在园幼儿27.6万人。完成列入市政府十方面实事项目的幼儿园新(改、扩)建88所。海曙、江东等7个县(市)区通过全国义务教育发展基本均衡督导检查。新增105所义务教育段标准化学校，宁波市义务教育段标准化学校达473所。推进普通高中特色化、多样化发展，全市申报省一级特色示范学校19所，省二级特色示范学校23所。全面开展国家级教育国际合作与交流综合改革试验区建设，成功举办了中美区域、宁波·奥克兰等教

育合作交流会，签订了各类教育合作协议33项，在甬高校留学生规模达到2500人，比上年增长56%；推进"千校结好"行动计划，全市新增中小学姐妹学校78对。

2. 人才与科技创新

2013年全市新增各类人才18.2万人，年末全市人才总量达148.3万人，比上年增长12.2%。新增国家"千人计划"专家20人、省"千人计划"专家41人，新评审出市"3315计划"人才47名、高端创业创新团队21个，引进海外工程师225名、国家高端外国专家6名。新增院士工作站15家，累计达69家；新增国家级博士后工作站5家；博士、博士后总数近3800人。新建市级技能大师工作室11家、高技能人才公共实训基地3个，完成技能培训21.5万人次、技能鉴定13万人次，培养高技能人才2.4万人，高技能人才总量达23.4万人。

创新能力显著提升，2013年全市省级科学技术奖33项，其中一、二等奖15项，"HP2－52C全自动电脑针织横机"列入国家战略性创新产品。全年专利授权量5.8万件，其中发明专利授权量2246件，比上年增长8.8%。全年认定省级高新技术企业研发中心45家，省级企业工程中心13家，市级企业工程（技术）中心116家。培育市创新型试点企业42家，新认定高新技术企业197家，市级科技型企业216家，省级创新型示范企业7家，省级创新型试点企业5家；培育认定市重点实验室10家、市企业研究院32家、省企业研究院11家，引进共建创新载体74家，组建产业技术创新联盟2家。农业科技创新支撑效果明显，培育农业新品种12项，有15个农业与社会发展领域科技项目被列为"863"计划、科技支撑计划等国家科技项目。年末限额以上科技服务业企业258家，全年实现营业收入131.0亿元，实现利润总额22.9亿元，比上年分别增长24.3%和23.5%。

（四）文化、卫生和体育

1. 文化

2013年全市11个县（市）区全部成功创建浙江省文化先进县（市）区，鄞州区和慈溪市分别成功创建全国公共文化服务体系示范区和浙江省公共文化服务体系示范区。深入开展"万场电影千场戏剧进农村"活动，全年农村电影播放30000余场，演出戏剧6000多场次。创新形式推出"天然舞台"四大"演出季"等60场文化活动，参演人数达到8000余人，观众近50万人次。深化宁波市数字图书馆项目建设，全年文献传递176万余篇，文献下载1500余万篇。宁波文化百科大讲堂举办讲座512场，受众已逾10万人次，成为深受宁波社会各界欢迎的公共文化服务平台。大型原创歌剧《红帮裁缝》亮相国家大剧院，参加"2013年国家艺术院团演出季优秀剧目展演"；《竹儿青青》《兵站故事》等七个作品获全国第十六届群星奖，占浙江获奖作品的一半，创历史新高。文化设施建设稳步推进，国内首创的大型获知型娱乐综合体——宁波文化广场正式对外开放。文化产业发展迅速，全市有9个企业和2个项目入围2013－2014年度国家级文化出口重点企业和重点项目，4家企业认定为国家动漫企业和动漫保护品牌，"少年阿凡提"被授予2013年国家动漫品牌。全年新增塔山遗址等9处国保单位，"国保"数量增至31处，继续位居全省第二，计划单列市第一。

2. 卫生

城乡居民医疗卫生条件进一步改善，年末实有病床2.9万张，拥有专业卫生人员6.2万人，卫生技术人员5.2万人，其中执业医师（含助理）2.0万人，注册护士2.0万人。按户籍人口统计，每千人床位数、卫技人员数、执业医师（含助理）数和注册护士数分别达到5.0张、9.0人、3.4人和3.4人。市妇儿医院北部院区项目竣工，李惠利医院东部院区、市一院原医疗用房改扩建等基础设施建设项目顺利推进。年末全市共设置社区卫生服务中心（卫生院）152家，建成省级规范化社区卫生服务中心（卫生院)133家,创建率达87.5%,居全省前列;建成省级示范社区卫生服务中心28家,其中国家级社区卫生服务中心6家。新型农村合作医疗制度进一步巩固,参合人数为265.7万人,参合率达98.3%,人均筹资水平从2012年的565元增加到2013年的590元。全市甲乙类传染病报告总发病率为184.14/10万,适龄儿童免疫规划疫苗接种率98.4%,免疫预防服务质量保持全省先进水平。全年无偿献血7.1万人次,继续保持宁波市临床用血全部来自无偿献血的目标。

3. 体育

体育公共服务有效提升,市直属场馆定期免费开放率达到100%,98%的城区公办中小学校体育设施向市民开放;建成各类球场173余个,更新健身路径530套,行政村体育健身路径拥有率达100%。江东区成功创建浙江省体育强区,宁海县、象山县顺利通过创强复评。群众体育活动丰富多彩,通过全民健身大讲堂等多种形式,指导市民科学健身,首次在东部新城举办了元旦万人长跑。在第十二届全运会上,共有90名甬籍运动员进入决赛,获得金牌6枚、银牌8枚、铜牌13枚,1人1次超亚洲纪录,2人2次破全国纪录,参赛人数、获得金牌数和奖牌数均创下宁波参加历届全运会之最,涌现了一批优秀年轻体育人才,"省队市办"结出丰硕成果。2013年,宁波市运动员获得2个世界级比赛第三名;3个亚洲级比赛第一名,1个亚洲级比赛第二名,在全国赛事还获得29金24银26铜。体育事业与体育产业协调发展,全年共举办国家级以上赛事50项,鄞州和北仑分别被总局授予全国最佳赛区和全国优秀赛区;全年体育彩票销售额达15.6亿元,创历史新高。

(五)城乡建设

2013年宁波市启动城市总体规划修改和报批工作,着力以规划引领城乡统筹发展、区域布局优化、发展空间拓展和城市功能提升。深入实施现代都市"50100工程",东部新城、南部新城、镇海新城、北仑滨海新城、东钱湖旅游度假区等区块建设稳步推进。加强中心城区改造提升,开展交通拥堵、户外广告、城市主干道和背街小巷综合整治,"三江六岸"滨江休闲带工程启动段建成投用,打通"断头路"三年行动计划顺利完成。强力推进"三改一拆",拆改面积大幅超额完成年度目标。都市圈南北两翼加快发展,余姚高铁新城、慈溪文化商务区、奉化滨海新区、浙台(象山石浦)经贸合作区建设步伐加快,宁波三门湾区域发展规划出台实施。加快幸福美丽新家园建设,"三村一线"创建、农房"两改"、"双清"等工作有效推进,新启动农村集中住房建设项目76个、省级农房改造建设示范村创建项目22个,农村集体土地所有权登记发证全面完成。加大低收入农户帮扶力度,相对欠发达地区生产生活条件持续改善。交通网络建设成效明显,杭甬客专、铁路宁波站、穿山疏港高速、大榭第二大桥建成投用,轨道交通1号线和2号线一期、南北环快速路等项目有序推进,杭州湾跨海大桥杭甬高速连接线开工建设,宁波成为国家公交都市创建示范城市。

(六)生态建设

环境专项整治卓有成效,2013年中心城区完成绕城高速以内540平方公里"禁燃区"建设,累计淘汰改造燃煤锅炉1139台;机动车排气防治工作实施高污染车辆限行,出台黄标车淘汰政策;继续深入开展电镀、印染、化工、造纸等十大重污染行业环境整治提升工作,投入市级环保专项资金4600万元,关停830家不合格企业;深入开展饮用水源保护区专项治理工作,保护区内38家污染企业实施挂牌督办。完成北仑电厂、宁海国华电厂、象山大唐乌沙山电厂等10台机组720万千瓦脱硫设施断旁路,8台350万千瓦脱硝工程建设以及水泥行业脱硝工程;建设宁波市重点污染源刷卡排污系统,实施污染物总量控制管理,确保减排设施规范稳定运行。环境执法监管继续强化,出动执法人员近50482人次,检查企业27642多家次,立案查处违法案件1245件,下达处罚金额5753万元。监测监控能力不

断提升，完成10个省控大气自动站监测设备升级改造，建设全市大气复合污染监测网络，及时向公众发布空气质量和重污染天气预警信息。继续开展各类生态环保创建活动，北仑区通过省级生态区现场考核，宁海县和象山县分别通过国家级生态县验收。

（七）社会安全

2013年全市共发生各类生产安全事故2866起，死亡745人，受伤2855人，直接经济损失3007.9万元，比上年分别下降9.4%、3.1%、9.1%和9.8%，四项事故指标连续第九年实现下降。加大食品药品检验力度，全年完成食品检测47870批次，完成药品监督抽验2515批，分别占全年抽检任务的110.3%和100.6%，其中检出不合格188批，阳性检出率为7.5%；加强药品不良反应和医疗器械不良事件监测，全市共上报药品不良反应8124例，其中新的和严重的报告占46.7%。全年共出动执法人员14.1万次，共检查各类食品药品单位7.6万家次，药械、餐饮、保健品和化妆品共立案1532起，结案1419起，罚没款1627.3万元，没收物品货值金额共计161.4万元，移送公安案件23件。着力构建和谐稳定的劳动关系，企业劳动合同签订率和已建工会企业集体劳动合同签订率分别达到97%和92%；健全防范处置欠薪机制，为2.4万名劳动者追回被拖欠工资1.8亿元；提升劳动人事争议处理效能，全市受理劳动争议3.1万件，仲裁结案率达到93%，调解率达到73.6%。全年共受理群众信访35189件(人)次，下降3.6%，接待群众集体上访1327批17953人次，分别下降7.2%和7.4%。全年人民调解组织共调处各类民事纠纷11.8万件，调解成功11.6万件，成功率达98.4%，防止民间纠纷引起的自杀34件、34人次；防止民间纠纷转化为刑事案件155件、504人次。

三、宁波市在长三角地区经济发展中的地位

2013年，宁波市全面贯彻党的十八大精神，牢牢把握“稳中求进、进中求好”的工作主基调，深入实施“六个加快”发展战略，着力改革创新，激发微观经济发展活力，经济运行延续上半年“稳中缓升”的发展态势，产业发展总体稳定。

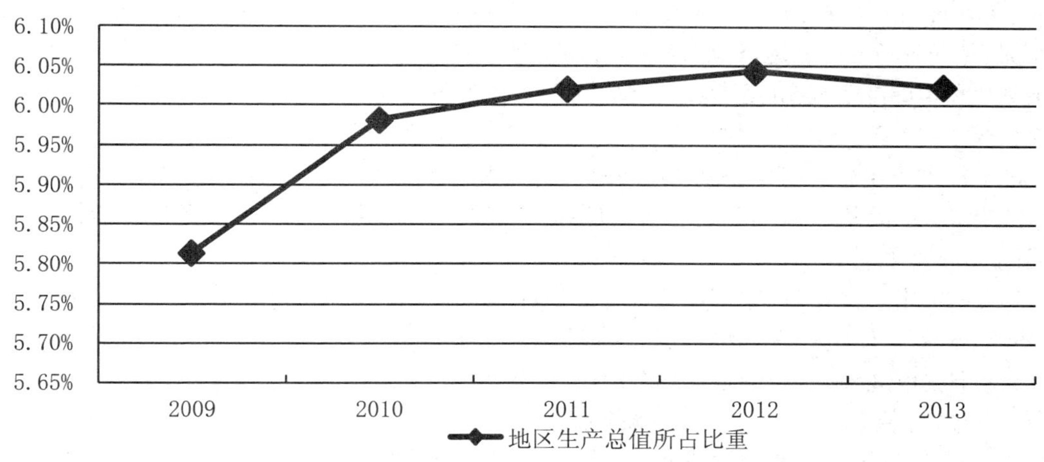

图4 2009—2013年宁波市地区生产总值在长三角所占比重的变化趋势

2009—2013年宁波市地区生产总值在长三角所占比重分别5.81%、5.98%、6.02%、6.04%和6.02%，所占比重前四年大幅增加的情况下小幅减少，2013年较上年减少了0.02个百分点，达到2011年的水平。2013年宁波市地区生产总值在长三角地区25个市(苏浙两省24个地级市和上海

市，下同）排名保持不变，排名第 6 位。

2013 年，全市实现地区生产总值 7128.9 亿元，按可比价格计算，比上年增长 8.1%。其中，第一产业实现增加值 276.4 亿元，下降 1.2%；第二产业实现增加值 3741.7 亿元，增长 8.2%；第三产业实现增加值 3110.8 亿元，增长 8.8%。三次产业之比为 3.9∶52.5∶43.6，第三产业增加值占地区生产总值比重比上年提高 1.1 个百分点。按常住人口计算人均生产总值为 93176 元（按年平均汇率折算为 15046 美元）。

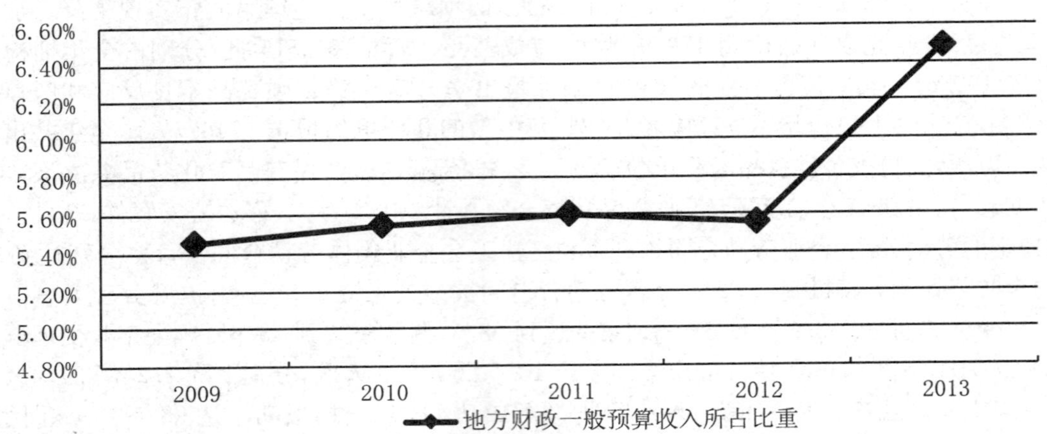

图 5　2009—2013 年宁波市地方财政一般预算收入在长三角所占比重的变化趋势

2009—2013 年宁波市地方财政一般预算收入在长三角所占比重分别为 5.46%、5.55%、5.61%、5.56%和 6.49%，2013 年大幅上扬，较上年增加了 0.93 个百分比，五年时间累积增加了 1.03 个百分点。2013 年宁波市地方财政一般预算收入在长三角地区 25 个市排名与上年比上升了两位，排名第 3 位。

2013 年，宁波市完成公共财政预算收入 1651.2 亿元，比上年增长 7.5%，其中地方财政收入完成 792.8 亿元，增长 9.3%。在地方税收中，营业税、增值税、企业所得税、个人所得税分别增长 10.8%、3.0%、9.4%和 10.5%。全市完成公共财政预算支出 939.9 亿元，增长 13.5%。其中交通运输支出 71.0 亿元，增长 40.0%；节能环保支出 14.8 亿元，增长 25.2%；社会保障和就业支出 97.6 亿元，增长 23.5%；科学技术支出 37.6 亿元，增长 15.9%；农林水事务支出 80.4 亿元，增长 11.3%。认真落实中央八项规定和厉行节约反对浪费条例，大力压缩一般性支出，全年一般公共服务支出增长 4.4%，增速比上年下降 3.5 个百分点。

2009—2013 年宁波市规模以上工业总产值在长三角所占比重分别为 5.95%、6.12%、6.13%、5.70%和 5.66%，整体呈下跌趋势，五年跌幅达 0.29 个百分点，2013 年较上年降低了 0.04 个百分点。2013 年宁波市规模以上工业总产值在长三角地区 25 个市排名比上年上升了一位，排名第 4 位，位居上海、苏州、无锡、苏州之后，保持着领先优势。

2013 年，宁波市实现工业增加值 3378 亿元，按可比价计算，比上年增长 8.4%。其中规模以上工业企业实现增加值 2291.2 亿元，增长 8.0%。分行业看，在 35 个行业大类中，26 个行业的全年增加值同比呈上升态势，行业发展普遍向好；占比前十位的行业共完成工业增加值 1640.5 亿元，占全部规模以上工业增加值的比重达 71.6%，比上年提高 0.8 个百分点，其中电气机械和器材制造业完成增加值 262.5 亿元，居各行业之首；化学原料和化学制品制造业增长 16.8%，增速居前十位行业之首。全年规模以上轻工业完成增加值 802.1 亿元，增长 3.4%；重工业 1489.1 亿元，增长 10.2%，轻重工业之

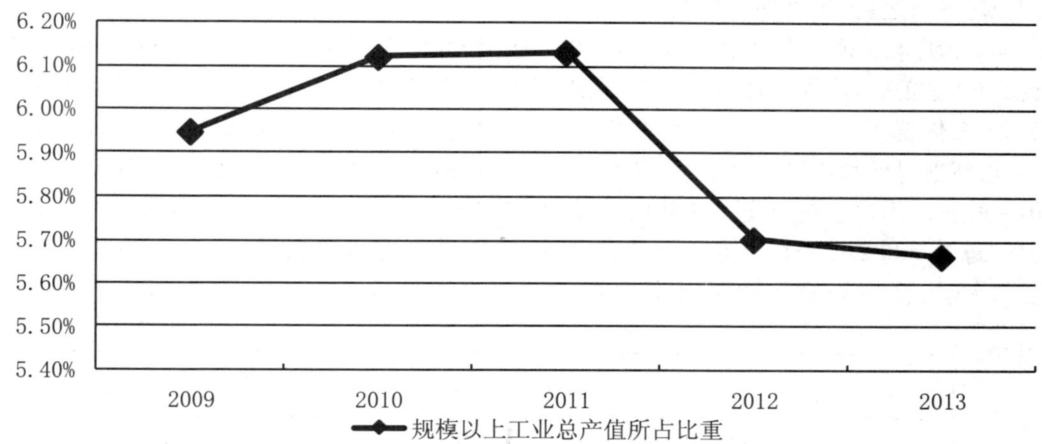

图 6　2009—2013 年宁波市规模以上工业总产值在长三角所占比重的变化趋势

比由上年的 1∶1.77 变化为 1∶1.86。全年规模以上工业企业实现销售产值 12381 亿元，增长 5%。其中，内销为 9557.4 亿元，增长 6.9%；出口交货值为 2823.6 亿元，下降 0.8%，内销增速高于出口 7.7 个百分点。全年规模以上工业企业实现利润 664.6 亿元，增长 25.0%，实现利税总额 1258.1 亿元，增长 17.2%。

工业创新转型。2013 年规模以上工业企业科技活动经费支出 173.9 亿元，比上年增长 10.7%，占主营业务收入的比重达到 1.4%，同比提高 0.1 个百分点。实现新产品产值 2940 亿元，增长 22.1%，快于规模以上工业总产值增速 16.5 个百分点，新产品产值率达 23%，比上年提高 3.1 个百分点，创历史新高。“机器换人”成果初现，全年规模以上工业资产总计增长 5.8%，而从业人员减少 2.3%，劳动生产率达 16.3 万元/人，增长 10.5%，人均创利税 9 万元，增长 20%。

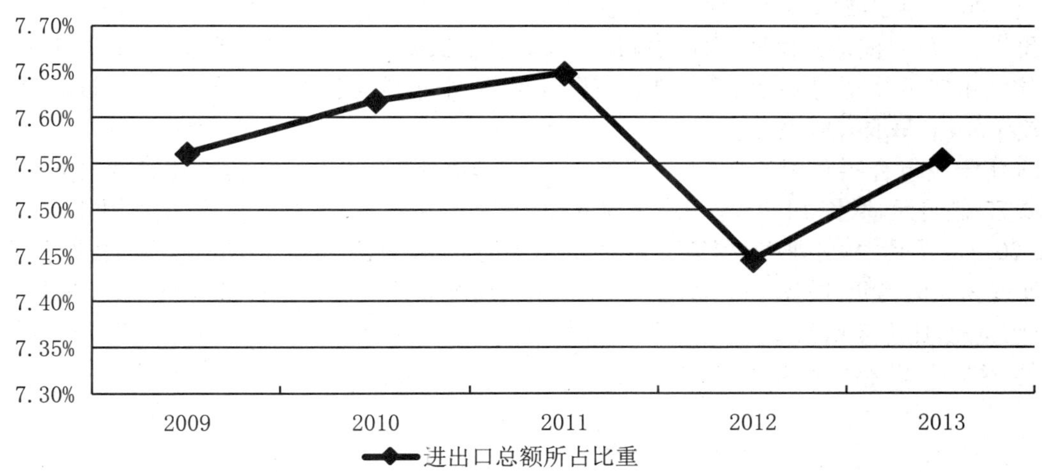

图 7　2009—2013 年宁波市进出口总额在长三角所占比重的变化趋势

2009—2013 年宁波市进出口总额在长三角所占比重分别为 7.56%、7.62%、7.65%、7.45%和 7.55%。宁波市进出口总额占比在 2012 年出现大幅下跌后，2013 年止跌上扬。2013 年较上年增加了 0.1 个百分点。2013 年宁波市进出口总额在长三角地区 25 个市排名与上年保持一致，排名第 3

位，位居上海、苏州之后，始终保持着领先优势。

2013年，宁波市实现口岸进出口总额2119.0亿美元，比上年增长7.3%。外贸自营进出口总额首次突破1000亿美元，成为浙江首个、长三角地区第三个外贸总额超千亿美元的城市，全年自营进出口总额1003.3亿美元，增长3.9%，其中出口657.1亿美元，增长7.0%；进口346.2亿美元，下降1.4%。全年新增对外贸易经营备案登记企业2843家，累计达22500家。有进出口实绩企业13898家。全年一般贸易出口占全市出口总额的比重为81.0%，进口占全市进口总额的比重为71.9%，比上年分别提高1.0和2.1个百分点。全年直接与宁波市开展贸易往来的国家和地区达221个，其中欧盟、美国、东盟、拉丁美洲贸易额占比分别为20.1%、15.6%、8.2%和7.8%。

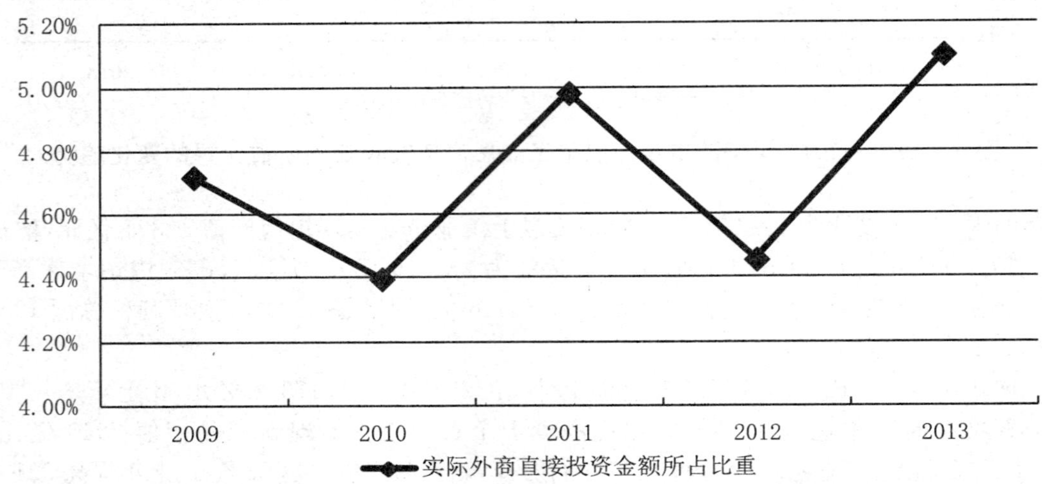

图8　2009—2013年宁波市实际外商直接投资金额在长三角所占比重的变化趋势

2009—2013年宁波市实际外商直接投资金额在长三角所占比重分别为4.72%、4.40%、4.98%、4.46%和5.10%，呈波浪式发展，累计增幅达0.38个百分点。2013年较上年增加了0.64个百分点。2013年宁波市实际外商直接投资金额在长三角地区25个市排名比上年上升了一位，排名第6位，虽排名仍较靠前，应争取有所提升。

2013年宁波市合同利用外资58.2亿美元，比上年增长9.6%，实际利用外资首次突破30亿美元，达32.75亿美元，增长14.8%。第三产业新批项目274个，增长26.9%；实际利用外资18.5亿美元，增长20.7%。其中，房地产业实际利用外资9.4亿美元，增长36.6%；交通运输、仓储和邮政业实际利用外资2.9亿美元，增长963.9%。2013年全市新批境外投资企业和机构206家，核准中方投资额15.7亿美元，比上年增长20.2%，实际中方投资额6.8亿美元，增长11.1%。完成境外承包工程劳务合作营业额15.0亿美元，增长21.2%。

四　温州市 2013 年经济社会发展报告

2013 年，全市人民在市委市政府的正确领导下，坚持以科学发展观为指导，积极应对复杂严峻的国内外环境，全面贯彻落实中央宏观调控各项措施，紧紧围绕主题主线，推出赶超发展的“十大举措”①，以提高经济增长质量效益为中心，积极作为、改革创新，全年经济呈现“企稳回升、稳中向好”的发展趋势，固定资产投资保持较快增长，经济发展后劲有所增强，物价水平总体稳定，民生持续得到改善，社会事业全面进步，工业文化强市建设迈出新步伐。

一、温州市 2013 年经济发展概况

（一）综合经济

1. 经济总量

2013 年全市生产总值 4003.86 亿元，按可比价计算，比上年增长 7.7%，增幅比上年提高 1.0 个百分点。其中，第一产业增加值 115.39 亿元，下降 0.8%；第二产业增加值 2015.48 亿元，增长 7.8%；第三产业增加值 1872.99 亿元，增长 8.0%。按户籍人口计算，人均地区生产总值 49817 元（按年平均汇率折算 8044 美元），增长 7.1%。国民经济三次产业结构为 2.9∶50.3∶46.8，第三产业比重较上年提升 0.4 个百分点。

2. 财政收支

全年财政总收入 565.63 亿元，增长 9.2%。其中公共财政预算收入 323.98 亿元，增长 11.9%。全年公共财政预算支出 437.96 亿元，增长 12.9%。其中，教育支出 116.35 亿元，增长 12.3%；科学技术支出 9.99 亿元，增长 17.5%；医疗卫生支出 34.95 亿元，增长 16.7%；农林水事务支出 54.09 亿元，增长 28.2%；环境保护支出 6.89 亿元，增长 12.1%；交通运输支出 23.12 亿元，增长 22.1%。

3. 物价水平

全年居民消费价格指数（CPI）比上年上涨 1.9%，涨幅较上年回落 0.4 个百分点。八大类商品和服务价格呈现“六涨二跌”态势。其中衣着类涨幅较大，累计上涨 6.4%，食品类次之，上涨 3.4%，家庭设备用品及维修服务类、医疗保健和个人用品类、娱乐教育文化用品及服务类、居住类，比上年分别

① 十大举措：1.“两大回归”夯实经济基础。‘两大回归”即推动实体经济回归和温商回归，夯实经济基础，打造民营经济“升级版”。2.“两大平台”加快转型升级。“两大平台”即打造省级产业集聚区和小微企业园，加快产业转型升级，努力构建现代产业体系。3.“两大空间”破解用地制约。“两大空间”即开辟海涂围垦和低效用地再开发的空间，破解发展用地制约，创造新一轮发展空间新优势。4.“两大突破口”打造美丽水乡。“两大突破口”即治水和“三改一拆”，尽快改善发展硬环境，打造“美丽浙南水乡”。5.“两大统筹”建设大都市区。“两大统筹”即统筹城与乡、发达地区与欠发达地区，加快城乡一体化发展，努力建设生态型、组团型、智慧型大都市区。6.“两大机遇”深化改革开放。“两大机遇”即抓住改革试点和对台合作的机遇，深化体制改革和实施对台开放战略，为赶超发展提供强大动力。7.“两大载体”实施创新驱动。“两大载体”即依托创新平台和招才引智载体，实施创新驱动发展战略，努力开启赶超发展的强大引擎。8.“两大抓手”不断改善民生。“两大抓手”即重视民生工程建设和社会管理创新，不断改善民生，促进社会和谐稳定。9.“两大舆论场”凝聚正能量。“两大舆论场”即网络舆论和对外宣传，管好这两个舆论场，提升城市文明水平，凝聚赶超发展正能量。10.“两大机制”改善发展软环境。“两大机制”即建立完善目标责任考核和群众评议，强化制度建设，着力改善发展软环境。

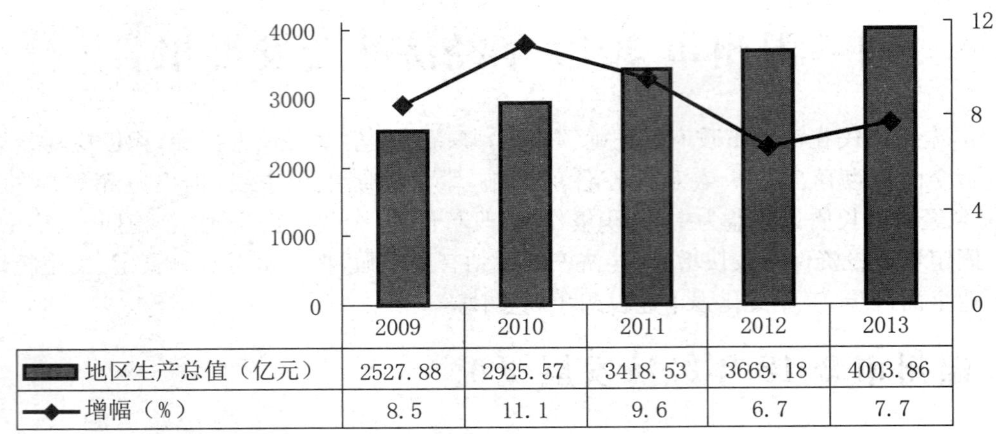

	2009	2010	2011	2012	2013
地区生产总值（亿元）	2527.88	2925.57	3418.53	3669.18	4003.86
增幅（%）	8.5	11.1	9.6	6.7	7.7

图 1　2009—2013 年温州市地区生产总值及增长速度

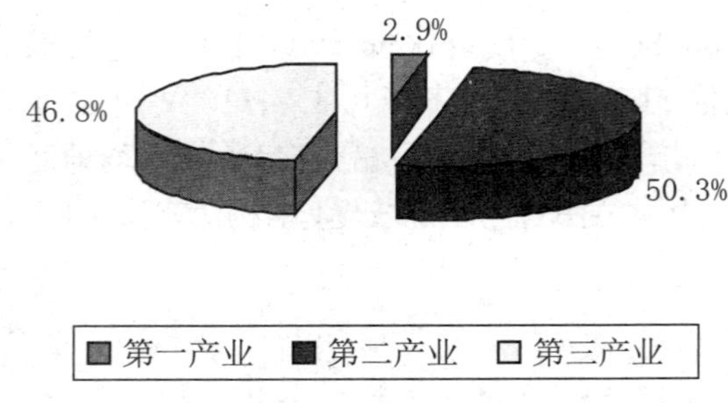

图 2　2013 年温州市三次产业结构图

上涨 1.9%、1.3%、0.6%、0.7%；下降的两大类为交通和通信类、烟酒类，分别下降 0.3%和 0.2%。全年工业生产者出厂价格下降 1.6%，工业生产者购进价格下降 2.4%。

4. 固定资产投资

2013 年，全社会固定资产投资 2950 亿元，比上年增长 25.2%；其中限额以上固定资产投资 2618.16 亿元，增长 24.1%。投资结构逐步优化，工业投资和基础设施投资增长较快，房地产开发投资比重下降。

工业投资增幅加快，产业结构逐步优化。全市限额以上工业投资 605.55 亿元，比上年增长 29.0%，其中工业技术改造投资 344.94 亿元，增长 37.6%。高新技术产业固定资产投资步伐有所加快，限额以上通用设备制造业，医药制造业，计算机、通信和其他电子设备制造业投资分别增长 44.9%、121.5%和 149.1%，对产业结构调整和重点行业技术改造起到重要的推动作用。

房地产开发投资比重降低，对投资拉动力减弱。全年房地产开发完成投资额 734.37 亿元，比上年增长 6.8%。房地产开发投资占限额以上固定资产投资比重为 28.0%，比上年回落 4.5 个百分点。全市房屋施工面积 4242.04 万平方米，增长 12.5 %；竣工面积 367.05 万平方米，增长 4.9%。全年全市商品房销售面积 349.73 万平方米，比上年增长 71.2%。其中住宅销售面积 317.41 万平方米，增长 74.5%。

基础设施投资持续增长，拉动作用增强。全年限额以上基础设施投资额完成 826.61 亿元，比上年增长 31.7%，对限上固定资产投资增长的贡献率高达 39.1%。其中水利、环境和公共设施管理业

增长43.4%；电力、燃气及水的生产供应业增长36.3%；交通运输、仓储和邮政业增长25.5%。

新开工项目持续增加，重点工程推进力度加大。2013年限额以上投资施工项目8943个，比上年增加1984个，其中新开工项目5455个，比上年增加1062个。新开工项目完成投资额1065.14亿元，增长35%。全年实施重点工程项目292项，完成投资额663.66亿元，增长13.8%。年内已建成项目30个，完成投资额73.47亿元。主要有龙湾国际机场新跑道工程、乐清湾港区一期码头主体工程、诸永高速延伸线（瓯江过江通道）主桥工程、雁楠公路工程、滨海大道工程、华润苍南电厂一期工程、西向排洪主体工程、市委党校迁（扩）建工程、大小门岛小门西片围涂工程、永嘉瓯北西段标准堤工程、鳌江火车站至千吨级码头公路等。

（二）农业和农村建设

全年农林牧渔业总产值187.87亿元，按可比价格计算，比上年下降0.9%，其中：农业产值80.88亿元，增长1.6%；林业产值4.11亿元，下降5.2%；牧业产值37.45亿元，下降7.6%；渔业产值61.95亿元，增长0.2%；农林牧渔服务业产值3.49亿元，增长4.9%。

全年农作物总播种面积368.48万亩，比上年下降0.6%，其中粮食播种面积233.46万亩，下降0.6%。全年粮食总产量83.06万吨，下降10.4%。在经济作物中，除蔬菜、糖料减产外，水果、茶叶、油料等作物增产。

全年肉类总产量12.89万吨，比上年下降2.0%，除禽肉下降外，猪肉、牛肉和羊肉产量比上年有所增长。年末生猪、牛、羊和家禽存栏均有所下降。全年水产品总产量57.38万吨，比上年下降0.5%。其中海洋捕捞45.37万吨，增长1.2%；淡水捕捞0.37万吨，增长5.4%；海水养殖9.66万吨，下降7.8%；淡水养殖2.0万吨，下降3.0%。

全年水利建设完成投资128.43亿元，年末拥有大型水库1座，中型水库18座，小型水库310座。全市旱涝保收水田面积52.75千公顷，有效灌溉田面积126.16千公顷。全市农（渔）业机械总动力222.73万千瓦，下降4.5%；农村用电量83.78亿千瓦时，下降7.2%。

（三）工业和建筑业

1. 工业

2013年，全市实现工业总产值7253.84亿元，比上年增长4.5%；工业增加值1767.98亿元，按可比价计算，增长7.6%。全市规模以上工业企业4313家，实现工业总产值4418.48亿元，比上年增长3.5%。其中，轻工业产值1532.58亿元，增长2.4%；重工业产值2885.90亿元，增长4.1%。规模以上工业销售产值4256.48亿元，增长2.3%，其中完成出口交货值695.77亿元，下降1.5%，占销售产值比重为16.4%。

规模以上工业中，实现高新技术产业总产值1480.50亿元，增长4.8%。全年新产品产值720.88亿元，增长46.2%；新产品产值率为16.3%，比上年提高4.8个百分点。按行业分，有12个大类行业产值超100亿元，实现工业总产值3619.40亿元，占规模以上工业总产值比重81.9%，其中电气机械及器材制造业、皮革毛皮羽毛（绒）及其制品业、电力热力的生产和供应业、通用设备制造业、纺织服装服饰业、橡胶塑料制品业等6个大类行业年产值超过200亿元。

全年规模以上工业企业实现主营业务收入4022.58亿元，增长1.0%；利税总额361.17亿元，增长7.0%，其中利润总额213.13亿元，增长9.0%。年末企业应收账款净额933.05亿元，上升5.8%；产成品存货217.61亿元，上升7.1%。

2. 建筑业

全年建筑业实现增加值247.50亿元,比上年增长9.7%。全市拥有三级以上资质的建筑企业639家,实现建筑业总产值1149.14亿元,增长19.1%;实现利润总额24.34亿元,增长0.75%。年末拥有资产656.63亿元,其中固定资产原价103.61亿元。

(四)服务业

1. 国内贸易

全年社会消费品零售总额2136.38亿元,比上年增长11.2%。其中,城镇消费品零售额1930.03亿元,增长11.2%;乡村消费品零售额206.35亿元,增长11.5%。按行业分,批发零售贸易业零售额1879.98亿元,增长11.2%;住宿餐饮业零售额256.40亿元,增长11.5%。

在限额以上批发零售业零售额中,汽车类零售额345.79亿元,比上年增长4.0%;石油及制品类零售额157.75亿元,增长5.4%;食品饮料烟酒类增长4.4%,日用品类增长15.5%,金银珠宝类增长54.7%,鞋服、针纺织品类增长7.2%,化妆品类增长4.2%,中西药品类增长23.0%,家具类增长27.2%。

年末全市有各类市场492个,其中消费品市场366个,生产资料市场89个,生产要素市场7个,网上市场28个,服务市场2个。全年各类市场成交额1109.81亿元,其中超亿元市场82个,年成交额829.24亿元;超十亿元市场24个,年成交额637.19亿元。

2. 交通运输、邮电

全年高速公路、港口、物流基地等建设力度加大,交通网络体系日臻完善。年末公路总里程14348公里,其中高速公路289公里,一级公路379公里,二、三级公路1850公里。公路绿化率71.2%。客运班车通村率89.8%。市区公共交通营运线路133条,年载客量3.35亿人次。

年末机动车保有量172.71万辆,比上年末增加15.62万辆,其中载客汽车110.45万辆,载货汽车14.94万辆,摩托车46.80万辆。私人汽车111.93万辆,增加15.51万辆。全年货物运输量12362.68万吨,比上年增长3.8%,旅客运输量32144.31万人次,下降6.8%。

全年邮电业务收入128.84亿元,比上年增长2.0%,其中通信行业业务收入121.68亿元,增长1.5%。年末本地电话交换机总容量311.45万门,本地电话用户数239.88万户。年末移动电话装机总量2559.34万门,移动电话用户数1185.10万户。年末互联网用户数826.37万户,其中宽带用户数236.94万户,增长17.5%。

全市邮政业务总收入7.16亿元,比上年增长10.3%。全年函件7116.8万件,包裹105.0万件,汇票262.8万张,特快专递1452.72万件。全年订销报纸19024万份,订销杂志656万份。

全市电力系统最高负荷657.32万千瓦,增长9.4%。全年用电量343.33亿千瓦时,增长5.0%。其中工业用电量216.08亿千瓦时,增长2.7%;建筑业用电量7.21亿千瓦时,增长34.2%;商业用电量13.32亿千瓦时,增长7.9%;居民生活用电量77.80亿千瓦时,增长8.1%。

3. 旅游业

全年接待海内外游客5751.06万人次,实现旅游总收入582.43亿元,分别比上年增长16.3%和20.2%。其中接待国内游客5676.85万人次,增长16.2%,国内旅游收入556.38亿元,增长19.9%;接待海外游客74.21万人次,增长29.0%,国际旅游外汇收入4.21亿美元,增长23.6%。

4. 金融、证券和保险

年末金融机构本外币存款余额8095.48亿元,比上年末增长4.5%,其中人民币存款余额

7771.16亿元，增长4.7%。年末城乡居民人民币储蓄存款余额3821.25亿元，增长5.6%。年末金融机构本外币贷款余额7263.33亿元，增长3.6%，其中人民币贷款余额7092.32亿元，增长3.7%。

全年通过债权、股权等直接融资形式获得资金153亿元。年末，全市拥有村镇银行7家，境内外上市企业12家，已开业民间借贷服务中心7家，民间资本管理公司11家；小额贷款公司44家，注册资本金108.4亿元。

全年全市证券成交总额8500.59亿元，比上年增长38.8%。其中股票交易额8373.65亿元，增长39.9%；基金交易额116.81亿元，增长72.0%。年末证券投资者开户数67.81万户，增长4.9%。

全年保险业保费收入131.18亿元，比上年增长10.7%。其中，财产险保费收入54.23亿元，增长11.2%；人身险保费收入76.95亿元，增长10.4%。支付各类赔款及给付45.18亿元，增长22.2%。其中财产险赔付34.47亿元，增长32.8%；人身险赔付10.71亿元，下降2.6%。

（五）对外经济

1. 对外贸易

全年外贸进出口总额206.02亿美元，比上年增长0.8%。其中进口总额24.56亿美元，下降10.5%；出口总额181.46亿美元，增长2.6%。外贸依存度为31.9%，其中出口依存度为28.1%，分别比上年降低3.4和2.5个百分点。至年末，与温州市建立出口和进口贸易关系的国家和地区共计204个，拥有进出口经营权企业5828家。

2. 外资状况

全年新签外资项目45项，比上年增长55.2%，实际利用外资5.02亿美元，增长25.9%。全年新批设立境外机构30家，中方境外投资额9006.2万美元。新签对外承包工程和劳务合作营业额8556万美元。

二、温州市2013年社会发展概况

（一）人口、人民生活

年末全市户籍总人口807.24万人，其中市区人口151.00万人。从性别看，男性人口418.98万人，女性人口388.26万人，分别占总人口的51.9%和48.1%。全市当年计划生育率为84.5%，已婚育龄妇女综合节育率为84.4%，当年含往年补报出生人口性别比为115.43。

全年城镇居民人均可支配收入37852元，增长8.7%；城镇居民人均消费性支出25624元，增长6.9%，其中食品类支出9936元，占38.8%。全年农村居民人均纯收入16194元，增长10.0%；农村居民人均生活费支出11724元，增长8.3%，其中食品类支出5418元，占46.2%。城镇居民人均住房建筑面积41.67平方米；农村居民人均居住面积42.17平方米。年末每百户城镇居民家用汽车拥有量41.26辆；每百户农村居民家用汽车拥有量21.20辆。

（二）就业与社会保障

1. 就业

全年新增城镇就业人数17.04万人，城镇失业人员再就业人数3.06万人；年末城镇登记失业人数2.52万人，城镇登记失业率为1.94%，比上年末下降0.14个百分点。全年培训农村劳动力4.35万人，实现转移就业2.28万人。

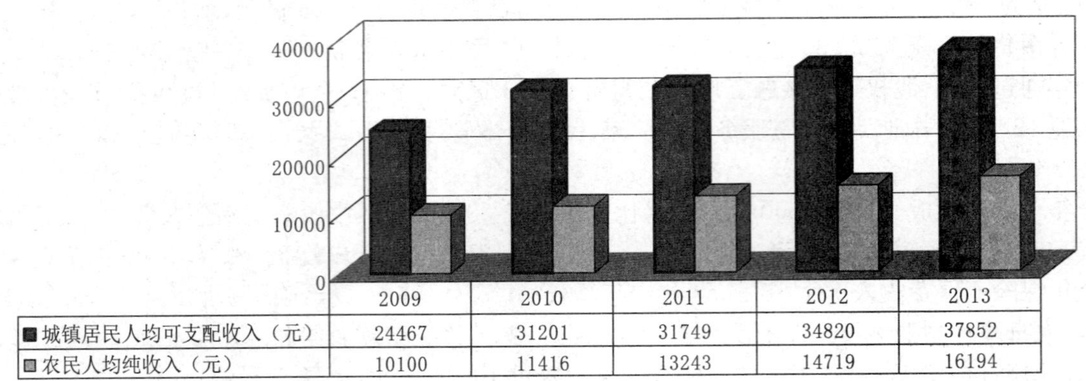

	2009	2010	2011	2012	2013
■城镇居民人均可支配收入（元）	24467	31201	31749	34820	37852
■农民人均纯收入（元）	10100	11416	13243	14719	16194

图 3　2009—2013 年温州市城乡居民收入对比一览

2. 社会保障

全年全市缴存住房公积金 67.21 亿元，自房改以来累计缴存 377.46 亿元，年末余额 220.34 亿元。全年发放住房公积金贷款 62.88 亿元，累计发放贷款 295.64 亿元，年末贷款余额 175.11 亿元。全年保障性安居工程新开工面积 554.46 万平方米，其中公共租赁住房 24.72 万平方米，在建保障性安居工程面积 1249.41 万平方米。

全市设镇 64 个，街道办事处 60 个，乡 6 个。城市社区 297 个，居委会 188 个，建制村 5403 个。年末实有社会团体 2681 个。

年末全市基本养老保险参保职工 221.88 万人，比上年增加 17.85 万人，当期征缴基本养老保险费 105.24 亿元。全市基本养老保险离退休人数 38.98 万人，当期发放养老金 108.91 亿元。全市城镇职工基本医疗保险参保人数 153.42 万人，当期征缴基本医疗保险费 39.62 亿元。全市失业保险参保人数 102 万人，当期征缴失业保险费 7.34 亿元。全市工伤保险参保人数 227.76 万人，当期征缴工伤保险费 4.21 亿元。全市生育保险参保人数 88.06 万人，当期征缴生育保险费 1.47 亿元。

城乡居民享受最低生活保障人数 12.89 万人，发放保障资金 3.87 亿元。民政部门接受社会各界捐赠款 2.71 亿元。全市慈善系统共募款 3.43 亿元，支出救助金 2.64 亿元；资助贫困学生 17118 人，资助金额 3148 万元。全年办理结婚登记 79655 对。

（三）教育和科学技术

1. 教育

基本完成学前教育三年行动计划，成功启动市区初高中分设办学。中职教育整合提升和高职院校创办分院加速推进。温州医学院更名为温州医科大学，温州肯恩大学去筹通过评估，温州市委党校、温州城市大学新校园启用，浙江安防职业技术学院获准筹建。

年末各类全日制学校在校学生 148.07 万人，占户籍总人口 18.3%。全市拥有普通高等学校 8 所，全年招生 23468 人。全国普通高校在温录取新生 45518 人，比上年减少 1367 人。高等教育毛入学率 51.5%，比上年提高 2.0 个百分点。初中毕业生升入高中阶段比例 97.29%，比上年提高 0.82 个百分点，其中初中毕业生升入普通高中比例 55.55%，比上年提高 1.05 个百分点。

全市教学仪器设备达到省教育装备标准的学校占 96.7%，生均图书增加 2.35 册；建有校园网的公办普通中小学校占 99.1%，建有多媒体平台的教室占 100%。全年新建中小学校舍 45.11 万平方米。年末各类学校校舍总面积 1620 万平方米，其中普通高校 264.54 万平方米。

2. 科技与创新

年末全市拥有国家级科技创业服务中心2个、省级科技创业服务中心3个;国家级大学科技园1家,国家级高新技术特色产业基地3个、省级高新技术特色产业基地7个;国家级企业技术中心5家、省级高新技术企业研发中心178家。市级企业研发中心322家;科技强县6个。鹿城创成首批国家知识产权强县工程示范区,国家汽车电气零部件、阀门质检中心分别落户瑞安和永嘉。全年新增高新技术企业72家,累计525家。全年专利授权24069项,比上年增长39%;年末国家知识产权试点示范企业5家、省级专利示范企业96家。年末全市有国家级企业博士后科研工作站12家,省级15家,市级试点站14家。

深入实施创新驱动发展战略,推出"人才房"政策,新引进北航温州研究院等研发机构16家、国(境)外专家项目154项,入选"国千"人才7名、"省千"人才18名。研究与试验发展经费支出占生产总值比例1.4%。科技进步综合评价从全省末位跃至第五位,荣获全国科技进步先进市称号。

(四) 文化、卫生和体育

1. 文化

年末全市共有文化站130个,文化馆12个,公共图书馆13个,博物馆(包括民营)35个,艺术表演团体8个,电影放映单位29个。全年艺术团体演出633场次;院线电影放映29.59万场次,观众512.67万人次;农村数字电影放映5.15万场次,观众710.07万人次。年末拥有国家级非物质文化遗产数量30个,省级非物质文化遗产数量145个,市级非物质文化遗产数量478个。公共图书馆藏书1051万册(件),年总流通量602.21万人次。全市广播综合人口覆盖率98.6%,电视综合人口覆盖率98.9%,有线电视用户201.47万户。

2. 卫生

全市有医疗卫生机构5351家,其中医院117家,卫生院(社区服务中心)261家,村卫生室2811家,各类诊所(卫生所、医务室)1457家。年末有各类卫生技术人员48922人,其中医生21093人,平均每万户籍人口有医生26.13人。全市医疗机构病床29729张,平均每万人有病床36.83张。全年医疗机构诊疗病人6439万人次。继续推进农村健康工程,全市已参合农村人口525.72万人,城镇人口69.64万人,人均筹资530元。全市城乡居民基本医疗保障全年门急诊(含门诊大病)就诊人次1792.1万人次,统筹基金支付5.97亿元;住院人次49.15万人次,统筹基金支付30.44亿元。

3. 体育

全市有公共体育场馆36个,独立设置的业余体校9所,各类公共体育设施和健身苑点13528个。全年温州市运动员在全国以上比赛获得奖牌211枚,其中世界冠军3枚,亚洲冠军1枚,全国冠军36枚。全年全市共有12个乡镇通过省级体育强镇的检查验收,累计107个;省级体育强县累计10个,比上年增加4个。全年发行体育彩票15.41亿元,比上年增长16.6%。

(五) 城乡建设

城市总体规划修改基本完成,组团城市建设整体推进,龙湾、瓯海中心区和各县(市)新区开发全面提速,瓯洞一体化格局初步构建。小城市培育和中心镇建设有力推进。城市单元更新有序推开,市区"三大亮点区块"启动实施,滨江商务区30幢大楼加快建设,"印象南塘"初展形象。"三改一拆"工作走在全省前列,累计改造城中村、旧住宅区、旧厂房3253万平方米,拆除违法建筑2565万平方米。"四边三化"和绿化建设成效明显,绿化造林15.2万亩,建成森林公园42个、滨水公园119个、绿道

1980公里，市区人均公园绿地面积新增5平方米。获得省级园林城市、省级森林城市称号，国家低碳试点城市获批，泰顺创成国家级生态县，洞头入选首批国家级海洋生态文明示范区。实施国家级“智慧城市”试点，成为全国首批移动4G正式商用城市。美丽浙南水乡建设拉开序幕。完成温瑞塘河沿河10个片区污水管网整治，垃圾河、黑臭河治理取得进展。提前3年完成珊溪水源地畜禽整治，库区干部群众作出了突出贡献。扎实推进美丽乡村建设，完成392个待整治村整治，建成农村联网公路262公里。实现镇镇电气化。

（六）水资源、生态建设和环境保护

全市水资源总量为138.08亿立方米，比上年下降24.5%。市区自来水年供水量25975万吨。国家森林城市创建全面推进。全年荒山荒（沙）地造林面积11.65万亩，建设沿海重点防护林4.52万亩；年末实有封山（沙）育林面积124.94万亩；全市森林覆盖率60.03%。

生态建设成效显著。全市已建成国家级生态示范区3个，省级生态县4个，国家级生态乡镇（街道）19个，省级生态乡镇（街道）88个；自然保护区4个，其中国家级2个，省级1个，县级1个；国家级风景名胜区3个5处，国家级森林公园5个，省级生态旅游（示范）区7个；已建成合格（规范）饮用水源保护区87个。省级生态环境示范教育基地2个。

据市环境监测中心站监测，市区环境空气质量（AQI）达到Ⅰ级标准的有45天，达到Ⅱ级标准的有206天。全市地表水市控及市控以上站位76个，水质在Ⅰ至Ⅲ类的站位35个。市区有取水的两个饮用水源地，按《地表水环境质量标准》Ⅲ类水评价，年度达标率为100%。市区区域环境噪声昼间等效声级平均值54.8分贝，比上年下降1.1分贝；交通噪声等效声级平均值68.1分贝，比上年下降0.8分贝。

节能减排取得积极成效。全年完成省下达的节能降耗、污染减排目标。全市单位GDP能耗比上年下降3.2%，其中规模以上工业单位增加值能耗同比下降5.3%。33个行业大类中，有26个行业的单位增加值能耗有不同程度的下降。全年主要污染物减排力度加大。全市化学需氧量（COD）排放量比上年下降3.01%，氨氮排放量下降4.89%，二氧化硫（SO_2）排放量比上年下降5.75%，氮氧化物排放量下降9.08%。全市已建成投运城镇生活污水处理厂20座，设计处理能力为82.06万吨/日，实际处理能力约75.2万吨/日，市区污水处理率达88.3%，县（市）城市平均污水处理率达87.0%。全市生活垃圾无害化处理率97.3%，其中市区生活垃圾无害化处理率100%，农村生活垃圾集中收集行政村覆盖率100%。

（七）社会安全

全市共发生各类事故2335起，死亡583人，直接经济损失2852.5万元，分别比上年下降11.0%、2.7%和12.4%。

全市有律师机构110个，律师1422人，全年办理国内各类诉讼辩护案件30348件。各级人民调解机构调解案件总数63049件。全年办理国内公证105758件，办理涉外公证42910件。

三、温州市在长三角地区经济发展中的地位

2013年，温州市年成交额亿元以上的专业市场（以下简称亿元市场）82家，实现年成交额829.24亿元，占全社会批零业销售额16.2%，与2007年相比，年均增长6.2%，比全社会批零业销售额年均增速低8.9个百分点，对商贸经济发展的引领作用明显偏弱，专业市场电商化水平不高、对外辐射力不强、物流业支撑不力等问题较为突出。当前我市要结合“五一〇产业培育工程”，以“强电商、拓会

展、大物流”的现代营销模式，大力提振电气、鞋业、服装、汽摩配、泵阀等特色专业市场，将其打造成温州产品对外展销的重要平台。

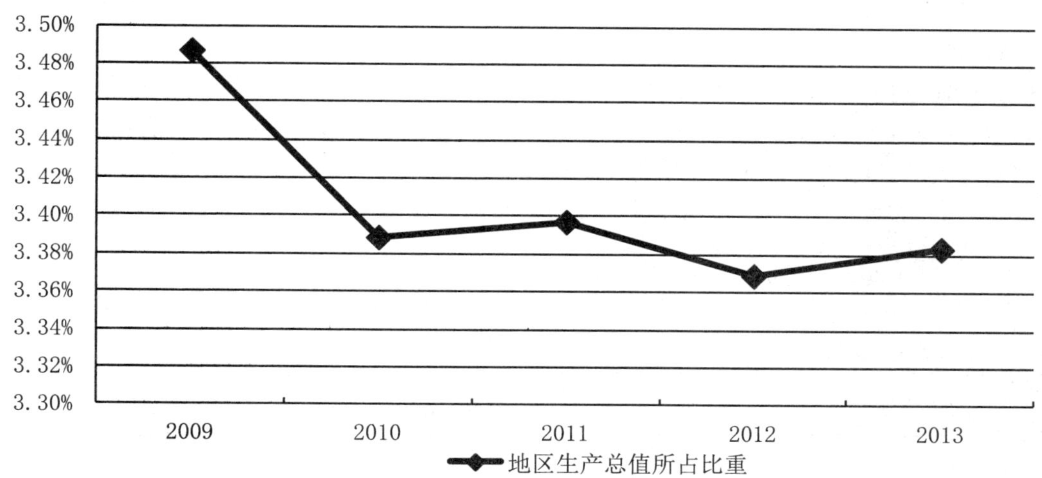

图 4　2009—2013 年温州市地区生产总值在长三角所占比重的变化趋势

2009—2013 年温州市地区生产总值在长三角所占比重分别为 3.49%、3.39%、3.40%、3.37%和 3.38%，2010 年下跌幅度相对较大，2013 年小幅上扬，2013 年较上年增加了 0.01 个百分点。2013 年温州市地区生产总值在长三角地区 25 个市（苏浙两省 24 个地级市和上海市，下同）排名同上年持平，排名第 10 位，但形势不容乐观，亟需有所改变。

2013 年全市实现地区生产总值 4003.86 亿元，按可比价计算，比上年增长 7.7%，增幅比上年提高 1.0 个百分点。其中，第一产业增加值 115.39 亿元，下降 0.8%；第二产业增加值 2015.48 亿元，增长 7.8%；第三产业增加值 1872.99 亿元，增长 8.0%。按户籍人口计算，人均地区生产总值 49817 元（按年平均汇率折算 8044 美元），增长 7.1%。国民经济三次产业结构为 2.9 ∶ 50.3 ∶ 46.8，第三产业比重较上年提升 0.4 个百分点。

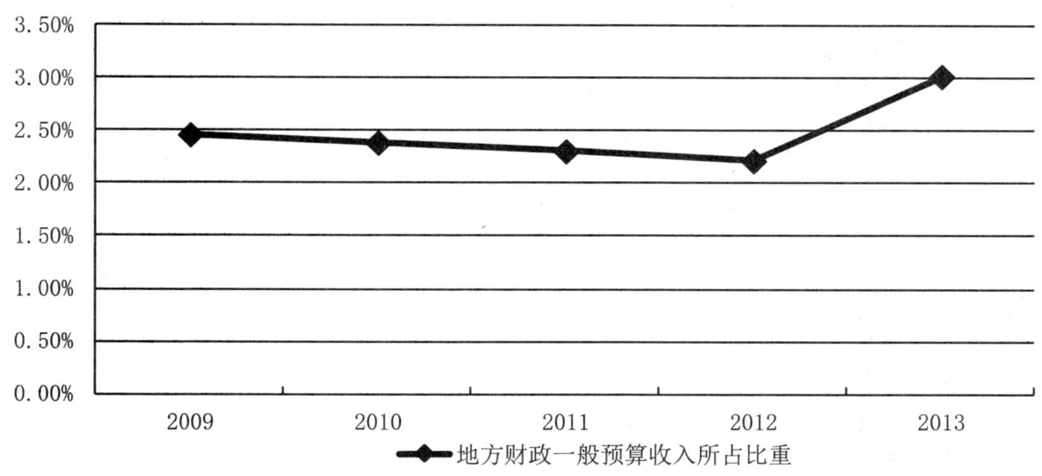

图 5　2009—2013 年温州市地方财政一般预算收入在长三角所占比重的变化趋势

2009—2013 年温州市地方财政一般预算收入在长三角所占比重分别为 2.46%、2.39%、2.31%、2.22%和 3.03%，总体呈现增长趋势，2013 年逆势上扬，近 5 年增幅为 0.57 个百分点，其中 2013 年较上年增加了 0.81 个百分点。2013 年温州市地方财政一般预算收入在长三角地区 25 个市排名比上年上升了三名，排名第 8 位。

2013 年，温州市全年财政总收入 565.63 亿元，增长 9.2%。其中公共财政预算收入 323.98 亿元，增长 11.9%。全年公共财政预算支出 437.96 亿元，增长 12.9%。其中，教育支出 116.35 亿元，增长 12.3%；科学技术支出 9.99 亿元，增长 17.5%；医疗卫生支出 34.95 亿元，增长 16.7%；农林水事务支出 54.09 亿元，增长 28.2%；环境保护支出 6.89 亿元，增长 12.1%；交通运输支出 23.12 亿元，增长 22.1%。

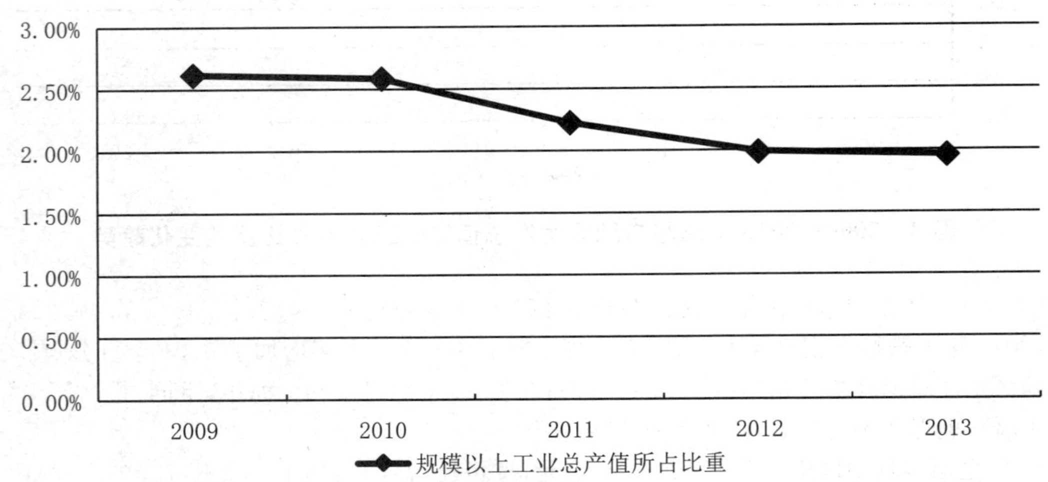

图 6　2009—2013 年温州市规模以上工业总产值在长三角所占比重的变化趋势

2009—2013 年温州市规模以上工业总产值在长三角所占比重分别为 2.62%、2.59%、2.23%、1.99%和 1.97%，呈现出逐年下降的态势，近 5 年累计降幅为 0.65 个百分点，其中 2013 年比上年下降 0.02 个百分点。2013 年温州市规模以上工业总产值在长三角地区 25 个市排名比上年下降一位，排名第 17 位，形势不容乐观，亟需有所突破。

2013 年，全市实现工业总产值 7253.84 亿元，比上年增长 4.5%；工业增加值 1767.98 亿元，按可比价计算，增长 7.6%。全市规模以上工业企业 4313 家，实现工业总产值 4418.48 亿元，比上年增长 3.5%。其中，轻工业产值 1532.58 亿元，增长 2.4%；重工业产值 2885.90 亿元，增长 4.1%。规模以上工业销售产值 4256.48 亿元，增长 2.3%，其中完成出口交货值 695.77 亿元，下降 1.5%，占销售产值比重为 16.4%。

规模以上工业中，实现高新技术产业总产值 1480.50 亿元，增长 4.8%。全年新产品产值 720.88 亿元，增长 46.2%；新产品产值率为 16.3%，比上年提高 4.8 个百分点。按行业分，有 12 个大类行业产值超 100 亿元，实现工业总产值 3619.40 亿元，占规模以上工业总产值比重 81.9%，其中电气机械及器材制造业、皮革毛皮羽毛(绒)及其制品业、电力热力的生产和供应业、通用设备制造业、纺织服装服饰业、橡胶塑料制品业等 6 个大类行业年产值超过 200 亿元。

全年规模以上工业企业实现主营业务收入 4022.58 亿元，增长 1.0%；利税总额 361.17 亿元，增长 7.0%，其中利润总额 213.13 亿元，增长 9.0%。年末企业应收账款净额 933.05 亿元，上升 5.8%；产成品存货 217.61 亿元，上升 7.1%。

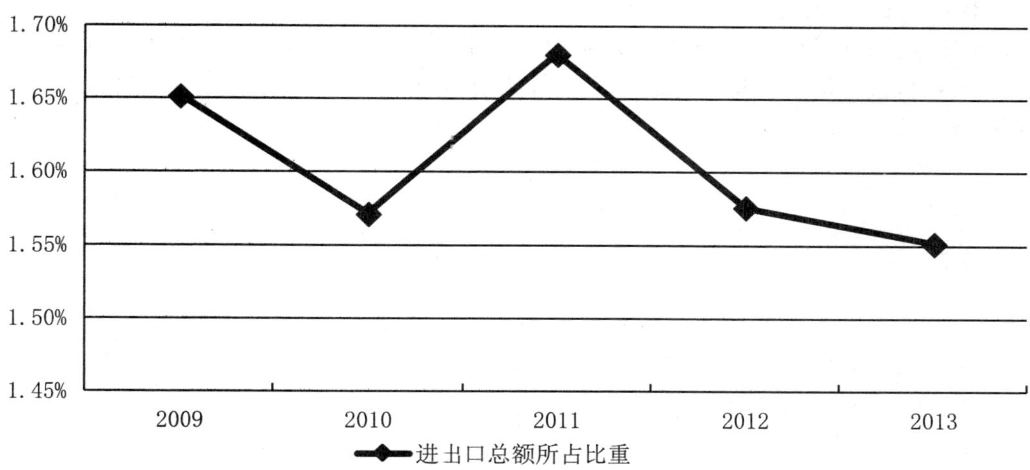

图 7 2009—2013 年温州市进出口总额在长三角所占比重的变化趋势

2009—2013 年温州市进出口总额在长三角所占比重分别为 1.65%、1.57%、1.68%、1.58%和 1.55%，2013 年延续 2012 年继续下降，较上年下降了 0.03 个百分点，五年累计跌幅达 0.1 个百分点。2013 年温州市进出口总额在长三角地区 25 个市排名与上年保持不变，排名第 13 位，需要解放思想，力求有所提升。

2013 年，温州市全年外贸进出口总额 206.02 亿美元，比上年增长 0.8%。其中进口总额 24.56 亿美元，下降 10.5%；出口总额 181.46 亿美元，增长 2.6%。外贸依存度为 31.9%，其中出口依存度为 28.1%，分别比上年降低 3.4 和 2.5 个百分点。至年末，与温州市建立出口和进口贸易关系的国家和地区共计 204 个，拥有进出口经营权企业 5828 家。

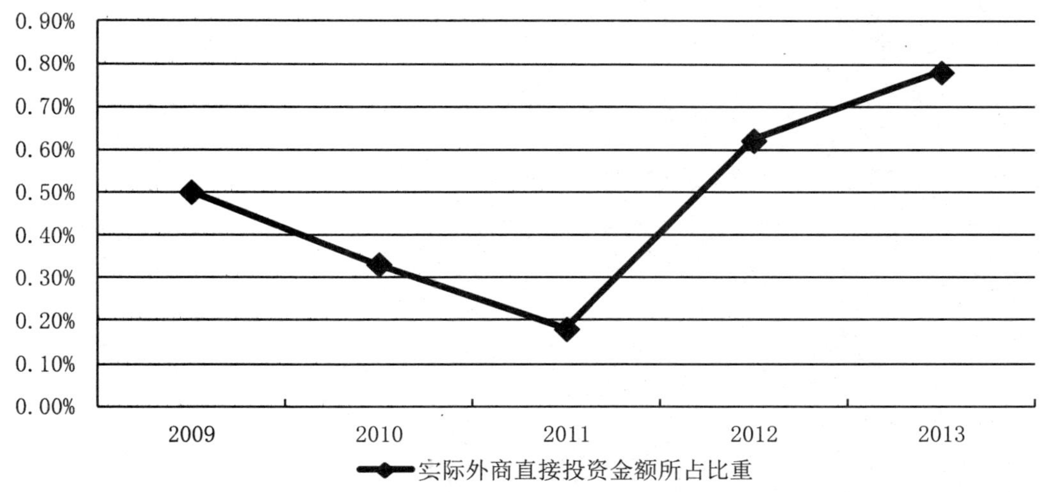

图 8 2009—2013 年温州市实际外商直接投资金额在长三角所占比重的变化趋势

2009—2013 年温州市实际外商直接投资金额在长三角所占比重分别为 0.50%、0.33%、0.18%、0.62%和 0.78%，连续两年持续下跌，2012～2013 年逆势大幅上扬，2013 年较 2012 年增幅达 0.16 个百分点。2013 年温州市实际外商直接投资金额在长三角地区 25 个市排名比上年上升一位，排名第

20 位，排位相当靠后，亟需有所改善。

2013 年温州市全年新签外资项目 45 项，比上年增长 55.2%，实际利用外资 5.02 亿美元，增长 25.9%。全年新批设立境外机构 30 家，中方境外投资额 9006.2 万美元。新签对外承包工程和劳务合作营业额 8556 万美元。

五　嘉兴市 2013 年经济社会发展报告

2013 年，面对复杂的国内外经济形势，全市继续深入贯彻落实科学发展观，围绕“三城一市”①和“两富”②现代化建设目标，着力推进转型发展，经济运行总体平稳，发展质量效益向好，民生保障进一步改善。

一、嘉兴市 2013 年经济发展概况

（一）综合经济

1. 经济总量

全年生产总值 3147.66 亿元，比上年增长 9.3%，增幅比上年提高 0.6 个百分点。其中第一产业增加值 155.62 亿元，增长 0.8%；第二产业增加值 1726.73 亿元，增长 9.9%；第三产业增加值 1265.31 亿元，增长 9.4%。按常住人口计算，人均生产总值 69164 元（按年平均汇率折算为 11169 美元），增长 8.9%。三次产业结构由上年的 5.2∶55.5∶39.3 调整为 4.9∶54.9∶40.2。

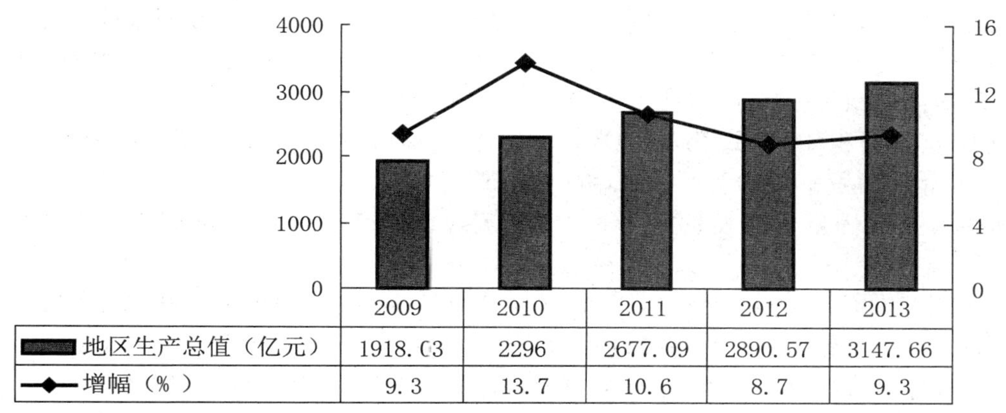

	2009	2010	2011	2012	2013
地区生产总值（亿元）	1918.03	2296	2677.09	2890.57	3147.66
增幅（%）	9.3	13.7	10.6	8.7	9.3

图 1　2009—2013 年嘉兴市地区生产总值及增长速度

2. 财政收支

全市财政一般预算收入 517.49 亿元，比上年增长 9.7%，其中公共财政预算收入 282.31 亿元，增长 9.5%。各级财政用于民生支出 226.79 亿元，增长 18.9%。

3. 物价水平

市区城市居民消费价格上涨 1.7%。从八大类情况看，食品类价格上涨 4.6%；娱乐教育文化用品及服务上涨 2.4%；衣着类商品价格上涨 1.5%；家庭设备用品及维修服务价格上涨 1.9%；居住类价格与上年持平；交通和通信下降 0.5%；医疗保健和个人用品价格下降 2.2%；烟酒及用品类价格下

---

① “三城一市”：指嘉兴“创业创新城、人文生态城、和谐幸福城和现代化网络型田园城市”建设。

② “两富”：就是要全面的富，既要“富口袋”也要“富脑袋”；要共同的富，在部分人富裕的基础上，实现全省人民的共同富裕；要永远的富，不仅要当前的富裕，而且要保持富裕的可持续性。

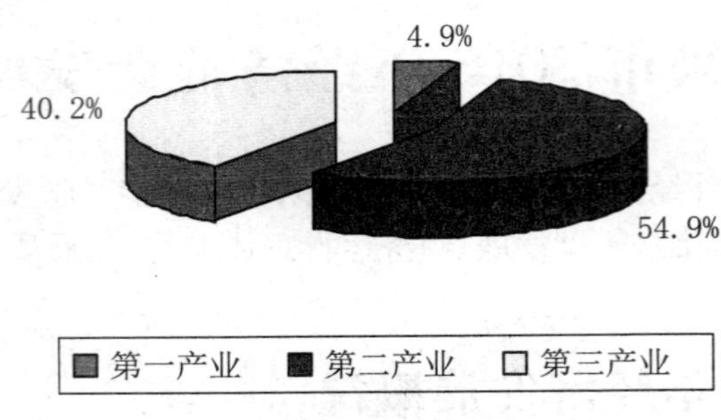

图 2　2013 年嘉兴市三次产业结构图

降 1.2%。

2013 年，全市工业企业原材料、燃料、动力购进价格下降 3.4%，工业品出厂价格下降 1.7%。市区新建住宅房屋销售价格上涨 1.7%，涨幅比上年提高 5.8 个百分点；二手住宅房屋销售价格下降 1.3%，降幅比上年收窄 3.4 个百分点。

4. 固定资产投资

2013 年，全市固定资产投资额 1910.15 亿元，比上年增长 16.3%，其中投资项目（单位）投资额 1399.33 亿元，增长 14.1%；房地产开发投资额 510.83 亿元，增长 22.8%。在固定资产投资中，第一产业投资额 16.49 亿元，增长 17.1%；第二产业投资额 894.74 亿元，增长 13.8%；第三产业投资额 811.18 亿元，增长 14.1%。基础设施投资额 287.07 亿元，增长 22.4%。

全市房屋施工面积 4330.81 万平方米，增长 18.5%；房屋竣工面积 680.33 万平方米，增长 44.7%，商品房销售面积 601.13 万平方米，增长 33.5%。

全市非国有控股固定资产投资额 1463.30 亿元，增长 17.9%，占全部固定资产投资额比重为 76.6%。

全市固定资产投资当年施工项目 4612 个，增长 11.6%；当年新开工项目 2898 个，增长 13.9%；建成投产项目 2362 个，增长 7.4%；新增固定资产 1083.6 亿元。

全市重点工程建设项目 105 项，列入考核的实施项目 82 项，年度计划投资总额 190.68 亿元，实际完成投资总额 202.07 亿元，完成计划投资目标 105.97%。嘉绍通道、钱江通道北接线、嘉兴港 B23 号 B24 号码头、嘉兴现代综合物流园专用码头（一期）、海宁西站广场（道路）建成完工。

深入实施城市交通通畅工程，完成禾兴路、勤俭路等交通干道综合整治，优化公交线路 33 条，全市新增专用停车位 1.1 万个，主副中心城区实现公共自行车全覆盖。

（二）农业

2013 年，全市农林牧渔业总产值 255.67 亿元，按可比价格计算，增长 0.5%。全年粮食种植面积 312.1 万亩，比上年增加 0.3 万亩；油菜籽种植面积 29.0 万亩，减少 4.2 万亩；蔬菜种植面积 123.1 万亩，增加 0.9 万亩；果用瓜种植面积 14.9 万亩，减少 0.1 万亩；花卉苗木种植面积 16.9 万亩，增加 3.7 万亩。粮经面积比由上年的 59.7 ∶ 40.3 调至 61.1 ∶ 38.9。全年粮食总产量 138.83 万吨，增长 0.3%；蔬菜总产量 248.7 万吨，增长 0.9%。

全年生猪饲养量 615.3 万头，比上年减少 118.9 万头；家禽出栏量 4261.69 万只，下降 8.9%；肉类总产量 36.23 万吨，下降 7.7%；水产品产量 17.47 万吨，下降 4.2%。

全市已有种子种苗基地 200 个，引进新品种 633 个；制定农业标准 301 项，有 571 个农产品通过国

家级无公害农产品认证。全市已建成各类休闲农业园区81个，新增农民专业合作社113家。

（三）工业和建筑业

1. 工业

2013年，全市工业增加值1560.88亿元，可比增长10.4%，占全市生产总值49.6%。规模以上（主营业务收入2000万元以上）工业企业数4409家，工业增加值1206.46亿元，增长11.5%，增速比上年上升0.6个百分点，其中重工业增加值643.89亿元，增长14.3%；轻工业增加值562.58亿元，增长8.2%。

规模以上工业企业全年主营业务收入6359.68亿元，增长11.5%；利税总额559.97亿元，增长27.8%，其中利润总额340.05亿元，增长31.1%。工业产品销售率97.60%，总资产贡献率10.33%，资本保值增值率109.72%，成本费用利润率5.61%，资产负债率由上年58.98%下降为58.71%，亏损率由上年11.87%下降为7.15%，新产品产值率由上年30.93%上升为35.02%。

2. 建筑业

2013年，全市建筑业增加值165.86亿元，可比增长5.2%。具有建筑业资质的独立核算企业完成房屋施工面积8489.0万平方米，同比增长6.7%，竣工面积3153.4万平方米，增长5.9%。

（四）服务业

1. 国内贸易

2013年，全市全社会消费品零售总额1196.93亿元，比上年增长13.1%。城镇市场零售额1026.01亿元，增长13.2%；农村市场零售额170.92亿元，增长12.7%。批发零售贸易业零售额1077.17亿元，增长13.5%，住宿餐饮业零售额119.76亿元，增长10.0%。

年末全市拥有各类商品交易市场325个，商品交易额（不含网上交易额）1326.0亿元，增长18.8%，其中成交额超亿元市场66个，超10亿元市场17个。

2. 交通运输、邮电

2013年，全市公路通车里程8000公里，增长1.7%，其中四级以上公路7867公里，增长1.8%。各种运输方式（不包括铁路，下同）货物周转量228.26亿吨公里，增长1.7%，其中，公路89.39亿吨公里，增长3.7%；全年旅客周转量（营业性车辆）36.98亿人公里，增长1.3%。全年嘉兴港货物吞吐总量6605.19万吨，增长10.0%，其中，外贸货物吞吐量859.52万吨，增长17.0%，集装箱101.04万标箱，增长34.5%。

全年邮电业务总量87.35亿元，增长5.8%。其中，邮政业务总量4.07亿元，增长12.1%；电信业务总量83.27亿元，增长5.5%。年末城乡固定电话用户152.54万户，比上年末下降2.1%。移动电话用户560.65万户，增长2.9%。固定互联网用户131.73万户，增长17.2%。

3. 旅游业

全市接待海内外游客4725.39万人次，旅游总收入485.57亿元，分别增长13.1%和15.9%。其中，接待外国、港澳台游客65.78万人次，下降15.9%，旅游外汇收入2.44亿美元，下降11.9%；接待国内游客4659.61万人次，增长13.6%，国内旅游收入470.47亿元，增长17.2%。

4. 金融、证券和保险

年末金融机构人民币存贷款余额分别为5072.69亿元和3860.03亿元，比上年末增长13.9%和

12.9%。城乡居民储蓄存款余额2438.21亿元,增长13.7%。

年末全市上市公司32家,发行股票34个,累计募集资金303.70亿元,年末全市证券账户83.49万户,新增3.41万户。全年全市证券交易额7009.68亿元,比上年增长50.8%,其中股票交易额4769.96亿元,增长39.8%,基金交易额118.51亿元,增长174.9%。

全市保险业保费收入84.07亿元,比上年增长12.5%。其中,财产险保费收入38.47亿元,增长17.4%;人寿险保费收入45.59亿元,增长8.7%。全年赔付额25.72亿元,增长40.4%。其中,财产险赔付金额23.71亿元,增长39.9%;人寿险赔付金额(剔除期满给付)2.01亿元,增长47.2%。

(五)对外经济

1. 对外贸易

2013年,全市进出口总值317.63亿美元,比上年增长10.5%,其中出口总值215.12亿美元,增长9.8%,进口总值102.51亿美元,增长12.1%。机电、服装及纺织类产品等居出口主导地位,机电产品出口67.97亿美元,增长5.6%,占全市出口总额的31.6%;服装类产品出口42.92亿美元,增长9.8%,占20.0%;纺织类产品出口37.80亿美元,增长13.0%,占17.6%。经济外向度保持较高水平,进出口总额占全市生产总值的比例62.5%(按当年汇率计算),其中出口额占比为42.3%。

2. 外资状况

全市新批外商投资企业248家,比上年增加14家;合同利用外资33.91亿美元,同比增长20.5%;实际利用外资22.07亿美元,增长23.9%。全年新办境外企业38家,其中中方投资25280万美元,下降23.4%。全市引进内资项目902个,实际到位内资266.32亿元,增长25.5%。

二、嘉兴市2013年社会发展概况

(一)人口、人民生活

2013年末全市户籍人口345.93万人,比上年末增加1.41万人。全市户籍人口出生率8.18‰,死亡率6.94‰,自然增长率1.23‰。全年迁入人口2.75万人,迁出人口1.74万人,人口机械增长率2.94‰。

据5‰人口抽样调查结果推算,年末全市常住人口455.80万人,出生率9.60‰,死亡率5.81‰,城镇人口比重57.1%,比上年提高1.8个百分点。

2013年,全市城镇居民人均可支配收入39087元,增长9.5%,扣除价格因素,实际增长7.7%;农村居民人均纯收入20556元,增长10.3%,扣除价格因素,实际增长8.5%。城镇居民人均消费性支出24851元,增长14.4%;农村居民人均生活消费支出14261元,增长15.7%。城乡居民家庭恩格尔系数(即居民家庭食品消费支出占家庭消费总支出的比重)分别为31.02%和31.21%。年末城镇居民家庭人均住房建筑面积39.45平方米;农村居民人均生活用房建筑面积71.55平方米。

(二)就业与社会保障

1. 就业

全市城镇单位提供就业岗位80.80万个,城镇新增就业人数10.40万人,比上年增加1.00万人。城镇登记失业率2.93%。年末全市共有职业介绍机构69家,全年举办各类劳动力招聘活动567次,举办各类职业技能培训115期。

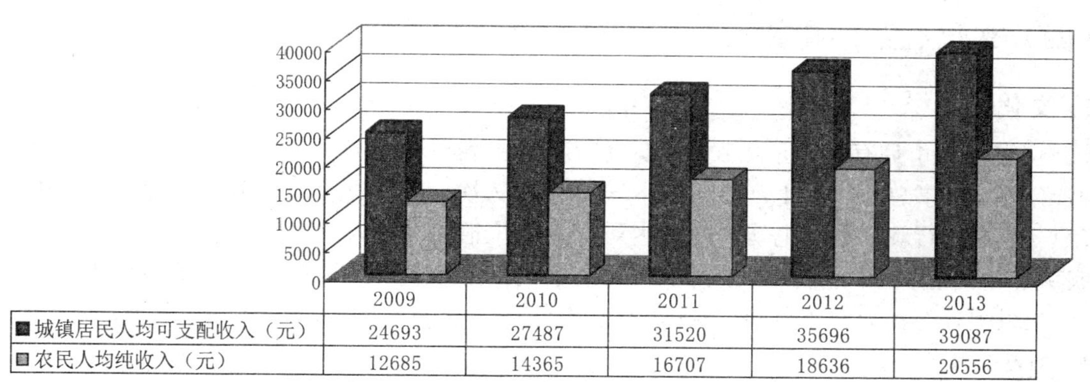

	2009	2010	2011	2012	2013
城镇居民人均可支配收入（元）	24693	27487	31520	35696	39087
农民人均纯收入（元）	12685	14365	16707	18636	20556

图3　2009—2013年嘉兴市城乡居民收入对比一览

2. 社会保障

社会保障制度继续完善。全市城乡享受最低生活保障家庭1.56万户，比上年减少700户；保障人数2.71万人。全市投入城乡最低生活保障资金8351万元，下降15.4%，提供城乡各种社会救济11.28万人次，比上年增加0.62万人次。

全市参加基本养老保险人数219.51万人，增长8.2%。全年共发放养老金92.90亿元；失业保险参保人数达104.12万人，增长9.8%；领取失业保险金的人数10.76万人。

社会福利事业进展加快。年末，全市共有收养类福利单位107个，拥有床位22632张，比上年同期增长18.3%，收养老人、残疾人、孤儿等各类民政服务对象9621人，比上年增长35.7%。

（三）教育和科学技术

1. 教育

2013年，全市拥有各类学校（含幼儿园）666所，在校生66.81万人。各类高等教育学校10所，在校生9.58万余人，其中全日制普通高校6所，在校生6.37万人；普通高中36所，在校生6.63万人；初级中学121所，在校生10.87万人；小学161所，在校学生22.68万人。初中、小学入学率和巩固率均达到100%。初中毕业生升高中段各类学校比例达99.02%。普通高校招生19890人，毕业学生14011人，比上年增长6.3%。高等自学考试报考人数3.63万人，获得大专以上文凭人数2247人；成人中等专业学历教育招收学生917人，毕业班学生868人。农村各类文化技术培训38万多人次。全市各类民办学校33所，在校学生7.26万人。

2. 科技与创新

2013年，全市发明专利申请量和发明专利授权量分别为2983件和407件，全市人才资源总量达93.20万人，比上年增加8.10万人，增长9.5%。全年获得市级以上各类科技成果113项，其中，获得省级科技成果奖10项，市级科技成果奖103项。技术市场发展平稳，全年经认定登记技术交易金额2.64亿元，交易合同数295项。全市年末国家级高新技术企业达334家，省级科技型中小企业993家，比上年增加174家。全市规模以上工业新产品产值2374.12亿元，增长26.2%。科技创新投入力度加大，全市研究与试验发展经费支出占全市生产总值比重2.49%。

（四）文化、卫生和体育

1. 文化

2013年末，全市拥有文化艺术表演团体11个，艺术表演场所16个，文化馆8个，文化站73个，公共图书馆6个，图书总藏量774万册，图书阅览762万人次。各类电影放映单位36家，广播电台6座，电视台6座，全市行政村有线电视联网率达到100％，广播和电视人口覆盖率均达100％。

成功举办2013中国·嘉兴端午民俗文化节系列活动。围绕“勤善和美”这个当代嘉兴人共同价值观，广泛组织各类社会文化活动，全年共组织各类演出、展览3200多场，参与群众达350万人次。

2. 卫生

年末，全市共有医疗卫生机构1340个，各类卫生工作人员26439人，其中医生8837人，注册护士10546人，医疗床位19412张。平均每千人拥有医生2.55名，每千人拥有医院床位5.61张。全年急门诊病人3246万人次，住院58.6万人次。

全市已建成81个社区卫生服务中心，其中：省级规范社区服务中心78个，社区卫生服务站782个。全市无偿献血45025人次，献血量1417万毫升；无偿献血占临床用血比例达100％。

全市（镇）、村合作医疗覆盖率均达100％，镇初保达标率为100％。全市农村自来水受益率99.86％，农村农户改厕率98.72％。

3. 体育

全市组织举办了多种综合类健身活动，参加人数约25万人次。首次举办了第一届市民运动会，参与人数达10万人次，嘉兴代表团参加省级以上各类体育比赛共获得73枚金牌、72枚银牌、98枚铜牌。

（五）城乡建设

着力深化城乡区域统筹发展，现代化网络型田园城市建设加快推进。完善市域基础设施，开工建设杭平申线航道改造项目，秦山核电方家山扩建、钱江通道北接线一期等工程扎实推进，嘉绍跨江通道建成投运。制定促进市本级经济发展的政策意见，顺利完成湘家荡管理体制调整。加快城市有机更新步伐，全市启动有机更新1万亩，中心城区子城广场、南湖湖滨等区块征迁工作加快推进，完成房屋征收2118户。强力开展城市交通治堵，完成禾兴路、勤俭路等交通干道综合整治工程，优化公交线路33条，全市新增专用停车位1.1万个，主副中心城区实现公共自行车全覆盖。开展“三小车”专项整治，顺利完成市区编号残疾车退运。强力实施“三改一拆”，改造旧住宅区、旧厂房、城中村2320万平方米，拆除违法建筑1266万平方米。开展农村土地整治复垦，改造集聚农房1.7万户，复垦土地1.3万亩。开展12个市级小城市培育试点，海盐县与丹麦松德堡市建立中欧城镇化伙伴关系。深化美丽乡村建设，新增美丽乡村先进镇16个。组织开展接轨上海系列活动，积极参与“山海协作”，援藏援疆援青援川等对口支援工作进展顺利。

（六）资源、生态环境与节能减排

着力推进水环境综合整治，生态建设取得积极成效。全面落实市、县、镇三级“河长制”，市域范围1.3万公里河道实现责任全覆盖。加快推进截污纳管，新建污水收集管网393公里，2218家工业企业实现污水达标入网。认真贯彻省人大常委会决定，制定实施加强畜禽养殖污染防治、促进畜牧业转型升级的政策意见，科学划定禁、限养区，加强日常监管，拆除违建猪舍579万平方米，生猪存栏量比年

初下降了近三分之一。加强饮用水源保护，贯泾港、长水塘等生态湿地工程建设加快推进。实施千岛湖、太湖“双水源”战略，组织开展太湖引水项目书编制等工作。全市及各县（市、区）跨行政区域河流交接断面水质年度考核均为合格以上，其中嘉善、海盐、海宁、桐乡为良好。2013 年全市水资源总量 22.70 亿立方米，同比下降 38.4%；人均水资源量 498.0 立方米（按当年常住人口计算），下降 38.6%；全市平均降水量 1264.1 毫米，下降 20.1%。

深入开展“清洁空气”专项行动，推进燃煤锅炉脱硫脱硝设施建设，新建改建空气监测站 14 个。严格执行能源消费总量和能耗强度双控制度，实施印染、造纸、化工、制革四大行业整治，否决高污染、高能耗项目 161 个，查处环境违法案件 1712 起，关停企业 169 家。

（七）社会安全

建设“平安嘉兴”取得新成效。据调查，2013 年全市人民群众安全感满意率达到 96.18%，比上年提高 0.46 个百分点。全年全市共发生各类安全生产事故（不含火灾）1413 起，比上年减少 23 起；死亡人数 366 人，比上年减少 6 人；直接经济损失 2612.05 万元，比上年减少 20.75 万元。

三、嘉兴市在长三角地区经济发展中的地位

2013 年，嘉兴市工业生产保持稳定，固定资产投资增速小幅回落，财政收入增速平稳，金融机构存贷款稳步增长，价格水平保持稳定。面对错综复杂的国内外经济形势，全市通过积极优化对外贸易环境，培育完善各类贸易主体、鼓励企业开拓市场范围和不断扩大自自主品牌产品和服务贸易出口，全市外贸逐渐走出了 2012 年的低谷，迈上新的台阶。

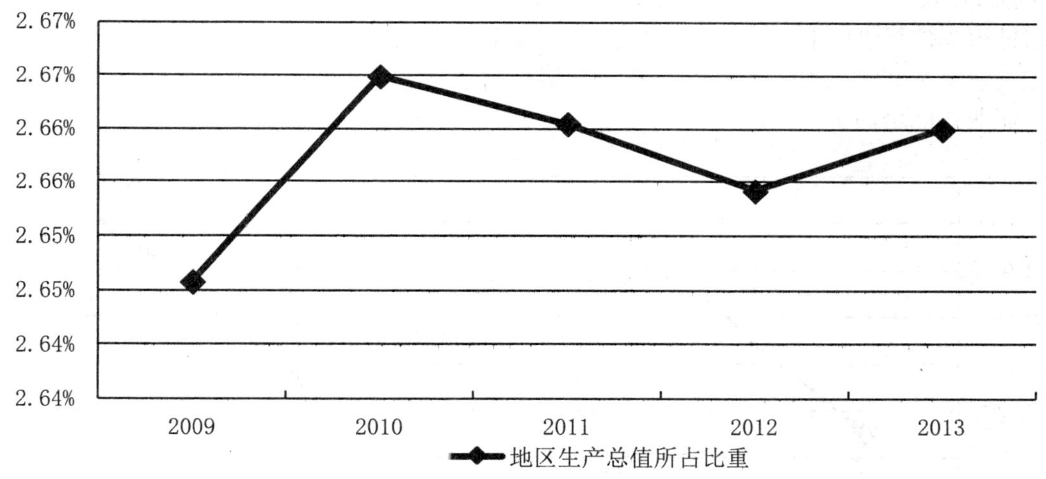

图 4　2009—2013 年嘉兴市地区生产总值在长三角所占比重的变化趋势

2009—2013 年嘉兴市地区生产总值在长三角所占比重分别为 2.65%、2.66%、2.66%、2.65%和 2.66%，总体呈上升趋势，2013 年有了微弱的上扬，增加了 0.01 个百分点，达到了 2011 年的比重。2013 年嘉兴市地区生产总值在长三角地区 25 个市（苏浙两省 24 个地级市和上海市，下同）排名与上年保持不变，排名第 15 位，亟需有所改变。

2013 年实现地区生产总值 3147.66 亿元，比上年增长 9.3%，增幅比上年提高 0.6 个百分点。其中第一产业增加值 155.62 亿元，增长 0.8%；第二产业增加值 1726.73 亿元，增长 9.9%；第三产业增加值 1265.31 亿元，增长 9.4%。按常住人口计算，人均生产总值 69164 元（按年平均汇率折算为

11169 美元)，增长 8.9%。三次产业结构由上年的 5.2∶55.5∶39.3 调整为 4.9∶54.9∶40.2。

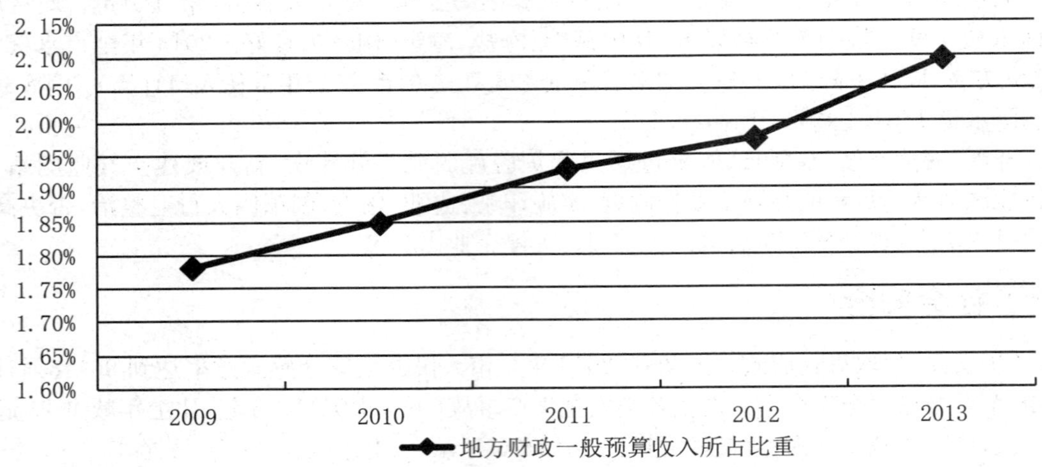

图 5　2009—2013 年嘉兴市地方财政一般预算收入在长三角所占比重的变化趋势

2009—2013 年嘉兴市地方财政一般预算收入在长三角所占比重分别为 1.78%、1.85%、1.93%、1.98%和 2.10%，整体呈上升趋势。累积增幅达 0.32 个百分点，2013 年较上年上升 0.12 个百分点。2013 年嘉兴市地方财政一般预算收入在长三角地区 25 个市排名较上年下降了两位，排名第 15 位。

2013 年，嘉兴市全市财政一般预算收入 517.49 亿元，比上年增长 9.7%，其中公共财政预算收入 282.31 亿元，增长 9.5%。各级财政用于民生支出 226.79 亿元，增长 18.9%。

全市城镇单位提供就业岗位 80.80 万个，城镇新增就业人数 10.40 万人，比上年增加 1.00 万人。城镇登记失业率 2.93%。年末全市共有职业介绍机构 69 家，全年举办各类劳动力招聘活动 567 次，举办各类职业技能培训 115 期。

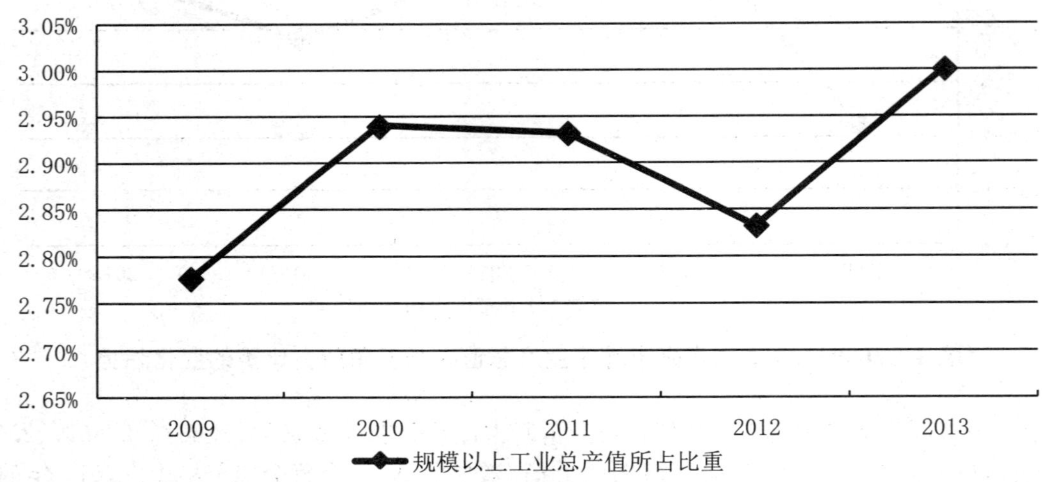

图 6　2009—2013 年嘉兴市规模以上工业总产值在长三角所占比重的变化趋势

2009—2013 年嘉兴市规模以上工业总产值在长三角所占比重分别为 2.78%、2.94%、2.93%、2.83%和 3.00%，2013 年较上年增加了 0.17 个百分点，较 2009 年增加了 0.22 个百分点。2013 年嘉兴市规模以上工业总产值在长三角地区 25 个市排名与去年保持一致，排名第 14 位，改变势在必行。

2013年，全市工业增加值1560.88亿元，可比增长10.4%，占全市生产总值49.6%。规模以上(主营业务收入2000万元以上)工业企业数4409家，工业增加值1206.46亿元，增长11.5%，增速比上年上升0.6个百分点，其中重工业增加值643.89亿元，增长14.3%；轻工业增加值562.58亿元，增长8.2%。

规模以上工业企业全年主营业务收入6359.68亿元，增长11.5%；利税总额559.97亿元，增长27.8%，其中利润总额340.05亿元，增长31.1%。工业产品销售率97.60%，总资产贡献率10.33%，资本保

值增值率109.72%，成本费用利润率5.61%，资产负债率由上年58.98%下降为58.71%，亏损率由上年11.87%下降为7.15%，新产品产值率由上年30.93%上升为35.02%。

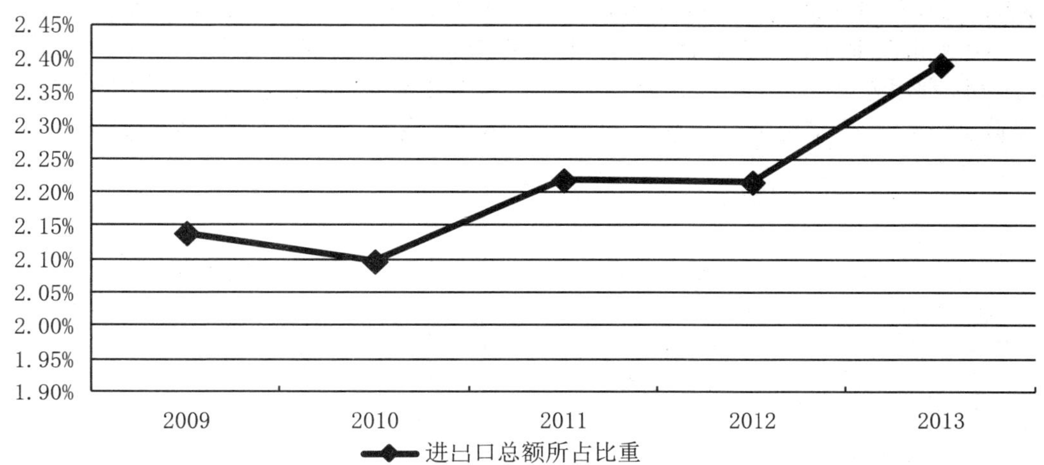

图7　2009—2013年嘉兴市进出口总额在长三角所占比重的变化趋势

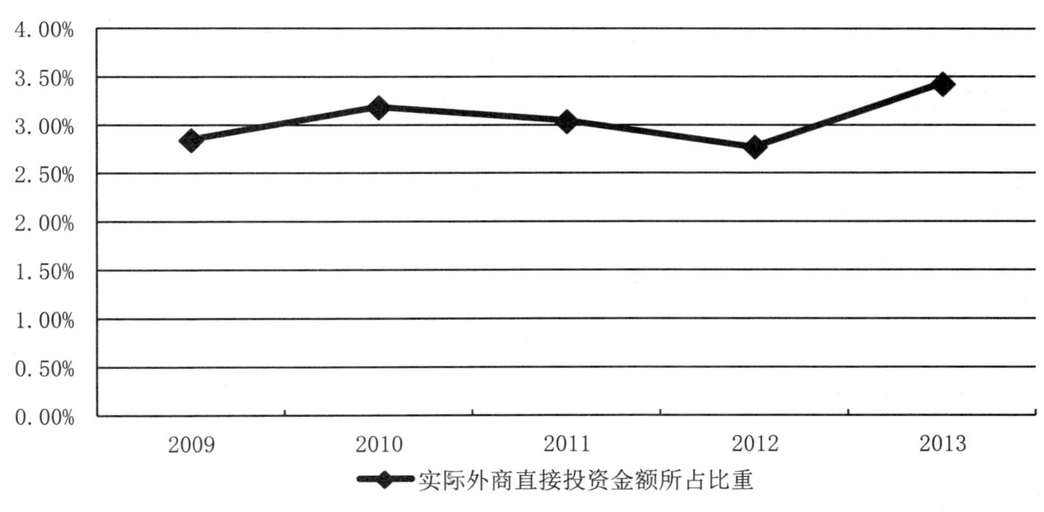

图8　2009—2013年嘉兴市实际外商直接投资金额在长三角所占比重的变化趋势

2009—2013年嘉兴市进出口总额在长三角所占比重分别为2.14%、2.10%、2.22%、2.22%和2.39%，总体呈上升趋势，2013年较上年增加了0.17个百分点，五年累计增加了0.25个百分点。

2013 年嘉兴市进出口总额在长三角地区 25 个市排名与上年比保持不变，排名第 9 位，虽位置较为靠前，但仍应解放思想，大胆实行“走出去，引进来”的方式，以期能有较大突破。

2013 年，全市进出口总值 317.63 亿美元，比上年增长 10.5%，其中出口总值 215.12 亿美元，增长 9.8%，进口总值 102.51 亿美元，增长 12.1%。机电、服装及纺织类产品等居出口主导地位，机电产品出口 67.97 亿美元，增长 5.6%，占全市出口总额的 31.6%；服装类产品出口 42.92 亿美元，增长 9.8%，占 20.0%；纺织类产品出口 37.80 亿美元，增长 13.0%，占 17.6%。经济外向度保持较高水平，进出口总额占全市生产总值的比例 62.5%(按当年汇率计算)，其中出口额占比为 42.3%。

2009—2013 年嘉兴市实际外商直接投资金额在长三角所占比重分别为 2.86%、3.20%、3.05%、2.78%和 3.44%，2013 年较上年增加了 0.66 个百分点，较 2009 年增加了 0.58 个百分点。2013 年嘉兴市实际外商直接投资金额在长三角地区 25 个市排名较上年上升了三位，排名第 10 位。

2013 年嘉兴市新批外商投资企业 248 家，比上年增加 14 家；合同利用外资 33.91 亿美元，同比增长 20.5%；实际利用外资 22.07 亿美元，增长 23.9%。全年新办境外企业 38 家，其中中方投资 25280 万美元，下降 23.4%。全市引进内资项目 902 个，实际到位内资 266.32 亿元，增长 25.5%。

六　湖州市2013年经济社会发展报告

2013年，面对复杂严峻的宏观经济环境，湖州市牢牢把握“稳中求进、转中求好”总基调，深入实施“八大专项行动”，扎实开展“两看两比”活动①，稳中求进、开拓创新，统筹做好稳增长、调结构、促转型、惠民生等各项工作，全市经济持续平稳发展，各项社会事业稳步推进，基本完成了年初确定的预期目标。

一、湖州市2013年经济发展概况

（一）综合经济

1. 经济总量

全年实现地区生产总值(GDP)1803.15亿元，按可比价计算比上年增长9.0%。分产业看，第一产业增加值125.56亿元，增长0.7%；第二产业增加值953.19亿元，增长10.1%，其中工业增加值861.1亿元，增长10.8%；第三产业增加值724.4亿元，增长9%。三次产业结构比例为7.0∶52.8∶40.2。按户籍人口计算的人均GDP为68839元，增长8.7%，折合11116美元；按常住人口计算的人均GDP为61953元，增长8.7%，折合10004美元。

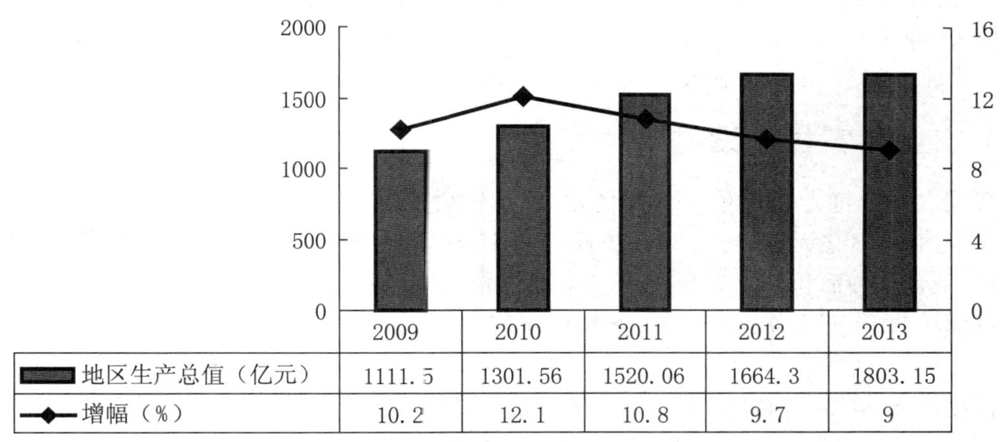

	2009	2010	2011	2012	2013
地区生产总值（亿元）	1111.5	1301.56	1520.06	1664.3	1803.15
增幅（%）	10.2	12.1	10.8	9.7	9

图1　2009—2013年湖州市地区生产总值及增长速度

2. 财政收支

全年实现财政总收入271.66亿元，其中地方财政收入154.66亿元，分别比上年增长10.0%和11.6%。财政总收入占GDP的比重为15.1%。地方财政收入中，税收收入145.1亿元，增长9.7%，占比为93.8%；从主要税种看，增值税、营业税、企业所得税、个人所得税分别为27.2亿元、39.8亿元、19.9亿元和7.2亿元，分别增长5.0%、15.3%、3.8%和4.5%。全年财政支出197.61亿元，增长18.0%，其中民生改善支出141.4亿元，增长18.6%。

①　湖州市开展“看作风攻进、看有效服务，比创新实干、比发展实绩”的活动，以此为载体扎实推进项目建设攻坚、龙头企业培育、招商引资突破、现代农业提升等八大专项行动。

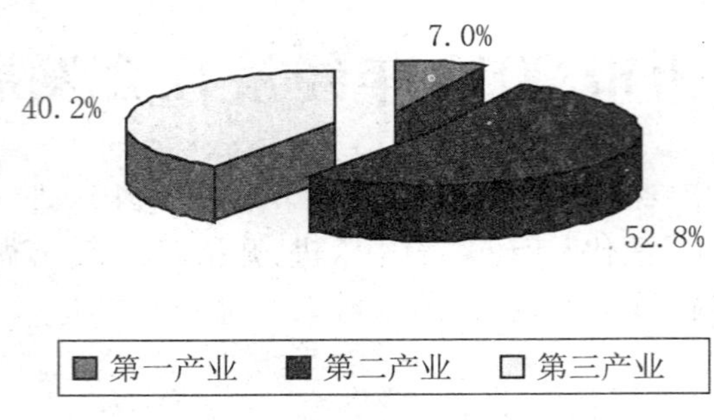

图 2　2013 年湖州市三次产业结构图

3. 物价水平

全年城市居民消费价格总水平比上年上涨 2.1%，其中服务项目价格上涨 1%，消费品价格上涨 2.6%。从八大类商品和服务价格看，衣着类上涨 8.1%，食品类上涨 3.7%，家庭设备用品及服务类上涨 3.1%，医疗保健和个人用品类上涨 1.4%，居住类上涨 1.0%，娱乐教育文化用品类上涨 0.4%，交通和通信类下降 1.3%，烟酒及用品类下降 0.2%。

4. 固定资产投资

全年限额以上固定资产投资项目 2329 个，完成限额以上固定资产投资 1070.05 亿元，比上年增长 10.2%。其中，基础设施投资 219.5 亿元，增长 31.7%；非国有投资 866.4 亿元，增长 9.0%。按产业划分，第一产业投资 6.8 亿元，下降 14.2%；第二产业投资 529.2 亿元，下降 0.1%，其中工业投资 528.4 亿元，增长 0.1%；第三产业投资 534.0 亿元，增长 23.3%。

（二）农业和农村建设

全年实现农林牧渔业总产值 213.0 亿元，比上年增长 2.2%。其中，农业产值 95.1 亿元，增长 1.5%；林业产值 23.2 亿元，增长 0.3%；牧业产值 45.9 亿元，增长 0.2%；渔业产值 40.3 亿元，增长 6.3%。全年粮食播种面积 204.1 万亩，与上年基本持平；经济作物播种面积 130.5 万亩，减少 1.3%，其中油菜籽面积 28.9 万亩，减少 8.2%；蔬菜面积 55.4 万亩，增长 0.4%；花卉苗木面积 29.2 万亩，增长 6.2%。

全年粮食产量 90.6 万吨，增长 0.7 %；油菜籽产量 4.3 万吨，减少 6.3%；生猪出栏 163.7 万头，增长 4.5%；肉类产量 19.2 万吨，增长 1.1%；蚕茧产量 1.2 万吨，减少 12.9%；家禽出栏 4625 万羽，减少 5.5%；禽蛋产量 5.2 万吨，减少 9.0%；水产品产量 28.8 万吨，增长 2.0%。

全市年末拥有现代农业示范园 255 个，其中省级 63 个；本年新建现代农业示范园 51 个，其中省级 19 个。全市年末拥有无公害水产品基地 122 个；拥有农业龙头企业 206 家；拥有省级无公害农产品基地 112.6 万亩，无公害农产品 698 只，绿色食品 195 只。

（三）工业和建筑业

1. 工业

全年规模以上工业实现增加值 629.9 亿元，按可比价计算比上年增长 11.3%，其中轻工业增加值 284.2 亿元、重工业增加值 345.7 亿元，分别增长 14.2%、9.0%。34 个大类行业中，有 32 个行业实现增长，4 个行业增加值超过 40 亿元。其中，纺织业 83.3 亿元，增长 9.7%；电气机械及器材制造业

63.6亿元，增长11.0%；非金属矿物制品业58.6亿元，增长18.0%；电力热力的生产和供应业40.9亿元，增长6.1%

全年规模以上工业实现主营业务收入3763.1亿元，比上年增长13.5%；利税324.0亿元，其中利润207.1亿元，分别增长27.1%、31%。10个工业行业达到了"主营业务收入超100亿元、利税超10亿元"，共实现主营业务收入2731.5亿元、利税总额234.8亿元，分别占全部规模以上工业的72.6%和72.5%。5个行业利税超过20亿元。其中，纺织业42.2亿元，增长32.5%；电气机械及器材制造业34.0亿元，增长11.4%；非金属矿物制品业32.5亿元，增长33.7%；通用设备制造业23.6亿元，增长50.9%；化学原料及化学制品制造业20.1亿元，增长20.9%。

全年高新技术产业实现主营业务收入1178.6亿元，比上年增长15.4%；利税90.6亿元，其中利润60.6亿元，分别增长24.2%、27.4%。从利税看，资源与环境产业增长68.7%，光机电一体化产业增长34.3%，生物医药产业增长27.3%，电子信息产业增长27.1%，新材料产业增长22.8%，新能源及节能产业增长9.2%。

全年六大特色产业实现主营业务收入2209.6亿元，比上年增长14.5%；利税172.8亿元，其中利润116亿元，分别增长27.5%、29.9%。从利税看，特色纺织产业增长52.7%，先进装备产业增长34.6%，生物医药产业增长28.1%，金属新材产业增长26%，绿色家居产业增长24.2%，新能源产业增长9.3%。

2. 建筑业

全市年末拥有建筑企业215家，其中一级资质企业39家、二级资质企业63家。全年建筑企业完成建筑业总产值527.1亿元，比上年增长13.4%，其中建筑工程产值468.2亿元，安装工程产值43.6亿元，分别增长16.9%和11.7%；房屋建筑施工面积4064万平方米，增长10.8%；竣工面积1564万平方米，下降2.9%。

（四）服务业

1. 国内贸易

全年实现社会消费品零售总额766.22亿元，比上年增长13.1%。其中，批发零售业686.3亿元，增长13.3%；住宿餐饮业79.9亿元，增长10.9%。限额以上批发零售贸易企业实现零售额246.4亿元，增长10.4%。其中，食品类20.1亿元，增长19.6%；服装类13.2亿元，增长12.3%；金银珠宝类9.5亿元，增长48.7%；家用电器和音像器材类13.3亿元，增长1.4%；石油及制品类64.8亿元，增长6.9%；汽车类91.7亿元，增长8.5%。

2. 交通运输、邮电

统筹推进交通等重大基础设施建设，杭长高速公路北延项目正式开工，318国道改线工程加快实施，长湖申航道浙江段扩建工程全线建成。全市年末公路通车里程达到8216公里，其中高速公路289公里、一级公路433公里、二级公路565公里。全年完成客运量8363万人，比上年下降11.7%；客运周转量28.38亿人公里，下降13.6%。完成货运量16628万吨，下降14.6%，其中公路7192万吨，增长1.6%，水路9436万吨，下降23.8%；货运周转量202.2亿吨公里，下降15.7%，其中公路52.97亿吨公里，增长9.7%，水路149.23亿吨公里，下降22.1%。全年内河港口货物吞吐量15312万吨，下降14.2%。

全市年末汽车保有量达到40.56万辆，比上年增加6.68万辆，增长19.7%；私人汽车保有量35.78万辆，增加6.38万辆，增长21.7%，其中轿车27.23万辆，增加4.75万辆，增长21.1%。全年小型汽车上牌量7.24万辆，增长4.1%。

全年实现电信业务收入31.6亿元，比上年下降6.4%；全市年末固定电话（含小灵通）用户97.03万户，比上年减少4.67万户；移动电话用户366.35万户，增加42.09万户；年末国际互联网宽带用户81.27万户，增加21.21万户，增长35.3%。

3. 旅游业

全年接待国内外旅游人数4956.8万人次，比上年增长17%。其中，国内旅游人数4903.5万人次，增长17%；入境旅游人数53.3万人次，增长12.7%。全年实现旅游总收入393.6亿元，增长21.6%。其中，国内旅游收入381.2亿元，增长21.8%；旅游外汇收入2.0亿美元，增长15.8%。全年旅游景区门票收入3.6亿元，增长16%。全市年末拥有星级宾馆46家，其中三星级以上宾馆37家，比上年增加1家。

4. 金融、证券和保险

全市金融机构年末本外币存款余额2577.9亿元、贷款余额2145.4亿元，分别比上年增长12.8%、12.2%；年末本外币贷款余额比年初增加231.5亿元，同比多增31.3亿元；年末城乡居民本外币储蓄存款余额1243.8亿元，比年初增加160.5亿元，同比多增32.2亿元。年末金融机构年末不良贷款余额为43.3亿元，比年初增加13.5亿元，不良贷款率为2.02%，比年初上升0.46个百分点。

全年证券营业机构业务成交额2185.4亿元，比上年增长45.6%，其中代理A股成交1584.1亿元，增长22.5%。我武生物、老恒和分别获得中国证监会IPO和香港联交所核准批复；金洲管道等8家上市公司实现再融资33.7亿元。全市年末已拥有上市公司13家，其中境外3家，境内10家。

全年保险公司保费收入59.1亿元，增长24.2%。其中，财产险保费收入29.8亿元，增长49.9%；人身险保费收入29.3亿元，增长5.8%。各项保险赔款和给付支出23.7亿元，增长62.2%。其中，财险赔款19.2亿元，增长88%；寿险赔款4.4亿元，增长1.6%。

5. 房地产业

全年完成房地产开发投资267.6亿元，比上年增长26.7%。全年房屋施工面积2105.9万平方米，增长14.2%；房屋竣工面积242.8万平方米，增长26.5%；商品房销售面积308.5万平方米，增长12.8%，其中住宅250.9万平方米，增长9.4%；商品房销售额215.7亿元，增长15.9%，其中住宅175.2亿元，增长13.3%。

（五）对外经济

1. 对外贸易

全年外贸进出口总额95.35亿美元，比上年增长9.3%。其中，出口80.88亿美元，增长9.5%；进口14.45亿美元，增长8.3%。按出口贸易方式分，一般贸易出口73.3亿美元，增长9.5%；加工贸易出口7.6亿美元，增长9.2%。按出口企业性质分，生产企业出口43.8亿美元，增长14.8%；流通企业出口11.7亿美元，增长5.5%；外资企业出口25.4亿美元，增长3%。按主要出口产品分，纺织原料及纺织制品出口27.5亿美元，增长12.7%；机电产品出口24.8亿美元，增长9.6%。按主要出口市场分，非洲、亚洲和北美洲出口增长较快，分别达到19.3%、15.7%和13.3%；大洋洲、欧洲和拉丁美洲分别增长6.2%、1.3%和0.9%。

2. 利用外资

全年新批准及增减资利用外资项目211个。其中，外商投资企业119家，增资项目60个；总投资千万美元以上项目87个。全年合同外资16.8亿美元，比上年下降0.2%。全年实到外资10.6亿美

元，比上年增长 3.2%。其中，第一产业 1561 万美元，下降 56.2%；第二产业 5.3 亿美元，下降 18.6%；第三产业 5.2 亿美元，增长 50.0%。

二、湖州市 2013 年社会发展概况

（一）人口、人民生活

全市年末户籍人口 262.49 万人，其中男性 130.42 万人、女性 132.07 万人；非农人口 92.90 万人，比上年增加 3.43 万人；60 岁以上人口 55.74 万人，占总人口的 21.2%，占比提高 1.0 个百分点。全年出生人口 2.35 万人，出生率为 8.98‰；死亡人口 1.77 万人，死亡率为 6.78‰；人口自然增长率为 2.20‰。全年计划生育率为 97.2%。全年新增城镇就业 5.82 万人，帮扶下岗失业人员再就业 2.60 万人；年末城镇登记失业率为 3.07%。

据 359 户城镇居民家庭抽样调查，全年城镇居民人均可支配收入达到 36220 元，比上年名义增长 9.8%。其中，工资性收入增长 9.1%，经营性收入增长 8.6%，财产性收入增长 17.2%，转移性收入增长 12.5%。人均消费支出 22127 元，增长 11.2%；恩格尔系数为 35.9%。据 809 户农村居民家庭抽样调查，全年农村居民人均纯收入达到 19044 元，名义增长 10.8%。其中，工资性收入名义增长 11.5%，经营性收入增长 9.7%，财产性收入增长 10.7%，转移性收入增长 14.6%。人均生活消费支出 12348 元，增长 11.5%；恩格尔系数为 32.2%。按户籍人口计算的城乡居民年末人均本外币储蓄存款余额达 47384 元，比上年增加 5958 元，增长 14.4%。

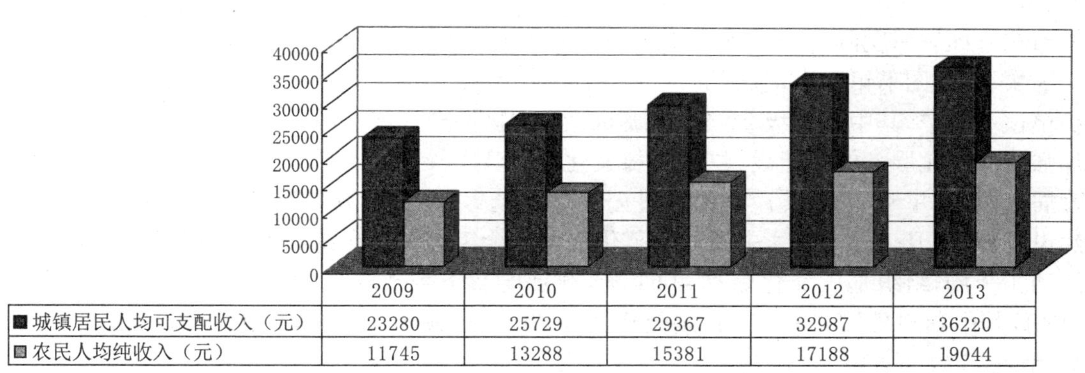

	2009	2010	2011	2012	2013
■城镇居民人均可支配收入（元）	23280	25729	29367	32987	36220
■农民人均纯收入（元）	11745	13288	15381	17188	19044

图 3　2009—2013 年湖州市城乡居民收入对比一览

（二）社会保障

全市年末参加城镇基本养老保险人数达到 116.31 万人，比上年增加 11.30 万人；参加城镇职工基本医疗保险人数 96.21 万人，增加 8.10 万人；参加失业保险人数 57.76 万人，增加 5.04 万人；参加工伤保险人数 72.63 万人，增加 2.67 万人；参加生育保险人数 56.34 万人，增加 4.22 万人；参加生活保障和生活补助制度的被征地农民 13.00 万人，减少 0.43 万人；参加新型农村合作医疗人数 139.44 万人，减少 9.16 万人。全市年末住房公积金正常缴存人数达到 24.57 万人，比上年增加 1.71 万人；全年归集住房公积金 29.71 亿元，增长 9.1%；当年发放个人住房贷款 22.5 亿元，增长 38.0%。

全市年末农村“五保”对象人数为 1784 人，城镇“三无”对象人数为 273 人。全年得到政府最低生活保障的家庭 23620 户，人数 40630 人，其中农村 32609 人、城镇 8021 人；全年发放低保保障金 11781 万元，比上年减少 3.7%；市区城镇低保标准为每人每月 525 元，农村为 368 元。全年销售社会福利彩

票 7.6 亿元，筹集社会福利资金 2.1 亿元。

（三）教育和科学技术

1. 教育

全市年末拥有各级各类学校 453 所，全年招收学生 11.93 万人，在校学生 43.94 万人，毕业生 12.24 万人。高等教育毛入学率 53.7%，比上年提高 2.8 个百分点；初中毕业升高中段比例 98.9%，提高 0.2 个百分点；初中、小学入学率均为 100%；十五年教育毛入学率 98.8%，提高 0.3 个百分点。全市各类学校拥有专任教师 2.73 万人，其中中小学专任教师 1.87 万人；每百名中小学生拥有专任教师 6.6 人。

2. 科技与创新

全年专利申请量 16597 项，比上年增长 31.1%；专利授权量 10326 项，比上年增加 456 件，增长 4.6%，其中发明专利 521 项，比上年增加 15 项，增长 3.0%。全年经认定登记的技术成交项目 483 项，比上年增长 50.9%；技术成交金额 16666 万元，比上年增长 1.3 倍。全市年末拥有省级高新技术研究开发中心 149 家，比上年增加 23 家；拥有国家级高新技术企业 290 家，增加 55 家。全年获市级以上政府奖的科技成果 60 项，其中省级 16 项。全年列入国家级火炬项目 53 项，比上年减少 7 项。

（四）文化、卫生和体育

1. 文化

全市年末拥有影剧院 5 个，全年演出 8354 场；文化馆、艺术馆 6 个，全年举办展览 80 个，组织文艺活动 793 次；公共图书馆 5 个，总藏量 201.9 万册件；乡镇街道文化站 69 个；博物馆（纪念馆）7 个；文物保护单位 360 个，其中国家级 24 个，省级 38 个；文物保护管理机构 8 个。

加强公共文化服务体系建设，建成农村文化礼堂 116 个。湖州市首创的“文化走亲”项目获得了第十六届全国“群星奖”项目奖。全面推进公共文化场馆的“免费开放”，扎实推进农村公共文化阵地设施建设，完成提升 150 个农家书屋的规范化建设。全年共引进高雅艺术演出 195 场，举办大型广场文化活动 489 场，组织基层文化活动 4061 场，开展电影下乡放映 1.42 万场次。全年出版各类报纸 5553 万份，其中湖州日报 2373 万份，湖州晚报 2920 万份，湖州广播电视报 260 万份。

2. 卫生

全市年末拥有医疗卫生机构 1335 个，其中医院 39 家、卫生院 72 家、妇幼保健院 4 家、社区卫生服务站 718 个；等级医院 22 家，其中三级医院 6 家；拥有医疗床位 12079 张，其中医院（卫生院）床位 11694 张；卫生技术人员 18216 人，其中执业医师 5411 人、执业助理医师 1158 人、注册护士 6698 人。按户籍人口计算，每万人拥有医院（卫生院）床位数 45 张，每万人拥有卫生技术人员数为 69 人，其中医生 25 人。全年婴儿死亡率、5 岁以下儿童死亡率分别为 2.98‰、3.88‰，分别比上年下降 0.80 和 1.32 个千分点。

3. 体育

全年成功承办 2013 第四届环太湖国际公路自行车赛湖州赛段、2013 全国蹦床冠军赛、“前进杯”2013 中国长兴第四届山地自行车越野挑战赛、2013 年“旭派电池”杯全国场地自行车冠军赛（第二站）、浙江省第 33 届“迎春杯”少年儿童游泳锦标赛等近三十项省级以上大型体育赛事。全年湖州市运动健儿在省以上运动会上获得奖牌 93.5 枚，其中金牌 21.5 枚、银牌 30 枚、铜牌 42 枚。全年体育彩票销售额 5.0 亿元，比上年增长 15.5%。

（五）城乡建设

城乡环境面貌持续改善，城市功能品位不断提升。统筹交通等重大基础设施建设，杭长高速公路北延项目正式开工，318国道改线工程加快实施，长湖申航道浙江段扩建工程全线建成。有序推进湖州中心城市重点城建项目，梁希森林公园一期建成开放，10个老小区综合整治全面完成，新浙北、东吴国际相继落成，外环线、奥体中心等建设步伐加快。整体推进中心城市建设，湖州开发区综合交通枢纽区块框架全面拉开，太湖度假区滨湖开发建设水平不断提升，吴兴东部新区建设持续推进，南浔城区功能形象切实改善。全面治理城市交通拥堵，打通了一批断头路，改善了一批拥堵点，全市投放公共自行车5550辆。中心城区集中整治百日行动取得实效，"数字城管"系统建成运行。三县城市建设力度进一步加大，织里镇、新市镇小城市培育试点不断深化，中心镇发展改革加速推进。

美丽乡村建设继续深化。新建成市级美丽乡村94个，安吉成为全国首个美丽乡村标准化创建示范县，德清被评为全省美丽乡村创建先进县。中心村建设加快推进，历史文化村落保护和利用工作进一步加强。完成农村土地综合整治复垦1.7万亩。市区美丽乡村路建设行动启动实施，全市农田水利五项标准化工程和气象现代化建设加快推进，农用电力线路改造工作全面开展。新创建五星级农村社区服务中心90个。大力推进新农村建设综合配套改革，八里店南片新农村综合改革试验区建设不断深化，南浔城南城乡一体化发展试验区建设全面启动，全市村级集体资产股份合作制改革完成率达到53.7%。

城乡环境整治扎实推进。完成旧住宅区、旧厂区、城中村改造1844.6万平方米，拆除违法建筑851.4万平方米，"三改一拆"实现"三年任务一年完成"。全面开展"四边三化"和"清理河道、清洁乡村"行动，一批环境"脏、乱、差"问题得到集中整治。组织实施河道清淤疏浚保洁等治水十大工程，全市河道逐一落实"河长制"，水环境治理工作基本实现"近期洁"的目标。成功列入全国首批水生态文明城市建设试点，四大重点水利工程全部获批立项。在全省率先开展大气复合污染防治工作，建筑扬尘、机动车尾气治理等十大工程扎实推进。铁腕推进矿山企业综合治理，拆除无矿山加工机组253套，建筑石料出港外销量压缩40%以上。加大农业面源污染治理力度，实施生猪、温室龟鳖养殖"双控"管理。全面推进生态创建工作，顺利通过省级生态市技术核查。

（六）环境保护

环境质量保持基本稳定，全市地表水市控以上监测断面达到Ⅲ类以上标准的比例为90.6%，功能区达标率为88.7%，与上年持平；市出境断面水质良好，入太湖河流断面水质连续五年保持Ⅲ类水标准；县级以上集中式饮用水源地水质达标率为100%；全年PM2.5平均浓度为74.3微克/立方米。

三、湖州市在长三角地区经济发展中的地位

2013年，湖州市宏观经济环境依然复杂严峻，但湖州市经济运行态势总体表现平稳。从主要指标看，湖州市三大产业和三大需求增长都较为平稳，财政收入持继增长，企业经营状况较好，物价走势保持稳定，经济运行质量有所提升，经济结构有所改善，收入分配结构有所调整，创新驱动有所加强。

2009—2013年湖州市地区生产总值在长三角所占比重分别为1.53%、1.53%、1.51%、1.53%和1.52%，最近5年所占比重变化不大，2013年较上年下跌了0.01个百分点，五年时间累计下跌了0.01个百分点。2013年湖州市地区生产总值在长三角地区25个市（苏浙两省24个地级市和上海市，下同）排名与上年保持一致，排名第20位，位置较为靠后，亟需有所改变。

2013年，湖州市全年实现地区生产总值（GDP）1803.2亿元，按可比价计算比上年增长9.0%。分

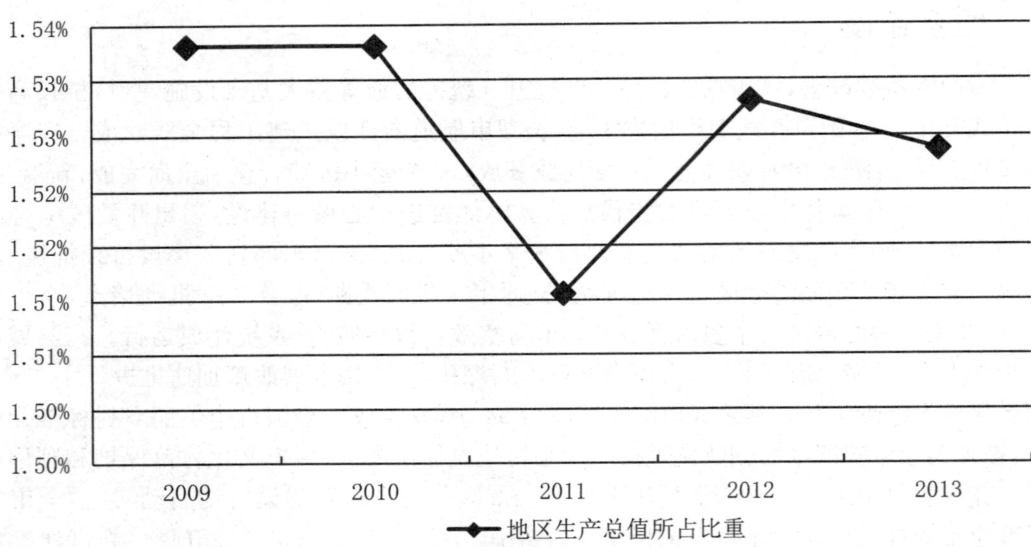

图 4　2009—2013 年湖州市地区生产总值在长三角所占比重的变化趋势

产业看，第一产业增加值 125.6 亿元，增长 0.7%；第二产业增加值 953.2 亿元，增长 10.1%，其中工业增加值 861.1 亿元，增长 10.8%；第三产业增加值 724.4 亿元，增长 9%。三次产业结构比例为 7.0∶52.8∶40.2。按户籍人口计算的人均 GDP 为 68839 元，增长 8.7%，折合 11116 美元；按常住人口计算的人均 GDP 为 61953 元，增长 8.7%，折合 10004 美元。

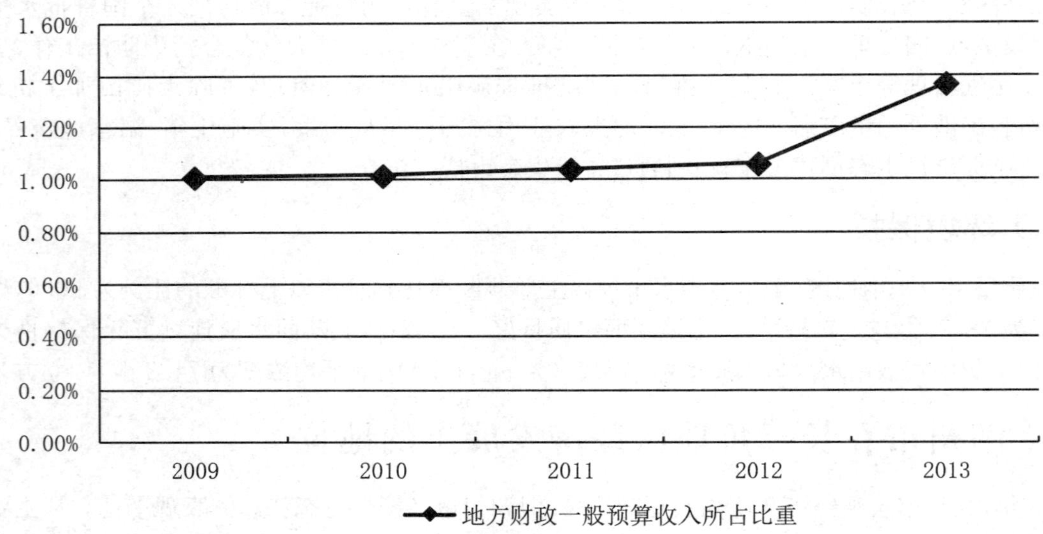

图 5　2009—2013 年湖州市地方财政一般预算收入在长三角所占比重的变化趋势

2009—2013 年湖州市地方财政一般预算收入在长三角所占比重 1.01%、1.02%、1.04%、1.06% 和 1.37%，呈现持续上扬趋势，2013 年较上年上升了 0.31 个百分点，五年累计增幅达 0.36 个百分点。2013 年湖州市地方财政一般预算收入在长三角地区 25 个市中排名与上年比上升一位，排名第 21 位。

2013年,湖州市全年实现财政总收入271.7亿元,其中地方财政收入154.7亿元,分别比上年增长10.0%和11.6%。财政总收入占GDP的比重为15.1%。地方财政收入中,税收收入145.1亿元,增长9.7%,占比为93.8%;从主要税种看,增值税、营业税、企业所得税、个人所得税分别为27.2亿元、39.8亿元、19.9亿元和7.2亿元,分别增长5.0%、15.3%、3.8%和4.5%。全年财政支出197.6亿元,增长18.0%,其中民生改善支出141.4亿元,增长18.6%。

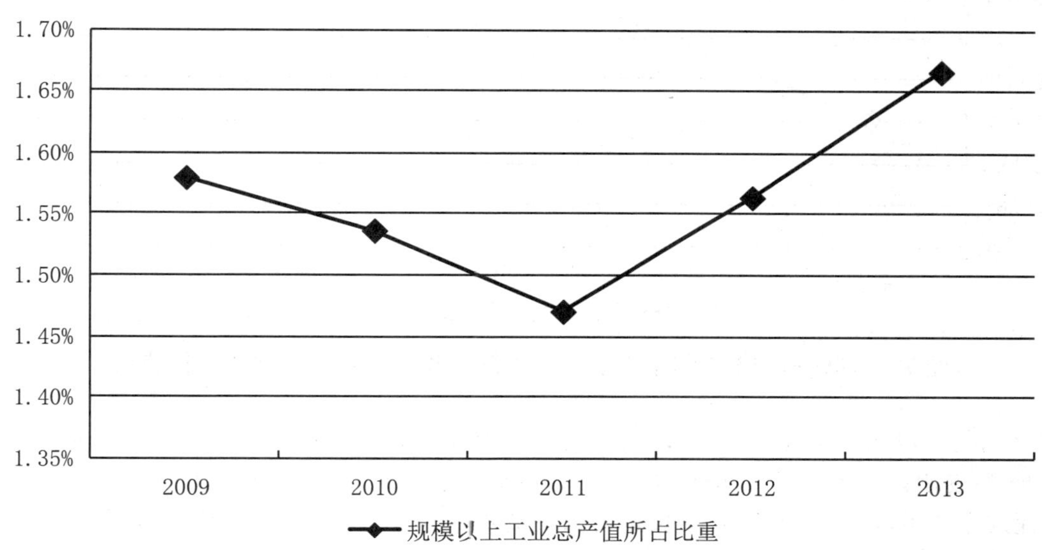

图6 2009—2013年湖州市规模以上工业总产值在长三角所占比重的变化趋势

2009—2013年湖州市规模以上工业总产值所占比重分别为1.58%、1.54%、1.47%、1.56%和1.67%,呈现"V"形发展态势,2011年后大幅上升,2013年较上年增加了了0.11个百分点,五年时间累计增加了0.09个百分点。2013年湖州市规模以上工业总产值在长三角地区25个市中排名第20位。

2013年,湖州市全年规模以上工业实现增加值629.9亿元,按可比价计算比上年增长11.3%,其中轻工业增加值284.2亿元、重工业增加值345.7亿元,分别增长14.2%、9.0%。34个大类行业中,有32个行业实现增长,4个行业增加值超过40亿元。其中,纺织业83.3亿元,增长9.7%;电气机械及器材制造业63.6亿元,增长11.0%;非金属矿物制品业58.6亿元,增长18.0%;电力热力的生产和供应业40.9亿元,增长6.1%

全年规模以上工业实现主营业务收入3763.1亿元,比上年增长13.5%;利税324.0亿元,其中利润207.1亿元,分别增长27.1%、31%。10个工业行业达到了"主营业务收入超100亿元、利税超10亿元",共实现主营业务收入2731.5亿元、利税总额234.8亿元,分别占全部规模以上工业的72.6%和72.5%。5个行业利税超过20亿元。其中,纺织业42.2亿元,增长32.5%;电气机械及器材制造业34.0亿元,增长11.4%;非金属矿物制品业32.5亿元,增长33.7%;通用设备制造业23.6亿元,增长50.9%;化学原料及化学制品制造业20.1亿元,增长20.9%。

2009—2013年湖州市进出口总额在长三角所占比重分别为0.60%、0.64%、0.67%、0.67%和0.72%,呈连续多年增长态势,涨幅为0.12个百分点,2013年所占比重较上年增加了0.05个百分点。2013年湖州市进出口总额在长三角地区25个市中排名与上年比上升一位,排名第17位。

2013年,湖州市全年外贸进出口总额95.3亿美元,比上年增长9.3%。其中,出口80.9亿美元,

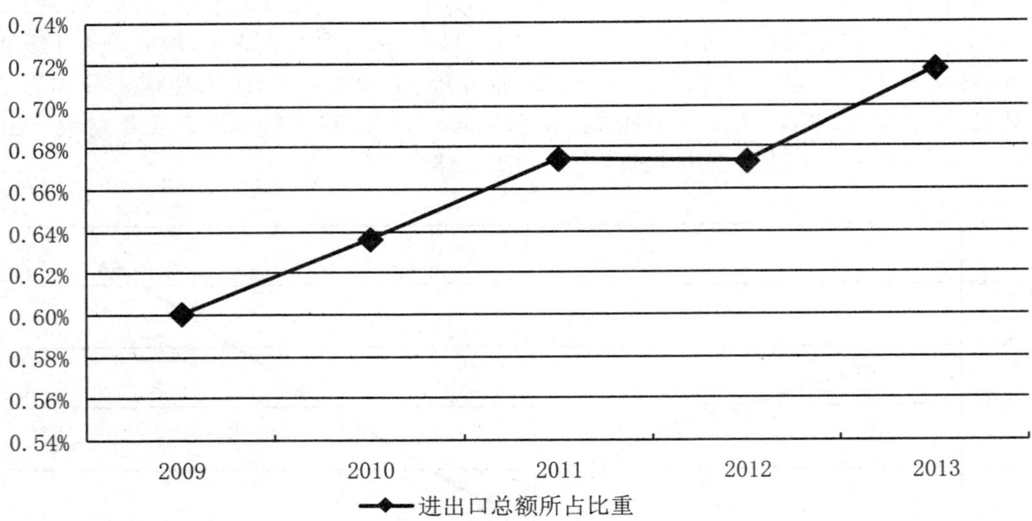

图 7　2009—2013 年湖州市进出口总额在长三角所占比重的变化趋势

增长 9.5%;进口 14.5 亿美元,增长 8.3%。按出口贸易方式分,一般贸易出口 73.3 亿美元,增长 9.5%;加工贸易出口 7.6 亿美元,增长 9.2%。按出口企业性质分,生产企业出口 43.8 亿美元,增长 14.8%;流通企业出口 11.7 亿美元,增长 5.5%;外资企业出口 25.4 亿美元,增长 3%。按主要出口产品分,纺织原料及纺织制品出口 27.5 亿美元,增长 12.7%;机电产品出口 24.8 亿美元,增长 9.6%。按主要出口市场分,非洲、亚洲和北美洲出口增长较快,分别达到 19.3%、15.7%和 13.3%;大洋洲、欧洲和拉丁美洲分别增长 6.2%、1.3%和 0.9%。

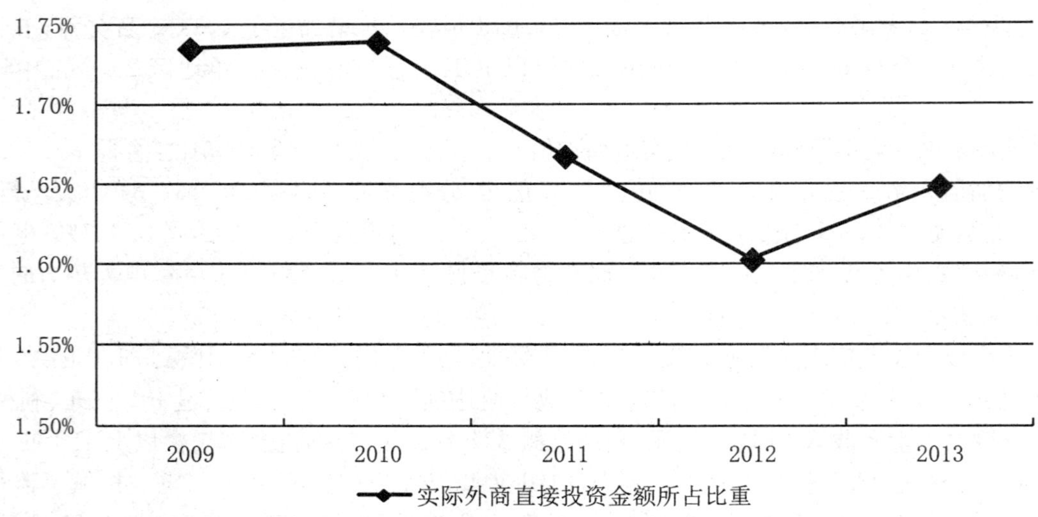

图 8　2009—2013 年湖州市实际外商直接投资金额在长三角所占比重的变化趋势

2009—2013 年湖州市实际外商直接投资金额在长三角所占比重分别为 1.74%、1.74%、1.67%、1.60%和 1.65%,2013 年逆势上扬,较上年增加了 0.05 个百分点,较 2009 年减少了 0.09 个百分点。2013 年湖州市实际外商直接投资金额在长三角地区 25 个市中排名与上年保持不变,排名第 16 位,但

仍需调整部署，积极开拓“走出去，引进来”的对外贸易路线，以期较大的提升外商直接投资额。

2013年全年新批准及增减资利用外资项目211个。其中，外商投资企业119家，增资项目60个；总投资千万美元以上项目87个。全年合同外资16.8亿美元，比上年下降0.2%。全年实到外资10.6亿美元，比上年增长3.2%。其中，第一产业1561万美元，下降56.2%；第二产业5.3亿美元，下降18.6%；第三产业5.2亿美元，增长50.0%。

七　绍兴市 2013 年经济社会发展报告

2013 年是贯彻落实党的“十八大”精神开局之年，是干好“一三五”、实现“四翻番”的起步之年，也是发展形势极为错综复杂的一年。一年来，全市上下认真贯彻中央和省各项方针、政策，实施“重构绍兴产业、重建绍兴水城”战略部署，强化创新驱动，深化改革开放，统筹城乡发展，着力改善民生，实现了经济社会平稳健康发展。

一、绍兴市 2013 年经济发展概况

（一）综合经济

1. 经济总量

2013 年全市生产总值(GDP)3967.29 亿元，比上年增长 8.5%。其中，第一产业增加值 193.27 亿元，第二产业增加值 2102.93 亿元，第三产业增加值 1671.09 亿元，分别增长 3.1%、8.6%和 9.0%。GDP 总量居全省第 4 位，增速居全省第 6 位。人均 GDP(按常住人口计算)80212 元(按年平均汇率折算为 12953 美元)，增长 8.3%。人均 GDP 列全省第 4 位，增速列全省第 6 位。第一、二、三次产业结构由上年的 5.1∶53.8∶41.1 调整为 4.9∶53.0∶42.1。

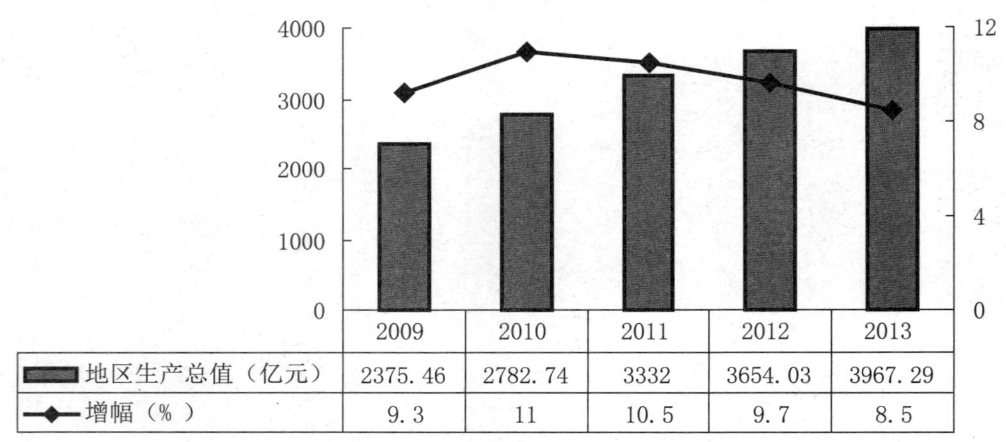

	2009	2010	2011	2012	2013
地区生产总值（亿元）	2375.46	2782.74	3332	3654.03	3967.29
增幅（%）	9.3	11	10.5	9.7	8.5

图 1　2009—2013 年绍兴市地区生产总值及增长速度

2. 财政收支

全年财政总收入 502.15 亿元，比上年增长 7.0%，其中公共财政预算收入 293.07 亿元，增长 10.3%。公共财政预算支出 312.11 亿元，增长 12.0%。

3. 物价水平

全年居民消费价格比上年上涨 2.0%。调查的八大类商品价格“五涨三跌”，其中衣着类上涨 4.7%，食品类上涨 3.8%，居住类上涨 2.7%，家庭设备用品及维修服务类上涨 1.7%，娱乐教育文化用品及服务类上涨 0.4%；交通和通信类下降 1.0%，烟酒类下降 0.9%，医疗保健和个人用品类下降 0.7%。商品零售类价格上涨 1.0%。工业生产者出厂价格和购进价格分别下降 1.7%和 1.3%。

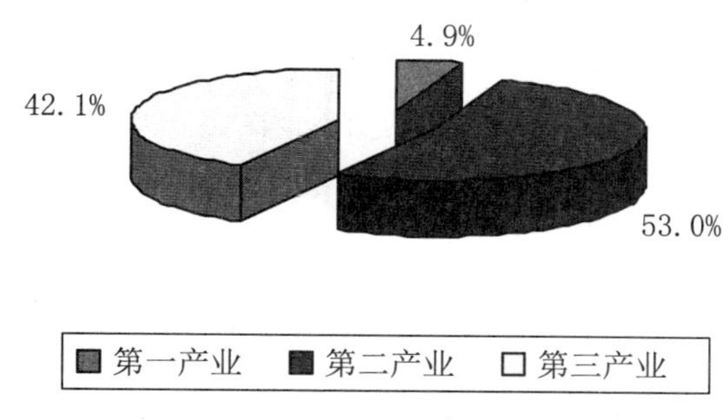

图 2　2013 年绍兴市三次产业结构图

4. 固定资产投资

全年固定资产投资 2001.99 亿元，比上年增长 16.2%。国有投资 382.34 亿元，增长 16.1%，占固定资产投资比重 19.1%；非国有投资 1619.64 亿元，增长 16.2%，占固定资产投资比重 80.9%，其中民间投资 1532.68 亿元，增长 18.7%，占固定资产投资比重 76.6%。

固定资产投资中，第一产业投资 15.05 亿元，比上年增长 60.1%；第二产业投资 999.79 亿元，增长 13.4%；第三产业投资 987.15 亿元，增长 18.7%。全年施工项目 3818 个，比上年增长 16.8%，其中新开工项目 2426 个，增长 11.5%。

全年工业投资 999.79 亿元，比上年增长 13.4%，总量居全省第 2 位。其中新兴产业投资 394.27 亿元，增长 27.7%，增速高于工业投资 14.3 个百分点，占工业投资比重 39.4%。

（二）农业和农村建设

全年农林牧副渔业总产值 291.26 亿元，北上年增长 3.0%。农作物播种面积 330.71 千公顷，下降 0.1%。其中粮食播种面积 188756 公顷，比上年增长 0.5%。油料播种面积 25610 公顷，下降 0.7%；棉花播种面积 1895 公顷，下降 8.3%；蔬菜种植面积 65310 公顷，下降 2.1%；中草药材种植面积 2231 公顷，增长 6.8%；果用瓜种植面积 10400 公顷，增长 2.9%；花卉苗木种植面积 16746 公顷，与去年持平。

全年粮食产量 120.68 万吨，比上年增长 0.5%。其中，早稻产量 20.36 万吨，增长 2.7%；晚稻产量 74.56 万吨，下降 0.70%。大小麦产量 5.76 万吨，增长 1.9%。

年末生猪存栏 123.74 万头，比上年下降 1.1%；出栏 196.75 万头，下降 0.8%。全年肉类总产量 17.81 万吨，比上年下降 2.4%。其中，猪肉产量 14.15 万吨，下降 1.8%；鸡鸭鹅蛋产量 4.96 万吨，下降 3.3%。

全年水产品产量 9.95 万吨，比上年增长 3.0%。

全年有效灌溉面积 152.55 千公顷，比上年增加 0.68 千公顷；全年新增节水灌溉面积 3.86 千公顷；新增农村饮水安全达标人口 15.68 万人；新增水土流失综合治理面积 6.74 千公顷。

全年财政对农林水事务投入 33.20 亿元，比上年增长 17.8%。财政预算内资金用于“三农”131.8 亿元，增长 14.56%；财政资金用于美丽乡村建设 7.04 亿元，增长 11.85%。大力开展美丽乡村“四级联创”，成功创建省美丽乡村先进县 1 个、市级先进乡镇 12 个、市级精品村（历史文化村落）重点培育村 29 个、美丽农家 1.41 万户。完成待整治村建设 120 个，村庄整治基本实现全覆盖。柯桥区柯岩湖塘、诸暨市赵家东和等第一批 10 个示范区基本建成，第二批 10 个示范区建设全面启动。结合“双清”“四边三化”“三改一拆”工程，加大环境综合整治力度，农村环境整治、保洁常态化、规范化、制度化水平进一步提高。积极推进空心村改造试点，开展了全市性的摸底大调查，出台了扶持政策，成立了组织机构，第一批 78 个村试点工作顺利推进，初步探索形成了“原地改造”、“土地收储”、“退宅还耕”、宅基地置换等多种行之有效的改造模式。绍兴市、柯桥区、诸暨市被省委、省政府授予全省“千村示范、万村整治”工程五年建设先进单位称号。

（三）工业和建筑业

1. 工业

全年全部工业增加值 1882.10 亿元，比上年增长 9.0%，其中规模以上工业增加值增长 9.2%。规模以上工业中，国有控股企业增加值增长 4.0%，集体企业增加值下降 4.9%，股份制企业增加值增长 9.8%，外商投资企业增加值增长 4.0%，港澳台商投资企业增加值增长 5.7%，私营企业增加值增长 10.2%。轻工业增加值增长 6.9%，重工业增加值增长 12.1%。

规模以上工业中，六大战略性新兴产业总产值 2563.30 亿元，同比增长 9.0%，增速高于规模以上工业增速 0.8 个百分点，占规模以上工业比重 27.7%，比重比上年提高 2.1 个百分点。其中，先进装备制造业增长 12.5%，节能环保产业和生物医药产业分别增长 10.3%和 10.0%，新能源产业增长 8.0%，新兴信息产业和新材料产业分别增长 4.8%和 4.4%。

规模以上工业新产品产值 2607.24 亿元，同比增长 18.8%，高于工业总产值增幅 10.6 个百分点；新产品产值率 28.1%，比去年提高 1.9 个百分点。黄酒产量 385013 千升，袜子产量 584785 万双，染料产量 616115 吨，聚酯产量 155.19 万吨，同比分别增长 3.2%、14.1%、12.7%和 4.6%。印染布产量 190.10 亿米，领带产量 15725 万条，同比分别下降 6.5%和 3.8%。

全年规模以上工业利润总额 484.68 亿元，同比增长 10.4%。其中，国有控股企业 12.27 亿元，下降 2.3%；股份制企业 56.81 亿元，增长 3.8%；外商及港澳台投资企业 95.30 亿元，增长 10.6%；私营企业 243.25 亿元，增长 12.8%。产品销售利润率 5.5%，与上年持平。

2. 建筑业

全年建筑业增加值 220.83 亿元，比上年增长 5.4%。资质以上建筑企业利润总额 145.07 亿元，增长 21.6%；税金总额 201.64 亿元，增长 19.2%。

（四）服务业

扎实推进现代服务业“310 工程”，实施 144 项重点项目，新增省级集聚示范区 3 家，服务业增加值占生产总值比重达到 42.1%，同比提高 1 个百分点。

1. 国内贸易

全年社会消费品零售总额 1318.39 亿元，比上年增长 13.8%。其中，城镇消费品零售额 1142.90 亿元，增长 13.8%；乡村消费品零售额 175.50 亿元，增长 13.5%。分行业看，批发零售业零售额 1210.30 亿元，增长 14.4%；住宿餐饮业零售额 108.09 元，增长 7.8%。

在限额以上批发零售业商品分类零售额中，零售额增幅由高到低分别为：金银珠宝类零售额比上年增长 52.7%，汽车类增长 22.3%，食品、饮料、烟酒类增长 12.4%，日用品类增长 12.1%，中西药品类增长 9.0%，服装、鞋帽、针纺织品类增长 5.5%，石油及制品类增长 2.2%，家用电器和音像器材类下降 1.4%。

年末有商品交易市场 413 个，其中成交额超亿元市场 68 个，超十亿元市场 28 个，超百亿元市场 8 个。全年商品市场成交额 2574 亿元，比上年增长 12.0%，其中消费品市场成交额 1498.82 亿元，增长

14.6%;生产资料市场成交额1075.17亿元,增长8.6%。中国轻纺城和钱清轻纺原料市场成交额分别为639.49亿元和465.54亿元,增长14.8%和12.1%。

2. 交通运输、邮电

全年货物运输总量9871万吨,比上年增长6.4%,其中公路、水运货物运输总量分别为8560万吨、1311万吨,分别增长6.3%、7.2%。货物运输周转量1185468万吨公里,增长6.7%,其中公路、水运货运周转量分别为877218万吨公里、308250万吨公里,分别增长7.1%、5.7%。

全年旅客运输总量17546万人,比上年增长0.2%,其中公路、水运旅客运输总量分别为17441万人、105万人,分别增长0.2%、7.1%。旅客运输周转量495883万人公里,增长3.3%,其中公路、水运旅客运输周转量分别为495573万人公里、310万人公里,分别增长3.3%、17.4%。年末公路通车里程9785公里,增长2.1%。

年末民用车辆拥有量111万辆,比上年末增长10.4%。其中汽车74万辆,增长17.8%。

全年邮电业务收入61.80亿元,比上年增长6.4%。年末固定电话用户(含小灵通)179.04万户,移动电话用户(通话用户)526.90万户。固定电话普及率40.54号线/百人,比上年下降8.4%;移动电话普及率119.30部/百人,增长5.7%。互联网用户数(不含手机上网用户)134.53万户,增长6.6%。

3. 旅游业

年末有旅行社132家,比上年增加9家。成功创建全国旅游标准化示范城市,启动镜湖旅游综合体、柯桥金沙·东方山水、上虞杭州湾旅游商贸综合体等项目建设,全年旅游总收入584.35亿元,比上年增长15.4%。其中,国内旅游收入569.25亿元,增长15.9%;旅游外汇收入24385.59万美元,增长1.1%。接待游客5683.34万人次,比上年增长15.2%。其中接待国内旅游者5613.71万人次,增长15.4%;接待入境旅游者69.63万人次,增长1.4%。

4. 金融、证券和保险

年末金融机构本外币各项存款余额6461.73亿元,比上年末增长9.1%,其中人民币存款余额增长8.9%。金融机构本外币贷款余额5644.15亿元,增长10.0%,其中人民币贷款余额增长10.4%。年末个人本外币储蓄存款余额2735.52亿元,比上年末增长9.3%。

年末有上市公司52家,其中境外上市公司11家。上市公司数量列全省第3位,居地级市首位。当年实现股权再融资上市公司2家,融资额11.42亿元。小贷公司35家,注册资本95.8亿元,全年累计发放贷款567.41亿元。

全年保险业实现保费收入84.24亿元,比上年增长12.0%,其中产险收入40.24亿元,增长16.6%;人身险收入44亿元,增长8.1%。

5. 房地产业

全年房地产开发投资536.99亿元,比上年增长14.8%。其中,住宅投资418.29亿元,比上年增长20.5%;办公楼投资24.59亿元,下降5.9%;商业营业用房投资54.16亿元,下降8.9%。

全年商品房销售面积607.74万平方米,销售额568.65亿元,比上年分别增长25.6%和35.7%。房屋施工面积3603.59万平方米,增长13.5%;房屋竣工面积462.09万平方米,下降5.3%;待售面积292.73万平方米,增长26.4%。

（五）对外经济

1. 对外贸易

全年货物进出口总额333.70亿美元，比上年增长4.0%。其中，进口54.53亿美元，下降16.7%；出口279.16亿美元，增长9.2%。有进出口国家和地区197个，比上年减少8个。其中出口额超1000万美元的国家和地区109个，比上年减少2个。美国、阿联酋、巴西分别居出口额前三位，出口额分别为36.92亿美元、16.89亿美元和13.90亿美元。机电产品出口47.83亿美元，增长9.1%；化工产品出口17.65亿美元，增长11.8%；高新技术产品出口8.99亿美元，下降10.0%；纺织服装出口188.97亿美元，增长9.8%。新登记备案企业1696家，累计获进出口经营权企业17993家。全市出口超1000万美元企业627家，比上年增加49家。

2. 利用外资

全年新批外资项目138个，比上年增加4个。合同外资9.39亿美元，比上年增长12.9%；实到外资8.08亿美元，下降15.3%。新批（含增资）总投资1000万美元以上项目55只，比上年增加7只，超额完成全年引进50个大项目的目标任务。

3. 外经合作

全年新批境外投资企业49家（增资企业14家）。境外投资企业总投资额34167万美元，其中中方投资额33207万美元，比上年增长28.4%。境外工程营业额12519万美元，增长18.1%。全年服务外包合同签订额1.61亿美元，增长56.5%。其中离岸合同额1.51亿美元，增长100%；完成合同执行额9924万美元，增长23.0%。其中离岸执行额9085万美元，增长39.6%。

二、绍兴市2013年社会发展概况

（一）人口、人民生活

据2013年市统计局人口变动抽样调查，年末常住人口494.9万人，比上年增加0.6万人。

据2013年市公安局人口变动抽样调查，年末户籍人口441.66万人，其中男性221.17万人，女性220.49万人，分别占总人口的50.1%和49.9%；全年出生人数33460人，人口出生率7.58‰；死亡人数30436人，死亡率6.90‰；自然增长人口3024人，自然增长率0.68‰。

据对城镇住户抽样调查，全市城镇居民人均可支配收入40454元，农村居民人均纯收入19618元，分别比上年增长9.6%和10.8%。城镇居民人均消费支出24469元，增长10.2%；农村居民人均生活消费支出12402元，增长11.7%。城镇居民家庭恩格尔系数35.7%，比上年提高0.5个百分点；农村居民家庭恩格尔系数36.1%，比上年下降1.6个百分点。

（二）就业与社会保障

1. 就业

年末全市城镇就业人员161万人，其当年新增11.36万人。城镇失业人员实现再就业4.3万人，就业困难人员实现再就业1.28万人，自主创业2.3万人，创业带动就业6.2万人。年末城镇登记失业人员4.80万人，比上年增长22.2%，城镇登记失业率2.89%，比上年下降0.02个百分点。

2. 社会保障

全市职工基本养老保险和城乡居民社会养老保险总参保人数333.78万人，职工基本医疗保险和

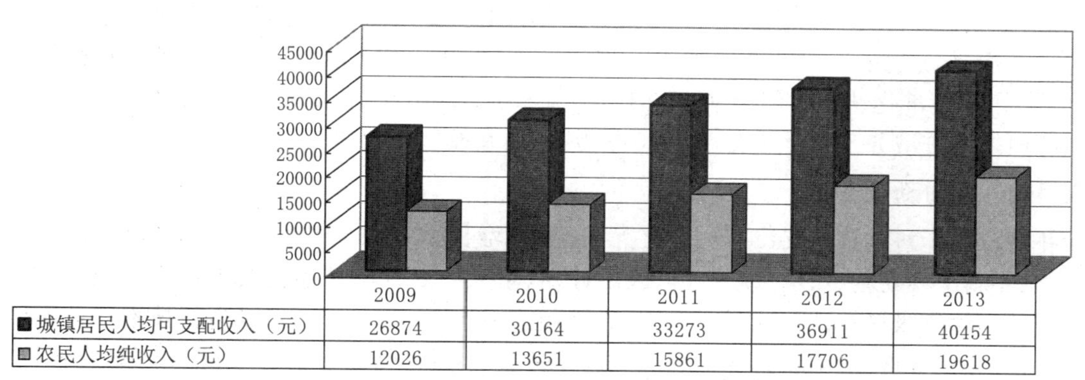

	2009	2010	2011	2012	2013
■城镇居民人均可支配收入（元）	26874	30164	33273	36911	40454
■农民人均纯收入（元）	12026	13651	15861	17706	19618

图 3　2009—2013 年绍兴市城乡居民收入对比一览

城乡居民基本医疗保险总参保人数 473.65 万人。工伤、失业、生育保险总参保人数分别达到 186.02 万人、108.94 万人和 125.01 万人，比上年分别增长 8.2%、9.2%和 10.5%。年末全市城乡居民基本医疗保险参保人数 300.58 万人，参保率 94.54 %。新农合筹资标准每人每年 760 元，比上年增加 200 元。第四轮参合农民健康体检完成 145.27 万人次，其中 60 岁以上老人体检 58.35 万人，体检率达到 82.22%。

年末有城乡居家养老服务照料中心 519 个，新增养老机构床位数 1166 张。4 个单位被命名为全国“敬老文明号”，28 个单位被命名为省级“敬老文明号”；上虞率先开展老年友好型城市创建；首轮命名老年宜居社区 37 个；动员和组织开展“敬老月”系列活动，营造浓郁的敬老爱老助老社会氛围。2282 名五保供养对象供养标准提升至平均每人每年 10836 元，比上年增长 6.23%，集中供养率继续保持 100%。实施低保提标扩面，城镇低保标准平均达到每人每月 516 元，比上年增长 10.26%；农村低保标准平均达到每人每月 426 元，增长 19.33%；全年发放低保金 23126.4 万元，比上年增加 867.7 万元。积极开展慈善救助工作，全年共支出善款 1.33 亿元，救助困难群众 320553 人次。年内共发行福利彩票 10.02 亿元，比上年增长 31%，福彩公益金投入 4446.65 万元，建设民生保障项目 260 个，资助困难群众 7409 人次。

全年实际开工保障性安居工程 26833 套(户)，完成计划的 170.58%，其中公共租赁住房 4224 套，完成计划的 113.49%；新增城市廉租住房保障 346 户，其中租赁补贴 324 户，完成计划的 202.5%；基本建成保障性安居工程住房 13786 套，其中竣工 10856 套，完成计划的 155.08%。

（三）教育和科学技术

1. 教育

推进各类教育协调发展，实施优秀教师流动制度，义务教育标准化学校创建率居全省首位，浙江工业大学之江学院、浙江农林大学暨阳学院开学招生，中职学生技能竞赛实现全省“六连冠”。

年末有普通高校 9 所，中等职业教育学校 21 所。普通本专科招生 2.35 万人，在校生 7.75 万人，毕业生 1.91 万人，普通高考录取率 83.7%。各类中等职业教育(含技工学校)招生 1.95 万人，在校生 6.07 万人，毕业生 2.25 万人。18 所中职学校 32 个专业开设“3+2”职业教育，11 所中职学校 16 个专业开设“五年一贯制”职业教育。普通高中招生 3.51 万人，在校生 10.96 万人，毕业生 3.67 万人；初中招生 4.85 万人，在校生 14.24 万人，毕业生 5.09 万人。初中毕业生升学率 99.32%，比上年提高 0.04 个百分点。小学招生 4.79 万人，在校生 29.96 万人，毕业生 4.97 万人，小学毕业生升学率

100%。义务教育标准化学校建设走在全省前列，累计有 474 所通过省厅验收，创建率达到 92.4%，居全省第一。拥有幼儿园 659 所，在园幼儿 12.95 万人。其中新建、改建幼儿园 50 所，省等级幼儿园创建率 91%，市级标准化幼儿园创建率 67.84%。保障符合条件的外来务工人员子女 100%入学，全市义务教育段接纳进城务工人员子女入学 10.9 万人，占在校生总数的 24.9%。

2. 科技与创新

全年财政用于科学技术支出 15.87 亿元，比上年增长 20.0%，财政科技支出占财政支出比重为 5.1%。全年新上创新基金、重点新产品、火炬计划、星火计划等国家级科技项目 170 项，新上省重大科技专项计划等省级科技计划项目 145 项，省级新产品 1070 项。新增省级高新技术产业园区 1 家，新认定国家需要重点扶持高新技术企业 56 家，省级以上创新型试点(示范)企业 13 家，省科技型中小企业 292 家，2 家企业入选国家知识产权示范企业，9 家企业入选国家知识产权优势企业。14 家企业入围全省百强创新企业，入选数列全省第 2 位。新增科技孵化面积 13 万平方米、新增入孵企业 145 家，启动市区总计达 50 万平方米孵化器建设工程。新认定省级企业研究院 9 家，省产业技术创新战略联盟 2 家，省级高新技术特色产业基地、省级重点实验室、省级工程技术研究中心各 1 家，省级高新技术企业研发中心 29 家，市级科技企业孵化器 3 家。国家知识产权试点城市通过验收，成立知识产权维权援助中心，开通“12330”维权热线。全年共申请专利 27651 件、授权 15123 件，同比分别增长 25.6%、22.4%，其中发明专利申请 3351 件、授权 729 件，同比分别增长 9.4%、12.8%。

(四) 文化、卫生和体育

1. 文化

年末有艺术表演团体 7 个；艺术表演团体全年演出 893 场次，比上年下降 2.8%，观众 155.79 万人次；广播电台 1 座，电视台 1 座，广播电视台 5 座。广播、电视综合覆盖率均达到 100%。有线电视用户数 142.3 万户，入户率 87.92%。有剧场(国有)8 个，电影院 28 个，电影放映 16.01 万场次，比上年下降 7.7%。

全市有群艺馆、文化馆(站)125 个，公共图书馆 6 个。公共图书馆总藏量 296.35 万册，比上年增长 1.1%。文物藏品实际数量 90177 件，比上年增长 0.7%。公共发行报纸 8 种，年发行量 14000 万份；出版期刊 2 种，年发行量 3.9 万册。

“绍兴数字图书馆”如期建成，其中“绍兴电视图书馆”被文化部列为创建国家级公共文化服务体系示范项目。

开展第四批国家级非遗项目预申报工作，向省文化厅推荐越歌、绍兴目连戏、绍兴花雕酿制技艺等 9 个项目申报第四批国家级非遗项目。积极开展第四批浙江省级代表性传承人申报工作，绍兴市 16 位传承人榜上有名。年末有国家级非遗项目 21 项，省级非遗项目 72 项；国家级、省级代表性传承人 14 位和 85 位。

2. 卫生

年末有卫生机构 2559 个(含村卫生室 1035 个)，比上年下降 2.9%。其中医院 41 个，增长 2.5%；卫生院及分院(社区卫生服务中心、站)919 个，下降 4.6%。卫生机构床位数 20084 张，其中医院床位 15887 张，分别增长 6.9%、9.4%。医生数 11605 人，注册护士数 10537 人，分别增长 9.1%、10.9%。每万人拥有医疗床位数 45.47 张，每万人拥有医生 26.28 人，分别比上年增长 6.6%和 8.9%。

深入推进公立医院综合改革，医药费用保持平稳，新农合实际报销比例 58.4%、政策范围内医药费用占比 85.1%、住院病人本区域就诊率 89.9%，均列全省第一。批准设置民营医院 9 家，袍江医院

续建。启用健康卡(自费),并实现市、县、镇、村级联网,先诊疗后结算和自助服务正式试点。医药卫生科技成果获奖数列全省第一,市妇保院产科、市人民医院神经外科和普通外科被确定为首批浙东区域专病中心建设单位。绍兴市被确定为国家基层卫生综合改革重点联系市。市级标准化村卫生室达标率56.04%,站(室)实行紧密型一体化管理率91.85%,106个社区卫生服务中心(乡镇卫生院)签约服务54.15万人。人感染H7N9禽流感有序应对,全市甲乙丙类传染病报告发病率较上年下降12.16%。组织开展17次卫生监督专项检查或整治活动,共监督27870户(次)。

3. 体育

年末有体育场(馆)20个,比上年增加3个。当年组织迎新健步走、万人登山暨市区第十六届千人登会稽山、全市第三届三人制篮球赛、全民健身日活动暨第八届体育节等系列全民健身活动。引进重大体育赛事,举办绍兴环城河国际皮划艇马拉松比赛,2013—2014全国男子排球联赛。绍兴市有3名运动员获得亚洲锦标赛冠军,6名运动员获得全国锦标赛9枚金牌,并打破一项全国纪录。在十二届全运会上,绍兴籍运动员共获得4金1银8铜,奖牌数列全省第4位。积极开展省级运动休闲示范基地、运动休闲旅游示范基地、精品线路和优秀项目的创建活动,诸暨东白湖管委会已成功创建省运动休闲旅游优秀项目。全市体育彩票累计销售超5.5亿元,同比增长17%。

(五)城市建设与城乡发展

开启城市发展新篇。实施部分行政区划调整,撤销绍兴县、上虞市,分别设立柯桥区、上虞区,市区面积扩大到2942平方公里,人口达到216万。同步推进市直开发区体制调整,镜湖新区逐步归入越城区管理,绍兴高新技术产业开发区、袍江经济技术开发区面积大幅增加,滨海新城基础设施不断完善。杭州湾上虞经济技术开发区升级为国家级开发区。嘉绍大桥、杭甬高铁绍兴北站和上虞北站、铁路货运东站、快速公交1号线等重大工程建成投用,杭甬运河全线通航。加快推进中心镇培育,明确17个小城市培育试点镇功能定位。扎实开展美丽乡村先进县、先进乡镇、精品村和美丽农家"四级联创",深入实施"百村示范、千村整治",启动78个空心村改造试点,完成农房改造2.2万户。积极拓宽农民增收渠道,扶持发展农家乐、花卉等富农产业。深化区域经济协作,做好援助新疆阿瓦提等各项对口支援工作。

整治提升城乡环境。编制城市交通治堵五年行动规划,加强道路安全设施、停车秩序和电动三轮车管理,实施交通智能化建设,严查严处交通违法行为。全面推进户外广告、矿山石料、城市扬尘等专项整治,改造旧住宅区、旧厂区和城中村1031万平方米,拆除违法建筑847万平方米。统一越城区范围征地拆迁政策,出台城中村改造高层集聚安置办法,完成老城区17个新建小区移交工作。建立工业废水排放在线监控和刷卡系统,启动污水分质提标和集中预处理,清理河道205公里,55个清水工程考核断面达标率由74.5%提高到80%。制定大气污染防治计划和应急方案,完成800多台定型机"煤改气"改造。扎实推进工业污泥、建筑泥浆、建筑渣土规范化处置。深入开展"四边三化"、"清理河道、清洁乡村"行动,完成造林更新4.6万亩。

(六)资源和环境保护

已建成水库有555座,比上年增加1座。水库总容量12.95亿立方米,增长1.3%。水利工程年供水量19.86亿立方米,增长5.5%。

年末实有耕地面积209.89千公顷,比上年下降0.1%。其中水田139.38千公顷,下降0.3%;旱地60.47千公顷,增长0.5%。

全年完成造林更新面积4.58万亩,森林覆盖率54.03%。建成省级森林城镇25个(其中新建7

个)、森林村庄 78 个(其中新建 30 个),建成市级森林城镇 41 个(其中新建 10 个)、森林村庄 203 个(其中新建 53 个)。新增省级现代林业精品园创建点 6 个,建成市级以上现代林业园区 85 个(其中新建 24 个),市级以上森林公园 26 家(其中新发展 1 家),市级以上林业观光园 85 家(其中新建 13 家)。

全年平均气温 17.9℃,年降水量 1463.7 毫米。

全年化学需氧量排放量比上年下降 3.69%,其中工业和生活化学需氧量排放量下降 4.14%;氨氮排放量比上年下降 4.47%,其中工业和生活氨氮排放量下降 5.29%;二氧化硫排放量比上年下降 5.79%;氮氧化物排放量比上年下降 7.40%。四项指标均超额完成省政府下达的目标。

(七)社会安全

全年共发生各类事故 1568 起,死亡 552 人,直接经济损失 1547.9 万元,比上年分别下降 3.69%、0.18%和 2.37%。实现事故总起数、死亡人数和直接经济损失三项指标"零增长"的目标。其中,工矿商贸企业共发生事故 36 起,死亡 45 人,直接经济损失 1129.5 万元;道路交通共发生事故 1530 起,死亡 507 人,直接经济损失 384.3 万元;水上交通共发生事故 2 起,无人员死亡,直接经济损失 35 万元。生产经营性火灾共发生事故 973 次,死亡 1 人,直接经济损失 3115.9 万元。

三、绍兴市在长三角地区经济发展中的地位

2013 年全市服务业发展环境不断优化,促进服务业发展的各项政策效应初步显现。服务业规模以上单位数、产业规模、有效投资等方面成效显著,服务业发展总体呈现"增速逐季提升,结构稳步调整"的特征。全市工业生产者价格基本稳定。工业生产者出厂价格(PPI)较上年同期下降 1.7%,跌幅比全省平均低 0.1 个百分点,位于全省各地市中的第五位;工业生产者购进价格比去年同期下降 1.3%,跌幅比全省平均低 1.1 个百分点。

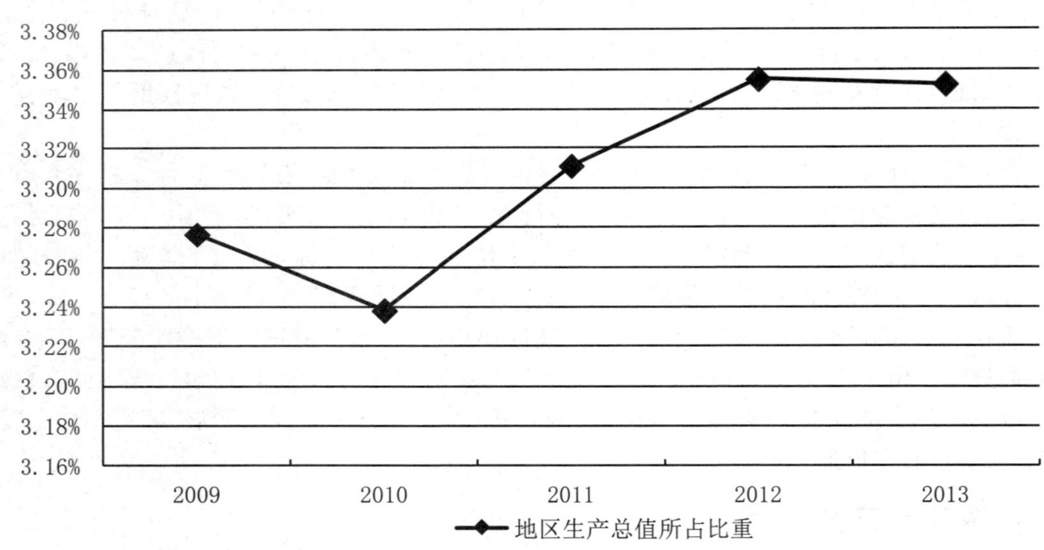

图 4 2009—2013 年绍兴市地区生产总值在长三角所占比重的变化趋势

2009—2013 年绍兴市地区生产总值在长三角所占比重分别为 3.28%、3.24%、3.31%、3.36%和 3.35%,五年总体呈上扬趋势,五年时间累计增加了 0.07 个百分点,较上年下跌了 0.01 个百分点。2013 年绍兴市地区生产总值在长三角地区 25 个市(苏浙两省 24 个地级市和上海市,下同)排名与上

年保持一致，排名第11位，仍保持着相对领先的优势。

2013年，绍兴市实现地区生产总值(GDP)3967.29亿元，比上年增长8.5%。其中，第一产业增加值193.27亿元，第二产业增加值2102.93亿元，第三产业增加值1671.09亿元，分别增长3.1%、8.6%和9.0%。GDP总量居全省第4位，增速居全省第6位。人均GDP(按常住人口计算)80212元(按年平均汇率折算为12953美元)，增长8.3%。人均GDP列全省第4位，增速列全省第6位。第一、二、三次产业结构由上年的5.1∶53.8∶41.1调整为4.9∶53.0∶42.1。

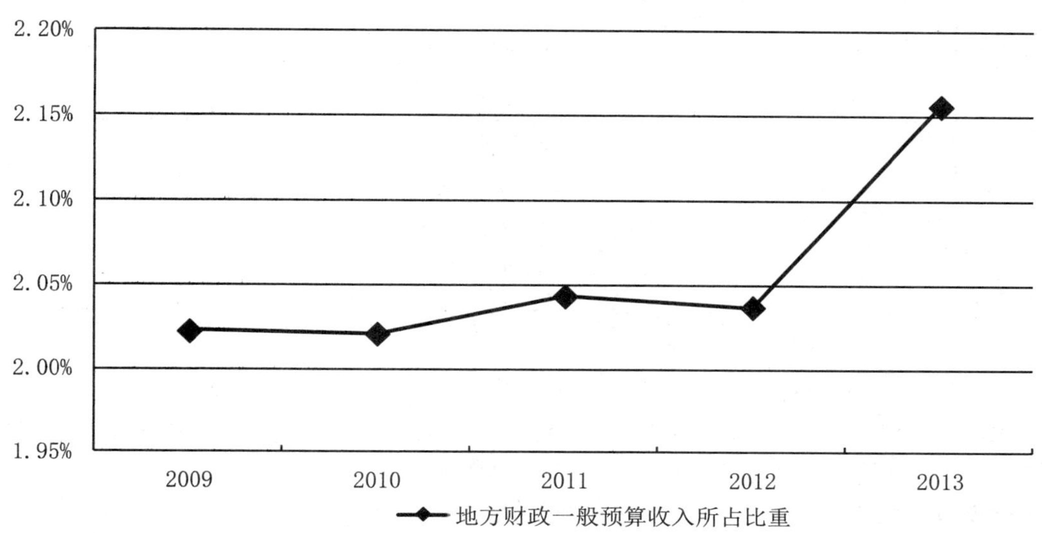

图5　2009—2013年绍兴市地方财政一般预算收入在长三角所占比重的变化趋势

2009—2013年绍兴市地方财政一般预算收入在长三角所占比重分别为2.02%、2.02%、2.04%、2.04%和2.16%，2013年出现大幅上扬，较上年增加了0.12个百分点，五年时间累计增加了0.14个百分点。2013年绍兴市地方财政一般预算收入在长三角地区25个市排名下跌了两位，排名第14位，情况亟需有所突破。

2013年，绍兴市全年财政总收入502.15亿元，比上年增长7.0%，其中公共财政预算收入293.07亿元，增长10.3%。公共财政预算支出312.11亿元，增长12.0%。

2009—2013年绍兴市规模以上工业总产值在长三角所占比重分别为3.97%、3.92%、4.04%、4.01%和4.07%，总体呈波浪式上升，2013年较2012年增加了0.06个百分点，五年累计增加了0.1个百分点。2013年绍兴市规模以上工业总产值在长三角地区25个市排名与上年保持不变，排名第10位。

2013年，绍兴市全年全部工业增加值1882.10亿元，比上年增长9.0%，其中规模以上工业增加值增长9.2%。规模以上工业中，国有控股企业增加值增长4.0%，集体企业增加值下降4.9%，股份制企业增加值增长9.8%，外商投资企业增加值增长4.0%，港澳台商投资企业增加值增长5.7%，私营企业增加值增长10.2%。轻工业增加值增长6.9%，重工业增加值增长12.1%。

规模以上工业中，六大战略性新兴产业总产值2563.30亿元，同比增长9.0%，增速高于规模以上工业增速0.8个百分点，占规模以上工业比重27.7%，比重比上年提高2.1个百分点。其中，先进装备制造业增长12.5%，节能环保产业和生物医药产业分别增长10.3%和10.0%，新能源产业增长8.0%，新兴信息产业和新材料产业分别增长4.8%和4.4%。

规模以上工业新产品产值2607.24亿元，同比增长18.8%，高于工业总产值增幅10.6个百分点；

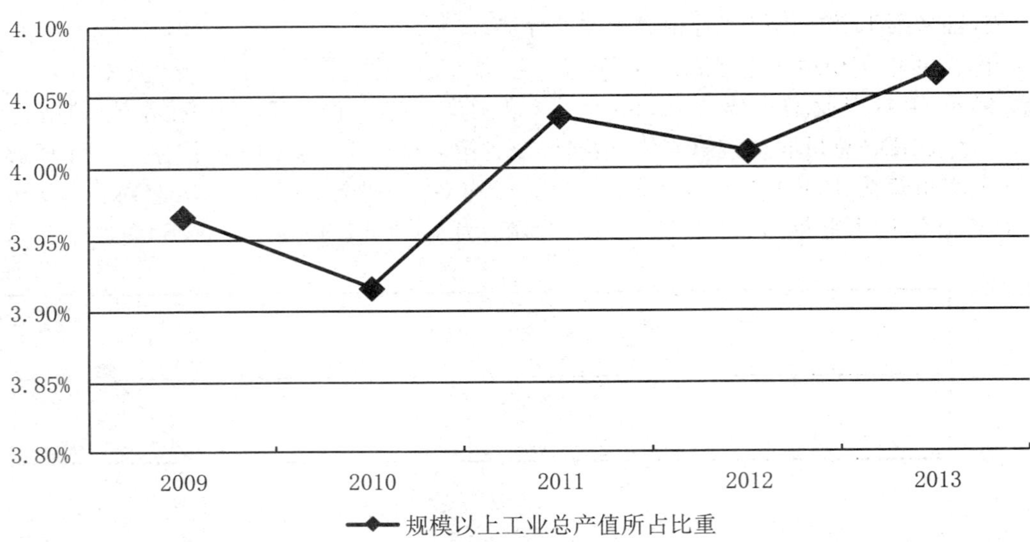

图 6 2009—2013 年绍兴市规模以上工业总产值在长三角所占比重的变化趋势

新产品产值率 28.1%，比去年提高 1.9 个百分点。黄酒产量 385013 千升，袜子产量 584785 万双，染料产量 616115 吨，聚酯产量 155.19 万吨，同比分别增长 3.2%、14.1%、12.7%和 4.6%。印染布产量 190.10 亿米，领带产量 15725 万条，同比分别下降 6.5%和 3.8%。

全年规模以上工业利润总额 484.68 亿元，同比增长 10.4%。其中，国有控股企业 12.27 亿元，下降 2.3%；股份制企业 56.81 亿元，增长 3.8%；外商及港澳台投资企业 95.30 亿元，增长 10.6%；私营企业 243.25 亿元，增长 12.8%。产品销售利润率 5.5%，与上年持平。

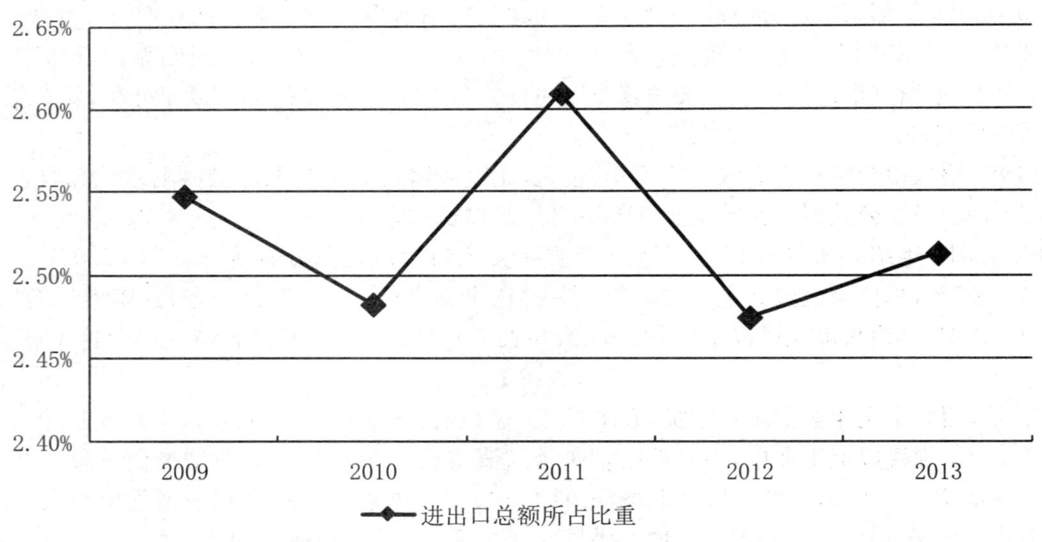

图 7 2009—2013 年绍兴市进出口总额在长三角所占比重的变化趋势

2009—2013 年绍兴市进出口总额在长三角所占比重分别为 2.55%、2.48%、2.61%、2.47%和 2.51%，五年来发展很不稳定，2013 年，较上年减少了 0.04 个百分点，五年时间累计减少了 0.04 个百分比。2013 年绍兴市进出口总额在长三角地区 25 个市排名较上年下跌一位，排名第 8 位，仍然保持

着领先的优势，但形势不容乐观，希望继续解放思想，大力发展，以期能有更大的提升。

2013年，绍兴市全年货物进出口总额333.70亿美元，比上年增长4.0%。其中，进口54.53亿美元，下降16.7%；出口279.16亿美元，增长9.2%。有进出口国家和地区197个，比上年减少8个。其中出口额超1000万美元的国家和地区109个，比上年减少2个。美国、阿联酋、巴西分别居出口额前三位国家，出口额分别为36.92亿美元、16.89亿美元和13.90亿美元。机电产品出口47.83亿美元，增长9.1%；化工产品出口17.65亿美元，增长11.8%；高新技术产品出口8.99亿美元，下降10.0%；纺织服装出口188.97亿美元，增长9.8%。新登记备案企业1696家，累计获进出口经营权企业17993家。全市出口超1000万美元企业627家，比上年增加49家。

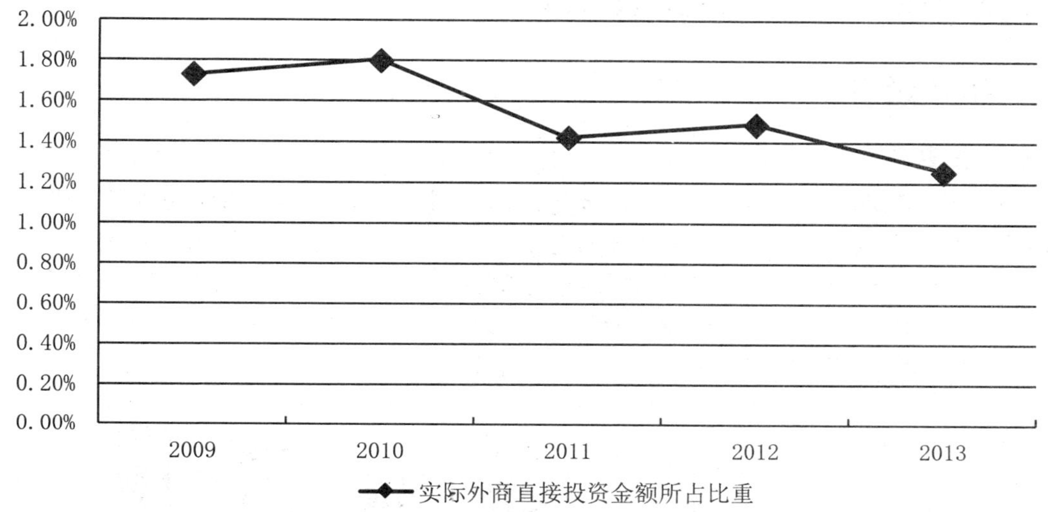

图8 2009—2013年绍兴市实际外商直接投资金额在长三角所占比重的变化趋势

2009—2013年绍兴市实际外商直接投资金额在长三角所占比重分别为1.74%、1.80%、1.43%、1.49%和1.26%，总体呈下跌趋势。2013年较上年下跌了0.23个百分点，五年时间累计下跌了0.48个百分比。2013年绍兴市实际外商直接投资金额在长三角地区25个市排名较上年下降了一位，排名第18位，位置靠后，急需有所改善。

2013年全年新批外资项目138个，比上年增加4个。合同外资9.39亿美元，比上年增长12.9%；实到外资8.08亿美元，下降15.3%。新批(含增资)总投资1000万美元以上项目55只，比上年增加7只，超额完成全年引进50只大项目的目标任务。

全年新批境外投资企业49家(增资企业14家)。境外投资企业总投资额34167万美元，其中中方投资额33207万美元，比上年增长28.4%。境外工程营业额12519万美元，增长18.1%。全年服务外包合同签订额1.61亿美元，增长56.5%。其中离岸合同额1.51亿美元，增长100%；完成合同执行额9924万美元，增长23.0%。其中离岸执行额9085万美元，增长39.6%。

八　金华市 2013 年经济社会发展报告

2013 年，在市委、市政府的正确领导下，全市上下全面落实科学发展观，按照“干好一三五、实现四翻番”的总体部署，围绕“百姓富裕、浙中崛起”总目标，着力深化改革、强化创新驱动、调整经济结构、优化发展环境、改善民生福祉，凝心聚力，攻坚克难，全市经济延续上年以来的赶超发展态势，经济结构持续优化，社会事业继续发展，民生不断得到改善，较好地完成年初确定的目标任务。

一、金华市 2013 年经济发展概况

（一）综合经济

1. 经济总量

2013 年全市实现生产总值(GDP)2958.78 亿元，按可比价计算，比上年增长 9.1%。其中：第一产业增加值为 140.20 亿元，增长 1.2%；第二产业增加值为 1445.70 亿元，增长 9.4%；第三产业增加值为 1372.88 亿元，增长 9.6%。全市人均生产总值达到 62688 元(按 2013 年年均汇率折算为 10123 美元)，增长 8.6%。第一、二、三产业增加值占地区生产总值的比重由上年的 5.0∶49.8∶45.2 变化为 4.7∶48.9∶46.4，第三产业所占比重比上年提高 1.2 个百分点。

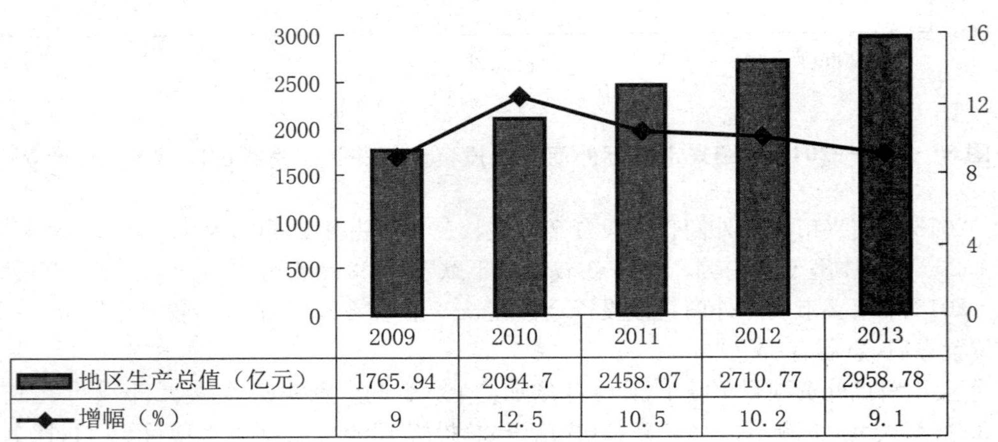

	2009	2010	2011	2012	2013
地区生产总值（亿元）	1765.94	2094.7	2458.07	2710.77	2958.78
增幅（%）	9	12.5	10.5	10.2	9.1

图 1　2009—2013 年金华市地区生产总值及增长速度

2. 财政收支

2013 年全市完成财政一般预算收入 415.96 亿元，比上年增长 10.5%。其中：上划中央财政收入 228.86 亿元，增长 12.2%；公共财政预算收入 242.47 亿元，增长 12.8%。全市一般预算支出 322.25 亿元，增长 18.5%。财政支出更加关注民生，新增财力的 67.9%用于保障和改善民生。其中城乡事务支出、住房保障支出、农林水事务支出、公共安全支出、社会保障和就业支出、科学技术支出、文化体育与传媒支出分别增长 76.3%、41.9%、22.4%、18.1%、16.8%、16.5%、16.4%。

3. 物价水平

市区居民消费价格比上年上涨 3.1%，涨幅较上年扩大 0.9 个百分点。所调查的八大类消费品及

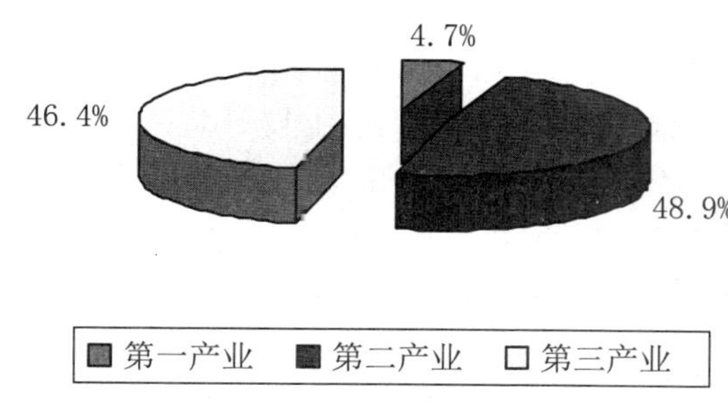

图 2 2013 年金华市三次产业结构图

服务项目价格"六涨二跌",食品类价格上涨 4.1%,衣着类价格上涨 12.0%,家庭设备用品及维修服务类价格上涨 2.9%,医疗保健和个人用品类价格上涨 0.6%,娱乐教育文化用品及服务类价格上涨 1.4%,居住类价格上涨 4.4%,烟酒类价格下降 0.9%,交通和通信类价格下降 2.6%。商品零售价格上涨 1.2%。全市工业生产者出厂价格下跌 1.9%,工业生产者购进价格下跌 3.2%,购销价格为顺差 1.3 个百分点。

4. 固定资产投资

2013 年全市完成固定资产投资 1364.36 亿元,比上年增长 21.1%。其中,房地产开发投资 384.97 亿元,增长 35%;投资项目(单位)投资 979.39 亿元,增长 16.4%。民间投资快速增长,全年实现民间投资 1099.3 亿元,增长 19.2%,占固定资产投资的 80.6%。

投资结构进一步优化。在固定资产投资中:第一产业完成投资 3.9 亿元,下降 35.8%。第二产业完成投资 667.53 亿元,增长 18.2%;其中工业投资 666.3 亿元,增长 18.3%。第三产业完成投资 692.93 亿元,增长 24.6%。第二、第三产业投资比重分别下降和上升 1.1 和 1.3 个百分点,三次产业投资结构调整为 0.3∶48.9∶50.8。

全市省重点建设名单 119 项,列入省考核的项目 108 项,年计划投资 115.14 亿元,完成投资 196.36 亿元,为年度计划 170.5%;当年新开工项目 37 项,未开工项目 2 项,开工率 98.15%。竣工投产项目 7 项。列入市重点建设实施类项目共计 277 个,年计划投资 291.69 亿元,完成投资 456.11 亿元,为年度计划 156.4%;未开工项目 13 个,开工建设项目 264 个,开工率 95.31%。

(二)农业建设

加大农业"两区"建设力度,新增省级现代农业综合区 2 个、特色农业精品园 12 个。2013 年全市农林牧渔业增加值 140.20 亿元,比上年增长 1.2%。

全市农作物播种面积 272.1 千公顷,下降 1.0%。其中粮食播种面积为 153.4 千公顷,总产量为 88.30 万吨,分别下降 0.9%和 1.6%;棉花播种面积 6.8 千公顷,下降 5.6%,产量为 1.07 万吨,下降 5.9%;油料播种面积为 25.4 千公顷,下降 1.9%,产量为 4.69 万吨,下降 2.3%;蔬菜播种面积为 43.5 千公顷,面积与上年持平,产量为 93.1 万吨,增长 0.3%;药材播种面积 7.1 千公顷,下降 4.1%;果用瓜种植面积 10.4 千公顷,下降 1.9%,产量为 23.02 万吨,下降 1.2%;花卉苗木种植面积 14.4 千公顷,增长 3.6%。

全市共完成绿化造林面积 4.357 千公倾,迹地更新面积 1.94 千公倾,其中人工更新面积 1.352 千公倾;完成重点防护林工程建设面积 0.943 千公倾,其中人工造林 0.508 千公倾、封山育林 0.435 千公倾;市区和磐安县成功创建省级森林城市,全市创建省级森林城镇 8 个,省级森林村庄 24 个,市级绿化示范村235个。

全市肉类总产量为26.30万吨，比上年增长2.7%，其中猪肉22.74万吨，增长6.5%；全年生猪出栏296.39万头，增长6.5%；家禽出栏2090万只，下降18.7%；全年牛奶产量7.54万吨，增长13.8%；水产品产量7.78万吨，增长5.4%。

全市农田水利有效灌溉面积158.21千公顷，旱涝保收面积121.56千公顷；全年化肥施用量（折纯）12.8万吨，增长6.7%；农村用电量43.3亿千瓦时，增长9.3%。

（三）工业和建筑业

1. 工业

2013年全市完成工业增加值1256.66亿元，比上年增长9.6%，工业增加值占GDP的比重为42.5%。全市实现规模以上工业总产值4371.19亿元，销售产值4160.37亿元，分别增长9.9%和9.2%。规模以上工业企业完成出口交货值1015.34亿元，增长5.1%，占销售产值的比重为24.4%。

全市规模以上工业企业科技活动经费支出37.78亿元，增长14.2%。新产品生产增长较快。规模以上工业企业完成新产品产值1211.58亿元，增长28.6%，新产品产值率达到27.7%，提高3.7个百分点。

全年规模以上工业企业实现利税326.37亿元，增长8.4%；其中利润199.59亿元，增长8.2%。金属制品，纺织，医药制造，电气机械和器材制造，纺织服装、服饰，汽车制造等六大行业实现利润占全市规模以上工业利润总额的49.6%。

2. 建筑业

全市建筑业总产值达2722.2亿元，增长17.3%；完成建筑业地方税收27.8亿元，增长17.6%，占全市税收总收入的13.8%。建筑施工面积32162万平方米，完成房屋竣工面积9355万平方米。省外市场发展良好，2013年建筑业企业在省外完成产值1741.0亿元，占全省省外完成产值的17.3%，占全市建筑业总产值的64.0%。

（四）服务业

1. 国内贸易

2013年全市实现社会消费品零售额1406.98亿元，比上年增长14.8%，其中：城镇消费品零售额为1166.87亿元，增长14.4%；乡村消费品零售额为240.11亿元，增长16.9%。分行业看，批发零售业零售额1277.16亿元，增长15.0%；住宿餐饮业零售额129.82亿元，增长13.2%。

在限额以上批发零售业零售额中，金银珠宝类、药品类、衣着类、化妆品类消费增长较快，这四大类商品零售额分别为10.71、33.67、41.70、3.73亿元，分别增长40.3%、38.4%、29.1%、28.6%；石油类、食品类、家电类、汽车类消费增长平稳，零售额分别为142.93、24.62|19.36、256.35亿元，分别增长11.8%、11.5%、10.5%、10.5%。

全市共有各类市场451个，市场总成交额为2380亿元，增长10.5%；其中年成交额超亿元的市场有75个，年成交额为2283亿元，增长14.5%；商品交易市场435个，年成交额2121亿元，增长了11.4%；生产要素市场9个，年成交额7.7亿元。

2. 交通运输、邮电

2013年全市交通建设共完成投资76.0亿元。其中高速公路完成投资7.14亿元，国省道、县道建设项目完成投资31.49亿元，大中修工程完成投资5.53亿元，农村联网公路完成投资0.95亿元，安

保工程完成投资0.75亿元，病旧桥隧加固改造工程完成投资0.84亿元，场站建设完成投资27.80亿元，水运建设完成投资1.50亿元。全市境内公路总里程达到12036.79公里。年内公路旅客周转量91.69亿人公里，货物周转量167.30亿吨公里。

邮电业务收入82.74亿元，比上年增长5.6%。其中，邮政业务收入9.05亿元，比上年增长16.6%；电信业务收入73.69亿元，增长4.4%。年末城乡固定电话用户161.73万户，比上年末下降3.2%。其中住宅电话83.75万户，下降1.9%；公用电话20.97万户，下降4.4%。年末移动电话用户达985.03万户，增长3.7%；其中3G移动电话用户19.64万户，增长48.8%。移动电话普及率208.7部/百人，固定电话普及率34.3部/百人。互联网宽带接入用户达165.05万户，比上年末增长25.1%。

3. 旅游业

全市共接待游客4914.06万人次，比上年增长17.5%，实现旅游收入490.31亿元，增长22.7%，其中接待国内旅游者4834.36万人次，增长17.8%，实现国内旅游收入462.19亿元，增长24.0%；接待入境旅游者79.7万人次，增长2.6%，实现旅游外汇收入45417.36万美元，增长7.0%。

4. 金融和保险

年末全市金融机构本外币各项存款余额6161.56亿元，增长15.7%。其中：单位存款余额2849.81亿元，增长15.4%；本外币储蓄存款余额3022.28亿元，增长12.6%。金融机构本外币各项贷款余额5157.32亿元，增长18.7%。其中短期贷款余额4078.25亿元，增长17.1%；中长期贷款余额978.78亿元，增长20.3%。本外币余额存贷比为83.7%。

全市保险机构全年保费收入120.79亿元，增长13.4%。其中财产险保费收入52.43亿元，人身险保费收入68.36亿元，分别增长17.1%和10.4%。全年支付各类赔偿及给付41.42亿元，增长25.7%。其中财产险赔款29.45亿元，增长21.5%；人身险赔款及给付11.97亿元，增长37.3%。

5. 房地产业

全市房地产开发房屋施工面积为2197.55万平方米，比上年增长4.6%。当年新开工面积519.11万平方米，增长14.5%；竣工面积211.21万平方米，下降18%。全市商品房销售面积为392.68万平方米，增长21.8%；其中住宅销售面积323.68万平方米，增长15.8%。

（五）对外经济

1. 对外贸易

2013年全市完成进出口总额342.74亿美元，比上年增长50.8%。其中，出口总额325.32亿美元，增长52.7%；进口总额17.42亿美元，增长22.2%。出口有效主体增加。全年新增备案企业1810家，全年有出口实绩企业5799家，净增777家；其中出口超5000万美元企业145家，净增80家。出口市场结构优化。全市与219个国家和地区建立了贸易关系，其中出口超1亿美元的国家和地区67个，增加16个。

2. 外资状况

全市新批外商投资企业59家；合同利用外资3.8亿美元，同比增长8.8%；实际利用外资2.49亿美元(其中外商投资合伙企业外商认缴出资额1881万美元)。工业利用外资继续占主导地位。全年新批工业制造业外资项目24个，实到外资占全市总数的55.3%，其中总投资超1000万美元以上项目9个。外资大项目带动作用明显。全年新设立总投资3000万美元以上项目8个，占全市新增合同外资的38.8%。三产项目引资增长较快。全年新设立第三产业外资项目35个，合同利用外资13589万美元，增长 1.48 倍。

3. 对外合作

全市新批核准境外投资项目 37 个，中方境外投资额 18557.35 万美元。全市完成对外承包工程劳务合作营业额 30618 万美元，增长 18.8%。境外营销网络建设成效显现。全年设立境外营销网络 29 个，累计 300 个，涉及 62 个国家和地区。

二、金华市 2013 年社会发展概况

（一）人口、人民生活

2013 年全市出生人口 52731 人，出生率 11.17‰；死亡人口 29568 人，死亡率 6.26‰；人口自然增长率 4.91‰。年末总人口 473.35 万人，其中市区 94.57 万人；非农业人口 108.96 万人，其中市区 32.39 万人。平均每户家庭人口 2.58 人。

全市城镇居民人均可支配收入为 36423 元，比上年增长 9.8%；城镇居民人均生活消费支出 23172 元，增长 5.5%。全市农村居民人均纯收入为 14788 元，增长 11.3%；农村居民人均生活消费支出 10673 元，增长 15.1%。年末全市城镇居民人均现住房建筑面积 51.31 平方米；全市农村居民人均生活用房面积 62.42 平方米。

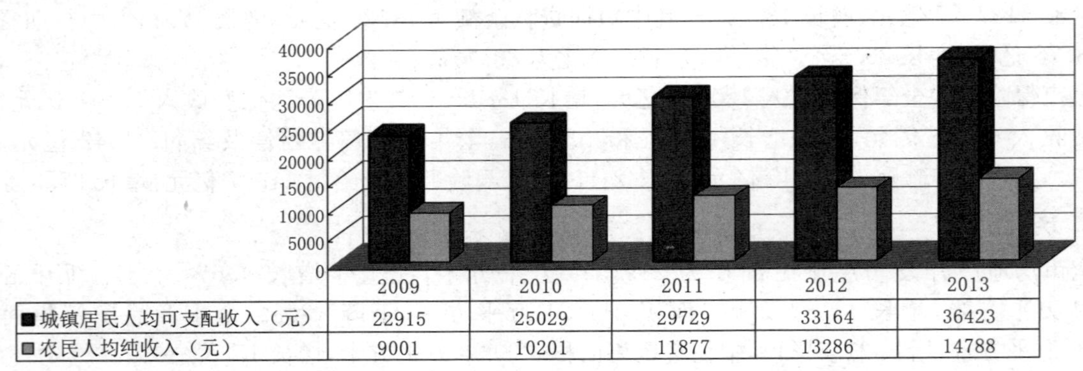

	2009	2010	2011	2012	2013
城镇居民人均可支配收入（元）	22915	25029	29729	33164	36423
农民人均纯收入（元）	9001	10201	11877	13286	14788

图 3 2009—2013 年金华市城乡居民收入对比一览

（二）就业与社会保障

1. 就业

全市新增城镇就业 70973 人，城镇失业人员实现再就业 28366 人，年末城镇登记失业率为 2.73%，低于省市政府提出的 4%的控制目标。

2. 社会保障

年末全市拥有各类社会福利单位 135 个，社会福利床位数 26674 张，收养各类人员 13888 人。农村五保对象集中供养率为 99.24%。全市共有低保对象 6.32 万人，发放最低生活保障金 1.54 亿元；筹集医疗救助资金 5283.9 万元，实际救助 3.26 万人次；发放救灾款 1115.6 万元，救济灾民 4.05 万人次，改扩新建避灾场所 88 个。社区服务功能日趋完善，建立乡镇（街道）社区服务中心 151 个、城市社区服务中心（站）277 个、村级社区服务中心（站）3201 个、社区服务网点 6980 个、捐赠接收站（慈善超市）117 个。全市共有社会组织 4013 家，其中社会团体 1739 家，民办非企业单位 2273 家。全市共有

抚恤优待对象36674人，发放抚恤金13364万元、义务兵优待金5869万元、困难补助经费362.75万元，退役义务士兵自主就业率达到100%，发放自主就业一次性经济补助金2286.04万元。

年末全市城镇职工养老保险参保人数151.56万人，职工基本医疗保险参保人数125.43万人，工伤保险参保人数148.94万人，生育保险参保人数70.56万人，失业保险参保人数70.60万人；城乡居民养老保险参保人数165.37万人，城乡居民医疗保险参保人数356.58万人，被征地农民基本生活保障参保人数30.89万人。

（三）教育和科学技术

1. 教育

2013年全市共有各级各类全日制学校709所，在校生70.21万人。其中小学425所，在校生40.10万人；初中175所，在校生15.29万人；普通高中65所，在校生9.02万人；职业高中31所，在校生5.04万人；普通中专4所，在校生5569人；特殊教育学校9所，在校生2041人。全市有幼儿园1476所，在园幼儿24.60万人，学前三年幼儿园入园率98.92%；有省等级幼儿园976所，省等级幼儿园招生覆盖面86%；全市112个乡镇全部建有中心幼儿园。十五年教育普及率99.46%，全面普及十五年教育。小学入学率、巩固率100%；初中入学率、巩固率100%；初中毕业生升入高中段学校比例98.39%。初中毕业生升入普通高中与中等职业学校的比例为1:0.9，普通高中教育与中等职业教育协调发展。高等教育规模不断扩大，结构更趋合理。全市高等院校共9所，在校生8.44万人，其中普通高校2所，在校生3.42万人；高职院校5所（含浙江科贸职业技术学院（筹）），在校生4.71万人；成人高校2所，在校生3083人。高等教育毛入学率51.9%。

2. 科技与创新

开展“十倍增两提高”科技服务专项行动，推进园区合作，实现中科院金华科技园与市高新技术产业园区融合发展，金华国家农业科技园区获批。实施“双龙计划”，入选国家“千人计划”5人、省“千人计划”17人，新增院士工作站5个。全市列入市级以上科技项目770项，其中国家级89项、省级388项，新到位上级科技资金12977万元，其中国家级3075万元，比上年增长22%。新立市级科技计划项目293项，其中工业类78项，农业类81项，社会发展类127项，农业科技成果转化项目7项。申请专利23356件，其中发明专利2379件；获专利授权15997件，其中发明专利480件。新认定省级企业研究院1家、工程技术研究中心1家，省级高新技术研发中心23家、市级32家，省级农业科技研发中心10家、市级8家，市级以上各类企业研发机构累计474家。

全市新增浙江名牌产品28只，累计269只，新增加金华名牌产品73只，累计390只。制修订国家或行业标准7个，获国家级农业标准化示范项目和服务业试点项目4个，省市级农业标准化推广示范项目33个，农业标准示范区面积24.1万亩，省级工业服务业标准化试点项目4个。产品监督抽查合格率93.9%，食品监督抽查合格率95.58%。特种设备定检率、登记率和操作人员持证上岗率达95%以上，计量器具强制检定22.77万台件。

（四）文化、卫生和体育

1. 文化

2013年全市拥有文化馆10个，公共图书馆10个，其中8个馆获评一级公共图书馆。完成创建1个省级文化先进县、1个省级文化强镇、9个省级文化示范村（社区）、36个市级文化示范村（社区）和2个市区特色文化示范基地。举办各类文化艺术活动230余场，完成送戏下乡1853场，送电影下乡

44214 场，送书下乡 33.9 万余册，送讲座展览 1008 场次，开展培训 10.7 万人次，组织文化走亲（含乡镇）562 场。全市文化市场健康平稳有序，出动检查 9215 人次，检查场所 13106 家次。全市广播综合覆盖率 99.48%，电视综合覆盖率 99.73%，城区数字电视整体转换率 100%，数字电视用户数 129 万户。

2. 卫生

全市共有卫生机构 369 个（不含社区卫生服务站、村卫生室、诊所等，下同），其中医院、卫生院（含社区服务中心）261 个，妇保院（所、站）10 个，专科疾病防治院（所、站）6 个；全市实际开放床位数 22882 张，其中：医院和卫生院床位（含社区服务中心，不含妇保院）19170 张；全市卫生技术人员 32811 人，其中执业医师和执业助理医师 13375 人，注册护士 11759 人；疾病预防控制机构 10 个，总人数 534 人；卫生监督检验机构 10 个，总人数 307 人。另有诊所、医务室、社区卫生服务站 1906 个，卫技人员 2387 人。村卫生室 1742 个，其中卫技人员 547 个。全市共有艾滋病实验室 57 个，其中初筛实验室 53 个，中心实验室 3 个、确诊实验室 1 个。

启动市级公立医院改革，完善基层医疗卫生机构绩效考核体系。加快推进市中心医院东扩工程，市中医院新病房楼、兰溪人民医院城西院区、东阳人民医院综合大楼投入使用。

3. 体育

全市创建省级体育强镇、先进街道（社区）13 个，创建省级中心村全民健身广场 10 个、省级村级（社区）体育俱乐部 24 个，省级老年体育活动中心 7 个，建成体育小康村 495 个。成功举办了浙江省第二届体育大会，共有来自全省 11 个地市和 11 个行业代表团近 9800 人次参加了 58 个大项的比赛，金华代表团获得 40 金、34 银、46 铜，奖牌和总分名次均列全省第四，获得奖牌总数、团体总分成绩二等奖。第十二届全运会，金华市运动员获得 1 金 2 银 8 铜。选拔组队参加了 19 个项目的全省青少年锦标赛，共夺得 30 金 24 银 32 铜。体育中心正式对外开放，半年时间共接待健身市民 10 万多人次。全年共培训体育社会指导员 800 多人，审批二级运动员 204 人。举办了全国首届桥牌俱乐部女子联赛，共有全国 12 支队伍近百名运动员参赛。体育彩票全年销量达 7.97 亿元，列全省第四；同比增长 23.62%。

（五）城乡建设

加快编制城市群专项规划。完成浙中城市群综合交通、水资源配置等专项规划，编制城市地下空间开发利用规划，完善城镇规划体系。加快重点功能区块建设。统筹推进多湖、湖海塘、五百滩、尖峰山、西客站及二七新村、古子城、旅游度假区等区块建设，完善开发机制，优化功能定位，开展土地征迁、招商选资和项目前期工作。“三江六岸”景观整治提升工程有序推进。加快金义都市新区六大区块开发和十条主干道建设，菜鸟·金义电子商务新城等重大产业项目顺利开工。加强中心镇中心村建设。出台加快推进中心镇发展改革暨小城市培育若干意见，深化横店镇和佛堂镇小城市培育，中心镇建设取得新成效。澧浦镇获评浙江最美乡镇，花园等 3 个村获评浙江最美乡村，建成 12 条美丽乡村风景线。加快基础设施建设。推进杭长客专、金温铁路扩能改造、东永高速公路等项目建设，基本建成十白线、怀万线二期等公路，扎实做好金台铁路、临金高速公路等项目前期工作。启动衢江金华段航运开发项目。全力支持两项国家级特高压工程建设。稳步推进金丽温输气管道工程。加强农田水利基础设施建设，完成钱塘江干堤等堤防加固 60 公里。加强城市管理。推进精品城市建设，成功创建国家园林城市，国家卫生城市通过复审，市区和磐安成功创建省级森林城市。调整完善了市区城市管理行政执法体制。

（六）环境保护和生态建设

2013年全面实施“811”生态文明建设推进行动，主要污染物减排各项工作扎实推进。金华市市区空气质量优良率达到84.9%，全市平均达到了84.8%。7个主要河段及湖库市控以上断面，达到或优于三类水质标准的占50%，满足功能区要求的占50%；全市20个地表水交接断面，达到或优于三类水质标准的断面占60%；10个出境断面，达到或优于三类水质标准的占90%。

全市生态公益林建设面积为277.86千公倾，生态公益林达到优质林分面积195.16千公倾。全市森林覆盖率60.4%。全市共建成国家级生态县(市)2个，省级生态县(市)2个，国家环保模范城市1个，全国环境优美乡镇27个，省级生态乡镇92个，市级生态乡镇127个。全市共有沙金兰等39个规范化合格饮用水源保护区，其中8个县级以上集中式饮用水源保护区水质达标率100%。建成自然保护区4个，其中国家级自然保护区1个。森林公园13个，其中国家级森林公园2个。

三、金华市在长三角地区经济发展中的地位

金华市加大“稳增长、促改革、调结构、惠民生”各项发展举措，对服务业发展加强规划引导和政策扶持，在楼市低迷、消费刺激政策减弱等不利条件下，服务业继续保持平稳较快发展，呈现服务业经济总量占比提高、服务业投资进一步扩大等发展亮点，但压力仍然存在，整体向好的基础尚待巩固。

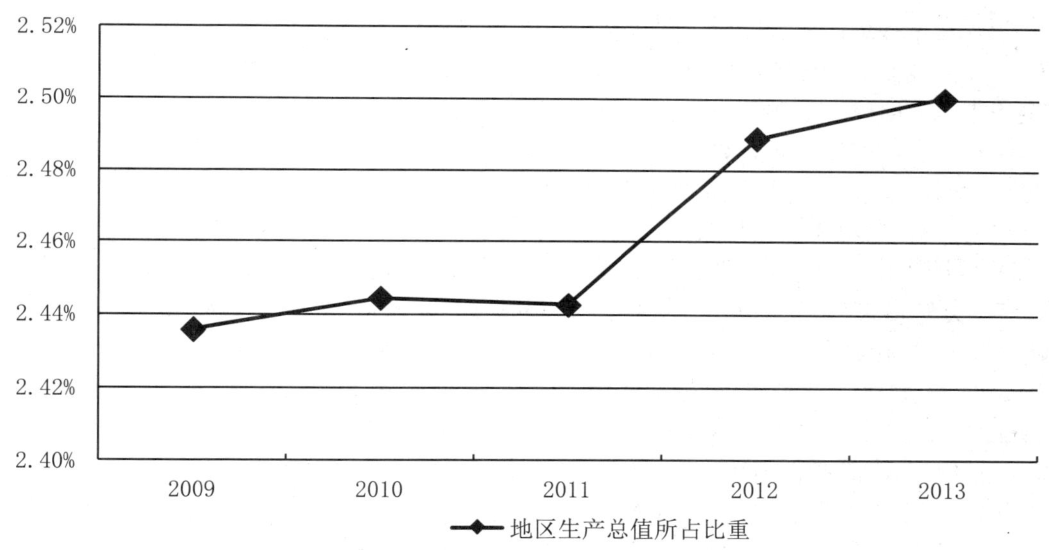

图4　2009—2013年金华市地区生产总值在长三角所占比重的变化趋势

2009—2013年金华市地区生产总值在长三角所占比重分别为2.44%、2.44%、2.44%、2.49%和2.50%，总体上呈增长趋势，2013年比上年增加了0.01个百分点，五年上升了0.06个百分点。2013年金华市地区生产总值在长三角地区25个市(苏浙两省24个地级市和上海市，下同)排名与上年比下降了一位，排名第17位，位置相对靠后，亟需有所改变。

2013年，金华市实现地区生产总值(GDP)2958.78亿元，按可比价计算，比上年增长9.1%。其中：第一产业增加值为140.20亿元，增长1.2%；第二产业增加值为1445.70亿元，增长9.4%；第三产业增加值为1372.88亿元，增长9.6%。全市人均生产总值达到62688元(按2013年年均汇率折算为10123美元)，增长8.6%。第一、二、三产业增加值占地区生产总值的比重由上年的5.0∶49.8∶45.2

变化为 4.7：48.9：46.4，第三产业所占比重比上年提高 1.2 个百分点。

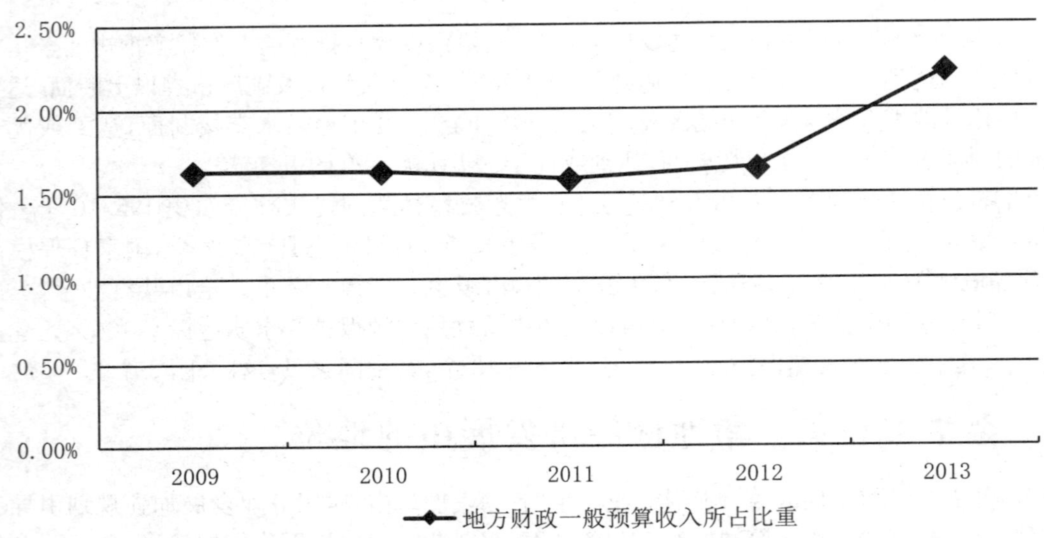

图 5 2009—2013 年金华市地方财政一般预算收入在长三角所占比重的变化趋势

2009—2013 年金华市地方财政一般预算收入在长三角所占比重分别为 1.63%、1.63%、1.58%、1.65%和 2.23%，2013 年出现大幅增加，较上年增加了 0.58 个百分点，累计增幅为 0.6 个百分点。2013 年金华市地方财政一般预算收入在长三角地区 25 个市排名第 13 位。

2013 年全市完成财政一般预算收入 415.96 亿元，比上年增长 10.5%。其中：上划中央财政收入 228.86 亿元，增长 12.2%；公共财政预算收入 242.47 亿元，增长 12.8%。全市一般预算支出 322.25 亿元，增长 18.5%。财政支出更加关注民生，新增财力的 67.9%用于保障和改善民生。其中城乡事务支出、住房保障支出、农林水事务支出、公共安全支出、社会保障和就业支出、科学技术支出、文化体育与传媒支出分别增长 76.3%、41.9%、22.4%、18.1%、16.8%、16.5%、16.4%。

2009—2013 年金华市规模以上工业总产值在长三角所占比重分别为 1.92%、1.97%、1.79%、1.78%和 1.84%，2013 年止跌上扬，较上年增加了 0.06 个百分点，较 2009 年减少了 0.08 个百分点。2013 年金华市规模以上工业总产值在长三角地区 25 个市排名与上年保持不变，排名第 18 位，位置仍相对靠后，亟需大力扶植工业，争取有所突破。

2013 年全市完成工业增加值 1256.66 亿元，比上年增长 9.6%，工业增加值占 GDP 的比重为 42.5%。全市实现规模以上工业总产值 4371.19 亿元，销售产值 4160.37 亿元，分别增长 9.9%和 9.2%。规模以上工业企业完成出口交货值 1015.34 亿元，增长 5.1%，占销售产值的比重为 24.4%。

全市规模以上工业企业科技活动经费支出 37.78 亿元，增长 14.2%。新产品生产增长较快。规模以上工业企业完成新产品产值 1211.58 亿元，增长 28.6%，新产品产值率达到 27.7%，提高 3.7 个百分点（主要工业产品产量详见附表 3）。

全年规模以上工业企业实现利税 326.37 亿元，增长 8.4%；其中利润 199.59 亿元，增长 8.2%。金属制品，纺织，医药制造，电气机械和器材制造，纺织服装、服饰，汽车制造等六大行业实现利润占全市规模以上工业利润总额的 49.6%。

2009—2013 年金华市进出口总额在长三角所占比重分别为 1.16%、1.21%、1.28%、1.75%和 2.58%，呈现逐年增加的趋势，2013 年大幅增加，较 2012 年增加了 0.83 个百分点，5 年累计增幅为 1.42 个百分点。2013 年金华市进出口总额在长三角地区 25 个市排名较上年上升四位，排名第 7 位，

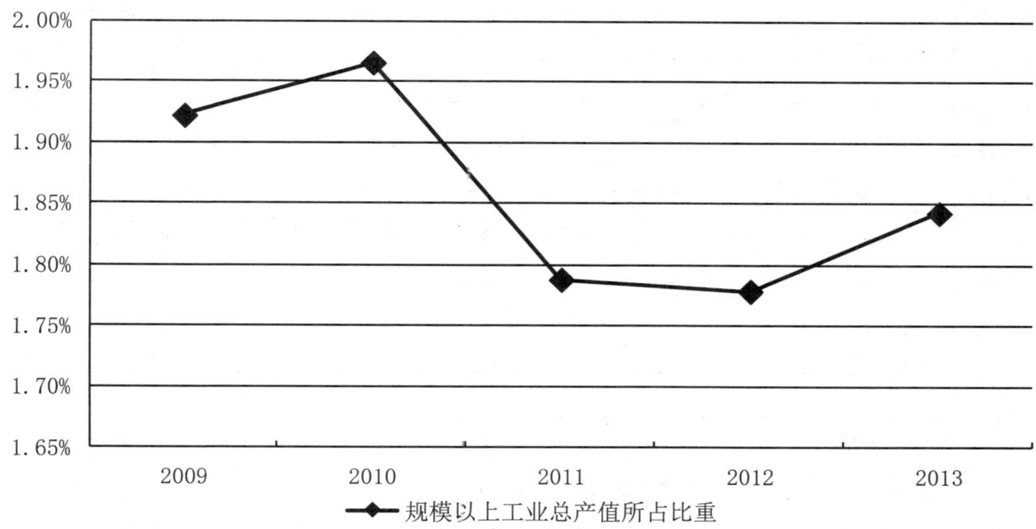

图 6　2009—2013 年金华市规模以上工业总产值在长三角所占比重的变化趋势

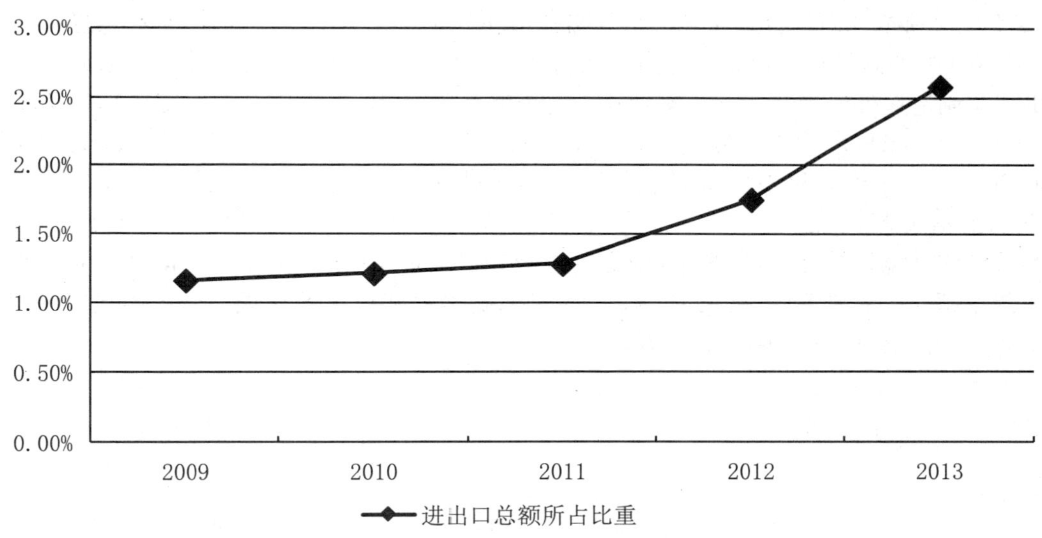

图 7　2009—2013 年金华市进出口总额在长三角所占比重的变化趋势

保持着相对领先的位置。

2013 年，金华市完成进出口总额 342.7 亿美元，比上年增长 50.8%。其中，出口总额 325.3 亿美元，增长 52.7%；进口总额 17.4 亿美元，增长 22.2%。出口有效主体增加。全年新增备案企业 1810 家，全年有出口实绩企业 5799 家，净增 777 家；其中出口超 5000 万美元企业 145 家，净增 80 家。出口市场结构优化。全市与 219 个国家和地区建立了贸易关系，其中出口超 1 亿美元的国家和地区 67 个，增加 16 个。

2009—2013 年金华市实际外商直接投资金额在长三角所占比重分别为 0.86%、0.67%、0.41%、0.44%和 0.39%，总体呈下降的趋势，2013 年较上年减少了 0.05 个百分点，较 2009 年减少了 0.47 个百分点。2013 年金华市实际外商直接投资金额在长三角地区 25 个市排名与上年比保持不变，排名第

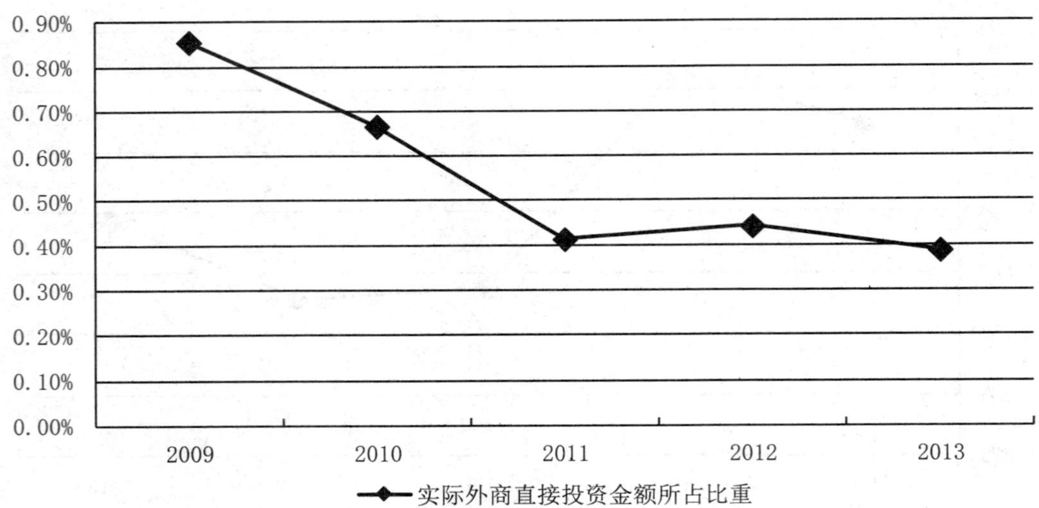

图 8 2009—2013 年金华市实际外商直接投资金额在长三角所占比重的变化趋势

22 位，位置靠后，亟需改变对外投资政策，以期吸引更多的外商在华投资。

2013 年全市新批外商投资企业 59 家；合同利用外资 3.8 亿美元，同比增长 8.8%；实际利用外资 2.49 亿美元(其中外商投资合伙企业外商认缴出资额 1881 万美元)。工业利用外资继续占主导地位。全年新批工业制造业外资项目 24 个，实到外资占全市总数的 55.3%，其中总投资超 1000 万美元以上项目 9 个。外资大项目带动作用明显。全年新设立总投资 3000 万美元以上项目 8 个，占全市新增合同外资的 38.8%。三产项目引资增长较快。全年新设立第三产业外资项目 35 个，合同利用外资 13589 万美元，增长 1.48 倍。

全市新批核准境外投资项目 37 个，中方境外投资额 18557.35 万美元。全市完成对外承包工程劳务合作营业额 30618 万美元，增长 18.8%。境外营销网络建设成效显现。全年设立境外营销网络 29 个，累计 300 个，涉及 62 个国家和地区。

九　衢州市2013年经济社会发展报告

2013年，国内外经济运行环境仍然复杂，市委市政府紧紧围绕“一个中心、两大战役”①战略部署，坚持以科学发展为主题，以加快转变发展方式为主线，在稳增长、调结构、惠民生等方面下功夫，全市上下共同努力，国民经济运行总体平稳，各项社会事业取得新的进步。

一、衢州市2013年经济发展概况

（一）综合经济

1. 经济总量

全年全市生产总值1056.57亿元，按可比价格计算，比上年增长9.1%。其中：第一产业增加值83.15亿元，增长1.1%；第二产业增加值555.92亿元，增长10.4%；第三产业增加值417.50亿元，增长9.0%。在第三产业中：交通运输、仓储及邮政业增加值增长5.8%，批发和零售业增加值增长9.5%，住宿和餐饮业增加值增长8.1%，金融业增加值增长15.0%，房地产业增加值增长16.1%。三次产业增加值结构由上年的8.2∶53.1∶38.7调整为7.9∶52.6∶39.5。全市人均生产总值按户籍人口计算为41676元，合6730美元，比上年增长8.8%；全市人均生产总值按常住人口计算为49791元，合8040美元，比上年增长9.0%。

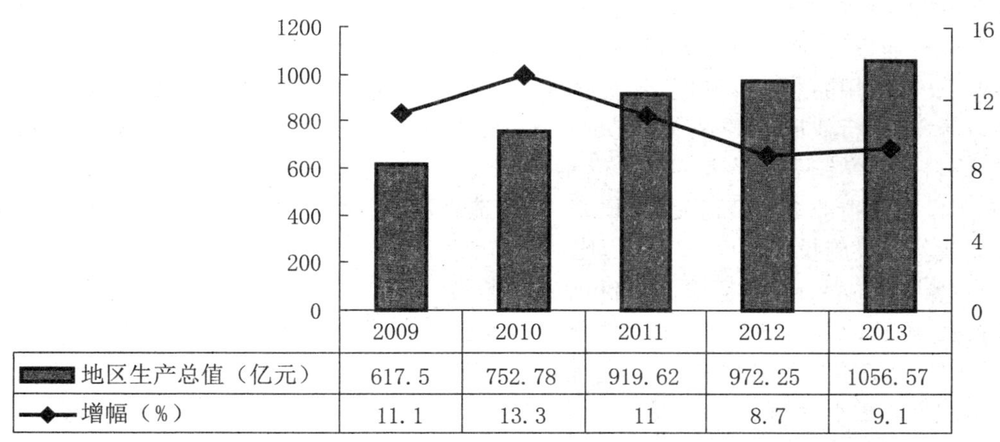

	2009	2010	2011	2012	2013
地区生产总值（亿元）	617.5	752.78	919.62	972.25	1056.57
增幅（%）	11.1	13.3	11	8.7	9.1

图1　2009—2013年衢州市地区生产总值及增长速度

2. 财政收入

全年实现财政总收入118.21亿元，比上年增长11.1%，其中地方财政收入72.75亿元，增长14.7%。在地方财政收入中实现税收收入66.81亿元，增长17.0%，其中：增值税9.01亿元，增长14.9%；营业税20.25亿元，增长15.4%；企业所得税8.32亿元，下降7.6%，个人所得税2.83亿元，下降2.2%。

① “一个中心、两大战役”，即坚持“工业立市”不动摇，大力推进工业发展；打响城市建设管理战役、打响旅游业发展战役。

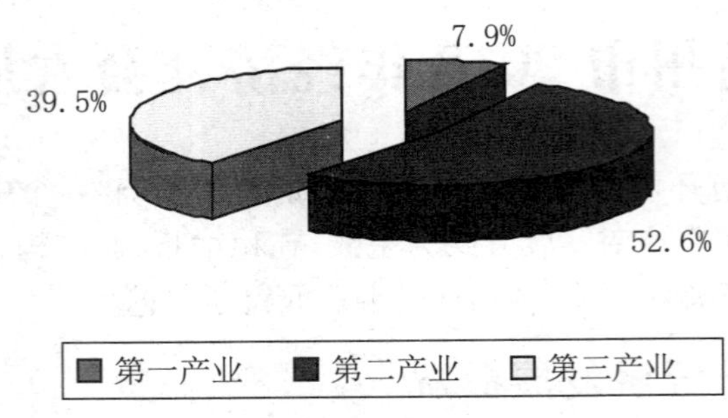

图 2 2013 年衢州市三次产业结构图

3. 物价水平

市区居民消费价格一季度同比上涨 2.2%,上半年上涨 2.2%,前三季度上涨 2.4%,全年平均比上年增长 2.6%,其中:食品类上涨 4.8%。

工业生产者出厂价格比上年下降 2.7%,其中:重工业产品出厂价格下降 3.7%,轻工业产品出厂价格下降 0.4%。工业生产者购进价格下降 3.1%,其中:黑色金属材料类下降 7.5%,有色金属类下降 2.9%,化工原料类下降 3.8%,燃料、动力类下降 3.4%。

5. 固定资产投资

全年完成固定资产投资 670.72 亿元,比上年增长 18.5%。其中:第一产业投资 26.89 亿元,增长 76.8%;第二产业投资 317.93 亿元,增长 4.4%;第三产业投资 325.90 亿元,增长 32.3%。

全年完成工业投资 317.93 亿元,比上年增长 4.6%,其中制造业投资 267.49 亿元,下降 1.6%。饮料制造业、文教体用品制造业和医药制造业等 13 个行业的投资增长 20%以上,非金属矿物制品业、金属制品业等 13 个行业比上年下降。有 8 个行业年投资额超 10 亿元,其中 4 个行业年投资额超 20 亿元:化学原料及化学制品制造业 36.32 亿元,增长 11.6%;电气机械及器材制造业 26.21 亿元,增长 16.5%;专用设备制造业 21.32 亿元,增长 25.8%;造纸及纸制品业 20.56 亿元,下降 28.1%。

全年完成基础设施投资 205.52 亿元,比上年增长 61.1%。其中:水利、环境和公共设施管理投资 88.02 亿元,增长 58.3%;交通运输、仓储和邮政业投资 55.00 亿元,增长 86.6%;电力、燃气及水的生产供应业投资 46.12 亿元,增长 63.8%;教育设施投资 6.06 亿元,增长 26.0%;文化艺术业投资 4.78 亿元,增长 124.7%;卫生设施投资 3.72 亿元,增长 25.2%。

全市组织实施重点项目 326 个,完成投资 373.56 亿元,其中:本年新开工项目 169 个,建成项目 112 个。

(二) 农业和农村建设

全年实现农林牧渔业总产值 140.22 亿元,比上年增长 3.7%。

全年农作物播种面积 346.27 万亩,比上年增长 0.3%。其中:粮食播种面积 201.02 万亩,与上年基本持平;油料播种面积 58.96 万亩,增长 0.2%;蔬菜种植面积 54.88 万亩,增长 1.5%;果用瓜种植面积 7.78 万亩,下降 1.4%。

全年粮食总产量 79.92 万吨,比上年增长 0.3%。油料产量 6.51 万吨,增长 1.7%。蔬菜产量 91.62 万吨,增长 1.3%。食用菌产量 17.19 万吨,下降 7.5%。果用瓜产量 14.28 万吨,下降 0.2%。茶叶产量 6231 吨,下降 9.0%。水果产量 82.48 万吨,增长 1.9%,其中柑桔产量 64.07 万吨,增长 2.4%。

全年肉类总产量30.61万吨,比上年下降4.4%,其中猪肉26.82万吨,下降3.4%。全年生猪出栏448.41万头,下降6.4%。家禽出栏2971.26万只,下降9.2%;禽蛋产量2.30万吨,下降0.4%。蜂蜜产量2.27万吨,下降14.6%;蜂皇浆产量823.57吨,增长66.7%。牛奶产量661吨,下降60.9%。水产品产量5.68万吨,增长5.1%。

全市实施整乡整镇整治乡镇25个,整治行政村130个,其中:新增村内主干道硬化里程177.93公里,新增卫生厕所农户22326户,新增污水治理农户26005户。规划建设的16条美丽乡村创建线路全面实施。全市农村垃圾集中收集处理覆盖率95.3%。新增市级农家乐特色村(点)26个,申报省级农家乐特色村(点)4个,全年累计接待游客1276万人次,营业收入5.81亿元。全年累计培训农民6.46万人次。

(三)工业和建筑业

1. 工业

全市年末共有规模以上工业企业单位983家,比上年增加43家,其中:主营业务收入亿元以上的企业261家,比上年增加17家;大中型企业94家,比上年增加1家。

全年全部工业增加值477.29亿元,按可比价格计算比上年增长11.0%。规模以上工业企业全年完成产值1474.87亿元,增长8.8%,其中:重工业1014.71亿元,增长7.4%;轻工业460.17亿元,增长12.1%。实现工业销售产值1443.73亿元,增长9.3%,产销率97.89%,比上年提高0.38个百分点。全年完成工业出口交货值110.03亿元,增长5.8%。

在规模以上工业中:化工行业实现产值242.7亿元,比上年增长0.3%;机械行业306.5亿元,增长7.2%;建材行业77.77亿元,增长4.6%;黑色金属冶压业182.25亿元,增长5.5%;造纸行业134.30亿元,增长16.0%;木材加工业51.17亿元,增长9.9%;纺织业62.07亿元,增长11.6%;通信设备62.44亿元,增长68.8%;电力行业85.8亿元,增长13.1%。

全年规模以上工业企业实现利税125.47亿元,增长15.4%,其中利润82.49亿元,增长13.1%。分行业看,机械行业实现利润18.60亿元,下降0.9%;计算机、通信和其他电子设备制造业10.61亿元,增长111.8%;化工行业8.98亿元,下降5.3%;饮料行业8.17亿元,增长12.8%;造纸行业7.88亿元,增长62.2%;建材行业5.96亿元,增长6.7%;黑色金属冶压业3.14亿元,下降7.7%。

2. 建筑业

全年建筑业实现增加值78.63亿元,按可比价格计算比上年增长6.5%。全市建筑业企业364家,其中:具有一级资质企业25家,二级资质企业89家。全年建筑业实现总产值360.64亿元,增长20.2%,超亿元产值的企业85家。

(四)服务业

1. 国内贸易

全年实现社会消费品零售总额443.67亿元,比上年增长13.8%。按经营地统计,城镇市场实现消费品零售额389.78亿元,增长14.8%;乡村市场实现消费品零售额53.89亿元,增长7.5%。按消费形态统计,批发业实现零售额71.85亿元,增长15.0%;零售业实现零售额323.08亿元,增长13.8%;住宿业实现零售额4.49亿元,增长1.1%;餐饮业实现零售额44.25亿元,增长13.9%。

全市限额以上批发零售业实现零售额129.00亿元,增长12.4%。其中:食品、饮料、烟酒类增长18.6%,服装鞋帽、针纺织品类下降5.7%,日用品类增长33.5%,化妆品类增长30.8%,中西药品类增长21.3%，家用电器和音像制品类下降6%，汽车类增长15.8%。

全市共有成交额超亿元的各类市场22个，摊位数7447个，实现成交额251.02亿元，增长3.3%。成交额超十亿元市场有8个，比上年增加1个。

2. 交通运输与邮电

全年完成交通运输、仓储和邮政业增加值34.84亿元，按可比价格计算，比上年增长5.8%。

全年各种运输方式完成货物运输量9077.67万吨，比上年增长3.9%，其中：铁路370.91万吨，增长0.7%；公路8703.00万吨，增长4.1%；水运3.68万吨，下降8.0%；民航771.40吨，增长64.1%。全年各种运输方式完成旅客运输量11585.15万人，比上年下降1.2%，其中：铁路241.92万人，增长12.1%；公路11315.00万人，下降1.5%；水运6.02万人，下降9.1%；民航22.21万人，增长16.8%。

年末民用汽车拥有量21.25万辆，比上年增长19.9%，其中：载客汽车15.34万辆，增长11.4%；载货汽车4.53万两，增长46.1%。私人汽车17.63万辆，增长17.1%。全市摩托车拥有量24.78万辆，下降2.6%。

年末各类公路里程7933.87公里，其中高速公路317.32公里，一级公路290.94公里，二级公路706.89公里，村道3813.92公里。

全年邮电业务收入17.66亿元，比上年增长12.6%，其中邮政业务收入1.47亿元，增长13.1%；通信业务收入16.19亿元，增长12.5%。全年邮政传送函件1705.56万件，包件6.32万件，累计订销报纸4789.67万份，订销杂志327.73万份。年末全市共有快递企业30家，全年实现业务收入1.43亿元，快递收件1551.41万件，派件1229.43万件。年末城乡固定电话用户50.68万户，比上年减少1.41万户。年末移动电话用户226.12万户，增加7.22万户。电话普及率（含移动电话）108.89部/百人，增加5.94部/百人。互联网用户43.05万户，增加7.24万户，互联网普及率达到48.7%。

3. 旅游业

全年旅游总收入197.26亿元，比上年增长31.8%，其中：接待国内旅游者3277.90万人次，增长30.2%，国内旅游收入193.72亿元，增长33.2%；入境的旅游者12.10万人次，下降10.8%，国际旅游外汇收入5723.87万美元，下降14.0%。在入境的旅游者中：外国人4.60万人次，下降23.6%；香港、澳门和台湾同胞7.51万人次，下降0.6%。全市拥有星级宾馆饭店35家，客房总数3468间。

4. 金融、证券和保险

全年完成金融业增加值61.53亿元，按可比价格计算，比上年增长15.0%。

年末金融机构本外币存款余额1492.71亿元，比上年末增长14.9%，其中人民币存款余额1481.46亿元，增长14.9%。年末金融机构本外币贷款余额1250.86亿元，增长16.0%，其中人民币贷款余额1237.02亿元，增长16.2%。年末城乡居民本外币储蓄存款余额706.81亿元，增长16.1%。

年末共有证券机构12家，比上年增加1家，全年证券交易量1410.09亿元，比上年增长63.5%；实现佣金收入1.11亿元，增长53.2%；期末保证金余额6.80亿元，下降0.8%；托管市值87.19亿元，增长45.1%；实现利润0.6亿元，增长190.0%；新开证券账户8323个，下降22.3%。

年末共有保险机构29家，全年保费收入30.27亿元，比上年增长15.8%，其中：寿险保费收入17.10亿元，增长12.5%；财产险保费收入13.17亿元，增长20.5%。支付各类赔款9.69亿元，增长19.5%，其中：寿险业务赔款2.47亿元，下降0.4%；财产险赔款7.22亿元，增长28.2%。

5. 房地产

全年完成房地产开发投资88.82亿元，比上年增长17.2%，其中住宅投资70.5亿元，增长16.9%。房地产开发施工面积723.20万平方米，增长26.2%；竣工面积138.55万平方米，增长

4.9%；销售面积170.19万平方米，增长63.5%，其中：住宅销售144.78万平方米，增长73.6%，商业营业用房销售7.48万平方米，下降10.4%。，商品房销售额115.86亿元，增长64.9%，其中住宅销售额101.64亿元，增长79.5%。

全年新开工建设保障性安居住房5859套，完成年度任务的158.8%，其中：廉租房213套，开工率100%；经济适用房70套，开工率100%；公共租赁房1794套，开工率113.4%。新增廉租住房保障户523户，其中实物配租116户，货币补助406户，租金核减1户。

（五）对外经济

1. 对外贸易

全年实现进出口总额37.76亿美元，比上年增长25.0%。其中：出口23.90亿美元，增长28.6%；进口13.86亿美元，增长19.4%。

全市有出口实绩的企业699家，比上年增加83家，其中当年新启动出口业务企业157家，增加25家。全年出口额在100万美元以上企业292家，其中1000万美元以上的企业67家，增加16家。

全市出口排前三位的市场依次是：欧盟、东盟、美国。对欧盟出口3.73亿美元，增长22.9%；对东盟出口3.20亿美元，增长36.8%；对美国出口2.58亿美元，增长20.0%。对这三大主要市场出口额合计占全市出口总额的39.8%。

在主要商品出口中：机电产品出口6.77亿美元，增长28.3%；高新技术产品出口0.76亿美元，下降0.4%；化工医药产品出口4.74亿美元，增长5.1%；服装、纺织品出口3.00亿美元，增长35.8%；农产品及其加工产品2.00亿美元，增长29.0%。

2. 外资状况

全年新批外商投资企业13家，比上年减少1家；合同利用外资1.33亿美元，增长189.2%；实际利用外资0.66亿美元，增长30.6%。

二、衢州市2013年社会发展概况

（一）人口、人民生活

年末户籍总人口254.21万人，其中男性人口130.55万人、女性人口123.66万人，分别占总人口的51.4%和48.6%。全年出生人口2.31万人，出生率为9.13‰；死亡人口1.46万人，死亡率为5.75‰；全年净增人口0.85万人，自然增长率为3.38‰。根据全市5‰人口抽样调查结果推算，全市常住人口为212.4万人，城市人口占总人口比重为47.7%。

全市城镇居民人均可支配收入28883元，比上年增长10.1%。全市农村居民人均纯收入11924元，增长11.3%。

城镇居民家庭恩格尔系数(即食品消费支出占消费总支出的比重)35.2%，农村居民家庭恩格尔系数38.3%。城镇居民人均住房建筑面积36.8平方米，农村居民人均住房面积66.7平方米。

（二）就业与社会保障

1. 就业

全市新增就业人数3.27万人，有1.43万城镇下岗失业人员实现再就业，年末城镇登记失业率为3.13%，比上年末下降0.26个百分点。

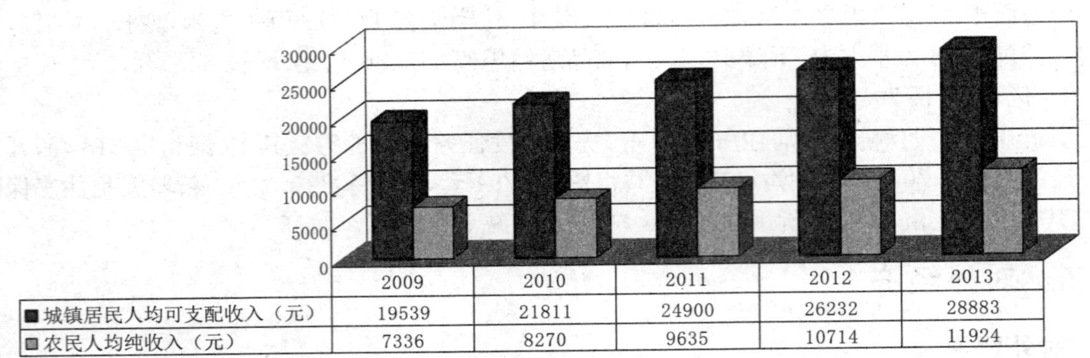

	2009	2010	2011	2012	2013
■城镇居民人均可支配收入（元）	19539	21811	24900	26232	28883
■农民人均纯收入（元）	7336	8270	9635	10714	11924

图 3　2009—2013 年衢州市城乡居民收入对比一览

2. 社会保障

年末参加城镇基本养老保险的人数 63.82 万人，比上年末增长 12.4%，其中：企业参保人数 58.66 万人，增长 12.9%；参加失业保险的人数 23.26 万人，增长 8.1%；参加城镇基本医疗保险的人数 52.97 万人，增长 6.7%；参加工伤、生育保险的职工分别为 35.78 万人和 25.15 万人，分别增长 3.6%和 7.0%。年末享受失业保险职工人数 7560 人，增长 10.2%。

年末拥有各类收养性社会福利单位 116 个，床位 14997 张，在院人数 6312 人。农村五保人员集中供养率 95.47%，城镇“三无”对象集中供养率 100%。全市城镇居民和农村居民最低生活保障对象月低保标准分别为 480 和 332 元，已保人数分别为 3966 人和 5.64 万人。

（三）教育和科学技术

1. 教育

教育现代化建设稳步推进，实施教育质量提升工程，加强义务教育标准化学校建设，与知名院校开展合作交流，落实中等职业教育免学费政策，高等教育服务地方能力进一步增强，启动幼儿园按比例配备男教师五年计划。

2013 年全市拥有普通高校 2 所，其中本科 1 所、专科 1 所，在校生 12937 人。中等职业教育学校 17 所，在校生 3.09 万人。普通高中 26 所，在校生 3.95 万人。普通初中 67 所，在校生 7.44 万人。小学 212 所，在校生 14.36 万人。特殊教育 7 所，在校生 488 人。全市拥有幼儿园 717 所，在园幼儿 7.56 万人。

全市学前教育入园率 95.25%，小学入学率 100%，初中入学率 100%，初中毕业升高中段的比例 96.8%，高中段毛入学率 94.95%，高等教育毛入学率 45.72%。15 年教育普及率 97.7%，“三残”儿童入学率 98.81%。

全市有普通高校专任教师 580 人；普通高中专任教师 3145 人，学历合格率 99.05%；初中专任教师 5384 人，学历合格率 99.93%；小学专任教师 8262 人，学历合格率 99.95%；幼儿园专任教师 4089 人，学历合格率 97.02%；中等职业教育专任教师 1789 人，学历合格率 95.25%；特殊教育专任教师 138 人，学历合格率 97.1%。

2. 科技与创新

全市拥有国家级高新技术企业 89 家，市级高新技术企业 178 家。国有独立研究开发机构 11 个，企业技术开发机构 223 个。全年获得市级科技进步奖 40 项。当年专利申请受理 3836 项，专利申请

授权3287项，其中发明126项。

年末拥有产品质量检验机构70家，法定计量技术机构5个。全年强制检定计量器具111741(件)，其中：贸易结算用计量器具96455件，安全防护用计量器具9917件。全年检验特种设备13431台(件)，其中：电梯2939台，压力容器5090台。

(四) 文化、卫生和体育

1. 文化

大力弘扬"最美衢州人"精神，"最美"人物不断涌现。以"流动文化加油站"为特色的公共文化服务品牌进一步打响，儒学文化区建设稳步推进，市图书馆改建项目开工建设，新建农村文化礼堂100个。广电"一省一网"整合工作有序推进。

年末共有各类艺术表演团体25个，其中专业团体2个。公共图书馆7个，面积12593平方米，藏书量1417千册。博物馆4个，面积26167平方米。有广播电台6座，广播综合人口覆盖率97.63%。电视台7座，电视综合人口覆盖率98.18%。全年城市影院观看电影观众93.81万人次，票房收入2999.76万元。全市日均发行《衢州日报》6.07万份，《衢州晚报》7.72万份。年末共有综合档案馆7个和国家专门档案馆1个，面积21705平方米，馆藏档案全宗989个，共计63.34万卷26.74万件。全年查阅档案、资料2.67万人次，53472卷(件)次。

2. 卫生

完善城乡医疗卫生基础设施，市第三医院迁建项目主体工程竣工，衢江区人民医院新院区投入使用。

至2013年年末共有卫生机构755家。共有病床床位9463张。卫生技术人员12469人，其中医生5032人。年末共有疾病控制中心6个，公共卫生人员249人。累计报告发生甲、乙类传染病0.57万例，发病率263.64/10万。孕产妇和5岁以下儿童死亡率分别为9.93/10万和6.65‰。新型农村合作医疗参保人数164.14万人，参保率97.0%。农村自来水受益率79.74%，农村卫生厕所普及率90.25%。

3. 体育

广泛开展全民健身运动，全年举办市、县运动会142次，参加人次15.9万人。在全国及全省各类体育比赛中，全市共获金牌62枚、银牌82枚、铜牌73枚。

(五) 城乡建设

2013年衢州市注重城乡统筹发展，大力推进城市"十大专项"和治水、治气、治堵等专项整治，城乡面貌进一步改善。

城市建设步伐加快。加大城市基础设施建设力度，全市新建改建城市道路36公里、污水管网152公里、慢行绿道12公里，新增公园绿地35公顷，市区饮用水水质提升工程全面完成。大力推进城市治堵，优先发展公共交通，全市新增公共停车位4032个，市区公共自行车系统投入使用。强力推进城市"十大专项"，上下街改造、坊门街提升项目提前完成。加强城市管理和环境卫生综合整治，顺利通过国家卫生城市复审。强势推进"三改一拆"，累计完成"三改"面积276.9万平方米，拆除违法建筑619.9万平方米，拆出了发展空间、拆出了法治理念、拆出了公平正义。

美丽乡村建设深入推进。村庄整治、农房改造、农田水利、农村饮用水、历史文化村落保护利用等工作有序推进，开化获评省级美丽乡村创建先进县，柯城七里乡、江山大陈村被评为"浙江省最美乡村”。深化江山贺村镇小城市培育试点，推进中心镇、中心村建设。积极促进农民增收，培训农村实用人才近 2 万人，农家乐营业收入 5.8 亿元，发放来料加工费 23.4 亿元。我市被评为全省新农村建设优秀单位。

城乡环境整治全面开展。启动以水环境整治为重点的共建生态家园行动，完成了摸底排查、方案编制、政策制订等工作。大力开展生猪养殖、河道采砂整治规范，大力推进乌溪江饮用水源保护区环境整治和信安湖水环境综合治理，大力实施“四边三化”、“双清”行动和“河长制”，在全省率先实现乡镇交接断面水质监测考核全覆盖，削减生猪饲养量 75.7 万头，取缔非法采砂制砂点 196 处，完成河道整治 327 公里，整治区域水质得到明显改善。出台大气污染防治三年行动计划，启动实施烟粉尘、脱硝、扬尘等大气污染治理项目 40 个，完成水泥熟料生产线烟气脱硝治理 6 条，淘汰黄标车 2306 辆，更新投放天然气出租车 351 辆、公交车 73 辆。启动“四大森林”建设，成功创建国家水土保持生态文明城市，常山顺利通过省级生态县验收。

（六）资源、环境保护和生态建设

出境水水质和集中式饮用水源地水质全部达标，城市区域环境噪声平均值为 48.1 分贝，符合功能区要求。

全年全市万元 GDP 综合能耗可完成全省核定下降 4.3%的考核目标任务，四项减排指标年度减排计划目标(化学需氧量、氨氮各削减 2.8%，二氧化硫、氮氧化物各削减 4%)可全面完成。

全年全市共新增 4 个乡镇获得国家级环境优美乡镇命名，4 个乡镇获得省级生态乡镇称号，新增省级绿色饭店 3 家，省级绿色家庭 20 户，省级生态文明教育示范基地 2 个。累计建成优质林分面积 366.42 万亩，完成平原绿化扩面 4.05 万亩、森林抚育提质 29.16 万亩，国省道边坡复绿面积 3 万平方米。

全年自然灾害受灾人口 60.03 万人，无因灾死亡人口，倒塌房屋 69 间。农作物受灾面积 93.06 千公顷，其中绝收面积 9.17 千公顷。因灾害造成的直接经济损失 5.77 亿元，其中农业经济直接损失 4.61 亿元。

（七）社会安全

全年共发生各类事故 1005 起，死亡 255 人，受伤 987 人，直接经济损失 1346.70 万元，比上年分别下降 2.9%、2.3%、2.8%和 11.7%。在各类事故中，工矿商贸企业共发生事故 29 起、死亡 29 人、直接经济损失 912.5 万元，比上年分别下降 6.5%、12.1%和 15.3%；道路交通共发生事故 976 起、死亡 226 人、直接经济损失 434.2 万元，比上年分别下降 2.8%、0.9%和 3.1%。生产经营性火灾共发生事故 283 起、无死亡人口、受伤 2 人，直接经济损失 1103.80 万元。据调查，全市群众安全感满意率 97.09%。

三、衢州市在长三角地区经济发展中的地位

2013 年，国内外经济运行环境仍然复杂，市委市政府紧紧围绕“一大中心、两大战役”战略部署，在稳增长、调结构、惠民生等方面下功夫，全市上下共同努力，全年经济运行保持总体平稳，地区生产总值(GDP)突破千亿，财政收入和居民收入上新台阶。但年内全市经济经历高开回落企稳的曲折走势，GDP 全年 9.1%的经济增速来之不易，同时一些结构性矛盾在 2013 年的经济运行中更加凸显，在今后的经济工作中需要高度重视和积极化解，以确保衢州市经济运行更加健康协调。

2009—2013 年衢州市地区生产总值在长三角所占比重分别为 0.85%、0.88%、0.91%、0.89%和

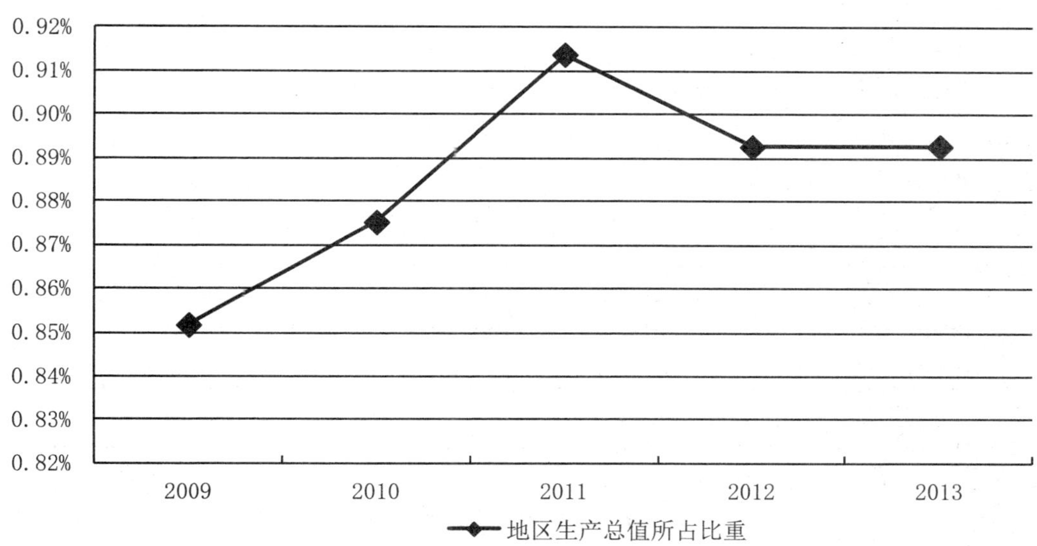

图 4　2009—2013 年衢州市地区生产总值在长三角所占比重的变化趋势

0.89%，5 年变化幅度不大，2013 年较上年保持不变，较 2009 年增加了 0.04 个百分点。2013 年衢州市地区生产总值在长三角地区 25 个市（苏浙两省 24 个地级市和上海市，下同）中的排名与上年保持一致，排名第 23 位，位置较为靠后，亟需有所改变。

2013 年，衢州市实现地区生产总值 1056.57 亿元，按可比价格计算，比上年增长 9.1%。其中：第一产业增加值 83.15 亿元，增长 1.1%；第二产业增加值 555.92 亿元，增长 10.4%；第三产业增加值 417.50 亿元，增长 9.0%。在第三产业中：交通运输、仓储及邮政业增加值增长 5.8%，批发和零售业增加值增长 9.5%，住宿和餐饮业增加值增长 8.1%，金融业增加值增长 15.0%，房地产业增加值增长 16.1%。三次产业增加值结构由上年的 8.2∶53.1∶38.7 调整为 7.9∶52.6∶39.5。全市人均生产总值按户籍人口计算为 41576 元，合 6730 美元，比上年增长 8.8%；全市人均生产总值按常住人口计算为 49791 元，合 8040 美元，比上年增长 9.0%。

2009—2013 年衢州市地方财政一般预算收入在长三角所占比重 0.47%、0.49%、0.49%、0.49% 和 1.14%，前四年总体不变，2013 年出现大幅增加，较 2012 年增加 0.65 个百分点，五年累计增加了 0.67 个百分比。2013 年衢州市地方财政一般预算收入在长三角地区 25 个市中的排名与上年保持不变，排名第 25 位，位置靠后，亟需有所突破。

2013 年全年实现财政总收入 118.21 亿元，比上年增长 11.1%，其中地方财政收入 72.75 亿元，增长 14.7%。在地方财政收入中实现税收收入 66.81 亿元，增长 17.0%，其中：增值税 9.01 亿元，增长 14.9%；营业税 20.25 亿元，增长 15.4%；企业所得税 8.32 亿元，下降 7.6%，个人所得税 2.83 亿元，下降 2.2%。

2009—2013 年衢州市规模以上工业总产值所占比重分别为 0.60%、0.63%、0.66%、0.62% 和 0.65%，五年总体呈上升趋势，累计增加了 0.05 个百分点，较上年上升了 0.03 个百分点。2013 年湖州市规模以上工业总产值在长三角地区 25 个市中的排名与上年保持不变，排名第 24 位，较靠后，亟需有所改善。

2013 年全市年末共有规模以上工业企业单位 983 家，比上年增加 43 家，其中：主营业务收入亿元以上的企业 261 家，比上年增加 17 家；大中型企业 94 家，比上年增加 1 家。

全年全部工业增加值 477.29 亿元，按可比价格计算比上年增长 11.0%。规模以上工业企业全年

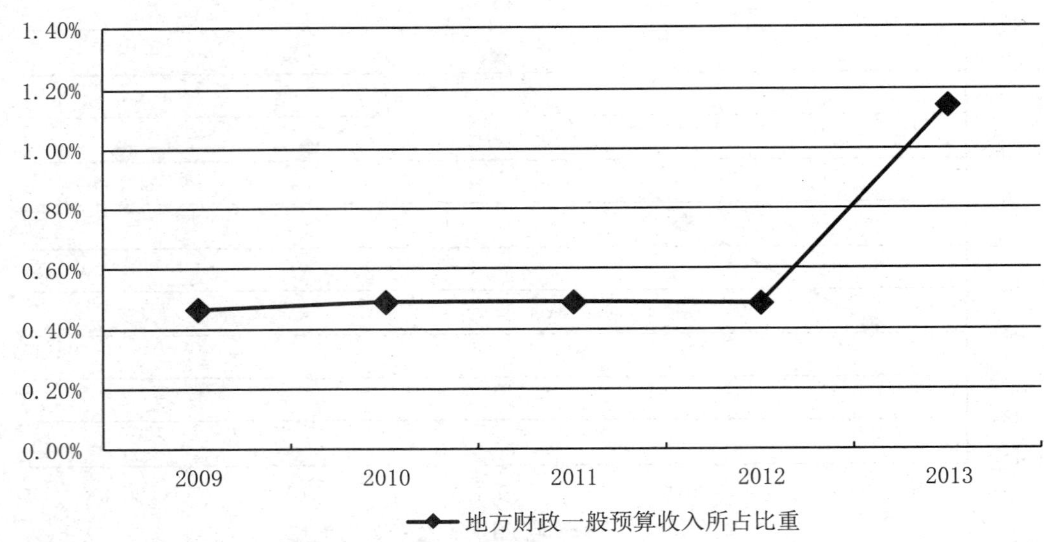

图 5　2009—2013 年衢州市地方财政一般预算收入在长三角所占比重的变化趋势

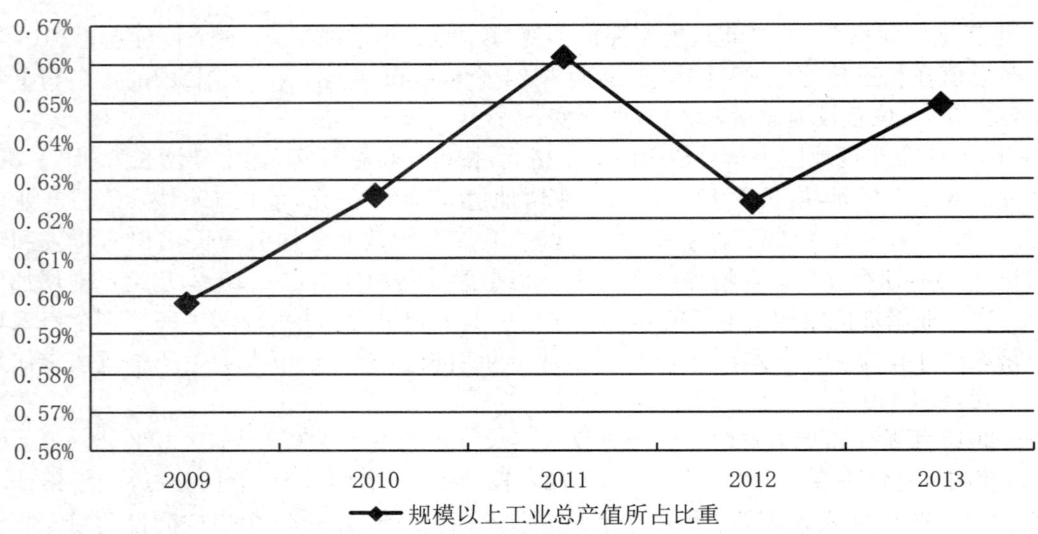

图 6　2009—2013 年衢州市规模以上工业总产值在长三角所占比重的变化趋势

完成产值 1474.87 亿元，增长 8.8%，其中：重工业 1014.71 亿元，增长 7.4%；轻工业 460.17 亿元，增长 12.1%。实现工业销售产值 1443.73 亿元，增长 9.3%，产销率 97.89%，比上年提高 0.38 个百分点。全年完成工业出口交货值 110.03 亿元，增长 5.8%。

在规模以上工业中：化工行业实现产值 242.7 亿元，比上年增长 0.3%；机械行业 306.5 亿元，增长 7.2%；建材行业 77.77 亿元，增长 4.6%；黑色金属冶压业 182.25 亿元，增长 5.5%；造纸行业 134.30 亿元，增长 16.0%；木材加工业 51.17 亿元，增长 9.9%；纺织业 62.07 亿元，增长 11.6%；通信设备 62.44 亿元，增长 68.8%；电力行业 85.8 亿元，增长 13.1%。

2009—2013 年衢州市进出口总额在长三角所占比重分别为 0.15%、0.17%、0.21%、0.23%和 0.28%，五年间稳中有升，2013 年较上年上升了 0.05 个百分点，五年累计增幅达 0.13 个百分点。2013 年衢州市进出口总额在长三角地区 25 个市中的排名比上年上升了一位，排名第 22 位，位置靠

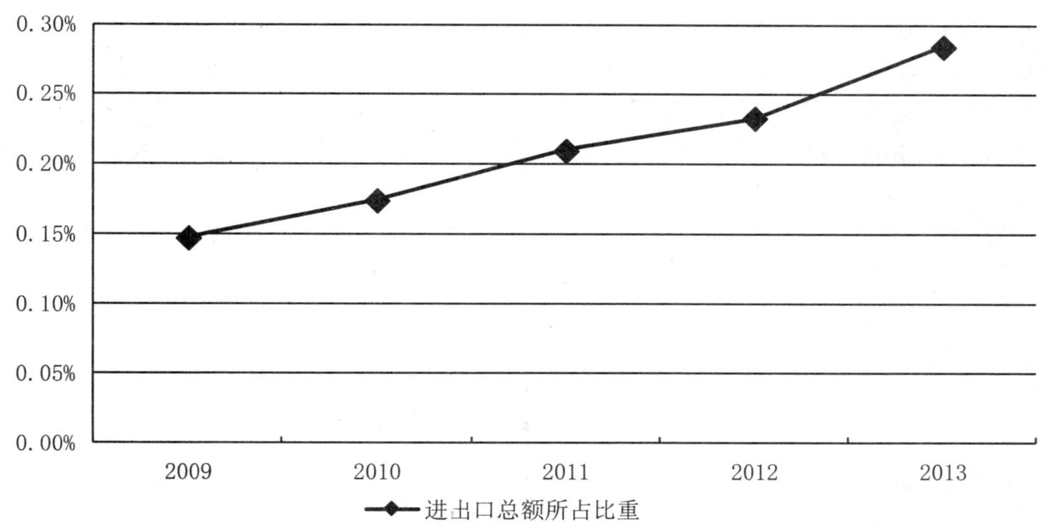

图 7　2009—2013 年衢州市进出口总额在长三角所占比重的变化趋势

后，需解放思想，积极发展对外贸易，彻底走出金融危机的影响。

2013 年，全年实现进出口总额 37.76 亿美元，比上年增长 25.0%。其中：出口 23.90 亿美元，增长 28.6%；进口 13.86 亿美元，增长 19.4%。

全市有出口实绩的企业 699 家，比上年增加 83 家，其中当年新启动出口业务企业 157 家，增加 25 家。全年出口额在 100 万美元以上企业 292 家，其中 1000 万美元以上的企业 67 家，增加 16 家。

全市出口排前三位的市场依次是：欧盟、东盟、美国。对欧盟出口 3.73 亿美元，增长 22.9%；对东盟出口 3.20 亿美元，增长 36.8%；对美国出口 2.58 亿美元，增长 20.0%。对这三大主要市场出口额合计占全市出口总额的 39.8%。

在主要商品出口中：机电产品出口 6.77 亿美元，增长 28.3%；高新技术产品出口 0.76 亿美元，下降 0.4%；化工医药产品出口 4.74 亿美元，增长 5.1%；服装、纺织品出口 3.00 亿美元，增长 35.8%；农产品及其加工产品 2.00 亿美元，增长 29.0%。

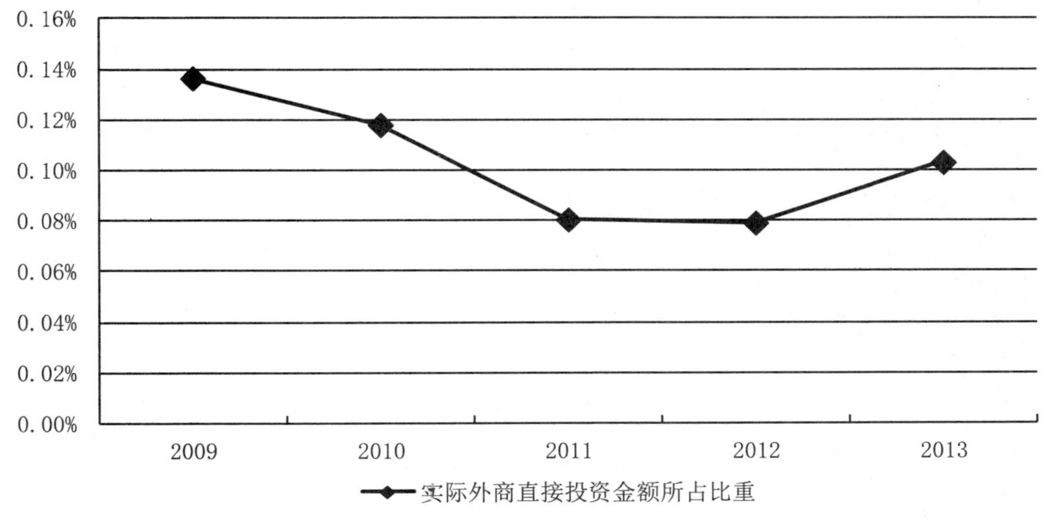

图 8　2009—2013 年衢州市实际外商直接投资金额在长三角所占比重的变化趋势

2009—2013 年衢州市实际外商直接投资金额在长三角所占比重分别为 0.14%、0.12%、0.08%、0.08%和 0.10%，呈现些许摆动，2013 年较上年增加了 0.02 个百分点，较 2009 年减少了 0.04 个百分点。2013 年衢州市实际外商直接投资金额在长三角地区 25 个市中的排名与上年保持一致，排名第 25 位，位置靠后，需解放思想，积极开拓“走出去，引进来”的对外贸易路线，以期较大的提升外商直接投资额。

2013 年全年新批外商投资企业 13 家，比上年减少 1 家；合同利用外资 1.33 亿美元，增长 189.2%；实际利用外资 0.66 亿美元，增长 30.6%。

十 舟山市2013年经济社会发展报告

2013年是浙江舟山群岛新区发展规划获批后新区建设全面推进的重要一年。一年来，在新区党工委、管委会、市委市政府的正确领导下，全市上下面对复杂严峻的宏观环境和新区建设的繁重任务，解放思想，凝心聚力，勇担使命，锐意创新，四干兴舟，全市经济保持平稳较快增速，各项社会事业协调发展，民生改善不断推进，为实施新区发展规划和三年行动计划打下了良好的基础。

一、舟山市2013年经济发展概况

（一）综合经济

1. 经济总量

全年全市地区生产总值930.85亿元，按可比价计算，比上年增长8.5%。其中，第一产业增加值95.73亿元，第二产业增加值411.55亿元，第三产业增加值423.57亿元，分别比上年增长7.6%、9.2%和7.9%。三次产业结构比例为10.3∶44.2∶45.5。按常住人口计算，人均地区生产总值81582元，约13174美元，比上年增长8.3%。

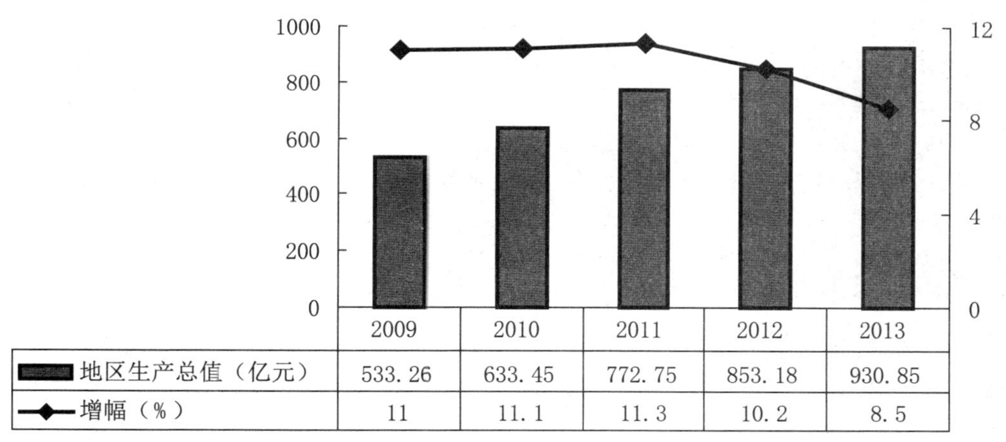

	2009	2010	2011	2012	2013
地区生产总值（亿元）	533.26	633.45	772.75	853.18	930.85
增幅（%）	11	11.1	11.3	10.2	8.5

图1 2009—2013年舟山市地区生产总值及增长速度

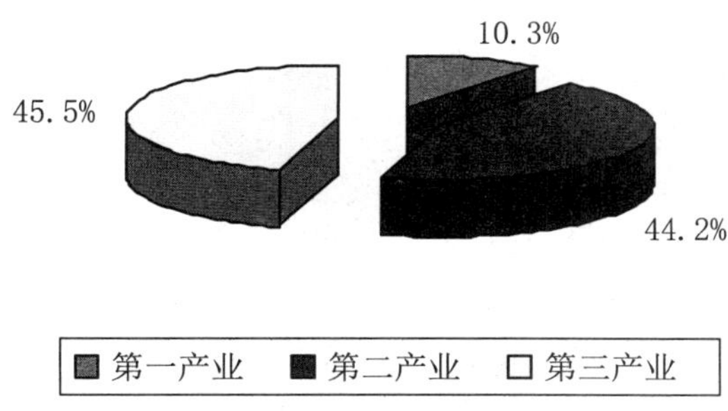

图2 2013年舟山市三次产业结构图

全年海洋经济总产出 2195 亿元，按可比价计算，比上年增长 12.1%；海洋经济增加值 644 亿元，比上年增长 10.0%。海洋经济增加值占全市 GDP 的比重为 69.1%，比上年提高 0.4 个百分点。

2. 财政收支

全年财政总收入 137.42 亿元，比上年增长 3.0%，其中，公共财政预算收入 92.63 亿元，比上年增长 8.3%。在公共财政预算收入中，营业税和个人所得税分别为 25.10 亿元和 3.61 亿元，分别比上年增长 4.9%和 3.4%，国内增值税、改征增值税和企业所得税分别为 8.37 亿元、5.01 亿元和 8.22 亿元，分别比上年下降 1.5%、18.5%和 7.9%。公共财政预算支出 189.83 亿元，比上年增长 22.3%。其中，农林水事务支出增长 61.2%，住房保障支出增长 38.1%，交通运输支出增长 35.8%，国土资源气象等事务支出增长 34.4%，节能环保支出增长 28.3%。

3. 物价水平

全年居民消费价格比上年上涨 2.1%，其中，服务项目价格上涨 3.5%，消费品价格上涨 1.5%。商品零售价格上涨 0.5%。工业生产者出厂价格下降 3.9%，其中，船舶修造业价格下降 3.9%，水产品加工业价格下降 7.9%。新建住宅销售价格上涨 3.4%。

4. 固定资产投资

全年全市固定资产投资 750.02 亿元，比上年增长 20.6%。其中，建筑安装工程投资 532.76 亿元，增长 30.7%；基础设施投资 329.87 亿元，增长 47.0%；民间投资 350.52 亿元，增长 2.1%。

从主要行业看，第一产业投资 13.04 亿元，比上年增长 87.8%；电力燃气水生产供应业投资 66.52 亿元，增长 58.9%；交通运输仓储邮政业投资 172.29 亿元，增长 17.1%；批发零售和住宿餐饮业投资 18.96 亿元，增长 12.8%；水利环境和公共设施管理业投资 59.87 亿元，增长 1.8 倍；文教卫体娱乐业投资 30.65 亿元，增长 1.2 倍。

产业集聚区实现固定资产投资 287.95 亿元，比上年增长 35.01%，拉动全社会固定资产投资增长 12.0 个百分点。

（二）农林牧渔业

全年农林牧渔业总产值 188.81 亿元，比上年增长 15.4%。其中，渔业总产值 172.58 亿元，增长 16.8%；农业总产值 10.88 亿元，增长 4.7%；林业总产值 0.33 亿元，下降 6.2%；牧业总产值 5.01 亿元，下降 3.4%。

全年农作物播种面积 23.13 千公顷，比上年下降 0.8%。其中，粮食作物播种面积 10.66 千公顷，增长 0.5%。粮食产量 5.14 万吨，比上年下降 1.5%；蔬菜产量 14.35 万吨，下降 3.8%；水果产量 8.13 万吨，下降 3.2%。

年末生猪存栏 14.80 万头，比上年末下降 3.7%；家禽存栏 90.22 万只，下降 5.5%。全年肉类总产量 1.97 万吨，比上年下降 8.5%。其中，猪肉产量 1.66 万吨，下降 8.9%；鸡鸭鹅蛋产量 4896 吨，下降 20.1%；牛奶产量 312 吨，下降 10.9%。

全年水产品总产量 155.38 万吨，比上年增长 4.8%。其中，远洋渔业产量 29.66 万吨，增长 18.4%。全市海水养殖面积 6002 公顷，比上年下降 4.2%，海水养殖产量 12.25 万吨，增长 5.6%。

年末全市有国家级无公害农产品 83 个、国家级无公害养殖水产品 22 个、国家级绿色食品 26 个。全市有省级无公害农产品产地 58 个，面积 7180 公顷；省级无公害水产品基地 46 个，面积 2033 公顷。

年末有机动渔船 8973 艘，比上年末减少 159 艘，其中，生产渔船 7875 艘，减少 136 艘；辅助渔船 1098 艘，减少 23 艘。渔船总吨位 110.11 万吨，比上年增长 3.9%，其中，生产渔船总吨位 88.43 万吨，增长3.0%；辅助渔船总吨位21.68万吨，增长7.7%。渔船总功率159.04万千瓦，比上年增长1.9%，其中，生产渔船130.69万千瓦，增长0.9%；辅助渔船28.35万千瓦，增长7.0%。

（三）工业、盐业和建筑业

1. 工业

全年全市工业总产值1750.43亿元，比上年增长10.4%。规模以上工业总产值1350.77亿元，增长10.3%；工业销售产值1312.79亿元，增长10.9%；工业产销率97.2%。其中，临港工业完成总产值1095.27亿元，增长9.1%，占规模以上工业总产值的比重为81.1%。规模以上工业中，重、轻工业分别完成工业总产值1051.06亿元和299.71亿元，分别增长12.0%和4.8%，重轻工业比为78：22。年末有工业总产值上亿元企业158家，比上年末增加8家，实现工业总产值1251.88亿元，比上年增长12.0%，占全部工业总产值的比重为71.5%。全市规模以上工业增加值264.50亿元，按可比价计算，比上年增长9.3%。产业集聚区实现规模以上工业总产值474.81亿元，比上年增长15.7%，拉动规模以上工业总产值增长5.3个百分点。

全市规模以上工业企业资产总计1675.42亿元，比上年增长9.3%；实现利税总额31.45亿元，比上年增长1.4%，其中利润总额11.55亿元，增长15.9%。

2. 盐业

全年盐田生产面积1698.73公顷，比上年下降3.2%。全年生产原盐10.59万吨，增长60.1%；销售原盐9.70万吨，下降9.7%。

3. 建筑业

全年全社会建筑业增加值92.44亿元，按可比价计算，比上年增长6.6%。年末全市具有资质等级的总承包和专业承包建筑业企业133家，实现总产值174.33亿元，比上年增长6.5%；建筑（房屋）施工面积1634.17万平方米，增长3.3%，其中新开工面积448.04万平方米，下降3.4%。

（四）服务业

1. 国内贸易

全年社会消费品零售总额331.65亿元，比上年增长14.1%，扣除物价因素，实际增长13.5%。分行业看，批发业零售额35.26亿元，增长14.8%；零售业零售额245.27亿元，增长15.4%；住宿业零售额12.47亿元，增长3.4%；餐饮业零售额38.64亿元，增长9.9%。从限额以上批发零售业商品零售类别看，汽车类零售额比上年增长55.5%，家具类增长45.5%，金银珠宝类增长29.2%。全年批发零售业商品销售总额1274.06亿元，比上年增长17.6%；住宿餐饮业营业额70.99亿元，增长13.0%。

中国（舟山）大宗商品交易中心实现了现货挂牌交易、商品即期交易、现货竞买交易3种交易模式上线运营，2013年共完成电子交易额7040.5亿元，现货交易实现营业收入160.81亿元。年末全市有商品交易市场133个，比上年末增加1个。其中，消费品市场127个，生产资料市场6个。全年商品交易市场成交额214.50亿元，比上年增长10.1%。其中，水产品类市场成交额108.85亿元，增长6.9%；工业消费品市场成交额10.60亿元，下降14.9%；船舶交易市场成交额45.67亿元，增长40.6%；船用商品交易市场成交额7.00亿元，下降28.6%；实现网上市场成交额9.98亿元，增长30.1%。年末有亿元以上商品交易市场13个，全年实现成交额174.90亿元，比上年增长7.7%。

2. 交通运输、邮电

全年全市交通运输、仓储和邮政业实现增加值 96.14 亿元，按可比价计算，比上年增长 6.3%。全年水路货运量 16434 万吨，比上年增长 7.8%，水路货运周转量 2063.40 亿吨公里，增长 10.3%；水路客运量 2412 万人，增长 8.4%，水路客运周转量 4.62 亿人公里，下降 1.6%。陆路货运量 4958 万吨，增长 5.6%，陆路货运周转量 111.73 亿吨公里，增长 5.8%；陆路客运量 14254 万人，增长 2.7%，陆路客运周转量 21.00 亿人公里，增长 3.5%。舟山普陀山机场全年完成客运量 47.9 万人，增长 3.2%；货邮运量(不包括行李)286.2 吨，下降 32.7%。年末全市民用汽车拥有量 9.94 万辆，比上年末增长 16.2%，其中，私人汽车拥有量 7.28 万辆，增长 20.0%。

年末全市有海运企业 286 家，比上年末增加 17 家，海上运输船舶 1598 艘，运力 531.81 万载重吨，比上年末增长 5.2%。其中，万吨级以上船舶 123 艘，比上年末减少 3 艘，运力 275.27 万载重吨，占全市总运力的比重为 51.8%。年末全市有舟山户籍运输船海员 3.75 万人，比上年增长 1.6%。

全年舟山港域港口货物吞吐量 31387 万吨，比上年增长 7.9%。其中，外贸货物吞吐量 10788 万吨，增长 9.9%。从主要品种看，金属矿石吞吐量 11114 万吨，比上年增长 15.2%；煤炭及制品吞吐量 3213 万吨，增长 3.2%；石油及天然气吞吐量 4878 万吨，下降 3.2%。全年集装箱吞吐量 57.70 万标箱，比上年增长 14.6%，其中出口 29.32 万标箱，比上年增长 14.8%。年末全市有生产性泊位 291 个，其中万吨以上深水泊位 47 个。

全年邮电业务收入 17.27 亿元，比上年增长 5.2%。年末全市固定电话用户 48.74 万户，比上年末下降 8.8%；移动电话用户 156.60 万户，增长 1.5%，其中 3G 移动电话用户 43.20 万户，增长 41.4%；宽带网用户 35.60 万户，增长 16.6%；移动互联网用户 87.60 万户，增长 4.3%；邮路长度 1278 公里，比上年末下降 0.3%。

3. 旅游业

年末全市有旅行社 134 家，比上年末增加 9 家。全市有星级宾馆 49 家，客房 4483 间，床位 7944 张，星级宾馆客房入住率为 48.9%。全市有 A 级景区 12 个。其中，5A 级景区 1 个，4A 级景区 2 个。全年接待国内外游客共 3067.47 万人次，比上年增长 10.7%。其中，接待国际游客 31.54 万人次，增长 1.6%。从主要景区看，普陀山景区接待游客 594.68 万人次，比上年增长 6.9%；朱家尖景区接待游客 427.80 万人次，增长 10.1%；桃花岛景区接待游客 188.16 万人次，增长 10.3%。全年实现旅游总收入 300.12 亿元，比上年增长 12.5%；实现旅游外汇收入 16084 万美元，增长 1.4%。

4. 金融和保险

年末全市有各类金融机构 56 家。其中，银行业机构 20 家，保险业机构 22 家，证券业机构 5 家，小额贷款公司 9 家。年末金融机构本外币存款余额 1497.11 亿元，比上年末增长 7.7%，其中储蓄存款 549.61 亿元，增长 8.1%。金融机构本外币贷款余额 1333.35 亿元，比上年末增长 2.9%。全市银行业金融机构表外融资业务余额 333.75 亿元，比上年末增长 10.2%。市外金融机构融资总量 770.56 亿元，比上年增长 24.6%。

全年保险公司保费收入 21.71 亿元，比上年增长 4.8%。其中，财产险保费收入 10.20 亿元，增长 4.8%；人身险保费收入 11.51 亿元，增长 4.9%。保险公司赔款支出 6.19 亿元，比上年增长 2.1%；保险公司给付支出 1.44 亿元，增长 17.2%。

5. 房地产业

全年房地产开发投资 143.79 亿元，比上年下降 9.5%。其中，住宅、办公楼和商业营业用房投资分别为 94.82 亿元、9.09 亿元和 16.10 亿元，分别下降 8.6%、12.2%和 8.5%。全年房屋竣工面积

128.10 万平方米，下降 41.0%。商品房销售面积 107.01 万平方米，增长 36.5%；商品房待售面积 48.48 万平方米，增长 18.2%。

（五）对外经济

1. 对外贸易

全年外贸进出口总额（含保税仓库货物）126.72 亿美元，比上年下降 18.7%。其中，进口总额 60.23 亿美元，下降 5.4%；出口总额 66.49 亿美元，下降 27.8%。全年初级产品出口额 40.34 亿美元，比上年下降 2.1%，其中水产品出口额 8.06 亿美元，增长 6.8%。工业制成品出口额 26.15 亿美元，下降 48.7%，其中，船舶出口额 20.67 亿美元，下降 54.2%。

全年舟山口岸进出口货运量 9633 万吨，比上年增长 17.4%。其中，进口货运量 9018 万吨，增长 21.8%；出口货运量 615 万吨，下降 23.2%。全市进出口货运总值 369.76 亿美元，比上年下降 1.7%。其中，进口货运值 318.71 亿美元，增长 5.2%；出口货运值 51.04 亿美元，下降 30.1%。外轮修理 1272 艘次，比上年增长 15.8%。年末舟山口岸对外开放陆海域面积 1306 平方公里，其中年内新增开放面积 3.54 平方公里。舟山港综合保税区通过国家验收并封关运作。

2. 外资状况

全年新批设立外商投资项目 4 个，投资总额 6.28 亿美元，合同外资金额 1.85 亿美元，比上年增长 6.1%；实际使用外资金额 2.09 亿美元，增长 14.1%。新批境外中方投资额 1 亿美元，增长 1.9 倍；境外承包工程劳务合作营业额 2.69 亿美元，增长 64.1%。新引进市外境内企业 276 家，比上年增加 103 家；实际利用市外境内资金 80.17 亿元，增长 29.1%。

二、舟山市 2013 年社会发展概况

（一）人口、人民生活

年末全市家庭总户数 36.78 万户，户籍人口 97.31 万人，其中非农业人口 37.53 万人。按性别分，男性 48.29 万人，女性 49.01 万人。全年出生人数 6622 人，死亡人数 6850 人，人口自然增长率 —0.23‰。年末全市常住人口 114.2 万人，城镇化率 65.8%。

全年城镇居民人均可支配收入 37646 元，比上年增长 10.0%。城镇居民人均消费性支出 23461 元，比上年增长 11.9%。全年渔农村居民人均纯收入 20573 元，比上年增长 10.6%。渔农村居民人均生活消费支出 14851 元，比上年增长 9.3%。城镇、渔农村居民收入比为 1.83∶1。城镇居民恩格尔系数为 35.7%，比上年下降 0.2 个百分点，渔农村居民恩格尔系数为 39.8%，比上年上升 1.7 个百分点。年末城镇居民人均住房建筑面积 33.18 平方米，渔农村居民人均居住住房面积 49.3 平方米。

（二）就业与社会保障

1. 就业

全年新增城镇就业人员 12616 人，城镇登记失业率为 2.7%。年末渔农村从业人员 42.49 万人，比上年末增加 1.88 万人，增长 4.6%。其中，第一、二、三产业从业人员分别为 10.78 万人、16.87 万人和 14.84 万人，分别比上年末增加 0.42 万人、1.15 万人和 0.31 万人。二、三产业从业人员比重为 74.6%，比上年提高 0.1 个百分点。

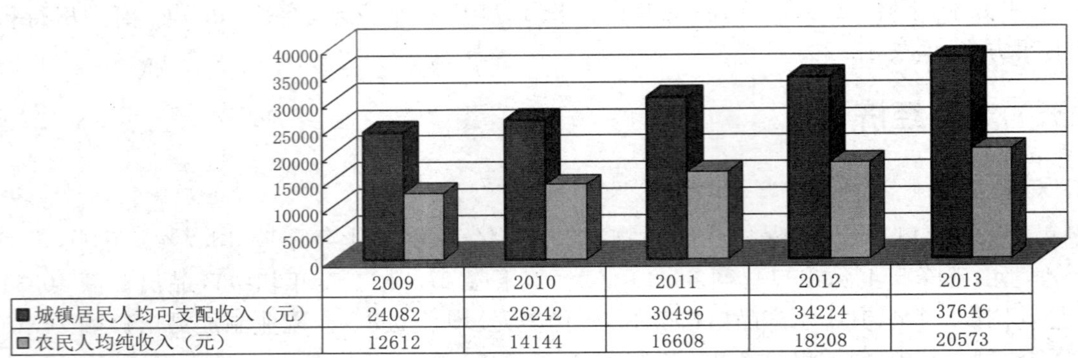

	2009	2010	2011	2012	2013
城镇居民人均可支配收入（元）	24082	26242	30496	34224	37646
农民人均纯收入（元）	12612	14144	16608	18208	20573

图 3　2009—2013 年舟山市城乡居民收入对比一览

2. 社会保障

年末全市参加基本养老保险人数(包括职工和城乡居民)72.80 万人,基本医疗保险参保人数(包括职工和城乡居民)94.30 万人,失业保险参保人数 20.27 万人,工伤保险参保人数 28.30 万人,生育保险参保人数 18.99 万人。全市被征地农民参加养老保险人数 14.45 万人。

年末全市有敬老院 34 所,社会福利院 8 所,共有床位数 4405 张。城镇“三无”对象集中供养率 100%,渔农村“五保”老人集中供养率 98.71%。城乡居民得到政府最低生活保障人数 11737 人,其中,城镇低保对象 2054 人,渔农村低保对象 9683 人。城乡低保对象最低生活补助标准分别提高到每人每月 525 元和 420 元。

(三) 教育和科学技术

1. 教育

年末有普通高等院校 3 所,全年招生 6804 人,毕业学生 6291 人,在校学生 23301 人;成人高校 1 所,全年招生 1341 人,毕业学生 984 人,在校学生 4509 人;中等职业学校 7 所,全年招生 2553 人,毕业学生 2343 人,在校学生 8497 人;普通高中 16 所,全年招生 4012 人,在校学生 12927 人;普通初中 32 所,全年招生 7075 人,在校学生 21731 人;普通小学 57 所,全年招生 8020 人,在校学生 46378 人;幼儿园 118 所,全年招生 8133 人,在园幼儿 25880 人;特殊教育学校 2 所,特殊教育在校生 191 人。全市 3～5 周岁幼儿入园率 99.54%,小学毕业生升学率 100%,初中升高中段比例 99.44%,高等教育毛入学率 64.1%。在各类小学、初中学校就读的外来人口子女 16688 人,其中,公办学校 12651 人,民办学校 4037 人。

三个县(区)通过义务教育均衡发展评估,浙江海洋学院新校区启用,舟山职业技术学校成为国家级改革发展示范学校,公办中心幼儿园覆盖每个乡镇。

2. 科技与品牌

全年组织实施各类科技计划项目共 595 项。其中,国家级 39 项,省级 255 项。申请专利 2483 件,授权专利 1656 件。其中,申请发明专利 604 件,授权发明专利 211 件。年末全市有高新技术企业 38 家,省级创新型试点、示范企业 10 家,省级科技型企业 154 家,省级农业科技企业 76 家,省级高新技术研发中心 28 家,省级农业科技企业研发中心 27 家。

年末全市有浙江名牌 32 个,其中,工业名牌 12 个、农业名牌 11 个、服务名牌 8 个,区域名牌 1 个。有舟山名牌 80 个,其中,工业名牌 33 个、农业名牌 25 个、服务名牌 22 个。截止年末,全市拥有各类注

册商标4359件，其中，国际注册商标175件，中国驰名商标8件、省著名商标81件、市著名商标134件，地理标志证明商标17件。

（四）文化、卫生和体育

1. 文化

文明城市创建活动扎实推进，海洋文化节成为全国性的节庆活动。

全年市艺术剧院引进演出团体25个，演出147场；市电影公司放映电影6955场，观众30.12万人次，票房收入1177.80万元。年末全市有文化艺术表演团体21个，艺术表演场所10处，文化馆5个，文化站35个，公共图书馆5个，藏书128.49万册。年末全市有线电视用户数28.59万户，其中数字电视用户数25.1万户。广播人口综合覆盖率99.66%，电视人口综合覆盖率99.8%。

2. 卫生

市级公立医院综合改革扎实推进，基本药物制度实施率达到92.5%，医疗救助"三统一"和城乡居民大病保险全面实施。率先实行了"单独二孩"生育政策。

年末全市有医疗卫生机构(含村卫生室)632家，其中医院23家，卫生机构开放床位4621张。卫生技术人员(含村卫生室)7679人，其中，执业(助理)医师2847人，注册护士2729人。全市有社区卫生服务中心(卫生院)49个，社区卫生服务站137个。全年累计报告传染病(甲乙类)2054例，报告发病率(甲乙类)每10万人为178.43人。全市免费婚检率94.42%，孕产妇住院分娩率100%，计划生育率98.52%，节育率85.79%。

3. 体育

全市共举办群众体育活动260次，参加活动人数50万人次。新建全民健身路径145条，新建各类体育健身场所130个。各单项协会及体育俱乐部共开展各类体育比赛110余项次、参加活动人数达15万人次。参加浙江省第二届体育大会，取得3金4银6铜的成绩；参加第十二届全国运动会，获得金牌1枚、银牌4枚、铜牌1枚的历史最好成绩。

（五）城市建设和新渔农村建设

年末全市建成区面积66.09平方公里，实有城市道路面积987.66万平方米，建成区绿地率35.24%，人均公园绿地面积15.37平方米，城市污水处理率85.62%，城市生活垃圾无害化处理率100%。全年城区排水管道长度1005.64公里，供水总量5708万立方米，液化石油气供气总量3.28万吨，天然气供气总量2443万立方米。

全年全市共投入"三农"资金50.67亿元，比上年增长27.6%，完成4个乡镇、33个行政村整体整治，新创建美丽乡村精品(特色)社区(村)25个、美丽庭院样本户2500户，新打造美丽海岛景观线6条，启动建设历史文化村落保护利用一般村9个、中心村8个，完成困难群众危旧房改造551户。渔农村改水受益率达到98.73%，其中自来水受益率96.89%。渔农村卫生厕所普及率93.1%，粪便无害化处理率85.73%。

全年全市新开工保障性住房、城市旧住宅区(危旧房、城中村)改造安置房7473套，其中公共租赁住房(含廉租住房)2880套，竣工2448套；危旧房改造11.63万平方米，受惠住户1112户；全市新增廉租住房租赁补贴217户。"三改一拆"行动全年拆除违法建筑240.43万平方米，完成"三改"413.59万平方米，其中旧住宅区改造159.87万平方米、旧厂区改造74.06万平方米、城中村改造179.66万平方米。全市新增专用停车位5818个，公交车辆79量，公共自行车2000量。

（六）能源和环境

全年单位 GDP 能耗比上年降低 3.4%，单位工业增加值能耗比上年下降 8.7%。

全社会用电量 42.57 亿千瓦时，比上年增长 1.9%。其中，工业用电 21.18 亿千瓦时，下降 5.0%；城乡居民生活用电 7.70 亿千瓦时，增长 7.2%。

全年市区日空气质量优良率为 90.1%，其中优为 157 天，良为 172 天，环境空气质量达国家二级标准，在全省十一个地市中空气质量位列第一。县级以上集中式饮用水源水质达标率 100%，水环境功能区水质达标率 88%。区域环境噪声平均等效声级 51.4 分贝，烟尘控制区总面积 55.65 平方公里。年末优质林建成面积 55.7 万亩，全年总灌溉面积 12.36 千公顷，节水灌溉面积 3.89 千公顷。

全市达到国家一、二类海水水质标准的海域面积占 29.6%，四类和劣四类海水海域面积占 66%，近岸海域环境功能区达标率 20.4%。全年舟山海域共发生赤潮 5 次，累计赤潮面积 400 平方公里。

（七）社会安全

全年全市共发生各类生产安全事故 401 起，比上年减少 7 起，各类生产安全事故死亡（失踪）107 人，比上年减少 5 人，亿元 GDP 生产安全事故死亡率 0.11%，比上年降低 0.02 个百分点。各类生产安全事故直接经济损失 1776 万元，下降 3.4%。全年共发生道路交通事故 330 起，死亡人数 50 人，交通事故直接损失 112.01 万元。全年共发生火灾事故 44 起，直接损失 162.23 万元。

三、舟山市在长三角地区经济发展中的地位

2013 年，在复杂严峻的宏观环境下，全市经济运行总体呈平稳增长并有所回升的态势。工业生产和企业家信心回升明显，新区新开工项目和基础设施项目投资建设较快推进，民生实事进展良好，社会保障日益完善。

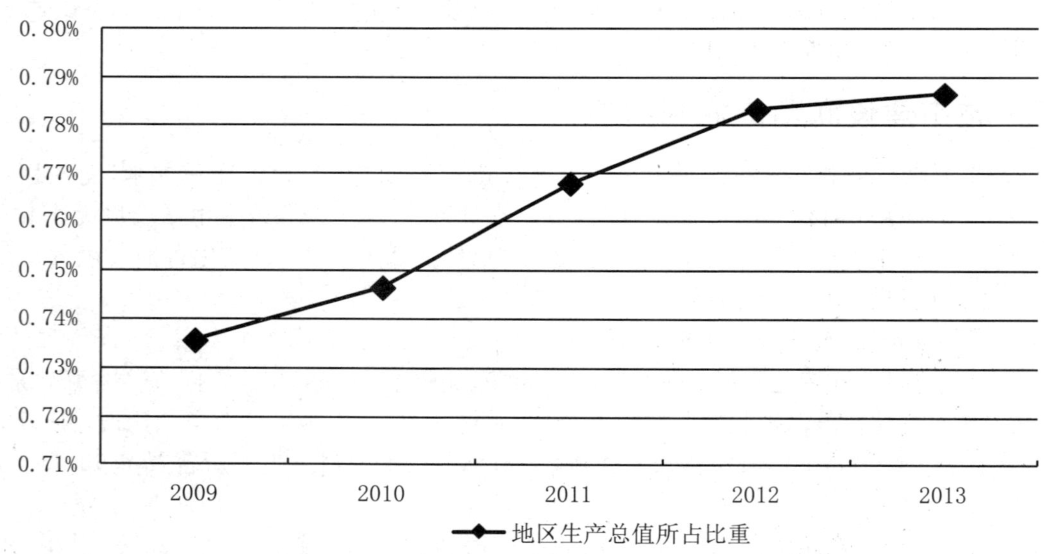

图 4　2009—2013 年舟山市地区生产总值在长三角所占比重的变化趋势

2009—2013 年舟山市地区生产总值在长三角地区占比分别为 0.74%、0.75%、0.77%、0.78%和 0.79%，呈现连续稳定增长态势，2013 年较上年上升了 0.01 个百分点，五年累计增加了 0.05 个百分

点。2013年舟山市地区生产总值在长三角地区25个市(苏浙两省24个地级市和上海市,下同)排名与上年保持一致,排名第25位,为最后一名,有待有所突破。

2013年,舟山市实现地区生产总值930.85亿元,按可比价计算,比上年增长8.5%。其中,第一产业增加值95.73亿元,第二产业增加值411.55亿元,第三产业增加值423.57亿元,分别比上年增长7.6%、9.2%和7.9%。三次产业结构比例为10.3∶44.2∶45.5。按常住人口计算,人均地区生产总值81582元,约13174美元,比上年增长8.3%。

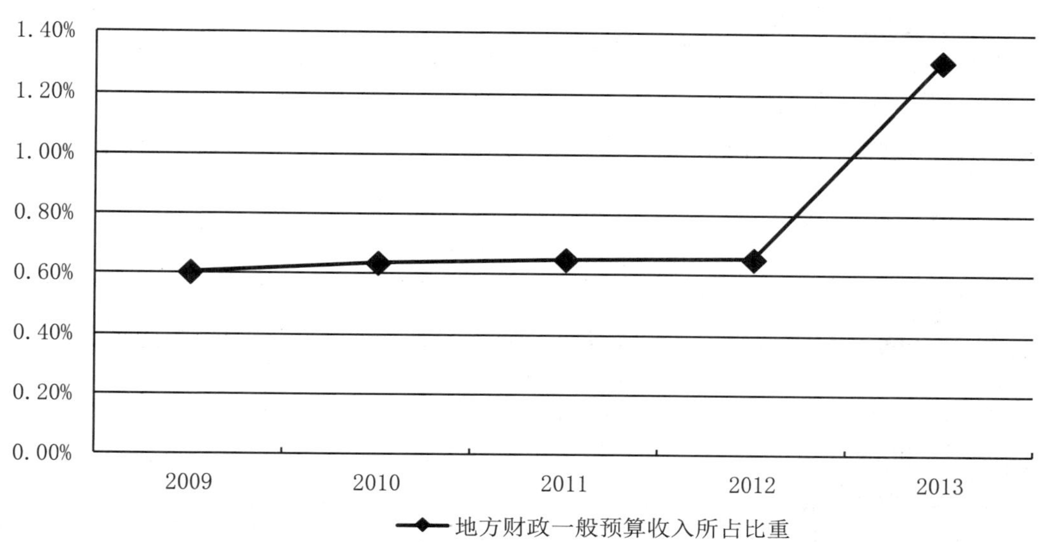

图5　2009—2013年舟山市地方财政一般预算收入在长三角所占比重的变化趋势

2009—2013年舟山市地方财政一般预算收入在长三角地区占比分别为0.61%、0.64%、0.65%、0.66%和1.31%,呈现连续增长趋势,2013年大幅增加,较上年增加了0.65个百分点,五年累计增加了0.7个百分点。2013年舟山市地方财政一般预算收入在长三角地区25个市的排名与上年保持一致,排名第23位,位置非常靠后,仍需要进一步的努力。

2009—2013年衢州市地方财政一般预算收入在长三角所占比重0.47%、0.49%、0.49%、0.49%和1.14%,前四年总体不变,2013年出现大幅增加,较2012年增加0.65个百分点,五年累计增加了0.67个百分比。2013年衢州市地方财政一般预算收入在长三角地区25个市中的排名比上年上升了2位,排名第23位。

2013年全年财政总收入137.42亿元,比上年增长3.0%,其中,公共财政预算收入92.63亿元,比上年增长8.3%。在公共财政预算收入中,营业税和个人所得税分别为25.10亿元和3.61亿元,分别比上年增长4.9%和3.4%,国内增值税、改征增值税和企业所得税分别为8.37亿元、5.01亿元和8.22亿元,分别比上年下降1.5%、18.5%和7.9%。公共财政预算支出189.83亿元,比上年增长22.3%。其中,农林水事务支出增长61.2%,住房保障支出增长38.1%,交通运输支出增长35.8%,国土资源气象等事务支出增长34.4%,节能环保支出增长28.3%。

2009—2013年舟山市规模以上工业总产值在长三角地区占比分别为0.57%、0.56%、0.56%、0.56%和0.58%,总体上保持稳定态势,2013年较上年上升了0.02个百分点,较2009年上升了0.01个百分点。2013年舟山市地方规模以上工业总产值在长三角地区25个市的排名与上年保持一致,排名第25位,为最后一名,期待能有所改善。

2013年全年全市工业总产值1750.43亿元,比上年增长10.4%。规模以上工业总产值1350.77

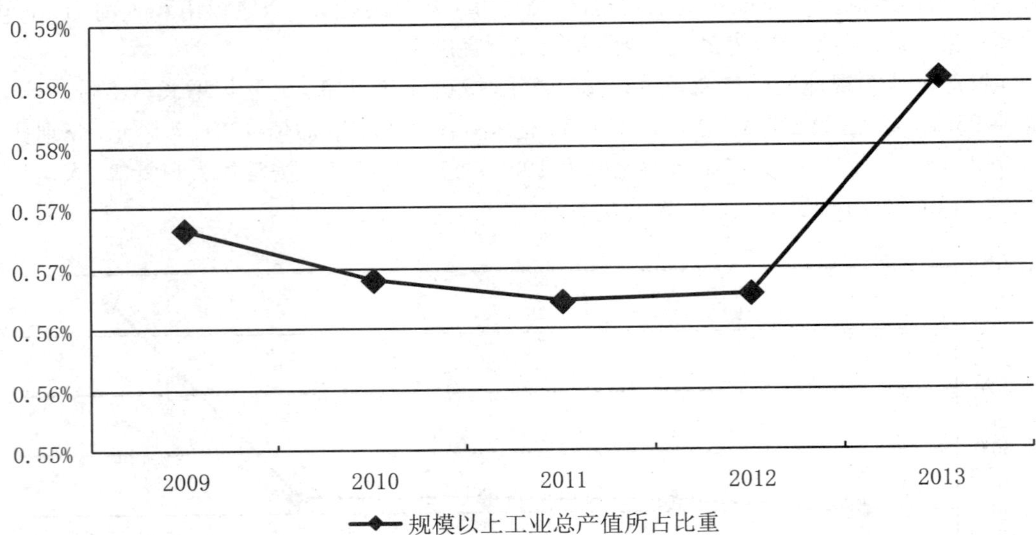

图 6　2009—2013 年舟山市规模以上工业总产值在长三角所占比重的变化趋势

亿元，增长 10.3%；工业销售产值 1312.79 亿元，增长 10.9%；工业产销率 97.2%。其中，临港工业完成总产值 1095.27 亿元，增长 9.1%，占规模以上工业总产值的比重为 81.1%。规模以上工业中，重、轻工业分别完成工业总产值 1051.06 亿元和 299.71 亿元，分别增长 12.0%和 4.8%，重轻工业比为 78:22。年末有工业总产值上亿元企业 158 家，比上年末增加 8 家，实现工业总产值 1251.88 亿元，比上年增长 12.0%，占全部工业总产值的比重为 71.5%。全市规模以上工业增加值 264.50 亿元，按可比价计算，比上年增长 9.3%。产业集聚区实现规上工业总产值 474.81 亿元，比上年增长 15.7%，拉动规模以上工业总产值增长 5.3 个百分点。

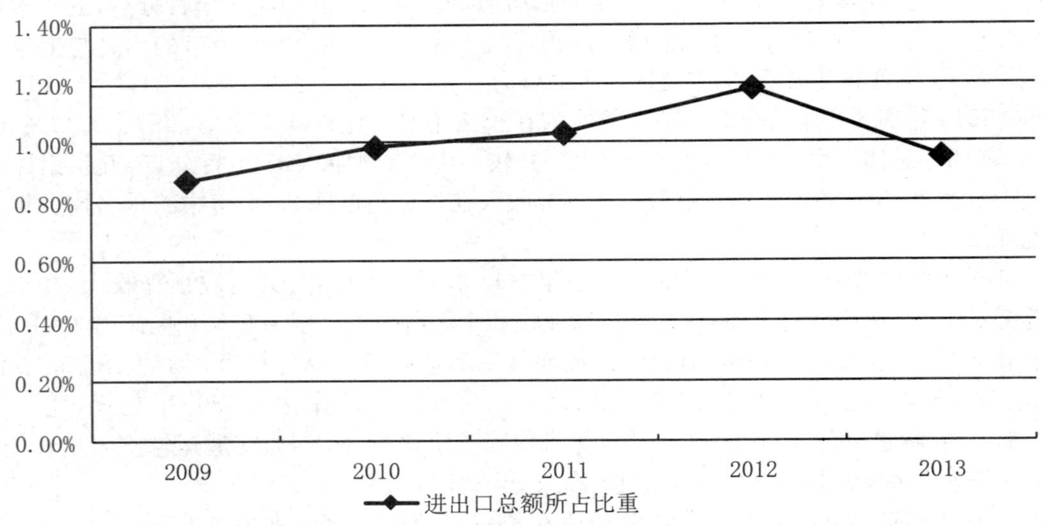

图 7　2009—2013 年舟山市进出口总额在长三角所占比重的变化趋势

2009—2013 年舟山市进出口总额在长三角地区占比分别为 0.87%、0.99%、1.03%、1.18%和 0.95%，2013 年较上年减少了 0.23 个百分点，较 2009 年减少了 0.08 个百分点。2013 年舟山市进出

口总额在长三角地区 25 个市的排名与上年保持一致，排名第 14 位，继续保持着相对领先优势。

2013 年，全年外贸进出口总额（含保税仓库货物）126.72 亿美元，比上年下降 18.7%。其中，进口总额 60.23 亿美元，下降 5.4%；出口总额 66.49 亿美元，下降 27.8%。全年初级产品出口额 40.34 亿美元，比上年下降 2.1%，其中水产品出口额 8.06 亿美元，增长 6.8%。工业制成品出口额 26.15 亿美元，下降 48.7%，其中，船舶出口额 20.67 亿美元，下降 54.2%。

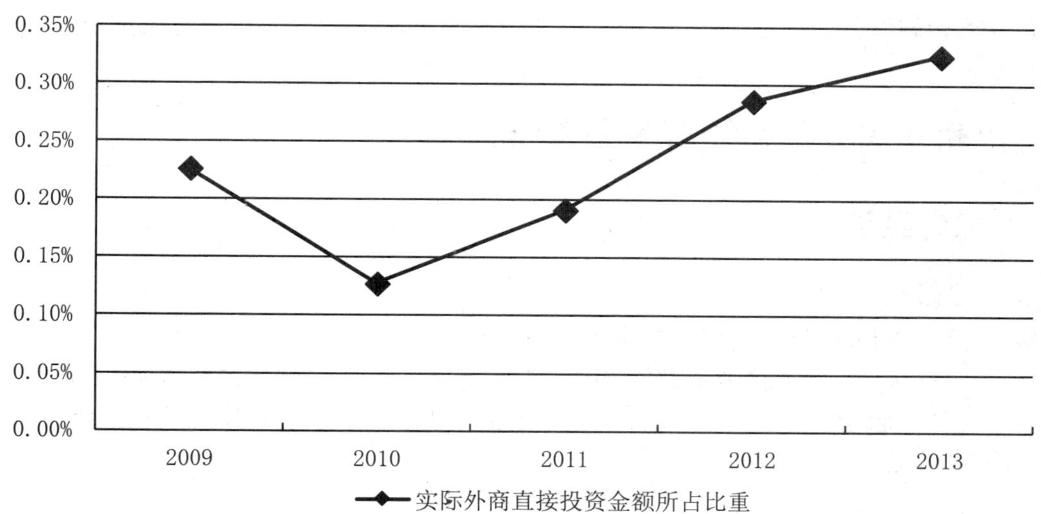

图 8　2009—2013 年舟山市实际外商直接投资金额在长三角所占比重的变化趋势

2009—2013 年舟山市实际外商直接投资金额在长三角地区占比分别为、0.23%、0.13%、0.19%、0.29%和 0.33%，呈"V"型走势，2011～2013 年持续上扬，2013 年较 2012 年增加了 0.04 个百分点，较 2009 年增加了 0.1 个百分数。2013 年舟山市实际外商直接投资金额在长三角地区 25 个市的排名与上年保持不变，排名第 23 位，位置非常靠后，需要调整产业政策，吸引外商直接投资。

2013 年全年舟山口岸进出口货运量 9633 万吨，比上年增长 17.4%。其中，进口货运量 9018 万吨，增长 21.8%；出口货运量 615 万吨，下降 23.2%。全市进出口货运总值 369.76 亿美元，比上年下降 1.7%。其中，进口货运值 318.71 亿美元，增长 5.2%；出口货运值 51.04 亿美元，下降 30.1%。外轮修理 1272 艘次，比上年增长 15.8%。年末舟山口岸对外开放陆海域面积 1306 平方公里，其中年内新增开放面积 3.54 平方公里。舟山港综合保税区通过国家验收并封关运作。

十一　台州市2013年经济社会发展报告

2013年，全市人民在市委、市政府的正确领导下，深入贯彻落实党的十八大和十八届三中全会精神，大力实施“沿海开发、自主创新、城市群构建、民生优先”四大战略，扎实开展“以实干论英雄”工作竞赛活动，努力促转型、稳增长、提质量、惠民生，全市经济回升向好，转型升级继续加快，各项社会事业取得新发展。

一、台州市2013年经济发展概况

（一）综合经济

1. 经济总量

全市实现生产总值3153.34亿元，按可比价格计算，比上年增长7.9%。其中，第一产业增加值213.30亿元，增长0.6%；第二产业增加值1515.55亿元，增长8.1%；第三产业增加值1424.49亿元，增长8.7%；三次产业结构为6.8∶48.0∶45.2。全市人均生产总值为53222元，比上年增长7.3%，按年平均汇率折算达8594美元。

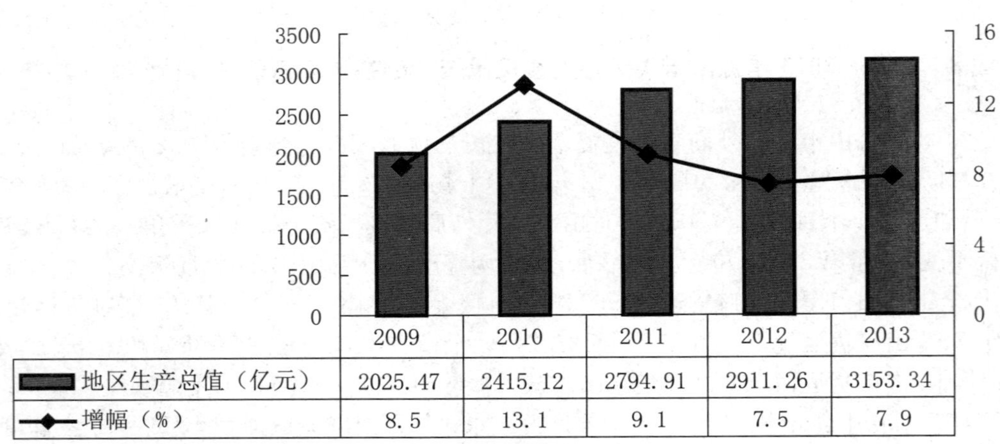

	2009	2010	2011	2012	2013
地区生产总值（亿元）	2025.47	2415.12	2794.91	2911.26	3153.34
增幅（%）	8.5	13.1	9.1	7.5	7.9

图1　2009—2013年台州市地区生产总值及增长速度

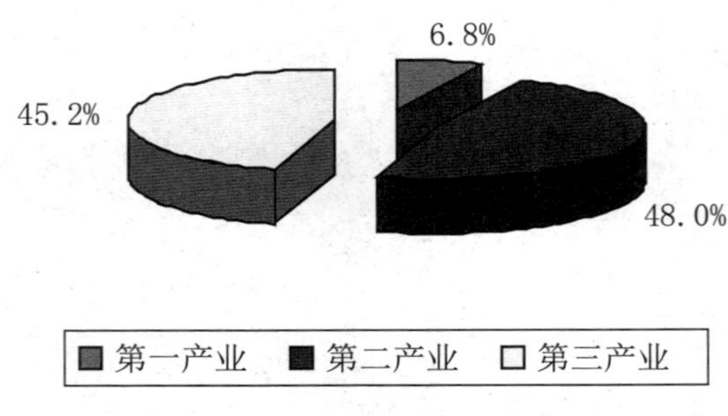

图2　2013年台州市三次产业结构图

市区实现生产总值 1138.23 亿元，按可比价格计算，比上年增长 7.7%。市区人均生产总值达到 72348 元，比上年增长 7.1%，按年平均汇率折算达 11683 美元。

2. 财政收入

2013 年，全市公共财政一般预算总收入 448.47 亿元，比上年增长 9.7%；其中地方财政一般预算收入 247.73 亿元，增长 12.4%。

3. 物价水平

2013 年台州市居民消费价格总水平比上年上升 1.9%，增速回落 0.4 个百分点。其中消费品价格上升 1.5%，服务项目价格上升 2.8%。工业生产者出厂价格比上年下降 2.4%，工业生产者购进价格比上年下降 2.9%。

4. 固定资产投资

全市固定资产投资施工项目 4644 个，其中新开工项目 2264 个。全年固定资产投资总额 1507.87 亿元，比上年增长 21.4%。其中第一产业完成投资 11.33 亿元，比上年增长 11.5%；第二产业完成投资 610.71 亿元，增长 21.3%；第三产业完成投资 885.83 亿元，增长 21.5%。固定资产投资中，工业性投资 600.20 亿元，比上年增长 20.4%；基础设施投资 329.11 亿元，增长 11.7%；民间投资 1091.33 亿元，增长 26.2%。

重点工程建设进展良好。全年省、市 222 个重点项目完成投资 347.82 亿元，完成年度计划的 105.4%。82 省道复线、75 省道南延、椒江二桥、椒江至路桥机场公路改建、台州市恩泽医疗中心、椒江区保障性住房工程等项目基本建成，台州栅岭汪排涝调蓄工程、104 国道改建天台关岭至响堂段、76 省道复线南延、浙江仙居抽水蓄能电站、浙江玉环大麦屿风电场等建设工程进展顺利，市区内环路、台州市客运中心南站迁建一期工程、椒江洪家场浦排涝调蓄工程、临海市方溪水库、天台县始丰湖工程等项目开工建设。

（二）农业

农业生产基本稳定。全市实现农林牧渔业总产值 372.63 亿元，按可比价格计算，比上年增长 0.6%。其中，农业产值 129.46 亿元，增长 0.5%；林业产值 5.90 亿元，与上年持平；牧业产值 35.97 亿元，下降 2.8%；渔业产值 197.93 亿元，增长 1.4%；农林牧渔服务业产值 3.38 亿元，增长 4.6%。

全年农作物总播种面积 252.86 千公顷，比上年增长 0.6%。全市粮食作物播种面积 140.06 千公顷，比上年增长 1.9%；全年粮食总产量 79.91 万吨，比上年增长 0.9%，每公顷单产为 5706 公斤，比上年下降 1.0%。全市非粮作物播种面积 112.80 千公顷，比上年下降 1.0%。粮食作物与非粮食作物播种面积的比例为 55.4∶44.6。全年蔬菜产量 182.41 万吨，比上年下降 2.6%；油菜籽产量 1.69 万吨，下降 0.5%；水果产量 122.35 万吨，增长 0.6%。

全市完成造林更新面积 5209 公顷，其中人工造林面积 4183 公顷。年末实有封山育林面积 15.12 千公顷。全市有林地面积 623.03 千公顷，森林覆盖率为 60.3%。全市有自然保护区（含小区）35 个，面积 12.14 千公顷。

全年肉类总产量 13.48 万吨，比上年下降 3.1%，其中猪肉产量 9.41 万吨，增长 0.5%。禽蛋产量 4.85 万吨，下降 0.7%。

渔业产量基本稳定。全年水产品产量 143.75 万吨，比上年增长 1.4%。其中海洋捕捞产量 101.24 万吨，增长 1.1%；海水养殖产量 36.90 万吨，增长 2.0%。

全市注册登记的农民专业合作社 9565 家，其中省级示范性专业合作社 166 家。全市共认证有机食品36个，绿色食品200个，国家无公害农产品201个，浙江省无公害农产品产(基)地201个。新培育市级农业龙头企业27家，累计280家。

农业生产条件得到改善。全市完成河道疏浚清淤401公里，其中市区182公里，治理水土流失面积78.7平方公里，新增防渗渠道573公里，新增节水灌溉面积6871公顷。年末全市拥有农业机械总动力320.07万千瓦，全年农村用电量102.44亿千瓦时。

(三)工业和建筑业

1. 工业

工业生产保持平稳增长。全市实现工业增加值1357.40亿元，按可比价格计算，比上年增长8.0%。全市年主营业务收入2000万元及以上工业企业(以下简称规模以上工业企业)家数为3395家，实现工业增加值774.25亿元，比上年增长6.9%。

全市规模以上轻工业实现工业增加值287.48亿元，比上年增长7.0%，占规模以上工业增加值的37.1%；重工业实现工业增加值486.77亿元，比上年增长6.9%，所占比重为62.9%。

全市规模以上工业中，总量排在前五位的电力热力生产供应业、通用设备制造业、医药制造业、橡胶和塑料制品业、汽车制造业分别完成工业增加值92.68亿元、92.50亿元、73.33亿元、71.50亿元和68.13亿元，分别比上年增长1.6%、4.6%、11.8%、10.0%和11.1%。

全市规模以上工业企业产品产销率为94.7%，新产品产值1016.55亿元，比上年增长16.6%，新产品产值率为26.2%，比上年提高2个百分点。

全市规模以上工业企业实现利税总额(不含台州电业局、台州电业局直属局)306.54亿元，比上年增长7.8%，其中利润总额184.61亿元，增长7.3%。

2. 建筑业

建筑业稳步增长。全市实现建筑业增加值158.15亿元，按可比价格计算，比上年增长9.0%。资质以上建筑企业完成房屋建筑施工面积17571.74万平方米，比上年增长20.2%；房屋竣工面积5307.19万平方米，增长2.2%。

(四)服务业

1. 国内贸易

全市实现社会消费品零售总额1449.27亿元，比上年增长12.8%，扣除价格因素，实际增长12.5%。其中批发业实现零售额96.91亿元，比上年增长11.7%，零售业实现零售额1193.34亿元，比上年增长12.9%，住宿业实现零售额12.30亿元，下降15.1%，餐饮业实现零售额146.71亿元，增长15.5%。限额以上批发零售企业中，金银珠宝类、建筑及装潢材料类、家具类和汽车类零售额分别比上年增长16.9%、11.4%、10.4%和7.0%，家用电器和音像器材类零售额下降1.3%。

年末全市拥有各类商品交易市场528家，成交额1435.2亿元，年成交额超亿元的市场有99家。全市已建成村级连锁店4940个，直营连锁门店497个。

2. 交通运输、邮电

全年完成货物周转量1448.71亿吨公里，比上年增长9.3%；旅客周转量为110.18亿人公里，比上年增长3.7%。全年完成港口货物吞吐量5628万吨，比上年增长5.0%。其中外贸吞吐量977.09万吨，增长4.0%；完成集装箱吞吐量16.66万标箱，增长10.4%。民航完成旅客吞吐量61.08万人次，货邮吞吐量6912吨。全年铁路发送旅客547万人次，比上年增长28.4%。

年末全市公路总里程(含村道)11910 公里,其中等级公路 11681 公里,占公路总里程的 98.1%,高速公路 298 公里。年末全市汽车保有量达 92.21 万辆,比上年增加 12.88 万辆,其中私人汽车 81.23 万辆,比上年增加 12.10 万辆。

全市邮电业务收入 78.30 亿元,比上年增长 2.6%。年末国际互联网宽带接入用户 151.21 万户,移动互联网用户 502.87 万户,分别比上年末增加 24.67 万户和 34.27 万户。年末移动电话用户达 744.77 万户,其中 3G 用户 216.96 万户,城乡固定电话用户为 152.04 万户。

3. 旅游业

旅游业保持稳健态势。全年共接待旅游总人数 5176.43 万人次,比上年增长 15.2%,其中接待国内游客 5165.54 万人次,增长 15.6%;实现旅游总收入 493.37 亿元,比上年增长 19.7%,其中国内旅游收入 490.73 亿元,增长 20.7%。旅游产品进一步丰富,大神仙居景区、椒江潜艇观光基地、三门农博园等项目对外营业。全市共有 4A 级旅游区 7 个,3A 级旅游区 14 个,2A 级旅游区 9 个。共有星级饭店 54 家,客房 7804 间,床位 12808 张,旅行社 145 家。

4. 金融和保险

金融机构存贷款规模继续扩大。2013 年末,全市金融机构本外币存款余额 5219.72 亿元,比上年末增长 15.8%,当年新增存款 709.22 亿元。年末本外币个人存款余额 2775.34 亿元,比上年末增长 15.4%,当年新增 364.74 亿元。年末金融机构本外币贷款余额 4454.11 亿元,比上年末增长 14.4%,当年新增贷款 540.02 亿元。年末金融机构本外币存贷比为 85.3%,不良贷款率为 1.06%。

企业上市工作有序推进。年末台州市累计已有上市公司 29 家,比上年增加 1 家,累计融资总额达到 270.33 亿元(其中公司债 22.3 亿元)。年末有小额贷款公司 32 家,合计注册资金 55.2 亿元,全年累计发放贷款 133.44 亿元。

保险市场发展平稳。全年保费总收入 96.28 亿元,比上年增长 14.1%。其中财产险保费收入 44.57 亿元,人寿险保费收入 51.71 亿元,分别比上年增长 13.9%和 14.3%。全年各类赔款、给付支出 36.23 亿元,比上年增长 24.2%。

5. 房地产业

房地产投资较快增长。全年房地产开发完成投资 453.54 亿元,比上年增长 26.9%。房屋施工面积 2712.55 万平方米,比上年增长 11.2%,房屋竣工面积 333.78 万平方米,比上年增长 59.2%。商品房销售面积 351.75 万平方米,增长 10.0%。

(五) 对外经济

1. 对外贸易

全年外贸进出口总额 218.78 亿美元,比上年增长 6.1%。其中出口总额 187.21 亿美元,增长 8.6%,进口总额 31.57 亿美元,下降 6.7%。全年外贸企业出口 31.77 亿美元,增长 27.7%;三资企业出口 24.65 亿美元,下降 1.3%;生产企业出口 130.79 亿美元,增长 6.7%。在出口总额中,一般贸易出口 169.15 亿美元,增长 7.9%;加工贸易出口 15.01 亿美元,下降 3.1%。全年服装机械、塑料模具、鞋类、灯具出口分别增长 26.3%、20.4%、17.9%和 17.9%。2013 年台州市有进出口实绩企业 4693 家,比上年增加 284 家,其中进出口超 1000 万美元企业有 462 家,比上年增加 22 家。出口国家和地区 205 个。

2. 对外经济

全年新批外商投资企业 29 家,合同利用外资 2.70 亿美元,实际利用外资 4.00 亿美元。

全年新批境外投资项目 33 个，中方投资额 6310 万美元。全市累计境外投资项目 478 个，中方累计投资额 5.77 亿美元。

3. 服务外包

新注册服务外包企业 8 家，全市累计已注册服务外包企业 61 家。服务外包离岸合同额 3195 万美元，比上年增长 4.0%；离岸合同执行额 3374 万美元，增长 18.1%。

二、台州市 2013 年社会发展概况

（一）人口、人民生活

2013 年末，全市户籍总人口 594.04 万人，其中男性人口 304.60 万人，女性人口 289.44 万人，男女性别比为 105.2∶100。全年共出生 6.37 万人，死亡 3.46 万人，人口出生率为 10.75‰，死亡率为 5.83‰，人口自然增长率 4.92‰。户籍总人口中市区人口 157.76 万人。据 2013 年人口变动抽样调查，年末全市常住人口 603.8 万人，城镇人口比重为 58.1%。

全年城镇居民人均可支配收入 37038 元，比上年增长 9.0%，扣除价格因素实际增长 7.0%。全年农村居民人均纯收入 16126 元，比上年增长 10.7%，扣除价格因素实际增长 8.6%。城乡居民收入差距倍数为 2.30。城镇居民恩格尔系数为 34.6%，农村居民恩格尔系数为 39.0%。年末城镇居民人均住房建筑面积为 44.6 平方米，农村居民人均居住住房面积为 55.5 平方米。

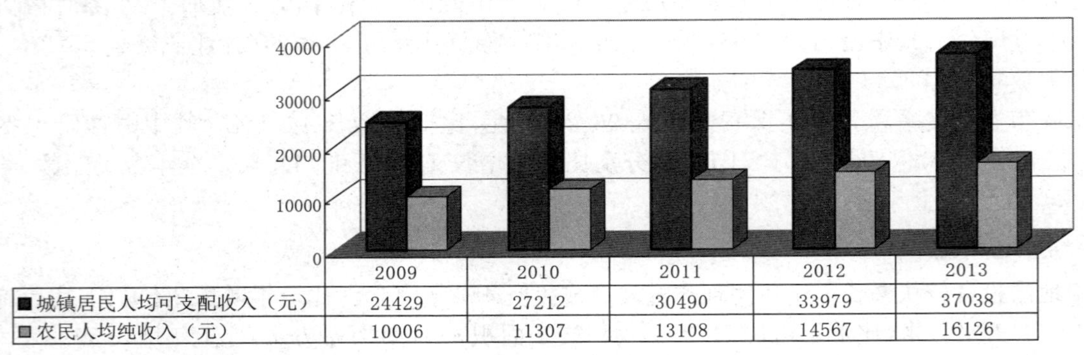

	2009	2010	2011	2012	2013
■城镇居民人均可支配收入（元）	24429	27212	30490	33979	37038
■农民人均纯收入（元）	10006	11307	13108	14567	16126

图 3　2009—2013 年台州市城乡居民收入对比一览

城乡居民每百户家庭家用汽车、空调、家用电脑等高档耐用消费品拥有量继续增加。

（二）就业与社会保障

1. 就业

全市城镇新增就业人数 7.17 万人，全年帮助 2.68 万名城镇失业人员实现再就业。年末全市拥有职业介绍机构 181 个。全年创业培训 3302 人。年末城镇登记失业率为 3.32%。

2. 社会保障

社会保障水平不断提高。年末全市城镇职工基本养老保险、基本医疗保险、工伤保险、生育保险和失业保险参保人数分别达到 161 万人、122.32 万人、219.15 万人、76.94 万人和 89.53 万人，分别比上年末增加 12.31 万人、15.23 万人、10.56 万人、10.24 万人和 7.26 万人。“五大保险”全年收缴各类基金 89.53 亿元，支出 61.68 亿元。年末全市有 231.67 万人参加城乡居民社会养老保险，比上年增

加19.26万人。有33.57万被征地农民参加农村养老保险，比上年增加3.07万人。农村新型合作医疗参保人数442.54万人，参合率99.78%，人均筹资水平492元。

社会福利和社会救助体系日渐完善。全市城乡居民最低生活保障人数为63262人，全年共投入低保资金18185万元。城镇和农村低保对象月人均补助分别为343元和233元。全市农村五保对象集中供养率达到99.3%，城镇"三无"人员供养率达到100%。全市共有各类养老机构366个，床位38223张，年末在院老人19712人。全年共支出医疗救助资金6670万元，医疗救助79078人次。

（三）教育和科学技术

1. 教育

义务教育"阳光招生"稳步推进。全市有幼儿园1331所，在园幼儿23.30万人；普通小学356所，在校生47.94万人；初中212所，在校生19.05万人；高中68所，中等职业学校40所，高中段在校生16.17万人，初升高比例98.5%。全市特殊教育学校招生246人，在校生1254人。全市全日制普通高校招生10099人，在校生32018人，成人高校在校学生36769人。高等教育毛入学率达到51.0%，比上年提高1.7个百分点。

2. 科技与创新

科技事业再上新台阶。台州市被评为2013年度"全国科技进步先进市"，并进入浙江省首批创新型试点城市行列。全市实现规模以上高新技术产业增加值210.40亿元，比上年增长7.2%。全市共有省级企业研究院22家，省级工程技术研究中心和省级重点实验室8家，国家级创新示范企业3家，省级创新型示范（试点）企业49家，国家重点扶持的高新技术企业378家。全年申请专利16956件，比上年增长20.2%；专利授权12673件，比上年增长4.0%，其中发明737件。全年共签订各类技术合同192项，技术交易额7.63亿元。

质量强市和名牌战略深入推进。全年新增3件驰名商标，全市被国家工商总局认定的驰名商标达到43件。全市有中国名牌产品19个，浙江名牌产品225个，地理标志保护产品3个。全市有510家食品企业取得QS证书。年末全市有各类检验机构105家，其中国家检测中心1家，省级质检中心10家。

（四）文化、卫生和体育

1. 文化

至2013年末，全市有文化馆10个，公共图书馆10个，自办广播节目10套，自办电视节目10套。年末全市有线电视用户146.32万户，其中数字电视用户134.48万户。全年广播节目播出时间72139小时，电视节目播出时间59973小时。广播人口综合覆盖率和电视人口综合覆盖率分别为99.76%和99.63%。至2013年末全市拥有国家级非物质文化遗产项目13项，省级95项，市级264项。全年共完成1977场文艺演出、3.88万场数字电影和18.26万册图书的下乡任务。

2. 卫生

城乡公共卫生服务体系进一步健全。年末全市有各类医疗卫生机构3096家，其中社区卫生服务机构497家。医疗卫生机构床位20072张，各类卫生技术人员32851人，其中执业医生和执业助理医生13338人，注册护士11613人。年末每千人拥有卫生技术人员5.53人，其中医生2.25人。全市甲乙类传染病发病率为180.35/10万。全市五岁以下儿童死亡率5.22‰，其中婴儿死亡率3.35‰，孕产妇死亡率3.83/10万。全年有6.84万人参加无偿献血。农村自来水普及率92.31%，卫生户厕普及率92.79%。

3. 体育

全民健身活动蓬勃开展。成功举办市首届青少年学生阳光体育运动会。全市运动员参加国际国内各项赛事取得了较好成绩，共夺得国际比赛金牌2枚，全国比赛金牌57枚、银牌46枚、铜牌54枚，省级比赛金牌237枚、银牌218枚、铜牌279枚。全市共有体育社团229个。

（五）城乡区域协调发展

2013年台州市致力整治提升改变城乡面貌。乘势而上抓好专项工作，促进城市有机更新。"三改一拆"工作全省领先，拆违3005万平方米、"三改"2966万平方米，提前完成省定三年任务，拆出了发展空间，拆出了城市形象，拆出了政府公信。交通治堵进度居全省前列，加强堵点疏导，打通断头路，整理停车位，规范行车秩序，促进微循环。水环境整治强势推进，实施百项整治工程，完成市区10条河道综合治理，新建污水管线55.33公里。化工恶臭整治成效显著，椒江医化行业累计退出恶臭项目142个、26家医化企业退出或转产、7家保留企业完成整治提升，黄岩退出72个项目、关停13家，主城区告别恶臭。加大重污染行业整治，淘汰关停119家企业。"多城同创"工作全力冲刺，领导包干破百难，众志成城齐创建，马路市场整治、城中村改造、户外广告清理等难点有效突破，创建成效明显。"四边三化""双清"行动扎实推进。

中心城市加快建设。推进市区融合区块开发，中央商务区台州银行等5幢大楼结顶，刚泰国际中心开工。商贸核心区、江北商务区、飞龙湖、环白云山等区块加快建设。市规划展示馆和博物馆、科技馆建成。台州客运中心南站迁建、黄岩综合客运枢纽站动工。市地理信息公共服务平台开通。

美丽乡村建设全面推进，359个待整治村完成建设，34个省级农房改造示范村、100个美丽乡村精品村启动建设，9个村落入选中国传统村落保护名录，2个村镇入选中国最美村镇。新农村电气化市通过验收。生态市建设积极推进，成为全国绿化模范城市，仙居创建国家生态县、玉环和三门创建省级生态县通过验收，椒江、黄岩、仙居成为省级森林城市，天台列入全国生态文明建设试点，仙居列入省级水生态文明建设试点。长潭水库38米线以下移民拆迁完成。椒江、台州湾集聚区实施初始排污权有偿使用制度。

（六）环境保护

2013年，全市万元生产总值综合能耗比上年下降1.8%。主要污染物化学需氧量、氨氮、二氧化硫、氮氧化物排放量分别比上年下降3.09%、2.92%、4.09%和3.25%。全市地表水满足水域功能达标率为64.5%，城市空气综合污染指数1.4。城镇生活污水集中处理率为88.22%，城镇生活垃圾无害化处理率为100.0%。市区环境空气质量达到二级标准以上的天数有327天，占全年总天数的89.6%。

（七）社会安全

全市共发生各类事故3239起，死亡569人，受伤3385人，直接经济损失3246万元，分别比上年下降2.1%、1.7%、2.8%和9.0%。

三、台州市在长三角地区经济发展中的地位

2013年，是贯彻执行"干好一三五、实现四翻番"的第一年，是打造"经济升级版"的启程之年，在国际市场缓慢复苏，国内各项"稳增长"政策持续生效的大背景下，台州市经济发展的主基调是"平稳"，

工业生产、固定资产投资、金融信贷稳中有升，但内需外贸仍未完全恢复，经济持续增长的内生动力依然不足，经济向好的基础尚不稳固。

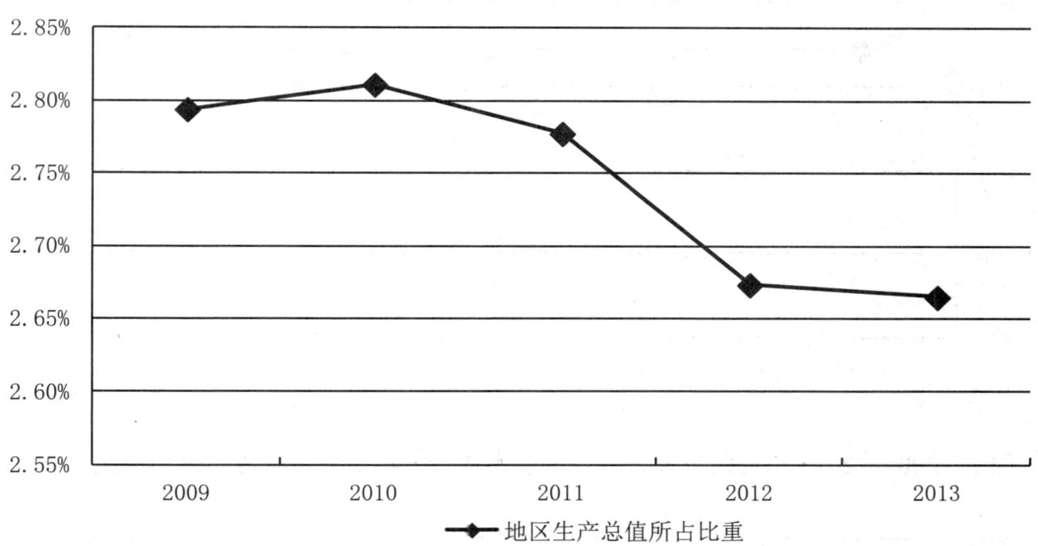

图 4　2009—2013 年台州市地区生产总值在长三角所占比重的变化趋势

2009—2013 年，台州市地区生产总值在长三角所占比重分别为 2.79%、2.81%、2.78%、2.67%和 2.66%，总体呈下降趋势，2013 年较上年下降了 0.01 个百分点，五年累计下降了 0.13 个百分点。2013 年台州市地区生产总值在长三角地区 25 个市（苏浙两省 24 个地级市和上海市，下同）中排名与上年保持一致，排名第 14 位。

2013 年，台州市经济运行回升向好。据初步核算，全市实现地区生产总值 3153.34 亿元，按可比价格计算，比上年增长 7.9%。其中，第一产业增加值 213.30 亿元，增长 0.6%；第二产业增加值 1515.55 亿元，增长 8.1%；第三产业增加值 1424.49 亿元，增长 8.7%；三次产业结构为 6.8：48.0：45.2。全市人均生产总值为 53222 元，比上年增长 7.3%，按年平均汇率折算达 8594 美元。

市区实现生产总值 1138.23 亿元，按可比价格计算，比上年增长 7.7%。市区人均生产总值达到 72348 元，比上年增长 7.1%，按年平均汇率折算达 11683 美元。

2009—2013 年台州市地方财政一般预算收入在长三角所占比重分别为 1.72%、1.72%、1.71%、1.69%和 2.27%，2013 年大幅上扬，累计增幅为 0.55 个百分点，较上年增加了 0.58 个百分点。2013 年台州市地方财政一般预算收入在长三角地区 25 个市中的排名较上年上升了五年，排名第 12 位。

2013 年，全市公共财政一般预算总收入 448.47 亿元，比上年增长 9.7%；其中地方财政一般预算收入 247.73 亿元，增长 12.4%。

2009—2013 年台州市规模以上工业总产值在长三角所占比重分别为 2.06%、2.09%、1.75%、1.66%和 1.66%。呈现出持续的下降态势，2010 年出现微幅上升，2013 年与上年保持一致，较 2009 年减少了 0.4 个百分比。2013 年台州市地方规模以上工业总产值在长三角地区 25 个市中的排名与上年下跌两位，排名第 21 位，此排名处于下游，亟需有所改变。

2013 年工业生产保持平稳增长。全市实现工业增加值 1357.40 亿元，按可比价格计算，比上年增长 8.0%。全市年主营业务收入 2000 万元及以上工业企业（以下简称规模以上工业企业）家数为 3395 家，实现工业增加值 774.25 亿元，比上年增长 6.9%。

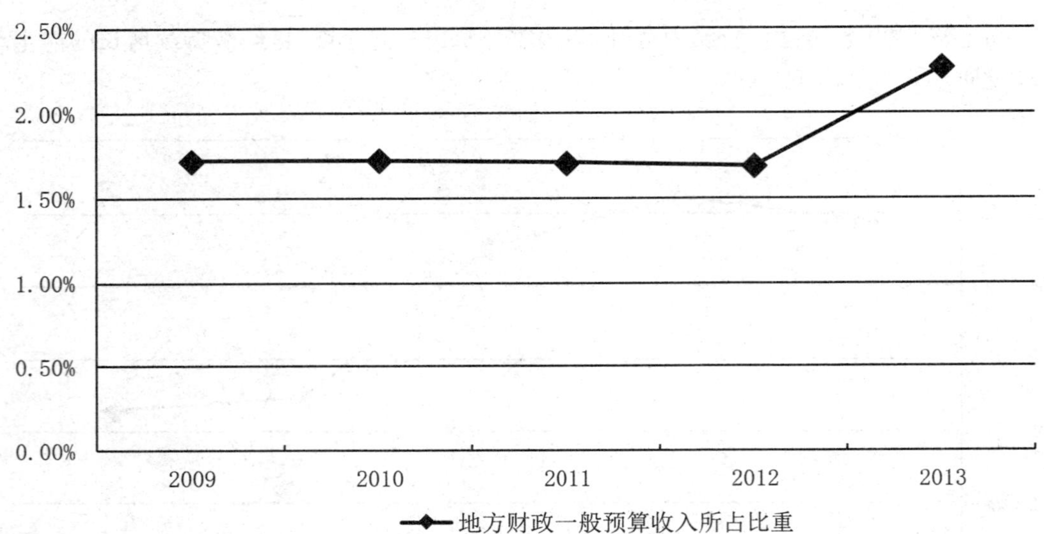

图 5　2009—2013 年台州市地方财政一般预算收入在长三角所占比重的变化趋势

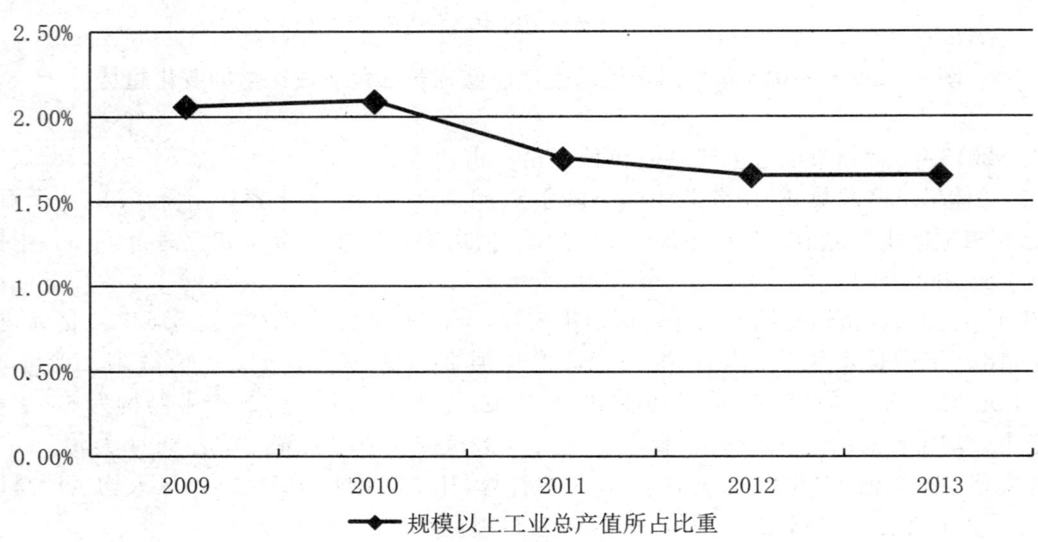

图 6　2009—2013 年台州市规模以上工业总产值在长三角所占比重的变化趋势

全市规模以上轻工业实现工业增加值 287.48 亿元，比上年增长 7.0%，占规模以上工业增加值的 37.1%；重工业实现工业增加值 486.77 亿元，比上年增长 6.9%，所占比重为 62.9%。

全市规模以上工业中，总量排在前五位的电力热力生产供应业、通用设备制造业、医药制造业、橡胶和塑料制品业、汽车制造业分别完成工业增加值 92.68 亿元、92.50 亿元、73.33 亿元、71.50 亿元和 68.13 亿元，分别比上年增长 1.6%、4.6%、11.8%、10.0%和 11.1%。

全市规模以上工业企业产品产销率为 94.7%，新产品产值 1016.55 亿元，比上年增长 16.6%，新产品产值率为 26.2%，比上年提高 2 个百分点。

全市规模以上工业企业实现利税总额(不含台州电业局、台州电业局直属局)306.54 亿元，比上年增长 7.8%，其中利润总额 184.61 亿元，增长 7.3%。

2009—2013 年台州市进出口总额在长三角所占比重分别为 1.50%、1.56%、1.60%、1.59%和

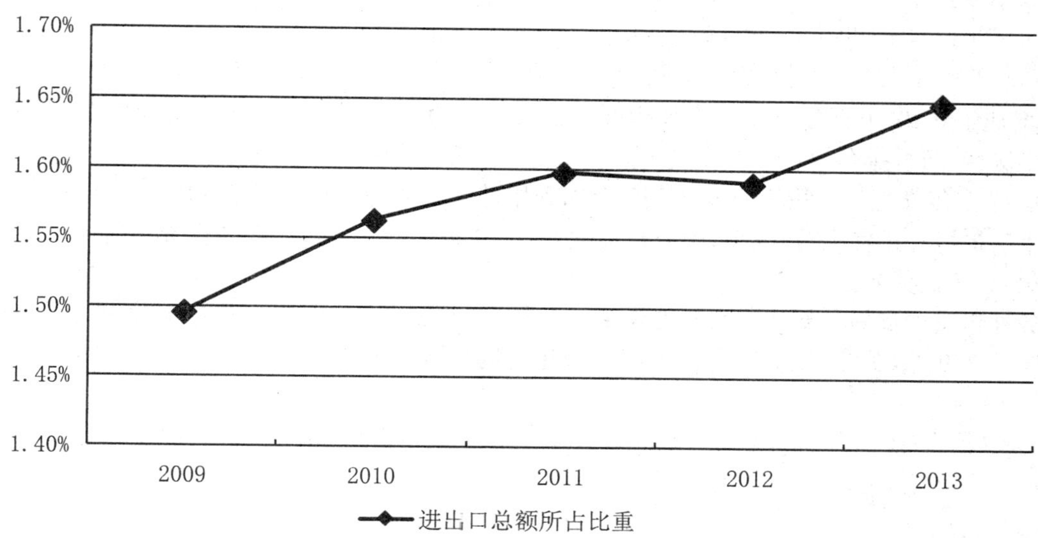

图 7　2009—2013 年台州市进出口总额在长三角所占比重的变化趋势

1.65%，除 2012 年小幅下跌外总体呈上升趋势，2013 年较上年增加了 0.06 个百分点，较 2009 年增加了 0.15 个百分数。2013 年台州市进出口总额在长三角地区 25 个市中的排名与上年保持一致，排名第 12 位，排名处于中上游，尚有一定的优势，但仍需有所突破，争取进入前十。

2013 年，对外贸易低速增长。全年外贸进出口总额 218.78 亿美元，比上年增长 6.1%。其中出口总额 187.21 亿美元，增长 8.6%，进口总额 31.57 亿美元，下降 6.7%。全年外贸企业出口 31.77 亿美元，增长 27.7%；三资企业出口 24.65 亿美元，下降 1.3%；生产企业出口 130.79 亿美元，增长 6.7%。在出口总额中，一般贸易出口 169.15 亿美元，增长 7.9%；加工贸易出口 15.01 亿美元，下降 3.1%。全年服装机械、塑料模具、鞋类、灯具出口分别增长 26.3%、20.4%、17.9%和 17.9%。2013 年全市有进出口实绩企业 4693 家，比上年增加 284 家，其中进出口超 1000 万美元企业有 462 家，比上年增加 22 家。出口国家和地区 205 个。

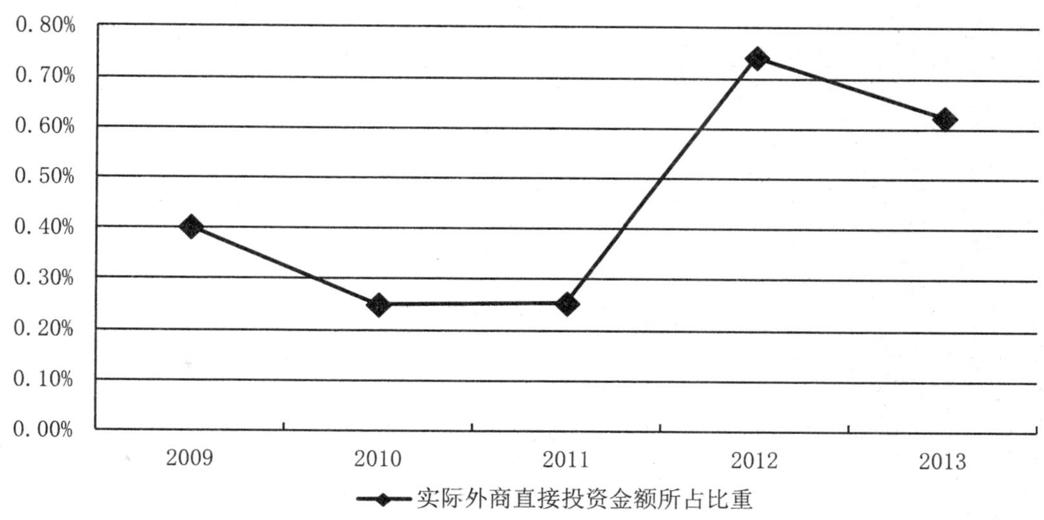

图 8　2009—2013 年台州市实际外商直接投资金额在长三角所占比重的变化趋势

2009—2013年台州市实际外商直接投资金额在长三角所占比重分别为0.40%、0.25%、0.25%、0.74%和0.62%，2012年逆势大幅上扬，2013年小幅下跌，2013年比上年减少了0.12个百分点，较2009年增加了0.22个百分点。2013年台州市实际外商直接投资金额在长三角地区25个市中的排名与上年保持一致，排名第21位，排名仍处于下游，亟需有所突破，争取进入中游。

2013年全年新批外商投资企业29家，合同利用外资2.70亿美元，实际利用外资4.00亿美元。

全年新批境外投资项目33个，中方投资额6310万美元。全市累计境外投资项目478个，中方累计投资额5.77亿美元。

服务外包发展良好。新注册服务外包企业8家，全市累计已注册服务外包企业61家。服务外包离岸合同额3195万美元，比上年增长4.0%；离岸合同执行额3374万美元，增长18.1%。

十二　丽水市2013年经济社会发展报告

2013年，面对国际国内经济环境复杂多变和丽水市经济下行压力加大的严峻形势，全市上下围绕市委、市政府决策部署，按照“绿色崛起、科学跨越”的战略总要求，坚定不移走“绿水青山就是金山银山”绿色生态发展之路，努力把生态环境优势转化为区域竞争优势，走出丽水特色的山区生态科学发展之路，全市经济运行总体保持了平稳增长态势。

一、丽水市2013年经济发展概况

（一）综合经济

1. 经济总量

2013年全市生产总值983.08亿元，按可比价计算，比上年增长9.2%。其中，第一产业增加值84.65亿元，第二产业增加值497.87亿元，第三产业增加值400.56亿元，分别比上年增长3.4%、11.2%和8.0%。人均生产总值46383元（按年平均汇率6.1927折算为7490美元），比上年增长9.1%。三次产业增加值结构由上年的8.9∶50.3∶40.8调整为8.6∶50.6∶40.8。

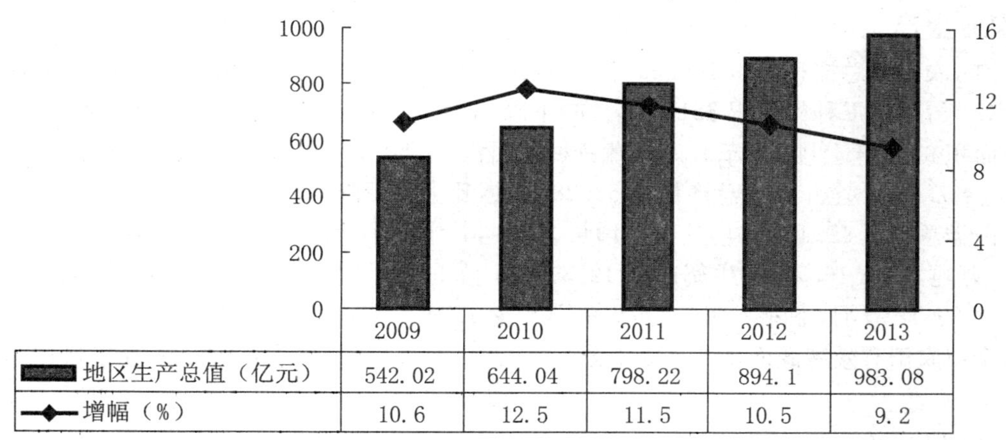

	2009	2010	2011	2012	2013
地区生产总值（亿元）	542.02	644.04	798.22	894.1	983.08
增幅（%）	10.6	12.5	11.5	10.5	9.2

图1　2009—2013年丽水市地区生产总值及增长速度

2. 财政收支

全年财政总收入124.22亿元，其中公共财政预算收入73.70亿元，分别比上年增长10.3%和14.1%。公共财政预算支出195.38亿元，增长16.3%，比上年提高7.4个百分点。

3. 物价水平

市区全年居民消费价格比上年上涨2.9%，其中食品类价格上涨6.0%，非食品类价格上涨1.4%。

4. 固定资产投资

2013年，固定资产投资570.42亿元，比上年增长20.9%。固定资产投资中非国有投资336.27亿元，增长20.9%，占固定资产投资比重为59.0%。

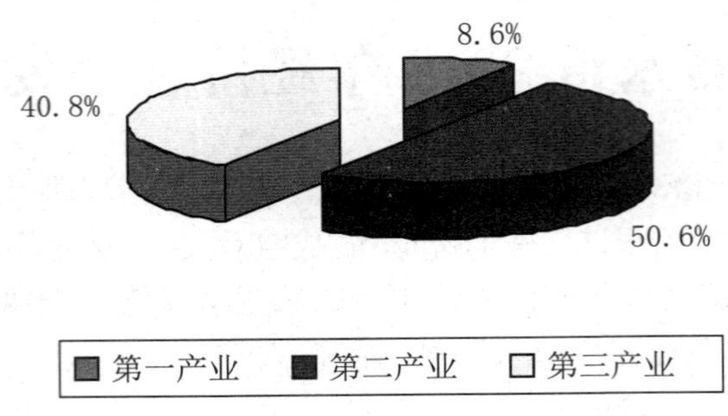

图 2 2013 年丽水市三次产业结构图

在固定资产投资中，第一产业投资 13.70 亿元，比上年下降 4.1%；第二产业投资 184.35 亿元，增长 16.1%，其中工业投资 182.97 亿元，增长 16.6%；第三产业投资 372.37 亿元，增长 24.6%。

全年投资项目 1922 个，比上年增加 46 个，其中，新开工项目 996 个。龙庆高速公路、云景高速公路、42 省道缙云壶镇至早宅段改建、松阳多邦科技公司年产 6 万吨双向拉伸聚酯薄膜生产线项目、冒险岛水世界项目、开发区水阁物流中心等一批重大建设项目基本完工。

（二）农业和农村建设

1. 农业生产

2013 年，农作物总播种面积 169.69 千公顷，比上年下降 0.6%，其中粮食播种面积为 96.86 千公顷，下降 0.5%；果用瓜种植面积 3.19 千公顷，下降 3.1%；药材种植面积 3.45 千公顷，增长 12.0%；油料种植面积 9.85 千公顷，下降 1.9%；蔬菜种植面积 45.80 千公顷，增长 0.1%；花卉苗木面积 1.30 千公顷，下降 7.6%。全年粮食总产量为 52.28 万吨，比上年下降 0.2%。

全年肉类总产量 10.15 万吨，比上年增长 3.6%，其中猪牛羊肉产量 8.25 万吨，增长 5.8%；禽蛋产量 1.21 万吨，增长 16.7%。牛奶产量 1233 吨，下降 9.8%。生猪出栏为 86.66 万头，增长 6.9%；家禽出栏 1229.15 万羽，下降 7.0%。水产品总产量 1.84 万吨，增长 0.9%。

年末全市农田有效灌溉面积 91.21 千公顷，比上年下降 0.9%。农业机械总动力 111.98 万千瓦，增长 1.5%。

2. 新农村建设

积极推进农业“两区”建设，新建粮食生产功能区 5.6 万亩、现代农业综合区 2 个、主导产业示范区 6 个、特色农业精品园 9 个、生态精品林业基地 38.6 万亩。新增农村土地流转面积 14 万亩，新发展家庭农场 1085 家。新增绿色、有机和无公害认证农产品 98 个。全年创建“美丽乡村”示范村 20 个，农村垃圾收集率达到 97.4%，比上年提高 4.1 个百分点。全年异地搬迁农民 2.1 万人。农家乐休闲旅游业发展较快，累计发展农家乐休闲旅游特色村(点)344 个，从业人员 2.19 万人，营业总收入 8.6 亿元。全市完成农村困难家庭危房改造 5819 户，启动 27 个农房改造示范村建设。年末金融系统涉农贷款余额 657.45 亿元，比上年增长 17.6%，林权抵押贷款余额达 36.58 亿元，增长 21.2%。

（三）工业和建筑业

1. 工业

工业经济在加快转型中持续增长。制定促进工业转型升级 5 大类 23 项专项资金政策，推进生态产业集聚区和10个产业集群示范区建设，优化丽缙五金科技产业园市县共建体制。

2013年，规模以上工业增加值351.19亿元，比上年增长12.6%。规模以上工业销售产值1716.14亿元，增长14.1%，其中出口交货值147.34亿元，增长4.5%，出口交货值占销售产值的比重为8.6%，比上年回落0.6个百分点。规模以上工业企业产品销售率96.3%，比上年提高1个百分点。实现利润总额131.82亿元，增长18.5%。

全年规模以上工业高新技术产业增加值51.51亿元，比上年增长9.9%，占规模以上工业增加值比重为14.7%。新产品产值478.42亿元，占规模以上工业产值比重为26.8%，比上年提高6.7个百分点。全年发电量30.19亿千瓦时，比上年下降3.4%（不含紧水滩电站发电量，同比口径），成品钢材产量272.25万吨，增长9.8%。

2. 建筑业

全年建筑业增加值67.73亿元，比上年增长5.4%。资质以上建筑企业完成总产值204.76亿元，增长27.0%，实现利润总额9.48亿元，增长32.7%。

（四）服务业

1. 国内贸易

2013年，社会消费品零售总额420.80亿元，比上年增长15.4%。其中，城镇消费品零售额330.50亿元，乡村消费品零售额90.30亿元，分别比上年增长15.3%和15.6%。全市限额以上社会消费品零售总额145.31亿元，增长16.8%。

在限额以上批发零售业零售额中，食品、饮料、烟酒类增长51.2%，服装、鞋帽、针纺织品类增长28.0%，家用电器和音像器材类增长5.9%，日用品类增长37.3%，金银珠宝类增长39.1%，通讯器材类增长23.6%，石油及制品类增长8.2%，汽车类增长11.8%。

年末全市共有商品交易市场99个，比上年增加5个，全年商品交易市场成交额287.76亿元，比上年增长34.6%。成交额超亿元的市场21个，全年成交额181.92亿元，其中，超十亿元的市场7个，全年成交额141.51亿元。

2. 交通运输、邮电

2013年，交通运输、仓储和邮政业增加值27.88亿元，比上年增长2.1%。全市公路货物周转量711536万吨公里，与上年基本持平；公路旅客周转量250698万人公里，下降0.1%。铁路客运量98.65万人，货运量118.43万吨。

全年邮电业务收入20.90亿元，比上年增长6.2%。其中，邮政业务收入1.99亿元，增长11.0%；电信业务收入18.90亿元，增长5.7%。年末固定电话用户（含小灵通）达49.02万户，年末移动电话用户295.89万户；固定电话、移动电话普及率分别为23.1部/百人和139.4部/百人。全年新增互联网用户（含宽带用户）7.27万户，年末总量达45.01万户，比上年末增长19.3%。

3. 旅游业

生态旅游和休闲养生（养老）产业在扩量提质中齐头并进。成功举办首个丽水生态文化旅游季，古堰画乡、中国青瓷小镇创建国家4A景区和松阳田园风情省级旅游度假区通过评审。重点推进18个养生（养老）基地项目，启动创建农家乐综合体26家。荣膺全国首个地级市“中国长寿之乡”。2013年丽水市箬寮原始林景区成功创建国家4A级旅游景区。全市共累计创建16家4A级景区。

全年共接待国内旅游者4543.88万人次，比上年增长27.6%。入境旅游者25.79万人次，增长25.3%，其中：接待国外游客23.34万人次，增长26.8%；香港游客0.44万人次，增长8.3%；澳门游客

0.36万人次，增长11.8%；台湾游客1.65万人次，增长13.5%。实现旅游总收入266.29亿元，增长29.4%，其中国内旅游收入228.36亿元，增长29.6%；旅游外汇收入6.12亿美元，增长30.6%。

4. 金融和保险

2013年末，金融机构本外币各项存款余额1681.14亿元，比上年末增长14.0%，其中人民币存款余额1585.12亿元，增长16.7%。金融机构本外币各项贷款余额1302.75亿元，比上年末增长16.5%，其中人民币贷款余额1286.81亿元，增长16.9%。年末个人本外币储蓄存款余额946.10亿元，比上年末增长13.3%。

年末金融机构不良贷款25.88亿元，不良贷款率为1.99%，比年初提高0.47个百分点。

全年保险业实现保费收入28.20亿元，比上年增长7.5%。其中，财产险业务保费收入12.94亿元，增长15.3%；人身险业务保费收入15.26亿元，增长1.7%。支付各类赔款及给付8.95亿元，增长24.4%，其中：人身险业务赔款2.08亿元，增长35.7%；财产险业务赔款6.87亿元，增长21.3%。

5. 房地产业

全年房地产开发投资118.88亿元，比上年增长39.9%。商品房销售面积129.07万平方米，增长45.3%。商品房销售额116.73亿元，增长52.3%。

（五）对外经济

1. 对外贸易

2013年，进出口总额25.89亿美元，比上年增长15.6%。其中，出口23.73亿美元，增长20.1%，进口2.16亿美元，下降14.8%。

欧洲和亚洲仍是丽水市产品出口的主要市场，出口额比重达到69.2%，对北美洲和拉丁美洲市场保持较快增长，对非洲和大洋洲市场出口实现高速增长。

2. 外资状况

全市新批准设立外商直接投资企业26个，比上年增加9个；外商直接总投资5.26亿美元，增长1.7倍；合同利用外资金额2.07亿美元，增长38.9%；实际利用外资金额1.28亿美元，增长23.1%。

二、丽水市2013年社会发展概况

（一）人口、人民生活

年末全市公安户籍人口2639200人，比上年增长0.5%。其中，男性1361689人，女性1277511人，分别占总人口的51.6%和48.4%。全年出生人口30780人，出生率11.69‰；死亡人口16331人，死亡率为6.20‰；全年净增人口14449人，自然增长率为5.5‰。

全市城镇居民人均可支配收入29045元，农村居民人均纯收入10024元，扣除价格因素，实际分别比上年增长7.3%和10.0%。城镇居民人均生活消费支出19809元，农村居民人均生活消费支出7423元，实际分别增长7.7%和7.9%。城镇居民家庭恩格尔系数（即居民家庭食品消费支出占家庭消费总支出的比重）为33.9%，比上年下降0.2个百分点；农村居民家庭恩格尔系数为36.8%，比上年下降1.4个百分点。城镇居民人均住房建筑面积41.5平方米，比上年末增加1.6平方米；农村居民人均居住面积52.0平方米，比上年减少0.7平方米。年末每百户城镇居民家用汽车拥有量29.8辆，比上年增加3.7辆。

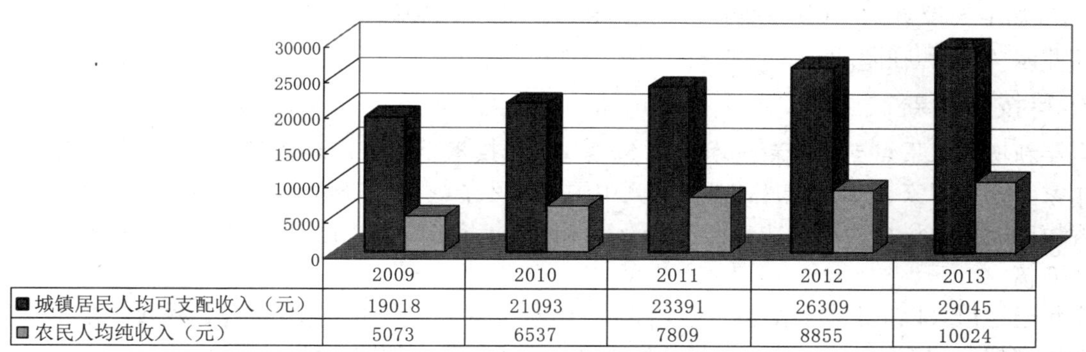

	2009	2010	2011	2012	2013
城镇居民人均可支配收入（元）	19018	21093	23391	26309	29045
农民人均纯收入（元）	5073	6537	7809	8855	10024

图 3　2009—2013 年丽水市城乡居民收入对比一览

（二）就业与社会保障

1. 就业

全年新增城镇就业 2.69 万人，帮助 11122 名下岗失业人员实现再就业。年末城镇登记失业率为 2.96%，比上年下降 0.36 个百分点。

2. 社会保障

年末全市参加城镇基本养老保险人数为 50.95 万人（包括企业和机关事业的在岗及离退休人员），比上年末增加 4.34 万人；参加失业保险的人数为 20.01 万人，增加 1.45 万人；参加城镇职工基本医疗保险的人数为 35.25 万人，增加 2.99 万人。工伤保险参保人数 38.23 万人，增加 5.28 万人，生育保险参保职工 19.42 万人，增加 2.10 万人。城乡居民社会养老保险 100.94 万人，增加 0.73 万人。城乡居民医疗保险参保人数 207.5 万人。被征地农民基本生活保障累计参保人数 9.77 万人，基金累计结余 19.68 亿元。全市低保对象 71389 人，其中城镇 4057 人，农村 67332 人，平均保障标准为城镇 454.6 元/月・人、农村 310 元/月・人，全年支出低保金 1.56 亿元，比上年增长 15.6 %。农村五保集中供养率 91.83%，城镇“三无”集中供养率 95.93%。

全年销售社会福利彩票 3.82 亿元，比上年增长 17.5%。

全市新开工保障性安居工程住房 3387 套，其中新开工公共租赁住房 1425 套。竣工保障性安居工程住房共 2858 套。

公共自行车服务网点覆盖主要商贸区、机关企事业单位、居民区等人流较为集中的区域。市区及水阁开发区共建成公共自行车服务网点 95 个，车位 2448 个，为市民出行提供了较为便捷的条件。

（三）教育和科学技术

1. 教育

新创义务教育标准化学校 57 所，高考第一批上线 2639 人，增加 476 人，创历史新高。

2013 年，全市拥有普通高校 3 所，普通高等教育本专科招生 13037 人，在校生 39750 人，毕业生 10412 人。各类中等职业教育学校 19 所，招生 10349 人，在校生 31975 人，毕业生 10551 人。普通高中学校 22 所，普通高中招生 11651 人，在校生 36273 人，毕业生 12773 人。初中学校 72 所，招生 25416 人，在校生 75667 人，毕业生 24561 人，初中毕业升高中段的比例为 95.99%，比上年提高 0.62 个百分点。普通小学 225 所，招生 29073 人，在校生 163528 人，毕业生 25615 人；小学毕业生升学比例达 100%，初中入学率、巩固率分别为 99.99% 和 99.99%。特殊教育招生 77 人，在校生 455 人。全市拥有幼儿园 741 所，在园幼儿 84139 人。

2. 科技与创新

全年新增国家重点支持高新技术企业 39 家，高新技术企业认定新政策出台后，获批高新技术企业 134 家。全年国家、省级新产品 140 个（其中国家级 2 个，省级 138 个），国家、省创新基金项目 4 个。全年规模以上工业科技活动经费支出 7.76 亿元，比上年增长 34.2%。购置技术成果费用 2966 万元，增长 1.6 倍。

全年通过市级以上验收、结题科技项目 41 项，科技成果登记 200 项，获得省级科学技术进步奖 2 项。知识产权保护工作得到加强，共获专利授权 4277 项，其中发明专利 84 项。

全年有 89 家企业获得 701 张 3C 证书。法定计量技术机构 9 个，全年强制检定计量器具 30.2 万台件。211 家企业获得了管理体系认证。

全市获得省名牌产品 72 个，比上年减少 2 个。获得省政府质量奖企业 1 家，获得市政府质量奖企业 3 家。

（四）文化、卫生和体育

1. 文化

年末共有艺术表演团体 77 个，文化馆 10 个、文化站 175 个，公共图书馆 9 个，博物馆 12 个。广播、电视综合覆盖率均达到 100%。有线广播电视用户数 51.14 万户，其中数字电视用户数 47.11 万户。全市公开发行的报纸 6 种，年发行量达 5593 万份，平均每千人每天拥有 58.1 份报纸。全市共有综合档案馆 10 个，馆藏各类档案 1645 个全宗，共计 96.71 万卷，45.75 万件，其中已开放全宗 1108 个，共计 26.06 万卷。

2. 卫生

成功引进 5 家省级优质医院合作办医，市级公立医院综合改革启动实施，市中心医院综合病房大楼和 6 个县级医院迁建扩建项目基本竣工。年末共有卫生机构 332 个（不含诊所、村卫生室），其中医院、卫生院 234 个，妇幼保健院（所、站）9 个，疾病预防控制中心（防疫站）9 个，卫生监督所（中心）10 个。卫生技术人员 15163 人，其中执业医师和执业助理医师 5883 人，注册护士 5705 人，床位数 10197 张。全市共完成 79.4 万人的免费健康体检，其中 60 岁以上老年人 234947 人，体检率达到 85.7%。

3. 体育

体育事业再创佳绩。全市运动健儿共取得国际比赛冠军 7 个，全国冠军 9 个、全省冠军 25 个。全市共创建 1 个省级体育强县（区），创建 25 个省级体育强镇（乡），2 个青少年俱乐部，扶持建设 495 个省级体育小康村。全年销售体育彩票 2.15 亿元，比上年下降 2.7%。

（五）城乡建设

紧紧围绕“秀山丽水、养生福地、长寿之乡”的区域定位，开拓进取，推进城乡统筹建设和管理。

城市品位持续提升。深化“六城联创”，成功创建国家园林城市，国家卫生城市创建通过省级暗访，省级历史文化名城通过专家评审。突出“六个一”项目建设，8 个县城基础设施、商业配套加快完善，特色优势进一步彰显。突出“三改一拆”，全市拆除违法建筑 767.8 万平方米，改造旧住宅、旧厂区、城中村 988.4 万平方米，省级下达三年任务一年完成。突出城市治堵，市区新增停车位 8022 个、公交车 40 辆、公共自行车 3000 辆。

新农村建设纵深发展。开展"六边三化三美"行动和历史文化村落保护利用，新创市级美丽乡村示范村20个，完成村庄综合整治208个。龙泉上入选十大中国最美小镇。莲都大港头、云和紧水滩入选全省十大最美乡镇。

（六）资源、环境保护和生态建设

2013年，全市水资源总量192.4亿立方米，比上年下降29.5%；人均水资源9065立方米（常住口径），比上年下降29.7%。全年平均年降水量1540.7毫米，下降16.2%。平均温度18.3度，日照时数1759.6小时，全市（不包括景宁、松阳两县）平均霾日为52.1天。全市共建有自动气象站269个，土壤水份观测站3个，能见度观测点9个，灰霾观测站4个，负氧离子观测站4个，农田小气候站8个，大气电场仪17套。年末全市33座大中型水库蓄水总量42.15亿立方米。全年完成造林面积3518公顷；迹地更新4673公顷；当年新增育苗108公顷；中、幼龄林抚育面积57307公顷，森林覆盖率为80.79%。

全市建有各级自然保护区（含自然保护小区）57个，其中国家级自然保护区2个；自然保护区面积44.45千公顷，占土地总面积的2.56%。建有市级以上森林公园11个、湿地公园2个。全市园林绿地面积4116公顷，其中公园绿地面积1096公顷，建成区绿化覆盖率37.53%，人均公园绿地面积11.8平方米。

生态建设成效进一步显现。建设项目环评执行率达到100%。全市地表水96个断面的水质监测，有95个断面年均值满足相应水功能要求。市区空气质量符合Ⅱ级标准要求的天数达到296天。城市声环境质量符合国家标准，各标准适用区平均值均低于相应标准。全市累计创建省级生态县（市、区）9个；国家级生态乡镇56个、省级绿色学校92所，建成省级生态环境教育示范基地11个。

（七）社会安全

"平安丽水"建设进一步加强。据调查，2013年丽水市群众安全感满意率97.5%。全市共发生道路交通事故389起、死亡234人、受伤360人、直接经济损失112.3万元，同比事故起数、死亡人数、直接经济损失分别下降4.0%、0.9%和2.6%；火灾事故1115起，死亡14人，受伤5人，直接财产损失3119.6万元。

全年因山洪爆发等自然灾害死亡3人、受伤5人，倒塌房屋165间，损坏房屋5283间，造成直接经济损失10.79亿元，其中农业直接经济损失6.45亿元。工矿商贸企业事故42起、死亡48人。

三、丽水市在长三角地区经济发展中的地位

2013年丽水市委、市政府紧紧抓住重要战略机遇，积极顺应国家政策导向和市场需求，狠抓固定资产投资、空间平台拓展和产业转型升级，推动经济持续健康快速发展。全市工业经济在国内外错综复杂的宏观经济环境下，经受下行压力考验，持续巩固发展质量，扎实推进结构调整，总体呈现出平稳运行的发展态势。

2009—2013年丽水市地区生产总值在长三角所占比重分别为0.75%、0.77%、0.79%、0.82%和0.83%，呈持续增加趋势，2013年较上年上升了0.01个百分点，较2009年增加了0.08个百分点。2013年丽水市地区生产总值在长三角地区25个市（苏浙两省24个地级市和上海市，下同）中的排名与上年保持一致，排名第24位，位置属于下游，希望能有所突破，以期结束落后的局面。

2013年，丽水市实现地区生产总值983.08亿元，按可比价计算，比上年增长9.2%。其中，第一产业增加值84.65亿元，第二产业增加值497.87亿元，第三产业增加值400.56亿元，分别比上年增

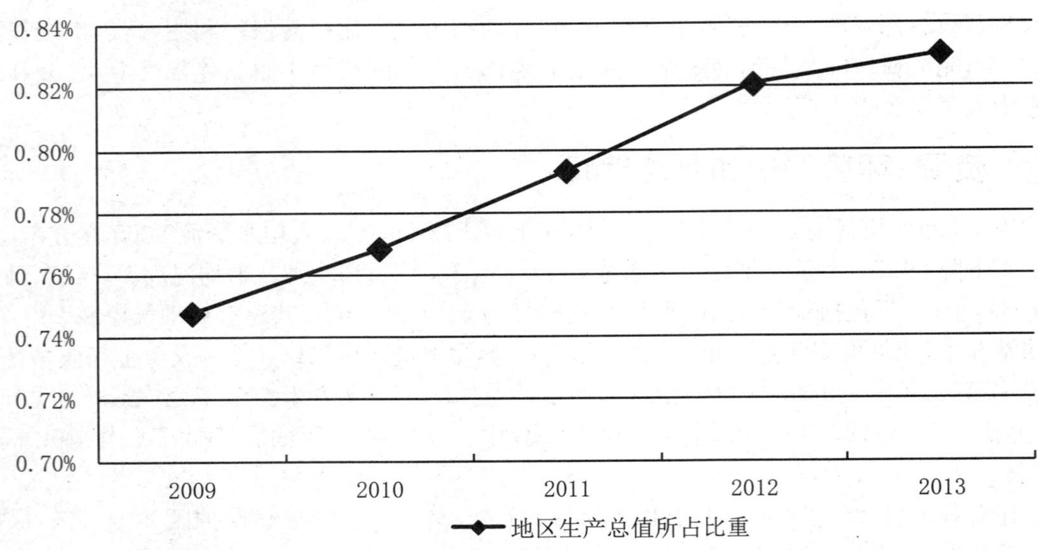

图 4　2009—2013 年丽水市地区生产总值在长三角所占比重的变化趋势

长 3.4%、11.2%和 8.0%。人均生产总值 46383 元(按年平均汇率 6.1927 折算为 7490 美元),比上年增长 9.1%。三次产业增加值结构由上年的 8.9∶50.3∶40.8 调整为 8.6∶50.6∶40.8。

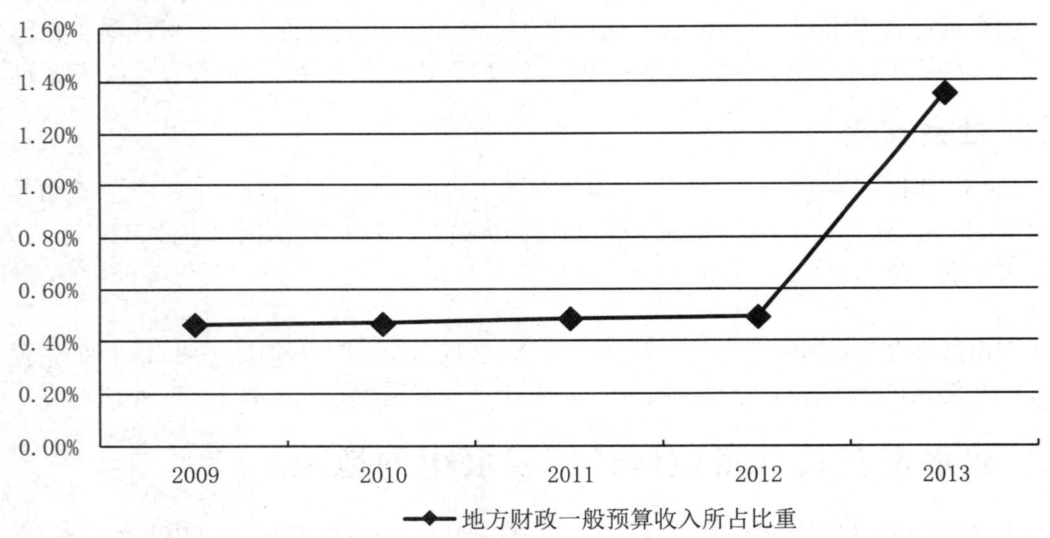

图 5　2009—2013 年丽水市地方财政一般预算收入在长三角所占比重的变化趋势

2009—2013 年丽水市地方财政一般预算收入在长三角所占比重分别为 0.47%、0.47%、0.49%、0.50%和 1.35%,2013 年大幅增加,累计增幅为 0.85 个百分点,较 2009 年增加了 0.85 个百分点。2013 年丽水市地方财政一般预算收入在长三角地区 25 个市中的排名比上年上升两位,排名第 22 位。

2013 年,全年财政总收入 124.22 亿元,其中公共财政预算收入 73.70 亿元,分别比上年增长 10.3%和 14.1%。公共财政预算支出 195.38 亿元,增长 16.3%,比上年提高 7.4 个百分点。

2009—2013 年丽水市规模以上工业总产值在长三角地区所占比重分别为 0.62%、0.66%、0.66%、0.73%和 0.78%,总体呈增长态势,5 年累计增幅为 0.16 个百分点,2013 年较 2012 年增加了

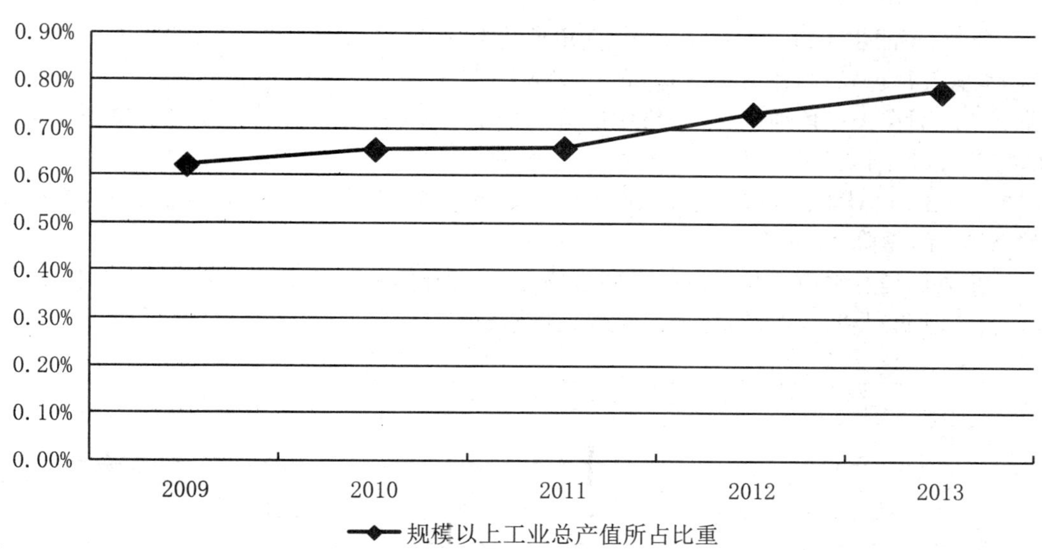

图6　2009—2013年丽水市规模以上工业总产值在长三角所占比重的变化趋势

0.05百分比。2013年丽水市规模以上工业总产值在长三角地区25个市中的排名与上年保持一致，排名第23位，仍亟需有所改变，以期结束相对落后的局面。

2013年，规模以上工业增加值351.19亿元，比上年增长12.6%。规模以上工业销售产值1716.14亿元，增长14.1%，其中出口交货值147.34亿元，增长4.5%，出口交货值占销售产值的比重为8.6%，比上年回落0.6个百分点。规模以上工业企业产品销售率96.3%，比上年提高1个百分点。实现利润总额131.82亿元，增长18.5%。

全年规模以上工业高新技术产业增加值51.51亿元，比上年增长9.9%，占规模以上工业增加值比重为14.7%。新产品产值478.42亿元，占规模以上工业产值比重为26.8%，比上年提高6.7个百分点。全年发电量30.19亿千瓦时，比上年下降3.4%(不含紧水滩电站发电量，同比口径)，成品钢材产量272.25万吨，增长9.8%。

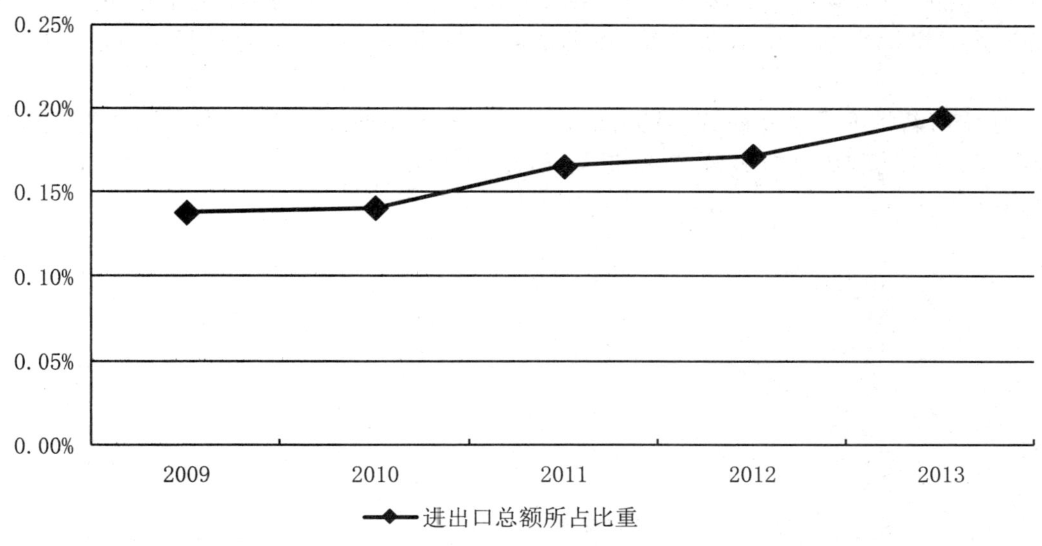

图7　2009—2013年丽水市进出口总额在长三角所占比重的变化趋势

2009—2013年丽水市进出口总额在长三角所占比重分别为0.14%、0.14%、0.17%、0.17%和0.19%，总体呈上升趋势，累计增幅达0.05个百分比，2013年较上年增加了0.02个百分比。2013年丽水市进出口总额在长三角地区25个市中的排名与上年保持一致，排名第25位，位置属于下游，希望能有所突破，以期结束落后的局面。

2013年，进出口总额25.89亿美元，比上年增长15.6%。其中，出口23.73亿美元，增长20.1%，进口2.16亿美元，下降14.8%。

欧洲和亚洲仍是丽水市产品出口的主要市场，出口额比重达到69.2%，对北美洲和拉丁美洲市场保持较快增长，对非洲和大洋洲市场出口实现高速增长。

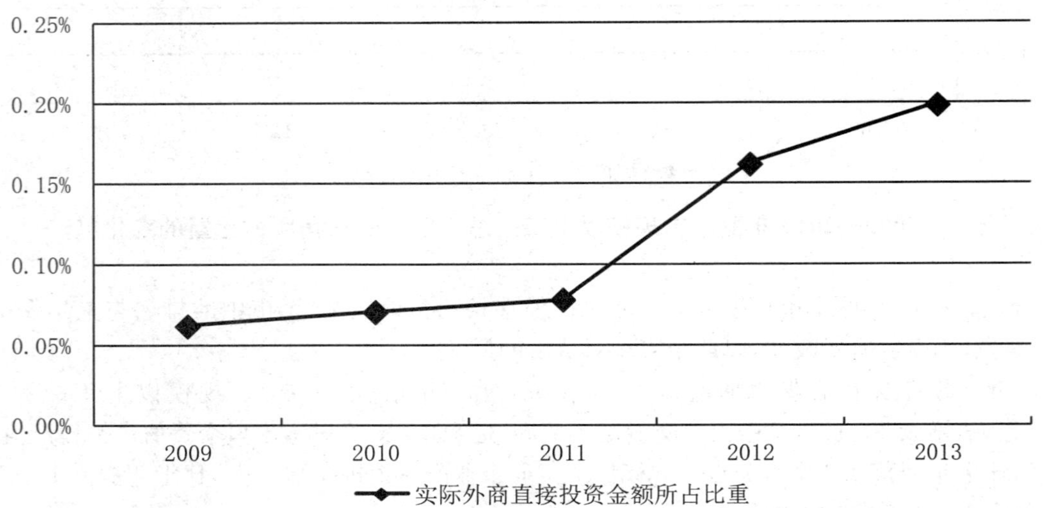

图8　2009—2013年丽水市实际外商直接投资金额在长三角所占比重的变化趋势

2009—2013年丽水市实际外商直接投资金额在长三角所占比重分别为0.06%、0.07%、0.08%、0.16%和0.20%，呈持续上升趋势，2013年较上年增加了0.04个百分点，较2009年增加了0.14个百分比。2013年丽水市实际外商直接投资金额在长三角地区25个市中的排名与上年保持不变，排名第24位，希望继续努力，改善对外投资环境，以期能较大程度的吸引外商直接投资，改变这种落后的局面。

2013年全市新批准设立外商直接投资企业26个，比上年增加9个；外商直接总投资5.26亿美元，增长1.7倍；合同利用外资金额2.07亿美元，增长38.9%；实际利用外资金额1.28亿美元，增长23.1%。

第五章　安徽省及部分市2013年经济社会发展报告

一　安徽省2013年经济社会发展报告

2013年，全省人民在省委、省政府的坚强领导下，深入贯彻落实党的十八大和十八届三中全会精神，坚持稳中求进的工作总基调，统筹稳增长、调结构、促改革、惠民生，攻坚克难，开拓奋进，保持了经济社会稳定健康较快发展，圆满完成年初确定的主要目标任务。

一、安徽省2013年经济发展概况

（一）综合经济

1. 经济总量

全年生产总值（GDP）19038.87亿元，按可比价格计算，比上年增长10.4%。分产业看，第一产业增加值2348.09亿元，增长3.5%；第二产业增加值10403.96亿元，增长12.4%；第三产业增加值6286.82亿元，增长9.5%。三次产业结构由上年的12.7∶54.6∶32.7调整为12.3∶54.6∶33.1，其中第三产业比重提高0.4个百分点、工业增加值占GDP比重由上年的46.6%提高到46.9%。全社会劳动生产率44889元/人，比上年增加3553元/人。人均GDP31684元（折合5116美元），比上年增加2892元。全年民营经济增加值10843亿元，比上年增长10.7%，占GDP比重由上年的56%提高到57%。

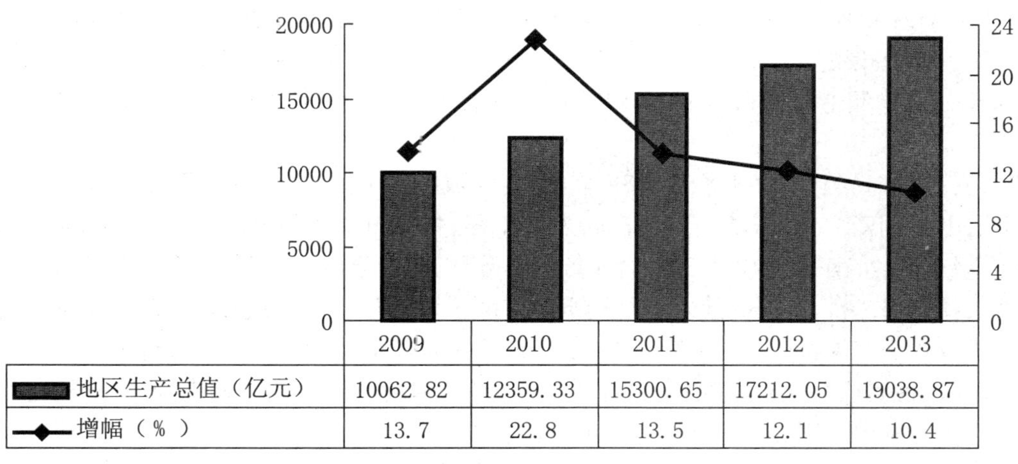

	2009	2010	2011	2012	2013
地区生产总值（亿元）	10062.82	12359.33	15300.65	17212.05	19038.87
增幅（%）	13.7	22.8	13.5	12.1	10.4

图1　2009—2013年安徽省地区生产总值及增长速度

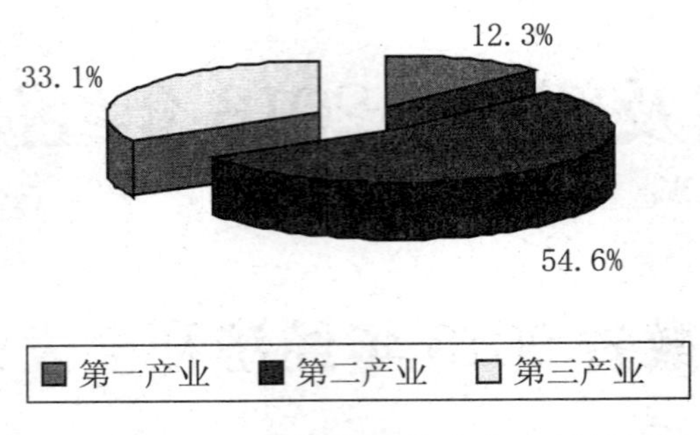

图2　2013年安徽省三次产业结构图

2. 财政收支

全年财政收入3365.1亿元，比上年增长11.2%，其中地方财政收入2075.1亿元，增长15.8%。全部财政收入中，增值税增长10.6%，营业税增长11.3%，企业所得税增长2.9%。财政支出4349.69亿元，增长9.8%。其中，社会保障与就业支出增长15.4%，医疗卫生支出增长12.7%，城乡社区事务支出增长30.7%，文化体育与传媒支出增长11.3%，节能环保支出增长12%，科学技术支出增长13.6%。全年33项民生工程累计投入605.6亿元，惠及6000多万城乡居民。

3. 物价水平

全年居民消费价格上涨2.4%，其中食品价格上涨4.7%。商品零售价格上涨1.3%。工业生产者出厂价格下降1.8%，工业生产者购进价格下降3.1%。固定资产投资价格上涨0.2%，农业生产资料价格上涨0.9%。

4. 固定资产投资

全年固定资产投资18251.1亿元，比上年增长21.2%。其中，工业及信息化产业技术改造投资4316.6亿元，增长12.5%；民间投资12146亿元，增长25.6%。分区域看，皖江示范区投资12559亿元，增长20.4%；皖北六市投资4522亿元，增长23.9%；合肥经济圈投资7449.9亿元，增长20.7%。分产业看，第一产业投资增长28.9%，第二产业增长18.9%，第三产业增长23%。分行业看，工业投资增长18.6%，其中制造业增长20.4%，制造业中的装备制造业增长20.6%。六大高耗能行业投资增长16%。

全年共安排“861”行动计划项目3389个，当年完成投资8948.4亿元。开工建设合肥航嘉源家电、铜陵铜冠电子铜箔二期、华清（合肥）高科表面工程、马鞍山正崴科技园、中科院（宿州）云计算、奇瑞发动机升级扩产、淮南平圩电厂三期、合肥统一一分厂、广药集团亳州药业、含山昭关温泉文化产业项目、芜湖长江公路二桥、济祁高速永城至利辛至淮南至合肥段、宿扬高速天长段、合肥轨道交通2号线等项目；建成投产蚌埠日产150吨玻璃基板、江淮客车新基地、江汽年产20万台1.5T发动机、芜湖海创高新节能装备制造基地、马鞍山新联合压缩机配件、铜陵全威铜业二期铜加工、合肥电厂6号机组、合肥航空产业基地二期、江南文化园三期等项目。

全年新增煤炭产能900万吨，电力装机容量401万千瓦。

（二）农业

全年粮食作物种植面积6625.3千公顷，比上年扩大3.3千公顷，其中优质专用小麦面积2106.8千公顷，扩大27.1千公顷。油料种植面积802千公顷，减少41.6千公顷。棉花种植面积285.1千公

顷，减少19.8千公顷。蔬菜种植面积836千公顷，扩大25.4千公顷。

全年粮食产量3279.6万吨，比上年减少9.5万吨，减产0.3%。其中，夏粮1338.5万吨，增加37万吨，增产2.8%；秋粮1810.3万吨，减少45.3万吨，减产2.4%。油料产量225.4万吨，下降1%。棉花产量25.1万吨，下降14.6%。

年末全省生猪存栏1612.6万头，比上年增长3.7%；全年生猪出栏2971.5万头，增长1.5%。肉类总产量403.8万吨，增长1.5%，其中猪牛羊肉产量286.6万吨，增长1.5%。禽蛋产量124.5万吨，增长1.5%。牛奶产量25.3万吨，增长5.2%。水产品产量215.5万吨，增长3.9%。

年末全省农业机械总动力6140.3万千瓦，比上年增长4%。农用拖拉机243万台，减少2.5%；农用运输车67.5万辆，减少0.2%。全年化肥施用量(折纯)338.4万吨，增长1.5%。农村用电量137.9亿千瓦小时，增长7%。有效灌溉面积4307.9千公顷，新增43.4千公顷；新增节水灌溉面积40.1千公顷。

（三）工业和建筑业

1. 工业

年末全省规模以上工业企业达15114户，比上年净增2144户。全年规模以上工业增加值增长13.7%，其中轻、重工业分别增长12.5%和14.3%；国有及国有控股企业增长9.2%，集体企业增长6.5%，股份制、外商及港澳台商投资企业分别增长13.4%和20.3%。

规模以上工业中，40个工业行业有38个增加值保持增长，其中计算机、通信和其他电子设备制造业增长34.7%，有色金属冶炼和压延加工业增长19.7%，通用设备制造业增长19.6%，非金属矿物制品业增长16.2%，化学原料和化学制品制造业增长14.5%，电气机械和器材制造业增长13.2%，农副食品加工业和汽车制造业均增长9.4%，黑色金属冶炼和压延加工业增长8.2%，电力、热力生产和供应业增长7.5%，煤炭开采和洗选业增长4.7%。六大工业主导产业增加值增长13.3%，装备制造业增长15.7%，高新技术产业增长15.7%；战略性新兴产业产值增长23.4%。

规模以上工业统计的主要产品产量中，原煤下降6.4%，发电量增长8.5%，粗钢、钢材分别增长13.1%和10.5%，水泥增长12.3%，家用电冰箱增长14.8%，家用洗衣机增长13.2%，房间空调器增长1.8%，彩色电视机下降8%，汽车下降5%。

全年规模以上工业企业主营业务收入33079.5亿元，增长16.1%；利税3046.4亿元，增长17.3%，其中利润1758.8亿元，增长16.9%。电气机械和器材制造业、非金属矿物制品业、化学原料和化学制品制造业、农副食品加工业、通用设备制造业、汽车制造业等14个利润超50亿元的行业，累计实现利润1410.8亿元，增长28.2%，占全部规模以上工业的比重为80.2%。

2. 建筑业

全年资质内建筑企业利税总额324.8亿元，增长16.7%。房屋建筑施工面积37117.2万平方米，比上年增加3781.6万平方米；房屋竣工面积14258.6万平方米，增加912.4万平方米。

（四）服务业

1. 国内贸易

全年社会消费品零售总额6481.4亿元，比上年增长14%，扣除价格因素，实际增长12.5%。按经营地统计，城镇消费品零售额5283.3亿元，增长13.9%；乡村消费品零售额1198.1亿元，增长14.2%。按消费形态统计，商品零售5781.7亿元，增长14.2%；餐饮收入699.7亿元，增长12.1%。

在限额以上企业商品零售额中，吃、穿、用类商品零售额分别比上年增长21.7%、18.8%和18.3%，粮油类增长18.2%，肉禽蛋类增长27.6%，服装类增长20.1%，化妆品类增长20.2%，金银珠宝类增长28.9%，日用品类增长20.1%，中西药品类增长17.5%，家用电器和音像器材类增长16.7%，建筑及装潢材料类增长19.4%，家具类增长29.1%，汽车类增长19.9%，石油及制品类增长16.2%。

2. 交通运输、邮电

全年旅客运输量24.5亿人，货物运输量35.7亿吨，比上年分别增长15.4%和15.6%；旅客运输周转量2118.5亿人公里，货物运输周转量11136.5亿吨公里，分别增长14.2%和14.1%。全年港口货物吞吐量4亿吨，增长9.8%，其中外贸货物吞吐量331.5万吨，增长21.8%。全省民航机场旅客吞吐量671.3万人次，增长11.2%，其中合肥机场旅客吞吐量562.8万人次，增长8.4%。

年末全省民用汽车拥有量376万辆，比上年增长13.9%，其中私人汽车289.3万辆，增长17.3%。民用轿车拥有量186.5万辆，增长24.9%，其中私人轿车164.3万辆，增长28.2%。

全年新增高速公路311公里、一级公路783公里、铁路营业里程271公里。到2013年末，全省高速公路达3521公里、一级公路达2280公里、铁路营业里程达3443公里。

全年邮电业务总量466.2亿元，比上年增长10.8%。其中，电信业务总量408.7亿元，增长9.9%；邮政业务总量57.5亿元，增长25.4%。年末本地固定电话交换机总容量844.4万门，比上年减少424.7万门。本地固定电话用户976.7万户，减少114.7万户；移动电话用户3958.9万户，增加349.1万户。每百人拥有电话（含移动）82部，增加3部。年末基础电信运营企业计算机互联网宽带接入用户642.6万户，增加135.6万户。

3. 旅游业

全年入境旅游人数385.5万人次，比上年增长16.3%；国内游客3.36亿人次，增长15%。旅游总收入3010.4亿元，增长15.3%。其中，旅游外汇收入17.3亿美元，增长15.8%；国内旅游收入2903.2亿元，增长15.3%。年末全省有A级及以上旅游景点（区）461处。

4. 金融、证券和保险

年末全省金融机构各项存款余额（人民币口径，下同）26739.3亿元，比上年末增加3762亿元，增长16.4%。其中，单位存款余额12374.1亿元，增长15.9%；居民储蓄存款余额12924.9亿元，增长15.6%。金融机构各项贷款余额19088.8亿元，比上年末增加2794.5亿元，增长17.2%。其中，短期贷款余额7343亿元，增长21.6%；中长期贷款余额10953亿元，增长16.1%，中长期贷款中个人贷款余额4200.4亿元，增长23.9%。

全年上市公司通过境内市场累计筹资244.6亿元，其中A股再筹资（包括配股、公开增发、非公开增发、认股权证）176.4亿元；上市公司通过发行可转债、可分离债、公司债筹资68.2亿元。到2013年末，全省有上市公司78家，上市公司市价总值5018.4亿元，比上年增长3.6%。

全年发行非上市企业（公司）债券101亿元。企业发行短期融资券262.5亿元。

全年安徽省境内证券经营机构证券交易量17461.5亿元，期货经营机构代理交易量106245.4亿元。

全年保险业保费收入483亿元，比上年增长6.5%。其中，财产险业务保费收入203.9亿元，增长20.6%；人身险业务保费收入279.2亿元，下降1.9%。赔款和给付223亿元，增长46.1%。其中，财产险业务赔款支出115.3亿元，增长26%；人身险业务赔款和给付支出107.7亿元，增长76.1%。

5. 房地产业

全年房地产开发投资3946.2亿元，比上年增长25.2%。商品房销售面积6265.4万平方米，增长

29.7%；商品房销售额3182.9亿元，增长36.6%。全年开工建设城镇保障性安居工程住房41.8万套，基本建成32万套。

（五）对外经济

1. 对外贸易

全年进出口总额456.3亿美元，比上年增长16.2%。其中，出口282.5亿美元，增长5.6%；进口173.8亿美元，增长38.6%。从出口经营主体看，生产型企业出口增长18.7%，贸易型企业出口下降45%。从出口商品看，机电产品、高新技术产品出口分别增长11.9%和31.7%。

2013年全省出口主要分类及地区分布

单位：亿美元

指　　标	绝对数	比上年增长%
出口额	282.5	5.6
其中：机电产品	128.3	11.9
其中：高新技术产品	42.3	31.7
其中：一般贸易	221.7	7.8
加工贸易	53.4	31.3
其中：对亚洲	118.6	14.2
对欧洲	57.1	2.7
对北美洲	47.1	6.8
对非洲	25.0	−5.3
对拉丁美洲	29.2	−9.0
对大洋洲	5.5	2.9

2. 外资状况

全年新批外商投资企业246家，比上年增长26.8%；合同利用外资26.9亿美元，增长6.1%；实际利用外商直接投资106.9亿美元，增长23.7%。到2013年底，来皖投资的境外世界500强企业增加到67家，其中当年新引进4家。

3. 对外合作

全年对外经济技术合作新签合同金额28.2亿美元，比上年增长15.8%；完成营业额31亿美元，增长3.1%；当年外派劳务人员12531人，下降6.3%。全年新批境外企业(机构)60个，实际对外投资6.9亿美元，增长26.6%。

二、安徽省2013年社会发展概况

（一）人口、人民生活

全年人口出生率为12.88‰，比上年下降0.12个千分点；死亡率6.06‰，下降0.08个千分点；自然增长率为6.82‰，下降0.04个千分点。年末户籍人口6928.5万人，比上年增加26.5万人；常住人口6029.8万人，比上年增加41.8万人。城镇化率47.9%，比上年提高1.4个百分点。

全年城镇居民人均可支配收入23114元，比上年增长9.9%，扣除价格因素，实际增长7.4%。人均消费性支出16285元，增长8.5%。其中，食品支出增长9.5%，衣着增长9.5%，居住增长19.1%，家庭设备用品及服务增长10.8%，医疗保健下降23.9%，交通和通信增长33.2%，教育文化娱乐服务下降1.5%。城镇居民家庭恩格尔系数为39.1%，比上年上升0.4个百分点。年末城镇居民人均住房建筑面积34.9平方米，比上年增加2.5平方米。

全年农村居民人均纯收入8098元，比上年增长13.1%，扣除价格因素，实际增长10.3%。人均生活消费支出5725元，增长3%。其中，食品支出增长4.1%，衣着增长1%，居住下降0.1%，家庭设备用品及服务增长12.5%，医疗保健增长8.2%，交通通讯增长4.7%，文教娱乐用品及服务下降2.4%。农村居民家庭恩格尔系数为39.6%，比上年上升0.4个百分点。年末农村居民人均住房面积32.2平方米，比上年减少3.7平方米。

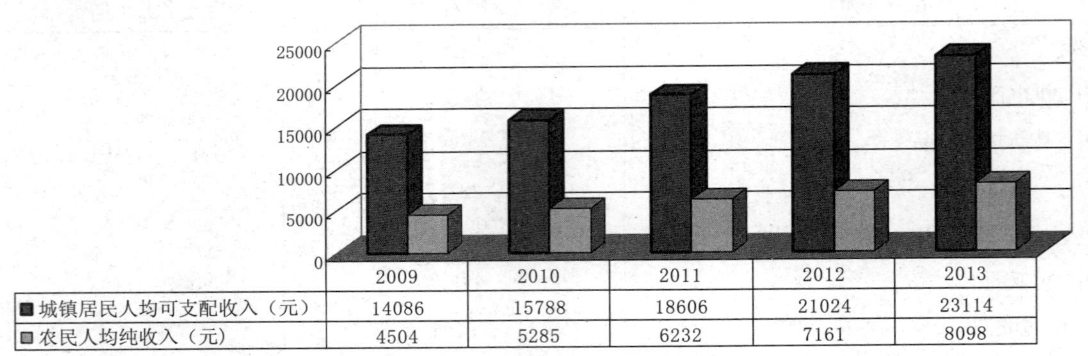

	2009	2010	2011	2012	2013
■城镇居民人均可支配收入（元）	14086	15788	18606	21024	23114
■农民人均纯收入（元）	4504	5285	6232	7161	8098

图3 2009—2013年安徽省城乡居民收入对比一览

（二）就业和社会保障

1. 就业

年末全省从业人员4275.9万人，比上年增加69.1万人。其中，第一产业1469.7万人，减少61.5万人；第二产业1169.2万人，增加61.9万人；第三产业1637万人，增加68.7万人；城乡私营企业从业人员和个体劳动者705.1万人，增加56.8万人。全年城镇实名制新增就业67.5万人，下岗失业人员再就业25.9万人。年末城镇登记失业率为3.41%，比上年下降0.27个百分点。全省农民工总量为1783万人，其中外出农民工1288万人。

2、社会保障及福利

年末全省参加城镇基本养老、医疗保险人数分别为811.3万人和1665.9万人。参加失业保险的人数为409万人，全年为11.8万名失业人员发放了不同期限的失业保险金。全省参加工伤、生育保险人数分别为473.2万人和458.9万人。城乡居民养老保险参保人数3308.7万人。

年末78.2万城市居民享受政府最低生活保障，216.1万农村居民享受政府最低生活保障，43.6万农村五保户享受政府供养。全年救助城市医疗困难群众49.9万人次，救助农村医疗困难群众266.8万人次。

年末全省有各类提供住宿的社会服务机构2465个，床位27.4万张，收养各类人员19.6万人。有各类社区服务设施5540个，其中社区服务中心1053个，社区服务站2578个。全年销售社会福利彩票59亿元，筹集社会福利资金16.7亿元。

（三）教育和科学技术

1. 教育

年末全省有研究生培养单位21个，在学研究生46506人。普通高校106所，普通本专科在校生105.2万人，高等教育毛入学率35%，比上年上升4.4个百分点。各类中等职业教育（不含技工学校）463所，在校生96.8万人。普通高中698所，在校生125.5万人，高中阶段毛入学率90%，比上年上升4个百分点。初中2902所，在校生199.7万人，初中阶段适龄人口入学率为99.2%。小学11507所，在校生409.2万人，小学学龄儿童入学率为99.7%。各级各类成人学校毕业生101.8万人。

2. 科技与创新

年末全省有各类专业技术人员194万人，比上年增长6.1%。科研机构3013个，其中大中型工业企业所办的科研机构978个。从事研发活动人员15.6万人。全年用于研究与试验发展（R&D）经费支出341.8亿元，增长21.3%；相当于全省生产总值的1.8%，比上年提高0.16个百分点。全省有国家大科学工程5个；有国家实验室2个，国家重点（工程）实验室19个，省级（含重点）实验室111个，部属（含院属）实验室51个；有省级以上工程（技术）研究中心468家，其中国家级23家。有高新技术产业开发区15个，其中国家级4个。有高新技术企业2018家，其中新认定441家。

全年取得省部级以上科技成果920项。主要科技成果有自主泊车系统产业化关键技术、露天矿边坡岩体操作与灾变智能控制技术研究等。全年受理申请专利93353件，授权专利48849件，比上年分别增长24.7%和12.8%。共签订各类技术合同6951项，成交金额130.8亿元，比上年增长51.7%。

年末全省有县以上产品质量检验机构830个，其中系统内110个，国家质量监督检验中心22个；有产品质量、体系认证机构1个，累计完成强制性产品认证的企业1954个；法定计量技术机构80个，全年强制检定计量器具110万台（件）；累计制定国际标准4项、国家标准677项，制定、修订地方标准2119项。有国家地理标志产品44个、安徽名牌产品1353个。

全年省测绘档案资料馆为社会各界提供各种比例尺地形图21832幅，测绘基准成果6732点（次），航空航天遥感数据99.7万平方千米，数据量29307 GB；完成国家基本比例尺地形图生产与更新36274幅、地理国情动态监测1980平方千米、“天地图·安徽”地图网站数据更新2310GB。

（四）文化、卫生和体育

1. 文化

年末全省有文化馆121个，公共图书馆102个，博物馆154个（含民营博物馆），乡镇街道综合文化站1433个。全国重点文物保护单位130处、合并国保项目4处，省级重点文物保护单位708处。国家级非物质文化遗产名录60项，省级名录273项。广播电台15座，中波发射台和转播台23座，广播综合人口覆盖率98.34%。电视台15座，有线电视用户708.26万户，电视综合人口覆盖率98.57%。全年出版报纸98种，总印数12.6亿份；期刊（杂志）180种，总印数0.63亿册；图书10514种，总印数2.52亿册。有各级国家档案馆142个，馆藏档案资料2291.3万卷（件、册），库馆总建筑面积28.7万平方米。

2. 卫生

年末全省有医疗卫生机构24643个，其中医院938个、基层医疗卫生机构21873个、专业公共卫生机构1734个，其他卫生机构98个。基层医疗卫生机构中，卫生院1388个，社区卫生服务中心（站）

1942个，村卫生室15311个；专业公共卫生机构中，疾病预防控制中心120个，专科疾病防治院（所、站）43个，妇幼保健院（所、站）121个，卫生监督所（中心）113个。全省卫生技术人员25.3万人，其中执业（助理）医师9.8万人，注册护士10.3万人。乡村医生和卫生员5.2万人。医疗卫生机构床位24万张，其中医院、卫生院床位22.5万张。全年医疗卫生机构共诊疗2.6亿人次。参加新型农村合作医疗的农业人口5149.6万人。

3. 体育

全年在国际国内重大比赛中，安徽省运动健儿共获得21.5枚金牌、31枚银牌、28枚铜牌。其中，在第十二届全国运动会上获得8.5枚金牌、9枚银牌、12枚铜牌。“全民健身、健康安徽”系列主题活动蓬勃开展，全年共举办百人以上的群众体育健身活动1722次，参加活动总人数236万人次。

（五）区域统筹发展

进一步融入国家区域发展总体战略，合肥经济圈与皖江城市带聚合发展步伐加快。编制实施省主体功能区规划。落实和完善支持皖北、大别山区发展政策，南北合作共建园区取得实质性进展，抓金寨促全省扶贫开发“5+1”工程全面实施。皖南国际文化旅游示范区建设扎实推进。积极探索四化同步、产城一体的新路径，确立了以强化产业支撑保障就业、以完善公共服务保障安居、以有序推进农业转移人口市民化保障城镇化健康发展的工作思路，与国家开发银行开展合作，在33个省级以上开发区开展新型城镇化综合试点。加快建设美好乡村，启动全国首批美丽乡村建设试点省工作，586个重点示范村基本建成，完成20.4万户农村危房改造、246个乡镇农村清洁工程等重点任务，水电供区农网改造基本完成。

（六）资源和环境保护

全省已发现的矿种为158种（含亚矿种）。查明资源储量的矿种125种（含普通建筑用石料矿种），其中能源矿种6种，金属矿种22种，非金属矿种95种，水气矿种2种。全年地质勘查部门开展各类地质（科研）项目（省级）429项，其中新开展97项。新增查明资源储量的大中型矿产地14处。

年末全省有省、市、县级环境监测站91个。16个省辖城市均开展了空气环境质量监测，其中8个城市空气质量达到二级标准。已建成自然保护区39个，其中国家级7个、省级30个、市级2个。当年人工造林面积202.8千公顷。年末森林面积3804.2千公顷，活立木总蓄积量23868.2万立方米，森林蓄积量20987.9万立方米。

淮河干流安徽段水质以Ⅲ类为主，总体水质优。长江干流安徽段以Ⅱ类水质为主，总体水质优；主要支流总体水质良好。巢湖湖区整体水质轻度污染，9条主要环湖支流整体水质中度污染。新安江干、支流水质优。全省城市集中式饮用水水源地水质达标率为97.6%。

（七）安全生产

全省全年亿元GDP生产安全事故死亡人数为0.16人，比上年下降13.7%；工矿商贸从业人员十万人，生产安全事故死亡人数为1.07人，下降14.5%；煤矿百万吨死亡人数为0.16人，下降24.8%；道路交通万车事故死亡人数为2.19人，下降16.2%。全省全年发生道路交通事故17610起，发生火灾事故11691起。

二　合肥市 2013 年经济社会发展报告

2013 年，面对错综复杂的国内外形势，市委、市政府带领全市人民全面贯彻落实党的十八大和十八届二中、三中全会精神，按照“稳中求进”的工作总基调，开拓创新，扎实工作，着力稳增长、提效益、调结构、惠民生，经济社会保持了稳定健康较快发展的态势，为打造“大湖名城、创新高地”奠定了坚实基础。

一、合肥市 2013 年经济发展概况

（一）综合经济

1. 经济总量

全年生产总值(GDP)4276.91 亿元，按可比价格计算，比上年增长 11.5%。其中，第一产业增加值 247.21 亿元，增长 3.2%；第二产业增加值 2583.75 亿元，增长 12.9%；第三产业增加值 1841.95 亿元，增长 10.6%。三次产业结构由上年的 5.5：55.3：39.2 调整为 5.3：55.3：39.4，其中第三产业比重比上年提高 0.2 个百分点，工业增加值占 GDP 比重由上年的 43.6%提高到 43.9%。按常住人口计算，人均 GDP 达到 61555 元(折合 9939 美元)，比上年增加 6373 元。

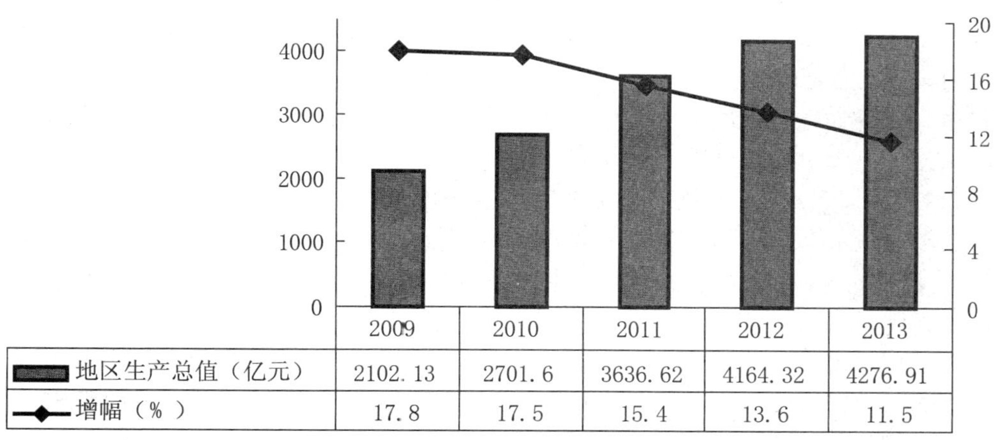

	2009	2010	2011	2012	2013
地区生产总值（亿元）	2102.13	2701.6	3636.62	4164.32	4276.91
增幅（%）	17.8	17.5	15.4	13.6	11.5

图 1　2009—2013 年合肥市地区生产总值及增长速度

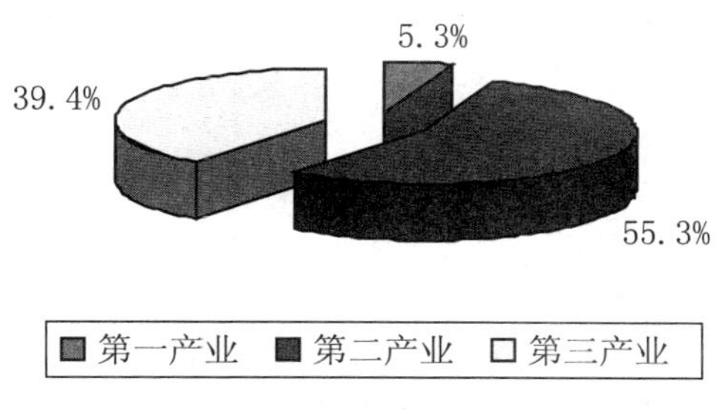

图 2　2013 年合肥市三次产业结构图

2. 财政收支

全年财政收入768.27亿元，比上年增长10.6%；其中，税收收入685.91亿元，增长11.4%。地方财政收入438.62亿元，增长12.6%。财政支出630.85亿元，比上年增长10.2%。其中，社会保障与就业支出增长19.2%，城乡社区服务支出增长15.3%，文化体育与传媒支出增长1.04倍，节能环保支出增长30.5%。

3. 物价水平

全年居民消费价格比上年上涨2.7%，其中食品价格上涨4.8%。商品零售价格上涨1.2%。工业生产者出厂价格下降0.7%，工业生产者购进价格下降4.2%。

4. 固定资产投资

全年全社会固定资产投资4707.99亿元，比上年增长23.1%。其中，民间投资2777.97亿元，增长26.7%；文化产业投资310.11亿元，增长36.0%；城市基础设施投资806.19亿元，增长26.9%。

分产业看，第一产业投资72.49亿元，增长28.0%；第二产业投资1788.83亿元，增长19.2%；第三产业投资2846.67亿元，增长25.4%。工业投资1752.98亿元，增长18.9%。

全年固定资产投资施工项目5087个，比上年增加256个，施工项目计划总投资7266.91亿元，增长14.7%。竣工项目3964个，增加321个。

（二）农业

全年农作物总播种面积为74.33万公顷，比上年下降0.9%。其中，粮食作物48.50万公顷，增长0.4%；棉花3.27万公顷，下降1.4%；蔬菜7.96万公顷，增长6.0%；瓜果2.39万公顷，增长4.9%；油料11.56万公顷，下降11.1%。

全年粮食总产量299.68万吨，比上年下降1.2%。其中，稻谷239.17万吨，下降1.7%；小麦45.33万吨，增长4.1%。棉花产量3.25万吨，下降3.5%。蔬菜产量181.21万吨，增长5.3%。瓜果产量58.93万吨，增长8.4%。油料产量32.13万吨，下降4.0%。

全年生猪存栏量141.89万头、出栏量285.98万头，比上年分别增长2.8%和1.0%。肉类总产量47.50万吨，增长0.6%。禽蛋产量19.45万吨，增长0.9%。牛奶产量11.38万吨，增长1.9%。水产品产量23.29万吨，增长7.9%。

年末农业机械总动力397.06万千瓦，比上年增长4.9%。农用拖拉机21.5万台，下降0.5%；排灌动力机械14.0万台，增长1.4%；农用运输车1.7万辆，与上年持平。机耕作业面积67.27万公顷，占农作物播种面积的比重达90.5%，比上年提高6.9个百分点；当年机械播种面积14.07万公顷，占农作物总播种面积的18.9%，提高5.7个百分点；机械收割面积45.64万公顷，占61.4%，提高5.3个百分点。化肥施用量(折纯)31.55万吨，增长0.4%。农村用电量15.30亿千瓦时，增长6.0%。

全年农林牧渔业总产值432.19亿元，按可比价格计算，比上年增长3.2%。

（三）工业和建筑业

1. 工业

年末规模以上工业企业2330户，比上年净增243户，全年实现工业增加值1907.40亿元，比上年增长14.4%。其中，轻、重工业分别增长8.3%和18.4%；国有及国有控股企业增长5.9%，集体企业增长10.0%，股份制、外商及港澳台商投资企业分别增长10.4%和30.1%。

规模以上工业37个行业中，有34个行业增加值实现增长。六大主导产业实现增加值1188.88

亿元，比上年增长15.9%。战略性新兴产业完成产值2006.81亿元，比上年增长21.7 %。全年规模以上工业出口交货值519.83亿元，比上年增长21.9%。

规模以上工业统计的主要产品产量中，农用化肥增长1.33倍，合成洗涤剂增长26.1%，汽车增长4.4%，叉车增长9.6%，家用电冰箱增长16.8%，家用洗衣机增长13.6%，发电量增长18.3%，水泥增长21.2%，钢材下降7.7%。

全年规模以上工业企业主营业务收入7061.11亿元，比上年增长15.5 %；实现利润450.15亿元，增长23.6 %。

2. 建筑业

全年建筑业增加值530.18亿元，比上年增长7.9%。纳入统计范围的具有建筑业资质等级的总承包和专业承包建筑施工企业859户，比上年增加24户；实现利润总额90.31亿元，增长9.6%。房屋建筑施工面积18695.29万平方米，比上年增长16.5%；其中，新开工面积7845.48万平方米，增长19.8%。房屋竣工面积5566.75万平方米，增长1.8%。年末建筑业从业人员73.41万人，比上年增长1.5%。企业劳动生产率34.68万元/人，增长16.9%。

（四）服务业

1. 国内贸易

全年社会消费品零售总额1480.84亿元，比上年增长14.8%。按消费形态分，商品零售额1392.07亿元，增长15.1%；餐饮收入88.77亿元，增长9.4%。按经营地统计，城镇消费品零售额1443.02亿元，增长14.9%；乡村消费品零售额37.82亿元，增长10.1%。

年末限额以上批发零售和住宿餐饮企业1169户，全年实现零售额1120.28亿元，比上年增长19.5%。其中，粮油、食品类增长17.3%，服装类增长19.5%，化妆品类增长23.9%，金银珠宝类增长32.5%，日用品类增长10.8%，中西药品类增长22.9%，家用电器及音像器材类增长18.4%，建筑及装潢材料类增长16.0%，家具类增长40.4%，汽车类增长20.3%，石油及制品类增长29.0%。

全年共举办各类展览活动170场，比上年增长1.2%，展览面积167.9万平方米，增长4.8%。

2. 交通运输、邮电

全年交通运输、仓储和邮政业增加值183.52亿元，比上年增长9.5%。旅客运输量4.01亿人，比上年增长16.5%；货物运输量3.91亿吨，增长16.0%。

年末民用汽车拥有量82.07万辆，比上年增长23.3%，其中私人汽车61.98万辆，增长27.4%。民用轿车拥有量49.74万辆，增长28.1%，其中私人轿车43.80万辆，增长30.8%。

全年邮电业务总量90.27亿元，比上年增长18.5%。其中，邮政业务总量5.75亿元，增长8.7%；电信业务总量84.52亿元，增长19.2%。年末本地固定电话用户176.61万户，比上年减少12.52万户。其中，城市119.41万户，减少7.92万户；农村57.2万户，减少4.61万户。移动电话用户703.32万户，增加74.98万户。基础电信运营企业计算机互联网接入用户102.99万户，增加9.59万户。

3. 旅游业

全年入境旅游人数38.93万人次，比上年增长3.8%；旅游外汇收入2.5亿美元，增长6.4%。国内游客5950万人次，增长11.0%；国内旅游收入509亿元，增长14.8%。年末拥有星级饭店75家，其中五星级9家、四星级20家；A级旅游景点48家。

4. 金融、证券和保险

年末金融机构人民币各项存款余额8232.58亿元，比上年末增加1318.74亿元，增长19.1%；其中居民储蓄存款余额2355.77亿元,增长14.0%。金融机构人民币各项贷款余额7054.99亿元,比上年末增加918.96亿元,增长15.0%。其中,短期贷款余额1920.56亿元,增长26.2%,短期贷款中个人贷款及透支余额320.09亿元,增长45.0%;中长期贷款余额4927.11亿元,增长12.7%,中长期贷款中个人贷款余额1576.63亿元,增长20.7%。

全年首发上市公司1家,融资80.32亿元。至年末共有30家境内上市公司,全年债券融资306亿元。年末证券营业部68个,比上年增加9个,全年证券交易量8055.54亿元,从业人员2510人。年末期货营业部20个,比上年增加2个,全年期货交易量180387.15亿元,从业人员657人。

全年保险公司保费收入109.11亿元,比上年增长22.1%。其中,财产险保费收入52.27亿元,增长30.6%;人身险保费收入56.84亿元,增长15.3%。支付各类赔款及给付46.11亿元,比上年增长53.8%。其中,财产险赔款与给付28.74亿元,增长42.9%;人身险赔款与给付17.37亿元,增长75.9%。

5. 房地产业

促进房地产市场健康发展,商品住房交易量增价稳。全年房地产开发投资1105.81亿元,比上年增长21.0%。

商品房新开工面积2211.02万平方米,增长48.5%;竣工面积1435.33万平方米,增长55.8%。商品房销售面积1628.09万平方米,增长31.0%;商品房销售额1023.01亿元,增长33.8%。全年开工建设城镇保障性安居工程住房46562套,竣工8078套。

(五)对外经济

1. 对外贸易

全年进出口总额181.90亿美元,比上年增长3.1%。其中,出口118.99亿美元,下降12.1%;进口62.91亿美元,增长56.8%。加工贸易出口额30.54亿美元,增长40.5%。机电产品出口额58.76亿美元,下降0.4%。高新技术产品出口额27.66亿美元,增长43.3%。

2. 利用外资

拓展"合肥之友"等招商平台,"百名县干大招商"等活动取得实效,欧美、东南亚、港澳台等重点区域招商成果丰硕,与央企和知名民企合作深入推进,完成招商引资2550亿元、增长22%。全年新批外商投资企业84户,比上年增长33.3%。新增总投资(含增减资)18.67亿美元,下降34.4%。

3. 对外合作

对外经济合作新签合同额23.59亿美元,比上年增长96.0%;完成营业额22.94亿美元,增长1.7%。劳务合作年末在外人员1.1万人。年末境外世界500强企业在合肥投资设立35家外资企业,新增2家。

二、合肥市2013年社会发展概况

(一)人口、人民生活

年末常住人口761.1万人,比上年增加3.9万人。城镇化率为67.8%,比上年末提高1.4个百分点。年末户籍人口711.50万人,比上年增加0.98万人,其中市区户籍人口233.83万人。全年人口出生率11.88‰,比上年下降0.72个千分点;死亡率7.54‰,下降0.42个千分点;自然增长率4.34‰,下降0.30个千分点。

全年城镇居民人均可支配收入 28083 元，比上年增长 10.4%。人均消费性支出 20475 元，增长 9.2%。食品消费支出占消费总支出的比重为 35.6%，比上年提高 1.4 个百分点。居民人均现住房总建筑面积 30.9 平方米，比上年增加 2.1 平方米。

全年农村居民人均纯收入 10352 元，比上年增长 14.0%。人均生活消费支出 5799 元，增长 10.4%。食品消费支出占消费总支出的比重为 43.1%，比上年下降 1.9 个百分点。居民人均住房使用面积 35.0 平方米，比上年增加 0.8 平方米。

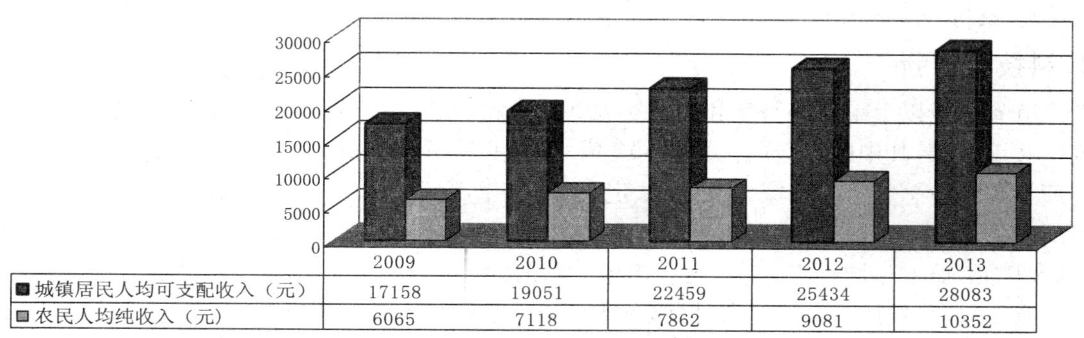

	2009	2010	2011	2012	2013
城镇居民人均可支配收入（元）	17158	19051	22459	25434	28083
农民人均纯收入（元）	6065	7118	7862	9081	10352

图 3　2009—2013 年合肥市城乡居民收入对比一览

（二）就业与社会保障

1. 就业

年末从业人员 504.4 万人，比上年增加 19.5 万人。其中，第一产业 102.4 万人，减少 4.1 万人；第二产业 75.3 万人，增加 10.8 万人；第三产业 226.7 万人，增加 12.8 万人。城乡私营企业从业人员和个体劳动者 128 万人，增加 25 万人。全年城镇实名制新增就业 18.2 万人，下岗失业人员再就业 4.5 万人，转移农村劳动力 8.8 万人。年末城镇登记失业率为 3.3%，比上年下降 0.6 个百分点。

2. 社会保障和福利

市区最低月工资标准为 1260 元。年末参加企业职工基本养老、医疗、失业、工伤、生育保险人数分别为 135.87 万人、142.06 万人、105.05 万人、116.19 万人和 101.1 万人。城镇居民基本医疗保险参保人数 187.88 万人，城乡居民养老保险参保人数 288.63 万人。

年末 21.2 万城乡居民享受政府最低生活保障，其中城市 4.5 万人，农村 16.7 万人；累计发放低保金 6.2 亿元，其中城市 2.4 亿元，农村 3.8 亿元。农村五保户集中供养率为 52.5%，城市“三无”人员全部纳入社会救助。全年实施城乡医疗救助 32.3 万人次，发放救助金 1.2 亿元。

年末拥有各类收养性社会福利机构 211 个，床位 3.2 万张，收养各类人员 2.6 万人。城镇建立各种社区服务中心（站）716 个，其中乡镇、街道及县（市、区）级社区服务中心 204 个。全年销售社会福利彩票 17.1 亿元，筹集公益金 1.7 亿元，慈善组织募集各类善款 2246.6 万元。

（三）教育和科学技术

1. 教育

出台城市中小学布局规划和学前教育设施布局专项规划，制定推进义务教育均衡发展实施意见。高质量完成学前教育“三年行动”计划，基础教育质量稳步提升。民办学校校安工程全部达标。合肥学院应用型人才培养成为全国示范。

2013年全市各类高等院校60所，在校学生56.30万人；其中普通高校50所，在校学生44.34万人。中等职业教育学校(不含技工学校)84所，在校生13.71万人；特殊教育学校6所，在校生1002人。幼儿园768所，在园幼儿21.18万人。普通高中114所，在校生15.51万人，高中阶段毛入学率118.07%。普通初中253所，在校生22.42万人，初中阶段适龄人口入学率100%。小学894所，在校生42.69万人，小学学龄儿童入学率100%。各类专任教师8.53万人，其中普通高校2.36万人、普通中学2.91万人、小学2.37万人。全市义务教育经费保障机制改革惠及学生65.11万人，其中城市28.63万人，农村36.48万人。

2. 科技与创新

全市有省部级以上重点实验室和工程实验室129家，其中国家重点实验室7家；省级以上工程技术研究中心108家，其中国家级(含分中心)7家；省级以上企业技术中心165家，其中国家级23家。国家高新技术企业总数达708家，其中新认定142家。新增省级以上高新技术产品367个，其中国家级重点新产品27个。全市规模以上工业高新技术产业完成产值3998.5亿元，增长17.3%；实现增加值1003.8亿元，比上年增长16.5%，占全市生产总值的21.5%。

全年有12项科技成果获国家科技奖，其中国家自然科学一等奖1项、二等奖2项，科技进步特等奖1项、一等奖2项、二等奖5项，创新团队奖1项。全年受理专利申请19425件，其中发明专利7671件，比上年增长61.6%；授权专利11487件，其中发明专利1547件，增长24.6%。签订各类技术合同5120项，成交金额61亿元，比上年增长44%。

(四) 文化、卫生和体育

1. 文化

省美术馆、科技馆、百戏城在滨湖新区开工建设，市群众文化活动中心改造工程正式动工，首批20个农民文化乐园试点全面铺开，首届全民文化周系列活动参与群众50多万人次，市民合唱团、市民交响乐团等民间文艺团体走向国际舞台。成立市社会科学院，《合肥市志》正式出版，《合肥通史》加快编纂。

2013年年末合肥市文化馆达11个，公共图书馆9个，博物馆12个(不含私人博物馆)，各级各类档案馆12个。全国重点文物保护单位6处，省级重点文物保护单位36处，市级重点文物保护单位46处。国家级非物质文化遗产项目4项，省级非物质文化遗产项目15项，市级非物质文化遗产项目72项。图书馆总藏量493.4万册(件)(不含电子图书)，其中图书349.49万册，比上年增长7.5%。各级国家档案馆馆藏档案资料280.67万卷，增长30.9%。电影院41家，全年票房收入近2.5亿元。各类动漫企业近100家，具有原创能力和代表作品的企业30家。年末广播综合人口覆盖率和电视综合人口覆盖率均达100%。

2. 卫生

年末拥有医疗卫生机构(含村卫生室)2206个，其中医院、卫生院264个，妇幼保健院(所、站)12个，卫生防疫和防治机构18个，社区卫生服务机构217个。卫生机构床位数3.91万张，其中医院、卫生院床位3.69万张。专业卫生技术人员4.32万人，其中执业(助理)医师1.64万人，注册护士1.95万人。每千人拥有卫生技术人员6.08人，拥有医院、卫生院床位5.19张。婴儿死亡率5.86‰，产妇住院分娩率99%。城市社区卫生机构覆盖率达95%，城乡居民新农合参合率达103.56%。

3. 体育

蜀峰湾体育公园主体工程基本建成，参赛第十二届全运会创历史最好成绩。全年成功组织1项

大型赛事和13项市级体育赛事。在各种省级以上体育赛事中，合肥市运动健儿共获得117枚金牌、122枚银牌和105枚铜牌。全市完成350个农民体育健身工程、100个全民健身苑工程和10个笼式多功能健身场建设。全年销售体育彩票8.6亿元。

（五）城乡建设

推进城乡统筹发展。强化城乡融合，加快产业发展、基础设施和公共服务一体化。坚持产城一体、联动发展，四大开发区转型升级加快，城区都市产业园建设取得突破，五县（市）工业园区发展提质提效。加大支持力度，县域经济总量达1580亿元、占全市34%；县域规模以上工业增加值683.9亿元、增长15.7%。继续以“十大政策”、“十大二程”为抓手，大力支持巢湖、庐江加快发展。肥东、肥西、长丰进入全省科学发展一类县和中部百强县，肥西在全国百强县位次进一步攀升。粮食生产和畜牧水产业稳定发展，特色规模农业面积突破300万亩。改造县乡公路150公里，完成水库除险加固工程51座，建设农村饮水工程53处。

美好乡村建设扎实推进，136个省级中心村和930个自然村整治全面展开，49个重点示范村建设全部完成，以“三线三边”为重点的全市域环境综合整治启动实施。加大工作力度，农村扶贫开发取得新成效。

（六）环境保护和生态建设

2013年合肥市大力推进环巢湖综合治理，积极申报国家级环巢湖生态文明示范区。与国开行合作一期16个项目完成80%工程量，二期98个项目陆续开建，三期项目积极谋划。对74个河道全面实行“河长制”，南淝河、十五里河、兆河等中小河流治理工程加快实施，朱砖井、王小郢污水处理厂提标改造基本完成，环巢湖乡镇36座污水处理厂全部开工，建成首个藻水分离港，巢湖流域11个考核断面7个基本达标，湖区蓝藻密度显著减少。

午季秸秆实现重点区域全面禁烧。制定大气污染治理行动计划和应急预案，出台机动车排气污染、扬尘污染以及“黄标车”限行等管理办法，实时发布PM2.5监测数据；编制马（合）钢公司搬迁转型方案，以安徽锦邦化工各套生产装置关停为标志，化工企业全部实现退城进园。2013年末，全市共有市县（区）级环境监测站6个。区域噪声等效声级54.8分贝，道路交通噪声等效67.7声级分贝，保持稳定。全年有11天空气质量级别Ⅰ级（优），171天空气质量级别Ⅱ级（良），空气质量优良天数182天，优良率49.9%（AQI指数）。二氧化硫、二氧化氮均达到国家环境空气质量一级标准。

深入开展城乡绿化大会战，完成植树造林36万亩、城区绿化1500万平方米，大蜀山、滨湖湿地双双晋升国家森林公园，创建国家森林城市通过考核验收。年末城市公园50个，占地面积2374公顷，人均公园绿地面积12.9平方米；建成区新增绿地面积978公顷，绿地率40.3%；建成区绿化覆盖面积16683公顷，绿化覆盖率达45.2%。生活污水集中处理率92.4%，生活垃圾无害化处理率100%。

（七）安全生产

全年发生各类道路交通事故2389起，造成356人死亡，2648人受伤。道路交通万车死亡人数为3.44人，比上年下降12.7%。全年亿元GDP生产安全事故死亡人数为0.093人，比上年下降11.4%。工矿商贸企业从业人员十万人生产安全事故死亡人数为0.84人，比上年下降5.6%。

三　芜湖市 2013 年经济社会发展报告

2013 年，面对复杂严峻的宏观经济环境，全市人民在市委、市政府的坚强领导下，按照稳中求进的总基调，全力打造经济升级版和城市升级版，加快实施跨江发展战略，扎实推进产业结构调整，不断优化经济发展环境，经济和社会事业发展取得了新的成就。

一、芜湖市 2013 年经济发展概况

（一）综合经济

1. 经济总量

全年实现地区生产总值 2099.53 亿元，比上年增长 12.0%。其中，第一产业增加值 128.60 亿元，增长 3.3%；第二产业增加值 1388.22 亿元，增长 13.8%；第三产业增加值 582.70 亿元，增长 9.4%。按户籍人口计算，人均生产总值 54676 元，比上年增长 11.7%，按年末汇率折算为 8963 美元；按常住人口计算，人均生产总值 58535 元，比上年增长 11.5%，按年末汇率折算为 9596 美元。三次产业增加值比例由上年的 6.3∶65.9∶27.8 调整为 6.1∶66.1∶27.8。

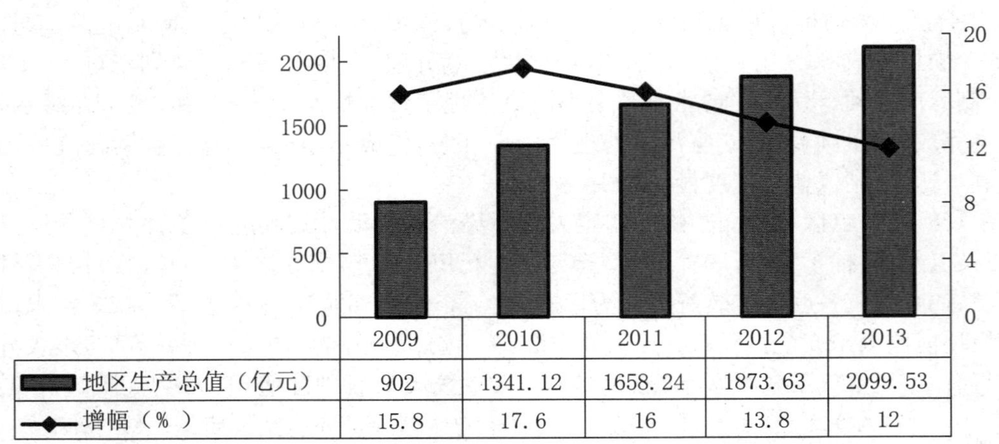

	2009	2010	2011	2012	2013
地区生产总值（亿元）	902	1341.12	1658.24	1873.63	2099.53
增幅（%）	15.8	17.6	16	13.8	12

图 1　2009—2013 年芜湖市地区生产总值及增长速度

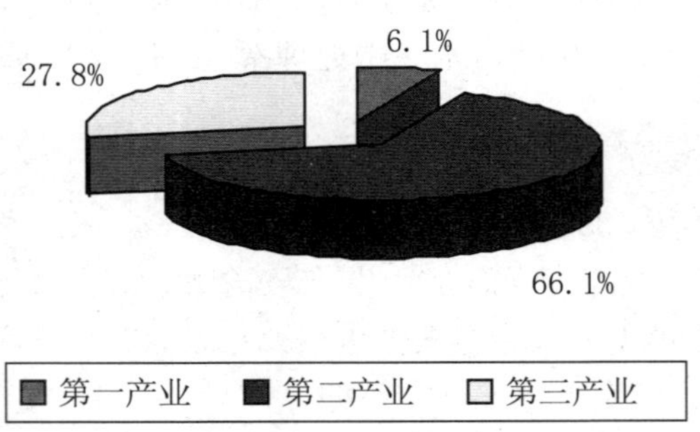

图 2　2013 年芜湖市三次产业结构图

2. 财政收支

全年实现财政收入381.73亿元，比上年增长13.2%，其中，地方财政收入213.99亿元，增长19.6%。在地方财政收入中，增值税36.07亿元，增长62.5%；营业税48.87亿元，下降4.7%；企业所得税15.76亿元，增长6.5%；城市建设维护税12.00亿元，增长16.0%；契税18.65亿元，增长37.5%。全年完成财政支出319.63亿元，比上年增长5.8%，其中，农林水事务支出25.44亿元，增长15.3%；教育支出50.74亿元，增长3.2%；社会保障和就业支出31.09亿元，增长16.7%；医疗卫生支出21.64亿元，增长9.0%；城乡社区事务支出54.92亿元，增长54.1%。

3. 物价水平

2013年，城市居民消费价格(CPI)比上年上涨2.5%，其中食品类价格上涨4.9%。城市商品零售价格比上年上涨1.3%。工业生产者出厂价格比上年下降2.0%，工业生产者购进价格比上年下降2.0%。

4. 固定资产投资

全年完成固定资产投资2040.65亿元，比上年增长20.0%。全年新增固定资产1242.61亿元。本年项目建成投产率65.4%，固定资产交付使用率60.9%。固定资产投资中，第一产业投资47.47亿元，增长119.0%；第二产业投资1006.87亿元，增长16.8%，其中工业投资995.88亿元，增长15.8%；第三产业投资986.31亿元，增长20.7%，其中房地产开发投资446.12亿元，增长21.7%。

（二）农业

1. 农业生产

全年粮食种植面积198743公顷，油料种植面积49802公顷，棉花种植面积44442公顷。粮食产量132.71万吨，比上年减产0.7%；油料产量13.20万吨，减产13.7%；棉花产量5.42万吨，减产1.2%；蔬菜产量133.07万吨，增产6.2%；肉类产量15.29万吨，增长2.7%；水产品产量16.24万吨，与上年持平(参见附表)。当年完成造林面积11805公顷。新增无公害农产品认证20个，绿色食品认证46个，有机食品认证4个，农产品地理标志1个。超级杂交稻推广面积72.8万亩，实施了12万亩国家优质油菜生产基地建设项目。年末拥有省级及以上农业产业化龙头企业55家。

2. 农业生产条件和基础设施

年末，拥有农业机械总动力197.49万千瓦，农用拖拉机5.89万台。农田有效灌溉面积199.12千公顷，其中，节水灌溉面积11.24千公顷。全年农用化肥施用量(折纯)16.50万吨，农村用电量12.33亿千瓦时。2013年，农村人口饮水安全工程惠及16万农村居民，农村饮水安全覆盖率已达到88.4%。

（三）工业和建筑业

1. 工业生产

全年实现工业增加值1264.41亿元，比上年增长14.5%，其中，年主营业务收入2000万元以上工业企业(以下简称规模以上工业)实现增加值1255.63亿元，比上年增长15.0%。在规模以上工业中，国有及国有控股企业实现增加值317.18亿元，增长9.1%；股份制企业实现增加值907.32亿元，增长16.3%；外商及港澳台商投资企业实现增加值222.77亿元，增长15.2%。轻工业增加值341.21亿元，增长17.0%；重工业增加值914.42亿元，增长14.3%。工业产品销售率达到97.6%。

规模以上工业主要工业产品产量:水泥1617.42万吨,增长3.3%;钢材378.22万吨,增长9.4%;铜材49.27万吨,增长19.5%;汽车47.72万辆,下降15.4%;汽车仪表511.30万台,增长32.4%;船舶62.77万载重吨,下降51.1%;空调1572.10万台,增长11.5%;发电量172.04亿千瓦时,增长4.7%;平板玻璃1858.08万重量箱,增长16.8%;电力电缆150.79万千米,下降10.1%(参见附表)。

2. 工业效益

全年规模以上工业实现主营业务收入4494.95亿元,比上年增长14.6%;实现利润总额272.46亿元,利税总额504.75亿元,分别比上年增长35.1%和29.4%。工业经济效益综合指数达到343.5%。

3. 重点项目建设

工业项目优化升级,新兴铸管三山大型铸锻件一期、奇瑞重工大型农业装备、格力空调及电热水器等项目建成投产;信义玻璃三期、中谷智能电网等项目加快推进;东旭高端显示器件装备、三一重工商砼产业园等项目开工建设。服务业项目提质提效,芜湖市文化创意产业园、希尔顿逸林酒店等项目建成;华强方特未来世界、中外运码头、万达五星级酒店等项目加快建设;芜湖火车站站区枢纽工程、新华联文化旅游、宇培现代物流电子商务结算中心等项目开工建设。

4. 建筑业

年末具有资质等级的总承包和专业承包建筑业企业233家。全年完成总产值383.88亿元,比上年增长12.0%;实现利税26.05亿元,增长34.9%。全年房屋建筑施工面积2392.97万平方米,比上年增加96.44万平方米;房屋建筑竣工面积1003.18万平方米,比上年增加42.47万平方米。

(四)服务业

1. 国内贸易

全年实现社会消费品零售总额559.95亿元,比上年增长14.6%。分区域看,城镇零售额507.10亿元,增长14.6%;乡村零售额52.86亿元,增长14.6%。分行业看,批发和零售业零售额488.03亿元,增长14.8%;住宿和餐饮业零售额71.92亿元,增长12.9%。

2. 交通运输、邮电

全年交通运输、仓储和邮政业实现增加值83.45亿元,比上年增长9.1 %。

交通运输。全年公路客运量16591万人,比上年增长13.2%;公路货运量16382万吨,增长16.3%。铁路客运量481.49万人,增长5.6%;铁路货运量142.24万吨,增长18.0%。水路货运量8937万吨,下降4.8%。港口货物吞吐量9313万吨,增长12.7 %,其中外贸货物吞吐量189.87万吨,增长21.9%;港口集装箱吞吐量28.77万标准箱,增长14.9%。年末民用汽车拥有量27.59万辆,比上年增长13.8%,其中私人汽车拥有量22.48万辆,增长18.4%。年末民用船舶拥有量4085艘。全市公路里程9551公里,其中等级公路9153公里。在等级公路中,高速公路144公里,一级公路206公里,二级公路584公里。

邮电业。全年邮电业务总量32.20亿元,比上年增长20.5%,其中,邮政业务总量2.52亿元,增长17.2%;电信业务总量29.68亿元,增长20.8%。本地固定电话用户70.62万户,减少8.19万户;移动电话274.38万户,新增5.02万户,其中3G移动电话用户为105.91万户,新增27.33万户。年末计算机互联网用户达到58.94万户,新增15.34万户。

3. 旅游业

全年接待国内外各类游客2407.3万人次,其中接待国内游客2382.53万人次。实现旅游业总收

入267.97亿元，其中旅游创汇收入13220万美元。年末共有旅行社62家；星级饭店32家，其中三星级及以上25家；A级及以上旅游景点(区)27处，其中4A级及以上7处。成功举办各类会展60个。

4. 金融和保险

金融业。年末，金融机构本外币存款余额2175.96亿元，比年初增加299.77亿元。其中，单位存款1108.65亿元，比年初增加137.16亿元；个人存款1033.35亿元，比年初增加153.84亿元。金融机构本外币贷款余额1947.45亿元，比年初增加221.51亿元，其中，短期贷款751.14亿元，比年初增加71.13亿元；中长期贷款1021.86亿元，比年初增加112.00亿元。年末外汇存款余额78018万美元，比年初增加45713万美元；外汇贷款余额68644万美元，比年初增加19059万美元。社会融资总量4090.94亿元，较年初增加584.27亿元。信义光能、海螺创业2家企业上市，宇业集团“借壳”上市。全市完成直接融资202.57亿元。

保险业。全年实现保费收入30.18亿元，比上年增长12.4%。其中，人身险16.57亿元，增长11.4%；财产险13.61亿元，增长13.7%。赔款及给付支出14.62亿元。其中，人身险7.01亿元，财产险7.60亿元。

（五）对外经济

1. 对外贸易

全年实现进出口总额54.33亿美元，比上年增长19.1%。其中，进口总额15.02亿美元，增长25.9%；出口总额39.31亿美元，增长16.7%。从出口产品类别看，机电产品出口额29.84亿美元，占出口总额的75.9%。从产品出口地区看，对欧洲出口7.53亿美元，占出口总额的19.1 %；对亚洲出口14.24亿美元，占出口总额的36.2%；对北美出口8.0亿美元，占出口总额的20.4%。

2. 招商引资

当年新批外商投资企业28家，合同利用外资4.91亿美元。全年实际利用外资16.41亿美元，比上年增长22.5%，其中外商直接投资16.05亿美元，增长21.9%。实际利用内资2175.28亿元，增长17.4%，其中省外资金1573.62亿元，增长18.6%。新引进麦德龙、富士康等2个境外世界500强企业投资项目，累计已有39家境外世界500强企业在芜湖投资了44家企业。

3. 园区建设

工业机器人产业园、循环经济产业园、通用航空产业园、铸锻产业园开工建设，新型平板显示、文化科技、新材料、凯翼汽车、海创总部基地、新能源等产业园建设正在推进。全年省级及以上开发区完成固定资产投资1343.12亿元，其中基础设施投资77.74亿元；实际利用省外境内资金1092.23亿元，实际利用外商直接投资13.24亿美元；区内规模以上工业实现总产值3982.56亿元，比上年增长20.6%。

4. 跨江发展

全年，江北产业集中区实现固定资产投资72.55亿元，其中工业投资31.80亿元，基础设施投资22.14亿元，实际利用省外境内资金119.07亿元，实际利用外商直接投资0.29亿美元。芜湖长江公路二桥、合福铁路长江公铁大桥公路桥接线、北沿江高速、宝能组团及江北电子信息产业集聚区等重点项目开工建设；合福铁路、海创新型节能材料、双钱轮胎二期等工程加快推进；商合杭铁路获批立项。

二、芜湖市 2013 年社会发展概况

（一）人口、人民生活

人口。年末，公安户籍人口 384.54 万人，比上年增加 1.11 万人。全市人口中，男性人口 198.61 万人，女性人口 185.93 万人。全年人口出生率 10.8‰，死亡率 5.9‰，自然增长率 4.9‰。

人民生活。据抽样调查，全年城市居民人均可支配收入 26264 元，比上年增长 10.4%；人均消费支出 17580 元，增长 3.5%；人均住房建筑面积 31.8 平方米。农村居民人均纯收入 10962 元，比上年增长 13.3%；人均生活费支出 7131 元，增长 12.0%；人均生活用房面积 37.16 平方米。城市居民和农村居民的恩格尔系数分别为 39.6%和 44.0%，分别较上年上升 3.0 个和下降 0.6 个百分点。

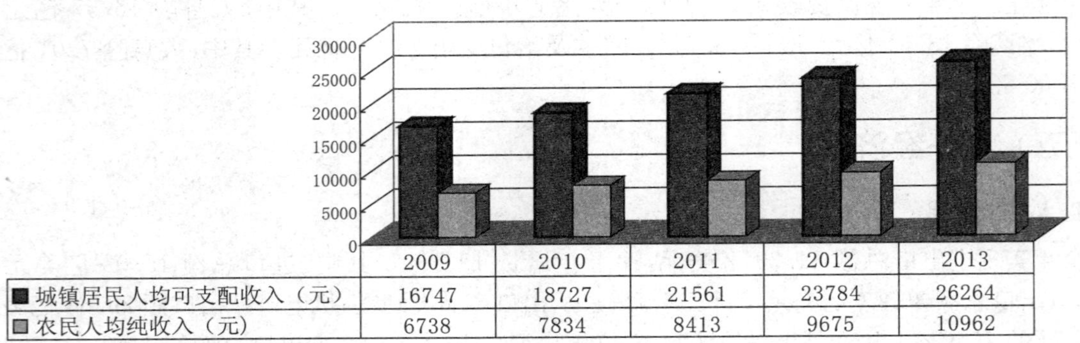

	2009	2010	2011	2012	2013
城镇居民人均可支配收入（元）	16747	18727	21561	23784	26264
农民人均纯收入（元）	6738	7834	8413	9675	10962

图 3　2009—2013 年芜湖市城乡居民收入对比一览

（二）就业与社会保障

1. 就业工作

年末，共有人力资源服务机构 53 个。全年新增城镇就业人员 8 万人，其中安置下岗失业人员 3.09 万人。就业技能培训 1.69 万人次。城镇登记失业率 3.5%。

2. 社会保障和福利

年末，企业职工基本养老保险参保人数 51.8 万人，比上年增加 1.37 万人；城镇基本医疗保险参保人数 62.01 万人，增加 3.3 万人；失业保险参保人数 35.11 万人，增加 1 万人；工伤保险参保人数 35.37 万人，增加 0.64 万人；生育保险参保人数 35 万人，增加 1.5 万人。城镇居民参加基本医疗保险参保人数 95.1 万人。城乡居民养老保险参保人数 162.64 万人；农民参加新型农村合作医疗 228.11 万人，参合率达 117.9%。有 6.58 万城镇居民、8.94 万农村居民享受最低生活保障。市区最低工资标准达到 1040 元/月，失业保险金标准达到 676 元/月，企业离退休人员人均养老金水平 1545 元/月。全市拥有各类福利机构 111 个，床位 15588 张，收养各类人员 10059 人。全年共销售社会福利彩票 3.70 亿元，筹集市级公益金 3103.5 万元。直接接收慈善捐款 446.15 万元。

（三）教育和科学技术

1. 教育

年末，拥有普通高等院校 10 所，专任教师 0.65 万人，在校学生 15.45 万人，招生 5.10 万人，毕业

生4.26万人；普通中学211所，专任教师1.3万人，在校学生16.4万人；中等职业学校29所，在校学生5.9万人；小学418所，专任教师1.1万人，在校学生18.9万人；幼儿园431所，在园儿童8.3万人。小学学龄儿童入学率100%，初中阶段适龄人口入学率100%。

2. 科技与创新

年末，全市拥有省级及以上工程（技术）研究中心59个，其中国家级4个，新增国家级1个，省级11个；省级及以上企业技术中心111个，其中国家级8个，新增国家级1个，省级19个；省级及以上重点（工程）实验室16个；省级及以上质检中心5个，其中国家级2个，国家特种电线电缆产品质检中心、省级机械通用零部件产品质检中心基本建成；院士工作站12个，新增8个，国家级留学人员创业园挂牌。拥有高新技术企业357家，其中当年新认定58家；拥有省级高新技术产品594个，其中当年新认定258个。省级以上创新型（试点）企业51家，其中新增和升级共17家；国家创新型企业2家。各类科技企业孵化器12家，面积38.2万平方米，其中国家级孵化器1个。汽车电子及关键零部件创业园、江北科技企业孵化器一期基本建成。全年组织实施各类科技计划项目294项，其中国家项目41个；全年共登记各类科技成果209项，其中省部级以上125项；获各类科技奖54项，其中省级以上20项。专利申请量19019件，其中发明专利6404件；专利授权量9256件，其中发明专利750件。拥有中国驰名商标22个，当年新认定恒升机床、江淮电缆、华星电缆等8个商标为中国驰名商标；省著名商标208个，当年新认定56个。中国名牌产品6个，省级名牌产品167个。芜湖市第六次蝉联全国科技进步先进市，繁昌和无为、芜湖县分别成为国家知识产权强县工程示范县、试点县。

（四）文化、卫生和体育

1. 文化

年末，全市拥有艺术表演团体40个，文化馆8个，公共图书馆7个，馆藏图书127.9万册，其中市区藏书67.5万册；档案馆12个，向社会开放档案数11.79万卷。广播电台5座，电视台5座，广播综合人口覆盖率和电视综合人口覆盖率均达到99.8%，有线电视用户58.02万户，其中数字电视用户33.39万户。全国重点文物保护单位9处，省级重点文物保护单位30处。列入国家级非物质文化遗产名录2项，省级名录18项。全年举办大型文化活动22场次，大型群众性文化活动35场次。文艺团体演出200场次，其中送文化下乡130场次。创作剧目获省级及以上表彰奖励56个。《芜湖日报》、《大江晚报》全年总印数3161.7万份；其中《芜湖日报》1000.8万份，《大江晚报》2160.9万份。

2. 卫生

年末，全市拥有各类卫生机构613个（不含村卫生室）；其中，医院、卫生院129个，疾病控制中心9个，妇幼保健院、所、站8个，社区卫生服务中心36个，社区卫生服务站97个。卫生机构拥有床位14855张，其中医院、卫生院13755张。卫生技术人员17967人，其中执业（助理）医生6920人，注册护士7852人。

3. 体育

2013年，全市运动员在省级以上国内外重要赛事中共获得奖牌204枚，其中金牌64枚。向省级及以上专业队和体育院校输送运动员60人，审批二级运动员120名。全市举办全民健身活动209次，参加活动人员21.12万人次。全年共销售体育彩票2.7亿元。承办中国体育旅游、体育文化博览会及全国体育产业工作会议、第三届安徽省风筝大赛、安徽省第十八届体育舞蹈锦标赛、“武林风”全球拳王争霸赛、红杨山汽车越野赛等赛事盛会。

（五）城乡建设

加强城市规划建设，统筹城乡发展。新一轮城市总体规划、土地利用总体规划获批。编制了综合交通体系、轨道交通线网、市域给水工程、商业网点等一批专项规划方案和规划建筑设计导则。皖赣铁路扩能改造芜宣段（商合杭铁路共线段）、芜湖火车站改扩建、弋江路快速化改造、弋江桥改造等项目开工建设。宁安城际铁路、铜南宣高速、芜申运河等工程加快推进。弋江路北延线立交、峨山路东延立交、205 国道改造示范、206 省道改建、中江大道南延、中山北路改造、沧津桥等工程基本建成。赤铸山路下穿工程、利民路东延段、长江南路通车。调增国省道 461 公里，实现了县县有国道。雕塑公园三期建成开放，汀棠、大阳垾、芦花荡、莲花湖等公园加快建设，新增绿地 450 万平方米，建成绿道 30 公里；完成森林增长工程 17.7 万亩，建成森林长廊 91 公里。完成了 22 座小型水库除险加固、7 条中小河流治理项目，解决了 17 万农村人口饮水安全问题。芜湖市列入全国水生态文明城市建设试点。

编制了中心村规划导则。整合美好乡村资金 4.8 亿元，27 个重点示范村建设基本完成。8880 户农村危房改造全部完工。实施了节能减排项目 103 个。淘汰水泥落后产能 24 万吨，关闭矿山 23 家。4 个污水处理厂竣工，完成 35 个老旧小区雨污分流。信义光伏发电项目竣工，严桥风电场开工建设。开展了空气质量新标准自动监测。单位生产总值能耗下降 3.5%，化学需氧量、二氧化硫排放实现零增长，氨氮、氮氧化物排放分别下降 2.3%和 4.5%。建立了数字化城管视频监控系统，完善信息化、网格化管理，芜湖市在全国城市文明程度指数测评中位居全省创建城市第一。

（六）环境保护

年末，拥有国家三级及以上环境监测站 5 个，其中二级站 1 个。市区环境空气质量达优良的天数为 314 天，空气质量优良率为 86.0%。饮用水源水质符合国家Ⅱ类标准。长江和青弋江干流芜湖段水质分别以Ⅱ类和Ⅲ类水质为主。森林覆盖率达到 17.9%。

四　马鞍山市 2013 年经济社会发展报告

2013 年，面对复杂多变的宏观形势，全市人民在市委、市政府的坚强领导下，以党的十八大精神为指引，全力推动科学发展，扎实推进“项目提速年”活动，建设“四个中心”，打造“一链一基地四园区”，经济社会发展呈现增长速度稳中有进，发展后劲持续增强，社会事业全面进步的良好态势。

一、马鞍山市 2013 年经济发展概况

（一）综合经济

1. 经济总量

全年实现地区生产总值(GDP)1293 亿元，按可比价格计算，比上年增长 11%。其中，第一产业增加值 79.6 亿元，增长 3.5%；第二产业增加值 834.1 亿元，增长 12.3%；第三产业增加值 379.3 亿元，增长 9.1%。三次产业结构比例为 6.2∶64.5∶29.3。

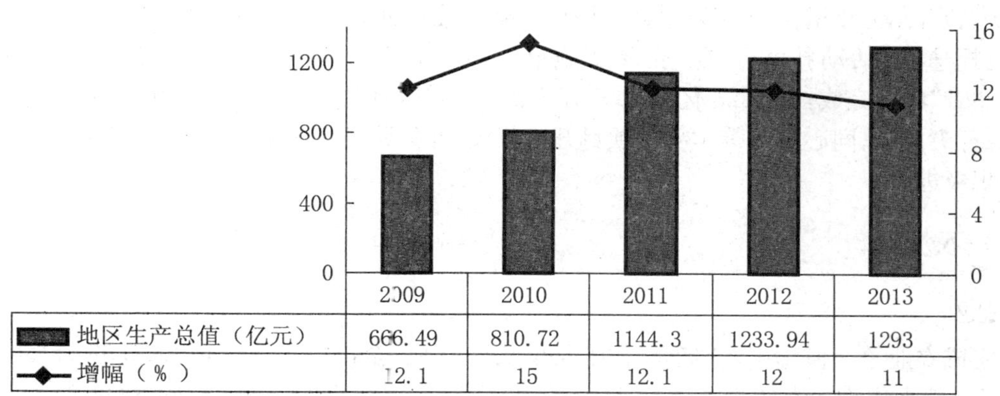

	2009	2010	2011	2012	2013
地区生产总值（亿元）	666.49	810.72	1144.3	1233.94	1293
增幅（%）	12.1	15	12.1	12	11

图 1　2009—2013 年马鞍山市地区生产总值及增长速度

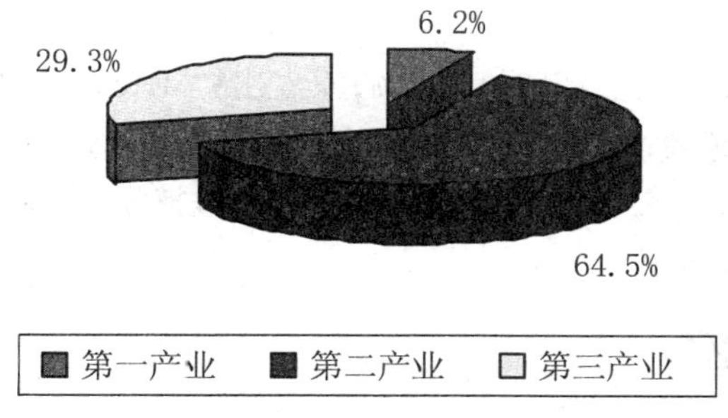

图 2　2013 年马鞍山市三次产业结构图

建设全面小康社会目标如期完成。全市建设全面小康社会综合实现程度达 99.7%。在 42 项建设全面小康社会监测指标中，39 项指标达到或超过预期目标，其余 3 项指标均已接近小康目标值。

2. 财政收支

财政收入平稳增长。全年实现财政收入226亿元，比上年增长7.3%；其中，地方财政收入146.2亿元，比上年增长14.4%。全年财政支出203亿元，比上年增长6.7%；其中，社会保障和就业支出18.2亿元，比上年增长16.3%。民生工程投入资金162亿元，比上年增长5.9%。

3. 物价指数

全市居民消费价格(CPI)比上年上涨1.8%。八大类商品及服务价格呈“六涨二跌”格局，其中，涨幅靠前的主要是食品类和娱乐教育文化用品类，同比分别上涨4.5%和3%，烟酒类价格上涨0.2%，衣着类价格上涨1.5%，家庭设备用品价格上涨0.6%，医疗保健和个人用品类价格上涨0.9%；居住类、交通和通信类价格均不同程度下跌。工业生产者出厂价格(PPI)比上年下跌4.8%。

4. 固定资产投资

固定资产投资稳步增长。全年固定资产投资完成1431.6亿元，比上年增长19.2%。其中，房地产开发投资255.75亿元，比上年增长20.9%。

投资结构不断改善。全年第一产业完成投资32.82亿元，比上年增长6.5%。第二产业完成投资659.39亿元，比上年增长10.1%，其中，工业性投资完成657.48亿元，增长9.9%。第三产业完成投资739.39亿元，比上年增长29.4%，其中，城市基础设施投资236.92亿元，比上年增长35.7%。

“项目提速年”活动扎实开展。全年实施重点项目360个，完成投资769亿元，占投资总额的53.7%。“861”项目完成投资623亿元。华菱车架、德国易能环保一期等76个项目建成投产，正崴科技园、信德石头造纸、同心石化等134个项目开工建设，九华路过江隧道、工业机器人等一批重点项目谋划取得积极进展。

（二）农业

1. 农业

全年完成农业总产值131.96亿元，比上年增长3.5%。全市粮食种植面积15.35万公顷，比上年增长0.2%。粮食作物在农作物所占比重达65.1%，比上年提高2个百分点。粮食产量实现“十连增”，达101.79万吨，比上年增长0.2%；棉花总产量1.27万吨，比上年下降19.4%；油料总产量9.84万吨，比上年下降3.9%。

2. 农副产品

全市肉类总产量8.01万吨，比上年增长3.7%；家禽出栏3056.2万只，比上年增长3.1%；禽蛋总产量2.04万吨，比上年增长20%；牛奶总产量4.08万吨，比上年增长0.3%；水产品总产量10.93万吨，比上年增长3.1%；蔬菜总产量67.75万吨，与上年基本持平；水果总产量3.24万吨，比上年增长11.4%。

（三）工业和建筑业

1. 工业经济

工业经济平稳较快增长。全年完成规模以上工业增加值560.02亿元，扣除价格变动因素，比上年增长14.2%。县区、开发园区工业生产快速增长，其中，三县规模以上工业增加值增长21%；三区规模以上工业增加值增长20.5%。市与马钢“融为一体”，建立常态化对接机制，马钢加大改革力度，推进主辅分离，实现年度扭亏。山鹰纸业完成重大资产重组。华菱星马、华星化工完成定向增发。

2. 战略性新兴产业

全年战略性新兴产业产值达455.67亿元，比上年增长36.1%，增幅居全省首位。其中，电子信息产业增长1倍，节能环保产业增长65.5%，高端装备制造业增长27.4%，新材料产业增长25.7%，生物产业增长19.5%。

3. 工业企业产销

全年规模以上工业企业产品销售率为97%。主要工业产品产量保持较快增长。

主要工业产品产量

产品名称	单 位	产 量	比上年增长(%)
生铁	万吨	1691.55	4.8
粗钢	万吨	1733.75	8.9
钢材	万吨	1943.56	13.2
水泥	万吨	1364.19	9.7
改装汽车	辆	6700	53.0
汽车及底盘	辆	21032	67.0
机制纸及纸板	万吨	103.96	2.8
发电量	亿千瓦时	295.03	14.1
啤酒	万千升	13.27	—15.0
纱	万吨	0.85	—44.9
服装	万件	4144	—2.4
泵	万台	5.58	22.7
阀门	万吨	2.04	—37.8

3. 建筑业

全年实现建筑业增加值77.47亿元，按可比价格计算，比上年增长5.1%。房屋建筑施工面积2050万平方米，房屋竣工面积896万平方米。

（四）服务业

1. 国内贸易

消费品市场持续繁荣。全年实现社会消费品零售总额301.34亿元，比上年增长14.9%。分地区看，城市市场与农村市场同步发展，城镇和乡村市场分别实现零售额278.76亿元和22.58亿元，分别比上年增长15%和14.7%。分行业看，批发零售业实现零售额262.77亿元，比上年增长15.1%；其中，限额以上企业实现零售额125.55亿元，比上年增长19.6%。住宿餐饮业实现零售额38.57亿元，比上年增长13.5%；其中，限额以上企业实现零售额5.96亿元，比上年下降6.7%。

2. 交通运输、邮电

交通运输能力稳步提升。全年铁路旅客发送量107万人，铁路货运发送量380万吨。港口货物吞吐量7489.2万吨，比上年增长9.8%；集装箱吞吐量7.1万标箱。马鞍山长江大桥正式建成通车，宁安城际铁路马鞍山段加快建设，205国道南段改建基本建成、北段改造加快推进，314省道改造全面完工，206省道、226省道改造稳步推进。

邮电通讯业迅猛发展。全年完成邮电业务收入18.43亿元，比上年增长23.3%。年末固定电话用户56.17万户，其中，城市电话用户39.83万户。年末移动电话用户166.75万户，年末宽带用户34.24万户。

3. 旅游业

旅游产业快速增长。全年旅游业总收入125.1亿元，比上年增长12.9%；其中，国际旅游外汇收入1.57亿美元，比上年增长12%。全年共接待海外旅游者9.22万人次，比上年增长12%。年末星级饭店19家；其中，五星级2家，四星级5家，三星级8家。现有A级景区15处，其中4A级景区1处。

4. 金融和保险

金融信贷规模扩大。中信银行马鞍山分行开业运营，银行业金融机构增至21家。年末全市金融机构本外币存款余额1447.85亿元，比年初增加178.66亿元；其中，单位存款余额653.93亿元，比年初增加51.28亿元。年末金融机构本外币贷款余额998.5亿元，比年初增加121.35亿元；其中，短期贷款430.71亿元，比年初增加44.07亿元；中长期贷款471.82亿元，比年初增加80.71亿元。

保险事业有序发展。全市各类保险机构20家。全年保费总收入23.12亿元，比上年增长1.5%；其中，财产险保费收入9.01亿元，比上年增长23.9%；人身险保费收入14.11亿元，比上年下降9.1%。

5. 园区建设

县区园区实力增强。县区生产总值平均增长12%，占全市比重达70%。含山县财政收入等主要经济指标三年实现倍增，被列入全省深化农村综合改革示范试点县。和县获批全省首批农村商品流通服务体系建设试点县，成为全省泵阀专业商标品牌基地。当涂县跻身全国中小城市百强县，县经开区入选省创新型园区十强。花山区濮塘休闲度假区总体规划获批，软件园入驻企业超百家。雨山区规模以上工业增加值增幅达35%，磁性材料产业集聚区初具规模。博望区新城区规划和基础设施建设加快推进，获准筹建全国剪折机床产业知名品牌创建示范区。完成市经开区、慈湖高新区、示范园区管理体制改革，推行扁平化管理、公司化运作，发展活力进一步增强。市经开区开工建设亿元以上项目28个，马钢晋西轮轴一期等18个亿元以上项目竣工投产。慈湖高新区完成工业性投资129亿元，中小企业科技孵化器投入运营。郑蒲港新区30平方公里起步区框架拉开，北京御香苑等一批项目签约。示范园区绿色建筑装饰材料产业园实现当年开工、当年运营。秀山新区城市形态初显，秀山湖公园对外开放。滨江新区重点文化旅游项目积极推进。6个园区、新区完成固定资产投资突破500亿元，占全市34.8%，增长23%。

（五）开放型经济

1. 对外贸易

全年进出口总额36.3亿美元，比上年下降0.5%。其中，出口13.9亿美元，增长15.8%；进口22.4亿美元，下降8.6%。

2. 招商引资

招商引资取得新成绩。全年实际利用外资17.46亿美元，比上年增长30.3%；其中，实际利用外商直接投资14.79亿美元，增长15.6%。实际利用内资1651亿元，增长31%。

二、马鞍山市2013年社会发展概况

（一）人口、人民生活

人口总量较为平稳。年末全市户籍人口为228.4万人，其中，农业人口146.2万人，非农业人口82.2万人。据抽样调查，全市常住人口220.8万人，人口出生率为10.3‰，死亡率为5.5‰，自然增长率为4.8‰。

城乡居民收入稳步提升。据抽样调查，全市城市居民人均可支配收入34048元，稳居全省首位，比上年增长10.1%。全市农民人均纯收入12339元，稳居全省首位，比上年增长13%。

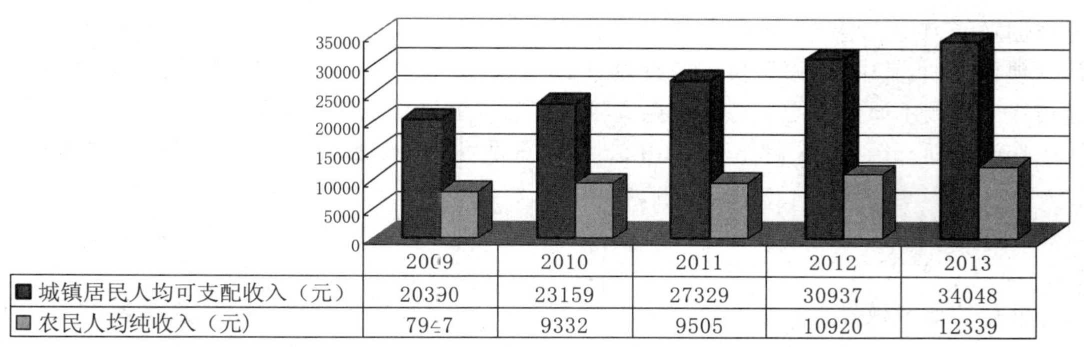

	2009	2010	2011	2012	2013
城镇居民人均可支配收入（元）	20390	23159	27329	30937	34048
农民人均纯收入（元）	7947	9332	9505	10920	12339

图3　2009—2013年马鞍山市城乡居民收入对比一览

居民储蓄不断增加。年末城乡居民储蓄余额723.60亿元，比年初增加86.02亿元。其中，定期储蓄存款余额495.59亿元，比年初增加67.19亿元；活期储蓄存款余额218.19亿元，比年初增加18.61亿元。

（二）就业与社会保障

1. 就业

全年新增就业5.03万人；其中，下岗失业人员再就业2.01万人，“4050”人员等困难群体再就业4590人，城镇登记失业率为2.8%。抓好下岗失业人员再就业培训，完成就业再就业技能培训2.1万人，创业培训4037人。

2. 社会保障和福利

社会保障工作扎实推进。城镇职工基本养老保险参保人数60.59万人，失业保险参保人数24.66万人，医疗保险参保人数98.37万人，工伤保险参保人数30.2万人，生育保险参保人数58.28万人。城镇居民医疗保险参保人数50.6万人。新型农村社会养老保险参保人数101.18万人，参保率为91.32%。被征地农民养老保障实现即征即保，参保人数为13.39万人。

社会福利事业日臻完善。城乡低保标准和补助水平稳步提高，城镇居民低保标准提高到户月人均450元，农村低保标准提高到户年人均4260元。全市城乡最低生活保障救助114万人次，全年支付低保金3.16亿元。全市社会收养性福利床位数1.26万张；抚恤、补助各类优抚对象1.65万人；接受社会捐赠891万元；拥有便民利民服务网点680个。全市福利彩票销售2.22亿元，比上年增长21.8%；筹集福利彩票公益金8332万元，比上年增长52.7%，其中市本级2413万元。

（三）教育和科学技术

1. 教育

教育事业全面发展。全年财政用于教育的支出 30.99 亿元，比上年增长 4.2%。全市高等院校 6 所；中小学及其他各类学校 660 所，其中，幼儿园 241 所，小学 293 所，特殊教育学校 3 所，普通中学 102 所。全市省一类幼儿园 10 所，省示范高中 11 所，省特色初中 1 所，省特色小学 2 所，国家重点职业学校 5 所。全市中小学及其他各类学校共有在校学生 32.87 万人、教职工 2.31 万人。全市高中阶段在校学生 8.64 万人，高中阶段教育毛入学率 122.3%。

2. 科技创新与人才

科技创新能力持续增强。全年专利申请量 5321 件，比上年增长 20.6%。92 个项目被省级以上科技计划项目立项，其中，国家科技支撑计划、国家 973 计划、国家火炬计划等国家级项目 42 项。全年组建市级工程技术研究中心 23 家、重点实验室 17 家，组建马鞍山市第五家院士工作站——中钢天源院士工作站。新三馆（青少年宫、科技馆、妇女儿童活动中心）建成，华琪环保荣获国家技术发明二等奖。

高新技术产业较快发展。全年高新技术产业产值 701 亿元，比上年增长 18.8%。高新技术企业 193 家，高新技术产品 764 个。民营科技企业 414 家，技工贸总收入 110 亿元。

人才队伍建设成效显著。举办人才招聘会 144 场，组团赴外招聘 10 次，引进本科学历或中级职称以上人才 913 人。申报获批省“外专百人计划”项目 2 个，实施引智项目 14 个，引进国外专家 19 名，新增 2 个省级技能大师工作室。

（四）文化、卫生和体育

1. 文化

文化事业欣欣向荣。成功创建首批“国家公共文化服务体系示范区”。完成市博物馆展陈提升改造，建成 10 个自助图书馆，完成 5 个省级农民文化乐园试点村建设。年末拥有公共图书馆 17 个，藏书 470 万册；专业艺术表演团体 11 个，文化馆 7 个；广播人口覆盖率、电视人口覆盖率均为 100%。综合档案馆 7 个，档案资料 124.78 万卷（件），总建筑面积 1.5 万平方米。

2. 卫生

卫生事业健康发展。全市共有卫生机构 972 个。其中，医院、卫生院 91 个；社区卫生服务机构 103 家；标准化村卫生室 392 所。共有病床 7226 张，卫生技术人员 10364 人。全市以乡镇为单位四苗、五苗接种率 99.1%，乙肝疫苗首针接种率 99.9%。

3. 体育

体育事业取得新成绩。成功举办 361°中国乒乓球俱乐部超级联赛（马鞍山赛区）、南京都市圈第三届城市龙舟邀请赛、第三届长三角城市山地自行车越野邀请赛、安徽省青少年国际式摔跤锦标赛和安徽省青少年赛艇皮划艇锦标赛等活动。参加省常规比赛获得奖牌 252 枚，其中，金牌 83 枚、银牌 92 枚、铜牌 77 枚。

（五）城乡建设

基础设施加快建设。完成投资 264 亿元，增长 19%。宁安城际铁路马鞍山段加快建设，合福铁路含山段进展顺利，城市轨道交通线网规划编制完成。205 国道南段改建基本建成、北段改造加快推进，

314省道改造全面完工，206省道、226省道改造稳步推进。郑蒲港一期2个万吨级码头主体完工，港口集团太平府综合码头建成。新建城区主干道路17公里，升级改造县乡公路62公里，完成农村危桥改造20座，在全省率先实现农村清洁工程全覆盖，改造农村危房8600户。完成滁河防洪治理年度计划和38公里中小河流治理工程。建成220千伏霍里输变电等7项电力重点工程，供电保障能力提升。新增天然气用户2.5万户、自来水用户2.8万户。新开通城市公交线路2条，新投入纯电动公交车30辆。

城乡面貌明显改观。市体育会展中心加快建设，部分场馆投入使用。科技馆、青少年宫、妇女儿童活动中心"新三馆"开馆。慈湖河中游综合整治工程顺利推进，城市出入口环境整治成效明显，南湖公园地下停车场工程主体完工，花果山公园基本建成，新增城市绿道27公里，建成5座街头游园。完成14个老旧小区整治。完成城区主要道路门头招牌改造，数字化城管系统投入运行。美好乡村建设深入推进，建成26个省级重点示范村、50个市级示范村。推进森林增长工程，新增人工造林15万亩、森林长廊96公里。抓好节能减排，实施减排重点工程53项，建成污水管网19公里，新建改建脱硫脱硝设施14个，启动生活垃圾焚烧发电项目，万元GDP能耗下降5.5%，主要污染物减排总量控制在省下达指标以内。

（六）资源和环境

矿产资源丰富。全市已发现36种矿种；其中，金属矿产10种，非金属矿产25种，水汽矿产1种。查明资源储量的矿种共计24种；其中，金属矿产5种，非金属矿产19种。

环境质量持续改善。实施减排重点工程53项，建成污水管网19公里，新建改建脱硫脱硝设施14个。污水处理厂5座，城市污水处理率达97.4%。节能降耗、主要污染物排放量控制在省下达的指标以内。全市空气质量优良率71.8%，城市饮用水水质达标率100%。工业废水排放达标率100%。

（七）安全生产

安全生产形势稳定。全市亿元GDP安全事故死亡人数0.075人。

五　滁州市 2013 年经济社会发展报告

2013 年，面对复杂严峻的宏观经济环境和经济下行压力，全市人民在市委、市政府的坚强领导下，认真贯彻党的十八大和十八届二中、三中全会精神，围绕主题主线，谋划多项举措，攻坚克难，努力打造滁州经济升级版，促使全市经济社会事业持续快速健康发展，人民生活进一步改善。

一、滁州市 2013 年经济发展概况

（一）综合经济

1. 经济总量

全年实现生产总值(GDP)1086.14 亿元，比上年增长 11.1%，连续八年实现两位数增长。在生产总值中，第一产业增加值 208.17 亿元，增长 3.7%；第二产业增加值 575.64 亿元，增长 14.3%；第三产业增加值 302.3 亿元，增长 9.8%。三次产业比为 19.2∶53∶27.8。工业化水平达到 46.9%，比上年提高 0.9 个百分点，人均 GDP 达 27474 元(折合 4438 美元)，比上年增加 2824 元。

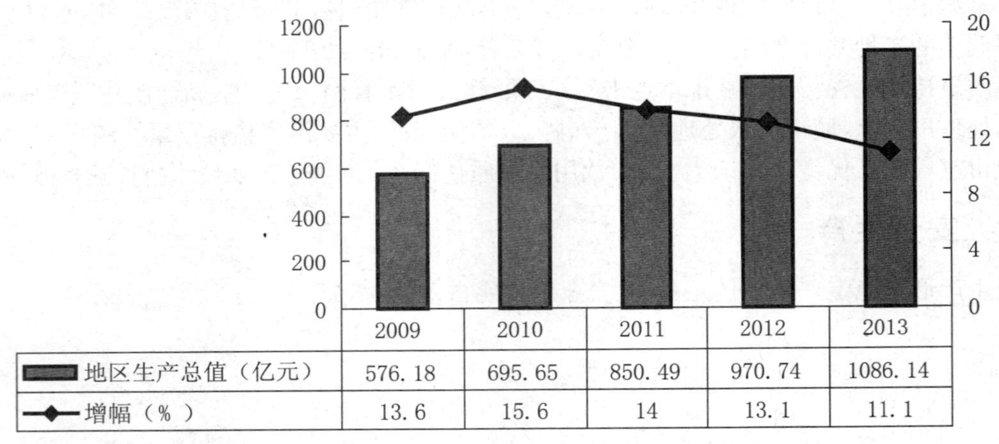

	2009	2010	2011	2012	2013
地区生产总值（亿元）	576.18	695.65	850.49	970.74	1086.14
增幅（%）	13.6	15.6	14	13.1	11.1

图 1　2009—2013 年滁州市地区生产总值及增长速度

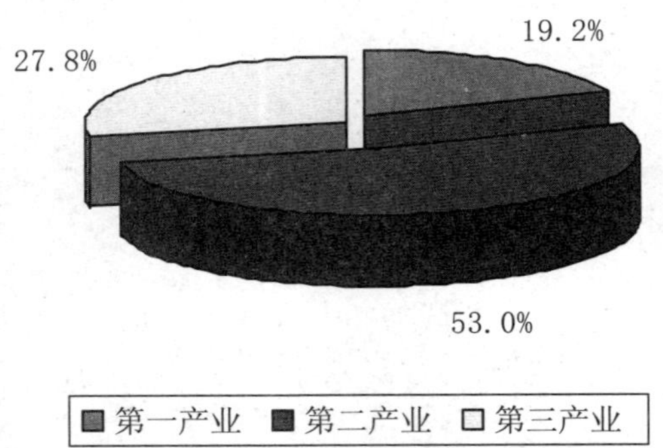

图 2　2013 年滁州市三次产业结构图

2. 财政收支

全年实现财政总收入178.88亿元，比上年增长16.7%。其中，地方财政收入114.42亿元，增长18.0%。从收入来源结构看，各项税收完成146.19亿元，比上年增长15.3%，占财政总收入的81.7%，占比下降1个百分点。从实现主体看，市本级财政收入55.43亿元，增长12.2%；县级财政收入123.45亿元，增长18.9%。全年财政支出250.13亿元，比上年增长8.4%。其中，教育支出40.09亿元，增长5.2%；城乡社区事务支出18.54亿元，增长22.7%；农林水事务支出44.86亿元，增长14.2%；社会保障和就业支出27.40亿元，增长17.9%；医疗卫生支出27.50亿元，增长5.0%；交通运输支出13.70亿元，增长473.2%；住房保障支出15.06亿元，下降22.7%。用于民生方面支出203.97亿元，占总支出的81.5%，其中33项省级民生工程投入54亿元，比上年增加1.6亿元。

3. 物价水平

2013年全年居民消费价格上涨2.3%，涨幅比上年微升0.2个百分点，主要受食品价格上涨的拉动。八大类商品和服务价格"六涨二跌"，其中食品价格上涨5.2%，娱乐教育文化用品及服务价格上涨2.1%，家庭设备用品及维修服务价格上涨1.3%，衣着价格上涨1.2%，居住价格上涨1.0%，医疗保健和个人用品价格上涨0.2%，烟酒、交通和通信两大类价格分别下降1.7%、0.5%。全年商品零售价格比上年上涨1.3%。全年工业生产者出厂价格同比下降1.8%，其中轻工业价格下降0.2%，重工业价格下降2.9%；生产资料价格下降3%，生活资料价格上涨0.4%。工业生产者购进价格下降1.4%。

4. 固定资产投资

全年完成固定资产投资1075.8亿元，比上年增长21.9%，其中，城镇项目投资789.5亿元，增长23.4%；农村项目投资24.5亿元，增长87.1%。按产业分，第一产业投资13.8亿元，增长13.2%；第二产业投资556.0亿元，增长36.2%；第三产业投资505.9亿元，增长9.5%。从行业看，制造业投资521.9亿元，增长37.0%；批发零售业投资9.8亿元，增长3.31倍；房地产业投资331.7亿元，增长9.3%；水利、环境和公共设施管理业投资79.9亿元，增长5.2%；居民服务、修理和其他服务业投资0.3亿元，增长24.8%；教育投资10.0亿元，增长10.4%；卫生和社会工作投资7.2亿元，增长17.2%；文化、体育和娱乐业投资10.3亿元，增长1.5倍。

全年500万元以上固定资产投资施工项目2243个，增长15.9%。其中，当年新开工项目1451个，增长11.5%。其中，亿元以上项目344个，增长25.1%。当年已投产项目1416个。

重大项目建设进展顺利。全年全市共安排"861"行动计划项目319项，比上年增加60项，当年完成投资546.2亿元，比上年增长29.1%。计划总投资 21.5亿元的长电科技年产240亿只封装半导体项目，当年完成投资4亿元；计划总投资26亿元的天康年产20亿安时标准纳米锂电池项目，当年完成投资5.8亿元；计划总投资16亿元的银鹭食品年产120万吨液体蛋白质饮料生产项目，当年完成投资6亿元；计划总投资23亿元的博西华年产300万台高端节能冰箱制造项目，当年完成投资3.5亿元。

一批大项目如期开工建设。计划总投资20亿元的德威特种电缆项目，当年完成投资3.7亿元；计划总投资29亿元的年产5万辆皮卡、5万辆SUV汽车整车及零部件项目，当年完成投资5亿元。

（二）农业

2013年滁州市坚持农业基础地位不动摇，加快农业现代化进程。集约化上，启动60个农业示范区建设，全椒襄河、凤阳小岗和来安大英3个示范区获批省级示范区，定远金山示范区获批省级农业综合开发区，全椒争创国家级示范区工作稳步推进。规模化上，新增耕地流转面积 41 万亩，总面积达 182 万亩，流转率高于全省 1.3 个百分点；新增家庭农场 780 家，总数达 1500 家；新增各类农民合作组织 1160 个，总数达 5860 个。产业化上，新增各类龙头企业 99 家，总数达 645 家；实现农产品加工产值 468 亿元，增长 20.3%。科技化上，农业物联网扎实推进，良种覆盖率、关键技术到位率分别达 97%和 68%。圣农科技、意洋草莓等现代农业项目产生良好示范效应。机械化上，耕种收农机化作业水平达 78.9%，超全省 14 个百分点，农机化工作综合考评全省第一。

2013 年农作物播种面积 87.7 万公顷，比上年增加 4614 公顷，增长 0.5%。其中，粮食作物播种面积 71.3 万公顷，比上年增长 0.4%；油料作物播种面积 7.7 万公顷，比上年减少 0.2%；蔬菜播种面积 4.5 万公顷，比上年增长 1.9%。

全年粮食总产量 413.8 万吨，比上年减产 0.3%。全年油料产量 20.6 万吨，比上年增长 0.8%。其他经济作物有增有减。其中，棉花产量 9209 吨，比上年减产 7.9%；蔬菜产量 139.2 万吨，比上年增长 2.5%。

全年肉类总产量 37.9 万吨，比上年增长 2.6%；禽蛋产量 11.1 万吨，比上年增长 3.6%；牛奶产量 10367 吨，比上年增长 5.0%；水产品产量 31.8 万吨，比上年增长 5.8%。

年末，全市农业机械总动力 654.9 万千瓦，比上年增长 2.7%；农用拖拉机 46.0 万台，比上年减少 6.6%；排灌动力机械 8.8 万台，比上年增长 1.6%；全年化肥施用量（折纯）34.3 万吨，比上年增长 1.2%。农村用电量 9.4 亿千瓦小时，比上年增长 5.6%。年末农田有效灌溉面积达 485.8 千公顷，比上年净增 1170 公顷。全年完成重点水利工程 17 项，完成投资 14.1 亿元，分别比上年增加 5 项、减少 1.8 亿元。

（三）工业和建筑业

1. 工业

全年全部工业实现增加值 509.0 亿元，比上年增长 15.1%。其中，规模以上工业比上年增长 15.5%。在规模以上工业中，重工业、集体企业、外商和港澳台企业增长较快。

全市 35 个工业行业大类中 33 个实现了增长。其中：酒、饮料和精制茶制造业增长 83.6%、纺织业增长 43.4%、仪器仪表制造业增长 27.8%、燃气生产和供应业增长 40.9%、金属制品业增长 41.6%、化学原料和化学制品制造业增长 9.5%。

年末，全市共有 413 家企业进入全省高新技术企业行列，占全市规模工业企业单位数的 36.7%，全年完成产值 874.3 亿元，实现增加值 220.8 亿元；年末，市战略性新兴产业的企业数为 209 家，全年完成产值 360.2 亿元；

全年全市六大支柱产业实现增加值 398.3 亿元，占全市规模工业的 81.1%，同比增长 15.4%，对规模工业增长的贡献率达到 80.6%，拉动规模工业增长 12.5 个百分点。

主要工业产品产量大多保持增长，其中，发电量 31.1 亿千瓦小时，比上年增长 59%；白酒 2832.1 万升，比上年增长 42.6%；发动机 277.4 万千瓦，比上年增长 27.5%；光缆 137537 芯千米，比上年增长 26.2%。

全年规模以上工业企业经济效益综合指数为 318.8%，比上年上升 12.7 个百分点。规模以上工业实现主营业务收入 1920.3 亿元，比上年增长 18.2%；实现利税总额 306.1 亿元，比上年增长 21.6%，其中利润 217.6 亿元，比上年增长 22.9%。

2. 建筑业

全年建筑业完成增加值 66.6 亿元，比上年增长 8.0%。年末，资质以上建筑企业 141 户，全年共

完成建筑业总产值199.03亿元，比上年增长29.03%；实现利润总额9.66亿元，比上年增长114.0%；完成房屋建筑施工面积1597.07万平方米，比上年增长19.1%，其中当年新开工面积880.94万平方米，比上年增长26.7%；房屋竣工面积850.59万平方米，比上年增长17.3%。

（四）服务业

坚持生产性服务业和生活性服务业并重，现代服务业和传统服务业并举，全年实现服务业增加值308亿元。

1. 国内贸易

全年实现社会消费品零售总额338.48亿元，比上年增长14.4%，扣除价格因素实际增长11.8%。分实现区域看，城镇实现消费品零售额276.72亿元，乡村实现消费品零售额61.76亿元，分别比上年增长14.7%、13.0%。分行业看，批发零售贸易业零售额296.0亿元，增长14.7%；住宿和餐饮业零售额42.5亿元，增长11.8%。分构成看，商品零售额290.0亿元，增长14.7%；餐饮消费额48.5亿元，增长12.3%。分经营规模看，限上单位零售额171.1亿元，增长15.1%；限下单位零售额167.4亿元，增长8.5%。

从限额以上批发零售企业(单位)商品零售分类完成情况看，穿类商品零售额17.4亿元，增长27.0%；吃类商品零售额33.9亿元，增长20.9%；用类商品零售额110.6亿元，增长18.1%，其中，金银珠宝类增长21.2%，五金电料类增长22.7%，家用电器和音像器材类增长23.1%，家具类增长23.7%，建筑及装潢材料类增长34.5%，汽车类增长25.8%。

2. 交通运输、邮电

全年交通运输、仓储和邮政业增加值42.46亿元，比上年增长9.3%。全年货物运输周转量509.76亿吨公里，比上年增长16.6%。其中，公路货物运输周转量475.34亿吨公里，增长16.64%；水运货物运输周转量34.42亿吨公里，增长15.4%。全年旅客周转量94.72亿人公里，比上年增长17.1%。

年末全市民用汽车拥有量18.44万辆，比上年增长17.1%，其中私人汽车拥有量13.69万辆，增长19.3%。民用轿车拥有量12.62万辆，增长22.4%，其中私人轿车拥有量11.0万辆，增长25.0%。

电信、移动、联通等电信运营商全年业务总量[5]25.83亿元，比上年增长13.8%。邮政部门业务总量1.32亿元，增长14%。年末，全市拥有电话338.54万户，比上年末增加2.9%，其中固定电话用户数65.64万户，减少10.6%；移动电话用户数272.90万户，增长6.8%。年末国际互联网用户42.56万户，比上年增长35.9%。

3. 旅游业

围绕打造中国优秀旅游目的地城市，加快推进文化旅游项目建设。长城文化创意园、滁州1912、冠景度假村、全椒儒林文化街区、天长千秋印象·唐城等项目快速推进。全年接待旅游人数1272.87万人次，比上年增长15.4%，其中接待外国和港澳台游客94264人次，增长4.8%。全年旅游总收入100.05亿元，比上年增长19.8%。其中，旅游外汇收入4043.1万美元，增长13.9%。年末，全市共有星级旅游饭店23个，星级饭店客房数2201间(套)。年末A级以上旅游景区(点)21个，名胜风景区2个。

4. 金融和保险

金融保险业务快速发展。年末，全市金融机构人民币各项存款余额1284.70亿元，比年初增加173.49亿元，增长15.6%。其中，单位存款509.06亿元，比年初增加61.22亿元；城乡居民储蓄存款

712.04亿元，比年初增加112.79亿元。年末，金融机构人民币各项贷款余额892.68亿元，比年初增加184.52亿元，增长26.1%。从贷款期限看，短期贷款余额489.06亿元，比年初增加119.20亿元；中长期贷款389.59亿元，比年初增加73.51亿元，其中个人贷款余额197.43亿元，比年初增加29.7亿元。

年末，全市保险公司28家，比上年增加1家。其中寿险14家，财产险14家。全年保费收入26.91亿元，比上年增长21%，其中，财产保险保费收入11.83亿元，增长20%；人身保险保费收入15.07亿元，增长21.5%。财产险中机动车险保费收入8.89亿元，增长23%；农业险保费收入1.80亿元，持平。人身保险中，健康险收入0.74亿元，增长21%；意外伤害险保费收入0.82亿元，增长24%。全年保险赔款和给付11.57亿元，比上年增长13%。其中，财产险业务赔款支出6.6亿元，增长11.9%；人身险业务赔款和满期给付支出4.97亿元，增长12%。2013年共上交税收5434万元。代扣代缴各项税款4791万元。

5. 房地产业

全年房地产开发投资完成261.7亿元，比上年增长13.9%；房屋施工面积2650.1万平方米，增长22.0%，其中新开工面积883.3万平方米，增长38.6%；竣工面积541.2万平方米，增长52.0%。商品房销售额204.0亿元，其中，住宅170.5亿元，分别比上年增长42.2%、45.5%，商品房销售面积472.5万平方米，其中，住宅421.9万平方米，分别比上年增长38.4%、40.5%。

（五）对外经济

1. 对外贸易

全年商品进出口总额185545万美元，比上年增长23.8%。其中，出口总额138270万美元，增长19.2%；进口总额47275万美元，增长39.5%。从出口经营主体看，内资生产企业完成129812万美元，增长35.3%；外商投资企业完成55733万美元，下降2.7%。出口国别及地区达174个。

2. 利用外资

全年招商引资市外亿元以上项目到位资金592亿元，增长20%以上，其中境内省外491亿元，位列全省第6位，其中南大光电、朝野电视等30亿元以上7个，拉芳日化、德威新材料等10亿元以上40个。其中，来自长三角区域资金290亿元，占引资总量的49.0%。

3. 园区建设

15个省级以上开发园区投入资金65亿元，新增开发面积25平方公里，总面积达220平方公里，入园企业总数2800多家。市开发区入园企业超千家，全面完成“3344”目标任务。苏滁现代产业园一期12平方公里路网基本建成，入园项目30个，总投资11亿元的新盛诺、10亿元的胜华波等项目加快建设。

二、滁州市2013年社会发展概况

（一）人口、人民生活

全年人口出生率为10.35‰，死亡率为6.09‰，自然增长率4.26‰。年末，全市户籍人口449.45万人，比上年减少2.61万人，其中非农业人口99.14万人，农业人口350.31万人。年末，常住人口394.5万人。

全年城镇居民人均可支配收入22591元，比上年增长10.6%；人均消费性支出18924元，比上年

增长 18.5%。其中，食品支出 7155 元，增长 15.3%；衣着支出 1940 元，增长 9.1%；居住支出 2137 元，增长 61.8%；家庭设备用品及服务支出 1273 元，增长 62.0%；医疗保健支出 1582 元，增长 17.5%；教育文化娱乐支出 2381 元，增长 25.3%。

城镇居民恩格尔系数为 37.8%。年末，每百户城市居民家庭拥有彩电 135 台，电冰箱 97 台，洗衣机 90 台，空调器 137 台，照相机 31 架，摩托车 20 辆，助力车 62 辆，固定电话 71 部，移动电话 225 部，家用电脑 76 台，家用汽车 17 辆。人均住房建筑面积 38.4 平方米，比上年增加 5.6 平方米。

全年农民人均纯收入 9235 元，比上年增长 13.5%；农民人均生活消费支出 6692 元。其中食品支出 2556 元；衣着支出 363 元；居住支出 1831 元；家庭设备用品及服务支出 428 元；交通和通讯支出 580 元；文化教育娱乐支出 382 元；医疗保健支出 377 元。

农村居民恩格尔系数为 38.2%，比上年下降 2.8 个百分点。年末，每百户农村居民家庭拥有彩电 115 台，家用电冰箱 87 台，洗衣机 77 台，摩托车 57 辆，移动电话 175 部，家用电脑 11 台。

农村居民人均住房面积为 25 平方米。

全年保障房建设完成投资 59 亿元，比上年下降 9.3%，其中廉租房完成投资 1 亿元，比上年下降 49%；全年保障房施工面积 646 万平方米，比上年增长 0.34%，其中廉租房施工面积 14.3 万平方米，比上年下降 16.6%；全年保障房竣工面积 148 万平方米，比上年下降 21%，其中廉租房竣工面积 3.6 万平方米，下降 43%。

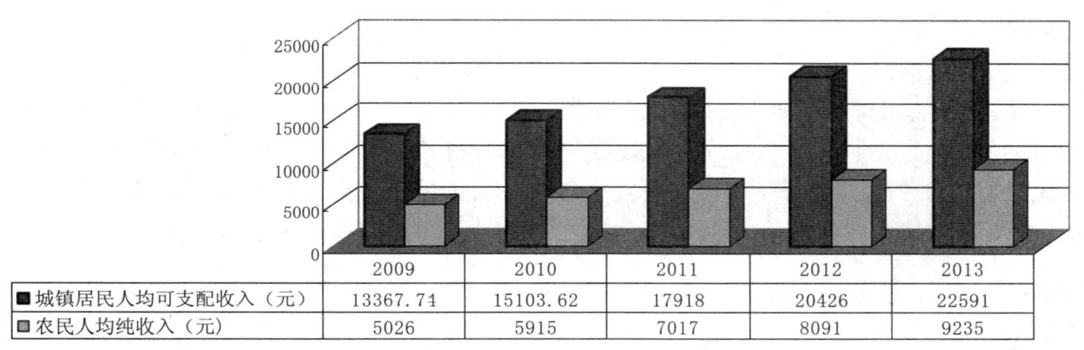

	2009	2010	2011	2012	2013
■城镇居民人均可支配收入（元）	13367.74	15103.62	17918	20426	22591
■农民人均纯收入（元）	5026	5915	7017	8091	9235

图 3　2009—2013 年滁州市城乡居民收入对比一览

（二）就业与社会保障

1. 就业

年末全市从业人员 280.4 万人，比上年增加 3.7 万人。其中，第一产业 103.6 万人，减少 11.5 万人；第二产业 98.9 万人，增加 11.8 万人；第三产业 77.9 万人，增加 3.4 万人。年末城镇在岗职工人数(不包括个体、私营、乡镇企业从业人员)20.6 万人，增加 2.7 万人；城乡私营企业从业人员和个体劳动者 59.8 万人，比上年末增加 5.7 万人。城镇登记失业率为 3.5%，比上年下降 0.3 个百分点。

2. 社会保障和福利

养老、失业、医疗、工伤保险、生育保险以及城乡居民最低生活保障工作加强。年末，全市城乡基本养老保险(含城镇职工养老保险、城乡居民养老保险)参保人数 289.72 万人，比上年末增长 1.0%，其中，城乡居民养老保险参保人数 245.93 万人，比上年末增长 0.5%。城镇基本医疗保险参保人数 109.6 万人，比上年末增长 2.6%。失业保险参保人数为 21.23 万人，比上年末减少 1.8%。工伤保险参保人数为 27.8 万人，比上年末增长 4.0%。生育保险参保人数为 23.5 万人，比上年末增长 6.9%。

参加城市最低生活保障人数6.29万人,比上年末减少7.1%。参加农村最低生活保障人数14.78万人,比上年末增加2.9%。城乡低保人均月补差分别提高到356元、154.6元,分别比上年增长13.0%和15.0%,最低工资和退休人员养老金标准进一步提高。

年末,全市工会组织数8468个,比上年增加7.8%,筹集发放送温暖基金676.3万元,其中工会系统筹集发放229.8万元。年末,县级及以上妇联组织9个,县级以上春蕾工程全年筹资76.06万元,资助大学、大专和中小学生1201人。

年末,全市各类福利收养性单位数161个,床位数20167张,比上年末增长3.3%。农村五保供养人数2.79万人,比上年末下降0.7%。年末,城镇社区各种服务设施969个,与上年持平。全年销售社会福利彩票3.39亿元,募集公益金3829万元,比上年增加40.5%。

（三）教育和科学技术

1. 教育

年末,幼儿园545所,比上年末增加169所,入园儿童4.6万人,比上年减少2.5%;小学431所,比上年末减少113所,专任教师1.53万人,减少2.9%,在校生24.4万人,减少2.6%;普通中学287所,专任教师1.61万人,减少150人,在校生22.12万人,减少5.4%;高等学校5所,专任教师2392人,在校学生5.56人,增加18.2%。

2. 科技与创新

年末,全市共有各类专业技术人员5.6万人。民营科技企业483家,比上年末增加26家。全年专利申请数6944件,比上年增加20.0%。全年授权专利数3013件,比上年增加1.5%,其中发明专利150件,增加92件。全年获省部级以上科技成果38项、科技进步奖7项。年末,国家高新技术企业107家,比上年增加23家;省级工程技术研究中心18家;大中型工业企业技术中心171个,比上年增加9个。全年高新技术产业产值874.3亿元,占规模以上工业总产值44.7%。

（四）文化、卫生和体育

1. 文化

年末,全市公共图书馆藏书量65.29万册,电子图书240万册,全市广播电视台8个,网络分公司6家。全市广播综合覆盖率97.5%,电视综合覆盖率98.3%,有线电视入户率30.5%。广播全年播放时间3.8万小时,其中自办栏目播放时间1.75万小时;电视全年播放时间5.11万小时,其中自办栏目播放时间1.32万小时。有线电视用户43.81万人,比上年增加31.4%。

2. 卫生

年末,全市共有卫生机构1645个。其中,医院、卫生院157个,疾病控制中心8个,妇幼保健机构8个。全市卫生机构拥有床位14543张,比上年增长7.3%,其中医院、卫生院拥有床位13730张,比上年增加1054张。卫生机构从业人员2.1万人。其中,医院、卫生院技术人员1.2万人,执业医生4270人,注册护士5066人,卫生防疫人员274人。全市参加新型农村合作医疗人数达到348.44万人,参合率100.3%。

3. 体育

年末,全市共有体育场馆17个。全年举办县以上比赛14次,百人以上群众性体育活动186次。全年获得国家级比赛金牌1枚、银牌1枚、铜牌3枚,省级比赛金牌62.5枚、银牌25枚、铜牌36枚。全年,体育彩票发行1.95亿元,募集公益金376万元。

（五）城乡建设

坚持规模扩张、功能完善、品质提升并举，努力构建多层次城镇体系。以美好新滁城为龙头，着力提升品质。“131”组团实施重点项目412个，完成投资296亿元，增长41%。大力实施以“七个一”为重点的精品工程，清流高架、南湖四期等项目竣工，高新技术创业服务中心等项目提速，琅琊山东麓覆绿和醉翁亭景区整治、滁州大道、花卉博览园等项目开工建设。“十路一渠”建设快速推进，花园路、全椒路、会峰路“白改黑”完成，西涧路、洪武路、世纪大道改造等工程加快建设。实施清流河二期、扬子东路、苏滁现代产业园等地块征迁，完成征收面积141万平方米。组团内部竞相发展，琅琊新区建成百万平方米住房，南谯新城一批公共设施项目进展明显，来安县城“一城三区”路网框架基本形成，全椒十大城建、八大交通工程顺利推进。

以城市管理十项提升行动为抓手，深入推进“六城联创”，完成上海路、丰乐大道、中都大道提速治堵工程。推进“绿色滁州行动”，新增绿地585万平方米，城区绿化覆盖率达39.4%。

以美好新城镇为支撑，着力完善功能。天长、明光、凤阳、定远四个县城共实施重点城建项目近300个，完成投资近200亿元。天长建成红草湖南园等30项工程。明光征收房屋面积70万平米，韩山公园二期等15项工程完工。凤阳提升文化新城，博物馆、新图书馆即将投入使用。定远生态公园、滨水商业休闲带等工程进展顺利。炉桥等一批特色小城镇加快建设。全市城镇总人口184万人，城镇化率达46.8%。以美好乡村为基础，着力示范带动。按照串珠、连线、带面模式，聚力打造“一片二环三线”，重点抓好5条展示链和38个重点村建设，完成各类村庄建设项目818个。

以基础设施建设为载体，着力改善条件。滁马高速、宿扬高速等开工建设；徐明高速、蚌淮至宁洛高速连接线、104国道滁汉段等加快建设；312省道滁来路、釜秦线、天铜线和309省道明光段等建成通车。蚌浮段行蓄洪区调整建设工程开工，滁河防洪治理近期工程加快推进，5座中型水库、127座小型水库完成除险加固。全年交通投资126亿元、水利投资15.8亿元、电力投资9亿元。市政公用设施建设完成固定资产投资157.6亿元，总量全省第二。

（六）环境保护

年末，全市共有自然保护区2个，自然保护区面积21900公顷。当年人工造林面积25156公顷。年末森林面积19.68万公顷，活立木总蓄积量1702.48万立方米，森林覆盖率15.0%。全市环境监测与监察支队16个。全年环境污染治理投资2.3亿元，比上年增加32.2%。年末，共有污水处理厂9座。全年工业二氧化硫排放量21320吨(含华塑公司新投运发电机组)，比上年上升4.7%；城镇生活污水处理率85%以上。城市集中饮用水源水质达标率100%，农村自来水受益率达到66.61%，比上年提高3.8个百分点。全市年单位生产总值耗能比上年下降3.58%。

全年，全市环境空气质量符合《环境空气质量标准》(GB3095—1996)一级标准的天数为60天，占16.4%；符合二级标准的天数为248天，占68.0%；一、二级标准的天数总计为308天，占84.4%。PM10全年平均值102μg/m3，全年轻微污染42天，轻度污染10天，中度污染4天，中重度污染1天。

（七）社会安全

全年发生火灾事故1024起，直接经济损失1918.6万元，发生交通事故774起，交通事故死亡人数174人。

第三篇

产业经济与社会发展报告

第一章　长三角地区产业发展报告

一　长三角产业结构

2013 年，长三角地区产业结构得到了进一步调整优化，三次产业结构调整为 4.7：47.0：48.3。第一产业比重比上年下降 0.1 个百分点，第二产业比重比上年下降 1.0 个百分点，第三产业比重比上增加 1.1 个百分点。近五年，长三角地区第二产业比重在稳步下降，第三产业比重稳步上升。与 2013 年全国三次产业结构相比，长三角第一产业比重比全国平均水平低 5.3 个百分点，而长三角第二、三产业比重比全国平均水平分别高 3.1 个百分点和 2.2 个百分点。

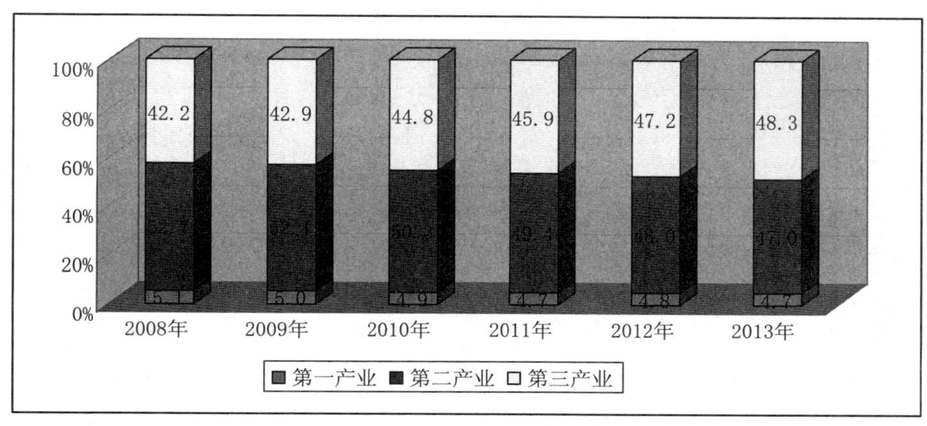

2008—2013 年长三角地区产业结构

一、长三角产业结构总体情况

2013 年，长三角地区实现地区生产总值118 332.36 亿元，按当年价计算，比上年增长 8.7%。从三次产业情况看，第一产业实现增加值 5 559.98 亿元，比上年增长 6.6%，第二产业实现增加值 55 568.44 亿元，比上年增长 6.3%，第三产业实现增加值 57 203.94 亿元，比上年增长 11.3%。

从与江苏比较来看，2013 年江苏省三次产业结构从上年的 6.3：50.2：43.5 调整为 6.2：49.2：44.7，江苏省第一产业所占的比重比长三角地区高 1.5 个百分点，江苏省第二产业比重高于长三角地区 2.2 个百分点，江苏省第三产业比重低于长三角地区 3.6 个百分点。

从与浙江比较来看，2013 年浙江省三次产业结构从上年的 4.8：50.0：45.2 调整为 4.8：49.1：46.2。浙江省第一产业所占的比重比长三角地区高 0.1 个百分点，浙江省第二产业比重高于长三角地区 2.1 个百分点，浙江省第三产业比重低于长三角地区 2.1 个百分点。

从与上海比较来看，2013 年上海市三次产业结构从上年的 0.6：38.9：60.5 调整为 0.6：37.2：62.2，上海市第一产业所占的比重低于长三角地区 4.1 个百分点，上海市第二产业比重低于长三角地区 9.8 个百分点，上海市第三产业比重高于长三角地区 13.9 个百分点。

二、上海市产业结构发展现状

2013 年，上海市认真贯彻落实党的十八大精神，牢牢把握稳中求进工作总基调，紧紧围绕创新驱动发展、经济转型升级，全力推进稳增长、调结构、促改革、惠民生各项重点工作，国民经济运行稳中有进，各项社会事业全面进步，民生保障持续改善。2013 年上海市实现生产总值 21 602.12 亿元，按可比价格计算，比上年增长 7.7%。其中，第一产业增加值 129.28 亿元，同比下降 2.9%；第二产业增加值 8 027.77 亿元，同比增长 6.1%；第三产业增加值 13 445.07 亿元，同比增长 8.8%。第三产业增加值占上海市生产总值的比重达到 62.2%，比上年提高 1.8 个百分点。

第三产业引领发展。2013 年，第三产业增加值占上海市生产总值的比重达到 62.2%，比上年提高 1.8 个百分点。其中：金融业实现增加值 2 823.29 亿元，同比增长 13.7%。上海证券交易所股票成交金额 23.03 万亿元，同比增长 39.9%；上海期货交易所总成交金额 120.83 万亿元，同比增长 35.5%；中国金融期货交易所总成交金额 141.01 万亿元，同比增长 85.9%；全国银行间货币和债券市场总成交金额 235.30 万亿元，同比下降 10.7%；上海黄金交易所总成交金额 5.22 万亿元，同比增长 48.0%。2013 年上海市原保险保费收入 821.43 亿元，比上年增长 0.1%。其中，财产险公司原保险保费收入 304.83 亿元，同比增长 12.2%；寿险公司原保险保费收入 516.60 亿元，同比下降 5.9%。2013 年上海市交通运输、仓储和邮政业实现增加值 935.06 亿元，比上年增长 1.0%。2013 年上海市货物运输总量 9.15 亿吨，比上年下降 3.0%；旅客发送量 1.59 亿人次，同比增长 9.5%；港口货物吞吐量 7.76 亿吨，同比增长 5.5%；国际标准集装箱吞吐量 3 361.68 万标准箱，同比增长 3.3%；机场旅客吞吐量 8 279.18 万人次，同比增长 5.2%。2013 年上海市完成邮政业务总量 258.70 亿元，比上年增长 35.5%；完成电信业务总量（按 2010 年不变价格计算）487.39 亿元，同比增长 9.0%。2013 年实现旅游产业增加值 1 400.80 亿元，比上年下降 7.3%；入境旅游外汇收入 53.37 亿美元，同比下降 4.4%；国内旅游收入 2 968.00 亿元，同比下降 8.0%。2013 年上海市实现批发和零售业增加值 3 533.10 亿元，比上年增长 7.1%。2013 年，上海市信息服务业实现增加值 1 387.88 亿元，比上年增长 15.1%；信息传输、计算机服务和软件业实现增加值 1 036.62 亿元，比上年增长 12.8%。

工业结构调整加快。2013 年，上海市实现工业增加值 7 236.69 亿元，比上年增长 6.3%。其中，规模以上工业增加值 6 769.64 亿元，同比增长 6.6%。完成工业总产值 33 899.38 亿元，比上年增长 4.3%。其中，规模以上工业总产值 32 088.88 亿元，同比增长 4.4%。节能环保、新一代信息技术、生物医药、高端装备、新能源、新材料和新能源汽车等战略性新兴产业制造业完成工业总产值 7 743.53 亿元，同比增长 1.4%。2013 年电子信息产品制造业、汽车制造业、石油化工及精细化工制造业、精品钢材制造业、成套设备制造业和生物医药制造业等六个重点工业行业完成工业总产值 21 585.91 亿元，同比增长 4.5%，占全市规模以上工业总产值的比重为 67.3%。2013 年规模以上工业产品销售率达到 99.1%。全年乳制品产量 48.92 万吨，同比下降 15.9%；集成电路 161.38 亿块，同比下降 3.3%；汽车产量 226.89 万辆，同比增长 15.5%；原油加工量 2 609.17 万吨，同比增长 18.2%；电力电缆 154.80 万千米，同比增长 46.2%。2013 年规模以上工业企业实现利润总额 2 415.20 亿元，比上年增长 13.1%；实现税金总额 1 815.94 亿元，同比增长 11.0%。规模以上工业企业亏损面为 22.8%。

农业生产基本稳定。2013 年，上海市完成农业总产值 323.48 亿元，按可比价计算（下同），比上年下降 2.8%。其中，种植业产值 172.28 亿元，同比下降 2.6%；畜牧业产值 69.97 亿元，同比下降 8.5%；渔业产值 59.89 亿元，同比增长 0.2%；林业产值为 9.65 亿元，同比增长 4.7%；农林牧渔服务业 11.69 亿元，同比增长 9.2%。上海域外市属农场实现农业总产值 18.81 亿元，同比增长 13.8%。2013 年上海市粮食播种面积 168.51 千公顷，比上年下降 10.2%；粮食产量 114.15 万吨，同比下降

6.7%;水产品产量 27.13 万吨,同比下降 0.3%。至 2013 年末,全市有 1 069 家企业、4 797 个产品获得农产品质量认证。其中,绿色食品生产企业 151 家,绿色食品 215 个;无公害农产品生产企业 911 家,无公害农产品 4 557 个。至 2013 年末,全市累计建成标准化畜禽养殖场 320 家,标准化水产养殖场 217 家;累计建成设施粮田面积 86.5 千公顷,蔬菜标准园 107 家,面积 3.08 千公顷。至 2013 年末,全市有农业产业化龙头企业 288 家,农民专业合作社 3 200 家,经农业主管部门认定的家庭农场 1 893 个。

三、江苏省产业结构发展现状

2013 年,面对复杂多变的宏观经济环境,江苏省紧扣主题主线,坚持稳中求进,在加快转型升级中保持持续健康发展:大力发展战略性新兴产业,推动信息化与工业化的深度融合;努力调强第一产业发展能力,加快传统农业向现代农业转变;努力调优第二产业结构,加快传统产业转型升级,提升制造业发展质量,全力推动制造业向高端攀升;努力调高第三产业比重,加速发展现代服务业。2013 年江苏省实现生产总值 59 161.75 亿元,按可比价格计算,比上年增长 9.6%。其中,第一产业增加值 3 646.08 亿元,同比增长 3.1%;第二产业增加值 29 094.02 亿元,同比增长 10.0%;第三产业增加值 26 421.65 亿元,增长 9.8%。

工业经济企稳向好。2013 年,江苏省规模以上工业增加值比上年增长 11.5%,其中轻、重工业分别增长 10.5%和 11.9%。分经济类型看,国有工业增长 7.6%,集体工业增长 1.1%,股份制工业增长 13.7%,外商港澳台投资工业增长 8.8%。在规模以上工业中,国有控股工业增长 9.0%,私营工业增长 15.1%。在规模以上工业中,汽车制造业产值 5 765.66 亿元,比上年增长 25.0%;医药制造业产值 2 768.29 亿元,同比增长 19.8%;专用设备制造业产值 5 028.10 亿元,同比增长 12.4%;电气机械及器材制造业产值 14 621.36 亿元,同比增长 12.8%;通用设备制造业产值 7 201.35 亿元,同比增长 9.3%;计算机、通信和其他电子设备制造业产值 17 323.23 亿元,同比增长 5.1%。产品结构继续优化,实现工业新产品产值 11 741.97 亿元,比上年增长 2.9%。列统的 404 种工业产品中有 239 种产品产量比上年实现增长。规模以上工业企业实现主营业务收入 132 270.41 亿元,比上年增长 10.9%;实现利税 12 951.79 亿元,同比增长 8.5%;实现利润 7 834.06 亿元,同比增长 8.1%。企业亏损面 13.0%,比上年末下降 0.1 个百分点;亏损企业亏损额 507.90 亿元,同比下降 7.9%。

服务业发展水平稳步提升。2013 年,江苏省实现服务业增加值 26 596.00 亿元,按可比价计算,比去年增长 9.8%,占 GDP 比重为 45.0%,比上年提高 1.2 个百分点。铁、公、水路完成货物运输量 19.40 亿吨(公路货运量不包含农用车和拖拉机的运输量),比上年增长 8.8%;铁、公、水路完成货物周转量 10 536.84 亿吨千米,比上年增长 12.2%。邮政电信业务总量 1 252.18 亿元,比上年增长 11.8%。其中,邮政业务总量 269.60 亿元,电信业务总量 982.58 亿元,分别比上年增长 31.0%和 7.4%。邮政电信业务收入 1 107.62 亿元,比上年增长 9.4%。其中,邮政业务收入 233.10 亿元,电信业务收入 874.52 亿元,分别比上年增长 30.4%和 6.4%。金融机构本外币存款余额 88 302.07 亿元,比年初增加 10 193.07 亿元,比上年少增 277.18 亿元;金融机构本外币贷款余额 64 908.22 亿元,比年初增加 7 255.38 亿元,比上年少增 113.94 亿元。证券市场完成交易额 275 120.24 亿元,比上年增长 15.1%。其中,证券经营机构证券交易量 62 452.24 亿元,比上年增长 49.1%;期货经营机构代理交易量 212 668.01 亿元,比上年增长 7.9%。保费收入 1 446.08 亿元,比上年增长 11.1%。其中,财产险收入 518.61 亿元,比上年增长 17.6%;寿险收入 809.17 亿元,比上年增长 5.7%。国内旅游收入 6 940.05 亿元,比上年增长 14.6%;海外旅游者人数 288.03 万人次,同比下降 9.0%;国际旅游外汇收入 23.80 亿美元,同比下降 6.3%。

农业生产提质增效。加快推进农业现代化工程,大力发展现代高效农业,农业综合生产能力稳步提高。粮食连续10年增产,2013年总产量达3 422.98万吨,比上年增产50.50万吨,同比增长1.5%。2013年农业机械总动力达到4 405.78万千瓦,同比增长4.5%。粮食播种面积5 360.78千公顷,新增设施农业面积6.0万公顷。林牧渔业发展稳定。2013年成片造林面积6.8万公顷;全年猪牛羊禽肉产量372.8万吨,同比下降3.4%;禽蛋总产量197.9万吨,同比增长0.3%;牛奶总产量59.9万吨,同比下降2.3%;水产品总产量508.8万吨,同比增长3.0%,其中淡水产品358.2万吨,海水产品150.6万吨,分别增长3.7%和1.4%。

四、浙江省产业结构发展现状

浙江省产业结构调整积极推进,高效生态农业建设成效显著,块状特色经济加快向现代产业集群转变,服务业发展水平稳步提升。2013年,浙江省生产总值为37 568.49亿元,按可比价格计算,比上年增长8.2%。其中,第一产业增加值1 784.62亿元,比上年增长0.4%;第二产业增加值18 446.65亿元,比上年增长8.4%;第三产业增加值17 337.22亿元,比上年增长8.7%。

工业生产和利润保持平稳较快增长。2013年,浙江省工业增加值11 700.67亿元,比上年增长8.5%。其中,轻、重工业增加值分别为5 029.26和6 671.41亿元,分别比上年增长6.4%和10.0%;国有及国有控股工业企业增加值1 970.01亿元,同比增长6.4%。规模以上工业总产值62 980.29亿元,比上年增长6.5%;规模以上工业企业完成出口交货值11 223.22亿元,同比增长2.3%。规模以上工业企业实现利润3 561.26亿元,比上年增长14.4%。其中,国有及国有控股企业实现利润574.30亿元,同比增长27.9%;外商及港澳台投资企业实现利润999.05亿元,同比增长18.5%;私营企业实现利润1 261.68亿元,同比增长8.6%。工业企业产品销售率97.30%,比上年下降0.15个百分点。规模以上工业新产品产值16 715.00亿元,比上年增长24.4%,高于工业总产值增幅17.2个百分点;新产品产值率25.17%,比上年提高2.19个百分点。制造业中,高新技术产业增加值2 993.00亿元,比上年增长10.3%,占规模以上工业的比重为25.6%,比上年提高0.3个百分点。汽车产量为37.32万辆,比上年增长13.2%,其中轿车产量为27.40万辆,比上年增长3.8%。

服务业增长较快。2013年,浙江省铁路、公路和水运完成货运量18.79亿吨,完成货物周转量8 949.57亿吨千米。铁路、公路和水运完成客运量13.68亿人,完成旅客周转量1 025.10亿人千米(公路、水路按新的口径统计,数据不可比)。港口完成货物吞吐量13.81亿吨,比上年增长4.7%,其中,沿海港口完成10.06亿吨,比上年增长8.4%;内河港口完成3.75亿吨,比上年下降4.4%。邮电业务总量1 178.60亿元,比上年增长15.1%。批发零售贸易业零售额13 570.93亿元,比上年增长12.1%;住宿餐饮业零售额1 567.10亿元,比上年增长8.4%。金融机构本外币各项存款余额73 732.36亿元,比上年末增长10.6%,其中人民币存款余额增长10.9%;金融机构本外币各项贷款余额65 338.54亿元,比上年末增长9.8%,其中人民币贷款余额增长9.9%。保险业实现保费收入1 109.91亿元,比上年增长12.7%。其中,财产险保费收入511.99亿元,比上年增长15.2%;寿险保费收入513.26亿元,比上年增长9.1%。实现国内旅游总收入5 202.00亿元,比上年增长16.2%;接待国内旅游者4.34亿人次,比上年增长11.0%。实现旅游外汇收入53.93亿美元,比上年增长4.7%;接待入境旅游者866.28万人次,比上年略增。

农业平稳步发展。2013年,浙江省粮食播种面积为1 253.74千公顷,比上年增长0.2%;粮食单产和总产量分别为5 854千克/公顷和733.95万吨,分别比上年减少4.8%和4.7%。油料播种面积183.42千公顷,比上年减少3.1%。其中,油菜籽159.62千公顷,同比减少3.6%;蔬菜619.13千公顷,同比减少0.7%;棉花19.65千公顷,同比减少6.0%;花卉苗木131.50千公顷,同比增长4.1%;

药材31.89千公顷，同比增长2.2%；甘蔗10.31千公顷，同比减少6.4%；果用瓜101.04千公顷，同比减少0.4%。生猪年末存栏1 287.53万头，年内出栏1 895.09万头，分别比上年减少3.8%和2.0%。猪、牛、羊肉产量产量141.58万吨，比上年减少0.67%。水产品总产量550.82万吨，比上年增长2.1%。其中，海水产品产量443.19万吨，同比增长2.8%；淡水产品产量107.63万吨，同比减少0.7%；远洋渔业产量36.80万吨，同比增长26.5%。2013年，浙江省新增粮食生产功能区1 352个，面积7.13万公顷，累计建成4 984个、31万公顷；已公布建设138个现代农业综合区，省级主导产业示范区创建点394个、省级特色农业精品园创建点921个。全年农业机械总动力2 470.95万千瓦，比上年减少4.5%。

五、长三角产业结构调整策略

产业结构优化调整，是推动城市特别是现代城市演进发展的重要动力。城市能否成功转型发展，关键取决于能不能推进产业结构战略性调整，实现城市经济结构的新跨越。

上海市

以结构调整作为转型发展的主攻方向，围绕"四个中心"建设的国家战略，以推进金融、航运和贸易中心建设来增强经济中心的功能，加快构建与经济中心城市相适应的现代产业体系。

大力发展现代服务业。积极配合国家金融管理部门，推动保险交易所、国债期货、原油期货市场、票据市场建设，加大总部型、功能性金融机构的引进力度，开展跨国公司总部外汇资金集中运营管理改革、个人税收递延型养老保险等创新试点，提升陆家嘴—外滩金融集聚区的服务功能。推动国际航运发展综合试验区新一轮政策突破，支持航运金融、航运保险、海事法律等高端航运服务机构落户。推进国际贸易结算中心外汇管理试点，加快建设中国博览会综合体等国家会展项目。深化落实扩大消费政策，努力培育一批拉动力强的消费增长点。发展信息服务业、专业服务业、中介服务业、高技术服务业、社区商业和生活性服务业。深入推进现代服务业综合改革试点。

加快发展战略性新兴产业和先进制造业。在新一代信息技术、高端装备制造、新能源等领域实施一批重大项目和专项工程，支持大型客机、商用航空发动机等重大产业项目建设。推动长兴岛造船基地、汽车城等产业基地集群发展，协调推进上海化工区炼化一体化项目。推动宝钢吴淞地区、高桥地区、桃浦地区产业结构调整。全力推进传统产业转型升级，促进信息化与工业化深度融合，鼓励企业加大技术进步投入，抓紧实施一批技术改造项目。积极发展生产性服务业，支持重点工业企业向研发、销售和高端制造转型。淘汰高污染、高能耗、高风险的落后产能。

江苏省

大力发展战略性新兴产业，坚持高端引领，主攻关键技术，扩大市场应用，培育领军企业，加强重大项目和特色基地建设，加快培育战略性新兴产业集群和新的支柱产业。瞄准科技前沿和市场需求，努力在基础研究、核心技术攻关和集成创新上取得重大突破，加快形成技术领先优势和市场竞争优势。引导战略性新兴产业健康发展，优化资源配置，合理布局，突出特色。

加快发展现代服务业。突出抓好金融、现代物流、科技服务、软件和信息服务、服务外包等十大重点产业；积极发展基于网络的数字化制造、内容服务和平台经济等新型业态；大力培育电子商务、工业设计等新兴服务业；实施现代服务业集聚区提升工程，建设一批创新性强、特色鲜明、带动作用大的现代服务业示范区。创新服务理念、商业模式和技术手段，加快培育服务业新业态。

加快改造提升传统产业。加快新型工业化步伐，推动信息化和工业化深度融合，积极实施"万企升级”行动、大规模技术改造和企业信息化提升工程，深化信息技术和先进适用技术集成应用。鼓励企业兼并重组，推进先进制造业特色产业基地建设，打造具有国际影响力的知名品牌。积极开展部分产能过剩行业调整优化，加快淘汰落后产能。

浙江省

以调整经济结构为主攻方向，强化创新驱动、内需拉动、项目带动，扎实推进“四大建设”，促进工业化与信息化深度融合，推动经济在转型升级的基础上实现平稳较快发展。

大力推进工业转型升级。采取更加有效的措施培育战略性新兴产业，建设纯电动汽车、船舶装备、智能印染装备、光伏屋顶发电装备等新兴产业基地，在高端装备制造、生物医药、信息产业、新能源、新材料等重点领域实现新突破。积极改造提升传统产业，引导支持企业加快技术改造，推动信息技术应用，坚决淘汰一批落后产能。加强对企业的扶持和服务，鼓励企业开展并购和重组，支持龙头骨干企业做强做大，减免符合转型升级要求的困难小微企业相关税费，推动个体工商户和小微企业提升发展。推进现代产业集群示范区建设，建设一批小企业创业示范基地，建成一批特色工业设计基地。加强产业集聚区产业准入管理和引导，创新管理体制机制，完善开发区（园区）考核评价办法，高标准推进开发区（园区）整合提升。

加快发展服务业。加强产业政策引导，支持发展现代商贸、金融服务、现代物流、信息服务、旅游休闲、社区服务业，加快发展服务外包、文化创意和电子商务等产业，大力发展总部经济。抓好现代服务业集聚示范区建设，推进服务业重点企业培育和重大项目建设，推动国家交通运输物流公共信息平台网络体系建设。全面落实营业税差额征税政策，做好营业税改征增值税试点范围扩大工作。

积极发展现代农业。按照工业化、城市化和农业现代化同步推进的要求，加大强农惠农富农政策力度，加快转变农业发展方式，提高农业综合生产能力，确保主要农产品供给和质量安全。加强农业科技进步，加快建设粮食生产功能区和现代农业园区，积极培育家庭农场、专业合作社等新型农业经营主体，积极推进畜牧业转型升级，大力发展旱杂粮，制定实施浙江渔场修复振兴计划，农林牧渔业结构得到优化。

二　长三角服务业

2013 年，长三角地区实现地区生产总值118 332.36 亿元，按当年价计算，比上年增长 8.7%。从三次产业情况看，第一产业实现增加值5 559.98 亿元，比上年增长 6.6%，第二产业实现增加值 55 568.44 亿元，比上年增长 6.3%，第三产业实现增加值 57 203.94 亿元，比上年增长 11.3%。长三角洲地区产业结构得到了进一步调整优化，三次产业结构调整为 4.7∶47.0∶48.3。

上海市的情况，国民经济保持平稳较快发展。2013 年，上海市实现生产总值 21 602.12 亿元，按可比价格计算，比上年增长 7.7%。其中，第一产业增加值 129.28 亿元，同比下降 2.9%；第二产业增加值 8 027.77 亿元，同比增长 6.1%；第三产业增加值 13 445.07 亿元，同比增长 8.8%。第三产业增加值占上海市生产总值的比重达到 62.2%，比上年提高 1.8 个百分点。

江苏省的情况，经济在转型升级中保持平稳较快增长。2013 年，江苏省实现生产总值 59 161.75 亿元，按可比价格计算，比上年增长 9.6%。其中，第一产业增加值 3 646.08 亿元，同比增长 3.1%；第二产业增加值 29 094.02 亿元，同比增长 10.0%；第三产业增加值 26 421.65 亿元，增长 9.8%。第三产业增加值占全省生产总值的比重为 44.7%，比上年增加 1.2 个百分点。

浙江省的情况，初步核算，2013 年，浙江省生产总值为 37 568.49 亿元，按可比价格计算，比上年增长 8.2%。其中，第一产业增加值 1 784.62 亿元，同比增长 0.4%；第二产业增加值 18 446.65 亿元，同比增长 8.4%；第三产业增加值 17 337.22 亿元，同比增长 8.7%。第三产业增加值占全省生产总值的比重为 46.2%，比上年增加 1.0 个百分点。

2008—2013 年长三角及两省一市服务业发展情况

指标		2008 年	2009 年	2010 年	2011 年	2012 年	2013 年
上海市	地区生产总值(亿元)	13 698.15	14 900.93	16 872.42	19 195.69	20 181.72	21 602.12
	服务业增加值(亿元)	7 350.43	8 847.15	9 618.31	11 142.86	12 199.15	13 445.07
	服务业比重(%)	56.0	59.4	57.3	58.0	60.4	62.2
	服务业增长率(%)	11.7	12.2	5.7	9.6	10.6	8.8
江苏省	地区生产总值(亿元)	30 000.00	34 061.20	40 903.30	49 110.27	54 058.22	59 161.75
	服务业增加值(亿元)	11 656.00	13 443.40	16 609.80	20 842.21	23 517.98	26 421.65
	服务业比重(%)	38.4	39.6	41.4	42.4	43.5	44.7
	服务业增长率(%)	13.4	13.6	13.3	11.1	9.7	9.8
浙江省	地区生产总值(亿元)	21 486.92	22 832.00	27 227.00	32 318.85	34 665.33	37 568.49
	服务业增加值(亿元)	8 811.16	9 827.00	11 745.00	14 180.23	15 681.13	17 337.22
	服务业比重(%)	41.0	43.1	43.5	43.9	45.2	46.2
	服务业增长率(%)	11.7	12.5	12.3	9.5	9.4	8.7

（续表）

指标		2008 年	2009 年	2010 年	2011 年	2012 年	2013 年
长三角	地区生产总值(亿元)	65 185.07	71 794.13	85 002.72	100 624.81	108 905.27	118 332.36
	服务业增加值(亿元)	27 817.59	32 117.55	37 973.11	46 165.30	51 398.26	57 203.94
	服务业比重(%)	42.2	42.9	44.8	45.9	47.2	48.3
	服务业增长率(%)	17.5	15.5	18.2	21.6	11.3	11.3

注:上海市、江苏省、浙江省和全国的服务业增长率按可比价计算,长三角服务业增长率按当年价计算

数据来源:历年上海市、江苏省和浙江省统计年鉴,2013 年中华人民共和国国民经济和社会发展统计公报

一、长三角两省一市服务业发展特点

（一）上海市服务业发展特点

1. 金融业快速发展,保险业基本持平

2013 年,上海市实现金融业增加值 2 823.29 亿元,比上年增长 13.7%。至 2013 年末,上海市中外资金融机构本外币各项存款余额 69 256.32 亿元,比年初增加 5 701.07 亿元;贷款余额 44 357.88 亿元,比年初增加 3 375.40 亿元。

2013 年,通过上海证券市场股票筹资 2 515.72 亿元,比上年下降 1.6%;发行公司债 3 130.42 亿元,比上年增长 58.6%。至 2013 年末,上海证券市场上市证券 2 786 只,比上年增加 688 只,其中股票 997 只,减少 1 只。2013 全年金融市场(不含外汇市场)交易总额达到 588.87 万亿元,增长 20.9%。上海证券交易所各类有价证券总成交金额 86.51 万亿元,比上年增长 58.0%,其中股票成交金额 23.03 万亿元,比上年增长 39.9%。上海期货交易所总成交金额 120.83 万亿元,比上年增长 35.5%。中国金融期货交易所总成交金额 141.01 万亿元,比上年增长 85.9%。全国银行间货币和债券市场总成交金额 235.29 万亿元,比上年下降 10.7%。上海黄金交易所总成交金额 5.22 万亿元,比上年增长 48.0%。

2013 年,中资保险公司原保险保费收入 821.43 亿元,比上年增长 0.1%。其中,财产险公司原保险保费收入 304.83 亿元,比上年增长 12.2%;寿险公司原保险保费收入 516.60 亿元,比上年下降 5.9%。全年保险赔付支出 301.95 亿元,比上年增长 18.0%。其中,财产险赔款支出 162.33 亿元,比上年增长 17.1%;寿险给付 103.17 亿元,比上年增长 17.3%;健康险赔款给付 31.82 亿元,比上年增长 26.6%;意外险赔款支出 4.63 亿元,比上年增长 14.8%。

2. 旅游业稳步增长

2013 年,上海市实现旅游产业增加值 1 400.80 亿元,比 2012 年下降 7.3%。至 2013 年末,上海已有星级宾馆 271 家,旅行社 1 302 家,A 级旅游景区(点)88 个,红色旅游基地 34 个。2013 年上海市接待国际旅游入境人数 757.40 万人次,比上年下降 5.4%。其中,入境外国人 597.59 万人次,比上年下降 5.6%;港、澳、台同胞 159.81 万人次,比上年下降 4.5%。在国际旅游入境人数中,过夜旅游人数 614.09 万人次,比上年下降 5.7%。2013 年国际旅游外汇收入 53.37 亿美元,比上年下降 4.4%。2013 年上海市接待国内旅游者 25 990.68 万人次,比上年增长 3.6%。其中,外省市来沪旅游者 11 368.66 万人次,比上年下降 1.1%。2013 年国内旅游收入 2 968.00 亿元,比上年下降 8.0%。

3. 商贸流通业平稳增长

2013 年,上海市批发和零售业实现增加值 3 533.10 亿元,比 2012 年增长 7.1%。实现商品销售

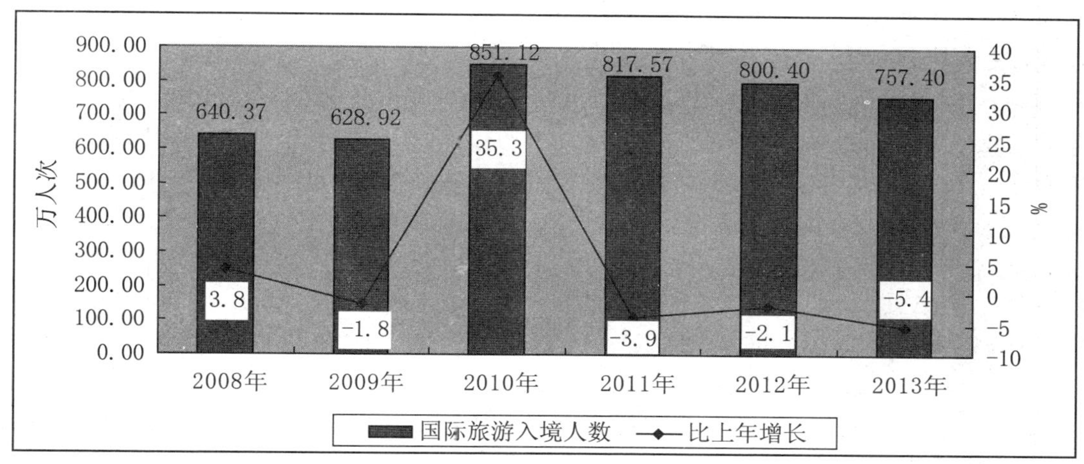

2008—2013 年国际旅游入境人数及增长情况

总额 6.05 万亿元，比上年增长 12.5%。其中，批发销售额 5.33 万亿元，比上年增长 13.0%。2013 年实现社会消费品零售总额 8 052.00 亿元，比上年增长 8.6%。其中，限额以上消费品零售额 5 885.89 亿元，比上年增长 6.4%。在限额以上零售企业中，网上商店实现零售额 465.38 亿元，比上年增长 52.4%。至 2013 年末，上海市购物中心数达 116 家，其中建筑面积 10 万平方米以上的购物中心 56 家。全年购物中心实现营业收入 985.45 亿元，比上年增长 13.8%。

4. 交通运输、仓储和邮政业增速回落

2013 年，上海市实现交通运输、仓储和邮政业增加值 935.06 亿元，比上年增长 1.0%。2013 年各种运输方式完成货物运输总量 91 535.07 万吨，比上年下降 3.0%；旅客发送总量 15 932.52 万人次，同比增长 9.5%。2013 年上海港口货物吞吐量达到 7.76 亿吨，同比增长 5.5%；港口集装箱吞吐量 3 361.68 万国际标准箱，同比增长 3.3%。集装箱水水中转比例达到 45.4%，比上年提高 2.6 个百分点。上海浦东、虹桥两大国际机场全年共起降航班 61.51 万架次，比上年增长 3.1%；进出港旅客达到 8 279.18 万人次，比上年增长 5.2%。其中，国内航线进出港旅客 5 681.04 万人次，同比增长 3.9%；国际及地区航线进出港旅客 2 598.14 万人次，同比增长 8.1%。至 2013 年末，上海市轨道交通运营线路达到 15 条，运营线路长度达到 538.31 千米(不含磁浮线路)。优化调整公交线路 307 条，其中，新辟 94 条。至 2013 年末，公交专用道路达到 161.8 千米。公交运营车辆 1.67 万辆，运营出租车 5.06 万辆。2013 年市内公共交通客运量 63.57 亿人次，比上年增长 2.1%。其中，轨道交通客运量 25.06 亿人次，同比增长 10.1%；公共汽电车客运量 27.10 亿人次，同比下降 3.3%。日均公交优惠换乘和老年人免费乘车分别达到 253.06 万人次和 66.57 万人次。至 2013 年末，上海市拥有各类民用汽车 235.10 万辆，比上年增长 10.4%，其中，私人汽车 163.38 万辆，比上年增长 15.6%。2013 年上海市完成邮政业务总量 258.70 亿元，比上年增长 35.6%。电信业务总量(按 2010 年不变单价计算)487.39 亿元，增长 9.0%。至 2013 年末，上海市固定电话用户 869.24 万户，其中，住宅电话 512.28 万户。移动电话用户 3 200.65 万户，比上年末增加 192.35 万户，其中，第三代移动通信技术(3G)用户 1 147.40 万户，比上年末增加 399.25 万户。

(二) 江苏省服务业发展特点

2013 年，江苏省实现服务业增加值 26 597.85 亿元，比上年增长 12.3%(按可比价计算为

9.8%)；占 GDP 比重为 45.0%，同比提高 1.2 个百分点。

1. 金融市场规模进一步扩大

2013 年，江苏省实现金融业增加值 3 808.79 亿元，比上年增长 21.4%。2013 年末江苏省金融机构人民币存款余额 88 302.07 亿元，比年初增加 10 193.07 亿元，比上年少增 277.18 亿元。其中，储蓄存款增加 3 787.40 亿元，比上年少增 386.22 亿元；单位存款增加 5 064.14 亿元，比上年少增 464.78 亿元。2013 年末金融机构人民币贷款余额 64 908.22 亿元，比年初增加 7 255.38 亿元，比上年少增 113.94 亿元。其中，短期贷款比年初增加 2 636.93 亿元，比上年少增 2 073.85 亿元。

证券交易市场稳定发展。2013 年证券市场完成交易额 275 120.24 亿元，比上年增长 15.1%。其中，证券经营机构股票交易额 62 452.24 亿元，比上年增长 49.1%；期货经营机构代理交易额 212 668.01亿元，增长 7.9%。2013 年末江苏省境内上市公司 235 家，在上海、深圳证券交易所筹集资金 283.69 亿元，比上年增加 75.20 亿元。江苏企业境内上市公司总股本 1 379.89 亿股，比上年末增长 10.3%；市价总值 12 787.24 亿元，比上年末上升 12.2%。2013 年末江苏省共有证券公司 6 家，证券营业部 540 家；期货公司 10 家，期货营业部 119 家，证券投资咨询机构 2 家。

保险业稳步健康发展。2013 年保费收入 1 446.08 亿元，比上年增长 11.1%。其中，财产险收入 518.61 亿元，比上年增长 17.6%；寿险收入 809.17 亿元，比上年增长 5.7%；健康险和意外伤害险收入 118.29 亿元，比上年增长 25.2%。赔付额 527.02 亿元，比上年增长 36.2%。其中财产险赔付 303.23 亿元，比上年增长 26.3%；寿险赔付 188.62 亿元，比上年增长 58.5%；健康险和意外伤害险赔付 35.18 亿元，比上年下降 26.2%。

2013 年末江苏省金融机构人民币存贷款情况

指　标	绝对数(亿元)	比年初增加(亿元)	比上年末增长(%)
各项存款余额	88 302.07	10 193.07	13.0
#单位存款	49 575.07	5 064.14	11.4
储蓄存款	34 072.84	3 787.40	12.5
各项贷款余额	64 908.22	7 255.38	12.6
#短期贷款	30 604.85	2 636.93	9.4
中长期贷款	31 732.42	4 239.88	15.4
#消费贷款	10 445.24	1 933.14	22.7

数据来源：《江苏省统计年鉴》(2014)

2. 旅游业平稳发展

2013 年，江苏省接待国内旅游人数51 539.20万人次，比上年增长 11.0%；实现国内旅游收入 6 940.05亿元，比上年增长 14.6%。2013 年入境旅游人数 288.03 万人次，比上年下降 9.0%。其中，外国人 193.44 万人次，比上年下降 7.3%；港澳台同胞 94.59 万人次，比上年下降 12.3%。国际旅游外汇收入 23.80 亿美元，比上年下降 6.3%。

3. 消费品市场增长平稳

2013 年，江苏省批发和零售业实现增加值 6 223.46 亿元，比上年增长 9.1%。全年实现社会消费品零售总额 20 796.50 亿元，比上年增长 13.4%。按经营单位所在地分，城镇消费品市场实现零售额 18 564.40 亿元，比上年增长 13.4%；乡村消费品市场实现零售额 2 092.10 亿元，比上年增长 13.6%。

按消费形态分，批发和零售业零售额 18 694.85 亿元，比上年增长 13.7%；住宿和餐饮业零售额 1 961.67 亿元，比上年增长 11.0%。大众类消费增长较快。在限额以上批发和零售业主要经营类别中，汽车类零售额 2 897.50 亿元，比上年增长 12.8%；石油及制品类零售额 1 070.70 亿元，比上年增长 12.0%；粮油、食品、饮料、烟酒类零售额 1 009.60 亿元，比上年增长 7.6%；服装、鞋帽、针纺织品类零售额 859.90 亿元，比上年增长 7.0%；中西药品类零售额 624.60 亿元，比上年增长 24.9%；家用电器和音像器材类零售额 583.30 亿元，比上年增长 8.5%；金银珠宝类零售额 275.80 亿元，比上年增长 26.7%；建筑及装潢材料类零售额 272.60 亿元，比上年增长 31.6%。

4. 交通运输、仓储和邮政业平稳发展

2013 年，江苏省实现交通运输、仓储和邮政业增加值 2 500.11 亿元，比上年增长 6.3%。

交通运输能力稳步提升。2013 年完成旅客运输量、货物运输量分别比上年增长 4.0%和 8.8%，旅客周转量、货物周转量分别比上年增长 5.7%和 12.2%。完成港口货物吞吐量 21.40 亿吨，比上年增长 9.5%，其中外贸货物吞吐量 3.52 亿吨，比上年增长 12.1%；集装箱吞吐量达 1 662.50 万标准集装箱，比上年增长 3.9%。2013 年末全省公路里程 15.61 万千米，新增 1 976.00 千米，其中高速公路里程 4 443.00 千米，新增 72.00 千米。铁路营业里程 2 554.10 千米，铁路正线延展长度 4 125.50 千米。2013 年末民用汽车保有量 954.38 万辆，净增 141.26 万辆，分别比上年增长 17.4%和 13.3%。年末私人汽车保有量 790.13 万辆，净增 132.86 万辆，分别比上年增长 20.2%和 15.0%。其中，私人轿车保有量 554.62 万辆，净增 98.69 万辆，分别比上年增长 21.6%和 14.4%。

邮政电信业较快发展。2013 年，邮政电信业务总量 1 252.18 亿元，比上年增长 11.8%。其中，邮政业务总量 269.60 亿元，电信业务总量 982.58 亿元，分别比上年增长 31.0%和 7.4%。邮政电信业务收入 1 107.62 亿元，比上年增长 10.7%。其中，邮政业务收入 233.10 亿元，电信业务收入 874.52 亿元，比上年分别增长 30.4%和 6.4%。2013 年末局用交换机总容量 3 346.30 万门。2013 年末固定电话用户 2 289.81 万户，比上年末减少 97.39 万户。其中，城市电话用户 1 275.85 万户，乡村电话用户 1 013.95 万户。2013 年末移动电话用户 7 941.95 万户，比上年末净增 470.55 万户。2013 年末电话普及率达 129 部/百人，比上年末增加 4 部/百人。长途光缆线路总长度 3.59 万千米，新增 0.30 万千米。2013 年末互联网用户 1 431.35 万户，新增 24.95 万户。

（三）浙江省服务业发展特点

2013 年，浙江省服务业增加值为 17 337.22 万亿元，比上年增长 8.7%，高于 GDP 增速 0.5 个百分点，高于第二产业增速 0.3 个百分点，对浙江省经济增长的贡献率为 57.0%，较上年同期提高 5.9 个百分点。

1. 金融服务业发展势头良好

2013 年末，浙江省全部金融机构本外币各项存款余额 73 732.36 亿元，比年初增加 7 053.28 亿元，比上年多增 1 267.34 亿元。其中人民币存款余额 71 986.58 亿元，比年初增加 7 100.30 亿元，比上年多增 1 941.93 亿元。全部金融机构本外币各项贷款余额 65 338.54 亿元，比年初增加 5 829.42 亿元，比上年少增 440.36 亿元，其中人民币贷款余额 62 597.56 亿元，比年初增加 5 614.92 亿元。年末个人本外币储蓄存款余额 30 231.46 亿元，比年初增加 3 276.33 亿元；单位存款余额 37 839.62 亿元，比年初增加 3 142.25 亿元。年末共有境内上市公司 246 家；中小板上市公司 119 家，占全国中小板上市公司总数的 17.0%；创业板上市公司 36 家，占全国创业板上市公司总数的 10.1%。2013 年保险业实现保费收入 1 109.91 亿元，比上年增长 12.7%。其中，财产险保费收入 511.99 亿元，比上年增长 15.2%；人身险保费收入 597.92 亿元，比上年增长 10.7%。支付各类赔款及给付 451.02 亿元，

比上年增长 31.6%。其中，财产险赔付支出 349.26 亿元，比上年增长 39.2%；人身险赔付支出 101.75 亿元，比上年增长 10.9%。

2. 旅游业增长喜人

2013 年，浙江省实现旅游总收入 5 536.00 亿元，比上年增长 15.3%。其中，接待国内旅游者 4.34 亿人次，比上年增长 11.0%，实现国内旅游收入 5 202.00 亿元，比上年增长 16.2%；接待入境旅游者 866.28 万人次，与上年比基本持平，实现旅游外汇收入 53.93 亿美元，比上年增长 4.7%。

3. 商贸流通业较快增长，消费热点突出

2013 年，浙江省实现社会消费品零售总额 15 225.54 亿元，比上年增长 12.0%，扣除价格因素，实际增长 10.7%。其中，城镇消费品零售额 12 813.88 亿元，比上年增长 11.9%；乡村消费品零售额 2 411.65 亿元，比上年增长 12.8%。分行业看，批发零售贸易业零售额 13 570.93 亿元，比上年增长 12.1%；住宿餐饮业零售额 1 567.10 亿元，比上年增长 8.4%。在限额以上批发零售贸易业销售额中，汽车类零售额比上年增长 10.7%，石油及制品类增长 9.7%，食品饮料烟酒类增长 10.9%，服装、鞋帽、针纺织品类增长 10.9%，中西药品类增长 15.8%，日用品类增长 20.7%，金银珠宝类增长 34.0%，通讯器材类增长 16.7%，家具类增长 29.5%，五金、电科类增长 26.9%，建筑及装潢材料类增长 40.0%。2013 年末全省有商品交易市场 4316 家，全年有形市场成交额 1.78 万亿元，比上年增长 12.8%；已登记的网上商品交易市场 157 家，交易额为 1.95 万亿元，比上年增长 52.0%。

4. 交通运输业和邮政通讯业增长较快

2013 年，浙江省铁路、公路和水运完成货物周转量 8 949.57 亿吨千米，比上年增长 7.4%；旅客周转量 1 025.10 亿人千米，比上年下降 0.6%。港口完成货物吞吐量 13.81 亿吨，比上年增长 4.7%. 其中，沿海港口完成 10.06 亿吨，比上年增长 8.4%；内河港口完成 3.75 亿吨，比上年下降 4.4%。2013 年邮电业务总量 1 178.60 亿元，比上年增长 15.1%。年末本地电话交换机容量 2 613 万门，比上年减少 178 万门；移动电话交换机容量 10 807 万户，比上年增加 1 122 万户。移动电话用户 7 072 万户，比上年增加 629 万户，普及率 128.7 部/百人。年末全省互联网用户数 5 998 万户，其中(固定)互联网宽带接入用户 1 243 万户。

二、长三角主要城市的服务业发展情况比较

2013 年长三角主要城市的第三产业发展指标分析

指标	地区生产总值(亿元)	第三产业增加值(亿元)	第三产业增速(%)	第三产业占 GDP 比重(%)	金融机构存款余额(亿元)	金融机构贷款余额(亿元)
上海市	21 602.12	13 445.07	8.8	62.2	69 256.32	44 357.88
南京市	8 011.78	4 356.56	11.3	54.4	18 050.82	13 791.06
无锡市	8 070.18	3 714.22	10.3	46.0	11 205.78	8 108.14
徐州市	4 435.82	1 885.12	12.8	42.5	3 884.46	2 360.80
常州市	4 360.93	1 972.01	11.2	45.2	6 348.10	4 318.32
苏州市	13 015.70	5 951.62	12.7	45.7	20 037.58	15 495.24
南通市	5 038.89	2 069.98	12.9	41.1	7 342.00	4 508.54

（续表）

指标	地区生产总值（亿元）	第三产业增加值（亿元）	第三产业增速（%）	第三产业占GDP比重（%）	金融机构存款余额（亿元）	金融机构贷款余额（亿元）
连云港市	1 785.42	718.83	13.1	40.3	1 671.65	1 366.94
淮安市	2 155.86	900.13	13.3	41.8	1 721.30	1 375.15
盐城市	3 475.50	1 350.34	13.4	38.9	3 196.06	2 179.75
扬州市	3 252.01	1 333.86	12.7	41.0	3 836.87	2 341.85
镇江市	2 927.28	1 248.88	12.2	42.7	3 289.46	2 364.38
泰州市	3 006.91	1 226.95	12.7	40.8	3 544.42	2 344.27
宿迁市	1 706.28	655.67	13.0	38.4	1 475.58	1 282.09
杭州市	8 343.52	4 416.12	9.0	52.9	21 749.05	18 399.53
宁波市	7 128.87	3 110.80	8.8	43.6	12 740.52	12 493.28
嘉兴市	3 147.66	1 265.31	9.4	40.2	5 072.69	3 860.03
湖州市	1 803.15	724.40	9.0	40.2	2 577.93	2 145.43
绍兴市	3 967.29	1 671.09	9.0	42.1	6 365.45	5 447.84
舟山市	930.85	423.57	7.9	45.5	1 470.24	1 304.37
温州市	4 003.86	1 872.99	8.0	46.8	7 771.16	7 092.32
金华市	2 958.78	1 372.88	9.6	46.4	6 096.38	5 041.73
衢州市	1 056.57	417.51	9.0	39.5	1 481.46	1 237.02
台州市	3 153.34	1 424.49	8.7	45.2	5 154.11	4 340.24
丽水市	983.08	400.56	8.0	40.7	1 585.12	1 286.81

注：第三产业增速按可比价计算

数据来源：《上海市统计年鉴》（2014），《江苏省统计年鉴》（2014），《浙江省统计年鉴》（2014）

三　长三角通讯服务业

一、长三角通讯服务业基本情况

（一）上海市通讯服务业

2013年，上海市邮政电信业务总量746.09亿元，比上年增长16.9%。其中，邮政业务总量258.70亿元，电信业务总量487.39亿元，同比分别增长35.6%和9.0%。固定电话用户869.24万户，比上年减少3.7%；移动电话用户3200.65万户，增长6.4%；3G及4G移动电话用户1147.40万户，增长53.4%。全年长途通话时长1 292.86亿分钟，比上年下降1.1%；移动电话通话时长1 292.86亿分钟，增长0.9%。固定电话普及率36.0%，比上年下降1.9个百分点；移动电话普及率132.5%，比上年上升6.1个百分点。移动互联网用户2329.10万户，比上年增长7.7%；移动互联网接入流量7423.30万G，增长102.3%；互联网用户普及率75.7%，比上年上升2.2个百分点。家庭宽带接入用户494.03万户，比上年增长3.6%；家庭宽带接入用户普及率55.2%，比上年上升1.1个百分点。

2013年，上海市完成电子商务交易额10560亿元，比2012年增长35.1%。其中，B2B交易额8632亿元，同比增长28.6%，占电子商务交易额的81.7%；B2C交易额1928亿元，同比增长74.5%，占电子商务交易额18.3%。口岸税费电子支付系统入网企业累计44884家，全年电子单证传输量18262.36万张，实现电子支付金额11450亿元，同比增长15.0%。全年推广电子账单75万份。发送法人数字证书“一证通”61.9万张；发放社会保障卡58.79万张，累计发卡1364.08万张。

2011—2013年上海市社会公共服务领域信息化发展

指　标	2011年	2012年	2013年
“市民信箱”累计注册用户（万人）	409.00	416.76	427.00
“付费通”业务平台交易量（万笔）	9 555.90	10 947.14	15 755.00
“付费通”业务平台交易额（亿元）	70.90	72.75	99.91
交通卡销售额（亿元）	13.60	14.39	13.09
银行卡累计发卡量（万张）	13 098.00	14 207.38	16 556.26
银行卡交易额（亿元）	13 887.70	16 608.12	21 403.08

数据来源：《上海市统计年鉴》(2014)

（二）江苏省通讯服务业

江苏省邮政电信业保持较快发展。2013年，江苏省邮政电信业务总量1252.18亿元，比上年增长11.8%。其中，邮政业务总量269.60亿元，电信业务总量982.58亿元，同比分别增长31.0%和7.4%。邮政电信业务收入1107.62亿元，同比增长10.7%。其中，邮政业务收入233.10亿元，电信业务收入874.52亿元，同比分别增长30.4%和6.4%。局用交换机总容量3346.30万门。固定电话用户2289.81万户，比上年末减少97.39万户。其中，城市电话用户1275.85万户，乡村电话用户1013.95万户。移动电话用户7941.95万户，比上年末净增470.55万户。电话普及率达129部/百

人，比上年末增加4部/百人。长途光缆线路总长度3.59万千米，新增0.1万千米。互联网用户1431.35万户，新增24.95万户。3G移动电话用户发展态势良好，全年新增1060.10万户，达到2867.60万户，占移动电话用户总数的36.1%，居全国第三位；其中TD－SCDMA电话用户数达1393.40万户，占3G移动电话用户数的48.6%。

（三）浙江省通讯服务业

2013年，浙江省实现邮电业务总量1178.60亿元，比上年增长15.1%。2013年末，浙江省电话用户1781.35万户，比上年减少5.4%。其中，城市电话用户1051.89万户，农村电话用户729.46万户。2013年末，浙江省移动电话用户7072万户，全年新增629万户，增长9.8%；互联网用户数为5998万户，增长1.9%；固定互联网宽带接入用户数为1243万户，增长7.8%。2013年，浙江省电话交换机容量2613万门，比上年减少6.4%；固定长途电话交换机容量851520路端，与上年持平；移动电话交换机容量10807万户，增长11.6%；长途光缆25801千米，增长3.2%。2013年，浙江省人均邮政、电信费用支出1836元，比上年增长12.2%；固定电话普及率为32.40部/百人，下降1.8部/百人；移动电话普及率128.70部/百人，增加11.5部/百人。

二、长三角通讯服务业发展措施

（一）上海市

1. 加强政策法规建设。积极参与相关法律、法规、规章的研究、制订；借助专业研究服务机构等社会力量，完善操作细则。制定上海市通信业推进“智慧城市”建设意见。积极研究新技术、新应用、新业态发展的相关政策措施；结合本市实际研究制定重大市政建设项目通信配套的规划建设报告制度，驻地网建设和管理、第三方专业维护体系服务标准等制度；加强互联网网间互联互通相关问题研究；加大引导和协调产业链发展的力度；积极深索和研究电信用户实名制、信息安全应急处置和风险应对机制等相关制度的施行。

2. 提升行业监管能力。强化通信共建共享管理、网间互联互通监管、电信资费管理、增值通信业务拨测、网站备案、网络流量分析、垃圾短信治理等相关管理信息系统和技术平台的建设。进一步建立适应本市通信业实际情况的电信资费管理办法；加强码号、域名、IP地址等基础资源管理工作；促进公共通信网络和互联网的互联互通监管；着力规范和引导增值电信业务经营行为；强化电信服务质量监管；建立统一完善的问题协调机制和对违规行为的惩处机制。继续支持行业组织和中介机构的工作；进一步加强行业自律、进一步加强行业组织参与行业管理的作用、积极发挥行业组织和中介机构维护通信市场经营秩序等相关方面的作用。

3. 持续推进共建共享。建立健全行业内共建共享的争议协调机制、裁决机制、价格协商机制；完善共建共享结算机制、共建共享维护机制；制定既有商务楼宇、住宅小区光纤入户改造的技术标准，按照“用户选择、资源共享、平等接入、合理补偿”的要求，稳步推进既有住宅小区驻地网共建共享。通过建设共建共享数据库，进一步掌握本市基础运营企业通信基础资源分布和使用情况，为共建共享工作的标准化、制度化提供技术支撑。在城市轨道交通、机场、高铁、风景区等六大类重点场所和国际航空港配套区域、洋山深水港区等重大市政工程、大型保障房基地建设的通信配套中，按照共建共享的要求，积极推动上述区域内运营企业平等接入、全面深度覆盖。

4. 深化安全应急机制。贯彻落实国家、地方和行业有关安全工作的法律法规和标准规范，高度重视人身安全、消防安全、通信网络信息安全等相关方面的安全工作与系统建设，建立健全各个专项长效工作机制和整体协同工作体系。建立健全基础电信运营企业安全生产报告制度、检查制度、考核制度。注重行业发展与安全建设相结合、预防预警与应对处置相结合、系统建设与综合应用相结合、科技应用与监管管理相结合、自查自纠与检测检查相结合、检查整改与规范提高相结合。

5. 创新区域协调机制。优化长三角信息通信基础设施建设的协调机制和区域通信一体化发展机制。鼓励和支持本市通信行业与区域各相关行业加强合作。增强长三角之间通信技术、业务、管理和监管等方面的相互交流、相互学习；协调政府相关部门，以区域协调、统一发展规划大原则为基准，研究编制管道、杆路、光缆等传输线路的专项规划。

6. 积极争取政策支持。牢固树立服务地方、服务民众的观念，积极主动争取相关部门的政策支持。积极争取在国际海光缆、国际出入口、互联网交换中心建设等方面的支持，争取国家级信息安全综合平台落户本市。争取工业和信息化部支持，使云计算、IPv6 等新业务在本市先试先行；就城市轨道交通、机场、高铁等重点场所通信配套、基站设置以及拆迁补偿、通信用电等诸多难点问题，积极同市府相关部门进行沟通协调，争取相关政策和经费支持。争取财税金融等政策扶持力度，通过创业投资基金等方式引导和鼓励社会资金投入新兴产业。

7. 加强人才队伍建设。培养适应产业发展的创新型、复合型人才，制定下一代通信网络产业人才队伍建设中长期规划，制定切实可行的政策措施，创造人才培养、引进和利用的良好环境；建立和完善产学研合作的人才培养模式，完善科技创新激励机制，加快创新型人才培养；增加教育培训经费投入，抓好通信行业技能鉴定工作以及新技术新业务新管理等学习培训，不断提升从业人员的职业技能和综合素质，全面实行通信特有职业（工种）从业人员持证上岗。围绕信息通信技术业务管理发展，依托重大专项和重点工程，加强网络建设、新技术新业务、增值服务等重点领域人才资源的开发力度，适时开展人才交流和高层次人才引进工作。

（二）江苏省

1. 政策支持是行业发展的保证。2013 年，国务院出台了《“宽带中国”战略及实施方案》和《关于促进信息消费扩大内需的若干实施意见》，工信部开展了“宽带中国 2013 专项行动”和国家级互联网骨干直联点申报工作，发放了 4G 牌照和移动转售业务试点牌照，这对通信行业更高水平的发展具有战略意义。江苏省委省政府从经济社会发展的全局高度，加大对通信业的政策扶持力度，特别是在南京国家级互联网骨干直联点申报、“宽带中国”战略、促进信息消费实施措施制定等政策落实过程中给予通信业大力支持，对促进江苏通信行业持续健康发展起到了巨大推动作用。

2. 科学引导、落实政策是行业发展的重要驱动。通信监管机构一方面通过下发年度工作要点、滚动发展计划，加强行业运营日常分析，召开行业高层例会等形式，指导行业科学发展，协调行业发展中出现的新情况新问题；另一方面，下大力气做好通信行业相关政策的落实、衔接和推动工作，特别是在直联点申报、通信基础设施建设等政策落实过程中，向省政府积极建议，与相关部门加强协调，最大限度地为行业发展争取了政策空间。

3. 业务创新、转型升级是行业发展的内生动力。十八大报告明确提出把“信息化水平大幅提升”纳入全面建设小康社会的目标之一，江苏也提出了信息通信基础设施水平达国家一类地区水平的目标。2013 年，全省通信行业切实承担起信息化主力军的重任，加强宽带基础设施建设，加快新技术新业务的创新与普及。从宽带江苏、无线江苏到无线城市、智慧城市、数字企业的建设，从手机游戏、手机阅读、手机视频到 IPTV、电子商务、电子政务的蓬勃发展，全行业的信息化应用普及进一步扩大，有力地支撑了地方信息化建设，塑造了信息服务新形象，行业的可持续发展水平得到明显提升。

4. 加强监管、提升服务是行业发展的本质要求。2013 年，通信监管机构重点抓好了市场份额预警管理、校园电信营销、电话用户实名登记、基础设施共建共享、通信建设市场管理等工作，特别是针对服务营销、资费收费、网络质量和垃圾短信等问题，开展了电信行业纠风工作，督促企业提升规范化服务水平。各运营企业大力加强内部管理、完善服务流程、创新服务模式，努力营造放心消费环境。全省通信行业发展规范有序，服务水平显著提升，行业的社会形象进一步改善。

5. 强化安全、落实责任是行业发展的重要保障。2013 年，江苏通信行业开展了基础电信企业网络信息安全责任考核，网站备案、整治网络淫秽色情、打击伪基站"护网行动"等一系列专项行动，成功举办首届江苏省网络安全职业技能竞赛，圆满完成了南京"亚青会"保障任务。网络与信息安全管理体制更加完善、手段更趋全面、能力持续提升，为江苏通信行业的持续健康发展提供了有力支撑。

（三）浙江省

1. 加强行业规划指导。进一步发挥行业监管部门的统筹规划和指导作用，加强对规划执行情况的监督。加强网络基础设施建设的统筹、协调，优化网络投资，促进网络结构的优化。积极跟踪研究通信技术演进趋势和业务市场发展动向，积极应用新一代移动通信网、下一代互联网、云计算、物联网等关键新技术，鼓励创新，加强新业务、新应用的研究和开发，结合浙江省特点，对新技术和新业务带来的影响进行科学评估与研究，适时提出相应的指导性意见。指导通信运营企业推进"节能减排"工作。

2. 积极争取国家和省有关政策及资金支持。在网络信息安全管理、应急通信保障体系建设、农村信息网络应用和终端补贴等方面积极争取国家和省的相关资金、政策支持。加强网络信息安全管控平台建设工程和应急通信提升工程等项目的前期研究，主动做好与相关部门的沟通和衔接，尽快争取项目立项，纳入政府年度财政预算。

3. 通信建设保障。联动推进各级城乡通信基础设施专项规划编制工作，探索建立共建共享的实施机制。各相关部门在市政规划、基站选址、管线建设、电力引入等方面要为通信基础设施建设提供政策支持。加强通信基础设施建设项目用地布局、用地时序、用地规模与同级的土地利用总体规划的衔接，确保通信建设项目的顺利实施。积极协调通信网络建设中遇到的各种矛盾和纠纷，为通信基础设施建设创造良好的环境。

4. 通信监管措施保障。深入贯彻"以人为本、监管为民"的监管理念，进一步转变职能，加强监管技术手段建设，强化政府监管、社会监督和行业自律，维护健康有序的市场环境。有序推进"三网融合"，适应新技术新业务发展的新要求，大力加强信息通信服务监管，不断提高服务能力和水平，有效维护消费者合法权益。

5. 人才队伍建设。根据人才强省战略，以服务科学发展为根本出发点和落脚点，以充分发挥通信业人才作用为根本任务，以高层次人才、高技能人才为重点，以深化体制机制改革为动力，统筹推进通信业人才队伍建设和专家人才队伍贮备，充分发挥人才的基础性、战略性作用，为通信业发展提供人才保障。加强监管人才队伍建设，探索建立适应地市监管工作需要的监管工作机制。多渠道充实监管队伍，造就一批具有现代通信监管理念、善于学习、勇于创新的监管人才。提高通信监管及服务能力，更好地服务地方经济社会发展。

四 长三角农副食品加工业

一、长三角农副食品加工业总体情况

2013年,长三角地区规模以上农副食品加工业主要经济指标继续保持快速增长,体现为行业资产规模进一步扩大、销售收入快速增长、盈利能力继续增强。2013年,长三角地区规模以上农副食品加工企业2429家,比2012年增加69家;实现工业总产值5179.53亿元,同比增长12.6%,增速同比回落11.5个百分点;主营业务收入5176.69亿元,同比增长13.1%,增速同比回落9.3个百分点;创造利润总额293.04亿元,同比增长11.9%,增速同比回落16.9个百分点;年末资产总额2528.67亿元,同比增长13.3%,增速同比上升6.2个百分点。

2008—2013年长三角规模以上农副食品加工业主要经济指标 亿元,%

指标	企业单位数		工业总产值		主营业务收入		利润总额		资产总计	
	数额	增加数	数额	增速	数额	增速	数额	增速	数额	增速
2008年	2520	217	2464.57	26.4	2437.40	25.0	130.50	19.5	1263.81	18.4
2009年	3032	512	2748.60	11.5	2722.35	11.7	117.57	−9.9	1487.76	17.7
2010年	3183	151	3291.15	19.7	3299.45	21.2	167.99	42.9	1946.57	30.8
2011年	2183	−1000	3707.37	12.6	3738.46	13.3	203.29	21.0	2084.77	7.1
2012年	2360	177	4599.47	24.1	4577.15	22.4	261.82	28.8	2232.57	7.1
2013年	2429	69	5179.53	12.6	5176.69	13.1	293.04	11.9	2528.67	13.3

数据来源:历年上海市、江苏省、浙江省统计年鉴

(一)主要产品产量

1. 食用植物油

2013年,长三角地区食用植物油产量为660.72万吨,比2012年增长7.6%。分地区来看,2013年,上海市生产食用植物油104.20万吨,同年增长2.5%;江苏省精制食用植物油产量为519.08万吨,同比增长9.3%;浙江省食用植物油的产量为37.44万吨,同比增长0.3%。

2008—2013年长三角两省一市食用植物油产量 万吨

指 标	2008年	2009年	2010年	2011年	2012年	2013年
上海市	96.88	92.27	85.31	84.56	101.70	104.20
江苏省	209.03	467.49	496.72	482.53	474.88	519.08
浙江省	60.24	44.55	44.59	43.12	37.33	37.44
长三角	366.15	604.31	626.62	610.21	613.91	660.72

数据来源:历年上海市、江苏省、浙江省统计年鉴

2. 配混合饲料

2013年,长三角地区配混合饲料大体保持增长态势。由于上海市、江苏省未对2013年配混合饲

料产量进行统计，仅对浙江省配混合饲料进行分析。2013 年，浙江省配混合饲料产量为 476.03 万吨，比 2012 年增长 4.9%。

（二）资产运营情况

从资产运营情况来看，2013 年，长三角地区农副食品加工业年末资产总额为 2528.67 亿元，同比增长 13.3%；负债总额为 1540.66 亿元，同比增长 13.7%。农副食品加工业资产的增长慢于负债的增长速度，导致 2013 年长三角地区农副食品加工业资产负债率有所上升，达到 60.93%，较 2012 年提高了 0.21 个百分点。

分地区来看，上海市农副食品加工业资产运营情况最好，2013 年资产负债率为 55.69%，同比上升 3.78 个百分点；2013 年，江苏省农副食品加工业资产负债率为 61.14%，同比上升 0.63 个百分点；浙江省农副食品加工业资产负债率最高，2013 年资产负债率为 62.34%，同比下降 1.56 个百分点。

二、上海市农副食品加工业基本情况

（一）行业经济总量

2013 年，上海市拥有规模以上农副食品加工企业 137 家，与去年持平；实现工业总产值 3 341.32 亿元，同比增长 9.2%；年末资产总额 261.68 亿元，同比增长 24.5%；完成主营业务收入 407.78 元，同比增长 14.0%。

2008—2013 年上海市规模以上农副食品加工业主要经济指标　　个，亿元

指　标	企业单位数	工业总产值	主营业务收入	利润总额	税金总额	资产总计
2008 年	206	291.59	311.13	8.68	5.35	161.62
2009 年	208	243.09	250.88	12.29	4.31	168.70
2010 年	202	262.07	279.28	11.44	3.45	183.89
2011 年	142	297.11	336.59	9.78	4.77	204.26
2012 年	137	338.20	357.64	16.39	4.48	210.16
2013 年	137	341.32	407.78	12.41	4.48	261.68

数据来源：历年上海市统计年鉴

（二）行业经济效益

2013 年，上海市农副食品加工业实现利润总额 12.41 亿元，同比下降 24.3%；实现税金总额 4.48 亿元，与去年持平。

三、江苏省农副食品加工业基本情况

（一）行业经济总量

2013 年，江苏省拥有规模以上农副食品加工企业 1 508 家，比上年增加 41 家；实现工业总产值 3 792.73亿元，同比增长 14.5%；年末资产总额 1 529.22 亿元，同比增长 13.7%；完成主营业务收入 3 727.17亿元，同比增长 13.9%；实现利润总额 241.86 亿元，同比增长 14.7%；实现利税总额 371.94

亿元，同比增长18.7%。

2008—2013年江苏省规模以上农副食品加工业主要经济指标　　个，亿元

指　标	企业单位数	工业总产值	主营业务收入	利润总额	利税总额	资产总计
2008年	1292	1535.63	1513.68	106.58	159.95	645.03
2009年	1754	1851.67	1839.19	85.66	135.00	836.01
2010年	1858	2253.57	2258.84	125.09	195.25	1166.98
2011年	1355	2564.45	2556.74	160.52	236.44	1251.16
2012年	1476	3313.04	3272.70	210.83	313.44	1344.52
2013年	1508	3792.73	3727.17	241.86	371.94	1529.22

数据来源：历年江苏省统计年鉴

（二）行业经济效益

1. 行业盈利能力显著提高

2013年，江苏省规模以上农副食品加工行业创造利润总额241.86亿元，同比增长14.7%；利税总额371.94亿元，同比增长18.7%。利润总额和利税总额增速均高于行业总产值和主营业务收入的增长速度。2013年江苏省规模以上农副食品加工业利润总额增速高于同期规模以上工业利润总额增速2.5个百分点；规模以上农副食品加工业利税总额增速高于同期规模以上工业利税总额增速10.2个百分点。表明江苏省农副食品加工业的盈利能力进一步增强。

2. 企业亏损面大幅下降

2013年，江苏省规模以上农副食品加工企业亏损面为5.70%，与2012年相比，下降0.74个百分点；与2008年相比，下降了2.35个百分点。

3. 利税指标上升

2013年，江苏省规模以上农副食品加工业产值利税率和销售利税率指标在2012年基础上进一步提高，连续5年递增，创2008年以来新高。2013年产值利税率和销售利税率分别为9.81%和9.98%，比2012年分别提高了0.35个百分点和0.40个百分点；比2008年分别提高了3.25个百分点和3.35个百分点。

4. 资产负债率有所提升

2013年，江苏省规模以上农副食品加工业资产负债率为61.14%，比2012年上升了0.63个百分点，资产负债率经历2012年的大幅下降后，有所回升。

5. 产品销售率微升

2013年，江苏省规模以上农副食品加工业产品销售率为99.21%，比2012年微升0.16个百分点。

6. 成本费用利润率微降

2013年，江苏省规模以上农副食品加工业成本费用利润率为6.87%，比2012年微降0.10个百分点。成本费用利润率经历2008年以来的4连增后，首次出现下降。

7. 流动资产周转次数进一步加快

2013年，江苏省规模以上农副食品加工业流动资产周转次数创近几年新高，达到4.45次/年，比

2012 年增长 0.01 次/年。

2008—2013 年江苏省规模以上农副食品加工业主要经济指效益标

指　标	2008 年	2009 年	2010 年	2011 年	2012 年	2013 年
企业亏损面(%)	8.05	5.19	4.14	4.57	6.44	5.70
产值利税率(%)	6.56	7.29	8.66	9.22	9.46	9.81
销售利税率(%)	6.63	7.34	8.64	9.25	9.58	9.98
资产负债率(%)	62.23	66.58	67.26	65.90	60.51	61.14
产品销售率(%)	98.92	98.57	98.81	99.26	99.05	99.21
成本费用利润率(%)	4.62	4.92	5.90	6.75	6.97	6.87
流动资产周转次数(次/年)	4.42	3.67	3.40	3.38	4.44	4.45

数据来源:历年江苏省统计年鉴

四、浙江省农副食品加工业基本情况

(一)行业经济总量

2013 年,浙江省拥有规模以上农副食品加工企业 784 家,比上年增加 37 家;实现工业总产值 1045.48 亿元,同比增长 10.3%;年末资产总额 737.77 亿元,同比增长 8.8%;完成主营业务收入 1041.74 亿元,同比增长 10.0%。

2008—2013 年浙江省规模以上农副食品加工业主要经济指标　　个,亿元

指　标	企业单位数	工业总产值	主营业务收入	利润总额	利税总额	资产总计
2008 年	1022	637.35	612.59	15.24	24.25	457.16
2009 年	1070	653.84	632.28	19.62	28.48	483.05
2010 年	1123	775.51	761.33	31.46	42.58	595.70
2011 年	686	845.81	845.13	32.99	46.45	629.35
2012 年	747	948.23	946.81	34.60	49.08	677.89
2013 年	784	1045.48	1041.74	38.77	55.61	737.77

数据来源:历年浙江省统计年鉴

(二)行业经济效益

1. 行业盈利能力进一步提高

2013 年,浙江省规模以上农副食品加工业实现利润总额 38.77 亿元,同比增长 12.1%;实现利税总额 55.61 亿元,同比增长 13.3%。

2. 企业亏损面上升

2013 年,浙江省在 784 个规模以上农副食品加工企业中,有 97 家企业出现亏损,企业亏损面为 12.37%,比 2012 上升了 3.27 个百分点。

3. 利税率指标有升有降

2013年，浙江省规模以上农副食品加工业"每百元主营业务收入实现利税"延续了2012年增长态势，而"每百元固定资产原值实现利税"则延续了2012年的下降态势。2013年，浙江省规模以上农副食品加工业"每百元主营业务收入实现利税"为5.34元，比2012年提高了0.16元；"每百元固定资产原值实现利税"为23.38元，同比减少了1.08元。

4. 产品销售率有所下降

2013年，浙江省规模以上农副食品加工业产品销售率延续了2012年的下降态势，比2012年下降0.81个百分点。

5. 出口交货值占工业销售及新产品产值率有所上升

2013年，浙江省规模以上农副食品加工业出口交货值占工业销售的15.89%，比2012年上升了0.31个百分点；新产品产值率为11.85%，同比增长了1.32个百分点。

2008—2013年浙江省规模以上农副食品加工业主要经济效益指标

指　标	2008年	2009年	2010年	2011年	2012年	2013年
企业亏损面(%)	14.58	12.80	9.97	6.56	9.10	12.37
每百元固定资产原值实现利税(元)	15.70	17.08	22.77	24.70	24.46	23.38
每百元主营业务收入实现利税(元)	3.96	4.50	5.59	5.50	5.18	5.34
产品销售率(%)	96.09	96.05	96.55	98.26	98.18	97.37
出口交货值占工业销售(%)		18.39	18.02	17.04	15.58	15.89
新产品产值率(%)		7.00	9.69	11.81	10.53	11.85

数据来源：历年浙江省统计年鉴

（三）不同所有制企业经营情况

1. 私营企业

从企业所有制来看，在农副食品加工业中，浙江省私营工业企业在在农副食品加工业占据支柱地位。2013年，浙江省规模以上私营工业企业数为562家，占全省规模以上农副食品加工业企业单位数的比重高达71.7%；完成工业总产值为578.22亿元，占全省规模以上农副食品加工业总产值的比重为55.3%；主营业务收入为569.44亿元，占全省规模以上农副食品加工业主营业务收入的比重为54.7%；年末资产总额为414.41亿元，占全规省模以上农副食品加工业年末资产总额的比重为56.2%；创造利润总额为22.89亿元，占全省规模以上农副食品加工业利润总额的比重为59.0%；创造利税总额为32.89亿元，占全省规模以上农副食品加工业利税总额的比重为59.1%。

从行业经济效益指标来看，规模以上私营农副食品加工企业"每百元固定资产原值实现利税"指标位居前列，2013年数值为24.88元，而同期国有及国有控股企业、外商投资和港澳台投资企业的这一指标值为11.78元和20.52元。此外，私营农副食品加工企业新产品产值率也很高。2013年，浙江省规模以上私营农副食品加工企业新产品产值率达到13.05%，高于国有及国有控股农副食品加工企业的10.77%及外商投资和港澳台投资农副食品加工企业的8.08%。

2. 国有及国有控股企业

2013年，浙江省拥有规模以上国有及国有控股农副食品加工企业17家，比2012年增加1家；完

成工业总产值 37.99 亿元，同年增长 10.7%；实现主营业务收入 35.76 亿元，同比增长 6.7%；年末资产总计 27.25 亿元，同比增长 1.9%；负债合计 15.81 亿元，同比增长 5.1%；实现利润总额 1.05 亿元，同比下降 25.0%；实现利税总额 1.61 亿元，同比下降 4.7%。

从行业经济效益指标来看，与其他企业相比，国有及国有控股企业各项指标均处于中下游。

3. 外商投资、港澳台投资企业

2013 年，浙江省拥有规模以上外商投资和港澳台投资农副食品加工企业 65 家，比 2012 年减少 8 家；完成工业总产值 178.38 亿元，同年增长 1.2%；实现主营业务收入 175.82 亿元，同比增长 0.1%；年末资产总计 131.34 亿元，同比下降 2.1%；负债合计 78.69 亿元，同比下降 10.0%；实现利润总额 6.49 亿元，同比增长 103.7%；实现利税总额 9.21 亿元，同比增长 84.9%。

与其他企业相比，外商投资和港澳台投资农副食品加工企业的出口比重相对较高。2013 年，浙江省外商投资和港澳台投资农副食品加工企业出口交货值占销售产值的比重为 31.28%，而同期国有及国有控股企业出口交货值占销售产值的比重为 19.62%，私营企业出口交货值占销售产值的比重仅为 15.60%。

2013 年浙江省规模以上农副食品加工业不同所有制企业主要经济指标

指　标	国有及国有控股企业	私营企业	外商投资和港澳台投资企业
企业单位数(个)	17	562	65
其中：亏损企业数	3	55	18
工业总产值(亿元)	37.99	578.22	178.38
资产总计(亿元)	27.25	414.41	131.34
负债合计(亿元)	15.81	253.42	78.69
主营业务收入(亿元)	35.76	569.44	175.82
利润总额(亿元)	1.05	22.89	6.49
利税总额(亿元)	1.61	32.89	9.21
每百元固定资产原值实现利税(元)	11.78	24.88	20.52
每百元主营业务收入实现利税(元)	4.50	5.78	5.24
产品销售率(%)	96.54	96.73	98.00
出口交货值占工业销售(%)	19.62	15.60	31.28
新产品产值率(%)	10.77	13.05	8.08

数据来源：《浙江省统计年鉴》(2014)

五 长三角海洋经济

2013年，面对复杂严峻的国际国内经济形势，长三角沿海各地区认真落实党中央、国务院发展海洋经济的战略部署，以科学发展为主题，加快推进经济发展方式转变，海洋经济继续保持平稳增长的良好势头。

一、长三角海洋经济的发展情况

据初步核算，2013年，全国海洋生产总值54313亿元，比上年增长7.6%，海洋生产总值占国内生产总值的9.5%。其中，海洋产业增加值31969亿元，海洋相关产业增加值22344亿元。海洋第一产业增加值2918亿元，第二产业增加值24908亿元，第三产业增加值26487亿元，海洋第一、第二、第三产业增加值占海洋生产总值的比重分别为5.4%、45.8%和48.8%。据测算，2013年全国涉海就业人员3513万人。

表1 2013年海洋生产总值及增长情况

指 标	总量(亿元)	增速(%)
海洋生产总值	54313	7.6
海洋产业	31969	6.9
主要海洋产业	22681	6.7
海洋渔业	3872	5.5
海洋油气业	1648	0.1
海洋矿业	49	13.7
海洋盐业	56	−8.1
海洋化工业	908	11.4
海洋生物医药业	224	20.7
海洋电力业	87	11.9
海水利用业	12	9.9
海洋船舶工业	1183	−7.7
海洋工程建筑业	1680	9.4
海洋交通运输业	5111	4.6
滨海旅游业	7851	11.7
海洋科研教育管理服务业	9288	7.3
海洋相关产业	22344	—

数据来源：2013年中国海洋经济统计公报

2013年，长江三角洲地区海洋生产总值16485亿元，占全国海洋生产总值的比重为30.4%，比上年回落了0.9个百分点。

表 2　2013 年全国区域海洋经济发展情况一览表

地　　区	海洋生产总值(亿元)	占全国海洋生产总值的比重(%)
长江三角洲经济区	16485	30.4
环渤海经济区	19734	36.3
珠江三角洲经济区	11284	20.8

数据来源:2013 年中国海洋经济统计公报

表 3　2013 年长三角海洋经济发展情况一览表

指　标	海域面积（万平方千米）	大陆海岸线和海岛岸线（千米）	海岛(个)	滩涂面积（万公顷）	海洋生产总值（亿元）
上海	1.00	518	23	8.40	5745
江苏	3.75	954	16	68.93	5180
浙江	26.00	6 696	2 878	26.67	5560

（一）上海市海洋经济的发展情况

上海市位于我国大陆海岸线中部,长江入海口和东海交汇处,海域面积约 10 000 平方千米,岸线总长约 518 千米(不含无居民岛),其中大陆岸线总长 211 千米。共有崇明岛、长兴岛、横沙岛 3 个有居民岛屿,大金山岛、佘山岛、九段沙等 23 个无居民岛屿(沙洲)。拥有港口航道、滩涂湿地、渔业、滨海旅游、风能和潮汐能等多种海洋资源。

2013 年,上海市海洋生产总值约 5745 亿元。上海市港口货物吞吐量达到 7.76 亿吨,同比增长 5.5%;港口集装箱吞吐量 3 361.68 万国际标准箱,同比增长 3.3%。集装箱水水中转比例达到 45.4%,比上年提高 2.6 个百分点

（二）江苏省海洋经济的发展情况

江苏省海域面积 3.75 万平方千米,拥有丰富的滩涂资源、生物资源、港口资源和海洋能资源。自 2002 年 1 月《海域使用管理法》颁布实施以来,江苏省已经实施两轮为期各五年海洋功能区划。已形成新城区建设、港口运输业、临港产业、新能源产业和现代渔业齐头并进的沿海产业带。2012 年 10 月经国务院批准了《江苏省海洋功能区划(2011－2020)》,此次海洋功能区划将全省管理海域划为连云港海域、废黄河三角洲海域、辐射沙洲海域和长江口北部海域 4 个重点区域,区划总面积 34 766.15 平方千米。该区划重点是保护、修复、合理开发海洋资源,确保可持续发展。

2013 年,江苏省海洋经济呈现稳中有进的发展态势,全省海洋生产总值预计达到 5180 亿元左右,同比增长 10.2%。海洋交通运输、滨海旅游、海洋渔业等海洋主导产业稳步增长,海洋工程装备、海洋风电等战略性新兴产业快速发展,海洋船舶工业转型升级步伐明显加快,临海重大项目建设取得新的突破。渔业经济克服了高温气候、成本上升等不利因素影响,呈现量效双增、供销两旺、持续增收的良好态势。预计全年水产品总产量达 510 万吨,渔业产值 1330 亿元,渔业经济总产值超 2000 亿元,渔民人均纯收入 1.8 万元,同比分别增长 3.3%、7.66%、6. 7%和 14.6%。

（三）浙江省海洋经济的发展情况

浙江省海洋资源十分丰富,拥有海域面积约 26 万平方千米,海岸线和海岛岸线达 6 696 千米,全

国第一；近岸海域内，陆地面积超过500平方米的海岛2 878个；近海渔场22.27万平方千米，可捕捞量全国第一；规划可建万吨级以上泊位的深水岸线506千米，占全国的30.7%。浙江省北承长江三角洲，南接海峡西岸经济区，东濒太平洋，西连长江流域和内陆地区，不仅区域内外交通便利，且紧邻国际航运战略通道，具有深化国内外区域合作的有利条件。

浙江省海洋开发战略的深入推进，海洋经济发展示范区和舟山群岛新区建设上升为国家战略，必然带动浙江省海洋事业跨越发展，海洋资源开发利用、海洋生态环境保护、海洋公共服务体系等将得到有效加强，从而形成对海洋经济发展的强力支撑。2013年，浙江省海洋生产总值达5560亿元，比上年增长12.0%，约占全国总量的10.0%。

二、长三角海洋经济发展的机遇和挑战

长三角沿海地区之间海洋资源既存在互补性，也存在一定的相似性，这为长三角海洋经济整合提供了有利条件，但也由于长三角海洋经济各自为政，其发展产生了诸多问题，长三角一体化进程并没有想象中的顺利。海洋产业又是一个新兴产业，三省市在市场争夺上会更加激烈，形势也会更加复杂。在行政区划难以统一的情况下，长三角海洋经济一体化，可以设立必要的协同管理模式。协同管理机制要求有定期的碰头工作日期，或者定期举行海洋工作会议，以布置三地海洋分工及目标。三地打破行政区划，根据地区资源禀赋差异建立多个海洋经济专属区，成立专门的海洋经济管理委员会，对岸线资源和海洋经济园区进行统一管理。

（一）上海市海洋经济发展的机遇和挑战

1. 加快海洋经济发展面临建设“四个中心”、率先转变经济发展方式的难得机遇 。大力建设“四个中心”、率先实现经济发展方式转变是党中央、国务院对上海市发展的殷切期望，是提高国家整体竞争力的重大战略举措。加快上海市海洋经济发展，充分发挥上海市黄金海岸与黄金水道交汇的区位优势，优化调整海洋产业布局，转变海洋经济发展方式，提高海洋经济内在质量，是促进上海市经济社会又好又快发展的重要举措。

2. 加强海洋环境保护面临推进节能减排、保障生态安全的更高要求 。上海市地处流域下游，东海之滨。海域环境受长江来水、钱塘江来水、苏北沿岸流和沿岸排水的共同影响，影响因素多，保护难度大。随着长江流域和长三角地区经济社会快速发展和人口集聚，入海污染物排放将会进一步增加，要达到国家更高减排目标，保障河口海洋生态安全，控制削减入海污染物排放面临更大的压力。

3. 推进海洋科技创新面临进一步提高核心竞争力、加快成果转化的更大挑战 。上海市海洋科技力量雄厚，在高技术、高附加值的海洋产业领域有条件形成较强的竞争力，需要紧密围绕“科教兴市”战略，坚持“需求牵引，推进创新”原则，进一步整合平台、共享资源，完善海洋科技创新体系，增强海洋基础科学研究能力，提高海洋核心技术自主研发水平，加快海洋科技创新成果应用和产业化，更好地发挥海洋科技对海洋经济、海洋管理、防灾减灾和海洋安全的支撑和引领作用。

4. 强化海洋综合管理面临加强统筹协调、提升服务能力的更重任务 。为了全面履行海洋综合管理新职能，推进海域与陆域联动发展、河口与海洋共同保护，需要坚持立足自身、依托各方，进一步完善市海洋经济发展联席会议制度，强化涉海部门间的协调配合；需要坚持夯实基础、稳步推进，进一步健全海洋管理机构，加快海洋基础设施建设，提高海洋管理和服务保障能力。

（二）江苏省海洋经济发展的机遇和挑战

江苏省海洋工作和渔业发展面临着前所未有的重要机遇，一是党的十八届三中全会对全面深化

改革作出了总部署、总动员，对以经济为重点的各方面改革提出了新要求，必将有力推动海洋强国和现代渔业建设。二是习近平总书记在中央政治局第八次集体学习时，对建设海洋强国作了全面系统阐述，深刻揭示了为什么要建设海洋强国、建设什么样的海洋强国、怎么样建设海洋强国这一重大理论和实践问题，为海洋强国建设作出了"顶层设计"。三是中央及省农村工作会议对"三农"工作作出了新的部署，要求加快构建新型农业经营体系、深入推进农业发展方式转变、大力发展优质安全农产品。让农业成为有奔头的产业，让农民成为体面的职业，让农村成为安居乐业的美丽家园。四是国务院印发的《促进海洋渔业持续健康发展的意见》和召开的全国现代渔业建设工作电视电话会议，将发展海洋渔业作为重要战略产业来抓，将现代渔业建设作为保障食物安全的重要途径，作为建设美丽中国的重要内容，促进渔农民增收的有效手段，维护国家海洋权益、拓展国际发展空间的战略举措。

同时，江苏省加快海洋经济发展面临前所未有的压力和挑战。在工作着力点上，要更加注重改革创新，争取在海域物权制度建设、制定海域使用权招拍挂办法上有新突破，在做大做强渔业经营主体、推动渔业经营管理机制创新上有新进展，在深化行政审批改革进一步简政放权上有新举措。更加注重服务海洋经济发展，按照省委省政府沿海开发战略整体要求，强化管理服务，科学配置陆海资源，优化海洋经济布局，推动海洋产业发展，做强海洋经济。更加注重渔业转型升级，紧紧围绕现代渔业"四化"新要求，优化渔业产业结构，推进渔业产业化经营，培育新型渔业经营主体，构建现代渔业产业体系。更加注重质量安全，突出强化水产品质量安全监管工作，强化投入品管理和水产品质量追溯，切实提高水产品质量安全水平。牢记安全生产责任重于泰山，把海洋与渔业发展建立在安全有保障的基础之上。更加注重水域生态环境保护，正确处理开发与保护的关系，加快海洋与渔业生态文明建设，严格控制近海捕捞，加强渔业资源养护，促进水域生态环境改善。

（三）浙江省海洋经济发展的机遇和挑战

浙江省海洋经济发展示范区是浙江省海洋经济发展的重要机遇，浙江全省上下认真贯彻、狠抓落实，全力推动浙江省海洋经济发展示范区建设，取得了初步成效。但是随着浙江省海洋经济发展示范区建设向纵深推进，一些困难和问题也逐渐显现。

1. 要素保障还需进一步加强。用地、用海、资金、水资源、电力、环境容量等要素制约逐步显现，要素成本逐步提高，海洋经济发展重大项目的实施建设需要进一步加强要素保障。

2. 海洋产业的层次还需进一步提升。海洋工程装备和高端船舶、海水淡化和综合利用、海洋医药和生物制品、海洋清洁能源、海洋勘探开发服务等海洋新兴产业还处于起步阶段，临港制造业、海洋渔业等传统产业需要转型升级，海洋经济的核心竞争力还要加快培育。

3. 科教支撑还需进一步增强。与其他试点省份相比，浙江省的海洋科技力量还比较薄弱，能够转化的科技成果还不多。涉海优秀人才还比较缺乏，海洋教育、海洋人才对海洋经济发展的支撑作用还需进一步增强。

4. 海洋开发与保护还需进一步协调。海域、海岛、海岸线是不可多得的空间资源，海洋生物资源和海洋生态也有自身的生长和运行规律，不合理的开发利用，将对海洋生态环境带来负面影响。海洋资源开发利用的合理性、时序性和集约性还有待加强。

三、长三角海洋经济的发展对策

（一）上海市海洋经济的发展对策

1. 以优化布局、调整结构为重点，促进海洋经济持续发展。围绕国家战略，结合本市"十二五"新型产业体系布局，上海市要加快构建以现代服务业为主、战略性新兴产业引领、先进制造业支撑的新型海洋产业体系。海洋现代服务业聚焦发展海洋金融服务、现代商贸、旅游会展、信息服务及航运物流等；战略性新兴产业聚焦发展海洋新能源、海洋生物医药等；海洋先进制造业聚焦发展高技术和高附加值船舶、海洋工程装备。通过海洋产业结构优化升级，形成“一带三圈七片”的海洋产业布局，促进海洋经济持续发展。

2. 以源头控制、生态修复为重点，加强海洋生态环境保护 。围绕国家节能减排要求和上海市基本生态网络建设目标，根据上海市河口海洋环境特点，重点实施“健康海洋上海行动计划”，主要开展海洋生态环境污染控制行动、生态修复行动和环境保护行动，进一步改善河口海洋生态环境，保障海洋生态安全。

3. 以集聚力量、科技创新为重点，推进海洋科技成果转化 。围绕科技兴海战略，整合海洋科技资源，集聚海洋科技力量，以增强海洋经济高新技术和海洋综合管理关键技术自主创新能力为重点，加快海洋科技创新成果应用和产业化，发挥科技引领和支撑作用。

4. 以夯实基础、强化服务为重点，提高海洋综合管理水平 。围绕转变政府职能和强化海洋公共服务，以加强海洋法规和规划、海洋执法、海洋应急、海域行政许可、海洋信息化等五项管理为重点，夯实基础、提升能力，进一步提高海洋综合管理水平。

（二）江苏省海洋经济的发展对策

1. 深化海洋管理机制改革创新，激发海洋经济发展内生动力。强化海洋产业发展政策研究与支持。进一步深化海洋强省、强市、强县战略研究，为党委政府决策提供重要参考。加强省市县协同配合，推动《海上构筑物所有权登记管理办法》的制订工作，启动《江苏省海洋经济促进条例》调研工作。落实好全省沿海开发六大行动方案，统筹推进港口、产业、城镇、滩涂开发利用、环境保护和重大载体建设，会同发改、经信等部门编制《海洋产业发展指导目录》，推动海洋产业结构调整和优化升级，促进海洋经济集聚发展。加强海洋经济运行监测评估能力建设，完善海洋经济统计核算工作机制，编发全省海洋经济发展公报，编制《江苏海洋经济地图》。按照国家的统一部署，开展第一次全国海洋经济调查工作。继续推进简政放权。稳步推进用海审批权限下放工作，今年再将部分用海项目审批权限下放给市县，沿海市县要做好承接和规范管理工作，建立健全相关审批制度，省要加强事中、事后的监督检查，防止越权审批、化整为零等违规行为。扎实推进海域物权制度建设。沿海三市要各选择一个县开展“直通车”制度的试点，真正实现项目用海办理程序与基本建设程序的有机衔接。同时，上下配合制定出台全省海域使用权“直通车”制度。加大海域使用权流转评估体系建设力度，尽快出台《江苏省海域使用权出让和流转管理办法》。沿海市县要研究制定海域使用权招拍挂的具体操作办法，发挥市场在资源配置中的决定性作用，充分激活海域使用权的物权价值。按照国家海洋局要求，做好海域使用权、无居民海岛使用权登记发证的信息统一归口工作，完善登记信息查询服务。

2. 强化海域海岛管理，促进海洋资源节约集约利用。完善海洋功能区划体系。严格执行国务院批准的《江苏省海洋功能区划（2011—2020》，切实发挥海洋功能区划在涉海规划中的引领性、约束性、基础性作用。完成市县海洋功能区划编制报批工作，在有条件的区域开展海域利用规划编制试点。建立在海洋功能区划引领下的海岸线管理机制，科学合理用好有限的岸线资源。加强围填海和养殖用海管理。积极争取国家围填海计划指标，科学配置有限海域资源，优先安排符合国家产业政策、重点基础设施、民生发展等项目用海指标，限制高消耗、高污染产业在沿海布局。省级探索建立围填海计划指标分解管理制度。实施好国家海洋局即将出台的《加强养殖用海管理若干意见》，对全省养殖用海现状开展“拉网式”核查，做好养殖用海精细化、动态化管理，有效解决养殖海域粗放利用问题，建

立失海渔民补偿保障机制。加强海域动态监管。积极推进海域和海岛管理信息化，建立全省海域和海岛立体监测平台，实现监视监测数据的动态管理。加强对围填海项目的监视监测，开展区域建设用海项目用海后评估监测，实施填海项目竣工验收制度。推进海域无人机监测基地建设，加快无人机应用。开展海域空间资源等专项监测，对重点岸段变化及岸线利用率开展分析。加强海岛管理。继续实施好海岛修复整治项目和领海基点试点项目。加快海岛动态监视监测系统建设。积极配合做好第二次海岛资源综合调查。开展外磕脚、麻菜珩领海基点保护范围外业调查等工作。

3. 加强海洋环境保护，推进海洋生态文明建设。强化海洋环境监测。修订完善《江苏海洋环境监测体系建设规划》，积极争取加大海洋环保投入，重点加快入海河口在线监测网络及县级海洋环境监测机构建设。启动县级海洋环境监测站资质申报工作，指导开展海洋环境监测业务。加大苏北浅滩生态监控区监测及海洋功能区达标率监测力度，开展具有本省特色的海洋环境监测。强化涉海建设项目的全过程监管。按照尊重法律、尊重科学、尊重民意、服务发展的要求，把好涉海工程建设项目的环境影响评价核准关口。推动海洋环境竣工验收、海洋生态补偿、跟踪监测及海洋工程后评价工作。对海洋生态破坏严重、直接入海排污口超标排放严重且未采取有效措施的区域，实施海洋工程区域限批，遏制海洋环境恶化趋势。推进省市两级海洋生态红线技术研究及应用示范，推动建立海洋生态功能区划制度。强化海洋环境保护工作机制。与环保部门紧密合作，加强入海河流的污染治理和监管，争取建立跨区、入海河流断面数据交接制度。继续开展重点海域环境容量研究，为建立入海污染物总量控制制度奠定基础。健全海洋生态损害赔偿制度，研究制定涉海涉渔生态补偿资金使用管理办法。

4. 提高海洋公益服务和科技创新水平，增强海洋服务经济社会能力。加强海洋预报减灾。加快市县海洋观测预报机构建设，推动海洋预报减灾工作在基层的落实。推进《江苏海洋观测网建设规划》实施，完成2个海洋观测大浮标建设，组织开展海洋观测系统定期巡查和计量检定。建设省市两级海洋灾害视频会商系统，完善海洋渔业生产安全保障服务系统，提高海洋预警预报水平。完成沿海警戒潮位核定工作、海洋防灾减灾基础数据库建设，妥善应对海洋灾害。强化海洋行政执法。按照海陆空立体监控、省市县协同配合，海域使用、环境保护、海岛保护、维权巡航全覆盖的要求，依法打击各类违法用海、破坏海洋环境、侵犯国家海洋权益的行为，维护海洋开发秩序。加强海洋执法装备设施建设，完成维权执法基地建设并投入使用。促进海洋科技进步。以增强核心竞争力、服务沿海开发为导向，组织申报和实施好国家海洋公益专项和其它重大项目。围绕海洋装备、生物医药、环境保护、滩涂开发等领域，储备一批海洋科技项目，争取省级财政对海洋科技项目的扶持。推进大丰国家科技兴海产业示范基地建设，争取国家海洋经济创新发展区域示范试点。

（三）浙江省海洋经济的发展对策

要坚持"规划用海、集约用海、生态用海、科技用海、依法用海"，并始终以"五个用海"的要求来统筹海洋经济发展与社会、文化、生态文明建设任务，实现"在开发中保护、在保护中开发"的目标。围绕着力推进海洋资源科学开发、海洋科技创新和海洋生态环境保护等重点开展工作。

1. 在继续深化服务海洋经济发展"两区"建设方面，要统筹用海指标、优化用海排序，优先安排符合产业导向的用海项目；继续深化行政审批制度改革，下放审批权限、简化审批流程、提高审批效率，为海洋经济发展奠定良好的政策环境；此外，还要加强海洋国土意识和生态文明理念的普及，积极办好世界海洋日、防灾减灾日、海洋生态文明国际论坛、海洽会等大型活动，为海洋事业发展营造浓厚的舆论氛围。

2. 切实增强海洋综合管控能力。确保海洋经济科学可持续发展。按照"五个用海"的要求，深入贯彻《省海洋功能区划》和《省海域使用管理条例》，进一步健全海域海岛相关配套制度，继续加强围填计划指标和区域围填海管理，不断完善海域管理动态监视监测系统，稳步推进海域海岛资源市场化配置，并以“海盾”、“碧海”、“护岛”等专项执法行动为载体，严厉打击各类涉海违法行为。

3. 扎实推进海洋生态文明建设。以国家海洋生态文明示范区创建为契机，继续组织实施好“蓝色屏障行动”，加强海域、海岛、海岸带生态修复，加强海陆、部门、区域之间的统筹合作，着力做好陆源污染物入海控制、涉海工程环保监管、海洋面源污染防治、海洋环境监测等工作。

4. 不断完善海洋防灾减灾体系，积极推进省海洋防灾减灾中心和海洋灾害防御“五大工程”建设，以近岸海域浮标实时监测系统等项目为重点，提高海洋灾害预警服务和应急处置能力，完成全省海洋灾害风险调查及部分地区的风险评估与区划工作，为海洋经济发展保驾护航。

5. 着力增强海洋科技支撑水平。积极开展海洋经济创新发展区域示范，组织实施“海洋经济发展技术保障”和“海洋新兴产业技术培育”两大工程，加强技术研发创新和集成应用。采取科研院所与应用单位联合组建形式，建立一批海洋领域的技术创新服务平台和创新团队，提高科技支撑力度和科技成果转化应用水平。

六 长三角交通运输业

一、长三角交通运输业基本情况

（一）交通运输基础设施不断完善

在构建现代化综合交通运输体系思想指导下，长三角各种交通运输方式加快发展。2013 年，长三角公路通车总里程达 284 153 千米，比上年增长 1.4%；其中高速公路总里程达 9 045 千米，同比增长 2.8%。长三角内河航道总里程 36 136 千米，同比增长 0.1%。长三角港口吞吐量为 42.97 亿吨，同比增长 7.2%。

2008—2013 年长三角运输线路和港口吞吐量

指　　标	2008 年	2009 年	2010 年	2011 年	2012 年	2013 年
铁路营业里程（千米）	3 256	3 616	4 083	4 566	4 570	5 041
公路通车里程（千米）	256 079	262 416	272 458	276 107	280 209	284 153
＃高速公路	7 435	7 821	8 217	8 428	8 795	9 045
水运通航里程（千米）	36 471	43 621	36 062	36 059	36 093	36 136
港口吞吐量（亿吨）	27.01	29.57	33.71	37.59	40.09	42.97

数据来源：2014 年上海市、江苏省、浙江省统计年鉴

（二）交通运输服务能力稳步提升

2013 年，长三角共完成客运量 304 895 万人，占全国客运量的 7.6%；完成旅客周转量 3 819.97 亿人千米，占全国旅客周转量的 10.6%。其中，铁路旅客周转量 1 018.16 亿人千米，同比增长 12.5%，占全国铁路旅客周转量的 9.6%；公路旅客周转量 1 538.9 亿人千米；水运旅客周转量 9.88 亿人千米，同比增长 15.6%，占全国水运旅客周转量的 12.9%。

2013 年，长三角共完成货运量 473 468 万吨，占全国货运量的 10.5%；完成货运周转量 37 354.17 亿吨千米，占全国货运周转量的 20.0%。其中，铁路完成 658.10 亿吨千米，同比下降 6.1%，占全国铁路货运周转量的 2.3%；公路完成 3 411.53 亿吨千米，同比增长 4.5%，占全国公路货运周转量的 5.1%；水运完成 32 607.27 亿吨千米，同比下降 2.6%，占全国水路货运周转量的 37.7%。

2008—2013 年长三角运输能力

指　　标	2008 年	2009 年	2010 年	2011 年	2012 年	2013 年
客运量（万人）	436 373	434 528	468 100	492 824	517 284	304 895
旅客周转量（亿人千米）	3 753.69	3 578.30	4 068.99	4 381.61	4 490.43	3 819.97
＃铁路	662.12	653.71	773.83	842.87	905.03	1 018.16
公路	2 316.44	2 011.21	2 194.07	2 322.19	2 452.30	1 538.98
水运	14.39	15.12	11.22	8.96	8.55	9.88

（续表）

指　　标	2008 年	2009 年	2010 年	2011 年	2012 年	2013 年
货运量（万吨）	397 306	389 173	440 121	491 604	516 728	473 468
货物周转量（亿吨千米）	26 214.69	25 250.24	29 401.61	36 515.81	38 084.94	37 354.17
＃铁路	715.24	672.20	704.94	731.81	700.79	658.10
公路	2 091.10	2 403.83	2 713.81	3 034.09	3 266.04	3 411.53
水运	22 913.31	21 637.83	25 389.94	32 129.66	33 486.40	32 607.27

注：1. 2013 年江苏省公路客运量不包括公交车和出租车的运输量；公路货运量不包含农用车和拖拉机的运输量。2. 2013 年浙江省公路、水路按新的口径统计

数据来源：2014 年上海市、江苏省、浙江省统计年鉴

（三）综合交通运输结构趋于优化

从各种运输方式的特性及国外交通运输发展经验来看，现代公路由于突出的优越性——机动、灵活、迅速、方便、直达，将是客运的主导交通方式；而在货运方面，由于水路交通运载能力大、投资少、能耗低、单位运输成本低等优越性，将成为货物运输的主要方式。长三角在综合交通运输网络逐步完善的同时，交通运输结构也趋于优化。2013 年，长三角共完成客运周转量 3 819.97 亿人千米，其中公路完成 1 538.98 亿人千米，占客运周转量的 40.3%；铁路完成 1 018.16 亿人千米，占客运周转量的 26.7%；完成货运周转量 37 354.17 亿吨千米，其中水运完成 32 607.27 亿吨千米，占货运周转量的 87.3%。

指　　标	2008 年	2009 年	2010 年	2011 年	2012 年	2013 年
旅客周转量（亿人千米）	100.00	100.00	100.00	100.00	100.00	100.00
＃铁路	17.64	18.27	19.02	19.24	20.15	26.65
公路	61.71	56.21	53.92.	53.00	54.61	40.29
水运	0.38	0.42	0.28	0.20	0.19	0.26
货物周转量（亿吨千米）	100.00	100.00	100.00	100.00	100.00	100.00
＃铁路	2.73	2.66	2.40	2.00	1.84	1.76
公路	7.98	9.52	9.23	8.31	8.58	9.13
水运	87.41	85.69	86.36	87.99	87.93	87.29

数据来源：2014 年上海市、江苏省、浙江省统计年鉴

二、上海市交通运输业基本情况

2013 年，上海市各种运输方式完成货物运输总量 91 535.07 万吨，比上年增长 3.0%。旅客发送总量 15 932.52 万人次，同比增长 9.5%。港口货物吞吐量达到 77 574.57 万吨，同比增长 5.5%。港口集装箱吞吐量 3 361.68 万国际标准箱，同比增长 3.3%。集装箱水水中转比例达到 45.4%，比上年提高 2.6 个百分点。浦东、虹桥两大国际机场全年共起降航班　61.51 万架次，同比增长 3.1%；进出港旅客达到 8 279.18 万人次，同比增长 5.2%。其中，国内航线进出港旅客 5 681.04 万人次，同比增

长3.8%；国际及地区航线进出港旅客2 598.14万人次，同比增长8.4%。上海港接待邮轮靠泊197艘次，比上年增加17艘次。其中，以上海为母港的邮轮167艘次，增加39艘次。邮轮旅客吞吐量75.66万人次，同比增长1.2倍。

2013年内轨道交通11号线二期和12号线、16号线部分区段投入运营。至2013年末，至年末，全市轨道交通运营线路达到15条，运营线路长度达到538.31千米(不含磁浮线路)。全年优化调整公交线路307条，其中新辟94条。至年末，公交专用道路达到161.8千米。公交运营车辆1.67万辆，运营出租车5.06万辆。全年市内公共交通客运量63.57亿人次，比上年增长2.1%。其中，轨道交通客运量25.06亿人次，增长10.1%；公共汽电车客运量27.1亿人次，下降3.3%。日均公交优惠换乘和老年人免费乘车分别达到253.06万人次和66.57万人次。

至2013年末，全市拥有各类民用汽车235.10万辆，比上年增长10.4%。其中，私人汽车163.38万辆，同比增长15.6%。

2007—2013年上海市交通运输业基本情况

指　　标	2008年	2009年	2010年	2011年	2012年	2013年
铁路营业里程(千米)	307	309	414	453	457	456
公路通车里程(千米)	11 497	11 671	11 974	12 084	12 541	12 633
#高速公路	637	768	775	806	806	815
内河航道里程(千米)	2 138	2 138	2 110	2 037	2 074	2 074
客运量总计(万人)	10 927	11 136	13 456	13 519	14 547	15 933
#铁路	5 343	5 161	6 095	6 198	6 758	7 972
公路	2 934	2 995	3 634	3 477	3 748	3 720
港口	89	90	85	78	66	68
民用航空	2 565	2 890	3 642	3 766	3 974	4 173
旅客周转量(亿人千米)	869.07	1 002.59	1 214.25	1 307.56	1 223.05	1 343.73
货运量总计(万吨)	84 347	76 967	81 023	93 318	94 376	91 535
#铁路	1 012	941	959	888	825	694
公路	40 328	37 745	40 890	42 685	42 911	43 809
水运	42 729	37 983	38 803	49 389	50 302	46 697
货物周转量(亿吨千米)	16 031	14 436	16 173	20 367	20 427	17 868
港口货物吞吐量(万吨)	58 170	59 205	65 339	72 758	73 559	77 575

数据来源：历年上海市统计年鉴

2013年，上海市继续推进优化港口航空枢纽集疏运系统；继续强化城市公交优先战略，完善轨道交通；均衡发展辐射长三角的城际交通通道；提升综合交通智能水平，推动交通业持续、健康发展。

1. 优化港口航空枢纽集疏运系统

以深水港和航空港为核心，兼顾功能开发和规模扩大，强化国际和国内的双向辐射，共同构筑辐射全球与全国的设施齐全、服务一流和管理高效的国际海空枢纽。

提升航运国际服务功能。以资源配置型国际航运中心为目标，着力提升航运服务功能，完善现代航运集疏运体系，营造便捷、高效、安全、法治的口岸环境和服务环境，努力提高国际航运资源的配置能力。一是加快完善现代航运服务体系。优化航运服务产业链，发展船舶交易、船舶管理、船舶检验、船舶供应、船员服务、航运经纪、航运咨询、海事法律和仲裁等各类航运服务。完善航运金融服务体系，促进船舶融资、船舶保险、航运保险等高端服务发展，积极培育航运再保险市场，加快开发航运运价指数衍生品。提高航运信息化水平，推广应用集装箱电子标签技术，建设国际航运中心综合信息平台。进一步拓展上海航运交易所服务功能。加快发展北外滩、陆家嘴、临港等航运服务集聚区。加强政府服务和管理，完善航运发展相关的法规规章体系，营造有利于航运业发展的法制环境。二是优化现代航运集疏运体系。加快建设以上海为中心、以江浙为两翼、以长江流域为腹地的国际航运枢纽港。依托长江黄金水道，推动集装箱江海直达。推进外高桥港区、洋山深水港区建设和功能提升，提高港口综合保障服务能力。大力发展水水中转，推进内河航道建设。完善货运道路网络，积极推进海铁联运。加快建设国际邮轮母港，优化邮轮通关便利措施，促进邮轮产业发展。

提升航空枢纽能力。一是优化调整上海地区空域结构，提升枢纽空域容量。努力解决军用机场与民用机场之间的结构性矛盾，探讨军民航联合空管运行机制试点，改革空域管理模式，使上海地区空域资源由军民混用改为侧重民用，有效解决上海地区空域问题，满足航空客货运输需要。二是加快上海终端管制中心建设，切实改善空中交通保障能力。优化上海地区空域结构、改变空域管理模式的同时，构筑起以上海为中心的中枢航线网络。发挥上海一市两场的作用，为长三角地区航空运输市场的可持续发展，使之有效融入国际航空运输网络奠定良好基础。三是基地航空公司加快向枢纽网络型航空公司转型。浦东机场定位为大型国际客货枢纽机场，全力建设以中枢辐射航班波为基础的全网络服务，虹桥机场主要服务于国内重点城市，辐射长三角地区。四是加快航空货运物流业发展，巩固货运枢纽地位。以便捷的口岸流程、整合的信息系统为货运航空公司高效运营服务，力争浦东机场世界第一的货运枢纽地位。五是构建以轨道交通为主的上海机场地面综合交通体系。上海航空枢纽是一个空中航线网络和地面集散体系有机构成的综合系统，在建设航空枢纽的同时，加快公路交通、轨道交通、铁路交通等多层次、全方位的综合交通系统建设，实现上海机场与上海市区、上海机场与长三角的紧密联系。

2. 继续强化城市公交优先，完善轨道交通

建成以公共交通为主体、有序的机动车交通和安全的慢行交通相协调、各类设施结构完善、各种网络布局合理、各种方式衔接紧密、各种服务高质多样的畅达全市的集约型交通体系。

进一步优化公共汽(电)车网络。围绕大型对外客运枢纽、轨道交通站点，有序推进地面公交线网的优化调整，全面形成骨干线、区域线、接驳线等功能清晰的网络。适度扩大路网容量，建设重点是次、支路。为适应机动车的增长趋势，远期仍有必要扩大干道网络容量，而有限土地资源决定了可增的道路容量只能是有限的。在提高交通管理水平、加快智能交通建设同时，加强次干路建设。结合需求分布特征，完善路网整体布局。内外环之间的外围区适度加密干道系统；区分服务功能，增加越江设施通道。

继续完善轨道交通网络。在轨道4号线合围的约60平方千米的核心区范围内建设完善“五横五纵”的轨道交通网络，形成以轨道交通为绝对主导的公交优势区域；在外环以内(4号线合围地区以外)约600平方千米中心城范围内继续保留加密轨道交通网络的可能性，弥补现有规划的覆盖空白。

提高公交服务效率与水平。提高轨道交通的发车密度，从路权上保障地面公交优先通行，提高出租车的服务品质，提高公共交通的效率和舒适度；以需求为引导，有条件地发展水上公交巴士、BRT、有轨电车等多样化公交体系。

3. 协调发展郊区新城交通，完善国省干线网络建设

以市郊铁路和连接郊区的轨道交通、干线公路为核心，兼顾城乡交通需求与引导区域开发、兼顾

通达效率与服务范围，形成功能协调的城乡交通网络。优化普通国道网，形成与高速公路网功能互补的普通国省干线网。增加郊区南北方向的国道辐射面，提高国省干线对于郊区发展和城市物流的服务能力，加密国省干线越江通道。促进郊区新城路网系统建设。加强新城与中心城以及虹桥枢纽的交通联系，形成郊区新城之间多层次路网。结合新城总体规划，加快形成新城内部骨架网络构建新城道路体系。加强区与区之间通道联系，解决相临各区之间连接不畅问题。

4. 均衡发展辐射长三角的城际交通

从既有公路、铁路基础出发，大力发展铁路客货运系统，加密完善对外公路通道，建成公铁均衡的功能清晰、节点连通、线路复合、网络一体的连接长三角地区的快速通道。

加快形成多层次、多功能的铁路网络。通过调整普速铁路的功能，新建铁路客运专线和城际铁路，打造适应区域客运快速化、货运物流化要求，功能清晰、运行有序的铁路网络，远期形成“五个方向、九个通道”，即南通、南京、湖州、杭州、乍浦五个方向，沪通铁路、京沪高速铁路、沪宁城际铁路、沪宁普速铁路、沪苏湖铁路、沪杭普速铁路、沪杭城际铁路、沪杭客运专线、沪乍铁路九个通道；形成一环多射的铁路枢纽网络。

完善城际公路网络。按照国家高速公路网建设规划，加快建设沿海沿江高速公路通道；加快国省干线功能提升，主动对接江浙两省，促进长三角区域联动发展，改善城际公路服务水平，形成多层次、多功能公路通道。

调整并完善货运枢纽功能布局。规划布局承担多种货运方式和市内外货物集散、衔接和转运的综合货运枢纽，与各级工业开发区布局相配套的区域性货运站，服务于城市物流配送货物的货运集散中心。

三、江苏省交通运输业基本情况

2013 年，江苏省完成旅客运输量、货物运输量分别为 15.22 亿人和 19.40 亿吨，分别比上年增长 4.0%和 8.8%；旅客周转量、货物周转量分别为 1 451.14 亿人千米和 10 536.84 亿吨千米，分别增长 5.7%和 12.2%。完成港口货物吞吐量 21.40 亿吨，同比增长 9.5%，其中外贸货物吞吐量 3.52 亿吨，同比增长 12.0%。港口货物吞吐量中，集装箱吞吐量达 1 662.50 万标准集装箱，增长 3.9%。2013 年末全省公路里程 15.61 万千米，新增 1 976.00 千米，其中高速公路里程 4 443.00 千米，新增 72.00 千米。铁路营业里程 2 554.00 千米，铁路正线延展长度 4 125.00 千米。年末民用汽车保有量 954.38 万辆，净增 141.26 万辆，分别增长 17.4%和 13.2%。年末私人汽车保有量 790.13 万辆，净增 132.86 万辆，分别增长 20.2%和 14.9%。其中，私人轿车保有量 554.62 万辆，净增 98.70 万辆，分别增长 21.6%和 14.4%。

2008—2013 年江苏省交通运输业基本情况

指　　标	2008 年	2009 年	2010 年	2011 年	2012 年	2013 年
铁路营业里程（千米）	1 643	1 642	1 908	2 348	2 348	2 554
公路通车里程（千米）	140 930	143 803	150 307	152 247	154 118	156 094
#高速公路	3 725	3 755	4 059	4 122	4 371	4 443
内河航道里程（千米）	24 638	31 779	24 248	24 272	24 280	24 315
客运量总计（万人）	208 237	201 262	226 627	247 405	268 371	152 172
#铁路	8 846	9 167	9 711	10 598	11 757	13 435

（续表）

指　　标	2008年	2009年	2010年	2011年	2012年	2013年
公路	199 008	191 001	215 850	235 673	255 358	135 555
水运	32	686	590	579	594	2 454
民用航空	351	408	476	555	662	728
旅客周转量(亿人千米)	1 766.00	1 423.33	1 604.00	1 778.00	1 949.80	1 451.14
货运量总计(万吨)	166 322	160 966	188 565	212 594	231 295	194 048
#铁路	5 118	6 137	6 374	7 282	7 223	6 806
公路	110 302	104 002	123 500	140 803	153 696	103 709
水运	42 799	42 016	48 702	54 012	58 639	70 909
货物周转量(亿吨千米)	4 707.50	5 154.46	6 111.57	7 514.00	8 474.63	10 536.84
港口货物吞吐量(万吨)	116 305	132 787	158 977	180 683	195 417	213 987

注：1. 公路客运量2013年不包括公交车和出租车的运输量；2. 公路货运量2013年不包含农用车和拖拉机的运输量。
资料来源：历年江苏省统计年鉴。

江苏交通运输行业紧紧围绕全省“两个率先”的目标，紧密呼应沿海开发和长三角一体化重大战略，全面推动率先发展、科学发展、和谐发展。在积极推进公路率先基本现代化的同时，加大对航道、港口发展的倾斜力度，努力实现公路水路协调发展。

1. 交通基础设施建设稳步推进

一批交通重点工程建成运行。宁杭高铁、宿淮铁路建成；临海高等级公路(除灌河大桥外)主体工程基本建成，溧马高速江苏段等建成通车；连云港港30万吨级航道一期工程全面建成，长江南京以下12.5米深水航道一期工程进展顺利，连申线东台至长江段等一批航道工程顺利建成；南京禄口机场二期工程、无锡硕放机场航站楼二期工程主体完工。连盐铁路全面开工建设，淮河高良涧船闸扩容等一批内河航道项目以及南京机场高速公路扩建等6个高速公路项目开工建设。一年来，全省建成国省干线公路658千米，新建、扩建高速公路75千米，新增港口万吨级泊位24个，建成三级以上干线航道170千米、船闸3座。农村公路提档升级工程全面启动，新改建农村公路4 900千米、桥梁1 380座。交通工程质量整体水平稳步提升。

交通建设投资结构调整步伐加快。全年完成公铁水空交通基础设施建设投资同比增长6.4%。其中，水运建设完成投资同比增长17.8%；铁路建设完成投资同比增长125.5%；公路建设完成投资同比下降9.7%；机场建设完成投资同比增长5.8%。公铁水空完成投资比例调整为52∶13∶29∶6，铁路和水运建设得到进一步强化。

2. 运输生产与服务保障能力进一步提高

客货运输生产稳步增长。全年公铁水空完成综合客运总量增长4.0%，其中铁路客运量增长14.3%；完成综合货运总量、货运周转量，分别增长8.8%、12.2%，其中公路、水路货运周转量分别增长13.8%、13.3%。完成港口货物吞吐量增长9.5%；完成集装箱吞吐量增长2.7%。全省机场完成旅客吞吐量、货邮分别增长13.2%、7.8%。

运输业转型步伐加快。新增省级甩挂运输试点12家，试点项目拖挂比由1∶1.58提高到1∶1.86，车辆里程利用率达82.4%，单位运输成本下降15%。全省拥有100辆以上货车、5万吨以上船舶运力的业户数分别增长6.5%、11.4%。连云港港成为国家集装箱海铁联运物联网应用首个示范单

位，集装箱铁水联运量继续位居全国前列。南京港等铁水联运系统建成运行。全省道路运输 LNG 车增幅达 91.6%；完成长江干线船型标准化工作，拆解老旧运输船舶 1 963 艘；实施京杭运河苏北段清洁船舶示范工程，完成船舶污水处理装置试点改造与试运行；开展内河船舶应用 LNG 清洁能源示范工程，100 艘"油改气"船舶加快实施改造。

城乡客运服务水平进一步提高。建立全省城市客运联席会议制度，南京等地探索成立城市公共交通委员会；全省新辟、优化公交线路 739 条，新购节能环保公交客运车辆 4 599 辆；苏州地铁 2 号线、上海轨道交通 11 号线至昆山段等投入试运营；在全国率先实现出租汽车燃料（燃油）价格与运价联动机制省辖市全覆盖。开通 9 条跨市毗邻地区公交线路，常州无锡公交实现无缝对接。行政村客运班车通达攻坚工程基本完成，全省行政村（除岛屿村外）客运班车实现全覆盖；新增 112 个乡镇开通镇村公交，全省镇村公交开通率达 48.0%，所有开通镇村公交的县都出台了财政扶持政策。

3. 交通运输行业管理有效加强

交通法治建设扎实推进。《江苏省高速公路条例（修订）》和《江苏省治理公路超限运输办法》即将出台。审核确认了一批拟取消和下放的行政许可事项。深入实施"五项执法行动"，基本完成全省交通运输基层执法站所外观形象建设。交通行政权力网上公开透明三级联网工作进展过半。

政务公开工作不断深化。印发了《关于加强和推进全省交通运输系统政府信息公开工作的意见》，深化推进省级部门预决算公开。省厅召开新闻发布会 10 次，在交通运输部或省政府门户网站开展政策解读和在线访谈共 12 次，在厅门户网站发布信息 1.4 万条。

公路运行监管进一步加强。加大治超力度，在重点干线公路建成 15 套公路超限超载不停车检测系统，全省干线公路超限率同比降低 14%。强化高速公路沿线广告设施长效管理。缩短了 19 个收费公路项目的收费年限。重大节日小型客车免费通行工作基本实现常态化、规范化、制度化。全省公路鲜活农产品绿色通道减免车辆通行费 13.8 亿元。

内河航道与港口管理不断强化。巩固苏北运河"三超一无"船舶专项整治成果，并将专项整治拓展至盐河、淮河、连云港疏港航道。全省干线航道通航保证率达 95%以上，船闸通航保证率达 98%以上。内河港口管理"提升年"活动取得实效，全省《港口经营许可证》持证率由 65%提升至 75%以上。

4. 科技创新和信息化建设进一步推进

行业信息化建设扎实推进。加快建设智慧交通"232 畅通网"工程，高速公路综合管理与公共服务系统等项目进展顺利。ETC 苏通卡客户数超过 100 万，苏通卡与道路运输证 IC 卡"两卡融合"试点成功。在全国率先推广内河船舶智能过闸系统（水上 ETC），已在 6 个船闸投入使用。完成连云港、南京、太仓、张家港、镇江等口岸 EDI 信息服务中心建设。编制印发《出租汽车电召服务关键技术与管理规范》和《江苏城市公交信息化工程建设技术指南》。与长三角区域以及与江苏海事、公安、国检、测绘等部门信息资源共享合作机制取得新进展。

重大科技攻关和成果推广进一步加快。新型道路材料国家实验室被授予国家级研发平台，厅智能交通工程技术中心等 2 个机构成为交通运输部研发平台。泰州大桥获 2013 年度英国结构工程师学会最高奖项一卓越结构工程大奖，其国家科技支撑计划课题通过科技部组织的验收。依托重点工程，开展桥梁分布式光纤监测、旧路面废料循环再生等技术示范应用。深化与徐工集团合作，研发推广清扫车、综合养护车和桥梁作业平台等新型养护设备。

四、浙江省交通运输业基本情况

2013 年，浙江省完成旅客运输量、货物运输量分别为 136 790 万人和 187 885 万吨。铁路、公路和水运完成货物周转量 8 949.57 亿吨千米，铁路、公路和水运完成旅客周转量 1 025.10 亿人千米。港口完成货物吞吐量 13.81 亿吨，同比增长 4.6%。其中，沿海港口完成 10.06 亿吨，同比增长 8.4%；内河港口完成 3.75 亿吨，同比下降 4.4%。

2008—2013 年浙江省交通运输业基本情况

指　　标	2008 年	2009 年	2010 年	2011 年	2012 年	2013 年
运输线路长度(千米)						
铁路营业里程	1 306	1 665	1 761	1 765	1 765	2 031
公路通车里程	103 652	106 942	110 177	111 776	113 550	11 5426
＃高速公路	3 073	3 298	3 383	3 500	3 618	3 787
内河航道里程	9 695	9 704	9 704	9 750	9 739	9 747
客运量总计(万人)	217 209	222 130	228 017	231 900	234 366	136 790
＃铁路	6 448	6 508	7 634	8 439	8 725	10 579
公路	206 111	210 584	215 708	218 415	220 517	121 185
水运	3 494	3 680	3 155	3 466	3 454	3 111
民用航空	1 156	1 358	1 520	1 580	1 670	1 915
旅客周转量(亿人千米)	1 118.62	1 152.38	1 250.74	1 296.25	1 317.58	1 025.10
货运量总计(万吨)	146 637	151 239	170 540	185 692	191 057	187 885
＃铁路	3 398	3 435	3 888	4 166	3 847	4 037
公路	91 625	95 802	103 394	108 654	113 393	107 186
水运	51 614	52 002	63 258	72 872	73 817	76 662
货物周转量(亿吨千米)	5 476.25	5 659.78	7 117.04	8 634.82	9 183.30	8 949.57
港口货物吞吐量(万吨)	95 638	103 744	112 787	122 373	131 931	138 050

注：民用航空客运量指发送量，2013 年起公路、水路按新的口径统计
数据来源：历年浙江省统计年鉴

经过 60 多年的发展，特别是改革开放以来，浙江省在加强运输基础设施建设，提高运输业的综合能力上取得了辉煌成就，形成了一个由铁路、公路、水运、民航等多种运输方式相结合的现代运输体系，为浙江省国民经济和社会健康发展作出了巨大贡献。2013 年，浙江省公路、水路、民用机场交通建设投资 836.0 亿元，完成年度计划的 1.5 倍，2007—2013 年年均增长 8.2%。

1. 铁路营业里程倍增，高速铁路实现了跨越式发展

进入新世纪以来，铁路建设突飞猛进，铁路营业里程成倍增长，高铁实现了跨越式发展。2009 年建成通车的甬台温铁路，建成后将与金温铁路、浙赣铁路、萧甬铁路连成环状，沿海和内陆间的铁路运输将变得更加顺畅。2010 年建成了沪杭高铁客运专线，成为全国铁路快速客运网和长三角城际轨道交通网的重要组成部分，2013 年建成了杭宁高铁客运专线，浙江省铁路运输格局发生了根本性变化。2013 年末。浙江省铁路营业里程 2 031 千米，1979—2013 年增加 1 252 千米，年均增加 36 千米，其中 2001—2013 年增加 838 千米，年均增加 64.5 千米。近五年来加快建设步伐，2009—2013 年铁路里程增加 725 千米，年均增加 145 千米。铁路复线从无到有，从少到多发展，2013 年铁路复线达到 1453 千米，占全部铁路里程的 71.5%，比 2000 年提高 21.7 个百分点。至此，由沪杭、杭宁、浙赣、萧甬、宣杭、

金温、金千等线路构成的四通八达的铁路运输网络已经形成。

高铁发展推动旅客运输量迅猛增长。2013 年，浙江省铁路客运量 1.1 亿人，旅客周转量 437 亿人千米，1979—2013 年分别年均增长 5.0%和 8.0%；进入新世纪以来增速加快，2001—2013 年年均分别增长 8.0%和 8.7%。完成货运量 4 037 万吨，货物周转量 270 亿吨千米，1979—2013 年年均分别增长 3.0%和 2.5%，2001—2013 年年均分别增长 5.7%和 2.9%。

2. 公路建设硕果累累，高等级公路比重逐年提高

“十五”期间通过继续实施高速网络工程，相继建成杭金衢、杭宁、甬台温、杭州绕城、金丽温、杭千、甬金高速等一大批高速公路项目，全省高速公路网络骨架已基本形成。进入 21 世纪，高速公路建设步伐加快，道路升级改造提速。相继建成的杭州湾和舟山两座世界级跨海大桥，是公路桥梁建设史上的里程碑。建设和改造了甬台温高速公路复线、龙浦高速公路、杭金衢高速公路拓宽、宁波绕城高速西段、大碶疏港、诸永、黄衢南、绍嘉通道、象山港大桥及接线、龙庆高速，诸永高速公路温州段延伸工程，甬台温高速公路复线、龙浦高速公路、杭金衢等一大批高等级的公路。2013 年又建成云景、龙庆、宁波穿山疏港、嘉绍通道等 169 千米高速公路，104 国道路桥桐屿至泽国段等 200 千米国省道和 7 个国家公路运输枢纽客货站场。浙江省高等级公路里程不断增加，公路密度提升，道路通行能力极大提高。2013 年末，浙江省公路通车总里程数达 11.5 万千米(含村道)，公路密度从 2006 年的 93.6 千米/百平方千米，提高到 2013 年的 113.4 千米/百平方千米；公路通乡(镇)率达到 100%，通行政村率 99.7%。其中，高速公路从 1992 年的 7 千米，提高到 2013 年的 3 787 千米。高等级公路比重提高，二级以上高等级公路占全部公路通车总里程数的比重，从 2006 年的 14.2%，提高到 2013 的 16.2%。

经济的快速发展和交通设施的极大改观，使全省公路运输生产得以快速增长。2013 年，公路客运量和旅客周转量分别为 12.1 亿人和 583 亿人千米，2001—2013 年年均分别增长 4.7%和 5.2%；货运量和货运周转量为 10.7 亿吨和 1 322 亿吨千米，2001—2013 年年均分别增长 7.0 和 7.7%。

3. 港航建设成绩斐然，宁波一舟山港跻身世界一流大港

随着海洋经济发展国家战略实施，“三位一体”港航物流体系建设全面启动，沿海港口建设全面提速，一批重大项目启动建设。近年来，建成投产了大榭实华二期 45 万吨原油码头、舟山武港码头、嘉兴电厂三期煤码头等 14 个万吨级以上深水泊位；建成了全国首条 30 万吨级航道——宁波一舟山港虾峙门口外航道，北仑四期集装箱码头、岙山 30 万吨级原油码头、大榭 30 万吨级中油燃料油码头、六横煤炭中转基地，宁波一舟山港镇海港区 19～20 号液化泊位、嘉兴港独山港区 B23 号和 B24 号多用途码头工程等 11 个万吨级以上泊位等一批大型化、专业化深水泊位。内河完成了杭甬运河航道改造，建成我省首条三级航道湖嘉申线湖州段航道和嘉于硖线、东宗线嘉兴段二期工程。内河水运复兴不断加快，钱塘江中上游航道富春江船闸扩建改造及安仁铺枢纽项目开工建设，京杭运河改造、杭平申线航道中转码头等建设有序推进。水运、港口设施得到进一步改善，港口货物通过能力明显提高。2013 年浙江省水路运输船舶 18 208 艘，净载重量 2 378 万吨位。沿海港口泊位 1 050 个，其中，万吨级以上深水泊位 195 个；年货物综合通过能力 9 亿吨，集装箱吞吐能力 1 395 万标箱。内河航道通航里程为 9 747 千米，其中等级航道 4 959 千米，占 50.9%；内河港口泊位 3 935 个，年货物通过能力 3.9 亿吨。

2013 年，浙江省水路货运量 7.7 亿吨，货物周转量 7 357 亿吨千米，1979—2013 年年均分别增长 8.5%和 16.0%，其中 2001—2013 年年均增长 11.7%和 20.2%。浙江省港口货物吞吐量 13.8 亿吨，1979—2013 年年均增长 15.6%，其中 2001—2013 年年均增长 16.2%。沿海港口货物吞吐量 10.1 亿吨，占全部港口吞吐量 72.9%，1979—2013 年年均增长 15.8%，其中 2001—2013 年年均增长 14.4%。集装箱吞吐量 1 910 万标准箱，2001—2013 年年均增长 29.6%。

改革开放以来，宁波—舟山港加速推进一体化进程，充分发挥深水港口优势，港口货物运输和航线集聚能力极大增强，在港口中的枢纽地位突出，货物吞吐量上新的台阶，已跻身世界一流大港。2013年，宁波—舟山港货物吞吐量达8.1亿吨，1979－2013年年均增长17.5%，其中，2001—2013年年均增长14%，占全省沿海港口货物吞吐量的80.5%。完成集装箱吞吐量1 735万标准箱，2001－2013年年均增长29.5%，占全省沿海港口集装箱吞吐量的90.8%。

4. 洲际航班实现零的突破，航空网络进入四大洲

浙江省航空业有了长足的发展。投入巨资建设的杭州萧山国际机场于2000年底顺利建成通航，成为华东四大主要机场之一。2011年，温州机场新国际候机楼建成启用，杭州机场二期扩建、温州机场飞行区、原有航站楼改扩建等项目顺利完成。2013年基本完成温州机场飞行区跑道工程。经过多年的培育发展，浙江省航空运输市场秩序已日趋规范，航线已通达全国各地，国际及地区航线不断增加，航空运输能力得到快速提升。

2009年10月，国航正式开通了杭州－北京－法兰克福航线，成为由杭州萧山国际机场往返的第一条欧洲定期客运航线，实现了浙江省洲际航线零的突破。2010年5月，开通了杭州直飞阿姆斯特丹国际航线，成为浙江省第一条洲际直达定期客运航班。6月5日，国务院批复同意温州航空口岸扩大对外国籍飞机开放，成为浙江省第三个口岸开放的国际机场。杭州机场已成为国内继北京、上海、广州外辐射欧洲、非洲、大洋洲和亚洲四大洲航线网络的省份。目前，浙江省拥有杭州萧山国际、宁波栎社、温州永强、舟山普陀山、台州、义乌、衢州等7个机场，航空市场发展空间不断拓宽，运输能力进一步提升。2013年末，浙江省民用航空航线334条，其中国内航线285条，国际（地区）航线49条；航班起降32.6万架次，其中杭州萧山国际机场起降19.1万架次，占全省的58.4%。完成旅客吞吐量3 664万人，2005－2013年年均增长13.8%。其中杭州萧山国际机场2 211万人次，2005—2013年年均增长14.9%；旅客吞吐量占全省60.3%。

七　长三角汽车产业

一、长三角汽车产业基本情况

汽车产业是国民经济的重要支柱产业，是一个技术密集、高度竞争、必须不断自主创新的产业。凭借优越的地理位置、良好的工业基础、强大的经济实力和灵活的民间资本，长三角已成为中国国内最大的汽车产业集群，集聚了全国最多的汽车整车、零部件和研发等服务企业。

（一）总体情况

从总量上看，2008—2013 年长三角地区汽车产量始终保持稳定的增长态势。2013 年，长三角地区汽车产业延续了上年发展态势，汽车产量达到 371.41 万辆，比上年增加 47.30 万辆，同比增长 14.6%，再创汽车产量高峰。2013 年，长三角地区汽车产量占全国的 16.8%，所占比重与去年基本持平。

从增长情况看，2008—2012 年，长三角地区汽车产量增幅有所回落，但是到 2013 年，长三角汽车产量增幅有所反弹，增幅达到 14.6%，增幅较上年上升 7.6 个百分点，基本与全国平均增幅持平。

2008—2013 年长三角地区及全国汽车产量、增幅对比

指　　标	2008 年	2009 年	2010 年	2011 年	2012 年	2013 年
长三角汽车产量	138.22	203.82	274.67	302.92	324.11	371.41
全国汽车产量	934.55	1379.50	1826.99	1841.60	1927.70	2211.70
长三角汽车产量增幅	6.45	47.5	34.8	10.3	7.0	14.6
全国汽车产量增幅	5.1	47.6	32.4	0.8	4.7	14.7

数据来源：历年上海市、江苏省、浙江省统计年鉴及历年国民经济和社会发展统计公报

（二）两省一市情况

2007—2013 年期间上海市汽车产量始终占据了长三角汽车总产量的半壁江山以上，2013 年上海市汽车产量占长三角汽车总产量的比重为 61.1%，比上年下降 1.4 个百分点。江苏省汽车产量在长三角中的比重位居第二，多年来发展平稳，近几年所占比重呈上升趋势。2013 年，江苏省汽车产量占长三角汽车总产量的比重上升至 28.9%，比上年上升 1.5 个百分点。浙江省汽车产量在长三角中比重最小，近几年所占比重呈下降趋势。2013 年浙江省汽车产量占长三角汽车总产量的比重为 10.0%，比上年下降 0.2 个百分点。

二、上海市汽车产业基本情况

（一）上海市的总体情况

1. 汽车生产与销售

2013 年，上海市汽车行业产销稳定增长，全年产销分别为 226.89 万辆和 226.74 万辆（不含上汽

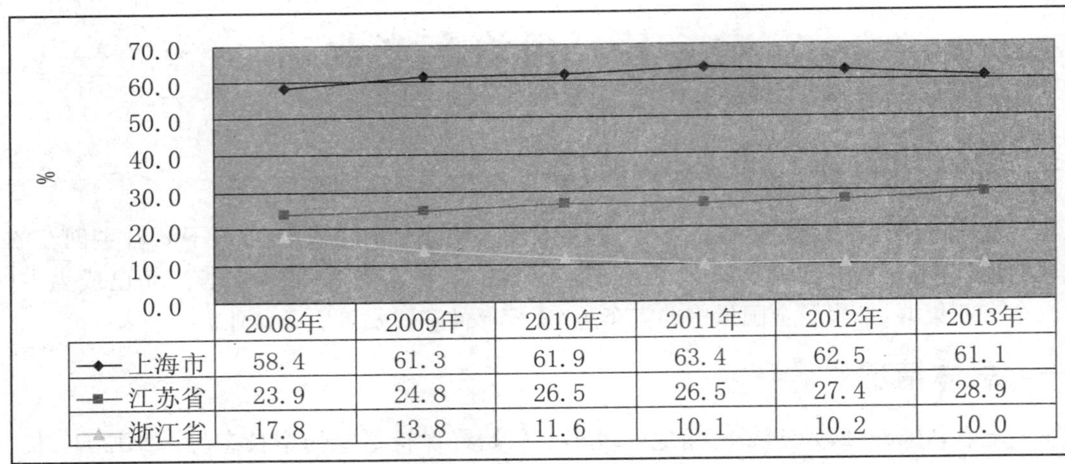

2008—2013 年两省一市汽车产量占长三角的比重

外地产)，同比分别上升 15.5%和 13.2%(剔除华普因素)，产量增幅高于全国 0.7 个百分点，销量略低于全国平均增幅。其中乘用车销售 225.18 万辆，同比增幅 13.2%，占整车总量 99.3%；商用车产销大幅上升，分别达到 15807 辆、15644 辆，同比分别上升 45.9%、51.6%。

2008—2013 年上海市汽车产、销量

万辆

指标		2008 年	2009 年	2010 年	2011 年	2012 年	2013 年
产量	汽车	80.65	125.03	169.89	191.91	202.43	226.89
	# 轿车	80.00	122.46	159.77	174.20	180.68	201.03
销量	汽车	80.16	123.98	168.94	190.12	206.12	226.74
	# 轿车	80.09	121.36	158.75	172.59	184.35	200.91

数据来源：历年上海市统计年鉴

2. 行业经济总量及效益

汽车产业是上海市的六大重点发展工业行业之一，也是上海着力发展的优势产业。2013 年，上海市共有汽车制造业单位 552 个，比上年减少 2 家；从业人员 23.36 万人，同比增长 3.0%；完成工业生产总值 4 884.08 亿元，同比增长 13.7%；实现销售产值 4 852.23 亿元，同比增长 12.2%；年末资产总计 5 172.17 亿元，同比增长 17.0 %；主营业务收入 6 055.52 亿元，同比增长 13.0%；实现利润总额 913.38 亿元，同比增长 18.8%；实现税金总额 325.52 亿元，同比增长 7.3%。

2008—2013 年上海市汽车行业主要指标

指　　标	2008 年	2009 年	2010 年	2011 年	2012 年	2013 年
单位数(个)	687	677	659	522	552	550
从业人员(万人)	17.69	18.18	20.77	21.97	22.69	23.36
工业总产值(亿元)	1 851.27	2 566.79	3 626.46	4 129.58	4 296.82	4 884.08
工业销售产值(亿元)	1 856.31	2 531.18	3 604.18	4 090.26	4 323.11	4 852.23

（续表）

指　　标	2008年	2009年	2010年	2011年	2012年	2013年
年末资产总计(亿元)	1 960.05	2 514.50	3 366.28	3 933.24	4 419.99	5 172.17
主营业务收入(亿元)	2 249.74	3 141.82	4 603.17	5 086.12	5 360.56	6 055.52
利润总额(亿元)	157.53	351.72	634.42	795.49	769.13	913.38
税金总额(亿元)	103.96	197.24	259.66	306.09	303.47	325.52

数据来源：历年上海市统计年鉴

（二）上海市汽车生产企业(集团)情况

2013年，上汽集团整车销售510.58万辆，继续保持国内市场领先地位，同比增长13.7%，集团下属的上海各整车企业都实现两位数增幅，其中上海通用销售157.52万辆，同比上升13.1%；上海大众销售152.5万辆，同比上升19.1%；上汽乘用车(含南京)销售23万辆，同比上升15.0%；上汽商用车销售1.13万辆，同比上升59.9%；上海申沃销售3783辆，同比上升16.4%。另外上海申龙客车进入了汽车整车销售行列，2013年销售除继续生产销售改装客车外，还销售客车整车561辆，成为上海客车产销新的增长点。2013年销售量排列前十的轿车品牌上汽占5席，朗逸、凯越、赛欧、克鲁兹、桑塔纳分列二、三、四、八和第九位，合计销售143.68万辆，占全国轿车销量的11.96%。上海乘用车良好的品牌优势，确保了上海汽车行业在全国汽车市场的领先地位。

（三）上海市汽车行业经济运行情况

1. 2013年，上海汽车行业协会纳入统计范围的130家企业，实现工业总产值3970.71亿元，同比上升12.8%；主营业务收入5102.54亿元，同比上升16.7%；利润总额845.89亿元，同比增长18.2%，全部从业人员平均13.37万，同比上升2.1%。

2. 据对上汽外61多家企业的统计，2013年工业总产值同比上升10.6%，其中：零部件上升13.5%，改装车则继续下降，但降幅缩小；主营业务收入同比上升18.3%，总产值、主营业务收入均改变了2012年负增长的局面。利润总额同比上升42.5%，因个别企业数据又较大的变化，故显得升幅较大。数据显示经济运行情况与上年比较，呈现出明显的向好态势。

3. 具体分析上汽外61家企业。

工业总产值零部件企业好于改装车企业，其中零部件企业179.45亿元，同比上升13.5%；14家改装车企业33.73亿元，同比下降2.9%，但改装车企业的降幅在明显缩小。在61家企业中总产值同比下降的有23家，占总数的37.7%，比三季度末减少6.6个百分点，在下降的企业中，属于改装车的9家，占改装车企业的64.3%，但其中有2家低于1%，另有2家低于5%，降幅超过50%的减少位1家。

利润总额总体情况与去年同期比有明显好转，在列入统计的61家企业中，利润总额亏损的有10家，占总数的16.4%，比去年同期减少2家；其次在亏损企业中属于改装车企业6家，占改装车企业(统计范围)的42.9%，亏损改装车企业累计亏损0.441亿元，比去年同期下降74.8%，可见运行趋于好转，其中工程水泥搅拌车由于销量的上升，亏损大幅下降。

尽管利润总额总体上升，但下降企业仍有20余家，数据显示零部件企业利润总额同比下降的有16家，超过零部件企业的30%

三、江苏省汽车产业基本情况

（一）江苏省的总体情况

1. 汽车生产、销售和库存

2013年，江苏省年初库存汽车4.28万辆，本年生产107.20万辆，本年销售107.94万辆，年末库存3.54万辆，比上年分别增长32.1%、20.9%、22.7%和－11.1%。

2008—2013年江苏省规模以上工业企业汽车生产、销售、库存 万辆

指　标	2008年	2009年	2010年	2011年	2012年	2013年
年初库存	1.55	1.10	1.72	2.28	3.24	4.28
本年生产	33.03	50.62	72.87	80.38	88.70	107.20
本年销售	33.47	49.92	72.31	79.43	87.96	107.94
年末库存	1.11	1.80	2.28	3.22	3.98	3.54

数据来源：历年江苏省统计年鉴

2. 载货汽车生产、销售和库存

2013年，江苏省年初库存载货汽车0.79万辆，本年生产12.12万辆，本年销售12.47万辆，年末库存0.43万辆，比上年分别增长64.6%、11.2%、17.6%和－45.6%。

2008—2013年江苏省规模以上工业企业载货汽车生产、销售、库存 万辆

指　标	2008年	2009年	2010年	2011年	2012年	2013年
年初库存	0.30	0.31	0.48	0.34	0.48	0.79
本年生产	5.45	5.87	8.14	6.74	10.90	12.12
本年销售	5.45	5.70	8.16	6.60	10.60	12.47
年末库存	0.31	0.48	0.47	0.48	0.79	0.43

数据来源：历年江苏省统计年鉴

3. 轿车生产、销售和库存

2013年，江苏省年初库存轿车1.78万辆，本年生产63.15万辆，本年销售63.21万辆，年末库存1.48万辆，分别比上年分别增长173.8%、38.7%、41.4%和16.9%。

2008—2013年江苏省规模以上工业企业轿车生产、销售、库存 万辆

指　标	2008年	2009年	2010年	2011年	2012年	2013年
年初库存	0.82	0.31	0.52	0.94	0.65	1.78
本年生产	18.66	21.47	31.38	38.35	45.54	63.15
本年销售	19.01	21.27	30.96	38.64	44.70	63.21
年末库存	0.47	0.52	0.94	0.65	1.48	1.73

数据来源：历年江苏省统计年鉴

（二）江苏省的区域情况

江苏省为加快新型工业化进程，推进汽车产业合理布局、结构优化，加快促进汽车产业集聚发展，认定仪征市为“江苏省汽车产业基地”；江苏国信集团淮安工业园区为“江苏省新能源汽车产业基地”；徐州高新技术产业开发区、溧阳市、扬州市邗江区和泗阳县（轮毂产业园）等 4 个地区为“江苏省汽车零部件产业基地”。汽车产业基地培育和建设，将进一步引导汽车生产企业集聚、集约发展，加快优化区域布局，增强汽车产业的整体竞争力，促进全省汽车产业更好更快更优发展。

金龙联合汽车工业（苏州）有限公司现拥有总资产 25 亿元，员工 4 380 人，其中各类专业技术人员 1 100 多人，具有年产 22 000 台大中型客车及底盘的能力，下辖博士后科研工作站、江苏省级企业技术中心、新型高速客车研发中心、园区现代化客车生产基地。苏州金龙获得 TS16949、3C 认证，拥有 50 多类 300 多个品种，海格 H 系、A 系、V 系、W 系、B 系及星系客车产品，覆盖客运、旅游、公交和团体用车领域。海格客车不仅畅销国内，还驰行东南亚、中东、非洲、俄罗斯、东欧等地。

2013 年，江苏东风悦达起亚以 14.0％的增长比例完成了全年 54.6 万台销量，超额完成销量目标。为继续保持高速增长，且为公司长远发展奠定坚实基础，东风悦达起亚第三工厂于 2012 年 6 月正式奠基。新建的第三工厂同样位于盐城经济技术开发区内，与二工厂比邻而建，这样的布局有利于充分利用现有的生产体系，有效整合资源，在新老工厂间形成优势互补的协同效应。三工厂采用国际先进的汽车制造设备和技术，以冲压、焊装、涂装、总装及发动机车间组成全自动生产线，是集高效、环保、节能于一身的现代化汽车制造工厂。目前，企业第三工厂正在有序建设，预计于 2014 年初投产。其设计产能为 30 万台，通过主动调节，将联合一、二工厂初步形成百万产能规模，为公司跻身国内一流汽车品牌提供重要支撑。

四、浙江省汽车产业基本情况

（一）浙江省的总体情况

1. 汽车产量

浙江省汽车产业起步晚，特别是整车产业相对较薄弱，汽车产量与上海市和江苏省相比有一定的差距。2013 年汽车产量为 37.32 万辆，比上年增长 13.2％，其中载货汽车产量为 3.98 万辆，比上年增长 111.7％。

2008—2013 年浙江省汽车产量

万辆

指　标	2008 年	2009 年	2010 年	2011 年	2012 年	2013 年
汽车	24.54	28.17	31.91	30.63	32.98	37.32
＃载货汽车	3.28	2.30	3.19	1.48	1.88	3.98

数据来源：历年浙江省统计年鉴

2. 行业经济总量及效益

2013 年，浙江省共有汽车制造业单位 1623 个，比上年增加 188 家；从业人员 33.02 万人，同比增长 0.4％；完成工业生产总值 2 323.39 亿元，同比下降 19.8％；年末资产总计 2 948.45 亿元，同比增长 6.2 ％；主营业务收入 2 231.35 亿元，同比下降长 21.6％；实现利润总额 165.57 亿元，同比下降 1.5％；实现利税总额 250.84 亿元，与去年基本持平。

2012—2013 年浙江省汽车行业主要指标

指　标	单位数（个）	从业人员（万人）	工业总产值（亿元）	年末资产总计（亿元）	主营业务收入（亿元）	利润总额（亿元）	利税总额（亿元）
2012 年	1 435	32.88	2 898.53	2 775.24	2 846.85	168.12	250.98
2013 年	1 623	33.02	2 323.39	2 948.45	2 231.35	165.57	250.84

数据来源：历年浙江省统计年鉴

（二）浙江省汽车行业经济运行情况

2013 年，浙江省汽车行业经济运行形势良好，呈现平稳发展态势。全省累计完成汽车产销量均为 78.53 万辆，同比均增长 8.3%，约占全国市场份额的 3.6%。

整车企业产销快速增长。全年整车产销均为 77.5 万辆，比上年同期分别增长 8.6%和 8.5%，整车增长主要受轿车和大客车拉动，其中轿车销量完成 65.27 万辆，比上年同期增长 17.6%，对整车增长贡献度为 84.2%；大客车销量完成 7585 辆，比上年同期增长 36.9%，对整车增长贡献度为 1.0%。SUV、皮卡、面包车等产销略低于上年同期水平。

改装车企业产销分别完成 1.03 万辆和 1.02 万辆，同比分别下降 6.9%和 4.9%。其中专用货车产销 3 365 辆和 3 296 辆，同比增长 9.0%和 6.4%。通用货车、挂车等各类车型产销 1 785 辆和 1 805 辆，同比增长 79.2%和 81.6%，专用客厢车产量有所下降，销量则略有上升，专用作业车和其它挂车车型产销均低于上年同期水平。

行业总产值、利润实现较快增长。2013 年，浙江省汽车整车及改装车企业实现销售收入 523.37 亿元，同比增长 11.3%，实现利税 80.74 亿元，同比增长 15.9%；实现利润 36.72 亿元，同比增长 46.3%。其中整车企业销售收入 502.46 亿元，同比增长 11.6%。改装车企业销售收入 20.91 亿元，同比增长 6.2%。

积极开拓市场，效益提升明显。截至 2013 年底，汽车整车累计出口 143 464 辆，同比下降 0.9%。出口金额 114 274.01 万美元，同比增长 23.9%。改装车累计出口 914 辆，出口金额 3 703.68 万美元，同比增长 23.0%和 26.6%。

（三）浙江省自主品牌发展情况

1. 吉利坚持“对标管理、品质经营”的管理思路，生产经营呈现稳健发展的态势，吉利品牌形象、产品形象和社会地位得到显著提升。帝豪 EC7 上市以来消费者认可度持续提高，2013 年累计实现出口 11.9 万辆，在自主品牌出口同比下滑 9.6%的大环境下，吉利逆势增长 18.6%，增速连续 3 年远超大势。总出口量位居自主品牌第二位，与第一名差距大幅缩小。在西班牙巴塞罗那、瑞典哥德堡、美国加州和中国上海成立了设计造型中心，构建全球型的造型设计体系，以满足不同国家和市场消费者需求展开设计。与沃尔沃联合出资在瑞典哥德堡成立中欧汽车技术中心（CEVT），2013 年 9 月正式运行。与沃尔沃全面联合开发 1.5TD、1.0TD 发动机以及 7DCT 自动变速箱等动力总成，吉利 2016 年开始的所有产品，将共享与沃尔沃联合开发的动力总成技术，快速提升动力总成核心竞争力，为吉利全球化市场拓展奠定良好基础。

2. 众泰汽车加快转型升级步伐，全面推进“机器换人”，产业结构得到较大改善。通过技术改造、提升了产品质量，缩短了制造周期，控制了制造成本，降低了投资风险。主导产品众泰 Z300、众泰 T200 等车型实现产销 9.87 万辆和 9.91 万辆，较上一年度增幅 20.0%。新车型 SUV T600 刚推出就

受到市场青睐，2013 年 12 月上市当月实现销售 400 多台、接受 2 000 多台预定。2013 年众泰申请专利 104 项，其中发明专利 8 项，累计拥有专利 256 项，其中发明专利 4 项。

3. 东风裕隆公司注重人才培养和质量管控，新车质量稳步提升。纳智捷品牌 IQS 指数达到 118，成为新车品质超过行业平均水平的四个自主品牌之一；纳智捷品牌价值的 APEAL 指数达到 835，获得了相当于雪佛兰的品牌价值，列自主品牌首位。尤其是纳 5 作为东风裕隆首款轿车，投放市场以后反映较好，获得了搜狐“年度首选中级车”、新浪“年度创新奖”等诸多荣誉。同时，首次自主申请专利 4 项并获受理。一期项目规划产品纳智捷 MASTER CEO、纳智捷大 7MPV、纳智捷 5Sedan 三款新车先后上市，全部实现量产销售，逐步形成较丰富的产品线。

4. 新能源汽车产业链初步形成。继吉利汽车“基于帝豪 EC7 的全新纯电动轿车技术开发项目”、万向电动汽车“车用锂离子动力电池技术开发项目”获得国家 2013 年新能源汽车产业技术创新工程项目支持后，为加快浙江新能源汽车产业发展，省政府组织开展了技术创新综合试点工作，省级财政投入 1 亿元，选择 11 家相关企业建立了新能源汽车产业的企业研究院，并在每年重大科技攻关课题、人才引进等方面给予支持。11 家试点企业研究院涉及整车制造和电池、电机、电控、电池隔膜等核心零部件制造，协同创新，协同制造，形成了比较完整的新能源汽车产业链。为新能源汽车进一步发展打下坚实基础。

八　长三角纺织服装业

一、长三角纺织服装业发展总体概况

长三角作为国内纺织服装业最活跃的区域之一，已形成了多个服装服饰产业集聚地，如宁波和温州的男正装、常熟的羽绒服、杭州的女装、海宁的皮装、桐乡的羊毛衫、织里的童装等。长三角区域的服装产业具有产品种类齐全、生产规模大、产品档次清晰等优势。并且，和珠三角地区承接“洋品牌”加工不同，作为我国传统纺织服装生产基地，长三角是乡镇企业和民营经济焕发出生机的产物，产生了许多本土品牌。像一些被消费者熟知的品牌：杉杉、雅戈尔、红豆、波司登等都在长三角地区。

2013 年，长三角地区拥有规模以上纺织服装、服饰企业 5 709 家，比上年增加 239 家；完成工业总产值 6 719.10 亿元，同比增长 9.6%；实现主营业务收入 6 651.76 亿元，同比增长 9.5%；创造利润总额 392.64 亿元，同比增长 1.3%；年末资产总额为 4 911.41 亿元，同比增长 8.1%。

2008—2013 长三角地区规模以上纺织服装、服饰业发展情况　　亿元，%

指标	企业单位数(个)		工业总产值		利润总额		主营业务收入		资产总计	
	数额	增加数	数额	增速	数额	增速	数额	增速	数额	增速
2008 年	7 173	529	3 826.97	10.54	176.29	6.21	3 724.68	10.12	2 513.47	13.15
2009 年	8 107	934	4 162.00	8.75	219.00	24.23	4 043.97	8.57	2 747.01	9.29
2010 年	8 045	−62	4 739.16	13.87	289.93	32.39	4 677.35	15.66	3 287.61	19.68
2011 年	4 162	−3883	4 712.27	−0.57	352.69	21.65	4 652.13	−0.54	3 576.54	8.79
2012 年	5 470	—	6 129.22	—	387.68	—	6 073.01	—	4 542.28	—
2013 年	5 709	239	6 719.10	9.6	392.64	1.3	6 651.76	9.5	4 911.41	8.1

注：2012 年数据按新行业标准统计，与 2011 数据不可比较

数据来源：历年上海市、江苏省、浙江省统计年鉴

（一）资产运营情况

从资产运营情况来看，2013 年长三角规模以上纺织服装、服饰业资产总额为 4 911.41 亿元，比上年增长 8.1%；负债总额为 2 734.22 亿元，同比增长 6.5%；资产负债率为 55.67%，同比下降 0.83 个百分点。分省市来看，上海市规模以上纺织服装、服饰业资产运营情况最好，2013 年上海市规模以上纺织服装、服饰业资产负债率为 51.81%，比上年下降 1.13 个百分点。江苏省规模以上纺织服装、服饰业资产负债率为 55.09%，比上年下降 0.73 个百分点。浙江省规模以上纺织服装、服饰业资产负债率最高，57.12%，比上年下降 0.91 个百分点。

（二）重点纺织服装企业发展情况

1. 雅戈尔集团

雅戈尔集团创建于 1979 年，总部位于中国浙江宁波。经过 30 余年的发展，逐步确立了以品牌服装、地产开发、金融投资三大产业为主体的经营格局。旗下的雅戈尔集团股份有限公司为上市公司，股票代码 600177。雅戈尔集团旗下的雅戈尔服饰公司在全国拥有 100 余家分公司，400 多家自营专

卖店，共2000多个商业网点。

2013年，雅戈尔集团股份有限公司实现主营业务收入151.67亿元，同比增长41.3%；利润总额24.67亿元，增长39.5%；资产总额为483.46亿元，下降3.8%；负债总额为341.26亿元，下降4.8%。品牌服装营业收入同比增长4.6%，占主营业务收入的比重为28.2%。

2. 杉杉集团

杉杉集团创立于1989年，经历20余年的发展，已在全国形成跨地域、跨行业的102家具有独立法人资格的下属企业。杉杉集团产业涉及时尚产业、新能源新材料、投资、园区开发、国际贸易、文化产业六大板块，旗下拥有杉杉股份和中科英华两家上市公司。杉杉作为中国服装的龙头企业，引领中国服装业的产业方向。并成为第一家上市的服装企业和国家扶植的520家重点企业之一，股票代码600884。

2013年，宁波杉杉股份有限公司实现主营业务收入40.48亿元，同比增长7.8%；利润总额1.88亿元，增长5.6%；资产总额为74.50亿元，下降2.3%；负债总额为39.31亿元，下降2.8%。品牌服装营业收入同比下降4.3%，占主营业务收入的比重为11.0%。

3. 美特斯邦威集团

美特斯邦威集团公司于1995年创建于中国浙江省温州市，主要研发、生产、销售美特斯·邦威品牌休闲系列服饰。2005年创办了上海美特斯邦威服饰博物馆，是国内目前规模最大的服饰博物馆。2008年美特斯·邦威正式收购流行服装衣之纯品牌和雷迈服饰有限公司主打系列服装“LEIMAI”。同年，美特斯邦威公司A股在深交所挂牌上市，股票代码002269。

2013年，上海美特斯邦威服饰股份有限公司实现主营业务收入78.90亿元，同比下降17.0%；利润总额4.87亿元，下降55.8%；资产总额为67.07亿元，下降4.3%；负债总额为29.33亿元，增长2.1%。

4. 黑牡丹集团

黑牡丹(集团)股份有限公司是一家集牛仔面料、服装、色织布等制造业和城市综合功能开发、创新产业投资新型业务为一体的国有控股型上市公司。公司始建于1940年，“黑牡丹”商标1979年获准注册，并通过马德里国际商标注册延伸至70余个国家。2002年上海证券交易所A股上市，股票代码600510。2005年荣获“中国驰名商标”、“中国名牌产品”、国内牛仔布行业第一家“出口免验企业”，被商务部列为国家重点培育和发展的出口名牌。2009年以非公开定向增发的形式进行重大资产重组，注入城市综合功能开发业务。

2013年，黑牡丹(集团)股份有限公司实现主营业务收入45.57亿元，同比增长23.9%；利润总额5.90亿元，同比增长13.0%；资产总额为114.85亿元，同比增长26.7%；负债总额为96.89亿元，同比增长39.2%。纺织服装营业收入同比增长66.1%，占主营业务收入的比重为47.9%，同比上升12.1个百分点。

5. 报喜鸟集团

报喜鸟集团有限公司组建于1996年，是一家以服装为主业，涉足地产和投资领域的综合性现代化企业集团。集团下属一家服饰上市公司、两家地产开发公司和两家创业投资公司，拥有7个自主服饰品牌、5个国际代理品牌、3个服装生产基地及2000多家销售网点。集团核心子公司浙江报喜鸟服饰股份有限公司于2007年8月在深交所成功上市，成为温州地区第一家国内上市的鞋服企业，股票代码002154。

2013年，浙江报喜鸟服饰股份有限公司实现主营业务收入20.18亿元，同比下降10.5%；利润总额2.34亿元，下降52.7%；资产总额为45.86亿元，同比下降3.9%；负债总额为19.61亿元，下降8.1%。纺织服装营业收入同比下降16.9%，占主营业务收入的比重为88.2%，同比下降6.8个百分点。

6. 红豆集团

红豆集团是江苏省重点企业集团，国务院120家深化改革试点企业之一。"红豆"商标于1997年被国家工商局认定为中国驰名商标，"千里马"商标于2012年获中国驰名商标荣誉，是全国较少拥有两个驰名商标的公司；同时，企业通过ISO9001:2008质量体系认证，拥有多个"中国名牌"产品。多年来，红豆以优异的销售业绩稳居中国服装业百强亚军。红豆集团大力推进品牌建设，实现转型升级：由生产经营型向创造运营型转变、由资产经营型向产融结合型转变、由国内企业向跨国企业转变、产业升级及竞争力升级。企业的产品也从最初的针织内衣，发展到服装、橡胶轮胎、生物制药、地产四大领域。2001年1月，"红豆股份"在上交所交易，股票代码600400。

2013年，江苏红豆实业股份有限公司实现主营业务收入23.94亿元，同比增长49.0%；利润总额0.56亿元，增长11.2%；资产总额为69.96亿元，增长2.4%；负债总额为53.16亿元，增长2.7%。服装行业营业收入同比下降1.4%，占主营业务收入的比重为38.5%，同比下降19.6个百分点。

二、上海市纺织服装、服饰业基本情况

（一）行业经济总量

2013年，上海市拥有规模以上纺织服装、服饰业537家，与去年持平；吸纳从业人员11.71万人，同比下降14.5%；实现工业总产值507.97亿元，同比下降6.4%；年末资产总计502.72亿元，与去年基本持平；实现主营业务收入522.06亿元，同比下降6.5%。

2008—2013年上海市规模以上纺织服装、服饰业指标　　亿元

指标	单位数(个)	从业人员	工业总产值	资产总计	主营业务收入	利润总额	税金总额
2008年	1 228	22.83	471.64	357.35	472.55	19.83	16.42
2009年	1 159	22.25	467.14	382.81	459.87	28.63	13.54
2010年	957	17.16	463.41	413.31	470.64	38.87	18.04
2011年	430	11.50	440.35	395.67	462.11	44.44	18.73
2012年	537	13.69	542.80	502.78	558.44	33.86	21.82
2013年	537	11.71	507.97	502.72	522.06	23.27	19.01

注：2012年数据按新行业标准统计
数据来源：历年上海市统计年鉴

（二）行业经济效益

2013年，上海市规模以上纺织服装、服饰业创造利润总额23.27亿元，同比下降31.3%；实现税金总额19.01亿元，同比下降12.9%。

三、江苏省纺织服装、服饰业基本情况

（一）行业经济总量

2013 年，江苏省拥有规模以上纺织服装、服饰企业 2 617 家，比上年增加 38 家；年末资产总额 2 190.09亿元，同比增长 10.4%；全年共实现工业总产值 3 862.35 亿元，同比增长 13.7%；实现新产品产值 349.74 亿元，同比下降 29.1%；实现主营业务收 3 853.31 亿元，同比增长 13.4%；实现利润总额 244.57 亿元，同比增长 5.7%；实现利税总额 397.18 亿元，同比增长 9.3%。

2008—2013 年江苏省规模以上纺织服装、服饰业主要经济指标

亿元

指标	单位数(个)	资产总计	工业总产值	新产品产值	主营业务收入	利润总额	利税总额
2008 年	2717	1 009.79	1 909.62	57.50	1 869.05	85.09	140.97
2009 年	3715	1 182.66	2 303.53	181.73	2 232.46	111.40	185.52
2010 年	3755	1 432.51	2 622.80	190.42	2 591.43	147.78	237.81
2011 年	2540	1 763.00	3 080.68	346.06	3 033.92	209.16	313.22
2012 年	2579	1 983.00	3 396.48	493.24	3 399.14	231.37	363.35
2013 年	2617	2 190.09	3 862.35	349.74	3 853.31	244.57	397.18

注：2011 年(含)以后数据按新行业标准统计

数据来源：历年江苏省统计年鉴

（二）行业经济效益

1. 企业亏损面上升

2013 年，江苏省规模以上纺织服装、服饰业亏损率达到 12.69%，比上年上升 0.98 个百分点。

2. 利税指标下降

2013 年，江苏省规模以上纺织服装、服饰业产值利税率和销售利税率分别达到 10.28% 和 10.31%。与上年相比，2013 年利税率指标均下降，下降幅度分别为 0.42 个百分点和 0.38 个百分点。

3. 产品销售率下降

2013 年，江苏省规模以上纺织服装、服饰业产品销售率为 98.69%，比上年水平下降 0.17 个百分点。

4. 资产负债率有所下降

2013 年，江苏省规模以上纺织服装、服饰业资产负债率为 55.09%，比上年下降 0.73 个百分点。

5. 企业流动资产周转次数加快

2013 年，江苏省规模以上纺织服装、服饰业流动资产周转次数为 3.09 次/年，比上年水平上升 0.06 次/年。

2008—2013 年江苏省规模以上纺织服装、服饰业主要经济效益指标

指　标	2008 年	2009 年	2010 年	2011 年	2012 年	2013 年
企业亏损面(%)	15.57	12.30	9.96	7.80	11.71	12.69
产值利税率(%)	7.38	8.06	9.07	10.17	10.70	10.28
销售利税率(%)	7.60	8.31	9.18	10.32	10.69	10.31
资金利税率(%)	20.02	18.49	20.12	21.36	22.16	—
成本费用利润率(%)	4.85	5.30	6.10	7.43	7.34	6.74
资产负债率(%)	55.05	54.61	53.99	56.52	55.82	55.09
流动资产周转次数(次/年)	3.11	3.12	3.08	2.91	3.03	3.09
产品销售率(%)	97.88	98.24	98.29	98.88	98.86	98.69

注:2011 年(含)以后数据按新行业标准统计
数据来源:历年江苏省统计年鉴

四、浙江省纺织服装业基本情况

(一) 行业经济总量

2013 年,浙江省拥有规模以上纺织服装、服饰企业 2 555 家,比上年增加 201 家;完成工业总产值 2 348.78 亿元,同比增长 7.3%;主营业务收入达到 2 276.39 亿元,同比增长 7.6%;年末资产总额达到 2 218.60 亿元,同比增长 7.9%;创造利润总额为 124.80 亿元,同比增长 1.9%;实现利税总额为 215.84 亿元,同比增长 7.6%。

2008—2013 年浙江省规模以上纺织服装、服饰业主要经济指标 亿元

指标	单位数(个)	从业人员	工业总产值	资产总计	主营业务收入	利润总额	利税总额
2008 年	3 228	—	1 445.71	1 146.33	1 397.34	71.37	124.83
2009 年	3 233	66.08	1 392.76	1 181.54	1 351.64	78.85	127.42
2010 年	3 333	65.78	1 652.95	1 441.79	1 615.28	103.28	165.30
2011 年	1 499	47.25	1 468.37	1 417.87	1 156.10	99.09	159.86
2012 年	2 354	62.81	2 189.94	2 056.50	2 115.43	122.45	200.67
2013 年	2 555	61.10	2 348.78	2 218.60	2 276.39	124.80	215.84

注:2012 年数据按新行业标准统计
数据来源:历年浙江省统计年鉴

(二) 行业经济效益

1. 行业利税率有升有降

2013 年,浙江省规模以上纺织服装、服饰业“每百元固定资产原值实现利税”为 32.82 元,与上年相比上升 0.50 元;“每百元销售收入实现利税”为 9.48 元,与去年相比下降 0.01 元。

2. 产品销售率有所上升

2013 年，浙江省规模以上纺织服装、服饰业产品销售率为 97.70%，比去年上升 0.22 个百分点。

3. 出口交货值占工业销售产值比重下降

2013 年，浙江省规模以上纺织服装、服饰业出口交货值占工业销售产值比重为 43.44%，较上年下降 2.62 个百分点。

4. 新产品产值率稳步上升

2013 年，浙江省规模以上纺织服装、服饰业新产品产值率为 20.61%，比上年下降 0.31 个百分点。

2008—2013 年浙江省规模以上纺织服装、服饰业主要经济效益指标

指　标	2008 年	2009 年	2010 年	2011 年	2012 年	2013 年
每百元固定资产原值实现利税(元)	31.34	31.53	36.40	37.70	32.32	32.82
每百元主营业务收入实现利税(元)	8.93	9.43	10.23	11.25	9.49	9.48
产品销售率(%)	96.93	97.69	97.66	97.09	97.48	97.70
出口交货值占工业销售产值比重(%)	—	45.62	44.01	42.66	46.06	43.44
新产品产值率(%)	—	11.90	13.32	15.86	20.92	20.61

数据来源：历年浙江省统计年鉴

九 长三角钢铁产业

一、长三角钢铁产业整体情况

(一)长三角钢铁行业经济总量

2013年,长三角地区规模以上钢铁企业10936家,比2012年增加319家;工业总产值为30040.41亿元,同比增长8.8%,;资产总计为21011.28亿元,同比增长7.0%;主营业务收入为30172.41亿元,同比增长7.7%;利润总额为1206.06亿元,同比增长2.7%。

2013年,上海市规模以钢铁行业工业总产值占长三角地区规模以上钢铁行业工业总产值的比重为9.9%,同比下降1.0百分点;年末资产总计占比为16.6%,同比下降0.2百分点;主营业务收入占比为11.3%,同比下降1.3百分点;利润总额占比为11.3%,同比下降5.9百分点。

2013年,江苏省规模以钢铁行业工业总产值占长三角地区规模以上钢铁行业工业总产值的比重为65.3%,同比上升1.4百分点;年末资产总计占比为56.3%,同比下降0.1百分点;主营业务收入占比为64.8%,同比上升1.4百分点;利润总额占比为66.0%,同比上升3.9百分点。

2013年,浙江省规模以钢铁行业工业总产值占长三角地区规模以上钢铁行业工业总产值的比重为24.8%,同比下降0.4百分点;年末资产总计占比为27.1%,同比上升0.2百分点;主营业务收入占比为23.9%,同比下降0.1百分点;利润总额占比为22.7%,同比上升2.0百分点。

2009—2013年长三角地区规模以钢铁企业主要经济指标 亿元

指 标	企业单位数(个)	工业总产值	资产总计	主营业务收入	利润总额
2009年	14238	18283.86	13897.00	18139.78	727.75
2010年	14777	22352.36	16274.35	22594.45	1162.65
2011年	8846	24901.61	18279.31	26340.93	1258.40
2012年	10617	27622.32	19632.84	28015.50	1174.36
2013年	10936	30040.41	21011.28	30172.41	1206.06

数据来源:历年上海市统计年鉴、江苏省统计年鉴、浙江省统计年鉴

(二)长三角钢铁行业主要产品产量

2013年,长三角地区钢铁行业生产生铁9387.99万吨,同比增长8.2%;生产粗钢12830.39万吨,同比增长20.0%;生产钢材18544.20万吨,同比增长11.1%。

2009—2013年长三角地区钢铁企业主要产品产量

产 品	2009年	2010年	2011年	2012年	2013年
生铁(万吨)	6 913.60	8 028.25	8 253.19	8 678.52	9387.99
粗钢(万吨)	8 567.76	9 685.55	10 394.18	10 695.84	12830.39
钢材(万吨)	12 400.46	14 431.50	15 617.82	16 691.27	18544.20

数据来源:历年上海市统计年鉴、江苏省统计年鉴、浙江省统计年鉴

二、上海市钢铁产业

（一）上海市钢铁行业经济总量

2013 年，上海市规模以上钢铁企业 1087 家，比上年增加 1 家；工业总产值 2968.81 亿元，同比下降 1.4%；年末资产总计 3496.18 亿元，同比增长 6.2%；主营业务收入 3399.613 亿元，同比下降 3.4%；利润总额 136.32 亿元，同比下降 32.4%；税金总额 60.13 亿元，同比增长 14.9%。

2009—2013 年上海市规模以钢铁企业主要经济指标　　个，亿元

指　标	企业单位数	工业总产值	资产总计	主营业务收入	利润总额	税金总额
2009 年	2096	2362.36	2915.35	2600.12	103.36	65.37
2010 年	1932	3073.02	3125.43	3449.67	225.98	67.77
2011 年	1040	3228.08	3172.62	3658.90	132.12	57.47
2012 年	1086	3011.40	3290.58	3517.67	201.83	52.34
2013 年	1087	2968.81	3496.18	3399.61	136.32	60.13

注：2012 年（含）后的数据按新行业标准统计
数据来源：历年上海市统计年鉴

（二）上海市精品钢材制造业基本情况

2013 年，上海市精品钢材制造企业 98 家，比上年减少 3 家；工业总产值为 1517.07 亿元，同比下降 2.0%；资产总计为 2 196.75 亿元，同比增长 76.8%；主营业务收入为 1 938.62 亿元，同比下降 3.1%；利润总额为 68.42 亿元，同比下降长 45.9%；税金总额为 27.53 亿元，同比增长 45.4%。

2013 年，上海市精品钢材制造业工业总产值占规模以上钢铁行业工业总产值的比重为 51.1%，同比下降 0.3 百分点；年末资产总计占比为 62.8%，同比上升 0.9 百分点；主营业务收入占比为 57.0%，同比上升 0.1 百分点；利润总额占比为 50.2%，同比下降 12.5 百分点；税金总额占比为 45.8%，同比上升 9.6 百分点。

2009—2013 年上海市精品钢材制造业主要经济指标　　个，亿元

指　标	企业单位数	工业总产值	资产总计	主营业务收入	利润总额	税金总额
2009 年	134	1289.01	1954.23	1475.45	55.25	41.34
2010 年	125	1722.87	2048.15	2086.98	154.93	40.85
2011 年	88	1813.16	2119.48	2235.94	61.53	28.35
2012 年	101	1548.32	2037.13	2000.99	126.58	18.94
2013 年	98	1517.07	2 196.75	1 938.62	68.42	27.53

注：2012 年（含）后的数据按新行业标准统计
数据来源：历年上海市统计年鉴

（三）上海市钢铁行业主要产品产量

2013 年，上海市钢铁行业生产生铁 1637.58 万吨，比上年下降 9.0%；生产粗钢 1811.08 万吨，同比下降长 8.1%；生产钢材 2322.76 万吨，同比下降 0.8%。

2009—2013 年上海市钢铁企业主要产品产量　　万吨

产　品	2009 年	2010 年	2011 年	2012 年	2013 年
生铁	1 787.48	1 901.39	1 947.48	1 800.44	1637.58
粗钢	2 032.24	2 214.27	2 225.48	1 970.91	1811.08
钢材	2 181.37	2 475.95	2 482.81	2 340.76	2322.76

注：2012 年(含)后的数据按新行业标准统计
数据来源：历年上海市统计年鉴

三、江苏省钢铁产业

（一）江苏省钢铁行业经济总量

2013 年，江苏省规模以上钢铁企业 5 670 家，比 2012 年增加 56 家；工业总产值为 19 617.66 亿元，同比增长 11.1%；资产总计为 11 823.66 亿元，同比增长 6.8%；主营业务收入为 19 548.83 亿元，同比增长 10.0%；利润总额为 795.61 亿元，同比增长 9.1%；利税总额为 1 348.15 亿元，同比增长 10.2%。

2009—2013 年江苏省规模以钢铁企业主要经济指标　　个，亿元

指　标	企业单位数	工业总产值	资产总计	主营业务收入	利润总额	利税总额
2009 年	6 672	11 419.54	7 285.20	11 265.21	471.26	767.16
2010 年	6 991	13 566.95	8 764.51	13 570.05	682.79	1 035.29
2011 年	4 479	15 168.27	10 512.64	16 343.33	850.98	1 307.53
2012 年	5 614	17 650.50	11 066.02	17 775.64	729.19	1 223.36
2013 年	5 670	19 617.66	11 823.66	19 548.83	795.61	1 348.15

注：2011 年(含)后的数据按新行业标准统计
数据来源：历年江苏省统计年鉴

（二）江苏省钢铁行业经济效益

1. 黑色金属冶炼和压延加工业

2013 年，江苏省黑色金属冶炼和压延加工业企业亏损面为 15.67%，同比下降 2.12 个百分点；产值利税率为 5.70%，同比上升 0.21 个百分点；销售利税率为 5.64%，同比上升 0.25 个百分点；资产负债率为 65.88%，同比下降 0.19 个百分点；产品销售率为 98.69%，同比下降 0.73 个百分点；成本费用利润率为 3.05%，同比下降 0.01 个百分点；流动资产周转次数为 3.16 次/年，同比增长 0.19 次/年。

2. 有色金属冶炼和压延加工业

2013 年，江苏省有色金属冶炼和压延加工业企业亏损面为 18.01%，同比下降 0.38 个百分点；产值利税率为 5.77%，同比下降 0.98 个百分点；销售利税率为 5.84%，同比下降 0.88 个百分点；资产负债率为 64.29%，同比下降 0.43 个百分点；产品销售率为 98.86%，同比下降 0.24 个百分点；成本费用利润率为 3.62%，同比下降 1.07 个百分点；流动资产周转次数为 3.23 次/年，同比增长 0.08 次/年。

3. 金属制品业

2013 年，江苏省金属制品业企业亏损面为 10.53%，同比下降 0.55 个百分点；产值利税率为

9.89%，同比下降0.05个百分点；销售利税率为10.14%，同比增长0.06个百分点；资产负债率为55.47%，同比下降0.81个百分点；产品销售率为98.08%，同比下降0.39个百分点；成本费用利润率为6.54%，同比下降0.18个百分点；流动资产周转次数为2.56次/年，同比增长0.02次/年。

2009—2013年江苏省规模以钢铁企业主要经济效益指标

指标		2009年	2010年	2011年	2012年	2013年
黑色金属	企业亏损面(%)	16.52	11.43	9.24	17.79	15.67
	产值利税率(%)	6.12	7.18	7.70	5.49	5.70
	销售利税率(%)	6.14	7.10	7.55	5.39	5.64
	资产负债率(%)	64.13	64.68	66.78	66.07	65.88
	产品销售率(%)	98.84	99.54	98.94	99.42	98.69
	成本费用利润率(%)	4.12	5.16	5.14	3.06	3.05
	流动资产周转次数(次/年)	2.72	2.64	2.59	2.97	3.16
有色金属	企业亏损面(%)	11.77	8.36	14.02	18.39	18.01
	产值利税率(%)	5.92	6.09	6.30	6.75	5.77
	销售利税率(%)	6.08	6.14	6.33	6.72	5.84
	资产负债率(%)	62.08	63.63	64.49	64.72	64.29
	产品销售率(%)	98.43	99.01	98.86	99.10	98.86
	成本费用利润率(%)	3.74	4.11	4.69	4.69	3.62
	流动资产周转次数(次/年)	3.84	3.51	3.28	3.15	3.23
金属制品业	企业亏损面(%)	11.02	8.30	8.52	11.08	10.53
	产值利税率(%)	8.69	9.80	10.02	9.94	9.89
	销售利税率(%)	8.91	9.94	10.24	10.08	10.14
	资产负债率(%)	56.97	56.55	58.46	56.28	55.47
	产品销售率(%)	97.55	98.20	98.28	98.47	98.08
	成本费用利润率(%)	5.59	6.78	7.06	6.72	6.54
	流动资产周转次数(次/年)	2.33	2.41	2.35	2.54	2.56

注：2011年(含)后的数据按新行业标准统计
数据来源：历年江苏省统计年鉴

（三）江苏省钢铁行业主要产品产量

江苏省是全国钢铁大省，钢铁行业总量规模和发展水平均居于全国前列，具有较强的影响力。2013年，江苏省钢铁行业拥有高炉105座，转炉86座，电炉62座；生产生铁6 690.62万吨，同比增长13.9%；生产粗钢9 286.16万吨，同比增长25.2%；生产钢材12 398.00万吨，同比增长12.8%。

2009—2013年江苏省规模以钢铁企业主要产品产量

万吨

产品	2009年	2010年	2011年	2012年	2013年
生铁	4 590.16	5 211.26	5 303.54	5 871.95	6 690.62

（续表）

产　品	2009 年	2010 年	2011 年	2012 年	2013 年
粗钢	5 489.88	6 242.75	6 838.77	7 419.70	9 286.16
钢材	7 859.69	9 122.95	9 994.01	10 989.18	12 398.00

注:2011 年(含)后的数据按新行业标准统计
数据来源:历年江苏省统计年鉴

四、浙江省钢铁产业

（一）浙江省钢铁行业经济总量

2013 年,浙江省规模以上钢铁企业 4179 家,比 2012 年增加 262 家;工业总产值为 7453.94 亿元,同比增长 7.1%;资产总计为 5691.44 亿元,同比增长 7.9%;主营业务收入为 7223.97 亿元,同比增长 7.5%;利润总额为 274.13 亿元,同比增长 12.7%;利税总额为 429.18 亿元,同比增长 11.2%。

2009—2013 年浙江省规模以钢铁企业主要经济指标　　个,亿元

指　标	企业单位数	工业总产值	资产总计	主营业务收入	利润总额	利税总额
2009 年	5470	4501.96	3696.45	4274.45	153.13	246.76
2010 年	5854	5712.39	4384.41	5574.73	253.88	380.80
2011 年	3327	6505.26	4594.05	6338.70	275.30	415.92
2012 年	3917	6960.42	5276.24	6722.19	243.34	385.79
2013 年	4179	7453.94	5691.44	7223.97	274.13	429.18

注:2012 年(含)后的数据按新行业标准统计
数据来源:历年浙江省统计年鉴

（二）浙江省钢铁行业经济效益

1. 黑色金属冶炼和压延加工业

2013 年,浙江省黑色金属冶炼和压延加工业企业每百元固定资产原值实现利税 15.11 元,比上年增长 2.30 元/百元;每百元主营业务收入实现利税 4.87 元,同比增长 0.68 元/百元;产品销售率 97.26%,同比下降 0.06 个百分点;出口交货值占工业销售值的 3.56%,同比下降 1.00 个百分点;新产品产值率为 23.64%,同比增长 3.01 个百分点。

2. 有色金属冶炼和压延加工业

2013 年,浙江省有色金属冶炼和压延加工业企业每百元固定资产原值实现利税 33.23 元,比上年下降 5.51 元/百元;每百元主营业务收入实现利税 4.68 元,同比下降 0.28 元/百元;产品销售率 96.13%,同比下降 1.50 个百分点;出口交货值占工业销售值的 6.00%,同比上升 0.54 个百分点;新产品产值率为 21.41%,同比增长 3.01 个百分点。

3. 金属制品业

2013 年,浙江省金属制品业企业每百元固定资产原值实现利税 28.19 元,比上年下降 0.56 元/百元;每百元主营业务收入实现利税 8.43 元,同比增长 0.27 元/百元;产品销售率 96.62%,同比上升

0.10个百分点；出口交货值占工业销售值的26.86%，同比上升0.66个百分点；新产品产值率为20.04%，同比下降1.82个百分点。

2009—2013年浙江省规模以钢铁企业主要经济效益指标

指标		2009年	2010年	2011年	2012年	2013年
黑色金属	每百元固定资产原值实现利税(元)	12.07	19.03	18.15	12.81	15.11
	每百元主营业务收入实现利税(元)	4.81	6.20	5.42	4.19	4.87
	产品销售率(%)	95.98	97.01	97.52	97.32	97.26
	出口交货值占工业销售(%)	3.08	3.40	4.14	4.56	3.56
	新产品产值率(%)	9.71	14.82	18.80	20.63	23.64
有色金属	每百元固定资产原值实现利税(元)	29.10	44.92	51.43	38.74	33.23
	每百元主营业务收入实现利税(元)	4.72	5.86	6.10	4.96	4.68
	产品销售率(%)	96.86	97.51	97.86	97.63	96.13
	出口交货值占工业销售(%)	5.77	6.33	5.82	5.46	6.00
	新产品产值率(%)	15.21	16.22	16.54	18.40	21.41
金属制品业	每百元固定资产原值实现利税(元)	26.01	30.98	32.64	28.75	28.19
	每百元主营业务收入实现利税(元)	7.39	8.38	8.25	8.16	8.43
	产品销售率(%)	96.37	96.98	97.03	96.52	96.62
	出口交货值占工业销售(%)	25.74	29.89	28.04	26.20	26.86
	新产品产值率(%)	16.20	16.38	18.84	21.86	20.04

注：2012年(含)后的数据按新行业标准统计
数据来源：历年浙江省统计年鉴

（三）浙江省钢铁行业主要产品产量

2013年，浙江省钢铁行业生产生铁1059.79万吨，比上年增长5.3%；生产粗钢1733.15万吨，同比增长32.8%；生产钢材3823.44万吨，同比增长13.7%。

2009—2013年浙江省钢铁企业主要产品产量

万吨

产品	2009年	2010年	2011年	2012年	2013年
生铁	535.96	915.60	1002.17	1006.13	1059.79
粗钢	1045.64	1228.53	1329.93	1305.23	1733.15
钢材	2359.40	2832.60	3141.00	3361.33	3823.44

注：2012年(含)后的数据按新行业标准统计
数据来源：历年浙江省统计年鉴

十　长三角房地产业

一、长三角房地产市场发展情况

2013年，长三角地区完成房地产开发投资额16 277.29亿元，比上年增长17.8%，增速较上年上升4.7个百分点；占全国房地产开发投资的18.9%，所占比重比上年下降0.3个百分点。完成房屋施工面积103 738.00万平方米，同比增长13.0%；占全国房屋施工面积的15.6%，所占比重比上年下降0.4个百分点。房屋竣工面积16 658.38万平方米，同比增长1.3%；占全国房屋竣工面积的16.4%，所占比重比上年下降0.1个百分点。商品房销售面积18 723.96万平方米，同比增长25.5%；占全国商品房销售面的14.3%，所占比重比上年上升0.9个百分点。

2008—2013长三角房地产业发展情况　　亿元，万平方米，%

指　标	房地产开发投资		房屋施工面积		房屋竣工面积		商品房销售面积	
	绝对额	增速	绝对额	增速	绝对额	增速	绝对额	增速
2008年	6 454.45	14.34	57 852.14	10.49	13 637.80	−1.33	10 700.58	−32.43
2009年	7 056.95	9.33	59 848.18	3.45	14 391.60	5.53	19 158.78	79.04
2010年	9 305.49	31.86	70 183.79	17.27	14 753.36	2.51	16 357.53	−14.62
2011年	12 212.60	31.24	83 410.98	18.85	15 217.45	3.15	13 273.15	−18.86
2012年	13 813.73	13.11	91 770.48	10.02	16 446.40	8.08	14 922.93	12.43
2013年	16 277.29	17.83	103 738.00	13.04	16 658.38	1.29	18 723.96	25.47

数据来源：历年上海市、江苏省、浙江省统计年鉴

根据国家统计局公布的70个大中城市新建商品住房同比价格指数，杭州、宁波、金华三个城市新建商品住宅价格在2013年3月至4月期间止跌回稳，全年保持温和上涨态势。受民间信贷危机和实体经济疲软的影响，温州新建商品住宅同比价格指数在2013年继续下降，成为少数房价下降的城市之一。到2013年底，杭州市新建商品住宅同比价格指数上涨11.5%，宁波市同比上涨7.8%，金华市同比上涨7.0%，温州市同比下跌2.8%。上海、南京、无锡、扬州和徐州等五市新建商品住宅同比价格指数分别上涨21.9%、15.6%、5.9%、7.3%和11.0%。

另外，从新建商品住宅定基价格指数（2010年为100）来看，2013年12月杭州、宁波、温州和金华四城市新建商品住宅定基价格指数分别为102.5、99.9、79.9和104.1，表明与2010年相比，杭州、宁波和金华三个城市价格水平变化不大，温州价格水平下降了20.1%。而上海、南京、无锡、扬州和徐州等五市新建商品住宅定基价格指数，一路攀升。

2013年长三角主要城市新建商品住宅价格指数（定基，2010年＝100）

城市	1月	2月	3月	4月	5月	6月	7月	8月	9月	10月	11月	12月
上海	103.4	105.7	109.1	111.4	113.2	115.6	114.9	119.8	121.7	122.7	123.5	124.3
南京	102.4	104.4	106.4	108.4	109.8	111.2	109.2	113.2	114.4	115.4	116.2	116.9
杭州	92.8	93.6	94.8	96.2	96.9	97.9	98.7	99.7	101.0	101.8	102.4	102.5

（续表）

城市	1月	2月	3月	4月	5月	6月	7月	8月	9月	10月	11月	12月
宁波	93.3	94.5	94.7	95.3	96.0	96.8	97.0	97.5	98.4	98.8	99.3	99.9
无锡	101.8	102.6	104.2	104.8	105.4	105.4	105.1	106.0	106.5	107.2	107.7	107.9
扬州	103.8	104.4	104.9	106.1	107.0	107.9	107.7	108.4	108.9	110.2	111.2	111.6
徐州	103.7	104.8	106.3	107.3	108.5	109.4	109.9	111.5	112.3	113.2	113.7	114.1
温州	82.3	82.0	81.9	81.9	82.3	82.5	83.1	82.0	81.8	81.7	81.3	79.9
金华	97.7	97.9	98.7	99.2	100.2	100.5	101.6	102.7	103.6	103.8	103.8	104.1

数据来源：国家统计局

从房地产开发企业融资渠道来看，2013年房地产开发企业资金来源结构最大特点是其他资金占房地产开发资金的比重继续反弹上升，而自筹资金所占比重仍延续上年的势头保持下降。2013年长三角其他资金占房地产开发资金的比重为48.5%，比重比上年上升了1.3个百分点。究其原因，商品房的销售面积出现大幅增长，商品房销量的上升，导致以“住房按揭贷款”为主要组成部分的其他资金出现增长。

2008—2013年长三角房地产开发企业资金来源

亿元，%

指标	资金来源小计	国内贷款		利用外资		自筹资金		其他资金	
	数额	数额	比重	数额	比重	数额	比重	数额	比重
2008年	9 275.49	2 143.39	23.11	202.09	2.18	2 671.81	28.81	4 258.22	45.91
2009年	13 936.68	2 719.75	19.52	96.40	0.69	2 778.26	19.93	8 342.28	59.86
2010年	16 703.23	3 358.83	20.11	212.77	1.27	4 391.15	26.29	8 740.48	52.33
2011年	17 680.90	3 502.76	19.81	167.80	0.95	5 791.72	32.76	8 218.61	46.48
2012年	20 356.25	3 991.97	19.61	103.69	0.51	6 652.05	32.68	9 608.55	47.20
2013年	26 632.96	5 256.98	19.74	194.58	0.73	8 267.95	31.04	12 913.44	48.49

数据来源：历年上海市、江苏省、浙江省统计年鉴

二、上海市房地产业基本情况

2013年，上海市房地产市场开发投资较快增长、建设资金较为充裕、市场需求较为旺盛。

（一）房地产开发情况

1. 房地产开发投资较快增长

2013年，上海市房地产开发完成投资2 819.59亿元，比上年增长18.4%，增幅比上年上升8.7个百分点。近年来，上海市房地产开发投资占全社会固定资产投资的比重不断上升，2013年所占比重达到49.9%，高出上年4.6个百分点。

2008—2013 年上海市房地产业发展情况　　　　亿元，万平方米，%

指标	房地产开发投资		商品房施工面积		商品房竣工面积		商品房销售面积	
	绝对额	增速	绝对额	增速	绝对额	增速	绝对额	增速
2008 年	1 366.87	4.54	10 390.67	−3.49	2 475.04	−26.78	2 296.12	−37.86
2009 年	1 464.18	7.12	9 961.60	−4.13	2 104.98	−14.95	3 372.45	46.88
2010 年	1 980.68	35.28	11 295.03	13.39	1 941.25	−7.78	2 055.53	−39.05
2011 年	2 170.31	9.57	12 983.32	14.95	2 240.62	15.42	1 771.30	−13.83
2012 年	2 381.36	9.72	13 249.97	2.05	2 305.06	2.88	1 898.46	7.18
2013 年	2 819.59	18.40	13 516.58	2.01	2 254.44	−2.20	2 382.20	25.48

数据来源：历年上海市统计年鉴

从商品房类型看，商品住宅投资 1 615.51 亿元，比上年增长 11.3%，占全部房地产开发投资的 57.3%；办公楼投资 377.18 亿元，同比增长 43.5%，占全部房地产开发投资的 13.4%；商业营业用房投资 370.03 亿元，同比增长 26%，占全部房地产开发投资的 13.1%。

2013 年，上海市房地产开发投资较快增长，主要有以下三方面的原因：

一是非住宅开发投资快速增长。随着办公楼和商业营业用房等房屋建设规模不断扩大，上海市非住宅开发投资 1 204.09 亿元，比上年增长 29.6%，增幅高于全部房地产开发投资 11.2 个百分点，占全部房地产开发投资的比重从上年的 39.0%上升至 42.7%，大力推动了房地产开发投资的增长。

二是大项目投资占比上升。上海市在房地产开发建设项目中完成投资超过 5 亿元的项目有 129 个，比上年多出 37 个，完成投资 1 220.03 亿元，比上年增长 48.0%，占全部房地产开发投资的 43.3%，高出上年 8.7 个百分点。

三是土地购置费快速增长。上海市房地产开发投资中的土地购置费 588.84 亿元，比上年增长 50.8%，占全部房地产开发投资的 20.9%，成为拉动房地产开发投资快速增长的重要因素之一。

2. 商品房建设规模维持高位

受房地产开发投资较快增长的影响，上海市商品房建设规模维持高位。2013 年，商品房施工面积达到 1.35 亿平方米，比上年增长 2%。其中商品住宅 8 125.74 万平方米，同比下降 2.3%。

受 2012 年 3 季度以来房地产市场销售持续回暖及 2013 年土地出让面积大幅增加的影响，2013 年年初以来上海市商品房新开工面积降幅持续收窄。全年商品房新开工面积 2 705.95 万平方米，比上年下降 0.7%。其中商品住宅 1 643.09 万平方米，同比增长 5.1%。

截至 2013 年底，上海市商品房新开工面积已连续 22 个月同比下降。受此影响，商品房竣工面积增幅持续回落，全年出现同比下降。2013 年，上海市商品房竣工面积 2 254.44 万平方米，比上年下降 2.2%。其中商品住宅 1 417.41 万平方米，同比下降 11.9%。

（二）房地产项目建设资金较为充裕

1. 各渠道资金均呈现增长

2013 年，上海市房地产项目建设到位资金合计 6 851.29 亿元，比上年增长 28.9%。其中，上年末结余资金 1 758.62 亿元，同比增长 30.4%；到位资金 5 092.67 亿元，同比增长 28.3%。从到位资金来源渠道看，四大类资金均呈现增长。

2013 年上海市房地产项目到位资金情况

指 标	到位资金(亿元)	增速(%)	比重(%)
到位资金	5 092.67	28.3	100.0
国内贷款	1 292.36	32.4	25.4
利用外资	38.14	46.0	0.7
自筹投资	1 569.91	13.3	30.9
其他资金	2 192.26	38.7	43.0

2. 金融业对房地产支持力度明显

据人民银行上海总部统计，截至 2013 年末，上海市中资商业银行本外币房地产贷款余额 11 032.43 亿元，比上年增长 13.7%。其中房地产开发贷款余额 4 681.4 亿元，同比增长 14.1%；个人购房贷款余额 5 854.82 亿元，同比增长 15.4%。

2013 年，上海市新建商品住宅及二手住房销售面积大幅增长。受此影响，公积金贷款呈快速增长态势。截至 2013 年末，公积金贷款余额 1 788.31 亿元，比上年增长 25.9%，当年累计发放住房公积金 614.56 亿元，同比增长 49.8%。

（三）房地产市场需求较为旺盛

近些年，针对房价上涨过快带来的社会矛盾和经济风险，国家及上海市实施了一系列房地产市场调控政策，并加快建立健全住房保障制度。3 月底，上海市认真贯彻落实中央关于房地产市场的调控政策，出台“国五条”实施细则，强化房地产市场监管，投资投机需求得到抑制，调控政策取得一定成效。房价上涨预期仍然存在，房地产市场需求仍较旺盛。

1. 新建商品住宅销售面积突破 2000 万平方米

由于延续了 2012 年 3 季度开始的楼市回暖之势，加上 2012 年上半年销售面积负增长，基数较低，2013 年商品房销售面积持续快速增长，增幅始终保持在 25%以上。全年新建商品房销售面积 2 382.20 万平方米，比上年增长 25.5%。其中商品住宅 2 015.81 万平方米，同比增长 26.6%。

从结构上看，中小户型占比下降。90 平方米及以下商品住宅销售面积 884.24 万平方米，占全部商品住宅销售的 43.9%，比重较上年同期回落 2.7 个百分点，比上年增长 19.1%，低于全部商品住宅增速 7.5 个百分点。改善性需求持续增长，大户型住宅(144 平方米以上)销售面积占比由上年同期的 17.2%提高到 18.5%。

2. 存量房成交面积快速增长

“国五条”政策出台后，短期内市场需求集中释放，存量房成交量激增，伴随调控细则出台，增速有所回落，但仍保持快速增长的势头。据上海市房地产交易中心统计，2013 年，上海市存量房网签面积 2 784.34 万平方米，比上年增长 57.2%；其中存量住宅 2 460.07 万平方米，同比增长 63.7%。从各月情况看，“国五条”出台的 3 月份，存量住宅网签面积达到历史最高，当月成交 571.95 万平方米

（四）新建商品住宅平均销售价格继续上涨

2013 年，上海市新建商品住宅平均销售价格 16 192 元/平方米。从区域分布看，全市新建商品住宅中，内环线以内区域销售面积 61.75 万平方米，占全市新建商品住宅的 3.1%；内外环线之间区域销

售面积363.8万平方米，占18.0%；外环线以外区域销售面积1 590.26万平方米，占78.9%。全年各环线区域新建商品住宅平均销售价格分别为：内环线以内48 909元/平方米，内外环线之间26 073元/平方米，外环线以外12 661元/平方米。

从剔除共有产权住房和动迁安置住房等保障性住房后的市场化新建商品住宅的区域分布看，内环线以内区域销售面积50.7万平方米，占全市市场化新建商品住宅的4.5%；内外环线之间区域销售面积242.50万平方米，占21.7%；外环线以外区域销售面积824.04万平方米，占73.8%。全年各环线区域市场化新建商品住宅平均销售价格分别为：内环线以内55 443元/平方米，内外环线之间34 656元/平方米，外环线以外18 270元/平方米。

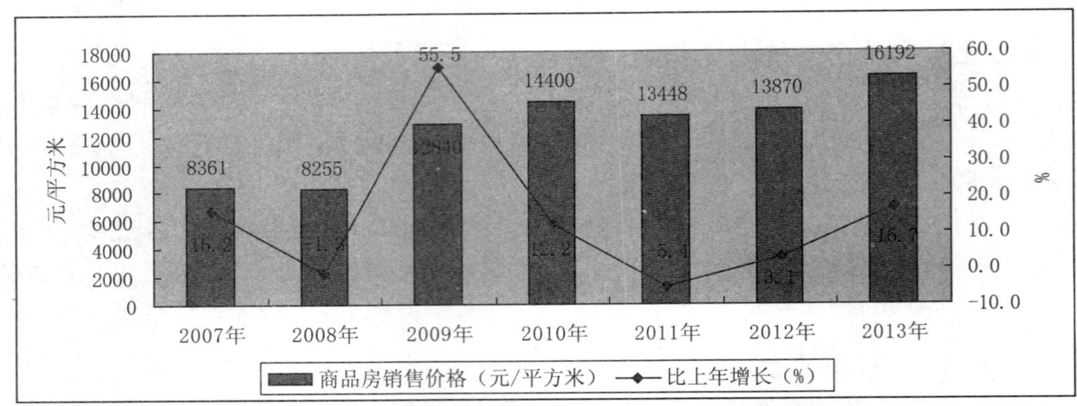

2007—2013年上海市新建商品住宅销售价格及增长情况

三、江苏省房地产业基本情况

（一）房地产开发投资仍然保持较快增长

2010年以来，虽然国家实施了一系列房地产调控政策，江苏省房地产开发投资依然保持了两位数增长态势。2013年江苏省房地产开发投资额为7 241.45亿元，比上年增长16.7%，增幅比上年上升5.2个百分点，房地产开发投资占固定资产投资总额的20.1%，占比比上年上升0.5个百分点。

2008—2013年江苏省房地产业发展情况　　亿元，万平方米，%

指标	房地产开发投资		商品房施工面积		商品房竣工面积		商品房销售面积	
	绝对额	增速	绝对额	增速	绝对额	增速	绝对额	增速
2008年	3 064.46	21.80	28 188.14	21.39	6 704.50	5.74	5 412.26	—28.77
2009年	3 338.50	8.94	29 953.89	6.26	8 442.80	25.93	10 248.20	89.35
2010年	4 299.38	28.78	35 106.90	17.20	8 696.28	3.00	9 485.47	—7.44
2011年	5 567.94	29.51	40 500.27	15.36	8 448.24	—2.85	7 970.49	—15.97
2012年	6 206.10	11.46	45 097.54	11.35	9 848.40	16.57	9 019.18	13.16
2013年	7 241.45	16.68	52 574.17	16.58	9 711.60	—1.39	11 454.77	27.00

数据来源：历年江苏省统计年鉴

从商品房类型看，商品住宅投资 5 171.50 亿元，比上年增长 18.8%，占开发投资总额的 71.4%；办公楼投资 324.18 亿元，比上年增长 24.6%，占开发投资总额的 4.5%；商业营业用房投资 1 119.95 亿元，比上年增长 14.7%，占开发投资总额的 15.5%。

（二）商品房施工面积平稳增长，竣工面积有所下降

2013 年，江苏省商品房施工面积为 52 574.17 万平方米，比上年增长 16.6%，其中住宅施工面积 38 756.78 万平方米，比上年增长 16.0%。2013 年，江苏省商品房竣工面积为 9 711.60 万平方米，比上年下降 1.4%，其中住宅竣工面积 7 584.17 万平方米，比上年下降 1.3%。

（三）商品房成交量回升，商品房销售价格继续上涨

2013 年，全省商品房销售面积 11 454.77 万平方米，比上年增长 27.0%，其中商品住宅销售面积 10 191.52 万平方米，比上年增长 28.6%。2013 年，全省 13 个省辖市市区商品房累计登记销售面积为 6 188.32 万平方米，比 2010 年、2011 年、2012 年分别增长了 25.5%、48.0%和 17.4%，为近四年以来最高值，逼近本轮调控之前 2009 年全年 6 477.3 万平方米的历史高位。其中，住宅累计登记销售面积为 5 319.89 万平方米，同比增长 19.2%，也处于近年来最高水平。尤其是，以改善性购房需求为主的中型房屋销售增长较快，是推动 2013 年房屋销售增长的主要动力。2013 年，全省 13 个省辖市 90 平方米以下、90—144 平方米、144 平方米以上商品住宅累计实际登记销售面积分别为 1 003.55 万平方米、3 409.52 万平方米、906.82 万平方米，其中，“90—144 平方米”房屋销售面积约占总销售面积的六成以上。

（四）受保障性住房建设力度加大的影响，中小户型房投资额及销售面积有所上升

从投资结构来看，2013 年江苏省住宅开发投资总额为 5 171.50 亿元。其中，90 平方米以下的中小户型住宅投资 1 178.06 亿元，比上年增长 16.7%，占住宅开发投资总额的比重为 22.8%；144 平方米以上大户型住宅投资 1 087.79 亿元，比上年增长 3.9%，占住宅开发投资总额的比重为 21.0%。两相比较，中小户型住宅投资额占比高于大户型住宅 1.8 个百分点。

从销售结构来看，2013 年，江苏省住宅销售面积为 10 191.52 万平方米。其中 90 平方米以下的中小户型住宅销售面积为 1 794.78 万平方米，比上年增长 13.7%，占全部住宅销售面积的比重为 17.6%；144 平方米以上大户型住宅销售面积为 1 426.71 万平方米，比上年增长 12.5%，占全部住宅销售面积的比重为 14.0%。两相比较，中小户型住宅销售面积占比高于大户型住宅 3.6 个百分点。

四、浙江省房地产业基本情况

（一）房地产开发投资继续增长

2013 年，浙江省完成房地产投资额 6216.25 亿元，比上年增长 18.9%，增幅比上年上升 2.1 个百分点，与全国房地产开发投资额同比增长 19.8%相比，全省房地产开发投资增速略低于全国平均水平。房地产开发投资占固定资产投资的 30.8%，占比比上年回升 0.2 个百分点。

2008—2013 年浙江省房地产业发展情况

亿元，万平方米，%

指标	房地产开发投资		商品房施工面积		商品房竣工面积		商品房销售面积	
	绝对额	增速	绝对额	增速	绝对额	增速	绝对额	增速
2008 年	2 023.12	11.06	19 273.33	4.92	4 458.26	8.73	2 992.20	−34.12
2009 年	2 254.27	11.43	19 932.69	3.42	3 843.82	−13.78	5 538.13	85.09
2010 年	3 025.43	34.21	23 781.86	19.31	4 115.83	7.08	4 816.53	−13.03
2011 年	4 474.35	47.89	29 927.39	25.84	4 528.59	10.03	3 531.36	−26.68
2012 年	5 226.27	16.81	33 422.97	11.68	4 292.94	−5.20	4 005.29	13.42
2013 年	6 216.25	18.94	37 647.24	12.64	4 692.34	9.30	4 886.99	22.01

资料来源：历年浙江省统计年鉴

从投资结构来看，住宅投资额为 4 089.22 亿元，比上年增长 19.0%，占开发投资总额的 65.8%；办公楼投资额为 377.43 亿元，同比增长 23.4%，占开发投资总额的 6.1%；商业营业用房投资额为 717.54 亿元，同比增长 22.7%，占开发投资总额的 11.5%；其他房屋投资额为 1 032.07 亿元，同比增长 14.8%，占开发投资总额的 16.6%。各种类型房地产投资增速较为均衡。

从区域上来看，杭州、宁波、温州三个城市的房地产开发投资规模最大，三者占到了房地产投资额总额的 59.7%。2013 年，浙江省 11 个省辖市中，只有舟山市房地产投资额为负增长，丽水的房地产投资完成额同比增速最高，为 39.9%；金华市、宁波市的房地产投资同比增速次之，分别为 35.0%、27.0%，这些城市的房地产投资正逐渐从严厉的宏观调控中得到恢复。

（二）房地产开发规模扩大，结构有所调整

2013 年，浙江省商品房施工面积 37 647.24 万平方米，比上年增长 12.6%；住宅施工面积 23 828.31 万平方米，同比增长 10.0%。房屋新开工面积 9 315.00 万平方米，同比增长 19.2%。其中，住宅新开工面积 5 788.00 万平方米，同比增长 17.0%；办公楼、商业营业房和其他房屋新开工面积分别为 577.00 万平方米、1 124.00 万平方米和 1 826.00 万平方米，同比分别增长 39.3%、23.3%和 18.3%。同期，全国房屋新开工面积同比增长 13.5%，住宅新开工面积同比增长 11.6%，浙江省房屋新开工面积和商品住宅新开工面积的增速均高于全国平均水平。

商品房竣工面积 4 692.34 万平方米，同比增长 9.3%。其中，住宅竣工面积 3 187.62 万平方米，同比增长 9.3%；办公楼竣工面积 246.00 万平方米，同比增长 12.9%；商业营业用房竣工面积 472.00 万平方米，同比增长 4.2%；其他房屋竣工面积 786.00 万平方米，同比增长 11.7%。各种类型房屋竣工面积增幅较为均衡。

从 2013 年全省房地产开发投资、房屋新开工面积和房屋竣工面积等数据来看，全省房地产开发投资持续增长，各种类型房地产开发比例和增速较为均衡。

（三）商品房销售规模上升，房地产市场回暖迹象明显

2013 年，浙江省新建商品房成交量回升明显。新建商品房销售面积 4 886.99 万平方米，比上年增长 22.0%。其中，商品住宅销售面积 4 097.63 万平方米，同比增长 23.6%；办公楼销售面积 218.00 万平方米，同比增加 15.6%；商业营业用房销售面积 344.00 万平方米，同比增加 3.5%；其他房屋销售面积 227.00 万平方米，同比增加 35.2%。商品住宅销售面积占商品房销售总面积的 83.8%，商品住宅仍然是 2013 年全省商品房销售面积增加的主要力量。同期，全国商品房销售面积

130 551.00 万平方米，比上年增长 17.3%。其中，商品住宅销售面积增长 17.5%，浙江省商品房和商品住宅销售面积增速高于全国平均水平。

（四）房价水平总体稳定

根据国家统计局公布的 70 个大中城市新建商品住房同比价格指数，杭州、宁波、金华三个城市新建商品住宅价格在 2013 年 3 月至 4 月期间止跌回稳，全年保持温和上涨态势。受民间信贷危机和实体经济疲软的影响，温州新建商品住宅同比价格指数在 2013 年继续下降，成为少数房价下降的城市之一。到 2013 年底，杭州市新建商品住宅同比价格指数上涨 11.5%，宁波市同比上涨 7.8%，金华市同比上涨 7.0%，温州市同比下跌 2.8%。另外，从新建商品住宅定基价格指数（2010 年为 100）来看，2013 年 12 月杭州、宁波、温州和金华四城市新建商品住宅定基价格指数分别为 102.5、99.9、79.9 和 104.1，表明与 2010 年相比，杭州、宁波和金华三个城市价格水平变化不大，温州市价格水平下降了 20.1%。同期，北京、上海、广州和深圳四个城市的新建商品住宅定基价格指数分别为 127.1、124.3、128.3 和 125.6，同比上涨 24%以上。可见，除了温州外，浙江省房地产市场价格水平总体保持平稳态势。

（五）土地市场竞争激烈

据统计，2013 年浙江省土地购置面积 1 760.73 万平方米，同比增加 40.2%，远高于全国同期 8.8%的平均水平。从土地成交价款来看，2013 年全省土地成交价款为 1 006.70 亿元，同比增加 54.8%，也高于全国 26.3%的平均水平。其中，拆迁补偿费、土地使用权出让金和契税分别为 10.07 亿元、926.36 亿元和 24.38 亿元，同比分别增长 799.3%、62.6%和 79.7%。在土地成交面积和土地成交额大幅度增加的同时，土地市场竞争非常激烈。2013 年有许多外来房地产开发企业积极进入杭州市场，合作拿地项目越来越多，土地拍卖市场氛围热烈。根据杭州透明市场研究院统计，2013 年外来开发企业在杭州市区拿地总量共计 72 宗，总面积达 379.70 万平方米，总建筑面积 1 013.10 万平方米，总成交金额 777.50 亿元，占杭州市区 2013 年居住用地成交额的 77.0%。

十一 长三角化学工业

一、长三角化学工业总体情况

2013年,长三角地区化学工业合计拥有规模以上企业14126家,比2012年增加433家。其中,石油加工、炼焦和核燃料加工企业206家,增加1家;化学原料和化学制品制造企业6200家,增加123家;医药制造企业1310家,增加41家;化学纤维制造企业1482家,增加84家;橡胶和塑料制品企业4928家,增加184家。

2013年,长三角地区规模以上化学工业实现工业总产值44771.28亿元,同比增长10.6%。其中,石油加工、炼焦和核燃料加工业总产值5856.47亿元,同比增长10.3%;化学原料和化学制品制造业总产值23258.45亿元,增长12.6%;医药制造业总产值4395.41亿元,增长15.5%;化学纤维制造业总产值5237.08亿元,增长4.2%;橡胶和塑料制品业总产值6023.87亿元,增长5.8%。

2013年,长三角地区规模以上化学工业创造利润总额2528.98亿元,同比增长17.7%。其中,石油加工、炼焦和核燃料加工业利润总额169.09亿元,同比增长283.6%;化学原料和化学制品制造业利润总额1359.09亿元,增长14.2%;医药制造业利润总额456.91亿元,增长8.3%;化学纤维制造业利润总额179.95亿元,增长0.9%;橡胶和塑料制品业利润总额363.94亿元,增长15.9%。

2013年,长三角地区规模以上化学工业合计完成主营业务收入44513.85亿元,同比增长10.0%。其中,石油加工、炼焦和核燃料加工业主营业务收入5798.27亿元,同比增长9.1%;化学原料和化学制品制造业主营业务收入23388.32亿元,增长12.8%;医药制造业主营业务收入4256.55亿元,增长13.9%;化学纤维制造业主营业务收入5105.71亿元,增长1.3%;橡胶和塑料制品业主营业务收入5965.00亿元,增长5.9%。

2013年长三角地区规模以上化学工业主要经济指标 亿元

行业	企业数(个)	工业总产值	主营业务收入	利润总额	资产总计	负债合计
石油加工、炼焦和核燃料加工业	206	5856.47	5798.27	169.09	1933.01	1153.27
化学原料和化学制品制造业	6200	23258.45	23388.32	1359.09	17059.47	9334.22
医药制造业	1310	4395.41	4256.55	456.91	3870.93	1712.00
化学纤维制造业	1482	5237.08	5105.71	179.95	4293.71	2733.28
橡胶和塑料制品业	4928	6023.87	5965.00	363.94	5124.71	2791.84
合计	14126	44771.28	44513.85	2528.98	32281.83	17724.61

数据来源:《上海市统计年鉴》(2014)、《江苏省统计年鉴》(2014)、《浙江省统计年鉴》(2014)

(一)主要产品产量

1. 上海市化学工业主要产品产量

2013年,上海市汽油产量大幅上涨,产量为499.24万吨,同比增幅长63.7%;化学农药原药、焦炭、合成橡胶、化学纤维等产品产量出现下降,同比降幅分别为37.3%、14.7%、4.7%和0.5%,产量

分别为0.96万吨、539.48万吨、23.59万吨和48.00万吨。

2. 江苏省化学工业主要产品产量

2013年，江苏省汽油、化学药品原药等产品产量大幅上涨，产量分别为451.95万吨和14.31万吨，同比增幅分别为31.2%和25.1%；合成洗涤剂、农用化学肥料、硫酸等产品产量出现下降，同比降幅分别为13.0%、7.6%和6.7%，产量分别为11.94万吨、246.95万吨和370.69万吨。

3. 浙江省化学工业主要产品产量

2013年，浙江省碳化钙、煤油、碳酸钠等产品产量大幅上涨，产量分别为9.44万吨、33.8万吨和25.86万吨，同比增幅分别为91.1%、33.8%和16.3%；燃料油、柴油、塑料制品等产品产量出现下降，同比降幅分别为9.9%、4.1%和0.9%，产量分别为104.12万吨、769.07万吨和940.38万吨。

2012—2013年长三角分地区化学产品产量对比

万吨

地区	产品	产量		同比增速(%)
		2012年	2013年	
上海市	化学纤维	48.24	48.00	−0.5
	汽油	305.03	499.24	63.7
	柴油	822.14	859.25	4.5
	焦炭	632.60	539.48	−14.7
	硫酸	18.15	19.47	7.3
	氢氧化钠	72.75	71.19	−2.1
	化学农药原药	1.53	0.96	−37.3
	乙烯	195.57	212.00	8.4
	合成橡胶	24.76	23.59	−4.7
	合成洗涤剂	29.89	33.69	12.7
	轮胎外胎(万条)	1 004.37	1 079.57	7.5
江苏省	化学纤维	1274.95	1296.33	1.7
	汽油	344.39	451.95	31.2
	煤油	231.63	244.84	5.7
	燃料油	283.97	281.16	−1.0
	焦炭	2048.37	2252.51	10.0
	硫酸	397.27	370.69	−6.7
	浓硝酸	40.26	43.00	6.8
	氢氧化钠	414.61	413.63	−0.2
	碳酸钠	338.34	325.40	−3.8
	农用化学肥料	267.15	246.95	−7.6
	化学农药原药	72.61	75.73	4.3
	乙烯	132.51	145.90	10.1
	合成洗涤剂	13.73	11.94	−13.0
	化学药品原药	11.44	14.31	25.1
	橡胶轮胎外胎(万条)	10725.78	10704.96	−0.2

（续表）

地区	产品	产量		同比增速（%）
		2012年	2013年	
浙江省	汽油	284.24	285.10	0.3
	煤油	156.23	208.97	33.8
	柴油	801.76	769.07	−4.1
	燃料油	115.55	104.12	−9.9
	焦炭	294.80	296.18	0.5
	硫酸	98.98	109.55	10.7
	氢氧化钠	140.24	144.05	2.7
	碳酸钠	22.24	25.86	16.3
	碳化钙	4.94	9.44	91.1
	合成氨	57.68	57.87	0.3
	纯苯	38.02	39.90	4.9
	合成洗涤剂	70.70	73.64	4.2
	化学原料药	27.72	27.89	0.6
	中成药	1.99	2.12	6.5
	化学纤维	1677.27	1839.31	9.7
	合成纤维	1655.96	1822.83	10.1
	轮胎外胎（万条）	10207.54	10979.06	7.6
	塑料制品	948.54	940.38	−0.9

数据来源：历年上海市、江苏省、浙江省统计年鉴

（二）资产运营情况

2013年，长三角地区规模以上化学工业年末资产总额为32281.83亿元，同比增长9.3%；负债总额为17724.61亿元，同比增长9.3%。2013年，长三角地区规模以上化学工业资产负债率为54.91%，比2012年上升0.01个百分点。其中，橡胶和塑料制品业资产负债率下降最快，2013年资产负债率比2012年下降1.49个百分点。2013年，长三角地区医药制造业资产负债率最低，仅为44.23%；长三角地区化学纤维制造业资产负债率最高，达63.66%。

2012—2013年长三角地区规模以上化学工业分行业资产负债率　　%，百分点

行　业	2012年	2013年	2013比2012年增减
石油加工、炼焦和核燃料加工业	59.45	59.66	0.21
化学原料和化学制品制造业	54.25	54.72	0.47
医药制造业	44.53	44.23	−0.30
化学纤维制造业	62.73	63.66	0.93
橡胶和塑料制品业	55.97	54.48	−1.49
合计	54.90	54.91	0.01

数据来源：历年上海市、江苏省、浙江省统计年鉴

从地区来看,2013年,上海市化学工业资产负债率最低,为50.20%;浙江省化学工业资产负债率最高,达58.15%。

分行业看,在石油加工、炼焦和核燃料加工业中,2013年,上海市资产负债率最低,仅为56.13%,江苏省资产负债率最高,达64.03%;在化学原料和化学制品制造业中,上海市资产负债率最低,仅为50.20%,浙江省资产负债率最高,达57.30%;在医药制造业中,江苏省资产负债率最低,仅为40.78%,浙江省资产负债率最高,达47.89%;在化学纤维制造业中,上海市资产负债率最低,仅为48.81%,江苏省资产负债率最高,达64.11%;在橡胶和塑料制品业中,江苏省资产负债率最低,仅为46.47%,浙江省资产负债率最高,达61.48%。

2012—2013年长三角地区规模以上化学工业分地区资产负债率

%

指标	上海市		江苏省		浙江省	
	2012	2013	2012	2013	2012	2013
石油加工、炼焦和核燃料加工业	56.98	56.13	62.13	64.03	58.58	56.39
化学原料和化学制品制造业	49.78	50.20	54.07	54.53	56.97	57.30
医药制造业	43.61	45.36	42.66	40.78	47.19	47.89
化学纤维制造业	46.10	48.81	62.81	64.11	63.02	63.55
橡胶和塑料制品业	52.99	50.74	47.72	46.47	62.92	61.48
合计	50.47	50.20	53.79	53.99	58.34	58.15

数据来源:历年上海市、江苏省、浙江省统计年鉴

二、上海市化学工业基本情况

(一)行业经济总量

1. 企业单位数

2013年,上海市拥有规模以上化学工业企业1763家,比上年增加1家。其中,石油加工、炼焦和核燃料加工企业39家;化学原料和化学制品制造企业755家,同比增加1家;医药制造企业205家;化学纤维制造企业29家;橡胶和塑料制品企业735家。

2. 工业总产值

2013年,上海市规模以上化学工业实现工业总产值5890.13亿元,比上年增长5.7%。其中,石油加工、炼焦和核燃料加工业总产值1757.87亿元,同比增长9.5%;化学原料和化学制品制造业总产值2619.59亿元,同比增长2.9%;医药制造业总产值596.12亿元,同比增长16.2%;化学纤维制造业总产值40.53亿元,同比增长6.9%;橡胶和塑料制品业总产值876.02亿元,同比增长0.7%。

3. 主营业务收入

2013年,上海市规模以上化学工业完成主营业务收入6043.98亿元,同比增长6.2%。其中,石油加工、炼焦和核燃料加工业主营业务收入1768.07亿元,同比增长9.6%;化学原料和化学制品制造业主营业务收入2759.820亿元,同比增长4.5%;医药制造业主营业务收入581.06亿元,同比增长12.4%;化学纤维制造业主营业务收入39.89亿元,同比增长5.9%;橡胶和塑料制品业主营业务收入

895.14 亿元，同比增长 1.5%。

4. 资产总额

截止 2013 年底，上海市规模以上化学工业资产总额为 4758.54 亿元，同比增长 5.8%。其中，石油加工、炼焦和核燃料加工业年末资产总额为 541.9 亿元，同比下降 7.0%；化学原料和化学制品制造业年末资产总额为 2449.79 亿元，同比增长 6.8%；医药制造业年末资产总额为 757.11 亿元，同比增长 18.8%；化学纤维制造业年末资产总额为 50.26 亿元，同比增长 12.8%；橡胶和塑料制品业年末资产总额为 959.48 亿元，同比增长 1.9%。

2013 年上海市规模以上化学工业主要经济指标　　亿元

行　业	企业数(个)	工业总产值	主营业务收入	资产总计	利润总额	税金总额
石油加工、炼焦和核燃料加工业	39	1757.87	1768.07	541.90	19.92	228.05
化学原料和化学制品制造业	755	2619.59	2759.82	2449.79	149.38	79.17
医药制造业	205	596.12	581.06	757.11	74.36	36.75
化学纤维制造业	29	40.53	39.89	50.26	2.11	0.51
橡胶和塑料制品业	735	876.02	895.14	959.48	48.38	23.62
合　计	1763	5890.13	6043.98	4758.54	294.15	368.10

数据来源：《上海市统计年鉴》(2014)

（二）行业经济效益

2013 年，上海市化学工业实现利润总额 294.15 亿元，比上年增长 36.9%；税金总额 368.10 亿元，同比增长 23.2%。其中，石油加工、炼焦和核燃料加工业利润总额 9.92 亿元，税金总额 228.05 亿元，同比增长 36.0%；化学原料和化学制品制造业利润总额 149.38 亿元，同比增长 19.9%，税金总额 79.17 亿元，同比增长 10.4%；医药制造业利润总额 74.36 亿元，同比增长 9.9%，税金总额 36.75 亿元，同比增长 1.2%；化学纤维制造业利润总额 2.11 亿元，同比增长 44.5%，税金总额 0.51 亿元，同比下降 12.1%；橡胶和塑料制品业利润总额 48.38 亿元，同比增长 3.9%，税金总额 23.62 亿元，同比增长 5.2%。

三、江苏省化学工业基本情况

（一）行业经济总量

1. 企业单位数

2013 年，江苏省拥有规模以上化学工业企业 7337 家，比上年增加 67 家。其中，石油加工、炼焦和核燃料加工企业 122 家，比上年增加 1 家；化学原料和化学制品制造企业 3815 家，比上年增加 31 家；医药制造企业 662 家，比上年增加 1 家；化学纤维制造企业 878 家，比上年增加 12 家；橡胶和塑料制品企业 1 860 家，比上年增加 22 家。

2. 工业总产值

2013 年，江苏省规模以上化学工业实现工业总产值 25 282.60 亿元，同比增长 14.0%。其中，石油加工、炼焦和核燃料加工业总产值 2 351.91 亿元，同比增长 15.2%；化学原料和化学制品制造业总

产值 15 003.55 亿元，同比增长 14.0%；医药制造业总产值 2 768.29 亿元，同比增长 20.7%；化学纤维制造业总产值 2 748.21 亿元，同比增长 12.6%；橡胶和塑料制品业总产值 2 410.64 亿元，同比增长 7.6%。

3. 主营业务收入

2013 年，江苏省规模以上化学工业完成主营业务收入 25 013.24 亿元，同比增长 13.1%。其中，石油加工、炼焦和核燃料加工业主营业务收入 2 373.93 亿元，同比增长 17.6%；化学原料和化学制品制造业主营业务收入 14 906.50 亿元，同比增长 13.5%；医药制造业主营业务收入 2 675.86 亿元，同比增长 17.4%；化学纤维制造业主营业务收入 2 680.92 亿元，同比增长 7.2%；橡胶和塑料制品业主营业务收入 2 376.03 亿元，同比增长 8.0%。

4. 资产总额

截止 2013 年底，江苏省规模以上化学工业资产总额为 16 077.07 亿元，同比增长 10.6%。其中，石油加工、炼焦和核燃料加工业年末资产总额为 846.59 亿元，同比增长 18.9%；化学原料和化学制品制造业年末资产总额为 9 642.44 亿元，同比增长 10.3%；医药制造业年末资产总额为 1 726.12 亿元，同比增长 15.1%；化学纤维制造业年末资产总额为 2 159.01 亿元，同比增长 8.2%；橡胶和塑料制品业年末资产总额为 1 702.91 亿元，同比增长 7.3%。

2013 年江苏省规模以上化学工业主要经济指标

亿元

行　业	企业数(个)	工业总产值	主营业务收入	资产总计	利润总额	利税总额
石油加工、炼焦和核燃料加工业	122	2351.91	2373.93	846.59	79.34	284.18
化学原料和化学制品制造业	3815	15003.55	14906.50	9642.44	861.67	1372.23
医药制造业	662	2768.29	2675.86	1726.12	273.79	439.15
化学纤维制造业	878	2748.21	2680.92	2159.01	87.90	164.76
橡胶和塑料制品业	1860	2410.64	2376.03	1702.91	147.35	232.88
合　计	7337	25282.60	25013.24	16077.07	1450.05	2493.20

数据来源：《江苏省统计年鉴》(2014)

（二）行业经济效益

1. 石油加工、炼焦和核燃料加工业

2013 年，江苏省石油加工、炼焦和核燃料加工业多数经济效益指标较 2012 年有所下滑，表现为：(1)产值利税率、销售利税率、产品销售率和资产贡献率下降。2013 年产值利税率为 12.08 %，销售利税率为 11.97 %，产品销售率为 98.79 %，资产贡献率为 34.57 %；分别比去年下降 1.96 个百分点、2.23 个百分点、0.73 个百分点和 7.38 个百分点。(2)资产负债率上升、流动资产周转次数下降。2013 年资产负债率为 64.03%，比上年提高 1.90 个百分点；流动资产周转次数为 5.19 次/年，比上年减少 0.23 次/年。(3)企业亏损面下降、成本费用利润率提高。2013 年企业亏损面为 13.93%，比上年下降了 0.95 个百分点；成本费用利润率为 3.68%，比上年提高了 1.68 个百分点。

2. 化学原料和化学制品制造业

2013 年，江苏省化学原料和化学制品制造业主要经济效益指标呈现如下特点：(1)企业亏损面下降。2013 年企业亏损面为 11.95%，比上年下降 0.73 个百分点。(2)产值利税率、销售利税率和成本

费用利润率有所下降。2013 年产值利税率为 9.15%，比上年下降 0.54 个百分点；销售利税率为 9.21%，比上年下降 0.51 个百分点；成本费用利润率为 6.05%，比上年下降 0.45 个百分点。(3)产品销售率、流动资产周转次数有所上升。2013 年产品销售率为 98.58%，比上年上升 0.02 个百分点；流动资产周转次数为 3.10 次/年，比上年增加 0.10 次/年。

3. 医药制造业

2013 年，江苏省医药制造业经济效益指标具有如下特点：(1)企业亏损面上升。2013 年企业亏损面为 11.18%，比上年上升 0.44 个百分点。(2)产值利税率、销售利税率、产品销售率和成本费用利润率有所下降。2013 年产值利税率为 15.86%，比上年下降 0.96 个百分点；销售利税率为 16.41%，比上年下降 0.51 个百分点；产品销售率为 97.11%，比上年下降 0.58 个百分点；成本费用利润率为 11.38%，比上年下降 0.64 个百分点。(3)流动资产周转次数有所上升。2013 年流动资产周转次数为 2.67 次/年，比上年增加 0.11 次/年。

4. 化学纤维制造业

2013 年，江苏省化学纤维制造业经济效益指标具有如下特点：(1)企业亏损面下降。2013 年企业亏损面为 20.96%，比上年下降 6.52 个百分点。(2)产值利税率、销售利税率、产品销售率和成本费用利润率有所下降。2013 年产值利税率为 6.00%，比上年下降 0.53 个百分点；销售利税率为 6.15%，比上年下降 0.23 个百分点；产品销售率为 97.86%，比上年下降 1.15 个百分点；成本费用利润率为 3.31%，比上年下降 0.87 个百分点。(3)流动资产周转次数有所上升。2013 年流动资产周转次数为 2.50 次/年，比上年增加 0.02 次/年。

5. 橡胶和塑料制品业

2013 年，江苏省橡胶和塑料制品业经济效益指标具有如下特点：(1)企业亏损面上升。2013 年企业亏损面为 14.35%，比上年上升 0.86 个百分点。(2)产值利税率、销售利税率、成本费用利润率和流动资产周转次数有所上升。2013 年产值利税率为 9.66%，比上年上升 0.24 个百分点；销售利税率为 9.80%，比上年上升降 0.20 个百分点；成本费用利润率为 6.58%，比上年上升 0.17 个百分点；流动资产周转次数为 2.49 次/年，比上年增加 0.06 次/年。(3)产品销售率有所下降。2013 年产品销售率为 98.49%，比上年下降 0.30 个百分点。

2013 年江苏省规模以上化学工业主要经济效益指标 %

指　标	企业亏损面	产值利税率	销售利税率	流动资产周转次数(次/年)	成本费用利润率	产品销售率
石油加工、炼焦和核燃料加工业	13.93	12.08	11.97	5.19	3.68	98.79
化学原料和化学制品制造业	11.95	9.15	9.21	3.10	6.05	98.58
医药制造业	11.18	15.86	16.41	2.67	11.38	97.11
化学纤维制造业	20.96	6.00	6.15	2.50	3.31	97.86
橡胶和塑料制品业	14.35	9.66	9.80	2.49	6.58	98.49

数据来源：《江苏省统计年鉴》(2014)

四、浙江省化学工业基本情况

（一）行业经济总量

1. 企业单位数

2013 年，浙江省拥有规模以上化学工业企业 5026 家，比上年增加 365 家。其中，石油加工、炼焦和核燃料加工企业 45 家，与上年持平；化学原料和化学制品制造企业 1630 家，同比增加 91 家；医药制造企业 443 家，同比增加 40 家；化学纤维制造企业 575 家，同比增加 72 家；橡胶和塑料制品企业 2333 家，同比增加 162 家。

2. 工业总产值

2013 年，浙江省规模以上化学工业实现工业总产值 13598.55 亿元，比上年增长 6.8%。其中，石油加工、炼焦和核燃料加工业总产值 1746.69 亿元，同比增长 5.0%；化学原料和化学制品制造业总产值 5635.31 亿元，同比增长 14.0%；医药制造业总产值 1031.00 亿元，同比增长 3.3%；化学纤维制造业总产值 2448.34 亿元，同比下降 3.9%；橡胶和塑料制品业总产值 2737.21 亿元，同比增长 5.9%。

3. 主营业务收入

2013 年，浙江省规模以上化学工业完成主营业务收入 13456.63 亿元，比上年增长 6.5%。其中，石油加工、炼焦和核燃料加工业主营业务收入 1656.27 亿元，同比下降 1.7%；化学原料和化学制品制造业主营业务收入 5722.00 亿元，同比增长 15.2%；医药制造业主营业务收入 999.63 亿元，同比增长 6.5%；化学纤维制造业主营业务收入 2384.90 亿元，同比下降 4.6%；橡胶和塑料制品业主营业务收入 2693.83 亿元，同比增长 5.7%。

4. 资产总额

截止 2013 年底，浙江省规模以上化学工业资产总额为 11446.22 亿元，比上年增长 9.1%。其中，石油加工、炼焦和核燃料加工业年末资产总额为 544.52 亿元，同比下降 0.9%；化学原料和化学制品制造业年末资产总额为 4967.24 亿元，同比增长 14.9%；医药制造业年末资产总额为 1387.70 亿元，同比增长 8.4%；化学纤维制造业年末资产总额为 2084.44 亿元，同比增长 1.7%；橡胶和塑料制品业年末资产总额为 2462.32 亿元，同比增长 7.6%。

2013 年浙江省规模以上化学工业主要经济指标　　亿元

行　业	企业数(个)	工业总产值	主营业务收入	资产总计	利润总额	利税总额
石油加工、炼焦和核燃料加工业	45	1746.69	1656.27	544.52	69.83	290.96
化学原料和化学制品制造业	1630	5635.31	5722.00	4967.24	348.04	492.28
医药制造业	443	1031.00	999.63	1387.70	108.76	172.25
化学纤维制造业	575	2448.34	2384.90	2084.44	89.94	136.68
橡胶和塑料制品业	2333	2737.21	2693.83	2462.32	168.21	251.15
合　计	5026	13598.55	13456.63	11446.22	784.78	1343.32

数据来源：《浙江省统计年鉴》(2014)

（二）行业经济效益

1. 石油加工、炼焦和核燃料加工业

2013 年，浙江省石油加工、炼焦和核燃料加工企业每百元固定资产原值实现利税 78.06 元，比上年增长 8.21 元/百元；每百元主营业务收入实现利税 17.57 元，同比增长 2.29 元/百元；产品销售率 94.76%，同比下降 4.22 个百分点；出口交货值占工业销售值的 0.10%，同比上升 0.06 个百分点；新产品产值率为 0.48%，同比下降 1.41 个百分点。

2. 化学原料和化学制品制造业

2013 年，浙江省化学原料和化学制品制造企业每百元固定资产原值实现利税 23.44 元，比上年增长 1.43 元/百元；每百元主营业务收入实现利税 8.60 元，同比增长 0.50 元/百元；产品销售率 97.23%，同比下降 0.46 个百分点；出口交货值占工业销售值的 8.52%，同比下降 1.01 个百分点；新产品产值率为 29.87%，同比上升 4.55 个百分点。

3. 医药制造业

2013 年，浙江省医药制造企业每百元固定资产原值实现利税 37.23 元，比上年下降 3.76 元/百元；每百元主营业务收入实现利税 17.23 元，同比下降 0.29 元/百元；产品销售率 97.09%，同比上升 5.64 个百分点；出口交货值占工业销售值的 26.10%，同比下降 2.94 个百分点；新产品产值率为 39.83%，同比上升 6.40 个百分点。

4. 化学纤维制造业

2013 年，浙江省化学纤维制造企业每百元固定资产原值实现利税 16.48 元，比上年增长 1.83 元/百元；每百元主营业务收入实现利税 5.73 元，同比增长 0.84 元/百元；产品销售率 97.40%，同比下降 0.07 个百分点；出口交货值占工业销售值的 5.95%，同比上升 1.25 个百分点；新产品产值率为 31.47%，同比上升 0.20 个百分点。

5. 橡胶和塑料制品业

2013 年，浙江省橡胶和塑料制品企业每百元固定资产原值实现利税 27.47 元，比上年增长 3.16 元/百元；每百元主营业务收入实现利税 9.32 元，同比增长 1.20 元/百元；产品销售率 99.15%，同比下降 0.64 个百分点；出口交货值占工业销售值的 19.15%，同比下降 0.60 个百分点；新产品产值率为 24.01%，同比上升 2.41 个百分点。

2013 年浙江省规模以上化学工业主要经济效益指标

指　标	每百元固定资产原值实现利税（元）	每百元主营业务收入实现利税（元）	产品销售率（%）	出口交货值占工业销售（%）	新产品产值率（%）
石油加工、炼焦和核燃料加工业	78.06	17.57	94.76	0.10	0.48
化学原料和化学制品制造业	23.44	8.60	97.23	8.52	29.87
医药制造业	37.23	17.23	97.09	26.10	39.83
化学纤维制造业	16.48	5.73	97.40	5.95	31.47
橡胶和塑料制品业	27.47	9.32	99.15	19.15	24.01

数据来源：《浙江省统计年鉴》（2014）

十二　长三角新能源产业

一、长三角新能源产业基本情况

江苏、上海和浙江等省市所处的长三角地区是中国新能源产业发展的高地。近些年来，长三角地区产业发展环境和新能源产业链日益完善，产业集群发展的态势正逐步形成。2013年浙江省杭州市、江苏省南通市和江苏省无锡市被推荐为中国新能源之都。江苏省阜宁县、江苏省昆山市、江苏省江阴市等被推荐为中国新能源产业百强县。浙江三亿新能源科技有限公司、宝莲华新能源集团(上海)、上海润桶节能科技有限公司、江苏中靖新能源科技有限公司等被推荐为中国新能源产业发展最具影响力企业。

二、上海市新能源产业基本情况

(一)上海市新能源产业发展概况

上海市继续将核电、太阳能、风电、智能电网和IGCC作为新能源领域率先培育和发展的重点方向，同时根据上海市发展的特点，将新能源服务业作为新能源产业的重要内容。

风电——以临港为主，建设大型风电机组关键设备产业化研发制造基地。重点发展5—10兆瓦大型海上风机，适应山地、沿海、低温等多种气候条件的系列化陆上风机等。加快研发3兆瓦以上变速变桨控制和永磁直驱、半直驱海上风电机组；培育3兆瓦以上大型风机齿轮箱、叶片、发电机、变频器/主控、主轴承/偏航轴承/变桨轴承、液压系统等关键部件和技术配套产业链，大型风机关键零部件国产化率达到65%以上。

太阳能——重点支持浦东张江高科技园区建设高端太阳能电池核心装备研发制造基地。支持南汇工业园、浦江高科技园等太阳能产业基地。重点发展薄膜太阳能电池、支持发展高效晶体硅太阳能电池、突破发展薄膜太阳能电池核心装备，提升技术水平和产业能级。到2015年太阳能电池核心装备技术指标达到同期国际先进水平，制造成本明显低于同期国际水平，具备较强的市场竞争力。

核电——建设以临港、闵行等为主的产业基地。临港基地主要开展核岛和常规岛主设备的研发和总装；闵行基地主要开展大型铸锻件的研制。重点发展核岛主设备、常规岛主设备、关键辅助设备、核电站数字化仪控系统等，攻克大型铸锻件、主泵等关键瓶颈，形成核岛、常规岛及控制系统的设备成套能力。初步构筑起以核电成套设备制造为主体，兼有核电设计、服务和出口的产业集群，形成设备成套和系统设计能力，在扩大国内市场的基础上争取进入国际市场，保持全国领先。

IGCC——以闵行等为主，建设燃气轮机、气化炉等关键设备产业化制造基地。重点发展IGCC燃气轮机、气化炉、电站系统集成等，建设IGCC示范工程，加快开发低热值燃气轮机燃烧室、大型电站系统集成等技术，在国内率先形成IGCC燃气轮机和气化炉制造、电站系统集成能力。

智能电网——深化上海市与国家电网公司的战略合作，通过逐步启动建设一批智能电网示范应用基地，通过示范拉动产业，大容量电力储能、带动新能源接入与控制、智能变电站、高温超导等研发和产业化进展。以浦东、奉贤、闵行、松江等具有一定基础和优势的地区为中心，围绕智能电网相关领域，建设智能电网产业基地或产业园区，同时，加快吸引国内外优势企业来沪发展电力储能、新能源接入系统、电力电子等智能电网急需的产业，打造有竞争力的智能电网产业集群。重点发展智能变电站及智能设备、新能源接入与控制、各种电力电子应用和核心元器件、智能配电网与智能用户端、大容量电力储能和高温超导。

新能源服务业——以上海中心城区和浦东临港、张江、闵行紫竹园区、漕河泾、奉贤、松江等新能源产业基地为中心，与大学、科研院所紧密结合，逐步形成新能源服务业产业集聚。打造“四个一批”，集聚一批国家级研发机构，建设一批检测机构，吸引一批龙头企业的功能性机构，培育一批新能源专业服务机构。重点发展研发设计服务、总集成总承包服务、技术及专业服务、软件信息服务和投融资服务。

（二）推动新能源发展的主要措施

1. 主动对接国家发展战略，抢抓新能源发展机遇

认真做好上海新能源产业、新能源项目与国家发展战略及相关政策的对接与衔接工作，力争有更多的上海新能源项目得到国家重点支持。加快落实太阳能、核电、风电、IGCC、智能电网产业发展的各项措施，积极承担国家核电、智能电网等重大项目。以新能源企业为主体，争取国家有关部门的支持，建设上海核电、风电、智能电网等产业基地和太阳能等特色产业园区。

2. 强化创新能力建设，推动产业创新发展

以企业为主体、市场为导向，建立产学研相结合的技术支撑体系，发挥国家重大科技专项的核心引领作用，结合上海产业发展实际，突破关键核心技术，加强创新成果产业化，提升新能源产业核心竞争力。

3. 加强产业基地建设，促进产业集聚发展

发挥产业基地的示范、带动和辐射作用，完善产业基地基础设施配套建设，引进一批国内外龙头企业，做强一批有一定优势的重点企业，培育一批有发展潜力、成长性好的创新型企业，形成新能源基地的产业链配套优势。

4. 加强产业链建设，带动产业持续发展

做好本市新能源产业发展指南的发布工作，每年启动、开工、推进和竣工一批产业化重点项目，推进和跟踪实施成套设备和关键零部件等产业链上下游重点项目。组织一批“专精特新”中小企业，加强与新能源产业重点项目的对接与配套。

5. 加大政府支持力度，建立健全政策支持体系

建立健全政策支持体系，促进本市新能源产业的健康、持续发展。在项目用地、厂房建设及租赁、基础设施配套和资金补贴等方面予以支持。

6. 推进体制机制创新，形成开放发展格局

通过规划引导，优化产业基地布局，发挥区、县产业发展的比较优势，形成各具特色、优势互补、结构合理的新能源产业发展格局。拓展投融资渠道，支持有条件的企业在国内外上市融资。鼓励国有、民营、外资等多种所有制企业参与推动本市新能源产业的发展。支持新能源企业的重组、兼并和战略合作。

7. 加快引进培养人才，形成高端人才集聚优势

加大工作力度，吸引国内外新能源行业优秀人才来沪创新创业，对新能源领域引入的国内外行业领军人物和技术团队，加快落实本市人才政策。优先推荐新能源领域的领军人才进入国家“千人计划”，对在新能源领域做出突出贡献的领军人物和优秀人才给予表彰。

8. 加大政府采购力度，发挥应用示范效应

加大政府对新能源产品的采购力度，逐年提高采购比例，率先在政府部门、学校等公共建筑开展

太阳能应用示范，每年实施一批大规模的应用示范项目。

三、江苏省新能源产业基本情况

（一）江苏省新能源产业发展概况

2013 年上半年，受外部市场低迷、贸易壁垒等因素影响，江苏省光伏企业停产过半，光伏产业遭受重创，全球四大光伏企业之一的无锡尚德甚至被迫破产重整。2013 年下半年订单数量已经实现了大幅增长。虽然对欧盟、美国等传统市场的出口仍持续疲软，但对日本、印度和南非等新兴市场则出现了成倍增长。据统计，2013 年江苏全省对欧盟出口太阳能电池 18.3 亿美元，占同期太阳能电池出口总值的 31.8%，而 2011 年和 2012 年这一比重分别高达 73.0%和 69.0%；而对日本、印度和南非分别出口 13.9 亿美元、3.4 亿美元和 2.3 亿美元，同比增长 3.0 倍、2.1 倍和 13.0 倍。

2013 年，国家能源局日前公布"十二五"第三批风电项目核准计划，江苏省有 26 个项目入列其中，获得国家批准。26 个项目装机容量 142.7 万千瓦，列入风电并网和消纳示范项目 1 个，装机容量 20 万千瓦。2013 年一季度，随着龙源大丰二期风电场、龙源盱眙风电场等项目相继并网发电，江苏省新增风电并网装机容量 30.5 万千瓦，达 224.0 万千瓦，同比增长 31.3%。

（二）产业发展重点

1. 新能源产业

重点发展太阳能利用技术、风力发电、生物质能和核电关联产业，把江苏建成在国内外具有重要地位和较强竞争力的新能源产业研发、制造与应用示范基地。

光伏产业——重点发展高纯多晶硅、高效低成本晶硅电池和薄膜电池、集成系统与设备、电站控制系统、生产装备及配套材料。重点突破硅烷法、物理法等高纯多晶硅提纯工艺技术和关键装置、大面积超薄硅片和浆料回收利用、太阳能并网发电和平衡调度等关键技术。支持低成本、高转换效率和长寿命的晶硅太阳能电池研发与产业化，加快实现光伏发电每千瓦时 1 元的目标，尽早实现光伏发电平价上网。重点打造无锡、常州、苏州和扬州千亿级光伏产业集聚区和连云港硅材料特色产业基地，重点将徐州建设成国内领先、全球规模最大的高纯硅产业基地。

风电产业——重点发展 2 兆瓦及以上陆上风电机组、3 兆瓦及以上海上、潮间带风电机组，提高发电机、叶片、大功率齿轮箱、塔筒和轴承等关键零部件技术水平和制造能力，加快海上风电安装和维护船舶、海上平台电气设备、钢构长效重防腐涂料等风电配套设备及材料的研制和产业化，形成较为完备的产业链和具有自主知识产权与高附加值的产品链。开展 6—10 兆瓦大型风电机组的关键技术攻关，支持翼型设计与叶片结构优化设计、大功率中高速齿轮箱设计、大型风力发电机设计与优化、大型风电机组整机与关键部件的检测等关键技术研发和产业化。重点建设盐城、常州、南通、镇江等风电产业集群，形成国家风电产业创新发展高地；大力推进南京、无锡、徐州、连云港等关键零部件高技术特色产业基地建设。到 2015 年，优势关键零部件国内市场占有率争取达到 50%，形成 1000 万千瓦/年整机的生产能力。

生物质能产业——重点发展生物质收集储运、成型燃料制造、直燃和掺烧设备、生物燃气热电联供成套设备、低热值燃气和蒸汽发电机组。加快生物质燃烧锅炉、焚烧锅炉、高效生物质气化装置、低能耗成型机、热解液化装置等关键部件的研发与产业化，形成完善的产业体系和规模生产能力。生物质能源产品重点发展生物质气体、液体和固体燃料等新型能源产品制造工艺；突破生物柴油、生物乙醇、生物丁醇、合成燃料等新一代液体燃料制备、生物燃气重整和净化、低成本低能耗固体燃料成型制造等关键技术；完善和强化生物质能源产业链，形成100万吨级的生物基液体燃料生产能力。

核电产业——通过核电重大工程建设带动核电装备产业发展。开展专用设备技术攻关，大力推进关键零部件产业化。核电关键零部件重点推进核电用大锻件、核级主管道、核级不锈钢无缝钢管及管件、核级钛合金管道及管件、核级传热管、核级电缆、核级海绵锆、核级各类阀门、全封闭组合开关、核电站专用泵、核动力蒸汽发生器传热管材等研发和产业化，形成规模制造能力。核电专用设备重点推进核电站自动控制设备、核电用超高压交直流输变电成套设备、大型高效节能变压器、核电站用三废处理成套设备、核电站应急电源等设备的研发与产业化，强化配套能力，并逐步将设备制造范围扩大到核电站汽轮机组和发电机组，加快形成核电主辅设备及配套设备生产制造能力。

2. 新能源汽车产业

以多种动力技术为主导方向，重点发展新能源客车、乘用车和专用车，初步形成部分类别重点整车和重要部件国内领先优势，将江苏省打造成多种动力的新能源汽车和零部件的研发生产基地。

加快突破关键核心技术——优势，大力组织开展动力电池及其管理系统、驱动电机及控制系统、动力系统总成、整车系统集成等核心技术和关键产品研发，突破电池能量密度、电池组控制、充换电等关键技术，推进电池、电机、电控等核心零部件的产业化，抢占新能源汽车产业制高点，提高产业核心竞争力。

加强产业协作配套——重点支持部分规模较大、技术较强的整车企业和动力电池、驱动电机等关键部件企业，积极打造以龙头企业为核心、上下游配套的比较完整的新能源汽车产业链。加强汽车企业和电池等关键零部件企业的协同开发，以整车带动部件，以部件促进整车，增强我省整车与关键零部件配套能力，推动我省新能源汽车产业全面协调发展。

积极培育特色产业基地——充分利用现有重点企业的技术优势和产品优势，引导和促进产业链上下游企业集聚集约发展，加快培育新能源汽车整车和零部件特色产业基地。在现有常州、盐城新能源汽车产业基地的基础上，再组织认定若干省级新能源汽车整车和动力电池及管理系统、驱动电机、电控系统、车用附件等零部件特色产业基地，增强我省新能源汽车产业的整体实力。

3. 智能电网产业

重点发展新能源智能配电领域、智能用电领域、新能源智能接入领域和智能电网通信领域，确保我省电力系统自动化控制和智能二次系统领域国际领先的地位。

智能配电领域——加强计算机、电力电子、数字系统控制、通信和传感器等先进技术应用，建设具有集成、互动、自愈、兼容、优化等特征，具备灵活重构、潮流优化和可再生能源可靠接入的智能配电网络设备。

智能用电领域——建设覆盖广大电力用户的用电信息采集系统。推广应用智能电表和智能用电管理终端，为用户提供智能化的高级计量服务，构建智能化双向互动用户管理与服务体系。提高全省需求侧管理技术水平，显著削减峰谷差水平，改善用电负荷特性。

新能源智能接入领域——开展可再生能源发电并网后的电压、频率、谐波、闪变和孤岛等问题研究。开展海上风电接入系统方案研究。开展电动汽车、微型热电联产接入电网对配网影响的研究，完善相应智能计量及参与电网辅助服务的激励方案。实现集中/分散储能装置与分布式电源的兼容接入和统一控制。

智能电网通信领域——形成具备抵御多点失效故障、智能自愈功能的高速骨干通信传输网络，提升网络带宽及其业务传送能力。建设支持海量数据存储、处理、计算的一体化数据中心。建立服务于智能电网的电力空间信息公共服务平台。构建智能电网复杂环境下信息安全等级保护纵深防御体系和综合运维体系，保障智能电网通信平台安全运行。

（三）推进新能源发展的主要措施

1. 加强组织协调

江苏省各有关部门要根据各自职能，按照本推进方案涉及的财税、价格、国土资源、规划、住房城乡建设、环保、统计、质监、电力等方面的政策要求，研究制定相应实施办法。各市、县（区）政府要根据本方案建立协调推进机制，设立配套支持资金，细化各项措施，确保各项工作落实到位。切实加强行业管理，建立健全新能源行业准入标准，坚决遏制低水平重复建设，规范我省新能源产业发展。

2. 加大政策扶持

落实国家扶持新能源产业发展的各项政策，全面贯彻《中华人民共和国可再生能源法》和《可再生能源电价附加资金补助项目审核确认管理暂行办法》。积极鼓励企业参与国家金太阳、光电建筑一体化等专项工程建设。实施新一轮光伏发电推进政策，对光伏发电进行电价补贴。建立健全农作物秸秆储运体系，对秸秆经纪人给予补贴。省推进战略性新兴产业发展专项资金和创业投资引导基金对新能源产业发展给予支持。

3. 拓宽融资渠道

支持新能源企业在境内外上市、发行债券以及上市公司再融资。支持各地设立新能源产业创业投资基金。搭建银企对接合作平台，积极向金融机构推荐符合我省新能源产业发展要求的重点项目，鼓励其加大对新能源产业发展的信贷支持力度。省中小企业信用担保和风险补偿专项资金每年一定比例专项支持新能源产业中小企业的融资担保。纳入再担保体系的担保公司要重点支持符合新能源产业发展重点方向和规划布局的企业。

4. 强化人才支撑

深入实施百名领军人才团队、千名高端人才引进工程及各类引才计划，吸引国内优秀人才、归国留学人才、海外科技及管理人才到新能源产业领域创新创业；将新能源产业所需高端人才纳入省高层次创新人才引进计划和省科技创新创业双千人才工程的重点。培育一批具有全球化视野、创新能力强的领军型企业家队伍。完善普通高校和职业技术院校新能源专业学科体系建设，加快培养新能源专业人才。鼓励和支持地方、企业与大学、科研院所共建新能源产业培训基地，建立多层次新能源产业人才培养体系。

5. 严格目标考核

建立新能源产业的分类统计、监测、分析和发布制度，加强新能源产业统计分析工作。各有关部门要加强新能源产业运行形势分析，把握新能源产业发展动态和趋势，及时发布产业发展指南、产业政策等信息，提出对策建议和措施，引导产业持续健康发展。各地、各有关部门要围绕推进方案提出的主要目标和重点任务，制定年度工作目标和工作计划，切实把各项措施落到实处。有条件的市（县）应将新能源发展考核指标列入科学发展评价体系或加快出台相关考核办法，认真抓好各项任务的分解和落实，确保规划目标的实现和重点任务的完成。

四、浙江省新能源产业基本情况

（一）浙江省新能源产业发展概况

浙江省新能源产业起步较早，近年来呈现出良好的发展态势。2013 年。浙江省风电利用量 10.0 亿千瓦时，同比增长 28.2%；太阳能发电大幅增长，利用量达 2.9 亿千瓦时，同比增长 314.3%；沼气及其他利用方式折标煤 155.0 万吨，同比增长 3.3%。由于机组检修，核电发电有所减少，利用量

238.0 亿千瓦时，同比降低 2.2%；由于来水减少，省内水电发电 165.0 亿千瓦时，同比降低 8.3%。

浙江省太阳能光伏产业已初步形成从工业硅生产到光伏系统开发的完整产业链；光热产业已形成了一批全国有影响的产业发展集聚区；风电产业初具规模，自主研发的 2.5MW 风机进入产业化阶段，企业自主研发能力不断增强；生物质能产业中，循环流化床垃圾焚烧锅炉技术全国领先；核电站用高标准管材、阀门等附件以及水电、潮汐能发电设备生产也有较大突破，形成了日趋成熟的水电及潮汐能产业链。同时，在非晶及微晶薄膜电池生产与装备制造、硅晶体材料切片等领域形成了一批国内外技术水平领先的龙头企业。浙江省还拥有一批从事研发与产业化的高校及科研院所、一批拥有核心技术的企业研发中心及博士后流动站、一批国家级和省级技术创新平台，为新能源产业的进一步发展奠定了扎实的基础。

（二）产业发展重点

光伏产业——以提高电池转化效率为核心，重点发展高效晶体硅电池及组件、薄膜电池组件制造产业；鼓励发展大面积超薄晶体硅切片，减少材料损耗，使单晶硅电池转化效率达到 20%以上；积极探索和改进硅材料提纯技术，降低产品能耗和控制污染物排放；积极培育和推进太阳能电池及组件生产用辅助材料产业。以提高国产化水平为核心的光伏并网设备制造产业，重点发展逆变器等并网设备的国产化、规模化生产，提高可靠性，降低成本。以现有的光伏设备制造技术为基础，重点开发低成本、低能耗、高质量单晶和多晶硅材料生产装备、多晶硅铸锭炉、多线切割机及硅锭破锭设备、薄膜电池生产装备以及相应检测设备等。积极发展聚光塔式太阳能电站系统的集成及核心部件与设备。

风电产业——以控制技术为核心的整机产业，重点推进 2.5MW 及以上风电机组研制和产业化。以关键零部件为重点的配套产业，加快发展大功率双馈式发电机组、直驱式发电机组的设计制造，提高发电机、齿轮箱、大型结构件等关键零部件技术水平和制造能力。严格控制风电装备产能盲目扩张，鼓励优势企业向大型化、国际化方向发展。

生物质能利用装备产业——以关键技术突破为核心，加快发展生物质能装备系统及附件制造产业。建立生物质能关键技术研发与生产基地，重点突破生物质能（垃圾、污泥、秸秆等）资源化利用技术，推进餐厨垃圾生产沼气关键技术产业化，大力发展生物质能（垃圾、污泥、秸秆等）燃烧用循环流化床、炉排炉、气化炉、热解炉与控制系统及其他配套设备，提高关键装备生产能力。

光热产业——以企业整合为核心，实现产业转型升级。基于现有产业发展现状与市场竞争情况，光热企业通过整合进行资产重组，以产业化为目标，以资本和品牌为纽带，积极推进光热产业规模化、集约化经营，规避行业恶性竞争。以提高技术水平为核心，提升产业层次。着力提高真空管镀膜工艺，发展相关核心设备的生产装备，鼓励企业应用集热管镀膜、发泡生产、水箱、支架流水线生产设备，开发太阳能—热泵一体化热水系统。重点发展热管型集热器、平板型集热器、内置金属流道玻璃真空集热管，发展中高温光热产品，大力发展嵌入式数字化太阳能热水器，提升光热产品整体行业竞争力。

水电、潮汐能、洋流能发电装备产业——以大型装备为核心，重点发展大型潮汐发电机组、大中型灯泡贯流式机组、大中型混流式机组、大中型轴流式机组，着重推进抽水蓄能机组、大型冲击式水力发电设备开发及产业化。以关键部件为核心的零部件产业，重点发展大型水轮机组及潮汐能、洋流能装备配套的轴承、铸件、传动以及控制系统，并结合现有产业优势，完善水电、潮汐能、洋流能装备产业链。

（三）推进新能源发展的主要措施

1. 强化组织领导，建立组织协调体系

在省促进战略性新兴产业发展工作领导小组的框架内，切实承担加快光伏等新能源推广应用与

产业发展的责任。省光伏等新能源推广应用与产业发展协调小组要加强沟通协调，形成合力。各市、县（市、区）政府要按照有关法律法规确定的权限，切实组织做好光伏等新能源推广应用与产业发展的政策扶持和推进工作。企业、科研院所和高校等要发挥新能源推广应用与产业发展的主体作用，加大在产品研发、市场营销等方面的投入，尽快在国内外市场形成新的竞争优势。

2. 完善产业体系，打造产业集群

构建相对完整的光伏产业链体系，引导上下游企业理性扩充产能、合理配置资源，提升综合竞争力。重点在光伏、光热、风电、生物质能、水电及潮汐能等领域，培育一批新能源产业基地。加大龙头企业的培育力度，充分发挥其带动作用，通过产业链招商、项目工程总承包等途径，建立健全产业链，引进和扶持一批设备、配套产品和原辅材料生产企业，形成专业化配套能力，打造具有国内先进技术水平的产业集群。

3. 加大政策扶持力度

抓住国家重点扶持新能源产业发展的机遇，积极帮助企业争取国家政策资源。通过工业转型升级、节能及工业循环经济、重大科技专项等财政专项资金，支持光伏等新能源产业龙头骨干企业及重大招商选资项目，支持重点技术研发与产业化、公共平台建设。将符合条件的新能源企业认定为高新技术企业，并做好相关税收优惠政策的落实工作。全面落实企业鼓励类项目进口设备和资源综合利用税收减免等优惠政策。落实电价补偿政策，电力部门要保证接纳新能源发电上网，并全额收购所发电量。财政部门应当优先将本省光伏等新能源产品推荐列入政府采购清单，鼓励在城市建设、公共建筑以及重点工程等政府投资项目中优先采购、使用本省新能源产品。

4. 构建投融资支持体系

建立政府与金融机构沟通协调机制，搭建银企对接合作平台，积极向金融机构推介新能源产业重点项目，努力争取金融机构加大信贷支持力度，并在贷款利率上给予支持。优先支持符合产业规划导向的重点企业在境内外上市，以及利用企业债券、短期融资券、中期票据进行融资和上市公司再融资。鼓励社会资金参与光伏等新能源项目建设，探索建立政府资金参与引导、民间资本主导运作的产业发展基金模式。加快新能源产业的战略调整与企业重组，推动企业跨地区、跨所有制兼并与联合，对龙头骨干企业跨地区重组和产业转移项目给予政策支持。支持有实力的企业到境外投资，合理利用境外资源，以购并、合资合作和租赁等方式开拓境外市场。支持采用 BOT（建设—经营—转让）、EMC（合同能源管理）等运作模式建设新能源项目。

5. 加快引进培养人才，形成高端人才集聚优势

选择一批光伏等新能源相关学科基础好、科研和教学能力强的大学，设立光伏等新能源相关专业，增加博士、硕士授予点和博士后流动站，鼓励大学与企业联合培养光伏等新能源高级人才，支持企业建立光伏等新能源教学实习基地和博士后流动站，增强光伏等新能源技术研发能力。充分发挥市场机制在人才资源配置中的基础性作用，利用多种灵活方式吸引国内外各类智力资源，大力引进国内外高端技术人才。加强企业家队伍建设，积极组织企业高级管理人员出国（境）培训，提高专业水平和管理技能。

十三 长三角大众传媒产业

一、长三角地区大众传媒产业基本情况

长三角地区在国内的强势经济地位与发展活力，为当地传媒产业的发展提供了肥沃土壤和发展的动力，发展水平在全国处于较高的层次。2013年，长三角地区共出版报刊313种，比上年减少1种；总印数76.44亿册，同比减少1.75亿册，同比下降2.24%；总印张数355.21亿印张，同比减少16.20亿印张，同比下降4.36%。出版期刊1290种，比上年增加1种；总印数3.61亿册，同比减少0.24亿册，同比下降6.23%；总印张数17.89亿印张，同比减少0.85亿印张，同比下降4.54%。出版图书61028种，比上年增加5504种；总印数12.88亿册，同比增加0.61亿册，同比增长4.97%；总印张数95.63亿印张，同比增加5.22亿印张，同比增长5.77%。

2008—2013年长三角地区报刊、期刊、图书出版情况

指标		2008年	2009年	2010年	2011年	2012年	2013年
报刊	种类(种)	313	312	312	313	314	313
	总印数(亿册)	75.05	74.23	75.53	79.98	78.19	76.44
	总印张数(亿印张)	327.53	327.25	359.98	382.20	371.41	355.21
期刊	种类(种)	1281	1278	1290	1293	1289	1290
	总印数(亿册)	3.61	3.51	3.54	3.78	3.85	3.61
	总印张数(亿印张)	15.75	16.00	16.05	17.70	18.74	17.89
图书	种类(种)	36253	39295	41851	49311	55524	61028
	总印数(亿册)	10.66	10.81	10.88	11.63	12.27	12.88
	总印张数(亿印张)	77.81	76.35	78.39	85.89	90.41	95.63

数据来源：历年上海市、江苏省、浙江省统计年鉴

二、上海市大众传媒产业基本情况

（一）总体情况

1. 电视台情况

2013年，上海市电视台共有节目25套；公共节目播出时间180 115小时，比上年减少529小时，其中市级电视台128 479小时，同比减少842小时，区县级电视台51 636小时，同比增加313小时；全年制作节目时间53 122小时，同比减少152小时。

2008—2013年上海市电视台情况

指标	2008年	2009年	2010年	2011年	2012年	2013年
节目套数(套)	25	25	25	25	25	25

（续表）

指　标	2008 年	2009 年	2010 年	2011 年	2012 年	2013 年
公共节目播出时间（小时）	171730	173742	175304	177240	180644	180 115
全年制作节目时间（小时）	53358	63401	49507	42695	53 274	53 122

数据来源：历年上海市统计年鉴

2. 广播电台情况

2013 年，上海市广播电台共有节目 21 套；公共节目播出时间 137 771 小时，比上年减少 614 小时，其中市级广播电台 81 326 小时，区县级广播电台 56 445 小时，同比分别减少 495 和 119 小时；全年制作节目时间 80 707 小时，同比减少 2 602 小时。

2008—2013 年上海市广播电台情况

指　标	2008 年	2009 年	2010 年	2011 年	2012 年	2013 年
节目套数（套）	21	21	21	21	21	21
公共节目播出时间（小时）	131854	131467	131433	138010	138385	137 771
全年制作节目时间（小时）	86466	91660	85262	72344	83309	80 707

数据来源：历年上海市统计年鉴

3. 有线电视情况

2013 年，上海有线电视总用户数为 681.80 万户，比上年增加了 33.80 万户，增长 5.22%；有线电视入户率为 130.03%，比上年上升 5.90 个百分点；有线广播电视传输网络干线总长 43 369 千米，同比增长 8.95%。

2008—2013 年上海市有线电视基本情况

指　标	2008 年	2009 年	2010 年	2011 年	2012 年	2013 年
有线电视总用户数（万户）	527.20	553.30	573.00	627.18	648.00	681.80
有线电视入户率（%）	104.76	109.21	112.36	120.78	124.13	130.03
有线广播电视传输网络干线总长（千米）	33696	35387	36211	37475	39805	43 369

数据来源：历年上海市统计年鉴

4. 报刊出版情况

2013 年，上海市共出版报刊 101 种，其中综合报 12 种，专业报 89 种；报刊期数为 11212 期，比上年减少 150 期，同比下降 1.32%；每期平均印数 604.73 万份，比上年减少 80.78 万份，同比下降 11.78%；总印数为 13.16 亿册，比上年减少 1.38 亿册，同比下降 9.49%；总印张数为 58.86 亿印张，比上年减少 9.17 亿印张，下降 13.48%。

2008—2013 年上海市报刊出版情况

指　标		2008 年	2009 年	2010 年	2011 年	2012 年	2013 年
种类（种）	总计	100	100	100	100	100	101
	综合报	12	12	12	12	12	12
	专业报	88	88	88	88	88	89

（续表）

指　标	2008年	2009年	2010年	2011年	2012年	2013年
期数(期)	11034	11178	11013	11273	11362	11212
每期平均印数(万份)	787	741	752.18	734.33	685.51	604.73
总印数(亿份)	17.24	16.33	15.90	15.61	14.54	13.16
总印张数(亿印张)	88.29	77.94	78.65	79.38	68.03	58.86

数据来源：历年上海市统计年鉴

5. 期刊出版情况

2013年，上海市共出版期刊625种，比上年减少1种；出版期数为6287期，比上年减少16期，下降0.25%；每期平均印数875万份，比上年减少63万份，下降6.72%；总印数为1.62亿册，比上年减少0.14亿册，下降7.95%；总印张数为9.00亿印张，比上年减少0.67亿印张，下降6.93%。

2008—2013年上海市期刊出版情况

指　标	2008年	2009年	2010年	2011年	2012年	2013年
种类(种)	623	621	632	632	626	625
出版期数(期)	5910	5907	5983	6053	6303	6287
每期平均印数(万册、万份)	1105	1039	1019	1 023	938	875
总印数(亿册)	1.90	1.79	1.77	1.82	1.76	1.62
总印张数(亿印张)	9.27	9.02	9.04	9.42	9.67	9.00

数据来源：历年上海市统计年鉴

6. 图书出版情况

2013年，上海市共出版图书24 969种，比上年增加1177种，增长4.95%；总印数为3.37亿册，比上年增加0.02亿册，同比增长0.60%；总印张数为32.09亿印张，比上年增加0.74亿印张，同比增长2.36%。

2008—2013年上海市图书出版情况

指　标	2008年	2009年	2010年	2011年	2012年	2013年
种类(种)	17780	18873	19519	22056	23 792	24 969
总印数(亿册)	2.64	2.74	2.89	2.89	3.35	3.37
总印张数(亿印张)	24.97	25.46	26.34	27.37	31.35	32.09

数据来源：历年上海市统计年鉴

（二）占比情况

2008—2013年上海市报刊总印量和总印张数占长三角的比重呈下降趋势，2013年上海报刊种类、总印数、总印张数分别占长三角的32.27 %、17.22%和16.57%。期刊发展繁荣，在长三角地区显示出绝对主力地位，2013年上海市期刊种类、总印数、总印张数分别占长三角的48.45%、44.88%和50.31%。近几年，上海市图书种类占长三角的比重呈下降趋势，2013年上海市图书种类、总印数、总印张分别占长三角的40.91%、26.16%和33.56%。

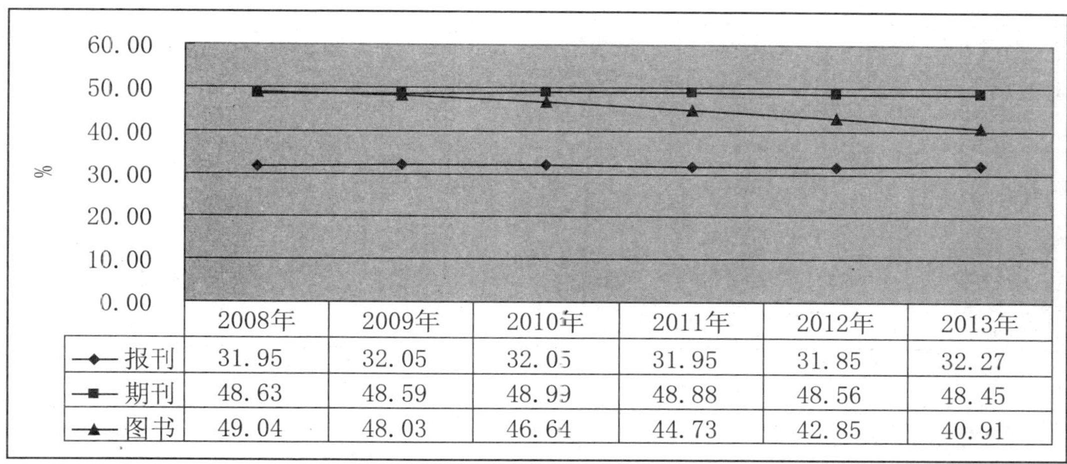

2008—2013 年上海市报刊、期刊、图书出版种类占长三角的比重

2008—2013 年上海市报刊、期刊、图书出版占长三角比重　(%)

指　标		2008 年	2009 年	2010 年	2011 年	2012 年	2013 年
报刊	总印数	22.97	22.00	21.05	19.52	18.60	17.22
	总印张数	26.96	23.82	21.85	20.77	18.32	16.57
期刊	总印数	52.63	51.00	50.03	48.15	45.71	44.88
	总印张数	58.86	56.38	56.34	53.22	51.60	50.31
图书	总印数	24.77	25.35	26.57	24.85	27.30	26.16
	总印张数	32.09	33.35	33.60	31.87	34.68	33.56

三、江苏省大众传媒产业基本情况

(一) 总体情况

1. 电视台情况

2013 年，江苏省共有电视台 14 座；电视发射及转播台 83 座；发射机功率为 520 千瓦；电视人口覆盖率为 99.9%；有线电视用户 2249 万户，比上年增加 71 万户，增长 3.3%；数字电视用户 1662 万户，比上年增加 212 万户，增长 14.6%；有线电视入户率 93.1%，比上年上升了 3.3 个百分点；节目制作时间为 217672 小时，比上年增长 5.8%。

2008—2013 年江苏省电视台情况

指　标	2008 年	2009 年	2010 年	2011 年	2012 年	2013 年
电视台(座)	14	14	14	14	14	14
电视发射及转播台(座)	116	116	96	83	83	83

（续表）

指　标	2008年	2009年	2010年	2011年	2012年	2013年
发射机功率（千瓦）	492	505	520	520	520	520
电视人口覆盖率（%）	99.9	99.9	99.9	99.9	99.9	99.9
有线电视用户数（万户）	1569	1724	1886	1988	2178	2249
数字电视用户数（万户）	556	730	1008	1196	1450	1662
有线电视入户率（%）	65.8	72.2	78.5	82.2	89.8	93.1
节目制作时间（小时）	156853	162649	226743	191070	205738	217672

数据来源：历年江苏省统计年鉴

2. 广播电台情况

2013年，江苏省共有广播电台14座，中短波发射台及转播台21座；中短波发射机功率为718千瓦，比上年增加100千瓦，增长16.2%；广播人口覆盖率为100.0%；节目制作时间为600722小时，比上年增长3.2%。

2008—2013年江苏省广播电台情况

指　标	2008年	2009年	2010年	2011年	2012年	2013年
广播电台（座）	14	14	14	14	14	14
中短波发射台及转播台（座）	21	21	21	21	21	21
中短波发射机功率（千瓦）	755	795	718	711	618	718
广播人口覆盖率（%）	99.9	100.0	100.0	100.0	100.0	100.0
节目制作时间（小时）	578674	571053	569636	580799	582066	600722

数据来源：历年江苏省统计年鉴

3. 报刊出版情况

2013年，江苏省共有报纸143种；总印数为286494万册（万份），比上年减少2914万册（万份），下降1.0%；总印张数为1340982万印张，比上年减少64453万印张，下降4.6%。

2008—2013年江苏省报纸出版情况

指　标	2008年	2009年	2010年	2011年	2012年	2013年
种数（种）	143	142	142	142	143	143
总印数（万册、万份）	279400	264971	271213	284608	289408	286494
总印张（万印张）	1194731	1134141	1339891	1422719	1405435	1340982

数据来源：历年江苏省统计年鉴

4. 期刊出版情况

2013年，江苏省共出版期刊442种；总印数为11846万册（万份），比上年减少713万册（万份），下降5.7%；总印张数为47203万印张，比上年减少633万印张，下降1.3 %。

2008—2013 年江苏省期刊出版情况

指　标	2008 年	2009 年	2010 年	2011 年	2012 年	2013 年
种数(种)	439	439	440	441	441	442
总印数(万册、万份)	9652	9578	10475	11601	12559	11846
总印张(万印张)	34782	38683	42321	44768	47836	47203

数据来源:历年江苏省统计年鉴

5. 图书出版情况

2013 年,江苏省共出版图书 23353 种,比上年增加 3099 种,增长 15.3 %;总印数为 56579 万册(万份),比上年增加 4728 万册(万份),增长 9.1%;总印张数为 397675 万印张,比上年增加 43278 万印张,增长 12.2%。

2008—2013 年江苏省图书出版情况

指　标	2008 年	2009 年	2010 年	2011 年	2012 年	2013 年
种数(种)	11191	12587	14248	17763	20254	23353
总印数(万册、万份)	50641	49486	51695	54820	51851	56579
总印张(万印张)	346561	303010	329825	374541	354397	397675

数据来源:历年江苏省统计年鉴

(二) 占比情况

2008—2013 年江苏省报刊种类在长三角中比重最大,平均超过 45%;总印数和总印张数所占比重也超过 1/3。2013 年江苏省报刊种类、总印数、总印张数在长三角中占比分别为 45.69%、37.48%和 37.75 %。江苏省期刊种类占长三角的比重较大,平均超过 1/3,总印张数所占比重却相对偏小。2013 年江苏省期刊种类、总印数、总印张数分别占长三角的 34.26%、32.69%和 26.38%。近几年,江苏省图书种类在长三角的占比呈上升趋势,各项指标相对于去年都有所增长。2013 年江苏省图书种类、总印数、总印张数分别占长三角的 38.27%、43.94%和 41.59%。

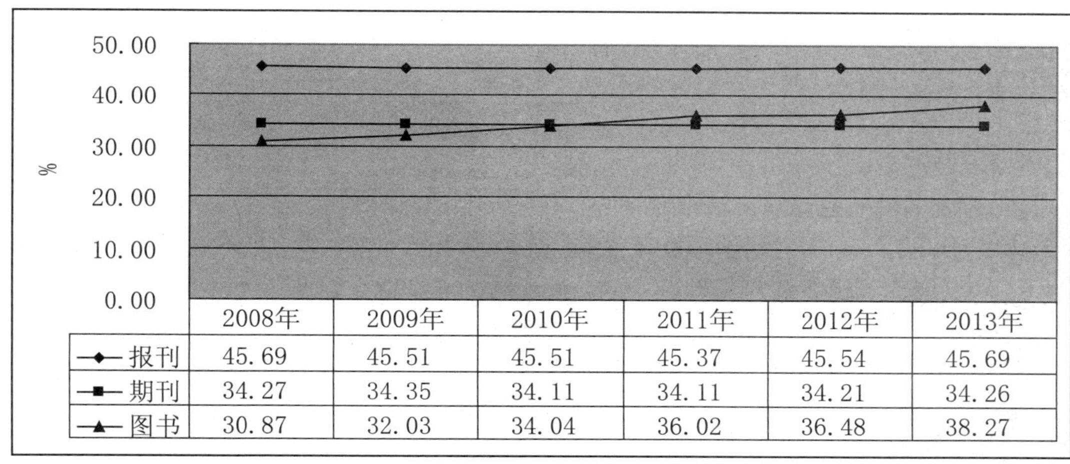

	2008年	2009年	2010年	2011年	2012年	2013年
报刊	45.69	45.51	45.51	45.37	45.54	45.69
期刊	34.27	34.35	34.11	34.11	34.21	34.26
图书	30.87	32.03	34.04	36.02	36.48	38.27

2008—2013 年江苏省报刊、期刊、图书出版种类占长三角的比重

2008—2013 年江苏省报刊、期刊、图书出版占长三角比重 (%)

指 标		2008 年	2009 年	2010 年	2011 年	2012 年	2013 年
报刊	总印数	37.23	35.70	35.91	35.58	37.01	37.48
	总印张数	36.48	34.66	37.22	37.22	37.84	37.75
期刊	总印数	26.87	27.35	29.61	30.69	32.73	32.69
	总印张数	22.10	24.19	26.38	25.31	25.51	26.38
图书	总印数	47.47	45.79	47.53	47.12	42.30	43.94
	总印张数	44.54	39.69	42.07	43.60	39.20	41.59

四、浙江省大众传媒产业基本情况

（一）总体情况

1. 电视台情况

2013 年，浙江省共有省市级电视台 12 座；电视节目套数 116 套；电视发射台及转播台 100 座，比上年增加 3 座；播出时间为 738055 小时，同比增长 0.58%；电视人口覆盖率为 99.64%，同比增加 0.04 个百分点；有线电视入户率 98.65%，同比增加 14.76 个百分点。

2008—2013 年浙江省电视节目制作情况

指 标	2008 年	2009 年	2010 年	2011 年	2012 年	2013 年
省市级电视台(座)	12	12	12	12	12	12
电视节目套数(套)	114	114	115	116	116	116
电视发射台及转播台(座)	110	104	98	97	97	100
播出时间(小时)	679332	700188	712130	722035	733784	738055
电视人口覆盖率(%)	99.13	99.27	99.35	99.38	99.60	99.64
有线电视入户率(%)	66.93	69.61	74.13	82.78	83.89	98.65

数据来源：历年浙江省统计年鉴

2. 广播电台情况

2013 年，浙江省共有省市级广播电台 12 座；广播节目套数 110 套，比上年增加 2 套；中短波广播发射台和转播台 36 座；县级广播电视台 66 个；广播人口综合覆盖率为 99.56%，同比增加 0.02 个百分点；全年公共广播节目播出时间 740977 小时，同比增长 3.69%。

2008—2013 年浙江省广播节目制作情况

指 标	2008 年	2009 年	2010 年	2011 年	2012 年	2013 年
省市级广播电台(座)	12	12	12	12	12	12
广播节目套数(套)	106	106	107	107	108	110

（续表）

指　标	2008 年	2009 年	2010 年	2011 年	2012 年	2013 年
中短波广播发射台和转播台（座）	36	37	37	37	36	36
县级广播电视台（个）	66	66	66	66	66	66
广播人口综合覆盖率（%）	98.92	99.09	99.17	99.20	99.54	99.56
全年公共广播节目播出时间（小时）	687024	694857	709854	713198	714622	740977

数据来源：历年浙江省统计年鉴

3. 报纸出版情况

2013 年，浙江省共出版报纸 69 种，其中综合报 40 种，专业报 29 种；总印量为 346280 万册（万份），比上年减少 11990 万册（万份），同比下降 0.24 %；总印张为 16224654 千印张，比上年减少 58949 千印张，同比下降 0.36%。

2008—2013 年浙江省报纸出版情况

指　标		2008 年	2009 年	2010 年	2011 年	2012 年	2013 年
种类（种）	总计	70	70	70	71	71	69
	综合报	47	44	41	42	44	40
	专业报	23	26	29	29	27	29
总印量（万册、万份）		298677	314033	325048	359090	347100	346280
总印张（千印张）		11977337	13589502	14734582	16055487	16283603	16224654

数据来源：历年浙江省统计年鉴

4. 杂志出版情况

2013 年，浙江省共出版杂志 22,3 种，比上年增加 1 种；总印量为 8149 万册（万份），同比减少 163 万册（万份），同比下降 1.96%；总印张为 416743 千印张，同比减少 12522 千印张，同比下降 2.92%。

2008—2013 年浙江省杂志出版情况

指　标	2008 年	2009 年	2010 年	2011 年	2012 年	2013 年
种数（种）	219	218	218	220	222	223
总印量（万册、万份）	7407	7596	7201	8001	8312	8149
总印张（千印张）	299882	310658	277291	380441	429265	416743

数据来源：历年浙江省统计年鉴

5. 图书出版情况

2013 年，浙江省共出版本版图书 12706 种，比上年增加 1228 种；总印量为 38491 万册（万份），比上年增加 1241 万册（万份），同比增长 3.33%；总印张为 2376981 千印张，比上年增加 15246 千印张，同比增长 0.65%。

2008—2013 年浙江省图书出版情况

指 标	2008 年	2009 年	2010 年	2011 年	2012 年	2013 年
本版图书种数(种)	7282	7835	8084	9492	11478	12706
总印量(万册、万份)	29564	31221	28179	32608	37250	38491
总印张(千印张)	1818335	2059221	1907000	2106467	2361735	2376981

数据来源:历年浙江省统计年鉴

(二)占比情况

2008—2013 年浙江省大众传媒产业有了突飞猛进的发展,其中报刊发行成绩最为显著,2013 年浙江虽然报刊种类占长三角的比例最低,只有 22.04%,但总印数和总印张的比例却最高,均高于 45%,分别达到 45.30%和 45.68%。2013 年,浙江省期刊各项指标都高于去年,期刊种类、总印数、总印张数分别占长三角的 18.06%、22.44%和 23.31 %,比重均有不同程度上升。2013 年浙江省图书种类、总印数、总印张数分别占长三角的 20.82%、29.89%和 24.86%,与上年相比,图书种类占比上升 0.15 个百分点,总印数占比下降 0.51 个百分点,总印张数占比下降 1.27 个百分点。

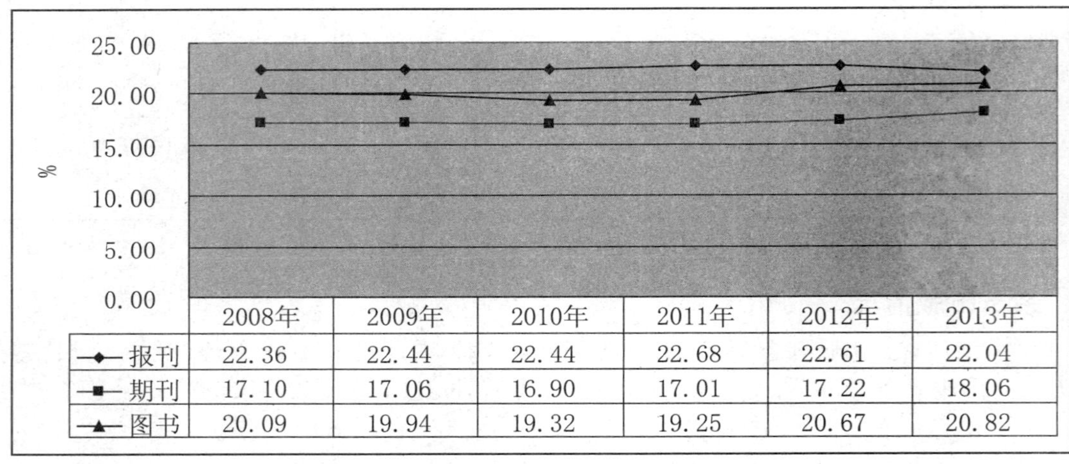

2008—2013 年浙江省报刊、期刊、图书出版种类占长三角的比重

2008—2013 年浙江省报刊、期刊、图书出版占长三角比重

指 标		2008 年	2009 年	2010 年	2011 年	2012 年	2013 年
报刊	总印数	39.80	42.30	43.04	44.90	44.39	45.30
	总印张数	36.57	41.53	40.93	42.01	43.84	45.68
期刊	总印数	20.50	21.65	20.36	21.16	21.56	22.44
	总印张数	19.05	19.44	17.28	21.47	22.89	23.31
图书	总印数	27.77	28.86	25.91	28.03	30.40	29.89
	总印张数	23.36	26.97	24.33	24.53	26.13	24.86

十四　长三角旅游业[①]

旅游业是战略性产业，资源消耗低，带动系数大，就业机会多，综合效益好。改革开放以来，我国旅游业快速发展，产业规模不断扩大，产业体系日趋完善。当前我国正处于工业化、城镇化快速发展时期，日益增长的大众化、多样化消费需求为旅游业发展提供了新的机遇。同时，旅游业在保增长、扩内需、调结构等方面也发挥着积极作用。

一、长三角旅游业基本情况

国际旅游方面，2013 年，长三角地区共接待入境游客 1 911.71 万人次，外国游客 1 367.60 万人次，旅游创汇 131.10 亿美元(江苏省入境旅游者统计口径发生变化，数据不可比)。

国内旅游方面，2013 年，长三角地区共接待国内游客 12.09 亿人次，比上年增长 9.3%，增幅同比下降 2.9 个百分点；实现国内旅游收入 15 110.05 亿元，同比增长 9.8%，增幅同比下降 7.4 个百分点。

2008—2013 年长三角地区旅游业基本情况

指标	国际旅游业			国内旅游业	
	接待入境旅游人数(万人次)	其中：外国人	国际旅游外汇收入(亿美元)	接待国内旅游人数(亿人次)	国内旅游收入(亿元)
2008 年	1 724.34	1 269.64	119.31	5.80	6 585.59
2009 年	1 756.38	1 263.41	120.36	6.65	7 786.98
2010 年	2 189.38	1 586.54	151.18	8.65	9 855.76
2011 年	2 328.59	1 701.26	160.30	9.86	11 733.01
2012 年	2 457.87	1 778.76	170.34	11.06	13 756.19
2013 年	1 911.71	1 367.60	131.10	12.09	15 110.05

二、上海市旅游业基本情况

(一) 国际旅游情况

2013 年，上海市接待国际旅游入境者 757.40 万人次，比去年下降 5.4%；其中入境外国人 597.59 万人次，同比下降 5.6%；港、澳、台同胞 159.81 万人次，同比下降 4.5%；在国际旅游入境者中，过夜旅游者 614.09 万人次，下降 5.7%；入境游客平均逗留时间 3.29 天/人，比去年略降 0.05 天/人；旅游创汇 53.37 亿美元，同比下降 4.4%。从外国游客的国别来看，日本仍是上海市的第一大客源国，2013 接待日本游客 106.63 万人次，比上年下降了 21.6%，占外国人总数的 17.8%；第二大客源国是美国，

① 注：如无特别说明，原始数据皆来自于相关年份的《中国统计年鉴》、《上海统计年鉴》、《江苏统计年鉴》和《浙江统计年鉴》。

2013 年接待美国游客 77.16 万人次，同比下降 4.1%，占外国人总数的 12.9%。

2008—2013 年上海市国际旅游入境人数

指　标	2008 年	2009 年	2010 年	2011 年	2012 年	2013 年
国际旅游入境人数(万人次)	640.37	628.92	851.12	817.57	800.40	757.40
#外国人	507.40	489.74	665.63	648.31	633.03	597.59
#日本	121.55	124.38	152.47	147.94	136.05	106.63
新加坡	18.43	18.43	23.5	22.79	21.19	20.26
德国	24.73	23.11	29.52	30.33	30.63	30.67
法国	17.98	16.41	24.86	21.21	21.46	22.17
英国	19.09	17.54	20.94	21.43	21.57	22.06
意大利	8.84	8.23	11.49	10.99	11.73	11.77
加拿大	11.59	12.37	20.97	18.69	19.52	17.43
美国	62.98	59.17	80.79	82.17	80.48	77.16
澳大利亚	14.57	14.08	21.33	21.52	21.47	20.86
港澳同胞	52.38	54.05	77.47	66.34	63.33	59.84
台湾同胞	80.59	85.13	108.02	102.92	104.04	99.97
平均每天来沪旅游人数(人次/天)	17 544	17 231	23 382	22 399	21 929	20 751
来沪旅游者平均逗留天数(天/人)	3.72	3.60	3.51	3.42	3.34	3.29
国际旅游(外汇)收入(亿美元)	50.27	47.96	64.05	58.35	55.82	53.37

(二)国内旅游情况

2013 年，上海市共接待国内游客 25990.68 万人次，比上年增长 3.6%；接待外省市来沪旅游者 11368.66 万人次，同比下降 1.1%。全年实现国内旅游收入 2968.00 亿元，同比下降 8.0%。国内旅游者的人均旅游消费总支出为 1164 元，同比减少 121 元。

2008—2013 年上海市国内旅游发展人数、人均消费支出及国内旅游收入

指　标	2008 年	2009 年	2010 年	2011 年	2012 年	2013 年
国内旅游者来沪人数(万人次)	11 006	12 361	21 463	23 079	25 094	25 991
外省市来沪旅游人数	7 842	8 484	11 255	10 877	11 496	11 369
本市市民在本地旅游人数	3 164	3 877	10 208	12 202	13 598	14 622
国内旅游者人均消费支出(元)	1 465	1 548	1 175	1 207	1 285	1 164
#长途交通费	156	168	139	128	133	122
住宿费	206	224	168	137	145	139
餐饮费	212	235	153	146	150	145
购物费	609	596	453	519	572	508

（续表）

指　标	2008 年	2009 年	2010 年	2011 年	2012 年	2013 年
门票费	99	112	131	123	144	129
娱乐费	42	57	42	34	38	39
市内交通费	81	81	53	47	48	45
邮电通信费	31	27	14	8	8	8
国内旅游收入(亿元)	1 612.38	1 913.48	2 521.90	2 786.54	3 224.39	2968.00

（三）旅行社接待经营情况

2013 年，上海市旅行社共接待来沪旅游者 868.80 万人次，比上年下降 14.7%；接待境外旅游者 83.98 万人次，同比下降 9.6%；接待境内旅游者 784.82 万人次，同比下降 15.2%。组织出境游 233.44 万人次，比上年增长 33.1%。旅行社实现营业收入 612.43 亿元，比上年增长 6.6；实现利润总额 12.44 亿元，同比增长 49.2%。

2008—2013 年上海市旅行社接待经营情况

指　标	2008 年	2009 年	2010 年	2011 年	2012 年	2013 年
接待境内外来沪旅游者(万人次)	853.95	885.92	1 239.28	962.88	1 018.27	868.80
境外旅游者	90.21	88.44	158.325	93.02	92.85	83.98
＃外国人	88.26	86.52	147.79	81.88	80.68	70.40
中国香港	1.10	0.66	4.47	5.10	4.44	4.61
中国澳门	0.01	0.01	0.08	2.01	2.26	2.90
中国台湾	0.84	1.25	5.91	4.03	5.47	6.07
境内旅游者	763.75	797.48	1 081.03	869.86	925.42	784.82
出境旅游者(万人次)	73.83	86.04	116.86	132.44	175.40	233.44
经营和财务状况						
营业收入(亿元)	234.52	247.57	341.88	433.78	574.28	612.43
利润总额(亿元)	1.70	1.95	4.02	6.39	8.34	12.44

（四）住宿业接待经营情况

2013 年，上海市共有旅游星级饭店 271 家，比上年少 7 家；客房 6.47 万间，同比减少 0.02 万间；床位 9.87 万张，同比减少 0.12 万张；客房平均出租率为 59.2%，比上年增长 2.3 个百分点；营业收入 183.94 亿元，同比增长 1.7%，其中五星级饭店营业收入 106.92 亿元，同比增长 5.2%。

2008—2013 年上海市旅游饭店及五星饭店基本情况

指　标	合计					其中：五星级饭店				
	饭店数（个）	客房数（万间）	床位数（万张）	客房平均出租率(%)	营业收入（亿元）	饭店数（个）	客房数（万间）	床位数（万张）	客房平均出租率(%)	营业收入（亿元）
2008 年	310	6.13	9.82	55.4	154.59	37	1.62	2.27	59.9	79.59

（续表）

指标	合计					其中:五星级饭店				
	饭店数（个）	客房数（万间）	床位数（万张）	客房平均出租率（%）	营业收入（亿元）	饭店数（个）	客房数（万间）	床位数（万张）	客房平均出租率（%）	营业收入（亿元）
2009年	298	6.13	9.70	50.2	131.53	38	1.64	2.32	53.5	66.86
2010年	298	6.51	10.10	65.7	190.52	44	1.96	2.69	68.0	98.28
2011年	297	6.71	10.34	55.1	175.98	53	2.35	3.28	58.3	97.70
2012年	278	6.49	9.99	56.9	180.89	55	2.43	3.38	59.1	101.59
2013年	271	6.47	9.87	59.2	183.94	60	2.60	3.60	60.1	106.92

三、江苏省旅游业基本情况

（一）国际旅游情况

2013年，江苏省接待入境游客288.03万人次，比上年下降9.0%；其中接待外国人193.44万人次，同比下降7.3%；港澳台同胞94.60万人次，同比下降12.3%。旅游创汇23.80亿美元，比上年下降6.3%。

2008—2013年江苏省接待海外旅游者人数和收入

指标	2008年	2009年	2010年	2011年	2012年	2013年
接待人数（万人次）	544.30	556.83	653.55	737.33	791.54	288.03
外国人	396.11	396.07	473.50	537.91	575.21	193.44
香港同胞	49.75	54.04	56.96	65.60	71.51	12.91
澳门同胞	5.47	7.04	7.17	7.45	8.14	0.51
台湾同胞	92.97	99.68	115.93	126.37	136.67	81.18
旅游外汇收入（亿美元）	38.80	40.16	47.83	56.53	63.00	23.80

从外国游客的国别来看，日本、韩国、美国仍是江苏省的三大主要客源国。2013年，江苏省接待日本游客439 400人次，接待韩国游客327 453人次，接待美国游客184 712人次。三国合计共占外国游客市场的49.2%。

2008—2013年江苏省接待外国游客数

指标	2008年	2009年	2010年	2011年	2012年	2013年
外国人（人次）	3 961 095	3 960 676	4 734 996	5 379 065	5 752 148	1 934 356
#日本	989 335	952 862	1 129 775	1 249 206	1 219 303	439 400
韩国	484 170	448 502	553 331	637 006	649 399	327 453
美国	511 889	439 504	548 192	609 512	651 505	184 712
加拿大	111 716	112 212	171 362	197 170	247 105	63 359

（续表）

指　标	2008 年	2009 年	2010 年	2011 年	2012 年	2013 年
英国	172 862	159 865	182 089	205 710	230 102	52 147
德国	218 528	211 819	244 057	312 351	347 216	92 110
澳大利亚	131 449	134 114	158 935	188 832	212 149	50 570

（二）国内旅游情况

2013 年，江苏省接待国内游客 5.15 亿人次，比上年增长 11.0%；实现国内旅游收入 6940.05 亿元，同比增长 14.6%。

2008—2013 年江苏省国内旅游业发展情况

指　标	2008 年	2009 年	2010 年	2011 年	2012 年	2013 年
接待人数(亿人次)	2.61	2.97	3.55	4.11	4.64	5.15
国内旅游收入(亿元)	2 933.21	3 449.50	4 287.86	5 161.47	6 055.80	6 940.05

（三）江苏省各市旅游业发展情况

1. 各市国际旅游发展情况

2013 年，江苏省接待入境游客数最多的三个市分别是：苏州市 144.21 万人次；南京市 51.86 万人次；无锡市 39.12 万人次。三市合计接待外国游客占全省的比重为 81.7%。

有 4 个市旅游创汇超亿美元，其中旅游创汇最多的三个市是：苏州市 13.57 亿美元；南京市 4.01 亿美元；无锡市 2.70 亿美元。三市合计旅游创汇占全省的比重为 85.2%。

2008—2013 年江苏省各市接待海外旅游者人数和收入

项　目	2008 年	2009 年	2010 年	2011 年	2012 年	2013 年
接待人数(人次)						
南京市	1 191 813	1 134 515	1 308 791	1 506 642	1 627 142	518 568
无锡市	611 325	629 500	791 592	908 324	981 947	391 185
徐州市	132 128	139 147	158 277	182 180	199 488	25 849
常州市	294 181	305 581	359 067	413 101	455 706	109 958
苏州市	1 682 267	1 695 126	2 075 299	2 326 318	2 492 157	1 442 138
南通市	280 037	299 866	355 133	404 852	440 788	216 943
连云港市	90 922	100 076	116 663	132 289	144 684	24 228
淮安市	26 422	26 264	28 313	32 328	34 699	10 565
盐城市	50 704	54 938	62 100	72 008	80 077	26 048
扬州市	463 557	500 251	560 113	622 012	660 160	47 783
镇江市	535 508	588 935	613 277	650 074	663 075	36 675

（续表）

项　目	2008 年	2009 年	2010 年	2011 年	2012 年	2013 年
泰州市	60 087	68 151	79 016	91 632	101 323	26 644
宿迁市	24 071	25 907	27 857	31 506	34 120	3 703
旅游外汇收入（万美元）						
南京市	87 174	83 728	98 062	119 960	136 216	40 063
无锡市	33 518	34 889	48 146	59 839	68 138	26 985
徐州市	12 296	13 194	15 287	18 694	21 045	2 193
常州市	27 599	29 398	34 707	42 138	47 439	7 590
苏州市	99 547	99 725	125 059	146 998	164 723	135 687
南通市	28 368	30 933	36 066	39 916	42 995	11 196
连云港市	7 959	9 173	10 747	12 869	14 434	1 668
淮安市	2 076	2 090	2 475	2 703	3 056	888
盐城市	3 490	3 903	4 535	5 556	6 477	2 533
扬州市	35 942	40 131	45 988	52 348	55 921	3 711
镇江市	42 070	45 435	46 966	52 181	55 819	3 130
泰州市	6 102	6 872	7 931	9 440	10 855	1 990
宿迁市	1 879	2 130	2 375	2 655	2 854	355

2. 各市国内旅游发展情况

2013 年，江苏省接待国内游客人数最多的三个市分别是：苏州市 9 416.33 万人次，比上年增长 9.2%；南京市 8 674.01 万人次，比上年增长 9.1%；无锡市 6 993.57 万人次，比上年增长 9.9%。三市合计接待国内游客占全省的比重为 48.7%。

2013 年，江苏省有 3 个市国内旅游收入超千亿元，分别是：苏州市 1 419.09 亿元，比上年增长 13.1%；南京市 1 317.48 亿元，比上年增长 12.7%；无锡市 1 100.40 亿元，比上年增长 12.9%。

2008—2013 年江苏省各市国内旅游人数和收入

项　目	2008 年	2009 年	2010 年	2011 年	2012 年	2013 年
接待人数（万人次）						
南京市	4 970.16	5 519.91	6 365.50	7 180.54	7 950.45	8 674.01
无锡市	3 682.44	4 310.48	5 067.27	5 725.23	6 365.25	6 993.57
徐州市	1 538.29	1 790.91	2 049.40	2 457.31	2 752.56	3 087.15
常州市	2 037.05	2 342.81	2 802.43	3 360.88	3 958.27	4 425.71
苏州市	5 286.88	5 869.67	7 004.88	7 775.38	8 624.43	9 416.33
南通市	1 275.31	1 483.26	1 756.79	2 108.97	2 407.46	2 716.00
连云港市	1 065.07	1 210.28	1 392.73	1 655.93	1 894.27	2 136.03
淮安市	854.74	1 010.03	1 156.29	1 398.21	1 610.73	1 833.20

（续表）

项　目	2008 年	2009 年	2010 年	2011 年	2012 年	2013 年
盐城市	805.77	961.75	1 105.39	1 325.07	1 536.80	1 754.36
扬州市	1 844.24	2 265.50	2 647.22	3 166.65	3 572.47	3 965.36
镇江市	1 904.23	2 242.37	2 607.45	3 100.83	3 502.86	3 895.00
泰州市	786.06	933.24	1 072.83	1 284.66	1 457.04	1 640.46
宿迁市	370.88	427.74	490.42	610.35	804.82	1 002.02
国内旅游收入(亿元)						
南京市	620.58	720.24	852.41	1 013.43	1 169.01	1 317.48
无锡市	496.84	595.12	703.92	844.83	974.92	1 100.40
徐州市	151.99	183.97	215.84	264.83	311.82	360.47
常州市	214.91	262.29	320.75	391.66	481.96	557.39
苏州市	665.38	772.79	917.76	1 084.82	1 254.38	1 419.09
南通市	130.62	162.17	202.26	252.20	299.29	348.16
连云港市	111.07	128.31	153.58	188.32	221.59	257.25
淮安市	77.52	99.52	118.59	146.17	172.65	200.12
盐城市	67.49	83.05	99.10	120.34	142.79	166.09
扬州市	176.26	225.93	271.84	330.23	392.50	454.42
镇江市	185.07	234.30	285.59	345.63	410.14	474.53
泰州市	75.55	94.90	113.34	136.91	160.88	186.19
宿迁市	23.50	27.71	32.88	42.12	63.85	98.47

四、浙江省旅游业基本情况

（一）国际旅游情况

2013 年，浙江省接待入境旅游者 866.28 万人次，入境人数与上年基本持平；其中，接待外国人 576.57 万人次，同比增长 1.1%；接待港澳同胞 136.38 万人次，同比增长 2.2%；接待台湾同胞 153.33 万人次，同比下降 5.4%。旅游创汇 53.93 亿美元，同比增长 4.7%，较上年同期回落 8.7 个百分点。

2008—2013 年浙江省国际旅游业发展情况

指　标	2008 年	2009 年	2010 年	2011 年	2012 年	2013 年
入境旅游人数合计(人次)	5 396 682	5 706 385	6 847 102	7 736 908	8 659 290	8 662 817
外国人	3 661 293	3 776 024	4 474 054	5 150 408	5 705 072	5 765 720
港澳同胞	820 554	906 547	1 085 362	1 173 701	1 334 035	1 363 811
台湾同胞	914 835	1 023 814	1 287 686	1 412 899	1 620 183	1 533 286
创汇收入(万美元)	302 408	322 358	393 020	454 173	515 174	539 293

2013 年，从外国旅游者的国别来看，排前三名的入境客源国分别为韩国、日本和美国。浙江省接待韩国旅游者 85.71 万人次，比上年增长 2.2%，占全省外国旅游者总数的 14.9%；接待日本旅游者 56.71 万人次，同比下降 20.9%，占全省外国旅游者总数的 9.8%；接待美国旅游者 44.16 万人次，同比增长 5.2%，占全省外国旅游者总数的 7.7%。

2008—2013 年浙江省接待外国游客人数

指　标	2008 年	2009 年	2010 年	2011 年	2012 年	2013 年
外国人(人次)	3 661 293	3 776 024	4 474 054	5 150 408	5 705 072	5 765 720
＃日本	661 465	655 722	708 286	773 145	717 114	567 087
韩国	661 668	623 905	714 301	790 920	838 539	857 061
马来西亚	177 103	197 084	238 386	259 275	263 866	267 461
美国	272 776	270 430	338 155	388 266	419 638	441 632
新加坡	135 770	128 438	160 493	167 125	168 995	180 420
泰国	103 423	100 083	104 606	113 853	125 147	131 264
德国	111 433	117 846	136 780	161 516	158 434	205 304
意大利	96 407	103 074	124 211	156 184	194 011	227 382
法国	94 438	95 883	120 369	140 761	123 699	171 045
印度尼西亚	62 860	62 639	79 815	83 225	85 869	80 659
澳大利亚	77 793	73 816	93 118	102 934	115 200	120 212
英国	81 024	83 805	107 092	124 179	135 582	169 887
印度	61 419	70 565	85 319	91 729	110 701	115 530
菲律宾	42 903	46 148	51 418	55 099	61 038	60 639
加拿大	78 835	75 366	102 507	110 807	121 858	125 987
西班牙	69 117	68 112	76 984	92 656	121 332	121 215
荷兰	49 240	46 033	53 506	63 018	19 878	67 309
俄罗斯	61 761	81 844	93 631	113 778	62 749	116 026
瑞典	25 380	25 704	27 929	28 657	8 052	23 049
瑞士	22 486	23 136	26 721	26 026	28 171	29 393
新西兰	19 165	21 757	25 126	32 411	35 208	36 530

（二）国内旅游情况

2013 年，浙江省接待国内旅游者 4.34 亿人次，比上年增长 11.0%；实现国内旅游收入 5202.00 亿元，同比增长 16.2%。

2008—2013 年浙江省国内旅游业发展情况

指　标	2008 年	2009 年	2010 年	2011 年	2012 年	2013 年
国内旅游人数(万人次)	20 900	24 410	29 500	34 295	39 124	43 439

（续表）

指　标	2008年	2009年	2010年	2011年	2012年	2013年
国内旅游收入(亿元)	2 040	2 424	3 046	3 785	4 476	5 202

（三）各市国际旅游发展情况

2013年，杭州市接待入境旅游者数仍遥遥领先其他各市，达到316.01万人次，比上年下降4.6%；其次是宁波市，接待人数为127.34万人次，同比增长9.6%；再次是金华市，接待人数为79.70万人次，同比增长2.6%。国际旅游收入最高的是杭州市，为21.60亿美元，比上年下降1.9%；其次是宁波市，国际旅游收入7.97亿美元，同比增长8.5%；再次是丽水市，国际旅游收入6.12亿美元，同比增长30.6%，丽水入境旅游收入能排第三名，主要是丽水华侨回乡探亲所致，华侨入境游客通常停留时间较长，加总起来花费较多。

2008—2013年浙江省各市海外旅游者人数及国际旅游收入

年　份	2008年	2009年	2010年	2011年	2012年	2013年
接待人数(人次)						
杭州市	2 213 319	2 304 045	2 757 147	3 063 140	3 311 225	3 160 058
宁波市	756 776	800 548	951 680	1 073 872	1 162 088	1 273 439
嘉兴市	539 600	556 708	664 063	721 407	781 860	657 800
湖州市	243 656	282 690	331 650	398 313	473 020	532 938
绍兴市	398 811	431 713	522 841	603 505	686 757	696 310
舟山市	211 965	223 482	256 790	277 468	310 468	315 375
温州市	318 230	329 764	391 587	470 504	575 397	742 099
金华市	489 478	531 852	627 437	727 280	776 994	796 998
衢州市	73 152	85 262	98 826	116 136	135 657	121 019
台州市	103 820	86 514	102 947	123 382	240 042	108 927
丽水市	94 692	105 063	129 155	161 901	205 909	257 902
旅游外汇收入(万美元)						
杭州市	129 610	137 995	169 008	198 710	220 165	216 048
宁波市	46 874	48 650	59 066	65 472	73 428	79 656
嘉兴市	18 917	19 182	22 643	25 857	27 658	24 389
湖州市	8 688	10 286	12 585	14 768	17 323	20 022
绍兴市	13 644	14 818	18 478	22 010	24 128	24 386
舟山市	11 212	11 378	13 094	14 137	15 865	16 084
温州市	16 109	17 797	21 115	25 602	31 887	42 064
金华市	29 057	30 423	37 670	41 661	42 451	45 417
衢州市	3 664	4 231	5 123	5 991	6 659	5 724
台州市	7 046	4 964	5 629	6 334	8 726	4 265
丽水市	20 899	23 011	28 608	33 631	46 884	61 239

第二章　长三角地区财政金融与外向型经济

一　长三角财政

一、长三角财政总体情况

2013 年，长三角地区一般预算收入为 14 474.89 亿元，比 2012 年增长 11.0%，比 2012 年同期增长速度下降 0.2 个百分点。其中，江苏省一般预算收入在长三角中占比最高，为 45.4%；其次为上海市 28.4%；浙江省为 26.2%。2013 年，长三角地区一般预算支出为 17 057.55 亿元，同比增长 11.0%，比 2012 年同期增长速度上升 1.0 个百分点。其中，江苏省一般预算支出在长三角中占比最高，为 45.7%，其次为浙江省为 27.7%，上海市 26.6%。2008 年至 2013 年，长三角地区一般预算收入与支出呈稳定增长的趋势。上海市、江苏省和浙江省一般预算收入与支出也呈稳定增长的趋势。

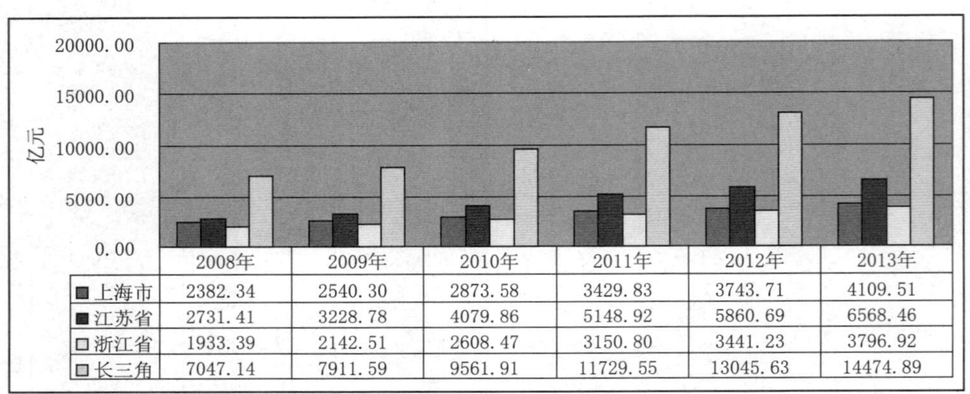

	2008年	2009年	2010年	2011年	2012年	2013年
上海市	2382.34	2540.30	2873.58	3429.83	3743.71	4109.51
江苏省	2731.41	3228.78	4079.86	5148.92	5860.69	6568.46
浙江省	1933.39	2142.51	2608.47	3150.80	3441.23	3796.92
长三角	7047.14	7911.59	9561.91	11729.55	13045.63	14474.89

2008—2013 年长三角地方一般预算收入图及附表（亿元）

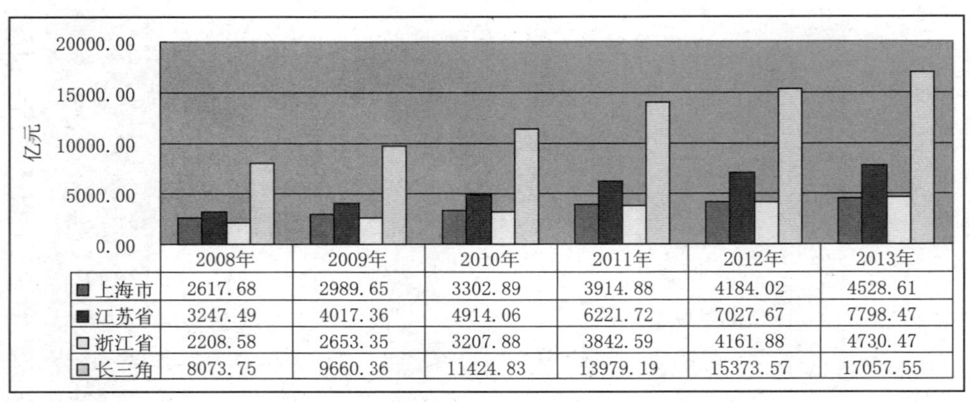

	2008年	2009年	2010年	2011年	2012年	2013年
上海市	2617.68	2989.65	3302.89	3914.88	4184.02	4528.61
江苏省	3247.49	4017.36	4914.06	6221.72	7027.67	7798.47
浙江省	2208.58	2653.35	3207.88	3842.59	4161.88	4730.47
长三角	8073.75	9660.36	11424.83	13979.19	15373.57	17057.55

2008—2013 年长三角地方一般预算支出图及附表（亿元）

二、上海市财政

2013 年，面对极为错综复杂的外部经济形势和艰巨繁重的改革发展任务，上海市深入贯彻落实党的十八大精神，坚持稳中求进的工作总基调，统筹兼顾、聚焦突破，扎实推进稳增长、调结构、促改革、惠民生的各项工作，经济社会发展呈现稳中有进的良好态势。与此同时，上海市各级财政部门按照市委、市政府提出的“五个着力”要求，坚持社会主义市场经济改革取向，求真务实、开拓创新，加快推进财政职能转变，着力增强财政运行的协调性和可持续性，财政收入实现平稳健康增长，财政支出进一步强化“三个聚焦”，全市的财政预算执行情况总体良好。

（一）上海市地方一般预算收入收支执行情况

2013 年，上海全市地方公共财政收入 4 109.5 亿元，比 2012 年增长 9.8%，完成预算的 102.1%，加上中央财政与本市结算净收入 412.7 亿元，中央财政专款上年结转收入、调入资金、调入预算稳定调节基金、动用历年结余等 65.9 亿元，以及本市地方政府债券收入 112.0 亿元；减去调出资金 26.7 亿元，全市可以安排使用的地方公共财政收入总计 4673.4 亿元。全市地方公共财政支出 4 528.6 亿元，比 2012 年增长 8.2%，完成调整预算的 102.5%，加上地方政府债券还本 50.0 亿元、中央财政专款结转下年支出 40.2 亿元、安排预算稳定调节基金 47.4 亿元，全市地方公共财政支出总计 4 666.2 亿元。全市地方公共财政收支执行结余 7.2 亿元。

2013 年，上海市本级公共财政收入 1 977.0 亿元，比 2012 年增长 7.9%，完成预算的 100.4%，加上中央财政与本市结算净收入 412.7 亿元，中央财政专款上年结转收入、调入资金等 49.7 亿元，以及本市地方政府债券收入 112.0 亿元；减去市对区县税收返还和转移支付 736.7 亿元，调出资金 15.3 亿元，市本级可以安排使用的公共财政收入总计 1799.4 亿元。市本级公共财政支出 1 590.5 亿元，比 2012 年增长 4.3%，完成调整预算的 101.6%，加上地方政府债券还本 50.0 亿元、转贷区县地方政府债券支出 90.0 亿元、中央财政专款结转下年支出 40.2 亿元、安排预算稳定调节基金 28.7 亿元，市本级公共财政支出总计 1 799.4 亿元。市本级公共财政收支执行基本平衡。

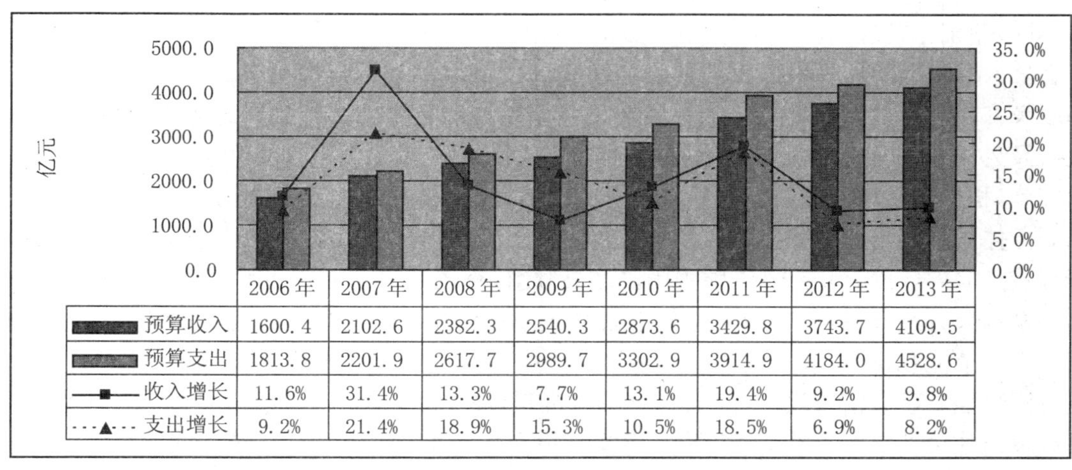

	2006 年	2007 年	2008 年	2009 年	2010 年	2011 年	2012 年	2013 年
预算收入	1600.4	2102.6	2382.3	2540.3	2873.6	3429.8	3743.7	4109.5
预算支出	1813.8	2201.9	2617.7	2989.7	3302.9	3914.9	4184.0	4528.6
收入增长	11.6%	31.4%	13.3%	7.7%	13.1%	19.4%	9.2%	9.8%
支出增长	9.2%	21.4%	18.9%	15.3%	10.5%	18.5%	6.9%	8.2%

上海市地方财政一般预算收支趋势图

（二）上海财政预算执行与工作特点

1. 以中国上海自由贸易试验区的建立为契机，优化与经济转型升级相适应的财税环境

推进上海自贸试验区建设，坚持市场化取向，坚持先行先试，结合深化浦东综合配套改革试点，超前研究和预案储备，为中国上海自由贸易试验区（简称“上海自贸试验区”）的加快建设提供了及时有效的税收制度保障。推进“营改增”试点，促进改革红利进一步释放和扩大，为现代服务业的加快发展注入新的动力，并为在全国范围内扩大试点进一步积累经验。优化完善现代服务业财政配套政策，将文化艺术服务、体育服务等纳入政府采购的服务类目录范围，将本市服务业发展引导资金的使用范围拓展到新兴服务业，并进一步从财政政策上鼓励、引导和支持跨国公司亚洲、亚太地区总部等高能级机构在沪集聚发展，促进提高开放型经济水平。

2. 以提高经济质量和效益为中心，加大对“稳增长、转方式、调结构”的聚焦支持力度

推进科技创新，制定和实施《上海市科研计划专项经费管理办法》，落实股权奖励个人所得税分期缴纳等支持政策，促进建立张江国家自主创新示范区企事业单位自主创新和科技成果转化的激励分配机制，增强科技创新合力。支持产业结构转型升级，修订完善《上海市企业自主创新专项资金管理办法》，加大对企业引进技术的吸收与创新、重大技术装备研制等技术创新活动的财政支持力度，重点支持信息化与工业化深度融合发展，聚焦符合产业发展方向的人才引进、人才培养、科研资助和公共设施建设，加大对临港地区开发、建设和发展的财政支持力度。支持优化科技企业和小微企业融资环境。支持节能减排、污染治理和生态保护。支持外贸出口稳定增长，扩大中小外贸企业融资担保政策覆盖面，加大出口信用保险政策扶持力度，加快推进海外营销网络建设，鼓励和支持企业开拓新兴市场、发展新型贸易。

3. 完善财政转移支付机制，推进实现城乡一体化发展

支持和促进实施本市城乡一体化发展三年行动计划（2013—2015 年），把财政转移支付与稳增长、转方式、促转型、重均衡、惠民生有机结合起来，进一步加大制度创新力度，着力体现基本公共服务均衡保障、郊区差别化管理、确保完成重点任务的各项要求。一是促进重点公共基础设施建设。结合推进郊区新城、小城镇建设，积极探索区县公益性建设项目运作方式和扩大筹资渠道，将市与区县两级财政的政策支持和财力保障重点向事关城乡一体化发展的重大公共基础设施体系建设倾斜，向大型居住社区及外围市政配套设施建设倾斜，确保本市“十二五”重点发展规划和重大公共基础设施项目的有效实施，积极稳妥地推进新型城镇化建设。二是促进基本公共服务均等化。结合实施《上海市基本公共服务体系规划》，着力完善财政转移支付分配因素、财力评价和动态调整保障机制，将财政转移支付资金重点向郊区、人口导入区、财力困难区县倾斜，有效推动基本公共服务体系建设，切实提高城乡一体的基本公共服务保障水平，促进基本公共服务均等化。三是推进生态文明建设。进一步在财政政策上支持节能减排，推进实施环保三年行动计划，完善生态补偿机制，并结合深化农村综合改革，重点支持完善强农惠农富农政策，健全农业保险机制，加大对以水利、污水管网和生态环境为重点的农村基础设施建设的财政支持力度，加强资源节约和环境保护，着力推进绿色发展、循环发展、低碳发展。

4. 以民生优先为导向，支持以保障和改善民生为重点的社会建设

一是支持就业与社会保障体系建设。健全小额贷款担保机制，完善农业合作社、社区养老等特殊行业“就业困难人员”就业补贴等财政扶持政策，支持实施扶持失业青年就业启航计划，建立健全因病

支出型贫困家庭生活救助财政投入保障机制。二是支持保障性住房体系建设。完善财政扶持政策，支持区县旧住房综合改造和维修，推进中心城区旧区改造和大型居住社区市政公建配套设施建设，住房保障体系受益面继续扩大。三是支持教育事业优先发展。在深化完善“三个统筹”的基础上，指导区县合理安排和使用财政教育经费，推进基础教育均衡发展；着力推动本市高等院校学科专业建设和资源整合，创新人才培养模式。四是支持深化医药卫生体制改革。制定和实施《关于上海市市级公立医院实施综合预算管理制度的试行意见》、《上海市市级公立医院总会计师委派管理试行办法》、《关于完善区县公立医疗机构政府投入机制的实施意见》，加快构建与本市医药卫生体制改革相配套的财政预算管理制度体系和政府卫生投入机制，积极支持4家郊区新建三级医院试点开展综合预算管理制度改革。五是支持文化事业发展。支持举办首届市民文化节等重大文化活动，建成儿童艺术剧场，支持公益性文化设施免费开放，公共文化建设水平进一步提升。六是支持公共安全体系建设。及时足额安排落实应急和家禽养殖户、经营者补贴资金，着力加强H7N9禽流感疫情防控的经费保障；支持本市食品药品监督管理体制机制改革，着力维护食品公共安全。

5. 推进预算制度改革，建立健全预算编制、执行、监督、绩效评价和信息公开“五位一体”的预算管理机制

围绕加强对政府全口径预算决算管理的总体要求，在继续完善公共财政预算和政府性基金预算的同时，以建立健全预算制度体系、细化预算编制内容、规范预算执行管理等为重点，进一步深化推进本市国有资本经营预算和社会保险基金预算的试编工作。

2013年，上海市各项财政改革稳步推进，财攻运行规范有序，预算完成情况总体较好。但财政运行和预算执行中还存在一些亟待进一步研究解决的问题。主要表现在：一是受外部环境复杂、经济转型升级压力加大以及政策性因素的影响，财政收入持续稳定增长的难度依然较大；二是财政支出结构有待进一步调整优化，财政民生保障力度需进一步加大，区县之间特别是城乡间的基本公共服务差异有待进一步缩小；三是财政专项资金的整合力度有待进一步加大，支持和促进结构调整优化、经济转型升级的财政政策体系有待进一步完善，财政在促进稳增长、转方式、调结构、促改革中的功能作用有待进一步拓展；四是政府全口径预决算管理有待进一步规范和统一，“四本预算”的统筹联动安排机制需进一步建立健全；五是中期预算管理机制试点尚处于起步阶段，预算支出标准体系和重大财政支出项目预算事前评审机制改革等有待进一步深化。对于这些困难和问题，上海市政府高度重视。上海市将结合开展党的群众路线教育实践活动，进一步深化推进财政改革，不断加大制度创新力度，采取切实有效措施，认真加以解决。

三、江苏省财政

2013年，江苏省各级财政部门牢牢把握主题主线和稳中求进的工作总基调，在复杂严峻的经济形势下保持了财政运行的稳健态势，财政收入质量不断提高，“八项工程”等重点支出得到有效保障，财政改革稳步推进，较好完成了省十二届人大一次会议确定的预算任务。

（一）江苏省地方财政一般预算收支执行情况

2013年，江苏省公共财政收入6 568.46亿元，比2012年增加707.77亿元，同比增长12.1%。其中，税收收入5 419.49亿元，比2012年增长13.3%，占公共财政收入的82.5%。2013年，江苏省公共财政支出7798.47亿元，比2012年增加770.80亿元，同比增长10.1 %。2013年，江苏省公共财政总收入8 833.27亿元。其中，公共财政收入6 568.46亿元；中央税收返还及转移支付收入、地方政府债券收入等2 264.81亿元。公共财政总支出8 075.41亿元。其中，上解中央支出、地方政府债券还本支出等 344.25 亿元。收支相抵，预计年终结余及结转 757.86 亿元。

2013 年，江苏省级公共财政总收入 3 188.14 亿元。其中，省级征收的公共财政收入 555.95 亿元；中央税收返还及转移支付收入、下级上解收入、地方政府债券收入等 2 632.19 亿元。省级公共财政总支出 3 101.58 亿元。其中，省本级支出 869.93 亿元；上解中央支出、对市县税收返还及转移支付支出、转贷地方政府债券支出、地方政府债券还本支出等 2 231.65 亿元。收支相抵，预计年终结余及结转 86.56 亿元，其中，未完事项结转下年支出 85.61 亿元，年终结余资金 0.95 亿元。

2013 年，江苏省基金收入 5 018.10 亿元，比 2012 年增加 1 405.72 亿元，同比增长 38.9 %；支出 4 937.95 亿元，比 2012 年增加 1 359.01 亿元，同比增长 38.0%。省级基金收入 162.30 亿元，比 2012 年增加 6.69 亿元，同比增长 4.3%；剔除补助市县支出，省级基金支出 98.47 亿元，比 2012 年增加 28.59 亿元，同比增长 40.9 %。

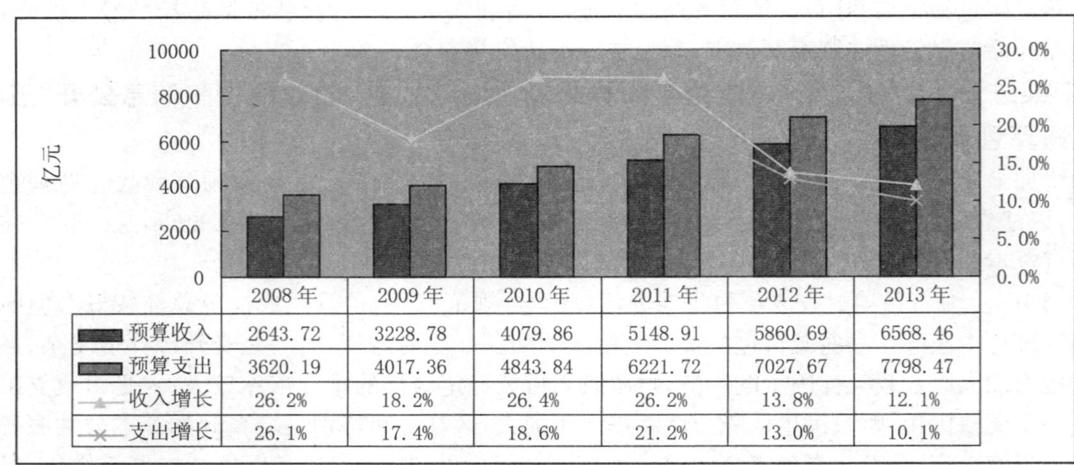

	2008 年	2009 年	2010 年	2011 年	2012 年	2013 年
预算收入	2643.72	3228.78	4079.86	5148.91	5860.69	6568.46
预算支出	3620.19	4017.36	4843.84	6221.72	7027.67	7798.47
收入增长	26.2%	18.2%	26.4%	26.2%	13.8%	12.1%
支出增长	26.1%	17.4%	18.6%	21.2%	13.0%	10.1%

江苏省地方财政一般预算收支趋势图

（二）江苏省财政预算执行与工作特点

1. 积极发挥财政职能作用，推动经济社会持续健康发展

一是以“八项工程”“十项举措”为主抓手扎实推进“两个率先”。省财政用于“八项工程”“十项举措”资金 741.2 亿元，增长 10.7%，全年支出进度 98.9%，各项工程实施取得重要阶段性成果，全省经济在转型升级中实现稳定增长。二是大力实施积极的财政政策。落实促进企业发展的各项财税优惠政策，取消部分行政事业性收费。稳步推进“营改增”试点改革，试点企业由 11.0 万户增加到 24.0 万户，试点以来共计减税 170.0 亿元。顺利实现地方政府债券自行发债试点，债券发行规模比上年增长 39.0%。三是落实中央厉行节约要求，大力压缩一般性支出，省级“三公经费”下降 5.0%，压减经费全部用于增加民生等重点支出需要。

2. 着力保障和改善民生，注重城乡区域统筹协调发展

一是“六大体系”建设深入推进，改善民生十件实事全面完成。全省公共财政用于与人民群众生活直接相关的教育、医疗卫生、社会保障和就业、住房保障、文化方面的支出 2 860.9 亿元，全省民生支出占公共财政支出比重超过四分之三。二是推动城乡区域统筹协调发展。着力推进城乡一体化发展，支持实施新一轮农村实事工程，全省农林水事务支出 861.5 亿元，比上年增长 14.2%。出台了支持苏北全面小康建设、苏中融合发展特色发展、苏南现代化建设示范区的扶持政策，进一步加大对苏

中苏北结合部、沿海地区的财政支持，区域发展更趋协调。省对市县各类转移支付补助 1 449.7 亿元，增加 99.1 亿元，增长 7.3%。其中，对苏北地区转移支付补助 772.0 亿元，占补助总额的 53.3%，苏北地区内生动力不断增强，主要经济指标增速继续高于全省平均水平。

3. 规范财政收支管理，深化财政体制机制改革

一是规范财税收入管理。认真落实国家支持企业发展的各项财税政策，推动实体经济加快发展。强化财政监督检查，严格收入征管，促进依法征收，全省财政收入质量显著提升。2013 年全省税占比比上年提高 0.9 个百分点。二是加大专项资金整合。推进省级部门内部和部门之间整合，探索对市县专项转移支付整合试点。三是建立政府购买公共服务制度，降低行政运行成本，提高政府服务的社会化水平。四是盘活财政存量资金，制定了结余结转资金统筹使用的操作办法。全省结余结转规模比上年压缩 2.0 个百分点。五是探索资金分配方式改革。推行财政资金因素法分配，资金分配更趋客观公正公平。探索市场化模式分配竞争性项目资金，引导社会资本投资，放大资金使用效益。建立专项资金申报分配使用全过程承诺制，有效化解管理风险点。六是优化转移支付结构。继续增加一般性转移支付规模，省对市县一般性转移支付比重比上年提高 5.4 个百分点。完善市县财力保障机制，推进市县基本公共服务均等化。七是强化地方政府性债务管理。全面建立政府性债务扎口管理机制，完善举债程序，强化举债责任。初步建立债务风险预警机制，有效防范债务风险。实行土地储备融资规模控制制度，规范土地融资行为。八是预决算公开取得新进展。2013 年省级实现政府预决算、部门预决算、“三公经费”预决算和民生专项支出的全面公开。市县预算信息公开工作也取得明显进展。

2013 年，江苏省各项财政改革稳步推进，财政运行规范有序，预算完成情况总体较好。但财政运行和预算执行中还存在一些亟待进一步研究解决的问题，主要是：财政收入中低速增长与支出刚性增长矛盾突出；部分财政政策的制定缺乏统筹规划，政策“碎片化”问题依然存在；财税体制和预算管理制度改革亟需深化等。对此，应采取切实有效措施，努力加以解决。

四、浙江省财政

2013 年，面对严峻复杂的外部环境和困难挑战，浙江省各级财政部门以“促进发展、保障民生、科学理财、加强监管”的理财原则，切实做好“生财、聚财、用财”三篇文章，依法组织收入，优化支出结构，深化管理改革，财政预算运行和执行情况良好，财政职能进一步发挥，促进了经济企稳向好和社会和谐稳定。

（一）浙江省地方一般预算收入收支执行情况

2013 年，浙江省公共财政收入汇总预算为 3 718.00 亿元，执行数为 3 796.92 亿元，完成预算的 102.1%，比上年年增长 10.3%。浙江省地方财政收入主要项目完成情况为：税收收入 3 545.66 亿元，比上年增长 9.8%；非税收入 251.26 亿元，比上年增长 17.7%。2013 年浙江省公共财政支出汇总预算为 4 370.00 亿元，执行数为 4 730.47 亿元，完成预算的 108.3%，比上年增长 13.7%。浙江省财政重点支出完成情况为：农林水事务 513.03 亿元，比上年增长 25.7%；教育 950.07 亿元，比上年增长 8.2%；科学技术 191.87 亿元，比上年增长 15.6%；文化体育与传媒 106.00 亿元，比上年增长 12.6%；医疗卫生 350.73 亿元，比上年增长 14.7%；社会保障和就业 397.06 亿元，比上年增长 14.9%。按照现行分税制财政体制和国家有关政策规定计算，2013 年浙江省公共财政预算收入加上中央税收净返还和中央各项补助，以及地方政府债券收入、结转下年支出款项等，预计全省公共财政预算收支平衡。

2013 年浙江省级地方财政收入预算为 275.60 亿元，执行数为 275.61 亿元，完成预算的 100.0%，比上年增长 8.0%。省级地方财政收入主要项目完成情况为：税收收入 249.06 亿元，比上年增长 6.7%；非税收入 26.55 亿元，比上年增长 21.7%。2013 年浙江省级财政支出预算为 462.60 亿元，执行数为 481.80 亿元，完成预算的 104.2%，比上年增长 11.9%。省级财政重点支出完成情况为：农林水事务 45.02 亿元，比上年增长 10.4%；教育 90.53 亿元，比上年增长 12.1%；科学技术 30.34 亿元，比上年增长 12.4%；文化体育与传媒 16.80 亿元，比上年增长 8.8%；医疗卫生 38.51 亿元，比上年增长 10.9%；社会保障和就业 18.71 亿元，比上年增长 13.2%。按照现行分税制财政体制和国家有关政策规定计算，预计 2013 年省级公共财政预算收支平衡。

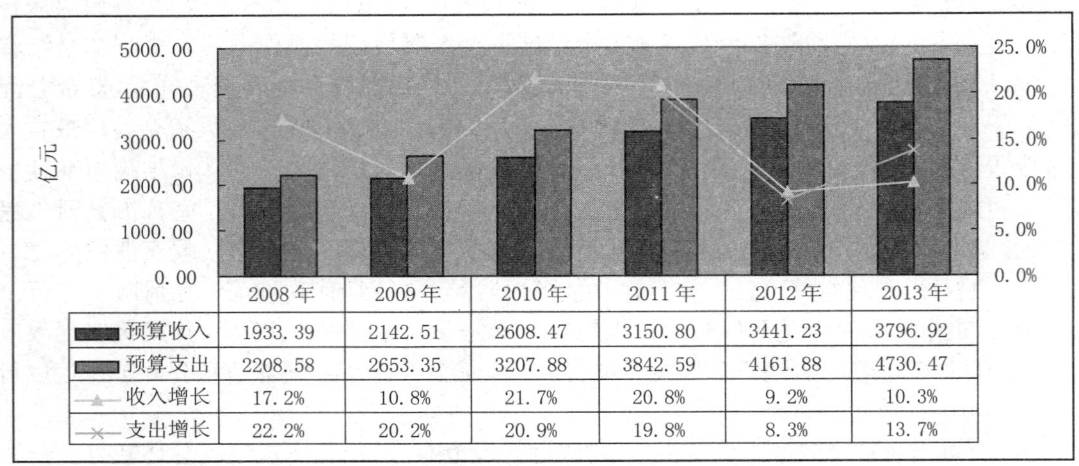

	2008 年	2009 年	2010 年	2011 年	2012 年	2013 年
预算收入	1933.39	2142.51	2608.47	3150.80	3441.23	3796.92
预算支出	2208.58	2653.35	3207.88	3842.59	4161.88	4730.47
收入增长	17.2%	10.8%	21.7%	20.8%	9.2%	10.3%
支出增长	22.2%	20.2%	20.9%	19.8%	8.3%	13.7%

浙江省地方财政一般预算收支趋势图

（二）浙江省财政预算执行与工作特点

1. 努力增收节支，缓解财政收支矛盾

坚持依法治税，夯实税收征管基础，优化收入结构，提升收入质量。税收收入占公共财政预算收入比重为 93.4%，公共财政预算收入占财政总收入比重为 55.0%，均位居全国前列。密切关注“营改增”等重大税制改革，认真分析其对经济发展和地方可用财力的影响，落实过渡性扶持政策。坚持有保有压、统筹兼顾，确保促进发展、改善民生等各项重点支出需要。坚持勤俭办一切事业，从严控制行政经费和一般性支出，压缩“三公”经费和会议费，全省和省级公共财政预算拨款安排的“三公”经费支出分别比上年下降（以下简称“下降”）15%、20.3%，其中公务接待费分别下降 24.7%、35.3%，因公出国（境）费分别下降 18.9%、31.7%，公务用车购置及运行费分别下降 2.6%、5.9%。

2. 发挥财政职能，推动经济转型升级

继续落实积极的财政政策，争取中央基建投资资金 42.8 亿元、地方政府债券 143.0 亿元，支持“四大国家战略举措”实施、基础设施建设以及社会事业发展。实施创新驱动发展战略，加大财政科技投入，优化科技支出结构，加快创新型省份和国家技术创新工程试点省建设，支持青山湖科技城和未来科技城发展。安排工业和信息化财政资金 13.5 亿元，支持传统产业改造提升和战略性新兴产业、高新技术产业创新发展。统筹省以上财政资金 26.3 亿元，推进粮食生产功能区和现代农业园区建设。持续加大生态环保投入，省财政安排生态环保资金 68.2 亿元，支持重点区域、重要流域和重点行业污染防治和污染减排。完善森林生态效益补偿机制，将省级以上公益林的最低补偿标准从 285.0

元/公顷·年提高到375.0元/公顷·年，为全国省级最高。按照行政审批制度改革和简政放权的要求，继续落实结构性减税和清费减负政策，推进“营改增”改革试点，取消和免征56项行政事业性收费，降低21项收费标准，临时性下浮部分中小微企业社会保险费缴费比例，累计为企业减负近150亿元。

3. 优化支出结构，切实保障改善民生

坚持民生导向，做好政府“十方面实事”和亶大民生事业的资金保障工作。全省新增财力用于民生支出比重达70.3%，继续保持在三分之二以上。加大财政教育投入，获全国财政教育投入状况分析评价工作第一名，由此获得中央补助资金2.5亿元。跨4部门整合设立基本公共文化服务专项资金5.2亿元，完善公共文化服务体系运行保障机制。做好企业退休人员基本养老金调标工作，人均每月增加230.0元，达到约2 300.0元，位居全国前列。提高城乡居民基本医疗保障财政最低补助标准至290.0元。加大城乡医疗救助力度，各级财政安排人均补助达到13.0元。深化完善公立医院投入和补偿机制改革，统筹2.0亿元资金推进城市医疗资源下沉，已有15家省级医院与24个县市区27家医院开展了托管合作办医，使当地群众在家门口就能享受优质医疗服务。筹措保障性住房建设资金153.0亿元，支持公共租赁住房等19.4万套保障性住房开工建设，全省困难群众家庭住房条件得到进一步改善。安排山区经济、特别扶持、专项扶贫等各类资金42.3亿元，重点支持欠发达地区发展。

4. 深化财政改革，健全公共财政体系

推进政府全口径预算体系建设，加强地方政府性债务计划管理，建立完善地方政府债务管理和风险预警机制。在深入推进专项性一般转移支付改革基础上，2013年选取战略性新兴产业等9个专项资金36.0亿元实施竞争性分配改革，从“一对一”单向审批转向“一对多”竞争性分配，约束和规范省级部门的资金分配权，提高资金分配的客观性、公开性和公平性，有效避免“会哭的孩子有奶吃”、“跑部钱进”等现象。深化国库集中支付与公务卡改革，全省已有239个乡镇启动了乡镇财政国库集中支付改革。积极开展政府购买服务试点，首次将城乡居民大病保险纳入集中采购目录范围。

5. 强化财政监管，提高理财管财水平

创新财政资金保值增值方式，探索财政资金竞争性存放试点，安排30.0亿元省级资金实施竞争性存放，3年将增加收益近亿元。稳步推进“数字财政”建设，借助信息化手段，清晰反映财政资金的来龙去脉和使用绩效。加快乡镇财政和乡镇公共服务平台建设，实现财政资金就地就近监管、财政服务就地就近提供。积极推进政府预决算和“三公”经费公开，3月公开了省级公共财政预算拨款安排的“三公”经费预算总额；10月67家省级部门公开了“三公”经费情况，主动接受社会监督。

2013年，浙江省财政运行不断规范，预算完成情况总体较好。但财政运行和预算执行中还存在一些亟待解决的问题：一是财政收入增长乏力与支出刚性增长矛盾突出；二是预算管理制度的完整性、科学性、规范性和透明度还不够，预算执行的严肃性和均衡性有待进一步提高；三是部分专项资金交叉重叠、分配不规范、执行进度慢、使用效益较低、结转较多等，预算绩效管理仍需加强；四是地方政府性债务增长较快，管理不够规范，债务风险有所累积。对此，应高度重视这些问题，通过深化改革、创新机制、严格管理等措施逐步加以解决。

二 长三角固定资产投资

一、长三角固定资产投资基本情况

2013年，长三角固定资产投资总额61 824.38亿元，比上年增长14.4%，增幅比上年下降4.5个百分点，低于全国增速5.2个百分点。其中，上海市固定资产投资总额5 647.79亿元，同比增长7.5%，占长三角投资总额的9.1%，所占比重下降0.6个百分点；江苏省固定资产投资总额35 982.52亿元，同比增长13.5%，占长三角投资总额的58.2%，所占比重下降0.5个百分点；浙江省固定资产投资总额20 194.07亿元，同比增长18.1%，占长三角投资总额的32.7%，所占比重上升1.1个百分点。

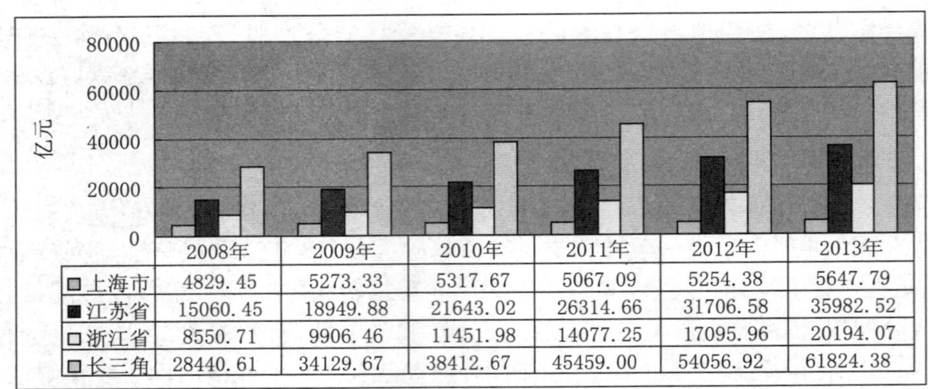

	2008年	2009年	2010年	2011年	2012年	2013年
上海市	4829.45	5273.33	5317.67	5067.09	5254.38	5647.79
江苏省	15060.45	18949.88	21643.02	26314.66	31706.58	35982.52
浙江省	8550.71	9906.46	11451.98	14077.25	17095.96	20194.07
长三角	28440.61	34129.67	38412.67	45459.00	54056.92	61824.38

2008—2013年长三角及两省一市固定资产投资(亿元)

注：上海市从2011年始固定资产投资统计起点为500万元及以上项目(下同)，江苏省从2010年开始，投资总额中不含农户投资(下同)，浙江省固定资产投资口径范围为计划总投资500万元及以上的投资项目和全部房地产开发投资(下同)

数据来源：历年上海市、江苏省、浙江省统计年鉴，2013年国民经济和社会发展统计公报

二、上海市固定资产投资基本情况

(一)上海市全社会固定资产投资总体情况

2013年，上海市全社会固定资产投资总额5 647.79亿元，比上年增长7.5%。全社会固定资产投资保持“三、二、一”的产业结构特征，第三产业投资4 387.32亿元，同比增长11.1%，占投资总额的77.7%；第二产业投资1 242.02亿元，同比下降4.0%，占投资总额的22.0%；第一产业投资18.45亿元，同比增长64.7%，占投资总额的0.3%。

2008—2013年上海市全社会固定资产投资总体情况 亿元

指　标	2008年	2009年	2010年	2011年	2012年	2013年
投资总额	4829.45	5273.33	5317.67	5067.09	5 254.38	5 647.79
第一产业	8.40	11.41	16.40	18.62	11.20	18.45

（续表）

指 标	2008年	2009年	2010年	2011年	2012年	2013年
第二产业	1420.82	1427.50	1435.37	1295.83	1 294.14	1 242.02
第三产业	3400.23	3834.42	3865.90	3752.64	3 949.04	4 387.32
三次产业构成(%)						
第一产业	0.17	0.22	0.31	0.37	0.21	0.33
第二产业	29.42	27.07	26.99	25.57	24.63	21.99
第三产业	70.41	72.71	72.70	74.06	75.16	77.68

数据来源：历年上海市统计年鉴

（二）上海市固定资产投资的经济类型

2013年，上海市全社会固定资产投资中的国有经济投资1 926.89亿元，比上年增长3.9%，占投资总额的34.1%；非国有经济投资3 720.90亿元，增长9.5%，占投资总额的65.9%，比重比上年增加1.2个百分点。非国有经济中，股份制经济、私营经济和外商经济投资比重靠前，分别投资1 601.33亿元、1 070.65亿元和602.50亿元，同比分别增长12.9%、-1.8%和14.1%，分别占投资总额的28.4%、19.0%和10.7%。

2008—2013年上海市全社会固定资产投资（按经济类型分） 亿元

指 标	2008年	2009年	2010年	2011年	2012年	2013年
国有经济	2 295.74	2 618.61	2 234.12	1 875.48	1 855.24	1 926.89
非国有经济	2 533.71	2 654.72	3 083.55	3 191.61	3 399.14	3 720.90
集体经济	104.86	132.30	183.07	133.33	112.41	102.81
私营经济	612.13	701.93	992.16	946.02	1 090.09	1 070.65
联营经济	31.86	14.93	11.52	10.62	8.99	13.99
股份制经济	1 026.67	1 174.81	1 200.26	1 349.65	1 417.80	1 601.33
外商经济	541.06	423.69	439.28	473.28	528.06	602.50
港澳台经济	207.08	194.24	247.67	253.29	230.02	291.96
其他经济	10.05	12.85	9.58	25.42	11.77	37.66
构成(%)						
国有经济	47.54	49.66	42.01	37.01	35.31	34.12
非国有经济	52.46	50.34	57.99	62.99	64.69	65.88
集体经济	2.17	2.51	3.44	2.63	2.14	1.82
私营经济	12.67	13.31	18.66	18.67	20.75	18.96
联营经济	0.66	0.28	0.22	0.21	0.17	0.25
股份制经济	21.26	22.28	22.57	26.64	26.98	28.35
外商经济	11.20	8.03	8.26	9.34	10.05	10.67

（续表）

指　标	2008年	2009年	2010年	2011年	2012年	2013年
港澳台经济	4.29	3.68	4.66	5.00	4. 38	5.17
其他经济	0.21	0.24	0.18	0.50	0.22	0.67

数据来源：历年上海市统计年鉴

（三）上海市固定资产投资的资金来源

2013年，上海市全社会固定资产投资资金来源合计7828.22亿元，比上年增长10.0%。资金来源主要依靠自筹，自筹资金总额为3284.39亿元，比上年下降1.9%；占资金来源的比重为42.0%，所占比重比去年下降5.1个百分点。国内贷款增长速度最快，2013年国内贷款金额为1782.39亿元，比上年增长14.7%，所占比重比去年上升0.9个百分点。

表4　2008—2013年上海市全社会固定资产投资（按资金来源分）　　亿元

指　标	2008年	2009年	2010年	2011年	2012年	2013年
资金来源合计	5609.92	6658.51	6557.05	6289.54	7 113.77	7828.22
国家预算内资金	83.68	90.26	116.71	75.89	406.08	368.25
国内贷款	1469.43	1522.44	1568.79	1330.99	1 554.53	1782.39
债券	26.02	65.35	10.06	3.47		
利用外资	264.67	176.15	239.18	158.31	165.89	172.52
自筹资金	2774.73	3003.22	3273.11	3352.48	3 348.77	3284.39
其他资金	991.39	1801.09	1349.21	1368.40	1 638.50	
构成(%)						
国家预算内资金	1.49	1.36	1.78	1.21	5.71	4.70
国内贷款	26.19	22.86	23.93	21.16	21.85	22.77
债券	0.46	0.98	0.15	0.05		
利用外资	4.72	2.65	3.65	2.52	2.33	2.20
自筹资金	49.46	45.10	49.92	53.30	47.07	41.96
其他资金	17.67	27.05	20.58	21.76	23.03	

数据来源：历年上海市统计年鉴

（四）上海市六大重点发展工业行业固定资产投资分布

2013年，上海市六大重点发展工业行业固定资产投资总额741.73亿元，比上年增长0.2%；占投资总额的13.1%，所占比重比上年下降1.0个百分点。电子信息产品制造业、成套设备制造业和汽车制造业投资比重靠前，分别投资208.88亿元、168.39亿元和143.85亿元，同比分别增长0.7%、−4.8%和7.3%，分别占投资总额的3.7%、3.0%和2.5%。

2008—2013 年上海市六大重点发展工业行业固定资产投资分布 亿元

行 业	2008 年	2009 年	2010 年	2011 年	2012 年	2013 年
工业六大重点行业	808.76	626.37	730.68	698.79	740.35	741.73
电子信息产品制造业	167.58	91.55	219.65	244.74	207.29	208.88
汽车制造业	85.78	98.58	109.68	105.79	134.02	143.85
石油化工及精细化工制造业	116.26	103.42	85.03	73.02	95.46	94.56
精品钢材制造业	266.46	160.76	113.79	62.52	62.16	53.97
成套设备制造业	156.25	141.86	176.31	166.32	176.86	168.39
生物医药制造业	16.44	30.21	26.21	46.41	65.33	74.82

数据来源:历年上海市统计年鉴

(五)上海市 2013 年固定资产投资的主要特点

1. 从产业投向看,第三产业仍是重中之重

2013 年,上海市第三产业投资 4 387.32 亿元,比上年增长 11.1%,增速高于去年 5.9 个百分点;所占比重为 77.7%,比上年上升 2.5 个百分点。第一产业投资 18.45 亿元,比上年增长 64.7%,占全社会固定资产投资总额的比重为 0.3%;第二产业投资 1 242.02 亿元,比上年下降 4.0%,所占比重为 22.0%,所占比重比上年下降 2.6 个百分点。

2. 从三大投资领域来看,呈现“一降一平一升”的趋势

“一降”是工业投资下降。2013 年工业投资 1 236.35 亿元,比上年下降 4.4%。六大重点发展工业行业固定资产投资总额 741.73 亿元,比上年增长 0.2%,占投资总额的 13.1%,所占比重比上年下降 1.0 个百分点。具体来看,六大行业呈“三升三降”的格局。生物医药制造业投资增长最快,投资 74.82 亿元,同比增长 14.5%;汽车制造业投资 143.85 亿元,比上年增长 7.3%;电子信息产品制造业投资 208.88 亿元,同比增长 0.7%。精品钢材制造业、成套设备制造业和石油化工及精细化工制造业分别投资 53.97 亿元、168.39 亿元和 94.56 亿元,同比分别下降 13.2%、4.8%和 0.9%

“一平”是城市基础设施投资与上年基本持平。2013 年城市基础设施投资 1043.31 亿元,比上年略增 0.5%,占全社会固定资产投资总额的比重为 18.5%,所占比重比上年下降 1.3 个百分点。其中,电力建设投资 110.35 亿元,同比增长 0.3%;运输邮电投资 550.42 亿元,同比下降 3.5%;共用设施投资 382.54 亿元,同比增长 6.8%。

“一升”是房地产开发投资上升。2013 年房地产开发投资 2 819.59 亿元,比上年增长 18.4%。其中,住宅投资 1 615.51 亿元,同比增长 11.3%;办公楼投资 377.18 亿元,同比增长 43.5%;商业营业用房投资 370.03 亿元,同比增长 26.0%。全年房屋房施工面 13 516.58 万平方米,同比增长 2.0%;商品房竣工 2 254.44 万平方米,同比下降 2.2%。商品房销售面积 2 382.20 万平方米,同比增长 25.5%,其中商品住宅销售面积 2 015.81 万平方米,同比增长 26.6%。全年商品房销售额 3 911.57 亿元,同比增长 46.5%,其中商品住宅销售额 3 264.03 亿元,同比增长 47.8%。

三、江苏省固定资产投资基本情况

（一）江苏省固定资产投资总体情况

2013年，江苏省固定资产投资总额35 982.52亿元，比上年增长13.5%。江苏省固定资产投资依然保持“二、三、一”的产业结构特征。第二产业投资总额18 412.48亿元，比上年增长10.7%，占江苏省固定资产投资总额的比重为51.2%；第三产业投资总额17 374.32亿元，比上年增长16.8%，占江苏省固定资产投资总额的比重为48.3%；第一产业投资总额195.71亿元，比上年下降4.6%，占江苏省固定资产投资总额的比重为0.5%。

2008—2013年江苏省固定资产投资（按产业分）　　亿元

指　标	2008年	2009年	2010年	2011年	2012年	2013年
投资总额(亿元)	15 060.45	18 949.88	21 643.02	26 314.66	31 706.58	35 982.52
第一产业	111.8	177.14	131.79	155.20	205.23	195.71
第二产业	8 342.42	10 304.60	11 518.55	13 927.20	16 631.07	18 412.48
第三产业	6 606.23	8 468.14	9 992.68	12 232.25	14 870.28	17 374.32
三次产业构成(%)						
第一产业	0.74	0.93	0.61	0.59	0.65	0.54
第二产业	55.39	54.38	53.22	52.93	52.45	51.17
第三产业	43.86	44.69	46.17	46.48	46.90	48.29

注：从2010年开始，投资总额中不含农户投资（下同）
数据来源：历年江苏省统计年鉴

（二）江苏省固定资产投资的经济类型

2013年，江苏省固定资产投资中的国有经济投资总额为6 865.27亿元，比上年增长14.0%（按现行价计算，以下同），占固定资产投资总额的19.1%；非国有经济投资总额为29 117.25亿元，比上年增长13.4%，占固定资产投资总额的80.9%。其中，私营个体经济投资比重最大，投资总额为14 955.56亿元，比上年增长23.9%，占固定资产投资总额的41.6%；其次是有限责任公司，投资总额为5 924.45亿元，比上年增长3.2%，占固定资产投资总额的16.5%；再次是外商投资经济，投资总额为2 315.26亿元，比上年增长4.4%，占固定资产投资总额的6.4%，所占比重连续6年下降。

2008—2013年江苏省固定资产投资（按经济类型分）　　亿元

指　标	2008年	2009年	2010年	2011年	2012年	2013年
投资总额(亿元)	15 060.45	18 949.88	21 643.02	26 314.66	31 706.58	35 982.52
国有经济	2 494.77	3 677.11	4 348.46	5 004.82	6 022.51	6 865.27
集体经济	539.99	753.73	902.96	1 132.95	1 393.13	1 639.37
私营个体经济	5 268.79	6 872.67	7 778.02	9 696.87	12 074.90	14 955.56
联营经济	22.97	18.62	11.83	58.12	74.66	82.69

（续表）

指　标	2008 年	2009 年	2010 年	2011 年	2012 年	2013 年
股份制经济	542.61	829.39	934.63	1 305.12	1 645.86	1 567.00
有限责任公司	2 839.34	3 493.96	4 215.32	5 187.19	5 738.63	5 924.45
港澳台投资经济	1 083.62	1 004.92	1 263.87	1 368.34	1 599.75	1 597.74
外商投资经济	1 754.81	1 676.85	1 706.07	1 935.06	2 218.49	2 315.26
其他经济	513.55	622.65	481.86	626.18	938.66	1 035.18
构成(%)						
国有经济	16.57	19.40	20.09	19.02	18.99	19.08
集体经济	3.59	3.98	4.17	4.31	4.39	4.56
私营个体经济	34.98	36.27	35.94	36.85	38.08	41.56
联营经济	0.15	0.10	0.05	0.22	0.24	0.23
股份制经济	3.60	4.38	4.32	4.96	5.19	4.35
有限责任公司	18.85	18.44	19.48	19.71	18.10	16.46
港澳台投资经济	7.20	5.30	5.84	5.20	5.05	4.44
外商投资经济	11.65	8.85	7.88	7.35	7.00	6.43
其他经济	3.41	3.29	2.23	2.38	2.96	2.88

数据来源：历年江苏省统计年鉴

（三）江苏省固定资产投资的资金来源

2013 年，江苏省固定资产投资资金来源合计 43 014.99 亿元，比上年增长 15.0%。资金来源主要依靠自筹，自筹资金总额为 29 444.25 亿元，比上年增长 14.0%，占资金来源的比重为 68.5%，占比比去年增加了 0.5 个百分点。

2008—2013 年江苏省固定资产投资（按资金来源分）

亿元

指　标	2008 年	2009 年	2010 年	2011 年	2012 年	2013 年
资金来源(亿元)	16 201.68	22 583.11	25 666.16	30 384.52	37 409.97	43 014.99
国家预算内资金	153.86	278.79	273.00	344.87	448.05	529.19
国内贷款	1 818.06	2 774.45	3 231.05	3 751.24	4 658.42	5 091.04
利用外资	1 394.98	1 114.78	1 135.69	1 241.65	1 216.78	1 127.55
自筹资金	10 624.51	14 064.93	16 186.61	20 652.57	25 824.05	29 444.25
其他资金来源	2 210.27	4 350.16	4 839.81	4 394.19	5 262.67	6 822.96
资金来源构成(%)						
国家预算内资金	0.9	1.2	1.1	0.9	1.1	1.2
国内贷款	11.2	12.3	12.6	10.6	12.3	11.8
利用外资	8.6	4.9	4.4	3.7	4.1	2.6

（续表）

指　标	2008 年	2009 年	2010 年	2011 年	2012 年	2013 年
自筹资金	65.6	62.3	63.1	53.3	68.0	68.5
其他资金来源	13.6	19.3	18.9	15.9	14.5	15.9

注：2010（含）以后数据按新口径统计

数据来源：历年江苏省统计年鉴

（四）江苏省固定资产投资的行业分布

从江苏省固定资产投资的行业分布来看，制造业和房地产业仍是投资的重中之重。2013 年，制造业固定资产投资 17 318.24 亿元，比上年增长 11.0%，占江苏省固定资产投资的 48.1%，；房地产业投资 8 864.63 亿元，比上年增长 16.6%，占江苏省固定资产投资的 24.6%。

2008—2013 年江苏省固定资产投资（按行业分）　　亿元，%

指　标	2008 年		2009 年		2010 年	
	投资额	构成	投资额	构成	投资额	构成
总　　计	11 369.61	100.00	14 266.82	100.00	17 416.49	100.00
农、林、牧、渔业	25.60	0.23	45.43	0.32	55.20	0.32
采矿业	51.09	0.45	55.41	0.39	63.71	0.37
制造业	4 915.35	43.23	6 081.36	42.63	7 648.64	43.92
电力、燃气及水的生产和供应业	441.32	3.88	556.65	3.91	485.18	2.79
建筑业	64.39	0.57	85.74	0.60	59.72	0.34
交通运输、仓储和邮政业	643.33	5.66	886.66	6.21	996.53	5.72
信息传输、计算机服务和软件业	61.36	0.54	137.94	0.97	152.65	0.88
批发和零售业	267.16	2.35	365.41	2.56	442.46	2.54
住宿和餐饮业	151.83	1.34	197.64	1.39	223.29	1.28
金融业	3.11	0.03	14.39	0.10	38.79	0.22
房地产业	3 318.28	29.19	3 735.04	26.18	4 751.64	27.28
租赁和商务服务业	146.75	1.29	203.16	1.42	268.97	1.54
科学研究、技术服务和地质勘查业	59.06	0.52	98.65	0.69	114.30	0.66
水利、环境和公共设施管理业	788.01	6.93	1 210.76	8.49	1 439.69	8.27
居民服务和其他服务业	31.99	0.28	40.72	0.29	58.48	0.34
教育	162.36	1.43	201.54	1.41	185.94	1.07
卫生、社会保障和社会福利业	67.18	0.59	77.77	0.55	96.25	0.55
文化、体育和娱乐业	80.31	0.71	124.25	0.87	158.88	0.91
公共管理和社会组织	91.13	0.80	148.3	1.04	176.17	1.01

指　标	2011年		2012年		2013年	
	投资额	构成	投资额	构成	投资额	构成
总　　计	26 314.66	100.00	31 706.58	100.00	35 982.52	100.00
农、林、牧、渔业	155.20	0.59	205.23	0.65	195.71	0.54
采矿业	68.02	0.26	87.75	0.28	91.02	0.25
制造业	13 073.81	49.68	15 597.56	49.19	17 318.24	48.13
电力、热力、燃气及水的生产和供应业	629.30	2.39	858.71	2.71	960.28	2.67
建筑业	156.08	0.59	87.04	0.27	42.95	0.12
交通运输、仓储和邮政业	1 190.32	4.52	1 383.00	4.36	1 685.86	4.69
信息传输、软件和信息技术服务业	180.43	0.69	271.23	0.86	381.62	1.06
批发和零售业	588.04	2.23	727.03	2.29	816.24	2.27
住宿和餐饮业	335.50	1.27	494.92	1.56	502.09	1.40
金融业	55.41	0.21	97.85	0.31	116.60	0.32
房地产业	6 587.09	25.03	7 604.09	23.98	8 864.63	24.64
租赁和商务服务业	394.19	1.50	690.13	2.18	691.85	1.92
科学研究和技术服务业	226.12	0.86	337.97	1.07	369.22	1.03
水利、环境和公共设施管理业	1 737.39	6.60	2 014.32	6.35	2 571.41	7.15
居民服务、修理和其他服务业	105.34	0.40	113.81	0.36	138.61	0.39
教育	218.82	0.83	326.90	1.03	330.12	0.92
卫生和社会工作	145.66	0.55	166.04	0.52	207.34	0.58
文化、体育和娱乐业	209.76	0.80	343.42	1.08	424.35	1.18
公共管理、社会保障和社会组织	258.19	0.98	299.58	0.94	274.38	0.76

资料来源：历年江苏省统计年鉴。

（五）江苏省各市固定资产投资情况

2013年，江苏省固定资产投资区域不平衡现象依然很显著。投资额最多的前三位城市均在苏南，分别是：苏州市（5 822.14亿元）、南京市（5 093.78亿元）和无锡市（3 973.52亿元），分别比上年增长13.2%、11.7%和9.8%；但苏中苏北投资增速较快，位列增速前三位的是：宿迁市（25.7%）、泰州市（21.3%）和镇江市（16.8%）。

2009—2013年江苏省各市固定资产投资　　亿元

地　区	2009年	2010年	2011年	2012年	2013年
南京市	2 668.03	3 306.05	4 010.03	4 558.49	5 093.78
无锡市	2 387.56	2 985.35	3 169.18	3 618.07	3 973.52
徐州市	1 624.57	2 049.26	2 200.99	2 685.89	3 090.13
常州市	1 704.80	2 103.30	2 338.90	2 621.56	2 850.12
苏州市	2 967.35	3 617.82	4 502.00	5 142.51	5 822.14

（续表）

地　区	2009 年	2010 年	2011 年	2012 年	2013 年
南通市	1 802.38	2 168.38	2 378.36	2 886.47	3 298.73
连云港市	1 000.10	1 234.25	1 240.93	1 280.88	1 350.12
淮安市	745.58	921.01	1 009.99	1 247.99	1 453.05
盐城市	1 500.30	1 891.05	1 586.98	1 940.89	2 217.69
扬州市	1 063.90	1 331.85	1 476.18	1 783.65	2 025.18
镇江市	1 010.57	1 327.08	1 223.45	1 500.67	1 753.15
泰州市	1 166.20	1 538.03	1 197.65	1 454.59	1 764.17
宿迁市	798.60	1 010.00	787.64	1 025.56	1 290.75

数据来源：历年江苏省统计年鉴

（六）江苏省固定资产投资的主要特点

2013 年江苏省固定资产投资总体呈现“增势平稳、结构改善、协调性增强、质量提升”的良好发展态势。

1. 增速高位平稳运行

2013 年，江苏省完成固定资产投资 35 982.5 亿元，同比增长 13.5%，增速同比回落 7.0 个百分点，但总体仍保持高位平稳运行态势。在完成投资总量中，项目投资完成 28 741.1 亿元，增长 20.3%，占 79.9%；房地产开发投资完成 7 241.5 亿元，同比增长 16.7%，占 20.1%。

2. 投资结构持续改善

第三产业投资增速领先，所占比重提升。2013 年，江苏省第三产业完成投资 17 374.3 亿元，同比增长 16.8%；第二产业完成投资 18 412.5 亿元，同比增长 10.7%，其中工业投资增长 11.0%，增速同比回落 9.1 个百分点；第一产业完成投资 195.7 亿元，同比下降 4.6%。从三次产业占比情况看，第三产业占 48.3%，同比提升 1.4 个百分点；第二产业占 51.2%，同比下降 1.3 个百分点；第一产业占 0.5%，同比下降 0.1 个百分点。在服务业投资总量中，房地产投资增长 16.6%，占服务业投资比重为 51.0%，其中开发投资完成 7 241.5 亿元，同比增长 16.7%；项目服务业完成投资 10 132.9 亿元，增长 17.0%。分行业看，15 个服务业行业有 14 个保持不同程度增长，其中现代服务业增长较快，如信息传输、软件和信息技术服务业（同比增长 40.7%），水利、环境和公共设施管理业（同比增长 27.7%），卫生和社会工作（同比增长 24.9%），文化、体育和娱乐业（同比增长 23.6%），交通运输、仓储和邮政业（同比增长 21.9%），居民服务、修理和其它服务业（同比增长 21.8%），批发和零售（同比增长 12.3%），住宿和餐饮（同比增长 1.4%），传统服务业增长明显放缓。

民间投资增长领先，贡献率和拉动力提升。2013 年，江苏省民间投资完成 24 525.8 亿元，同比增长 20.1%，增速比全部投资增速快，也分别快于国有及外商港澳台。2013 年，民间投资占全部投资总量的比重为 68.2%，同比提高 1.0 个百分点，对全省固定资产投资增长的贡献率达 73.6%，拉动全省投资增长 13.5 个百分点，是拉动全省投资增长的主要动力和支撑。

基础设施投入增势强劲，拉动和支撑作用显著。2013 年，江苏省基础设施完成投资 5 107.2 亿元，同比增长 28.0%，增速比全部投资高 8.4 个百分点，比第三产业高 5.7 个百分点，占全部投资的比重为 14.2%，同比提高 1.1 个百分点，对全部固定资产投资增长的贡献率达到 20.1%，拉动投资增长

3.7 个百分点，对项目投资增长的贡献率达到 24.7%，拉动项目投资增长 4.6 个百分点。

分行业看，四大行业全部保持增长，增长较快的有水利、环境和公共设施管理业（同比增长 31.1%）；交通运输、仓储和邮政业（同比增长 30.7%）；电力、热力、燃气及水生产和供应业（同比增长 17.9%）；信息传输、软件和信息技术服务业（同比增长 20.6%）。完成投资分别占基础设施总量的 50.4%、28.1%、18.8%、2.7%，其中交通运输、仓储和邮政业占比同比提升 0.6 个百分点，水利、环境和公共设施管理业占比同比提升 1.2 个百分点，电力和信息传输分别下降 1.6 和 0.2 个百分点。

3. 增长质量明显提升

2013 年，江苏省建设项目投产竣工率为 75.6%，同比提升 3.3 个百分点；房屋建筑面积竣工率为 48.5%，同比提升 1.8 个百分点；固定资产交付使用率达到 75.5%，与去年同期基本持平。反映投资增长质量和效率的三项主要指标完成情况均好于去年同期，也好于前期，呈逐季提升之势。

四、浙江省固定资产投资基本情况

（一）浙江省固定资产投资总体情况

2013 年，浙江省固定资产投资总额 20 194.07 亿元，比上年增长 18.1%。从投资的产业结构来看，依然保持“三、二、一”的特征。其中，第三产业投资 12 931.56 亿元，比上年增长 19.3%，占固定资产投资总额的比重为 64.0%；第二产业投资 7 061.54 亿元，比上年增长 15.9%，占固定资产投资总额的比重为 35.0%；第一产业投资 200.98 亿元，比上年增长 26.9%，占固定资产投资总额的比重为 1.0%。第三产业的投资比重稳步上升，所占比重比上年上升 0.6 个百分点；第二产业的投资比重持续下降，所占比重比上年下降 0.4 个百分点。

2008—2013 年浙江省固定资产投资（按产业分）

亿元

指　标	2008 年	2009 年	2010 年	2011 年	2012 年	2013 年
投资总额	8 550.71	9 906.46	11 451.98	14 077.25	17 095.96	20 194.07
第一产业	36.07	57.21	60.12	96.77	158.41	200.98
第二产业	3 938.96	4 286.86	4 656.38	5 223.11	6 093.53	7 061.54
第三产业	4 575.68	5 562.39	6 735.47	8 757.37	10 844.02	12 931.56
三次产业构成（%）						
第一产业	0.42	0.58	0.52	0.69	0.93	1.00
第二产业	46.07	43.27	40.66	37.10	35.63	34.97
第三产业	53.51	56.15	58.81	62.21	63.43	64.04

注：固定资产投资口径范围为计划总投资 500 万元及以上的投资项目和全部房地产开发投资

数据来源：历年浙江省统计年鉴

（二）浙江省固定资产投资的经济类型

2013 年，浙江省固定资产投资 20 194.07 亿元。从内外资来看，内资投资 18 258.69 亿元，比上年增长 16.9%，占固定资产投资总额的 90.4%；港澳台商投资 1 126.59 亿元，同比增长 37.8%，占固定资产投资总额的 5.6%；外商投资 757.64 亿元，同比增长 25.2%，占固定资产投资总额的 3.8%；个体经营投资 51.15 亿元，同比下降 6.9%，占固定资产投资总额的 0.3%。内资中占固定资产投资总额比重的前三位分别是：其他有限责任公司投资 5 628.67 亿元，同比增长 12.2%，占固定资产投资总额的 27.9%；私营投资 5 513.15 亿元，同比增长 19.8%，占固定资产投资总额的 27.3%；国有投资 4 628.76 亿元，同比增长 14.8%，占固定资产投资总额的 22.9%。

从国有及非国有情况来看，国有及国有控股企业投资 6 365.90 亿元，比上年增长 18.6%，占固定资产投资总额的 31.5%，所占比重比上年增长 0.1 个百分点；非国有投资 13 828.17 亿元，同比增长 17.9%，占固定资产投资总额的 68.5%，其中民间投资 12 307.72 亿元，同比增长 16.5%，占固定资产投资总额的 60.9%，所占比重比上年下降 0.9 个百分点。

2008—2013 年浙江省固定资产投资（按经济类型分） 亿元

指　标	2008 年	2009 年	2010 年	2011 年	2012 年	2013 年
投资额	8 550.71	9 906.46	11 451.98	14 077.25	17 095.96	20 194.07
内资	7 375.65	8 788.49	10 295.10	12 811.07	15 618.02	18 258.69
国有	1 981.56	2 509.01	2 763.02	3 213.47	4 032.47	4 628.76
集体	156.72	244.92	277.75	339.82	556.62	695.39
股份合作	26.55	36.15	33.83	35.53	48.25	48.77
国有联营	23.38	31.52	40.32	60.23	12.31	10.39
集体联营	0.82	2.96	1.38	1.17	1.18	1.13
国有与集体联营	3.91	7.48	7.87	7.38	8.03	8.72
其他联营	0.51	0.10	0.88	8.06	0.51	0.65
国有独资公司	195.45	300.24	344.91	434.60	505.78	782.25
其他有限责任公司	2 525.53	2 692.36	3 317.85	4 255.88	5 017.24	5 628.67
股份有限公司	358.19	480.64	417.66	489.60	598.59	673.73
私营	1 960.50	2 348.97	2 898.29	3 751.26	4 601.30	5 513.15
其他	142.54	134.14	191.35	214.08	235.73	267.07
港澳台商投资	574.82	559.82	578.75	675.61	817.74	1 126.59
外商投资	583.57	525.72	548.67	564.20	605.28	757.64
个体经营	16.67	32.43	29.46	26.36	54.92	51.15
按国有及非国有情况分						
国有及国有控股企业投资	2 898.75	3 644.04	3 887.77	4 448.67	5 367.92	6 365.90
非国有投资	5 651.96	6 262.42	7 564.20	9 628.58	11 728.04	13 828.17
民间投资	4 660.49	5 298.43	6 568.65	8 512.83	10 564.74	12 307.72

注：固定资产投资口径范围为计划总投资 500 万元及以上的投资项目和全部房地产开发投资
数据来源：历年浙江省统计年鉴

（三）浙江省固定资产投资的资金来源

2013 年，浙江省固定资产投资本年资金来源 23 393.15 亿元，比上年增长 25.1%。资金来源主要依靠自筹，自筹资金总额为 13 728.10 亿元，同比增长 24.8%，占当年资金来源总额的 58.7%，比重比

上年下降0.1个百分点。

2008—2013年浙江省固定资产投资(按资金来源分)

亿元

指　标	2008年	2009年	2010年	2011年	2012年	2013年
资金来源	9 666.96	12 266.08	14 061.52	16 008.22	18 695.17	23 393.15
国家预算内资金	328.74	442.89	458.60	690.89	929.30	1 188.62
国内贷款	1 806.43	2 155.35	2 442.76	2 607.13	2 769.03	3 190.02
债券	0.74	7.20	1.91	9.84	22.15	10.65
利用外资	299.56	242.82	238.77	271.34	211.66	244.21
自筹资金	5 464.16	6 236.08	7 421.94	8 944.00	10 996.38	13 728.10
其他资金	1 767.32	3 181.74	3 497.54	3 485.04	3 766.66	5 031.54
资金来源构成(%)						
国家预算内资金	3.40	3.61	3.26	4.32	4.97	5.08
国内贷款	18.69	17.57	17.37	16.29	14.81	13.64
债券	0.01	0.06	0.01	0.06	0.12	0.05
利用外资	3.10	1.98	1.70	1.70	1.13	1.04
自筹资金	56.52	50.84	52.78	55.87	58.82	58.68
其他资金	18.28	25.94	24.87	21.77	20.15	21.51

数据来源:历年浙江省统计年鉴

(四)浙江省固定资产投资的产业分布

从浙江省固定资产投资的行业分布来看,房地产业和制造业仍是投资重点。2013年,浙江省固定资产投资中,房地产业投资7 518.35亿元,比上年增长18.8%,占投资总额的37.2%;制造业投资6 133.89亿元,同比增长15.6%,占投资总额的30.4%。近几年,房地产业投资所占比重逐年上升,制造业投资所占比重逐年下降。此外,投资较多的是水利、环境和公共设施管理业,交通运输、仓储和邮政业,电力、热力、燃气及水生产和供应业等生产性服务业,投资额分别为1 759.15亿元、1 450.34亿元和845.89亿元,分别比去年增长27.1%、9.0%和16.2%,所占比重分别为8.7%、7.2%和4.2%。

2008—2013年浙江省固定资产投资(按行业分)

亿元、%

指　标	2008年		2009年		2010年	
	投资额	构成	投资额	构成	投资额	构成
总　　计	8 550.71	100.00	9 906.46	100.00	11 451.98	100.00
农林牧渔业	36.07	0.42	57.21	0.58	60.12	0.52
采矿业	9.17	0.11	17.56	0.18	19.31	0.17
制造业	3 402.71	39.79	3 655.91	36.90	4 007.99	35.00
电力、燃气及水的生产和供应业	501.74	5.87	579.61	5.85	585.25	5.11
建筑业	25.34	0.30	33.78	0.34	43.85	0.38
交通运输、仓储和邮政业	740.80	8.66	979.63	9.89	1 040.68	9.09
信息传输、计算机服务和软件业	134.58	1.57	157.59	1.59	158.32	1.38

（续表）

指 标	2008年		2009年		2010年	
	投资额	构成	投资额	构成	投资额	构成
批发和零售业	150.68	1.76	161.57	1.63	200.23	1.75
住宿和餐饮业	80.62	0.94	121.08	1.22	141.01	1.23
金融业	19.18	0.22	21.58	0.22	36.04	0.31
房地产业	2 228.50	26.06	2 640.75	26.66	3 574.49	31.21
租赁和商务服务业	92.99	1.09	117.44	1.19	128.97	1.13
科学研究、技术服务和地质勘查业	24.07	0.28	31.07	0.31	37.78	0.33
水利、环境和公共设施管理业	816.69	9.55	952.06	9.61	1 020.94	8.91
居民服务和其他服务业	3.58	0.04	8.99	0.09	11.05	0.10
教育	101.54	1.19	120.72	1.22	123.00	1.07
卫生、社会工作	55.95	0.65	75.93	0.77	80.46	0.70
文化、体育和娱乐业	43.95	0.51	80.38	0.81	72.14	0.63
公共管理、社会保障和社会组织	82.54	0.97	93.60	0.94	110.35	0.96

指 标	2011年		2012年		2013年	
	投资额	构成	投资额	构成	投资额	构成
总 计	14 077.25	100.00	17 095.96	100.00	20 194.07	100.00
农林牧渔业	96.77	0.69	158.41	0.93	200.98	1.00
采矿业	25.29	0.18	33.03	0.19	45.11	0.22
制造业	4 538.67	32.24	5 305.38	31.03	6 133.89	30.37
电力、热力、燃气及水生产和供应业	620.38	4.41	727.92	4.26	845.89	4.19
建筑业	38.77	0.28	27.20	0.16	36.65	0.18
交通运输、仓储和邮政业	1 102.93	7.83	1 330.30	7.78	1 450.34	7.18
信息传输、软件和信息技术服务业	138.43	0.98	111.02	0.65	136.00	0.67
批发和零售业	226.03	1.61	320.65	1.88	405.17	2.01
住宿和餐饮业	164.11	1.17	212.87	1.25	228.16	1.13
金融业	25.43	0.18	92.86	0.54	94.84	0.47
房地产业	5 183.90	36.82	6 330.45	37.03	7 518.35	37.23
租赁和商务服务业	120.32	0.85	222.05	1.30	340.15	1.68
科学研究和技术服务	49.81	0.35	58.89	0.34	86.71	0.43
水利、环境和公共设施管理业	1 193.45	8.48	1 383.57	8.09	1 759.15	8.71
居民服务、修理和其他服务业	22.68	0.16	31.27	0.18	29.73	0.15
教育	150.06	1.07	199.83	1.17	253.33	1.25
卫生和社会工作	95.00	0.67	125.23	0.73	148.18	0.73
文化、体育和娱乐业	115.48	0.82	207.74	1.22	268.96	1.33
公共管理、社会保障和社会组织	169.75	1.21	217.29	1.27	212.49	1.05

注：固定资产投资口径范围为计划总投资500万元及以上的投资项目和全部房地产开发投资
数据来源：历年浙江省统计年鉴

（五）浙江省各市固定资产投资情况

2013 年，浙江省 11 个省辖市中固定资产投资数额的前三位的是：杭州市（4 263.87 亿元）、宁波市（3 422.95 亿元）和温州市（2 618.16 亿元），分别比去年增长 14.5%、18.0%和 24.1%；增速最快的前三位是舟山市（31.4%）、温州市（24.1%）和台州市（21.4%）。

2008—2013 年浙江省各市固定资产投资

亿元

地　区	2008 年	2009 年	2010 年	2011 年	2012 年	2013 年
杭州市	1 961.72	2 291.65	2 753.13	3 100.02	3 722.75	4 263.87
宁波市	1 728.24	2 004.22	2 193.28	2 385.51	2 901.43	3 422.95
温州市	758.44	837.78	925.98	1 540.31	2 110.34	2 618.16
嘉兴市	1 006.69	1 233.41	1 488.26	1 488.27	1 642.31	1 910.15
湖州市	525.24	638.69	719.98	804.67	970.73	1 070.05
绍兴市	915.75	1 055.03	1 245.56	1 426.26	1 722.56	2 001.99
金华市	586.93	635.16	722.80	862.83	1 126.80	1 364.36
衢州市	361.17	415.40	481.80	504.63	566.13	670.72
舟山市	339.43	400.66	413.84	476.09	570.60	750.02
台州市	759.58	834.10	950.24	1 007.81	1 242.56	1 507.87
丽水市	248.85	279.19	320.38	358.47	471.98	570.42

注：固定资产投资口径范围为计划总投资 500 万元及以上的投资项目和全部房地产开发投资
数据来源：历年浙江省统计年鉴

（六）浙江省固定资产投资的主要特点

1. 第三产业投资增长快于第二产业，投资结构调整优化

2013 年，浙江省固定资产投资从产业投资结构看，第一产业投资 201.0 亿元，占全部投资的比重为 1.0%，比上年增长 26.9%。第二产业投资 7 061.5 亿元，占比为 35.0%，比上年增长 15.9%；其中，工业投资为 7 024.9 亿元，同比年增长 15.8%。第三产业投资 12 931.6 亿元，占比为 64.0%，比上年增长 19.3%。扣除房地产开发投资外的第三产业投资增长 19.5%，增幅分别高于第三产业投资、全部投资 0.3 和 1.4 个百分点。第三产业中，部分生产性服务业投资快速增长，如租赁和商务服务业、科学研究和技术服务业等行业增速分别为 53.2%和 47.2%。

2. 制造业投资增速趋于平稳，部分装备制造业和战略性新兴产业投资增长较快

2013 年，浙江省制造业投资 6 133.9 亿元，比上年增长 15.6%，分别比一季度、上半年、前三季度回落 6.8、2.6 和 0.3 个百分点，但进入四季度投资增速略有回升，逐步趋于平稳。其中，装备制造业投资 2 988.4 亿元，同比增长 20.0%，高于整个制造业投资 4.4 个百分点。部分装备制造业投资呈现快速增长势头，如专用设备制造业、汽车制造业等，同比分别增长 42.6%和 36.2%。战略性新兴产业投资 1 881.0 亿元，同比增长 13.8%。九大战略性新兴产业中，投资额最大的是节能环保产业，达 588.0 亿元；增长最快的是新能源汽车，增幅为 29.0%；惟一下降的是新能源产业，同比下降 2.1%。

3. 民间投资与国有投资增幅差距逐步缩小，增速放缓

2013年，浙江省民间投资12 307.7亿元，比上年增长17.3%；国有投资6 365.9亿元，同比增长18.6%。前三季度，浙江民间投资增速基本呈现不断回落的运行态势。但进入四季度后增速略有回升，同时国有投资增长回落速度明显加快，民间投资和国有投资增速差距逐步缩小。民间投资资金来源主要是自筹，占本年资金来源的61.9%，其次是其他资金来源，占25.5%，第三是国内贷款，占12.1%，而国家预算内资金、利用外资都比较少，分别仅占0.3%和0.1%。由于经济增长的不确定，再加上企业用工难、融资难等问题的普遍存在，使得民间投资增长出现放缓的现象。而且民间投资主要集中在制造业与房地产业两大领域，合计占民间投资的85.6%。公共管理及其相关服务业的投资所占份额非常少，如电力热力燃气及水的生产供应业公、水利环境和公共设施管理业，分别仅占1.1%和1.6%。虽然鼓励与引导民间投资新政已出台多年，但实际效果还不够理想，民间投资占比还比2012年下降0.9个百分点。

4. 亿元以上新开工大项目投资增长较快

2013年，浙江省项目投资13 977.8亿元，新开工项目尤其是大项目对浙江省有效投资起着较强的支撑作用。2013年，新开工项目25 252个，比上年增长10.0%。其中，亿元以下项目22 718个，同比增长8.4%；1—10亿元项目2 371个，同比增长26.4%；10亿元以上项目163个，同比增长25.4%。全年新开工项目投资7 216.0亿元，同比增长19.4%，高于固定资产投资1.3个点。其中，亿元以上项目完成投资3 002.0亿元，同比增长29.3%。

5. 房地产开发投资增长企稳回升

2013年，浙江省房地产开发投资6 216.3亿元，比上年增长18.9%，增幅分别比一季度、上半年、前三季度回升1.0、1.1和3.9个百分点。其中，住宅、办公楼、商业营业用房等物业类型投资分别为4 089.2、377.4和717.5亿元，同比分别增长19.0%、23.4%和22.7%。房地产销售面积增速呈现高位回落态势。2013年，浙江省商品房销售面积4 887.0万平方米，增长22.0%，增速分别比一季度、上半年、前三季度回落66.7、34.2和9.4个百分点。其中，住宅、办公楼、商业营业用房等物业分别增长23.6%、15.6%和3.5%。商品房销售额5 396.0亿元，增长26.6%。房屋新开工面积增速回升明。2013年，浙江省房屋施工面积37 647.2万平方米，增长12.6%。其中，新开工面积9 315.0万平方米，增长19.2%，增幅分别比一季度、上半年、前三季度提高31.0、14.9和12.5个百分点。在新开工面积中，住宅、商业营业用房、办公楼等物业类型分别增长17.0%、23.3%和39.3%。

6. 区域投资发展仍不平衡

2013年，浙江省11个省辖市固定资产投资均保持两位数增长，但增幅差距较大。增长最快的是舟山市，增幅为31.4%，增幅高于全省平均水平的还有温州市、台州市、金华市、丽水市和衢州市，其他5市增幅均低于全省平均水平，增幅最高与最低市相差21.2个百分点。从投资额来看，最多的为杭州市，投资额为4 263.9亿元；最低的为丽水市，投资额为570.4亿元。投资额最低的市与最高的市相差6.5倍，差距很大。

三 长三角金融业

一、长三角金融运行总体情况

2013 年末，长三角地区金融机构本外币存款总额为 231 290.75 亿元，比上年末增加 22 947.42 亿元，同比增长 11.0%，存款总额占全国比重为 21.6%。贷款发放量增长平稳，长三角地区金融机构本外币贷款总额为 174 604.64 亿元，比上年末增加 16 460.20 亿元，同比增长 10.4%，贷款总额占全国比重为 22.8%。

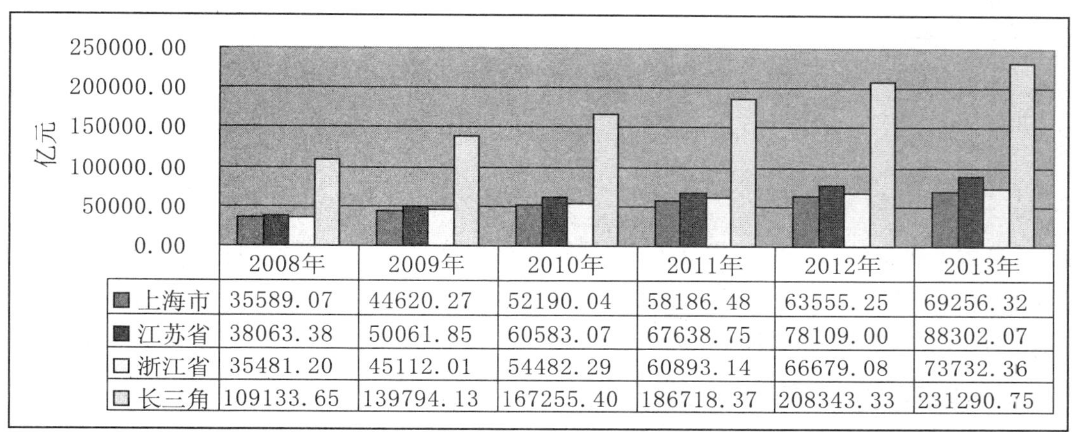

	2008年	2009年	2010年	2011年	2012年	2013年
上海市	35589.07	44620.27	52190.04	58186.48	63555.25	69256.32
江苏省	38063.38	50061.85	60583.07	67638.75	78109.00	88302.07
浙江省	35481.20	45112.01	54482.29	60893.14	66679.08	73732.36
长三角	109133.65	139794.13	167255.40	186718.37	208343.33	231290.75

2008—2013 年长三角会融机构本外币存款余额(亿元)

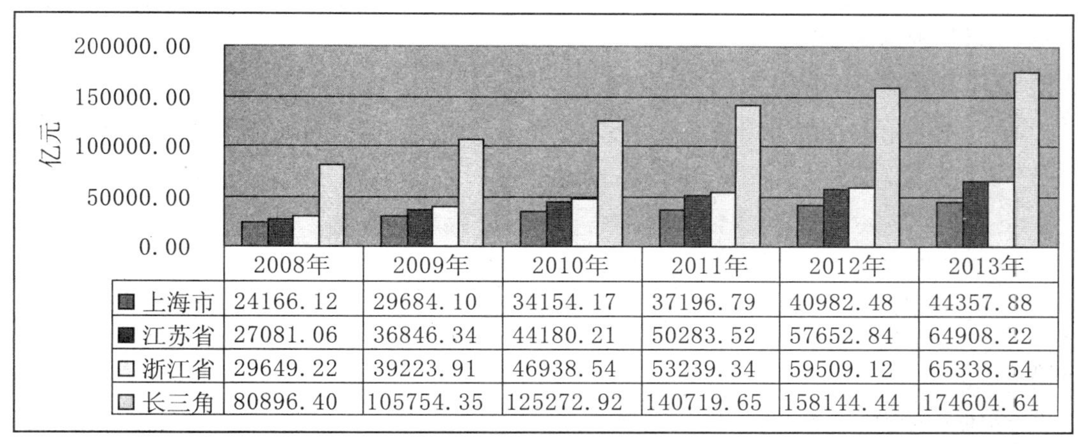

	2008年	2009年	2010年	2011年	2012年	2013年
上海市	24166.12	29684.10	34154.17	37196.79	40982.48	44357.88
江苏省	27081.06	36846.34	44180.21	50283.52	57652.84	64908.22
浙江省	29649.22	39223.91	46938.54	53239.34	59509.12	65338.54
长三角	80896.40	105754.35	125272.92	140719.65	158144.44	174604.64

2008—2013 年长三角金融机构本外币贷款余额(亿元)

2013 年，长三角地区保险业平稳发展。保费收入总额 3 377.42 亿元，比上年增长 8.7%，占全国比重为 19.6%。上海市、江苏省和浙江省保费收入均有所上涨。江苏省保险机构实现保费收入依然为长三角之首，占据长三角保费收入 42.8%的份额；浙江省保费收入占长三角保费收入总额的 32.9%；上海市保费收入占长三角保费收入总额的 24.3%。

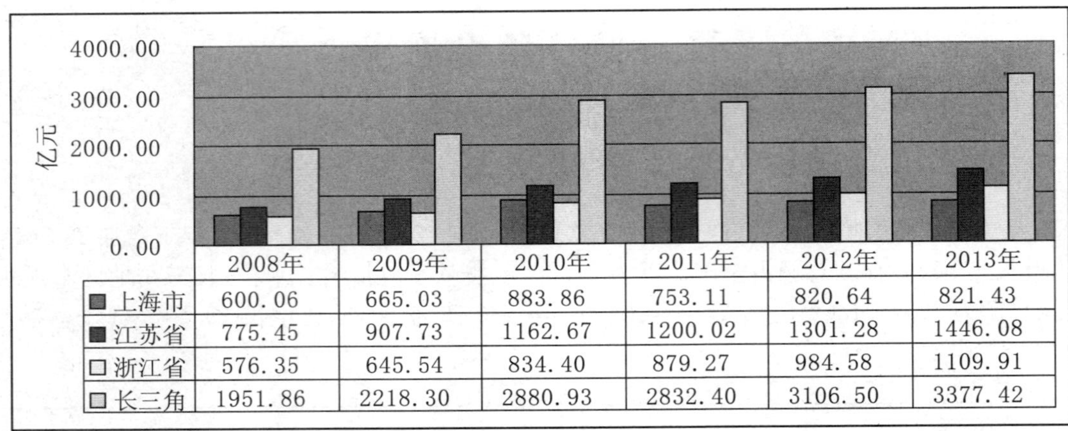

	2008年	2009年	2010年	2011年	2012年	2013年
上海市	600.06	665.03	883.86	753.11	820.64	821.43
江苏省	775.45	907.73	1162.67	1200.02	1301.28	1446.08
浙江省	576.35	645.54	834.40	879.27	984.58	1109.91
长三角	1951.86	2218.30	2880.93	2832.40	3106.50	3377.42

2008—2013 年长三角保险机构保费收入(亿元)

二、上海市金融运行情况

2013 年,上海市加快转变经济发展方式,经济运行总体平稳有序。各项存款同比多增,各项贷款增速放缓,信贷结构有所优化。证券期货业平稳运行,保险业加快转变发展方式。金融市场交易总体活跃,上海国际金融中心建设取得新进展。

(一) 各项存贷款增速放缓,信贷结构有所优化

2013 年末,上海市中外资金融机构本外币资产总额 9.8 万亿元,同比增长 8.4%;各项存、贷款余额分别为 6.9 万亿元和 4.4 万亿元,同比分别增长 9.0%和 8.2%,增速比上年末分别回落 0.2 个和 2.0 个百分点;金融机构不良贷款率为 0.8%,比年初上升 0.15 个百分点。2013 年,上海市金融机构实现净利润 991.2 亿元,同比下降 3.2%。

1. 银行业金融机构平稳发展

2013 年末,上海市共有中资银行法人 4 家,外资银行法人 22 家,村镇银行法人 9 家;银行业金融机构总资产 9.8 万亿元,从业人员 13.4 万人。

2013 年上海市银行业金融机构情况

机构类别	营业网点			法人机构(个)
	机构个数(个)	从业人数(人)	资产总额(亿元)	
一、大型商业银行	1 559	44 780	34 360	0
二、国家开发银行和政策性银行	14	566	3 249	0
三、股份制商业银行	650	24 989	26 047	2
四、城市商业银行	335	12 002	10 771	1
五、小型农村金融机构	388	5 865	4 068	1
六、财务公司	16	1 145	2 550	16
七、信托公司	7	1 322	249	7

（续表）

机构类别	营业网点			法人机构（个）
	机构个数（个）	从业人数（人）	资产总额（亿元）	
八、邮政储蓄银行	471	3 111	1 476	0
九、外资银行	215	39 509	11 897	22
十、新型农村金融机构	9	451	151	9
十一、其他	12		3 063	12
合　　计	3 676	133 740	97 881	70

注：营业网点不包括国家开发银行和政策性银行、大型商业银行、股份制银行金融机构总部数据；大型商业银行包括中国工商银行、中国农业银行、中国银行、中国建设银行和交通银行；小型农村金融机构包括农村信用社、农村合作银行和农村商业银行；新型农村金融机构包括村镇银行、贷款公司和农村资金互助社；“其他”包含金融租赁公司、汽车金融公司、货币金融公司、消费金融公司等。
数据来源：中国人民银行上海总部。

2. 各项存款平稳增长

2013 年，上海市本外币各项存款增加 5 474.3 亿元，同比多增 95.1 亿元。单位存款同比多增，主要是定期性存款增加较多。2013 年，上海市单位存款增加 4 068.1 亿元，同比多增 1 529.1 亿元，其中单位定期存款增加 2 154.6 亿元，同比多增 336.5 亿元。个人存款同比少增，主要是储蓄存款明显少增。2013 年，上海市个人存款增加 1 572.5 亿元，同比少增 1 014.8 亿元；其中储蓄存款增加 1 272.5 亿元，同比少增 1 016.5 亿元。外汇存款同比少增，主要是单位保证金存款增速下降。2013 年，上海市金融机构外汇存款增加 81.4 亿美元，同比少增 38.9 亿美元；其中单位保证金存款增加 7.7 亿美元，同比少增 31.6 亿美元。

3. 贷款增长放缓，贷款结构有所优化

2013 年，上海市各项贷款增加 3297.5 亿元，同比少增 520.8 亿元。从贷款投向看，信贷结构继续优化。2013 年，上海市新增的本外币企业贷款（不含票据融资）中，投向第二产业的贷款增加 696.6 亿元，其中制造业贷款增加 447.6 亿元；投向第三产业的贷款增加 2 646.1 亿元，占全部境内企业贷款（不含票据融资）增量的 79.0%，较上年提高 17.8 个百分点。2013 年，全市金融机构继续加大对小微型企业的信贷支持力度，对大、中、小和微型企业投放的本外币贷款分别增加 560.3 亿元、－41.0 亿元、537.1 亿元和 90.9 亿元。小微企业新增贷款在全部新增企业贷款的占比为 54.7%，同比大幅提高 35.2 个百分点，小微企业贷款难的问题有所缓解。

（二）证券期货业平稳运行，融资额显著下降

1. 证券公司资产规模及盈利水平稳中有升

2013 年末，上海市辖区 20 家证券公司总资产合计 4 571.6 亿元、净资产 1 687.8 亿元、净资本 1 233.0 亿元，分别较上年增长 17.7%、6.0%和 8.2%。全年累计实现营业收入 307.8 亿元，净利润 91.9 亿元，分别较上年增长 18.7%和 11.0%。

2. 期货公司业务规模及盈利水平平稳增长

2013 年末，上海市 28 家期货公司客户权益达 501.9 亿元，占全国的 25.7%；代理交易额 143.8 万亿元，占全国 26.9%，市场份额较上年有所增长。从盈利能力看，全年累计实现营业收入 41.3 亿元（其中手续费收入 25.5 亿元），较上年增长 6.5%；实现净利润 7.0 亿元，较上年增长 0.3%。从市场结

构看，全年股指期货代理交易额 86.6 万亿元，较上年增长 104.7%。

3. 证券市场融资额下降

2013 年末，上海市辖区上市公司累计直接融资 462.9 亿元，较上年下降 33.0%（不含 H 股融资，下同）。其中债权融资 295.6 亿元，较上年增长 138.4%；股权融资 73.2 亿元，较上年下降 70.5%。股权再融资下降与 IPO 暂停是 2013 年上海辖区证券市场融资额下降的主要原因。

2013 年上海市证券业基本情况

项　　目	数　　量
总部设在辖内的证券公司数（家）	20
总部设在辖内的基金公司数（家）	44
总部设在辖内的期货公司数（家）	28
年末国内上市公司数（家）	204
当年国内股票（A 股）筹资（亿元）	167.3
当年发行 H 股筹资（亿元）	12.9
当年国内债券筹资（亿元）	508.6
其中：短期融资券筹资额（亿元）	3.0
中期票据筹资额（亿元）	349.7

数据来源：上海证监局

（三）保险业加快转变发展方式，服务民生能力不断提高

1. 保险市场主体稳步增加

2013 年末，上海市共有 125 家保险公司和 6 家保险资产管理公司，保险公司比上年增加 3 家。其中，财产保险公司 60 家，人寿保险公司 48 家，养老保险公司 7 家，健康保险公司 5 家，再保险公司 4 家，保险集团公司 1 家。总公司 50 家，分公司 81 家。全市共有保险专业中介机构 352 家，比上年增加 28 家。其中保险代理机构 174 家，保险经纪机构 112 家，保险公估机构 66 家。

2. 保险业务总体发展平稳，但寿险公司业务发展明显放缓

2013 年，上海市原保险保费收入为 821.4 亿元，同比增长 0.1%。其中，财产险公司原保险保费收入 304.8 亿元，同比增长 12.2%；寿险公司原保险保费收入 516.6 亿元，同比下降 5.9%。产、寿险原保险保费收入比例为 37∶63，中、外资保险公司原保险保费收入比例为 85∶15。

3. 保险赔付支出稳步增长，充分发挥保障民生的能力

2013 年，上海市保险业赔付支出为 302.0 亿元，同比增长 18.1%。其中，财产险赔款支出 162.3 亿元，同比增长 17.1%；寿险给付 103.2 亿元，同比增长 17.3%；健康险赔款给付 31.8 亿元，同比增长 26.6%；意外险赔款支出 4.6 亿元，同比增长 14.8%。

2013 年上海市保险业基本情况

项　　目	数　　量
总部设在辖内的保险公司数（家）	49

（续表）

项　　目	数　　量
其中：财产险经营主体（家）	19
人身险经营主体（家）	21
保险公司分支机构（家）	81
其中：财产险公司分支机构（家）	41
人身险公司分支机构（家）	40
保费收入（中外资，亿元）	821.4
其中：财产险保费收入（中外资，亿元）	304.8
人身险保费收入（中外资，亿元）	516.6
各类赔款给付（中外资，亿元）	302.0
保险密度（元/人）	3 401.2
保险深度（%）	3.8

数据来源：上海保监局

三、江苏省金融运行情况

2013年，在稳健货币政策背景下，江苏省金融业运行稳健，银行业综合实力稳步提升，社会融资总量增长适度，贷款增量和结构变化较好地体现了宏观调控政策意图。证券、保险业创新加快，金融市场交易活跃，金融服务地方经济发展的能力继续增强。

（一）银行业运行稳健，存贷款增长适度

1. 银行业规模稳步增长，总体运行稳健

2013年末，江苏省金融机构资产总额达10.9万亿元，同比增长12.5%。年末金融机构本外币存贷款余额分别达到8.8万亿元和6.5万亿元。盈利增长平稳，全年银行业金融机构营业收入同比增长13.0%，利润总额同比增长9.3%。受化解产能过剩、深化结构调整等影响，不良贷款有所上升，2013年末，江苏省金融机构不良贷款率为1.3%，比年初提高0.2个百分点。

2013年江苏省银行业金融机构基本情况

机构类别	营业网点			法人机构（个）
	机构个数（个）	从业人数（人）	资产总额（亿元）	
一、大型商业银行	4 849	100 229	47 572	0
二、国家开发银行和政策性银行	93	2 341	4 740	0
三、股份制商业银行	915	34 570	21 062	0
四、城市商业银行	747	21 621	814 294	4
五、城市信用社	0	0	0	0
六、主要农村金融机构	3 078	43 358	14 614	62

（续表）

机构类别	营业网点			法人机构（个）
	机构个数（个）	从业人数（人）	资产总额（亿元）	
七、财务公司	11	292	401	9
八、信托公司	4	336	141	4
九、邮政储蓄	2 511	9 805	4 168	0
十、外资银行	65	2 038	911	2
十一、新型农村金融机构	116	2 778	521	63
十二、其他	1	121	184	1
合　　计	12 390	217 489	10 860	145

注：营业网点不包括国家开发银行和政策性银行、大型商业银行、股份制银行金融机构总部数据；大型商业银行包括中国工商银行、中国农业银行、中国银行、中国建设银行和交通银行；小型农村金融机构包括农村信用社和农村商业银行；新型农村金融机构包括村镇银行、贷款公司和农村资金互助社；“其他”包含金融租赁公司、汽车金融公司、货币经纪公司、消费金融公司等。

数据来源：中国人民银行南京分行，江苏银监局。

2. 人民币存款同比小幅多增

从全年来看，人民币存款新增 10 094.1 亿元，同比多增 332.3 亿元。人民币存款增速持续放缓，主要有以下两方面的原因。一是在银行间市场资金面紧平衡的背景下，理财产品收益率趋升，理财产品对存款的替代增强，加之互联网金融快速发展，居民投资渠道更趋多元化和便利化，银行存款分流较为明显。二是 6 月份货币市场波动以后，同业资金供给减少，同业资金运用规模明显收缩，降低了存款的创造能力。

3. 社会融资规模和贷款增长合理适度，结构持续优化

2013 年，全省社会融资规模为 12 069.7 亿元，较 2010—2012 年年均值高 149.1 亿元，融资总量增势平稳。全年新增人民币贷款 7 207.8 亿元，同比多增 652.1 亿元。全省信贷增长继续向常态回归，贷款增速由 2009 年的 34.9%下降至 2013 年的 13.6%。

（二）证券业运营平稳，抗风险能力进一步增强

1. 证券期货业继续保持稳健发展态势

2013 年末，江苏省共有法人证券公司 6 家，净资产总额 529.3 亿元，同比增长 4.5%；全年营业收入 104.2 亿元，同比增长 28.6%；净利润 31.0 亿元，同比增长 56.6%。

2. 股票市场融资放缓

受 IPO 暂停影响，2013 年江苏省无新增上市公司，辖内上市公司实现再融资 158.4 亿元。2013 年末正在辅导上市的企业数达 97 家，其中，主板 22 家，创业板 28 家，中小板 47 家。

3. 期货业稳步发展，抗风险能力进一步加强

截至 2013 年末，江苏省共有法人期货公司 10 家，净资本合计 30.69 亿元，同比增长 16%；全省期货公司营业部 119 家，同比增加 18 家。代理交易量和保证金余额分别增长 7.9%和 7.3%。

2013 年江苏省证券业基本情况

项　　目	数　　量
总部设在辖内的证券公司数(家)	6
总部设在辖内的基金公司数(家)	0
总部设在辖内的期货公司数(家)	10
年末国内上市公司数(家)	235
当年国内股票(A 股)筹资(亿元)	158.0
当年发行 H 股筹资(亿元)	35.0
当年国内债券筹资(亿元)	2 553.0
其中:短期融资券筹资额(亿元)	825.0
中期票据筹资额(亿元)	394.0

数据来源:江苏证监局、江苏省金融办、中国人民银行南京分行

(三)保险业稳步发展,风险保障功能进一步发挥

1. 市场体系不断完善

截至 2013 年末,全省共有保险公司 90 家,其中法人公司 4 家(紫金产险、乐爱金产险、利安人寿、东吴人寿),省级分公司 86 家。4 家法人保险公司资产总额 136.8 亿元,同比增长 44.9%。

2. 各项业务平稳增长

全年累计实现保费收入 1 446.1 亿元,同比增长 11.1%。其中,财产险保费收入 518.6 亿元,同比增长 17.6%;人身险业务保费收入 927.5 亿元,同比增长 7.8%。人身险业务中,寿险保费收入 809.2 亿元,同比增长 5.7%;健康险保费收入 76.4 亿元,同比增长 28.9%;意外险保费收入 41.9 亿元,同比增长 19.0%。

3. 农业保险稳步发展

2013 年,全省实现农险保费收入及农险基金共计 31.5 亿元,同比增长 32.5%。出台《关于完善江苏省政策性农业保险条款费率的通知》,农业保险支农惠农强农力度持续增强。

2013 年江苏省保险业基本情况

项　　目	数　　量
总部设在辖内的保险公司数(家)	4
其中:财产险经营主体(家)	2
人身险经营主体(家)	2
保险公司分支机构(家)	90
其中:财产险公司分支机构(家)	39
人身险公司分支机构(家)	51
保费收入(中外资,亿元)	1 446.1
其中:财产险保费收入(中外资,亿元)	518.6

（续表）

项　　目	数　　量
人身险保费收入（中外资，亿元）	927.5
各类赔款给付（中外资，亿元）	527.0
保险密度（元/人）	1 823.6
保险深度（%）	2.4

数据来源：江苏保监局

四、浙江省金融运行情况

2013 年，浙江省金融业运行平稳，信贷合理适度增长，信贷结构继续优化，金融支持实体经济发展和转型升级的力度加大。证券业发展稳健，保险保障功能有效发挥，金融市场创新活跃。

（一）银行业总体稳健，货币信贷运行平稳

1. 银行业规模稳步扩大，运行质量总体向好

2013 年末，浙江省银行业金融机构资产总额和负债总额同比均增长 13.4%，增速较上年提高 2.2 个百分点。银行业税后利润同比下降 4.1%，降幅比上年收窄 9.7 个百分点。全年新设 13 家法人金融机构，法人银行机构流动性状况整体平稳，资本充足率、拨备覆盖率等指标均符合监管要求。

2013 年浙江省银行业金融机构基本情况

机构类别	营业网点			法人机构（个）
	机构个数（个）	从业人员（人）	资产总额（亿元）	
一、大型商业银行	3 944	91 182	37 759.4	0
二、国家开发银行和政策性银行	60	2 108	4 721.2	0
三、股份制商业银行	679	30 614	20 224.3	1
四、城市商业银行	884	35 092	13 984.2	13
五、小型农村金融机构	4 201	51 418	14 574.6	82
六、财务公司	6	205	480.6	5
七、信托公司	5	521	134.9	5
八、邮政储蓄	1 677	6 588	2 307.5	0
九、外资银行	34	1 103	445.3	1
十、新型农村金融机构	174	4 102	604.0	71
十一、其他	3	197	620.0	1
合　　计	11 667	223 130	95 856.0	179

注：营业网点不包括国家开发银行和政策性银行、大型商业银行、股份制银行金融机构总部数据；大型商业银行包括中国工商银行、中国农业银行、中国银行、中国建设银行和交通银行；小型农村金融机构包括农村商业银行、农村合作银行、农村信用社；新型农村金融机构包括村镇银行、贷款公司和农村资金互助社；“其他”包括金融租赁公司、汽车金融公司、货币经纪公司、消费金融公司等。

数据来源：中国人民银行杭州中心支行、浙江银监局。

2. 存款增速有所回升，增长势头趋于减弱

2013年末，浙江省全部金融机构本外币各项存款余额同比增长10.6%，增速较上年上升1.1个百分点。单位存款同比多增，个人存款增势平稳。单位存款较上年多增765.8亿元，个人存款多增232.1亿元。

3. 贷款增速有所放缓，支持重点突出

2013年，浙江省本外币各项贷款余额比年初新增5 704.6亿元，增速比上年下降2.0个百分点。2013年，浙江省小微企业贷款比年初增加1 717.0亿元，同比多增238.0亿元，增量占全部企业贷款增量的54.0%，较上年提高17.0个百分点；全省涉农贷款新增3 320.0亿元，占各项贷款增量的58.2%，较上年提高5.6个百分点。

4. 银行业改革稳步推进，区域金融改革取得新进展

大型商业银行在浙江省的分支机构改革创新工作有序推进，邮储银行改革持续深化。农村金融机构改革取得新成果，全省已有18家农村商业银行开业，新设11家村镇银行。浙江省浙商资产管理有限公司成立并正式运营。

（二）证券业健康发展，市场交易有所放大

2013年，浙江省证券市场总体向好，交易量有所放大。期货经营机构业务发展平稳，证券机构创新业务发展迅速。

1. 证券期货业稳步发展

2013年末，浙江省法人证券公司4家，证券营业部503家，证券投资咨询机构4家。证券经营机构全年累计代理交易额13.5万亿元，同比增长52.7%，实现利润35.1亿元。期货业发展总体平稳，期货经营机构代理交易额60.1万亿元，同比增长56.2%，实现利润8.3亿元。各法人证券公司继续推动证券经纪业务转型和产品创新。

2. 上市公司融资增加

2013年末，浙江省共有境内上市公司246家，其中创业板上市公司36家，中小板块上市公司119家。资本市场累计融资244.6亿元，较上年增加93.6亿元。区域股权交易市场迅速发展，在丰富中小企业融资渠道、促进民间资本转化为实业资本等方面发挥了积极作用。2013年末，浙江省在股权交易中心挂牌的企业有737家，其中成长板企业150家，总市值230.0亿元；创新板企业587家，总股本107.0亿股；发行私募债17单，融资金额16.4亿元。

2013年浙江省证券业基本情况

项　　目	数　　量
总部设在辖内的证券公司数(家)	4
总部设在辖内的基金公司数(家)	2
总部设在辖内的期货公司数(家)	11
年末境内上市公司数(家)	246
当年国内股票(A股)筹资(亿元)	190.4
当年发行H股筹资(亿元)	0.0
当年国内债券筹资(亿元)	1 460.8

（续表）

项 目	数 量
其中：短期融资券筹资额（亿元）	485.9
中期票据筹资额（亿元）	322.0

数据来源：中国人民银行杭州中心支行、浙江证监局。

（三）保险业总体平稳，市场体系日益完善

2013年，浙江省保险业积极推进改革创新，市场体系日益完善，资产规模稳步增长，服务领域继续拓宽，经济补偿和风险保障功能有效发挥。

1. 市场体系不断完善

截至2013年末，浙江省共有各类保险机构119家，行业从业人员29.2万人，新增保险市场主体2家。保险机构、中介机构、行业社团共同发展的市场格局更趋成熟。

2. 规模和效益平稳增长

2013年，浙江省保险公司资产总额2 274.3亿元，同比增长13.8%。保费收入同比增长12.7%，其中，财产险保费收入同比增长15.2%，人身险保费收入同比增长10.7%。保险业经营效益继续保持平稳增长，法人机构偿付能力有所改善，投资收益良好。

3. 保障功能有效发挥

政策性农业保险平稳推进，新险种开发加快，全年共为211.0万户参保农户提供319.0亿元的农业自然灾害风险保障。政策性农房保险参保率达到98.5%，较上年提高15.1个百分点，基本实现承保全覆盖。出口信用保险保障作用有效发挥，企业通过保险追偿、赔付挽回损失1.9亿美元。

2013年浙江省保险业基本情况

项 目	数量
总部设在辖内的保险公司数（家）	3
其中：财产险经营主体（家）	1
人身险经营主体（家）	2
保险公司分支机构（家）	119
其中：财产险公司分支机构（家）	64
人身险公司分支机构（家）	55
保费收入（中外资，亿元）	1 109.9
其中：财产险保费收入（中外资，亿元）	512.0
人身险保费收入（中外资，亿元）	597.9
各类赔款给付（中外资，亿元）	451.0
保险密度（元/人）	2018.7
保险深度（%）	3.0

数据来源：浙江保监局

四　长三角对外经济

一、长三角对外经济总体情况

随着全国经济国际化的深化，长三角地区对外经济迅猛发展，规模继续居于全国前列，2013 全年对外承包工程及对外劳务合作完成营业额 2C6.23 亿美元，比上年增长 15.3%，占到全国总量的 15.0%。江苏省对外承包工程及对外劳务合作完成营业额 81.51 亿美元，占长三角总量的 39.5%；上海市对外承包工程及对外劳务合作完成营业额 80.69 亿美元，占长三角总量的 39.1%；浙江省对外承包工程及对外劳务合作完成营业额 44.03 亿美元，占长三角总量的 21.4%。

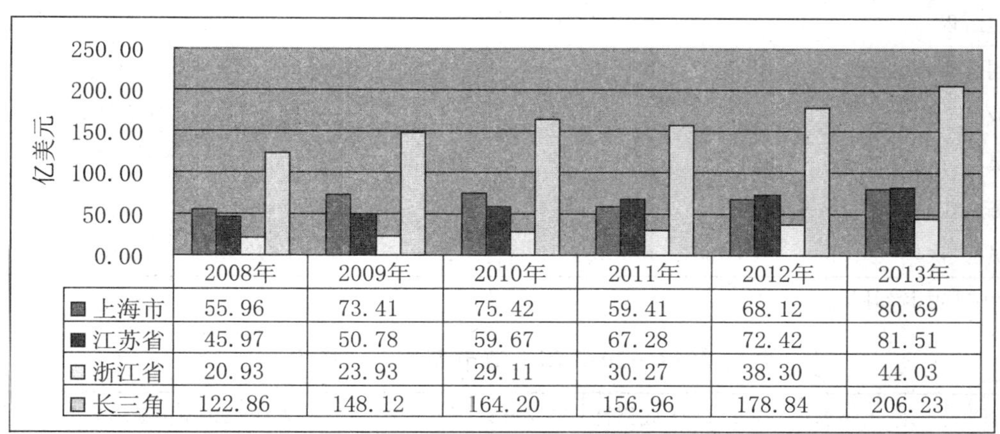

	2008年	2009年	2010年	2011年	2012年	2013年
上海市	55.96	73.41	75.42	59.41	68.12	80.69
江苏省	45.97	50.78	59.67	67.28	72.42	81.51
浙江省	20.93	23.93	29.11	30.27	38.30	44.03
长三角	122.86	148.12	164.20	156.96	178.84	206.23

2008—2013 年长三角及两省一市对外承包工程与劳务合作完成营业额（亿美元）

对外投资方面，长三角地区中方对外投资额为 159.65 亿美元，比上年增长 31.1%，占到全国总量的 17.7 %。江苏省中方对外投资额为 61.43 亿美元，占长三角总量的 38.5%；上海市中方对外投资额为 43.06 亿美元，占长三角总量的 27.0%；浙江省中方对外投资额为 55.16 亿美元，占长三角总量的 34.6%。

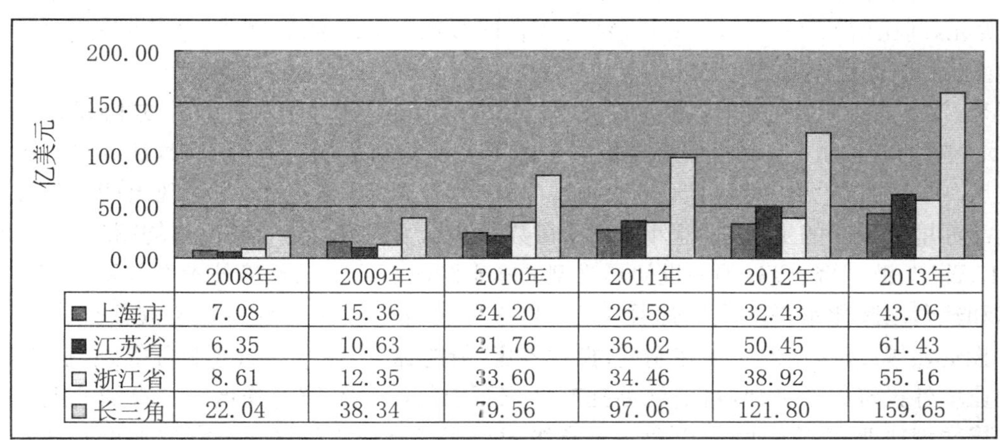

	2008年	2009年	2010年	2011年	2012年	2013年
上海市	7.08	15.36	24.20	26.58	32.43	43.06
江苏省	6.35	10.63	21.76	36.02	50.45	61.43
浙江省	8.61	12.35	33.60	34.46	38.92	55.16
长三角	22.04	38.34	79.56	97.06	121.80	159.65

2008—2013 年长三角两省一市中方对外投资额（亿美元）

二、两省一市情况

（一）上海市

2013年，上海市新批对外投资项目347项，比上年增长39.4%；投资总额43.1亿美元，同比增长32.8%。签订对外承包工程合同金额108.16亿美元，同比增长4.9%；实际完成营业额80.69亿美元，同比增长18.5%；派出人员4 337人次，同比增长24.7%。对外劳务合作派出人员13 695人次，同比下降22.9%。至年末，上海对外承包工程和劳务合作涉及的国家和地区达178个。

2008—2013年上海市对外经济合作情况

指　　标	2008年	2009年	2010年	2011年	2012年	2013年
对外承包工程						
签订合同金额(万美元)	1 045 972	1 193 790	1 010 276	1 234 673	1 031 056	1 081 605
实际营业额(万美元)	490 707	665 664	689 616	594 113	681 188	806 920
派出人员(人次)	7 270	8 178	9 430	5 559	3 477	4 337
对外劳务合作						
派出人员(人次)	20 165	18 072	17 417	8 749	17 767	13 695

资料来源：历年上海市统计年鉴

2011—2013年上海市海外企业情况

指　标	2011年新增	至2011年底累计	2012年新增	至2012年底累计	2013年新增	至2013年底累计
企业数(个)	172	1680	249	1 929	347	2 276
投资额(万美元)	265 824	1 034 119	324 335	1 358 454	430 571	1 789 025

资料来源：历年上海市统计年鉴

（二）江苏省

2013年，江苏省对外投资增势迅猛。新批境外投资项目605个，比上年增加33个；中方协议投资61.43亿美元，同比增长21.7%。对外经济合作合同金额94.13亿美元，同比增长20.4%；完成营业额81. 51亿美元，同比增长12.6%。

近年来，江苏企业走出去步伐明显加快，截至2013年底，江苏境外投资中方协议投资额累计达200亿美元，连续3年对外实际投资规模位居全国第三。特别是“十一五”以来，江苏境外投资实现了跨越式发展，中方协议投资额年均增长近50%，2013年突破60亿美元，并呈现出四大特点。一是民营企业是江苏境外投资的主力军，境外投资项目数量和投资规模占全省的比重均超过60%，涌现出以沙钢、徐工、苏宁、波司登、金昇等一批初具雏型的本土跨国企业。二是境外参股并购是江苏企业提升生产技术和经营国际化水平的重要途径之一，2013年境外参股并购项目投资规模约占全省的1/5。三是境外投资领域广泛，主要集中在制造、批发零售、新能源、房地产和商务服务等领域。四是积极打造中小企业境外投资集聚平台，目前江苏拥有2家国家级境外经贸合作区——柬埔寨西哈努克港经济特区和埃塞俄比亚东方工业园，以及1家省级境外产业合作集聚区——印尼加里曼岛农工贸经济合作区。

2008—2013 年江苏省对外经济合作情况

指　　标	合同数(份)	合同金额(万美元)	实际完成营业额(万美元)	年末在外人数(人)
2008 年	1 252	488 804	459 893	101 185
2009 年	2 352	503 389	507 804	99 784
2010 年	2 023	620 766	596 702	95 765
2011 年		659 792	672 761	89 348
2012 年		781 865	724 193	86 849
2013 年		941 333	815 125	88 014
对外承包工程				
2008 年	791	432 043	388 434	34 945
2009 年	727	449 596	433 249	36 739
2010 年	968	544 726	519 838	35 987
2011 年	891	594 909	599 171	35 484
2012 年	1 009	719 844	646 755	35 615
2013 年	1 021	865 653	726 299	36 266
对外劳务合作				
2008 年	461	56 072	71 304	66 240
2009 年	1 625	53 793	74 555	63 045
2010 年	1 055	76 040	76 864	59 778
2011 年		64 883	73 590	53 864
2012 年		62 021	77 438	51 234
2013 年		75 680	88 826	51 748

资料来源:历年江苏省统计年鉴

2008—2013 年江苏省境外投资情况

指　　标	2008 年	2009 年	2010 年	2011 年	2012 年	2013 年
新批项目数(个)	232	332	408	505	572	605
#企业	187	298	360	443	528	550
#子公司	164	265	326	410	501	522
独资子公司	134	214	269	343	390	414
合资子公司	30	51	57	67	111	108
联营公司	23	33	34	33	27	28
#国有及国有控股企业	41	36	39	34	60	58
集体企业	1	3	5	3	4	3
民营企业	138	200	269	369	383	426

（续表）

指　　标	2008年	2009年	2010年	2011年	2012年	2013年
外资企业	52	93	95	99	125	118
机构	45	34	48	62	44	55
＃参股并购类项目	28	31	47	64	83	80
风险投资类项目	10	2	2	9	13	10
＃贸易型项目	96	126	162	213	243	210
非贸易型项目	136	206	246	292	329	395
＃境外加工贸易项目	37	36	41	32	33	38
境外资源开发项目	11	18	7	18	33	9
中方协议金额（万美元）	63 459.49	106 347	217 613	360 154	504 547	614 272
＃企业	61 988.69	105 972	216 646	359 239	504 089	611 917
＃子公司	53 333.51	99 553	211 877	351 789	491 387	579 871
独资子公司	44 192.70	72 455	191 032	315 587	393 106	488 365
合资子公司	9 140.81	27 098	20 846	36 202	98 281	91 506
联营公司	8 655.19	6 419	4 769	7 450	12 702	32 046
＃国有及国有控股企业	11 884.37	15 132	39	27 271	84 488	46 418
集体企业	160	590	5	1 495	2 185	974
民营企业	43 760.62	73 254	269	251 638	320 725	434 218
外资企业	7 654.50	17 371	95	79 750	97 149	132 663
机构	1 470.80	375	967	915	458	2 356
＃参股并购类项目	11 818.35	9 546	46 726	49 129	99 294	126 803
风险投资类项目	1 883.12	603	137	8 899	13 522	28 342
＃贸易型项目	8 573.05	14 443	61 064	101 672	154 336	128 831
非贸易型项目	54 886.44	91 904	156 549	258 483	350 210	485 441
＃境外加工贸易项目	10 721.52	10 669	30 787	14 760	34 988	34 307
境外资源开发项目	12 267.28	19 738	3 202	39 067	61 756	24 100

资料来源：历年江苏省统计年鉴

2013年江苏省各市对外经济情况：

南京市对外承包劳务合作合同金额为32.53亿美元，比上年增长20.0%；实际完成对外承包劳务营业额23.50亿美元，比上年增长5.2%。年末在外劳务人数达11 863人，比上年末增长1.9%。

无锡市对外经济合作进展良好。全年完成境外投资项目87个，中方投资额达到12.02亿美元，比上年增长30.6%，其中200万美元以上项目62个。

徐州市新批境外投资项目20个，比上年增加1个，中方协议投资2.03亿美元。对外承包工程新签合同额2.59亿美元，完成营业额2.95亿美元，同比增长41.8%。新签劳务人员合同工资总额1 300万美元，同比增长85.7%，劳务人员实际收入总额1 334万美元，同比增长210.2%。

常州市境外协议投资额4.3亿美元，比上年增长70.6%。其中，新批境外投资项目48个，中方协议投资额超500万美元的重大项目17个，比上年增加4个。

苏州市新批境外投资项目中方协议投资额16.2亿美元，比上年增长32.5%。境外投资遍布80多个国家和地区，投资项目871个，涉及资源开发、加工贸易、服务业、高科技、营销网络、新能源等多个领域。

南通市新批设立境外企业53家，中方协议投资额8.0亿美元。新签对外承包劳务合同额18.6亿美元，增长106.6%；完成对外承包劳务营业额19.7亿美元，同比增长17.4%；新派劳务人员1.2万人次，同比增长16.2%；年末在外劳务人员2.3万人，同比增长13.6%。

扬州市完成外经营业额53 068.0万美元，同比增长27.0%。期末在外人数8 631人，增长30.0%。新批境外投资项目30个，中方协议投资额15 891.0万美元，同比增长796.0%，创历年新高。

泰州市新签劳务承包合同额8.99亿美元，同比增长53.9%；完成外经实际营业额8.35亿美元，同比增长10.7%。泰兴河海科技在印尼成功签约2个过亿美元项目。

（三）浙江省

2013年，浙江省对外承包工程完成营业额44.03亿美元，比上年增长15.0%；对外劳务合作实际收入1.10亿美元。经审批和核准的境外投资企业和机构共计568家，比上年减少66家；其中中方投资55.16亿美元，增长41.7%。全年实际对外直接投资24.00亿美元。

2009—2013年浙江省对外经济合作情况

项　　目	2009年	2010年	2011年	2012年	2013年
新签对外承包工程和劳务合作合同额(万美元)	247 103	246 106	295 438	361 220	464 707
对外承包工程和劳务合作营业额(万美元)	239 345	291 076	302 693	382 974	440 266
对外承包工程和劳务合作在年底在外人数(人)	23 504	26 261	17 836	27 149	27 923
境外投资企业数(个)	475	630	568	634	568
境外企业中方投资额(万美元)	123 491	336 008	344 551	389 236	551 648

资料来源：历年浙江省统计年鉴

2013年浙江省各市对外经济情况：

杭州市至2013年末，全市累计设立各类境外投资企业(机构)967个，其中非贸易企业303个。全年境外合同投资27.27亿美元，其中非贸易性投资25.57亿美元。完成对外承包工程和劳务合作营业额8.0亿美元，同比增长45.7%。离岸服务外包合同执行额35.64亿美元，同比增长20.1%。

宁波市新批境外投资企业和机构206家，核准中方投资额15.7亿美元，比上年增长20.2%，实际中方投资额6.8亿美元，同比增长11.1%。完成境外承包工程劳务合作营业额15.0亿美元，同比增长21.2%。离岸服务外包合同额7.7亿美元，同比增长44.1%；离岸服务外包执行额6.0亿美元，同比增长47.1%。

温州市新批设立境外机构30家，中方境外投资额9 006.2万美元。新签对外承包工程和劳务合作营业额8 556.0万美元。。

嘉兴市新办境外企业38家，其中中方投资25 280.0万美元，同比下降23.4%。

绍兴市新批境外投资企业49家(增资企业14家)。境外投资企业总投资额34 167.0万美元，其中中方投资额33 207.0万美元，比上年增长28.4%。境外工程营业额12 519.0万美元，同比增长

18.1%。服务外包合同签订额1.61亿美元，同比增长56.5%。其中离岸合同额1.51亿美元，同比增长100.0%；完成合同执行额9 924.0万美元，同比增长23.0%。其中离岸执行额9 085.0万美元，同比增长39.6%。

金华市新批核准境外投资项目37个，中方境外投资额18 557.35万美元。完成对外承包工程劳务合作营业额30 618.0万美元，同比增长18.8%。全年设立境外营销网络29个，累计300个，涉及62个国家和地区。

舟山市新批境外中方投资额1.0亿美元，比上年增长1.9倍；境外承包工程劳务合作营业额2.69亿美元，同比增长64.1%。

台州市新批境外投资项目33个，中方投资额6 310.0万美元。全市累计境外投资项目478个，中方累计投资额5.77亿美元。服务外包离岸合同额3195.0万美元，同比增长4.0%；离岸合同执行额3374.0万美元，同比增长18.1%。

五　长三角外资

一、长三角利用外资总体情况

2013年，长三角地区实际利用外资总额达641.98亿美元，比上年增长0.3%，占全国实际利用外资总额的比重为54.6%，比上年下降5.5个百分点。其中，江苏省仍然是长三角地区的引资主力，实际利用外资332.59亿美元，比上年下降7.0%，占长三角地区实际利用外资总额的51.8%。浙江省实际利用外资增速减缓，实际利用外资141.59亿美元，比上年增长8.3%，占长三角地区实际利用外资总额的22.1%。上海市实际利用外资167.80亿美元，比上年增长10.5%，占长三角地区实际利用外资总额的26.1%。

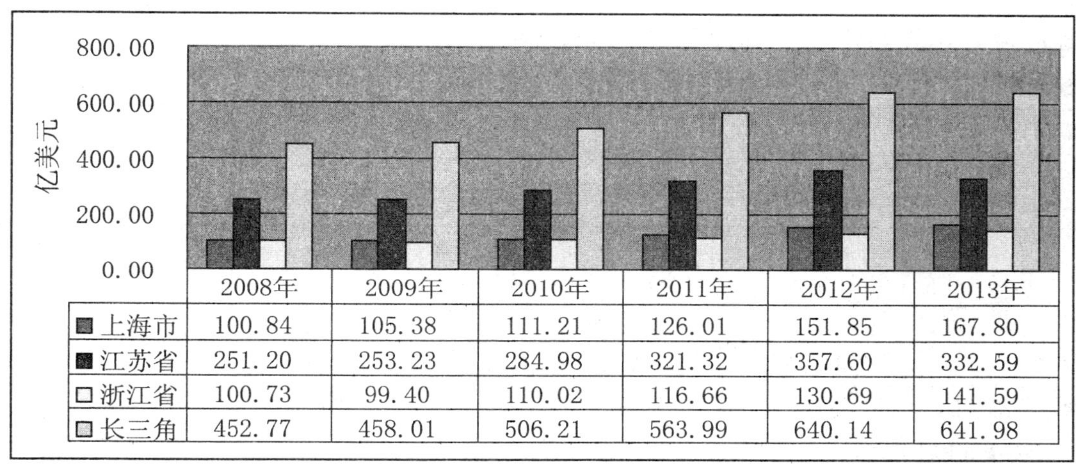

	2008年	2009年	2010年	2011年	2012年	2013年
上海市	100.84	105.38	111.21	126.01	151.85	167.80
江苏省	251.20	253.23	284.98	321.32	357.60	332.59
浙江省	100.73	99.40	110.02	116.66	130.69	141.59
长三角	452.77	458.01	506.21	563.99	640.14	641.98

2008—2013年长三角地区利用外资情况

数据来源：历年上海市、江苏省、浙江省统计年鉴

二、两省一市利用外资进展与特点

（一）上海市

2013年，上海市新设外商直接投资合同项目3 842项，比上年下降5.0%；合同金额246.30亿美元，同比增长10.3%；实际到位金额167.80亿美元，同比增长10.5%。全年第三产业实际到位金额135.67亿美元，同比增长7.0%，占全市实际利用外资的比重达到80.9%。至年末，在上海投资的国家和地区达157个。年内新增跨国公司地区总部42家，其中亚太区总部11家；投资性公司18家；外资研发中心15家。至年末，在上海落户的跨国公司地区总部达到445家，投资性公司283家，外资研发中心366家。

2008—2013年上海市直接吸收外资情况

指　　标	2008年	2009年	2010年	2011年	2012年	2013年
签订合同项目（个）	3 748	3 090	3 906	4 329	4 043	3 842

（续表）

指　　标	2008 年	2009 年	2010 年	2011 年	2012 年	2013 年
#合资经营	360	361	445	511	592	656
合作经营	23	7	14	13	8	5
独资经营	3364	2 721	3 443	3801	3 437	3 075
签订合同金额(亿美元)	171.12	133.01	153.07	201.03	223.38	246.30
#合资经营	24.11	17.40	21.54	23.85	39.76	36.09
合作经营	3.25	3.73	1.11	14.85	7.29	5.31
独资经营	142.89	109.23	128.17	160.22	172.16	203.95
实际吸收外资金额(亿美元)	100.84	105.38	111.21	126.01	151.85	167.80
#合资经营	19.66	16.16	17.84	19.87	27.18	26.64
合作经营	2.23	2.04	1.69	2.58	5.76	5.96
独资经营	78.33	87.18	90.71	102.07	118.29	133.08

资料来源：历年上海统计年鉴。

2013 年上海市外商直接投资合同项目和金额

类　别	签订合同项目（个）		签订合同金额（亿美元）		实际吸收外资金额（亿美元）	
	2013 年	至 2013 年底累计	2013 年	至 2013 年底累计	2013 年	至 2013 年底累计
总　计	3 842	71 711	249.36	2 425.01	167.80	1 509.93
# 1 000 万美元以上项目	313		221.74			
# 工　业	25		21.30			
按投资方式分						
# 合资企业	656	18 342	36.09	514.86	26.64	389.61
合作企业	5	5 117	5.31	163.78	5.96	106.13
独资企业	3 075	48 057	203.95	1 693.63	133.08	981.24
按产业分						
第一产业	5	309	0.33	5.65	0.03	3.97
第二产业	144	26 271	23.95	892.39	32.10	523.56
# 工　业	134	25 350	23.22	872.21	31.54	516.60
第三产业	3 693	45 131	225.08	1 526.97	135.67	982.40
按主要国别(地区)分						
# 中国香港	1 550	22 168	153.16	968.07	83.52	519.57
中国澳门	7	268	0.07	4.87	0.15	1.84
中国台湾	391	7 669	3.63	65.64	1.83	44.71
日　本	298	9 634	15.63	239.71	16.61	178.54

（续表）

类　别	签订合同项目（个）		签订合同金额（亿美元）		实际吸收外资金额（亿美元）	
	2013 年	至 2013 年底累计	2013 年	至 2013 年底累计	2013 年	至 2013 年底累计
韩　国	187	2 667	1.09	30.37	1.26	18.61
新加坡	189	3 670	12.69	146.80	12.74	89.51
泰　国	5	255	0.08	3.00	0.09	2.79
德　国	106	1 777	3.80	80.47	3.09	58.48
英　国	70	1 198	1.37	30.06	0.44	23.56
法　国	49	763	5.36	34.90	2.25	22.06
意大利	70	862	1.20	9.88	0.58	5.34
美　国	221	7 440	9.34	170.91	12.64	112.07
加拿大	41	1 142	0.17	9.89	0.29	5.43
澳大利亚	43	1 241	0.23	12.56	0.36	6.74

资料来源：《上海统计年鉴》(2014)

（二）江苏省

吸引外资规模继续保持全国领先。2013 年新批外商投资企业 3 453 家，新批协议外资 472.68 亿美元；实际到账外资 332.59 亿美元，比上年下降 7.0%。新批及净增资 9 000 万美元以上的大项目 250 个。

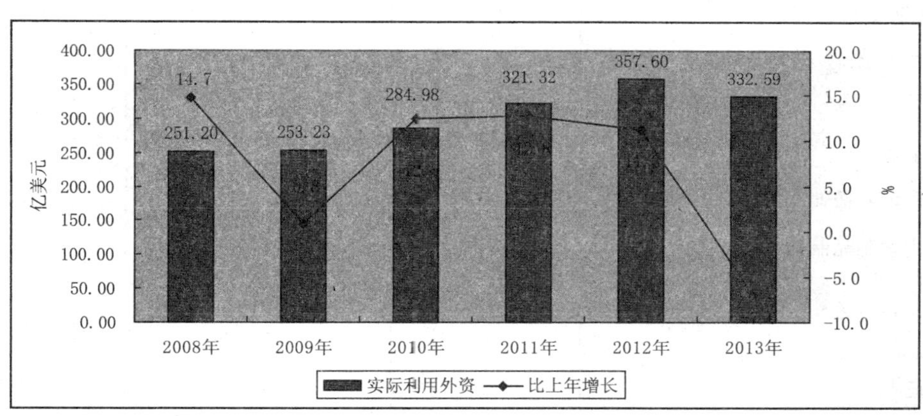

2008—2013 年江苏省实际利用外资与增长速度

2008—2013 年江苏省外商投资况状况　　万美元

指　标	2008 年	2009 年	2010 年	2011 年	2012 年	2013 年
签订合同项目(个)	4 236	4 219	4 661	4 496	4 156	3 453
＃合资经营	787	847	934	932	721	632

（续表）

指　标	2008年	2009年	2010年	2011年	2012年	2013年
合作经营	41	39	26	29	15	14
独资经营	3 406	3 332	3 696	3 531	3 414	2 806
外商投资股份制企业	2	1	5	4	6	1
合同外商直接投资金额	5 072 643	5 098 075	5 683 321	5 955 372	5 714 109	4 726 816
#合资经营	608 941	669 283	801 993	980 904	743 004	561 458
合作经营	75 091	73 626	65 786	34 123	32 100	26 282
独资经营	4 372 834	4 273 011	4 764 618	4 889 203	4 869 617	4 128 148
外商投资股份制企业	15 777	82 155	50 924	51 142	69 388	10 928
实际外商直接投资金额	2 512 001	2 532 298	2 849 777	3 213 173	3 575 956	3 325 922
#合资经营	435 198	404 788	47 435	597 420	577 193	590 073
合作经营	20 293	36 554	24 697	25 950	19 118	20 102
独资经营	2 048 174	2 030 215	2 283 780	2 554 283	2 887 099	2 692 125
外商投资股份制企业	8 336	60 741	66 950	35 520	92 546	23 622

资料来源：历年江苏统计年鉴。

2013年江苏省按行业划分外商直接投资

行　业	项目(个)	合同外资(万美元)	实际投资(万美元)
总　计	3 453	4726816	3 325 922
农、林、牧、渔业	211	191 732	98 695
采矿业	2	3 804	6 092
制造业	1 630	2 523 719	1 742 598
农副食品加工业	10	7 895	13 765
纺织服装、鞋、帽制造业	100	95 374	47 461
化学原料及化学制品制造业	55	206 625	153 454
医药制造业	36	54 916	42 724
金属制品业	97	145 998	96 879
通用设备制造业	334	416 643	218 704
专用设备制造业	196	241 368	151 854
交通运输设备制造业	124	281 165	200 646
电气机械及器材制造业	158	304 372	216 582
通信设备、计算机及其他电子设备制造业	180	319 531	208 692
仪器仪表及文化、办公用机械制造业	32	16 889	21 502
电力、燃气及水的生产和供应业	25	41 272	25 571

（续表）

行　　业	项目(个)	合同外资(万美元)	实际投资(万美元)
建筑业	58	118 453	56 644
交通运输、仓储和邮政业	65	194 814	110 862
信息传输、计算机服务和软件业	117	59 823	22 169
批发和零售业	693	418 789	253 547
住宿和餐饮业	30	4 238	9 685
金融业	41	89 991	43 848
房地产业	98	658 213	689 593

资料来源:《江苏统计年鉴》(2014)

2013 年江苏省各市利用外资情况:

南京市新批外商投资企业 336 个,比上年下降 27.1%。新批注册合同外资金额 53.59 亿美元,同比下降 12.4%。实际使用外资 40.33 亿美元,同比下降 1.9%。其中,第二产业实际使用外资 14.35 亿美元,同比下降 27.9%;第三产业实际使用外资 25.95 亿美元,同比增长 21.7%。

无锡市利用外资结构优化。全年新批外资项目 409 个,协议注册外资 43.87 亿美元,到位注册外资 33.39 亿美元,下降 16.7%。服务业利用外资占到位注册外资比重达到 44.0%,全年完成协议注册外资超 3 000 万美元的重大外资项目 56 个。至 2013 年底全球财富 500 强企业中有 93 家在无锡市投资兴办了 170 家外资企业。

徐州市新批外商直接投资企业 171 家,新批协议外资 24.47 亿美元;实际到帐外资 15.00 亿美元,比上年增长 26.6%。新批及净增资 3 000 万美元以上的大项目 25 个。利用外资结构优化,全年服务业新批外商直接投资企业 36 家,协议外资 6.84 亿美元;实际到帐外资 5.54 亿美元。

常州市注册外资实际到帐 31.1 亿美元,比上年增长 5.1%;新增工商登记注册外资 50.1 亿美元,比上年下降 7.6%。大项目有序推进,全年新增总投资超 1 亿美元项目 14 个,项目总数比上年增加 4 个。新增注册外资超 3 000 万美元项目 45 个,比上年增加 1 个。世界 500 强企业投资加速,全年新增世界 500 强企业投资项目 2 个,分别为日本住电轻合金项目和德国博世力士乐气动设备项目。此外,常牵庞巴迪牵引系统、圣戈班石膏建材、曼恩机械、普利司通自行车、东京制纲等 9 家世界 500 强投资企业实现了增资。

苏州市实际利用外资 87.0 亿美元,比上年下降 5.1%。其中服务业利用外资 34.2 亿美元,比上年增长 13.0%,占实际利用外资比重由上年的 33.0%提高至 39.3%。战略性新兴产业和高技术项目利用外资 33.8 亿美元,占实际利用外资的 38.9%。新引进和形成具有地区总部特征或共享功能的外资机构(企业)48 家。146 家世界 500 强企业在苏州有投资项目(企业)。

南通市新批外商投资项目 357 个,比上年增长 1.4%,其中,千万以上项目 147 个,比上年增长 8.1%;新批协议注册外资 46.6 亿美元,同比下降 1.24%;实际到账注册外资 22.9 亿美元,同比增长 10.4%。

连云港市重抓招商引资,精心组织赴日、韩等国开展大型招商推介活动,实际利用外资 8.70 亿美元,同比增长 43.9%,增速居全省第一位。

淮安市新批外资项目 143 个,其中总投资 9 000 万美元以上 5 个、3 000 万美元以上 31 个。协议外资 15.30 亿美元,实际到账 13.00 亿美元,其中工业到账外资 8.70 亿美元。新世代半导体、惠浦 OLED 液晶显示屏等一批投资超 5 亿美元外资项目和奔驰系列商用客车等一批终端产品项目成功引进。

盐城市成功举办沿海发展央企投资合作洽谈会、日韩沿海招商说明会。新批3 000万美元以上项目38个，注册外资实际到账15.5亿美元。积极打造韩资集聚区、台资新高地，推动开发园区转型升级。19个重点园区业务总收入比上年增长42.0%，注册外资实际到账占全市比重70.0%。

扬州市实际利用外资到账18.28亿美元，增长2.2%。共新批项目191个，项目协议外资33.19亿美元。新批准1 000万美元以上大项目111个，新批投资总额亿美元以上项目15个，到资1 000万美元以上项目41个。新落户美国微软、德国通快、香港汇丰等世界500强及跨国公司10家，其中境外8家。

镇江市新批外商投资企业162家，比上年增加20家。完成协议外资32.41亿美元，同比增长26.7%；实际到账外资30.97亿美元，同比增长43.1%。新批及净增资1 000万美元以上项目115个，比上年增加27个。

泰州市新批协议注册外资33.85亿美元，比上年下降15.7%；实际利用外资13.23亿美元，同比下降8.8%。

宿迁市新批外商投资企业84家，新批协议外资11.98亿美元；实际到账外资5.09亿美元，比上年增长16.0%。

（三）浙江省

2013年，浙江省新批外商直接投资项目1 572个，比上年减少25个；合同外资243.84亿美元，比上年增长15.7%；实际到位外资141.59亿美元，比上年增长8.3%。第三产业利用外资继续保持良好势头，合同外资150.99亿美元，比上年增长40.1%，占合同外资总额的61.9%，比上年提高11.1个百分点；实际利用外资78.77亿美元，比上年增长21.9%，占实际利用外资总额的55.6%，比上年提高6.1个百分点。

2008—2013年浙江省外商直接投资项目及利用外资情况　　万美元

指标	投资项目(个)	协议合同金额	实际利用金额
2008年	1 858	1 781 995	1 007 294
2009年	1 738	1 601 785	993 974
2010年	1 944	2 004 666	1 100 175
2011年	1 691	2 058 393	1 166 601
2012年	1 597	2 107 213	1 306 926
2013年	1 572	2 438 359	1 415 898

资料来源：《浙江统计年鉴》(2014)

2012—2013年浙江省按行业分的外商直接投资

指标	投资项目(个)		合同外资		实际利用外资	
	2012年	2013年	2012年	2013年	2012年	2013年
总计	1 597	1 572	2 107 213	2 438 359	1 306 926	1 415 898
合资企业	429	434	346 604	416 637	338 681	354 182
独资企业	1 157	1 130	1 628 683	1 995 163	885 998	996 766

（续表）

指　　标	投资项目(个)		合同外资		实际利用外资	
	2012 年	2013 年	2012 年	2013 年	2012 年	2013 年
第一产业	29	21	11 125	13 685	8 303	8 094
第二产业	658	550	1 025 012	914 802	652 212	620 096
#制造业	640	542	977 586	896 284	640 577	604 012
纺织业	26	31	32 883	47 084	25 692	35 896
化学原料及化学制品制造业	21	10	53 695	65 629	59 400	59 151
医药制造业	15	8	26 666	20 984	12 655	28 555
通用设备制造业	82	83	112 056	111 620	68 419	64 163
专用设备制造业	62	61	54 595	98 447	35 432	61 266
通信设备、计算机及其他电子设备制造业	64	42	109 568	74 766	47 781	58 165
第三产业	910	1 001	1 071 076	1 509 872	646 411	787 708
#交通运输、仓储和邮政业	11	12	59 244	66 917	64 255	93 762
信息传输、计算机服务和软件业	94	79	125 269	110 951	35 207	60 765
批发和零售业	438	484	198 327	267 018	124 649	107 304
住宿和餐饮业	24	13	17 948	2 121	13 385	11 271
金融业	7	29	10 401	47 485	5 421	15 094
房地产业	36	59	254 732	621 431	262 629	345 374
租赁和商务服务业	130	153	143 832	191 641	76 895	85 474
科学研究、技术服务和地质勘查业	154	149	238 553	170 888	59 173	60 202
水利、环境和公共设施管理业	5	6	6 159	10 843	1 249	3 243
教育		1	−10	110	7	0
卫生、社会保障和社会福利业	2	1	10 700	1 951		2 108
文化、体育和娱乐业	2	10	404	20 038	789	2 419

资料来源：《浙江省统计年鉴》(2014)

2013 年浙江省各市利用外资情况：

杭州市批准外商直接投资 415 项，合同外资 91.31 亿美元，比上年增长 10.5%；实到外资 52.76 亿美元，增长 6.4%。新批总投资 3 000 万美元以上项目 131 个，总投资 125.35 亿美元，占新批外商项目总投资的 88.3%。引进世界 500 强投资项目 15 个，至 2013 年末，共有 102 家世界 500 强企业来杭投资 167 个项目。

宁波市合同利用外资 58.2 亿美元，比上年增长 9.6%，实际利用外资创纪录的达 32.75 亿美元，同比增长 14.8%。第三产业新批项目 274 个，同比增长 26.9%；实际利用外资 18.5 亿美元，同比增长

20.7%。其中，房地产业实际利用外资 9.4 亿美元，同比增长 36.6%；交通运输、仓储和邮政业实际利用外资 2.9 亿美元，同比增长 963.9%。

温州市新签外资项目 45 项，比上年增长 55.2%，实际利用外资 5.02 亿美元，同比增长 25.9%。

嘉兴市新批外商投资企业 248 家，比上年增加 14 家；合同利用外资 33.91 亿美元，同比增长 20.5%；实际利用外资 22.07 亿美元，同比增长 23.9%。

湖州市新批准及增减资利用外资项目 211 个。其中，外商投资企业 119 家，增资项目 60 个；总投资千万美元以上项目 87 个。全年合同外资 16.8 亿美元，比上年下降 0.2%。全年实到外资 10.6 亿美元，比上年增长 3.2%。其中，第一产业 1 561.0 万美元，同比下降 56.2%；第二产业 5.3 亿美元，同比下降 18.6%；第三产业 5.2 亿美元，同比增长 50.0%。

绍兴市新批外资项目 138 个，比上年增加 4 个。合同外资 9.39 亿美元，比上年增长 12.9%；实到外资 8.08 亿美元，同比下降 15.3%。新批(含增资)总投资 1 000 万美元以上项目 55 个，比上年增加 7 个，超额完成全年引进 50 个大项目的目标任务。

金华市新批外商投资企业 59 家；合同利用外资 3.80 亿美元，同比增长 8.8%；实际利用外资 2.49 亿美元(其中外商投资合伙企业外商认缴出资额 1 881.0 万美元)。新批工业制造业外资项目 24 个，实到外资占全市总数的 55.3%，其中总投资超 1 000 万美元以上项目 9 个。新设立总投资 3 000 万美元以上项目 8 个，占全市新增合同外资的 38.8%。新设立第三产业外资项目 35 个，合同利用外资 13 589.0万美元，同比增长 1.48 倍。

衢州市新批外商投资企业 13 家，比上年减少 1 家；合同利用外资 1.33 亿美元，同比增长 189.2%；实际利用外资 0.66 亿美元，同比增长 30.6%。

丽水市新批准设立外商直接投资企业 26 个，比上年增加 9 个；外商直接总投资 5.26 亿美元，同比增长 1.7 倍；合同利用外资金额 2.07 亿美元，同比增长 38.9%；实际利用外资金额 1.28 亿美元，同比增长 23.1%。

舟山市新批设立外商投资项目 4 个，投资总额 6.28 亿美元，合同外资金额 1.85 亿美元，比上年增长 6.1%；实际使用外资金额 2.09 亿美元，同比增长 14.1%。

台州市新批外商投资企业 29 家，合同利用外资 2.70 亿美元，实际利用外资 4.00 亿美元。

六　长三角外贸

一、长三角对外贸易总体情况

2013 年，长三角对外贸易进出口总值达 13 280.31 亿美元，比上年增长 2.4%，占全国外贸比重 31.9%。其中，出口额 7 818.47 亿美元，同比上升 2.9%，占全国出口比重 35.4%；进口额 5 461.84 亿美元，同比增长 1.6%，占全国出口比重 28.0%；贸易顺差 2 356.63 亿美元。

2013 年长三角及两省一市外贸与全国对比

指标	进出口总额（亿美元）	比上年增长（%）	出口额（亿美元）	比上年增长（%）	进口额（亿美元）	比上年增长（%）
上海市	4 413.98	1.1	2 042.44	−1.2	2 371.54	3.1
江苏省	5 508.44	0.5	3 288.57	0.1	2 219.88	1.1
浙江省	3 357.89	7.5	2 487.46	10.8	870.42	−1.0
长三角	13 280.31	2.4	7 818.47	2.9	5 461.84	1.6

资料来源：2014 年上海市、江苏省、浙江省统计年鉴，2013 年国民经济和社会发展统计公报

二、两省一市对外贸易进展与特点

（一）上海市

2013 年，上海市关区进出口总额 8 121.37 亿美元，比上年增长 1.4%。其中，进口 3 130.08 亿美元，同比增长 0.9%；出口 4 991.29 亿美元，同比增长 1.8%。

2013 年，上海市进出口总额 4 413.98 亿美元，比上年增长 1.1%。其中，进口总额 2 371.54 亿美元，同比增长 3.1%；出口总额 2 042.44 亿美元，同比下降 1.2%。

2013 年，上海市进出口总额相当于生产总值的比例为 126.6%，比上年下降 10.0 个百分点；出口总额相当于生产总值的比例为 58.6%，比上年下降 6.1 个百分点。

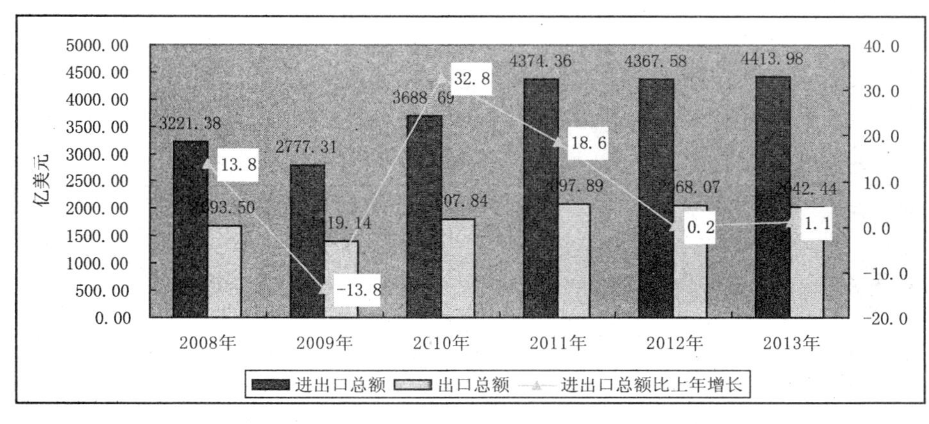

2008—2013 年上海市进出口总额与增长速度

2013年，上海市国有企业出口296.98亿美元，比上年下降8.6%；外商投资企业出口1 367.75亿美元，同比下降1.4%；私营企业出口361.31亿美元，同比增长6.4%。在上海市出口总额中，高新技术产品出口887.13亿美元，比上年下降2.2%；机电产品出口1433.95亿美元，同比下降1.4%；一般贸易出口817.25亿美元，同比增长3.5%，加工贸易出口943.80亿美元，同比下降7.0%。

2013年上海市进、出口总额及其增长速度

指　　标	绝对值(亿美元)	比上年增长(%)	指　　标	绝对值(亿美元)	比上年增长(%)
上海市进口总额	2 371.54	3.1	上海市出口总额	2 042.44	−1.2
#国有企业	412.02	−9.6	#国有企业	296.98	−8.6
外商投资企业	1 518.81	0.4	外商投资企业	1 367.75	−1.4
私营企业	350.93	16.8	私营企业	361.31	6.4
#一般贸易	1 199.30	14.0	#一般贸易	817.25	3.5
加工贸易	348.27	−6.4	加工贸易	943.80	−7.0
#机电产品	1 283.36	−1.0	#机电产品	1 433.95	−1.4
#高新技术产品	792.40	−3.9	#高新技术产品	887.13	−2.2

数据来源：《上海市统计年鉴》(2014)

2013年，上海市对欧盟进口553.92亿美元，比上年增长8.4%；出口362.63亿美元，同比下降7.4%。对美国进口227.34亿美元，同比增长13.6%；出口506.5亿美元，同比增长1.0%。对日本进口301.7亿美元，同比下降6.7%；出口249.09亿美元，同比下降0.2%。

2013年上海主要国家和地区进、出口总额及其增长速度

指　　标	出口额(亿美元)	比上年增长(%)	进口额(亿美元)	比上年增长(%)
美 国	506.50	1.0	227.34	13.6
欧 盟	362.63	−7.4	553.92	8.4
日 本	249.09	−0.2	301.70	−6.7
东 盟	214.02	2.3	325.24	−9.9
中国香港	167.70	5.0	7.24	−15.2
中 东	75.49	3.3	43.98	5.7
韩 国	62.12	−10.6	176.90	1.0
中国台湾	57.91	1.6	162.25	11.7
俄罗斯	29.90	−8.4	15.91	−20.6

数据来源：《上海市统计年鉴》(2014)

(二) 江苏省

2013年，江苏省外贸进出口总额小幅增长，进出口总额5 508.44亿美元，比上年增长0.5%。其中，出口3 288.57亿美元，同比增长0.1%；进口2 219.88亿美元，同比增长1.1%。

出口结构进一步优化。一般贸易出口额1 455.3亿美元，比上年增长4.3%；加工贸易出口额1 500.6亿美元，同比下降6.4%。机电产品、高新技术产品出口额2 142.6亿美元和1 279.7亿美元，

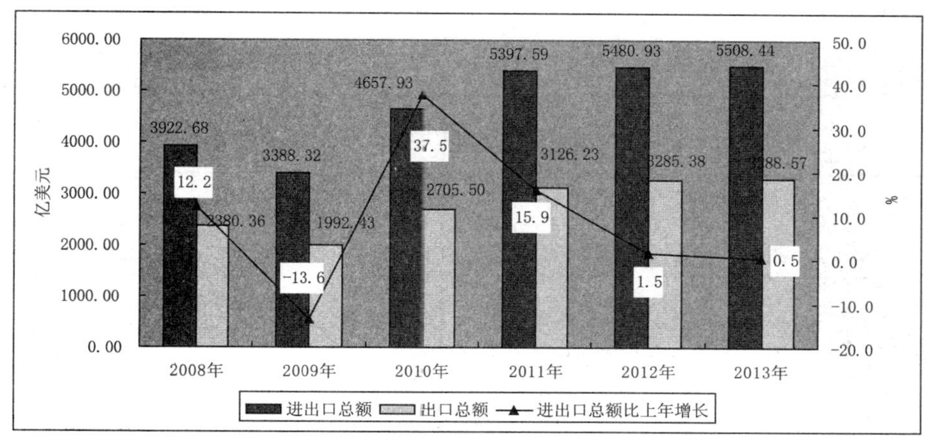

2008—2013 年江苏省进出口总额与增长速度

分别占出口总额的 65.2%和 38.9%。其中，计算机与通信技术产品出口 693.2 亿美元，占高新技术产品出口额的 54.2%。贸易主体更趋内生化。外商投资企业出口额 1 942.2 亿美元，比上年下降 5.1%，占出口总额的 59.1%；私营企业出口额 996.8 亿美元，同比增长 11.9%，占出口总额的 30.3%，比重较上年同期提高 3.2 个百分点。

2013 年江苏省进出口贸易主要分类情况

指　　标	绝对数(亿美元)	比上年增长(%)
出口总额	3 288.6	0.1
#一般贸易	1 455.3	4.3
加工贸易	1 500.6	−6.4
#工业制成品	3 194.0	0.1
初级产品	52.6	−4.2
#机电产品	2 142.6	−1.5
#高新技术产品	1 279.7	−2.7
#外商投资企业	1 942.2	−5.1
国有企业	287.6	4.3
进口总额	2 219.9	1.1
#一般贸易	876.9	10.0
加工贸易	835.9	−3.0
#工业制成品	1 831.5	0.8
初级产品	346.2	5.0
#机电产品	1 288.2	0.0
#高新技术产品	930.1	0.9
#外商投资企业	1 451.4	−5.3

资料来源：2013 年江苏省国民经济和社会发展统计公报

对欧盟、美国、日本、香港特别行政区出口额分别为 571.2 亿美元、654.3 亿美元、312.4 亿美元和

368.3亿美元，比上年分别增长－9.7%、2.6%、1.3%和9.2%；对东盟、韩国、台湾省出口额分别为334.4亿美元、167.5亿美元和119.7亿美元，分别增长9.0%、2.1%和13.2%；对拉丁美洲、非洲、俄罗斯出口额分别为198.2亿美元、93.0亿美元和49.3亿美元，分别下降9.6%、6.0%和9.9%。

2011—2013年江苏省进出口商品主要国家和地区 亿美元

指标	2011年		2012年		2013年	
	进出口额	出口额	进出口额	出口额	进出口额	出口额
中国香港	244.02	235.52	343.48	337.23	374.48	368.34
中国台湾	393.38	82.56	409.23	105.67	431.24	119.65
韩国	566.42	166.63	548.93	163.94	582.57	167.47
日本	669.01	306.22	631.66	308.22	610.07	312.37
俄罗斯	60.94	48.15	64.23	54.72	57.77	49.32
美国	772.22	619.85	781.42	637.60	819.85	654.30
东盟	570.13	261.09	578.80	306.95	564.37	334.44
欧盟	961.19	718.37	862.22	630.48	812.73	571.21
非洲	98.45	80.62	116.62	98.88	118.93	92.99
拉丁美洲	282.21	193.53	304.74	219.35	287.16	198.22

数据来源：历年江苏省统计年鉴

2013年江苏省各市对外贸易情况：

南京市完成进出口总额557.6亿美元，比上年增长0.9%。其中，出口总额322.7亿美元，同比增长1.1%。从出口商品市场看，对亚洲、欧洲、北美洲三大主体市场全年完成出口额268.5亿美元，同比增长3.0%，占全市出口总额比重为83.2%。从出口商品构成看，全年高新技术产品出口62.7亿美元，同比下降21.4%，占全市出口总额比重为19.4%。机电产品出口完成158.3亿美元，同比下降6.3%，占全市出口总额比重为49.1%。

无锡市实现外贸进出口总额703.7亿美元，比上年下降0.6%。其中，进口总额292.2亿美元，同比下降0.8%；出口总额411.5亿美元，同比下降0.4%。出口结构持续优化，一般贸易出口比重上升，实现出口额217.1亿美元，总量占比达52.8%，同比提高3.1个百分点。

徐州市进出口总额62.9亿美元，比上年下降24.5%；出口总额49.0亿美元，下降22.1%。进出口总额中，一般贸易进出口55.0亿美元；加工贸易进出口7.6亿美元。机电产品、高新技术产品出口额分别为20.9亿美元和2.9亿美元，其中，光伏产品出口1.7亿美元，同比增长9.6%。私营企业出口额为11.1亿美元，同比下降1.8%。

常州市实现进出口贸易总额292.2亿美元，比上年增长0.6%。其中，出口203.7亿美元，同比增长2.1%；进口88.4亿美元，同比下降2.7%。对日本、美国出口额分别为22.2亿美元、40.0亿美元，同比增长21.2%、7.2%；对欧盟市场出口仍未出现明显起色，全年出口总额34.3亿元，同比下降10.7%。新兴国家和地区的出口比重逐步提高，对东盟出口总额达23亿美元，同比增长10.8%，占全市出口的比重达11.3%，成为我市第三大出口地。从经营主体看，外商投资企业出口102.0亿美元，同比增长7.3%，自营生产企业出口79.3亿美元，同比下降4.2%。从出口产品看，机电、高新技术产

品分别出口 100.9 亿美元、45.1 亿美元，两者出口占全市外贸出口总量的比重超七成。

苏州市实现进出口总额 3 093.5 亿美元，比上年增长 1.2%。其中，出口 1 757.1 亿美元，同比增长 0.6%；进口 1 336.4 亿美元，同比增长 2.0%。从经营主体看，外资企业进出口 2 134.4 亿美元，同比下降 6.1%；私营企业进出口 711.6 亿美元，司比增长 31.3%。传统市场出口基本平稳，对美国出口同比增长 2.7%；对日本出口同比增长 2.3%；对欧盟市场出口同比下降 7.6%，三大主体市场出口额 882.9 亿美元，占出口总额的 50.2%。新兴市场出口保持增长，对东盟、南美和非洲等地出口 255.0 亿美元，同比增长 1.8%，占出口总额的比重由上年的 14.3%提高至 14.5%。

南通市实现进出口总值 298.1 亿美元，比上年增长 13.4%。其中，出口总值 212.8 亿美元，同比增长 13.3%；进口总值 85.4 亿美元，同比增长 13.6%。建立进出口贸易关系的国家和地区 196 个，全市有进出口业绩的企业 4 639 家，同比增加 6.5%。

连云港市实现进出口 66.4 亿美元，比上年下降 17.0%，居全省第十二位。其中，出口 37.8 亿美元，同比增长 5.1%，增速列全省第四位，较三季度提高 0.7 个百分点。

淮安市完成进出口总额 36.6 亿美元，比上年下降 13.6%。其中，出口总额 27.8 亿美元，同比下降 17.4%；进口总额 8.8 亿美元，同比增长 0.8%；贸易顺差 19.0 亿美元，比上年减少 5.9 亿美元。全市累计进出口超 5 000 万美元、1 000 万美元、500 万美元企业分别达 17 户、62 户和 112 户。全年新培育进出口超亿美元企业 2 户、超千万美元企业 15 户。内资生产企业实现进出口 6.3 亿美元，同比增长 28.5%。其中，出口同比增长 15.7%、进口同比增长 58.8%。

盐城市新增进出口企业 221 家，完成进出口总额 65.3 亿美元，比上年增长 13.5%，其中出口 37.8 亿美元，同比增长 9.1%，进口 27.5 亿美元，同比增长 20.1%。

扬州市完成进出口总额 95.1 亿美元，比上年下降 6.6%。其中，出口 75.5 亿美元，同比下降 7.6%；进口 19.6 亿美元，同比下降 2.2%。从贸易结构看，一般贸易出口 50.6 亿美元，同比下降 13.2%，占全市总额的 67.0%；加工贸易出口 23.2 亿美元，同比增长 2.8%，占全市总额的 30.7%。从产品结构看，出口额居前的五大类商品为化学化工制品、纺织制品、船舶、电子纸与液晶装置、鞋帽，分别达 9.4 亿美元、7.4 亿美元、7.2 亿美元、4.2 亿美元和 3.9 亿美元，合计占全市出口总额的 67.7%。高新技术产品累计出口 9.6 亿美元，同比增长 24.3%。

镇江市完成进出口总额 99.5 亿美元，比上年下降 12.8%。其中，出口总额 62.2 亿美元，同比下降 19.6%；进口总额 37.3 亿美元，同比增长 1.4%。外贸结构进一步优化，一般贸易出口额 45.2 亿美元，占比重 72.7%；加工贸易出口额 16.73 亿美元，占比重 27.3%。按产品类别分，纸及纸制品出口额 7.7 亿美元，同比下降 12.5%；机电产品出口额 23.9 亿美元，同比下降 42.8%。

泰州市完成进出口总额 104.4 亿美元，比上年增长 0.7%。其中，出口总额 62.9 亿美元，同比下降 9.4%；进口 41.5 亿美元，同比增长 21.3%。按贸易方式分，出口额中，一般贸易出口 35.8 亿美元，同比增长 1.8%；加工贸易出口 26.2 亿美元，同比下降 22.3%。按商品类别分，机电产品出口 31.7 亿美元，同比下降 20.9%，其中车辆船舶出口 12.3 亿美元，同比下降 44.6%。

宿迁市实现进出口总额 33.2 亿美元，比上年增长 19.0%。其中出口 27.8 亿美元，同比增长 20.0%；进口 5.4 亿美元，同比增长 14.0%。

（三）浙江省

2013 年，浙江省进出口总额 3 357.89 亿美元，比上年增长 7.5%。其中，进口额为 8 70.42 亿美元，同比下降 1.0%；出口额为 2 487.46 亿美元，同比增长 10.8%。月均出口 207.29 亿美元，其中 12 月份出口 241.93 亿美元，创历史新高。民营企业出口 1 666.26 亿美元，比上年增长 18.8%，高于浙江省出口平均增速8.0个百分点，占浙江省出口总值的67.0%，比上年提高4.5个百分点；对浙江省出口增长的贡献率为108.7%。

2013年浙江省进出口主要分类情况

指　标	绝对数(亿美元)	比上年增长(%)
进出口总额	3 357.89	7.5
出口额	2 487.46	10.8
#一般贸易	1 962.97	9.2
加工贸易	322.40	−7.1
#机电产品	1 015.51	5.9
#高新技术产品	142.71	−3.6
进口额	870.42	−1.0
#一般贸易	632.03	1.2
加工贸易	144.48	−5.4
#机电产品	149.51	−6.0
#高新技术产品	76.64	−12.4

资料来源：《浙江省统计年鉴》(2014)

对欧洲市场出口持续复苏，对北美市场出口稳定增长，对新兴市场出口快速增长。

2013年浙江省对主要市场进出口情况

国家或地区	出口额(亿美元)	比上年增长(%)	进口额(亿美元)	比上年增长(%)
欧盟	544.50	7.7	101.77	−1.2
东盟	201.67	18.9	116.99	3.2
美国	413.99	8.5	65.52	−9.1
日本	133.14	−1.0	101.46	−9.9
俄罗斯	93.05	16.6	12.98	−21.1
韩国	58.50	5.1	74.41	−11.4
中国香港	59.11	−10.8	2.70	−6.5
中国台湾	26.20	12.3	110.11	1.2

资料来源：《浙江省统计年鉴》(2014)

2013年浙江省各市对外贸易情况：

杭州市完成外贸进出口总额650.71亿美元，比上年增长5.5%。其中，进口总额203.05亿美元，同比下降0.5%；出口总额447.66亿美元，同比增长8.5%(不含省属出口384.16亿美元，增长10.4%)。出口总额中，机电产品出口170.44亿美元，高新技术产品出口50.24亿美元，同比分别增长6.9%和6.3%。按贸易方式分，一般贸易出口364.03亿美元，同比增长9.5%；加工贸易出口74.32亿美元，同比下降5.9%。出口市场中，对美国、欧盟市场同比分别增长7.1%和4.2%，对日本出口同比下降1.8%；新兴及周边市场中，对巴西、东盟、俄罗斯出口增速相对较快，同比分别增长17.6%、21.8%和10.3%。

宁波市实现口岸进出口总额2 119.0亿美元，比上年增长7.3%。外贸自营进出口总额首次突破1 000亿美元，成为浙江首个、长三角地区第三个外贸总额超千亿美元的城市。全年自营进出口总额1 003.3亿美元，比上年增长3.9%。其中，出口额657.1亿美元，同比增长7.0%；进口额346.2亿美元，同比下降1.4%。新增对外贸易经营备案登记企业2 843家，累计达22 500家。有进出口实绩企业13 898家。一般贸易出口占全市出口总额的比重为81.0%，进口占全市进口总额的比重为71.9%，比上年分别提高1.0和2.1个百分点。直接开展贸易往来的国家和地区达221个，其中欧盟、美国、东盟、拉丁美洲贸易额占比分别为20.1%、15.6%、8.2%和7.8%。

温州市完成外贸进出口总额206.02亿美元，比上年增长0.8%。其中，进口总额24.56亿美元，同比下降10.5%；出口总额181.46亿美元，同比增长2.6%。外贸依存度为31.9%，其中出口依存度为28.1%，分别比上年降低3.4和2.5个百分点。至2013年末，建立出口和进口贸易关系的国家和地区共计204个，拥有进出口经营权企业5 828家。

嘉兴市完成外贸进出口总额317.63亿美元，比上年增长10.5%。其中，出口总额215.12亿美元，同比增长9.8%；进口总额102.51亿美元，同比增长12.1%。机电、服装及纺织类产品等居出口主导地位，机电产品出口额67.97亿美元，同比增长5.6%，占全市出口总额的31.6%；服装类产品出口额42.92亿美元，同比增长9.8%，占全市出口总额的20.0%；纺织类产品出口额37.80亿美元，同比增长13.0%，占全市出口总额的17.6%。经济外向度保持较高水平，进出口总额占全市生产总值的比例62.5%(按当年汇率计算)，其中出口额占比为42.3%。

湖州市完成外贸进出口总额95.3亿美元，比上年增长9.3%。其中，出口额80.9亿美元，同比增长9.5%；进口额14.5亿美元，同比增长8.3%。按出口贸易方式分，一般贸易出口额73.3亿美元，同比增长9.5%；加工贸易出口额7.6亿美元，同比增长9.2%。按出口企业性质分，生产企业出口额43.8亿美元，同比增长14.8%；流通企业出口额11.7亿美元，同比增长5.5%；外资企业出口额25.4亿美元，同比增长3.0%。按主要出口产品分，纺织原料及纺织制品出口额27.5亿美元，同比增长12.7%；机电产品出口额24.8亿美元，同比增长9.6%。按主要出口市场分，非洲、亚洲和北美洲出口增长较快，同比分别达到19.3%、15.7%和13.3%；大洋洲、欧洲和拉丁美洲同比分别增长6.2%、1.3%和0.9%。

绍兴市完成外贸进出口总额333.79亿美元，比上年增长4.0%。其中，进口额54.53亿美元，同比下降16.7%；出口额279.16亿美元，同比增长9.2%。有进出口国家和地区197个，比上年减少8个。其中出口额超1 000万美元的国家和地区109个，比上年减少2个。美国、阿联酋、巴西分别居出口额前三位国家，出口额分别为36.92亿美元、16.89亿美元和13.90亿美元。机电产品出口额47.83亿美元，同比增长9.1%；化工产品出口额17.65亿美元，同比增长11.8%；高新技术产品出口额8.99亿美元，同比下降10.0%；纺织服装出口额188.97亿美元，同比增长9.8%。新登记备案企业1696家，累计获进出口经营权企业17993家。全市出口超1 000万美元企业627家，比上年增加49家。

金华市完成外贸进出口总额342.7亿美元，比上年增长50.8%。其中，出口总额325.3亿美元，同比增长52.7%；进口总额17.4亿美元，同比增长22.2%。全年新增备案企业1810家，全年有出口实绩企业5 799家，净增777家；其中出口超5 000万美元企业145家，净增80家。全市与219个国家和地区建立了贸易关系，其中出口超1亿美元的国家和地区67个，增加16个。

衢州市完成外贸进出口总额37.76亿美元，比上年增长25.0%。其中，出口额23.90亿美元，同比增长28.6%；进口额13.86亿美元，同比增长19.4%。全市有出口实绩的企业699家，比上年增加83家，其中当年新启动出口业务企业157家，增加25家。全年出口额在100万美元以上企业292家，其中1000万美元以上的企业67家，增加16家。全市出口排前三位的市场依次是：欧盟、东盟、美国。对欧盟出口3.73亿美元，同比增长22.9%；对东盟出口3.20亿美元，同比增长36.8%；对美国出口2.58亿美元，同比增长20.0%。对这三大主要市场出口额合计占全市出口总额的39.8%。在主要商品出口中：机电产品出口6.77亿美元，同比增长28.3%；高新技术产品出口0.76亿美元，同比下降0.4%；化工医药产品出口4.74亿美元，同比增长5.1%；服装、纺织品出口3.00亿美元，同比增长35.8%；农产品及其加工产品2.00亿美元，同比增长29.0%。

丽水市完成外贸出口总额25.89亿美元，比上年增长15.6%。其中，出口23.73亿美元，同比增长20.1%；进口2.16亿美元，同比下降14.8%。欧洲和亚洲仍是产品出口的主要市场，出口额比重达到69.2%。

舟山市完成外贸进出口总额(含保税仓库货物)126.72亿美元，比上年下降18.7%。其中，进口总额60.23亿美元，同比下降5.4%；出口总额66.49亿美元，同比下降27.8%。全年初级产品出口额40.34亿美元，同比下降2.1%。其中，水产品出口额8.06亿美元，同比增长6.8%。工业制成品出口额26.15亿美元，同比下降48.7%。其中，船舶出口额20.67亿美元，同比下降54.2%。

台州市完成外贸进出口总额218.78亿美元，比上年增长6.1%。其中，出口总额187.21亿美元，同比增长8.6%；进口总额31.57亿美元，同比下降6.7%。全年外贸企业出口31.77亿美元，同比增长27.7%；三资企业出口24.65亿美元，同比下降1.3%；生产企业出口130.79亿美元，同比增长6.7%。在出口总额中，一般贸易出口169.15亿美元，同比增长7.9%；加工贸易出口15.01亿美元，同比下降3.1%。有进出口实绩企业4693家，比上年增加284家，其中进出口超1 000万美元企业有462家，比上年增加22家。出口国家和地区205个。

第三章　长三角地区基础设施与生态建设

一　长三角信息化

一、长三角信息化

长三角地区是我国综合实力最强的区域之一，通信业是构建信息基础设施、提供网络服务和信息应用、引领和支撑地区经济社会发展的先导性行业，对我国经济社会发展具有重大意义。《长三角区域信息化合作十二五规划》指导长三角地区通信业未来五年发展、提升长三角地区经济社会信息化水平，是引导市场主体行为、配置政府公共资源的重要依据。抓住区域同城化进程加速和技术创新带来的历史性机遇，着力完善区域信息化合作机制，推进区域信息化应用同城化，加强区域信息技术创新合作和产业资源对接，营造更有活力、更加高效、更富建设性的区域合作环境，努力推进长三角区域向着信息同城化、产业高端化方向前进，成为区域一体化发展的典范。

2013 年长三角地区的总体情况

指　标	上海市	江苏省	浙江省	长三角地区
邮电业务总量(亿元)	746.09	1252.18	1178.60	3176.87
固定电话用户（万户）	869.24	2289.81	1781.35	4940.40
移动电话用户（万户）	3200.65	7941.95	7072.00	18214.60
固定互联网宽带用户(万户)	494.03	1431.35	1243.00	3168.38

数据来源：2014 年上海市、江苏省、浙江省统计年鉴

2013 年，中国信息化研究与促进网联合工业和信息化部电子科学技术情报研究所等支持单位组织开展了中国优秀政府网站推荐及综合影响力的评估，采取单位自荐、专家推荐和综合评估等三种主要方法，通过自下而上的测评，评选出中国政府网站领先奖，长三角地区政府网站建设表现突出。

2013 年度“中国政府网站领先奖”

部委网站	商务部、财政部、科技部、国土资源部、农业部、工业和信息化部、海关总署、文化部、水利部、国家旅游局
省级网站	中国上海(1)、首都之窗(1)、中国浙江、中国四川、中国广东、中国福建、中国河南
计划单列市及省会城市网站	中国青岛、中国宁波、中国福州、中国成都、中国杭州、中国广州、中国济南

（续表）

地方党委、人大、政协及政府部门政务网站	上海市人力资源和社会保障网、北京住建委、宁波文化网、江苏人力资源和社会保障网、浙江省交通运输厅、北京市民政局、安徽省公安厅、上海住房公积金网、浙江省公安厅、福建省经济和信息化委员会、浙江省发展和改革委员会、山东省国家税务局、宁波市发改委、江苏省商务厅、厦门市地方税务局、浙江省旅游局、北京市公安局、广西住房和城乡建设厅、杭州市公安局、上海市国家地方税务局、重庆市地方税务局、大连市公安局、北京市地方税务局、宁波科技网、福建省教育厅
地方法院网站	深圳福田区人民法院、江苏法院网、上海第一中级人民法院、宁波法院网、惠州市中级人民法院
地方检察院网站	深圳市南山区人民检察院、郑州检察网、江苏检察网、安徽省人民检察院、深圳检察网
地市网站	江苏无锡、广东佛山、浙江嘉兴、江苏镇江、福建南平、广东东莞、江苏宿迁、湖南衡阳、浙江温州、湖北宜昌、江苏南通、四川眉山、广西柳州、四川攀枝花、陕西咸阳
直辖市所属区县	上海黄浦区、北京朝阳区、上海徐汇区、北京东城区、上海奉贤区、北京西城区、重庆江北区、上海静安区、北京顺义区、重庆璧山县、上海嘉定区、天津滨海新区
计划单列与副省级城市区县网站	深圳罗湖区、厦门海沧区、宁波江东区、杭州拱墅区、宁波海曙区、厦门翔安区、杭州余杭区、宁波北仑区、大连甘井子区、杭州西湖区、青岛崂山区、成都武侯区
区县级网站	浙江义乌市、江苏仪征市、广东禅城区、湖南长沙县、河南新郑市、江苏江阴市、江苏昆山市、安徽颍上县、贵州大方县、山东寿光市、福建福清市、江苏邳州市
国家级高新技术开发区网站	中关村科技园区、宁波高新技术产业开发区、乌鲁木齐高新技术产业开发区、杨凌农业高新技术产业示范区、长沙高新技术产业开发区、南京高新技术产业开发区、成都高新技术产业开发区、济南高新技术产业开发区、杭州高新技术产业开发区、西安高新技术产业开发区
国家级经济技术开发区	北京经济技术开发区、苏州工业园区、青岛经济技术开发区、广州经济技术开发区、大连开发区

二、上海市信息化

2013 年，上海市实现信息产业增加值 2216.09 亿元，比上年增长 10.8%。其中，信息服务业增加值 1387.88 亿元，同比增长 15.1%。软件产业实现经营收入 2464.9 亿元，电信传输服务业 700.01 亿元，互联网信息服务业 835.72 亿元。累计有 248 家企业获得计算机信息系统资质认证，其中 1 级 12 家。新增认定软件企业 493 家，登记软件产品 4453 个。信息服务业上市企业 47 家，经营收入超亿元软件企业 381 家。完成电子商务交易额 10560 亿元，比 2012 年增长 35.1%。其中，B2B 交易额 8632 亿元，同比增长 28.6%，占电子商务交易额的 81.7%；B2C 交易额 1928 亿元，同比增长 74.5%，占电子商务交易额 18.3%。口岸税费电子支付系统入网企业累计 44884 家，全年电子单证传输量 18262.36 万张，实现电子支付金额 11450 亿元，同比增长 15.0%。全年推广电子账单 75 万份。发送法人数字证书“一证通”61.9 万张；发放社会保障卡 58.79 万张，累计发卡 1364.08 万张；中国上海门户网站首页浏览量 2261 万次，总页面浏览量 56000 万次。社会公共服务领域信息化建设不断深化，公共信用信息服务平台面向政府部门和信息主体开通试运行，至 2013 年末，公共信用信息服务平台已纳入 54 家单位的信息，归集信息事项 1014 个，可提供查询数据 2.2 亿条。

2008—2013 年上海市信息化发展状况

指 标	2008 年	2009 年	2010 年	2011 年	2012 年	2013 年
电信业务总量(亿元)	776.1	806.86	966.96	415.00	447.35	487.39
年末固定电话用户(万户)	1 015.4	935.48	935.91	926.43	902.90	869.24
移动电话用户(万户)	1 880.9	2 106.32	2361.55	2 620.61	3 008.30	3200.65
全年长途通话时长(亿分钟)	194.2	190.86	205.77	244.26	261.83	258.89
移动电话通话时长(亿分钟)	783.2	877.89	1 012.39	1 097.64	1 280.87	1209.86
互联网用户普及率(%)	61.4	65.1	68.1	72.0	73.5	75.7
家庭宽带接入用户(万户)	376.7	423.28	440.00	455.00	476.74	494.03
家庭宽带接入用户普及率(%)	53.9	60.6	61.8	52.3	54.1	55.2
信息通信管线长度(沟千米)	4 007	5 354	5 821	6 258	7 003	7866
函件(亿件)	12.03	12.98	11.66	13.04	13.47	13.47

数据来源:历年上海市统计年鉴

三、江苏省信息化

2013 年,江苏省邮政电信业务总量 1252.18 亿元,比上年增长 11.8%。其中,邮政业务总量 269.60 亿元,电信业务总量 982.58 亿元,分别比上年增长 31.0%和 7.4%。邮政电信业务收入 1107.62 亿元,比上年增长 10.7%。其中,邮政业务收入 233.10 亿元,电信业务收入 874.52 亿元,分别比上年增长 30.4%和 6.4%。2013 年末,江苏省局用交换机总容量 3346.30 万门,比上年减少 10.7%;固定电话用户 2289.81 万户,减少 4.1%;移动电话用户 7941.95 万户,增长 6.3%;互联网用户 1431.35 万户,增长 1.8%。2013 年末,江苏省电话普及率达 128.87 部/百人,比上年增加 3.87 部/百人;移动电话普及率达到 100.03 部/百人。3G 移动电话用户发展态势良好,全年新增 1060.10 万户,达到 2867.60 万户,占移动电话用户总数的 36.1%,居全国第三位;其中 TD－SCDMA 电话用户数达 1393.40 万户,占 3G 移动电话用户数的 48.6%。固定局用交换机容量减少 421.70 万门,降到 3346.30 万门;移动电话交换机容量增加 997.80 万户,达到 10356.50 万户;固定长途电话交换机容量减少 71.90 万路端,降到 37.60 万路端。全省光缆线路长度增加 192226 千米,达到 1757529 千米;其中长途光缆线路长度减少 746 千米,为 35864 千米。基础电信运营企业互联网宽带接入端口增加 891.10 万个,达到 3065.00 万个。

2008—2013 年江苏省邮电业务

指 标	2008 年	2009 年	2010 年	2011 年	2012 年	2013 年
函件(亿件)	8.82	9.51	9.36	9.45	8.95	7.61
固定宽带接入用户(万户)	771.65	960.95	1 062.20	1 221.19	1 406.40	1431.35
移动电话用户(万户)	3 957.00	4 940.30	5 923.10	6 684.83	7 471.40	7941.95
移动电话普及率(部/百人)	50.90	65.00	76.68	84.95	95.00	100.03
固定电话用户(万户)	2 968.30	2 662.40	2 498.80	2 370.94	2 387.20	2289.81
固定电话普及率(部/百人)	38.20	33.80	32.35	30.13	30.00	28.84

（续表）

指　标	2008 年	2009 年	2010 年	2011 年	2012 年	2013 年
长途光缆线路长度（千米）	31277	32137	33034	33318	32820	35864
邮电业务总量（亿元）	1 584.13	1 812.40	2 194.60	974.30	1 120.37	1252.18
#电信业务总量（亿元）	1 456.10	1 658.76	2 006.33	828.80	914.62	982.58

数据来源：历年江苏省统计年鉴

四、浙江省信息化

2013 年，浙江省实现邮电业务总量 1178.60 亿元，比上年增长 15.1%。2013 年末，浙江省电话用户 1781.35 万户，比上年减少 5.4%。其中，城市电话用户 1051.89 万户，农村电话用户 729.46 万户。2013 年末，浙江省移动电话用户 7072 万户，全年新增 629 万户，增长 9.8%；互联网用户数为 5998 万户，增长 1.9%；固定互联网宽带接入用户数为 1243 万户，增长 7.8%。2013 年，浙江省电话交换机容量 2613 万门，比上年减少 6.4%；固定长途电话交换机容量 851520 路端，与上年持平；移动电话交换机容量 10807 万户，增长 11.6%；长途光缆 25801 千米，增长 3.2%。2013 年，浙江省人均邮政、电信费用支出 1836 元，比上年增长 12.2%；固定电话普及率为 32.40 部/百人，下降 1.8 部/百人；移动电话普及率 128.70 部/百人，增加 11.5 部/百人。

2008—2013 年浙江省信息化发展状况

指　标	2008 年	2009 年	2010 年	2011 年	2012 年	2013 年
邮电业务总量（亿元）	1945.80	1666.30	1971.96	897.97	1024.02	1178.60
长途光缆线路长度（千米）	24145	23235	23269	23792	25001	25801
市话年末户数（万户）	1482.39	1313.77	1213.09	1168.22	1127.44	1051.89
移动电话普及率（部/百人）	77.70	85.60	93.30	105.20	117.20	128.70
固定电话普及率（部/百人）	44.90	40.90	36.90	35.60	34.20	32.40
互联网用户（万户）	805	891	3970	4944	5887	5998
固定互联网宽带用户（万户）	692	821	868	1020	1153	1243
人均邮政、电信费用支出（元/人）	1185	1220	1301	1463	1637	1836
电视人口覆盖率（%）	99.13	99.30	99.35	99.38	99.60	99.64
有线电视入户率（%）	66.93	70.60	74.13	82.78	83.89	98.65

数据来源：历年浙江省统计年鉴

二、长三角信息化的进展及措施

（一）上海市

1. 信息基础设施建设建设步伐明显加快，信息通信环境不断优化

至 2013 年末，已建成 700 处宏基站和 300 处室内分布系统，覆盖中心城区 190 平方千米；光纤到户能力覆盖家庭数达 803 万户，比 2012 年末增加 123 万户；实际光纤用户达 360 万户，同比增加 110

万户；下一代广播电视网（NGB）覆盖家庭536万户，同比增加126万户；城市公共区域WLAN接入热点累计达2.2万处，同比增加5000处；国际、国内互联网出口带宽分别达650Gbps和3500Gbps；各类互联网数据中心（IDC）机架总量达3.4万个，比2012年增加4000个；数字电视用户达525万户，同比增加160万户；交互式网络电视（IPTV）用户达195万户，同比增加17万户。集约化建设模式由信息管线向通信机房、移动通信基站、无线室内覆盖系统等全面推广，无线电管理机制不断完善，重大活动信息通信安全得到有效保障。

2. 营造良好的农村互联网使用环境，完善"三农"信息服务平台

在推进农村信息化建设的过程中，应进一步提升农村居民使用信息化手段的能力，完善互联网使用环境。具体来说，要体现"四用"。一是"能用"，通过政府出资、企业让利和社会捐助三种方式逐步健全互联网基础设施，针对上网费用高等实际情况，给予农村居民适当补贴和鼓励性优惠。二是"有用"，提升农村互联网应用价值，积极引导农村互联网应用由娱乐性向商务性转型，挖掘农村互联网使用的经济价值，满足农民对互联网的实用性需求。三是"会用"，重视农村互联网使用技能教育，组织培训和开设学习平台，引导和教育农村居民规范、有效使用互联网。四是"敢用"，立法加强个人信息保护、规范互联网消费市场秩序、提高网络信息安全保障能力，以构建安全可靠的互联网消费环境。

完善"三农"信息服务平台。一是开设专业性、针对性更强的"三农"信息服务平台，并且加大建设维护力度。"三农"信息服务平台旨在为广大农民提供各类便利信息，可增设教育就业信息、卫生信息、食品药品信息、文体信息、农业信息、气象信息、价格指数等栏目。二是引导农民自发地使用市场化的电子商务交易平台，使"农户＋网络＋公司"相互作用，形成信息网络时代农民的创业致富新路。

3. 信息技术应用的覆盖面、渗透率明显提高，为经济社会发展提供有效支撑

信息技术全方位、深层次渗透经济运行、社会管理和公共服务各环节，电子商务成为日渐活跃的主要经济活动形式，第三方电子支付加快普及；电子口岸平台的交易、监管、物流、支付等功能深化拓展；国家级信息化与工业化融合试验区建设初见成效，"两化融合"发展格局基本形成；城市网格化管理、交通信息管理、应急联动处置等平台成为城市数字化、精细化管理的基础支撑；开展"家校互动"学生成长教育信息系统、市民电子健康档案试点应用等教育卫生信息化建设，以及社区信息化建设、文化信息资源共享、"千村万户"农村信息化普及培训等，促进信息技术应用覆盖面向郊区城镇、特定人群拓展，数字发展机会日益均等化。建成上海地区数字集群应急救援政务共网，电子政务应用向跨部门信息共享、业务协同转变，集中与分布相结合的基础信息资源开发共享体系基本形成，统一的行政审批、电子监察、电子采购等平台加快建设并初见成效。

4. 信息安全保障能力不断提高，为城市信息安全总体可控提供坚实防护

城市信息安全态势总体可控。一方面，身份识别、容灾备份、网络监控、安全软件等信息安全基础建设和产业发展取得新进展，信息安全测评数字认证、应急防范等功能性服务平台进一步拓展。另一方面，城市综合信息安全监管水平进一步提升，建设互联网安全监察支持系统等技术设施，提升本市监测互联网有害信息和打击网络犯罪的能力，强化信息安全等级保护、安全测评、综合检查等监管制度。

（二）江苏省

1. 加快推进服务业信息化

以生产性服务业为重点，深化信息技术在服务业各领域应用，积极培育新型服务业态，推动现代服务业发展。鼓励重点骨干企业开展电子商务平台服务，支持和培育第三方建设面向不同行业、区域

和消费者的电子商务服务共享平台，鼓励中小企业利用电子商务手段开拓市场。积极探索开展跨境电子商务。加快信息技术应用与传统物流业的融合创新，促进运输、仓储、快递等物流资源共享。建立社会化、专业化、信息化的现代物流服务体系，构建区域性、综合性物流基地，实现产业与现代物流业互动发展；完善行业性、区域性公共物流信息服务体系，加强跨行业物流信息共享。深化物流企业与制造业企业的业务协同，鼓励发展物流服务外包，推动电子商务和物流信息化集成发展。加大金融信息化力度，完善金融信息基础设施，提升金融业信用信息共享和金融市场信息化服务水平，加快面向中小企业与“三农”的金融信息化步伐，提高金融普遍服务能力。充分利用信息技术改造旅游、商贸、宾馆、餐饮、房产、娱乐等生活性服务业，加快家庭服务业公益性信息服务平台建设。积极探索推进电视商务、移动商务应用。积极推动面向全社会的信用服务、网上支付、物流配送等支撑体系建设，优化服务业信息化发展环境。

2. 电子政务成为政府履职的重要手段

深入推进政府社会管理与公共服务信息化。建设省级电子政务网络平台，完善电子政务网络体系，加强业务系统互联互通。促进信息技术与政府主要业务深度融合，继续完善重要业务系统建设，合理规划新业务系统建设，加强市场监管、社会保障、医疗卫生等信息系统建设，进一步提高政府社会管理和公共服务信息化水平。推动政务信息资源开发利用、重要业务系统信息共享和业务协同。加强制度规范建设，完善地理、人口、法人、金融、税收、统计等基础信息资源体系，强化信息资源整合，规范信息采集和发布。加快推进信息资源共享中心、公共数据中心等电子政务共享基础设施建设，推动政府重要业务系统的跨部门、跨地区资源共享和业务协同。鼓励引导社会力量对政务信息资源的综合开发利用，支持信息资源产业化。培育公平竞争的信息资源市场，促进信息商品流通。加强政府应急管理信息化体系建设。充分利用电子政务网络，逐步整合相关职能部门应急信息资源，构建以省应急平台为枢纽，省、市、县三级应急平台互联互通的全省应急指挥体系，健全监测监控、信息报告、综合研判、指挥调度等功能，提高应对突发公共事件的应急处置能力。

3. 社会信息化水平全面提升

加强教育信息资源开发与普遍服务。加强教育信息基础设施建设，进一步增强教师运用信息技术能力，推进各级、各类学校全面实现多媒体教学。完善教育信息公开制度，建成教育信息化公共服务体系。有效开发数字化教育资源，加快建设教育基础信息数据库和教育资源公共服务平台，促进基础教育资源大众化、网络化应用，促进优质教育资源充分利用和均衡配置。

深入推进医疗卫生信息化。构建基于健康档案的市、县级区域卫生信息平台，推进以医院管理和电子病历应用为重点的医院信息化，促进辖区内各级医疗卫生机构之间的业务协同，为城乡居民提供系统化、连续性、全过程的健康服务。加强疾病预防控制、妇幼卫生、食品安全与卫生监督等公共卫生信息系统建设，实现信息资源共享利用，提高公众健康保障、重大疾病防控能力。完善各类基本医疗保障信息系统。建立健全食品和药品管理系统，提升对重要食品、药品的安全监管能力。以医保、医疗、公共卫生、医药信息共享为重点，推进区域医药卫生信息化。

提高人力资源和社会保障信息化水平。夯实信息基础设施，优化信息系统数据分布格局，大力发行和应用社会保障卡，实现社会保障“一卡通”。以公共就业人才服务为龙头，大力提升就业和人力资源开发领域信息化水平，促进人力资源管理精细化和科学化。以健全覆盖城乡社会保障体系为目标，加快社会保险领域信息化建设步伐，实现业务全程信息化、管理服务精细化。以劳动监察网格化、网络化为突破口，建成一体化劳动关系信息系统。加快跨地区信息交换平台和结算平台建设，实现社会保险关系跨地区电子化转移和地区间的资金结算。大力推进基于互联网、电话在线咨询服务系统和基层信息服务平台建设，为社会公众提供多形式、多渠道、全方位的公共服务。

提升城市和社区信息化水平。以城市市容、市政、交通、管线资源、住房保障、应急指挥等领域管理和服务为重点，推进城市信息化建设，提高“数字城市”建设整体水平；积极探索“智慧城市”发展新领域，推动物联网技术在智能楼宇、智能家居、路网监控、智能医院、智能电网、城市环境监测、食品药品安全监管、票证管理、家庭护理、个人健康与数字生活等各领域的广泛应用，努力构建城市发展的智慧环境。加强城乡社区信息资源整合和业务协同，推动社区信息基础设施集约化、规范化建设，以市或县(市)域为主体，建设统一规范的城乡社区综合管理与服务信息平台，有条件的地区力争实现城乡社区全覆盖。

4. 信息基础设施逐步完善

按照宽带、融合、泛在、安全的要求，统筹布局新一代移动通信网、下一代互联网、下一代广播电视网、卫星通信等设施建设，形成超高速、大容量、高智能的省级干线传输网络。以贴近用户为原则，加强光纤宽带接入网络、移动通信网络部署，大力提高城镇楼宇、农村地区行政村和自然村光纤通达率及宽带接入能力。大力开展有线电视网络升级建设，加快网络数字化和双向化改造进程。同时，积极推进地面数字电视及移动多媒体广播电视建设，促进广播电视数字化。

5. 强化信息安全保障

全面推行信息安全风险评估和等级保护制度，深入开展政务信息系统安全检查，指导监督重点行业信息系统开展安全检查。加强钢铁、有色金属、化工、石油石化、电力、天然气、先进制造、水利枢纽、环境保护、铁路、城市轨道交通、民航、城市供水供气供热以及其他与国计民生紧密相关领域的工业控制系统信息安全管理。加强密码支撑能力建设，推进密码保护工作，普及数字证书应用，完善网络信任体系。加快全省信息安全监测预警、容灾备份、应急指挥与协同处置、保密等基础设施建设，加强信息安全管理资源整合与信息通报，健全省、市两级信息安全监测预警、应急保障协同、安全保密防护体系。加强信息安全网络监测、技术管控能力建设，确保基础信息网络和重要信息系统正常运行，切实维护国家安全。完善信息安全事件应急预案管理，定期组织应急演练、专业指导和效能评估。加强和改进互联网管理，严厉打击网络违法犯罪。加强自主信息安全产品研发、产业化，加快推进安全可控关键软硬件应用试点示范和推广，培育信息安全咨询、测评、认证、评估和工程实施等服务业发展，提高全省基础信息网络和重要信息系统的安全可控水平。

（三）浙江省

1. 加大基础设施的建设力度，建设智慧化基础设施

进一步加强基础设施建设，全面部署新一代宽带网络，大力建设无线宽带网络，推进物联网技术示范应用，培育发展物联网产业，积极推进三网融合，不断完善网络布点，建设宽带应用网络设施。着力打造宽带化、移动化、融合化、泛在化的安全可靠新一代信息基础设施。推进信息通信基础设施建设快速发展，统筹规划物联网研发和应用示范，建设感知网络和云计算等应用基础设施。加快新一代移动通信 3G 的推广应用和下一代互联网发展。加大落后地区信息基础设施建设，努力缩小地区信息化水平差距，促进协调发展。

2. 加强工业化与信息化融合，促进产业转型升级

推进信息化和工业化融合，是一项长期持续的系统性工作。要推进产业集群两化深度融合，加快重点行业两化深度融合，推动信息通信技术和传统产业技术相结合的集成创新，大力发展智能生产工具，推进生产装备数字化，推动创新研究和开发设计等生产制造关键环节的信息化，提高生产制造全过程工作效能，加快推动我省从工业大省向工业强省、制造大省向“智造强省”转变；加快高耗能、高物

耗、高污染行业的信息化改造和资源能源消耗与污染排放的信息化监测，充分挖掘利用信息资源，促进节约能源、降低物耗、控制污染、保护环境的制造业发展模式。推动资源配置、流程再造、业务重塑和管理决策环节的信息化，提升企业资源配置效率、市场反应效率、技术创新水平和全球化环境下的综合竞争能力。

3. 统筹城乡协调发展，提高信息化应用消费水平

加大农村信息建设投入力度，推进农村社会管理和服务信息化，建立农村信息服务体系。通过信息化服务手段，促进城市和农村的资源和信息自由流动、有序对接，从而有效加快农业转型升级，缩小城乡差距，推动城市和农村的统筹、协调发展。要面向广大农民和农村，从普及农业科学技术和搞活农产品流通两个方面，大力推广和应用信息技术，在提高农民素质的同时让农民充分享受信息化发展带来的实惠。同时要勇于打破垄断，在固定电话运营商、有线电视公司和无线运营商之间引入竞争机制，服务商在竞争中通过降低价格，例如降低宽带费用等，来获取利润和市场份额，以使更多的农村用户和企业能够用得起信息服务。

4. 提高全民文化素质，树立以公众为中心的社会信息化发展理念

信息社会的基础是知识经济社会，只有提高全民文化素质，特别是提高科技创新能力，才能加快实现社会经济质的变革和飞跃；同时，信息化的发展也是加速提高全民文化素质的过程。因此，提高全民文化素质是促进科技进步、信息化发展的关键因素。围绕公共管理和社会服务，科学把握公众需求，梳理业务流程，加强信息技术应用的普及指导，加大信息资源开发利用力度，努力缩小不同领域、人群间信息化水平，促进信息化全面协调发展，逐步缩小城乡之间、地区之间的“数字鸿沟”。

二 长三角基础设施建设

一、长三角基础设施建设的基本情况

加强长江三角洲重大基础设施建设，构建网络化、开放式的基础设施体系，是营造一体化发展的基础条件，这有利于增强区域整体吸引力，更好地吸引人才和资源；有利于优势互补，实现资源共享，提高投资的总体效率；有利于抓住世界制造业转移的机遇，促进长江三角洲地区成为世界制造业转移的承接基地，构筑现代工业走廊，提高核心竞争力和综合实力。随着各地区城市化进程的不断发展，长三角地区两省一市的基础设施建设取得了较快发展，城市道路建设和供电、供水、供气能力大幅度提高，服务水平不断上升，同时，长三角地区很多城市正在积极建设生态园林城市，城市生态基础设施建设也取得了快速发展。

2008—2013 年长三角地区基础设施建设情况

指　　标	2008 年	2009 年	2010 年	2011 年	2012 年	2013 年
自来水供水量(亿吨)	95.40	106.30	106.20	106.20	108.37	111.34
液化石油气供气量(万吨)	235.44	234.39	175.02	167.12	167.20	198.89
年末实有道路面积(万平方米)	105 482	110 791	109 711	116 579	122 826	129 893
城市排水管道长度(千米)	74 271	82 311	84 717	97 437	104 864	115 121
公共车辆总数(辆)	50 709	66 593	67 720	69 489	74 599	79 787
公园绿地面积(公顷)	62 304	71 021	69 728	73 560	78 337	82 407

数据来源：历年上海市、江苏省、浙江省统计年鉴

二、上海基础设施建设的主要进展

2013 年，上海市完成城市基础设施建设投资 1 043.31 亿元，比上年增长 0.5%，占固定资产投资总额的比重为 18.5%，比上年降低了 1.3 个百分点。其中，电力建设投资 110.35 亿元，比上年增长 0.3%；交通运输投资 458.70 亿元，比上年下降 3.1%；邮电通信投资 91.72 亿元，比上年下降 5.4%；市政建设投资 334.97 亿元，比上年增长 11.0%；公用事业投资 47.57 亿元，比上年下降 15.7%。全市高速公路网通车里程达到 815 千米。

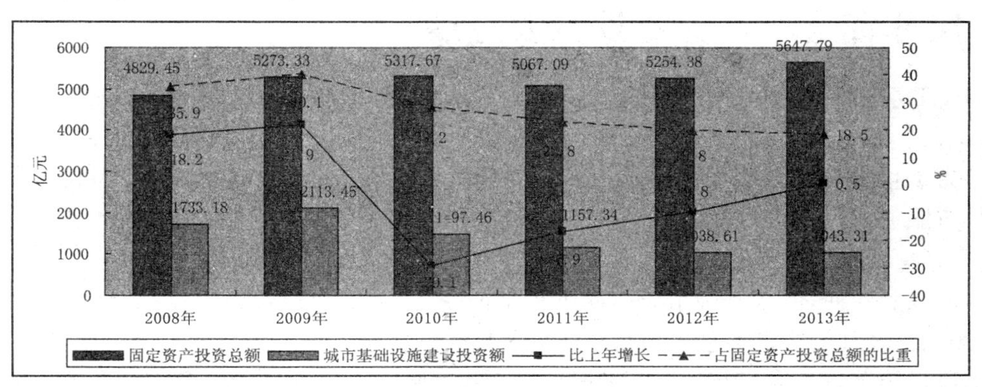

2008—2013 年上海城市基础设施建设投资情况

2008—2013 年上海市城市基础设施投资额

亿元

指标	2008 年	2009 年	2010 年	2011 年	2012 年	2013 年
基础设施投资额	1 733.18	2 113.45	1 497.46	1 157.34	1 038.61	1 043.31
电力建设	129.53	253.39	148.50	118.81	110.06	110.35
交通运输	838.91	978.24	754.66	595.75	473.43	458.70
邮电通信	108.59	122.66	111.54	72.76	96.94	91.72
公用事业	112.81	135.95	86.58	54.22	56.45	47.57
市政建设	543.34	623.21	396.18	315.8	301.74	334.97

注:2011 年始,投资统计起点为 500 万元以上(含 500 万元)项目

数据来源:历年上海市统计年鉴

公用事业服务水平不断提升。2013 年,上海市自来水日供水能力 1 124 万立方米,比上年下降 1.8%。全年全市用电量 1 410.6 亿千瓦时,同比增长 4.2%。至 2013 年末,全市家庭人工煤气用户 43.4 万户,家庭液化气用户 330.5 万户,家庭天然气用户达到 560.3 万户。

2013 年上海公用事业主要指标及其增长速度

指　　标	2012 年	2013 年	比上年增长(%)
自来水日供水能力(万立方米)	1 145.00	1 124.00	−1.8
自来水售水总量(亿立方米)	24.35	24.92	2.3
# 生活用水	19.17	19.69	2.7
工业用水	5.18	5.23	0.9
用电量(亿千瓦小时)	1 353.45	1 410.60	4.2
# 城乡居民生活用电	187.38	205.04	9.4
煤气销售总量(亿立方米)	8.18	5.44	−33.6
液化气销售总量(万吨)	39.33	39.74	1.1
天然气销售总量(亿立方米)	60.01	65.75	9.7

数据来源:《上海市统计年鉴》(2014)

三、江苏省基础设施建设主要进展

2013 年,江苏省重点项目建设加快推进。全年新开工项目 32 315 个,其中亿元项目 4 638 个,完成投资 18 549.2 亿元,比上年分别增长 12.5%、8.3%和 17.3%。充分发挥重大项目带动效应,全力推进 200 个省级重大项目建设,完成投资 4 820.0 亿元,超额完成 4 800 亿元的年度目标。筹办"全省重大项目推进服务月"活动,一批项目建设中存在的问题得到了集中协调解决,重大项目建设取得显著成效。

农业水利项目方面,南水北调东线一期工程全面完工,黄河故道现代农业综合开发、淮河入江水道整治、中小河流及江河支流治理等项目总体进展顺利。

交通基础设施项目方面,新建沿江、沿海港口新增万吨级以上深水泊位 20 个,全省万吨级泊位总数达到 430 个,居全国第一。南京、无锡、徐州、常州、苏州、南通 6 市轨道交通规划建设加快推进,在

建城市数居全国第一，苏州市轨道交通 2 号线和上海市轨道交通 11 号线延伸昆山花桥段工程建成试运营。基本建成太仓港疏港高速公路、临海高等级公路，宁杭铁路客运专线正式开通运营。在建的长江南京以下 12.5 米深水航道一期、南京禄口机场二期工程等有序推进。连盐铁路开工建设，沪通铁路将于近期开工建设，连淮扬镇铁路将列入铁总明后年开工计划，宁镇扬同城化轨道交通项目前期工作取得突破进展。

能源项目方面，华电句容、常熟电厂"上大压小"项目建成投产，加快推进田湾核电站 3、4 号机组、如东风电、盐城海上风电等项目建设，天然气分布式能源项目加快推进。如东 LNG 二期和滨海 LNG 项目获得国家"路条"。

制造业项目方面，大丰博汇纸业一期工程顺利投产。常熟观致汽车顺利下线并投放市场，北汽集团整车项目落户镇江。连云港徐圩石化基地和炼化一体化一期工程获国家前期工作函，成为国家新布局的七大石化基地之一。江苏中能硅业技改项目获国家前期工作函。苏州三星第 8.5 代液晶面板、扬子江新医药基地、常州埃玛克机床及齿轮等一批项目有序推进。

服务业项目方面，南京中邮航空速递物流集散中心、苏州金鸡湖金融商贸区、泰州国家医药高新区生物医药园一期等一批产业层次高、带动作用强的项目已建成投入运营。

民生项目方面，南京博物院二期、亚青会省属体育场馆改扩建项目竣工投用。全省保障性住房建设体系工程全年开工保障性住房 26 万套，基本建成近 24 万套。农村公路工程加快推进，新建和改造农村道路 5 000 千米、桥梁 1 400 座。基本医疗卫生体系提升工程顺利实施，基本建成 100 所乡镇卫生院、40 个城市社区卫生服务中心基础设施项目，200 所乡镇卫生院、80 个城市社区卫生服务中心基本医疗设备装备配置到位。建制镇生活污水处理全覆盖工程和全省生活垃圾无害化处理工程实施成效显著，全年新增污水处理能力 29 万吨/日、垃圾处理能力 4 900 吨/日。

2013 年江苏省各市基础设施建设情况：

苏州市基础设施建设全面提速。全市完成基础设施投资 1 031.1 亿元，同比增长 33%。东部综合商务城、西部生态科技城、南部太湖新城、北部高铁新城建设扎实推进。苏州火车站综合改造全面竣工。太仓港疏港高速公路建成通车，张家港疏港高速公路、常嘉高速公路昆山至吴江段、312 国道苏州段分流线加紧建设。中环快速路及东环、南环、西环快速路延伸线工程抓紧实施。相城大道扩建基本完工，一批城市道路综合整治工程顺利完成。轨道交通 2 号线投入试运营，4 号线及支线、2 号线延伸线和苏州高新区有轨电车 1 号线建设积极推进，上海轨道交通 11 号线昆山花桥延伸线建成运营。垃圾焚烧发电三期扩建和餐厨垃圾收集处置二期工程投入使用。编制完成通信基础设施建设、三网融合等规划，20 个公共场所实现 WIFI 覆盖。23 个"智慧苏州"重点项目顺利推进，家庭信息化云媒体平台服务能力不断提升。

常州市基础设施不断完善。全市公路总里程 8 847 千米，其中高速公路 268 千米。年内新改建农村公路 120 千米，改造桥梁 46 座。完成各类水利建设土方 2 396.4 万立方米。大运河东枢纽等最后 5 座在建城市防洪大包围节点基本完工，中心城区历史上首次具备区域防洪调控手段，包围圈内受益面积 156.2 平方千米。龙城大道地道、晋陵南路等城市骨干道路建成通车，锡溧漕河、丹金溧漕河金坛段建成通航，常溧高速公路、青洋路高架北延等重点工程顺利推进，常州机场改扩建工程全面完成，3 400 米跑道正式启用，机场综合保障能力实现新跃升。轨道交通疏解工作稳步推进，实施新堂北路、桃园路、同济桥、正素巷、古村巷等路网完善工程。

南京市全年基础设施投资完成 1 172.7 亿元，比上年增长 23.8%。河西青奥村、海峡城等重点项目进展顺利，宁杭城际铁路开通运营，地铁 3 号线、4 号线、10 号线一期、宁高城际一期、宁天城际一期、宁和城际一期建设加快推进，溧马高速公路建成通车，122 省道、江北大道、宁滁快速通道、宁高新通道等城乡大通道加快实施，纬三路过江隧道等建设进展顺利，城西干道、江东路快速化改造及南京南站枢纽快速环线工程基本完成。江宁织造博物馆、老城南门东片区箍桶巷示范街、南京书画院、金陵美术馆、老城南记忆馆建成开放，六朝博物馆、科举博物馆、大报恩寺遗址公园、牛首山遗址公园等建设有序推进。实施城市治理条例，动迁拆违治乱整破年度任务顺利完成。高淳、溧水实现引江供水。轨道交通在建里程达210千米。

徐州市基础设施建设加快推进。八大类255项城建重点工程开竣工数量再创新高。韩山隧道、老子号街区、万达广场、万科一期、残疾人康复中心等项目竣工使用，三环东路高架基本建成，郑徐客专、城市轨道交通、三环西路高架启动实施，全市省级示范路达7条，幸福家园示范小区达54个，成为国土部首批3个"智慧城市"建设试点和规划重点发展的23个都市圈之一。5县（市）老城改造和新城建设同步推进，新增新农村示范村50个，省三星级康居乡村达59个，镇村公交覆盖率达25%以上。

连云港市基础设施不断完善，城市功能全面提升。投资110亿元实施130项道桥工程。朝阳东路、海宁大道、郁州南路等支环线构建的城市快速公交网络逐步形成；全长120千米海滨大道快速实施；郁洲路、朝阳路、花果山大道等20条60千米主次干道实现出新；背街小巷整治有效开展，改造便民路320条37.4千米，清掏下水道284条48.5千米。投资35亿元实施58项公用事业项目，饮用水输水工程主体建成，第三水厂扩建工程实现运营，新增供水、污水、燃气管网各20千米，新增燃气用户8 500户；城市节水取得突破，省级节水型城市成功创建。城市供水普及率达97.5%，燃气气化率达97%，城市污水处理率达83.7%。

镇江市基础设施不断完善。主城区东吴路绿地广场、官塘桥路快速化改造、跑马山公园等40项城建重点工程如期完成。312国道南移、五凤口高架等骨干交通项目加快推进，京沪高铁沿线环境整治和绿化获省一等奖。"7＋1"旧城区城中村改造(8)征收拆迁基本完成。高校园区完成部分基础设施建设，镇江技师学院主体竣工，市委党校、镇江高专和共享区体育馆开工建设。丹阳市滨江新城总体发展规划通过专家论证，练湖水城建设及西城区等片区改造全面拉开；句容市北部新城建设全面启动，宁杭高铁句容西站投入运营，宁句城际轨道交通签订合作框架协议；扬中市完成奥体中心主体建设，长江三桥建设进展顺利。

扬州市重大基础设施建设取得新进展。连淮扬镇铁路项目建议书获国家发改委批准。编制完成扬州城市轨道线网规划。宁启铁路复线及电气化改造稳步推进。文昌路西延、新万福路等开工建设。瘦西湖隧道盾构全线贯通，西部交通客运枢纽主体封顶。新淮江公路江都段、328国道连接线等全线通车。建成长江万吨级以上泊位5个。南水北调东线一期工程扬州段率先建成通水。启动实施生活垃圾焚烧厂二期、建筑垃圾综合利用处理厂、餐厨废弃物处理厂和赵庄垃圾填埋场增高扩容工程。继续推进第一水厂提标扩建、六圩污水处理厂三期等工程建设。

泰州市启动第四轮城市总体规划修编，做好姜堰撤市设区后相关规划调整，推进市区主干道联网贯通，"一城四区"格局初步形成。"九路一桥"改造基本竣工，金融服务区及人民医院、中医院新院加快建设。生活垃圾焚烧发电厂竣工试运营，完成6个老小区燃气改造。三水湾二期主体工程完工，福音、开泰等一批游园建成开放。调整优化市区公交线路设置，开通首批专用车道和泰姜专线。推进城市精细化管理，强化违法建设防控，市容环境持续改善。城乡基础设施建设不断加强。宁启铁路复线电气化改造进入收尾阶段，京沪高速江广段扩容、阜兴泰高速泰州段前期工作取得明显进展，229、233、334等省道建设顺利。卤汀河拓浚完工，泰东河整治、引江河二期等完成序时任务。

淮安市投入890多亿元，实施867个城建项目，"四馆"、大剧院等基本竣工，健康东路整治及大同路中段建设、水门桥改造等全面完成，雨润新天地、茂业百货、力宝广场等项目进展顺利，公共自行车一期工程和市老年公寓建成投运，现代有轨电车1号线启动建设。宿淮铁路全面建成，高铁规划建设

前期工作基本完成。一类航空口岸开放列入国家年度审理计划，淮安涟水机场通航城市增加到16个。205国道淮安西绕城段基本建成，金马高速建成通车，实现了县县通高速。南水北调东线一期工程建成通水，入江水道整治有序推进，盐河航道整治全面完成。

南通市基础设施不断完善。恒力新材料、招商局海工等百亿级产业项目部分竣工投产。洋口港江苏沿海首个10万吨级石化码头主体工程基本建成，通州湾建港起步工程开工，海门港、如皋港集装箱航线开通，吕四国家级中心渔港新港区建成启用。沪通铁路和通苏嘉城际铁路长江大桥工程进入实质性开工阶段，宁启铁路复线电气化改造线下工程完成，临海高等级公路全线贯通，通洋高速、通州湾快速通道等项目加快实施，连申线航道南通段通航。汽车客运东站建成试运营。新城区一批商务、金融、文化等功能性项目竣工。

无锡市基础设施建设加快推进。太湖新城、马山国际旅游岛、古运河风光带建设步伐加快。江阴临港新城、宜兴东氿新城、锡东新城、惠山新城等重点区域开发成效显著。苏南硕放国际机场境外航线增加至9条，国内航线增加至34条。地铁1号线即将进入试运行，2号线全线"轨通"，第二轮轨道交通建设规划获批。宁杭高铁无锡段建成通车，苏南硕放国际机场二期改扩建工程基本建成。刘闾路、杨胡路等市区道路建成通车，市区新辟、调整公交线路39条，新购公交车273辆。

宿迁市重大项目建设快速推进。深入实施中心城市163项重点基础设施项目，加快核心区建设，宿迁1897、雨润广场等城市综合体项目主体完工，克拉嗨谷、嬉戏谷动漫王国等旅游业项目开放运营，钟吾国际学校、市人民医院新外科大楼等公共服务项目建成使用，环城西路改造、发展大道南延至洋河段等交通工程竣工通车，分淮入沂整治及500千伏龙湖、沭阳、宿豫东3座变电站等重点项目顺利实施，南水北调东线宿迁境内工程全线通水。

盐城市基础设施不断完善。实施市区十大类160个城建项目，完成投资242.6亿元。全力推进"八大组团"建设，建军路地下商业街建成营业，金融城一期工程主体基本竣工，新龙广场、金鹰天地、市美术馆等项目快速推进，亭湖、盐都、市开发区新城和城南新区建设取得新的成效。实施"露水增绿"工程，串场河景观带基本建成。大丰港区石化码头、集装箱码头建成使用，滨海港区10万吨级干散货码头、液体化工码头开工建设，射阳港区万吨级航道正式通航，响水港区5万吨级航道整治工程全线开工。

四、浙江省基础设施建设主要进展

2013年，浙江省完成基础设施建设投资4 718.09亿元，比上年增长19.0%，增幅上升了1.0个百分点；占固定资产投资总额的比重为23.4%，比上年上升了0.2个百分点。其中，水利、环境和公共设施投资1 759.1亿元，同比增长27.1%；电力、燃气及水的生产供应业投资845.89亿元，同比增长16.2%；交通运输投资1 450.34亿元，同比增长9.0%；邮电通信投资62.35亿元，同比增长7.1%；教育设施投资253.33亿元，同比增长26.8%；卫生设施投资118.52亿元，同比增长15.6%。

2008—2013年浙江省基础设施投资　　亿元

指　　标	2008年	2009年	2010年	2011年	2012年	2013年
基础设施投资额	2 373.06	2 894.97	3 038.58	3 359.09	3 963.35	4 718.09
#水利、环境和公共设施	816.69	952.06	1 020.94	1 193.45	1 383.57	1 759.15
电力、燃气及水的生产供应业	501.74	579.61	585.25	620.38	727.92	845.89
交通运输	740.80	979.63	1 040.68	1 102.93	1 330.30	1 450.34

（续表）

指　标	2008年	2009年	2010年	2011年	2012年	2013年
邮电通信	125.91	139.63	144.58	123.31	58.22	62.35
教育设施	101.54	120.72	123.00	150.06	199.83	253.33
卫生设施	49.38	63.17	72.48	79.19	102.52	118.52

数据来源:历年浙江省统计年鉴

浙江省的基础设施建设中,交通基础设施建设仍然是主要内容之一,四通八达的交通网络布局已经基本完成。杭州地铁1号线进入运营、宁波地铁1号试运营,并加紧建设规划中的其他线路,建成了杭州湾跨海大桥、舟山跨海大桥、嘉绍大桥、萧山国际机场、杭州火车东站枢纽工程、浙赣铁路复线、金温铁路、宣杭铁路、沪杭铁路、温福铁路浙江段、甬台温铁路、杭新景高速、龙丽高速、诸永高速等一批重点工程,宁波一舟山港、温州港已建成全国沿海的主要港口,货物吞吐能力大幅度提高。

社会事业基础设施投入大大增加。相继建成了黄龙体育中心、省广电中心、浙江博物馆、邵逸夫医院、浙江图书馆、杭州大剧院、温州大剧院、下沙高教园区、小和山高教园区、浙大紫金港校区、温州高教园区等工程,极大地改善了人民群众的生活质量和生存环境,有力地促进了经济社会的协调发展,加快了和谐社会的构建。

开展环境综合整治的建制村1 840个,受益农户68.8万户,全省列入计划的261个历史文化村落已全部启动建设,其中保护利用重点村44个,保护利用一般村217个,受益农户15.86万户。累计建成国家级生态县6个、国家环境保护模范城市7个、诸暨市已通过国家环境保护模范城市的验收,国家级生态示范区45个、国家级生态乡镇450个,省级生态县57个,省级环保模范城市8个、省级生态乡镇979个。

2013年浙江省各市基础设施建设情况:

杭州市完成基础设施投资852.47亿元,增长9.5%。铁路东站枢纽投入使用,杭宁、杭甬高铁开通运行。地铁2号线东南段全线贯通,1号线下沙延伸段和4号线首通段(部分)车站主体工程完工。整治建设延安路、同协路、沿江大道等城市主次干道130条,打通断头路13条。德胜高架、彩虹大道(滨江段)等快速路和钱江通道、之江大桥建成使用。杭甬运河(杭州段)全线贯通。萧山机场高速公路西兴互通开工建设,秋石快速路四期工程动工。城西污水处理厂(一期)工程建成,闲林水库大坝主体工程完工。新增或优化公交线路49条,建成公交专用道50千米,新增公交车512辆。

宁波市深入实施现代都市“50100工程”,“一核两冀多节点”现代都市格局进一步形成。“三江六岸”滨江休闲带工程启动段建成开放,16条城市主要干道完成整治。历时3年的中心城区打通“断头路”行动圆满收官,59条断头路如期打通。南北环快速路主线高架箱梁施工已基本完成,轨道交通1号线一期工程20个车站主体结构全部完成,地下段实现洞通、轨通、电通,2号线一期工程18个地下车站结构全部封顶,第二轮建设规划获批。公共交通体系进一步优化,建成投用公交专用道(双向)30.4千米。全面完成甬慈线公交化改造,城乡客运一体化率由65%上升到75%,成为国家公交都市创建示范城市。

温州市基础设施投资持续增长,拉动作用增强。限额以上基础设施投资额完成826.61亿元,比上年增长31.7%,对限上固定资产投资增长的贡献率高达39.1%。其中水利、环境和公共设施管理业增长43.4%;电力、燃气及水的生产供应业增长36.3%;交通运输、仓储和邮政业增长25.5%。年内已建成项目30个,完成投资额73.47亿元。主要有龙湾国际机场新跑道工程、乐清湾港区一期码头主体工程、雁楠公路工程、滨海大道工程、华润苍南电厂一期工程、西向排洪主体工程、市委党校迁

(扩)建工程、大小门岛小门西片围涂工程、永嘉瓯北西段标准堤工程、鳌江火车站至千吨级码头公路等。

嘉兴市重点工程建设项目105项,列入考核的实施项目82项,年度计划投资总额190.68亿元,实际完成投资总额202.07亿元,完成计划投资目标105.97%。嘉绍通道、钱江通道北接线、嘉兴港B23号B24号码头、嘉兴现代综合物流园专用码头(一期)海宁西站广场(道路)建成完工。深入实施城市交通通畅工程,完成禾兴路、勤俭路等交通干道综合整治,优化公交线路33条,全市新增专用停车位1.1万个,主副中心城区实现公共自行车全覆盖。

湖州市有序推进湖州中心城市建设,梁希森林公园一期建成开放,10个老小区综合整治全面完成,新浙北、东吴国际相继落成,外环线、奥体中心等建设步伐加快,湖州开发区综合交通枢纽区块框架全面拉开,太湖度假区滨湖开发建设水平不断提升,吴兴东部新区建设持续推进,南浔城区功能形象切实改善。全面治理城市交通拥堵,打通了一批断头路,改善了一批拥堵点,全市投放公共自行车5550辆;中心城区集中整治百日行动取得实效,"数字城管"系统建成运行。

衢州市完成基础设施投资205.52亿元,比上年增长61.1%。其中:水利、环境和公共设施管理投资88.02亿元,同比增长58.3%;交通运输、仓储和邮政业投资55.00亿元,同比增长86.6%;电力、燃气及水的生产供应业投资46.12亿元,同比增长63.8%;教育设施投资6.06亿元,同比增长26.0%;文化艺术业投资4.78亿元,同比增长124.7%;卫生设施投资3.72亿元,同比增长25.2%。

舟山市建成区面积66.1平方千米,实有城市道路面积987.7万平方米,建成区绿地率35.2%,人均公园绿地面积15.4平方米,城市污水处理率85.6%,城市生活垃圾无害化处理率100%。全年城区排水管道长度1 005.6千米,供水总量5 708.0万立方米,液化石油气供气总量3.3万吨,天然气供气总量2 443.0万立方米。

台州市基础设施投资329.11亿元,比上年增长11.7%。全年省、市222个重点项目完成投资347.82亿元,完成年度计划的105.4%。82省道复线、75省道南延、椒江二桥、椒江至路桥机场公路改建、台州市恩泽医疗中心、椒江区保障性住房工程等项目基本建成,台州栅岭汪排涝调蓄工程、104国道改建天台关岭至响堂段、76省道复线南延、浙江仙居抽水蓄能电站、浙江玉环大麦屿风电场等建设工程进展顺利,市区内环路、台州市客运中心南站迁建一期工程、椒江洪家场浦排涝调蓄工程、临海市方溪水库、天台县始丰湖工程等项目开工建设。

丽水市全年投资项目1876个,比上年增加91个,其中,新开工项目892个。丽水市绕城公路(一环)、53省道龙泉至八都公路工程二期、接官亭农民安置房(二期)、南城沙溪亭公寓项目(一期)、丽水中波转播台迁建工程、南城供水加压工程、浙江元一科技有限公司年产16 000吨平板闸阀等一批重点建设项目基本完工。

三 长三角教育发展

一、长三角教育发展总体情况

2013年末，长三角地区共有普通高等学校、普通中等学校、小学和特殊教育学校合计15475所，比上年减少475所，下降3.0%。其中，普通高等学校305所，比上年增加5所；普通中等学校6773所，减少75所；小学8179所，减少408所；特殊学校218所，增加3所。

2013年末，长三角两省一市共有专任教师129.50万人，比上年增加1.22万人，增长1.0%。其中，普通高等学校专任教师20.46万人，比上年增加0.43万人，增长2.1%；普通中等学校专任教师59.25万人，比上年减少0.36万人，下降0.6%；小学专任教师49.15万人，比上年增加1.13万人，增长2.4%；特殊学校专任教师0.64万人，比上年增加0.02万人，增长3.2%。

2013年末，长三角两省一市在校学生数1959.31万人，比上年减少16.88万人，下降0.9%。其中，普通高等学校在校学生335.26万人，比上年增加4.86万人，增长1.5%；普通中等学校在校学生数755.44万人，比上年减少40.42万人，下降5.1%；小学在校学生数864.20万人，比上年增加18.67万人，增长2.2%；特殊学校在校学生数4.41万人，比上年增加0.01万人，增长0.2%。

表1 2008—2013年长三角教育发展概况

指标	2008年	2009年	2010年	2011年	2012年	2013年
学校数(所)	18218	17721	16826	16423	15950	15475
普通高等学校	258	266	270	296	300	305
普通中等学校	7432	7338	7095	7002	6848	6773
小学	10322	9911	9253	8910	8587	8179
特殊教育	206	206	208	215	215	218
专任教师数(万人)	124.61	126.07	126.09	126.84	128.28	129.50
普通高等学校	18.1	18.75	19.22	19.59	20.03	20.46
普通中等学校	59.62	59.86	59.63	59.58	59.61	59.25
小学	46.35	46.91	46.67	47.07	48.02	49.15
特殊教育	0.54	0.55	0.57	0.60	0.62	0.64
在校学生数(万人)	2078.84	2032.90	2009.56	1980.63	1976.19	1959.31
普通高等学校	304.83	319	322.35	326.44	330.40	335.26
普通中等学校	969.79	920.80	880.17	823.08	795.86	755.44
小学	799.41	788.28	802.27	826.77	845.53	864.20
特殊教育	4.81	4.82	4.77	4.34	4.40	4.41

数据来源：历年上海市、江苏省、浙江省统计年鉴

二、上海市教育发展基本情况

（一）上海市教育发展总体情况

1. 义务教育

2013 年，上海市义务教育中、小学 1400 所，较上年增加 13 所；专任教师 8.58 万人，比上年增加 0.25 万人，增长 3.0%。

—小学校数 759 所，比上年减少 2 所；招生 18.10 万人，比上年增加 0.87 万人，增长 5.0%；在校生 79.25 万人，比上年增加 3.21 万人，增长 4.2%；专任教师 4.98 万人，比上年增加 0.17 万人，增长 3.5%。

—初中校数 641 所(含完全中学 67 所，初级中学 319 所，九年一贯制学校 144 所，十二年一贯制学校 5 所)，比上年增加 15 所；招生 12.03 万人，比上年增加 0.28 万人，增长 2.4%；在校生 43.67 万人，比上年增加 0.40 万人，增长 0.9%；专任教师 3.60 万人，比上年增加 0.08 万人，增长 2.3%。

2.学前教育和特殊教育

2013 年，上海市幼儿园 1446 所，比上年增加 45 所；招生 16.61 万人，比上年增加 0.12 万人，增长 0.7%；在园幼儿 50.10 万人，在园人数比上年增加 2.04 万人，增长 4.2%；幼儿园专任教师 3.29 万人，比上年增加 0.16 万人，增长 5.1%。

2013 年，上海市特殊教育学校 29 所，特殊教育学校招收残疾学生 0.06 万人，比上年减少 0.02 万人；特殊教育在校生 0.47 万人，比上年减少 0.02 万人；专任教师 0.12 万人。

3.高中段教育

2013 年，上海市高中段教育(包括普通高中、职业高中、普通中等专业学校、工读学校和技工学校)共有学校 402 所，比上年增加少 38 所；招生 9.20 万人，比上年减少 0.40 万人，下降 4.2%；在校生为 29.11 万人，比上年减少 1.23 万人，下降 4.1%；毕业生数 9.41 万人，比上年减少 0.21 万人，下降 2.2%；专任教师 2.51 万人，比上年减少 0.02 万人。

—普通高中学校 243 所(含完全中学 67 所，高级中学 121 所，十二年一贯制学校 5 所)，比上年减少 3 所；招生 5.31 万人，比上年增加 0.06 万人，增长 1.1%；在校生 15.68 万人，比上年减少 0.09 万人，下降 0.6%；毕业生 5.27 万人，比上年减少 0.17 万人，下降 3.1%。专任教师 1.66 万人，与上年持平。

—中等职业教育(包括职业高中、普通中等专业学校、工读学校和技工学校)。学校 103 所，比上年减少 8 所；招生 3.89 万人，比上年减少 0.46 万人，下降 10.6%；在校生 13.43 万人，比上年减少 1.14 万人，下降 7.8%；毕业生 4.14 万人，比上年减少 0.04 万人，下降 1.0%。专任教师 0.85 万人，比上年减少 0.02 万人。

4.普通高等教育

2013 年，上海市共有普通高等学校 68 所，比上年增加 1 所；招生 14.09 万人，其中：研究生 4.37 万人，本科学生 9.35 万人，招生总数比上年增加 0.11 人，增长 0.8%；在校生 50.48 万人，其中：研究生 12.78 万人，本科学生 36.27 万人，在校学生总数比上年减少 0.18 万人，下降 0.4%；毕业生 13.38 万人，其中：研究生 3.41 万人，本科学生 8.46 万人，毕业生总数比上年减少 0.29 万人，下降 2.1%；专任教师 4.03 万人，比上年增加 0.02 万人，增长 0.5%。

表 2　2013 年上海市各级各类教育事业

万人

指　标	学校数(所)	毕业生数	招生数	在校学生数	教职工数	#专任教师
普通高等教育	68	13.38	14.09	50.48	7.34	4.03
研究生		3.41	4.37	12.78		
本科学生		8.46	9.35	36.27		
普通中等学校	865	18.82	21.23	72.78	8.19	6.11
中等专业学校	55	2.76	2.51	9.23	0.82	0.48
职业中学	28	1.02	1.07	3.24	0.40	0.28
技工学校	7	0.30	0.25	0.81	0.10	0.05
普通中学	762	14.68	17.34	59.35	6.82	5.26
#高中		5.27	5.31	15.68		1.66
初中		9.41	12.03	43.67		3.60
工读学校	13	0.06	0.06	0.15	0.05	0.04
普通小学	759	13.45	18.10	79.25	5.81	4.98
特殊教育学校	29	0.08	0.06	0.47	0.16	0.12
幼儿园	1446	15.77	16.61	50.10	5.10	3.29
成人高等教育	15	5.77	5.77	18.37	0.16	0.09
#广播电视大学	1				0.03	0.02
职工高等学校	11	0.32	0.29	0.82	0.10	0.06
管理干部学院	3	0.05	0.04	0.10	0.03	0.01
成人中等教育	28	0.52	0.40	1.40	0.05	0.02
成人中等专业学校	21	0.47	0.40	1.28	0.05	0.02
成人网络本、专科		5.31	5.03	13.20		
成人职业技术学校	725	30.94		31.55	1.68	0.67

注:普通中学学校数中,完全中学 67 所,高级中学 121 所,初级中学 319 所,九年一贯制学校 144 所,十二年一贯制学校 5 所。

数据来源:《上海市统计年鉴》(2014)

(二)上海市教育发展历史情况

近几年,上海市各类学校总数波动不大,由 2009 年的 1730 所,下降到 2013 年的 1721 所;但是与 2000 年相比较,2013 年学校总数减少 504 所,下降 22.7%。从内部来看,普通高校由 2000 年的 37 所增加至 2013 年的 68 所,增长 83.8%;普通中等学校由 1133 所减少到 865 所,下降 23.7%,其中技工学校由 115 所减少到 7 所,下降 93.9%;普通小学由 1021 所减少到 759 所,下降 25.7%;特殊学校数量近几年持平,但是比 2000 年减少 5 所。

近几年,上海市在校学生总数逐年递增,由 2008 年的 190.15 万人增加至 2013 年的 202.98 万人;与 2000 年相比较,2013 年在校学生总数减少 4.63 万人,下降 2.2%。从内部来看,普通高校在校学生数由 2000 年的 22.68 万人增加至 2013 年的 50.48 万人,增长 1.23 倍;普通中等学校在校生数由

105.28万人减少到72.78万人，下降30.9%；普通小学在校生人数由78.86万人增加到79.25万人，比2000增长0.5%，比2005年增长48.1%；特殊学校在校生数由0.54万人减少到0.47万人，下降13.0%。

近几年，上海市毕业生总数在逐年减少。2013年，上海市毕业生总数为45.73万人，比2000年下降17.9%。从内部看，普通高等学校毕业生13.38万人，比2000年增长2.27倍；普通中等学校毕业生18.82万人，下降42.3%；普通小学毕业生13.45万人，下降28.2%；特殊学校毕业生0.08万人。

近几年，上海市专任教师队伍不断壮大。2013年，上海市专任教师总数为15.24万人，比2000年增长18.8%。从内部看，普通高等学校专任教师4.03万人，比2000年增长96.6%；普通中等学校专任教师6.11万人，下降1.9%；普通小学专任教师4.98万人，增长12.4%；特殊学校专任教师0.12万人，增长33.3%。

表3　上海市教育发展主要年份历史情况

指　标	2000年	2005年	2008年	2009年	2010年	2011年	2012年	2013年
学校数（所）	2225	1694	1 678	1730	1730	1728	1 728	1 721
普通高等学校	37	60	61	66	66	66	67	68
普通中等学校	1133	966	916	884	869	869	871	865
中等专业学校	84	81	73	70	65	64	61	55
职业中学	60	37	28	26	26	28	28	28
技工学校	115	41	28	13	10	10	9	7
普通中学	861	807	774	762	755	754	760	762
工读学校	13		13	13	13	13	13	13
普通小学	1021	640	672	751	766	764	761	759
特殊教育学校	34	28	29	29	29	29	29	29
在校学生(万人)	207.61	197.58	190.15	196.29	197.70	198.87	200.80	202.98
普通高等学校	22.68	44.26	50.29	51.28	51.57	51.13	50.66	50.48
普通中等学校	105.28	99.30	80.29	77.39	75.47	74.14	73.61	72.78
中等专业学校	11.89	13.67	12.08	11.50	10.91	10.22	9.88	9.23
职业中学	8.48	5.76	4.80	4.14	3.77	3.51	3.55	3.24
技工学校	5.37	2.85	1.32	1.06	1.08	1.05	0.98	0.81
普通中学	79.54	77.02	61.77	60.37	59.44	59.16	59.04	59.35
高　中	23.94	30.82	19.26	17.16	16.89	16.11	15.77	15.68
初　中	55.60	46.20	42.51	42.61	42.55	43.06	43.27	43.67
工读学校	0.25		0.32	0.32	0.27	0.18	0.16	0.15
普通小学	78.86	53.50	59.06	67.12	70.16	73.11	76.04	79.25
特殊教育学校	0.54	0.52	0.51	0.50	0.50	0.49	0.49	0.47
毕业生数(万人)	55.67	53.90	48.88	46.77	46.77	47.33	46.12	45.73
普通高等学校	4.09	10.34	12.21	12.69	13.37	13.90	13.99	13.38

（续表）

指　标	2000年	2005年	2008年	2009年	2010年	2011年	2012年	2013年
普通中等学校	32.63	32.55	26.15	22.63	22.63	20.25	19.09	18.82
中等专业学校	3.86	3.39	3.71	3.39	3.34	3.14	2.77	2.76
职业中学	3.99	2.34	1.66	1.73	1.38	1.24	1.04	1.02
技工学校	1.86	1.43	0.57	0.36	0.31	0.32	0.30	0.30
普通中学	22.92	25.39	20.09	17.03	16.13	15.48	14.91	14.68
高　中	7.18	10.10	9.51	7.04	6.24	5.85	5.44	5.27
初　中	15.74	15.29	10.58	9.99	9.89	9.63	9.47	9.41
工读学校	0.13		0.12	0.12	0.08	0.07	0.07	0.06
普通小学	18.73	10.93	10.44	11.36	12.44	13.09	12.95	13.45
特殊教育学校	0.09	0.08	0.08	0.09	0.09	0.09	0.09	0.08
专任教师(万人)	12.83	13.10	13.02	14.29	14.52	14.70	14.99	15.24
普通高等学校	2.05	3.18	3.69	3.81	3.92	3.96	4.01	4.03
普通中等学校	6.23	6.08	5.98	5.94	5.97	6.00	6.05	6.11
中等专业学校	0.53	0.53	0.51	0.49	0.50	0.50	0.48	0.48
职业中学	0.39	0.31	0.29	0.29	0.29	0.29	0.28	0.28
技工学校	0.30	0.12	0.11	0.07	0.07	0.06	0.07	0.05
普通中学	5.01	5.12	5.03	5.05	5.07	5.11	5.18	5.26
高　中	1.42	1.81	1.72	1.69	1.67	1.66	1.66	1.66
初　中	3.59	3.31	3.31	3.36	3.40	3.45	3.52	3.60
工读学校	0.03		0.04	0.04	0.04	0.04	0.04	0.04
普通小学	4.43	3.74	4.10	4.43	4.52	4.62	4.81	4.98
特殊教育学校	0.09	0.10	0.11	0.11	0.11	0.12	0.12	0.12

数据来源：上海市历年统计年鉴

（三）上海市各区域教育发展基本情况

2013年，上海市各区、县共有普通中学762所，比上年增加2所；招生173 358人，增长2.0%；毕业生146 810人，下降1.5%；在校学生593 513人，增长0.5%；教职员工68 192人，下降10.0%；其中专任教师52 649人，增长1.7%。

2013年，上海市各区、县共有普通小学759所，比上年减少2所；招生181 037人，增长5.1%；毕业生134 504人，增长3.8%；在校学生792 476人，增长4.2%；教职员工58 138人，增长18.8%；其中专任教师49 772人，增长3.5%。

2013年，浦东新区的中、小学在各项指标上均居全市之首。浦东新区普通中学152所，占上海市普通中学的比重为19.9%；招生数42 948人，所占比重为24.8%；在校生141 934人，所占比重为23.9%；毕业生数33 852人，所占比重为23.1%；教职员工13 884人，所占比重为20.4%；专任教师11 657人，所占比重为22.1%。浦东新区普通小学167所，占上海市普通小学的比重为22.0%；招生

数 48 182 人，所占比重为 26.6%；在校生 195 725 人，所占比重为 24.7%；毕业生数 32 362 人，所占比重为 24.1%；教职员工 12 286 人，所占比重为 21.1%；专任教师 11 194 人，所占比重为 22.5%。

表 4　2013 年上海市各区、县普通中、小学基本情况

指标		学校（所）	毕业生数（人）	招生数（人）	在校学生（人）	教职员工（人）	其中 #专任教师
总　计	普通中学	762	146 810	173 358	593 513	68 192	52 649
	普通小学	759	134 504	181 037	792 476	58 138	49 772
浦东新区	普通中学	152	33 852	42 948	141 934	13 884	11 657
	普通小学	167	32 362	48 182	195 725	12 286	11 194
黄浦区	普通中学	36	6 697	7 065	24 624	3 377	2 459
	普通小学	30	3 379	4 521	18 892	2 146	1 670
徐汇区	普通中学	37	9 525	9 981	35 758	4 140	3 254
	普通小学	44	5 933	8 374	33 927	2 648	2 280
长宁区	普通中学	26	4 876	5 137	18 935	2 748	1 869
	普通小学	23	3 428	4 650	19 745	1 838	1 500
静安区	普通中学	15	3 351	3 374	12 106	1 623	1 149
	普通小学	12	1 681	2 159	9 472	1 052	740
普陀区	普通中学	45	7 186	7 820	28 340	3 676	2 694
	普通小学	25	5 277	7 705	31 187	2 406	2 195
闸北区	普通中学	36	6 977	6 908	24 365	3 099	2 218
	普通小学	33	3 993	5 259	22 582	2 045	1 578
虹口区	普通中学	41	6 958	6 408	23 690	3 108	2 495
	普通小学	34	3 929	4 992	22 114	2 083	1 850
杨浦区	普通中学	51	9 355	8 911	32 452	4 082	3 207
	普通小学	44	5 308	6 271	27 885	2 657	2 335
闵行区	普通中学	63	9 957	14 713	47 434	5 633	4 271
	普通小学	62	13 792	21 482	86 917	5 760	4 815
宝山区	普通中学	57	9 979	12 280	41 990	4 349	3 567
	普通小学	72	11 068	13 647	63 919	4 723	4 258
嘉定区	普通中学	36	5 737	9 321	28 587	2 900	2 280
	普通小学	39	9 833	10 809	48 652	3 056	2 562
金山区	普通中学	30	6 191	7 309	23 728	2 845	2 187
	普通小学	31	5 410	5 868	28 654	2 280	1 909
松江区	普通中学	35	7 629	9 297	33 635	3 692	2 556
	普通小学	33	9 430	14 551	64 513	3 851	3 315
青浦区	普通中学	25	5 807	7 293	25 660	2 710	2 189
	普通小学	45	7 650	10 111	50 543	3 638	3 036

（续表）

指标		学校（所）	毕业生数（人）	招生数（人）	在校学生（人）	教职员工（人）	其中 #专任教师
奉贤区	普通中学	40	6 804	9 669	31 421	3 140	2 341
	普通小学	36	8 763	8 466	48 588	3 194	2 723
崇明县	普通中学	37	5 928	4 924	18 854	3 186	2 256
	普通小学	29	3 268	3 990	19 161	2 475	1 812

数据来源:《上海市统计年鉴》(2014)

三、江苏省教育发展基本情况

（一）江苏省教育发展总体情况

1. 义务教育

2013 年,江苏省义务教育中小学 6093 所,较上年减少 101 所,专任教师 43.52 万人,增长 0.1%。

——小学校数 4020 所,比上年减少 108 所;招生 85.13 万人,比上年增加 5.65 万人,增长 7.1%;在校生 435.37 万人,比上年增加 12.61 万人,增长 3.0%。专任教师 25.82 万人,比上年增加 0.56 万人,增长 2.2%。

——初中校数 2073 所,比上年增加 7 所;招生 61.86 万人,比上年减少 2.17 万人,下降 3.4%;在校生 185.75 万人,比上年减少 11.27 万人,下降 5.7%。初中专任教师 17.70 万人,比上年减少 0.52 万人,下降 2.9%。

2. 学前教育和特殊教育

2013 年,江苏省幼儿园 4722 所,比上年增加 330 所;招生 84.26 万人,比上年增加 4.94 万人,增长 6.2%;在园幼儿 231.81 万人,在园人数比上年增加 11.36 万人,增长 5.2%;幼儿园专任教师 10.68 万人,比上年增加 1.21 万人,增长 12.8%。

2013 年,江苏省特殊教育学校 107 所,特殊教育学校招收残疾学生 3491 人,比上年减少 43 人。特殊教育在校生 23055 人,比上年减少 1647 人。

3. 高中段教育

2013 年,江苏省高中段教育(包括普通高中、职业高中、普通中等专业学校、成人中等专业学校和技工学校)共有学校 973 所,比上年减少 32 所;招生 70.13 万人,比上年减少 5.64 万人;在校生为 216.54 万人,比上年减少 20.81 万人;专任教师 15.28 万人,比上年增加 0.08 万人。

——普通高中学校 578 所,比上年减少 16 所;招生 34.14 万人,比上年减少 3.55 万人,下降 9.4%;在校生 110.99 万人,比上年减少 9.88 万人,下降 8.2%;毕业生 42.59 万人,比上年减少 1.89 万人,下降 4.2%。专任教师 9.73 万人,比上年增加 0.01 万人。

——中等职业教育(包括职业高中、普通中等专业学校、成人中等专业学校和技工学校)。学校 395 所,比上年减少 16 所;招生 35.99 万人,比上年减少 2.09 万人,下降 5.5%;在校生 105.55 万人,比上年减少 10.93 万人,下降 9.4%;毕业生 38.98 万人,比上年增加 5.42 万人,增长 16.2%。专任教师 5.55 万人,比上年增加 0.07 万人。

4. 普通高等教育

2013 年,江苏省共有普通高等学校 131 所,比上年增加 3 所;招生 48.75 万人,其中:研究生 4.80

万人，本专科学生 43.95 万人，招生总数比上年增加 0.64 人，增长 1.3%；在校生 183.04 万人，其中：研究生 14.59 万人，本专科学生 168.45 万人，在校学生总数比上年增加 1.97 万人，增长 1.1%；毕业生 51.41 万人，其中：研究生 4.03 万人，本专科学生 47.38 万人，毕业生总数比上年增加 0.55 万人，增长 1.1%；专任教师 10.83 万人，比上年增加 0.23 万人。

表 6　2013 年江苏省各级各类教育事业

人

指　标	学校数(所)	毕业生数	招生数	在校学生数	教职工数	#专任教师
普通高等教育	131	514130	487491	1830402	166223	108272
研究生		40287	47985	145947		
本专科学生		473843	439506	1684455		
普通中等专业学校	169	213533	185157	566800	36282	29708
普通中学	2651	1101130	960014	2967368	344331	274279
高中	578	425924	341417	1109899	344331	97293
初中	2073	675206	618597	1857469		176986
职业高中	66	70450	51199	156781	13107	11134
技工学校	126	83605	100874	261830	17816	13205
小学	4020	639404	851334	4353694	254395	258173
特殊教育学校	107	3394	3491	23055	3901	3170
幼儿园	4722	789435	842565	2318102	175634	106840
成人高等教育	9	150467	168363	397921	1348	774
#广播电视大学	2	3370	2755	6271	521	219
管理干部学院	2	3241	2626	4886	392	389
职工高等学校	4	802	921	1400	283	169
教育学院	1	1331	1489	3197	152	97
成人中等专业学校	34	22163	22697	70135	2633	1464
成人中学	492	20912		14144	1768	1152
网络教育	3	16991	26863	53721		

数据来源：《江苏省统计年鉴》(2014)

（二）江苏省教育发展历史变化情况

2000 年以来，江苏省学校合计数呈逐年递减的趋势，而普通高等学校数量逐年递增。2013 年与 2000 年相比，学校合计数减少 62.9%。其中，普通中等学校减少了 31.6%，特殊教育学校也减少了 13.0%，小学数量的减幅则高达 79.0%。

近几年来，专任教师合计数变化不大，维持在 110 万人左右，但是内部变化明显。与 2000 年相比较，2013 年，普通高等学校专任教师 10.83 万人，增长 2.27 倍；普通中等学校专任教师 31.51 万人，增长 25.9%；小学专任教师为 25.82 万人，下降 10.7%；特殊教育专任教师 0.32 万人，增长 18.5%。

江苏省招生数由 2005 年开始出现下滑，到 2013 年的招生数，比 2000 年水平还低，仅为 464.83 万人，比2000年下降2.8%，比2005年下降20.8%。在校生情况与招生情况相同，2013年在校生1652.95万人，比2000年下降6.4%，比2005年下降20.0%。近几年，江苏省毕业生数也呈下降趋势，2013年，毕业生数为486.73万人，比2000年增长24.9%，比2005年下降13.0%。

表7 江苏省教育事业基本情况

指 标	2000年	2005年	2010年	2011年	2012年	2013年
学校数	23526	10015	7792	7537	7266	7144
普通高等学校	71	115	124	126	128	131
普通中等学校	4222	3530	3058	2975	2903	2886
中等专业学校	185	150	160	169	168	169
普通中学	3675	3141	2776	2721	2660	2651
#高中	859	849	653	620	594	578
职业高中	362	239	122	85	75	66
小学	19110	6261	4498	4328	4128	4020
特殊教育	123	109	112	108	107	107
专任教师	57.50	64.27	67.82	67.85	68.11	68.48
普通高等学校	3.31	6.73	10.20	10.40	10.60	10.83
普通中等学校	25.02	31.13	32.36	32.14	31.94	31.51
中等专业学校	1.37	1.42	2.43	2.71	2.80	2.97
普通中学	21.59	27.98	28.46	28.23	27.95	27.43
#高中	5.46	8.88	9.82	9.71	9.72	9.73
职业高中	2.06	1.73	1.47	1.20	1.19	1.11
小学	28.90	26.16	24.96	25.01	25.26	25.82
特殊教育	0.27	0.25	0.30	0.30	0.31	0.32
招生数	272.08	298.54	268.8	257.41	254.33	253.86
普通高等教育	18.22	39.02	47.52	48.03	48.13	48.75
研究生	0.97	2.87	4.25	4.42	4.62	4.80
本专科生	17.25	36.15	43.27	43.61	43.50	43.95
普通中等学校	157.94	197.19	147.67	132.83	126.37	119.63
中等专业学校	10.64	24.45	22.78	20.61	19.70	18.51
普通中学	141.44	157.55	115.07	105.84	101.72	96.00
#高中	29.93	52.25	44.03	40.88	37.69	42.59
职业高中	5.86	15.19	9.82	6.38	4.95	5.12
小学	95.53	61.93	73.13	76.18	79.48	85.13
特殊教育	0.39	0.40	0.48	0.37	0.35	0.35
在校学生	1203.59	1205.34	1042.03	1015.15	1004.88	989.82

（续表）

指　标	2000 年	2005 年	2010 年	2011 年	2012 年	2013 年
普通高等教育	47.48	123.77	177.49	179.38	181.07	183.04
研究生	2.29	7.79	12.55	13.44	13.95	14.59
本专科生	45.19	115.98	164.94	165.94	167.12	168.45
普通中等学校	433.97	592.97	462.79	423.62	398.58	369.10
中等专业学校	43.62	66.10	68.30	63.59	63.12	56.68
普通中学	373.64	491.56	368.61	339.82	317.89	296.74
＃高中	80.18	145.34	135.66	128.70	120.87	110.99
职业高中	16.71	35.31	25.88	20.21	17.57	15.68
小学	718.55	485.53	398.78	409.60	422.76	435.37
特殊教育	3.59	3.07	2.97	2.55	2.47	2.31
毕业生数	240.89	311.4	288.48	273.78	257.37	254.21
普通高等教育	8.01	24.46	50.88	51.05	50.86	51.41
研究生	0.44	1.49	2.99	3.34	3.84	4.03
本专科生	7.57	22.97	47.89	47.71	47.03	47.38
普通中等学校	117.74	180.99	166.50	157.43	141.67	138.52
中等专业学校	14.49	10.90	16.73	19.59	15.45	21.36
普通中学	96.00	162.98	140.04	130.44	119.69	110.11
＃高中	22.99	42.65	48.64	46.61	44.48	42.59
职业高中	7.25	7.11	9.73	7.40	6.53	7.05
小学	114.78	105.52	70.58	64.97	64.51	63.94
特殊教育	0.36	0.43	0.52	0.33	0.33	0.34

数据来源：江苏省历年统计年鉴。

（三）江苏省辖市教育发展基本情况

2013 年，江苏省 13 个省辖市普通中学在校生 296.74 万人，比上年下降 6.7%；小学在校生 435.37 万人，比上年增长 3.0%。普通中学专任教师 274279 人，比上年下降 1.9%；小学专任教师 258173 人，比上年增长 2.2%。2013 年，江苏省普通中学和小学在校生数最多的市为徐州市，在校生数分别为 37.52 万人和 66.18 万人，所占比重分别为 12.6%和 15.2%。2013 年，江苏省普通中学和小学专任教师最多的市也为徐州市，专任教师分别为 34591 人和 36511 人，所占比重分别为 12.6%和 14.1%。

表 8　2013 年江苏省省辖市教育情况

指　标	普通中学在校生（万人）	小学在校生（万人）	普通中学专任教师（人）	小学专任教师（人）
南京市	22.43	32.14	22361	20761

（续表）

指　标	普通中学在校生（万人）	小学在校生（万人）	普通中学专任教师（人）	小学专任教师（人）
无锡市	20.82	32.53	19247	19108
徐州市	37.52	66.18	34591	36511
常州市	16.48	24.36	13958	12689
苏州市	26.69	47.24	25792	26619
南通市	26	31.82	24898	19552
连云港市	23.15	35.52	20822	20860
淮安市	22.71	32.54	19354	19537
盐城市	28.24	40.41	27697	24193
扬州市	19.02	22.06	16757	13679
镇江市	9.95	13.44	9983	9077
泰州市	18.46	22.04	19505	14760
宿迁市	25.26	35.08	19314	20827
合计	296.74	435.37	274279	258173

数据来源：《江苏省统计年鉴》(2014)

四、浙江省教育发展基本情况

（一）浙江省教育发展总体情况

1. 义务教育

2013 年，浙江省义务教育中小学 5127 所，较上年减少 306 所，专任教师 30.14 万人，增长 1.0%。

—小学校数 3400 所，比上年减少 298 所；招生 60.75 万人，比上年增加 0.03 万人，增长 0.05%；在校生 349.58 万人，比上年增加 2.85 万人，增长 0.8%。专任教师 18.35 万人，比上年增加 0.40 万人。

—初中校数 1727 所，比上年减少 8 所；招生 51.24 万人，比上年增加 0.18 万人，增长 0.35%；在校生 148.26 万人，比上年减少 1.04 万人，下降 0.7%。初中专任教师 11.79 万人，比上年减少 0.10 万人。

2. 学前教育和特殊教育

2013 年，浙江省幼儿园 9209 所。在园幼儿 186.88 万人（含托班），在园人数比上年减少 1.75 万人。全省幼儿园专任教师 11.03 万人，比上年增加 0.30 万人。

2013 年，浙江省特殊教育学校 82 所，特殊教育学校和普通学校招收残疾学生 2812 人，比上年增加 71 人。特殊教育在校生 16327 人，比上年增加 1902 人，其中：在特殊教育学校就读的学生 10053 人，在普通学校（随班就读和附设特教班）残疾儿童招生数和在校生数分别为 1014 人、6274 人，分别占特殊教育招生和在校生总数的 36.1%、38.4%。特殊教育小学阶段在校生 11206 人，占特殊教育在校生总数的 68.6%；初中阶段在校生 4484 人，占 27.5%；高中阶段 637 人，占 3.9%。

3. 高中段教育

2013 年，浙江省高中段教育（包括普通高中、职业高中、普通中等专业学校、成人中等专业学校和技工学校）共有学校 972 所，比上年减少 23 所；招生 49.41 万人，比上年减少 2.26 万人；在校生为 153.69 万人，比上年减少 6.36 万人。

—普通高中学校 569 所，比上年减少 2 所；招生 26.52 万人，比上年减少 1.27 万人，下降 4.6%；在校生 83.98 万人，比上年减少 3.60 万人，下降 4.1%；毕业生 29.61 万人，比上年减少 0.10 万人，下降 0.3%。专任教师 6.50 万人，比上年增加 0.05 万人。

—中等职业教育（包括职业高中、普通中等专业学校、成人中等专业学校和技工学校）。学校 403 所，比上年减少 21 所；招生 22.89 万人，比上年减少 0.99 万人，下降 4.1%；在校生 69.71 万人，比上年减少 2.76 万人，下降 3.8%；毕业生 23.45 万人，比上年增加 0.44 万人，增长 1.9%。专任教师 3.28 万人。

4. 普通高等教育

2013 年，浙江省共有普通高等学校 106 所（含独立学院及筹建院校），其中：大学 15 所、学院 20 所、独立学院 22 所、高等专科学校 2 所、高等职业学校 47 所。

研究生招生 19535 人，其中：博士生 2346 人，硕士生 17189 人，招生总数比上年增加 787 人，增长 4.2%；在学研究生 57801 人，其中：博士、硕士在校生分别为 10038 人、47763 人，在学研究生总数比上年增加 3432 人，增长 6.3%。

普通本专科招生 28.34 万人，比上年增长 0.9%，其中部属院校招生 0.62 万人，与上年持平；地方属高校招生 27.71 万人，比上年增长 0.9%。本科招生 15.17 万人，下降 1.0%；高职（高专）招生 13.17 万人，增长 3.2%；在校生数 95.96 万人，增长 2.9%，其中本科在校生 58.74 万人，增长 3.2%，高职（高专）在校生 37.22 万人，增长 2.5%。毕业生 24.49 万人，下降 1.1%。

表 9　2013 年浙江省各级各类教育事业基本情况

指　标	学校数	招生数	在校生数	毕业生数	教职工数	专任教师数
一、基础教育						
1. 普通中学	2296	777599	2322404	781879	211440	182862
高　中	569	265198	839755	296105		64983
其中：民办	167	58166	180599	60752		11289
初　中	1727	512401	1482649	485774		117879
其中：民办	218	71832	198674	57692		11890
2. 小　学	3400	607545	3495846	540378	194380	183479
其中：民办	215	85444	419400	52439		16771
3. 幼儿园	9209	564073	1868754	606969	190186	110251
其中：民办	7053	333698	1182035	379693	118792	66971
4. 特殊教育	82	2812	16327	1777	2331	2038
5. 工读学校	2	218	291	67	106	63

（续表）

指　标	学校数	招生数	在校生数	毕业生数	教职工数	专任教师数
二、中等职业教育						
1. 职业高中	252	146189	447644	156354	29228	25155
2. 普通中专	48	32204	100002	36987	6993	5796
3. 技工学校	66	37351	118587	27273	8877	
三、普通高等教育						
1. 研究生		19535	57801	15592		
博士生		2346	10038	1661		
硕士生		17189	47763	13931		
2. 普通本专科(含筹)	106	283353	959629	244860	85381	56000
普通本科	57	151665	587410	128186	61920	40223
其中:民办	25	62050	241946	52879	15626	11989
其中:独立学院	22	43123	173018	39980	10989	8552
高职(高专)	49	131688	372219	116674	23461	15777
其中:民办	10	22830	65095	21110	4137	2873
四、成人教育						
1. 成人高等学历教育	9	124118	276578	101082	1673	1072
2. 网络本专科		18743	49549	15965		
3. 成人中等专业教育	37	13112	30877	13931	1670	1049
4. 成人中学	321		115772	96324	1781	1380
5. 成人技术培训学校	4452		2969009	3039879	20535	14007
6. 成人初等学校	210		37893	10119	813	436

注:1. 特殊教育学生数中包括普通中小学随班就读的学生。
2. 本表数据转自浙江省教育厅。

（二）浙江省教育发展历史变化情况

2000 年以来，浙江省小学的数量持续减少，从 2000 年的 11841 所减少到了 2013 年的 3400 所，减幅达到 71.3%。2013 年小学招生数比 2000 年减少 0.83 万人，下降 1.3%。与此同时，小学教师队伍建设却稳步增长。2013 年，小学专任教师的数量比 2000 年增加了 2.31 万人，增幅为 14.4%。小学生师比为 19.1∶1，小学专任教师学历合格率及小学高学历（专科及以上）教师比例分别达到 99.96%和 94.65%。由以上数据可知，随着教育事业的发展，浙江省小学教育资源越来越集中，专任教师的教学资质也在不断上升。

普通中学数量从 2000 年的 2940 逐年递减到 2013 年的 2296 所，减幅为 21.9%；专任教师数量却从 2000 年的 13.93 万人增加到 2012 年的 18.29 万人，增幅为 31.3%；招生数继 2000 年以来持续回

落,2013 年普通中学招生数比 2000 年下降 15.9%。中学生师比 12.6∶1。初中专任教师学历合格率及初中高学历(本科及以上)教师比例分别达到 99.80%、92.42%。

特殊教育学校由 2000 年的 62 所增加到 2013 年的 82 所;专任教师数比 2000 年增加 0.09 万人,招生数增加 0.09 万人。2000 年特殊学校招生数与专任教师数的比例为 2.2∶1,2013 年特殊学校招生数与专任教师数的比例为 1.4∶1,说明特殊教育越来越受到重视,教育条件也有很大的改善。

表 10 浙江省普通中学、小学、特殊教育学校历史变化情况

指标		2000 年	2005 年	2010 年	2011 年	2012 年	2013 年
学校数(所)	普通中学	2940	2524	2314	2314	2306	2296
	普通小学	11841	6101	3989	3818	3698	3400
	特殊教育	62	62	67	78	79	82
专任教师数(万人)	普通中学	13.93	16.69	18.29	18.26	18.34	18.29
	普通小学	16.04	16.22	17.19	17.44	17.95	18.35
	特殊教育	0.11	0.12	0.16	0.18	0.19	0.20
招生数(万人)	普通中学	92.51	86.45	83.30	80.03	78.85	77.76
	普通小学	61.58	48.96	60.21	62.88	60.72	60.75
	特殊教育	0.24	0.15	0.19	0.22	0.27	0.28

数据来源:历年浙江省统计年鉴。

(三)浙江省各省辖市教育发展情况

2013 年,浙江省共有高等学校在校生 105.72 万人,比上年增长 11.3%。其中,76.8%的高等学校在校生在浙东北地区;杭州市在校生数最多,为 47.18 万人,占全省总数的 44.6%。中等职业学校在校生 62.25 万人,比上年下降 4.5%。其中,54.2%的中等职业学校在校生在浙东北地区;杭州市在校生数最多,为 10.05 万人,占全省总数的 16.1%。普通中学在校生 232.23 万人,比上年下降 2.0%。其中,51.7%的普通中学在校生在浙东北地区;温州市在校生数最多,为 37.02 万人,占全省总数的 15.9%。小学在校生 349.58 万人,比上年增长 0.8%。其中,48.6%的小学在校生在浙东北地区;温州市在校生人数 60.83 万人,占全省总数的 17.4%。

表 11 2013 年浙江省各市各类学校在校学生数 万人

城市	高等学校	中等职业学校	普通中学	小学
浙东北	81.20	33.73	120.07	170.00
杭州市	47.18	10.05	32.73	48.35
宁波市	14.90	7.83	28.59	48.70
嘉兴市	6.37	5.60	17.50	22.68
湖州市	2.67	3.34	12.59	15.67
绍兴市	7.75	6.07	25.19	29.96
舟山市	2.33	0.85	3.47	4.64
浙西南	24.51	28.51	112.16	179.58

（续表）

城　市	高等学校	中等职业学校	普通中学	小学
温州市	7.92	6.40	37.02	60.83
金华市	8.13	7.53	24.31	40.10
衢州市	1.29	3.09	11.38	14.36
台州市	3.20	8.28	28.26	47.94
丽水市	3.98	3.20	11.19	16.35
合计	105.72	62.25	232.23	349.58

数据来源:《浙江省统计年鉴》(2014)

四　长三角居民收入与消费

一、长三角居民收入与消费基本情况

近年来，长三角地区居民收入水平和消费水平稳步提高。2013 年，长三角地区城镇居民人均可支配收入为 35415 元，上年增加 2639 元，增长 8.1%；城镇居民人均消费支出为 22200 元，比上年增加 1430 元，增长 6.9%。2013 年，长三角地区农村居民人均纯收入为 15037 元，比上年增加 1756 元，增长 13.2%；农村居民人均生活消费支出为 10820 元，比上年增加 1451 元，增长 15.5%。2013 年，城镇在职职工年平均工资为 57657 元，比上年增加 4919 元，增长 9.3%。

2008—2013 年长三角居民收入与消费整体情况

元

指　标	2008 年	2009 年	2010 年	2011 年	2012 年	2013 年
城镇居民人均可支配收入	21265	23159	25714	29301	32776	35415
城镇居民生活消费支出	14174	15524	16793	19186	20770	22200
农村居民人均纯收入	8177	8885	10108	11839	13281	15037
农村居民生活消费支出	6083	6513	7373	8567	9369	10820
职工年平均工资	35105	38768	42659	48322	52738	57657

2008—2013 年长三角居民收入与消费增长情况

%

指　标	2008 年	2009 年	2010 年	2011 年	2012 年	2013 年
城镇居民人均可支配收入	12.4	8.9	11.0	13.9	11.9	8.1
城镇居民生活消费支出	10.7	9.5	8.2	14.2	8.3	6.9
农村居民人均纯收入	11.8	8.7	13.8	17.1	12.2	13.2
农村居民生活消费支出	7.2	7.1	13.2	16.2	9.4	15.5
职工年平均工资	13.3	10.4	10.0	13.3	9.1	9.3

注：职工年平均工资为城镇在职职工年平均工资
数据来源：历年上海市、江苏省、浙江省统计年鉴

二、上海市

（一）上海市居民收入及消费整体情况

据抽样调查，2013 年，上海市城市居民家庭人均年可支配收入 43 851 元，比上年增长 9.1%，扣除价格因素，实际增长 6.6%；城市居民人均消费支出 28 155 元，比上年增长 7.2%，其中，食品支出占人均消费性支出的比重为 34.9%。上海市农村居民家庭人均年可支配收入 19 208 元，比上年增长 10.4%，扣除价格因素，实际增长 7.9%；农村居民人均生活消费支出 13 425 元，比上年增长 11.0%，其中，食品支出占人均消费性支出的比重为 39.7%。职工年平均工资 60 435 元，比上年增长 7.3%，增幅同比回落 1.0 个百分点。

2008—2013 年上海市居民收支及职工年均工资 元

指 标	2008 年	2009 年	2010 年	2011 年	2012 年	2013 年
城镇居民人均可支配收入	26 675	28 838	31 838	36 230	40 188	43 851
城镇居民生活消费支出	19 398	20 992	23 200	25 102	26 253	28 155
农村居民人均可支配收入	11 385	12 324	13 746	15 644	17 401	19 208
农村居民生活消费支出	9 115	9 804	10 225	11 272	12 096	13 425
职工年平均工资	39 502	42 789	46 757	51 968	56 300	60 435

数据来源:历年上海市统计年鉴

2008—2013 年上海市居民收支及职工年均工资增长 %

指 标	2008 年	2009 年	2010 年	2011 年	2012 年	2013 年
城镇居民人均可支配收入	12.9	8.0	10.4	13.8	10.9	9.1
城镇居民生活消费支出	12.6	8.2	10.5	8.2	4.6	7.2
农村居民人均可支配收入	11.4	8.2	11.5	13.8	11.2	10.4
农村居民生活消费支出	3.1	7.5	4.2	10.2	7.3	11.0
职工年平均工资	13.8	8.3	11.6	11.1	8.3	7.3

(二)上海市居民消费品价格变化情况

2013 年,上海市全年居民消费价格比上年上涨 2.3%。八大类价格同比涨幅呈现“六涨两平”格局。其中,食品类价格上涨 4.4%;烟酒类价格上涨 0.1%;家庭设备用品及维修服务类价格上涨 1.3%;交通和通信价格上涨 0.4%;娱乐教育文化用品及服务价格上涨 0.1%;居住类价格上涨 3.9%;衣着价格和医疗保健和个人用品价格与去年持平。

2008—2013 年上海市城乡居民消费价格指数(以上年价格为 100)

指 标	2008 年	2009 年	2010 年	2011 年	2012 年	2013 年
居民消费价格指数	105.8	99.6	103.1	105.2	102.8	102.3
食品	115.3	102.1	107.7	110.8	105.8	104.4
#粮 食	107.3	103.7	112.0	113.5	102.9	103.7
烟酒	101.7	100.8	101.1	101.3	101.4	100.1
衣着	101.6	99.3	98.6	104.3	103.0	100.0
家庭设备用品及维修服务	108.3	101.5	101.1	107.1	103.5	101.3
医疗保健和个人用品	103.1	99.4	103.7	104.1	100.6	100.0
交通和通信	97.5	97.5	97.4	100.2	100.8	100.4
娱乐教育文化用品及服务	98.2	98.0	100.9	99.2	99.3	100.1
居住	102.5	96.6	103.5	105.4	102.8	103.9

数据来源:历年上海市统计年鉴

（三）上海市居民收入特点

至2013年，上海市农村居民家庭人均可支配收入增幅连续五年高于城市居民家庭人均可支配收入。城乡居民收入比逐年缩小，2013年，上海市城乡居民收入比为2.28，比上年下降0.03。

2013年，上海市城市居民家庭人均可支配收入为43851元，同比增长9.1%。其中，工资性收入仍为城市居民家庭人均可支配收入的支柱，2013年，上海城市居民家庭人均工资性收入为28518元，同比增长6.6%，占城市居民家庭人均可支配收入的比重为65.0%，比上年下降1.6个百分点；财产性收入大幅上涨，2013年，上海城市居民家庭人均财产性收入为788元，同比增长36.8%，占城市居民家庭人均可支配收入的比重为1.8%，比上年上升0.4个百分点；转移性收入快速增长，2013年，上海城市居民家庭人均转移性收入12228元，同比增长15.4%，占城市居民家庭人均可支配收入的比重为27.9%，比上年上升1.5个百分点。

2013年，上海市农村居民家庭人均年可支配收入19 208元，比上年增长10.4%。其中，工资性收入12378元，同比增长7.7%，占农村居民家庭人均可支配收入的比重为64.4%，比上年下降1.7个百分点；财产性收入快速上涨，2013年，上海农村居民家庭人均财产性收入为1587元，同比增长14.8%，占农村居民家庭人均可支配收入的比重为8.3%，比上年上升0.4个百分点；转移性收入大幅增长，2013年，上海农村居民家庭人均转移性收入4323元，同比增长19.5%，占农村居民家庭人均可支配收入的比重为22.5%，比上年上升1.7个百分点。

2008—2013年上海市城市居民家庭人均可支配收入　　元

指　标	2008年	2009年	2010年	2011年	2012年	2013年
人均可支配收入	26 675	28 838	31 838	36 230	40 188	43 851
工资性收入	18 909	19 811	21 745	24 454	26 752	28 518
经营性收入	1 399	1 435	1 628	1 994	2 267	2 317
财产性收入	369	474	511	633	576	788
转移性收入	5 998	7 118	7 954	9 149	10 593	12 228

数据来源：历年上海市统计年鉴

2008—2013年上海市农村居民家庭人均可支配收入　　元

指　标	2008年	2009年	2010年	2011年	2012年	2013年
人均可支配收入	11 385	12 324	13 746	15 644	17 401	19 208
工资性收入	8 182	8 721	9 606	10 493	11 496	12 378
家庭经营纯收入	711	590	589	877	905	920
财产性收入	837	932	970	1 243	1 382	1 587
转移性收入	1 655	2 081	2 581	3 031	3 618	4 323

数据来源：历年上海市统计年鉴

政策性因素对于促进居民工资性收入增长起到非常积极的作用。2013年，上海出台一系列政策保障居民工资增长，包括将最低工资标准由1450元上调到每月1620元，上调幅度达11.7%；个人所得税起征点上调，对于职工税负有明显降低作用。城镇最低生活保障标准由每人每月570元上调到640元，提高幅度达到12.3%；农村最低生活保障标准从每人每年5160元提高到6000元，提高幅度达到16.3%。

居民转移性收入主要包括养老金、退休金以及各种补贴，这类收入的增长主要得益于政府保障水平的不断提高。2013年，城镇企业退休人员，养老金增长水平按照月平均增加310元左右安排；“镇保”按月领取养老金人员，每人每月增加养老金130元；“城居保”和“新农保”按月领取养老金人员，每人每月增加70元。这些举措带动了收入的增长。

（四）上海市居民消费特点

调查资料显示，2013年，上海市城乡居民消费平稳增长，全年城镇居民人均消费支出28155元，比上年增加1902元，增长7.2%；农村居民人均生活消费支出13425元，比上年增加1329元，增长11.0%。

2012—2013年上海市居民消费支出变化　　元

指标	城镇居民			农村居民		
	2012年	2013年	增长(%)	2012年	2013年	增长(%)
消费支出	26253	28155	7.2	12096	13425	11.0
食品	9656	9823	1.7	4837	5334	10.3
衣着	2111	2032	−3.7	704	771	9.5
居住	1790	2848	59.1	1834	2260	23.2
家庭设备	1906	1706	−10.5	646	694	7.4
医疗保健	1017	1350	32.7	1029	1181	14.8
交通通讯	4564	4736	3.8	1705	1719	0.8
教育文化娱乐	3724	4122	10.7	1088	964	−11.4

数据来源：《上海市统计年鉴》(2013)、(2014)

1. 城市居民消费特点

(1) 食品消费支出小幅增长。城市居民家庭食品支出人均9823元，比上年增长1.7%。其中，人均粮油支出966元，下降5.2%；蔬菜及制品支出869元，增长14.0%；肉禽蛋及水产品支出2558元，下降2.0%；在外饮食支出2688元，增长3.5%。食品支出占生活消费支出34.9%，下降1.9个百分点。

(2) 衣着消费支出小幅下降。城市居民家庭衣着支出人均2032元，比上年下降3.7%。其中，人均购买服装支出1534元，下降3.0%。

(3) 居住支出快速增长。城市居民家庭居住支出人均2848元，比上年增长59.1%。其中，生活用水、用电支出720元，增长17.5%；燃料费支出238元，增长13.9%。

(4) 家庭设备用品及服务消费支出快速下降。城市居民家庭设备用品及服务消费支出人均1706元，比上年下降长10.5%。其中，人均耐用消费品支出607元，下降9.7%。

(5) 交通和通信消费支出略有增长。城市居民家庭交通和通信支出人均4736元，比上年增长3.8%。其中，交通费支出941元，增长2.7%；电信费支出1134元，增长12.6%。

(6) 医疗保健消费支出大幅增长。城市居民家庭医疗保健支出人均1350元，比上年增长32.7%。

(7) 文教娱乐用品及服务消费支出稳步上升。城市居民家庭文化教育娱乐用品及服务支出人均

4122元，比上年增长10.7%。其中，人均教育支出1253元，增长0.9%；人均文化娱乐服务支出2155元，增长37.7%；人均娱乐用品支出714元，下降22.1%。

2. 农村居民消费特点

据抽样调查，2013年上海市农村居民家庭生活消费支出人均13425元，比上年增长11.0%，剔除价格因素影响，实际增长8.5%。其中，人均服务性支出4543元，同比增长27.9%；网购商品和服务支出91元，增长44.4%。农村居民家庭生活消费服务性支出人均4543元，比上年增长27.9%，服务性支出占生活消费支出的比重比上年提高了4.4个百分点。

(1) 食品消费支出平稳增长。农村居民家庭食品支出人均5334元，比上年增长10.3%。其中，人均粮食支出450元，增长7.9%；蔬菜及制品支出438元，增长28.4%；肉禽蛋奶及制品支出1393元，增长3.7%；水产品支出581元，增长11.5%；在外饮食支出465元，增长10.7%。食品支出占生活消费支出39.7%，微降0.3个百分点。

(2) 衣着消费支出继续增长。农村居民家庭衣着支出人均771元，比上年增长9.5%。其中，人均购买服装支出536元，增长16.3%；购买鞋类支出178元，增长11.3%。

(3) 居住支出快速增长。农村居民家庭居住支出人均2260元，比上年增长23.2%。其中，人均购买住房支出506元，增长30.7%；生活用水、用电支出619元，增长15.3%。数据显示，2009年农村居民家庭购房支出人均1062元，为历史最高。2010—2012年呈逐年递减趋势，购房支出分别为1001元、523元、387元。2013年，受刚需等因素影响，房屋销售回暖，农村居民购房支出随之攀升。与之相对应，本市农村居民家庭居住住房面积人均58平方米。

(4) 家庭设备用品及服务消费支出小幅增长。农村居民家庭设备用品及服务消费支出人均694元，比上年增长7.4%。其中，人均机电设备支出235元，增长28.4%；家庭设备修理费29元，下降34.1%。

(5) 交通和通信消费支出略有增长。农村居民家庭交通和通信支出人均1719元，比上年增长0.8%。其中，人均交通和通信服务支出610元，增长9.5%；交通工具零配件支出71元，增长2.2倍；购置生活用汽车等交通工具支出641元，下降13.0%。农村居民家庭涉及信息消费项目支出人均约866元，比上年增长16.6%。其中，人均支付通讯费450元，同比增长27.5%；上网费185元，增长50.4%。此外，人均购买通讯设备(手机、平板智能终端等)102元、彩电63元，分别比上年下降1.9%和38.4%。表明农村居民信息消费已经更多地从传统硬件消费转为信息内容服务。

(6) 文教娱乐用品及服务消费支出下降。农村居民家庭文化教育娱乐用品及服务支出人均964元，比上年下降11.4%。其中，人均学杂费支出246元，下降23.4%；文教娱乐用机电消费品支出141元，下降22.1%。

(7) 医疗保健支出较快增长。农村居民家庭医疗保健支出人均1181元，比上年增长14.8%。其中，人均医疗保健服务支出919元，增长13.5%；医疗保健用品支出261元，增长19.2%。

(8) 其他商品和服务消费支出成倍增长。农村居民家庭其他商品和服务支出人均502元，比上年增长98.4%。其中，人均化妆品支出85元，增长3.5倍；其他服务支出137元，增长1.3倍。

三、江苏省

(一) 江苏省居民收入及消费总体情况

根据对城镇住户的抽样调查，2013年，江苏省城镇居民人均可支配收入达32 538元，比上年增长9.6%，扣除物价上涨因素，实际增长7.1%；人均消费性支出20 371元，增长比上年8.2%，其中食品支出占人均消费性支出的比重为34.7%。根据对农村住户的抽样调查,2013年,江苏省农村居民人均纯收入达13 598元,比上年增长11.4%,扣除物价上涨因素,实际增长8.7%;人均生活消费支出9 607元,比上年增长11.0%,其中食品支出占人均生活消费支出的比重为36.3%。

2008—2013年江苏省居民收支及职工年平均工资

元

指 标	2008年	2009年	2010年	2011年	2012年	2013年
城镇居民人均可支配收入	18 680	20 522	22 944	26 341	29 677	32 538
城镇居民生活消费支出	11 978	13 153	14 357	16 782	18 825	20 371
农村居民人均纯收入	7 357	8 004	9 118	10 805	12 202	13 598
农村居民生活消费支出	5 328	5 804	6 543	7 693	8 655	9 607
职工年平均工资	31 667	35 890	40 505	45 987	51 279	57 985

数据来源:历年江苏省统计年鉴

2008—2013年江苏省居民收支及职工年平均工资增长

%

指 标	2008年	2009年	2010年	2011年	2012年	2013年
城镇居民人均可支配收入	14.1	10.0	11.6	14.8	12.7	9.6
城镇居民生活消费支出	11.8	9.8	9.2	16.9	12.2	8.2
农村居民人均纯收入	12.1	8.5	13.9	18.5	12.9	11.4
农村居民生活消费支出	11.2	8.9	12.7	17.6	12.5	11.0
职工年平均工资	15.7	13.3	12.9	13.5	11.5	13.1

(二)江苏省城乡居民消费价格变化

2013年,江苏省居民消费价格涨幅有所回落。全年居民消费价格比上年上涨2.3%,涨幅同比回落0.3个百分点。其中,城市上涨2.3%,农村上涨2.5%。分类别看,食品类价格上涨4.1%,烟酒类价格下跌1.3%,衣着类价格上涨3.2%,家庭设备用品及维修服务价格上涨2.2%,医疗保健和个人用品价格上涨1.1%,交通和通信价格下跌0.3%,娱乐教育文化用品及服务价格上涨1.3%,居住价格上涨2.5%。在食品价格中,粮食价格上涨3.0%,油脂价格下跌1.8%,肉禽及其制品价格上涨3.1%,鲜菜价格上涨7.2%,水产品价格上涨5.5%,蛋价格上涨4.4%。

2008—2013年江苏省城乡居民消费价格指数(以上年价格为100)

指 标	2008年	2009年	2010年	2011年	2012年	2013年
居民消费价格指数	105.4	99.6	103.8	105.3	102.6	102.3
食品	113.0	100.9	107.4	111.8	104.7	104.1
#粮 食	106.1	104.4	115.2	111.1	102.3	103.0
烟酒	102.9	101.7	102.4	104.0	103.9	98.7
衣着	100.5	99.0	100.7	103.4	103.6	103.2
家庭设备用品及维修服务	104.1	101.3	100.1	104.4	103.6	102.2

（续表）

指　标	2008 年	2009 年	2010 年	2011 年	2012 年	2013 年
医疗保健和个人用品	102.5	100.7	102.9	103.1	101.3	101.1
交通和通信	98.6	96.7	99.8	100.8	99.8	99.7
娱乐教育文化用品及服务	99.0	99.9	101.6	100.6	99.9	101.3
居住	104.2	97.5	105.0	104.1	102.4	102.5

数据来源：历年江苏省统计年鉴

（三）江苏省居民收入特点

城乡居民收入相对差距继续缩小。2013 年，江苏省城镇居民人均可支配收入 32 538 元，同比增长 9.6%，农村居民人均纯收入 13 598 元，同比增长 11.4%，农民收入增速快于城镇居民 1.8 个百分点。城乡居民收入比由上年同期的 2.43∶1 下降到 2.39∶1，为近年来同期最低，城乡收入相对差距自 2009 年以来连续 4 年呈缩小态势。

1. 城镇居民人均可支配收入比上年增长 9.6%，扣除物价上涨因素，实际增长 7.1%

（1）工资性收入保持平稳增长。2013 年，江苏省城镇居民人均工资性收入 21355 元，比上年增长 8.9%，占家庭总收入的比重为 60.8 %，是城镇居民收入的主要来源，工资性收入占家庭总收入的比重有所提高，比 2012 年提高了 0.5 个百分点。

（2）经营收入和财产性收入比重降低。2013 年，江苏省城镇居民人均经营净收入 3565 元，比上年增长 4.2%。2013 年，江苏省城镇居民人均财产性收入 764 元，比上年增长 10.7%。两项收入占家庭总收入的比重由 2012 年的 12.6%下降到 2013 年的 12.3%。

（3）转移性收入平稳增长。2013 年，江苏省城镇居民人均转移性收 9447 元，比上年增长 7.3%，占家庭总收入的比重由 2012 年的 27.1%下降到 2013 年的 26.9%。

2. 农村居民纯收入比上年增长 11.4%，扣除物价上涨因素，实际增长 8.7%

（1）工资性收入是推动农村居民收入增长的主要动力。2013 年，江苏省农村居民在各类企事业中从业或从事其他各种劳务活动获得的工资性收入人均 7272 元，比上年增长 12.3%。工资性收入占全部纯收入的比重为 53.5%，比上年提高 0.4 个百分点，工资性收入对纯收入的增长贡献率为 57.2%，工资性收入是农村居民收入的主要来源，更是收入增长的主要推动力。

（2）家庭经营二、三产业收入较快增长。2013 年，江苏省农村居民来自家庭经营的二、三产业收入人均 2067 元，比上年增长 14.2%。受外部环境的影响，农村家庭工业经历了考验，但伴随着宏观经济的好转，家庭二、三产业收入稳步增长。

（3）非经营收入快速增长。2013 年，江苏省农村居民获得的转移性和财产性等非经营性收入人均 1805 元，比上年增长 16.8%，主要是房屋租金、离退休金和养老金收入的较快增长。

（四）江苏省居民消费特点

调查资料显示，2013 年，江苏省城乡居民消费平稳增长，全年城镇居民人均消费支出 20 371 元，比上年增加 1 546 元，增长 8.2%；农村居民人均生活消费支出 9607 元，比上年增加 952 元，增长 11.0%。

2012—2013 年江苏省居民消费支出变化

元

指　标	城镇居民			农村居民		
	2012 年	2013 年	增长(%)	2012 年	2013 年	增长(%)
消费支出	18 825	20 371	8.2	8 655	9 607	11.0
食品	6 658	7 074	6.2	3 233	3 488	7.9
衣着	1 916	2 013	5.1	463	528	14.0
居住	1 437	1 564	8.8	1 481	1 679	13.4
家庭设备	1 288	1 379	7.1	472	518	9.7
医疗保健	1 058	1 122	6.0	511	587	14.9
交通通讯	2 690	3 135	16.5	1 088	1 299	19.4
教育文化娱乐	3 078	3 290	6.9	1 210	1 289	6.5
其他商品和服务	700	794	13.4	196	218	11.2

数据来源:《江苏省统计年鉴》(2013)、(2014)

1. 城镇居民消费特点

(1) 食品消费质量提高,恩格尔系数下降。2013 年,江苏省城镇居民人均食品类支出 7074 元,比上年增长 6.2%,恩格尔系数为 34.7%,比上年下降 0.7 个百分点。同期食品消费价格指数为 104.2,食品价格上涨使城镇居民每人多支出 285 元。在城镇居民食品消费中所占比重前三位的是肉类、蔬菜类和水产品类,占比分别为 13.3%、10.2%和 7.9%。

(2) 衣着消费支出持续增长。2013 年,江苏省城镇居民衣着人均消费支出 2013 元,比上年增长 5.1%;占消费支出比重为 9.9%,比上年下降 0.3 个百分点;人均服装支出占衣着消费的比重由去年的 75.1%下降到 69.5%。

(3) 居住环境改善,居住类支出持续增长。2013 年,在水电气价格纷纷上调的背景下,江苏省城镇居民人均居住类支出 1564 元,比上年增长 8.8%;占消费支出的比重为 7.7%,比上年上升 0.1 个百分点。其中,租赁房房租涨幅最高,接近去年的 2.5 倍。

(4) 家庭设备用品消费结构升级。2013 年,江苏省城镇居民人均家庭设备用品及服务类支出 1379 元,比上年增长 7.1%;占消费支出的比重为 6.8%,与去年持平。其中家庭耐用品人均消费为 568 元,同比增长 16.5%;家庭日用杂品人均消费 490 元,同比下降 8.2%。

(5) 居民保健意识增强,保健支出稳步增长。2013 年,江苏省城镇居民人均医疗保健支出 1122 元,比上年增长 6.0%;占消费支出的比重为 5.5%,比去年下降 0.1 个百分点。其中医疗费由去年的人均 369 元增加到 906 元,比去年增长 145.5%;药品费大幅下降,由去年的 405 元下降到 252 元,同比下降 37.8%。

(6) 交通和通讯消费支出稳步增长,汽车消费成热点。2013 年,江苏省城镇居民人均交通和通讯支出 3135 元,比上年增长 16.5%。其中人均电信费达到 837 元,同比增长 39.7%;人均交通费 2298 元,是去年的 9.3 倍。江苏省城镇居民每百户拥有家用汽车 33.9 辆,比去年增加 7.7 辆;每百户拥有移动电话 233.2 部,比上年增加 17.5 部。

(7) 教育文化娱乐服务消费支出平稳增长。2013 年,江苏省城镇居民人均教育文化娱乐服务支出 3290 元,比上年增长 6.9%;占消费支出的比重比去年下降 0.1 个百分点。由于对教育的重视程度越来越高,人均教育支出大幅增长,2013 年,江苏省城镇居民人均教育支出 1339 元,同比增长

20.4%;人均文化娱乐用品支出606元,同比下降9.7%。

2. 农村居民消费特点

(1) 食品消费支出稳步上升,恩格尔系数下降。2013年,江苏省农村居民人均食品支出3488元,同比增长7.9%;占消费支出的比重为36.3%,占消费支出的比重比上年下降1.1个百分点。恩格尔系数为36.3%,比上年下降1.1个百分点。其中,主食消费452元,同比增长10.0%;副食品及其他食品消费2445元,同比增长10.5%。

(2) 衣着和居住消费快速增长。由于人们越来越注重仪表穿着,江苏省农村居民衣着支出快速增长。2013年,江苏省农村居民人均衣着消费528元,同比增长14.0%,增幅高于人均消费支出3.0个百分点。农村居民居住环境的改善使得农村居民居住消费稳步提升。2013年,江苏省农村居民人均居住消费1679元,同比增长13.4%,增幅高于人均消费支出2.4个百分点。

(3) 家庭设备和文化教育娱乐消费支出稳步增长。2013年,江苏省农村居民人均家庭设备消费518元,同比增长9.7%,家庭设备消费增长主要是添置家电。2013年,江苏省农村居民每百户拥有家用电脑36.5台,比上年增加11.6台;每百户拥有电冰箱92.9台,比上年增加21.5台。2013年,江苏省农村居民文化教育娱乐消费1289元,同比增长6.5%。

(4) 医疗保健和交通通讯消费支出快速增长。随着生活水平的提高,人们越来越注重养生保健。虽然江苏省实现了农村医保的全覆盖,农村居民人均医疗保健消费仍快速增长。2013年,江苏省农村居民人均医疗保健消费587元,同比增长14.9%。随着农村居民收入的不断提高,汽车开始进入寻常百姓家,使得农村居民的交通消费不断增长。2013年,江苏省农村居民交通通讯消费1299元,同比增长19.4%。2013年,江苏省农村居民每百户拥有汽车7.2辆,比上年增加1.3辆;每百户拥有移动电话218.8部,比上年增加19.3部。

四、浙江省

(一) 浙江省居民收入及消费总体情况

据对城乡住户抽样调查,2013年,浙江省城镇居民人均可支配收入37851元,农村居民人均纯收入16106元,分别比上年增长9.6%和10.7%,扣除价格因素分别增长7.1%和8.1%。城镇居民人均消费支出23257元,比上年增长7.9%,扣除价格因素,实际增长5.5%。农村居民人均生活消费支出11760元,比上年增长15.2%,扣除价格因素,实际增长7.8%。城镇居民家庭恩格尔系数为34.4%,比上年下降0.7个百分点;农村居民家庭恩格尔系数为35.6%,比上年下降2.1个百分点。

2008年—2013年浙江省居民收支情况

元

收入与支出	2008年	2009年	2010年	2011年	2012年	2013年
城镇居民人均可支配收入	22727	24611	27359	30971	34550	37851
城镇居民生活消费支出	15158	16683	17858	20437	21545	23257
农村居民人均纯收入	9258	10007	11303	13071	14552	16106
农村居民生活消费支出	7072	7375	8390	9644	10208	11760
职工年平均工资	34146	37395	41505	46660	50813	56571

数据来源:历年浙江省统计年鉴

2008—2013 年浙江省居民收入和消费增长情况 %

收入与支出	2008 年	2009 年	2010 年	2011 年	2012 年	2013 年
城镇居民人均可支配收入	10.5	8.3	11.1	13.2	11.6	9.6
城镇居民生活消费支出	7.6	10.1	7.0	14.4	5.4	7.9
农村居民人均纯收入	12.0	8.1	12.9	15.6	11.3	10.7
农村居民生活消费支出	9.8	4.3	13.8	14.9	5.8	15.2
职工年平均工资	10.7	9.7	11.0	12.4	8.9	11.3

数据来源：历年浙江省统计年鉴

（二）浙江省居民消费品价格变化情况

2013 年，浙江省居民消费价格涨幅有所上升。全年居民消费价格比上年上涨 2.3%，涨幅同比上升 0.1 个百分点。其中，城市上涨 2.3%，农村上涨 2.4%。分类别看，食品类价格上涨 3.8%，烟酒类价格下跌 0.2%，衣着类价格上涨 2.9%，家庭设备用品及维修服务价格上涨 2.2%，医疗保健和个人用品价格上涨 0.3%，交通和通信价格下跌 0.6%，娱乐教育文化用品及服务价格上涨 2.5%，居住价格上涨 2.5%。在食品价格中，粮食价格上涨 2.8%，油脂价格下跌 1.8%，肉禽及其制品价格上涨 3.9%，鲜菜价格上涨 6.6%，水产品价格上涨 4.8%，蛋价格上涨 2.8%。

2008—2013 年浙江省居民消费价格指数（上年＝100）

指　标	2008 年	2009 年	2010 年	2011 年	2012 年	2013 年
居民消费价格总指数	105.0	98.5	103.8	105.4	102.2	102.3
食品	113.9	100.7	107.3	112.1	105.3	103.8
＃粮食	105.4	105.5	114.3	112.5	103.7	102.8
烟酒及用品	102.1	100.5	100.7	101.7	101.5	99.8
衣着	97.9	98.2	99.3	102.9	101.3	102.9
家庭设备用品及维修服务	103.4	99.8	100.4	103.7	102.5	102.2
医疗保健及个人用品	105.8	102.4	105.4	103.7	101.3	100.3
交通和通信	95.6	96.0	100.3	100.7	99.7	99.4
娱乐教育文化用品及服务	99.0	98.4	101.6	100.1	99.4	102.5
居住	105.0	92.7	106.0	105.3	101.6	102.5

资料来源：历年浙江省统计年鉴

（三）浙江省居民收入的特点

1. 城镇居民人均可支配收入实际增长 7.1%，连续 13 年居全国 31 个省（区、市）第三位

2013 年，浙江城镇居民人均可支配收入 37851 元，比上年增长 9.6%，扣除价格因素，实际增长 7.1%。城镇居民人均可支配收入的中位数为 33860 元，比上年增加 3247 元，增长 10.6%。

（1）工资性收入显著增加。2013 年，浙江省城镇居民人均工资性收入 24453 元，比上年增加 2068

元，增长9.2%，占家庭总收入的比重为59.3%，所占比重比上年上升0.4个百分点，是城镇居民收入的主要来源。

（2）经营净收入平稳增长。2013年，浙江省城镇居民人均经营净收入5123元，比上年增加429元，增长9.1%，占家庭总收入的比重为12.4%，所占比重与去年持平。

（3）财产性收入比重降低。2013年，浙江省城镇居民人均财产性收入1486元，比上年增加21元，增长1.4%，占家庭总收入的比重为3.6%，所占比重比上年下降0.3个百分点。

（4）转移性收入增速回落。2013年，浙江省城镇居民人均转移性收10179元，比上年增长7.7%，增速比上年回落10.8个百分点。占家庭总收入的比重由2012年的24.9%下降到2013年的24.7%。

2. 农村居民人均纯收入实际增长8.1%，连续29年位居全国各省（区）首位

2013年，浙江省农村居民人均纯收入16106元，比上年增长10.7%，扣除价格因素，实际增长8.1%。农村居民人均纯收入中位数为14420元，比上年增加1633元，增长12.8%。

（1）工资性收入是农村居民纯收入的主要来源。2013年，浙江省农村居民在各类企事业中从业或从事其他各种劳务活动获得的工资性收入人均8577元，比上年增长9.1%。非工资收入的快速增长使得工资性收入占全部纯收入的比重有所下降，2013年，浙江省农村居民工资性收入占全部纯收入的比重为53.3%，比上年下降0.7个百分点。

（2）家庭经营二、三产业收入快速增长。2013年，农村居民来自家庭经营的二、三产业收入人均3632元，比上年增长19.3%，增幅高于去年6.3个百分点。受外部环境的影响，农村家庭工业经历了考验，但伴随着宏观经济的好转，家庭二、三产业收入快速增长。

（3）非经营收入大幅上升。2013年，浙江农村居民获得的转移性和财产性等非经营性收入人均1772元，比上年增长18.0%，增幅高于去年4.2个百分点。主要是房屋租金、离退休金和养老金收入的较快增长。

（四）浙江省居民消费特点

2013年，浙江省城镇居民人均消费支出23257元，比上年增长7.9%，扣除价格因素，实际增长5.5%。农村居民人均生活消费支出11760元，比上年增长15.2%，扣除价格因素，实际增长7.8%。

2012—2013年浙江省居民消费支出变化

元

指标	城镇居民			农村居民		
	2012年	2013年	增长(%)	2012年	2013年	增长(%)
消费支出	21545	23257	7.9	10208	11760	15.2
食品	7552	8008	6.0	3844	4191	9.0
衣着	2110	2235	5.9	721	848	17.6
居住	1552	2005	29.2	1768	1934	9.4
家庭设备、用品及服务	1161	1401	20.7	560	565	0.9
医疗保健	1228	1244	1.3	739	944	27.7
交通通讯	4134	4568	10.5	1457	1891	29.8
教育文化娱乐	2997	2849	—4.9	881	1048	19.0
其他商品和服务	812	947	16.6	239	339	41.8

数据来源：《浙江省统计年鉴》(2013)、(2014)

1. 城镇居民消费特点

(1) 食品价格上涨带动食品支出增长。2013 年,浙江省城镇居民人均食品支出为 8008 元,比上年增长 6.0%。同期食品消费价格指数为 103.8%,使得浙江省城镇居民人均食品支出比上年多 293 元。其中,肉类消费支出 892 元,比上年增长 12.3%;水产类消费支出 1077 元,增长 13.5%;蔬菜类消费支出 710 元,增长 7.4%。由于食品支出的增速慢于生活消费支出,2013 年,浙江省城镇居民恩格尔系数为 34.4%,比上年下降 0.7 个百分点。

(2) 衣着和交通通讯消费稳步增长。城镇居民进行衣着消费时更加注重色彩、款式的搭配,越来越追求个性化、时装化、名牌化。2013 年,浙江省城镇居民人均衣着消费支出 2235 元,比上年增长 5.9%。其中,服装消费支出 1693 元,比上年增长 4.6%;鞋类消费支出 438 元,增长 7.1%。2013 年,浙江省城镇居民人均交通通讯消费支出 4568 元,比上年增长 10.5%。其中,交通消费支出 3333 元,比上年增长 9.4%;通讯消费支出 1235 元,增长 13.8%。移动电话中智能手机成为主流,已成为人们日常沟通交流的不可缺少的重要工具,更发展成为部分居民娱乐的重要工具。2013 年,浙江每百户城镇居民拥有移动电话 217.43 部。

(3) 医疗保健消费支出微增,教育、文化、娱乐消费支出下降。2013 年,浙江省城镇居民人均医疗保健消费支出 1244 元,比上年增长 1.3%。浙江省城镇居民人均教育、文化、娱乐消费支出 2849 元,比上年下降 4.9%。其中,文化娱乐用品消费支出 457 元,比上年下降 10.7%;教育支出 1297 元,下降 11.0%。城镇居民休闲娱乐方式变得丰富多彩,书屋、咖啡屋、酒吧、茶楼随处可见。瑜伽练功馆、各种健身房、游泳馆、大型体育馆等成为人们日常锻炼身体的重要去处。旅游也受到了越来越多居民的喜爱和推崇,已成为人们陶冶情操、拓展视野和享受生活的重要途径。2013 年,浙江城镇居民人均团体旅游和参观游览支出 844 元。

(4) 居住和家庭设备、用品及服务消费支出快速增长。随着住房商品化的深化,浙江城镇居民居住条件的改善,促使部分富有居民家庭开始投资房地产,一户多宅占有的比例不断上升。2013 年,浙江省城镇人均住房面积达到 38.8 平方米,城镇居民人均居住消费支出 2005 元,比上年增长 29.2%。其中,住房支出 874 元,比上年增长 68.7%;居住服务费支出 164 元,增长 67.3。2013 年浙江省城镇居民家庭设备、用品及服务消费支出 1401 元,比上年增长 20.7%。随着科技水平的不断提高,越来越多科技含量较高的产品走入到千家万户。大屏幕高清液晶电视、全自动洗衣机、绿色环保型冰箱等产品逐渐进入居民家庭,极大的改善了人们的生活质量。2013 年,浙江城镇居民家庭每百户拥有的洗衣机、电冰箱、电视机数量分别为 90.58 台、97.40 台和 178.99 台。新型家用电器逐渐进入到居民家庭中,居民消费正在向享用型、学习型转移,汽车、电脑、移动电话成为当前城镇居民中重要的耐用消费品。2013 年,浙江每百户城镇居民中拥有家用汽车 44.28 辆,比上年增加 7.78 辆。

2. 农村居民消费特征

(1) 食品价格上涨带动食品支出增长。2013 年,浙江省农村居民人均食品支出为 4191 元,比上年增长 9.0%。同期食品消费价格指数为 103.9%,使得农村居民人均食品支出比上年多 154 元。其中,主食类消费支出 439 元,比上年增长 16.1%;副食类消费支出 1917 元,增长 8.3%;在外饮食消费支出 693 元,增长 25.8%。由于食品支出的增速慢于生活消费支出,2013 年,浙江省农村居民恩格尔系数为 35.6%,比上年下降 2.1 个百分点。

(2) 衣着消费讲品味、追求品牌和个性。浙江农村居民的衣着消费从简单地扯块布料做新衣逐渐过渡到购买成衣,并开始注重服装的质地、款式和色彩等多种元素,对穿衣品牌、时装和个性的要求也越来越高。每到节假日涌入县城大型商场、超市或服装专卖店购买高档服装鞋帽已经成为众多村民尤其是年轻女性的固定消费模式,农村居民无疑成了商场节庆促销的主力军,衣着支出也随之迅速增

长。2013 年，浙江省农村居民人均衣着消费支出 848 元，比上年增长 17.6%。

（3）居住消费支出平稳增长。随着浙江农村经济的快速发展和新农村建设的不断推进，农村居民居住条件进一步改善，尤其是新世纪以来建成的住房，相当部分可以和设施配套、美观舒适的城市住房相媲美。2013 年，浙江省农村居民人均住房面积达到 60.8 平方米，住房面积越来越宽敞。2013 年，农村居民家庭自建住房占 84.9%，97.6%都是钢筋混泥土、砖混或砖木结构的住房，66.8%的家庭使用罐装液化石油气，42.4%使用电取暖，65.4%的家庭洗澡设施使用自装热水器。生活环境显著改善，使得居民人均居住支出平稳增长。2013 年，浙江农村居民人均居住支出 1934 元，比上年增长 9.4%。

（4）耐用消费品升级换代，生活品质进一步提升。智能手机、电脑、照相机等信息化设备普遍满足了农村居民的现代化追求，而电冰箱、空调、热水器等高档电器的普及则进一步提升了广大农村居民的居住舒适度和生活品质。2013 年，浙江农村居民人均购买家庭设备、用品及服务 565 元，比上年增长 0.9%。每百户浙江农村居民家庭拥有彩色电视机 169.3 台，电冰箱 96.5 台，空调 101.3 台，抽油烟机 57.6 台。随着高科技和信息化社会的日益发展，发展和享受型消费资料需求增加，耐用消费品的更新换代是时代必然，更是农村居民生活品质不断提高和生活方式趋现代化的一个重要标志。

（5）交通通讯支出快速增长，汽车成为农村居民消费热点

随着居民收入的提高，道路交通条件的改善，农村居民对出行、交流的要求不断提升，推动了交通通讯支出的快速增长。2013 年，浙江省农村居民人均交通通讯费支出 1891 元，比上年增长 29.8%。其中，购买交通工具人均支出 784 元，比上年增长 25.6%；邮电通讯费人均支出 337 元，增长 21.2%。2013 年末，浙江省每百户农村居民家庭拥有家月汽车 22.6 辆；每百户农村居民家庭分别拥有移动电话和计算机 221.6 部和 49.6 台。近几年以电脑和智能手机为媒介的信息化消费和网络购物逐渐走入农村居民家庭，并普遍得到年轻村民的青睐和追捧，网购支出快速增长，消费方式信息化，成为农村居民生活消费的亮点之一。

（6）医疗保健支出大幅增长

浙江省推行的“新农合”让农村居民看病更加便利，报销金额尤其是大病重病的报销比例不断提高，政府补助标准也在逐年提高，切实缓解了农村居民的看病之忧。2013 年，浙江农村居民人均医疗保健支出 944 元，比上年增长 27.7%。其中，医药卫生保健用品支出 261 元，比上年增长 19.7%。

（7）消费领域不断拓宽，文化教育、旅游娱乐支出增加

2013 年，浙江省农村居民人均文教娱乐支出 1048 元，比上年增长 19.0%。富裕起来的农民，在旅游、休闲娱乐方面的消费也逐渐增多。2013 年，浙江省农村居民旅游休闲娱乐服务消费支出人均 196 元，比上年增长 24.8%，大大超过农村居民人均纯收入的增幅。农村居民家庭更加注重子女和自身的提高，从学前教育、小学、中学到高等教育以及成人教育，各个层次教育支出均有提高。2013 年，浙江省农村居民教育服务消费支出人均 604 元，比上年增长 29.9%。

五　长三角生态环境

长江三角洲(下称“长三角”)是我国人口集聚度最高、城市化发展最快、经济活力最强的区域,也是“中国综合实力最强的区域”,在社会主义现代化建设全局中具有重要战略地位和带动作用。2013年是上海市全面推进生态文明建设的开局年,也是实施“十二五”环保规划、污染减排和第五轮环保三年行动计划的关键年。围绕“创新驱动,转型发展”,把环境保护作为突破资源环境约束、加快转变发展方式的重要抓手,全面推进污染减排和环保三年行动计划,细化分解责任,制定落实政策,强化综合防治,着力解决影响群众健康和城市长远发展的突出环境问题。2013年,江苏省科学划定生态保护红线,深入实施大气污染防治行动计划,系统推进水环境综合整治,持续强化环境执法监管,稳步开展环保制度改革,大力整治突出环境问题,环境质量总体保持稳定,环境安全得到有力保障,环境保护工作迈出新步伐。2013年浙江省深入实施“八八”战略,坚持调结构促转型谋发展,扎实推进升生态文明建设,全力维护生态环境安全。以治水为突破口倒逼转型升级,全面实施“河长制”,深入开展“四边三化”和“双清”行动,积极防治空气污染,积极推进节能减排,生态环境状况指数继续位居全国前列。

一、长三角生态环境基本状况

(一)水环境

2013年,江苏省继续扎实推进太湖、淮河、长江等重点流域的水环境综合整治,加大力度保护和整治通榆河、南水北调东线两条“清水廊道”,全省水环境质量基本保持稳定。江苏省地表水质总体处于轻度污染。列入国家地表水环境质量监测网83个国控断面中,Ⅰ～Ⅲ类水质断面占45.8%,Ⅳ～Ⅴ类水质断面占51.8%,劣Ⅴ类水质断面占2.4%。太湖湖体综合营养状态指数为57.6,同比上升1.1,总体处于轻度富营养状态。15条主要入湖河流中,有6条河流水质符合Ⅲ类,9条河流水质处于Ⅳ类。与2012年相比,水质符合Ⅲ类的河流增加2条。对太湖流域5市65个重点断面水质进行目标考核,有35个达标,达标率为53.8%,与2012年相比上升9.2个百分点。江苏省淮河干流水质较好,4个断面水质均符合Ⅲ类标准,主要支流水质总体处于轻度污染。列入国家《重点流域水污染防治规划(2011—2015年)》的淮河流域23个水质考核断面中,达标率为100.0%。其中,南水北调东线江苏段15个控制断面水质年均浓度均达标。江苏省长江干流水质较好,10个例行监测断面水质全部达到地表水Ⅲ类标准,与2012年相比水质保持稳定。列入国家《长江中下游流域水污染防治规划(2011—2015年)》的长江流域9个考核及评估断面中,有5个年均浓度达到考核目标要求。

浙江省江河干流总体水质基本良好,但省内部分河流的支流,流经城镇的局部河段仍存在不同程度污染。鳌江、京杭运河、平原河网和城市内河污染依然严重。部分湖泊存在一定程度富营养化现象,水库以中营养为主。大部分城市的主要饮用水水源地水质良好。浙江省221个省控断面监测结果统计显示,水质达到或优于地表水环境质量Ⅲ类标准的断面占63.8%(其中Ⅰ类9.1%、Ⅱ类27.1%、Ⅲ类27.6%),Ⅳ类占15.4%,Ⅴ类和劣Ⅴ类占20.8%(其中Ⅴ类8.6%、劣Ⅴ类12.2%)。浙江八大水系和运河按水质达到或优于Ⅲ类标准的断面数百分比由大到小顺序排列依次为:瓯江、飞云江、苕溪、椒江、曹娥江、钱塘江、甬江、京杭运河、鳌江。浙江省的母亲河钱塘江水系有70.2%的河段水质在一类到三类之间,主要污染河段为金华江、东阳江、南江、武义江和浦阳江浦江段,主要污染指标为氨氮、石油类和总磷。

2013年,上海市水环境质量总体较2012年有所改善。其中,苏州河总体水质状况基本持平,黄浦

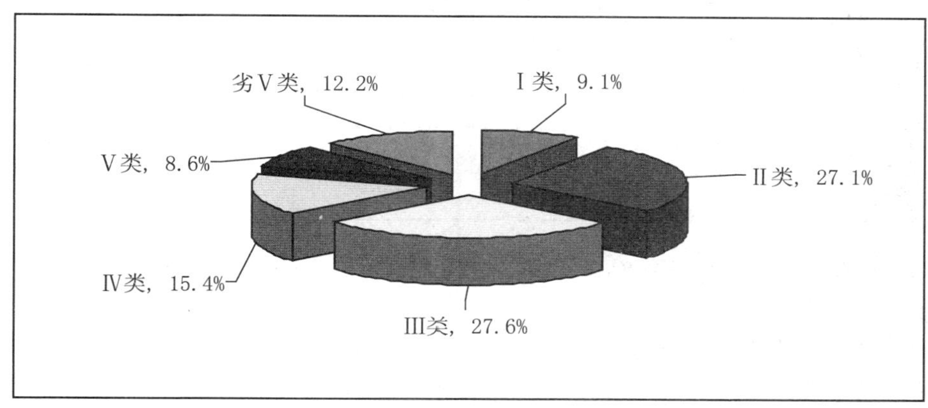

2013 年浙江省地表水水质状况

江、长江口、区县考核河道总体水质状况略有改善。

（二）空气环境

2013 年，作为环境空气质量新标准监测实施的第一个完整年度，上海市环境空气质量监测和评价执行《环境空气质量标准》(GB 3095—2012)和《环境空气质量指数(AQI)技术规定(试行)》(HJ 633—2012)。2013 年，以环境空气质量指数(AQI)评价，上海市环境空气优良天数为 241 天，AQI 优良率为 66.0%。全年 124 个污染日中，首要污染物为细颗粒物(PM2.5)的有 87 天，占 70.2%；首要污染物为臭氧的有 33 天，占 26.6%；首要污染物为可吸入颗粒物(PM10)的有 4 天，占 3.2%。

2013 年，江苏省环境空气中 PM2.5、PM10、二氧化硫、二氧化氮年均浓度分别为 73 微克/立方米、115 微克/立方米、35 微克/立方米和 41 微克/立方米；一氧化碳和臭氧按年评价规定计算，浓度分别为 2.1 毫克/立方米和 139 微克/立方米。与 2012 年相比，二氧化硫和臭氧浓度基本持平，其他 4 项指标有所上升，升幅在 10.8%～25.0%之间。按照《环境空气质量标准》(GB3095—2012)二级标准限值进行年评价，江苏省 13 个省辖城市环境空气质量均未达标，主要超标污染物为 PM2.5、PM10 和二氧化氮。其中，13 个省辖城市 PM2.5 和 PM10 均超标，7 市二氧化氮超标，1 市臭氧超标，二氧化硫和一氧化碳均达标。按日评价，全省空气质量达标率为 60.3%，13 个省辖城市达标率范围为 53.6%～68.3%。

按照《环境空气质量标准》(GB3095—2012)标准进行年评价，2013 年浙江省 11 个设区城市中，舟山市环境空气质量达到国家二级标准，是全国三个达标城市之一。按照《环境空气质量标准》(GB3095—1996)标准进行年评价，在 58 个县级城市中，47 个城市达到国家二级标准。对城市空气质量影响最大的仍为可吸入颗粒物，其次是二氧化硫和二氧化氮。

（三）声环境

2013 年上海市区域环境噪声达到相应功能的标准要求，但道路交通噪声夜间时段未能达到相应功能的标准要求。上海市区域环境噪声昼间时段的平均等效声级为 55.5dB(A)，较 2012 年上升 0.8d B(A)；夜间时段的平均等效声级为 48.2d B(A)，与 2012 年持平。近 5 年(2009～2013 年)的监测数据表明，上海市区域环境噪声在 55dB(A)左右，夜间时段平均在 48dB(A)左右，均达到相应功能的标准要求，总体保持稳定。上海市道路交通噪声昼间时段的平均等效声级为 69.6dB(A)，较 2012 年上上升 0.3dB(A)；夜间时段的平均等效声级为 64.6dB(A)，较 2012 年上升 0.2dB(A)。近 5 年

(2009～2013年)的监测数据表明，上海市道路交通噪声夜间时段未能达到相应功能的标准要求；上海市道路交通噪声昼间时段达到相应功能的标准要求。

2013年上海市网格环境噪声声级分布

测点数(个)	0	2	14	118	103	12
噪声范围 dB(A)	＞70	65－70	60－65	55－60	50－55	≤50

2013年，江苏省城市声环境质量总体较好，昼间达标情况优于夜间，社会生活噪声和道路交通噪声是主要影响因素。区域环境噪声昼、夜平均等效声级分别为54.5dB(A)和46.1dB(A)，根据《环境噪声监测技术规范城市声环境常规监测》(HJ640－2012)评价，分别达城市区域环境噪声昼间二级和夜间三级水平。影响声环境质量的主要声源为社会生活噪声，所占比例为54.6%；其次为交通噪声、工业噪声和施工噪声，所占比例分别为21.9%、20.3%和3.2%。13个省辖城市中，南京、徐州、常州、苏州、连云港、淮安、盐城、扬州和宿迁9市昼间噪声达到二级水平；徐州、常州、连云港、盐城和扬州5市夜间噪声达到二级水平。功能区噪声依据国家《声环境质量标准》(GB3096－2008)评价，江苏省1～4(4a、4b)类功能区声环境昼间达标率分别为99.3%、97.8%、99.3%、98.8%和100%，夜间达标率分别为89.9%、93.3%、98.6%、73.2%和100%。城市交通干线两侧区域夜间噪声是影响功能区声环境质量的主要因素。环境噪声平均等效声级表现出与城市日常生产、生活和作息规律相似的变化特征，昼间8～18时平均等效声级维持在较高水平。道路交通噪声昼、夜间声环境质量总体评价为好，平均等效声级分别为66.8dB(A)和55.7dB(A)，均达道路交通噪声强度等级一级。昼间超过70dB(A)(国家昼间标准限值)的路段长度占监测道路总长比例为14%，夜间超过60 dB(A)(国家夜间标准限值)的路段长度占比为20.5%。

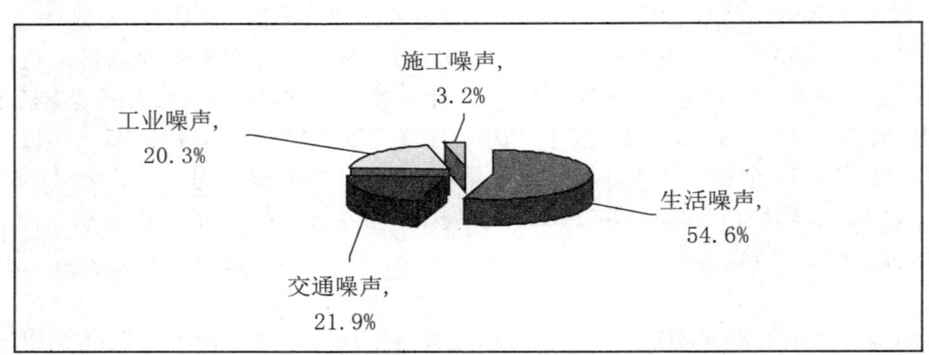

2013年江苏省噪声源类型及所占比例

2013年，浙江省城市声环境质量总体较好，区域环境噪声平均值为55.7分贝，较2012年上升1.1分贝；城市道路交通噪声平均为67.6分贝，较2012年下降0.5分贝。在影响城市声环境的各类噪声源中，生活噪声源占49.6%，交通噪声源占31.4%，工业噪声源占8.3%，建筑施工噪声源占2.7%，其他噪声源占8.0%。生活噪声源和交通噪声源仍是主要噪声源，交通、施工和工业噪声平均声级相对较高。11个设区城市区域环境噪声平均等效声级范围为51.3－58.7分贝，相对较低的城市为舟山市、衢州市和嘉兴市。城市道路交通噪声平均等效声级在63.0－69.3分贝之间，均在70分贝的控制值内。

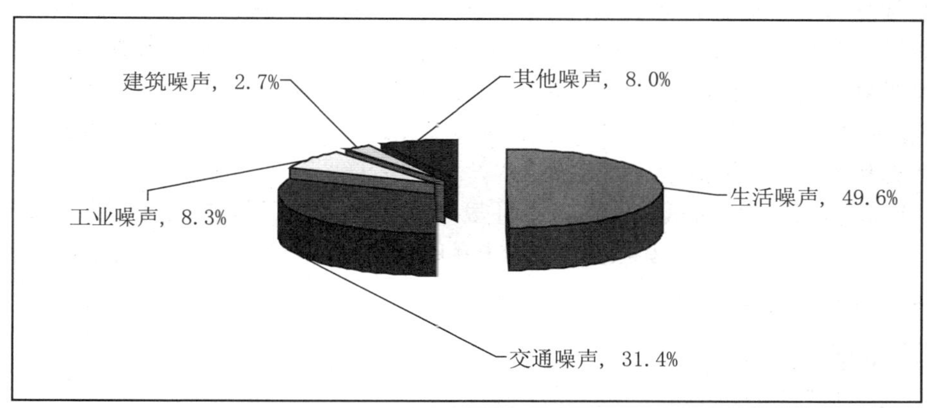

2013 年浙江省噪声源类型及所占比例

（四）生物环境

2013 年，江苏省在长江、京杭大运河、太湖等主要水体开展了水生生物多样性调查结果显示，水生生物环境总体保持稳定。主要河流底栖动物物种多样性评价等级为丰富的断面占 4.4%、较丰富等级断面占 33.3%、一般等级断面占 31.9%、贫乏等级断面占 15.9%、极贫乏等级占 8.7%、未采集到底栖动物物种的断面占 5.8%；主要湖泊底栖动物多样性状况好于河流，物种丰富的测点占 5.8%、较丰富的测点占 55.8%、一般等级的测点占 32.6%、贫乏等级的测点占 5.8%。与 2012 年相比，主要河流底栖动物物种丰富和较丰富断面比例合计上升 2.9 个百分点，主要湖泊底栖动物物种丰富和较丰富测点比例合计下降 3.1 个百分点。

2013 年，浙江省近岸海域浮游生物生存环境一般，底栖生物生存环境较差，生物多样性种类较单一。其中浮游动物生境质量等级为优良，浮游植物生境质量等级为一般；底栖生物种类生境质量等级为差；浙江省潮间带湿地生物生境质量等级为差，生物种类相对贫乏，群落结构简单，多样性指数较低。与 2012 年相比，潮间带多样性指数基本持平，生物生境质量等级一致。

（五）辐射环境

2013 年，上海市辐射环境质量总体情况良好。环境天然放射性水平方面，通过对 γ 辐射空气吸收剂量率、γ 辐射累积剂量的监测及气溶胶、雨水沉降物、水汽、地表水、地下水、海水、土壤等样品的分析可知，本市大气、水体、土壤等介质中的放射性核素浓度处于正常水平，上海市各监测点的 γ 辐射空气吸收剂量率与历年的监测结果相当。核与辐射技术应用方面，通过对全市 I～V 类放射源及 I～III 类射线装置使用场所周围环境辐射水平的监测结果表明，核与辐射技术应用场所周围环境中的 γ 辐射水平符合我国国家标准《电离辐射防护与辐射源安全基本标准》(GB 18871－2002)中的年累积剂量限值规定。与历年相比，上海市电磁辐射环境背景水平无明显变化。

2013 年，江苏省辐射环境 34 个国控点和 272 个省控点监测结果表明，辐射环境质量保持在天然放射性本底水平范围内。长江、淮河、太湖等重点流域水体中天然及人工放射性核素含量均在本底范围内；重点饮用水源地取水口水中放射性指标符合《生活饮用水卫生标准》(GB5749－2006)要求；环境中电磁辐射监测结果均低于《电磁辐射防护规定》(GB8702－1988)中公众导出限值的要求。田湾核电站外围辐射环境监控系统正常运行，6 个实时在线自动监测站监测结果，以及核电站外围 30 千米范围内陆地环境和海洋环境介质样品监测结果表明，核电站周围陆地伽马辐射空气吸收剂量率、环境中放射性核素含量均在本底水平统计涨落范围内。稀土冶炼加工及核技术应用等重点污染源企业周围辐射环境质量在江苏省天然本底水平范围内；广播电视发射台、移动通信基站、高压输变电工程等重点设施周围环境监测点电磁辐射水平满足相应环境标准的要求。2013年春节期间，为有效应对朝鲜核试验，江苏省组织开展了环境应急监测。自动监测站以及样品复检分析结果表明，朝鲜第三次核试验未对江苏省环境和公众健康造成影响。

2013年，浙江省辐射环境质量总体良好。环境电离辐射水平保持在天然本底涨落范围内，核设施、核技术利用项目周围环境电离辐射水平总体未见明显变化。环境电磁辐射水平总体情况较好，电磁辐射发射设施周围环境电磁辐射水平总体未见明显变化。

（六）固体废物

2013年，上海市继续推进危险废物处理处置能力建设和提升环境监督管理能力，进一步加强危险废物环境无害化管理，确保城市环境安全。截至2013年年底，上海市共有33家危险废物经营许可证单位，其中31家由市、区两级环保部门核发，1家由环境保护部核发，1家同时具备环境保护部颁发的"汞处理"危险废物经营许可证和市级环保部门颁发的危险废物经营许可证，总核准危险废物年处理处置能力为56.19万吨。2013年，纳入上海市危险废物管理备案企业共计4808家。全年危险废物(不含医疗废物)市内转移处置35.2万吨；危险废物跨省市转移8.57万吨；医疗废物产生量为2.99万吨，医疗废物无害化集中处置率达到100%。自2013年8月1日起，上海市正式施行危险废物专业化运输，23家运输企业获得危险废物专业化运输资格，现有危险废物专业化运输车辆250辆。

2013年，江苏省一般工业固体废物产生量10855.87万吨，综合利用量10501.86万吨，处置量745.39万吨，贮存量113.87万吨。危险废物产生量214.99万吨，综合利用量105.97万吨，处置量107.44万吨，贮存量3.77万吨。截至2013年底，江苏省共有污水处理厂459座，实际处理污水量1041万吨/天，日产生污泥量7594吨。初步形成以焚烧处置方式为主，建材综合利用、填埋、堆肥和土地利用处置方式并存的污泥处置结构。2013年，江苏省持危险废物经营许可证的单位数量达到305家，年处置利用能力达到554.2万吨。共建成危险废物集中处置设施39座，其中焚烧处置设施31座，焚烧处置能力19.8万吨；填埋设施8座，填埋处置能力14.1万吨，基本建成危险废物综合利用、处理处置网络。废弃电器电子产品处理企业共接收废弃电器电子产品545.1万台，拆解544.3万台。

2013年，浙江省工业固体废物产量为4404.3万吨，比2012年减少3.0%。工业固体废物综合利用率达到93.2%。已建成医疗废物集中处置设施12座，年处置能力4.8万吨；建成工业危险废物综合集中处置设施13座，规范的综合利用单位达到64家，年处置能力247.3万吨，比2012年提高17.6%。全省共有生活垃圾无害化处理设施94座，全年累计处理垃圾1360.87万吨；全省累计建成污泥处理设施54座，处理能力1.57万吨/日。

二、环境保护工程

（一）主要污染物减排

上海市政府印发了2013年节能减排和应对气候变化重点工作安排，强化了污染减排目标责任制和合力推进机制，将污染减排纳入国民经济和社会发展全局。依托环保三年行动计划，稳步推进电厂脱硝和脱硫工程、污水处理厂网建设工程、工业企业污水深度治理工程和农业源减排工程建设，加快建成投运并发挥减排效益。经环保部核定，上海市化学需氧量、氨氮、二氧化硫和氮氧化物排放量在2012年基础上分别削减了2.87%、3.50%、5.46%和5.32%，均超额完成了年度减排目标。

2013 年，江苏省出台《关于加快推进秸秆综合利用若干政策措施》，扩大《江苏省城市施工工地扬尘排污费征收管理试行办法》的试点范围，修订《机动车排气污染防治条例》。江苏省化学需氧量、氨氮、二氧化硫和氮氧化物等四项主要污染物排放总量分别为 114.89 万吨、14.74 万吨、94.17 万吨、133.80 万吨，较 2012 年分别削减了 4.03%、3.73%、5.07%和 9.57%，均超额完成年度减排目标任务。全年完成水主要污染物减排项目 1652 个，新增城镇污水处理能力 88 万立方米/日，建设城镇污水收集主干管道 3000 千米，新增集中式污水处理设施覆盖建制镇 80 余个，建设企业深度治理和再生水回用工程 59 家。全年完成大气主要污染物减排项目 821 个，省级财政共安排火电脱硝资金 3 亿元、脱硫资金 1 亿元、机动车淘汰资金 1 亿元、除尘和非电行业脱硝示范工程资金 5000 万元。关停小火电机组 47 万千瓦，完成燃煤机组脱硝设施建设 60 台(2450 万千瓦)，拆除火电机组烟气旁路 18 个，升级改造脱硫设施 8 台，实现集中供热替代小锅炉项目 13 个，完成企业煤改天然气项目 32 个，建成新型干法熟料水泥窑脱硝设施 15 条，完成钢铁烧结机脱硫设施改造 7 台，淘汰老旧机动车 7.3 万辆。严格环保准入，全年共审批建设项目环境影响报告书(表)36429 个，总投资 31436.6 亿元；劝退否决 160 个不符合环保要求的项目，涉及投资超过 90 亿元。

2013 年，浙江省强势推进高污染高耗能行业整治，狠抓减排重点工程项目建设，制定《浙江省“十二五”控制能源消费总量工作方案》，出台了《关于加强环境资源配置量化管理推动产业转型升级的意见》。电镀行业未完成整治企业已全面停产，制革、造纸、印染、化工等四大重点行业全面完成关停淘汰任务。全省淘汰落后产能共涉及各类企业 1658 家，节约能源 144.5 万吨标煤，75 个国家减排责任书项目和 3209 个省计划项目全面完成。大力实施脱硫脱硝重点项目建设和监督，建成 944 万千瓦火电机组、75 台热电机组、13.5 万吨/日水泥熟料生产能力脱硝工程。全省煤炭新增总量控制在 350 万吨的年度目标内，火电脱硫脱硝效率分别达到 88%和 50%，同比提高 3 个和 15 个百分点。积极推进农业和机动车减排工作，淘汰黄标车，报废老旧汽车，全省供应国 IV 汽油。

(二) 流域区域污染防治

2013 年，黄浦江总体水质状况有所改善，上游至下游 6 个断面的水质综合污染指数分别下降 8.8%、12.7%、18.4%、13.5%、12.7%和 8.5%，开放式的黄浦江上游水源地受上游来水、本地污染排放和通航等因素的影响，原水水质不稳定，水源安全保障难度较大。经过 7 年的论证，2013 年 9 月市委市政府决定在太浦河开辟新的水源湖，并集中归并黄浦江上现有的取水口，以此来实现原水系统连通互补，提高黄浦江上游水源地应对突发性的水污染事故的能力；11 月正式批准了《黄浦江上游水源地规划》。根据该规划，本市将在黄浦江上游现有取水口之间建设原水连通管，位于连通管一头的青浦区太浦河将建设水源湖，通过水源湖供应水质更好的原水，连通管可实现正向和反向互联互通输水。

2013 年，江苏省积极推进太湖流域污染治理。落实“河长、断面长”责任，统筹推进控源截污等长效治理措施。密切监控太湖湖体、重点饮用水源地、重点河流水质和藻情变化，定期通报重点断面水质情况，进一步强化监测预警、执法监管和应急防控，确保重点饮用水源地水质稳定达标，太湖连续第六年实现安全度夏，流域总体水质保持稳定。淮河流域规划项目建成投运的项目占比达 45%，长江流域国家规划治污项目完成率超过序时进度要求，开展长江绿色生态廊道建设研究。淮河、长江流域治污工作顺利通过国家考核。加强南水北调沿线环境监管和水质监测预警，完成南水北调东线通水试验，实现达标通水的预期目标，顺利通过国家南水北调治污规划实施情况评估。强化集中式饮用水源地环境保护。开展全省城市河道环境综合整治，累计投入资金 37 亿元左右，整治城市河道长度 275 千米，104 条城市河道有 70 条河道整治达到评估标准要求。加强重金属污染防治，编制重金属污染防治“十二五”规划2013年度实施方案，重金属污染防治工作在国家考核中名列首位。加强化工园区整治管理，制定《江苏省化工园区环境保护体系建设标准（暂行）》。加强园区环境基础设施建设，全省58个化工园区中有55个化工园区全面实施了园区污水集中处理，污水处理厂日处理能力达到159万吨，铺设配套管网总长度达到1947千米；45个园区建成集中供热设施并投运；16个园区建成危险废物处置设施并投运。完善化工园区环境监测监控预警和应急处置体系建设，11个园区建成了空气自动监测预警网络，55个园区完成企业应急预案编制，19个园区基本完成环境防护距离范围内敏感目标搬迁。

2013年，浙江省积极开展清洁水源行动，加强太湖流域水污染防治。强化饮用水水源地的规范化建设与管理，截止到年底，已累计创建合格规范饮用水保护区570个。省政府制定《关于全面实施“河长制”进一步加强水环境治理工作的意见》，八大流域和四大河网污染防治规划深入实施，水环境保护6方面88项重点工程按计划推进，完成清水河道建设共计2009千米，实施河道保洁长度累计8万千米。强化污水处理设施建设和运行，新建55个镇级污水处理设施，建成县以上城市污水管网1936千米。积极推进陆海联动污染整治，制定实施《浙江省近岸海域污染防治规划》及乐清湾、杭州湾区域污染综合整治方案。

（三）城乡环境综合整治

2013年，江苏省完成国家三年农村环境连片综合整治试点工作，集中推进省级太湖一、二级保护区连片整治示范。三年累计投入23.1亿元，在21个县（市、区）、217个建制镇、3200多个行政村开展整治工作，建成农村污水处理设施982套、生活垃圾转运站132座、畜禽粪便集中处置中心11座，铺设污水收集管网4300千米，近900万农民群众直接受益。加强自然保护区规范管理，实施盐城珍禽自然保护区退渔还湿和泗洪洪泽湖湿地自然保护区内养殖户转产搬迁工程。有序实施亚行贷款盐城湿地保护项目。加强生物多样性保护，编制《江苏省生物多样性保护战略与行动计划（2011—2030年）》。

上海市着力缩小城乡环境差异和缓解重点区域污染矛盾。城市化地区基本消除污水收集管网盲区，优化调蓄池和雨、污水泵站运行，继续加强噪声、扬尘和机动车污染控制。农村地区要继续推进以生活污水、垃圾处理和河道整治为主的村庄整治，改善农村居环境。稳步推进集约化供水管网建设，累计关闭了29个中小水厂，累计建成集约化供水管网288千米；完成松江污水厂排放口搬迁、白龙港污水厂二期、华新污水厂二期扩建及一期提标工程，白龙港片区南线输送干管完善等工程在建，竹园污泥处理主体工程基本完成；未纳管污染源截污纳管改造工程累计完成总任务的三成；河道整治类项目累计完成14条/段；奉贤、金山近岸海域生态治理示范工程建成。

浙江省大力实施绿色城镇行动，进一步完善环境基础设施建设，不断提高城乡生活污水、垃圾处理能力和水平，全省县以上城市生活垃圾无害化处理率达到99.3%。深入实施“千村示范万村整治”工程和美丽乡村建设，全省开展环境综合整治的村庄1840个，收益农户68.8万户。至2013年底，全省95%以上的村实现生活垃圾集中收集处理，65%以上的村庄开展了生活污水治理，污水治理农户收益率达到28.9%。

（四）政策科技改革创新

2013年，围绕推进上海市环境保护和生态建设“十二五”规划、第五轮环保三年行动计划和《上海市清洁空气行动计划（2013－2017）》等重点工作，开展了“上海市污水污泥处理处置总体战略研究”、“上海市大气污染物协同减排、空气质量改善技术与控制方案研究”、“上海市工业土壤重金属污染快

速修复关键技术与设备研究及应用示范”、“上海市环境应急管理与决策支持关键技术研究与应用示范”和“上海市典型区域重金属分布及其健康风险评估与控制方案研究”等环保科研工作。市环科院承担的“苏州河底泥污染评价、疏浚与综合利用关键技术研究与应用”(第一完成单位)和“五大区域重点产业发展战略环境评价研究”(项目参与单位)课题分别荣获 2013 年国家环境保护科学技术一等奖。环境标准和技术规范方面,经市政府批准,市环保局、市质量技术监督局联合发布了《生活垃圾焚烧大气污染物排放标准》(DB31/ 768－2013)、《危险废物焚烧大气污染物排放标准》(DB31/ 767－2013)两项地方标准,对加强生活垃圾及危险废物焚烧设施管理、防治大气污染具有积极作用。市环保局、市经济信息化委联合发布本市 2013 年度重点企业清洁生产审核单位名单,共 159 家;为进一步提高本市重点企业审核质量和项目绩效,规范评估及验收工作,制订并发布了《上海市重点企业清洁生产审核报告及验收工作报告编制格式要求(试行)》。

2013 年,江苏省进一步完善环境法制建设。《江苏省机动车排气污染防治条例》(修改)、《江苏省大气污染防治条例》、《江苏省洪泽湖水污染防治条例》、《江苏省环境保护条例》(修改)、《江苏省减少污染物排放条例》等 5 件立法项目列入省人大常委会 2013－2017 年立法规划,其中,省人大常委会已审议通过《江苏省机动车排气污染防治条例》(修订),于 2014 年 3 月 1 日起施行。出台《江苏省企业环保信用评价及信用管理暂行办法》和《江苏省企业环保信用评价标准和评价办法》,与省银监局、省信用办联合建立环保信用信息联动共享机制。全省 1720 家环境风险企业投保环境污染责任险,承保责任限额 27.07 亿元,居全国前列。“十一五”期间国家重大科技水专项湖泊富营养化控制和监控预警两个主题在江苏省启动的 19 个课题全部通过验收,国家“十二五”水专项在江苏省立项 18 个课题,中央和地方财政共投入资金 14.66 亿元。设立省级环保科研课题 69 项,下达资助经费 1900 万元。全省有 1 项成果获国家环保科技二等奖,4 项获三等奖,31 项成果获江苏环保科技奖。开展《江苏省化工行业挥发性有机物排放标准》、《在用压燃式发动机汽车排气污染物排放限值及测量方法(加载减速工况法)》、《江苏省家具制造行业挥发性有机物排放标准》等 3 项地方污染物排放标准研究,以及《在用点燃式发动机轻型汽车稳态工况法排气污染物排放限值(DB32/966－2006)》的标准修订工作。建立生态环境监控标准体系,分为 9 个大类 31 个二级分类,新建 32 条“1831”平台关键技术标准。

2013 年,浙江省环保厅下达科研计划和补助项目 56 项(自筹 1 项),共评选出 26 个项目获省环境保护科学技术奖;水专项工作进展顺利,完成“十一五”课题“典型南方城市景观湖泊水质改善与水生植被构建技术”和“太湖流域苕溪农业面源污染河流综合整治技术集成与示范工程”课题的验收工作。出台浙江省地方标准《工业企业废水氮、磷间接排放限值》(DB33/T887－2013)、《污泥土地利用技术规范》(DB33/T891－2013)、《污染场地风险评估技术导侧》(DB33/T892－2013)。

(五)环境监测与信息

2013 年,上海市继续围绕“十二五”环保规划和环境监测规划的实施,围绕市民关心的热点环境问题,大力推进以 PM2.5 监测网为代表的环境质量监测预警体系和主要污染物总量减排监测体系建设,加强监测能力建设、监测队伍建设和监测质量管理,提升上海市环境监测综合实力。2013 年 3 月 1 日起对空气质量实时发布系统进行了改版,采用定性描述的过渡界面,缓解 AQI 滞后性问题;9 月 1 日起与本市气象部门联合发布未来 24 小时空气质量预报。完成了金山、黄浦、静安、长宁、闸北 5 个区监测站的国家标准与上海标准“双达标”验收,以及崇明县监测站的国家标准达标验收,累计完成 15 个区县监测站的验收。按照年度监测工作计划有序开展环境质量监测工作。全年共获得地表水、空气、噪声、生物和辐射等环境要素监测数据 1069 万个。其中,自动监测数据 1042.8 万个,手工监测数据 26.2 万个。继续开展重点污染源监督性监测工作。对 46 家国控废水重点污染企业、46 家国控污水处理厂、32家国控废气重点污染企业、17家一般废气污染企业、12家生活垃圾及危险废物焚烧企业和一批辐射污染源实施了监督性监测，共获得重点污染源监督性监测数据8.46万个。其中，废水监测数据7.3万个，工业炉窑、废气监测数据0.9万个，辐射污染监测数据0.26万个。

2013年，江苏省进一步贯彻实施空气质量新标准，不断提升全省环境监测预警能力。全年系统改建了53个县(市、区)空气自动监测站，完成了25个国家县级模范城市空气自动站建设任务，在全国率先实现县域PM2.5监测能力全覆盖。启动了区域重污染天气监测预警系统建设，建立了与气象部门进行预警预报会商和信息发布机制。组织开展太湖蓝藻监测预警和枯水期应急监测工作，为连续6年实现太湖安全度夏提供了技术支持和决策依据。完成了14个南水北调水质自动站建设任务。全面推进环境监测站标准化建设，在全国率先通过环保部组织的整体验收。加强国控污染源监督性监测和企业自测，及时向社会发布监测信息，连续2年在全国主要污染物总量减排监测体系建设运行考核中位列第一。完善全省生态环境监控系统(简称"1831"平台)。加强异常信息的预警和通报，深化江苏环保网站信息公开，推进环保行政权力在阳光下运行，实现环保行政权力事项网上运行全覆盖和网上行政监察全覆盖。江苏环保网站被评为"2013年度省级环保厅(局)优秀政府网站"，荣获2013年度"中国政务网站优秀奖"。推进环境监测社会化试点，引导培育环境检测市场，印发了《关于开展江苏省社会环境检测机构监管试点工作的通知》，筛选了9家社会环境检测机构进入试点，积极探索环境监测工作改革与转型发展。

2013年，浙江省全面完成了县级空气质量自动站的建设改造工作，成为全国第一家涵盖各县(市、区)都发布空气质量监测评价信息的省份(共153个空气质量自动监测站)。自2013年11月1日起按新环境空气质量标准开展监测并向社会发布监测结果。2013年5月14日，浙江省环保厅与省气象局签署《大气环境质量监测预警、预报服务工作合作协议》，建立联合会商预报预警服务和应急响应机制。在监测数据司法认定方面，第一个出台文件规范监测报告认可，认定量居全国第一，有效支撑打击环境违法行为工作。浙江省环保厅门户网站在首页上以较大版面突出空气质量情况和水环境质量情况，以柱状图、数据相结合的形式反映全省11个地市的PM2.5、AQI等实时和日均数据，并进一步以地图形式展示全省各地158个点位7个监测因子的实时、日报和城市AQI日报等空气质量数据。

(六) 环境执法监督管理

2013年，上海市开展了《上海市实施〈大气污染防治法〉办法》修订工作。主要围绕目前环境空气质量存在的问题，聚焦PM2.5，同时兼顾臭氧污染防治，从产业结构、能源消费、工业污染防治、机动车船污染防治、挥发性有机物污染控制、扬尘污染防治等方面作了细化和补充。上海市环保局会同市发展改革委等9个部门联合发布了《2013年上海市整治违法排污企业保障群众健康环保专项行动实施方案》，重点开展了重金属排放企业、医药制造行业、污染减排重点行业、饮用水源地等专题执法行动，严肃查处废水、废气污染环境的违法行为。全年全市环保系统共出动执法人员21901批次、66252人次，现场监察企事业单位52846户次；检查废水处理设施17929套、废气烟尘治理设施27780套、噪声治理设施4238套、固废治理装置8713套；现场监督检查建设项目3994户次；开征排污费24984户次，共征收2.21亿元。全市环保系统共实施行政处罚1426件，处罚金额6947万元。向司法部门移送环境刑事案件7起。通过集中力量开展重点区域、重点行业和重点污染源的执法监管，建设并投用移动执法信息化管理平台，最大程度提升执法效能，保障市环保工作的顺利实施。为加大执法监管力度，做好污染源自动监控和执法应用工作，对污染源在线监测数据用于执法进行了试点。在试点的基础上，对《上海市污染源自动监控设施运行监管和自动监测数据执法应用的试行规定》进行了修订，并重新对外发布。

2013年，江苏省共出动环境执法人员67.76万人，检查企业25.07万家，立案查处违法企业5403起。开展整治违法排污企业、保障群众健康环保专项行动，组织开展化工园区、电镀企业、危险废物等专项检查。全省征收排污费总额21.01亿元，连续13年位居全国第一，省本级征收1.06亿元。省政府组织召开全省环境执法联动工作推进会，省法院、检察院、环保厅、公安厅联合出台《关于建立实施环境执法联动工作机制的意见(试行)》。无锡、苏州、南京等地公安机关成立专门的环保案件侦办机构，无锡、常州、宿迁等地成立环保法庭，无锡滨湖区检察院成立环保案件办理机构，全年全省环保系统向公安机关移送涉嫌环境违法犯罪案件44起。省环保厅和南京、无锡、常州、苏州、南通等5市全面建成使用移动执法系统。省厅和13个省辖市均已在网站设置了污染源监管信息公开专栏，定期公布污染源监管和重点案件查处信息。印发《江苏省重点环境风险企业整治与防控方案》，全面推动全省840家重大及1944家较大等级环境风险企业开展环境安全达标建设。修编《江苏省突发环境事件应急预案》，完成对全省313家重点风险企业的预案编制、评估和备案工作。与山东省环保厅签订了《跨界环境污染纠纷处置工作机制》，组织沿江八市环保部门联合签署了《长江流域江苏段沿江八城市长江饮用水源地环境安全联动合作协议》。建成环境应急物资库南京基地，组织各地环保部门开展应急演练12次，参与政府演练9次，组织企业开展演练243次。妥善处置环境突发事件和环境信访案件，全年接报突发环境事件相关信息125起，无重大及以上突发环境事件发生。全省环保部门共受理群众环境诉求84822件(次)，排查出601件环境矛盾纠纷，已化解555件。

2013年，浙江省继续深入开展“整治违法排污企业保障群众健康”环保专项活动。全省各级环保部门共查处环境违法案件10087件，办结案件9411件，其中责令停产停业5439件，罚没款总额4.20亿元。严格依法规范做好排污征收工作，各级环保部门共对26671家企业征收排污费88377.95万元，比2012年下降7.2%。深入推进环保公安环境执法联动机制建设，下发了《关于加强全省环境行政执法与刑事司法衔接工作的通知》，积极开展环境污染监测鉴定、损害评估等工作，加大刑事、行政追责力度，全年共刑事拘留367人，行政拘留470人，有力的震慑了各类环境违法行为。2013年，浙江省共发生突发环境事件26件，均为一般突发环境事件，比2012年上升13.0%。组织开展了环境安全大排查大整治行动、饮用水水源安全隐患专项排查整治和各类环境安全检查行动。制定《浙江省大气重污染应急预案(试行)》，加强大气污染预防预警和应对。制定《浙江省企业环境风险评估技术指南(试行)》，加强企业分级管控。继续完善跨界污染纠纷调处机制建设，妥善处置跨界环境事件，建立完善杭金衢跨界联动机制，加强跨界联动基层基础建设，维护区域稳定。

第四篇

经济社会发展重要指标

第一章　长三角地区重要经济发展指标

表 1　长三角地区国民经济和社会发展总量与速度指标(2013 年)

指　标	长三角	上海市	江苏省	浙江省
人口与就业				
人口(万人)				
年末常住人口	15181.53	2415.15	7939.49	4826.89
就业(万人)				
就业人数	9566.27	1137.35	4759.89	3708.73
宏观经济				
国民核算(亿元)				
地区生产总值	118332.36	21602.12	59161.75	37568.49
第一产业	5559.98	129.28	3646.08	1784.62
第二产业	55568.44	8027.77	29094.02	18446.65
第三产业	57203.94	13445.07	26421.65	17337.22
固定资产投资(亿元)				
全社会固定资产投资总额	62215.18	5647.79	36373.32	20194.07
财政(亿元)				
地方财政收入	14474.89	4109.51	6568.46	3796.92
地方财政支出	17057.55	4528.61	7798.47	4730.47
物价(上年＝100)				
居民消费价格指数	306.9	102.3	102.3	102.3
国内商业				
社会消费品零售总额(亿元)	44074.06	8052.00	20796.52	15225.54
对外经济贸易和旅游				
进出口总额(亿美元)	13280.31	4413.98	5508.44	3357.89
出口	7818.47	2042.44	3288.57	2487.46
教育、科技、文化				
教育				
高等学校本专科在校学生(万人)	320.63	50.48	168.45	101.7
普通中学在校学生(万人)	588.29	59.35	296.74	232.2

（续表）

指　标	长三角	上海市	江苏省	浙江省
小学在校学生(万人)	864.22	79.25	435.37	349.6
文化				
图书出版量(亿册)	12.88	3.37	5.66	3.85
杂志出版量(万册)	36195	16200	11846	8149
报纸出版量(亿份)	76.44	13.16	28.65	34.63
家庭、生活、环境				
家庭				
生活				
城镇居民人均可支配收入(元)		43851	32538	37851
农村居民人均纯收入(元)		19208	13598	16106

表 2　长三角地区国民经济和社会发展结构指标(2013 年)

指　标	上海市	江苏省	浙江省
人口与就业			
人　口			
城乡结构			
城镇	90.0	64.1	64.0
乡村	10.0	35.9	36.0
性别结构			
男	49.7	50.34	50.7
女	50.3	49.66	49.3
就　业			
产业结构			
第一产业		20.1	13.7
第二产业		42.9	50.0
第三产业		37.0	36.3
宏观经济			
国民核算			
地区生产总值产业结构			
第一产业	0.6	6.1	4.8
第二产业	37.2	49.2	49.1
第三产业	62.2	44.7	46.1
产业经济			

（续表）

指 标	上海市	江苏省	浙江省
工 业			
工业产值按轻重分			
轻工业		26.0	39.3
重工业		74.0	60.7
运输业			
货运量结构			
铁路	0.7	3.5	2.1
公路	47.9	53.4	57.1
水运	51.0	36.5	40.8
对外经济贸易和国际旅游			
海外旅游人数结构			
外国人	78.90	67.2	66.6
港澳台同胞	21.1	32.8	33.4
教育、科技、文化			
教 育			
在校学生结构			
大学生	26.7	17.3	14.9
中学生	31.4	37.9	34.0
小学生	41.9	44.8	51.1
专任教师结构			
大学	26.44	15.9	13.3
中学	39.83	46.2	43.3
小学	32.68	37.9	43.4
生活、环境			
生 活			
城镇居民消费结构			
食品	34.9	34.7	34.4
衣着	7.2	9.9	9.6
居住	10.1	7.7	8.6
其他	47.8	47.7	47.4
农村居民消费结构			
食品	39.70	36.3	35.6
衣着	5.8	5.5	7.2

（续表）

指　标	上海市	江苏省	浙江省
居住	17	17.5	16.5
其他	37.5	40.7	40.7

表 3　长三角地区主要年份地区生产总值

单位：亿元（按当年价格计算）

年　份	长三角	上海市	江苏省	浙江省
1978	645.77	272.81	249.24	123.72
1979	742.73	286.43	298.55	157.75
1980	811.61	311.89	319.8	179.92
1981	879.64	324.76	350.02	204.86
1982	961.25	337.07	390.17	234.01
1983	1046.55	351.81	437.65	257.09
1984	1232.95	390.85	518.85	323.25
1985	1547.73	466.75	651.82	429.16
1986	1738.24	490.83	744.94	502.47
1987	2074.78	545.46	922.33	606.99
1988	2627.4	648.3	1208.85	770.25
1989	2867.83	696.54	1321.85	849.44
1990	3102.85	781.66	1416.5	904.69
1991	3584.48	893.77	1601.38	1089.33
1992	4626.04	1114.32	2136.02	1375.7
1993	6443.3	1519.23	2998.16	1925.91
1994	8737.53	1990.86	4057.39	2689.28
1995	11212.23	2499.43	5155.25	3557.55
1996	13150.29	2957.55	6004.21	4188.53
1997	14805.24	3438.79	6680.34	4686.11
1998	16053.66	3801.09	7199.95	5052.62
1999	17330.47	4188.73	7697.82	5443.92
2000	19465.89	4771.17	8553.69	6141.03
2001	21565.3	5210.12	9456.84	6898.34
2002	24351.55	5741.03	10606.85	8003.67
2003	28842.12	6694.23	12442.87	9705.02
2004	34725.13	8072.83	15003.6	11648.7

（续表）

年 份	长三角	上海市	江苏省	浙江省
2005	40897.69	9154.18	18305.66	13437.85
2006	47753.96	10366.37	21645.08	15742.51
2007	56710.44	12188.85	25741.15	18780.44
2008	65497.68	13698.15	30312.61	21486.92
2009	72494.1	15046.45	34457.30	22990.35
2010	86313.77	17165.98	41425.48	27722.31
2011	100624.8	19195.69	49110.27	32318.85
2012	108905.3	20181.72	54058.22	34665.33
2013	118332.36	21602.12	59161.75	37568.49

表4 长三角地区主要年份第一产业生产总值

单位:亿元(按当年价格计算)

年 份	长三角	上海市	江苏省	浙江省
1978	126.8	11	68.71	47.09
1979	182.99	11.39	104.04	67.56
1980	168.95	10.1	94.24	64.61
1981	189.03	10.58	109.39	69.06
1982	233.34	13.31	135.15	84.88
1983	246.82	13.52	150.41	82.89
1984	300.66	17.26	179	104.4
1985	339.07	19.53	195.66	123.88
1986	380.24	19.69	224.26	136.29
1987	427.87	21.6	246.86	159.41
1988	542.22	27.36	319.18	195.68
1989	564.76	29.63	324.18	210.95
1990	644.45	34.24	355.17	255.04
1991	624.42	34.06	345.14	245.22
1992	690.65	34.16	393.82	262.67
1993	844.38	37.82	490.59	315.97
1994	1170.24	47.61	683.98	438.65
1995	1476.02	59.82	866.24	549.96
1996	1652.84	68.72	989.18	594.94
1997	1726.73	72.03	1035.8	618.9

（续表）

年　份	长三角	上海市	江苏省	浙江省
1998	1730.3	73.84	1047.16	609.3
1999	1718.17	74.49	1037.37	606.31
2000	1756	76.68	1048.34	630.98
2001	1832.26	78	1094.48	659.78
2002	1875.32	79.68	1110.44	685.2
2003	1961.32	81.02	1162.45	717.85
2004	2265.13	83.45	1367.58	814.1
2005	2434.65	80.34	1461.48	892.83
2006	2563.91	93.80	1545.01	925.1
2007	2904.1	101.84	1816.24	986.02
2008	3307.23	111.80	2100.00	1095.43
2009	3538.76	113.82	2261.86	1163.08
2010	4014.81	114.15	2540.10	1360.56
2011	4772.76	124.94	3064.78	1583.04
2012	5213.97	127.80	3418.29	1667.88
2013	5559.98	129.28	3646.08	1784.62

表 5　长三角地区主要年份第二产业生产总值

单位：亿元（按当年价格计算）

年　份	长三角	上海	江苏	浙江
1978	395.66	211.05	131.09	53.52
1979	426.42	221.21	141.14	64.07
1980	487.58	236.1	167.41	84.07
1981	516.43	244.34	178.01	94.08
1982	533.28	249.32	185.52	98.44
1983	579.25	255.32	210.81	113.12
1984	667.24	275.37	250.39	141.48
1985	864.1	325.63	339.56	198.91
1986	943.23	336.02	376.32	230.89
1987	1129.54	354.38	493.69	281.47
1988	1374.26	433.05	586.82	354.39
1989	1509.49	466.18	657.06	386.25
1990	1606.37	505.6	692.59	408.18

（续表）

年　份	长三角	上海	江苏	浙江
1991	1838.67	550.64	793.92	494.11
1992	2450.08	677.39	1119.26	653.43
1993	3484.39	902.38	1598.05	983.96
1994	4733.34	1148.45	2186.77	1398.12
1995	5989.19	1419.41	2715.26	1854.52
1996	6903.01	1596.72	3074.12	2232.17
1997	7740.45	1774.02	3411.86	2554.57
1998	8278.94	1871.89	3640.1	2766.95
1999	8879.53	1984.64	3920.15	2974.74
2000	9917.45	2207.63	4435.89	3273.93
2001	10883.52	2403.18	4907.46	3572.88
2002	12317.42	2622.45	5604.49	4090.48
2003	15092.51	3209.02	6787.11	5096.38
2004	18580.49	3892.12	8437.99	6250.38
2005	21974.11	4452.92	10355.04	7166.15
2006	25788.78	5028.37	12250.84	8509.57
2007	30133.36	5678.51	14306.40	10148.45
2008	34480.06	6235.92	16663.81	11580.33
2009	36476.64	6001.78	18566.37	11908.49
2010	43270.18	7218.32	21753.93	14297.93
2011	49686.75	7927.89	25203.28	16555.58
2012	52293.04	7854.77	27121.95	17316.32
2013	55568.44	8027.77	29094.02	18446.65

表 6　长三角地区主要年份第三产业生产总值

单位:亿元(按当年价格计算)

年　份	长三角	上海	江苏	浙江
1978	123.31	50.76	49.44	23.11
1979	133.32	53.83	53.37	26.12
1980	155.08	65.69	58.15	31.24
1981	173.58	69.84	62.62	41.12
1982	194.63	74.44	69.50	50.69
1983	220.48	82.97	76.43	61.08

（续表）

年　份	长三角	上海	江苏	浙江
1984	265.05	98.22	89.46	77.37
1985	344.56	121.59	116.60	106.37
1986	414.77	135.12	144.36	135.29
1987	507.37	159.48	181.78	166.11
1988	710.92	187.89	302.85	220.18
1989	793.58	200.73	340.61	252.24
1990	882.03	241.82	368.74	271.47
1991	1121.39	309.07	462.32	350
1992	1485.31	402.77	622.94	459.6
1993	2114.54	579.03	909.52	625.99
1994	2833.96	794.80	1186.64	852.52
1995	3747.02	1 020.20	1573.75	1153.07
1996	4594.45	1 292.11	1940.91	1361.43
1997	5338.06	1 592.74	2232.68	1512.64
1998	6044.43	1 855.36	2512.69	1676.38
1999	6732.77	2 129.60	2740.30	1862.87
2000	7792.44	2 486.86	3069.46	2236.12
2001	8849.52	2 728.94	3454.90	2665.68
2002	10158.81	3 038.90	3891.92	3227.99
2003	11788.29	3 404.19	4493.31	3890.79
2004	13879.51	4 097.26	5198.03	4584.22
2005	16488.93	4620.92	6489.14	5378.87
2006	19401.27	5244.20	7849.23	6307.84
2007	23672.98	6408.50	9618.51	7645.97
2008	27710.39	7350.43	11548.80	8811.16
2009	32478.7	8930.85	13629.07	9918.78
2010	39028.78	9833.51	17131.45	12063.82
2011	46165.3	11142.86	20842.21	14180.23
2012	51398.26	12199.15	23517.98	15681.13
2013	57203.94	13445.07	26421.65	17337.22

表 7　长三角地区主要年份工业生产总值

单位:亿元（按当年价格计算）

年　份	长三角	上海	江苏	浙江
1978	371.54	207.47	117.1	46.97
1979	398.46	216.62	126.25	55.59
1980	455.8	230.87	151.22	73.71
1981	482.31	237.12	161.11	84.08
1982	496.05	240.75	168.09	87.21
1983	540.33	246.26	191.52	102.55
1984	619.68	263.19	228.58	127.91
1985	797.69	311.12	307.89	178.68
1986	863.29	318.89	337.77	206.63
1987	1029.46	336.54	443.23	249.69
1988	1241.81	399.53	526.92	315.36
1989	1379.33	432.92	599.91	346.5
1990	1467.7	469.83	634.13	363.74
1991	1678.98	514.79	725.83	438.36
1992	2236.35	636.68	1017.94	581.73
1993	3174.94	846.71	1451.97	876.26
1994	4319.96	1074.37	2002.22	1243.37
1995	5421.34	1308.2	2467.63	1645.51
1996	6191.49	1452.79	2754.8	1983.9
1997	6900.59	1598.91	3016.44	2285.24
1998	7312.85	1670.19	3157.69	2484.97
1999	7855.65	1787.98	3387.99	2679.68
2000	8793.18	1998.96	3848.52	2945.7
2001	9619.57	2166.74	4270.9	3181.93
2002	10888.95	2368.02	4880.09	3640.84
2003	13408.86	2941.24	6004.65	4462.97
2004	16598.97	3593.25	7514.39	5491.33
2005	19813.56	4129.52	9334.7	6349.34
2006	23370.92	4670.11	11110.24	7590.57
2007	27410.57	5298.08	13016.84	9095.65
2008	31213.74	5784.99	15068.98	10359.77
2009	32391.9	5408.75	16464.94	10518.21

（续表）

年　份	长三角	上海	江苏	浙江
2010	38471.64	6536.21	19277.65	12657.78
2011	44172.23	7208.59	22280.61	14683.03
2012	46344.25	7097.76	23908.47	15338.02
2013	49217.75	7236.69	25612.63	16368.43

表 8　长三角地区主要年份建筑业生产总值

单位:亿元　（按当年价格计算）

年　份	长三角	上海	江苏	浙江
1978	24.12	3.58	13.99	6.55
1979	27.96	4.59	14.89	8.48
1980	31.78	5.23	16.19	10.36
1981	34.72	7.22	16.9	10.6
1982	37.23	8.57	17.43	11.23
1983	38.92	9.06	19.29	10.57
1984	47.56	12.18	21.81	13.57
1985	66.41	14.51	31.67	20.23
1986	79.94	17.13	38.55	24.26
1987	110.08	27.84	50.46	31.78
1988	132.45	33.52	59.9	39.03
1989	130.16	33.26	57.15	39.75
1990	138.67	35.77	58.46	44.44
1991	159.69	35.85	68.09	55.75
1992	213.73	40.71	101.32	71.7
1993	309.45	55.67	146.08	107.7
1994	413.38	74.08	184.55	154.75
1995	567.85	111.21	247.63	209.01
1996	711.52	143.93	319.32	248.27
1997	839.86	175.11	395.42	269.33
1998	966.08	201.7	482.41	281.97
1999	1023.88	196.66	532.16	295.06
2000	1124.27	208.67	587.37	328.23
2001	1263.94	236.44	636.56	390.94
2002	1428.47	254.43	724.4	449.64

（续表）

年　份	长三角	上海	江苏	浙江
2003	1683.66	267.78	782.46	633.42
2004	1981.52	298.87	923.6	759.05
2005	2160.55	323.4	1020.34	816.81
2006	2417.85	358.25	1140.60	919.00
2007	2722.79	380.43	1289.56	1052.80
2008	3266.32	450.93	1594.83	1220.56
2009	4084.74	593.03	2101.43	1390.28
2010	4798.54	682.11	2476.28	1640.15
2011	5514.52	719.30	2922.67	1872.55
2012	5948.79	757.01	3213.48	1978.30
2013	6351.09	791.08	3481.79	2078.22

表 9　长三角地区主要年份地区生产总值中第一产业比重

单位：%（按当年价格计算）

	长三角	上海市	江苏省	浙江省
1978	19.6	4	27.6	38.1
1979	24.6	4	34.8	42.8
1980	20.8	3.2	29.5	35.9
1981	21.5	3.3	31.3	33.7
1982	24.3	3.9	34.6	36.3
1983	23.6	3.8	34.4	32.2
1984	24.4	4.4	34.5	32.3
1985	21.9	4.2	30	28.9
1986	21.9	4	30.1	27.1
1987	20.6	4	26.8	26.3
1988	20.6	4.2	26.4	25.4
1989	19.7	4.3	24.5	24.8
1990	20.8	4.4	25.1	24.9
1991	17.4	3.8	21.5	22.5
1992	14.9	3.1	18.4	19.1
1993	13.1	2.5	16.4	16.4
1994	13.4	2.4	16.9	16.3
1995	13.2	2.4	16.8	15.5

（续表）

	长三角	上海市	江苏省	浙江省
1996	12.6	2.3	16.5	14.2
1997	11.7	2.1	15.5	13.2
1998	10.8	1.9	14.5	12.1
1999	9.9	1.8	13.5	11.1
2000	9.0	1.6	12.2	10.3
2001	8.5	1.5	11.6	9.6
2002	7.7	1.4	10.5	8.6
2003	6.8	1.2	9.3	7.4
2004	6.5	1	9.1	7
2005	6.0	0.9	8	6.6
2006	5.4	0.9	7.1	5.9
2007	5.1	0.8	7.0	5.3
2008	5.0	0.8	6.9	5.1
2009	4.9	0.7	6.5	5.1
2010	4.7	3.4	22.3	16.0
2011	4.7	3.4	21.5	14.6
2012	4.8	0.6	6.3	4.8
2013	4.7	0.6	6.1	4.8

表 10　长三角地区主要年份地区生产总值中第二产业比重

单位：%（按当年价格计算）

	长三角	上海市	江苏省	浙江省
1978	61.3	77.4	52.6	43.3
1979	57.4	77.2	47.3	40.6
1980	60.1	75.7	52.3	46.7
1981	58.7	75.2	50.8	46.2
1982	55.5	74	47.6	42.1
1983	55.3	72.6	48.2	44
1984	54.1	70.5	48.3	43.8
1985	55.8	69.8	52.1	46.3
1986	54.3	68.5	50.5	46
1987	54.4	66.8	53.5	46.4
1988	52.3	66.8	48.5	46

（续表）

	长三角	上海市	江苏省	浙江省
1989	52.6	66.9	49.7	45.5
1990	51.8	64.7	48.9	45.1
1991	51.3	61.6	49.6	45.4
1992	53.0	60.8	52.4	47.5
1993	54.1	59.4	53.3	51.1
1994	54.2	57.7	53.9	52
1995	53.4	56.8	52.7	52.1
1996	52.5	54	51.2	53.3
1997	52.3	51.6	51.1	54.5
1998	51.6	49.3	50.6	54.8
1999	51.2	47.4	50.9	54.6
2000	50.9	46.3	51.9	53.3
2001	50.5	46.1	51.9	51.8
2002	50.6	45.7	52.8	51.1
2003	52.3	47.9	54.6	52.5
2004	53.5	48.2	56.3	53.6
2005	53.7	48.6	56.6	53.4
2006	53.9	48.5	56.6	54.0
2007	53.1	46.6	55.6	54.0
2008	52.6	45.5	55.0	53.9
2009	50.3	39.9	53.9	51.8
2010	50.1	40.7	42.0	49.8
2011	49.4	40.3	42.4	50.9
2012	48.0	39.0	50.2	50.0
2013	47.0	37.2	49.2	49.1

表 11　长三角地区主要年份地区生产总值中第三产业比重

单位：%（按当年价格计算）

	长三角	上海市	江苏省	浙江省
1978	19.1	18.6	19.8	18.7
1979	17.9	18.8	17.9	16.6
1980	19.1	21.1	18.2	17.4
1981	19.7	21.5	17.9	20.1

（续表）

	长三角	上海市	江苏省	浙江省
1982	20.2	22.1	17.8	21.7
1983	21.1	23.6	17.4	23.8
1984	21.5	25.1	17.2	23.9
1985	22.3	26	17.9	24.8
1986	23.9	27.5	19.4	26.9
1987	24.5	29.2	19.7	27.4
1988	27.1	29	25.1	28.6
1989	27.7	28.8	25.8	29.7
1990	28.4	30.9	26	30
1991	31.3	34.6	28.9	32.1
1992	32.1	36.1	29.2	33.4
1993	32.8	38.1	30.3	32.5
1994	32.4	39.9	29.2	31.7
1995	33.4	40.8	30.5	32.4
1996	34.9	43.7	32.3	32.5
1997	36.1	46.3	33.4	32.3
1998	37.7	48.8	34.9	33.2
1999	38.8	50.8	35.6	34.2
2000	40.0	52.1	35.9	36.4
2001	41.0	52.4	36.5	38.6
2002	41.7	52.9	36.7	40.3
2003	40.9	50.9	36.1	40.1
2004	40.0	50.8	34.6	39.4
2005	40.3	50.5	35.4	40
2006	40.7	50.6	36.3	40.1
2007	41.7	52.6	37.4	40.7
2008	42.3	53.7	38.1	41
2009	44.8	59.4	39.6	43.1
2010	45.2	55.9	35.7	34.2
2011	45.9	56.3	36.1	34.6
2012	47.2	60.4	43.5	45.2
2013	48.3	62.2	44.7	46.1

表 12　长三角地区主要年份地区生产总值中工业比重

单位：%（按当年价格计算）

	长三角	上海市	江苏省	浙江省
1978	57.5	76.1	47	38
1979	53.6	75.6	42.3	35.2
1980	56.2	74	47.3	41
1981	54.8	73	46	41
1982	51.6	71.4	43.1	37.3
1983	51.6	70	43.8	39.9
1984	50.3	67.3	44.1	39.6
1985	51.5	66.7	47.2	41.6
1986	49.7	65	45.3	41.1
1987	49.6	61.7	48.1	41.1
1988	47.3	61.6	43.6	40.9
1989	48.1	62.1	45.4	40.8
1990	47.3	60.1	44.8	40.2
1991	46.8	57.6	45.3	40.2
1992	48.3	57.1	47.7	42.3
1993	49.3	55.7	48.4	45.5
1994	49.4	54	49.3	46.2
1995	48.4	52.3	47.9	46.3
1996	47.1	49.1	45.9	47.4
1997	46.6	46.5	45.2	48.8
1998	45.6	44	43.9	49.2
1999	45.3	42.7	44	49.2
2000	45.2	41.9	45	48
2001	44.6	41.6	45.2	46.1
2002	44.7	41.3	46	45.5
2003	46.5	43.9	48.3	46
2004	47.8	44.5	50.1	47.1
2005	48.4	45.1	51	47.2
2006	48.9	45.0	51.3	48.2
2007	48.3	43.5	50.6	48.4
2008	47.7	42.2	49.7	48.2
2009	44.7	36.0	47.8	45.8

（续表）

	长三角	上海市	江苏省	浙江省
2010	44.6	38.1	46.5	45.7
2011	43.9	37.6	45.4	45.4
2012	42.7	35.2	44.2	44.2
2013	41.6	33.5	43.3	43.6

表 13　长三角地区主要年份地区生产总值中建筑业比重

单位：%（按当年价格计算）

	长三角	上海市	江苏省	浙江省
1978	3.7	1.3	5.6	5.3
1979	3.8	1.6	5	5.4
1980	3.9	1.7	5.1	5.8
1981	3.9	2.2	4.8	5.2
1982	3.9	2.6	4.5	4.8
1983	3.7	2.6	4.4	4.1
1984	3.9	3.2	4.2	4.2
1985	4.3	3.1	4.9	4.7
1986	4.6	3.5	5.2	4.8
1987	5.3	5.1	5.5	5.2
1988	5.0	5.2	5	5.1
1989	4.5	4.8	4.3	4.7
1990	4.5	4.6	4.1	4.9
1991	4.5	4	4.3	5.1
1992	4.6	3.7	4.7	5.2
1993	4.8	3.7	4.9	5.6
1994	4.7	3.7	4.5	5.8
1995	5.1	4.5	4.8	5.9
1996	5.4	4.9	5.3	5.9
1997	5.7	5.1	5.9	5.7
1998	6.0	5.3	6.7	5.6
1999	5.9	4.7	6.9	5.4
2000	5.8	4.4	6.9	5.3
2001	5.9	4.5	6.7	5.7
2002	5.9	4.4	6.8	5.6

（续表）

	长三角	上海市	江苏省	浙江省
2003	5.8	4	6.3	6.5
2004	5.7	3.7	6.2	6.5
2005	5.3	3.5	5.6	6.1
2006	5.1	3.5	5.3	5.8
2007	3.8	3.1	5.3	5.6
2008	5.0	3.3	5.3	5.7
2009	5.6	3.9	6.1	6.0
2010	5.6	4.0	6.0	5.9
2011	5.5	3.7	5.9	5.8
2012	5.5	3.8	6.0	5.7
2013	5.4	3.7	5.9	5.5

第二章 长三角地区重要社会发展指标

表14 长三角地区总人口基本情况

单位:万人

年份	长三角	上海市	江苏省	浙江省
1975	10327.31	1076.72	5636.12	3614.47
1976	10444.88	1081.3	5700.76	3662.82
1977	10558.85	1086.47	5765.28	3707.1
1978	10683.57	1098.28	5834.33	3750.96
1979	10817.02	1132.14	5892.55	3792.33
1980	10911.29	1146.52	5938.19	3826.58
1981	11044.59	1162.84	6010.24	3871.51
1982	11193.77	1180.51	6088.94	3924.32
1983	11292.1	1194.01	6134.99	3963.1
1984	11369.3	1204.78	6171.43	3993.09
1985	11459.73	1216.69	6213.48	4029.56
1986	11572.3	1232.33	6269.9	4070.07
1987	11718.7	1249.51	6348	4121.19
1988	11870.54	1262.42	6438.27	4169.85
1989	12021.18	1276.45	6535.85	4208.88
1990	12285.16	1283.35	6766.9	4234.91
1991	12392.27	1287.2	6843.7	4261.37
1992	12486.48	1289.37	6911.2	4285.91
1993	12575.31	1294.74	6967.27	4313.3
1994	12660.55	1298.81	7020.54	4341.2
1995	12737.02	1301.37	7066.02	4369.63
1996	12814.68	1304.43	7110.16	4400.09
1997	12875.6	1305.46	7147.86	4422.28
1998	12935.9	1306.58	7182.46	4446.86
1999	12993.71	1313.12	7213.13	4467.46
2000	13150.09	1321.63	7327.24	4501.22

（续表）

年份	长三角	上海市	江苏省	浙江省
2001	13201.9	1327.14	7354.92	4519.84
2002	13251.18	1334.23	7380.97	4535.98
2003	13299.17	1341.77	7405.82	4551.58
2004	13362.11	1352.39	7432.5	4577.22
2005	13436.87	1360.26	7474.5	4602.11
2006	13547.01	1368.08	7549.50	4629.43
2007	13662.7	1378.86	7624.50	4659.34
2008	14252.81	1888.46	7676.50	4687.85
2009	14362	1921.32	7724.50	4716.18
2010	14919.95	2302.66	7869.34	4747.95
2011	15027.57	2347.46	7898.8	4781.31
2012	15099.75	2380.43	7919.98	4799.34
2013	15181.53	2415.15	7939.49	4826.89

表 15　长三角地区劳动就业基本情况（2013 年）

单位：万人

指　标	长三角	上海市	江苏省	浙江省
从业人员合计（万人）	9605.97	1137.35	4759.89	3708.73
第一产业	1510.05	46.36	956.74	506.95
第二产业	4341.51	446.09	2041.99	1853.43
第三产业	3754.41	644.90	1761.16	1348.35
年末城镇登记失业人数（万人）	98.91	26.37	37.61	34.93
年末城镇登记失业率（%）	3.26	4.2	3.03	3.01

表 16　长三角地区从业人员基本情况

单位：万人

	长三角	上海市	江苏省	浙江省
2000	7889.47	745.24	4418.14	2726.09
2004	8311.34	836.87	4482.52	2991.95
2005	8474.20	863.32	4510.12	3100.76
2006	8622.65	885.51	4564.76	3172.38
2007	8932.23	909.08	4618.14	3405.01
2008	9188.66	1053.24	4648.89	3486.53
2009	9331.04	1064.42	4674.64	3591.98

（续表）

	长三角	上海市	江苏省	浙江省
2010	9039.19	648.49	4754.68	3636.02
2011	9536.67	1104.33	4758.23	3674.11
2012	9566.27	1115.50	4759.53	3691.24
2013	9605.97	1137.35	4759.89	3708.73

表 17　长三角地区年末尚有失业人员

单位：万人

	长三角	上海市	江苏省	浙江省
1980	35.04	14.75	20.29	10.23
1985	8.35	1.2	7.15	3.45
1990	30.22	7.7	22.52	11.24
1995	34.49	14.36	20.13	17.72
1996	36.88	14.54	22.34	16.22
1997	38.7	14.9	23.8	18.75
1998	40.22	15.96	24.26	19.96
1999	44.04	17.47	26.57	21.17
2000	50.44	20.08	30.36	21.82
2001	61.86	25.72	36.14	23.99
2002	98.68	28.78	42.17	27.73
2003	100.22	30.11	41.84	28.27
2004	100.47	27.43	42.9	30.14
2005	98.1	27.5	41.63	28.97
2006	97.32	27.82	40.40	29.1
2007	94.64	26.78	39.26	28.6
2008	98.77	26.60	41.09	31.08
2009	99.29	27.87	40.74	30.68
2010	99.51	27.73	40.65	31.13
2011	100.45	27.33	41.45	31.67
2012	100.93	27.05	40.47	33.41
2013	98.91	26.37	37.61	34.93

表 18　长三角地区农村居民家庭人均纯收入基本情况

单位：元

年份	上海市	江苏省	浙江省
1990	1665	884	1099
1991	2003	921	1211
1992	2226	1061	1359
1993	2727	1267	1746
1994	3437	1832	2225
1995	4246	2457	2966
1996	4846	3029	3463
1997	5277	3270	3684
1998	5407	3377	3815
1999	5481	3495	3948
2000	5565	3595	4254
2001	5850	3785	4582
2002	6212	3996	4940
2003	6658	4239	5431
2004	7337	4754	6096
2005	8342	5276	6660
2006	9213	5813	7335
2007	10222	6561	8265
2008	11385	7357	9258
2009	12324	8004	10007
2010	13746	9118	11303
2011	15644	10805	13071
2012	17401	12202	14552
2013	19208	13598	16106

表 19　长三角地区城镇居民家庭人均可支配收入基本情况

单位：元

年份	上海市	江苏省	浙江省
1990	2183	1464	1932
1991	2486	1623	2143
1992	3009	2138	2619
1993	4277	2774	3626

（续表）

年份	上海市	江苏省	浙江省
1994	5868	3779	5066
1995	7172	4634	6221
1996	8159	5186	6956
1997	8439	5765	7359
1998	8773	6018	7837
1999	10932	6538	8428
2000	11718	6800	9279
2001	12883	7375	10465
2002	13250	8178	11716
2003	14867	9263	13180
2004	16683	10482	14546
2005	18645	12319	16294
2006	20668	14084	18265
2007	23623	16378	20574
2008	26675	18680	22727
2009	28838	20552	24611
2010	31838	22944	27359
2011	36230	26341	30971
2012	40188	29677	34550
2013	43851	32538	37851

表 20 长三角地区城镇居民家庭恩格尔系数

单位：%

年份	上海市	江苏省	浙江省
1981	56.8	55.9	55.6
1982	58.8	58.2	57.3
1983	58.6	58.6	59.5
1984	56.5	56.3	51.3
1985	52.1	52.5	51.3
1986	52.7	51.2	50.8
1987	54.5	52	51.8
1988	52.6	50.8	51
1989	55.8	53.9	54.7

（续表）

年份	上海市	江苏省	浙江省
1990	56.5	55.5	55.1
1991	56.9	55.7	55
1992	55.9	53.9	51.6
1993	53.1	49.4	49.4
1994	53.5	50.1	47.4
1995	53.4	51.9	47
1996	50.7	51	46.9
1997	51.7	47.7	43.9
1998	50.6	45.1	42.5
1999	45.2	44.1	40.3
2000	44.5	41.1	39.2
2001	43.4	39.7	36.3
2002	39.4	40.4	37.9
2003	37.2	38.3	36.6
2004	36.4	40	36.2
2005	35.9	37.2	33.8
2006	35.6	36.0	32.9
2007	35.5	36.7	34.7
2008	36.6	37.9	36.4
2009	35.0	36.3	33.6
2010	33.5	36.5	34.3
2011	35.5	36.1	34.6
2012	36.8	35.4	35.1
2013	34.9	34.7	34.4

表21　长三角地区城镇居民家庭基本情况（2013年）

指　标	上海市	江苏省	浙江省
基本情况			
调查户数(户)	1000	2646	
平均每户家庭人口(人)	2.89	2.97	2.70
平均每户就业人口(人)	1.55	1.63	1.58
平均每一就业人口负担人数(人)	1.81	1.82	1.71
平均每户就业面(%)	55.2	55.07	58.50

（续表）

指　标	上海市	江苏省	浙江省
人均家庭总收入			
人均可支配收入(元)	43851	32538	37851
人均家庭总支出			
人均消费性支出	28155	20371	23257
#食品	9823	7074	8008
衣着	2032	2013	2235
家庭设备用品及服务	1706	1379	1401
医疗保健	1350	1122	1244
交通通讯	4736	3135	4568
娱乐教育文化服务	4122	3290	2849
居住	2848	1564	2005
借贷支出	8987	12624	13366

表 22　长三角地区农村居民家庭基本情况(2013 年)

指　标	上海市	江苏省	浙江省
调查户数(户)	1200	3437	
调查户人口(人)			
平均每户常住人口		3.51	3.57
平均每户整、半劳动力		2.56	2.39
平均每人全年收入(元)			
总收入	20742	16526	19056
纯收入	19208	13598	16106
按人均纯收入水平分组的户数占调查总户数的比重(%)			
2000 元以下		1.2	
2000－3000 元		1.4	
3000－4000 元		3.1	
4000－5000 元		4.2	
5000 元以上		90.1	
总支出	15992	13561	15454
#家庭经营性费用支出		2480	2123
购置生产性固定资产支出		125	123
生活消费支出	13425	9607	11760

表 23　长三角地区房地产投资主要指标(2013 年)

指　标	长三角	上海市	江苏省	浙江省
房屋建筑面积(万平方米)				
施工面积	114702.99	13516.58	52574.17	48612.24
#住宅	75819.49	8125.74	38756.78	28936.97
竣工面积	19228.72	2254.44	9711.60	7262.68
#住宅	13532.79	1417.41	7584.17	4531.21
商品房销售情况				
房屋销售面积(万平方米)	18723.97	2382.20	11454.77	4887.0
商品房销售额(亿元)		3911.57		5396.03

表 24　长三角地区人民生活水平情况(2013 年)

指　　标	上海市	江苏省	浙江省
就业			
城镇居民家庭每户就业人口(人)		1.63	1.58
每一城镇就业者负担人数(人)	1.81	1.82	1.71
城镇登记失业率(%)	4.2	3.03	3.01
收入与支出			
城镇居民人均可支配收入(元)	43851	32538	37851
城镇居民生活消费支出(元)	28155	20371	23257
农村居民人均纯收入(元)	19208	13598	16106
农村居民生活消费支出(元)	13425	9607	11760
职工年平均工资(元)	60435	57985	56571
人均储蓄存款余额(元)	87720	42602	52606
生活质量			
居民家庭恩格尔系数(%)			
城镇居民	34.9	34.7	34.4
人均住房面积(平方米)			
农村人均住房面积	58.48	43.6	60.82
城市公用事业			
用水普及率(%)	99.99	99.7	99.97
人均公共绿地面积(平方米)	13.38	14.0	12.44
文化、教育和卫生			
文化			
城镇每百户拥有彩色电视机(台)		171.5	179

（续表）

指　　标	上海市	江苏省	浙江省
农村每百户拥有电视机（台）		149.0	169
每百户家用电脑拥有量（台）			
城市		98.1	101.56
居民家庭文教娱乐支出比重（%）			
城市	16.8	16.15	12.25
教育			
每万人口在校学生数（人）			
大学生数	209	232.7	185.05
中学生数	246	374.7	543.59
小学生数	328	549.7	630.64
平均每一教师负担学生（人）			
大学	13	16.9	18.17
中学	12	11.7	13.58
小学	16	16.9	19.05
卫生			
每万人拥有医生数（人）	24	21.4	25.2
居民家庭医疗保健支出比重（%）			
城市	6.1	5.51	5.35

表 25　长三角地区居民消费价格指数

（1978＝100）

年份	上海市	江苏省	浙江省
1985	128.2	123.7	141.9
1986	136.3	132.5	150.9
1987	147.3	144.7	167.3
1988	176.9	176.3	206.5
1989	205.1	206.5	241.2
1990	218	213.1	246.2
1991	240.9	223.5	260.0
1992	265	238.3	284.0
1993	318.5	281.7	344.7
1994	394.6	347	429.9
1995	468.4	401.8	502.9

（续表）

年份	上海市	江苏省	浙江省
1996	511.5	439.2	552.2
1997	525.8	446.7	574.9
1998	525.8	444	577.8
1999	533.7	438.2	574.9
2000	547	438.7	580.0
2001	547	442.2	577.7
2002	549.8	438.6	570.8
2003	550.3	443	573.6
2004	562.2	461.2	589.7
2005	567.6	470.9	598.5
2006	574.5	478.4	605.1
2007	592.6	499.0	628.7
2008	626.8	525.9	658.9
2009	624.3	523.8	650.3
2010	643.6	543.7	676.4
2011	677.0	572.7	712.2
2012	696.2	587.4	727.8
2013	712.2	601.2	744.5

表 26 长三角地区商品零售价格指数

（1978=100）

年份	上海市	江苏省	浙江省
1985	130.4	123.2	135.8
1986	139.1	131.9	143.9
1987	151.4	144.2	157.6
1988	183.6	176.4	192.4
1989	214.3	206	226.7
1990	224.6	210.7	230.3
1991	245.9	220.9	237.2
1992	269.8	232.1	252.9
1993	317	269	295.1
1994	372.4	332.5	359.1
1995	420.9	380.1	407.6

（续表）

年份	上海市	江苏省	浙江省
1996	441.9	405.9	431.3
1997	436.6	403.1	432.6
1998	415.2	395.8	425.6
1999	404	383.5	415.8
2000	389.5	378.1	411.7
2001	384	373.9	403.9
2002	379	368	398.6
2003	375.4	367.3	397.0
2004	378.8	375.4	407.7
2005	376.7	376.5	411.4
2006	377.4	379.5	414.7
2007	386.5	390.5	430.5
2008	407.1	409.6	457.6
2009	404.8	405.1	452.1
2010	411.7	418.1	469.7
2011	428.4	437.4	495.6
2012	433.7	446.4	504.7
2013	434.4	452.7	509.7

表 27　长三角地区主要年份林业总产值

单位：当年价格亿元

年份	长三角	上海市	江苏省	浙江省
1978	3.53	0.06	1.48	1.99
1979	4.82	0.04	2.03	2.75
1980	5.61	0.06	1.94	3.61
1981	6	0.21	2	3.79
1982	6.61	0.23	1.96	4.42
1983	8.27	0.2	3.3	4.77
1984	11.21	0.21	4.33	6.67
1985	13.71	0.21	4.63	8.87
1986	14.65	0.24	5.15	9.26
1987	17.97	0.34	6.02	11.61
1988	22.14	0.45	7.29	14.4

（续表）

年份	长三角	上海市	江苏省	浙江省
1989	21.01	0.39	7.02	13.6
1990	24.31	0.37	7.94	16
1991	25.36	0.39	7.55	17.42
1992	31.37	0.43	9.93	21.01
1993	44.82	0.41	14.61	29.8
1994	60.79	0.49	18.38	41.92
1995	71.89	0.45	21.42	50.02
1996	78.92	0.67	23.48	54.77
1997	82.29	0.47	22.56	59.26
1998	84.46	0.84	24.16	59.46
1999	89.42	0.98	26.13	62.31
2000	86.06	1.41	30.17	54.48
2001	94.48	3.52	30.76	60.2
2002	95.69	7.75	27.1	60.84
2003	110.21	13.05	31.49	65.67
2004	131.66	13.14	40.16	78.36
2005	139.89	11.11	45.27	83.51
2006	150.72	10.43	54.25	86.04
2007	164.4	10.05	58.88	95.47
2008	180.99	9.12	64.92	106.95
2009	197.42	8.99	70.79	117.64
2010	205.0	7.53	78.12	119.35
2011	234.5	7.62	92.81	134.07
2012	251.43	9.55	99.74	142.14
2013	258.49	9.65	107.30	141.54

表 28　长三角地区主要年份农业总产值

单位：当年价格亿元

年份	长三角	上海市	江苏省	浙江省
1978	149.48	13.49	85.17	50.82
1979	198.83	15.10	114.26	69.47
1980	181.61	11.40	105.98	64.23
1981	201.02	11.91	119.90	69.21

（续表）

年份	长三角	上海市	江苏省	浙江省
1982	244.1	13.80	145.69	84.61
1983	256.62	12.59	160.38	83.65
1984	312.49	16.41	193.28	102.80
1985	328.68	15.63	201.85	111.20
1986	374.87	16.83	235.07	122.97
1987	416.68	17.69	257.90	141.09
1988	495.47	22.47	310.20	162.80
1989	531.81	25.53	325.02	181.26
1990	591.03	29.09	362.46	199.48
1991	602.14	30.51	354.42	217.21
1992	670.59	32.80	411.33	226.46
1993	833.92	40.52	518.55	274.85
1994	1211.1	60.19	777.94	372.97
1995	1545.76	77.71	986.15	481.90
1996	1667.32	87.64	1062.39	517.29
1997	1686.67	85.20	1085.26	516.21
1998	1708.96	89.10	1096.88	522.98
1999	1701.99	87.86	1095.13	519.00
2000	1707.14	89.81	1096.02	521.31
2001	1726.78	95.53	1142.66	488.59
2002	1774.12	97.21	1165.49	511.42
2003	1608.86	98.17	981.25	529.44
2004	1944.32	109.32	1242.41	592.59
2005	2057.12	111.25	1291.06	654.81
2006	2220.9	119.99	1416.91	684.00
2007	2405.19	126.74	1542.53	735.92
2008	2695.45	135.52	1746.83	813.10
2009	2974.78	147.53	1948.20	879.05
2010	3466.13	155.27	2269.56	1041.30
2011	3958.06	165.07	2640.95	1152.04
2012	4367.56	171.48	2966.72	1229.36
2013	4676.85	172.28	3167.78	1336.79

表 29　长三角地区主要年份畜牧业总产值

单位：当年价格亿元

年份	长三角	上海市	江苏省	浙江省
1978	29.87	3.67	16.78	9.42
1979	45.54	4.22	25.77	15.55
1980	52.31	6.27	26.65	19.39
1981	49.94	6.38	27.11	16.45
1982	66.49	7.81	35.8	22.88
1983	67.87	7.8	36.66	23.41
1984	82.24	8.06	47.17	27.01
1985	116.63	12.25	66.54	37.84
1986	122.67	12.75	69.83	40.09
1987	152	15.48	87.95	48.57
1988	233	22.18	140.49	70.33
1989	250.22	26.41	148.13	75.68
1990	266.21	30.25	160.78	75.18
1991	278.46	33.38	168.3	76.78
1992	311.06	37.19	188.64	85.23
1993	371.87	42.95	236.81	92.11
1994	587.52	62.04	390.7	134.78
1995	699.18	81.48	475.67	142.03
1996	609.88	85.46	368.54	155.88
1997	708.97	88.37	430.57	190.03
1998	688.63	87.27	435.51	165.85
1999	657.3	86.35	413.95	157
2000	701.82	87.35	430.53	183.94
2001	732.88	88.43	448.51	195.94
2002	715.45	83.48	426.88	205.09
2003	773.01	81.13	458.87	233.01
2004	713.1	70.77	563.44	78.89
2005	939.43	54.34	599.14	285.95
2006	869.78	46.29	544.48	279.01
2007	1129.98	58.00	704.38	367.60
2008	1403.72	68.40	916.46	418.86
2009	1343.46	64.61	873.97	404.88

（续表）

年份	长三角	上海市	江苏省	浙江省
2010	1434.57	62.90	923.25	448.42
2011	1814.27	77.44	1190.50	546.33
2012	1847.81	72.59	1226.18	549.04
2013	1838.37	69.97	1222.22	546.18

表 30　长三角地区主要年份渔业总产值

单位:当年价格亿元

年份	长三角	上海市	江苏省	浙江省
1978	6.78	0.86	2.44	3.48
1979	8.16	0.9	3.19	4.07
1980	10.29	0.97	3.88	5.44
1981	11.95	1.23	4.61	6.11
1982	12.35	1.56	4.66	6.13
1983	14.66	1.29	6.52	6.85
1984	21.45	1.4	9.04	11.01
1985	34.49	2.82	15.53	16.14
1986	45.78	3.45	22.61	19.72
1987	59.08	4.79	28.38	25.91
1988	80.81	7.43	39.97	33.41
1989	83.92	7.88	42.08	33.96
1990	98.29	8.04	49.35	40.9
1991	111.44	8.97	50.66	51.81
1992	137.33	9.18	63.92	64.23
1993	211.08	12.31	105.4	93.37
1994	306.26	17.52	148.21	140.53
1995	421.18	22.83	203.54	194.81
1996	471.45	27.18	239.35	204.92
1997	547.73	30.37	277.98	239.38
1998	577.56	29.54	292.65	255.37
1999	600.84	31.71	302.22	266.91
2000	648.29	37.92	313.01	297.36
2001	683.14	40.13	334.17	308.84
2002	715.52	45.13	345.88	324.51

（续表）

年份	长三角	上海市	江苏省	浙江省
2003	757.88	49.21	371.56	337.11
2004	861.36	49.9	449.47	361.99
2005	944.31	51.64	511.86	380.81
2006	954.99	55.25	552.21	347.53
2007	1003.09	54.19	579.00	369.90
2008	1130.68	57.11	665.75	407.82
2009	1208.26	53.53	719.25	435.48
2010	1380.05	52.62	805.25	522.18
2011	1770.91	54.72	1060.44	655.75
2012	1979.9	57.45	1235.40	687.05
2013	2168.97	59.89	1351.11	757.97

表 31　长三角地区粮食产量

单位:万吨

年份	长三角	上海市	江苏省	浙江省
1980	4040.3	186.85	2417.95	1435.5
1990	5094.61	244.36	3264.15	1586.1
2000	4497.63	174	3106.63	1217.00
2004	3785.52	106.29	2829.06	850.17
2005	3770.37	105.36	2834.59	830.42
2006	3992.26	111.30	3041.44	839.52
2007	4043.11	109.20	3132.24	801.67
2008	4066.71	115.67	3175.49	775.55
2009	4140.93	121.68	3230.10	789.15
2010	4124.17	118.40	3235.10	770.67
2011	4211.31	121.95	3307.76	781.60
2012	4264.67	122.39	3372.48	769.80
2013	4271.08	114.15	3422.98	733.95

表 32　长三角地区棉花产量

单位:万吨

年份	长三角	上海市	江苏省	浙江省
1980	57.72	7.62	41.81	8.29
1990	54.06	1.22	46.42	6.42

（续表）

年份	长三角	上海市	江苏省	浙江省
2000	34.49	0.12	31.45	2.92
2004	52.74	0.18	50.28	2.28
2005	34.61	0.18	32.27	2.16
2006	40.69	0.20	38.14	2.35
2007	37.54	0.25	34.75	2.54
2008	35.74	0.32	32.60	2.82
2009	28.62	0.26	25.55	2.81
2010	29.37	0.35	26.08	2.94
2011	28.4	0.48	24.68	3.24
2012	25.41	0.38	22.04	2.99
2013	24.12	0.39	20.93	2.80

表 33 长三角地区油料产量

单位:万吨

年份	长三角	上海市	江苏省	浙江省
1980	77.1	9.6	38.64	28.86
1990	178.94	18.2	112.39	48.35
2000	299.9	16.37	225.65	57.88
2004	294.54	7.39	238.38	48.77
2005	273.07	6.94	215.99	50.14
2006	269.72	5.31	218.18	46.23
2007	192.44	3.62	145.08	43.74
2008	195.16	3.6	150.29	41.27
2009	208.86	3.39	162.23	43.24
2010	193.73	2.29	151.97	39.47
2011	185.76	1.86	144.05	39.85
2012	186.98	1.73	146.95	38.30
2013	189.65	1.50	150.37	37.78

表 34　长三角地区农业现代化情况(2013 年)

指　标	长三角	上海市	江苏省	浙江省
农业机械化情况				
机耕面积(千公顷)	7323.39	372.3	5947.94	1003.15
机械收获面积(千公顷)	6203.8	160.7	5114.39	928.71
农村电气化情况				
农村用电量(亿千瓦小时)	2714.22	7.45	1801.86	904.91
农用物资使用情况				
化肥施用量(折纯量)(万吨)	430.03	10.78	326.82	92.43
农用塑料薄膜使用量(万吨)	20.09	1.94	11.68	6.47
农药使用量(万吨)	14.84	0.50	8.12	6.22

表 35　长三角地区规模以上工业企业单位数(2013 年)

单位:个

项　目	长三角	上海市	江苏省	浙江省
总　计	95730	9782	46387	39561
按轻重工业分				
轻工业			17459	19497
重工业			28928	20064
制造业				
农副食品加工业	2429	137	1508	784
食品制造业	901	225	343	333
酒、饮料和精制茶制造业	460	45	188	227
烟草制品业	10	2	5	3
纺织业	10097	243	4880	4974
纺织服装、服饰业	5709	537	2617	2555
皮革、毛皮、羽毛及其制品和制鞋业	2507	135	592	1780
木材加工和木、竹、藤、棕、草制品业	1886	79	1319	488
家具制造业	1107	168	229	710
造纸和纸制品业	1738	208	642	888
印刷和记录媒介复制业	1203	183	521	499
文教、工美、体育和娱乐用品制造业	2356	147	1020	1189
石油加工、炼焦和核燃料加工业	206	39	122	45
化学原料和化学制品制造业	6200	755	3815	1630
医药制造业	1310	205	662	443

（续表）

项　目	长三角	上海市	江苏省	浙江省
化学纤维制造业	1482	29	878	575
橡胶和塑料制品业	4928	735	1860	2333
非金属矿物制品业	4401	414	2465	1522
黑色金属冶炼和压延加工业	2754	143	1595	1016
有色金属冶炼和压延加工业	1988	164	1027	797
金属制品业	6194	780	3048	2366
通用设备制造业	8941	1230	3932	3779
专用设备制造业	4907	644	2678	1585
汽车制造业	3482	554	1305	1623
铁路、船舶、航空航天和其他运输设备制造业	1714	156	947	611
电气机械和器材制造业	8525	935	3775	3815
计算机、通信和其他电子设备制造业	4333	500	2622	1211
仪器仪表制造业	1708	200	896	612
其他制造业	528	50	147	331
废弃资源综合利用业	323	29	142	152
金属制品、机械和设备修理业	119	34	31	54
电力、燃气及水的生产和供应业				
电力、热力的生产和供应业	572	35	243	294
燃气生产和供应	158	16	76	66
水的生产和供应业	254	25	102	127

表 36　长三角地区规模以上工业企业利润总额（2013 年）

单位：亿元

项　目	长三角	上海市	江苏省	浙江省
总　计	13810.52	2415.20	7834.06	3561.26
按轻重工业分				
轻工业			2180.08	1372.60
重工业			5653.98	2188.66
按行业分				
农副食品加工业	293.04	12.41	241.86	38.77
食品制造业	152.23	45.19	55.56	51.48
酒、饮料和精制茶制造业	208.91	9.14	148.74	51.03
烟草制品业	344.71	211.85	90.97	41.89

（续表）

项 目	长三角	上海市	江苏省	浙江省
纺织业	610.41	11.99	321.63	276.79
纺织服装、服饰业	392.64	23.27	244.57	124.80
皮革、毛皮、羽毛及其制品和制鞋业	121.84	9.57	41.25	71.02
木材加工和木、竹、藤、棕、草制品业	180.65	3.63	151.77	25.25
家具制造业	71.99	27.93	9.95	34.11
造纸和纸制品业	144.00	14.18	71.16	58.66
印刷和记录媒介复制业	75.21	17.23	37.78	20.20
文教、工美、体育和娱乐用品制造业	162.91	21.92	78.55	62.44
石油加工、炼焦和核燃料加工业	169.09	19.92	79.34	69.83
化学原料和化学制品制造业	1359.09	149.38	861.67	348.04
医药制造业	456.91	74.36	273.79	108.76
化学纤维制造业	179.95	2.11	87.90	89.94
橡胶和塑料制品业	363.94	48.38	147.35	168.21
非金属矿物制品业	415.04	27.85	264.51	122.68
黑色金属冶炼和压延加工业	483.80	69.70	336.57	77.53
有色金属冶炼和压延加工业	213.12	11.81	128.34	72.97
金属制品业	509.14	54.81	330.70	123.63
通用设备制造业	962.34	173.18	512.59	276.57
专用设备制造业	539.58	83.52	347.00	109.06
汽车制造业	1541.49	913.38	462.54	165.57
铁路、船舶、航空航天和其他运输设备制造业	281.21	1.02	258.95	21.24
电气机械和器材制造业	1280.41	128.89	863.62	287.90
计算机、通信和其他电子设备制造业	955.68	105.53	617.16	232.99
仪器仪表制造业	348.46	36.34	249.16	62.96
其他制造业	36.96	4.27	15.34	17.35
废弃资源综合利用业	12.78	1.84	7.03	3.91
金属制品、机械和设备修理业	0.92	−1.10	1.76	0.26
电力、燃气及水的生产和供应业				
电力、热力的生产和供应业	807.12	104.17	391.28	311.67
燃气生产和供应	67.32	−0.66	52.07	15.91
水的生产和供应业	13.08	−3.21	12.23	4.06

表 37 长三角地区规模以上工业企业主营业务收入(2013 年)

单位:亿元

项 目	长三角	上海市	江苏省	浙江省
总 计	228109.71	34533.53	132270.41	61305.77
按轻重工业分				
轻工业			34357.33	24138.39
重工业			97913.08	37167.38
按行业分				
农副食品加工业	5176.69	407.78	3727.17	1041.74
食品制造业	1955.79	712.29	694.60	548.90
酒、饮料和精制茶制造业	1537.92	124.67	922.57	490.68
烟草制品业	1700.94	849.54	474.30	377.10
纺织业	12342.07	237.72	6387.13	5717.22
纺织服装、服饰业	6651.76	522.06	3853.31	2276.39
皮革、毛皮、羽毛及其制品和制鞋业	2453.23	178.31	814.18	1460.74
木材加工和木、竹、藤、棕、草制品业	2453.76	73.40	1935.96	444.40
家具制造业	1249.76	264.04	248.29	737.43
造纸和纸制品业	3051.8	309.84	1315.94	1126.02
印刷和记录媒介复制业	1083.6	194.76	531.15	357.69
文教、工美、体育和娱乐用品制造业	3017.35	534.78	1310.40	1172.17
石油加工、炼焦和核燃料加工业	5798.27	1768.07	2373.93	1656.27
化学原料和化学制品制造业	23388.32	2759.82	14906.50	5722.00
医药制造业	4256.55	581.06	2675.86	999.63
化学纤维制造业	5105.71	39.89	2680.92	2384.90
橡胶和塑料制品业	5965.00	895.14	2376.03	2693.83
非金属矿物制品业	6563.31	583.59	4094.78	1884.94
黑色金属冶炼和压延加工业	15245.97	1973.91	10624.75	2647.31
有色金属冶炼和压延加工业	6382.17	454.58	3641.28	2286.31
金属制品业	8544.27	971.12	5282.80	2290.35
通用设备制造业	13788.46	2588.09	7107.65	4092.72
专用设备制造业	7602.7	1145.81	4941.79	1515.10
汽车制造业	13752.96	6055.52	5466.09	2231.35
铁路、船舶、航空航天和其他运输设备制造业	5107.90	681.37	3503.08	923.45
电气机械和器材制造业	21944.48	2206.37	14176.31	5561.80
计算机、通信和其他电子设备制造业	24927.00	5504.15	16956.83	2466.02

（续表）

项　目	长三角	上海市	江苏省	浙江省
仪器仪表制造业	4047.95	346.22	3049.65	652.08
其他制造业	629.57	56.86	260.44	312.27
废弃资源综合利用业	725.04	33.59	351.41	340.04
金属制品、机械和设备修理业	156.93	77.33	29.43	50.17
电力、燃气及水的生产和供应业				
电力、热力的生产和供应业	9706.85	1145.16	4344.16	4217.53
燃气生产和供应	837.36	184.32	350.56	302.48
水的生产和供应业	332.3	62.85	126.61	142.84

表 38　长三角地区规模以上工业企业利税总额(2013 年)

单位:亿元

项　目	长三角	上海市	江苏省	浙江省
总　计	20751.76	1815.94	12951.79	5984.03
按轻重工业分				
轻工业			3796.68	2465.45
重工业			9155.12	3518.58
按行业分				
农副食品加工业	432.03	4.48	371.94	55.61
食品制造业	204.59	41.20	88.68	74.71
酒、饮料和精制茶制造业	311.98	7.62	219.95	84.41
烟草制品业	1410.15	658.19	425.01	326.95
纺织业	1000.15	5.98	541.75	452.42
纺织服装、服饰业	632.03	19.01	397.18	215.84
皮革、毛皮、羽毛及其制品和制鞋业	211.43	7.68	75.93	127.82
木材加工和木、竹、藤、棕、草制品业	288.74	2.12	245.89	40.73
家具制造业	88.52	7.43	18.78	62.31
造纸和纸制品业	223.72	10.77	116.67	96.28
印刷和记录媒介复制业	101.92	9.09	59.50	33.33
文教、工美、体育和娱乐用品制造业	232.12	5.46	132.07	94.59
石油加工、炼焦和核燃料加工业	803.19	228.05	284.18	290.96
化学原料和化学制品制造业	1943.68	79.17	1372.23	492.28
医药制造业	648.15	36.75	439.15	172.25
化学纤维制造业	301.95	0.51	164.76	136.68

（续表）

项　目	长三角	上海市	江苏省	浙江省
橡胶和塑料制品业	507.65	23.62	232.88	251.15
非金属矿物制品业	683.35	20.46	456.00	206.89
黑色金属冶炼和压延加工业	757.48	28.89	599.54	129.05
有色金属冶炼和压延加工业	323.47	3.79	212.72	106.96
金属制品业	756.51	27.45	535.89	193.17
通用设备制造业	1283.89	76.16	784.91	422.82
专用设备制造业	737.22	33.41	541.72	162.09
汽车制造业	1314.20	325.52	737.84	250.84
铁路、船舶、航空航天和其他运输设备制造业	460.61	9.43	409.05	42.13
电气机械和器材制造业	1865.57	47.81	1366.10	451.66
计算机、通信和其他电子设备制造业	1170.79	15.14	849.01	306.64
仪器仪表制造业	477.90	8.56	377.42	91.92
其他制造业	57.97	2.43	28.03	27.51
废弃资源综合利用业	28.46	0.73	15.52	12.21
金属制品、机械和设备修理业	7.81	2.07	3.17	2.57
电力、燃气及水的生产和供应业				
电力、热力的生产和供应业	1218.73	59.46	647.31	511.96
燃气生产和供应	84.9	2.07	61.74	21.09
水的生产和供应业	34.54	3.97	19.87	10.7

表 39　长三角地区建筑业总产值

单位：亿元

年份	长三角	上海市	江苏省	浙江省
1990	301.83	75.62	147.23	78.98
1991	353.34	84.3	176.21	92.83
1992	517.48	117.68	265.8	134
1993	903.53	193	449.99	260.54
1994	1519.07	309.68	738.6	470.79
1995	2099.76	391.42	998.11	710.23
1996	2345.51	450.41	1049.42	845.68
1997	2549.82	564.37	1102.12	883.33
1998	2760.06	593.11	1224.42	942.53
1999	3039.8	573.06	1338.46	1128.28

（续表）

年份	长三角	上海市	江苏省	浙江省
2000	3561.58	631.64	1546.17	1383.77
2001	4358.19	730.33	1859.41	1768.45
2002	5304.78	822.27	2199.52	2282.99
2003	7118.02	1195.8	2794.94	3127.28
2004	9292.36	1724.4	3656.66	3911.3
2005	11001.5	1889.25	4368.95	4743.3
2006	13411.23	2285.38	5424.85	5701.0
2007	16571.55	2524.18	7010.57	7036.8
2008	19648.82	3071.76	8308.46	8268.6
2009	23841.66	3830.53	10264.92	9746.21
2010	28916.99	4300.19	12405.90	12210.90
2011	34880.82	4586.28	15122.74	15171.80
2012	40922.99	4843.44	18423.55	17656.00
2013	47473.80	5102.84	21712.16	20658.80

表 40　长三角地区交通运输基本情况（2013 年）

指　　标	长三角	上海市	江苏省	浙江省
运输线路长度（公里）				
铁路营业里程	5041	456	2554	2031
公路通车里程	284153	12633	156094	115426
＃高速公路	9045	815	4443	3787
内河航道里程	36136	2074	24315	9747
客运量总计（万人）	304895	15933	152172	136790
铁路	31986	7972	13435	10579
公路	260460	3720	135555	121185
水运	5633	68	2454	3111
民用航空	6816	4173	728	1915
旅客周转量（亿人公里）	3819.97	1343.73	1451.14	1025.10
货物运输量总计（万吨）	473468	91535	194048	187885
铁路	11537	694	6806	4037
公路	254704	43809	103709	107186
水运	194268	46697	70909	76662
货物周转量（亿吨公里）	37354.41	17868	10536.84	8949.57

（续表）

指　　标	长三角	上海市	江苏省	浙江省
民用车辆拥有量(万辆)	3430.87	282.46	1725.34	1423.07
#民用汽车拥有量	2092.78	235.10	954.38	903.30
#载客汽车	1833.51	207.99	840.52	785.00
载货汽车	229.29	20.14	96.79	112.36
#私人汽车	1718.66	163.38	790.13	765.15
港口货物吞吐量(万吨)	429612	77575	213987	138050

表41　长三角地区客运量基本情况(2013年)

单位:万人

年　份	长三角	上海市	江苏省	浙江省
1980	64825	2369	34002	28454
1985	110145	3434	53935	52776
1990	112521	3835	48339	60347
1995	199207	5265	84803	109139
1996	211790	5822	91870	114098
1997	214882	6057	93684	115141
1998	221501	6139	97033	118329
1999	226225	6406	101000	118819
2000	238270	6893	107244	124133
2001	249918	6324	110713	132881
2002	259210	7326	115889	135995
2003	271373	7212	123462	140699
2004	287738	8968	128516	150254
2005	315360	9487	145204	160669
2006	346256	10205	161425	174626
2007	387270	10371	187241	189658
2008	414026	10927	208237	194862
2009	434528	11136	201262	222130
2010	468076	13432	226627	228017
2011	492824	13519	247405	231900
2012	517284	14547	268371	234366
2013	304895	15933	152172	136790

表 42　长三角地区公路客运量基本情况

单位:万人

年　份	长三角	上海市	江苏省	浙江省
1980	45989	200	26463	19326
1985	85536	410	45751	39375
1990	93538	605	41850	51083
1995	181574	1257	78947	101370
1996	196092	1974	86801	107317
1997	199757	2277	88826	108654
1998	206068	2006	92215	111847
1999	209513	2178	95564	111771
2000	221191	2482	101713	116996
2001	232621	1508	105105	126008
2002	241165	2046	110139	128980
2003	254066	2052	118046	133968
2004	266860	2465	122218	142177
2005	292977	2468	138287	152222
2006	322050	2784	153825	165441
2007	361579	2872	179206	179501
2008	385706	2934	199008	183764
2009	404580	2995	191001	210584
2010	435192	3634	215850	215708
2011	457565	3477	235673	218415
2012	479623	3748	255358	220517
2013	260460	3720	135555	121185

表 43　长三角地区水运客运量基本情况

单位:万人

年　份	长三角	上海市	江苏省	浙江省
1980	11323	446	4175	6702
1985	14150	622	3365	10163
1990	8470	555	1701	6214
1995	5103	512	623	3968
1996	4367	422	499	3446
1997	3900	328	341	3231

（续表）

年 份	长三角	上海市	江苏省	浙江省
1998	3985	678	273	3034
1999	4119	581	504	3034
2000	3991	539	514	2938
2001	3344	543	430	2371
2002	2932	526	284	2122
2003	2658	528	147	1983
2004	3023	621	91	2311
2005	3173	626	37	2510
2006	3473	654	27	2792
2007	3286	95	27	3164
2008	3615	89	32	3494
2009	4456	90	686	3680
2010	3835	90	590	3155
2011	4123	78	579	3466
2012	4114	66	594	3454
2013	5633	68	2454	3111

表 44 长三角地区铁路客运量基本情况

单位：万人

年 份	长三角	上海市	江苏省	浙江省
1980	7477	1692	3364	2421
1985	10364	2320	4819	3225
1990	10282	2476	4788	3018
1995	11680	2929	5185	3566
1996	10377	2804	4502	3071
1997	10202	2779	4433	2990
1998	10380	2760	4451	3169
1999	11480	2906	4824	3750
2000	11780	2980	4891	3909
2001	12453	3231	5029	4193
2002	13326	3518	5297	4511
2003	12833	3391	5104	4338
2004	15268	4076	5997	5195

（续表）

年　份	长三角	上海市	江苏省	浙江省
2005	16245	4313	6658	5274
2006	17338	4458	7292	5588
2007	18384	4795	7658	5931
2008	20633	5339	8846	6448
2009	20836	5161	9167	6508
2010	15806	6095	9711	7634
2011	25235	6198	10598	8439
2012	27240	6758	11757	8725
2013	31986	7972	13435	10579

表 45　长三角地区民用航空客运量基本情况

单位：万人

年　份	长三角	上海市	江苏省	浙江省
1995	850	567	48	235
1996	954	622	68	264
1997	1023	673	84	266
1998	1068	695	94	279
1999	1113	741	108	264
2000	1308	892	126	290
2001	1500	1042	149	309
2002	1788	1236	170	382
2003	1816	1241	165	410
2004	2587	1806	210	571
2005	2965	2080	222	663
2006	3394	2309	280	805
2007	4021	2609	350	1062
2008	4072	2565	351	1156
2009	4656	2890	408	1358
2010	5609	3613	476	1520
2011	5901	3766	555	1580
2012	6306	3974	662	1670
2013	6816	4173	728	1915

表 46　长三角地区货运量基本情况

单位:万吨

年　份	长三角	上海市	江苏省	浙江省
1980	46141	20037	16527	9577
1985	93470	24243	46842	22385
1990	109650	26777	49399	33474
1995	171688	27571	81830	62287
1996	194362	45821	84666	63875
1997	189184	45938	82290	60956
1998	187028	46230	80429	60369
1999	193931	48398	81529	64004
2000	217526	52206	90436	74884
2001	219386	54049	87505	77832
2002	237996	58901	88588	90507
2003	260535	63861	93511	103163
2004	283149	65758	100093	117298
2005	310389	71304	112909	126176
2006	340393	75184	125114	140095
2007	375230	78108	143804	153318
2008	409439	84347	166322	158770
2009	389172	76967	160966	151239
2010	440129	81024	188565	170540
2011	491604	93318	212594	185692
2012	516728	94376	231295	191057
2013	473468	91535	194048	187885

表 47　长三角地区铁路货运量基本情况

单位:万吨

年　份	长三角	上海市	江苏省	浙江省
1980	9427	4484	3420	1523
1985	10877	5059	4037	1781
1990	7183	1257	4235	1691
1995	7433	1376	4143	1914
1996	7609	1320	4361	1928
1997	7104	1252	4131	1721

（续表）

年 份	长三角	上海市	江苏省	浙江省
1998	6671	1152	3793	1726
1999	6648	997	3941	1710
2000	7087	1055	4077	1955
2001	7500	1080	4239	2181
2002	7949	1131	4407	2411
2003	8328	1208	4462	2658
2004	8836	1284	4665	2887
2005	9328	1278	5090	2960
2006	9623	1223	5169	3231
2007	9767	1143	5177	3447
2008	9501	985	5118	3398
2009	10513	941	6137	3435
2010	11221	959	6374	3888
2011	12336	888	7282	4166
2012	11895	825	7223	3847
2013	11537	694	6806	4037

表 48 长三角地区公路货运量基本情况

单位：万吨

年 份	长三角	上海市	江苏省	浙江省
1980	14723	7284	4427	3012
1985	41868	9216	23255	9397
1990	59497	8714	27904	22879
1995	100903	6273	49578	45052
1996	122994	25023	50571	47400
1997	123656	25991	52441	45224
1998	126018	26352	54328	45338
1999	127728	27171	54803	45754
2000	142433	28369	59056	55008
2001	143633	28869	59058	55706
2002	153590	29759	60299	63532
2003	165906	30678	64321	70907
2004	179152	31554	69058	78540

（续表）

年　份	长三角	上海市	江苏省	浙江省
2005	190433	32684	76301	81448
2006	207460	33799	84319	89342
2007	231850	35634	97474	98742
2008	254388	40328	110302	103758
2009	237549	37745	104002	95802
2010	164390	40890	123500	103394
2011	292142	42685	140803	108654
2012	310000	42911	153696	113393
2013	254704	43809	103709	107186

表 49　长三角地区水运货运量基本情况

单位:万吨

年　份	长三角	上海市	江苏省	浙江省
1980	19791	8267	6482	5042
1985	39289	9965	18117	11207
1990	37676	12864	15908	8904
1995	57327	14845	27161	15321
1996	57910	14544	28819	14547
1997	52919	14082	24826	14011
1998	49197	14529	21363	13305
1999	54377	16241	21596	16540
2000	62265	18442	25902	17921
2001	62024	19496	22583	19945
2002	70149	23174	22411	24564
2003	79539	26621	23320	29598
2004	90831	30148	24812	35871
2005	105602	34557	29277	41768
2006	117726	37342	32862	47522
2007	130028	41041	37858	51129
2008	137142	42729	42799	51614
2009	132001	37983	42016	52002
2010	150763	38803	48702	63258
2011	176273	49389	54012	72872

（续表）

年　份	长三角	上海市	江苏省	浙江省
2012	182758	50302	58639	73817
2013	194268	46697	70909	76662

表 50　长三角地区民用车辆拥有量(2013 年)

单位:万辆

指　标	长三角	上海市	江苏省	浙江省
合　计	3354.81	282.46	1649.28	1423.07
汽车	2092.78	235.10	954.38	903.30
载客汽车	1833.52	207.99	840.53	785.00
＃轿车	1341.32	155.82	617.95	567.55
载货汽车	229.29	20.14	96.79	112.36
摩托车	1212.78	41.48	685.38	485.92
拖拉机	106.13	1.05	76.06	29.02

表 51　长三角地区私人车辆拥有量

单位:万辆

指　标	长三角	上海市	江苏省	浙江省
民用汽车	1718.66	163.38	790.13	765.15
载客汽车	1582.80	162.88	729.46	690.46
轿车	1198.37	130.46	554.62	513.29
载货汽车	121.64	0.21	48.84	72.59
摩托车	1204.49	40.23	681.41	482.85

表 52　长三角地区邮电业务基本情况(2013 年)

指　标	长三角	上海市	江苏省	浙江省
邮电业务总量(亿元)	2689.48	258.70	1252.18	1178.60
函件(亿件)	25.56	11.38	7.61	6.57
特快专递(万件)	330305.9	89937.40	98415.50	141953
报刊期发数(万份)	289757.86	105500	1243.86	183014
年末市内电话(万户)	4940.40	869.24	2289.81	1781.35
年末移动电话用户(万户)	18214.6	3200.65	7941.95	7072
国际互联网用户(万户)			1431.35	5998
邮路及农村投递路线总长度(万公里)	255.89	9.37	32.98	213.54
邮电通信工具拥有量				

（续表）

指　标	长三角	上海市	江苏省	浙江省
长途光缆线路长度（公里）			35864	25801

表 53　长三角地区社会消费品零售总额

单位：亿元

年　份	长三角	上海	江苏	浙江
1978	185.75	54.1	84.79	46.86
1979	226.41	68.28	99.16	58.97
1980	277.86	80.43	122.56	74.87
1981	309.51	88.73	134.79	85.99
1982	333.58	89.8	150.01	93.77
1983	374.04	100.68	169.12	104.24
1984	454.59	123.72	205.05	125.82
1985	608.23	173.39	262.57	172.27
1986	704.91	196.84	304.58	203.49
1987	828.57	225.25	360.74	242.58
1988	1093.54	295.83	471.83	325.88
1989	1186.95	331.38	509.56	346.01
1990	1203.04	333.86	515.43	353.75
1991	1364.18	382.06	578.12	404
1992	1663.21	464.82	704.52	493.87
1993	2415.8	675.92	967.77	772.11
1994	3327.55	834.76	1359.61	1133.18
1995	4265.54	1050.96	1741.92	1472.66
1996	5115.11	1258	2080.44	1776.67
1997	5687.95	1435.38	2300.61	1951.96
1998	6113.89	1539.27	2453.84	2120.78
1999	6677.75	1722.33	2649.56	2305.86
2000	7327.33	1865.28	2908.46	2553.59
2001	8089.31	2016.37	3233.35	2839.59
2002	9026.61	2203.89	3656.57	3166.15
2003	10110.21	2404.45	4194.5	3511.26
2004	11604.59	2656.91	4892.18	4055.5
2005	13304.55	2972.97	5699.89	4631.69

（续表）

年　份	长三角	上海	江苏	浙江
2006	15308.94	3360.41	6623.18	5325.35
2007	17899.91	3847.79	7838.08	6214.04
2008	21640.29	4537.14	9661.40	7441.75
2009	25279.6	5173.24	11484.10	8622.26
2010	29840.5	6070.5	13606.8	10163.2
2011	34733.78	6814.8	15988.38	11930.6
2012	39331.94	7412.30	18331.30	13588.34
2013	44074.04	8052.00	20796.50	15225.54

表 54　长三角地区批发和零售总额

单位:亿元

年　份	长三角	上海市	江苏省	浙江省
1978	170.3	47.55	79.18	43.57
1979	205.69	59.02	91.61	55.06
1980	254.25	70.28	114.35	69.62
1981	282.67	77.53	125.16	79.98
1982	302.96	77.31	138.87	86.78
1983	338.14	84.93	156.28	96.93
1984	408.44	103.27	188.8	116.37
1985	548.16	150.03	240.69	157.44
1990	1059.84	265.67	472.72	321.45
1991	1196.85	300.26	529.94	366.65
1992	1449.28	362.03	644.61	442.64
1993	2170.61	559.56	888.24	722.81
1994	2936.29	684.81	1238.3	1013.18
1995	3797.03	864.01	1573.01	1360.01
1996	4545.19	1032.78	1901.47	1610.94
1997	5016.52	1173.94	2082.71	1759.87
1998	5403.57	1298.4	2208.24	1896.93
1999	5800.1	1391.08	2367.59	2041.43
2000	6311.33	1493.13	2583.19	2235.01
2001	6943.06	1619.13	2845.89	2478.04
2002	7672.1	1756.77	3179.23	2736.1

（续表）

年　份	长三角	上海市	江苏省	浙江省
2003	8532.79	1920.2	3613.67	2998.92
2004	9800.65	2108.59	4166.92	3525.14
2005	11377.47	2340.57	5016.09	4020.81
2006	13170.16	2695.62	5815.78	4658.76
2007	15371.73	3058.25	6875.66	5437.82
2008	18487.0	3605.32	8360.18	6521.50
2009	22557.29	4575.50	10312.81	7668.98
2010	26704.13	5391.59	12207.18	9105.36
2011	31102.27	6100.99	14320.87	10680.41
2012	35203.08	6653.10	16448.83	12101.15
2013	39524.05	7258.27	18694.85	13570.93

表 55　长三角地区餐饮业总额

单位：亿元

年　份	长三角	上海市	江苏省	浙江省
1978	7.47	2.39	3.24	1.84
1979	9	2.82	3.9	2.28
1980	10.99	3.41	4.72	2.86
1981	12.06	3.68	5.17	3.21
1982	12.7	3.76	5.49	3.45
1983	14.27	4.26	6.14	3.87
1984	17.49	4.9	7.61	4.98
1985	24.59	7.58	10.45	6.56
1990	57.15	17.08	24.17	15.9
1991	67.84	20.91	27.86	19.07
1992	84.6	25.92	33.64	25.04
1993	120.3	35.47	44.74	40.09
1994	169.42	42.74	71.44	55.24
1995	233.74	52.61	95.21	85.92
1996	329.16	78.5	135.64	115.02
1997	391.29	93.49	167.92	129.88
1998	398.43	56.58	192.52	149.33
1999	530.82	114.93	227.58	188.31

（续表）

年　份	长三角	上海市	江苏省	浙江省
2000	641.38	134.12	269.59	237.67
2001	753.56	148.88	326.71	277.97
2002	944.85	193.68	410.83	340.34
2003	1135.91	225.83	510.94	399.14
2004	1385.68	279.44	653.46	452.78
2005	1466.6	350.32	583.09	533.19
2006	1740.84	452.16	678.83	609.85
2007	2084.4	556.48	810.56	717.36
2008	2621.95	669.54	1083.01	869.40
2009	2456.13	597.74	957.23	901.16
2010	2884.74	678.91	1147.99	1057.84
2011	3323.27	713.81	1359.27	1250.19
2012	3792.47	759.20	1588.08	1445.19
2013	4149.27	793.73	1788.44	1567.10

表 56　长三角地区对外经济主要指标（2013 年）

单位：亿美元

指　标	长三角	上海市	江苏省	浙江省
进出口总额	13280.31	4413.98	5508.44	3357.89
进口总额	5461.84	2371.54	2219.88	870.42
初级产品			346.21	285.45
工业制成品			1831.55	584.98
出口总额	7818.47	2042.44	3288.57	2487.46
初级产品			52.56	103.33
工业制成品			3193.96	2384.14
合同外商直接投资项目（个）	8867	3842	3453	1572
合同外商直接投资	962.82	246.30	472.68	243.84
实际外商直接投资	641.98	167.80	332.59	141.59
接待海外旅游者（万人次）	1911.71	757.40	288.03	866.28
外国人	1367.6	597.59	193.44	576.57
港澳同胞	209.63	59.84	13.41	136.38
台湾同胞	334.48	99.97	81.18	153.33
旅游外汇收入（万美元）	1310982	533700	237989	539293

表57　长三角地区合同外商直接投资项目(2013年)

单位:个

指　标	长三角	上海市	江苏省	浙江省
合　计	8867	3842	3453	1572
合资经营企业	1722	656	632	434
合作经营企业	19	5	14	0
独资经营企业	7011	3075	2806	1130

表58　长三角地区合同外商直接投资金额(2013年)

单位:万美元

指　标	长三角	上海市	江苏省	浙江省
合　计	9628175	2463000	4726816	2438359
合资经营企业	1338995	360900	561458	416637
合作经营企业	79382	53100	26282	0
独资经营企业	8162811	2039500	4128148	1995163

表59　长三角地区实际外商直接投资金额(2013年)

单位:万美元

指　标	长三角	上海市	江苏省	浙江省
合　计	6419820	1678000	3325922	1415898
合资经营企业	1210655	266400	590073	354182
合作经营企业	79702	59600	20102	0
独资经营企业	5019691	1330800	2692125	996766

表60　长三角地区接待海外旅游者人数和收入(2013年)

项　目	长三角	上海市	江苏省	浙江省
接待人数(人次)	19117104	7574000	2880287	8662817
外国人	13615328	5975900	1934356	5705072
日本	2072787	1066300	439400	567087
新加坡	450449	202600	67429	180420
美国	1397944	771600	184712	441632
加拿大	363646	174300	63359	125987
英国	442634	220600	52147	169887
法国	438256	221700	45511	171045
德国	604114	306700	92110	205304

（续表）

项　目	长三角	上海市	江苏省	浙江省
意大利	375238	117700	30156	227382
澳大利亚	379382	208600	50570	120212
港澳同胞	2096350	598400	134139	1363811
台湾同胞	3344778	999700	811792	1533286
旅游外汇收入(万美元)	1310982	533700	237989	539293

表 61　长三角地区国内旅游者人数

单位:万人次

年　份	长三角	上海市	江苏省	浙江省
2003	27455.82	7603.00	11423.82	8429.00
2004	33766.80	8505.00	14661.80	10600.00
2005	39004.26	9012.00	17234.26	12758
2006	45768.89	9684.00	19935.79	16149.1
2007	52508.6	10210	23198.60	19100
2008	58027.62	11006	26121.62	20900
2009	66497.6	12361	29726.60	24410
2010	86481.6	21463	35518.60	29500
2011	98524.01	23079	41150.01	34295
2012	110655.41	25094	46437.41	39124
2013	120969.20	25991	51539.20	43439

表 62　长三角地区保险业务主要指标(2013 年)

单位:亿元

指　标	长三角	上海市	江苏省	浙江省
保费收入	3377.42	821.43	1446.08	1109.91
财产险	1315.85	285.25	518.61	511.99
＃机动车辆保险			393.49	408.09
人身意外伤害险			35.20	30.03
健康险			59.29	54.63
寿险			765.87	513.26
各项赔款和给付	985.39	301.95	386.97	451.02
财产险	629.58	162.33	240.08	349.26
＃机动车辆保险			191.94	272.63
人身意外伤害险			10.02	5.85

（续表）

指　标	长三角	上海市	江苏省	浙江省
健康险			17.85	19.30
寿险			119.03	76.60

表 63　长三角地区科研机构数(2013 年)

单位:个

指　标	长三角	上海市	江苏省	浙江省
科技机构数(个)		2293	19393	
#科研单位	351	111	143	97
大中型工业企业	10763	688	7231	2844
高等院校	1664	268	801	595

表 64　长三角地区三种专利申请受理量(2013 年)

单位:件

项　目	长三角	上海市	江苏省	浙江省
申请受理量合计	884964	86450	504500	294014
#发　明	223160	39157	141259	42744
实用新型			128898	127122
外观设计			234343	124148

表 65　长三角地区三种专利授权量(2013 年)

单位:件

项　目	长三角	上海市	江苏省	浙江省
授权量合计	490675	48680	239645	202350
#发　明	38573	10644	16790	11139
实用新型			98246	106238
外观设计			124609	84973

表 66　长三角地区教育事业基本情况(2013 年)

指　标	长三角	上海市	江苏省	浙江省
学校数(所)				
普通高等学校	305	68	131	106
普通中学	5709	762	2651	2296
小学	8179	759	4020	3400
特殊教育	218	29	107	82

（续表）

指　标	长三角	上海市	江苏省	浙江省
专任教师(万人)				
普通高等学校	20.46	4.03	10.83	5.60
普通中学	50.98	5.26	27.43	18.29
小学	49.15	4.98	25.82	18.35
特殊教育	0.64	0.12	0.32	0.20
招生数(万人)				
普通高等教育	93.13	14.09	48.75	30.29
研究生	11.37	4.62	4.80	1.95
本专科生			43.95	28.34
普通中学	191.10	17.34	96.0	77.76
小学	163.98	18.10	85.13	60.75
特殊教育	0.69	0.06	0.35	0.28
在校学生(万人)				
普通高等教育	335.26	50.48	183.04	101.74
研究生	33.85	13.48	14.59	5.78
本专科生			168.45	95.96
普通中学	588.33	59.35	296.74	232.24
小学	864.2	79.25	435.37	349.58
特殊教育	4.41	0.47	2.31	1.63
毕业生数(万人)				
普通高等教育	90.84	13.38	51.41	26.05
研究生	9.16	3.57	4.03	1.56
本专科生			47.38	24.49
普通中学	202.98	14.68	110.11	78.19
小学	131.43	13.45	63.94	54.04
特殊教育	0.6	0.08	0.34	0.18

表 67　长三角地区文化艺术和文物事业机构情况(2013 年)

单位:个

项　目	长三角	上海市	江苏省	浙江省
总　计			18979	
艺术业	807	283	403	121
#艺术表演团体	498	148	290	60

（续表）

项　目	长三角	上海市	江苏省	浙江省
图书馆业	236	25	113	98
群众文化服务业	3065	239	1394	1432
群众艺术馆、文化馆	244	26	116	102
文化站	2821	213	1278	1330
艺术教育业	21	1	14	6
文艺科研	19	2	10	7
文物业	785	112	410	263
博物馆	495	100	292	103

表 68　长三角地区卫生事业机构数（2013 年）

单位：个

项　目	长三角	上海市	江苏省	浙江省
总　计	64786	4929	31001	30060
医院	2661	328	1490	843
综合医院	1581	185	991	405
中医院	244	18	97	129
中西结合医院	49	8	20	21
专科医院	706	97	331	278
疗养院	35	3	14	18
社区卫生服务中心	10020	1009	2747	6264
卫生院	3554	1342	1066	1146
门诊部	2412	574	921	917
专科疾病防治院（所、站）	89	19	45	25
疾病预防控制中心（防疫站）	244	20	124	100
卫生监督所	237	18	116	103
医学科学研究机构	24	9	8	7

第五篇

重 要 文 献

第一章　上海市政府相关文件

中国(上海)自由贸易试验区管理办法

(2013年9月29日上海市人民政府令第7号公布)

第一章　总　　则

第一条(目的和依据)

为了推进中国(上海)自由贸易试验区建设,根据《全国人民代表大会常务委员会关于授权国务院在中国(上海)自由贸易试验区暂时调整有关法律规定的行政审批的决定》、《中国(上海)自由贸易试验区总体方案》和有关法律、法规,制定本办法。

第二条(适用范围)

本办法适用于经国务院批准设立的中国(上海)自由贸易试验区(以下简称"自贸试验区")。自贸试验区涵盖上海外高桥保税区、上海外高桥保税物流园区、洋山保税港区和上海浦东机场综合保税区,总面积28.78平方公里。

第三条(区域功能)

自贸试验区推进服务业扩大开放和投资管理体制改革,推动贸易转型升级,深化金融领域开放,创新监管服务模式,探索建立与国际投资和贸易规则体系相适应的行政管理体系,培育国际化、法治化的营商环境,发挥示范带动、服务全国的积极作用。

第二章　管理机构

第四条(管理机构)

本市成立中国(上海)自由贸易试验区管理委员会(以下简称"管委会")。管委会为市政府派出机构,具体落实自贸试验区改革任务,统筹管理和协调自贸试验区有关行政事务。

市有关部门和浦东新区等区县政府应当加强协作,支持管委会的各项工作。

第五条(机构职责)

管委会依照本办法履行以下职责:

(一) 负责推进落实自贸试验区各项改革试点任务,研究提出并组织实施自贸试验区发展规划和政策措施,制定自贸试验区有关行政管理制度。

(二) 负责自贸试验区内投资、贸易、金融服务、规划国土、建设、绿化市容、环境保护、劳动人事、食品药品监管、知识产权、文化、卫生、统计等方面的行政管理工作。

(三) 领导工商、质监、税务、公安等部门在自贸试验区内的行政管理工作;协调海关、检验检疫、海事、金融等部门在自贸试验区内的行政管理工作。

（四）承担安全审查、反垄断审查相关工作。

（五）负责自贸试验区内综合执法工作，组织开展自贸试验区内城市管理、文化等领域行政执法。

（六）负责自贸试验区内综合服务工作，为自贸试验区内企业和相关机构提供指导、咨询和服务。

（七）负责自贸试验区内信息化建设工作，组织建立自贸试验区监管信息共享机制和平台，及时发布公共信息。

（八）统筹指导自贸试验区内产业布局和开发建设活动，协调推进自贸试验区内重大投资项目建设。

（九）市政府赋予的其他职责。

原由上海外高桥保税区管理委员会、洋山保税港区管理委员会、上海综合保税区管理委员会分别负责的有关行政事务，统一由管委会承担。

第六条（综合执法）

管委会综合执法机构依法履行以下职责：

（一）集中行使城市管理领域、文化领域的行政处罚权，以及与行政处罚权有关的行政强制措施权和行政检查权。

（二）集中行使原由本市规划国土、建设、住房保障房屋管理、环境保护、民防、人力资源社会保障、知识产权、食品药品监管、统计部门依据法律、法规和规章行使的行政处罚权，以及与行政处罚权有关的行政强制措施权和行政检查权。

（三）市政府决定由管委会综合执法机构行使的其他行政处罚权。

第七条（集中服务场所）

管委会应当依据自贸试验区的区域布局和企业需求，设立集中办理行政服务和管理事项的场所。

第八条（驻区机构）

海关、检验检疫、海事、工商、质监、税务、公安等部门设立自贸试验区办事机构，依法履行自贸试验区有关监管和行政管理职责。

第九条（其他行政事务）

市有关部门和浦东新区政府按照各自职责，承担自贸试验区其他行政事务。

第三章 投资管理

第十条（服务业扩大开放）

自贸试验区根据《中国（上海）自由贸易试验区总体方案》，在金融服务、航运服务、商贸服务、专业服务、文化服务和社会服务等领域扩大开放，暂停或者取消投资者资质要求、股比限制、经营范围限制等准入限制措施。

自贸试验区根据先行先试推进情况以及产业发展需要，不断探索扩大开放的领域、试点内容及相应的制度创新措施。

第十一条（负面清单管理模式）

自贸试验区实行外商投资准入前国民待遇，实施外商投资准入特别管理措施（负面清单）管理模式。

对外商投资准入特别管理措施（负面清单）之外的领域，按照内外资一致的原则，将外商投资项目由核准制改为备案制，但国务院规定对国内投资项目保留核准的除外；将外商投资企业合同章程审批

改为备案管理。

自贸试验区外商投资准入特别管理措施(负面清单),由市政府公布。外商投资项目和外商投资企业备案办法,由市政府制定。

第十二条(境外投资备案制)

自贸试验区内企业到境外投资开办企业,实行以备案制为主的管理方式,对境外投资一般项目实行备案制。

境外投资开办企业和境外投资项目备案办法,由市政府制定。

第十三条(注册资本认缴登记制)

自贸试验区实行注册资本认缴登记制,公司股东(发起人)对其认缴出资额、出资方式、出资期限等自主约定并记载于公司章程,但法律、行政法规对特定企业注册资本登记另有规定的除外。

公司股东(发起人)对缴纳出资情况的真实性、合法性负责,并以其认缴的出资额或者认购的股份为限对公司承担责任。

第十四条(营业执照与经营许可)

自贸试验区内取得营业执照的企业即可从事一般生产经营活动;从事需要许可的生产经营活动的,可以在取得营业执照后,向主管部门申请办理。

法律、行政法规规定设立企业必须报经批准的,应当在申请办理营业执照前依法办理批准手续。

第四章 贸易发展和便利化

第十五条(贸易转型升级)

自贸试验区积极发展总部经济,鼓励跨国公司在自贸试验区内设立亚太地区总部,建立整合贸易、物流、结算等功能的营运中心。

自贸试验区推动国际贸易、仓储物流、加工制造等基础业务转型升级,发展离岸贸易、国际贸易结算、国际大宗商品交易、融资租赁、期货保税交割、跨境电子商务等新型贸易业务。

鼓励自贸试验区内企业统筹开展国际国内贸易,实现内外贸一体化发展。

第十六条(航运枢纽功能)

自贸试验区发挥与外高桥港、洋山深水港、浦东空港枢纽的联动作用,加强与自贸试验区外航运产业集聚区的协同发展。

自贸试验区发展航运金融、国际船舶运输、国际船舶管理、国际船员管理、国际航运经纪等产业,发展航运运价指数衍生品交易业务。自贸试验区发展航空货邮国际中转,加大航线、航权开放力度。

自贸试验区实行具有竞争力的国际船舶登记政策,建立高效率的船籍登记制度。自贸试验区内企业可以将“中国洋山港”作为船籍港进行船舶登记,从事国际航运业务。

第十七条(进出境监管制度创新)

对自贸试验区和境外之间进出货物,允许自贸试验区内企业凭进口舱单信息将货物先行提运入区,再办理进境备案手续。对自贸试验区和境内区外之间进出货物,实行智能化卡口、电子信息联网管理模式,完善清单比对、账册管理、卡口实货核注的监管制度。

允许自贸试验区内企业在货物出区前自行选择时间申请检验。

自贸试验区推进货物状态分类监管模式。对自贸试验区内的保税仓储、加工等货物,按照保税货物状态监管;对通过自贸试验区口岸进出口或国际中转的货物,按照口岸货物状态监管;对进入自贸试验区内特定的国内贸易货物，按照非保税货物状态监管。

第十八条（进出境监管服务便利化）

自贸试验区推进新型业务监管创新试点，建立与服务贸易、离岸贸易和新型贸易业务发展需求相适应的监管模式。

自贸试验区积极发展国际中转、集拼和分拨业务。推行“一次申报、一次查验、一次放行”模式。

简化自贸试验区内货物流转手续，按照“集中申报、自行运输”的方式，推进自贸试验区内企业间货物流转。

鼓励设立进出口商品检验鉴定机构。建立对第三方检验鉴定机构检测结果的采信机制。

第五章 金融创新与风险防范

第十九条（金融创新）

在自贸试验区开展金融领域制度创新、先行先试，建立自贸试验区金融改革创新与上海国际金融中心建设的联动机制。

第二十条（资本项目可兑换）

在自贸试验区实行资本项目可兑换，在风险可控的前提下，通过分账核算方式，创新业务和管理模式。

第二十一条（利率市场化）

在自贸试验区培育与实体经济发展相适应的金融机构自主定价机制，逐步推进利率市场化改革。

第二十二条（人民币跨境使用）

自贸试验区内机构跨境人民币结算业务与前置核准环节脱钩。自贸试验区内企业可以根据自身经营需要，开展跨境人民币创新业务，实现人民币跨境使用便利化。

第二十三条（外汇管理）

建立与自贸试验区发展需求相适应的外汇管理体制，推进贸易投资便利化。

第二十四条（金融主体发展）

根据自贸试验区需要，经国家金融管理部门批准，允许不同层级、不同功能、不同类型的金融机构进入自贸试验区，允许金融市场在自贸试验区内建立面向国际的交易平台，提供多层次、全方位的金融服务。

第二十五条（风险防范）

本市加强与国家金融管理部门的协调，配合国家金融管理部门在自贸试验区建立与金融业务发展相适应的监管和风险防范机制。

第六章 综合管理和服务

第二十六条（优化管理）

自贸试验区按照国际化、法治化的要求，建立高效便捷的管理和服务模式，促进投资和贸易便利化。

第二十七条（管理信息公开）

管委会和有关部门在履职过程中制作或者获取的政策内容、管理规定、办事程序及规则等信息应

当公开、透明，方便企业查询。

自贸试验区有关政策措施、制度规范在制定和调整过程中，应当主动征求自贸试验区内企业意见。

第二十八条（一口受理机制）

自贸试验区工商部门会同税务、质监等部门和管委会建立外商投资项目核准（备案）以及企业设立（变更）“一表申报、一口受理”工作机制。工商部门统一接收申请人提交的申请材料，统一向申请人送达有关文书。

管委会建立自贸试验区内企业境外投资备案“一表申报、一口受理”工作机制，统一接收申请人提交的申请材料，统一向申请人送达有关文书。

第二十九条（完善监管）

管委会和有关部门应当按照自贸试验区改革需求，实行以事中、事后监管为主的动态监管，优化管理流程和管理制度。

自贸试验区执法检查情况，应当依法及时公开。涉及食品药品安全、公共卫生、环境保护、安全生产的，还应当公开处理进展情况，并发布必要的警示、预防建议等信息。

第三十条（安全审查和反垄断审查）

自贸试验区建立安全审查和反垄断审查的相关工作机制。

投资项目或者企业属于安全审查、反垄断审查范围的，管委会应当及时提请开展安全审查、反垄断审查。

第三十一条（知识产权保护）

加强自贸试验区知识产权保护，鼓励和支持专业机构提供知识产权调解、维权援助等服务。

管委会负责自贸试验区内专利纠纷的行政调解和处理。

第三十二条（企业年度报告公示）

实行自贸试验区内企业年度报告公示制度。自贸试验区内企业应当向工商部门报送年度报告。年度报告应当向社会公示，涉及商业秘密内容的除外。企业对年度报告的真实性、合法性负责。

自贸试验区内企业年度报告公示办法另行制定。

第三十三条（信用信息制度）

建立自贸试验区内企业信用信息记录、公开、共享和使用制度，推行守信激励和失信惩戒联动机制。

第三十四条（监管信息共享）

管委会组织建立自贸试验区监管信息共享机制和平台，实现海关、检验检疫、海事、金融、发展改革、商务、工商、质监、财政、税务、环境保护、安全生产监管、港口航运等部门监管信息的互通、交换和共享，为优化管理流程、提供高效便捷服务、加强事中事后监管提供支撑。

第三十五条（综合性评估）

本市在自贸试验区建立行业信息跟踪、监管和归集的综合性评估机制。

市发展改革部门会同市有关部门和管委会建立工作机制，开展行业整体、行业企业试点实施情况和风险防范的综合性评估，提出有关评估报告，推进完善扩大开放领域、试点内容和制度创新措施。

第三十六条（行政复议和诉讼）

当事人对管委会或者有关部门的具体行政行为不服的，可以依照《中华人民共和国行政复议法》

或者《中华人民共和国行政诉讼法》的规定，申请行政复议或者提起行政诉讼。

第三十七条（商事纠纷解决）

自贸试验区内企业发生商事纠纷的，可以向人民法院起诉，也可以按照约定，申请仲裁或者商事调解。

支持本市仲裁机构依据法律、法规和国际惯例，完善仲裁规则，提高自贸试验区商事纠纷仲裁专业水平和国际化程度。

支持各类商事纠纷专业调解机构依照国际惯例，采取多种形式，解决自贸试验区商事纠纷。

第七章　附　　则

第三十八条（附件）

管委会承担的行政审批事项、具体管理事务和管委会综合执法机构集中行使的行政处罚权，由本办法附件予以明确。

第三十九条（施行日期）

本办法自 2013 年 10 月 1 日起施行。

附件

一、管委会承担的行政审批事项

（一）投资管理部门委托的企业投资项目的核准。

（二）商务管理部门委托的外商投资企业设立和变更审批，境外投资开办企业审批。

（三）规划管理部门委托的建设项目选址意见书、核定规划条件、建设用地规划许可证、建设工程规划设计方案、建设工程规划许可证的审批，建设工程竣工规划验收。

（四）除新增建设用地外，土地管理部门委托的国有土地使用权划拨、出让等建设项目用地预审。

（五）建设管理部门委托的建设项目报建许可，建设项目初步设计审批，建设工程施工许可，占用城市道路人行道设置各类设施许可，临时占路及公路用地许可，桥梁安全保护区域内施工许可，掘路许可，道路用地范围内埋设管线和管线穿越、跨越道路审批，增设改建平面交叉道口许可，超限运输车辆行驶许可，外商投资企业首次申请建设工程设计和建筑业企业资质许可。

（六）绿化市容管理部门委托的建设项目配套绿化方案审批及竣工验收、临时使用绿地许可（含公共绿地），迁移、砍伐树木（古树名木除外）许可，调整公共绿地内部布局、服务设施设置许可，户外广告设施设置或者宣传品、标语的张贴、悬挂许可，户外非广告设施设置审批，配套建设的环境卫生设施规划、设计方案的审批和竣工验收。

（七）环境保护管理部门委托的建设项目环境影响评价、试生产、竣工验收的审批，建筑工地夜间施工审批，污染物处理设施闲置、拆除的审批。

（八）民防管理部门委托的结建民防工程审批和施工图审查，民防工程建设费的收取和减免审核，民防工程竣工验收，民防工程的拆除审批。

（九）科技管理部门委托的高新技术企业认定初审。

（十）人力资源社会保障管理部门委托的企业实行其他工作时间审批，外国人来沪的就业审批，台港澳人员来沪就业审批，定居国外中国人在沪就业核准，外国专家来沪工作许可，办理《上海市居住证》B证。

（十一）水务管理部门委托的临时停止供水或者降低水压审批，排水许可证核发。

（十二）知识产权管理部门委托的专利代理机构申报初审和专利广告出证，境外图书出版合同登记，复制境外音像制品著作权授权合同登记，进口图书在沪印制备案。

（十三）文化管理部门委托的演出经纪机构在自贸试验区内举办演出活动的审批。

（十四）卫生计生管理部门委托的建设项目预防性卫生审查。

（十五）食品药品监管部门委托的药品零售企业开办、变更许可，餐饮服务许可，互联网药品交易企业审批。

二、管委会承担的具体管理事务

（一）编制区域内控制性详细规划、土地出让计划及各专项规划并按法定程序报批，审批区域内产业用地控制性详细规划指标的调整，负责区域内土地利用监管等。

（二）建设工程招标投标备案，设计文件审查，建设工程规划开工放样验收，基础建设（正负零零）及结构封顶备案，建设项目规划参数调整（包括小于2.0容积率，绿化率，建筑密度，建筑高度，工业、仓储、研发用地相互转换、拆分及合并），建设工程质量安全监督检查、竣工备案、建设工程档案验收等建设工程管理工作。

（三）建筑垃圾和工程渣土处置申报管理，生活垃圾分类及处置申报管理，绿化专业工程安全质量监督申报、现场监督管理,绿地范围控制线划定及调整。

(四) 民防建设工程安全质量监督申报、监督检查管理,民防工程的维护管理和安全使用管理的监督检查,地下空间安全使用管理的综合协调。

(五) 编制区域规划环评及其跟踪评价,并按规定程序报批;组织区域环境、污染源的监测和监督管理,负责污染事故应急处理。

(六) 安全生产监督检查。

(七) 演出经纪机构、文化娱乐场所和游戏游艺设备生产企业的日常监管。

(八) 食品、药品、医疗器械、保健食品和化妆品生产经营活动的日常监管。

(九) 统计管理、协调和监督检查。

三、管委会综合执法机构集中行使的行政处罚权

(一)《上海市城市管理相对集中行政处罚权暂行办法》、《上海市人民政府关于扩大浦东新区城市管理领域相对集中行政处罚权范围的决定》和《上海市文化领域相对集中行政处罚权办法》规定的行政处罚权。

(二) 规划国土管理部门依据法律、法规和规章,对规划和土地方面的违法行为行使的行政处罚权。

(三) 建设管理部门依据法律、法规和规章,对建设方面的违法行为行使的行政处罚权。

(四) 住房保障房屋管理部门依据法律、法规和规章,对住房保障和房屋方面的违法行为行使的行政处罚权。

(五) 环境保护管理部门依据法律、法规和规章,对环境保护方面的违法行为行使的行政处罚权。

(六) 民防管理部门依据法律、法规和规章,对民防和地下空间使用方面的违法行为行使的行政处罚权。

(七) 人力资源社会保障管理部门依据法律、法规和规章,对劳动保障方面的违法行为行使的行政处罚权。

(八) 知识产权管理部门依据法律、法规和规章,对著作权、专利权方面的违法行为行使的行政处罚权。

(九) 食品药品监管部门依据法律、法规和规章,对食品、药品、医疗器械、保健食品和化妆品监管方面的违法行为行使的行政处罚权。

(十) 统计管理部门依据法律、法规和规章,对统计方面的违法行为行使的行政处罚权。

中国(上海)自由贸易试验区外商投资准入特别管理措施(负面清单)(2013年)

上海市人民政府

说　明

《中国(上海)自由贸易试验区外商投资准入特别管理措施(负面清单)(2013年)》(以下简称“负面清单”),以外商投资法律法规、《中国(上海)自由贸易试验区总体方案》、《外商投资产业指导目录(2011年修订)》等为依据,列明中国(上海)自由贸易试验区(以下简称“自贸试验区”)内对外商投资项目和设立外商投资企业采取的与国民待遇等不符的准入措施。负面清单按照《国民经济行业分类及代码》(2011年版)分类编制,包括18个行业门类。S公共管理、社会保障和社会组织、T国际组织2个行业门类不适用负面清单。

对负面清单之外的领域,将外商投资项目由核准制改为备案制(国务院规定对国内投资项目保留核准的除外);将外商投资企业合同章程审批改为备案管理。

除列明的外商投资准入特别管理措施,禁止(限制)外商投资国家以及中国缔结或者参加的国际条约规定禁止(限制)的产业,禁止外商投资危害国家安全和社会安全的项目,禁止从事损害社会公共利益的经营活动。

自贸试验区内的外资并购、外国投资者对上市公司的战略投资、境外投资者以其持有的中国境内企业股权出资,应当符合相关规定要求;涉及国家安全审查、反垄断审查的,按照相关规定办理。

香港特别行政区、澳门特别行政区、台湾地区投资者在自贸试验区内投资参照负面清单执行。内地与香港特别行政区、澳门特别行政区《关于建立更紧密经贸关系的安排》及其补充协议、《海峡两岸经济合作框架协议》及其后续《海峡两岸服务贸易协议》、我国签署的自贸协定中适用于自贸试验区并对符合条件的投资者有更优惠的开放措施的,按照相关协议或协定的规定执行。

根据外商投资法律法规和自贸试验区发展需要,负面清单将适时进行调整。

中国(上海)自由贸易试验区外商投资准入特别管理措施(负面清单)(2013年)

中国(上海)自由贸易试验区外商投资准入特别管理措施(2013 年)

门类 (代码及名称)	大类 (代码及名称)	中类 (代码及名称)	特别管理措施
A 农、林、牧、渔业	A01 农业、A 02 林业、A 03 畜牧业、A04 渔业、A05 农、林、牧、渔服务业		1. 投资中药材种植、养殖须合资、合作 2. 限制投资农作物新品种选育和种子生产(中方控股) 3. 投资农作物种子企业须合资、合作,投资粮,棉,油作物种子企业的注册资本不低于 200 万美元,且中方投资比例应大于 50%,其他农作物种子企业的注册资本不低于 50 万美元 4. 限制投资棉花(籽棉)加工 5. 限制投资珍贵树种原木加工(限于合资、合作) 6. 禁止投资我国稀有和特有的珍贵优良品种研发、养殖、种植以及相关繁殖材料生产(包括种植业、畜牧业、水产业优良基因),转基因生物研发和转基因农作物种子、种畜禽,水产苗种生产 7. 禁止投资我国管辖海域及内陆水域水产品捕捞
B 采矿业	B06 煤炭开采和制造业		限制投资特殊和稀缺煤类开采(中方控股)
	B07 石油和天然气开采业		1. 投资煤层气开发和矿井瓦斯利用须合资、合作 2. 投资石油、天然气开发须合资、合作 3. 投资低渗透油气藏(田)的开发须合资、合作 4. 投资提高原油采收率及相关新技术的开发应用须合资、合作 5. 投资物探、钻井、测井、录井、井下作业等石油勘探开发新技术的开发与应用须合资、合作 6. 投资油页岩、油砂、重油、超重油等非常规石油资源开发须合资、合作 7. 投资页岩气、海底天然气水合物等非常规天然气资源开发须合资、合作
	B08 煤炭开采和制造业		限制投资硫铁矿开采、选矿,以及硼镁铁矿石开采
	B09 有色金属矿采造业		1. 限制投资硼镁石开采,锂矿开采、选矿,以及贵金属(金、银、铂族)开采 2. 禁止投资钨、钼、锡、锑开采和稀土、放射性矿产开采、选矿
	B10 非金属开采造业		1. 限制投资重晶石开采(限于合资、合作) 2. 限制投资金刚石、高铝耐火粘土、硅灰石、石墨等重要非金属矿开采,磷矿开采、选矿,盐湖卤水资源的提炼,以及天青石开采 3. 限制投资大洋锰结核、海矿的开采(中方控股) 4. 禁止投资萤石开采
	B011 开采辅助活动		限制投资硼镁铁矿石加工

（续表）

门类（代码及名称）	大类（代码及名称）	中类（代码及名称）	特别管理措施
C制造业	C13农副食品加工业	C133谷物磨制	限制投资大米、面粉加工
		C133植物油加工、C136水产品加工	1. 限制投资豆油、菜籽油、花生油、棉籽油、菜籽油、葵花籽油、棕榈油等食用油脂加工（中方控股） 2. 限制投资生物液体燃料（燃料乙醇、生物柴油）生产（中方控股）
		C139其他农副产品加工	限制投资玉米深加工
	C15酒、饮料和精制业	C151酒的制造	限制投资黄酒、名优白酒生产（中方控股）
		C153精制茶加工	禁止投资我国传统工艺的绿茶及特种茶加工（名茶、黑茶等）
	C16烟草制品业	C161茶叶复烤	限制投资打叶复烤烟叶加工生产
		C169其他烟草制品制造	投资二醋酸纤维素及丝束加工须合资、合作
	C22造纸和纸类品业	C221纸浆制造 C222造纸	投资主要利用境外木材资源的单条生产线年产30万吨及以规模化学木浆和单条生产线年产10万吨及以上规模化学机械木浆以及同步建设的高档纸及纸板生产须合资、合作
	C23印刷和记录媒介复制业	C231印刷	限制投资出版物印刷（中方控股），注册资本不得低于1000万元人民币
		C233记录媒介复制	投资只读类光盘复制须合资、合作，且中方控股或占主导地位
	C24文教、工关、体育、体育和娱乐用品制造业	C243工艺美术品制造	禁止投资象牙雕刻，虎骨加工，脱胎漆器、珐琅制品，宣纸、墨锭生产
	C25石油加工、炼焦和核燃料加工业	C251冶炼石油产品制造	限制投资1000万吨/年以下常减压炼油、150万吨/年以下催化裂化、100万吨/年以下连续重整（含芳烃抽提）、150万吨/年以下加氢裂化生产
		C253核燃料加工	禁止投资放射性矿产冶炼、加工
	C26化学原料和化学制品制造业	C261基础化工原料加工	限制投资乙炔法聚氯乙烯以及规模以下乙烯和后加工产品，烧碱、纯碱、硫酸、硝酸、钾碱、无机盐的生产
		C264涂料、油料、颜料及类似产品制造品	限制投资联苯胺、颜料、涂料生产
		C265合成材料制造	限制投资丁二烯橡胶（高顺式丁二烯橡胶除外）、乳液聚合丁苯橡胶、热塑性丁苯橡胶生产
		C266专用化学产品制造	限制投资易制毒化学品生产（麻黄素、3，4—亚基二氧苯基—2—丙酮、苯乙酸、1—苯基—2—丙酮、胡椒醛、黄樟脑、异黄樟脑、醋酸酐）、氟化氢等低端氟氯烃或氟氯化合物生产、感光材料生产
		C267炸药、火工及烟火产品制造	禁止投资武器弹药制造

（续表）

门类（代码及名称）	大类（代码及名称）	中类（代码及名称）	特别管理措施
C 制造业	C27 医药制造业	C271 化学药品原料药制造	限制投资麻醉药品及一类精神药品原料药生产（中方控股）
		C272 化学药品制剂制造	限制投资氯霉素、青霉素 G、洁霉素、庆大霉素、双氢链霉素、丁胺卡那霉素、盐酸四环素、土霉素、麦迪霉素、柱晶白霉素、环丙氟哌酸、氟哌酸、氟嗪酸、安乃近、扑热息痛、维生素 B1、维生素 B2、维生素 C、维生素 E、多种维生素制剂额口服钙剂生产
	C28 化学纤维制造业	C282 合成纤维制造	限制投资常规切片纺的化纤抽丝生产、粘胶纤维生产
	C32 有色金属冶炼和压延加工业	C321 常用有色金属冶炼	限制投资电解铝、铜、铅、锌等有色金属冶炼
		C233 稀有稀土金属冶炼	1. 限制投资钨、钼、锡（锡化合物除外）、锑（含氧化锑和硫锑）等稀有金属冶炼 2. 限制投资 400 吨以下轮式、分离（限于合资、合作）
	C34 通用设备制造业	C343 物料搬运设备制造	1. 400 吨及以上轮式、履带式起重机械制造须合资、合作 2. 限制投资 400 吨以下轮式、履带式起重机械制造（限于合资、合作）
		C345 轴承、齿轮和传动部件制造	限制投资各类普通级（P0）轴承及零件（钢球、保持架）、毛坯制造
	C35 专用设备制造业	C351 采矿、冶金、建筑专用设备制造	1. 投资深水（3000 米以上）海洋工程装备的设计须合资、合作 2. 投资海洋工程装备（含模块）制造须中方控股 3. 限制投资 320 马力及以下推土机、30 吨及以下液压挖掘机、6 吨级及以下轮式装载机、220 马力及以下平地机、压路机、叉车、135 吨级及以下电力传动非公路自卸翻差斗车、60 吨级及以下液力机械传动非公路自卸翻斗车、沥青混凝土搅拌与摊铺设备和高空作业机械、园林机械和机具、商品混凝土机械（托泵、搅拌站、泵车）制造
		C352 化工、木材、非金属加工专用设备制造	投资大型煤化工成套设备制造须合资、合作
		C355 纺织、服装和皮革加工专用设备制造	限制投资一般涤沦长丝、短纤维设备制造
		C359 环保、社会公共服务及其他专用设备制造	投资空中交通管制系统制造须合资、合作
	C36 汽车制造业	C361 汽车整车制造、C362 改装汽车制造、C363 低速载货汽车制造、C364 电车制造、C365 汽车车身、挂车制造	汽车整车、专用汽车、农用运输车中外合资生产企业的中方股份比例不得低于 50%；股票上市的汽车整车、专用汽车、农用运输车股份公司对外出售法人股份时，中方法人之一必须相对控股且大于外资法人股之和；同一家外商可在国内建立 2 家以下（含 2 家）生产同类（乘用车类、商用车类）整车产品的合资企业，如与中方合资伙伴联合兼并国内其他汽车生产企业，可不受 2 家的限制

（续表）

门类 （代码及名称）	大类 （代码及名称）	中类 （代码及名称）	特别管理措施
C制造业	C36汽车制造业	C366汽车零备件及配料制造	1. 投资汽车电子装置与研发，汽车电子总线网络技术、电动助力转向系统电子控制器须合资，嵌入式电子集成系统须合资、合作 2. 投资新能源汽车能量型动力电池（能量密度100 Wh./kg.循环寿命2000次）外资比率不超过50%
	C37 铁路、船舶、航空航天和其他运输设备制造业	C371铁路运输设备制造、C372城市轨道交通设备制造	投资轨道交通运输设备须合资、合作；高速铁路、铁路客运专线、城际铁路、干线铁路及城市轨道交通运输设备的整车和关键零部件（牵引传动系统、控制系统、制动系统、制动系统）的研发、设备与制造。信息化建设中有关信息系统的设计与研发；高速铁路、铁路客运专线、城际铁路的轨道交通运输通信信号系统的研发、设计与制造，电气化铁路设备和器材制造、铁路噪声和振动控制技术与研发、铁路客车排污设备制造、铁路运输安全监测设备制造
		C373船舶及相关装置制造	1. 投资豪华游轮的设计、船舶低、中柴油机机器零部件的设计。游艇的设计与制造须合资、合作 2. 投资船舶低、中柴油机及曲轴的制造须中方控股 3. 投资船舶室机械的设计与制造须中方相对控股 限制投资船舶（含分段）的设计与制造（中方控股）
		C374航空航天器材设备制造	1. 投资民用通用飞机设计、制造须合资、合作 2. 投资航空发动机及零部件、航空辅助动力系统、民用航空机械设备设计与制造须合资、合作 3. 投资3吨级以下民用直升机设计与制造须合资、合作，投资3吨级以上民用直升机设计与制造须中方控股 4. 投资民用干线、支线飞机设计、制造须中方控股 5. 投资地面、水面效应飞机制造须中方控股 投资无人机、浮空器设计与制造须中方控股
		C375摩托车制造	1. 摩托车中外合资生产企业的中方股份比例不得低于50%；股票上市的摩托车股份公司对外出售法人股份时，中方法人之一必须相对控股且大于外资法人股之和；同一家外商可在国内建立2家以下（含2家）生产摩托车类整车产品的合资企业，如与中方合资伙伴联合兼并国内其他汽车生产企业可不受2家限制 2. 投资大排量（排量＞250 ml）摩托车关键零部件制造；摩托车电控燃油喷射技术须合资、合作
	C38 电气机械和耗材制造业	C381电机制造	1. 投资100万千瓦超超临界火电机组用关键辅机设备制造须合资、合作；安全阀、调节阀 2. 投资输变电设备制造须合资、合作；非晶态合金变压器、500千伏及以上高压开关用操作机构、灭弧装置、大型盆式绝缘子（100千伏，50千安以上），500千伏及以上变压器用出线装置，套管（交流500、750、1000千伏，直流所有规格）、调压开关（交流500、750、1000千伏有载无载调压开关），直流输电用干式平波电抗器，＋800千伏直流输电用换流阀（水冷设备、直流场设备），符合欧盟RoHS指令的电器触头材料及无Pb、Cd的焊料

（续表）

门类（代码及名称）	大类（代码及名称）	中类（代码及名称）	特别管理措施
C制造业	C38电气机械和耗材制造业		3. 投资额定功率350 MW及以上大型抽水蓄能机组制造合资、合作，水泵水轮机及调速器、大型变速可逆式水泵水轮机组、发电电动机及励磁、启动装置等附属设备
		C384电池制造	禁止投资开口式（即酸雾直接外排式）铅酸电池、含汞扣式氧化银电池、含汞扣式碱性锌锰电池、糊式新锰电池、镉镍电池制造
	C39计算机、通信和其他电子设备制造业	C392通信设备制造	投资民用卫星设计与制造、民用卫星有效载荷制造须中方控股
		C393广播电视设备制造	限制钩子卫星电视广播地面接收设施及关键件生产
	C43金属制品、机械和设备制造业	C433治安用设备制造	1. 投资民用通用飞机维修、航空发动机及零部件维修、航空辅助动力系统维修须合资、合作 2. 投资民用干线、支线飞机维修须中方控股 3. 投资海洋工程装备（含模块）的修理须中方控股 限制投资船舶（含分段）的修理（中方控股）
D电力、热力、燃气及水生产和供应业	D44电力、热力、燃气及水生产和供应业		1. 投资核电站的建设、经营须中方控股 2. 限制投资小电网范围内，单机容量30万千瓦及以下燃煤凝汽火电站、单机容量10万千瓦及以下燃煤凝汽抽汽两用机组热电联产电站的建设、经营 3. 限制投资城市人口50万以上的城市燃气管网、供排水管网的建设、经营（中方控股） 4. 禁止投资小电网外，单机容量30万千瓦及以下燃气凝汽水电站、单机容量10万千瓦及以下燃煤凝汽抽汽两用热电联产电站的建设经营
	D45燃气生产和供应业、D46水睡的生产和供应业		限制投资城市人口50万以上的城市燃气管网、供排水管网的建设、经营（中方控股）
E建筑业	E48土木工程建筑业	E481铁路、道路、隧道和桥梁工程建筑	1. 投资支线铁路、地方铁路及其桥梁、隧道、轮渡和站场设施的建设、经营须合资、合作 2. 投资铁路干线路网的建设、经营须中方控股 3. 投资高速铁路、铁路客运专线、城际铁路基础设施综合维修须中方控股 4. 投资城市地铁、轻轨等隧道交通的建设、经营须中方控股
F批发和零售业	F51批发业	F511农林牧产品批发	限制投资粮食收购、限制投资粮食、棉花的批发、配送
		F512食品、饮料及烟草制品批发	1. 禁止投资植物油、食糖、烟草的批发、配送 2. 禁止投资盐的批发
		F514文化、体育用品及器材批发	除香港、澳门服务提供者可以独资、合资、合作形式提供音像制品（含后电影产品）分销外，限制其他国家或地区投资者投资音像制品（除电影外）的分销（限于合作）

（续表）

门类（代码及名称）	大类（代码及名称）	中类（代码及名称）	特别管理措施
F 批发和零售业	F51 批发业	F516 矿产品、建材及化工产品批发	限制投资原油、话费、农药、农膜、成品油（含保税油）的批发、配送
		F518 贸易品经销及代理	禁止投资文物拍卖
	F52 零售业	F521 综合零售	限制投资棉花、原油、农药、农膜、化肥的零售、配送（设立超过 30 家分店、销售来自多个供应商的不同种类和品牌商品的连锁店由中方控股）
		F522 食品、饮料及烟草制品专门零售	限制投资粮食、植物油、食糖、烟草的零售、配送（设立超过 30 家分店、销售来自多个供应商的不同种类和品牌商品的连锁店由中方控股）
		F524 文化、体育用品及器材专门零售	1. 除同一香港、澳门服务提供者投资图书、报纸、报刊出租连锁经营的出资比例不得超过 65%外，其他国家或地区投资者投资图书、报纸、期刊出租连锁经营、连锁门店超过 30 家的，不允许控股 2. 除香港、澳门五福提供者可以独资、合资、合作形式提供音像制品（含后电影产品）分销外，限制其他国家和地区投资者投资影像制品（除电影外）的分销（限于合作） 3. 禁止投资文物商店
		F526 汽车、摩托车、燃料及零配件专门零售	限制投资加油站（同一外国投资者设立超过 30 家分店、销售来自多个供应商的不同种类和品牌成品油的连锁加油站，由中方控股）建设、经营
		F529 货摊、无店铺及其他零售业	限制投资直销、邮购、网上销售
G 交通运输、仓储和邮政业	G53 铁路运输业	G531 铁路旅客运输	限制投资铁路旅客运输公司（中方控股）
		G532 铁路货物运输	限制投资铁路货物运输公司（限于合资、合作）
	G54 道路运输业	G542 公路旅客运输	限制投资公路旅客运输公司（限于合资），且外方投资比例不得超过 49%，主要投资者中至少一方是中国境内从事 5 年以上道路旅客运输业务的企业
		G543 道路货物运输	限制投资出入境汽车运输业务
	G55 水上运输业	G551 水上旅客运输 G552 水上货物运输	限制投资水上运输公司（中方控股），投资定期不定期国际海上运输业务须中方控股
		G553 水上运输辅助活动	1. 投资国际海运货物装卸、国际海运集装箱站和堆场业务限合资、合作 2. 限制投资船舶代理（中方控股） 3. 限制投资外轮理货（限于合资、合作）
	G56 航空运输业	561 航空客货运输	投资航空运输公司须中方控股，经营年限不超过 30 年，投资公共航空运输企业的，一家外商（包括其关联企业）投资比例不得超过 25%，法定代表人须为中国籍公民

（续表）

门类（代码及名称）	大类（代码及名称）	中类（代码及名称）	特别管理措施
G交通运输、仓储和邮政业	G56航空运输业	G562通用航空服务	1. 投资农、林、渔业通用航空公司须合资、合作 2. 投资从事公务飞行、空中游览，为工业服务的通用航空企业须中方控股 3. 限制投资摄影、探矿、工业等通用航空公司（中方控股） 4. 通用航空企业经营年限不得超过30年，法定代表人须为中国籍公民
		G563航空运输辅助活动	1. 除香港、澳门服务提供者外，其他国家或地区投资者投资航空公司运输辅助业务，须符合外方投资比例要求，经营年限不得超过30年 2. 投资飞机维修（有承揽国际维修市场业务的义务）和航空燃料项目限中方控股 3. 除香港、澳门服务提供者投资民航计算机订座系统限内地企业控股以外，禁止其他国家或地区投资者投资资民航计算机订座系统 4. 投资民用机场的建设、经营须中方相对控股 5. 除香港、澳门服务提供者可独资设立航空运输销售代理企业以外，其他国家或地区投资者投资航空运输销售代理业务须合资、合作 6. 禁止投资空中交通管制公司
	G59仓储业	G591谷物、棉花等农产品仓储	承担储备粮经营管理和军粮供应任务的企业，由国有独资和国有控股
	G60邮政业	G601邮政基本服务、G602快递服务	禁止投资经营信件的国内快递业务和投资邮政公司
I信息传播、软件和信息技术服务业	I63电信、广播电视和卫星船舶服务	I631电信、I632广播电视传媒服务、I卫星传输服务	1. 限制投资电信、广播电视和卫星传输服务 2. 禁止投资各级广播电台（站）、电视台（站）、广播电视频道（率），广播电视传播覆盖网（发射台、转播台、）广播电视、卫星上行站、卫星收转站、微波站、有线广播电视传播覆盖网）
	I64互联网和相关服务	I641互联网络人及相关服务、I642互联网信息服务、I649其他互联网服务	1. 除应用商店以外，投资经营其他信息服务业务的外方投资比例不得超过50% 2. 投资经营国英特网虚拟专用网业务的外方投资投资比例不得超过50% 3. 禁止投资新闻网站、网络视听节目服务、互联网上网服务营业场所，互联网文化经营（音乐除外） 4. 禁止直接和间接从事和参与网络游戏运营服务
	I65软件和信息技术服务业	I654数据处理和存储服务 I659其他信息服务业	1. 除投资经营类电子商务的外方投资比例不得超过50%以外，投资经营其他在线数据处理与交易处理业务的外方投资比例不得超过50% 2. 禁止投资经营英特网数据中心业务

（续表）

门类 （代码及名称）	大类 （代码及名称）	中类 （代码及名称）	特别管理措施
J 金融业	J66 货币金融服务、J67 资本市场服务、J68 保险业 J69 其他金融业	J661 中央银行服务，J662 货币银行、J663 非货币银行、J664 银行监管服务、J671 证券市场服务、J672 期货市场服务、J673 证券取货监管服务、J674 资本投资服务、J679 其他资本市场服务、J681 人身保险、J682 财产保险、J683 再保险、J684 养老金、J685 保险经纪与代理服务、J686 保险监管服务、J689 其他保险活动、J691 金融信托与挂你服务、J692 控股公司服务、J693 非金融机构支付服务、J694 金融信息服务、J699 其他未利润金融业	1. 限制投资银行、财务公司、信托公司、货币经纪公司 2. 限制投资保险公司(含集团公司、寿险公司外方投资比例不得超过 50%以)。保险中介机构(含保险经纪、代理、公估公司)、保险资产管理公司 3. 限制投资证券公司(外方参股比例)不超过 49%，初设时业务范围限于股票(包括人民币普通股、外资股)和债券(包括政府债券、公司债券)的承诺与保荐，外资股的经纪、债券(包括政府债券、公司债券)经纪和自营，持续经营 2 年以上符合相关条件的，可申请扩大业务范围)；证券投资基金管理公司(外方参股比例不超过 49%)；证券投资咨询机构(仅限港、澳服务提供者，参股比例不超过 49%) 4. 投资小额贷款公司，融资性担保公司须符合相关规定 5. 投资融资租赁公司的外国投资者总资产不得低于 500 万美元；公司注册资本不低于 1000 万美元，高级管理人员应具有相应专业资质和不少于 3 年从业经验
K 房地产业	K70 房地产业	K701 房地产开发经营	1. 限制投资土地成片开发(限于合资、合作) 2. 限制投资高档宾馆、高档写字楼、国际会展中心，以及大型农产品批发市场的建设、经营 3. 禁止投资别墅的建设、经营
		K703 房地产中介服务	限制投资房地产二级市场交易及房地产中介或经纪公司
L 租赁和商务服务业	L71 租赁业	L712 文化及日用品出租	1. 除同一香港、澳门服务提供者投资图书、报纸、报刊出租连锁经营的出资比例不得超过 65%外，其他国家或地区投资者投资图书、报纸、期刊出租连锁经营、连锁门店超过 30 家的，不允许控股 2. 除香港、澳门五福提供者可以独资、合资、合作形式提供音像制品(含后电影产品)出租外，限制其他国家或地区投资者投资音像制品(除电影外)的出租(限于合作)
	L72 商务租赁业	L721 气压企业管理服务	投资设立投资性公司应符合：(一) 1. 外国投资者申请前一年，该投资者的资产总额不低于 4 亿美元，且该投资者在中国境内已设立投资产业，其实缴注册资本超过 1000 万美元，或者；2. 外国投资者在中国境内已设立 10 个以上投资企业，其实缴注册资本超过 3000 万美元；(二) 投资性公司注册资本不低于 3000 万美元；(三) 外国投资者应为一家外国的公司，企业或者经济组织，若外国投资者为两个以上的，其中应至少有一名占大股权的外国投资者符合(一)的规定

（续表）

门类 （代码及名称）	大类 （代码及名称）	中类 （代码及名称）	特别管理措施
L租赁和商务服务业	L72商务租赁业	L722法律服务	1. 限制投资法律咨询 外国律师事务所只能以设立代表处的形式提供法律服务
		L723咨询与调查	1. 投资会计师事务所须合伙 2. 限制投资市场调查(限于合资、合作) 禁止投资社会调查
		L726人力资源服务	1. 除允许香港、澳门服务提供者设立独资人才中介机构外，其他国家或地区投资者只能设立中外合资人才中介机构，投资比例不超过70% 人才中介机构最低注册资本为12.5万美元，外放出资者应是从事3年以上人才中介服务的外国公司、企业和其他经济组织
		L727旅行社及相关服务	投资从事出境旅游业务的旅行社限合资(不得从事赴台湾地区旅游业务)
		L728安全保护服务	投资武装守护押运服务的保安服务公司外方投资比例不得超过49%
		L729其他上午服务类	限制投资评级服务公司
M科学研究和技术服务业	M73研究和实验发展	M731自然科学研究和试验发展	禁止投资人体干细胞技术开发和应用
		M734医学研究和试验发展	禁止投资基因诊断与治疗技术开发和应用
	M74专业技术服务业	M744检测服务	1. 限制投资测绘公司(中方控股) 2. 禁止投资大地测量、海洋测绘、测绘航空摄影、行政区域界线测绘、地形图和普通地图编制
		M745质检技术服务	1. 限制投资进出口商品认证公司 2. 投资认证机构的外方投资者应取得其所在国家或地区认可机构的认可，并具有3年以上从事认证活动的经历
		M747地质勘查	1. 投资煤层气勘探，石油和天然气的风险勘探，油页岩、油砂、重油、超重油等非常规石油资源勘探，页岩气、海底天然气水合物等非常规天然气资源勘探须合资、合作 2. 限制投资贵金属(金、银、铂族)和金刚石、高铝耐火粘土、硅灰石、石墨等重要非金属矿勘查 3. 限制投资重晶石勘查(限于合资、合作) 4. 限制投资特殊和稀缺煤类勘查(中方控股) 5. 禁止投资钨、钼、锡、锑、萤石、稀土及放射性矿产勘查
		M749其他专业技术服务业	限制投资摄影服务(含空中摄影等特级摄影服务)(限于合资)

（续表）

门类 （代码及名称）	大类 （代码及名称）	中类 （代码及名称）	特别管理措施
N水利、环境和公共设施管理业	N76 水利管理业	N762 水资源管理 N763 天然水收购与分配	投资综合水利枢纽的建设、经营须中方控股
	N77 生态保护和环境治理业	N771 生态保护	1. 禁止投资自然保护区和国际重要湿地的建设、经营 禁止投资国际保护的原产于我国的野生动、植物资源开发
P教育	R82 教育	P821 学前教育 P822 初等教育 P823 中等教育 P824 高等教育 P825 特殊教育 P829 技能培训、教育辅导及其他教育	1. 投资经营性交易培训机构、职业技能培训机构限合作 2. 投资非经营性学前教育、中等职业级教育、普通高中教育、高等教育等教育机构，以及非经营性教育培训机构、职业技能培训机构限合作，不允许设立分支机构 禁止投资义务教育，以及军事、警察、政治、宗教和党校等特殊领域教育机构；禁止投资经营性学前教育、中等职业教育、普通高中交易、高等教育等教育机构
Q卫生和社会工作	Q83 卫生	Q831 医院、Q832 社区医疗与卫生院833Q835 门诊部（所、站）、Q839 其他卫生活动	投资医疗机构投资总额不得低于2000万元人民币，不允许设立分支机构，经营期限不超过20年
R文化、体育和娱乐业	R85 新闻和出版业	R851 新闻业 R852 出版业	1. 禁止投资新闻机构 2. 禁止投资图书、报纸、期刊的出版业务 3. 禁止投资音像制品和电子出版物的出版、制作业务
	R86 广播、电视、电影和影视录音制造业	R861 广播、R862 电视、R863 电影和电视节目制作 R864 电影和影视节目发行、R865 录音制作	1. 限制投资电影院的建设、经营（中方控股） 2. 限制投资广播电视节目、电影的制作业务（限于合作） 禁止投资广播电视节目制作经营公司、电影制作公司、发行公司、院线公司
	R87 文化艺术业	R871 文艺创作与表演、R872 艺术表演场馆、R873 图书馆与档案馆、R874 文物及物质文化遗产保护 R875 博物馆、R 876 烈士陵园、纪念馆、R 877 群众文化活动 R879 其他文化艺术类	投资文化艺术业须符合相关规定
	R88 体育	R882 体育场馆	禁止投资高尔夫球场的建设、经营
	R87 娱乐业	R891 室内娱乐活动	禁止投资互联网上网服务营业场所（网吧活动）
		R892 游乐园	限制投资大型主题公园的建设、经营
		R893 彩票活动	禁止投资博彩业（含赌博类跑马场）
		R899 其他娱乐业	禁止投资色情业

关于上海市加快推进家庭农场发展的指导意见

各区、县人民政府，市政府各委、办、局：

为贯彻中共中央、国务院《关于加快发展现代农业进一步增强农村发展活力的若干意见》(中发〔2013〕1号)，稳定完善农村基本经营制度，积极培育新型农业经营主体，加快发展上海都市现代农业，经市政府同意，现就本市加快推进家庭农场发展提出指导意见如下：

一、充分认识加快发展家庭农场的重要意义

当前，上海农业农村发展进入了新阶段。应对日益加剧的农业兼业化、农民老龄化的趋势，解决今后谁来种地、怎样种好地的问题，亟需创新以家庭农场为重点的现代农业经营主体。家庭农场是指以家庭成员为主要劳动力，从事农业规模化、集约化、商品化生产经营，并以农业为主要收入来源的新型农业经营主体。本市松江区培育和发展粮食生产家庭农场，走出了一条规模适度、集约生产、专业经营、农民增收的发展新路子，为发展都市现代农业提供了经验。

实践证明，发展家庭农场是坚持和完善农村基本经营制度的必然选择。家庭经营符合农业生产自身的特点，具有广泛的适应性和旺盛的生命力。发展家庭农场，有利于实现农业适度规模经营，提高劳动生产率；有利于培育新型职业农民，增加农民收入；有利于控制大城市人口过快增长，改善农村生态环境。各区县要围绕提高农业综合生产能力、促进农民增收、推进城乡一体化这一目标，积极创造条件，大力推广松江区培育和发展粮食生产家庭农场的经验和做法，坚持农村基本经营制度和家庭经营主体地位，在加快土地有序规范流转的基础上，加强示范引导，加大扶持力度，完善服务管理，推动家庭农场健康发展，为建设都市现代农业和城乡一体化发展提供持续的动力和活力。

二、把握家庭农场发展的总体要求和基本特征

(一) 总体要求。以科学发展观为指导，以加快构建本市新型农业经营体系为目标，坚持稳定完善农村基本经营制度，强化农民群众主体地位；坚持发展现代农业导向，提高农业综合生产能力；坚持适度规模取向，优化资源要素配置运用；坚持统筹扶持推进，加强引导支持与服务保障。在郊区县加快推广粮食生产家庭农场，积极探索粮食经作型、果蔬园艺型家庭农场，到“十二五”末，努力形成家庭农场和农民专业合作社、农业龙头企业等多种农业经营主体协同配合、互促共进的局面，推动都市现代农业稳定健康发展。

(二) 基本特征。一是家庭经营。家庭农场的经营者是本地专业农民，主要依靠家庭成员从事农业生产活动；除季节性、临时性聘用短期用工外，一般不常年雇用外来劳动力从事家庭农场的生产经营活动。二是规模适度。家庭农场经营土地规模要与经营者的劳动生产能力相适应。现阶段粮食生产家庭农场的土地规模以100—150亩为宜，今后随着农业生产力水平的进一步提高、农业劳动力的进一步转移，可逐步扩大土地规模。三是一业为主。家庭人员的主要职业是农业，家庭主要收入来源于农业收入。四是集约生产。家庭农场经营者要接受过农业技能培训；家庭农场经营活动有比较完整的财务收支记录；对其他农户开展农业生产要有示范带动作用。与小规模农户相比，家庭农场的劳动生产率、土地产出率和资源利用率要有明显提高。

三、明确建立、扶持发展家庭农场的政策措施

(一) 引导土地优先流向家庭农场。坚持“依法、自愿、有偿”的原则，积极引导农村土地有序规范

流转。鼓励通过建立老年农民养老补贴机制等，引导农民将土地承包经营权委托村委会统一流转，组建家庭农场。加强全市涉农乡镇土地流转服务平台的规范化建设，健全农村土地流转服务网络，为农村土地流转提供法律政策咨询、流转信息发布、流转价格评估、合同签订指导和利益关系协调等服务。

（二）建立家庭农场登记建档制度。在区县农业部门建立家庭农场初始登记制度，切实保护好家庭农场的土地经营权。各级农业部门要明确认定标准，主要包括经营者资格、劳动力结构、收入构成、经营规模、土地流转期限、管理水平等。开展家庭农场名录建档、培训、跟踪管理和服务，增强扶持政策的针对性。建立对家庭农场的年度报备制度，为建立家庭农场的退出机制和创建示范性家庭农场创造条件。

（三）健全家庭农场财政扶持政策。市、区县要安排专项奖补资金，对土地出租期限较长的流出农户和引导培育家庭农场发展的村委会实行考核奖补，加快农村土地有序规范流转，为发展家庭农场创造条件。要将家庭农场纳入现有财政支农政策扶持范围，并予以倾斜，通过贷款贴息、项目补助、定额奖励等形式，支持家庭农场改善生产条件、实行标准化管理、降低经营风险等，逐步提高家庭农场的土、水、路、电等建设标准。

（四）执行家庭农场工商税费扶持政策。家庭农场可在自愿的基础上，到工商部门办理登记，申领营业执照，依法取得市场主体资格。家庭农场按规定享受国家对农业生产、加工、流通、服务和其他涉农经济活动相应的税收优惠。税务部门要对经工商登记后的家庭农场完善税收管理，在税务登记、纳税申报、发票领用等环节为家庭农场提供优质、便捷的服务。税务、农业部门要密切配合，指导家庭农场履行税务登记和纳税申报，确保家庭农场可享受的国家各项税收优惠政策落实到位。

（五）加大金融保险电力支持力度。积极创新担保方式，将家庭农场纳入小额信贷保证保险范围，为家庭农场提供发展生产所需贷款服务。将家庭农场纳入政策性农业保险范围，并予以政策倾斜；增加农业保险在家庭农场的险种，为家庭农场发展提供保障。家庭农场中从事粮食、蔬菜等种植业的用电、粮食烘干机械的用电以及各种畜禽产品养殖、水产养殖的用电，执行农业生产用电价格。

（六）完善家庭农场人才培育培训。把家庭农场经营者纳入新型职业农民培训范围，根据从业特点及能力素质要求，科学制定教育培训计划并组织实施，确定培训的主要内容、方式方法、经费投入等。探索建立教育培训制度，制定认定管理办法和扶持政策。充分利用各类培训资源，加大对家庭农场经营者培训力度，提高他们的生产技能和经营管理水平，逐步培养一批有文化、懂技术、善管理、会经营的家庭农场经营者。在选择家庭农场经营者时，坚持本集体经济组织成员优先的原则，鼓励吸引爱农、懂农、务农的本地人士兴办家庭农场。

（七）强化对家庭农场提供社会化服务。加快构建新型农业社会化服务体系，培育多元化、多形式、多层次的农业生产性服务组织，为家庭农场提供各类服务。各有关区县都要建立农技人员联系家庭农场制度，及时提供各类信息、技术、经营等指导服务。进一步拓展农业社会化服务，解决家庭农场在生产经营中办不好、办不了的问题。发展粮食订单收购，搞好粮食流通市场的信息指导服务，形成稳定售粮渠道。要探索农机社会化服务新机制，鼓励机农合一、互助合作，推进以公共投入为主的粮食烘干中心（基地）、扶持农机维修保养和零配件供应服务组织发展，为家庭农场提供有力保障。鼓励组建家庭农场协会，加强相互交流与协作。

四、落实加快家庭农场发展的保障措施

（一）加强组织领导。有关区县要进一步统一思想，提高认识，把加快发展家庭农场作为“三农”工作的重要任务来抓。各级农业、财税、工商、金融、保险、电力等部门、单位要认真履行各自对家庭农场的管理、指导和服务职责，加强沟通协作，形成扶持合力。各级政府要加强对家庭农场培育发展的统

筹协调，将家庭农场发展纳入干部考核内容。要采取措施，加大非农就业力度，进一步转移农村富余劳动力，为发展家庭农场创造条件。有关区县要结合实际，制定家庭农场发展规划，明确发展目标和重点。各级农业部门要发挥发展家庭农场的主力军作用，做好对家庭农场的调查、监测和分析，加强发展机制和规律研究，着力破解发展难题。

（二）加强指导服务。发展家庭农场要务求实效，杜绝形式主义，防止一哄而上，防止片面追求数量和规模。有关区县既要积极借鉴松江区的经验和做法，又要结合本地实际，因地制宜，创造性地开展工作。有关区县、乡镇要认真研究制定本地区示范性家庭农场标准，加强指导、分级管理、分类扶持。尚未创建家庭农场的地区要加强排摸，创造条件，选择试点，以点带面，逐步推广。已创建家庭农场的地区，要建立健全家庭农场经营资格评估制度与建立考核退出机制，不断提高家庭农场的质量水平。鼓励各类家庭农场发展多种经营，实现忙闲相济，并按照科学种田的要求，通过粮经结合、种养结合、机农结合，不断提高家庭农场的综合效益。

（三）加强宣传引导。要充分运用各类媒体，开展家庭农场相关政策和先进典型宣传，表彰奖励培育、指导和扶持家庭农场的单位和个人。及时总结家庭农场发展过程中的经验和做法，加强学习交流，努力营造领导重视、群众关注、社会支持发展家庭农场的良好氛围，促进家庭农场全面健康发展。有关区县要按照本指导意见精神，结合实际，制定相关实施意见。

本指导意见从 2013 年 10 月 1 日起实施，有效期至 2018 年 9 月 30 日。

上海市人民政府办公厅
2013 年 9 月 22 日

上海市城市网格化管理办法

（2013 年 8 月 5 日市政府令第 4 号公布）

第一章　总　　则

第一条（目的）

为了加强城市综合管理，整合公共管理资源，提高管理效能和公共服务能力，根据本市实际，制定本办法。

第二条（定义）

本办法所称的城市网格化管理，是指按照统一的工作标准，由区（县）人民政府设立的专门机构委派网格监督员对责任网格内的部件和事件进行巡查，将发现的问题通过特定的城市管理信息系统传送至处置部门予以处置，并对处置情况实施监督和考评的工作模式。

责任网格是指按照标准划分形成的边界清晰、大小适当的管理区域，是城市网格化管理的地理基本单位。

部件是指窨井盖、消火栓、电力杆、电话亭、防汛墙、道路护栏、公交站亭、交通信号灯、道路指示牌、垃圾箱、行道树、加油站等与城市运行和管理相关的公共设施、设备。

事件是指占道无照经营、非法占道堆物、毁绿占绿、违法搭建、非法客运、无证掘路、餐饮油烟污染、非法行医、非法食品加工等正在发生的影响公共管理秩序的行为，以及暴露垃圾、道路破损、墙面污损等影响市容环境的状态。

第三条（管理原则）

本市城市网格化管理遵循“条块联动、资源整合、重心下移、实时监督”的原则。

第四条（部门和单位职责）

市数字化城市管理联席会议负责本市城市网格化管理重大事项的综合协调。

市建设交通行政管理部门是本市城市网格化管理的行政主管部门，其所属的市数字化城市管理机构负责本市城市网格化管理的具体工作。

区（县）人民政府是所辖区域内城市网格化管理的责任主体，其所属的城市网格化管理机构承担具体实施工作。

本市城管执法、交通港口、规划国土、房屋、路政、环保、水务、公安、消防、安全生产监管、食品药品监管、卫生等有关行政管理部门以及环卫、道路和绿化养护、燃气、供水、排水、电力、通信等承担公共服务的单位（以下简称“公共服务单位”）负责各自职责范围内城市网格化管理的处置工作。

第五条（信息共享和执法对接）

本市城市网格化管理信息系统应当预留接口，逐步与其他管理领域实现信息共享。

区（县）人民政府应当建立城市网格化管理与现有的联合执法体系的对接机制；城市网格化管理中发现的疑难问题，可以根据实际需要，通过联合执法体系予以处置。

第六条（经费保障）

相关行政管理部门因承担城市网格化管理相关工作所需要的经费，由市和区（县）财政予以保障。

公共服务单位因承担城市网格化管理的处置工作所需要的经费，应当纳入本单位现有的经费渠道予以解决。

城市管理信息系统中的相关工作量数据，可以作为所需经费的测算依据。

第二章　规划、工作标准与信息系统建设

第七条（规划）

市建设交通行政管理部门应当会同相关行政管理部门根据国家数字化城市管理模式建设的要求和本市实际情况，组织编制本市城市网格化管理发展规划。

城市网格化管理发展规划应当明确本市城市网格化管理的对象、区域、标准、流程以及信息系统建设等内容。

市数字化城市管理机构应当根据城市网格化管理发展规划，制定相应的实施计划。

区（县）人民政府应当根据城市网格化管理发展规划和实施计划，制定本行政区域城市网格化管理的具体实施方案，并报市建设交通行政管理部门备案。

本市新城、新市镇建设应当同步建立城市网格化管理体制。

第八条（网格化管理内容）

对公用设施、建设管理、道路交通、交通运输、市容环卫、环境保护、园林绿化、工商行政、食品药品监督、安全生产监督、公共卫生等管理领域内可以通过巡查发现的部件、事件问题，应当纳入城市网格化管理的内容。

第九条（工作标准的制定）

市建设交通行政管理部门应当会同有关行政管理部门和公共服务单位制定本市城市网格化管理工作标准和城市网格化管理信息系统技术标准，并向社会公布。

城市网格化管理工作标准应当明确纳入城市网格化管理的部件和事件的具体类别、名称及其说明、责任分工、案件分派规则、处置要求、处置流程、处置时限等内容。

城市网格化管理信息系统技术标准应当明确系统功能与性能、运行环境、编码体系和基础数据管理等内容。

第十条（信息系统建设）

市数字化城市管理机构应当根据国家、本市信息化工程建设规划以及城市网格化管理发展规划的要求，建立市级城市网格化管理信息平台，用于记录、监管全市城市网格化管理的运行情况。

区（县）人民政府应当根据本行政区域城市网格化管理具体实施方案的要求，建立区（县）城市网格化管理信息平台，用于部件和事件问题的受理、分派以及处置情况的监督，并可以根据所辖区域实际情况，要求乡（镇）人民政府或者街道办事处建立城市网格化管理信息分平台。

本市有关行政管理部门、公共服务单位应当配备本部门、本单位的城市网格化管理处置信息终端，用于接收部件、事件问题的分派信息和反馈处置情况。

市数字化城市管理机构应当对区（县）城市网格化管理信息平台的建设提供技术支持。

第十一条（信息系统维护要求）

本市城市网格化管理信息系统的运行维护，应当遵守全市统一的要求。

市数字化城市管理机构应当制定本市城市网格化管理信息系统运行维护方案，明确维护要求、维护方式等内容。

第三章　管理流程

第十二条(巡查、发现和立案)

区(县)城市网格化管理机构应当安排网格监督员对责任网格进行日常现场巡查。

网格监督员对于巡查中发现的部件、事件问题,应当通过拍照或者摄像等方式,即时将相关信息报送区(县)城市网格化管理机构予以立案。对于巡查中发现的能够当场处理的轻微问题,网格监督员应当当场处理,并即时将处理信息报送区(县)城市网格化管理机构。

对于本市相关服务热线等渠道转送的市民投诉、举报问题,区(县)城市网格化管理机构应当安排网格监督员进行现场核实;经核实属于城市网格化管理的部件或者事件范围的,应当予以立案。

第十三条(网格监督员的管理)

区(县)城市网格化管理机构应当负责本行政区域网格监督员的管理,并为网格监督员配备必要的工作设备、交通工具和休息场所。

市数字化城市管理机构应当制定全市统一的网格监督员工作规范和实务操作流程,并组织实施网格监督员的培训。

第十四条(案件分派)

区(县)城市网格化管理机构应当根据案件内容和职责分工,在规定的时限内将案件分派至相关行政管理部门或者公共服务单位。相关行政管理部门和公共服务单位应当落实专门人员负责接收区(县)城市网格化管理机构分派的案件信息。

案件涉及多个行政管理部门或者公共服务单位的,区(县)城市网格化管理机构可以指定一个行政管理部门或者公共服务单位负责接收分派的案件信息。

第十五条(案件处置和反馈)

相关行政管理部门或者公共服务单位收到区(县)城市网格化管理机构分派的案件信息后,应当在规定的时限内完成案件处置工作,并将案件处置结果反馈至区(县)城市网格化管理机构;未在规定的时限内完成案件处置工作的,应当及时告知区(县)城市网格化管理机构并说明理由。

对于需要给予行政处罚的案件,区(县)城市网格化管理机构传送的照片、录像等信息经相关行政管理部门核实后,可以作为行政处罚的证据。

第十六条(核查和结案)

区(县)城市网格化管理机构收到反馈的案件处置结果后,应当安排网格监督员对案件处置结果进行现场核查。经核查,案件处置结果符合处置要求的,区(县)城市网格化管理机构应当予以结案;不符合处置要求的,应当将案件退回并要求重新处置。

第十七条(案件信息管理)

区(县)城市网格化管理机构应当及时将案件的巡查、立案、分派、处置、核查、结案、督办等信息如实录入城市网格化管理信息系统,不得擅自修改、删除和泄露。

相关行政管理部门、公共服务单位应当定期分析城市网格化管理信息系统中的相关案件信息,并作为提高城市网格化管理效率、改进行业管理水平、加强城市综合管理科学决策的依据之一。

第四章　特殊案件的处理

第十八条(联合执法)

对于网格监督员发现或者现场核实的情况复杂、需要多个行政管理部门共同处置的案件,区(县)

网格化管理机构可以将该案件信息及时上报区（县）人民政府；区（县）人民政府可以组织相关行政管理部门采用联合执法等方式对案件进行处置。

第十九条（特殊案件的分派和处置）

对于属于跨区（县）行政区域或者市级有关部门管理情形的案件，区（县）城市网格化管理机构应当及时将该案件上报市数字化城市管理机构予以分派。

对案件处置存在争议的，市建设交通行政管理部门应当负责案件处置的协调；必要时，可以直接指定相关行政管理部门或者公共服务单位进行处置。

第二十条（案件督办）

相关行政管理部门或者公共服务单位未按照本办法的规定完成案件处置工作，且未说明理由或者理由不成立的，市建设交通行政管理部门或者区（县）人民政府可以对案件进行督办。

第五章　评价和考核

第二十一条（监督检查）

市数字化城市管理机构应当对区（县）城市网格化管理工作进行监督、检查。

第二十二条（评价）

区（县）城市网格化管理机构应当对本行政区域行政管理部门和公共服务单位的处置工作定期进行评价，并将评价结果报区（县）人民政府。

市数字化城市管理机构应当对区（县）城市网格化管理工作情况以及市级行政管理部门和公共服务单位的处置工作定期进行评价；评价结果经市建设交通行政管理部门审核后，报市数字化城市管理联席会议。

第二十三条（考核）

本办法第二十二条规定的评价结果，应当作为下列考核的依据之一：

（一）市人民政府对各区（县）人民政府、市级相关行政管理部门和公共服务单位的城市管理目标考核；

（二）区（县）人民政府对乡（镇）人民政府、街道以及区（县）相关行政管理部门和公共服务单位的城市管理目标考核；

（三）相关的行业管理考核。

第二十四条（社会监督）

任何单位和个人发现城市网格化管理工作有违反本办法规定的情形的，有权向市建设交通行政管理部门或者相关区（县）人民政府举报。市建设交通行政管理部门或者相关区（县）人民政府应当对举报及时进行核实和处理，并将处理结果予以反馈。

经核实的举报，应当作为本办法第二十二条规定的评价的依据之一。

第六章　法律责任

第二十五条（阻挠网格化管理行为的处理）

任何单位或者个人有下列行为之一的，由公安机关依照《中华人民共和国治安管理处罚法》等相关规定予以处理；构成犯罪的，依法追究刑事责任：

（一）恐吓、威胁或者伤害网格监督员的；

（二）破坏、抢夺网格监督员的工作装备、交通工具的；

（三）阻挠网格监督员正常履行巡查、发现职责的其他行为，依法应予处罚的。

第二十六条（网格监督员的违规处理）

网格监督员未遵守本办法规定的网格监督员工作规范和实务操作流程，致使部件或者事件重大问题未及时发现造成不良后果的，区（县）城市网格化管理机构应当对其作出处理。

第二十七条（公共服务单位违规处置行为的处理）

公共服务单位未按照本办法的规定进行处置的，市数字化城市管理机构或者区（县）城市网格化管理机构应当告知相关行业主管部门；由相关行业主管部门依照行业法律、法规、规章的规定予以处理。

第二十八条（行政责任）

违反本办法规定，本市相关行政管理部门、城市网格化管理机构有下列行为之一的，由上级主管部门依据职权责令限期改正、通报批评，并可以对直接责任人员依法给予警告、记过或者记大过处分；情节严重的，给予降级、撤职或者开除处分：

（一）未按照规定安排网格监督员进行巡查的；

（二）未按照规定予以立案的；

（三）案件处置不及时，造成不良后果的；

（四）怠于履行特殊案件的上报或者处置协调职责的。

第七章　附　　则

第二十九条（专业网格化）

本市尚未纳入城市网格化管理的专业管理领域，可以按照本办法的有关规定，建立专业网格化管理平台，并接入城市网格化管理信息系统。

第三十条（施行日期）

本办法自 2013 年 10 月 1 日起施行。

第二章　江苏省政府相关文件

关于扎实推进城镇化促进城乡发展一体化的意见

党的十八大明确把推进城镇化作为经济结构战略性调整的重点之一，并要求推动城乡发展一体化，促进城乡共同繁荣。为贯彻落实党的十八大精神，切实增强经济社会发展的平衡性、协调性和可持续性，又好又快推进“两个率先”，现就我省扎实推进城镇化、促进城乡发展一体化提出如下意见。

一、进一步深化认识，坚持把扎实推进城镇化摆在突出位置

改革开放以来，我省先后经历以苏南乡镇工业驱动的小城镇快速发展，以开发区建设和外向型经济驱动的大中城市加快发展，以城乡发展一体化为引领全面提升城乡建设水平的不同发展阶段，城镇化进程快速推进，城乡发展加快融合，为全省经济社会发展提供了重要支撑和强劲动力。同时，也要清醒地看到，我省城市群、中心城市国际竞争力和区域影响力还不够强，小城镇集聚吸纳功能亟需提升，农业转移人口市民化有待加强，基本公共服务均等化程度不高，城乡二元结构尚未根本突破。扎实推进城镇化、促进城乡发展一体化，是加快转变发展方式、不断释放巨大内需潜力的重大举措，是逐步缩小城乡差距、构建新型城乡关系的迫切需要。各地、各部门要从全局和战略高度，准确把握城镇化内涵，科学规划、统筹协调，因地制宜、分类指导，完善机制、扎实推进，切实提高城镇化质量，全面提升城镇综合承载能力，促进工业化、信息化、城镇化、农业现代化同步发展，努力走出一条以人为本、富有特色、健康协调可持续的城镇化发展道路。

二、发挥规划引领作用，提升城市群和中心城市竞争力

（一）构建大中小城市和小城镇协调发展的城镇体系。加快实施省域城镇体系规划，注重与主体功能区规划、土地利用规划等的相互衔接，推动大中小城市和小城镇、城市群科学布局、合理分工、集约发展。强化城市群内部功能互补和内在联系，引导大城市着力提高国际竞争力，增强中心城市综合功能；发挥中小城市承接外部要素和对内辐射带动作用，继续稳妥开展乡镇撤并，加强县城、重点中心镇和特色小城镇建设，着力解决小城镇生活集中和生产集约问题。苏南地区要加快南京都市圈和宁镇扬同城化建设，提高苏锡常都市圈联动发展水平，加强与上海的产业和空间资源互补，成为具有国际竞争力的长江三角洲城市群核心地带。苏中地区要深化沿江开发，加快沿江城市建设步伐，强化中心城市功能，实施江海联动、跨江发展。苏北地区要加快新型工业化和城镇化进程，实施沿海开发战略，促进沿海城镇轴和沿东陇海城镇轴集聚发展，着力提升徐州都市圈核心城市综合功能。

（二）提升中心城市综合功能。推动城镇化建设与区域经济发展和产业布局的紧密衔接，不断强化城镇化的产业支撑和综合服务功能。调整优化区域中心城市产业结构，增强辐射带动力，使之成为发展现代服务业、推进新型工业化的主要空间，加快信息化建设的枢纽节点和吸纳就业、集聚人

才、推动创新的重要基地。加快开发区转型升级，提高单位用地产出效率，强化开发区综合功能，有序推进开发区与行政区融合发展。加快交通、水利、环保、教育、卫生、文化、人口计生、体育、公共安全、信息网络等建设，推动文化传承与创新，促进城市网络化、智能化、个性化发展。

（三）优化城乡空间结构和形态。按照"紧凑型城镇、开敞型区域"的规划格局，优化城乡空间结构，构建科学合理的城镇、农业和生态安全格局。按照规划要求确定城镇发展的增长边界，苏南地区城市要加强城市用地增量管理，鼓励城市转型升级和内涵发展。苏中、苏北地区城市要集约用地，推动城市新区和开发区紧凑建设。城市既有建成区要在改善人居环境质量基础上，综合高效利用城市空间，促进城市空间从地上到地下、从平面到立体的转型发展。有序将县级市和区政府驻地镇改设为街道，逐步推进城市建成区范围撤村建居工作，解决"城中镇"和"城中村"问题。

三、完善镇村功能布局，加大建设发展力度

（四）推进小城镇差别化发展。坚持把小城镇作为统筹城乡发展、推进城镇化的重要节点，分类引导、差别发展、择优培育。城市带（轴）和都市圈地区的重点中心镇及部分产业基础好、规模大的小城镇应主动承接大中城市辐射，加快发展成为建成区集聚10万人以上的现代新型小城市。一般小城镇要围绕周边居民生产生活需要，发展生活服务业，完善商贸网点布局，强化现代农业科技推广、就业技能培训和农副产品加工、流通等功能，提高教育、医疗等基本公共服务能力。加强创新型乡镇建设，依靠科技创新支撑产业发展与城镇化。

（五）加强重点中心镇和特色小城镇建设。实施重点中心镇培育计划，制定支持政策措施，加大资金投入力度，重点培育一批区位条件优越、经济基础好、发展潜力大的省级重点中心镇，创建一批"综合规划建设示范镇"。深化经济发达镇行政管理体制改革，进一步扩权强镇，增强集聚功能，吸纳农业人口就近、就地城镇化，有效带动周边农村地区发展。省级城镇基础设施建设引导资金加强对重点中心镇规划建设的投入，重点中心镇新增建设用地计划由各地优先给予保障；在重点中心镇镇区内产生的土地出让金净收益、城镇基础设施配套费等收入，除国家和省规定有明确用途外，全部用于镇区建设发展。鼓励具有特色产业、文化积淀、生态魅力的小城镇个性化发展，建设一批工业商贸强镇、文化旅游名镇和生态宜居城镇。

（六）提高规划布点村庄建设水平。以改善农村基本公共服务、增强乡村特色为目标，优化调整新一轮镇村布局规划。在全面开展村庄环境整治和农村环境连片整治试点基础上，强化规划布点村庄公共服务，吸引农民自愿集中居住。新建农民集中居住点要突出城乡空间特色差异化，积极探索符合当代农民需求、体现乡村特点的规划建设模式。依托老村拓展建设的规划布点村，要注重历史文化传承和建筑特色保护，延续原有的社会网络和空间肌理。其他自然村庄重点围绕村庄卫生、河塘清洁、垃圾收运、饮用水安全、畜禽粪便和农作物秸秆收贮利用等，加大环境整治力度。完善村庄环境管理机制，做到有长效制度、有管护队伍、有资金保障，有效巩固村庄环境整治成果。

四、统筹城乡基础设施建设，推进基本公共服务均等化

（七）推动基础设施向农村延伸。加强饮用水源地保护，加大城乡统筹区域供水力度，实施农村饮水健康工程，努力实现城乡供水同水源、同管网、同水质、同服务，2015年，集中式饮用水源地全面达标，城乡统筹区域供水乡镇覆盖率提高到85%。大力推进建制镇污水处理设施建设，同步配套污水收集管网，2015年，建制镇污水处理设施覆盖率达90%以上。继续推进"组保洁、村收集、镇转运、市县统一处理"的城乡生活垃圾统筹处理模式，2015年，镇村生活垃圾集中收运率达80%以上。

（八）健全城乡一体公共服务体系。创新基本公共服务均等化体制机制，促进城乡要素平等

交换和公共资源均衡配置。推进教育公平和义务教育优质均衡发展、学前教育普及提高、职业教育创新发展，进一步缩小城乡差距、校际差距、区域差距，落实好外省来苏和省内异地务工就业人员随迁子女升学的政策措施。全面统筹城乡就业，加强基层公共服务平台建设，依法保障同工同酬，推动实现更高质量的就业。积极推进健康城镇建设，合理规划布局城乡基层医疗卫生机构，构建上下联动、分工协作机制。建立健全公共文化、体育、人口计生服务体系，保障城乡居民的基本服务需求。加快建立以居家养老为基础、社区服务为依托、机构养老为支撑、信息服务为辅助的城乡社会养老服务体系。着力解决城镇内部二元结构问题，努力使常住人口全部享有基本公共服务。

（九）完善覆盖城乡的综合交通运输体系。区域要优先发展集约高效的铁路、城际轨道和水运方式，加快综合枢纽建设，完善公路网络，加强公路与城市道路衔接，全面提升综合运输能力。南京、苏锡常、徐州都市圈要完善轨道交通网络，加强交通体系整合，协调交通设施建设，加快交通一体化进程。城市要优先发展公共交通，有序建设城市轨道交通，合理引导小汽车交通，推进公共停车场建设，新建公共建筑、住宅小区按标准配套停车位，加快构建慢行交通网络。农村要围绕发展镇村公交实施公路提档改善，加快规划布点村庄道路建设，推进城乡客运一体化，2015 年，全省 50％的乡镇开通镇村公交，其中，苏锡常地区全覆盖，宁镇扬泰通地区达 60％以上，苏北地区达 35％以上。

五、打造生态宜居环境，提升城乡建设品质

（十）持续改善人居环境。提高普通商品房综合质量，开发节能省地环保型住宅项目，加强成品装修住房开发建设，实施住宅性能认定和产品认证制度，提高住宅产业现代化水平。加快危旧房、棚户区改造，有序推进老旧小区综合整治，不断提升物业管理服务水平。推进标准地名标志城乡全覆盖。以省人居环境奖和园林城市创建为抓手，推动公园免费开放，提高公园绿地覆盖率，加强绿色健身步道建设，打造“10 分钟公园绿地便民服务圈”和“10 分钟体育健身圈”。落实城乡环境空气质量限期达标规划，加强对大气复合污染的联防联控，努力提高空气质量。

（十一）加强市政公用设施建设。增强城市供水监管能力，推广实施 106 项饮用水卫生标准，健全安全供水保障体系。完善城市河网水系，加强排水管网建设，推广透水型道路、广场，加快易淹、易涝片区改造，提升城市防汛排涝能力。加快城镇污水处理和污泥无害化处理设施建设，提高污水收集处理率，推进控源截污和再生水利用。积极开展城市生活垃圾分类收集试点，完善餐厨废弃物无害化处理设施，加快生活垃圾设施市、县全覆盖进程。提升城市应急防灾能力，强化城市隧道、桥梁、燃气等设施的安全运行监管。

（十二）塑造城乡特色风貌。加强大江、滨海、环太湖、江南水乡、里下河水乡、宜溧金高丘陵等风貌的保护与建设，编制实施区域风景旅游路规划和城市空间特色体系规划，整合串联历史地段、风景名胜、滨水地区等各类空间景观资源。优化完善历史文化名城、名镇、名村保护规划，有效保护、合理利用历史文化街区等各类历史文化遗存。鼓励城市规划和建筑设计创新，延续城市文脉、彰显城市特色，发展当代文化、增强文化活力，努力实现历史文化与现代文明交相辉映、相得益彰。

（十三）积极创建绿色生态城镇。把生态文明理念融入城镇化全过程，推进节能减排，发展循环经济，切实提高综合环境质量。制定绿色建筑行动实施方案，做好良好生态创建和绿色建筑示范创建工作，推进节约型城乡建设，形成一批“空间利用集约紧凑、绿色建筑节能示范引领、资源利用循环节约、交通结构绿色高效”的绿色生态城区。大力开展资源节约和环境保护知识宣传普及活动，在城镇居民中积极推广绿色生活方式和消费模式。

（十四）推进城市管理现代化。探索建立“大城管”格局，将城市管理向街道、乡镇和社区有序延伸。创新市容环卫管理手段和机制，推进智能交通快速发展，提高城市管理信息化水平。开展智

慧城市(区、镇)建设试点,制定信息平台技术标准和评价考核指标,加强基础设施信息共享与服务能力建设。强化社区管理,增强社区综合服务功能。深入开展优秀管理城市创建活动,加快实现城市管理的规范化、法制化和现代化,不断提高人民群众的满意度。

六、深化体制机制改革,增强城镇化发展动力

(十五)深化土地管理制度改革。坚持依法、自愿、有偿的原则,积极探索农村宅基地和承包地流转、退出机制,鼓励各地以乡镇、行政村或自然村为单位,以农户自愿为前提,开展农村住宅置换城镇商品房工作。推进土地承包经营权确权登记颁证,充分保障农民土地承包经营权、宅基地使用权、集体收益分配权。规范开展城乡建设用地增减挂钩试点,集中连片开展土地整理,节余的用地指标优先用于小城镇建设。深入推进土地征收制度改革,完善征收程序和配套措施,切实提高农民在土地增值收益中的分配比例,保障被征地农民生产生活持续改善。创新城市土地价格形成机制和资源配置模式,构建土地集约利用的激励约束机制。

(十六)以农业转移人口市民化为重点深化户籍制度改革。统筹考虑各地经济社会发展水平和城市综合承载能力,区别情况、积极作为,稳妥有序推进户籍制度改革,努力让流动人口安居乐业、各得其所。在小城市和小城镇,要以合法稳定职业和合法稳定住所为基本条件,进一步放开落户限制;在大城市和中等城市,要尽快推开居住证制度,建立完善以就业年限、居住年限和城镇社会保险参加年限为基准的积分制落户政策;在特大城市,要在推进居住证制度的同时,通过优化产业结构、合理划分城市功能等措施,合理控制人口总规模,确保城市人口总数与资源环境承载能力相适应。加快户籍制度配套改革,推动实现城乡基本公共服务均等化。

(十七)健全与人口流动相适应的住房保障制度。研究制定农业转移人口市民化的住有所居相关政策,完善外来务工人员住房保障政策,建立健全以保障性住房为基础、以商品住房为主导、以市场租赁为补充的市场配置和政府保障相结合的住房供应体系。优化商品住房供应结构,增加中低价位、中小套型住房的有效供应,积极培育二手房和租赁市场。深入开展住房保障体系建设试点示范,创新住房保障方式,增加住房保障覆盖面,健全管理服务网络,完善准入退出机制,提高住房保障工作水平。

(十八)完善惠及全民的社会保障体系。以增强公平性、适应流动性、保证可持续性为重点,加强社会保障体系建设,实现人人享有的目标。逐步建立社会保障综合管理体制,全面加强社会保险、社会救助、社会福利制度的整体设计和有机衔接。加强城乡各项养老保险制度、医疗保险制度的整合和衔接,畅通参保人员双向流动的制度转换通道。加强灵活就业人员、农民工社会保险扩面工作,大力实施爱心助保工程,推进困难人员参加社会保险,消除制度覆盖盲点。科学合理确定各项保障待遇水平,建立与城乡居民收入水平、社会平均工资水平和物价水平相联系的动态调整机制。

七、提高组织程度,完善城镇化工作推进机制

(十九)切实加强组织领导。推进城镇化是一项系统工程,涉及面广、政策性强。各地、各有关部门要加大组织领导和统筹推进力度,强化分类指导和实绩考核,着力完善配套措施,及时研究解决遇到的困难和问题。省建立推进城镇化工作联席会议制度,各地要根据实际,建立健全统筹推进城镇化的工作机构,形成工作合力。加强城乡基础设施统筹规划、建设资金统筹安排、重大项目统筹推进,有效协调各方力量,为提高基本公共服务均等化水平、促进城乡发展一体化奠定坚实基础。

(二十)推进工作方式创新。加强城镇化进程的研究分析,定期发布城镇化发展报告,科学评价城镇化发展水平和推进质量。建立健全城镇化推进信息系统,动态监测城镇规划建设情况,形成

快速反应和综合调控机制。强化标准体系建设和标准控制，制定出台示范镇综合规划建设标准、规划布点村庄基本公共服务配置标准、特色镇规划建设设计导则、乡村规划编制办法等，引导城乡科学有序发展。建立人才激励机制，发挥科技镇长团及其他专业技术人员在推进城镇化工作中的重要作用。重视开展各级领导干部教育培训，开阔视野，拓展思路，提高推进城镇化工作的能力和水平。

江苏省人民政府
2013 年 1 月 31 日

省政府关于印发全省实施
农业现代化工程十项行动计划的通知

各市、县(市、区)人民政府,省各委办厅局,省各直属单位:

现将《全省实施农业现代化工程十项行动计划》印发给你们,请认真组织实施。

江苏省人民政府

2013年1月28日

全省实施农业现代化工程十项行动计划

2011年,省委、省政府作出了实施农业现代化工程的决策部署,提出到2020年全省基本实现农业现代化。2013年至2017年是实施农业现代化工程承上启下的关键阶段,为扎实推进农业现代化建设,决定组织实施十项行动计划。

一、粮食丰产增储行动计划

稳定发展粮食生产,未来5年新增粮食产能30亿斤,2017年,全省粮食综合生产能力稳定在680亿斤左右。2013年,粮食总产稳定在670亿斤以上,力争实现"十连增"。扩大粮食储备规模,到2017年,全省地方粮食储备增加到70亿斤,成品粮油储备5亿斤。2013年,全省地方粮食储备65亿斤,成品粮油储备2亿斤。

(一)推进亩产吨粮县创建。落实粮食直补、农资综合补贴、良种补贴、农机具购置补贴等强农惠农政策,加快实施新增千亿斤粮食产能、高标准农田建设等项目,加强粮食生产机械、水泥晒场、仓储烘干等设施装备建设,提升综合生产能力,到2017年,全省建成15至20个亩产吨粮县。

(二)深入推进"三改一创建"活动。加强优质稻米、专用小麦等优势产区建设,5年完成"旱改水"100万亩、"籼改粳"150万亩、"直播改机插秧"300万亩,全省水稻面积稳定在3300万亩以上。深入开展粮食高产增效创建,推动实现粮食生产重点乡镇万亩示范片和关键环节专业化服务全覆盖。大力开展商品化集中育秧、病虫害统防统治、测土配方施肥等专业化服务,到2017年,全省建成粮棉油服务组织和合作社1万个以上,商品化集中育秧超过50%,病虫专业化统防统治覆盖率达到70%。完善主要农作物主推品种、主推技术、主推配方肥、主推农药"四主推"推介发布机制,大力推广先进适用粮食生产技术,加快超级稻、专用小麦品种推广步伐,逐步形成县(市)"一主两辅"、乡镇"一乡一品"的品种布局。

(三)积极培育粮食生产新型主体。适应粮食生产方式新变化,加快培育种粮大户、家庭农场为主的新型生产经营主体,以种植规模100—300亩的大户为重点,开展针对性服务,提升种植大户生产水平。因地制宜发展土地集中型、合作经营型、统一服务型等不同类型的适度规模经营,提高粮食生产组织化程度。加强产销衔接,组织粮食加工企业与生产基地进行对接,发展产业化经营,建成1000万亩高标准稻麦产业基地。

(四)改善粮食仓储设施条件。实施《江苏省"十二五"粮食流通发展规划》,重点改造30个物流中心、100个中心粮库、300个骨干粮库和500个基层收纳粮库,加强仓房、烘干及低温储存设施设备建设,促进地方储备粮油集中规模储存,提高储备企业仓储水平。加强"数字粮库"标准化建设,完善信息化基础设施,开发使用省、地市级储备粮储运监管系统,增强可视化、实时监管能力,提高地方储备库的信息化水平。

(五)完善粮食储备支持政策。修订《江苏省地方储备粮管理办法》,制(修)订相关配套管理制度,规范地方储备粮管理。落实地方储备粮费用补贴政策,研究制定省对地方食用油、成品粮油储备有关支持政策。

二、绿色蔬菜基地建设行动计划

以"菜篮子"工程蔬菜生产基地建设为重点,全面推进蔬菜生产规模化、设施化、标准化、组织化,提升全省蔬菜生产能力和产品质量安全水平。到2017年,建设提升150万亩永久性蔬菜基地,全省蔬菜播种面积稳定在2200万亩以上,设施农业面积比重达到18%以上;城市蔬菜自给率提高10个百分点以上,其中叶菜类自给率达80%以上。2013年,启动建设100个左右的"菜篮子"工程蔬菜基地,新建100个园艺作物标准园。

(一)建设一批永久蔬菜基地。按照"一次规划、分步实施,逐年建设、长期保护"的要求,在城郊边缘基本农田保护区内规划建设一批集中连片永久性蔬菜基地,其中,苏南地区达到5000亩以上,苏中、苏北地区达到万亩以上。按照高标准农田建设要求,着力改善蔬菜基地基础设施条件,提高抗灾减灾能力。加大对蔬菜基地基础设施建设、生产技术推广应用、蔬菜标准园创建等的投入力度,实行"先建后补、以奖代补"。

(二)推进设施装备优化升级。积极推进蔬菜生产遮阳网、防虫网与喷滴灌"两网一灌"生态保护栽培,稳步发展苏式日光温室和标准钢架大棚,配套多功能农膜、粘虫色板、杀虫灯等生产辅助设施,加快发展蔬菜生产机械,以及田头预冷、整理分级车间、冷藏库(柜)等,增强蔬菜周年生产能力和市场调剂能力。

(三)创新蔬菜生产经营机制。大力发展蔬菜产业化经营,开展统一育苗、农资供应、病虫害防控、包装销售等专业化服务。扶持发展农民专业合作社,菜农入社比重达到80%以上。完善蔬菜生产保险政策,建立蔬菜生产补贴政策,提高菜农生产积极性。积极推进蔬菜直营直销,在大中城市蔬菜批发市场设立基地蔬菜专供直销点,在大型超市开辟基地蔬菜销售专柜,畅通蔬菜流通渠道,提升产销衔接水平。

(四)加快先进技术集成推广应用。推广应用蔬菜优良品种,特别是设施蔬菜专用品种,蔬菜良种覆盖率达到90%以上。加强科技推广与技术服务,集成推广集约化育苗、设施栽培、连作障碍防治、测土配方施肥、病虫害综合防控等蔬菜生产关键技术。全面开展蔬菜标准园建设、设施蔬菜高效创建活动,加快蔬菜生产技术标准制(修)订和应用,推进蔬菜生产全程标准化。

(五)强化蔬菜产品质量监督管理。加强蔬菜基地源头监管,开展灌溉水、土壤、重金属含量等指标的动态监测。加强投入品监管,加大高效低毒低残留农药、生物农药和有机、生物肥料的补贴力度。建立并推行产地准出制度,加快推进蔬菜质量安全追溯系统建设,对建立追溯体系的基地给予补贴,提高蔬菜质量安全水平。

三、畜牧水产业提档升级行动计划

大力发展畜牧业规模养殖,2017年,全省大中型规模养殖场新增生猪养殖1000万头,畜牧业规模养殖比重达到90%以上,85%以上的大中型规模养殖场达到标准化生产水平。2013年,全省大中型

规模养殖场新增生猪养殖 150 万头，畜牧业规模养殖比重达到 85%，30%以上的大中型规模养殖场达到标准化生产水平。加快现代渔业建设步伐，2017 年，全省渔业总产值增加到 2400 亿元，高效渔业比重超过 85%，设施渔业比重 30%。2013 年，全省渔业总产值 1950 亿元，高效渔业比重 72%，设施渔业比重 18%。

（一）优化畜禽规模养殖结构。鼓励大型企业建设集约化规模场，引导中型规模养殖场更新改造提升设施装备，支持农户发展家庭牧场式的畜禽养殖场，加强生猪调出大县生产能力建设，在苏中、苏北地区建设 10 至 15 个百万头生猪生产基地。支持中粮、雨润等农业龙头企业发展生猪养殖，全面推广温氏“公司＋农户”等合作模式，提高生猪产业规模化、产业化、标准化水平。

（二）加快畜禽品种创新与畜牧技术推广。加大地方畜禽遗传资源保护和开发力度，积极培育新型现代畜禽种业企业，加快优良品种引进和新培育品种示范推广，提高畜禽良种覆盖率。加强畜牧业提档升级关键技术创新，大力推广农牧结合生态养殖、发酵床养殖等新技术、新模式，提升科技成果转化能力。全面贯彻落实《江苏省中长期动物疫病防治规划（2012－2020）》，控制和消灭重要动物疫病。

（三）推进畜牧业转型升级。积极倡导“全产业链”经营理念，加大畜禽养殖向上游饲料业、兽药业、种畜禽业和下游畜产品加工业、物流业的延伸。督促养殖企业（场）规范生产管理、建立生产记录、严格投入品使用等，实现畜产品生产过程可控、销售渠道可查、产品质量可追溯。大力推进大型猪场自繁、自养、自宰（代宰）、自销“四自”建设，鼓励规模养殖场与屠宰加工企业对接，大力发展现代营销方式。

（四）改善渔业基础设施条件。积极拓展浅海滩涂养殖，大力推进鱼池标准化建设和改造工程，每年改造标准化鱼池 50 万亩以上，积极推广使用先进渔业机械和装备，建成一批高水平的标准化养殖小区。加快现代水产种业发展，建设水产种业园区和龙头企业。按照“小改大、木改钢”要求，加快海洋捕捞渔船升级改造，提高我省渔船外海和远洋生产能力，2013 年，远洋渔船数量达到 100 艘，捕捞总量 5 万吨，产值 7 亿元。加强沿海与内陆渔港建设，新建渔港 30 座。

（五）推进现代渔业示范建设。在全省培育打造一批省级现代渔业产业园区、一批现代渔业精品园、一批现代渔业示范场（基地）和一批现代渔业示范村，形成“一县一园”“一乡一场”“一村一特”的现代渔业发展格局。大力推进养殖、捕捞、加工、流通多领域多层次合作经济组织的发展，2017 年，全省渔民参加合作社的比例达到 60%以上。

（六）强化水产品质量安全监管。全面加强渔业生态环境监测、水产品质检和监督管理体系建设，建设完善全省水产品质量安全追溯系统，产地水产品抽检合格率保持在 98%以上。积极发展品牌渔业，培育渔业名牌产品、地理标志产品，切实提高江苏水产品市场占有率。

四、农业产业化经营推进行动计划

到 2017 年，全省县级以上农业龙头企业达到 6500 家，其中，国家级和省级龙头企业分别达到 90 家、700 家；规模以上农产品加工业产值与农业产值之比提高到 1.9∶1。2013 年，省级农业龙头企业数量突破 500 家，规模以上农产品加工业产值与农业产值之比达到 1.4∶1，省级以上龙头企业年销售额增长 10%，带动农户数增长 8%。

（一）创建“一村一品”专业示范村镇。加大国家级和省级“一村一品”专业示范村扶持力度，重点围绕蔬菜园艺、规模畜禽、特色水产、优质粮油、花卉苗木等特色农业，引导农业龙头企业建设优质农产品生产基地，支持企业参与中低产田改造、农田水利建设、高标准农田等项目建设，加快形成一批更高水平的 10 亿元以上的县域优势特色产业。

（二）开展农业龙头企业示范创建行动。开展农业龙头企业示范创建活动，增强辐射带动能力。整合各类项目资金，加大对农业龙头企业发展的扶持力度，支持企业发展壮大。

（三）扶持农产品加工集中区建设。积极创建国家级农业产业化示范基地及农产品加工示范园区，推进省级农产品加工集中区建设，引导农业龙头企业入驻，推动企业集群集聚发展。到2017年，建设国家级农业产业化示范基地30家，省级农产品加工集中区70家。

（四）建设出口农产品示范基地。支持出口农产品企业围绕优势出口产业，建设一批产品外向化、基地规模化、技术标准化、管理规范化的出口农产品示范基地，建立健全农产品质量控制体系、溯源追溯体系和投入品控制体系，增强农产品国际市场竞争力，扩大农产品出口。

五、农田水利基础设施建设行动计划

推进农田水利设施建设，到2017年，全省建设旱涝保收农田300万亩，全省旱涝保收田占耕地面积比重达到75%。2013年，新增旱涝保收田面积100万亩。加快农业资源综合开发，未来5年建设高标准农田500万亩，实施土地治理600万亩，开发治理农业资源400万亩。2013年，建设高标准农田100万亩。积极推进高标准基本农田建设，2015年前，建成和认定高标准基本农田2365万亩。

（一）加快农田水利设施建设。全面加快大中型灌区续建配套改造，通过完善配套，改造灌区骨干工程，提高灌区灌溉保证率和排涝标准，增加和恢复灌溉面积。以小型农田水利建设重点县、规模化设施灌溉、灌区改造等项目为抓手，因地制宜建设高效节水灌溉工程，加快小型农田水利灌排设施更新改造步伐，每年新增有效灌溉面积50万亩，新增节水灌溉面积200万亩，净增旱涝保收田面积60万亩，发展旱改水20万亩，2017年，全省有效灌溉面积占比达到85%，灌区水利配套水平和灌溉水利用系数达到中等发达国家水平。加强以乡镇水利站为纽带、抗旱排涝服务队、农村河道管护队、农民用水合作社、村级水管员等多种形式的基层水利服务体系建设。

（二）加大农业综合开发力度。实行连片治理、规模开发，到2017年，建成5个20万亩以上的高标准农田示范带。加大黄河故道开发力度，到2017年，建设特色高效农产品项目区200个，打造“千里黄河故道现代农业特色走廊”。对沿海滩涂、丘陵山区、黄河故道、沿江高沙土和采煤塌陷地等后备资源进行综合治理开发，5年新增耕地50万亩。

（三）实施国家新增千亿斤粮食产能规划。围绕全省新增43亿斤粮食产能实施规划要求，在国家规划的42个粮食生产大县建设高产稳产粮田300万亩，年均建设60万亩，重点加强农田灌排工程建设，配套实施土地平整、机耕道、农田林网工程以及土壤改良培肥措施，提高粮食主产县综合生产能力。

（四）推进高标准基本农田建设。科学编制土地整治规划，加强高标准基本农田示范县建设。加大农村土地综合整治的投入，在新增建设用地土地使用费、耕地开垦费、土地出让金用于农业土地开发部分等资金中明确专门比例，用于高标准基本农田建设。加快推进土地整理开发，积极实施土地平整、水利配套、水土保持等工程，建成一批田成方、林成网、沟渠路相配套的高标准农田，增加耕地面积，实现耕地占补平衡和耕地总量动态平衡。

六、农业机械化推进行动计划

到2017年，全省农业综合机械化水平提高到83%以上，其中，粮油生产机械化水平90%，高效设施农业主要生产环节综合机械化水平70%，苏南、苏中地区基本实现农业生产机械化，苏北有条件地区基本实现农业生产机械化。2013年，全省农业生产综合机械化水平达到78%。

（一）加大农机化发展政策扶持。认真落实购机补贴、农机政策性保险、农机报废更新、税收

优惠、农机信贷等各项补贴政策，加大对新机具开发推广、技术培训、试验示范和农机安全生产等方面的投入，增强保障和支撑能力。积极鼓励社会资金和民间资本增加对农机化的投入，完善以农民为主体的多元化、多渠道农机化投入机制，壮大农机化发展总体实力。

（二）推进农机科技创新推广。深化农机产学研推的结合，发挥创新中心的载体作用，鼓励和引导企业与科研院所、高校和推广部门开展联合攻关，建设研发基地，努力提高农业生产关键领域和薄弱环节的装备技术自主创新水平。切实加强农机示范推广基地建设，依托省、市、县农机化示范区和示范基地，强化技术集成，加快科技成果转化，发挥示范的引领和辐射带动作用。

（三）加强新型农机服务体系建设。按照“强化公益性、放活经营性”的要求，加大基层农机推广基础设施投入，加强农机科技、管理、技能 3 支人才队伍建设。建立完善以县级农机化技术推广机构为主导，农机合作组织为基础，农机科研、教育及企业广泛参与、分工协作、服务到位的多元化农机推广模式。加强农机信息化建设，建立健全以计算机和现代通讯技术为主要手段、功能齐全、服务高效的农机化信息网络，提升农机化信息服务水平。

（四）全力推进秸秆机械化还田。加强秸秆机械化还田新技术、新机械研发推广，强化秸秆机械化还田质量监管，提高秸秆机械化还田水平，2017 年，全省秸秆机械化还田面积达到 2800 万亩，秸秆机械化还田率 40%以上。

（五）提升农机质量和安全水平。深入开展“平安农机”创建活动，不断提升创建成效。加强农机质量监督，依法开展农机试验鉴定，提高试验鉴定工作水平。组织开展农机质量调查和重点检查，强化市场监管，维护农民和企业的合法权益。

七、农业科技创新推广行动计划

到 2017 年，全省农业科技进步贡献率达到 68%，全省农业劳动力持证率达到 30%。2013 年，全省农业科技进步贡献率 63%，全省农业劳动力持证率达到 16%。

（一）加强农业科技推广服务体系建设。积极实施“挂县强农富民”工程和农业（渔业）科技入户工程，巩固“五有”乡镇农技推广综合服务中心建设，深入推进村级规范化农业科技服务站建设，大力推动科技进村入户、入社入企。组织实施农技推广体系建设“百千万”示范工程，每年培育 100 个乡镇农技推广综合服务示范中心、1000 个村级规范化农业科技服务示范站、1 万个农业科技核心示范户。

（二）加快农业科技创新转化应用步伐。实施农业（渔业）重大技术推广计划，以基层农业科技推广体系为主，引导农业科教单位、科技企业和专业合作组织等社会力量，广泛建立农业科技试验示范基地，鼓励开展农业科技对接活动，加快推进农业科技成果转化应用。5 年内建成 100 个现代农业产业技术创新团队、100 个现代农业科技综合示范基地、100 个农业新兴产业示范基地。每年重点推广 50 项先进适用渔业技术，提高渔业科技成果的转化率。

（三）健全农业科技人才队伍。加快实施骨干农技人员培训工程，推进基层农技人员知识更新，每年培训基层骨干农技人员 1 万名，实现每 3 年轮训 1 遍。推进现代农业职业教育集团、校企合作联盟建设，提升农业职业教育发展水平。加快推进农技推广服务特岗计划，引导高校涉农专业毕业生到基层农技推广机构、农民专业合作社、涉农企业、农业专业服务组织等基层单位就业、创业和服务，增强基层农业技术推广服务能力，力争每年充实 1000 人。

（四）加大新型职业农民培养力度。以新型职业农民培育工程、农村劳动力培训阳光工程、农广校中专学历教育等为抓手，多层次、多渠道、多形式开展农民教育培训，着力提高农业劳动者素质，培养一大批有文化、懂技术、会经营的新型职业农民和现代农业经营者。每年开展农业专项技术培训100万人、农业职业技能培训10万人、农业创业培训5万人、农民职业教育1万人。

（五）完善农业科技推广服务机制。全面落实各项优惠政策，加强农业科技创新团队和人才的引进培养。开展农业科技推广先进集体和先进工作者表彰奖励，充分调动广大农业科技工作者的积极性。改善农业科技型企业信贷服务和融资环境，鼓励有条件的农业企业承担农业科技项目，增加对农业科技创新和成果转化的投入。加大农业科技投入扶持，建立农业科技投入稳定增长机制。全面开展渔民培训，建设专业渔民队伍，职业渔民持证上岗率达到25%以上。

（六）加快为农信息服务平台建设。全力办好"江苏为农服务网""12316"三农服务热线等平台，加强农业生产经营等实用信息服务，扩大信息为农服务范围，到2015年，惠农短信息农村用户拓展到300万户，有效解决农业科技推广服务"最后一公里"问题。加快传感、通讯、计算机技术与现代农业生产的融合，大力发展温室生产智能控制、节水灌溉远程监控、测土配方施肥数字化、水产养殖智能控制等，推进农业生产的"全面感知、智能处理"。到2017年，农业信息化服务覆盖率达97%，设施农业物联网技术推广应用面积占30%以上。

八、农民增收及农村扶贫开发行动计划

深入实施农民收入倍增计划，建立健全财政支农投入稳定增长机制和强农、惠农、富农政策体系，加快形成农民收入快速增长的长效机制，确保农民人均纯收入年均实际增长10.4%，低收入农民收入增幅高于全省平均水平2至3个百分点，农民收入增幅高于城镇居民收入增幅，到2017年，实现农民收入翻番。加快新一轮扶贫开发步伐，大力实施脱贫奔小康工程，到2015年，全面完成人均年纯收入4000元以下的农村低收入人口脱贫任务和经济薄弱村"新八有"目标，2013年，完成100万农村低收入人口脱贫任务。

（一）着力增加农民工资性收入。落实农民就业失业登记、求职登记、农村困难家庭就业援助和农民创业服务制度。实施百万农民工培训工程，完善就业服务体系，健全覆盖城乡的就业扶助制度和职业培训制度，推进城乡就业一体化，每年新增转移农村劳动力25万人以上。实行城乡农民工最低工资标准全覆盖，建立合理的工薪增长机制。支持各类企业和农村合作经济组织吸纳农民就近、就地就业。

（二）积极增加家庭经营性收入。大力发展现代高效农业，充分挖掘农业内部增收潜力，让农民从农业生产经营中得到更多收入。组织实施"百万农民创业工程"和"农民工凤还巢""大学生村官创业富民"等创业计划，提高创业成功率。开展"一镇一品"等多种形式的创建活动，依托当地产业优势和农民就业特点，努力打造农民创业品牌和劳务品牌。

（三）多渠道增加农民财产性收入。拓宽农民财产投资增值渠道，深化农村土地使用制度改革，加快推进农村集体土地所有权、宅基地使用权、集体建设用地使用权、土地承包经营权确权登记颁证，提高农民在土地增值收益中的分配比例。积极推进土地股份合作和社区股份合作，激发农村经济发展活力。深化集体经济股份合作制改革，保障农民集体资产收益分配权。改革征地制度，建立征地补偿标准动态调整机制。

（四）持续增加农民转移性收入。全面落实各项涉农补贴政策，逐步提高补贴标准，新增补贴向产粮大县、产粮大乡、种粮大户、粮食专业合作社等经营主体倾斜。严格执行粮食最低收购价格和临时收储政策，支持有条件的地方实施粮食价外补贴政策。增加对社会保障和其他民生事业投入，加大对经济薄弱地区和农村的财政转移支付力度，全面提高城乡基本公共服务均等化水平。

（五）进一步增加经济薄弱村资产性经营收入。充分发挥区域优势，依托农业龙头企业，利用省脱贫奔小康奖补资金在经济薄弱村兴建高效农业项目，形成村集体固定资产，采取"公司＋合

作社＋农户”模式，开展订单种植养殖，低收入农户入股分红，扩大低收入农户受益面，增加村集体经营性收入。

（六）加大“五方挂钩”帮扶支持。深化“五方挂钩”帮扶内容，完善“五个一”帮扶机制，促进更多人才、技术、资金投入经济薄弱地区。对财政资金和“五方挂钩”单位帮扶资金所形成的资产与项目，要加强管理，做到良性运转、保值增值，长期发挥作用。更大力度支持低收入农户发展增收致富项目，探索财政扶贫资金直接到户的帮扶方式。推进苏南、苏北地区百村结对帮扶，探索合作共赢机制，提升结对帮扶工作水平。

（七）健全考核奖励机制。完善农民收入倍增计划统计监测和考核评价体系，重点考核组织机制保障、十项富民行动落实和农民收入实际增长等情况。制定《江苏省脱贫奔小康工作考核办法》及《“五方挂钩”帮扶单位考核办法》，加大监测和考评力度，重点检查低收入农户和经济薄弱村年度脱贫目标任务完成情况，对完成情况较好的予以表彰奖励，确保新一轮扶贫开发有力有序推进。

九、农业经营机制创新行动计划

到2017年，全省农户入社率80%以上，农业适度规模经营面积比重达到80%，苏南、苏中、苏北地区村级经营性收入分别达到75万元、35万元、20万元以上。2013年，全省新增入社农户60万户，新增农业适度规模经营面积300万亩，村均集体经济收入增长10%。

（一）推进农民专业合作社规范发展。按照“积极发展、逐步规范、强化扶持、提升素质”的要求，加快发展农民专业合作社，增强引领带动能力和市场竞争能力。引导种养大户、龙头企业等各类农业生产主体加强联合，兴办农民专业合作社。鼓励农业龙头企业领办帮办合作社，支持合作社兴办参办龙头企业，大力发展农民专业合作和股份合作。坚持发展与规范并重，完善内部运作机制，优化外部发展环境，建立合作社年检制度，设立流出机制，提高准入门槛，提升整体发展水平。深入推进“五好”农民专业合作社示范社创建，2013年，培育省级“五好”示范社500家。

（二）发展农业适度规模经营。坚持“依法、自愿、有偿”原则，引导农村土地承包经营权有序流转，发展多种形式的适度规模经营。探索建立严格的工商企业租赁农户承包耕地、林地准入和监管制度。制定实施农村土地规模流转补贴政策，建立健全农村土地流转服务体系和承包经营纠纷调解仲裁体系，提高土地流转水平和纠纷调处能力。积极探索合作农场、土地托管等方式，鼓励成立农机合作社、植保服务合作社，为农户提供全程化服务。

（三）发展壮大村级经济。以“清产核资、资产量化、股权管理”为主要内容，加快推进农村集体“三资”管理制度化、规范化、信息化。开展农村集体资源资产化、资产资本化和资本股份化示范县创建，完善以物业经营、资源开发、区域特色产业等为主体的发展路径，全面落实各级财政支持形成的村集体经营性资产确权确利工作，继续支持各地开展公益性债务化解工作，探索强村富民分配机制。完善村级公益事业建设机制，规范村民一事一议筹资筹劳及财政奖补政策，改善农村生产生活条件。

（四）推进农村经济综合改革。加强与金融等相关部门配合协作，继续深化农村信用社改革，充分发挥其农村金融主力军作用。积极推动农村金融制度改革试点，培育新型农村金融主体。协助完善农业政策性保险制度，加大农业保险力度，扩大高效设施农业保险覆盖面，规范农民资金互助等农村金融改革试点，改善农村金融环境。深化集体林权制度改革，完善林权抵押贷款、政策性森林保险、林下经济发展、农民林业专业合作组织发展等政策。推进国有粮食企业改革重组，重点推进县级国有粮食购销企业兼并重组，在每个县（市、区）原则上保留1家国有或国有控股粮食购销企业，逐步实现“一县一企、一企多点”的模式。

十、农业生态环境建设行动计划

未来5年，全省新增造林240万亩，新增森林抚育面积750万亩。到2017年，农业清洁生产基本普及，大中型规模畜禽场畜禽粪便无害化处理与资源化利用率达到87%以上，农作物秸秆综合利用率92%以上。2013年，全省新增造林面积60万亩、森林抚育面积150万亩，大中型规模畜禽场畜禽粪便无害化处理和资源化利用率超过83%，秸秆综合利用率达到85%。

（一）深入推进造林绿化。积极开展绿色村庄建设活动，5年新增村庄绿化示范村3000个，林木覆盖率达到22.5%以上。强化森林资源保护，重点公益林面积保持在605万亩以上，森林火灾控制率在1.2公顷/次以下、受害率在0.3‰以下，主要林业有害生物成灾率控制在2.0%以下。加强湿地保护与修复，建立较完善的湿地保护体系，遏制湿地面积减少趋势，充分发挥生态效应。

（二）开展生态循环农业示范创建活动。大力推进资源节约型、环境友好型农业发展，试点开展生态循环农业示范县、示范基地及示范区建设，探索种养结合、生态养殖、废弃物资源化利用等生态循环农业模式。到2017年，全省新建湿地综合利用示范区100万亩、农业野生植物原生境保护区10个，创建生态循环示范县50个、示范基地400个，太湖流域生态循环农业示范区1000个，基本建成环太湖生态农业圈。

（三）加强农业面源污染综合治理。推进畜禽养殖粪污集中收集处理体系建设，组织实施农村面源氮磷流失生态拦截、农村生活污水处理等项目，推进畜禽养殖污染减排。到2017年，太湖流域化学氮肥施用量减少5%、化学农药减少4%。

（四）加快建设河畅水清的农村河网水系。以中小河流重点县和农村河道疏浚整治项目为抓手，年均疏浚农村河道土方3.5亿立方米以上，配套修建农桥5900座以上，到2017年，全省农村河道有效治理率达到100%。

（五）大力发展休闲观光农业。把生态、环保、旅游、观光结合起来，加强农业生产基地、园区、“三废”处理、农耕文化等基础设施建设，拓展农业生态休闲功能。2013年，在全省推介100条休闲农业精品线路、评选10个省级休闲农业示范县、100个江苏最具魅力休闲乡村，培育一批休闲农业创意精品。

关于大力推进信息化发展和切实保障信息安全的实施意见

为深入贯彻落实党的十八大精神和《国务院关于大力推进信息化发展和切实保障信息安全的若干意见》(国发〔2012〕23号,以下简称《意见》)要求,加快推进我省信息化建设与发展,建立健全信息安全保障体系,充分发挥信息化和信息安全对调整经济结构、转变发展方式、保障和改善民生、维护国家安全的促进作用,提出以下实施意见。

一、指导思想

深入贯彻落实党的十八大精神,根据省委、省政府“八项工程”的总体部署,以信息化和工业化(以下简称两化)深度融合为主要抓手,深化社会领域信息化和农业农村信息化应用,强化新一代信息技术产业和下一代信息基础设施支撑,加强网络信息安全保障和信息化体制机制保障,大力推进重点领域网络与信息安全保障能力建设,着力拓展信息消费增长空间,全面提升我省经济社会信息化发展和信息安全保障水平。

二、主要目标

到“十二五”末,全省信息化发展水平实现大幅提升,信息化总指数超过0.90,力争排在全国各省区前列。

两化深度融合取得显著成效。企业利用信息技术平台开展生产、管理、创新活动的比例达到60%以上;创建两化融合示范(试验)区、示范基地(服务产业园)100个,认定两化融合示范企业100家,试点企业1000家;农业信息服务覆盖率达到90%。

信息消费成为新的经济增长点。信息应用消费指数达到0.92;企业利用互联网开展电子商务的比例超过60%;网络购物交易额占全社会消费品零售总额的比重达到10%。

电子政务和社会信息化取得新突破。省、市、县(市、区)政府部门主要业务信息化平均覆盖率分别达到90%、80%、70%以上;70%以上的城乡居民建立电子健康档案;国家教育信息化达标率达到90%;社会保障卡持卡人数达到4900万人,覆盖全省60%以上人口;省辖市全部建成城乡社区综合管理和服务信息平台并覆盖90%以上的县(市、区);创建信息资源综合开发利用示范工程100项。

信息基础设施承载能力大幅提高。行政村和自然村光纤通达率均达到100%;新一代移动通信网络实现全面覆盖;宽带普及率达到30%;完成县级以上城市有线广播电视网络数字化、双向化改造,有线电视入户率达到85%。

现代信息技术产业体系基本建成。电子信息产品制造业主营业务收入超过3.7万亿元,软件和信息服务业业务收入超过8000亿元,物联网和云计算产业业务收入超过5500亿元;突破一批关键技术,信息技术领域发明专利申请量占全省发明专利申请量比重达到30%。

信息安全保障体系基本建成。基础信息网络和重要信息系统安全监测预警全覆盖,重点领域网络与信息系统安全防护能力明显增强;信息化装备的安全可控水平明显提高;风险评估、等级保护、安全检查、信息通报等基础性工作明显加强,安全事件应急指挥协同处置能力提升;数字证书发证数超过200万张;省灾备中心扩能扩容建设基本完成,重要信息系统容灾保障率超过85%。

三、重点任务

（一）以企业和园区为主体，深入推进两化深度融合

1. 深入实施两化融合“百千万”工程。积极推进研发设计和生产装备数字化、生产过程智能化，加快集散控制、制造执行、精益生产、敏捷制造、虚拟制造等普及推广。深入开展全业务流程信息化系统建设，促进信息技术集成创新与协同应用。加快整合构建中小企业管理应用服务平台，促进中小企业深化信息技术应用。

2. 积极推进两化融合示范应用载体建设。积极培育两化融合示范区、试验区，重点培育两化融合示范基地、服务产业示范园，促进信息技术在不同层面的深度推广应用，推动形成结构优化、技术先进、清洁安全、附加值高、产业链完善、吸纳就业能力强的现代产业体系。建立两化融合评价体系，加强区域、园区、行业、企业两化融合绩效评估。

3. 加快实施信息化助推节能减排工程。建立重点行业、重点企业能源和主要污染物排放监测信息系统，加快对传统产业主要耗能、耗材设备和工艺流程的智能化改造，促进节能增效和安全、清洁生产。以钢铁、建材、化工为重点，建设和改造一批能源管理中心，实施集中扁平化管理。推进电能管理公共平台建设，创新电力需求侧管理方式，提高用电管理水平和电能使用效率。

（二）以信息技术创新应用为重点，引导拉动信息消费

1. 积极培育新型服务业态。大力发展生产性服务业，以网络、软件、信息服务提升制造业技术和产品创新能力，加快培植总集成、总承包、总服务等整体解决方案提供商。围绕金融保险、商贸旅游、工业设计等服务业态，着力发展新型信息消费业态，培育消费热点，扩大文化、娱乐、旅游等服务型消费。提升金融业信用信息共享和金融市场信息化服务水平，提高金融普遍服务能力。充分利用信息技术改造旅游、商贸、宾馆、餐饮、房产、娱乐等生活性服务业。大力发展数字设计服务业，加快发展数字多媒体、动漫游戏等新兴服务业。

2. 引导电子商务加快发展。鼓励工业、商贸流通领域骨干企业开展网络集中采购和集中销售，加强供应链协同运作。积极推动大型骨干企业利用电子商务降低经营成本，实现资源优化配置，促进转型升级。积极发展网络消费、租赁消费、电视消费等新型消费，促进网络购物、电子商务、远程服务等新型消费方式不断壮大。建立社会化、专业化、信息化的现代物流服务体系，构建区域性、综合性物流基地，实现产业与现代物流业互动发展。

（三）以信息化示范工程为抓手，大力推进信息资源综合开发利用

1. 大力推动信息化百项示范工程。围绕两化融合、电子商务、电子政务、社会信息化、农村信息化、公共信息服务平台等信息化重要领域，推动建设100个在信息资源综合开发利用方面具有重大推广应用价值的信息化示范工程。大力推进基础信息资源建设和综合开发利用，动态完善地理、人口、法人、金融、税收、统计等基础信息资源体系，推动基础信息资源在信息化各领域的深化应用。

2. 集约化建设信息资源基础设施。推动以市、县（市）域为主体，建立信息资源共享服务平台和公共数据中心，逐步实现信息基础设施集约化建设和统一运营维护管理。加快构建地区综合性数据资源体系，加强社会保障、教育科研、医疗卫生、土地矿产、住房交通等专业性信息资源体系建设。鼓励有条件的地区和行业部门，依托信息资源共享服务平台和公共数据中心，整合构建综合性云计算服务平台，逐步实现设施集中、应用整合、数据共享、管理统一。

（四）突出加强社会管理，深化社会领域信息化应用

1. 深化电子政务应用和共享服务。统筹规划建设省、市级电子政务内外网，实现与中央级政务内外网的安全联接与有效联通。完善宏观经济管理、食品药品安全监管、公共安全、流动人口、国土资

源、城乡建设、环境保护、安全监督等重要业务系统。鼓励、支持基层电子政务集中统一开发和建设，依托电子政务平台普遍开展县级政府政务公开和政务服务。加快建设完善省、市政务信息资源共享交换平台。

2. 提高社会管理和城市信息化水平。建立全面覆盖、动态跟踪、信息共享、功能齐全的社会管理综合信息系统，深入推进"一网三库平台"信用信息数据库和服务平台建设，将社会管理与社会信用体系建设相结合，着力提高社会管理科学化水平。改进信访工作方式，建设公众诉求信息管理平台，切实维护群众合法权益。统筹推进全省城市智慧化建设，提高"智慧城市"整体建设水平。

3. 大力发展民生领域信息化服务。加快建设教育基础信息数据库和教育资源公共服务平台，促进基础教育资源大众化、网络化应用。构建基于健康档案的市、县级区域卫生信息平台，推进以医院管理和电子病历应用为重点的医院信息化，为城乡居民提供系统化、连续性、全过程的健康服务。建立健全食品和药品管理系统，提升对重要食品、药品的安全监管能力。大力推广和普及应用社会保障卡，构建城乡一体化的社会保障信息服务体系，实现社会保障"一卡通"。以公共就业人才服务为龙头，提升就业和人力资源开发领域信息化水平。加快跨地区、服务城乡一体化的全省公共交通"一卡通"建设，推动公共交通优先发展，充分发挥各种运输方式的综合效能。促进金融 IC 卡在社会公共服务领域的应用。建设民政综合管理与社会服务信息平台，促进社会救助、社会福利、优抚安置等基本社会服务均等化。

4. 加快发展先进网络文化。以网络出版发行，游戏、动漫产业为重点，做大做强新兴网络文化产业，着力打造一批大型骨干企业。加强网络文化产业集聚发展，加快培育富有活力、形态多样的产业集群，积极推动多媒体电视、网络电视、数字出版、手机媒体等新型业务发展。完善公共文化信息基础设施，加快地面数字电视覆盖网建设，建成地面数字电视省级覆盖平台，加强文化、科技、教育等公益性资源的共建共享和开发利用，构建先进的互联网文化、教育和科研环境。

（五）突出信息兴农惠民，深化农业农村信息化应用

1. 加强农业信息技术推广应用。大力开展信息农业高技术研究，加快传感、通讯、计算机和网络技术在农业上的推广应用，推进农业生产的全面感知、智能处理。积极发展农村电子商务，围绕重点农产品，扶持建立一批跨区域、专业化的特色农业网站和农产品交易网络，形成以批发市场、商贸中心、物流调度中心和商品集散地为依托的农业电子商务服务体系。积极开展农业政策宣传、科技推广以及气象、农产品价格、农资市场等信息服务。

2. 构建农村综合信息服务体系。坚持公益性与市场化并举，引导各方力量，建设纵向贯通省、市、县、乡镇、村 5 级的农村综合信息服务平台，着力构建完善的农村综合信息服务体系。积极支持技术适用、功能完备、服务多元的农用信息终端研发与产业化，面向农村开发推广实用、价廉的信息终端，实行优惠的资费政策，大力提高农村地区信息终端普及率。

（六）以宽带融合为导向，加快构建下一代信息基础设施

1. 加快实施"宽带江苏"普及提速工程。推动全省城乡光纤网络建设，提高骨干网整体容量和多业务承载能力。打造光纤化、宽带化接入网络，全面提高接入带宽、网络速率和宽带普及率。加快无线城市群建设，广泛开展 TD—LTE 规模商用示范。加快建设下一代广播电视网络，推进广播电视网络数字化、双向化改造和网络整合。加强信息基础设施建设统筹规划，加大信息基础设施与其他基本建设项目同步规划建设推进力度，开展各类设施集约化建设，提高资源利用效率。

2. 加快推动部署下一代互联网。以重点地区和高新技术园区为先导，联合各高校、运营商网络共同加速进行现有基础网络向 IPv6 改造，推动现有业务逐渐向 IPv6 网络过渡，适度超前实现全面 IPv6 化。建设基于 IPv6 的三网融合基础业务平台，加快发展移动多媒体广播电视、IPTV、手机电视、数字电视、宽带上网等融合类业务应用。联合重点终端厂商，加大对 IPv6 的支持力度，加快实现现有终端 IPv6 化。

3. 统筹推进三网融合发展。加强网络建设统筹规划，鼓励和引导电信、广电企业大力实施宽带网络升级改造和双向化改造工程，大力促进基础设施集约化建设。以广电和电信业务双向进入为重点，促进互联互通和业务融合，积极开展融合业务创新、合作模式创新。以 IPTV、手机电视、云媒体电视业务为重点，完善融合业务平台，努力营造公平市场环境，促进全省推广普及。

（七）以物联网、云计算为龙头，加快发展新一代信息技术产业

1. 抢占物联网产业制高点。突出抓好无锡国家传感网创新示范区建设、核心关键技术突破、物联网产业培育、应用示范工程推进和服务支撑体系构建，加快实施“核高基”“新一代宽带无线移动通信网”等国家科技重大专项，打造一批物联网技术创新“国家队”，加快创新资源和产业资源集聚，促进物联网产业布局优化调整和集约发展。

2. 推动云计算产业发展壮大。整合省内云计算全产业链资源，以产业基地、骨干企业和重大示范应用为抓手，突破云计算关键技术，深入实施“腾云计划”，建立政产学研用联动发展机制。以龙头企业带动、政府基金引导的模式，培育 IaaS、PaaS、SaaS 基础服务、智能云终端制造的云计算产业生态系统。

3. 推动电子信息产业高端发展。加强企业自主创新能力建设，加快培育产业新增长点，推动产业向价值链高端攀升。加大对核心基础产品、网络关键技术开发的支持力度，推动集成电路、平板显示、现代通信和网络、计算机、新型元器件等优势产业高端发展。支持企业建立技术中心，集成创新资源和力量开展前瞻性、先导性技术、关键共性技术研究，突破一批制约产业发展的关键核心技术，开发一批拥有自主知识产权的创新产品。

4. 加快软件产业创新融合发展。搭建产业研发创新平台，完善产业公共服务体系，推进江苏虚拟软件园公共服务向其他软件园区和中小型软件企业延伸。推动工业软件与信息服务在传统行业的示范应用，组织我省工业软件产品与重点工业行业开展对接。以重点行业和重点领域为先导，加大扶持力度，分批、分阶段组织实施软件、云计算和物联网应用服务示范工程，形成通用、标准、自主可控的应用服务。

（八）健全安全防护和管理，加强网络和信息安全保障

1. 确保基础信息网络和重要信息系统安全。全省能源、交通、金融等领域涉及国计民生的重要信息系统和电信网、广播电视网、互联网等基础信息网络，要同步规划、同步建设、同步运行安全防护设施，强化技术防范，制定信息安全应急预案，加强应急演练，严格安全管理，切实提高防攻击、防篡改、防病毒、防瘫痪、防窃密能力。强化下一代互联网本省落地建设规划和管理，逐步建立完善基于 IPv6 的下一代互联网安全保障体系。

2. 加强信息系统安全保密管理。严格政府信息技术服务外包的安全保密管理，建立健全政府信息技术服务外包准入机制，落实政府网站统一标识制度，督促完善政府网站开办审核、备案、检测和举报管理机制。加强政府机关互联网接入安全保密管理，大幅缩减互联网接入口数量，建设省、市两级政府机关互联网集中接入平台，强化安全监控、保密检测和应急保障。制定政府部门间业务专网接入互联安全规范，保障政府部门间业务专网安全接入互联和信息共享应用。落实政府机关及涉密单位互联网信息发布保密审查制度，建立互联网及公共信息网络运营商、服务商配合调查和泄密情况报告机制。按照信息系统等级保护要求，加强信息系统等级保护管理，落实涉密信息系统分级保护制度，强化涉密信息系统审查机制。

3. 保障工业控制系统安全。加强核设施、先进制造、石油石化、油气管网、电力系统、交通运输、水利枢纽、城市设施等重要领域工业控制系统，以及物联网应用、数字城市建设中的安全防护和管理，定期开展安全检查和风险评估，重点对可能危及生命和公共财产安全的工业控制系统加强监管。由省信息安全主管部门牵头，建立健全工业控制系统安全保障监督管理体制机制，加强对全省工业控制系统安全管理工作的培训、指导、监督和检查，强化工业控制系统安全防护技术研究和标准实施，对重点领域使用的关键产品开展安全测评，建立并实施安全风险和漏洞通报制度。

4. 强化信息资源和个人信息保护。加强地理、人口、法人、统计等基础信息资源的保护和管理，促进部门间信息系统互联互通，保障信息资源共享安全。明确敏感信息保护要求，强化企业、机构在网络经济活动中保护用户数据和国家基础数据的责任，严格规范企业、机构在我国境内收集数据的行为。在软件服务外包、信息技术服务、电子商务和电子政务等领域开展个人信息保护试点。加强个人信息保护管理办法研究，加强个人信息安全防护的宣传普及，保障个人信息安全。

5. 夯实网络和信息安全基础。推动信息安全风险评估和重点领域网络与信息安全检查等基础性工作制度化、规范化、常态化和自动化，加强督促检查。切实落实信息安全等级保护制度，做好信息系统定级备案、整改和监督检查，加强部门网络与信息安全事件应急预案备案管理和效能评估。建设省级信息安全应急指挥平台，提升政务网站及重要信息系统安全监测预警平台的预警监测能力。建立网络与信息安全信息通报工作机制，及时发现、预警、通报、报告重大网络安全突发事件和漏洞隐患。加强对全省灾备设施建设的统筹协调和监督指导，扩建省容灾备份中心，满足省级重要信息系统同城数据灾备需求；建设省灾备中心同省异地分中心，开展应用级灾备建设试点。加强省信息安全攻防实验室建设，完善功能，提升攻防技术水平。建设全省 IP 地址和域名基础资源库。加强基础通信网和公共互联网统一管控平台建设。

6. 加强网络信任体系建设和密码保障。健全电子认证服务体系，扩大电子证书在电子政务、电子商务以及市政服务等重点领域中的应用范围。制定电子商务信用评价规范，建立互联网网站、电子商务交易平台诚信评价机制。按照“满足需求、方便使用、加强管理”的原则，大力推动密码技术在涉密信息系统和重要信息系统保护中的应用。

7. 提升网络和信息安全监管能力。加强网络与信息安全专家队伍、专业骨干队伍和应急技术支撑队伍建设，提高评估检测技术装备水平，提升风险隐患发现、监测预警和突发事件处置能力。建立健全网络与信息安全信息通报机制，加大对网络违法犯罪活动打击力度。进一步完善监管体制，充实监管力量，倡导行业自律，充分发挥社会组织和广大网民的监督作用。

8. 加快信息安全技术攻关和产业发展。加大网络与信息安全技术研发力度，加强对云计算、物联网、移动互联网、下一代互联网等方面的信息安全技术研究。加大信息安全产业发展扶持力度，积极培育信息安全品牌和骨干企业，重点培育发展安全咨询、测评认证、风险评估等第三方服务机构。规划建设江苏信息安全产业基地，建设公共服务平台。完善信息安全政府采购政策措施和管理制度，加强国产自主安全可控产品推广应用。

四、保障措施

（一）加强信息化和信息安全组织领导

建立完善市、县（市、区）信息化领导工作体系，落实信息化主管部门在信息化统筹规划、组织协调与规范建设工作中的主导作用，形成常态化协同推进工作机制。在省信息化领导小组、省网络与信息安全协调小组、省三网融合工作协调小组的领导下，加强对信息化项目的规划建设管理。省各有关部门要按照职责分工，抓好落实，加强配合，形成合力，共同推进信息化发展和网络信息安全保障工作。全面推行政府部门信息主管（CIO）制度，健全信息化高级专家顾问团队和信息化服务技术支撑机构。

（二）建立健全信息安全责任制

各地、各部门要将保障网络与信息安全列入重要议事日程，建立并切实落实网络与信息安全责任制，将信息安全管理纳入各级政府工作目标考核体系，落实工作责任。建立地区信息安全保障水平测评指标体系，定期对全省各地、各部门和重点行业开展信息安全工作绩效、保障能力测评。

（三）完善信息化法规制度

全面贯彻实施国家和省已出台的信息化法规、规划和相关政策，统筹推进全省经济社会信息化和信息安全保障体系建设。贯彻实施《江苏省信息化条例》《江苏省政府信息化服务管理办法》等法规规章，明确政府部门间信息共享的内容、要求和权利、义务，促进跨部门信息共享应用规范开展。加快促进信息消费、城市智慧化建设等一批法规政策发布实施。集中各方力量，加大扶持力度，分批次、分阶段组织推进信息化重大示范工程，促进应用、技术、产业的协调联动发展。

（四）加大对信息化应用和信息安全保障的支持引导

发挥财税政策的杠杆作用，支持跨部门、跨行业重点领域重大信息化示范工程建设、新型信息消费模式与业态创新培育、信息资源综合开发利用、公共信息安全基础设施建设。积极争取国家“核高基”重大科技专项、云计算示范工程、电子发展基金支持，省级科技、现代服务业等专项引导资金要加大对信息安全公共基础设施建设、关键技术和产品研发等重要基础性工作的支持。各地、各部门要将基础性、公益性网络与信息安全设施运行维护、安全服务和检查等费用纳入财政预算。

（五）推进人才队伍建设

加快实施省软件产业“育鹰计划”“333 高层次人才培养计划”，培育更多的信息化领军人才。加大海外引智力度，引进一批掌握国际前沿技术、拥有重大创新成果的高层次、领军型人才到我省创业发展。鼓励省内高校与国际知名大学、研究机构和信息技术企业合作办学，支持建立校企结合的人才综合培训和实践基地。强化信息技术管理岗位、技术应用与服务岗位的业务培训。加快培养创新型、应用型、可控型信息安全人才，将信息安全知识技能培训纳入各级党校、行政学院的培训内容体系。广泛开展面向全社会的信息化、信息安全宣传教育活动。

江苏省人民政府
2013 年 6 月 15 日

关于加快培育规模骨干工业企业意见的通知

为进一步推动我省工业企业做大做强，充分发挥其在经济发展和转型升级中的支撑、引领和示范作用，促进我省由工业大省向工业强省跨越，就加快培育规模骨干工业企业工作提出如下意见。

一、总体要求

以科学发展为主题，以加快转变经济发展方式为主线，以工业强省为目标，以规模骨干、行业龙头企业为重点，以体制创新、技术创新和管理创新为动力，以实施投入扩张和资产联合重组为抓手，加强政策引导，着力扶优扶强，加快培育一批拥有自主知识产权、自主核心技术和自主品牌、主业突出、具有国际竞争力的规模骨干工业企业，促进全省工业加快由“江苏制造”走向“江苏创造”，实现“工业大省”向“工业强省”跨越。

二、培育对象和目标

（一）培育对象。在江苏省境内登记注册并在本省依法经营纳税、依法规范用工和缴纳社会保险费用，上一年度营业收入超10亿元的工业企业(集团)。其中，母公司、总部或总公司在江苏的企业按其全部年度营业收入统计；母公司、总部或总公司不在江苏的企业按其在江苏的企业年度营业收入统计；企业主导产品符合国家产业政策和环保要求，当年企业须实现盈利，完成节能减排目标，未发生重大违纪违法行为，无重大安全、环保事故、群体性事件，无严重失信记录。

（二）培育目标。到2015年，全省力争培育营业收入超百亿元以上工业企业(集团)140家，其中，500－1000亿元20家、超千亿元10家左右。力争培育超50亿元工业企业(集团)260家，超10亿元工业企业(集团)1800家。力争全省10亿元以上工业企业(集团)营业收入占全省规模以上工业营业收入的比重达到55%。

三、基本原则

（一）坚持企业主体。以市场为导向，以企业为主体，通过发挥市场机制的作用，激发企业内在活力和发展动力，促进企业做大、做强、做优。

（二）坚持政府引导。充分发挥政府在规划引导、政策支持、项目服务和环境营造方面的主导作用，促进各类资源要素向规模骨干、行业龙头企业集聚，充分调动企业做大、做强、做优的积极性。

（三）坚持分级培育。根据规模骨干企业培育工作目标和重点，实行省、市、县(市、区)分级培育。省级层面主要负责培育年营业收入超百亿元工业企业，各省辖市主要负责培育年营业收入超50亿元工业企业，有条件的县(市、区)主要负责培育年营业收入超10亿元工业企业。

（四）坚持协调发展。一手抓超百亿元大企业做大、做强、做优，一手抓“专精特新”中小微企业协作配套，形成以规模骨干工业企业为龙头，以产业链、供应链、价值链为纽带的企业集群和配套合作的企业群体，推动大中小微企业相互促进、协调发展。

四、重点工作

（一）推进并购重组。以做大、做强、做优骨干企业为目标，突出重点领域和重点行业，鼓励支持优势企业通过兼并、收购、联合、参股等多种形式开展跨地区、跨行业、跨所有制和跨国(境)兼并重组及投资合作，促进规模化、集约化经营，加快培育一批主业突出、拥有自主知识产权和知名品牌、具有国际竞争力的优强骨干企业。鼓励民营企业参与国有企业改组改制，支持民间资本以股权认购、参与改制重组、开展合资合作等方式参与国有企业股权多元化改革，放宽在股权比例等方面的限制。鼓励培育企业与中央企业开展多种形式的合资、合作，实现借力发展，互利共赢。鼓励单体龙头企业依托自身优势，整合中小企业资源，实现集团化发展。支持有条件的企业实施海外并购，收购国外研发机构、品牌营销网络，建立海外供应和销售基地、境外加工生产基地、研发基地等，在全球范围内优化配置资源。

(二) 深化产业合作。坚持引进外资与内资并举的方针，加强国际、国内产业合作，支持培育企业加强与国内知名企业和国际跨国公司在产业龙头项目、产业链延伸、研发中心、营销网络等方面开展合资合作。加快企业走出去步伐，鼓励企业开拓国际市场，开展境外投资、贸易、劳务合作等，支持有条件的企业设立境外研发中心、工程中心、制造中心和营销中心，提升参与全球化竞争的能力，发展成为具有国际竞争力的跨国大企业集团。大力推动国内产业转移和产业合作，引导培育企业把握国内消费趋势和需求，积极拓展东部沿海和中西部市场，重视开拓农村市场，支持企业加快建立与完善国内外自主营销和服务网络，积极参加各类国际性、全国性展会。

(三) 实施重点项目。扎实推进“百项千亿”重点技改工程，深入开展技改推进行动，支持鼓励培育企业加大新技术、新工艺、新装备、新材料推广应用，不断增强市场竞争能力，促进企业做大、做强、做优。坚持以大项目带动大发展，支持鼓励培育企业围绕产业高端加大产业链升级项目储备和实施，推进企业加快转型升级。优先推荐培育企业申报国家重点产业振兴和技术改造、省工业和信息产业转型升级等各类财政资金资助项目，指导和服务企业用足用好增值税进项税抵扣、引进技术设备免征关税、重大技术装备进口关键零部件和原材料免税等优惠政策，降低企业投资成本。建立培育企业重点项目联合督办制度，协调投资要素，集聚政策支持，加强跟踪服务，促进竣工达产。

(四) 加快自主创新。突出企业技术创新主体地位，加快建立以企业为主体的技术创新体系，支持和引导创新要素向培育企业集聚，增强企业自主创新能力。以规模骨干、行业龙头企业为主导，深化产学研合作，着眼持续创新发展，瞄准产业升级方向，主攻关键核心技术，推动培育企业与科研院所和高等院校形成“共同参与、利益共享、风险共担”的产业技术创新战略联盟。鼓励培育企业加大技术创新投入，积极培育省级以上企业技术中心、重点实验室、工程中心、工程技术研究中心、工程实验室等研发载体。组织培育企业在关系产业高端发展的重点领域，开展共性技术、关键技术、前沿技术的联合攻关，推动企业形成一批具有自主知识产权的核心技术和重点新产品。引导培育企业发挥在转型升级中的引领作用，争创新型工业化示范企业。

(五) 促进两化融合。深入推进企业信息化应用示范工程，鼓励培育企业加快管理信息化建设，积极采用现代信息技术手段和资源管理计划(ERP)、供应链管理(SCM)、客户资源管理(CRM)等先进管理信息系统对生产经营过程进行优化改造，推动制造模式向数字化、网络化、智能化、服务化转变，加快信息技术、现代管理技术与企业生产的融合，全面提升运营效率和管理水平。在培育企业中率先开展信息化、工业化深度融合试点示范，引导企业构建信息门户网站和电子商务平台，实现资源优化配置和高效利用，全面提升企业信息化水平。

(六) 提升品牌质量。引导培育企业通过深入实施商标战略、强化名牌意识，争创驰名商标、著名商标和江苏省名牌，不断提高品牌附加值。引导培育企业参加国内外知名品牌会展活动，打造江苏品牌形象，提高在国内外市场的影响力和占有率。完善出口品牌培育机制，鼓励培育企业开展境外商标注册、出口认证和宣传推广，打造国际知名品牌。鼓励培育企业建立国际、国家和行业标准化技

术委员会，主导和参与国际、国内行业标准的制(修)订工作，形成一批拥有自主知识产权的技术、产品和标准。

(七)推动管理创新。支持培育企业加快建立现代企业制度，完善法人治理结构，深化内部人事、劳动、分配制度改革和创新，构建和谐劳动关系，增强企业发展活力和动力。全面实施企业管理创新示范工程，积极争创"管理创新示范企业和优秀企业"。推动培育企业强化基础管理，增强战略管理意识，提高风险管理能力，学习借鉴国内外先进管理理念和方法，走内涵式发展道路，不断增强发展后劲和市场竞争力。

(八)加强人才支撑。加强企业家和专业人才队伍建设，加强对企业家和专业人才在理念、知识、能力、社会责任等方面的培养，努力造就一支职业化、现代化、国际化的企业家和专业人才队伍。在有条件的培育企业中设立企业大学、网络学院等，开展多层次、多类型的专业培训，直接为企业输送紧缺人才和一线技术人才，加强一线职工职业技能培训。认真落实中央和省人才激励政策，鼓励培育企业实行股权、期权等多种形式的激励机制，积极引进和培养高端人才，鼓励企业设立院士工作站、博士后工作站、"千人计划"工作站等创新平台，吸引更多高层次人才到企业创新、创业。

五、支持政策

(一)培育企业在收购、兼并、重组过程中涉及存量土地、房产转让的，由有关部门依法变更权属，经批准后可免收相关行政规费。在办理水、电、气及其他权证时，按照政策的最低标准收取费用。对收购国外研发机构、品牌营销网络的省内企业，按收购合同金额的5%给予最高不超过500万元的一次性奖励。对培育企业开展经省政府确认重点推进的兼并重组项目，实行一事一议。

(二)对培育企业符合产业政策导向的技改、两化融合项目和有利于提高企业核心竞争力的新上项目，在省级相关专项资金中优先给予配套。支持培育企业申报各类科技计划、建立高水平研发机构、开展产学研合作和优先兑现税收优惠政策。吸纳企业参与国家科技项目的决策，产业目标明确的国家重大科技项目由有条件的培育企业牵头组织实施。国家和省级重大建设的企业技术中心、重点实验室、工程中心、工程技术中心、工程实验室等研发载体优先在有条件的培育企业布局，并逐年提高比例。同等情况下优先推荐培育企业申报国家级企业技术中心、工程(技术)研究中心、工程实验室和重点实验室。切实落实国家关于支持企业研发的税收加计扣除政策，企业为开发新技术、新产品、新工艺发生的研究开发费用，可按有关规定进行税前扣除。鼓励使用培育企业的首台(套)重大技术装备，并对用户单位给予适当风险补贴。重点从培育企业中评选"江苏省信息化建设示范企业"或"江苏省信息技术应用示范企业"。

(三)对积极争创品牌的培育企业申报财政专项资金给予优先支持；对获得中国工业大奖和中国质量奖的培育企业，省财政分别给予300万元和200万元的一次性奖励；对新获得中国驰名商标的生产型培育企业，省财政给予50万元的奖励，其他类型培育企业给予30万元的一次性奖励。对承担国际(国家)标准专业技术委员会、分委会、工作组的培育企业，省级财政每年给予适当资助；对主导制(修)订国际标准、国家标准的培育企业，省财政分别给予50万元和30万元的一次性奖励。

(四)鼓励培育企业将总部建在江苏，支持企业在我省组建具有独立法人资格的总部营销中心，支持培育企业扩展功能，设立区域性研发、物流、销售和财务中心。对2012年1月1日以后在我省新设立符合条件的跨国公司地区总部与功能性机构分别给予500万元和100万元的一次性开办补助，分3年按40%、30%、30%的比例发放。对世界500强企业在我省设立的地区总部和全国工业100强企业在我省设立的地区总部，可享受培育企业相关支持政策。

(五)对培育企业到境外投资考察和设立境外企业等方面给予优先支持，对企业人员临时因公出国(境)实行优先办理。提高出口退税工作效率,对培育企业给予较高的退税管理等级,并优先满足出口退税指标。进一步简化企业退税申报手续,优化退税流程,及时办理税款退库。积极帮助培育企业申请报批通关、检验检疫高信用等级管理,享受通关、检验检疫优惠便利。积极推广税费电子支付、电子担保系统,实行多元化海关税收支付制度,对培育企业的货物,在提供银行等金融机构担保的前提下快速验放。

(六) 对培育企业在推进工业大项目建设、煤电油气运等生产要素供应、资源配置方面给予政策倾斜和优先支持,优先推荐符合条件的培育企业参与大用户直购电试点。优先保障培育企业用地需求。对国家鼓励和重点项目所需的进口先进技术、重大装备技术和重大装备关键总成及零部件,采取直通式、集中查验等检验检疫监管模式,促进企业降低成本,尽快建设投产。将培育企业产品按规定纳入政府采购目录,在同等条件下优先采购。对培育企业新上符合国家产业政策和环保要求、科技含量高、市场潜力大、发展前景好的重大工业项目,相关配套建设有困难的,经所在市政府上报,由省政府会办,积极帮助企业协调解决项目审批、融资、用地等问题。

(七) 引导培育企业采取股权融资、债券融资、票据融资等多种方式,推动企业跨越发展。加强企业信用管理制度建设,增强企业信用融资能力。积极构建拟上市企业资源后备库,加快企业股份制改造步伐,加强企业上市辅导,优先将符合条件的培育企业纳入各地上市计划。

(八) 支持培育企业在全球范围内引进行业顶尖人才、领军人才、创业人才及其团队,在"双创计划""333 工程"和高级职称申报评审中,同等情况下优先安排培育企业相关人员。

(九) 每年召开全省营业收入超百亿元工业企业新闻发布会暨表彰会,省政府对上一年度营业收入超 100 亿元、500 亿元、1000 亿元的工业企业颁发星级奖,对获奖企业主要负责人授予"星级企业家"荣誉称号,同等情况下优先推荐为全国、省劳动模范候选人。省政府定期举办全省工业大企业企业家联谊会,及时了解企业合理诉求,帮助解决发展中的困难。

六、工作措施

(一) 加强组织领导。 成立全省规模骨干工业企业培育工作领导小组,由分管省长任组长,各相关部门为成员单位。领导小组定期研究提出培育发展工作目标任务和实施方案,及时协调解决企业反映的重大问题。领导小组办公室设在省经济和信息化委。各市成立相应的组织机构,明确职责分工,形成工作合力,确保各项工作落到实处。对纳入培育范围的规模骨干工业企业实行优胜劣汰,动态调整,每年定期开展考核评价,对符合条件的及时增补,对不符合标准的予以淘汰,并取消享受相应支持政策的资格。

(二) 完善工作机制。 培育企业在生产经营和项目建设中,需要办理各种审批、备案、核准手续的,由企业(项目)所在地向上一级相关部门及时申报,属于省级培育范围的企业可向省级相关部门直接申报。需要向国家相关部委争取支持的,由省级对口部门作为责任单位,及时协调解决相关问题,提供"一站式"全流程服务。对重大事项可由领导小组召开联席会议指定相关部门实行代办。

(三) 优化发展环境。 各相关部门要按照各自职能,对培育企业开辟"绿色通道",简化办事程序和审批手续,提高办事效率。严禁向企业乱收费、乱罚款、乱摊派,不得附加各种额外的强制性收费服务。对各类违法、违规、违纪行为要严格进行责任追究,严肃查处。规范行政执法行为,除法律法规明确规定及省、市统一安排的专项检查外,省、市两级有关部门对列入培育范围企业的各种检查、评比、培训,须经该部门主要领导同意并报省、市培育规模骨干工业企业工作领导小组办公室备案。

关于支持苏北地区全面小康建设的意见

近几年来，苏北地区认真贯彻落实省委、省政府的决策部署，奋发努力，扎实工作，经济社会发展取得显著成绩，主要经济指标增速连续7年高于全国和全省平均水平，已成为我省经济增长的重要力量。当前和今后一段时期，推动苏北地区加快发展，事关我省全面实现小康并向基本实现现代化迈进的大局。为推进苏北新型工业化、新型城镇化、农业现代化和信息化，实施一批关键工程，促进又好又快发展，确保如期实现全面小康目标任务，现提出如下意见。

一、推进新一轮产业转移

（一）支持重大产业项目落户苏北。加强产业发展规划引导，优化全省工业结构和空间布局，促进南北产业转移，推进苏北产业结构优化升级。采取新建项目、“上大压小”、优先布点等措施，加大苏北重大能源、石化、机械、电子信息、食品、纺织、商贸、旅游等项目推进力度。积极争取战略性新兴产业重大项目落户苏北。加大重大南北产业转移项目省级协调力度。组织产业转移对接活动，为苏北地区承接产业转移搭建交流平台。对重大产业转移项目建设用地实行差别化“点供”政策，落实节约集约利用土地措施，提高项目投资强度和产出效益。

（二）实行转移收益分成。对重大南北产业转移项目，自投产之日起3年内，在落户地缴纳的流转税、所得税按财政体制属当地留成部分，可在合作双方政府间实行收益分成，具体操作由双方协定，并报省财政厅备案。

二、提升共建园区发展水平

（三）推进共建园区产业升级。加快园区产业集聚，大力发展轻工、纺织、建材等传统优势产业，积极发展新能源、新材料、生物医药、节能环保、高端装备制造等战略性新兴产业，提升产业发展层次。集聚整合人才、资金、信息等创新资源，加快建设孵化器、工程技术中心、公共技术服务平台、企业技术中心等创新载体，不断增强共建园区创新能力。扩大共建园区合作范围，积极争取国内外大型企业和开发区等参与园区共建工作，形成开放、多元化的园区投资开发主体，进一步提升园区发展水平。对园区内符合点供和独立选址条件的重大项目，优先安排用地计划。

（四）建立共建园区利益共享机制。以苏南合作方为主运作的共建园区，相关经济发展成果由合作方共享，投资开发创造的净利润由各方按投资比例或股东约定进行分成；共建园区内产生的税费收入，可按一定比例在两地政府间进行分配，省财政厅可根据需要帮助办理财力划转。

（五）强化共建园区考核评价。完善考核评价体系，有效发挥考核评价机制作用。2013年至2015年，对年度评价排名前10位的园区，奖励1000万元/个；对年度评价排名前11位到前50%的园区，奖励600万元/个。根据全省建设用地年度计划总量和安排情况，对年度评价排名前5位的园区，给予建设用地指标奖励。继续执行共建园区新增增值税及企业所得税省、市、县留成部分，全部由省、市、县财政补贴给园区，用于园区滚动发展。

三、加快新型城镇化步伐

（六）加强规划引导。按照新型城镇化要求，依据省域城镇体系规划等上位规划，结合城镇区划调整及发展新情况，推进城乡规划的编制和完善。注重与国民经济和社会发展规划、土地利用总体规划、环境保护规划相衔接，处理好与相关专业规划的关系，推动大中小城市和小城镇科学布局、合理分工、集约发展。有序推动农业土地向规模经营集中，工业企业向工业园区集中，农民居住向城镇和社区集中，完善小城镇功能布局，促进小城镇差别化发展。2015年前，对苏北各建制镇按要求完成城乡规划编制工作的，省财政给予一次性奖励，其中，省重点镇奖励30万元，其他建制镇奖励20万元。

（七）培育省级重点中心镇和特色小城镇。加大省级城镇基础设施建设引导资金对重点中心镇建设的投入，优先保障重点中心镇新增建设用地计划。重点中心镇土地出让金净收益、城镇基础设施配套费、社会抚养费等收入，除国家和省规定用途外，主要用于镇区建设发展。扩大重点镇行政管理体制改革试点，增强发展活力和动力，鼓励具有特色产业、文化积淀、生态魅力的小城镇个性化发展，培育一批工业商贸强镇、文化旅游名镇和生态宜居镇。

（八）推进城乡公共设施配套和社区建设。除镇区所在地外，每个乡镇依据镇村布局规划，因地制宜推进功能齐全、设施配套的规划布点村庄建设，同步建设医疗、教育、社区综合服务中心等公共配套服务设施。加大省级康居乡村建设专项资金对苏北规划布点村庄建设的支持力度。加强城乡社区扁平化、网格化、信息化和社会化建设，深化村（居）务公开和民主管理，全面提升基层社会服务管理水平。增加苏北地方债债券分配额度，主要用于城镇保障性安居工程建设。

（九）深化户籍管理制度改革。放宽中小城市、小城镇特别是县城和重点中心镇落户条件，鼓励省辖市范围内本地居民凭合法稳定住所或合法稳定职业，推动本地农村居民就地就近向城镇转移。实施流动人口居住证制度，逐步提高流动人口基本公共服务水平，建立积分落户政策，形成阶梯式落户通道。

四、推动农业现代化建设

（十）大力发展现代农业。加快高标准农田、农业综合开发、农田水利设施和耕地质量建设，支持产粮大县农业基础设施建设，提高粮食综合生产能力。大力发展优质粮油业、设施园艺业、规模畜牧业、特色水产业和休闲观光农业，扶持培育农业龙头企业，建设现代农业示范区、现代农业产业园区和农产品加工集中区，大力发展农产品现代流通业态。积极发展多种形式的农业适度规模经营，扶持家庭农场、农民专业合作组织、种养大户等新型农业经营主体，构建新型农业经营体系。提高防洪除涝减灾能力、水资源供给能力和利用效率，加快建设黄河故道地区公路网络，改善交通条件，建设现代农业产业带。

（十一）建立粮食主产区补偿机制。省财政在测算县级基本财力保障奖补资金时，统筹考虑产粮油大县（市）“保工资、保运转、保民生”支出要求，支持苏北缩小与其他地区的基本公共服务差距。

五、强化基础设施建设

（十二）支持重点交通基础设施建设。加快推进郑徐客运专线、宿淮铁路江苏段和丰沛铁路建设，加快连淮扬镇、徐宿淮盐、连盐铁路建设步伐。加快推进徐明高速公路江苏段、阜建、盐大高速公路和连云港港北疏港高速公路建设。结合产业和城镇发展，优先安排苏北地区普通国省道和农村公路提档升级工程项目建设。加快推进湖西航道和连申线航道整治工程建设。结合淮河入海水道二期工程，开展通航工程前期研究工作。推进徐州观音机场、淮安涟水机场和盐城南洋机场改扩建工程建设，加快推进连云港新机场前期工作。

（十三）鼓励综合交通枢纽和客货运输站点建设。抓住国家铁路建设机遇，积极规划建设综合客运枢纽。结合沿海、内河港口和铁路发展，鼓励建设货运与物流基地，支持内河水运转型发展。

结合农村公路提档升级工程，鼓励镇村公交发展，确保到2015年年底镇村公交开通率达35%。

（十四）推进水利等设施建设。完成南水北调东线一期工程，加快淮河入江水道整治、洪泽湖大堤加固、分淮入沂整治、川东港拓浚、射阳河整治、海堤巩固完善，以及城市防洪工程等基础设施建设。加快推进淮河入海水道二期工程项目前期工作。积极推进区域治理，增强水源供给能力，加大骨干河道治理力度，实施列入国家专项规划的中小河流治理、大型泵站更新改造、大中型病险水闸除险加固工程。加快推进农村水利现代化建设，重点实施小型农田水利、灌区续建配套与节水改造、中小河流治理重点县、农村饮水安全和河道疏浚工程。支持苏北地区电网、天然气管道建设。完善苏北信息化基础设施和服务体系。推进城乡统筹区域供水、自来水水质改善及污水处理，到2015年，苏北城乡统筹区域供水乡镇覆盖率达到85%以上，建制镇污水处理设施覆盖率达90%以上，城市供水水质全面稳定，达到生活饮用水卫生标准要求。

六、加大人才和科技支持力度

（十五）鼓励人才向苏北转移。引进一批苏北发展所急需的创新创业人才，培养一批适应苏北产业特点的高层次专业技术人才和高技能人才，建设一批人才培养和创新创业载体，建立一支人才资源总量满足发展需要、人才层次较高、分布合理的人才队伍。奖励苏北创业领军人才，吸引更多的创业创新人才到苏北地区投资兴业。充分发挥苏北急需人才专项引导作用，引导各类优秀人才向苏北流动。从省有关部门和单位、苏南地区有计划选派政治素质强、有奉献精神、能胜任本职工作的干部到苏北县（市、区）党委、政府以及共建园区挂职或任职，工作满2年以上、成绩突出的干部，优先提拔使用。

（十六）加强职业技能培训。鼓励建设各类实用人才技能培训和引进平台，鼓励职业院校面向各类劳动者开展职业技能培训。加强企业职工岗位技能提升培训，推进技工院校与重点企业深度合作，促进技能人才培养与岗位需求有效对接。推进落实农村劳动力职业技能培训鉴定获证奖补政策，鼓励和引导农村劳动力积极参加职业技能培训和职业资格鉴定，促进农村劳动力转移就业。

（十七）促进科技成果转化。突破一批重大关键技术和核心技术，建立一批重大科技应用示范工程、科技公共服务平台和创新创业载体。加大省级科技资金倾斜力度，支持苏北地区技术创新和重大关键技术突破，逐步提高省级各类科技计划投向苏北比例，力争省级企业创新与成果转化资金用于苏北的比例逐年增长。扩大苏北科技投入规模，整合现有支持苏北科技专项资金，逐步增加专项支持苏北科技发展的资金规模，3年内达到1亿元，支持苏北科技项目做优做强，提升符合省级企业创新与成果转化资金扶持方向项目的竞争力。

七、提高金融服务能力

（十八）鼓励设立金融机构。支持各类金融机构到苏北设立分支机构，对新设的股份制商业银行分支机构给予一定补贴。提高金融机构覆盖率，争取3年内各县（市）银行业金融机构不少于10家，新型金融组织实现村镇银行县域全覆盖、农村小额贷款公司服务乡镇全覆盖、科技小额贷款公司省级以上高新区全覆盖。

（十九）加大金融服务力度。引导商业银行扩大对苏北县域分支机构的信贷转授权，改革苏北中小企业贷款考核激励机制，提高苏北的存贷比。对苏北投放贷款增速超过全省平均增速的商业银行给予一定奖励。支持符合条件的企业发行企业债券。鼓励企业在境内外上市融资，积极做好企业上市培育、辅导工作，每个省辖市3年内新增上市备案企业5家以上。逐步扩大高效农业保险覆盖面，3年内，高效农业保险保费占农业保险总保费比重超过40%。推进再担保体系建设，力争3年内每个县(市)发展2家至3家主办机构,3年累计再担保规模新增250亿元。

(二十)优化金融生态环境。支持开展金融生态创建,到“十二五”末,基本建成金融生态县。开展金融投资者教育活动,增强居民金融风险防范意识。加大金融监管力度,严厉打击非法集资、高利贷等非法金融活动,严防地方债务无序发展,确保不发生区域性、系统性金融风险。

八、切实保障和改善民生

(二十一)支持教育、卫生、文化、体育事业发展。进一步加大对苏北地区教育经费的支持力度,逐步提高各阶段教育生均财政拨款标准,不断改善各类学校办学条件。健全农村三级医疗卫生网和全民医保体系,提高人均卫生资源水平,完善公共卫生事件应急和重大疾病防控机制。支持城乡公共文化和体育设施建设,保护地方特色文化,活跃农村文化市场,提高城乡居民在文化教育体育等方面的消费水平。

(二十二)加大就业创业服务力度。加快城乡统筹就业,实施更加积极的就业政策,完善就业援助机制,稳定就业岗位,扩大就业规模。认真落实农民就业、创业服务和农村困难家庭就业援助等制度,推进农村劳动力转移就业。支持创业型城市建设和农村就业创业示范县创建,推动建成一批省级创业示范基地。加大公共就业服务机构规范化和信息化建设力度。

(二十三)健全社会保障体系。持续扩大社会保险覆盖面,不断提高医疗、失业、养老、工伤、生育保险统筹运行能力,稳步提升社会保障待遇水平。加大对养老服务床位建设补助力度,支持苏北地区建立健全社会养老服务体系,着力改善农村敬老院生活设施和保障条件,全面提高农村敬老院服务能力和服务水平,力争到2015年,苏北地区农村敬老院全面达到等级评定一星以上标准。

九、加强环境保护与生态建设

(二十四)强化环保生态工作。着眼于建设生态文明、实现可持续发展,编制实施重要生态功能区规划,科学划定“生态红线”,优化国土空间开发格局。大力发展循环经济和节能环保产业,提高集约开发水平,降低能源和资源消耗。深化苏北地区良好生态创建,加快城乡环境基础设施建设,推进城市环境、农村环境整治,进一步加强环境执法监管,强化水、大气、土壤等污染防治,防范环境风险,解决危害群众健康和影响可持续发展的突出环境问题。动员全社会广泛参与环境保护和生态建设,全面提升生态文明水平。

十、加大全面小康建设推进力度

(二十五)加快县域经济发展。支持发展具有本地特色的主导产业,做大做强优势产业和骨干企业,积极培育中小企业,努力形成特色产业群和特色产业带。统筹城乡规划建设,合理布局城乡空间、产业、交通和人口,加大推进基础设施建设和社会事业发展力度。着力研究解决省脱贫攻坚重点县(区)经济社会发展中的主要矛盾和难题。

(二十六)推进六项关键工程。突出解决小康建设的重点和难点问题,实施脱贫奔小康重点片区帮扶、黄河故道现代农业综合开发、重点中心镇建设、铁路建设、城乡供水与污水处理、科技与人才支撑等事关苏北发展全局的关键工程,大力推进一批重点项目,切实增强发展的支撑和带动能力,改善生产生活条件。

(二十七)加强新一轮扶贫开发工作。对省脱贫奔小康重点县(区)继续给予帮扶,支持宿迁市西南岗地区、成子湖地区、连云港石梁河库区、淮安市刘老庄地区、淮盐灌溉总渠以北地区,以及徐宿黄墩湖滞洪区等片区实施连片开发。按照新“八有”目标,加大对经济薄弱村的帮扶力度。到

2015 年,农村低收入人口年人均纯收入全部达到省定脱贫标准线(4000 元)以上。

(二十八)加大对全面小康建设奖补力度。以 2015 年全面达小康为目标,排定苏北各县(市、区)全面达小康序时进度。根据省考核监测结果,对有关县(市、区)分别给予一次性奖励。具体奖励办法由相关部门另行制定。

支持苏北地区加快发展,如期实现全面小康,是省委、省政府在更高层次上统筹区域发展,又好又快推进"两个率先"的重大举措。苏北地区要继续发扬自力更生、艰苦奋斗精神,进一步解放思想、开拓创新,不断激发内生动力,增强自我发展能力,努力提升经济社会发展质量和水平。苏南地区要树立大局意识,加大与对口挂钩地区的合作力度。省各有关部门和单位要进一步明确职责,通力协作,根据本意见,抓紧研究制订实施细则。各地、各有关部门和单位要制定责任分解方案,加强督促检查,确保各项措施落到实处。

江苏省人民政府

2013 年 7 月 25 日

江苏省城乡居民社会养老保险办法

根据《中华人民共和国社会保险法》有关规定，结合省情实际，决定整合全省新型农村社会养老保险（以下简称新农保）和城镇居民社会养老保险（以下简称城居保）制度，建立城乡居民社会养老保险制度，具体办法如下：

一、基本原则

城乡居民社会养老保险工作以邓小平理论、“三个代表”重要思想、科学发展观为指导，深入贯彻落实党的十八大和十八届三中全会精神，紧紧围绕“两个率先”总要求，着力构建与我省经济社会发展水平相适应的城乡居民社会养老保险制度，解决城乡居民老有所养问题。城乡居民社会养老保险制度的基本原则是“全覆盖、保基本、多层次、可持续”。一是政府主导与居民自愿相结合，引导城乡居民普遍参保；二是从城乡居民实际情况出发，筹资标准和待遇水平与经济发展及各方面承受能力相适应；三是个人（家庭）和政府合理分担责任，权利与义务相对应；四是省确定基本原则和主要政策，地方制定具体办法。

二、目标任务

在全省范围内全面整合新农保与城居保制度，建立城乡居民社会养老保险制度。已先行建立城乡居民社会养老保险制度的市、县（市、区），要根据本办法，调整和完善相关政策；已参加新农保和城居保及已享受新农保和城居保待遇的人员，全部并入城乡居民社会养老保险制度。

三、参保范围

具有本省户籍，年满16周岁（不含在校学生）以上、60周岁以下，未参加企业职工基本养老保险的农村居民和城镇非从业居民，均可在户籍地自愿参加城乡居民社会养老保险。

四、基金筹集

城乡居民社会养老保险基金筹集主要由个人缴费、集体补助、政府补贴构成。

（一）个人缴费。参加城乡居民社会养老保险的人员应当按规定缴纳养老保险费。缴费标准目前设定为每年100元、200元、300元、400元、500元、600元、700元、800元、900元、1000元、1100元、1200元12个档次，市、县（市、区）人民政府可根据经济发展水平适当增设缴费档次。参保人自主选择档次，按规定逐年缴纳保费，多缴多得。省根据国家要求和经济发展及城乡居民收入增长等情况适时调整缴费档次。各地可按制度规定，结合本地实际确定缴费方式。

（二）集体补助。充分发挥我省集体经济优势，建立和完善城乡居民社会养老保险基金集体补助机制。有条件的村集体应当对农村居民参保缴费给予补助，补助标准由村集体民主确定。鼓励其他经济组织、社会公益组织、个人为城乡居民社会养老保险参保人缴费提供资助。

（三）政府补贴。政府对符合领取条件的参保人全额支付城乡居民社会养老保险基础养老金。基础养老金由中央财政、省财政和地方财政共同承担，省财政（含中央财政）对市、县（市、区）按人均财力分档给予补助，对经济薄弱地区给予重点倾斜。

市、县(市、区)人民政府应对参保人员缴费给予补贴，多缴多补。选择100元—400元标准缴费的，补贴标准不低于每人每年30元；选择500元—800元标准缴费的，补贴标准不低于每人每年40元；选择900元—1200元标准缴费的，补贴标准不低于每人每年50元。补贴标准限低不限高，有条件的地区可提高补贴标准，对选择较高档次标准缴费的，可适当增加补贴给予鼓励，具体标准和办法由市、县(市、区)人民政府确定。

对城乡重度残疾人等缴费困难群体，市、县(市、区)人民政府为其代缴部分或全部最低标准养老保险费。

五、建立个人账户

政府为每位参保人员建立终身记录的养老保险个人账户。个人缴费、集体补助、政府对参保人的缴费补贴、个人账户利息及其他来源的缴费资助，全部记入个人账户。个人账户储存额参照我省企业职工基本养老保险个人账户记账利率计息。

六、养老金待遇

养老金待遇由基础养老金和个人账户养老金构成，支付终身。

2013年基础养老金标准为每人每月最低80元。市、县(市、区)人民政府可根据当地实际情况适当提高基础养老金标准，对于连续缴费超过15年的城乡居民，每超过1年，基础养老金可增发1%，提高和增发部分的资金由当地人民政府承担。

个人账户养老金的月计发标准为个人账户储存额除以139。参保人员死亡，个人账户中的资金余额，除政府补贴外，可依法继承；政府补贴余额用于继续支付其他参保人的养老金。

七、养老金待遇领取条件

参加城乡居民社会养老保险的人员，年满60周岁，可按月领取养老金。

2009年12月29日已年满60周岁的农村居民、2011年10月20日已年满60周岁的城镇居民，未享受企业职工基本养老保险待遇以及国家规定其他养老待遇的，不需缴费，可按月领取基础养老金。

2009年12月29日未满60周岁的农村居民、2011年10月20日未满60周岁的城镇居民，未参加企业职工基本养老保险的，按规定缴费至达到领取养老金年龄止。其中，距领取年龄不足15年的，应按年缴费，并允许补缴，累计缴费不超过15年；距领取年龄超过15年的，应按年缴费，累计缴费不少于15年。

要引导城乡居民及城乡居民社会养老保险待遇领取人员的子女按规定参保缴费，鼓励长期缴费，多缴多得，具体办法由市、县(市、区)人民政府规定。

八、待遇调整

根据国家新农保和城居保基础养老金调整政策和全省经济社会发展以及物价变动等情况，适时调整基础养老金的最低标准。

九、基金管理与监督

建立健全城乡居民社会养老保险基金财务会计制度。城乡居民社会养老保险基金纳入社会保障基金财政专户，实行收支两条线管理，单独记账、核算，按有关规定实现保值增值。目前，城乡居民社会养老保险以市、县(市、区)为统筹地区，条件成熟时实行省级管理。

各级人力资源社会保障部门要切实履行城乡居民社会养老保险基金的监管职责，制定完善城乡居民社会养老保险各项业务管理规章制度，规范业务程序，建立健全内控制度和基金稽核制度，并定期披露基金筹集和支付信息，做到公开透明；加强社会监督，严禁挤占挪用，确保基金安全。财政部门要充分发挥监督职能，加强基金收入、支出、结余的监督，实行基金的财政专户管理，确保专款专用。监察、审计等部门按各自职责实施监督。城乡居民社会养老保险经办机构每年对参保人待遇领取资格进行认证和公示，并接受群众监督。

各级人力资源社会保障部门与财政部门要密切配合，切实加强对基金的监督管理，定期检查基金的筹集、存储、上解、发放等工作。

十、经办管理服务

各地要及时、完整、准确记录城乡居民参保缴费和领取待遇情况，定期将个人权益记录单免费寄送本人，建立参保档案，长期妥善保存；建立全省统一的城乡居民社会养老保险信息管理系统，与企业职工基本养老保险信息管理系统整合，纳入社会保障信息管理系统（“金保工程”）建设，并与其他公民信息管理系统实现信息资源共享；大力推行以参保、缴费、领取、查询为主体的便民快捷服务体系建设，实行全国统一的社会保障卡，方便参保人持卡缴费、领取待遇和查询本人参保信息。加强经办能力建设，整合现有资源，鼓励建设“五险合一”的社会保险经办机构，切实解决城乡居民社会养老保险经办管理服务必要的工作机构、人员和工作经费。城乡居民社会养老保险工作经费纳入同级财政预算，不得从城乡居民社会养老保险基金中开支。

十一、组织领导

各级人民政府要充分认识开展城乡居民社会养老保险工作的重大意义，将其列入当地经济社会发展规划和年度目标管理考核体系，切实加强组织领导，全面落实各项措施。

各级人力资源社会保障部门要切实履行城乡居民社会养老保险工作行政主管部门的职责，会同财政等有关部门做好城乡居民社会养老保险的统筹规划、政策制定、统一管理、综合协调等工作。

十二、加强宣传

建立城乡居民社会养老保险制度是贯彻落实科学发展观、加快建设覆盖城乡居民社会保障体系的重大决策，是统筹城乡发展、推进基本公共服务均等化的重要政策，是实现广大居民老有所养、促进社会和谐的重大民生工程。各地、各有关部门要加强宣传，运用通俗易懂的方式，宣传城乡居民社会养老保险重要意义、基本原则和各项政策，增进全社会特别是城乡适龄居民对该项政策的了解，营造全社会共同关心支持该项工作的良好氛围，促进城乡居民社会养老保险事业持续健康发展。

十三、相关制度衔接

《省政府关于印发江苏省新型农村社会养老保险制度实施办法的通知》（苏政发〔2009〕155 号）和《省政府关于印发江苏省城镇居民社会养老保险制度实施办法的通知》（苏政发〔2011〕144 号）规定的各项政策与本办法整合，苏政发〔2009〕155 号文件和苏政发〔2011〕144 号文件同时废止，自 2014 年 1 月 1 月起，统一按本办法执行。城乡居民社会养老保险与企业职工基本养老保险、被征地农民社会保障、“五保”供养、优抚对象、最低生活保障等制度的衔接和转移接续办法，按国家有关规定执行。

第三章 浙江省政府相关文件

浙江省关于推动现代装备制造业加快发展的若干意见

各市、县(市、区)人民政府,省政府直属各单位:

现代装备制造业是强省富民的基础性和全局性产业,是提升传统产业的重要依托,是新兴产业的重要组成部分。为推动我省现代装备制造业加快发展,现提出如下意见:

一、总体思路和发展目标

(一)总体思路。围绕建设工业强省的目标要求,把发展现代装备制造业作为培育战略性新兴产业的首要任务,坚持"创新驱动、市场引领、集聚发展、转型升级",以智能化、自动化、成台(套)化为主攻方向,深入开展装备制造产业技术创新综合试点,加快现代装备高新区与产业基地建设,大力推广协同创新、协同制造的现代生产组织模式,鼓励民资、国资、外资和知识资本投资现代装备制造业,加快传统装备制造向现代装备制造转变、装备制造大省向装备制造强省转变。

(二)发展目标。今后三年全省规模以上现代装备制造业增加值年均增长12%,到2015年达6000亿元,占制造业增加值的比重从目前的32.6%提高到35.6%;重点企业研发经费支出占主营业务收入比重达3%以上;培育100家左右具有重大装备自主设计研发能力的重点企业研究院,形成一批具有自主知识产权的高端智能装备和知名品牌;培育形成50家左右具有较强国际竞争力的装备集成制造龙头骨干企业,8家左右现代装备高新区,30个左右特色产品优势突出、具有一定规模、专业化协作分工合理的现代装备制造产业基地;构建20个左右创新能力强、市场占有率全国领先的装备制造重点产业链。

二、发展要求和方向

(一)发展要求。深入贯彻落实党的十八大关于工业化、信息化、城镇化、农业现代化同步发展的部署,加快我省现代装备制造业发展。

1. 坚持把现代装备制造业作为工业现代化的主攻方向和重要依托。促进装备制造业加快升级、壮大规模、提升国际竞争力。利用现代装备制造业发展成果改造提升传统产业,促进全省工业、农业与服务业的现代化。

2. 坚持现代装备制造业与信息化深度融合发展。着力抓好信息技术、智能技术与装备的深度融合与综合集成,大力发展研发设计、生产制造和储运销售等过程的智能化、自动化、成台(套)化的装备,积极发展智慧城市建设相关的专用物联网等装备产业。

3. 坚持现代装备制造业与城镇化良性互动发展。按照产城融合的要求,着力发展以现代装备制造业为主体的高新区与产业基地,并以此为依托形成宜工宜居的现代化新城区。

4. 坚持现代装备制造业与农业现代化协调发展。围绕精准农业、设施农业、生态农业的发展和农产品安全，着力提供现代装备支撑，开拓新的市场。

（二）发展方向。顺应全球装备制造业“绿色、智能、超常、融合、服务”的发展趋势，加快推动我省现代装备制造业做大做强。

1. 绿色。围绕生态工业发展的要求，重点支持发展节约集约利用资源能源、污染与安全监测防治、技术密集的绿色制造装备。

2. 智能。围绕降低劳动强度、艰苦和危险岗位“机器换人”、智能化制造方式替代传统制造方式的要求，重点支持发展机电一体化以及与生产、检测、质量安全保障等“一体化”的智能制造装备。

3. 超常。围绕超大型、超微型、超高性能型装备使用的需求，重点支持发展适应超常环境、具有超常工艺、超精密制造的特色装备。

4. 融合。围绕产业链协同制造与集成的发展要求，重点支持装备集成制造的龙头骨干企业与从事零部件制造的中小企业进行协同制造的合作，促进信息技术、新材料技术与新型装备制造技术的集成与协同，大力发展高性能成套装备、系统装备。

5. 服务。围绕工业工程设计、装备制造、建设安装、售后服务“总承包”、“交钥匙”等服务型制造发展的要求，重点支持装备工业设计与销售公司、成套与系统装备大型制造企业开展集工业工程设计、装备制造、运行调试、员工培训、维修检测、配件专供等为一体的新型商业模式创新。

三、深入开展产业技术创新综合试点，不断增添创新驱动发展的动力

（一）规划建设省级重点企业研究院。围绕形成装备产业链的整体优势，依托集成制造的大型龙头骨干企业与装备工业设计、装备电子和软件、装备仪器仪表等科技型中小企业，省、市、县（市、区）联合培育一批省级重点企业研究院，按企业研发费用占主营业务收入5%以上、3—5%两个档次，分别给予每家一次性1000万元、500万元的省级补助；企业所在市或县（市、区）按同比例配套；企业自筹研发投入不低于财政补助资金总额。鼓励省级重点企业研究院建设国家重点实验室、国家级企业技术中心和工程技术研究中心。加强对省级重点企业研究院的指导、服务和监管，完善评价体系，健全退出机制。

（二）实施装备制造产业技术攻关重大专项。围绕光伏发电与用能装备、船舶装备、新能源汽车、智能纺织印染装备、现代农业装备、现代物流装备、工业自动化与智能控制装备、节能环保装备、现代医疗装备等领域，组织实施目标具体明确的装备制造产业技术攻关重大专项，重点突破关键零部件、机电一体化芯片、系统智能控制软件等重大产业技术瓶颈。对承担上述技术攻关任务的省级重点企业研究院，连续3年每年优先安排省级攻关课题项目，并按研发费用占主营业务收入5%、3—5%两个档次，每项给予150万元、100万元补助，所在市或县（市、区）按同比例配套。

（三）实施青年科学家培养计划。按照个人自愿、双向选择的原则，在省内高校、科研院所组织一批35岁左右的有培养前途的科技人才到省级重点企业研究院工作，工作时间原则上不少于3年，最多不超过6年。在省级重点企业研究院工作期间，青年科技人才在原单位的待遇保持不变。鼓励支持现代装备制造业省级重点企业研究院积极引进海外工程师，符合条件的可享受外国专家的有关政策；经省人才办、省人力社保厅、省科技厅认定，对引进海外工程师的省级重点企业研究院按每位海外工程师10万元的标准予以奖励，企业所在市或县（市、区）按同比例给予资助。重视高端技师技工队伍建设。

四、加快现代装备高新区与产业基地建设，发挥核心载体作用

（一）形成依托高新区与产业基地的现代装备制造业错位发展的新布局。借助产业集

聚区等创建省级高新区和现有省级高新区转型升级的机遇，重点支持杭州和金华发展新能源汽车、嘉兴发展光伏发电与用能装备、舟山发展船舶装备、绍兴发展智能纺织印染装备、金华永康发展现代农业装备、湖州发展现代物流装备产业。根据各地的产业基础与积极性，按照成熟一个启动一个的原则，进一步谋划节能环保装备、医疗装备、电子信息装备、工业自动化与智能控制等现代装备高新区建设。

（二）促进现代装备高新区与产业基地协同发展。各现代装备高新区要以产业链为纽带，主动出击，狠抓招大引强、招才引智、资助创业等工作，加快装备工业设计基地、装备电子和软件开发基地、关键瓶颈技术创新基地、装备集成制造基地、装备关键零部件制造基地、高端创新人才集聚基地建设。

（三）开展现代装备工业强区建设试点。围绕实现研究与试验发展经费、研发人员数、发明专利授权量、规模以上工业新产品产值、高新技术产业产值、战略性新兴产业增加值“五年倍增”的要求，以高新区、卫星城镇等为依托，开展现代装备工业强区建设试点。

五、深化大中小企业合作，大力推进协同创新、协同制造

（一）支持整机集成制造的龙头骨干企业联合生产零部件的中小企业发展紧密型协同制造模式。鼓励整机集成制造企业加强成台（套）装备的整机设计、技术攻关与市场开拓，与制造零部件的中小企业开展分包协作，形成紧密型的长期合作关系。支持科技型中小企业创新发展，与整机集成制造的龙头企业开展协同创新、协同制造，打造统一品牌的装备。对企业以制造业为基础、协同省内配套企业开展总集成，实施的合同金额1亿元以上的项目，按合同金额的一定比例给予资助。

（二）支持工业工程总承包公司联合装备制造企业开展服务与制造的新型合作。鼓励装备行业有条件的企业申报工程总承包资质。鼓励工程总承包公司与装备制造企业紧密合作，实施“交钥匙工程”。对工程总承包公司实施的合同金额1亿元以上的“交钥匙工程”项目，凡与我省装备制造企业签订成台（套）设备三年以上合作合同的，按其采购本省成台（套）装备合同金额的一定比例给予资助。

（三）支持集装备工业设计与销售于一体的企业与各装备制造企业开展紧密合作。鼓励装备制造企业外包设计服务，主动承接集工业设计与营销于一体的企业的产品订制业务。对集工业设计与营销于一体的企业，凡与我省装备制造企业签订成台（套）设备三年以上合作合同、采购本省成台（套）装备合同金额1亿元以上的项目，可享受工程总承包公司相同的资助政策。

（四）着力培育现代装备龙头骨干企业和研制关键部件的科技型中小企业。按照“总部型、品牌型、上市型、高新型、产业联盟龙头型”企业的发展要求，培育一批引领现代装备产业发展的品牌骨干企业、一批具有浙江特色优势和较强市场竞争力的名牌装备。按照“专精特强”的发展要求，扶持一批专业特色鲜明、技术含量较高、配套能力较强、市场前景较好的从事装备关键部件研制的科技型中小企业，形成大中小企业协作配套的发展格局。

六、扩大投资拉动，加快培育民资、国资、外资和知识资本等现代装备制造创业创新主体

（一）引导民间资本投资现代装备制造业。各地、各有关部门要制订完善政策措施，实施公正平等采购竞争方式，鼓励民间资本发展新兴装备。支持我省传统制造龙头企业通过新办、投资控股、兼并重组等方式进入现代装备制造业领域，尤其是市场容量大、成长性好的智能制造装备、现代物流装备、节能环保装备、高端医疗装备等新兴装备和高技术装备领域。鼓励省外浙商和知名民营装备

企业来我省投资发展现代装备制造业。

（二）引进国际高端装备制造企业和项目。明确高端装备制造业的招商选资重点、方向，制定完善相应的鼓励政策，加强专业招商队伍建设，吸引全球装备制造业知名企业和跨国公司来浙投资创办高端装备制造企业，尤其要引进一批有助于弥补我省装备制造业短板、突破技术瓶颈、带动产业链整体升级的跨国强企来我省投资落户。支持外资与我省企业合资合作发展高端装备制造业。

（三）支持央企和省属国有企业在我省投资现代装备制造业。继续加强央企特别是装备制造领域的央企及其技术研发机构、人才团队的引进工作。重视军民融合发展，加强我省装备制造企业与军工装备央企的对接，加快我省民营企业参与国防装备制造步伐。支持省属国有企业投资高端装备制造产业。

（四）鼓励科技人员带科技成果创办现代装备科技型中小企业。各装备高新区与产业基地要加强创业孵化器建设，设立资助创业投资专项资金，引进各类创投基金，优化投资创业服务，支持创业企业上市，鼓励高校和科研机构科技人员发挥知识资本优势，利用科技成果创办装备关键部件的研发制造、装备电子及软件开发、装备工业设计等科技型中小企业。

七、重视市场带动，着力开发国内外装备市场

（一）开展现代技术改造专项行动，大规模开发我省现代装备市场。全面开展以减员增效、减能增效、减耗增效、减污增效，提高全员劳动生产率和优质品率等“四减两提高”为主要内容的现代技术改造专项行动，力争每年工业现代技术改造投入不少于3000亿元。鼓励企业采用自动化、智能化的装备替代手工的、半机械化的、纯机械化的装备，进一步加快对传统工业的改造升级。树立现代工厂的样板，引导企业开展“四减两提高”现代技术改造，引导我省装备制造企业与目标市场对接。对列入省“四减两提高”现代技术改造计划的项目，加大财政支持力度。

（二）鼓励采购就地就便开展售后服务的先进装备，支持我省装备制造企业拓展市场。制订优先采购就地就便开展售后服务的成台（套）装备的激励政策。每年公布《浙江制造重点装备目录》，政府性投资及补助、省属国有企业投资的项目，同等条件下优先采购目录中的装备。建立健全首台（套）重大技术装备保险补偿机制。鼓励各级政府搭建平台，促进省内装备制造企业与政府性投资及补助、国有企业投资等项目业主的对接。

（三）举办装备制造业博览会，打造先进装备销售和引进的大平台。由省政府主办，省经信委、省商务厅、省科技厅和义乌市政府承办中国义乌国际装备制造业博览会，展示和推销浙产先进装备，引进国内外现代装备企业、项目、研发机构和团队。每年从省工业转型升级专项资金中安排500万元补助中国义乌国际装备制造业博览会；从省战略性新兴产业专项资金中安排1000万元，重点支持组展好、利用展会招大引强业绩突出、开发装备市场成效大的设区市和高新区。鼓励装备制造企业参加国际知名展会，其中参加省商务厅等认定的重点国际装备展览的，给予一定比例的展位费资助。

八、强化政策推动，不断优化现代装备产业发展环境

（一）建立动态评价考核机制。省经信委会同省统计局等部门对各市装备制造业增加值及增速实行按月按季排序考核制度。省科技厅、省发改委、省经信委、省统计局建立创建装备高新区考核评价制度，开展“五年倍增”责任分解、年度考核、公开激励。各地要加强对装备制造企业的单位资源占用产出评价，并建立与此挂钩的扶优扶强激励机制。

（二）加大财税政策扶持。省财政科技资金存量部分继续安排资金，并从2013年起5年内，

每年从科技经费增量部分中安排不少于50%的资金，用于支持现代装备制造业的省级重点企业研究院建设、产业技术攻关重大专项和奖励省级重点企业研究院引进海外工程师。省工业转型升级专项资金存量部分每年安排不低于30%的资金用于现代装备产业发展，并将2013年增量部分的全部资金，今后每年安排用于支持现代装备制造业的协同创新和协同制造、重大技术装备风险补偿、现代技术改造和中国义乌国际装备制造业博览会等方面。省战略性新兴产业专项资金继续安排不低于30%的资金，支持现代装备制造业发展。支持企业实施兼并重组，对所发生的资产过户有关税收所形成的地方财政收入，各级财政可用于对企业的奖励，有关费用也可予以减免。对装备产品中的嵌入式软件，其增值税实际税负超过3%的部分实行即征即退政策。落实重大技术装备进口关键原材料和零部件免征进口关税和进口环节增值税等优惠政策。

（三）优先保障要素供给。各产业集聚区的新增用地指标，要优先保障现代装备制造业重大项目。建立加快重大装备项目开工达产的机制，对符合条件的装备制造业项目，优先纳入省重大产业项目库，由地方先行安排建设用地指标开工建设。根据每年各地重大装备产业用地实绩考核结果和鼓励先进的原则，省给予新建建设用地计划指标奖励。对总投资10亿元以上、亩均投资300万元以上的现代装备制造业项目，各高新区要优先安排用地指标。各地要把切块下达的年度新增建设用地计划指标和通过“腾笼换鸟”腾出的土地，优先保障省重大产业项目库现代装备制造业项目的用地要求。推动银企合作，创新金融产品，加大对装备制造企业的信贷支持。优先保障装备制造龙头企业用电、用能的合理需求。

各地、各有关部门要根据本意见精神，抓紧制订加快现代装备制造业发展的配套政策措施，并抓好贯彻落实。

浙江省人民政府
2013年3月26日

浙江省法治政府建设实施标准

根据宪法、法律和《国务院关于加强法治政府建设的意见》(国发〔2010〕33 号),以及省委建设法治浙江的决策部署,我省法治政府建设的总体要求是:坚持党的领导、人民当家作主和依法治国有机统一;尊重和维护宪法权威,严格执行宪法确立的各项基本制度,确保法制统一和政令畅通;维护人民群众根本利益,依法保障公民、法人和其他组织的合法权益;把依法行政与深化改革结合起来,加快政府职能转变,加强行政管理创新,切实履行好政府职能。按照这一总体要求,制定如下实施标准:

一、行政管理体制适应经济社会发展需要

深化行政管理体制改革,推动政府职能向创造良好发展环境、提供优质公共服务、维护社会公平正义转变。

(一) 统筹协调本地区经济社会事务,强化执行和执法监管职责,做好面向基层和群众的服务与管理。上下级政府之间、政府部门之间职能界定合理,责任明确,权责一致。

(二) 行政审批制度改革不断深化,真正做到该放的权放开放到位、该管的事管住管好,实现审批事项减少、审批时限压缩、审批程序简化、审批服务优化。

(三) 权责明确、行为规范、监督有效、保障有力的行政执法体制加快建立,执法重心下移,执法监管职责落实。

(四) 分工负责、信息共享、运转高效的部门协作机制健全,公众参与畅通、有序,社会协同管理格局基本形成。

(五) 行政机构设置规范,行政编制管理科学,公务员管理制度有效落实。

二、制度建设贯穿于政府各项工作

围绕五位一体总布局,把制度建设摆在突出位置,遵循经济社会发展规律,坚持国家法制统一与地方制度创新相结合,充分发挥制度对改革发展的引领、推动和保障作用。

(一) 全面贯彻中央和省委的方针政策,自觉通过法定程序将其转化为制度规范,并确保在经济社会管理中得到有效执行。

(二) 统筹考虑经济社会事务、文化事业和生态文明建设的需要,重点突出,体现地方特色。

(三) 政府规章和规范性文件制定权限符合规定,内容与法律法规不抵触,相互之间保持协调。

(四) 制定政府规章和规范性文件广泛征求意见,充分反映民意,专家咨询论证制度健全完善。

(五) 政府规章和规范性文件的修改、废止和定期清理、评估制度得到执行。政府规章和规范性文件通过后,在政府公报和政府网站或者当地报纸上及时公布。

三、实施行政管理和参与民事经济活动符合公共利益,遵守法定权限和程序

严格遵循职权法定、程序正当、诚实守信、权责一致原则,依法保障公民、法人和其他组织合法权益,维护经济和社会正常秩序。

(一) 重大行政决策事项和权限明确,公众参与、专家论证、合法性审查等程序执行到位,风险评估

全面、客观、真实。

（二）行政执法规范化建设积极推进，行政处罚、行政许可、行政征收、行政强制等执法程序完善、正当，执法裁量公正、合理，食品药品、环境保护、城乡规划、土地管理、劳动保障、社会治安、安全生产等领域监管服务到位。

（三）公共资源交易、行政审批服务、网上办事等行政服务平台功能健全，服务规范、高效，服务能力基本适应公民、法人和其他组织的需求。

（四）政务公开不断深化，政府信息公开制度有效实施，社会公众依法获取政府信息方便、全面、快捷。

（五）行政机关参与招商引资、重点建设、政府采购等民事经济活动，依法订立合同，积极行使权利，全面履行义务，维护公共利益和政府诚信。

（六）自然灾害、事故灾难、公共卫生事件和社会安全事件等突发事件预防与应急体系完备，应急处置和救援措施有力。

四、完善行政监督制度，维护人民群众的监督权利

按照从严治政、廉洁从政的基本要求，自觉接受外部监督，强化内部监督，做到有权必有责、用权受监督、违法受追究。

（一）执行人大决议、决定，支持人民政协履行职责，自觉接受人大及其常委会的依法监督和政协的民主监督。

（二）行政督查、执法监督等层级监督健全，上级行政机关对下级行政机关的经常性监督责任落实。

（三）行政监察、审计等专门监督有力，行政问责制度执行到位。

（四）尊重和支持人民法院依法独立行使审判权，自觉执行人民法院生效判决或裁定。

（五）依法、及时处理社会公众、新闻媒体对违法或者不当行政行为的投诉、举报或者报道。

五、坚持公平正义，依法解决社会矛盾纠纷

着眼于保障公民合法权益和维护社会和谐稳定，健全党委和政府主导的维护群众权益机制，引导社会公众依法、理性表达利益诉求，切实承担起化解社会矛盾纠纷的责任。

（一）行政调解工作体制机制健全，职责明确并有效落实，与人民调解、司法调解相互衔接。

（二）行政复议制度得到有效执行，公信力不断提高，行政复议作为解决行政争议的主渠道基本确立。

（三）信访工作制度和机制完善，信访工作职责落实，人民群众提出的意见、建议和投诉事项得到依法处理。

（四）因土地房屋征收、变更或者撤回行政许可等产生的行政补偿程序正当、标准合理、结果公开，因行政违法产生的行政赔偿义务依法履行。

（五）对侵权纠纷、补偿纠纷、损害赔偿纠纷、权属纠纷等法定的行政裁决职责依法履行，做到公平、公正。

六、法治政府建设实效不断提升

立足于人民满意根本标准，以科学发展为引领，坚持将法治政府建设的理念、原则和要求贯穿于经济社会发展各项工作。

（一）改革创新与依法行政有机统一，依法推进经济社会领域的各项改革。

（二）自觉并善于运用法治思维和法治方式，有效推动重大施政项目的实施，确保政府执行力。

（三）行政机关工作人员具有较强的法治意识，依法行政能力和水平与岗位职责相适应，保持廉洁自律。

（四）加强法制宣传教育，积极营造法治政府建设的良好社会氛围。

（五）充分发挥人民群众在法治政府建设中的作用，社会满意度保持在较高水平。

浙江省关于进一步促进科技与金融结合的若干意见

为加速科技成果转化及产业化，提高企业技术创新能力，改造提升传统产业，培育发展战略新兴产业，加快经济转型升级和发展方式转变，现就进一步促进科技与金融结合提出如下意见：

一、充分认识科技与金融结合的重要意义

科学技术是第一生产力，金融是现代经济的核心，科技与金融结合有利于加速科技成果转化及产业化，推动运用先进技术改造提升传统产业、培育战略新兴产业，提升自主创新能力，推进科技强省和创新型省份建设，加快经济转型升级，促进发展方式转变取得实质性进展。各地、各有关部门和金融机构要在深刻把握科技创新创业和金融创新规律的基础上，按照国家有关部门的部署和要求，在科技与金融资源密集的地区组织开展促进科技创新创业与金融结合试点，探索科技创新创业和金融资源对接的新机制和新模式，集聚技术、资本、企业等各方资源，着力破解科技创新创业发展"融资难"问题，力争"十二五"期间建立健全促进科技与金融结合的工作体制机制，形成符合科技创新创业和现代金融发展规律的科技投融资合作体系。

二、金融支持科技发展的重点领域

按照省委、省政府有关科技工作的战略部署，以浙江省科学技术"十二五"发展规划为指导，综合运用各种金融手段，支持科技创业、科技创新、科技服务业发展以及科技创新基地建设，推动国家技术创新工程试点省建设，提升自主创新能力，促进经济转型升级。

（一）支持科技人员与成果创业。充分发挥浙江民营经济、民间资本的优势，着力引导民间资金，支持产学研合作，支持科技人员依托创新成果创业。完善各类政府性创业资助政策资金、担保资金与创投市场投资资金的有机配合，发挥创业投资和资本市场等资源配置作用，加快创新研发和产业化进程，积极支持海内外科技人才兴办企业创业，培育一大批拥有自主知识产权、技术领先、高成长的科技型中小企业，并推动其不断发展壮大。强化科技企业孵化器和大学科技园等的融资服务功能，完善服务设施，为初创期科技企业发展营造良好环境，提高创业成功率。

（二）支持企业性等科研机构科技创新和高新技术企业、科技型中小企业的进一步发展。围绕培育发展战略新兴产业和传统产业转型升级，综合运用财政、信贷、担保、保险等手段，加大科技投入力度，推动重大科技专项的组织实施，掌握一批具有自主知识产权的核心技术，开发一批重大战略产品，突破制约发展的技术瓶颈。支持企业工程技术研究中心、企业研究院等重大科研基础设施建设，提升企业研发能力，推动研发、设计、工程及生产的有机结合。为高新技术企业、创新型企业和行业龙头骨干企业等提供全方位、多层次的金融服务和产品，形成优质科技和金融资源的集聚效应，促进企业做大做强，打造一批具有核心竞争力的行业领军企业。以长期的、战略性眼光，有序支持具有自主知识产权的大型企业集团和产业技术创新联盟的研发、中试、产业化、市场拓展等各环节，通过"整体方案"设计，覆盖整个产业链的近、中、远期各阶段融资需求。

（三）支持各类科技服务业发展。支持工业设计服务业、科技中介服务业、科技成果推广类服务业、网络技术信息服务业、节能环保服务业等各类企业类服务业及相应的产业基地的发展。发展创业投资、风险投资、基金投资、信贷服务、知识产权评估质押等创业投资服务业。支持科技咨询、评

估鉴定、检验检测、知识产权事务等科技中介服务业以及科技信息、技术转让、技术经纪、成果推广、技术转移等创新服务业。完善网上技术市场的创新服务功能和创业服务功能，畅通创新与创业渠道，推动产业化。支持软件研发及服务、产品技术研发及工业设计服务、信息技术研发及外包服务、技术性业务流程外包服务等技术先进型服务企业的发展，加快信息技术、生物技术及节能减排技术等高新技术的推广应用。

（四）支持科技创新创业产业基地的建设和发展。重点支持各类以科技创新研发为依托的产业基地的建设与发展。加快高新技术产业开发区（园区）、青山湖科技城、浙江海外高层次人才创新园、国家海洋科技国际创新园等科技创新产业基地建设。加强与有关政府与管委会的合作，支持研发园、创业园、创新城等各类科技产业集聚区发展，满足基地和园区基础设施、公用配套设施、主体工程等建设的资金需求。支持推动重大创新平台和载体建设，完善服务设施，扩大服务范围，促进区域内部及区域之间创新要素的有序流动，完善区域创新体系建设。

三、金融支持科技发展的主要方式

针对科技支撑引领经济转型升级面临的新形势、新任务，通过创新财政科技投入方式，引导和促进银行业、证券业、保险业金融机构及创业投资等各类资本创新金融产品、改进服务模式、搭建服务平台，实现科技创新链条与金融资本链条的有机结合，满足科技企业从初创期到成熟期各发展阶段的融资需求。

（一）鼓励设立创业风险投资引导基金。逐步扩大省创业投资引导基金规模，鼓励有条件的市、县（市、区）设立创业投资引导基金。充分发挥政府性科技创业资助政策性资金的作用，致力于带动民营企业和民间创业资本、金融市场投资资本和服务的倍增效应和服务效应。发挥引导基金的引导放大作用，通过阶段参股、跟进投资和风险补助等方式，扶持创业投资企业发展，逐级放大，引导社会资本进入创业风险投资领域。鼓励创业风险投资、产业投资基金等股权投资基金加大对处于种子期和初创期的科技企业的投资力度，引导民间资金转化为产业资本。

（二）提高科技创业投资与信贷服务水平。进一步改革和完善信贷管理制度，探索建立适合科技型企业融资的专业化管理模式和业务流程，执行尽职免责信贷制度，简化信贷审批手续，提高服务效率，适当提高风险容忍度。根据科技型企业特点设计内部信用评级体系，建立和完善科学、合理的科技企业信用评级和信用评分制度。设立科技专家评审团队，组织开展科技专家参与科技型中小企业贷款项目评审工作机制，为银行信贷提供专业咨询意见。加快形成银行、创投、担保、融资租赁等资源集成、优势互补的合作机制，进一步探索债权、股权相结合的科技企业融资模式。

（三）加强科技类信贷产品开发和创新。银行业金融机构要深入研究科技型企业融资的需求和特点，综合运用各类金融工具和产品，创新信贷模式，开发面向不同企业的多元化、多层次信贷产品。按照《浙江省专利权质押贷款管理办法》和《浙江省商标专用权质押贷款暂行规定》等规定，进一步推动知识产权质押贷款业务发展，着力抓好扩面增量工作。积极推动和发展应收账款、订单、仓单、保单质押等基于产业链的融资创新产品，推动科技型企业集合信托债权基金、金融仓储、小企业网络融资等特色产品创新。灵活运用外汇贷款、买方信贷、履约保函、出口信用证、对外担保等方式，满足高新技术产品出口以及引进国外成套设备和关键技术的外汇信贷和贸易融资需求。

（四）加快推进科技信贷专营机构建设试点。按照试点完善、稳步推进、风险可控的原则，支持银行在科技型企业比较集中的地区，设立专门面向科技型企业的科技支行等信贷专营机构，实行专门的客户准入标准、信贷审批机制、风险控制政策、业务协同政策和专项拨备政策，进一步拓展服务科技型企业的深度和广度。建立贷款风险补偿基金，形成政府引导、多方参与的科技型中小企业贷款

风险补偿机制，引导和支持银行业金融机构加大对科技的信贷投入。支持国家和省级高新技术产业开发区(园区)所在地县(市、区)政府采取政府引导、市场化运作的方式，逐步开展设立科技小额贷款公司试点工作。科技小额贷款公司主要面向开发区(园区)的高新技术企业等科技型企业提供融资等金融服务。有关地方政府要研究制订鼓励科技小额贷款公司规范发展的政策措施，使其逐步发展成为专门服务于科技型企业的专业金融组织。

(五)加快发展科技融资担保服务。鼓励和支持设立为高成长、轻资产、初创期科技型企业提供融资服务的政策性担保公司。探索与商业性担保公司的合作机制，发展科技型企业融资担保业务。进一步完善科技型企业融资担保公司的资本注入和补充机制，探索建立科技型企业融资担保损失补偿机制。各银行对于专门的科技担保机构可在国家规定的范围内适当提高其担保放大倍数。加快再担保机构建设，为中小企业信用担保机构提供增信和分险服务，促进担保机构扩大规模、提高水平、规范运作。

(六)加强科技保险产品创新。针对科技型企业在技术研发、成果转化和产业化过程中的风险问题，创新科技保险产品。积极推进自主创新高新技术产品和首台(套)产品质量保险、科技型企业融资保险以及科技人员保障类保险等产品，完善出口信用保险功能，分散企业技术创新的市场风险，改善企业信贷环境，为科技型中小企业融资提供新途径。研究制定推进科技保险的政策措施，探索建立科技保险保费财政补贴制度，引导保险公司开展科技保险业务。加大对科技保险的宣传，提高科技型企业对科技保险的认识和投保积极性，扩大科技保险覆盖面。

(七)支持利用资本市场进行融资。支持和鼓励具备条件的科技型企业开展股份制改造，充分利用并发挥资本市场的作用，在主板、中小企业板、创业板或到境外上市融资，并研究制定和落实按规定减免拟上市科技型企业在改制重组过程中办理资产置换、剥离、收购、财产登记过户涉及的交易税费和其他费用的政策。鼓励和支持杭州、宁波、绍兴国家高新技术开发区争取进入股份代办转让系统试点，加强对申报工作的组织和指导，深化高新技术开发区与券商的合作，做好企业的动员、组织和辅导工作，为开发区高新技术企业股份公开转让提供通道。在全国统一的场外市场和省内未上市公司股份转让平台挂牌交易的科技型企业，均享受企业上市同等扶持优惠政策。

(八)支持利用债券市场开展融资。加大债务融资工具的宣传和推广力度，积极支持经济效益好、信誉度高的科技型企业在银行间债券市场发行短期融资券、中期票据等债务融资工具。在不断完善风险控制、信用增进等相关配套服务的基础上，依托高新技术产业开发区(园区)、产业基地、科技企业孵化器等产业集聚区积极开展科技型中小企业集合票据等中小企业集合类债券产品发行工作。鼓励科技型上市公司发行公司债券和可转换债券，加大债券市场产品创新力度。进一步推进企业资产证券化产品的创新，多渠道扩大科技型企业债务融资规模。

四、促进科技与金融结合的主要措施

(一)建立健全促进科技与金融结合工作体系。各级政府加强对促进科技与金融结合工作的组织领导，科技、金融办、财政、税务、中小企业、人行、银监、证监、保监等部门建立促进科技与金融工作联动机制，进一步总结经验、完善机制、统筹协调，贯彻落实相关政策措施，创新合作模式，促进科技与资本的对接。

(二)落实支持企业自主创新的财税政策。重点做好高新技术企业减按15%的税率征收企业所得税、企业研发费在计算应纳税所得额时加计扣除、国家级科技企业孵化器税收优惠等政策的落实，认真执行国家鼓励发展新技术、新产品的财政补贴和采购政策，引导企业利用金融资源加大技术创新投入，努力营造有利于促进科技与金融结合的政策环境。

（三）发挥财政科技投入的引导作用。进一步深化财政科技经费管理改革，通过引导基金、贷款贴息、风险补偿、绩效奖励、保费补贴等多种方式，加强与银行、保险、担保、投资等机构的合作，探索财政资金和金融资本带动民营和民间创业资本促进新兴产业发展的有效合作方式，鼓励和引导金融机构扩大对科技型企业的资金投放，降低企业融资成本和门槛。

（四）探索建立科技型企业信用评价体系。依托央行企业征信系统和浙江省企业联合征信系统，统筹分散在相关部门的科技型企业信用信息，加强信用信息统计分析，研究制定科技型企业信用评价指标体系，科学衡量企业创新能力，及时了解企业融资需求，破解金融机构与科技型企业间信息不对称的问题，推动金融机构加大对优秀、守信科技型企业的支持力度。

（五）合理履行监管和服务职能。各级人民银行要进一步灵活运用有区别的存款准备金率、再贷款、再贴现等货币政策工具，进一步发挥征信系统和支付清算系统的作用，完善境外投融资外汇管理政策，为科技型企业融资提供有力的政策支撑和金融服务。各级银监、证监、保监等监管机构在履行监管职能和制定实施政策过程中，要充分考虑科技型企业的成长规律和融资需求，正确把握规范管理和鼓励创新之间的关系，鼓励和支持有关金融机构创新服务理念、经营模式和金融工具，服务和支持企业技术创新活动。

（六）探索完善科技与金融结合企业化运作的服务平台建设。科技企业和金融资源相对密集的地区，科技部门要统筹政策、信用、企业、资金、人才、项目等资源，主动对接银行、保险、创业投资等机构，打造综合性的促进科技与金融结合企业化运作的服务平台建设，引入银行、创业投资、担保、保险以及专利、律师、会计师事务所等机构，开展多种形式的投融资服务，形成科技资源和金融资源的集聚效应，提高金融机构运行效率，为科技企业融资提供便利；加强对服务平台与有关机构的监管，防范财政性和金融性风险，确保科技与金融合作的健康有序发展。

浙江省关于促进小微企业转型升级为规模以上企业的意见

为深入贯彻《国务院关于进一步支持小型微型企业健康发展的意见》(国发〔2012〕14号)和全省个体经济及小微企业提升发展工作电视电话会议精神，进一步促进我省规模以下小微企业转型升级为规模以上企业(以下简称“小升规”)，鼓励和引导小微企业走“专精特新”之路，推进全省小微企业创新发展、集约发展、提升发展，再创发展新优势，提出如下意见：

一、重要意义和总体要求

(一)深刻领会“小升规”工作的重要意义。积极促进“小升规”工作，是深入贯彻科学发展观的内在要求，是进一步落实国发〔2012〕14号文件的重要举措，对于推动市场主体转型升级，发展规模经济，推动我省经济持续健康发展，具有十分重要的意义。各地、各部门要高度重视，按照省委、省政府的工作部署，切实加强组织领导，扎实有序推进。

(二)明确“小升规”工作的总体要求。以科学发展观为指导，以提升小微企业发展质量和效益为中心，以现有年主营业务收入500—2000万元规模以下的小微企业为重点，尊重市场主体意愿，加强分类指导和服务，通过积极培育扶持一批、改造提升一批、引导促进一批，全面完成3年培育10000家“小升规”企业的目标任务。

二、加大税费政策扶持

(三)进一步落实国务院和省政府已出台的扶持小微企业发展的各项税费优惠政策。鼓励各市、县(市、区)在权限范围内研究制订有利于“小升规”的税费优惠政策措施。

(四)“小升规”企业纳税确有困难的，经地税部门审核批准，可给予房产税、城镇土地使用税的优惠扶持。

(五)对首次上规模的企业，地方水利建设基金当年减半征收，如当年已缴纳的，次年减半征收。

(六)积极创造条件，支持和引导新上规模的企业申请高新技术企业认定，经认定后的企业享受减按15%的优惠税率征收企业所得税。

(七)“小升规”企业基本养老保险、基本医疗保险单位缴纳部分可享受3年政策优惠期，即允许其首次上规模后3年内单位缴费比例实行临时性下浮，每年下浮幅度相当于企业缴费统筹部分1个月的额度，全省统一在每年6月份集中减征。

三、加大财政资金支持

(八)县级财政可对“小升规”工作业绩突出的所辖乡镇(街道)和首次上规模的企业，给予一定的财政资金奖励补助，奖励补助的原则、对象、方式、标准等根据实际情况确定。

(九)各地以“小升规”企业上一年度缴纳的增值税、营业税、企业所得税等实缴税款为基数，在3年内对实缴税款地方财政新增部分给予适当补助或奖励。

(十)对依法参加社会保险并按规定连续2年履行缴费义务的“小升规”企业，给予稳定就业社会保险补贴，补贴期限最长不超过3年，所需经费从促进就业资金中列支。

(十一)各市、县(市、区)“小升规”工作开展情况，作为国家和省级有关涉企专项资金扶持的重要参考。对工作扎实、业绩突出的市、县(市、区)加大专项资金扶持力度。

(十二)各地应遵循企业自主自愿原则,委托中介机构开展新上规模企业“创业成长之星”评价认定工作。对被评价认定为“创业成长之星”的,省级中小企业专项资金择优进行奖励扶持。

(十三)国家和省级中小企业发展专项资金要向小微企业和为小微企业服务的服务机构、服务平台倾斜,尤其要重点扶持新上规模的企业。

四、强化融资支持

(十四)对列为培育对象的小微企业和新上规模的企业开展信用评级服务,帮助企业加强信用体系建设,提升诚信经营和社会责任意识。银行业金融机构、融资性担保机构等可根据信用评级情况,向企业提供优惠融资服务。鼓励各地结合小微企业运行监测和培育工作,探索建立小微企业信用信息数据库,逐步完善信用体系。

(十五)建立小微企业专项信用贷款机制,引导银行业金融机构的信贷资金向重点培育的小微企业倾斜。各市、县(市、区)可根据当地财力和企业经营情况,安排一定的专项资金专储于承办银行,承办银行相应配套信贷资金,为重点培育的小微企业提供金融支持。

(十六)支持小微企业加强与银行业金融机构合作,抱团组建互助性担保合作组织。也可由商业银行认可的行业协会、商会等第三方机构或具备资质的中介机构,将重点培育的小微企业,按照区域、行业及其产业链,组建融资互助合作组织,促进小微企业抱团增信、抱团融资。

(十七)加强政策引导,开展利率政策执行情况评估,引导金融机构合理确定利率水平,让利于小微企业,切实减轻企业融资成本压力。积极开展小微企业贷款风险补偿、中小企业信贷政策评估,引导金融机构加大对小微企业的信贷投放,保持小微企业贷款增速高于全部企业贷款增速。

(十八)组织开展成长型小微企业与投融资机构合作对接活动,积极搭建“产业、技术、资本”直接对接平台。进一步推进“区域集优”债务融资项目,大力支持符合条件的小微企业发行中小企业集合票据、短期融资券等债务融资工具,拓宽企业直接融资渠道,支持创新型、创业型、成长型小微企业加快发展,推动“小升规”工作。

(十九)引导和鼓励融资性担保机构积极为列为培育对象的小微企业提供融资担保服务,创新抵质押方式和担保服务方式,研究出台相关政策,帮助企业盘活存量资产。

(二十)深化小微企业金融产品创新。进一步推动林权、动产、应收账款、知识产权、商位使用权、排污权、海域使用权等抵质押贷款创新。积极推广循环贷款、年审制贷款、无还款续贷、宽限期等还款方式创新。推广小微企业“信贷工厂模式”,提升信贷审批效率。

五、加强公共服务

(二十一)推进中小企业公共服务平台网络建设。充分发挥我省中小企业服务热线和平台网络服务功能,认定一批省级中小企业服务示范机构,培育一批国家级中小企业服务示范机构。

(二十二)开展小微企业创业素质与能力提升培训。各级政府要在中小企业专项资金中安排相应经费,为列为培育对象的小微企业经营管理者开展企业管理、标准计量基础管理、市场拓展、扶持政策等培训。

(二十三)开展小微企业创业辅导培训服务。各级中小企业创业辅导中心和培训机构,优先为列为培育对象的小微企业提供财务管理、技术创新、税务知识、企业管理、质量管理、标准计量基础管理等辅导和培训服务。

(二十四)开展小微企业政策法律服务。及时组织开展国家和省有关小微企业扶持政策宣传,引

导中介机构开展法律法规、扶持政策等宣讲和咨询服务，帮助小微企业提高运用政策的能力和水平，增强法律风险防范意识。

（二十五）开展小微企业培育与监测服务。引导和支持中小企业服务机构和服务平台，优先为进入全省小微企业培育与监测平台的企业提供相关服务。各级中小企业主管部门要积极做好列为培育对象的小微企业的入库培育、数据报送、指导服务和动态运行监测工作，并加强与统计、国税、地税等部门的沟通协调，确保新上规模的企业及时纳入统计范围。

六、拓展创业发展空间

（二十六）对“小升规”企业提供创业场地支持。根据单位产出要素贡献排序，各地应为成长性好的新上规模企业优先提供土地和创业场所支持。

（二十七）全省各类开发区、高新区和工业园区应抓好科技型小企业创业基地的建设。鼓励有条件的地方建设现代都市产业基地，培育科技型的小微企业，鼓励引导和支持符合条件的小微企业转型升级为规模以上企业。

（二十八）推进科技型小企业创业示范基地建设。加强育成服务，促进科技型小微企业的健康成长。

七、切实减轻企业负担

（二十九）各市、县（市、区）要严格贯彻落实国家、省出台的有关减轻小微企业负担的各项政策措施。进一步规范涉企收费和行政执法检查行为，组织力量开展不定期督查，确保有关取消、暂停和降低收费项目及标准的政策文件执行到位。

（三十）进一步扩大针对小微企业的行政事业性收费项目减收、免收范围，对列为培育对象的小微企业和新上规模的企业在环境影响评价、安全评价、质量检测、检验检疫等方面的费用，3 年内按其标准减半收费。

（三十一）坚决防止乱摊派、乱收费、乱罚款及变相摊派收费等行为，不得强制要求小微企业提供赞助、订购报刊杂志、加入协会、购买产品或者接受有偿服务。有关部门在履行管理职责时，不得为小微企业指定环境影响评价、安全评价、产品质量认证等服务的中介机构。

（三十二）各级行政监察部门要加强企业减负监督检查工作，对向企业乱收费、乱罚款和各种摊派行为加大监督检查力度。建立小微企业负担监测评估报告制度，并向社会公布各市、县（市、区）的监测评估结果。

八、加强领导和协调

（三十三）建立“小升规”工作考核机制。省个体工商户转企业及小微企业规范升级工作领导小组办公室、省促进中小企业发展工作领导小组办公室要把省政府确定的“小升规”工作年度目标任务分解到各市，加强工作考核，每年组织专项督查，对政策执行不力、落实不到位的单位进行通报。各市、县（市、区）也应参照开展“小升规”工作年度目标任务考核，形成一级抓一级、层层抓落实的责任机制。

（三十四）省级有关部门要结合各自职能，加强工作指导和服务，研究制订有利于“小升规”工作的相关配套措施。

浙江省人民政府办公厅
2013 年 8 月 26 日

第四章　安徽省政府相关文件

安徽省关于进一步强化土地节约集约利用工作的意见

为贯彻落实节约资源基本国策，提升土地资源利用效率，实现节约集约保红线、开发资源保发展，现就强化土地节约集约利用工作提出如下意见：

一、强化土地利用规划管控

（一）突出规划刚性约束。 坚持布局集中、产业集聚、用地集约、环境友好原则，经济社会发展规划、城乡建设规划、开发区规划要与土地利用总体规划相衔接，科学确定城镇村、开发区建设用地规模和开发边界。落实主体功能区规划，优化土地利用空间格局，建立土地利用规划指标调剂和耕地异地代保制度。严格执行开发区分类规划建设用地构成规定（见附件 1）和道路标准（见附件 2），统筹安排各类用地，控制道路和绿化占地。未经省人民政府批准，各地一律不得新设立各类工业园区或工业集中区，严格控制已设乡镇工业园区或工业集中区用地。凡不符合土地利用总体规划的项目用地，一律不予审批、供地。

（二）加强用地计划调节。 完善用地计划跟着项目走的机制，优先保证重点急需项目用地。农转用计划指标、各地通过城乡建设用地增减挂钩和土地整治取得的建设用地指标以及用于占补平衡的补充耕地指标，可按照有关规定有偿调剂。用于调剂的指标，应遵循公开、公正、公平、规范的原则，在省级统一平台上挂牌交易，交易主体为县级以上人民政府及其国土资源管理部门，交易收益纳入同级地方财政统一管理。

二、强化建设用地管理

（三）严格执行用地标准。 各地要严格执行《国家建设用地标准》、《工业项目建设用地控制指标》和《安徽省建设用地使用标准》，合理确定项目用地规模，对超标准面积予以核减。对国家和省尚未颁布土地使用标准、建设标准或有特殊要求的建设项目，国土资源管理部门应先进行项目节地评价并组织专家评审，集体决策，合理确定项目用地规模。严格落实农村居民点用地国家标准，农村居民新建住宅用地面积不得超过《安徽省实施〈中华人民共和国土地管理法〉办法》规定的标准。

（四）明确开发区新建工业项目供地标准。 新建工业项目建筑容积率不低于 1.0，建筑密度不低于 40%（不含道路），其中国家级开发区、市管省级开发区新建工业项目建筑容积率不低于 1.2；国家级开发区、市管省级开发区、县管省级开发区新建项目土地投资强度一般分别不低于 300 万元/亩、200 万元/亩、150 万元/亩，或预期亩均税收（不含土地使用税，下同）不少于 30 万元/年、20 万元/年、10 万元/年。对达不到上述标准的新建项目，相应核减建设用地面积。对国家级开发区固定资产投资额低于 1 亿元或省级开发区固定资产投资额低于 6000 万元的单个工业项目，原则上不单独供地。

（五）严格落实用地出让制度。 工业用地（包括配套的办公、科研培训等用地）和商业、旅游、娱乐、商品住宅等经营性用地以及同一宗土地有两个以上意向用地者的，除国家规定可以协议出让

外，必须实行招标拍卖挂牌等方式公开出让。探索推行工业用地先租后让和租让结合制度。推行土地使用权网上交易，营造公开、公平、公正的交易环境。

（六）限定商品住宅用地宗地规模。大城市、中等城市、小城市(建制镇)商品住宅项目用地，宗地出让面积分别不得超过 300 亩、210 亩和 105 亩。搭配方式供地超过上述宗地规模或者经营性用地单宗出让规模超过 100 亩的，须报省国土资源厅备案审查。

（七）实行建设用地“净地”出让。出让的建设用地必须是土地权利清晰、安置补偿落实到位、无法律经济纠纷、土地开发利用规划条件明确、具备动工开发所必需条件的“净地”。禁止“毛地”出让，禁止以不公开形式给特定对象特殊政策，从严控制国有土地使用权出让与 BT、BOT 等建设项目捆绑，从严控制商住用地出让与工业、文化、旅游、商贸市场等项目捆绑，从严控制政府以外的单位和个人进行土地一级开发。

（八）积极探索划拨土地有偿使用。市、县人民政府应当严格限定划拨用地范围，对国家机关办公和交通、能源、水利等基础设施、城市基础设施以及各类社会事业用地要积极探索有偿使用，对其中的经营性用地先行实行有偿使用。

（九）强化土地价款征收管理。单宗土地出让金，首次缴纳比例不得低于全部价款的 50%，分期缴纳的余款原则上 1 年内缴清，特殊项目(不含房地产项目)用地经批准最长不超过 2 年缴清。土地出让价款未全部缴纳的，不得发放土地使用证，不得按照土地出让金缴纳比例分割发证，不得以任何方式返还或者变相返还土地价款。市、县国土资源管理部门应每季度将土地出让金缴纳情况在当地主要媒体和政府网站公布，接受社会监督。

（十）建立建设项目用地供应双向约束机制。项目用地出让前，有关部门要制定控制性详细规划和土地供应方案。土地出让合同或划拨土地决定书应当根据土地供应方案，明确建设项目投资强度、亩均税收、容积率、绿地率、建筑密度、开竣工时间、项目退出和违约责任，以及缴款方式、政府依法及时交地等内容。市、县人民政府要定期组织开展履约情况检查，在项目竣工时组织验收，并对违反法律法规及合同约定的行为依法依规处理。

（十一）实行建设项目开竣工履约保证金制度。在签订土地出让合同或颁发划拨土地决定书时，土地使用权人要按照不低于土地出让金或划拨价款总额的 5%缴纳开竣工保证金。按期开工的返还 50%，按时竣工的返还全部剩余保证金。未按期开竣工的，每延迟一天按缴纳保证金的 3‰扣除，扣完为止。

（十二）强化土地批后监管。新增建设用地依法批准后满 9 个月未实施征收的，省国土资源管理部门要督促有关市、县人民政府限期征收；对超过 2 年未征收的，由省人民政府收回农用地转用指标。市、县人民政府应及时依法供地，对前 3 年累计新增建设用地供地率低于 50%的，暂停审批该市、县土地征收和农用地转用，并相应核减其下一年度用地计划指标。

（十三）加大闲置土地处置力度。土地闲置满 1 年不满 2 年的，按照土地出让或土地划拨价款的 20%征收土地闲置费；土地闲置满 2 年的，依法收回并重新安排使用。不符合法定收回条件的，应采取改变用途、等价置换、安排临时使用、纳入政府储备等方式及时处置。上级人民政府国土资源管理部门发现下级人民政府不依法收回闲置土地，应当报经同级人民政府批准后依法收回用地单位的土地使用权，作为本级储备土地。

（十四）有序推进低效用地再利用。市、县人民政府要开展城镇低效用地调查，对未达到规定的容积率、亩均投资强度、亩均税收等低效建设用地，通过政府收储、异地置换、退二进三和就地转型等措施，开展再利用，提高城镇用地开发利用水平。

三、强化政策激励机制

（十五）实行土地使用税差别化征收政策。在国家规定的税额幅度范围内，省人民政府按照各类城市土地等级确定土地使用税最低税额（见附件 3）。鼓励、支持市、县人民政府在此基础上适当提高土地使用税征收标准，并按照企业上年度亩均创造税收（不含土地使用税）确定土地使用税征收标准，凡亩均创造税收达到标准的，按标准征收，亩均创造税收高于标准的少征，亩均创造税收低于标准的多征，实行双向约束，分档征收。具体办法由市、县人民政府制定，从 2014 年开始实施。

（十六）鼓励建设多层标准化厂房。鼓励企业通过租赁、购买多层标准化厂房解决生产经营场所。根据各市多层标准化厂房建设计划，省人民政府按照容积率 2.0 折算用地计划指标单列下达，每年年底根据实施情况核实确认（单层厂房层高达到 8 米的按 2 层计算、层高达到 12 米的按 3 层计算）。在不改变使用性质、符合规划条件和国家产业政策的前提下，多层标准化厂房可以转让、出租和抵押。

（十七）支持企业提高土地利用水平。对原有工业用地提高容积率的，不再增收土地出让金。对原有商业用地提高容积率的，依照公开、公平、公正的原则，坚持集体研究、社会公示、完善手续，按新的规划条件重新评估、按剩余年期补缴出让金。对经依法批准改变土地用途和规划条件的，应在重新评估后补缴出让金。经批准利用原有划拨土地进行开发建设的，补办出让手续并按照市场价补缴出让金。

（十八）鼓励盘活农村建设用地。积极稳妥推进农村土地综合整治和城乡建设用地增减挂钩，切实保障农民利益，逐步提高补偿安置标准。实施农村土地综合整治和城乡建设用地增减挂钩腾出的建设用地指标，在优先满足农村各种发展建设用地后，经批准将节约指标按规定调剂给城镇的，调剂指标收益必须及时全部返还农村，用于支持农业农村发展和改善农民生产生活条件。

四、强化责任落实

（十九）明确责任主体。市、县人民政府对节约集约用地负总责，主要负责同志是第一责任人，国土资源管理部门要履职尽责，主要负责同志是具体责任人，发展改革、经济和信息化、监察、财政、环保、住房和城乡建设、商务、审计、税务、金融等部门按照职责分工，在项目准入、规划审查、用地监管、税费征管、政策落实等方面承担各自责任。市、县人民政府要与有关部门和开发区等单位签订目标责任书，落实节约集约用地责任。

（二十）严格检查考核。省人民政府将节约集约用地、耕地保护、依法用地等目标，纳入对市、县人民政府的目标管理考核及领导干部离任审计内容。省人民政府每年组织开展节约集约用地督查，有关结果作为年度土地利用计划分配依据，对节约集约用地工作先进的给予奖励，对土地利用粗放浪费严重的扣减计划指标并追究相关责任人的责任。要持续开展土地执法检查，重点查处严重破坏、浪费、闲置土地资源的违规违纪案件，严厉打击土地违法行为。将违法用地、闲置土地、捂地、圈地的企业和擅自放宽用地条件而提供设计报告的勘察设计单位，纳入有关部门信用信息基础数据库，并按有关规定予以处理。市、县人民政府要定期将节约集约用地和土地执法检查情况向同级人大常委会专题报告。

各市、县人民政府要结合本地实际情况，制定落实节约集约用地具体措施，开展土地出让金和闲置土地专项清理，并将贯彻落实情况和清理结果报省人民政府。

安徽省人民政府
2013 年 9 月 7 日

安徽省关于化解产能严重过剩矛盾的实施意见

近年来，我省有序推进淘汰落后产能工作，取得显著成效，但产能过剩问题仍比较突出。2012 年底，我省钢铁、水泥、平板玻璃、船舶 4 个行业产能利用率分别为 71.1％、80.2％、82.2％、51.5％，低于合理水平，化工、光伏、装备等行业也存在产能利用不足问题，产业和产品结构不优、企业核心竞争力不强、运行效益不高等问题较为突出，产业转型升级任务艰巨。为积极有效做好钢铁、水泥、电解铝、平板玻璃、船舶等行业产能严重过剩矛盾化解工作，根据《国务院关于化解产能严重过剩矛盾的指导意见》(国发〔2013〕41 号，以下简称《指导意见》)，结合我省实际，制定如下实施意见：

一、总体思路

认真贯彻习近平总书记关于化解产能过剩矛盾重要讲话，党的十八大、十八届三中全会精神和国务院部署，按照尊重规律、分业施策、多管齐下、标本兼治的原则，统筹考虑经济发展、结构升级、社会稳定等多重因素，“消化一批、转移一批、整合一批、淘汰一批”过剩产能，在加速淘汰落后产能、清理违规在建和建成产能的基础上，切实把化解产能过剩与优化产业布局、调整产业结构、推动产品升级、改革产权制度、健全组织结构、促进节能减排、加强安全生产、扩大有效需求等有机结合起来，加快产业转型升级步伐，全面提升发展质量和效益，推动我省重点行业产能利用率明显提升，产业发展质量和集聚水平明显提升，资源综合利用水平明显提升，主导产业规模和竞争力明显提升。

二、重点工作

（一）完成淘汰和退出落后产能任务。扎实推进落后产能淘汰工作，按时完成国家下达的产能严重过剩行业淘汰落后年度目标任务，妥善做好相关企业资产处置和职工安置等工作。积极开展其他产能利用严重不足行业情况摸排，加快工艺装备落后、产品质量不合格、能耗及排放不达标落后产能的淘汰步伐，为先进产能释放腾出空间。充分利用国家提高产能退出财政奖励标准、落实等量或减量置换方案等政策，建立健全产能退出的激励和约束机制，引导企业主动退出产能过剩行业。

（二）全面清理违规在建和建成产能。妥善处理在建违规项目，未开工的违规项目，一律不得开工建设；不符合产业政策、准入标准、环保要求的违规项目一律停建；确有必要建设的项目，在符合布局规划和环境承载力要求，以及等量或减量置换原则等基础上，由各市政府上报省政府，省政府向国家发展改革委、工业和信息化部等部门申请，取得认定意见后，依法依规补办相关手续。按照“谁违规、谁负责”的原则，做好停建项目债务处理、人员安置等善后工作。按照“全覆盖”的要求，清理整顿已建成的违规产能，对先进产能项目，抓紧补办相关手续，争取国家批准；对工艺设备落后、产品质量不合格、能耗及排放不达标的项目，列入淘汰落后年度任务加快淘汰。

（三）严控产能严重过剩行业新建项目。严格执行国家投资管理规定和产业政策，严把项目准入关，各地各部门不得以任何名义、任何方式核准或备案 5 个产能严重过剩行业的新增产能项目，坚决遏制产能盲目扩张。加强区域规划、专项规划之间的衔接，防止同质化竞争。制定区域性、行业性准入标准，遏制高耗能、高排放项目在资源贫乏和环境敏感地区落户。

（四）进一步优化产业空间布局。统筹化解过剩产能与优化产业布局，结合主体功能区规划和做大做强主导产业意见，制定重点产业生产力布局和调整规划，引导和推动相关企业向更具条件的地区转移和集聚，建设一批核心竞争力优、市场影响力大、产业配套和辐射带动能力强的产业基地，提高产业集中度。在沿江和资源富集地，通过产业承接、产能置换、资源配置等方式，布局一批重大项目。推动主城区内现有的钢铁、化工、建材等企业向产业园区和产业基地搬迁。引导纺织、轻工等劳动密集型产业向皖北地区和资源型城市加速集聚。依托现有产业园区和产业基地，谋划实施一批高端装备制造、功能材料、电子信息等项目。统筹长江岸线资源开发利用，为重大项目布局留足空间。

（五）推动产业转型升级。坚持传统产业新型化和新兴产业规模化，促进产业融合发展，实施一批产业融合示范工程。围绕八大主导产业，引导和支持各市主导产业加快发展，集中扶持、重点培育，谋划和实施一批关联度高、带动力大、支撑力强的项目。“一企一策”落实重点骨干企业改造提升具体方案，进一步延伸产业链条，促进产品升级换代，推动产业由低端向中高端发展。围绕开发品种、提升质量、节能降耗、安全生产等，实施一批重大技术改造项目，提高企业技术装备水平，推进企业实现内涵式发展。

（六）发展壮大优强企业。坚持高端引领、龙头带动，引导各类要素资源向重点企业和重大项目倾斜，促进骨干企业成为产业集聚发展的核心，提高产业集中度。积极争取国家财税、金融、土地等相关政策支持，鼓励优势骨干企业开展跨区域、跨行业兼并重组。支持兼并重组企业整合内部资源，优化技术、产品结构，压缩过剩产能。鼓励和引导民营企业通过参股、控股和资产收购等方式参与企业兼并重组。进一步深化国有企业改革，加快产权多元化改造和整体上市。引导省属企业和优势骨干企业进入新兴、高端产业领域，促进企业由生产制造向营销服务延伸，从产品经营向品牌经营转变。鼓励企业创新产品技术、体制机制和商业模式，加强合作交流，增强发展活力。

（七）加强技术创新。推动企业转型和产业升级，提升以产品品质、标准、技术为核心要素的市场竞争力。充分发挥企业的创新主体作用，鼓励企业加大研发投入，多形式、多层次建立研发平台，增强自主创新能力。以骨干企业为主导，深化产学研交流合作，引导建立一批产学研战略联盟，组织实施一批重大技术攻关和成果产业化项目。推动高校提升创新服务能力，建设一批省级协同创新中心。鼓励骨干企业积极参与相关标准制订，围绕核心技术持续研发攻关，打造拥有自主知识产权的拳头产品，增强企业的内生动力。加强创新型人才队伍建设，完善以人为本的企业人才激励机制。

（八）支持企业加快“走出去”步伐。把支持企业“走出去”作为化解产能过剩的重要途径，统筹好国际国内两个市场，鼓励企业加强对外交流合作，积极实施资源、技术、市场并购，建立完善适合企业特点的全球市场营销网络和服务体系，积极拓展国际市场，培育国际化品牌。积极参与境外经贸合作区建设，加强对企业“走出去”的指导与服务，引导建设、设计、装备、材料等企业抱团行动，建设一批境外资源开发基地、生产基地和研发中心，承揽对外承包工程。鼓励零部件、外包、物流等企业进入国际供应链体系，提升主导产业国际化水平和国际竞争力。

（九）探索建立长效机制。进一步深化行政审批制度改革，完善区域产业布局协调、项目准入和评估论证等决策机制，提高重大项目决策的民主化、科学化水平。建立健全产能动态监测和预警机制。及时公布产业准入导向目录，推进项目建设提质提效。严格执行项目环评、能评制度，从源头杜绝资源消耗高、环境污染重的项目落地。更加注重精准招商、产业链招商、园区共建招商等，清理废除招商引资中采取土地、资源、税收、电价等损害公平竞争的优惠政策，以及地方保护、市场分割等限制措施，努力实现由粗放式招商向集约式招商转变。

三、保障措施

（一）建立工作机制。建立由省政府负责同志为召集人、省相关部门负责同志为成员的省化解产能严重过剩矛盾工作联席会议，负责重大问题的组织协调、相关政策的研究制定、工作落实情况

的监督检查等。联席会议办公室设在省发展改革委。市、县政府负责本地区化解产能严重过剩矛盾工作，组织实施本地区化解产能严重过剩矛盾和推进产业转型发展工作，切实处理好化解产能严重过剩矛盾过程中可能出现的社会问题。

（二）**落实相关政策**。省及各市安排专项资金予以支持。积极落实税收对兼并重组、资源综合利用、转移产能出口设备和产品的优惠政策。落实金融有保有控政策，加大对产能严重过剩行业兼并重组整合过剩产能、向境外转移产能、市场开拓的信贷支持，未取得合法手续的建设项目一律不得放贷、发债、上市融资。完善和规范价格政策，深化资源性产品价格改革，清理整顿产能严重过剩行业优惠电价政策，禁止自行实行电价优惠和电费补贴，对高耗能行业及能耗、电耗、水耗达不到行业标准的产能，实施差别电价和惩罚性电价、水价。

（三）**加强协调配合**。发展改革、经济和信息化部门要严格产能过剩行业新增产能项目审批，会同各市做好在建和建成违规产能清理工作。国土资源部门要进一步加强用地管理，把好土地关口。环境保护部门要继续强化环境监管，管好环保门槛。人力资源社会保障部门要指导地方制定化解产能严重过剩矛盾中企业下岗职工安置政策和方案，确保社会和谐稳定。各有关部门要按照《指导意见》和本实施意见的要求，根据职责分工抓紧制定配套文件，完善配套政策，确保各项任务得到贯彻落实。

（四）**强化监督检查**。加强建设项目信息公开和服务，推动发展改革、经济和信息化、国土资源、环保、金融等信息系统互联互通，形成协同监管机制。加强对本意见贯彻落实情况的监督检查，落实市县政府主体责任，对推进化解产能过剩矛盾工作不力的地方和部门，予以通报批评，建立健全责任延伸制度。对违法违规建设产能严重过剩行业项目监管不力的，按照国家有关规定追究相关责任人的责任。加强舆论引导，营造化解产能严重过剩矛盾的良好氛围。

安徽省人民政府
2013 年 12 月 4 日

安徽省关于深化改革
推进小型水利工程改造提升的指导意见

水利是农业的命脉。小型水利工程是农业生产的重要基础设施。通过多年持续不懈努力，全省小型水利工程建设和管理取得积极成效，但建设标准低、工程老化失修、管护不到位等问题依然突出，仍是制约农业农村发展的薄弱环节。随着土地流转规模扩大和新型农业生产经营主体发展壮大，迫切需要通过深化改革创新，探索建立与集约化、专业化、组织化、社会化的现代农业经营体系相适应的小型水利工程建设管理机制，更好发挥小型水利工程效益，促进农业农村稳定发展。为适应农业农村发展面临的新形势，现就进一步深化改革，推进小型水利工程改造提升提出如下意见：

一、总体要求

以党的十八大精神为指导，认真落实中央推进水利改革发展的决策部署，加快实施“水利安徽”战略，以深化改革创新为动力，以农田水利设施薄弱环节为突破口，以江淮分水岭和皖北地区为重点，统筹安排、合理布局、旱涝兼治，在坚持政府主导、尊重农民意愿的前提下，更好发挥市场配置资源的基础性作用，探索以市场化方式推进公益性小型水利工程建设和管护，进一步调动村集体、受益农户和各类新型农业生产经营主体的积极性，加快小型水利工程改造提升步伐，着力解决农田水利“最后一公里”问题，为农业农村发展提供有力支撑。

二、目标任务

实施小型水利工程改造提升“5588”行动计划，即用5年时间，通过5项改革措施，在全省范围内以小水库、小泵站、小水闸、中小灌区、塘坝、河沟、机电井、末级渠系等8类小型水利工程为重点推进改造提升，使现有小型水利工程除涝灌溉能力得到有效发挥，全省农田有效灌溉面积提高到80%以上。到2017年底，加固病险小型水库2000座，更新改造小型泵站51万千瓦，加固、新建小型水闸4457座，改造灌溉面积1—5万亩的灌区380处611万亩，扩挖塘坝47万口，整治河沟3.7万条，修复和新建机电井12万眼，末级渠系基本畅通，小型水利工程效益进一步提升，防汛抗旱保障能力进一步增强。

三、改革措施

坚持明确事权、改革产权、多元投入、建管结合的原则，建立和完善小型水利工程投资、建设和管理维护的长效机制。

（一）明确事权划分，理顺产权关系

实行小型水利工程建设管理县（市、区）长负责制。跨乡镇、跨行政村的基础性小型水利工程建设、管理，分别由县、乡级人民政府负责组织实施，受益主体参与；田间工程由受益范围内的村集体或新型农业生产经营主体负责建设、管理。

深化产权制度改革。现有小型水利工程，按原产权归属和受益情况确定其所有权和使用权，农户土地承包经营权已约定流转给新型农业生产经营主体地域内的小型水利工程原产权不变，由新型农业生产经营主体使用管理；未流转土地承包经营权地域内小型水利工程的使用管理，由村集体民主决策。新建小型水利工程，探索按“谁投资、谁受益、谁所有、谁使用”的办法确定其所有权和使用权。

（二）坚持政府主导，鼓励多元投入

尊重小型水利工程的公益属性，坚持政府主导，加大财政资金投入。鼓励和引导多元投入，对村集体自筹、农民筹资筹劳建设，以及新型农业生产经营主体投资建设小型水利工程的，财政给予补助。由村集体组织筹资筹劳、财政补助建设的小型水利工程，其所有权归村集体所有。新型农业生产经营主体自行建设小型水利工程的，在土地承包经营年限内对其自行投资形成的资产拥有所有权和使用权，其中财政补助资金形成的资产归村集体所有，委托新型农业生产经营主体代管，由其享有使用权、承担管护责任。

（三）加强指导监管，支持自主建设

探索创新公益性小型水利工程建设模式，明确建设主体，落实建设责任。原则上，凡是村集体和新型农业生产经营主体能自行建设的，由其组织建设；需一定资质施工队伍建设的，由村集体和新型农业生产经营主体通过招标、议标等方式择优选择施工方。对涉及防洪安全和施工技术较复杂的建筑物工程，可由县、乡级人民政府实行打捆招标的方式组织实施。在工程实施过程中，水利和其他项目主管部门要加强技术指导和质量监管，财政、审计部门要加强财务监管与审计监督，确保工程安全、资金安全。对财政补助建设的小型水利工程，由建设主体申报，经县级有关部门审查，在符合县级农田水利规划的前提下，由县级人民政府相关部门采取竞争性立项方式确定补助项目和补助资金，补助资金根据工程进度分期拨付。

（四）发挥工程效益，创新管护机制

按照“产权有归属，管理有载体，运行有机制，工程有效益”的要求，落实小型水利工程管理主体和管护责任。引导发展小型水利工程维修养护专业化服务机构、农民用水协会、水利专业合作社等多种形式的服务实体。在确保工程安全和公益属性的前提下，小型水利工程产权主体可自行管理，也可采取承包、租赁、托管等方式，引入竞争机制，择优选择经营管理主体，签订管护合同，落实管护责任，保障工程运行。小水库以及跨行政村重点小型水利工程的管理维护，可由乡（镇）人民政府分类打捆招标，实行政府购买服务，工程调度和安全运行由原管理主体负责。财政按小型水利工程性质，视情对工程管护经费给予补助。省水利厅会同省财政厅，尽快制定深化小型水利工程管理体制改革的实施意见。

（五）配套扶持政策，培育市场主体

种植大户、家庭农场、农民合作社、农业社会化服务组织、农业产业化龙头企业等，既是新型农业生产经营主体，也是小型水利工程建设管护的市场主体。适应土地流转规模扩大和新型农业生产经营主体发展壮大的新形势，鼓励和支持新型农业生产经营主体参与小型水利工程的建设和管护。新型农业生产经营主体建设、管理的小型水利工程，享受有关财政补助和用地、用电等优惠政策，其中供水工程可收取水费，供水价格在县级政府有关部门批准的基准价及其浮动幅度范围内，协商受益主体共同确定；依法获得的小型水利工程使用权和管理经营权受法律保护。

四、强化保障

（一）坚持规划引领

省水利厅牵头制定小型水利工程改造提升总体规划和分年度实施计划。各市、县要进一步完善农田水利规划，编制小型水利工程改造提升5年总体计划和分年度实施方案，精心组织实施。凡涉及小型水利设施建设的项目，不分投资渠道、建设主体，均须按县级农田水利规划要求编制建设方案，按规定程序审查批复后组织实施。县级有关部门在按相关程序申报支农涉水项目前，须将申报项目报县级农田水利规划委员会审查。

（二）加大财政投入

各级财政设立农田水利建设专项资金，纳入财政预算并逐步增加资金规模；落实从土地出让收益中计提农田水利建设资金政策，足额计提和足额上缴省级统筹资金用于小型农田水利设施建设和管理。整合农业综合开发、土地整治、新增千亿斤粮食生产能力、“一事一议”财政奖补和扶贫开发、现代农业发展、江淮分水岭综合治理等项目资金，用于全省小型水利工程改造提升，原则上承担任务的50%，其余建设任务由各级农田水利财政专项资金予以奖补。

市、县级财政设立小型水利工程管理和维修养护专项经费。各县（市、区）可从下达的农水项目和有关支农涉水项目工程经费中提取1%，用作小型水利工程管护。

根据本意见，省财政厅会同省水利厅制定小型水利工程改造提升省级财政资金奖补办法，省水利、财政、国土资源、发展改革、农业、扶贫等部门分别出台涉及小型水利工程项目建设的实施办法，县（市、区）人民政府制定小型水利工程项目资金整合的操作办法。

（三）强化组织领导

各地要将小型水利工程改造提升摆上重要位置。县级人民政府是小型水利工程改造提升的责任主体，水利部门是业务主管部门，发展改革、国土资源、农业、扶贫等部门是协同单位，财政部门是项目资金整合的牵头部门。省农田水利基本建设指挥部将小型水利工程改造提升作为“江淮杯”竞赛活动的主要内容，以县级为单元进行评比，评比结果与项目安排和经费补助挂钩。

安徽省人民政府
2013年10月20日

第六篇

大　事　记

大事记（2013年）

一月

1日 北京、上海两地对45国公民实行72小时过境免签。
浙江省2012年度十佳民生工程在杭州揭晓。
南京城建集团获批融资100亿元用于举办青奥会相关城市环境整治等基础设施项目建设。

2日 "上海首发《上海市依法行政状况白皮书(2004—2009)》"获"中国法治政府奖"。
公安部政治部批准萧山"1·1"火灾牺牲的尹进良、陈伟、尹智慧为烈士,并颁发献身国防金质纪念章;浙江省公安厅党委追授尹进良优秀党员,追认陈伟、尹智慧共产党员;分别追记一等功。
江苏省兴化市被农业部表彰为"全国粮食生产先进市"。

3日 《上海市节能环保产业发展"十二五"规划》出台,"十二五"期间上海节能环保产业产值年均增长15%左右,到2015年总产值达到780亿元。

4日 江苏泰州市姜堰撤市设区获国务院、江苏省政府批准。

5日 浙江省民政厅会同财政厅下拨受灾群众生活救助资金2700万元。

6日 复旦大学与绿地集团就开展生态城市研究、设立校长奖励基金、EPC建设复旦管理学院新院区等开展合作。
"浙江手机报十大'微感动'人物"揭晓。

7日 浙江省400多名妇女领办的农民专业合作社,实现150多万名妇女转移就业、增收创富。

8日 2012年度浙江新农村建设带头人"金牛奖"评选活动在杭州揭晓。

9日 以杭州萧山区消防大队萧山中队特勤分队原分队长尹进良烈士命名的"尹进良爱心基金"启动。
上海市崇明环境宜居创中国长寿第一岛,三年生态建设投资54.4亿。

10日 江苏省交通首个国家级实验室,新型道路材料国家工程实验室成立。
江苏省淮安市首批总投资438亿元的111个工业重大项目开工。

11日 2013年镇江市"创新、共赢"金融合作高端恳谈会在南京举行。镇江银企合作融资684亿元。

12日 上海建工集团昆山中环线快速化改造工程成为首个超百亿元的基础设施投资项目,上海建工集团在长三角区域投资建设的基础设施达9项,合同投资规模近190亿元。

13日 在浙江宁波举行的普陀六横镇投资推介会上,现场签约6个重大项目,总投资113亿元。
民进江苏省委和南京师范大学联合举行纪念吴贻芳先生诞辰120周年活动。

14日 2013年上海师范大学、上海工程技术大学、上海商学院、上海杉达学院、上海师范大学天华学院等5所普通高校继续实行春季招生考试试点。

15日 浙江省杭州、宁波、温州三市将率先申报并开展国家"公交都市"示范工程建设。

16日 京剧经典传统大戏电影工程启动。国家京剧院《龙凤呈祥》和上海京剧院《霸王别姬》作为试点,将在2013年下半年投入电影拍摄。

17日 上海宝山区将启动56个经济社会新建重大项目,总投资额134.8亿元,国务院以国函〔2013〕15号文件正式批复《浙江舟山群岛新区发展规划》。

第二届亚洲青年运动会团长大会在南京开幕。

18日 2012年度浙江省有31项科技成果获国家科学技术奖。

2012年度上海市有51项(人)获国家科学技术奖(包括牵头和合作完成的项目)。

2012年度江苏省有49个通用项目获国家科学技术奖,居全国省份第一。

浙江省政府给予浙江卫视记集体一等功。

19日 上海市闵行的紫竹国际教育中心开工。

20日 中国国家级非物质文化遗产传承人希热布大师携其80余幅唐卡作品在上海市长宁图书馆亮相。

上海新四军历史研究会、一师苏中分会在沪举行"陶勇将军百年诞辰纪念大会"。

浙江省新生代企业家联谊会成立。

江苏省第十一届人大常委会第32次会议通过授予丁肇中等7位国际友好人士"江苏省荣誉公民"称号。

21日 上海地区生产总值(GDP)2012年逾2万亿元。位列世界大城市前十位左右。第三产业增加值占全市生产总值的比重首次达到60%。

第四届"海外清华学子浙江行"活动在浙江杭州市启动。

22日 浙江省领导组成13个检查组,对浙江省11个市和14个省直单位推进惩防体系建设和落实党风廉政建设责任制情况进行了集中检查。

23日 在江苏省政协十一届一次会议上,国家古籍保护工作专家委员会委员、南京图书馆研究部(国学研究所)主任徐忆农委员建议,将长三角地区的传统节日进行文化整合,苏浙沪三地元宵端午中秋"一起过"。

24日 浙江吉利控股确认参与英国汽车制造商锰铜控股有限公司80%股权的并购。

25日 韩国三星在江苏昆山增资17亿美元。

26日 上博与台北故宫博物院确定将在吴门画派、明清尺牍、宋代官窑哥窑、宋代砚台铭文、雕漆、宋代缂丝等研究领域进行合作。

全国文化产业工作年会在江苏省南通市召开。

27日 江苏省书法家协会主席尉天池获"第四届中国书法兰亭奖·终身成就奖"。

28日 上海市十四届人大一次会议上的政府工作报告,提出了2013年上海市经济社会发展的主要预期目标和十个方面的重点工作。

美国外国投资委员会批准浙江万向集团全资子公司万向洁能美国公司收购美国A123系统公司。

江苏丹阳市成为全国第一也是唯一的"国家旅游产业创新发展实验市"。

江苏开放大学在南京成立。

29日 "2012上海教育年度新闻人物"揭晓。

30 日 复旦大学宁波研究院在浙江省杭州湾新区正式成立。

31 日 杨森制药中国研发中心实验室入驻上海市徐汇枫林生命科学园区。

二月

1 日 《不朽的岁月——宋庆龄在莫利爱路寓所》展览在上海孙中山故居纪念馆举行。

浙江吉利公司以 1104 万英镑(折合人民币约 1.09 亿元)收购英国锰铜控股的业务与核心资产。

2 日 中国移动浙江分公司宣布,在杭州、温州推出 4G 业务全面试用。

3 日 受中国航天育种研究中心委托,依托于上海交大的"中国长三角航天育种研发中心"成立,三到五年内将在沪建立"太空农庄"。

4 日 浙江省丽水市被列为国家级扶贫改革试验区。

5 日 公安部在江苏盐城、浙江温州机场口岸增设台湾居民签注点。

6 日 上海第一座唐宋城镇遗址青龙镇"出土"。

江苏南通市"千企千亿"银企合作推进会现场签约 146.3 亿元。

7 日 江苏省《关于建立城镇居民基本医疗保险筹资机制指导意见的通知》,明确江苏省城镇居民医保政府补助金额不低于总额的 80%。

8 日 上海市禁毒科普教育馆、全国(浙江)禁毒教育基地、江苏省禁毒教育展览馆与全国另外 10 个单位一起被评为首批全国中小学毒品预防教育社会实践基地。

9 日 "温暖除夕夜——上海社会各界迎新春撞钟祈福慈善晚会"在上海市玉佛寺举行,寺院方面现场向上海市老年基金会捐赠善款 100 万元人民币。

10 日 上海国际艺术节首次在海外亮相,"问候——中国男高音澳大利亚新春音乐会"在墨尔本举行。

11 日 由台湾《工商时报》出版的"2012 年大陆台商 1000 大"调查结果,长三角地区的 509 家台资企业入榜,其中江苏省为 343 家,上海市为 106 家,浙江省为 60 家。

12 日 长三角便捷的城际交通和节假日免收小型客车通行费政策为申城春节旅游市场带来大量客源。2 月 8 日 0 时至 2 月 11 日 24 时,上海市高速公路道口进沪客车数为 45.21 万辆次。2 月 9 日至 12 日,上海市共接待游客 220 万人次,同比增长 7.3%。

13 日 两岸人民币汇兑直通首笔业务在江苏昆山通过中国银行昆山分行受理。

14 日 上海钱学森图书馆新装揭幕,推出首轮主题活动——"新年新玩法"新春系列活动。

15 日 第 56 届世界新闻摄影比赛(World Press Photo)——荷赛获奖作品在荷兰阿姆斯特丹揭晓,浙江有 3 位摄影师获奖。

在浙江省温州举行的 2013 世界温州人大会上,总投资额达 2376 亿元,预计引进资金 2220 亿元。

16 日 浙江临安市青山湖科技城举行香港大学浙江科学技术研究院奠基仪式。

17 日 上海市应联合国环境规划署邀请,"绿色上海"摄影展览在内罗毕的联合国环境规划署总部开幕。

江苏省苏州重大项目春季集中开工 471 项,总投资额达 2479 亿元。

18 日 上海市委确定六项重点调研课题推进改革发展,内容包括:加快在实践中培养选拔年轻干部;深化本市政府机构和行政审批制度改革;加快培育发展社会组织和团结引导新社会阶层人士;探索本市郊区差别化管理体制机制;合理控制本市人口规模、优化人口结构;深化本市国资国企改革。

19日 上海2012年常住人口2380万,户籍人口自然增长率20年来首次正增长。

江苏江阴市华西村党委书记吴协恩入选"中国农村新闻人物"。

20日 浙江省2013年1月新批外商投资企业120家,合同外资14.6亿美元,实际利用外资11.1亿美元,同比分别增长27.7%、8.8%和3.2%。

江苏溧阳市申报的"天目湖白茶示范基地"成为全国有机农业示范基地。

21日 上海同济大学教授周怀阳挑战"地幔羽"假说,提出地球板块边界隆起新解释,论文发表于《自然》杂志。

江苏省南京主城鼓楼、下关、秦淮、白下"四区并二",郊县溧水、高淳"撤县建区"。

22日 浙江省杭州举行《浙江舟山群岛新区发展规划》情况通报会。介绍未来的舟山群岛新区将建立自由贸易园区和国际物流枢纽岛,将舟山群岛新区打造为浙江海洋经济发展先导区、长三角经济发展的重要增长极和海洋综合开发试验区。

23日 世博会博物馆公布3月份世博印章目录,共10枚,包括9枚世博场馆章和1枚月章。

"周恩来五德教育馆"在江苏省淮安开馆。该馆从政治品德、思想道德、为政官德、社会公德及家庭美德等五个方面展示了周恩来的崇高道德风范。

24日 浙江省温岭召开"2·23"火灾新闻通报会称,这起火灾系人为纵火。

25日 解放日报报业集团举行第60届文化讲坛。

长三角地区连续多年出现新春"招工难",长三角的用工市场,从"广招工"进入了"多留人"的新阶段。

上海首个"学雷锋"公益主题公园在淮海公园开园。

26日 上海市慈善基金会2012年募集收入约6.03亿元,项目资助共支出约5.26亿元,受益人达104.29余万人(户)次。

27日 首届"江苏省新闻出版政府奖"在宁颁奖。

江苏省邳州市和该市宿羊山镇分获"全省农产品出口第一县(市)"和"全省农产品出口第一镇"称号,邳州大蒜出口基地被商务部认定为国家外贸转型升级专业型示范基地。

28日 浙江省新闻出版局、省报业协会举办的第四届浙江报业峰会在杭州举行。

中国—葡萄牙先进材料联合创新中心正式落户浙江大学。

三月

1日 由上海市、江苏省、浙江省、安徽省、福建省、江西省、山东省、南京市、宁波市等9省市联合主办的第23届中国华东进出口商品交易会开幕。

南京市2009年1月1日以后,持独生子女父母光荣证按职工基本养老保险规定办理退休手续的退休人员,一次性奖励开始集中登记,发放标准为3600元。

2日 浙江省"学习雷锋精神、争做最美浙江人"座谈会在杭举行。

3日 浙江省历时十年,跨区域、跨流域、跨海洋的重大水资源优化配置工程——浙东引水工程全线贯通,进入试通水工作期。

4日 由江苏省红十字会、省文明办、省见义勇为基金会、省美德基金会、新华报业传媒集团、

江苏广电总台联合组织的2013年"'救'在身边"大型公益行动暨"寻找最美救护员"活动在南京启动。

5日 上海文化演艺地标——"梅赛德斯—奔驰文化中心"获美国权威专业奖项,跻身2012"年度国际场馆"五强榜单。

中国邮政在杭州举办《"向雷锋同志学习"题词发表五十周年》纪念邮票首发活动。浙江省邮政局同时推出《时代先锋—正能量》邮册。

浙江省从2013年1月1日起,企业退休人员按月人均230元的标准增发基本养老金。

《浙江民国人物大辞典》发布。

6日 中国旅游卡·舟山群岛主题金融IC卡在浙江省舟山群岛新区发行。

7日 浙江荣盛控股集团有限公司投资300亿元建设的浙江荣盛新疆天然气化工项目举行签约仪式。

8日 "中国苏绣(镇湖)艺术家珍藏品荟展"在上海市南京东路旅游品商厦珍宝馆举行。

浙江省火电建设公司承建的大唐绍兴江滨天然气热电联产工程首台1号机组顺利通过168小时满负荷试运行考核正式投产。

9日 南京江宁区政府与中信银行南京分行合作,中信银行提供30亿元人民币综合授信用于支持江宁区城镇化建设中的重大基础设施、教育、卫生等重点项目。

10日 江苏省江阴市的《江阴市地税志》、《江阴市残疾人联合会志》、《江阴市水利农机志(2001—2010)》和《李沟头村志》4部基层志书出版。

11日 2013年浙江省援疆续建项目全面复工暨第一批实施项目集中启动了67个援疆项目,合计总投资37.8亿元,其中援助资金8.62亿元。

12日 孙中山先生逝世88周年纪念活动在上海孙中山故居举行。

13日 中国医学科学院与江苏省在京签署中国医科院江苏分院共建协议。

无锡市首个"小微企业扶持债券"首期10亿元成功发行,无锡市成为全国首批成功发行"小微债券"的城市之一。

14日 南京把不同时期的51万多被征地农民统一纳入城市社会保障,财政投入近140亿,这一做法全国首创。

15日 第九届中国国际动漫节"金猴奖"声优大赛在杭州启动。

16日 上海市2013年度重大咨询研究招标课题指南发布。

17日 位于上海市浦东金桥的沃尔沃建筑设备工厂将向中国地区总部增加注册资本约1.5亿元人民币,建设中国最大的挖掘机生产基地。

18日 国家发改委批复浙江省《宁波—舟山港六横公路大桥项目建议书》,这标志着六横公路大桥项目正式立项。

19日 上海市统计局公布2013年1—2月,地方财政收入940.21亿元,比去年同期增长8.5%。

云南省楚雄彝族自治州承接上海产业转移招商项目推介会在沪举行。现场与上海企业达成文化创意、生物种植等项目协议,投资总额近10亿元。

20日 上海超算船舶动力研发分中心成立,标志着上海超级计算机成功对接国家重点科技研发工程项目。

宜兴经济技术开发区晋升为国家级经济技术开发区。目前园区在建和拟上重大项目

28个,总投资286亿元。13个项目单体投资超过10亿元。

21日 中国家电博览会在上海新国际博览中心拉开帷幕。

浙江大学与龙泉市合作共建山区科学发展综合改革试验区示范点。

22日 中国民主革命先行者宋教仁遇难100周年纪念日。民革市委、上海中山学社等联合举办纪念活动。

23日 上海首届市民文化节启动。

“2013年上海春季人才交流洽谈会暨长三角地区应届高校毕业生就业招聘会”在上海展览中心举行。

浙江绍剧艺术研究院演出的绍剧《孙悟空三打白骨精》全国巡演仪式在绍兴大剧院启动。

24日 尤里基础物理学奖在瑞士日内瓦举行颁奖典礼,复旦大学1978级物理系校友张首晟获颁前沿奖。

25日 第九届国际新闻摄影比赛(华赛)评比揭晓新闻发布会在杭州举行。

纪念田汉诞辰115周年——“时代的巨擘”田汉生平图片展在上海国歌展示馆举行。

江苏省宿迁市集中开工168个重大项目,总投资达736.8亿元。

26日 在杭州举行的浙江省资本市场助推产业转型升级研讨会上获悉,浙江省共有境内外上市公司304家,数量位居全国第二位。

南京市人社局2013年养老金调整方案,人均月基本养老金2229元,为江苏省最高。

27日 上海翻建落成的“南京路上好八连”事迹展览馆对外开放。

28日 浙江省兰溪市在重庆举行项目推介暨浙商回归签约仪式,总投资50.64亿元。

南京四大新区揭牌成立,这是规模最大的一次行政区划调整,涉及南京市1/3总面积,40%户籍人口。此次行政格局重组,南京首次深入主城核心,全面告别县域建制,框架快速拉开。高淳、溧水撤县设区。

29日 第九届上海市自然科学牡丹奖公布。

2013中国(杭州)西湖国际茶文化博览会暨西湖龙井开茶节、九曲红梅茶文化旅游活动启动仪式,在浙江省西湖区双浦镇双灵村举行。

30日 上海市政府办公厅公布了《关于本市贯彻〈国务院办公厅关于继续做好房地产市场调控工作的通知〉的实施意见》。

上海市最低工资标准第20次调整,4月1日起月最低工资达1620元。

中国艺术研究院中国画院无锡研创基地落成启用暨“丹青太湖”名家作品展在江苏省无锡市举行。

31日 商务部为全国41家2010年后晋级的国家级开发区评比,南京市江宁开发区在经济发展、科技创新、体制创新这三项分指标排名中均列第一,夺得综合总指数排名第一。

为纪念阿炳诞辰120周年,由无锡籍著名二胡演奏家邓建栋发起,二胡演奏文化惠民专场在江苏省无锡市锡惠公园阿炳墓及二泉广场举行。

四月

1日 江苏扬州市启动涉及新材料、新能源、新光源3大新兴产业。

江苏省农业产业化工作会议在东台召开。

浙江嘉兴市同时进行了 4 场高规格的交流咨询会，来自中国工程院环境与轻纺工程学部的 13 位院士分赴会场。

《上海市社区公共文化服务规定》施行。

2013 年度“科技创新行动计划”长三角科技联合攻关项目指南发布。

上海入选首批中国软件名城。

2 日 全国检察机关队伍建设工作会议暨第五届先进基层检察院表彰大会上，江苏省 9 家基层检察院获评全国先进。

第 28 届全国青少年科技创新大赛江苏省筹委会第一次会议在南京举行。

江苏省首届“千人计划”创业大赛决赛在苏州举行。

3 日 浙江省支持浙商创业创新和扩大有效投资工作座谈会举行。

4 日 第五届中国泰州水城水乡国际旅游节暨第八届中国湿地生态旅游节开幕。

5 日 2013 中国海洋宝岛榜出炉，浙江省共有 25 个海岛上榜。

6 日 第 30 届上海之春国际音乐节开幕。

7 日 江苏省政府参事座谈会在南京举行，中国工程院院士缪昌文等 21 位专家学者受聘为省政府参事。

江苏省泰州“望海楼”以第 12 位身份列入“中国历史文化名楼”成员。

浙江省委举行“浙江论坛”报告会。

2013 年一季度浙江省实现进出口总额 738.7 亿美元，同比增长 5.8%。

浙江省国税局与杭州银行股份有限公司和阿里巴巴（中国）网络技术有限公司签署了《税收遵从合作协议》。

8 日 由江苏省宏观经济研究院承担的国家级国际科技合作专项计划“新型风电海水淡化系统研发”项目通过专家验收。

浙江省科技创新工作座谈会举行。

中国侨商投资企业协会二届理事会二次会议在沪召开。

9 日 第七届中国（江苏）国际农业机械展览会在南京举行。

江苏省建筑业“双百强”企业发布会透露：2012 年江苏建筑总产值高达 1.92 万亿，稳居全国第一。

台盟中央参事室在沪成立。

10 日 江苏省太湖水污染防治委员会第七次全体（扩大）会议暨主要入湖河流河长工作会议在南京召开。

全国轻工行业先进集体、劳动模范表彰大会在南京召开。

由南京市第一医院与英国保柏医疗集团合作成立的江苏省内首个“国际医疗服务部”挂牌。

2013 浙江杭州西溪花朝节开幕。

共青团上海市第十四次代表大会举行。

复旦大学与丹麦哥本哈根大学合作建立的“复旦—欧洲中国研究中心”成立。

11 日 教育部“2011 协同创新中心”认定首批入选 14 个中心名单，江苏高校参与的共有 4 个，占 28.5%。

江苏省与南京农业大学共建“江苏农村发展学院”座谈会暨授牌仪式举行。

上海国际经济贸易仲裁委员会(上海国际仲裁中心)更名挂牌。

东盟地区论坛国防官员对话会在上海举行。

12日 第十六届中国苏州国际旅游节开幕。

南京市统计局发布数据:2012年南京城镇化率达80.23%。

2013浙商创业创新洽谈会暨服务业发展推介会在上海举行。

国务院发展研究中心与上海市人民政府举行《战略研究合作框架协议》签约仪式。

13日 江苏省镇江工商联与澳大利亚经济发展协会签订友好合作关系协议。

2013年F1大奖赛上海站举行。

14日 江苏省工会第十三次代表大会在南京开幕。

2013“环太湖生态文明志愿服务大行动”在浙江湖州启动。

首届长江青年投资人论坛在沪举行。

15日 我国第一家民营飞机大修企业落户江苏南通。

上海市统计局公布,1—3月,本市房地产开发投资575.2亿元,同比增长21.9%,占全社会固定资产投资的57.5%。

16日 上海市第十四次妇女代表大会开幕。

17日 浙江省第二届十城市智慧论坛暨电子政务云建设专题研讨会在杭州召开。

2013民用飞机航电国际论坛(CAIF2013)在上海开幕。

18日 首届中国服务外包人才培养高峰论坛在江苏徐州召开。

教育部与上海市共建上海大学。

中国国际文化传播中心上海总部揭牌。

19日 第二届中国·苏州文化创意设计产业交易博览会召开。

第四届“科技新浙商”评选结果在杭州出炉。

2013年上海市五一劳动奖状、奖章、工人先锋号评选结果揭晓。

20日 江苏国际人才交流周暨第七届长三角地区外国专家见面会在南京开幕。

浙江绍兴市第四届越商大会召开,共签约项目21个,协议总投资288.92亿元。

美国名校康奈尔大学在沪举办了康奈尔大学国际峰会。

21日 2013年浙江省工业设计企业(基地)与高校设计类专业大型对接活动举行。

科技部与上海市政府举行2013年部市工作会商会议。

22日 第四届中欧政党高层论坛在江苏苏州开幕。

2013饭店新渠道新媒体应用论坛,在浙江宁波召开。

浙江省金融业发展促进会和上海金融业联合会在杭州签署合作备忘录。

2012年,上海实现电子商务交易总额7815亿元,同比增长41.9%。

23日 苏浙沪在南京联合发布知识产权白皮书。

2013年一季度宁波口岸进口原产于台湾的ECFA货物42.82万吨,占同期全国进口ECFA货物总量的36.82%,位居全国首位。

第六届中美俄三边关系学术研讨会在上海召开。

24日 第十届“江苏省十佳文明职工”评选结果在南京揭晓。

浙江省工会第十四次代表大会在杭州开幕。

第三届浙江省“十佳大学生”评选揭晓。

2013上海民俗文化节暨三林“三月半”圣堂庙会开幕。

25日 2013年中国企业培训与发展年会在江苏无锡开幕。

两岸企业家峰会秘书处成立暨峰会筹备情况通报会在南京举行。

南京召开知识产权保护战略联盟第二次成员大会。

以“企业发展与收入分配法律问题”为主题的上海企业法治论坛在沪召开。

26日 国家科学仪器开发专项项目在南京启动。

杭州杭氧股份有限公司与中国神华宁夏煤业集团公司互换合约，杭氧股份正式接下神华宁煤六套每小时制氧10万立方米的空气分离设备订单。

全国政协经济委传出信息：2012年，上海地方国有企业创造的生产总值占全市国民经济生产总值的21.5%，民营经济增加值实现4883.7亿元。

27日 第九届中国国际动漫节在杭州启幕。

第八届中国义乌文化产品交易博览会开幕。

28日 浙江省庆祝“五一”国际劳动节暨劳模先进表彰大会举行。

第二届浙江省公共管理创新案例颁奖仪式暨公共管理创新论坛在杭州举行。

第30届上海之春国际音乐节开幕。

工业和信息化部授予上海市“中国软件名城”称号。

29日 浙江未来科技城创新研究院在杭州成立。

30日 首届上海青年科技杰出贡献奖开幕。

五月

1日 江苏省统计全省企业景气调查结果：一季度，江苏企业景气指数和企业家信心指数分别为128.6和122.3，连续两个季度走高。

国家工信部正式同意浙江舟山市创建海洋电子产业基地。

2日 南京市鼓楼、秦淮、高淳、溧水“新四区”统一以新区名义开展工作。

联合国亚太经社会第69届年会正式将义乌列为国际陆港城市。

2012年上海十大科技成果评选揭晓。

3日 第三届江苏书展在南京开幕。

首届海峡两岸医院管理与发展高峰论坛在上海举行。

4日 国家政策与医药产业经济研究中心在南京成立。

浙江举行民营资本与海外人才智力对接活动暨海外高层次人才洽谈会。

“上海之春”首届国际合唱艺术论坛在沪举行。

5日 浙江举行民营资本与海外人才智力对接活动暨海外高层次人才洽谈会。

《江苏省“十二五”城镇污水及再生利用设施规划》出台，提出将投入580亿建污水处理设施。

6日 首批时速200公里城际直通车组在南京浦镇车辆有限公司下线。

上海市文明办发布测评结果：2012年上海城市文明指数为88.97。

7日 据浙江宁波海关统计，1至4月宁波口岸外贸进出口650.4亿美元，比去年同期增长5.3%。

8日 2012江苏报纸优秀作品评选揭晓。

2012—2013 浙江省房地产总评榜活动启动。
中国（上海）国际技术进出口交易会开幕。

9 日 杭州市“机器换人”与机器人技术产业发展联盟成立。
中欧技术转移论坛在沪举行。

10 日 南京地铁十号线过江隧道贯通。
首届“环东海论坛”在浙师大开幕。

11 日 全国 IT 奥林匹克竞赛在南京开赛。
上海品牌发展论坛举行。
由上海市委党校、市思维科学研究会联合主办的“科学发展观与思维创新”学术研讨会举行。

12 日 杭州市上城区被国家住房和城乡建设部授予“2012 年中国人居环境范例奖”。

13 日 江苏南京发布《关于加快蔬菜产业发展保障市场供应意见》，至 2017 年将建 20 万亩永久性蔬菜基地。
第十四届中国环博会在上海开幕。

14 日 南京市发布《2012 年度南京市人口发展报告》。
由联合国教科文组织发起的“文化：可持续发展的关键”国际会议在杭州召开。
第十四届全国检察理论研究年会在上海召开。

15 日 中共江苏省委、省政府颁布贯彻落实《苏南现代化建设示范规划》实施意见。
中国（昆山）品牌产品进口交易会开馆。
“浙江电商网”正式上线。
第 22 届上海新闻奖评选结果揭晓。
2012 上海大学生十大年度人物揭晓。

16 日 江苏泰州启用国内首个全球商品采购中心。
杭州市政府与中信证券和中信产业基金签署战略合作协议。
第九届上海市十大工人发明家、第四届上海市十大职工科技创新英才评选揭晓。
第八届中国国际养老及康复医疗博览会在沪开幕。

17 日 全国信息科技创新论坛在江苏南京举行。
第五届中国“文化企业 30 强”发布，上海文广演艺（集团）有限公司等 5 家文化企业入选。

18 日 国家教育部与江苏省政府共建教育现代化试验区。
太湖文化论坛第二届年会在杭州开幕。

19 日 江苏省教育现代化建设推进会在苏州召开。
中国老年学会授予浙江省丽水市“中国长寿之乡”称号。
2013 年上海市精神文明建设工作会议召开。
复旦大学健康传播研究所成立。

20 日 江苏省现代服务业推进大会在南京举行。
上海市垂体瘤研究中心在复旦大学附属华山医院成立。
浙江省国电电力宁海茶山风电场正式并网发电。

21 日 第五期全国基层检察长专题研修班在沪开课。

22 日 江苏省政协举行十一届二次常委会议。
浙江省政府举行新闻发布会：截至 2012 年底，浙江 60 岁及以上老年人口达到 857.69 万人。

23 日 由中华文化促进会、中华社会文化发展基金会、浙江省文联主办的“西湖（国际）艺术品交易博览会”在杭州登场。
2013 上海邮轮旅游节启动。
亚洲公共支出管理网络 2013 年全会在沪召开。

24 日 第 28 届中国晚报新闻工作者协会常务理事会在江苏南京召开。
第五届中国国际旅游商品博览会在浙江义乌举行。

25 日 综合性国际学术论坛之一，“上海论坛 2013 年”开幕。

26 日 第 13 届江苏省大学生课外学术科技作品竞赛在常州大学举行。

27 日 江苏省政府召开常务会议，审议《关于推进苏中特色发展整体提升的意见》和《沿江地区转型发展推进计划》。
第十六届上海十大杰出青年评出。
2013 年度《上海论坛共识》公开发布。
上海金融业联合会发布：2012 上海金融业整体发展指数达到 2838 点，较 2011 年增长 305 点，涨幅 12%。
“2013 浙商创新创业大赛”在杭州举行。

28 日 江苏省正式实施《苏南现代化建设示范区规划》。
首届中国南通江海国际博览会开幕。
纳米科技产业化发展研讨会暨长三角（嘉兴）纳米科技产业发展研究院启用活动举行。

29 日 浙江、黑龙江两省在杭举行经济社会发展情况交流会并签署产业合作协议。

30 日 首届中国江苏创新创业大赛在南京召开。
上海市新闻道德委员会成立。

31 日 深化平安中国建设会议在江苏苏州召开。
2013 年 G30 春季全会在上海举行。
上海钢铁交易中心成立。
第二十届上海国际茶文化旅游节开幕。

六月

1 日 第九届中国国际妇幼婴童产业博览会在杭州拉开序幕。

2 日 江苏省委省政府召开全省苏中发展工作会议。
第二届上海城市艺术博览会举行。

3 日 2013 浙商全国 500 强出炉。
2013 外滩国际金融峰会在上海召开。

4 日 江苏省第六届文物节开幕。
第八届中国国际轨道交通展览会在沪开幕。

5 日 《中共江苏省委关于贯彻中国共产党党内法则制定条例的实施办法》和《中国共产党江苏省委办公厅关于贯彻中国共产党党内法规和规范性文件备案规定的实施办法》

发布。

江苏省首届科技创业大赛推进会在南京举行。

浙江省委、省政府举行全省科学技术奖励大会。

第一届上海(国际)中小企业精品展开幕。

“国家对外文化交流研究基地启动仪式暨中国特色文化外交理论与实践研讨会”在上海社科院举行。

6日 由南师大中国现代文学国家重点学科等共同举办的“跨文化视阈中的当代华语文学”研讨会在南京召开。

浙江省第十三次妇女代表大会在杭州开幕。

上海国际旅游度假区分布式能源中心揭牌仪式举行。

7日 江苏省光伏产业协会会员代表大会暨产业发展研讨会在南京举行。

第十五届浙洽会开幕。

浙江省工商局、省网商协会联合发布了《2012浙江网商发展报告》。

上海首批档案文献遗产与优秀档案文化传播项目揭晓。

8日 2013中国开放论坛在浙江宁波举行。

“全国海洋科普教育基地”落户上海。

9日 江苏省第三次全国经济普查领导小组(扩大)会议在南京召开。

第十九届上海电视节开幕。

10日 浙江省第三届“浙博会”开幕。

浙江省第五届“科技新浙商”评选结果在杭州揭晓。

第三届青年舞蹈大赛颁奖晚会暨第七届南京文学艺术闭幕式在宁举行。

11日 4K电视概念片在沪发布。

第19届上海电视节开幕。

12日 南京大学商学院获国际精英商学院协会(AACSB)认证,成为中国大陆第八个取得此项认证的商学院。

13日 浙江省台属联谊会第四次代表大会在杭州举行。

14日 由教育部中国教育学会、中国民办教育协会设立的“国际教育交流无锡基地”在江苏无锡揭牌。

“2013浙商金融创新高峰论坛”在杭州举行。

第十届浙商(投融资)大会在杭州开幕。

上海与荷兰鹿特丹签署新一轮友好合作交流备忘录。

15日 由《浙商》杂志、浙商全国理事会主办的2013第十届浙商(投融资)大会在杭州举行。

第16届上海国际电影节开幕。

16日 中国化学纤维工业协会、中国纺织信息中心和江苏新沂市共同签署了国家级超仿棉及配套产业园区合作协议。

中共江苏省委、省政府发布《关于推进苏中融合发展特色发展,提高整体发展水平的意见》。

17日 2013江苏省生产性服务业活动周启动。

76位“洋教授”走进上海大学课堂,将集中为上大五千余名大一学生开设通识教育课程。

18 日 海峡两岸(温州)投资项目签约仪式和投资合作推介会在浙江温州同时举行。

2013“沪上金融家”评选启动。

19 日 浙江省残疾人联合会第六次代表大会在杭州举行。

20 日 第七届中国国际物流科技博览会在江苏昆山举办。

21 日 南亚东盟国家投资说明会在江苏南通举行。

海峡两岸两会第九次领导人会在上海举行,并签署《海峡两岸服务贸易协议》。

由上海市政府发展研究中心和上海国际智库交流中心举办的第三届“上海智慧论坛”专题研讨会在沪举行。

22 日 第十六届上海国际电影节中国新片单元电影频道传媒大奖揭晓。

23 日 江苏省金融青年联合会成立大会在南京举行。

由上海喜玛拉雅艺术中心与中国上海国际艺术节中心联合主办的2013上海喜玛拉雅艺术节开幕。

24 日 中国中医科学院江苏分院在南京挂牌成立。

25 日 江苏无锡国家数字电影产业园启动。

全国第二届国土资源节约集约模范县(市)表彰会在浙江绍兴召开。

中国海员大会在沪召开。

26 日 第四届中国——西亚非中小企业合作论坛在江苏常州开讲。

27 日 第六届中国国际服务外包合作大会在南京举行。

浙江省委举行“浙江论坛”报告会。

科技部与浙江省政府在杭州举行第四次工作会商会议。

上海市统计局透露:2012年上海文化创意产业实现总产值7695.36亿元,比上年增长11.3%;实现增加值2269.76亿元,占全市GDP的比重为11.29%。

28 日 2013陆家嘴论坛在沪举行。

29 日 中国汽车十强企业峰会在江苏常熟举行。

30 日 首份《中国人才区域竞争力报告》蓝皮书发布,江苏总分第二。

2013上海国际儿童戏剧展演揭开帷幕。

七月

1 日 上海市委副书记、市长杨雄主持召开市政府常务会议,研究贯彻国务院对《上海张江国家自主创新示范区发展规划纲要(2013—2020年)》的批复意见等工作。

浙江省委决定追授嘉兴市援藏干部王卫东、干爱忠同志浙江省优秀共产党员荣誉称号。

宁杭高铁正式开通运营,长三角高速铁路网络初步形成。

江苏省武警总队淮安支队洪泽县中队指导员王陈万当选“武警十大卫士”。

2 日 2013上海台北首届中学生体育节在上海中学开幕。

上海市市长杨雄会见由台北市市长郝龙斌率领的参访团一行。

以全国政协社会和法制委员会副主任陈冀平为组长的“城市管理综合执法体制改革”专题调研组在上海召开座谈会。

3日 国务院常务会议通过《中国(上海)自由贸易试验区总体方案》。

上海市委书记韩正会见来沪参加2013上海·台北城市论坛的台北市长郝龙斌等一行。

浙江省委举行"浙江论坛"报告会。

费高云同志任江苏省常州市代市长。

全国首家大学生村官培训中心在南京农业大学成立。

4日 上海市委书记韩正、市长杨雄会见贵州省委常委、遵义市委书记廖少华率领的遵义市党政代表团一行。

上海市委书记韩正、市长杨雄会见韩国釜山广域市市长许南植率领的代表团一行。

民建中央理论研究委员会和浙江省社会主义学院在杭州市联合举办"参政党与中国现代文明发展"理论研讨会。

第八届跨国零售集团采购会在南京举行。

5日 首届中国国际低碳灯光节在南京开幕。

第十二届全运会江苏体育代表团成立。

国内首个互联网时代新商业模式创新服务中心——中国商业模式服务中心在南京成立。

6日 巴基斯坦伊斯兰共和国总理默罕默德·纳瓦兹·谢里夫访问上海。

浙江省杭州市第十二届人大常委会决定任命张鸿铭同志为杭州市副市长、代市长。

第五届中国(国际))资产管理大会暨大宗商品高峰年会在杭州市举行。

2013江海英才创业周落幕,江苏省南通市签约200多个智力创业项目。

7日 中共江苏省委向全省发出《关于深入学习贯彻习近平总书记一系列重要讲话精神的通知》。

江苏省人大常委会常务副主任张卫国在苏州会见西班牙众议院议长波萨达一行。

江苏省首家境外农业园区——中坦现代农业示范产业园正式开建。

8日 云南省委书记、省人大常委会主任秦光荣,省委副书记、省长李纪恒率领云南省党政代表团抵沪考察访问。

江苏省副省长徐鸣在南京会见即将离任的匈牙利驻沪总领事库蒂·拉斯洛。

江苏省委书记、省人大常委会主任罗志军在南京会见英国驻华大使吴思田。

徐工集团获德国北威州年度最佳投资奖。

9日 暨军民同志任金华市副市长、代市长。徐加爱同志任中共金华市委书记。

江苏省委常委会举行群众路线教育实践活动第二次专题学习辅导讲座,邀请知名理论专家黄苇町作辅导报告。

10日 上海市出台八个改革配套措施推进落实《上海市进一步深化公立医院体制机制改革三年行动计划(2013—2015年)》。

2013年苏州国际精英创业周开幕。

2013中国镇江先进制造业"三集"发展投资洽谈会在杭州举行。

11日 中共中央政治局常委、中央书记处书记、中央党的群众路线教育实践活动领导小组组长刘云山到浙江省调研并指导教育实践活动。

两岸企业家峰会在北京成立。

苏州大学建筑与城市环境学院吴永发教授作为土木水利与建筑组候选对象荣获科学中国2012年度人物奖。

12日 2013"连云港之夏"旅游节暨江苏沿海发展论坛在连云港市开幕。

13日 江苏省10家旅行社进入2012年度"全国旅游社百强"名单。

生物芯片上海国家工程研究中心与苏北医院合作在扬州建立分中心。

江苏省海安县曲塘镇罗町村举行第十届村委会换届选举，成为全省第一个进行换届选举的村。

14日 参与南京亚青会网络火炬传递总人次达2506万人次。

江苏省昆山市纪念顾炎武诞辰四百周年大会暨祭祀活动在顾炎武的家乡千灯镇顾炎武祠堂举行。

15日 上海市委书记韩正会见英国48家集团俱乐部主席斯蒂芬·佩里。

16日 国务院批复原则同意《上海张江国家自主创新示范区发展规划纲要(2013－2020年)》。

亚青会开幕式主题歌《让梦想起飞》、闭幕式主题歌《我们的青春》正式发布。

中国南车南京浦口镇公司生产的新型铁路客车首度出口土库曼斯坦。

17日 中共中央政治局委员、上海市委书记韩正，市委副书记、市长杨雄率领上海市党政代表团赴江苏省考察。

18日 浙江省道教协会第二次代表会议在杭州市召开。

19日 嘉绍大桥暨南北接线(嘉绍跨江公路通道)于零点正式通车。

20日 上海市黄浦区推出金融创新十条举措，外滩金融带将成金融创新实验区。

21日 上海市副市长屠光绍会见来访的委内瑞拉副总统豪尔赫·阿雷阿萨·蒙特塞拉特一行。

22日 上海市市长杨雄会见上海市市长国际企业家咨询会议成员、正大集团董事长谢国民一行和美国新学院大学校长大卫·凡·赞特及凤凰卫视集团主席兼行政总裁刘长乐一行。

上半年江苏省经济金融形势分析大会在南京召开。

23日 中共江苏省委十二届五次全会在南京举行。

24日 江苏省十二届人大常委会第四次会议开幕。

25日 江苏省政协举行第40期"名人名家讲座"。

26日 浙江省临安市举行浙皖二省毗邻县(市)建设平安边界论坛暨第七次联席会议。

江苏省政府与国家开发银行签署开发性金融支持江苏经济结构调整和转型升级、支持苏南现代化建设示范区合作备忘录。

27日 中国狮子联会浙江会员管理委员会2013－2014年度理事会大会在杭州举行。

29日 浙江省举行双拥领导小组全体会议。

江苏省暨南京市隆重举行军民联欢会庆祝建军86周年。

30日 浙江省海外联谊会和浙江省海峡两岸经济文化发展促进会共同主办的"2013年浙台基层交流周系列活动"在杭州拉开帷幕。

江苏省实施《支持苏北地区全面小康建设的意见》，共10个方面、28条举措。

31日 上海市举行庆祝中国人民解放军建军83周年座谈会。

江苏省副省长徐鸣在南京会见美国泰森集团副总裁詹姆斯·杨一行。

八月

1 日 上海市委办公厅发出《关于进一步加强市政协协商民主制度建设的意见》通知。

上海市以投资金额约 4.23 亿美元居中国创业投资私募股权投资市场首位。

2 日 上海市政协主席吴志明会见来访的美国伊利诺伊州议员代表团一行。

上海市委常委、常务副市长屠光绍会见来访的爱尔兰副总理兼外交贸易部长吉尔摩一行。

第二届亚青会实体火炬传递在南京启动。

江苏省政府决定将原省核应急协调委更名为省核应急委。

3 日 第 28 届全国青少年科技创新大赛在南京举行。

南京都市圈城市发展联盟在南京成立。

4 日 上海市高院民一庭庭长陈雪明等 4 人涉及网络曝光的"上海高院多名法官夜总会娱乐"事件,已停职接受调查。

5 日 第三届"光荣与力量——感动上海年度十大人物评选活动"启动。

第九届中国(南京)国际软件产品和信息服务博览会在南京举办。

6 日 中国农业银行和上海市人民政府签署《全面战略合作协议》。

浙江省委副书记、省长李强率领的党政代表团赴新疆阿克苏地区考察。

第二届江苏省"百名美德少年"入选人和"十大美德少年标兵"候选人产生并公示。

7 日 上海举行全市法院系统领导干部大会,通报市高院几名公职人员违纪违法案件的处理情况。

上海市人大常委会副主任吴汉民会见美国国会高级助手团一行。

浙江省委教育实践活动领导小组分片召开省委督导组长座谈会。

北汽集团华东(镇江)生产基地合作框架协议签约仪式在南京举行。

8 日 中国人民银行上海总部召开 2013 年第二次上海市金融形势分析会。

全国人大外师培训班暨工作座谈会在宁举行,邀请全国人大外事委员会主任傅莹作国际形势专题辅导报告。

江苏省委副书记会见韩国新任驻沪总领事具相灿一行。

9 日 青海省委书记、省人大常委会主任骆惠宁、省委副书记、省长郝鹏会见上海市政协主席吴志明为团长的部分在沪全国政协委员赴青海省考察团。

中国泰州梅兰芳艺术节揭开帷幕。

10 日 以"上海加快开放促改革的重点任务与路径"为主题的"中国经济 50 人论坛(2013·上海)研讨会在上海举行。

"文学鉴赏辞典与文史中国暨《唐诗鉴赏辞典》出版 30 周年"座谈会在上海召开。

第十二届全国运动会浙江体育代表团成立暨出征授旗仪式在浙江体育职业技术学院举行。

11 日 上海科学家原创性成果:半浮栅晶体管研究获得重大突破。

上海市科委与上海汽车集团等大企业签约,双方按照 1∶3 的比例拿出经费,由企业扮演科研"出题人"和项目管理者的角色。

12 日 由人民出版社、上海人民出版社联合出版的《朱镕基上海讲话实录》在上海书城举行上海首发。

《江泽民与扬州》画册在扬州举行首发式。

13 日 江苏省政法委在南京举行政法部门群众路线教育实践活动先进事迹报告会。

江苏省兴化市“千垛菜花”入选意大利米兰将举办的世界博览会中国馆展览项目。

14 日 2013 上海书展拉开帷幕。

《十万个为什么》第六版出版座谈会在上海举行。

第十届全国法制动漫大赛暨首届全国法制电影大赛在浙江开赛。

南京军区司令员蔡英挺率工作组检查调研江苏省征兵工作。

15 日 浙江省政协举行政协委员履职为民报告会暨“浙江政协·崇学讲坛”第二讲。

江苏省委书记、省人大常委会主任罗志军在南京会见柬埔寨国王诺罗敦·西哈莫尼。

江苏省省长李学勇在南京会见亚奥理事会主席艾哈迈德·法赫德·萨巴赫亲王一行。

16 日 第二届亚洲青年运动会在南京开幕。

第三届江苏国际车展在南京国展中心开场。

17 日 由上海市人民对外友好协会、北京鲁迅博物馆等主办的《中日儿童版画展》在上海展出。

中共中央政治局委员、国务院副总理刘延东在江苏省调研。

18 日 杭州知识产权仲裁院成立并开始运行，这是浙江省首家知识产权仲裁院。

19 日 上海市政协召开十二届九次主席会议，审议《政协上海市委员会常委会会议要则（草案）》。

浙江省委副书记王辉忠在杭州会见以国民党中央青年部副主任施明豪为团长的台湾青年菁英参访团一行。

20 日 2013 上海书展圆满落下帷幕。

江苏省委办公厅、省政府办公厅发出《关于清理规范创建达标活动的通知》。

江苏省委办公厅、省政府办公厅印发《关于开展节庆论坛展会摸底普查和规范工作的通知》。

21 日 上海出台 42 条工作举措，结合中国（上海）自由贸易试验区建设要求，使国家金融改革、创新的部署在上海最先落地。

浙江省政府在杭州举行省文史研究馆馆员和省政府参事聘任仪式。

纪念江苏实施希望工程 20 周年暨 2013 圆梦行动助学金发放仪式在南京举行。

22 日 国务院正式批准设立中国（上海）自由贸易试验区。

“2013 上海百强企业发布会”揭晓新一届上海企业 100 强，制造企业 50 强，服务业企业 50 强、民营服务业企业 50 强。

浙江省委书记、省人大常委会主任夏宝龙在杭州会见来访的肯尼亚总统肯雅塔一行。

首届江苏科技创业大赛在苏州拉开帷幕。

23 日 以“古代文明的比较研究”为主题的“世界考古·上海论坛”在上海中华艺术宫举行。

浙江省首届“群众最满意的平安村（社区）”颁奖仪式在杭州举。

第六届“江苏九三论坛”在江苏省社会主义学院举行。

24 日 上海市市长杨雄在上海会见牙买加总理波西娅·辛普森—米勒一行。

第二届亚洲青年运动会闭幕式在南京奥体中心体育馆举行。

江苏省省长李学勇在南京会见斯里兰卡总理贾亚拉特纳等客人。

25日 上海市市长杨雄率上海市政府代表团访问芬兰埃斯波市。

中共浙江省委书记夏宝龙在杭州会见中国国民党荣誉主席吴伯雄一行。

26日 江苏省昆山市在“2013年中国大陆地区投资环境与风险调查”评选结果中荣膺极力推荐城市“五连冠”。

上海市委常委、常务副市长屠光绍带队的上海金融代表团在江苏考察。

27日 2013年第三届“浙江孝贤”评选活动正式启动。

28日 上海市建造的第一座自升式钻井平台在外高桥造船公司码头顺利下水，外高桥造船承接船舶和海工订单约占世界总量的11%，跃居中国各大船厂之首。

浙江省委书记、省人大常委会主任夏宝龙在杭州会见来访的塞尔维亚总统尼科利奇一行。

29日 上海市委常委、常务副市长屠光绍代表杨雄市长会见来访的塞尔维亚共和国总统托米斯拉夫·尼科利奇一行。

30日 上海市代表团启程前往辽沈大地参加第十二届全国运动会。

江苏省人大常委会、省政府、省政协相继召开党委扩大会议，学习传达中央督导组长张柏林的重要讲话精神。

江苏省知识产权指数增长率居全国第一。

31日 上海翁牌冷藏实业有限公司发生液氨泄漏事故，造成15人死亡、5人重伤、20人轻伤。

“2013中国企业500强”揭晓，江苏省49家企业入围，苏宁集团、沙钢集团跻身前100强。

九月

1日 上海举行首届市民文化节市民书法大赛颁奖典礼，参赛人数达2.2万人，评出百名“市民书法家”。

2日 上海市市长杨雄率上海市代表团访问友好城市布达佩斯市、萨格勒布市。

浙江省以“建设质量强省，加快转型升级”为主题的2013年质量月活动启动。

江苏省省长李学勇在南京会见美国专利商标局代局长特里萨·瑞亚。

3日 第三届沪台妇女文化周开幕式暨联欢会在台北实践大学举行。

浙江省政府咨询委员会第六届第一次全体会议在杭州召开。

“苏韵梅香”——庆祝中国戏剧梅花奖创办30周年江苏专场演唱会在北京梅兰芳大剧院精彩上演。

4日 中共中央政治局委员、国务院副总理马凯在深圳、杭州、上海调研，加快推进集成电路产业发展。

江苏105家大型国有、民营、名优企业参展在新疆举办的第三届中国——亚欧博览会。

5日 中共中央政治局委员、国务院副总理马凯在上海考察调研国产大飞机建设最新进展情况。

浙江省朱鹮繁育工作基地首次自然繁育成功2只朱鹮，为下阶段实施朱鹮野外放飞并建立野外种群奠定了基础。

6日 国债期货在中国金融期货交易所成功上市。

中共中央政治局委员、中央组织部部长赵乐际在上海调研基层党组织建设工作。

85岁的中国美术学院在杭州拉开了一场“八五·85”艺术展的帷幕。

第三届中国(宁波)智慧城市技术与应用产品博览会在浙江省宁波市启幕。

7日 上海市委书记韩正、市长杨雄、市委副书记李希会见第三届“上海市教育功臣”。

2013中国舞龙公开赛在“中国龙舞之乡”江苏省昆山市陆家镇举行。

第三届中国——亚欧博览会在乌鲁木齐市闭幕,江苏交易团成交1.1亿美元协议成交额。

8日 首届“紫金·人民文学之星”奖颁奖典礼在南京大学举行。

民盟江苏省委主办的第四届江苏教育发展论坛在江阴市举行。

9日 上海市委副书记、市长杨雄主持召开市政府常务会议,研究修订《张江国家自主创新示范区企业股权和分红激励试行办法》、本市医疗救助政策调整、制订《上海市人民政府关于禁止生产经营食品品种的公告》等工作。

张宝文副委员长率全国人大常委会执法检查组来江苏,就全省贯彻实施《气象法》情况进行执法检查。

10日 上海市委书记韩正会见英中贸易协会新任主席沙逊勋爵、卸任主席白乐威爵士一行。

上海市委书记韩正会见美中贸易全国委员会会长傅强恩一行。

浙江省庆祝第29个教师节座谈会暨优秀教师表彰会在杭州举行。

11日 江苏省政府在徐州召开全省黄河故道地区农业综合开发工作会议。

12日 上海市委书记韩正会见美国进步中心主席、前白宫办公厅主任约翰·波德斯塔,前国家总统安全事务助理萨缪尔·伯杰一行。

上海市副市长赵雯会见新西兰内务部部长、地方政府部部长和旅游部副部长克里斯·特里曼一行。

13日 上海市卫生计生委举行“救死扶伤,大爱无疆——上海援外医疗50周年”主题活动。

上海市代表团在第十二届全运会上共夺得45枚金牌、129.5枚奖牌和2460分的好成绩,综合成绩列全国第四位。

江苏省无锡市获得第19届金旅奖大中华区旅游文化峰会授予的“最佳绿色生态旅游名城”称号。

14日 首届中国(武汉)期刊交易博览会发布“2013全国百强报纸、社科期刊、科技期刊”评选结果,上海市6报17种期刊榜上有名。

2013上海旅游节开幕大巡游启航,一年一度“大众的节日”拉开帷幕。

2013美国“感知江苏”文化周活动在美国洛杉矶萨迪纳会展中心隆重启幕。

15日 约旦哈希姆王国国王阿卜杜拉二世·本·侯赛因访问上海。

16日 上海市委书记韩正会见世界银行行长金墉一行。

浙江省委在杭州市举行“浙江论坛”报告会。

江苏省省长李学勇在南京会见意大利驻华大使白达宁。

江苏省对外友好交流促进会在南京成立。

17日 上海市举行2013年“白玉兰纪念奖”授奖仪式,共有53位外籍友人荣获上海市“白玉兰纪念奖”。

每年创造数十亿元产值的上海永济电机公司设计制造的大功率 IGBT 芯片(绝缘栅双极型晶体管)通过专家鉴定。

18 日 上海市市长杨雄会见乌兹别克斯坦共和国塔什干市市长拉赫莫别克·乌斯曼诺夫率领的代表团一行。

19 日 2013 上海淀山湖旅游节开幕。

江苏省第十八届省运会会徽、吉祥物发布。

21 日 上海市社会科学界第十一届(2013)学术年会马克思主义研究专场暨上海市马克思主义研究年度论坛在市委党校举行。

浙江省第二届体育大会在金华市体育中心体育馆开幕。

2013 第四届环太湖国际公路自行车赛昆山序幕赛暨江浙万人大众绿色骑行启动仪式在昆山举行。

22 日 上海市市长杨雄前往市民政局和社会保障局、“12345”市民服务热线等进行民生工作调研。

上海市市长杨雄会见瓦努阿图总理莫阿纳·卡凯塞斯一行。

23 日 “魅力上海”城市形象推广活动在加拿大蒙特利尔市举行。

南京军区司令员蔡英挺上将在南京会见乌兹别克斯坦共和国国防部长别尔季耶夫中将。

江苏省省长李学勇在南京会见捷克共和国驻华大使博尔·赛奇卡。

江苏省委副书记石泰峰在淮安市会见中国国民党荣誉主席连战一行。

江苏省省长李学勇在南京会见荷兰北部拉邦省省长范德东克一行。

24 日 上海市市长杨雄会见加拿大前总理让·克雷蒂安一行。

上海市市长杨雄会见澳大利亚昆士兰州州长坎贝尔·纽曼率领的代表团一行。

江苏省委、省政府隆重举行表彰大会,欢迎出征第十二届全运会的体育健儿载誉归来。

25 日 第十二届全国运动会上海代表团总结大会在上海世博中心举行。

上海市委书记韩正、市长杨雄会见浙江省委常委、杭州市委书记、市人大常委会主任黄坤明率领的杭州市党政代表团。

浙江日报入围“2012—2013 中国品牌媒体百强——党报品牌 10 强”,钱江晚报上榜“2012—2013 中国品牌媒体百强——晚报品牌 10 强”。

26 日 上海紫藤苑小区党总支书记杨兆顺获全国诚实守信模范称号。

中共浙江省委书记夏宝龙在杭州会见中国国民党荣誉主席连战一行。

第四届全国道德模范名单揭晓,浙江省吴斌荣获“敬业奉献模范”称号,陈斌强荣获“孝老爱亲模范”称号,还有 8 人获全国道德模范提名奖。

安徽来沪打工小伙周传金获全国见义勇为模范称号。

27 日 上海市市长杨雄会见斯里兰卡驻华大使兰杰特·乌杨高达一行。

上海市启动第二轮《政府志》编纂工作。

第九届中国科技期刊发展论坛在浙江省杭州市召开。

江苏省委书记罗志军、省长李学勇在南京会见第四届全国全省道德模范和提名奖获得者及其亲属代表。

28 日 上海市委书记韩正会见杨兆顺、周传金等第四届全国道德模范及提名奖获得者、第三届感动上海年度人物。

第八届中国花卉博览会在江苏省常州市开幕。

29 日 北汽集团华东(镇江)产业基地项目在江苏省镇江市丹徒区开工建设。

30 日 中国(上海)自贸试验区举行挂牌仪式。

十月

1 日 2013 年中国邳州金秋经贸洽谈会在江苏省邳州举行，总投资 514 亿元的招商项目成功签约。

2 日 国家开发银行浙江省分行与金华市政府签订“十二五”期间的开发性金融合作备忘录，融资意向合作额度将达 300 亿元。

3 日 在上海举办的“中国式慕课长三角论坛”上传出信息，数据显示“中国式慕课”已覆盖 300 万在校学生。

4 日 江苏省苏州吴江区和亨通集团企业叩响国际化大门，到 2015 年产值突破 500 亿元。

5 日 有 500 亿级文化创意产业园、千亿级新能源产业园的江苏省泰州海陵城区东西两端初具规模，使工贸收入突破百亿元。

6 日 根据上海市内河航运发展规划与长三角高等级航道网规划，G60 沪昆高速大蒸港桥改建工程全长 2180 米，以满足Ⅲ级航道通航要求。

7 日 强台风“菲特”狂风暴雨猛袭浙江，各级干部奔赴抗台一线。

江苏省海门市是江苏唯一同时拥有沿江和沿海深水岸线的县级市，高新产业销售将达 500 亿元，实现利税近期 50 亿元。

8 日 以“长三角城市新浪潮”为主题，“2013 长三角发展论坛地产峰会暨长三角城地产明星”颁奖盛典在上海文化东方酒店隆重举行。

位于中国长江三角洲腹地中心的浙江省桐乡市倾力打造中国旅游大县，旅游收入近十年增加到了 100 多亿元。

9 日 上海“信息化建设”上半年实现电子商务交易 4548 亿元，处于全国领先行列。

10 日 现有 150 万浙商在世界各国创业和发展，海外浙商拥有的资产就在 7000 亿美元以上。

11 日 主题为“两岸和平、共同发展”的首届两岸和平论坛在上海开幕。

12 日 浙江省普陀滨海旅游业在整个经济中占龙头地位，全年旅游总收入达 120 亿元。

2013 中国江苏宿迁经贸洽谈会召开，共签约 36 个项目，累计投资额 425.6 亿元

13 日 以“加快服务业发展，促进经济结构调整”为主题，上海市政协召开调研座谈会，共吸引外资 134.15 亿美元。

有 15 个项目、引资达 190 亿元的投资项目在浙江富阳市西博会成功签约。

江苏徐工集团欧洲有限公司在德国北威州克雷费尔德市隆重举行，徐工在欧洲的投资约 2.6 亿欧元。

14 日 由 4 位浙江商人投资的“阿礼法网络技术公司”拥有注册资金 300 万美元，在上海自贸区成立外资公司。

15 日 世界 500 强企业绿地集团逾 50 亿美元投资纽约，刷新中国房企在美国投资记录。

16 日 中国兴化郑板桥艺术节在江苏省兴化市拉开帷幕，共签约 67 个投资项目，计划总投资 131 亿元。

17日 第二届中国互联网创新与知识产权保护高峰论坛会在浙江余杭举行，首次发布了“中国长三角电子商务创业者信心指数”和“中国长三角企业信息风险指数”。

18日 以“大唐袜业”为区域品牌的第十一届中国国际袜业博览会在浙江省诸暨市开幕，该市袜业产业实现产值577亿元。

由香港保华集团投资150亿元开发的“国际黄金理疗温泉城”在江苏省如东小洋口旅游度假区奠基开工。

19日 从上海种业发展论坛获悉：上海建成国内唯一种质库，可实现20余万份种质资源的长、中、短期的保存。

20日 总投资129亿元的18个重大项目落户于江苏省南京市江宁滨江开发区。

21日 中国芒福德研究中心在上海师大成立，已翻译出版中文版《刘易斯芒福德全集》。

22日 江苏省无锡清名桥古运河景区N1955文化创意产业园举行签约暨启动仪式，项目总投资将达120亿元。

23日 浙商创业大会暨“建设美丽幸福首善之区”大会在浙江省杭州市西湖区召开，共有21个项目成功签约，投资总额超过200亿元。

江苏省三季度完成服务业投资12341亿元，占全部投资约五成。

24日 浙江省宁波杭州湾新区又迎来投资规模达117.59亿元的上海大众宁波分公司的首辆轿车下线仪式，这是浙江省级产业集团首个百亿项目正式投产。

25日 浙江省杭州市浙商回归引进项目525个，到位资金达到356.3亿元。

上海市统计局发布了上海三季度经济运行情况，实现生产总值(GDP)15474.13亿元。

26日 浙江省舟山将再建大型油品码头项目，总投资约10亿美元。

以“创业创新闯天下、合心合力强浙江”为主题的第二届世界浙商大会在浙江省杭州举行，签约项目总投资额达664亿元。

27日 第16届杭州经济合作洽谈会在浙江省杭州市举行，共签约18个项目，总投资达到155.7亿元。

2013年中国陶都金秋经贸洽谈会在江苏省宜兴举行，签约项目40多个，总投资439.3亿元。

28日 由解放日报报业集团和文汇新民联合报业集团整合重组的上海报业集团正式成立，资产将达到208.71亿元。

浙台经贸合作平台推介交流座谈会在浙江省杭州市举行，按规划到2015年，台资将达到400亿美元左右。

29日 浙江省慈溪铸造的“品质之城·幸福家园”建设行动飞跃发展，实现生产总值948亿元。

浙江省丽水生态产业集聚区举办浙商、侨商投资项目集中签约，总投资达100.9亿元。

总投资3亿美元的SKC(江苏)尖端塑料有限公司在江苏省南通开发区投产。

30日 浙江省舟山群岛新区重大总投资达294.29亿元的47个重大项目开工。

31日 浙江省建立了廉租住房和公共租赁住房稳定的资金筹集机制，各级财政安排保障性安居工程建设资金120亿元。

十一月

1日 为期三天的2013年中国(上海)国际网络购物交易会在上海世贸商城揭开帷幕，上半年电子商务交易额已达到4548亿元。

中国大宗红木现货电子交易平台建设座谈会在浙江省东阳市举行，共完成产业产值120亿元左右。

2日 在浙江省长兴举行的2013中国·太湖明珠——长兴国际投资贸易洽谈会上签约项目总投资达237.7亿元。

3日 浙江省杭州湾新区生态立区，引进各类优质项目139个，总投资近900亿元。

据江苏省南京市统计局发布数据，南京基础设施全年投资完成869亿元。

4日 中央领导人赴上海、浙江调研，强调东部地区要带头转型升级，提高经济发展质量效益，并在上海主持经济形势座谈会。

全国首个旅游综合改革试点县落户于浙江省桐乡市，实现旅游总收入91.3亿元。

5日 以“发展转型:新挑战和新机会”为主题的上海发展研究基金会成立20周年研讨会在上海举行。

6日 缅怀徐悲鸿大师逝世60周年美术作品展在上海黄浦区第二文化馆展出。

为提速区域调水工程，浙江省将投入170亿元用于农田水利基本建设项目。

7日 2013年中国图书馆年会在上海浦东世博中心开幕，共论“阅读引领未来”。

浙江省舟山银行业积极创新融资支持群岛新区建设，批复授信450亿元。

8日 第八届长三角青年歌手大奖赛在上海开幕。

浙江省有6个投资贸易合作项目在美国签署合作协议，投资合作额达11.25亿美元。

9日 在国际市场上凸显“中国毛绒玩具之都”的江苏省扬州市玩具出口累计货值2亿美元。

10日 以“创新西博，美丽杭州”为主题的第十五届中国杭州西湖国际博览会在浙江省杭州市举行，实现贸易成交额157.35亿元。

江苏省张家港玖隆钢铁物流园实现营业收入952亿元，打造了一个生产性服务业集聚区。

11日 浙江省宁波市与台湾工业技术研究院合作项目达2430个，总投资202亿美元。

12日 2013上海外资研发中心论坛会在上海举行，上海成为内地外资研发中心最多的城市。

13日 由国家开发银行上海分行与上海瑞虹新城有限公司签订的100亿元的融资授权协议，用于老街旧区的改造项目。

14日 由上海青浦发展集团以17亿元资产撬动108亿元的投资，确保轨交17号线开工建设。

15日 江苏省新认定6个汽车产业基地，其中仪征市已拥有上海大众等整车项目，销售超过300亿元。

16日 总投资将超过100亿元的上海电力打造浦东世界级电网。

17日 2013亚洲邮轮港口CEO高峰论坛在上海宝山区举行。

2013浙江省技术成果拍卖交易暨网上技术市场活动周在浙江省杭州市举行，长三角地区的多家创业投资和金融机构的近40亿元资金将进入。

18日 在江苏省苏州高新区金秋经贸活动中，与外资公司签署36个项目，总投资额超过480亿元。

19日 第八届中国商品市场峰会在浙江义乌举行，中国社科院发布“全国百强商品交易市场”榜单，苏、浙、沪商品市场占了近七成。

总投资达142亿元的第六届中国美丽乡村投资贸易洽谈会在浙江省安吉开幕。

20日 上海市领导在会见浙江省宁波市党政考察团时强调:要加强长三角城市的合作交流,共同推进长三角区域一体化发展。

21日 江苏省太仓金秋经贸活动共签约58个项目,总投资为196.6亿元。

22日 浙江省杭州市江干区出“新招”,集体经济股份合作社资产总额达180亿元。

23日 江苏名特优农产品(上海)交易会在上海国际农展中心开幕,已累计在上海举办10届,现场销售额达1.4亿元。

24日 投资190亿元的由江苏省扬中市西来桥镇与浙江和润集团有限公司签订的建设粮油加工产业园及物流园开建。

25日 上海浦东试点世界级电网服务自贸区,明后年投资超100亿元。

26日 上海研发公共服务平台与浙江省长兴县开展了科技创新跨地区试点,在国内还是首创。

浙江—新加波经济贸易理事会第九次会议在浙江省杭州市举行,双方贸易额已增至48.6亿元。

27日 “浙商回归”助推义乌国际贸易综合改革项目推介会在浙江省杭州市人民大会堂举行,签约47个项目,总投资500多亿元。

28日 来自浙江省杭州、绍兴和宁波的百强企业年创产值达100亿左右。

29日 浙江省杭州市政府首次大规模推出引进社会资本的实施项目,总投资额高达2074亿元,计划引入社会资本1468亿元。

30日 主题为“创新促转型”,由长三角(浙江)民营经济研究会等主办的第八届中国民营经济科学发展论坛在浙江省杭州市举行。

十二月

1日 全国首家融资租赁公共服务平台——上海租赁行业综合信息服务与交易平台正式启动。

2日 上海自贸区设立以后,浙江省主动出击,进出口企业相继涌入,寻找发展的突破口。

3日 第十届上海知识产权国际论坛在上海开幕,上海要建成知识产权中心城市。

4日 上海虹桥商务区核心区,核准和备案的社会项目总投资达669亿元。

5日 江苏政府代表来上海考察,两地共享自贸区机遇,加强金融合作。

6日 第68届联合国大会第二次委员会通过了中国首次推动设立国际日——世界城市日。

7日 江苏连盐铁路在江苏省阜宁开工,建设投资总额260亿元,标志着长三角环渤海将“无缝对接”。

8日 围绕“中国梦的世界对话”为主题的中国梦国际研讨会在上海开幕。

9日 浙江省杭州市创新城乡,引导市区优质企业向县乡发展,产业转移项目149个,总投资达473.784亿元。

10日 “第十二届中国城市竞争力排行榜”发布:上海成为中国最具竞争力城市。

江苏省南京市审计局将启动投资额400多亿元的保障房项目。

11日 2013中国休闲城市发展综合评价揭晓,上海获评“特色休闲城市”。

12 日 作为“浙商”重要组成部分的浙江省衢州衢商回归报家乡，投资项目 66 个，总投资 140.2 亿元。

13 日 投资为 1.2 亿美元的最大农副产品宏进农产品国际物流中心在江苏省淮安奠基。

14 日 浙江省第一条水底高速公路——钱江通道即将建成。

15 日 浙江省杭州市为打造创新型城市，营造浙商回归大环境，引进 631 个项目，资金达 439.22 亿元。

16 日 江苏省淮安市召开产学研协同创新推进会，投资 80 亿元打造智慧产业谷。

17 日 沪浙苏等 22 个城市共同签署了《长三角城市环境保护宣言》，治理雾霾，共建“绿色长三角“。

18 日 重点围绕“加快转型升级，共同打造长三角经济‘升级版’”的主题，长江三角洲地区主要领导座谈会在江苏省南京市举行。

19 日 “江苏产品万里行”走进上海，数百企业集体举行展销和对接的活动。

20 日 上海经济发展稳中求进，外向型经济蒸蒸日上，全年合同外资达 183.6 亿元。

21 日 浙江省文化产业蓬勃发展，各大金融和投资机构带来近千亿元的合作协议支持产业项目。

22 日 “上海自贸区与两岸关系发展”研讨会在上海社科院举行，台资注册资金总额达 350.67 万美元。

23 日 浙江省宁波市的民生工程，打通了多条“断头路”，累计投资约 90 亿元。

24 日 江苏省淮安市着力打造“运河文化国际交流经典空间”，开建里运河文化长廊，计划总投资超 200 亿元。

25 日 为完善教育经费投入机制，上海全年教育投入预计 749.5 亿元。

26 日 江苏省全年四大行业基础设施投资均保持增长，投资额 4594 亿元。

27 日 第九届上海保险论坛在上海举行。

浙江省萧山的化纤纺织、汽车及零部件、先进装备制造三大主导产业销售产值突破千亿元。

28 日 2013 年浙江经济年度盛典在浙江省杭州市举行。

规划面积为 3805 亩、总投资为 10 亿元的江苏省苏州高新区生态农场在紧邻太湖的太湖村开建。

29 日 山东浙商在浙江签约项目总投资已超过 200 亿元，成为全国第二大回乡投资的浙江商会。

30 日 以主题是“‘世博记忆’与‘城市生活’”的上海市“十二五”重点文化设施项目——世博会博物馆开工建设。

31 日 江苏省在全国率先划定生态红线区域，重点区域将获 10 亿元生态补助金。

图书在版编目(CIP)数据

长三角年鉴.2014/孙克强执行主编.—南京：河海大学出版社，2014.12

ISBN 978-7-5630-3864-0

Ⅰ.①长… Ⅱ.①孙… Ⅲ.①长江三角洲—2014—年鉴 Ⅳ.①Z525

中国版本图书馆 CIP 数据核字(2015)第 003624 号

书　　名／**长三角年鉴**(2014)
书　　号／ISBN 978-7-5630-3864-0
主　　办／长三角联合研究中心
联　　办／长三角城市经济协调会办公室
执行主编／孙克强
通讯地址／南京市虎踞北路 12 号　　邮政编码：210013
编辑部电话／(025)83750085
网　　址／www.yangtze.org.cn

出　　版／河海大学出版社
地　　址／南京市西康路 1 号(邮编：210098)
电　　话／(025)83737852(总编室)　(025)83722833(发行部)
网　　址／http://www.hhup.com
电子信箱／hhup@hhu.edu.cn
责任编辑／朱婵玲　毛积孝
责任校对／李元松　范　蓉
责任印刷／张陆海

总 经 销／河海大学出版社发行部
经　　销／江苏省新华发行集团有限公司
读者服务／邮购部(025)83722833
印　　刷／南京文博印刷厂

开　　本／880 毫米×1230 毫米　1/16
印　　张／51.75
插　　页／14
字　　数／1450 千字
版　　次／2014 年 12 月第 1 版
印　　次／2014 年 12 月第 1 次印刷
定　　价／480.00 元(精装)